밑줄 쫙 감정평가 관계법론 下

밑줄 쫙 감정평가 관계법론 下

발행일	2020년 11월 5일			
지은이	배명호			
펴낸이	손형국			
펴낸곳	(주)북랩			
편집인	선일영	편집	정두철, 윤성아, 최승헌, 이예지, 최예원	
디자인	이현수, 한수희, 김민하, 김윤주, 허지혜	제작	박기성, 황동현, 구성우, 권태련	
마케팅	김회란, 박진관, 장은별			
출판등록	2004. 12. 1(제2012-000051호)			
주소	서울특별시 금천구 가산디지털 1로 168, 우림라이온스밸리 B동 B113~114호, C동 B101호			
홈페이지	www.book.co.kr			
전화번호	(02)2026-5777	팩스	(02)2026-5747	

ISBN	979-11-6539-445-5 14360 (종이책)	979-11-6539-446-2 15360 (전자책)	
	979-11-6539-455-4 14360 (세트)		

이 도서의 국립중앙도서관 출판예정도서목록(CIP)은 서지정보유통지원시스템 홈페이지(http://seoji.nl.go.kr)와
국가자료공동목록시스템(http://www.nl.go.kr/kolisnet)에서 이용하실 수 있습니다.
(CIP제어번호: CIP2020046631)

배명호 지음

밑줄 쫙

감정평가 관계법론 下

최신 법령까지 반영한 가장 정확한 이론서

북랩 book Lab

머리말

　우리나라에서 감정평가 관계법규의 효시는 아마도 공·사법의 분류를 넘어서 1973. 12. 31. 제정(법률 제2663호, 시행 1974. 4. 1.)된 「감정평가에 관한 법률」일 것입니다. 동법은 제2조 정의규정에서 "감정평가"라 함은 동산·부동산 기타 재산의 경제적 가치를 판정하여 그 결과를 가액으로 표시하는 것이라 하였습니다. 동법은 다원화된 지가체계를 일원화하는 차원에서 정부입법으로 1989년 「지가공시 및 토지등의 평가에 관한 법률」이 제정되었고, 그 이후 진통 끝에 이른바 '감정평가 선진화 3법'의 일환으로 2016년 「감정평가법」(이하 약칭)이 제정되었습니다.

　한편, 「감정평가법」 제14조 제4항 및 같은 법 시행령 제9조 제1항 [별표1]에서는 감정평가 관계법규로 9개 법률(국토계획법, 건축법, 공간정보관리법 중 지적에 관한 규정, 국유재산법, 도시정비법, 부동산등기법, 감정평가법, 부동산가격공시법, 동산채권담보법)만을 정하고 있지만, 학문적인 의미에서 "감정평가 관계법규"란 주로 부동산의 가치평가와 관련된 법학을 의미합니다. 그러나 감정평가 관계법규는 그 전신이 "부동산관계법규"이었고, 출제경향도 "토지공법학" 측면에서 출제되어 왔습니다. 이는 현실적인 제약으로 동 과목에는 법률을 9개로 정하고 있을 뿐이지만, 이밖에도 중요한 감정평가 관계법규로 「도시개발법」, 「주택법」, 「농지법」, 「산지관리법」, 「택지개발촉진법」, 「한국감정원법」 등 이루 말할 수 없는 많은 관계법이 있습니다. 이 책의 구성을 부동산공법이 아니라 감정평가와 관련된 법규라는 제목의 체계에 맞추어, ① 「감정평가법」, ② 「부동산가격공시법」, ③ 「국토계획법」, ④ 「건축법」, ⑤ 「도시정비법」, ⑥ 「국유재산법」, ⑦ 「공간정보관리법」 중 지적에 관한 규정, ⑧ 「부동산등기법」, ⑨ 「동산채권담보법」의 순서로 하였습니다. 이들 9개 법률의 법(약 825조), 시행령(약 819조), 시행규칙(약 341조) 모두 약 1,985조문이라 적지 않은 양이라 할 수 있습니다. 따라서 감정평가사 1차 수험생 입장에서 밑줄을 넣었습니다.

　한편, 감정평가 관계법규에서의 동 법률들은 토목·건축공학이라는 공학적 측면에서 접근이 아니고, 법학이론에 바탕을 두고 법률의 제정취지와 연혁, 학설 및 판례와 법제처 법령해석 사례의 검토에 이르기까지 이론과 실무를 통한 법학 과목으로서의 법리에 주목하였습니다. 따라서 부동산가치평가의 법적 근거로서의 법학 과목으로 이해할 수 있습니다. 그리고 감정평가사 1차 시험과목으로 감정평가 관계법규라는 과목은 감정평가업무를 하는 데 필요한 공·사법적 기초지식 측면에서 이들을 염두한 것이 입법자의 의중일 것입니다. 그러나 곤란하게도 이들 법규는 민법학이나 행정법학에 대한 선행 학습이 있은 후 공부를 한다면 이해에 더욱 도움이 되리라 생각하지만, 1차 시험과목인 민법(총칙·물권법)의 공부만으로 감정평가 관계법규를 이해하기에는 수험생의 고충이 클 것으로 생각됩니다. 부동산사법의 이해 측면에서「민법총칙」·「물권법」이 시험과목임에도 다시 감정평가 관계법규 과목 내에「부동산등기법」및「동산채권담보법」이 들어와 있고, 공·사법이 혼용되어 있으며, 그 밖에「감정평가법」,「부동산가격공시법」이라는 감정평가실무와 관련된 법률이 있어서 아마도 이론서가 부족하다는 생각이 들었습니다. 이해하기 쉽고 단권의 책을 만들어 수험생의 수고를 들어주는 것이 집필의도이지만, 현실적으로 9개 법령의 조문수가 많음으로 인하여 책의 분량이 부담을 주는 것은 아닌지 우려를 감출 수 없습니다. 필자가 분석한 기출경향은 법령조문을 중심으로 출제되었는 바 이들의 법령을 이해하기 위한 수단으로 법리와 판례를 공부하여 주시기를 바랍니다.

아울러 졸저가 출간되기까지 지도와 조언을 아끼지 않으신 필자의 은사이신 경북대 법학전문대학원 신봉기 교수님, 기꺼이 교정에 도움을 준 경북대 법학전문대학원 황헌순 박사과정님, 출간의 동기를 불어넣은 제일감정평가법인 장희재 대구경북지사장님을 비롯한 임·직원, 불효자를 늘 기다리시는 경북 성주에 계시는 아버님, 나쁜 남편과 아빠를 응원하는 아내와 아이들(珉胄·素緣·祉炫), 그 밖에 모든 분들께 감사의 마음을 올립니다.

2020년 10월 대구 수성3가롯데캐슬에서

배명호

목 차

제 **5** 편

도시 및 주거환경정비법

제1장 총설

Ⅰ. 「도시정비법」의 의의

2002. 12. 30. 제정(법률 제6852호, 시행 2003. 7. 1.) 「도시 및 주거환경정비법」(이하 '도시정비법'이라 한다)은[1] 「도시개발법」, 「주택법」 등과 같이 학문상 개발사업법으로[2] 도시 내 토지의 합리적 이용을 목적으로 하므로 「국토계획법」과 동일한 목적을 추구하지만, 공법적 수단과 절차를 통해 도시의 질서에 적극적으로 개입할 것을 정하고 있다는 점에서 「국토계획법」과 차이를 보인다.[3]

그 제정이유에서 1970년대 이후 산업화·도시화 과정에서 대량 공급된 주택들이 노후화됨에 따라 이들을 체계적이고 효율적으로 정비할 필요성이 커지고 있으나, 현행 재개발·재건축 및 주거환경개선사업이 각각 개별법으로 규정되어 이에 관한 제도적 뒷받침이 미흡하므로, 이를 보완하여 일관성 있고 체계적인 단일·통합법을 제정하려는 것이다. 동법의 목적은 도시기능의 회복이 필요하거나 주거환경이 불량한 지역을 계획적으로 정비하고 노후·불량건축물을 효율적으로 개량하기 위하여 필요한 사항을 규정함으로써 도시환경을 개선하고 주거생활의 질을 높이는 데 이바지함을 목적으로 한다(법 제1조).

Ⅱ. 정비사업의 유형

정비사업이란 법정한 절차에 따라 도시기능을 회복하기 위하여 정비구역에서 정비기반시설을 정비하거나 주택 등 건축물을 개량 또는 건설하는 다음의 사업을 말한다(법 제2조 제2호). 이들은 정비구역이 지정되므로 그 유형에 따라 이들을 쉽게 구분할 수 있다. 특히 아래 사업들간의 차별화 요소를 이루는 것이 바로 정비기반시설의 양호여부에 따라 구분된다.

---

1) 2020. 3. 31. 개정법(시행 2021.4.1 법률 제17171호)을 기준으로 하였다.
2) '개발사업'이란 토지의 합리적 이용을 위해 행정청 또는 조합 등이 사업시행자가 되어 시가지를 재정비하거나 신도시를 건설하는 사업을 말한다. 이에 속하는 가장 전형적인 것은 재개발·재건축 등 정비사업(도시정비법), 도시개발사업(도시개발법), 주택건설사업(주택법), 택지개발사업(택지개발촉진법) 등이다. 개발사업의 근거가 되는 '개발사업법'은 토지의 합리적 이용을 위한 적극적 개입수단으로서 개발사업에 대해 정하고 있는 법률들을 부르는 학문상의 명칭이다(김종보, 건설법(제6판), 385면).
3) 김종보, 건설법(제6판), 10면.

1. 주거환경개선사업

가. 의의

(1) 도시저소득 주민이 집단거주하는 지역으로서 정비기반시설이 극히 열악하고 노후·불량건축물이 과도하게 밀집한 지역의 주거환경을 개선하거나 단독주택 및 다세대주택이 밀집한 지역에서 정비기반시설과 공동이용시설 확충을 통하여 주거환경을 보전·정비·개량하기 위한 사업(법 제2조 제2호 가목)을 말하는데, 재원도 대체로 공공부분에 의해 조달되므로 이에 대한 민간건설사의 지분 참여는 매우 제한적이고 시장의 관심을 받지 못하는 사업이다. "노후·불량건축물"이 무엇인지 관해서는 "정비구역 지정의 요건"에서 상술하기로 한다.

나. 연혁

1980년대 불량주거지 중에서 수익성이 어느 정도 보장되는 지역은 재개발구역으로 지정되고, 건설사가 함께 사업을 진행하는 "합동재개발"방식이 채택되었다. 그러나 건설사 입장에서 수익을 예상하기 어려운 지역은 주민들이 자력으로 불량주거지를 개선할 수밖에 없었으며, 이 때문에 "자력재개발"이라는 명칭이 생겨났다. 원래 재개발사업의 일종이었던 자력재개발은 주민들의 힘을 모아 자발적으로 정비사업을 시행하는 제도였다. 1989. 4. 1.(법률 제4115호, 시행 1989. 7. 2.) 자력재개발을 활성화하기 위해 「도시저소득주민의주거환경개선을위한임시조치법」이 제정 되었고, 동법에 의한 주거환경개선사업이 「도시정비법」에 통합되었다. 동 사업은 국가예산이 투입되고, 지방자치단체나 한국토지주택공사가 단독사업시행자가 되지만 통합된 「도시정비법」에 그 절차에 대한 조항이 충분히 마련되어 있지 않다.[4]

2. 재개발사업

정비기반시설이 열악하고 노후·불량건축물이 밀집한 지역에서 주거환경을 개선하거나 상업지역·공업지역 등에서 도시기능의 회복 및 상권활성화 등을 위하여 도시환경을 개선하기 위한 사업(법 제2조 제2호 나목)을 말한다. 종래 「도시정비법」상 주택재개발사업은 주거환경을 개선하기 위하여 시행하는 사업이었고, 도시환경정비사업은 상업지역 등에서 도시기능의 회복 등을 하기 위한 사업으로 나뉘어져 있었지만, 2017. 2. 8. 법률 제14567호로 전면개정하여 2018. 2. 9.부터 시행하는 법(이하 '2018. 2. 9. 시행법'이라 한다)부터는 양자가 통합되어 재개발사업으로 불리게 되었다. 도시환경정비사업이라 칭하기 이전 구 「都市再開發法」에서 도심재개발과 공장재개발을 통합한 것으로, 동 사업은 도심에서 대규모의 빌딩을 건설하는 사업으로 활용되며, 조합방식 또는 **토지등소유자**가 시행자가 되는 방식으로 나뉜다. **토지등소유자**가 사업시행자가 되는 경우에 대한 조항이 부족해 사업절차 등이 불분명한

---

4) 김종보, 건설법(제6판), 396면.

것이 도시환경정비사업의 약점이었다.[5]

2018. 2. 9. 시행법은 도시환경정비사업을 재개발사업으로 통합하여 독자적인 명칭은 사라졌지만 "**토지등소유자**가 시행하는 재개발사업"은 도심의 낙후된 지역을 재정비한다는 명분하에 대토지소유자에게 개발사업의 주도권을 부여하는 조금 기묘한 사업이다. 사업시행자인 **토지등소유자**가 자치적으로 정한 규약이 정비조합의 정관과 같은 자치법규가 된다(법 제2조 제11호 나목). 「도시정비법」은 2018년부터 **토지등소유자**수를 20명 미만으로 제한하고 있다(법 제25조 제1항 제2호). **토지등소유자** 재개발 사업은 대토지소유자가 군소필지소유자의 토지를 매수하고 매수가 어려우면 토지를 수용해서 빌딩을 짓는 사업이다. 그러므로 사업의 초창기에 수십명의 구성원으로 시작되는 사업시행자 단체는 사업의 도중에 한명의 소유자만 남는 1인 단체가 된다. 2018년 도시환경정비사업은 **토지등소유자**가 시행하는 재개발로 변경되었다.[6]

3. 재건축사업

정비기반시설은 양호하나 노후·불량건축물에 해당하는 공동주택이 밀집한 지역에서 주거환경을 개선하기 위한 사업(법 제2조 제2호 다목)을 말한다. 종래 「주택건설촉진법」(이하 '주촉법'이라 한다)상의 재건축조합과 그 규정을 「도시정비법」이 받아들이면서 상당히 많은 내용이 추가되었다. 법령상 재건축사업과 재개발사업의 가장 중요한 차이는 단지 "정비기반시설이 열악한지" 여부일 뿐이다. 재개발은 입지가 재건축만큼 좋지 않아 개발이익이 높지 않고 **토지등소유자**도 균질적이지 않아 사업의 진행이 쉽지 않다. 이에 비해 재건축사업이 시작된 곳이 강남의 요지이며 재건축이 이루어지면 개발이익이 충분히 보장된다. 따라서 건설사는 재건축을 중요한 사업대상으로 인식했으며 이는 2000년대 초반 재건축과열로 이어졌다.[7]

2018. 2. 9. 이전 「도시정비법」은 "정비구역 아닌 구역"에서도 재건축사업을 시행할 수 있도록 규정하고 있었다(구법 제2조 제2호). 일반적으로 정비사업은 구역지정이 선행되고 그 정비구역 안에서 시행되는 것이 원칙인데, 재건축 정비구역의 지정은 일정세대 또는 일정규모 이상이어야 하므로, 구역지정이 불가능한 소규모사업장이 존재할 수 있다. 이러한 소규모 재건축사업을 위해 구법은 정비구역이 아닌 구역에서 시행될 수 있도록 예외를 인정하고 있었다. 그러나 2018. 2. 9. 「빈집 및 소규모주택정비에 관한 특례법」(이하 '소규모주택정비법'이라 한다)이 시행되면서, 구법상 정비구역이 아닌 구역의 재건축사업과 관련된 규정은 「소규모주택정비법」으로 이관되었다(같은 법 제2조 제3호 다목, 같은 법 시행령 제3조 제3호).[8]

「도시정비법」의 제정으로 재개발·재건축사업은 정비구역의 지정, 관리처분계획의 수립, 이전고시,

---

5) 김종보, 건설법(제6판), 395면.
6) 김종보, 건설법(제6판), 679면.
7) 김종보, 건설법(제6판), 394면.
8) 김종보, 건설법(제6판), 394~395면.

추가부담금을 청산금 부과처분으로 징수한다는 점 등을 보면 공법적 통제라는 관점에서 상당히 근접하고 있다. 그러나 재개발은 수용재결에 의하고, 재건축은 매도청구소송·안전진단 등에서 여전히 차이를 보인다. 그렇지만 재건축사업이 「도시정비법」상의 정비사업인 이상, 이러한 차이가 재건축사업이 공익사업의 일종임을 부인하는 논거가 될 수 없으며, 다만 재개발사업에 비해 그 공공성이 상대적으로 약하다는 의미로 해석될 뿐이다.9)

Ⅲ. 「도시정비법」의 연혁

〈표 1〉 정비사업의 연혁 체계

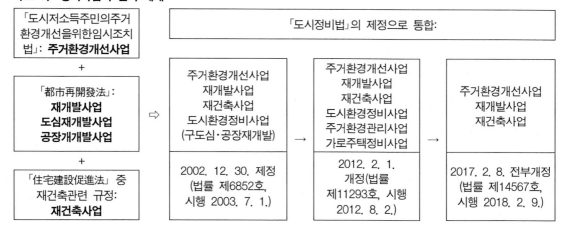

1. 「도시정비법」 제정 이전

1934년 6월 20일 조선총독부 제령 제18호로 도시계획법의 전신이라 할 수 있는 「朝鮮市街地計劃令」이 제정된 후 해방 이후까지 지속되다가 1962년 동령에 포함되어 있던 내용 중 건축분야는 별도로 「건축법」으로 규정하고, 나머지 분야는 「도시계획법」으로 규정하였다. 그 후 1971. 1. 19.(시행 1971. 7. 20.) 법률 제2291호로 「도시계획법」에서 도시계획으로 재개발사업에 관한 계획을 신설하였다.

「도시계획법」상의 재개발사업은 1976. 12. 31. 「都市再開發法」을 제정하였는데, 동법의 제정이유는 「도시계획법」에 의한 재개발사업은 재개발구역지정요건의 불충분, 영세권리자보호규정의 미흡 등으로 재개발사업의 원활한 추진에 많은 문제가 있었던 바, 이러한 문제점을 해결하여 보다 효율적인 사업수행을 확보하기 위하여 「도시계획법」 중에 규정되어 있는 재개발사업 관계조항을 보완하여 새로운 법률로 제정하였다. 재개발사업은 그 성질에 따라 도심지재개발사업과 주택개량재개발사업으로 구분하

---

9) 김종보, 건설법(제6판), 398면.

여 시행하도록 하였다. 1973. 3. 5. 법률 제2581호로 제정 및 시행된 「주택개량촉진에관한임시조치법」은 「도시계획법」에 의한 재개발사업을 활성화하기 위한 특별법으로 1983년 1월 「도시재개발법」으로 흡수되었다.

한편 재건축사업은 「도시정비법」 제정 이전 1984. 4. 10. 「집합건물법」을 제정(시행 1985. 4. 11. 법률 제3725호)하면서 "재건축 결의"(집합건물법 제47조)에 관한 규정을 두었고, 그 후 1994. 1. 7.(법률 제4723호. 시행 1994. 3. 1.) 「주촉법」을 개정하면서 "재건축"이라는 용어를 처음 사용하고 그에 대한 안전진단의 실시에 관한 규정(주촉법 제44조 제9항)을 도입하였으며,[10] 1999. 2. 8.(시행1999. 3. 1. 법률 제5908호) 「주촉법」 개정으로 재건축조합의 주택건설 및 공급에 관한 규정을 두었다(법 제44조의3). 즉 구법에 의한 재건축사업의 시행은 사업승인(제33조) 및 조합설립(제44조)과 관련된 사항은 전적으로 「주촉법」에 근거했고, 다만 재건축 결의(제47조)와 반대하는 이해관계인의 소유권을 박탈하기 위한 수단만을 「집합건물법」 제48조에 의존하고 있었다. 「집합건물법」 제47조 제2항에 따르면 「도시정비법」의 제정 전후 일관되게 구분소유자 및 의결권의 5분의 4 이상의 재건축 결의가 있는 경우 이들이 재건축에 반대하는 자들에 대해 매도청구권을 행사(동법 제48조)할 수 있도록 규정하고 있었다.

2. 「도시정비법」의 제정

그 후 재건축수요가 폭발적으로 증가하여 부동산 투기 바람이 사회적인 문제가 되기에 이르렀다. 따라서 2002. 12. 30. 재건축사업을 「주촉법」에서 삭제하는 방식으로 「주택법」을 별도로 제정하는 한편, 「도시재개발법」, 「도시저소득주민의주거환경개선을위한임시조치법」, 「주촉법」으로 각각 개별법으로 규정하여 이에 관한 제도적 뒷받침이 미흡하므로, 종래의 주거환경개선사업·재개발사업·재건축사업 및 도시환경정비사업 등 이를 보완하여 일관성 있고 체계적인 단일·통합법인 「도시정비법」을 제정 (법률 제6852호, 시행 2003. 7. 1.) 하였다.

그 후 2012. 2. 1. 개정(법률 제11293호, 시행 2012. 8. 2.)으로 지방자치단체 등이 정비기반시설 및 공동이용시설을 설치하고 **토지등소유자**가 스스로 주택을 보전·정비·개량하는 "주거환경관리사업"과 노후·불량건축물이 밀집한 가로구역에서 종전의 가로를 유지하면서 소규모로 주거환경을 개선하는 "가로주택정비사업" 방식을 새로이 도입하였다가, 2018. 2. 9. 시행법에서는 정비사업의 유형을 주거환경개선사업과 주거환경관리사업을 통합하여 주거환경개선사업으로 하고, 재개발사업과 도시환경정비사업을 통합하여 재개발사업으로 통합하였다.

또한 현행 「도시정비법」은 대규모 정비사업 위주로 주요내용이 구성되어 있어서, 가로주택정비사업 등 소규모 정비사업과 관련된 사항이 있으나 사업 활성화를 위한 지원규정은 미흡한 수준이었다. 특히 저소득층의 60% 이상이 단독·다세대주택에 거주하고 있다는 점에서 소규모주택 정비에 대한 공공의 다각적 지원이 요구되었다. 이에 빈집 및 소규모주택 정비에 관한 「소규모주택정비법」을 새로이 제정

---

10) 1972. 12. 30.(법률 제2409호, 시행 1973. 1. 15.) 제정된 「주촉법」은 계획성 있는 주택의 공급을 목적으로 한다.

하여, 현행 「도시정비법」에서 규정하고 있는 가로주택정비사업 등을 이 법으로 이관하여 사업절차를 간소화하여 신설하였다.

이러한 연혁에도 불구하고 현행 「도시정비법」은 재개발사업의 근거 법률인 「도시재개발법」의 법체계를 모태로 하였다는 점에서 재건축사업 근거 법률인 「집합건물법」과 「주촉법」의 취지가 온전하게 반영된 단일·통합법으로 보기는 어렵다.

그리고 최근에는 2005. 12. 30. 법률 제7834호로 낙후된 기존 구시가지의 재개발 등 각종 정비사업을 좀 더 광역적으로 계획하여 효율적으로 개발할 수 있는 체계를 확립하고 도시기반 시설을 획기적으로 개선함으로써 기존도시에서의 주택공급 확대와 함께 도시의 균형발전을 도모하기 위하여 「도시재정비 촉진을 위한 특별법」(이하 '도시재정비특별법' 이라 한다)을 제정(시행 2006. 7. 1.) 하였다.

IV. 정비사업의 법적 성질 및 구조이론

정비사업의 본론에 들어가기 전에 정비사업에 대한 학문상 법적 성질 내지는 구조에 관한 이론을 먼저 논의하는 것이 필요하다.

1. 공용환지와 공용환권

「도시재개발법」이 제정되고 이에 대하여 공용환권이라는 용어가 사용되기 시작했고, 현재까지 재개발사업은 공용환권의 성질을 갖는다는 견해가 일반적으로 통용되고 있으며,[11] 1990년대에 이르러 판례도 "「도시재개발법」에 의한 재개발사업에 있어서의 분양처분은 재개발구역 안의 종전의 토지 또는 건축물에 대하여 재개발사업에 의하여 조성되거나 축조되는 대지 또는 건축 시설의 위치 및 범위 등을 정하고 그 가격의 차액에 상당하는 금액을 청산하거나, 대지 또는 건축 시설을 정하지 않고 금전으로 청산하는 공법상 처분으로서, 그 처분으로 종전의 토지 또는 건축물에 관한 소유권 등의 권리를 강제적으로 변환시키는 이른바 공용환권에 해당한다"고 하여,[12] 이와 같은 입장을 취하고 있다.

통설에서 말하는 공용환권이란 소유자의 의사에 무관하게 강제적으로 권리를 교환·분합하는 것으로 정의하며,[13] 그 개념요소로서 신구권리가 시간적으로 연속할 것, 소유권이 사업시행자에게 이전되는 과정이 없을 것, 구권리는 환권처분에 의해 소멸할 것 등을 개념요소로 한다. 또 다른 정의는 일정한 지역 안에서 토지와 건축물 등 도시공간의 효용을 증대시키기 위한 사업을 실시하기 위하여 토지 및 건축물의 소유권 및 기타의 권리를 권리자의 의사와 관계없이 강제적으로 교환·분합하는 것으로[14] 말

---

11) 김철용, 행정법(제6판), 929면; 박균성, 행정법론(하), 537면; 신봉기, 행정법개론, 990면.
12) 대법원 1995. 6. 30. 선고 95다10570 판결.
13) 김종보, 건설법(제5판), 529면.
14) 박균성, 행정법론(하), 537면.

하고 있다.

이에 비하여 공용환지란 토지의 구획·형질의 변경, 공공시설의 정비 등에 의한 토지의 이용가치를 증진시키기 위하여 일정한 지역 안에 있어서의 토지의 소유권 또는 그 밖의 권리를 권리자의 의사 여하에 불구하고 강제적으로 교환·분합하는 것을 말한다.[15] 공용환지가 평면적인 변환방식이라면, 공용환권은 입체적인 변환방식이라 할 수 있다.

공용환권과 공용환지는 공익상 필요한 특정한 공익사업 등을 위하여 권리자의 의사 여하에도 불구하고 직접 토지등에 관한 권리에 대하여 강제적으로 물권적 변동을 가한다는 점이 같다.[16] 공용환지와 공용환권이라는 용어는 우리나라에서 오랜 기간 시행된 토지구획정리사업과 재개발사업에서 사용되는 고권적 수단을 지칭하기 위해 행정법학에서 만들어낸 학문상 개념이다.[17] 「도시정비법」 이전시대에는 공용환권과 전혀 별개의 사업으로 해석되던 「주촉법」에 의한 재건축사업에 대해서도 판례는 관리처분계획 인가 및 이에 따른 이전고시 등의 절차를 거친다는 점에서 공용환권된 것으로 보고 있다.[18]

2. 정비사업과 행정계획[19]

가. 「도시정비법」상 행정계획

「도시정비법」상 정비사업은 각 사업의 단계가 크게 3영역으로 나뉘며 이들은 대체로 큰 틀에서 유사한 절차로 진행되는데 각 단계별로 포괄적인 행정계획으로 시작되는데, 정비계획의 수립과 정비구역의 지정(제1차계획), 사업시행계획(제2차계획), 관리처분계획(제3차계획)이 그것이다. 이러한 행정계획들은 「도시정비법」이 '계획'이라는 실정법상 용어를 공히 사용하고 있다는 점, 입안권자와 결정권자가 구별되는 점, 대상지역을 포괄하여 권리·의무가 변동되므로 개별적인 통지가 아니라 고시를 효력발생요건으로 한다는 점, 계획의 수립에 있어서 공람 등 계획수립절차규정이 마련되어 있다는 점, 행정계획 자체가 행정처분으로서 취소소송의 대상이 된다는 점, 계획에 의해 권리·의무가 확정되지만 후속 집행행위를 통해서 권리의 변동이 초래된다는 점 등을 공통으로 한다.

정비계획, 사업시행계획, 관리처분계획 등 행정계획은 대상지역내 **토지등소유자**의 권리의무를 변동시키는 행정처분으로 이의 효력발생요건으로 반드시 권리·의무에 영향을 받는 상대방에게 통지되어야 하는데, 행정처분 중에서도 행정계획과 같이 이해관계인이 다수이기 때문에 개별적인 통지는 기술적으로 어렵고, 만약 개별적인 통지를 효력발생요건으로 하면 권리·의무의 변동시기가 통일될 수 없기 때문이기도 하다. 한편 행정계획은 그 입안과정에서 행정청에게 광범위한 형성의 자유(계획재량)를 인정하는 행정작용으로, 실질적인 내용을 사후에 통제하는 것보다는 사전에 주민참가나 위원회 심의와 같

---

15) 박균성, 행정법론(하), 524면.
16) 김철용, 행정법(제6판), 929면.
17) 김종보, 건설법(제5판), 524면.
18) 대법원 2009. 6. 23. 선고 2008다1132 판결; 대법원 2011. 4. 14. 선고 2010다96072 판결.
19) 김종보, 건설법(제6판), 416~418면.

은 계획수립절차를 통하여 행정계획을 통제하는 것이 효율적이라고 받아들여지고 있다.

나. 행정계획과 집행행위

각 단계별 행정계획은 정비사업을 위한 포괄적인 계획이며 행정계획이 계획하고 있는 내용은 반드시 집행행위를 통하여 구체화되게 된다. 가령 정비구역지정 후 조합설립인가라는 집행행위가 따르게 되고, 사업시행계획의 인가가 있으면 재개발사업의 경우 수용재결이라는 집행행위가 뒤따른다. 관리처분계획은 권리배분계획으로 그 구체적인 현실화는 이전고시 및 청산금 부과처분이라는 집행행위로 연결된다. 따라서 행정계획은 권리·의무가 변동될 것을 확정하는 역할을 하고, 집행행위는 권리·의무를 직접적으로 변동시키는 역할을 담당하게 된다. 그리고 행정계획이 행정처분이어서 취소소송의 대상이 되는 것과 마찬가지로, 집행행위도 행정처분의 형식을 취하는 한 취소소송의 대상이 된다. 다만 집행행위는 행정계획의 내용을 그대로 실현하는 것에 불과하므로 새로운 내용을 정할 수 없으며, 행정계획의 내용에 반하는 집행행위는 무효가 된다.

3. 정비사업의 구조이론[20]

가. 환권형(환권방식)과 배분형(취득·배분방식)

환권형과 배분형은 개발사업의 과정에서 소유권 이동경로의 차이에 착안해서 사업시행자에게 소유권이 이전되지 않는 사업과 이전되는 사업을 구별하기 위해 제안한 용어이다.[21] 현재 실무상 <u>재건축사업은 신탁이 이루어지고 있다는 점에서 배분형(취득·배분방식)에 가깝게 사업이 진행되고, 재개발사업은 이전고시가 이루어지는 시점까지 찬성**조합원**의 구토지소유권이 여전히 존속하므로 환권형(환권방식)에 가깝게 운영되고 있다.</u>

(1) 환권형(환권방식)

환권형이란 개발사업의 과정에서 사업시행자가 소유권을 이전받는 과정 없이 소유자들의 구소유권을 일정 시점에 새로운 소유권으로 변환시켜 주는 방식을 말한다. 이 방식에서는 사업시행자 앞으로 등기할 필요도 없고, 수용권도 원칙적으로 필요하지 않다. 환권처분(「도시개발법」상 환지처분과 「도시정비법」상 이전고시)에 의해 소유권이 변환되기 때문이다.[22]

환권형은 환지방식의 도시개발사업(도시개발법 제28조 내지 제49조)에서 환지계획과 환지처분은 전

---

20) 정비사업 등 개발사업에서 구조이론을 주창(主唱)한 김종보 교수는, 이에 대하여 구조요소와 절차의 상호관련성을 통해 정비사업의 구조를 설명해주는 이론체계로 지칭하고 있으며, 다음과 같이 세 가지 유형으로 분류하고 있다(김종보, "정비사업의 구조이론과 동의의 평가", 일감법학 제20권, 2011, 148면).

21) 김종보, 앞의 논문, 153면.

22) 김종보, 앞의 논문, 153면.

형적인 환권형으로 환지처분에 의해 구소유권이 소멸하고 새로운 소유권이 부여되는 것으로 명시하고 있다(도시개발법 제42조 제1항).[23]

환권방식이란 변환되는 권리가 토지인가, 건물인가를 가리지 않고, 사업의 일정시점에 신구권리가 연속하여 변환되는 사업방식으로, 토지를 변환해주는 공용환지와 권리를 변환해 주는 공용환권의 상위 개념으로 공익목적에 의한 강제적 수단이다. 공용환지는 토지구획정리사업에서 환지계획과 환지처분을 통하여 토지소유자의 구소유권을 소멸시키고 새로운 환지를 부여하는 사업시행자의 권능을 말하고, 공용환권은 재개발사업에서 관리처분계획과 이전고시(분양처분)를 통해 **토지등소유자**의 건물 또는 토지소유권을 아파트의 전유부분 및 대지사용권으로 전환해 주는 사업시행자의 권능을 말하며 이 둘은 환권방식의 유형이다.[24] 물론 반대하는 **토지등소유자**의 소유권을 수용한다는 점에서 재개발의 경우에도 취득·배분방식의 성질을 동시에 갖는다.

(2) 배분형(취득·배분방식)

배분형은 사업의 초기에 사업시행자가 구성원의 토지를 모두 인수하여 하나로 혼합한 후 권리배분계획에 따라 소유권을 배분해주는 사업의 구조를 말한다. 배분형은 **조합원**의 소유권을 조합이 신탁 등을 통해 이전받고, 반대하는 자들의 소유권을 모두 수용(또는 매도청구)해서 사업대상지 전체의 소유권을 취득해야 배분계획을 수립할 수 있다.[25]

「도시정비법」 제23조 제1항 제4호에 의한 주거환경개선사업 중 공동주택방식은 사업시행자가 소유권을 전부 수용한 후, **토지등소유자**에게 관리처분계획에 따라 배분하는 구조를 취한다.[26] 취득·배분방식은 부동산 소유자의 소유권을 조합이 수용이나 신탁 등을 통해 이전받고, 반대하는 자들의 소유권을 모두 수용(또는 매도청구)해서 사업대상지 전체의 소유권을 취득할 것을 전제로 배분절차를 진행할 수 있다.[27]

나. 강제가입제와 임의가입제

(1) 의의

「도시정비법」은 정비사업의 유형에 따라 **조합원**이 되는 자를 달리 정하고 있다(법 제2조 제9호 및 제39조 제1항). 재건축은 '정비구역안의 **토지등소유자**로서 조합설립에 동의한 자'만이 **조합원**이 될 수 있는 것과 달리, 재개발사업에서는 정비구역 안의 **토지등소유자** 전원이 **조합원**이 된다.[28] 법률상의

---

23) 김종보, 앞의 논문, 154면.
24) 김종보, 건설법(제5판), 525~527면.
25) 김종보, 앞의 논문, 153면.
26) 김종보, 앞의 논문, 154면.
27) 김종보, 건설법(제5판), 526면.
28) 대법원 1998. 3. 27. 선고 97누17094 판결; 대법원 1996. 2. 15. 선고 94다31235 전원합의체 판결.

용어는 아니지만 실무에서는 전자를 **임의가입제**, 후자를 **강제가입제**로 이해한다.[29] 재개발의 경우 조합설립에 동의하지 않더라도 정비구역 내의 **토지등소유자**이면 **조합원**이므로, 조합설립에 동의하지 않더라도 **조합원**의 지위를 갖는다. 그러나 재건축은 조합설립에 동의한 자만으로 조합이 설립되므로(법 제39조 제1항), 조합설립에 동의하지 않는 자는 매도청구의 상대방이 될 뿐이다.[30]

(2) 강제가입제와 의제동의

재개발사업이나 「도시개발법」상 도시개발사업과 같이 구역 내 **토지등소유자**를 **조합원**으로 의제하는 사업에서는 찬성하지 않는 자들도 조합이 인가되는 순간 **조합원**의 지위를 갖는다. 이처럼 강제가입제는 사실상 동의하지 않은 자들에 대해서도 동의를 의제함으로써 「도시정비법」상의 동의가 민사상 합의와 다르다는 점을 보여준다. 또한 동의하지 않는 자들에 대해 바로 매도청구권이 인정되어 소유권이 박탈되는 임의가입제와 달리 강제가입제에서는 조합설립에 동의하지 않은 자들에 대해서 특별한 불이익이 예정되어 있지 않다. 이들이 관리처분계획의 단계에서 분양신청을 하지 않으면 현금청산 및 수용재결의 단계를 거쳐 소유권을 잃게 될 뿐이다. 현금청산이나 수용재결에서도 조합설립에 동의하지 않은 것이 요건이 아니라, 분양신청을 하지 않은 것만이 요건이라는 점에 유의해야 한다.[31]

다. 정관중심형과 처분중심형

개발사업 중 조합에 의해 진행되는 개발사업들은 다양한 형태를 띨 수 있는데, 법의 통제강도를 기준으로 보면 공법적 통제가 강한 '처분중심형(處分中心型)' 사업과 사적자치를 존중하는 '정관중심형(定款中心型)' 사업으로 구별할 수 있다. 각종의 개발사업들은 그 성격에 따라 상가조합사업과 같이 전혀 공법이 개입하지 않아 행정처분이 존재하지 않고 단순하게 조합계약의[32] 힘만으로 사업이 진행될 수도 있고, 행정청이 직접 시행자가 되는 재개발사업처럼 조합계약 자체가 없이 구역지정, 사업시행인가, 관리처분계획이라는 처분에만 의존해서 진행되는 사업도 있다. 「도시정비법」이 예정하고 있는 재개발·재건축 등은 대체로 조합을 결성해서 조합정관이 힘을 발휘하도록 설계하면서, 동시에 구역지정, 조합설립인가, 관리처분계획 등 처분의 힘에 의존해서 사업이 진행될 것을 동시에 예정하는 복합적인 구조를 가지고 있다.[33]

"정관중심형 사업"은 개발사업 중에서도 절차가 단순하고 규제가 약한 사업이며 조합정관에 사업의 주된 내용을 담고 정관의 구속력에 의존해서 사업을 진행하는 방식에 의한다. 이러한 사업은 사업의 공공성이 그리 높지 않아 최소한의 공적 통제를 제외하면 사적자치가 보장되는 방식으로 제도가 마련

---

29) 서울고등법원 2006. 12. 29. 선고 2006노1833(분리) 판결.
30) 김종보, 앞의 논문, 162~163면.
31) 김종보, 앞의 논문, 163면.
32) 조합계약은 2인 이상이 상호 출자하여 공동사업을 경영할 것을 약정함으로써 성립하는 계약이다(민법 제703조).
33) 김종보, 앞의 논문, 167~168면.

된다. 이 경우 조합설립에 대한 행정청의 승인 이외에 사업의 개시, 사업대상지 결정, 사업지의 소유권 확보, 경비부과, 권리배분 등 중요한 사업내용들이 모두 조합의 정관이 정하는 바에 의존한다. 결국 소송의 형태도 민사소송이 되는 것이 통례이며 소송에서 현출되는 다양한 쟁점들이 조합정관의 해석문 제로 수렴되는 경향을 보인다. 「주택법」상 지역조합, 직장조합 사업은 전형적인 정관중심형 사업에 속한다.[34]

"처분중심형 사업"은 입법과정에서 특정한 사업의 필요성과 공공성이 높이 인식되어 사업의 각 단계 별로 행정청의 승인 등 공적 통제수단이 마련되고, 동시에 사업시행자인 조합에게도 원활한 사업수행 을 위한 공법상의 처분권이 부여된다. 그리고 절차의 각 단계를 중요한 행정계획으로 묶어 행정청의 승인 대상(실시계획, 관리처분계획의 인가 등)으로 정하면서, 행정계획에서 포괄적으로 정하고 있는 법률관계를 실현하기 위한 개별적인 처분들은 조합에 의해 내려지도록 설계되어 있다. 다른 한편, 총 회결의를 통해 사적 자치를 보장하면서 이를 내용으로 하는 행정처분을 발급하는 구조를 취한다. 그러 므로 사업시행자가 조합인 처분중심형 사업의 경우 **조합원**이 사업시행 과정의 의사결정에서 전적으로 배제되는 것은 아니다.[35]

V. 「도시정비법」의 법령체계 및 구성

〈표 2〉 법령체계도(법제처 국가법령정보센터)

법	시행령	시행규칙	행정 규칙	단독주택지 재건축 업무처리기준(국토교통부훈령)
				소형주택의 활용기준 산정방법(국토교통부고시)
				주택 재건축 판정을 위한 안전진단 기준(국토교통부고시)
	도시및주거환경정비등 기처리규칙			정비사업의 임대주택 및 주택규모별 건설비율(국토교통부고시)
			자치 법규	

---

34) 김종보, 앞의 논문, 168~169면.
35) 김종보, 앞의 논문, 169면.

〈표 3〉「도시정비법」의 구성

제2장 기본계획의 수립 및 정비구역의 지정

「도시정비법」에 따르면 국토교통부장관은 도시·주거환경정비 기본방침(이하 '기본방침'이라 한다)을 수립하고(제3조), 특별시장·광역시장·시장은 기본계획을 수립하며(제4조), 시장·군수는 기본계획에 적합한 범위에서 정비계획을 입안(수립)하여 일정한 절차를 거쳐 시·도지사에게 정비구역지정을 신청하고, 시·도지사는 지방도시계획위원회의 심의를 거쳐 정비구역을 지정하고 이를 공보에 고시하며, 기본방침 및 기본계획의 수립부터 정비계획의 수립 및 정비구역의 지정까지의 일련의 절차를 규정하고 있다.

제1절 도시·주거환경정비 기본방침

「도시정비법」은 제1장 총칙 제3조에서 기본방침에 관해서 명시하고 있다. 즉 국토교통부장관은 도시 및 주거환경을 개선하기 위하여 10년마다 다음 각 호 1. 도시 및 주거환경 정비를 위한 국가 정책방향, 2. 법 제4조 제1항에 따른 도시·주거환경정비기본계획의 수립 방향, 3. 노후·불량 주거지 조사 및 개선계획의 수립, 4. 도시 및 주거환경 개선에 필요한 재정지원계획, 5. 그 밖에 도시 및 주거환경 개선을 위하여 필요한 사항으로서 **대통령령**으로 정하는 사항을 포함한 기본방침을 정하고, 5년마다 타당성을 검토하여 그 결과를 기본방침에 반영하여야 한다.[36]

동 기본방침은 법문언상으로는 국가가 수립하는 국가계획의 성격으로, 지방자치단체계획이라 할 수 있는 도시·주거환경정비기본계획 및 도시·주거환경정비계획의 상위계획으로서의 지위를 가지는 것으로 볼 수 있을 것이나, 현행 입법 체계상 하위법령에 구체적인 위임이나 집행에 관한 사항을 정하고 있지 않는 것으로 보아서 상위계획의 지위로서의 위상은 다소 미흡할 것으로 보인다.

---

36) 조문에서 위임한 사항을 규정한 하위법령이 없다.

Ⅰ. 기본계획의 의의와 법적 성격

1. 기본계획의 의의

도시·주거환경정비기본계획(이하 '기본계획'이라 한다)은 도시계획으로서 도시기본계획과 유사한 행정청 내부계획이면서 정비계획의 상위계획으로 「도시정비법」 제4조의 규정에 의해 수립되는 계획으로, 인구 50만 명 이상의 도시에서 의무적으로 수립하는 법정계획이다. 기본계획의 연혁은 구 「도시재개발법」상의 재개발기본계획을 제도적으로 승계한 것이며(구 도시재개발법 제3조), 정비계획 및 정비구역의 입안권자와 결정권자는 모두 기본계획에 구속된다.[37)38)]

2. 기본계획의 지위와 성격

기본계획은 도시·군기본계획의 하위계획으로 도시·군기본계획상 토지이용계획과 부문별 계획 중 도시·주거환경의 정비에 관한 내용을 반영하며, 기본계획의 내용은 정비계획 등 하위계획 및 관련 토지이용계획에 반영되어야 한다(기본계획수립지침 1-3-1). 가령 "2025서울특별시도시·주거환경정비기본계획은 상위계획인 2030서울도시기본계획(2030서울플랜) 및 2020주택종합계획의 내용을 연계·수용하고, 서울시 주거지역 전체에 대한 정비·보전·관리의 방향을 제시함과 동시에 정비계획의 상위계획으로서, 정비사업의 기본방향, 토지이용계획, 정비기반시설계획, 건축물계획 등에 대한 지침역할을 수행한다고" 하고 있다.[39)]

기본계획은 행정기관의 구상 또는 행정지침으로서의 성격을 가지고 있으나 기본계획이 수립된 것만으로는 개인에 대한 구체적인 권리·의무관계에 직접적인 영향을 미치지 않는[40)] 비구속적 행정계획이다. 따라서 기본계획은 도시 및 주거환경정비에 관한 기본방침을 정하는 행정계획으로서 대외적으로는 구속력이 없고 대내적으로만 구속력이 인정되는 것이므로 항고소송의 대상이 되는 처분이라고 할 수 없다.[41)]

---

37) 김종보, 건설법(제6판), 404면.
38) 「도시·주거환경정비기본계획수립지침」(이하 '기본계획수립지침'이라 한다)에 따르면 기본계획은 「국토계획법」의 도시·군기본계획 등 상위계획의 이념과 내용이 정비사업을 통해 실현될 수 있도록 도시정비의 미래상과 목표를 명확히 설정하고 실천 전략을 구체적으로 제시한다(기본계획수립지침 1-2-1). 기본계획은 도시기능의 보존·회복·정비 차원에서 정비구역별 정비사업의 방향과 지침을 정하여 무질서한 정비사업을 방지하고, 적정한 밀도로 주변지역과 조화되는 개발을 유도하여 합리적인 토지이용과 쾌적한 도시환경의 조성 및 도시기능의 효율화를 도모하고(동 지침 1-2-2), 도시의 경제·사회·문화 활동, 물리적 환경의 현황, 장래 변화에 대한 과학적 분석과 정비사업 수요 예측에 따라 단계별로 사업이 이루어지도록 함으로써 장래의 개발수요에 효과적으로 대처하고 정비사업의 합리성·효율성을 도모한다(동 지침 1-2-3).
39) 2025 서울특별시 도시·주거환경정비기본계획, 12면.
40) 맹신균, 도시정비법 해설[개개발·재건축](상), 법률&출판, 2016, 84면.
41) 박균성, 행정법론(하), 539면.

Ⅱ. 기본계획의 수립 절차

〈표 4〉기본계획 수립절차

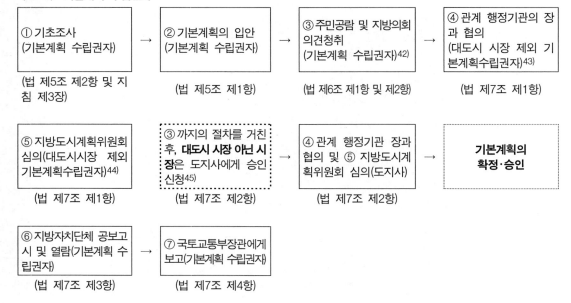

① 기초조사 (기본계획 수립권자) (법 제5조 제2항 및 지침 제3장)	→	② 기본계획의 입안 (기본계획 수립권자) (법 제5조 제1항)	→	③ 주민공람 및 지방의회 의견청취 (기본계획 수립권자)42) (법 제6조 제1항 및 제2항)	→	④ 관계 행정기관의 장과 협의 (대도시 시장 제외 기본계획수립권자)43) (법 제7조 제1항)
⑤ 지방도시계획위원회 심의(대도시시장 제외 기본계획수립권자)44) (법 제7조 제1항)		③ 까지의 절차를 거친 후, **대도시 시장 아닌 시장**은 도지사에게 승인 신청45) (법 제7조 제2항)		④ 관계 행정기관 장과 협의 및 ⑤ 지방도시계획위원회 심의(도지사) (법 제7조 제2항)	→	**기본계획의 확정·승인**
⑥ 지방자치단체 공보고시 및 열람(기본계획 수립권자) (법 제7조 제3항)	→	⑦ 국토교통부장관에게 보고(기본계획 수립권자) (법 제7조 제4항)				

1. 기초조사

법적 근거는 「기본계획수립지침」 제3장 및 동 지침의 근거인 법 제5조 제3항이다. 이 밖에도 법 제95조에서 정비구역 지정을 위한 기초조사 비용의 일부 보조·융자에 대하여 언급하고 있는 정도이다. 이와 대조적으로 「국토계획법」은 광역도시계획, 도시·군기본계획수립 및 도시·군관리계획의 입안 절차에서 기초조사를 하도록 명문으로 규정하고 있는 것과 비교해서, 법적 근거를 명확히 할 필요가 있다(동법 제13조 제1항·제20조 제1항 및 제27조 제2항).

기초조사는 도시·주거환경정비의 측면에서 시가 갖고 있는 문제의 파악 및 기본계획수립의 기초자료로 활용하기 위하여 실시한다(기본계획수립지침 3-1-1). 기초조사는 기준연도를 중심으로 조사하도록 하고(동 지침 3-1-2), 조사내용의 충실도에 따라 기본계획 수립에 많은 영향을 줄 수 있으므로 상세하게 조사하여야 하며, 필요한 경우 전수조사와 측량(항공측량 포함)도 실시할 수 있다(동 지침 3-2-1).

기초조사는 법령 또는 **조례**에서 정하고 있는 정비사업유형별 구역지정 요건에 해당하는 항목을 조사하여 기본계획 수립권자가 정비사업의 분류에 지장을 초래하지 않도록 한다(동 지침 3-2-2).46)

---

42) 경미한 사항 변경시 절차를 생략할 수 있다.
43) 위와 같다.
44) 위와 같다.
45) 위와 같다.
46) 기초조사는 「도시·군기본계획수립지침」 [별표]를 참고하여 조사하되, 다음 각 호 (1) 도시·군기본계획 및 도시·군관리계

2. 기본계획 수립권자의 수립(입안) 및 내용

가. 수립권자의 수립(입안)

특별시장·광역시장·특별자치시장·특별자치도지사 또는 시장은 관할 구역에 대하여 기본계획을 10년 단위로 수립하여야 한다. 다만, 대도시가 아닌 시로서[47] 도지사가 기본계획을 수립할 필요가 없다고 인정하는 시에 대하여는 기본계획을 수립하지 아니할 수 있다(법 제4조 제1항). 기본계획의 수립(입안)권자는 특별시장·광역시장·특별자치시장·특별자치도지사 또는 시장이다(동 지침 5-1-1). 즉 모든 광역자치단체는 기본계획이 수립되어야 하지만, 기초지방자치단체인 시는 기본계획수립이 원칙이지만 도지사의 판단에 따라 달라질 수 있다.

기본계획의 수립권자는 기본계획에 대하여 5년마다 타당성을 검토하여 그 결과를 기본계획에 반영하여야 한다(법 제4조 제2항). 즉 도시기본계획이 20년 단위의 장기계획인데 비하여, 기본계획의 기준연도는 계획의 수립에 착수하여 인구현황 등 기초조사를 시작하는 시점으로 하고, 「도시정비법」에 따라 수립되는 중·장기계획으로, 목표연도는 10년을 단위로 수립하여야 하며 5년마다 그 타당성 여부를 검토하여 결과를 반영하여야 한다. 다만, 2003. 7. 1. 「도시정비법」 시행 후 최초로 수립하는 기본계획의 목표연도는 2010년으로 한다. 이에 따라 2004년 '2010 도시·주거환경정비기본계획'이 수립되었다.

도시·군기본계획의 수립권자는 군수까지 포함되지만(국토계획법 제18조 제1항), 기본계획은 입법자가 그 성질상 군(郡)까지 수립의 필요성이 없다고 보아 군수는 제외된다. 그리고, 대도시가 아닌 시의 시장은 기본계획의 수립·변경 시, 도지사의 승인을 받아야(법 제7조 제2항) 하는 점은, 도시·군기본계획의 수립절차에서와 같다(국토계획법 제22조2 제1항).

나. 기본계획의 내용

기본계획에는 다음 각 호 1. 정비사업의 기본방향, 2. 정비사업의 계획기간, 3. 인구·건축물·토지이용·정비기반시설·지형 및 환경 등의 현황, 4. 주거지 관리계획, 5. 토지이용계획·정비기반시설계획·공동이용시설설치계획 및 교통계획, 6. 녹지·조경·에너지공급·폐기물처리 등에 관한 환경계획, 7. 사회복지시설 및 주민문화시설 등의 설치계획, 8. 도시의 광역적 재정비를 위한 기본방향, 9. **정비예정구역**

획 등 관련 계획, (2) 산사태·수해 등 자연재해 발생현황 및 가능성, (3) 문화재, 역사적 유물, 전통건물 또는 기타 문화자원 등 인문환경, (4) 지역별·산업별·연령별 인구의 구성, 인구이동 현황 및 변화 추이, (5) 지역총생산액, 지역별 산업체수 및 종사자수 변화 추이, (6) 각 지역의 유형별·규모별 주택의 구성 및 변화추이, 노후·불량 건축물(법 제2조 제3호에 해당하는 건축물을 말한다)의 정도, 주택밀도, 주택접도율(주택접도율 = 4M이상 도로에 접한 건축물 수/구역내 건축물 수), 주택의 가격과 소유 및 이용 형태 등 건축물(무허가 건축물 포함) 현황, (7) 용도지역·지목별 면적 및 분포, 토지의 소유형태 및 지가, 토지의 형상·고도·경사도·수계 등 지형상태, 과소필지 등 토지이용현황, (8) 교통량과 도로·상수도 등 정비기반시설 및 공동이용시설 지역별의 편재 등 현황, (9) 공공·문화체육시설, 공간시설 등의 지역별 편재 등 현황, (10) 주민의 소득수준, 생활보호 대상자 및 최저주거수준 미달 가구 현황, (11) 재개발사업 임대주택을 포함한 공공임대주택 현황의 내용을 조사한다. 다만, 수립권자가 필요하다고 판단되는 사항을 포함할 수 있으며, 조사내용 중에 해당 시에 해당되지 않는 사항은 조사에서 제외할 수 있다(동 지침 3-2-3).

47) 「지방자치법」 제175조에 따르면 서울특별시와 광역시 및 특별자치시를 제외한 인구 50만 이상을 대도시라 한다.

의 개략적 범위, 10. **단계별 정비사업 추진계획**(정비예정구역별 정비계획의 수립시기가 포함되어야 한다), 11. 건폐율·용적률 등에 관한 건축물의 밀도계획, 12. 세입자에 대한 주거안정대책, 13. 그 밖에 주거환경 등을 개선하기 위하여 필요한 사항으로서 **대통령령**으로 정하는 사항[1. 도시관리·주택·교통정책 등 「국토계획법」 제2조 제2호의 도시·군계획과 연계된 도시·주거환경정비의 기본방향, 2. 도시·주거환경정비의 목표, 3. 도심기능의 활성화 및 도심공동화 방지 방안, 4. 역사적 유물 및 전통건축물의 보존계획, 5. 정비사업의 유형별 공공 및 민간부문의 역할, 6. 정비사업의 시행을 위하여 필요한 재원조달에 관한 사항(영 제5조)]이 포함되어야 한다(법 제5조 제1항).

기본계획의 수립권자는 기본계획에 다음 각 호 1. 생활권의 설정, 생활권별 기반시설 설치계획 및 주택수급계획, 2. 생활권별 주거지의 정비·보전·관리의 방향의 사항을 포함하는 경우에는 제1항 **제9호 및 제10호의 사항을 생략**할 수 있다(법 제5조 제2항).

기본계획의 작성기준 및 작성방법은 **국토교통부장관**이 정하여 고시하도록 위임하고 있다(법 제5조 제3항). 이에 따라 2009. 8. 13. 국토해양부훈령 제2009-306호로 「기본계획수립지침」을 제정하였으며, 기본계획의 세부 작성기준 등을 정하는 것을 목적으로 하였다.[48] 그리고 동 지침에서 기본계획의 작성 기준에 해당하는 "제4장 부문별 수립기준"에서 기본계획의 내용을 세부적으로 규율하고 있다. 이러한 기본계획의 내용을 반영한 것이 특별시·광역시·특별자치시·특별자치도 또는 시별 기본계획이다.

3. 주민공람 및 지방의회 의견청취

가. 주민공람

기본계획의 수립권자는 기본계획을 수립하거나 변경하려는 경우에는 14일 이상 주민에게 공람하여 의견을 들어야 하며, 제시된 의견이 타당하다고 인정되면 이를 기본계획에 반영하여야 한다(법 제6조 제1항). 2018. 2. 9. 시행법에서는 기본계획의 수립절차에서 주민 의견청취절차를 명확하게 규정하도록 신설하였는데, 주민공람 및 의견청취제도의 취지는 기본계획수립·변경 시 주민의 의견을 반영함으로써 정비사업의 투명성·객관성을 도모함과 동시에 주민반발로 인한 사업지연을 방지하기 위함이다.[49] 작성된 기본계획안에 대하여는 관련분야 전문가와 주민대표 및 관계기관이 참석하는 공청회를 개최할 수 있도록 하고 있다(기본계획 수립지침 5-2-1).[50] 「국토계획법」은 광역도시계획, 도시·군기본 계획수립 절차에서 공청회를 하도록 명문으로 규정하고 있으며 동 조항은 강제규정 내지 기속행위의 성격으로 규정하고 있으나(국토계획법 제14조 제1항 및 제20조 제1항), 이에 비해 기본계획은 하위 법령이라 할 수 있는 「기본계획수립지침」에 규정하고 있으며 그 성격도 임의적·재량적 성격으로 규율

---

48) 사견으로는 이러한 국토교통부 훈령에 대해서도 비록 형식은 행정규칙이지만, 「도시정비법」 제5조 제3항의 위임을 받아 그 위임받은 사항을 정하고 있으며, 위 법률과 불가분적으로 결합되는 점에서 법규적 성격을 갖는 것이라 할 수 있을 것이다.

49) 맹신균, 도시정비법(상), 91면.

50) 여기서 "공청회"란 행정청이 공개적인 토론을 통하여 어떠한 행정작용에 대하여 당사자등, 전문지식과 경험을 가진 사람, 그 밖의 일반인으로부터 의견을 널리 수렴하는 절차를 말한다(행정절차법 제2조 제6호).

하고 있다. 주민은 법 제6조 제1항에 따른 공람기간 이내에 특별시장·광역시장·특별자치시장·특별자치도지사 또는 시장에게 서면(전자문서를 포함한다)으로 의견을 제출할 수 있다(영 제6조 제2항).

대법원은 "도시계획의 수립에 있어서 「도시계획법」 제16조의2의 공청회를 열지 아니하고 「공공용지의취득및손실보상에관한특례법」(이하 '공특법'이라 한다) 제8조의 이주대책을 수립하지 아니하였더라도 이는 절차상의 위법으로서 취소사유에 불과하고 그 하자가 도시계획결정 또는 도시계획사업시행인가를 무효라고 할 수 없다"고 판시하였으며,[51] 이에 비추어서 행정청이 공청회를 거치지 않고 기본계획을 수립·고시하면 절차하자라 할 것이지만, 그 하자는 취소사유에 불과할 것이다.

나. 지방의회 의견 청취

기본계획의 수립권자는 주민 공람과 함께 지방의회의 의견을 들어야 한다. 이 경우 지방의회는 기본계획의 수립권자가 <u>기본계획을 통지한 날부터 60일 이내에 의견을 제시하여야 하며, 의견제시 없이 60일이 지난 경우 이의가 없는 것으로 본다</u>(법 제6조 제2항).

다. 경미한 사항의 변경의 경우 주민공람과 지방의회의 의견청취 절차 생략

<u>**대통령령**으로 정하는 경미한 사항을 변경하는 경우에는 주민공람과 지방의회의 의견청취 절차를 거치지 아니할 수 있다</u>(법 제6조 제3항).

법 제6조 제3항 및 제7조 제1항 단서에서 **"대통령령으로 정하는 경미한 사항을 변경하는 경우"**란 각각 다음 각 호 1. <u>정비기반시설</u>(제3조 제9호에 해당하는 시설은 제외한다. 이하 제8조 제3항·제13조 제4항·제38조 및 제76조 제3항에서 같다)의 <u>규모를 확대하거나 그 면적을 10% 미만의 범위에서 축소</u>하는 경우, 2. <u>정비사업의 계획기간을 단축</u>하는 경우, 3. <u>공동이용시설에 대한 설치계획을 변경</u>하는 경우, 4. <u>사회복지시설 및 주민문화시설 등에 대한 설치계획을 변경</u>하는 경우, 5. <u>구체적으로 면적이 명시된 **정비예정구역의 면적을 20% 미만의 범위에서 변경**</u>하는 경우, 6. <u>단계별 정비사업 추진계획을 변경</u>하는 경우, 7. **<u>건폐율 및 용적률을 각 20% 미만의 범위에서 변경</u>**하는 경우, 8. 정비사업의 시행을 위하여 필요한 <u>재원조달에 관한 사항을 변경</u>하는 경우, 9. 「국토계획법」 제2조 제3호에 따른 <u>도시·군기본계획의 변경에 따라 기본계획을 변경</u>의 경우를 말한다(영 제6조 제4항).[52]

---

51) 대법원 1990. 1. 23. 선고 87누947 판결.
52) <u>「도시정비법」상 **경미한 사항의 변경**의 규정은 아래와 같다.</u>
  1. **기본계획의 경미한 변경** : 기본계획 수립을 위한 주민공람과 지방의회 의견청취 절차의 생략이 가능하고(법 제6조 제3항), 기본계획을 수립·변경에서 관계 행정기관의 장과 협의한 후 지방도시계획위원회의 심의를 생략하는 것이 가능하다(법 제7조 제1항 단서).
  2. **정비구역 지정을 위한 정비계획의 경미한 변경**(법 제15조 제3항 및 영 제13조 제4항): 정비계획 입안 제안에서 **토지등소유자**의 동의절차가 생략가능 하고(법 제14조 제1항 제6호), 정비계획 입안을 위한 주민에 대한 서면통보, 주민설명회, 주민공람 및 지방의회의 의견청취 절차의 생략가능(법 제15조 제3항), 정비구역을 지정·변경지정에서 지방도시계획위원회의 심의 생략가능하다(법 제16조 제1항).
  3. **조합설립인가내용의 경미한 변경**: 설립된 조합이 인가받은 사항을 변경하고자 하는 때에는 총회에서 **조합원**의 3분의

4. 기본계획의 확정·승인, 기본계획의 고시·보고

(1) 대도시의 시장이 아닌 시장은 제외한 기본계획의 수립권자는 기본계획을 수립하거나 변경하려면 관계 행정기관의 장과 협의한 후 지방도시계획위원회(국토계획법 제113조 제1항 및 제2항)의 심의를 거쳐야 한다. 다만, **대통령령**으로 정하는 경미한 사항을 변경하는 경우에는 관계 행정기관의 장과의 협의 및 지방도시계획위원회의 심의를 생략한다(법 제7조 제1항).

(2) 대도시의 시장이 아닌 시장은 기본계획을 수립하거나 변경하려면 **도지사의 승인**을 받아야 하며, 도지사가 이를 승인하려면 관계 행정기관의 장과 협의한 후 지방도시계획위원회의 심의를 거쳐야 한다. 다만, 경미한 변경의 경우에는 도지사의 승인을 받지 아니할 수 있다(법 제7조 제2항).

(3) 기본계획의 수립권자는 기본계획을 수립하거나 변경한 때에는 지체 없이 이를 해당 지방자치단체의 공보에 고시하고 일반인이 열람할 수 있도록 하여야 한다(법 제7조 제3항). 2018. 2. 9. 시행법은 기본계획이 확정·고시된 경우 일반인이 열람할 수 있도록 신설하였다. 기본계획의 수립권자는 기본계획을 고시한 때에는 국토교통부령으로 정하는 방법 및 절차에 따라 국토교통부장관에게 보고하여야 한다(법 제7조 제4항).

Ⅲ. 정비예정구역의 의의와 법적 효과

1. 의의

정비예정구역이라는 용어의 연혁은 원래 법률용어가 아니었으며, '정비구역으로 지정될 예정인 구역'

---

2 이상의 찬성으로 의결하고, 일정한 사항을 첨부하여 시장·군수등의 인가를 받아야 한다(법 제35조 제5항). 다만, **대통령령**으로 정하는 경미한 사항을 변경하려는 때에는 총회의 의결 없이 시장·군수등에게 신고하고 변경할 수 있다(영 제31조).

4. **정관의 경미한 변경사항**: 조합이 정관을 변경하려는 경우에는 총회의 의결사항이므로 총회를 개최하여 **조합원** 과반수의 찬성으로 시장·군수등의 인가를 받거나 일정한 경우 **조합원** 3분의 2 이상의 찬성으로 한다(법 제 40조 제3항). 다만 **대통령령**으로 정하는 경미한 사항에 해당하는 사항을 변경하려는 때에는 이 법 또는 정관에서 총회의결사항으로 정한 경우에 한정하여 정관으로 정하는 방법에 따라 변경하는데 시장·군수등에게 신고하여야 한다(법 제 40조 제4항).

8. 관리처분계획의 인가에 따라 변경하는 때(영 제46조 제1호)이거나 정비구역·정비계획의 변경에 따라 또는 조합설립변경 인가에 따라 사업시행계획서의 변경(영 제46조 제10호 및 제11호)은 **사업시행인가의 경미한 변경**에 해당한다. 사업시행자는 정비사업을 시행하려는 경우에는 사업시행계획서에 정관등과 그 밖에 국토교통부령으로 정하는 서류를 첨부하여 시장·군수등에게 제출하고 사업시행계획인가(변경·중지 또는 폐지하려는 경우도 인가)를 받아야 하나, 다만, **대통령령**으로 정하는 경미한 사항을 변경하려는 때에는 시장·군수등에게 신고하여야 한다(법 제50조 제1항). 그리고 법 제52조에 따른 사업시행계획서의 작성 및 변경이나(법 제45조 제1항 제9호) 법 제74조에 따른 관리처분계획의 수립 및 변경(법 제45조 제1항 제10호)은 총회 의결 사항이나, 사업시행계획서 및 관리처분계획의 경미한 변경은 총회의 의결을 생략한다.

9. **관리처분계획의 경미한 변경**: 관리처분계획의 수립은 시장·군수등의 인가사항이나 **대통령령**으로 정하는 경미한 사항을 변경하려는 경우에는 시장·군수등에게 신고하여야 한다(법 제74조 제1항).

10. **정비사업전문관리업의 등록**: 정비사업전문관리업을 하려면 시·도지사에게 등록하여야 하나, **대통령령**으로 정하는 경미한 사항의 변경은 등록을 생략한다(법 제102조 제1항). 법 제102조 제1항 각 호 외의 부분 본문에서 "**대통령령**으로 정하는 경미한 사항"이란 자본금이 증액되거나 기술인력의 수가 증가된 경우를 말한다(영 제81조 제2항).

이란 의미로 실무에서 관행적으로 사용했다. 이 용어가 2003년 「기본계획수립지침」에서 사용되었으며 (동 지침2-4-1),53) 2009. 2. 6. 시행법(법률 제9444호) 제3조 제1항 제8호(현행 제5조 제1항 제9호)에서 최초로 도입되어 정비예정구역이라는 용어가 사용되기 시작했다. 따라서 기본계획의 내용에 정비예정구역의 개략적 범위(법 제5조 제1항 제9호)를 포함하여 확정·고시하도록 하고 있다.

2. 법적 효과

정비예정구역은 정비구역 지정대상의 기초가 되는 구역으로서, 그 구역 내 **토지등소유자**에 대해 다양한 법적 효과를 갖는다. 정비예정구역은 ① 건축제한 등 개발행위의 제한, ② 주거환경개선사업의 시행자지정 동의, ③ 안전진단 동의, ④ 주택을 분양 받을 권리산정 기준일 등과 관련하여 중요한 기능을 하게 되었다.

기본계획은 후술하는 정비계획에 대해 구속력이 있지만 대국민적 구속력은 없는 행정청의 내부적 기준일 뿐이다. 이처럼 기본계획은 원칙적으로 대국민적 구속력이 없는 것이므로 처분성이 인정되기 어렵지만, 아래와 같은 정비예정구역의 법적 효과를 고려하면 취소소송의 대상으로서 처분성을 인정할 여지가 있다. 왜냐하면 기본계획이 수립된 지역을 정비예정구역이라 칭하여 각종의 법적 효과를 부여하고 있는 최근 「도시정비법」의 개정 조항에 따라 행정내부적 구속력만을 지니던 기본계획이 일정한 범위에서 대국민적 효력을 지니게 되었기 때문이다.54)

가. 개발행위의 제한 및 지역주택조합 조합원 모집 금지

(1) 국토교통부장관, 시·도지사, 시장, 군수 또는 구청장(자치구의 구청장을 말한다)은 비경제적인 건축행위 및 투기 수요의 유입을 막기 위하여 **기본계획을 공람 중인 '정비예정구역' 또는 정비계획을 수립 중인 지역에 대하여 3년 이내의 기간(1년의 범위에서 한 차례만 연장할 수 있다)**을 정하여55) **대통령령**으로 정하는 방법과 절차에 따라 ① **건축물의 건축**, ② **토지의 분할** 행위를 제한할 수 있다(법 제19조 제7항). 국토교통부장관, 시·도지사, 시장, 군수 또는 구청장(자치구의 구청장을 말한다)이 법 제19조 제7항에 따라 행위를 제한하려는 때에는 제한지역·제한사유·제한대상행위 및 제한기간을 미리 고시하여야 한다(영 제16조 제1항).

---

53) 김종보, 건설법(제6판), 405면.
54) 김종보, 건설법(제6판), 405면.
55) 법제처는 법 제19조 제7항에서 국토교통부장관, 시·도지사 또는 시장·군수는 같은 법 제6조 제1항에 따라 기본계획을 공람 중인 정비예정구역 또는 정비계획을 수립 중인 지역에 대하여 3년 이내의 기간(1회에 한하여 1년의 범위 안에서 연장할 수 있음)을 정하여 **대통령령**으로 정하는 방법과 절차에 따라 제1호에서 건축물의 건축을, 제2호에서 토지의 분할을 제한할 수 있다고 규정하고 있는 바, 「도시정비법」 제5조 제7항(현행 제19조 제7항)의 법문언 등에 비추어 보면, 같은 법 제5조 제7항(현행 제19조 제7항)에 따른 행위제한은 3년 이내의 범위에서 한 번만 할 수 있고, 이를 연장하는 경우에도 1회에 한하여 1년 이내의 범위에서 할 수 있다고 보는 것이 타당할 것이다(법제처 법령해석 사례, 성북구 - 정비예정구역에서의 행위제한 횟수(「도시정비법」 제5조제7항 등 관련), 안건번호 13-0203, 회신일자 2013. 6. 24.).

영 제16조 제1항에 따라 행위를 제한하려는 자가 국토교통부장관인 경우에는 「국토계획법」 제106조에 따른 중앙도시계획위원회(이하 "중앙도시계획위원회"라 한다)의 심의를 거쳐야 하며, 시·도지사, 시장, 군수 또는 구청장인 경우에는 같은 법 제113조에 따라 해당 지방자치단체에 설치된 지방도시계획위원회(이하 "지방도시계획위원회"라 한다)의 심의를 거쳐야 한다(영 제16조 제2항).

행위를 제한하려는 자가 국토교통부장관 또는 시·도지사인 경우에는 중앙도시계획위원회 또는 지방도시계획위원회의 심의 전에 미리 제한하려는 지역을 관할하는 시장·군수등의 의견을 들어야 한다(영 제16조 제3항).

영 제16조 제1항에 따른 고시는 국토교통부장관이 하는 경우에는 관보에, 시·도지사, 시장, 군수 또는 구청장이 하는 경우에는 해당 지방자치단체의 공보에 게재하는 방법으로 한다(영 제16조 제4항).

법 제19조 제7항에 따라 행위가 제한된 지역에서 같은 항 각 호의 행위를 하려는 자는 시장·군수등의 허가를 받아야 한다(영 제16조 제5항).

동 조항의 연혁은 2009. 2. 6. 개정 및 시행(법률 제9444호)에 따라 신설한 것인데, 정비구역 지정 전에 건축물의 건축이나 토지의 분할 행위를 제한한 취지는 **조합원**수의 급격한 증가로 인한 주택정비사업의 사업성 악화를 방지하고, 신축건물 철거에 따라 발생되는 사회적 자원낭비를 방지하기 위한 것이다.[56] 다만, 동 조항 행위제한의 취지가 전체 **토지등소유자**의 공익을 위한 것일지라도, 그 수단에 있어서 정비예정구역 또는 정비구역지정 전 정비계획 수립 중인 지역에 대한 행위제한에 해당한다는 점, 특히 정비예정구역은 기본계획에 의해 지정되는 것이고 대국민적 효력이 없음에도 불구하고 건축과 토지분할을 제한할 수 있도록 법률이 명시하고 있다는 점이다. 심지어 정비예정구역이 정해지기 전 **기본계획의 공람시점**에 건축제한 등이 가능하다는 점은 과도한 제한이라는 비판이 있다.[57]

(2) 이 밖에도 2018. 10. 13. 시행법부터는 "정비예정구역" 또는 정비구역(이하 '정비구역등'이라 한다)에서는 「주택법」 제2조 제11호 가목에 따른 지역주택조합의[58] **조합원** 모집을 금지하며, 이를 위반 시 1년 이하의 징역 또는 1천만원 이하의 벌금에 처한다(법 제19조 제8항 및 제138조 제1항 제1호). 동 조항의 제정 이유는 그간 사업이 지지부진한 정비구역 내에서 지역주택조합이 정비사업에 비해 '저렴한 분양가 및 빠른 사업 추진' 등을 내세워 정비사업 시행에 혼란을 주고 주민간 갈등을 유발하는 경우가 있어 지역주택**조합원** 모집 행위를 금지한다. 그 동안 국토교통부는 유권해석을 통해 지방자치단체에 대해 정비구역에서 지역주택조합 사업을 동시에 추진하지 못한다고 밝혀 왔지만, 이를 단속하는 법적 처벌 규정이 없어 실효성이 없었다.[59][60]

---

56) 맹신균, 도시정비법(상), 160면.

57) 김종보, 건설법(제6판), 406면.

58) 지역주택조합사업은 **조합원**이 낸 투자금으로 토지를 매입하고 아파트를 짓는 사업이다. 6개월 이상 해당 지역에 거주한 무주택자 또는 전용면적 85㎡ 이하 1가구 소유 세대주들이 지역주택**조합원**의 대상이며 이들이 자금을 모아 토지를 매입하고 직접 아파트를 짓게 된다.

59) 하우징헤럴드, "정비구역에서 지역주택조합원 모집하면 처벌", 2018. 7. 5.

60) 법제처는 이와 반대의 사실관계에 해당하는, 「주택법」 제11조 제1항 전단에 따라 설립인가를 받은 지역주택조합의 주택건설사업이 시행될 예정인 주택건설대지에 대하여 특별시장 등이 「도시정비법」 제4조에 따라 기본계획을 수립할 수 있는지에 대한 법령해석에서, 특별시장 등은 「도시정비법」 제4조에 따라 기본계획을 수립할 수 없다고 해석한바 있다.

나. 주거환경개선사업의 동의율 산정 기준

현지개량방식(법 제23조 제1항 제1호)을 제외한 주거환경개선사업을 시행하려는 경우에는 시장·군수등이 직접 시행하거나 한국토지주택공사 등에게 시행하게 할 수 있는데, 사업시행자에 따라 사업의 진행이 달라지므로 이해관계인의 동의가 필요하다. 정비계획 입안(법 제15조 제1항)을 위한 공람공고일 현재 해당 "정비예정구역"의 토지 또는 건축물의 소유자 또는 지상권자의 3분의 2 이상의 동의와 세입자(법 제15조 제1항에 따른 공람공고일 3개월 전부터 해당 정비예정구역에 3개월 이상 거주하고 있는 자를 말한다) 세대수의 과반수의 동의를 각각 받아야 하는 것으로 정하고 있다(법 제24조 제3항).

다. 안전진단을 위한 동의

재건축사업 정비계획 입안을 위해 안전진단이 필요한데, 시장·군수가 직권으로 정비계획을 수립하지 않는 경우라면 "정비예정구역별 정비계획의 수립시기가 도래한 때"에 정비계획의 입안을 제안하려는 자가 입안을 제안하기 전에 해당 정비예정구역에 위치한 건축물 및 부속토지의 소유자 10분의 1 이상의 동의를 받아 안전진단의 실시를 요청하는 경우 등에는 정비계획의 입안권자는 안전진단을 실시하여야 한다(법 제12조 제1항 및 제2항). 아직 정비구역이 지정되기 전이므로 **토지등소유자**라고 표현하지 않고, 건축물 및 부속토지의 소유자라는 용어를 쓰고 있다.[61]

라. 조합원 자격을 정하는 기준일

시·도지사가 투기를 억제하기 위하여 기본계획 수립(정비예정구역) 후 정비구역 지정·고시 전에 따로 정하는 날의 다음날을 기준으로 **조합원** 자격을 정하는 기준일(주택 등 건축물을 분양받을 권리의 산정 기준일)로 정한다. 만약 그 기준일의 다음 날 1. 1필지의 토지가 여러 개의 필지로 분할되는 경우, 2. 단독주택 또는 다가구주택이 다세대주택으로 전환되는 경우, 3. 하나의 대지 범위에 속하는 동일인 소유의 토지와 주택 등 건축물을 토지와 주택 등 건축물로 각각 분리하여 소유하는 경우, 4. 나대지에

그 이유에서 「주택법」 제11조 제1항 전단에서는 많은 수의 구성원이 주택을 마련하기 위하여 주택조합을 설립하려는 경우에는 관할 시장·군수·구청장의 설립인가를 받아야 한다고 규정하고 있고, 같은 법 시행령 제20조 제1항 제1호 가목에서는 지역주택조합의 설립인가를 받으려는 자는 신청서에 조합원 전원이 자필로 연명(連名)한 조합규약과 사업계획서 및 해당 주택건설대지의 80% 이상에 해당하는 토지의 사용권원을 확보하였음을 증명하는 서류 등을 첨부하여 해당 주택건설대지를 관할하는 시장·군수·구청장에게 제출해야 한다고 규정하고 있으며, 같은 영 같은 조 제7항 제1호에서는 시장·군수·구청장은 「주택법」 또는 관계 법령에 따른 건축기준 및 건축제한 등을 고려하여 해당 주택건설대지에 주택건설가능여부 등을 종합적으로 검토하여 주택조합설립인가 여부를 결정하고 있는 바, 조합설립인가를 받았다면 「주택법」 제15조에 따른 사업계획승인을 받는 등 사업시행이 확정되지는 않았다고 하더라도 해당 주택건설대지의 80% 이상에 해당하는 토지의 사용권원을 확보하고, 해당 사업의 시행시기 및 시행방법, 조합주택건설예정세대수 등 사업에 필요한 주요한 사항들이 사실상 정해지는 등 해당 사업이 이미 진행 중에 있다고 할 것이므로, 사업이 진행 중인 지역에 대하여 「도시정비법」에 따른 정비사업의 시행을 전제로 하는 기본계획을 수립하는 것은 기본계획의 취지에 맞지 않다고 할 것이다(법제처 법령해석 사례, 민원인 - 주택조합설립인가를 받은 주택건설대지에 대하여 도시·주거환경정비기본계획을 수립할 수 있는지 여부(「도시정비법」 제3조 제1항 등 관련), 안건번호 17-0643, 회신일자 2018. 1. 29.).

61) 김종보, 건설법(제6판), 406면.

건축물을 새로 건축하거나 기존 건축물을 철거하고 다세대주택, 그 밖의 공동주택을 건축하여 **토지등 소유자**의 수가 증가하는 경우 등으로 **조합원**자격이 증가되어도 이를 무시하고 1개의 주택만이 공급된다(법 제77조 제1항 각호).

제3절　정비계획의 수립 및 정비구역의 지정

Ⅰ. 의의 및 법적 성격

1. 정비계획수립·정비구역지정의 의의

정비구역이라 함은 정비사업을 계획적으로 시행하기 위하여 법 제16조의 규정에 의하여 지정·고시된 구역을 말한다(법 제2조 제1호). 이렇게 정비사업의 대상구역을 확정하는 정비구역의 지정은 단순히 면적의 의미를 갖는 것이며, 정비구역 지정만으로 건축물의 주용도·건폐율·용적률·높이에 관한 계획이나 정비기반시설의 설치 계획에 관한 사항 등이 나타나지 않기 때문에, 앞으로 진행될 정비사업의 구체적인 내용을 정하기 어렵다. 따라서 정비구역내 사업의 지침이 될 수 있는 구속적인 행정계획이 또 다시 필요하며, 「도시정비법」은 이를 도시·주거환경정비계획(이하 "정비계획"이라 한다)의 수립에 의하도록 하고 있다.[62]

「도시정비법」에서 기본계획과 정비계획의 수립, 정비구역지정 및 변경지정에 대한 절차를 규정하고 있는데, 이와 같이 법정된 절차에 따라 기본계획과 정비계획을 수립하고, 정비구역지정 및 변경지정의 신청을 받아 정비구역지정과 변경지정을 하도록 하는 것은 체계적이고 효율적으로 정비사업을 추진하여 무분별한 정비사업을 방지하고자 하는 것으로 볼 수 있다.[63]

정비계획은 「도시정비법」 제8조 및 제9조에 따라 기본계획에 적합한 범위 안에서 노후·불량건축물이 밀집하는 등 정비구역을 계획적이고 체계적으로 정비하기 위하여 수립하는 것으로 노후·불량한 지역의 주거환경개선과 기반시설 확충 등 도시기능의 회복을 통해 주민의 삶의 질을 높이고자 하는데 그 의의가 있다(도시·주거환경 정비계획 수립 지침 1-2-1). 정비계획은 도시기능의 회복과 정비, 보존을 위한 실행계획 지침을 정하는 공공계획으로서 주변지역과 조화되는 개발을 유도하여 합리적인 토지이용과 쾌적한 도시환경의 조성으로 건전한 도시기능의 확충·보완 및 도시관리의 효율성을 제고하기 위한 계획이다(동 지침 1-2-2). 정비계획은 토지·건축물, 기반시설 등 물리적 현황 및 사회·경제·문화 등 비물리적 현황을 분석하여 장래의 개발수요에 효과적으로 대응하고 정비사업이 합리성과 효율성에 기반하여 구체적으로 집행될 수 있도록 물적으로 표현하는 계획이다(동 지침 1-2-3). 정비계획은 도

---

62) 김종보, 건설법(제6판), 407면.
63) 법제처 법령해석 사례, 민원인- 2개의 추진위원회가 하나의 재건축조합의 설립을 위한 업무수행 권한이 있는지 여부(「도시정비법」 제13조 등 관련), 안건번호 11-0455, 회신일자 2011. 9. 22

시·군기본계획 및 기본계획 등 상위계획의 범위 안에서 해당 구역과 주변지역이 상호 유기적이며 효율적으로 정비될 수 있는 체계를 확립하고, 정비구역의 토지이용 및 기반시설의 설치, 개발밀도 설정 등에 관한 사항을 구체화하는 법정계획이다(동 지침 1-3-1). 정비계획은 미래지향적이고 친환경적으로 수립하여 도시의 지속가능한 발전에 기여할 수 있도록 하기 위한 실천계획이다(동 지침 1-3-2).

2. 정비계획의 지위와 성격

정비계획 및 정비구역은 「국토계획법」에 따른 지구단위계획 및 지구단위계획구역과 동일한 효력을 갖는다(법 제17조 제1항, 동 지침 1-3-3).

「도시정비법」에 따른 정비계획수립(정비구역지정)은 「국토계획법」 제2조 제4호 라목에서는 정비사업에 관한 계획을 도시·군관리계획의 종류 중 하나로 규정하고 있으므로, 도시·군관리계획의 일종이라 할 것이고,[64] 「도시정비법」 제2조 제2호에 따르면 정비사업에 관한 계획인 정비계획(정비구역)은 도시기능의 회복이 필요하거나 주거환경이 불량한 지역으로서 「국토계획법」에 따른 일반 도시·군관리계획으로는 이를 개선하기 곤란한 지역을 보다 체계적·효율적으로 정비하기 위한 계획이므로, 도시·군관리계획 중에서도 일반 도시·군관리계획에 우선하는 효력을 가진 "특별" 도시·군관리계획에 해당한다고 할 것이다.[65] 따라서 정비구역이란 정비사업을 계획적으로 시행하기 위하여 「도시정비법」 제16조에 따라 지정·고시된 구역으로(법 제2조 제1호), 정비구역의 지정 및 변경행위는 실질적으로 정비계획의 수립 및 변경행위이고 대외적으로 일정한 구체적인 법적 구속력을 가지므로 구속적 행정계획에 속하며 항고소송의 대상이 된다. 또한 정비구역을 지정하지 아니하는 경우에는 재개발·재건축사업이 불가능하므로 정비구역지정청구권을 인정하고 구역지정의 거부를 처분으로 보는 것이 타당하다는 견해가 있다.[66]

3. 정비계획수립과 정비구역지정의 관계

구법시대 재건축사업은 정비구역지정 단계가 없었으며, 재건축 결의라는 사인간의 합의가 개별주택단지의 재건축을 정당화하는 근거였다. 정비구역이 행정주체에 의해 지정된 경우에는 구법시대 재건축처럼 기습적이고 비전형적인 재건축의 시행이 불가능해지고, 재건축사업의 정당성도 조합설립의 인가가 아니라 정비구역지정에서 연유하는 것이다.[67]

한편, 구 「도시정비법」 제4조의 제목 및 같은 조 제1항·제3항 등(2017. 2. 8. 법률 제14567호로 개정되기 이전의 것)에서 "정비계획의 수립"과 "정비구역의 지정"을 구분하여 사용하고 있다는 점 등에

---

64) 대법원 2011. 7. 14. 선고 2009다97659 판결.
65) 법제처 법령해석 사례, 민원인 - 「도시정비법」에 따른 정비계획의 수립 및 정비구역의 지정과 「국토계획법」에 따른 도시·군관리계획의 결정 간의 관계(「도시정비법」 제4조 제7항 등 관련), 안건번호 15-0650, 회신일자 2016. 4. 27.
66) 박균성, 행정법론(하), 540면.
67) 김종보, "재건축·재개발 비용분담론(費用分擔論)의 의의와 한계", 행정법연구 제24권, 2009, 149면.

비추어 보면, 정비계획 수립과 정비구역 지정은 개념적으로 구별되는 것으로 보일 수도 있을 것이나, 오히려 정비계획 수립은 정비구역 지정절차의 일환으로 보아야 한다. 그 후, 2018. 2. 9. 시행법은 제8조에서 조문제목을 "정비구역의 지정"으로 하고 제9조에서 "정비계획의 내용"으로 한 것과 법 제8조 제1항에서 "정비계획을 결정하여 정비구역을 지정·변경지정을 할 수 있다"고 규정한 점을 종합하면 양자는 일련의 연장선상의 정비구역지정을 위한 절차일 뿐이다. 그리고 김종보 교수도 정비구역의 지정은 반드시 정비계획의 수립과 함께 이루어져야 하는 것이므로 정비구역지정의 절차와 정비계획수립의 절차를 사실상 동일한 것으로 이해한다.[68]

그리고, 구법 시행 당시 법제처는 2012. 2. 1. 개정 법률 제11293호「도시정비법」일부개정 법률에서 '재건축사업 추진위원회 승인일부터 2년이 되는 날까지 조합설립인가를 신청하지 아니하는 경우 정비구역 등을 해제'하도록 하는 내용의 제4조의3 제1항 제2호 다목이 신설되었고, 같은 법률 부칙 제3조에서는 이 사안 신설조항은 "이 법 시행 후 최초로 제4조에 따라 정비계획을 수립(변경수립은 제외함)하는 분부터 적용한다."라고 규정하고 있는 바, 이 사안 부칙조항 중, '최초로 정비계획을 수립'하는 것이란 법 제4조 제1항 또는 제3항에 따라 시장·군수 또는 구청장 등의 정비계획수립을 의미하는지, 아니면 같은 조 제2항 및 제6항에 따라 정비구역지정을 의미하는지에 대한 법령해석에서 2012. 2. 1. 개정법률 부칙 제3조에서 '최초로 정비계획을 수립'하는 것이란「도시정비법」제4조 제1항 또는 제3항에 따라 시장·군수 또는 구청장 등이 정비계획을 수립하는 것을 의미한다.[69]

Ⅱ. 정비구역지정의 요건

1. 원칙

가. 기본계획에 적합한 범위내의 정비구역의 지정

① 정비구역의 지정권자(특별시장·광역시장·특별자치시장·특별자치도지사, 시장 또는 군수, 광역시의 군수는 제외)는 ② 기본계획에 적합한 범위에서 ③ 노후·불량건축물이 밀집하는 등 **대통령령**으로

---

68) 김종보, 건설법(제6판), 407면.

69) 먼저, 행정처분 등이 여러 단계로 이루어지는 경우 법령의 시행일에 관한 규정만으로는 어느 단계부터 개정된 규정이 적용되는지가 명확하지 않아, 부칙에 적용례를 두어 개정규정의 적용 관계를 명확하게 해주는 것이 일반적이다. 그리고, 정비사업은 시장, 군수 또는 구청장이 정비계획을 수립하여 주민에 대한 서면통보, 주민설명회, 주민공람 및 지방의회의 의견청취절차를 거쳐 시·도지사에게 정비구역의 지정을 신청하고, 시·도지사 또는 대도시의 시장은 지방도시계획위원회의 심의를 거쳐 정비구역을 지정하여 이를 공보에 고시하는(제4조) 등의 일련의 절차로 진행되는 것인데, 이 사안 부칙조항은 이러한 일련의 정비사업 추진단계 중에서 실질적으로 특정한 지역에 대한 정비사업 절차가 개시되었다고 볼 수 있는 단계, 즉 시장·군수 또는 구청장에 의한 정비계획이 수립된 경우에는 이 사안 신설조항을 적용하지 않음으로써 이미 정비계획의 수립을 전제로 행하여진 조합의 설립 준비 및 그 밖에 행위 등에 투자된 비용 및 시간 등을 보호하고 그에 관한 이해관계인들의 신뢰보호취지의 규정으로 보아야 할 것이다. (법제처 법령해석 사례, 민원인 - 구「도시정비법」(2012. 2. 1. 법률 제11293호로 개정되어 2012. 8. 2. 시행된 것) 부칙 제3조의 "정비계획 수립"의 의미(-도시정비법- 제4조 등 관련), 안건번호 15-0097, 회신일자 2015. 4. 16.).

정하는 요건에 해당하는 구역에 대하여 ④ 법 제16조에 따라 정비계획을 결정하여 정비구역을 지정·변경지정을 할 수 있다(법 제8조 제1항). 정비사업의 유형을 구분하는 중요한 기준이 정비기반시설과 노후·불량건축물이다. 여기서 정비기반시설이란 도로·상하수도·공원·공용주차장·공동구(국토계획법 제2조 제9호), 그 밖에 주민의 생활에 필요한 열·가스 등의 공급시설로서 **대통령령**으로 정하는 시설[1. 녹지, 2. 하천, 3. 공공공지, 4. 광장, 5. 소방용수시설, 6. 비상대피시설, 7. 가스공급시설, 8. 지역난방시설, 9. 주거환경개선사업을 위하여 지정·고시된 정비구역에 설치하는 공동이용시설로서 법 제52조에 따른 사업시행계획서(이하 "사업시행계획서"라 한다)에 해당 특별자치시장·특별자치도지사·시장·군수 또는 자치구의 구청장(이하 "시장·군수등"이라 한다)이 관리하는 것으로 포함된 시설(영 제3조)]을 말한다(법 제2조 제4호).

나. 노후·불량건축물이 밀집하는 등 대통령령이 정하는 요건

(1) 노후·불량건축물의 정의

(가) "노후·불량건축물"에 대하여 법 제2조 제3호에서는 다음 각 목의 어느 하나에 해당하는 건축물로 정의하고 있다.

가. 건축물이 훼손·일부 멸실되어 붕괴, 그 밖의 안전사고의 우려가 있는 건축물

나. 내진성능이 확보되지 아니한 건축물 중 중대한 기능적 결함 또는 부실 설계·시공으로 구조적 결함 등이 있는 건축물로서 **대통령령**으로 정하는 건축물, 법 제2조 제3호 나목에서 **"대통령령**으로 정하는 건축물"이란 건축물을 건축하거나 대수선할 당시 건축법령에 따른 지진에 대한 안전 여부 확인 대상이 아닌 건축물로서 다음 각 호 1. 급수·배수·오수 설비 등의 설비 또는 지붕·외벽 등 마감의 노후화나 손상으로 그 기능을 유지하기 곤란할 것으로 우려되는 건축물, 2. 법 제12조 제4항에 따른 안전진단기관이 실시한 안전진단 결과 건축물의 내구성·내하력(耐荷力) 등이 같은 조 제5항에 따라 국토교통부장관이 정하여 고시하는 기준에 미치지 못할 것으로 예상되어 구조 안전의 확보가 곤란할 것으로 우려되는 건축물의 어느 하나에 해당하는 건축물을 말한다(영 제2조 제1항).

다. 다음 1) 주변 토지의 이용 상황 등에 비추어 주거환경이 불량한 곳에 위치할 것, 2) 건축물을 철거하고 새로운 건축물을 건설하는 경우 건설에 드는 비용과 비교하여 효용의 현저한 증가가 예상될 것의 요건을 모두 충족하는 건축물로서 **대통령령**으로 정하는 바에 따라 특별시·광역시·특별자치시·도·특별자치도 또는 「지방자치법」 제175조에 따른 서울특별시·광역시 및 특별자치시를 제외한 인구 50만 이상 대도시(이하 "대도시"라 한다)의 **조례**(이하 "시·도**조례**"라 한다)로 정하는 건축물, 법 제2조 제3호 다목에 따라 시·도**조례**로 정할 수 있는 건축물은 다음 각 호 1. 「건축법」 제57조 제1항에 따라 해당 지방자치단체의 **조례**로 정하는 면적에 미치지 못하거나 도시·군계획시설 등의 설치로 인하여 효용을 다할 수 없게 된 대지에 있는 건축물, 2. 공장의 매연·소음 등으로 인하여 위해를 초래할 우려가 있는 지역에 있는 건축물, 3. 해당 건축물을 준공일 기준으로 40년까지 사용하기 위하여 보수·보강하는 데 드는 비용이 철거 후 새로운 건축물을 건설하는 데 드는 비용보다 클 것으로 예상되는 건축물의 어느 하나에 해당하는 건축물을 말한다(영 제2조 제2항).

라. 도시미관을 저해하거나 노후화된 건축물로서 **대통령령**으로 정하는 바에 따라 시·도**조례**로 정하는 건축물, 법 제2조 제3호 라목에 따라 시·도**조례**로 정할 수 있는 건축물은 다음 각 호 1. 준공된 후 20년 이상 30년 이하의 범위에서 시·도**조례**로 정하는 기간이 지난 건축물, 2. 「국토계획법」 제19조 제1항 제8호에 따른 도시·군기본계획의 경관에 관한 사항에 어긋나는 건축물의 어느 하나에 해당하는 건축물을 말한다(영 제2조 제3항).[70][71]

---

70) "준공된 후 20년 이상 30년 이하의 범위에서 **조례**로 정하는 기간이 지난 건축물"에 해당하면 그로써 곧 법 제2조 제3호 라목에 따른 "노후·불량건축물"에 해당하게 되는지에 대한 법령해석에서, "준공된 후 20년 이상 30년 이하의 범위에서 **조례**로 정하는 기간이 지난 건축물"을 "도시미관을 저해하거나 노후화된 건축물"의 하나로 규정하고 있는 취지는 준공된 후 일정기간이 경과하면, 건축물이 그에 비례하여 노후화하고 그에 따라 구조적 결함 등이 발생할 가능성도 크다는 데

(나) 이러한 노후·불량건축물의 개념에 대하여 "노후건축물"은 재건축사업의 정비구역을 지정하기 위해 일정한 비율의 노후·불량건축물을 요건으로 하는 것이고, "불량건축물"은 재개발사업이나 주거환경개선사업을 위해 개념에 중점을 둔 것이므로, 사실상 노후·불량건축물개념은 이중적인 의미로 사용한 것이다. 즉 재건축에서는 준공이 되고 나서 20년이 넘은 일정기간이 경과한 건물인 노후건축물에 중점을 두어 노후·불량건축물이지만, 재개발에서는 화장실이 없거나 도로에 접하지 못한 낡은 건물인 불량건축물에 중점을 두어 노후·불량건축물로 이해하고 있다.[72]

(다) 결론적으로 노후·불량건축물은 법 제2조 제3호, 영 제2조, 「서울시 도시정비조례」 제4조 등에 의해 규정하고 있는데, 대체로 안전사고 우려가 있는 건축물, 기능적·구조적 결함있는 건축물, 과소토지, 부정형 또는 도로와 접하지 않는 오래된 건축물을 지칭한다.

(2) 정비사업별 정비계획 수립대상 정비구역 지정요건(정비계획의 입안대상지역)

(가) 특별시장·광역시장·특별자치시장·특별자치도지사·시장·군수 또는 자치구의 구청장은 법 제8조 제4항 및 제5항에 따라 [별표 1]의 요건에 해당하는 지역에 대하여 법 제8조 제1항 및 제5항에 따른 정비계획을 입안할 수 있다(영 제7조 제1항). 영 제7조 제1항 관련 [별표 1]에서는 정비사업 유형별로 정비계획의 입안대상지역을 정하고 있다.

특별시장·광역시장·특별자치시장·특별자치도지사·시장·군수 또는 자치구의 구청장은 영 제7조 제1항에 따라 정비계획을 입안하는 경우에는 다음 각 호 1. 주민 또는 산업의 현황, 2. 토지 및 건축물의 이용과 소유현황, 3. 도시·군계획시설 및 정비기반시설의 설치현황, 4. 정비구역 및 주변지역의 교통상황, 5. 토지 및 건축물의 가격과 임대차 현황, 6. 정비사업의 시행계획 및 시행방법 등에 대한 주민의 의견, 7. 그 밖에 시·도조례로 정하는 사항의 사항을 조사하여 [별표 1]의 요건에 적합한지 여부를 확인하여야 하며, 정비계획의 입안 내용을 변경하려는 경우에는 변경내용에 해당하는 사항을 조사·확인하여야 한다(영 제7조 제2항).

특별시장·광역시장·특별자치시장·특별자치도지사·시장·군수 또는 자치구의 구청장은 사업시행자

있다고 할 것인 바, 준공된 후 일정기간이 경과하였다고 하여 반드시 그에 비례하여 건축물이 노후화되는 것은 아니므로, "준공된 후 20년 이상 30년 이하의 범위에서 조례로 정하는 기간"과 같은 일정기간의 경과는 노후·불량화의 징표가 되는 여러 기준의 하나로서 제시된 것이라고 보아야 한다고 할 것이라고 해석하였다[법제처 법령해석 사례, 민원인 - 노후·불량건축물의 판단 기준(「도시정비법」 제2조 제3호 라목 관련), 안건번호 16-0181, 회신일자 2016. 9.23.].

71) 법제처는 「도시정비법」 제2조 제3호 다목 및 같은 법 시행령 제2조 제2항 제1호에 따라 노후·불량건축물을 판단할 때 반드시 현장조사를 한 후에 판단하여야 하는지 여부에 대한 법령해석에서, 노후·불량건축물에 해당하는지를 판단하는 것과 관련하여 "반드시 현장에 가서 그 건축물의 상태 등을 직접 조사해야 한다"는 취지의 규정이 명시되어 있지는 않다. 그리고, 어떤 건축물이 '철거가 불가피한 건축물'에 해당하는지 여부는 해당 건축물이 있는 현장에 가서 그 건축물의 상태 등을 직접 조사하여 판단할 수도 있지만, 반드시 현장 조사를 하지 않더라도 건축물대장 등을 비롯한 해당 건축물의 현황과 관련된 자료들을 종합적으로 고려하여 '철거가 불가피한 건축물'에 해당하는지 여부를 판단하는 것도 가능하다[법제처 법령해석 사례, 국토해양부 - 「도시정비법」 제2조 제3호 다목 및 같은 법 시행령 제2조제2항 제1호에 따라 노후·불량건축물을 판단할 때 반드시 현장조사를 한 후에 판단하여야 하는지 여부(「도시정비법」 제2조 제3호 다목 등 관련), 안건번호 10-0188, 회신일자 2010. 7. 12.].

72) 김종보, 건설법(제6판), 410면.

(사업시행자가 둘 이상인 경우에는 그 대표자를 말한다. 이하 같다)에게 제2항에 따른 조사를 하게 할 수 있다(영 제7조 제3항).

(나) 재개발사업의 구역지정요건은 원래 구「도시재개발법」에서 재개발구역을 정하기 위한 정량적 (定量的)인 요소인 노후·불량건축물의 수나 일정면적 내 밀도 등을 기준으로 구역지정요건이 정해져 있었고(1999. 3. 31. 개정 법률 제5956호, 동법 제4조 제1항), 이를 현행「도시정비법」이 받아들인 것이다. 특히 구 재개발구역지정 요건은 각 지방자치단체의 **조례**에 의존하고 있었다.[73] 현행 재개발·재건축은 노후·불량건축물이 '밀집'한 지역에서 시행되며, 주거환경개선사업은 '과도하게 밀집'된 지역에서 시행되는 정비사업이다(법 제2조 제2호). 정비사업별 정비구역 지정요건으로 노후·불량건축물의 밀집 여부는「도시정비법 시행령」[별표 1] 정비계획 수립대상 정비구역 지정요건(정비계획의 입안대상지역)인 동 시행령의 위임에 따라 시·도**조례**로서 정할 수 있는데(영 제7조 제1항 [별표1] 제4호), 이에 따라「서울시 도시정비**조례**」는 무허가건축물의 수, 노후·불량건축물의 수, 호수밀도, 과소필지 비율, 주택접도율, 토지의 형상 또는 주민의 소득 수준 등으로 주거환경개선사업과 재개발사업을 구분하고 있다.

(다) 이에 반해 구법시대 재건축은 정비구역지정제도가 없었으며,「도시정비법」에서 구「도시재개발법」에서 유래한 노후·불량건축물이라는 개념이 변질되면서, 결국 공동주택 재건축에서는 준공된 후 20년 또는 30년이 경과한 아파트가 노후·불량건축물이 되는 것으로 정하게 되었다(법 제2조 제3호 라목 및 영 제2조 제3항). 공동주택 재건축의 정비계획입안 대상지역은 안전진단 실시 결과에 의존하며 (영 제7조 제1항 [별표1] 제3호 라목), 시·도도시정비**조례**에서 공동주택 재건축은 노후·불량건축물의 기준에 따라 안전진단 실시 신청기준 역할을 한다(예를 들면 서울시 도시정비**조례** 제4조 제1항).

2. 기본계획을 수립·변경 없는 정비구역 지정(예외)

그러나 천재지변,「재난기본법」제27조 또는「시설물의 안전 및 유지관리에 관한 특별법」제23조에 따른 사용제한·사용금지, 그 밖의 불가피한 사유로 긴급하게 정비사업을 시행할 필요가 있다고 인정하는 때(법 제26조 제1항 제1호 및 제27조 제1항 제1호)에 해당되어 정비사업을 시행하려는 경우에는 기본계획을 수립하거나 변경하지 아니하고 정비구역을 지정할 수 있다(법 제8조 제2항). 또한 정비구역의 지정권자는 정비구역의 진입로 설치를 위하여 필요한 경우에는 진입로 지역과 그 인접지역을 포함하여 정비구역을 지정할 수 있다(법 제8조 제3항).

---

73) 김종보, 건설법(제6판), 411면.

Ⅲ. 정비계획의 입안(수립) 및 정비구역지정의 절차

1. 정비계획입안(수립)의 원칙

정비계획은 도시·군기본계획과 기본계획의 범위 안에서 수립되어야 하고, 도시·군관리계획과 서로 연계되도록 수립되어야 한다(동 지침 2-1-1). 정비계획은 기본계획을 집행하기 위한 구체적인 계획으로서 확정된 기본계획의 범위 내에서 수립되어야 하므로 기본계획과 다른 내용의 정비계획을 수립하려는 경우 기본계획의 내용이 선행적으로 변경된 후이어야 한다. 즉 구청장등 또는 대도시의 시장이 아닌 시장은 정비계획을 입안(立案)하거나 변경입안하려는 경우 기본계획의 변경 또는 변경승인을 특별시장·광역시장·도지사에게 요청할 수 있다(법 제11조 제2항).

기본계획은 대외적으로 국민을 구속하는 효력은 없지만 대내적으로 행정내부를 구속하는 효력을 지니므로 궁극적으로 기본계획의 내용과 다른 정비계획은 행정실무상 고시되지 못할 것이다. 그러나 실제 이러한 일이 일어났을 경우에 해당하는 도시·군기본계획과 도시·군관리계획의 대법원 판례를 비추어 보면, 구「도시계획법」 제19조 제1항 및 이 사건 도시계획시설결정 당시의 「서울시 도시계획**조례**」 제3조 제3항에서는, 도시계획은 도시기본계획에 부합되어야 한다고 규정되어 있으나, 도시기본계획이라는 것은 도시의 장기적 개발방향과 미래상을 제시하는 도시계획 입안의 지침이 되는 장기적·종합적인 개발계획으로서 직접적인 구속력은 없는 것이므로, 이 사건 추모공원의 조성계획이 서울시도시기본계획에 포함되어 있지 아니하다는 이유만으로는 이 사건 도시계획시설결정이 위법하다 할 수는 없다고 하는 판시에 비추어 보아,[74] 기본계획과 배치되는 정비계획이 지정·고시되더라도 정비계획은 대국민적 구속력을 인정받을 것이다.

2. 정비계획의 입안

가. 입안권자(신청권자)

(1) 정비구역의 지정권자(특별시장·광역시장·특별자치시장·특별자치도지사, 시장 또는 군수이며, 도지사와 자치구의 구청장 또는 광역시의 군수는 제외)는 정비구역 지정을 위하여 직접 정비계획을 입안할 수 있으므로 동시에 정비계획의 입안권자이다(법 제8조 제4항). 구청장등(자치구의 구청장 또는 광역시의 군수)은 정비계획을 입안하여 특별시장·광역시장에게 정비구역 지정을 신청하여야 하고, 이 경우 지방의회의 의견을 첨부하여야 한다(법 제8조 제5항). 결국 **정비구역 입안권자는 정비구역 지정권자와 구청장등**이다. 즉 도지사 및 자치구가 아닌 구청장을 제외한 모든 지방자치단체의 장이 정비계획에 대한 입안권을 행사할 수 있으므로, 자치구청장과 광역시의 군수도 정비계획에 대한 입안권자가 되고 이 경우 특별시장·광역시장이 지정권자(결정권자)가 된다.[75]

---

74) 대법원 1998. 11. 27. 선고 96누13927 판결; 대법원 2007. 4. 12. 선고 2005두1893 판결.
75) 김종보, 건설법(제6판), 413면.

(2) 그리고 법 제8조 제4항 및 제5항에 따라 정비계획을 입안하는 정비계획의 입안권자는 특별시장·광역시장·특별자치시장·특별자치도지사, 시장·군수 또는 구청장등이다(법 제9조 제3항).[76] 이 경우에도 도지사는 제외한다.

(3) 법제처는 「도시정비법」 제8조 제5항 본문에 따라 정비계획을 입안(수립)하는 주체에 시장·군수 외에 같은 법 제2조 제9호의 **토지등소유자**가 포함될 수 있는지에 대한 법령해석에서, 시장·군수 외에 법 제2조 제9호의 **토지등소유자**가 포함될 수 없다고 해석하였다.[77]

나. 정비계획의 내용

정비계획에 포함될 사항으로 다음 각 호 1. 정비사업의 명칭, 2. 정비구역 및 그 면적, 3. **도시·군계획시설의 설치**에 관한 계획, 4. **공동이용시설 설치**계획, 5. **건축물의 주용도·건폐율·용적률·높이에 관한 계획**, 6. 환경보전 및 재난방지에 관한 계획, 7. 정비구역 주변의 교육환경 보호에 관한 계획, 8. **세입자 주거대책**, 9. 정비사업시행 예정시기, 10. **정비사업을 통하여 「민간임대주택에 관한 특별법」 제2조 제4호에 따른 공공지원민간임대주택(이하 '공공지원민간임대주택'이라 한다)을 공급하거나 같은 조 제11호에 따른 주택임대관리업자(이하 '주택임대관리업자'라 한다)에게 임대할 목적으로 주택을 위탁하려는 경우**에는[78] 다음 각 목 가. 공공지원민간임대주택 또는 임대관리 위탁주택에 관한 획지별

---

76) 특별시장·광역시장·특별자치시장·특별자치도지사·시장 또는 군수(광역시의 관할 구역에 있는 군의 군수는 제외)는 도시·군기본계획의 수립 및 도시·군관리계획의 입안권자이다(국토계획법 제18조 및 제24조 제1항).

77) 그 이유로, 「도시정비법」 제8조 제5항에 따르면 시장·군수에 대하여 기본계획의 범위에서 정비계획을 입안(수립)하여 주민에 대한 서면통보, 주민공람 및 지방의회의 의견청취절차를 거치도록 한 것은 정비계획의 입안(수립)은 시장·군수의 권한이라는 것을 규정한 것이다.
한편, **토지등소유자**는 「도시정비법」 제14조 제1항에서 일정한 경우에 시장·군수에게 정비계획의 입안을 제안할 수 있다고 규정하고 있는 바, 이는 **토지등소유자**가 정비계획의 입안을 "제안"할 수 있다는 것이지, **토지등소유자**가 직접 정비계획을 입안(수립)할 수 있다는 의미는 아니라 할 것이므로, 위 주장은 타당하지 않다고 할 것이다(법제처 법령해석, 안건번호 13-0415, 회신일자 2013. 12. 6.).

78) (1) 우리나라의 임대주택 관련 법률은 다음과 같은 두 가지 법률이 있다. 공공임대주택을 주로 다루는 「공공주택 특별법」과 민간임대주택을 주로 다루는 「민간임대주택에 관한 특별법」(이하 '민간임대주택법'이라 한다)이다. 이처럼 임대주택의 공급주체에 따라서는 공공임대주택과 민간임대주택으로 구분된다. 종래 임대주택에 관하여 「민간임대주택법」의 전신인 「임대주택법」이 「공공주택 특별법」의 전신인 「공공주택건설 등에 관한 특별법」의 일반법의 지위에 있었으나, 2015. 8. 28. 개정으로 공공임대주택에 관한 규정은 현행 「공공주택 특별법」으로 이관됨으로써 양법은 대등한 지위에서 분법된 것으로 보인다.

　(가) 먼저 「공공주택 특별법」의 연혁은 ① 2003. 12. 31. 법률 제7051호로 국민임대주택의 건설촉진 등을 위하여 「국민임대주택건설등에관한특별조치법」으로 제정(시행 2004. 7. 1.) 되었으나, ② 2009. 3. 20. 법률 제9511호 전면개정(시행 2009. 4. 21.)되어 보금자리주택의 원활한 건설 등을 위하여 「보금자리주택건설 등에 관한 특별법」으로 명칭을 바꾸었고, ③ 그 후 2014. 1. 14. 법률 제12251호 개정·시행 「공공주택건설 등에 관한 특별법」으로 명칭을 바꾸었으며, ④ 2015. 8. 28. 법률 제13498호 일부 개정(시행 2015. 12. 29.)으로 명칭을 「공공주택 특별법」으로 바꾸어 현재에 이르고 있다. 「공공주택 특별법」상 공공임대주택의 종류는 영구임대주택, 국민임대주택, 행복주택, 장기전세주택, 분양전환공공임대주택, 기존주택매입임대주택, 기존주택전세임대주택이 있다(공공주택특별법 시행령 제2조 제1항).

　(나) 다음으로 민간임대주택의 건설·공급 및 관리와 민간 주택임대사업자 육성 등에 관한 사항을 정함으로써 민간임대주택의 공급을 촉진하고 국민의 주거생활을 안정시키는 것을 목적으로(동법 제1조)하는 「민간임대주택법」의 연혁은, ① 1985. 1. 31. 법률 제3783호로 「임대주택건설촉진법」으로 제정(시행 1985. 1. 31.) 되었으나, ② 1993. 12. 27. 법률 제4629호 전부 개정(시행 1994. 4. 1.) 되어 「임대주택법」으로 명칭을 바꾸었고, ③ 그 후 2015. 8. 28.

토지이용계획, 나. 주거·상업·업무 등의 기능을 결합하는 등 복합적인 토지이용을 증진시키기 위하여 필요한 건축물의 용도에 관한 계획, 다. 주거지역을 세분 또는 변경하는 계획과 용적률에 관한 사항(국토계획법 제36조 제1항 제1호 가목), 라. 그 밖에 공공지원민간임대주택 또는 임대관리 위탁주택의 원활한 공급 등을 위하여 **대통령령**으로 정하는 사항[다음 각 호 1. 건설하는 주택 전체 세대수에서 공공지원민간임대주택 또는 임대관리 위탁주택이 차지하는 비율, 2. 공공지원민간임대주택 및 임대관리 위탁주택의 건축물 배치 계획, 3. 주변지역의 여건 등을 고려한 입주예상 가구 특성 및 임대사업 운영방향의 사항을 말한다. 다만, 제2호 및 제3호의 사항은 정비계획에 필요한 경우로 한정한다(영 제8조 제2항)]. 다만, 나목과 다목의 사항은 건설하는 주택 전체 세대수에서 공공지원민간임대주택 또는 임대할 목적으로 주택임대관리업자에게 위탁하려는 주택(이하 '임대관리 위탁주택'이라 한다)이 차지하는 비율이 100분의 20 이상, 임대기간이 8년 이상의 범위 등에서 **대통령령**으로 정하는 요건에 해당하는 경우[건설하는 주택 전체 세대수에서 다음 각 호 1. 「민간임대주택에 관한 특별법」 제2조 제4호에 따른 공공지원민간임대주택(이하 "공공지원민간임대주택"이라 한다), 2. 「민간임대주택에 관한 특별법」 제2조 제11호에 따른 주택임대관리업자에게 관리를 위탁하려는 주택(이하 "임대관리 위탁주택"이라 한다)으로서 임대기간이 8년 이상인 주택이 차지하는 비율의 합계가 100분의 20 이상인 경우를 말한다(영 제8조 제1항)]로 한정한다. 11. 필요한 경우에 한하여 「국토계획법」 제52조(지구단위계획의 내용) 제1항 각 호의 사항에 관한 계획,[79] 12. 그 밖에 정비사업의 시행을 위하여 필요한 사항으로서 **대통령령**으로 정하는 사항[1. 법 제17조 제4항에 따른 현금납부에 관한 사항, 2. 법 제18조에 따라 정비구역을 분할, 통합 또는 결합하여 지정하려는 경우 그 계획, 3. 법 제23조 제1항 제2호에 따른 방법으로 시행하는 주거환경개선사업의 경우 법 제24조에 따른 사업시행자로 예정된 자, 4. 정비사업의 시행방법, 5. 기존 건축물의 정비·개량에 관한 계획, 6. 정비기반시설의 설치계획, 7. 건축물의 건축선에 관한 계획, 8. 홍수 등 재해에 대한 취약요인에 관한 검토 결과, 9. 정비구역 및 주변지역의 주택수급에 관한 사항, 10. 안전 및 범죄예방에 관한 사항, 11. 그 밖에 정비사업의 원활한 추진을 위하여 시·도**조례**로 정하는 사항(영 제8조 제3항)]이 포함되어야 한다(법 제9조 제1항).

법률 제13499호 전면개정(시행 2015. 12. 29.)으로 「민간임대주택에 관한 특별법」으로 명칭을 바꾸고 규제 중심의 현행 「임대주택법」을 지원 중심으로 개정하였다. 「민간임대주택법」상 민간임대주택이란 임대 목적으로 제공하는 주택으로서, 임대사업자가 「민간임대주택법」 제5조에 따라 등록한 주택을 말하며, 민간건설임대주택과 민간매입임대주택으로 구분한다(민간임대주택법 제2조 제1호).

(2) 여기서 「도시정비법」 제9조 제1항 제10호에서 규정한 "**공공지원민간임대주택**"이란 임대사업자가 다음 각 목 가. 「주택도시기금법」에 따른 주택도시기금의 출자를 받아 건설 또는 매입하는 민간임대주택, 나. 「주택법」 제2조 제24호에 따른 공공택지 또는 「민간임대주택법」 제18조 제2항에 따라 수의계약 등으로 공급되는 토지 및 「혁신도시 조성 및 발전에 관한 특별법」 제2조 제6호에 따른 종전부동산을 매입 또는 임차하여 건설하는 민간임대주택, 다. 「민간임대주택법」 제21조 제2호에 따라 용적률을 완화 받거나 「국토계획법」 제30조에 따라 용도지역 변경을 통하여 용적률을 완화 받아 건설하는 민간임대주택, 라. 「민간임대주택법」 제22조에 따라 지정되는 공공지원민간임대주택 공급촉진지구에서 건설하는 민간임대주택, 마. 그 밖의 「도시정비법」 제9조 제1항 제10호의 사항이 포함된 정비계획에 따라 민간임대주택을 공급하는 사업에 대하여 지원하는 「주택도시기금법」에 따른 주택도시기금의 출자·융자 또는 같은 법에 따른 주택도시보증공사의 보증으로서 국토교통부장관이 정하여 고시하는 출자·융자 또는 보증을 받아 건설 또는 매입하는 민간임대주택 중 어느 하나에 해당하는 민간임대주택을 8년 이상 임대할 목적으로 취득하여 「민간임대주택법」에 따른 임대료(같은 법 제44조) 및 임차인의 자격 제한 등(같은 법 제42조 이하)을 받아 임대하는 민간임대주택을 말한다(민간임대주택법 제2조 제4호).

(3) 그리고 "**주택임대관리업자**"란 주택임대관리업을 하기 위하여 「민간임대주택법」 제7조 제1항에 따라 등록한 자를 말한다(민간임대주택법 제2조 제11호). "**주택임대관리업**"이란 주택의 소유자로부터 임대관리를 위탁받아 관리하는 업(業)을 말한다(민간임대주택법 제2조 제10호).

79) 「국토계획법」 제52조(지구단위계획의 내용) 제1항에서 정하고 있다.

다. 임대주택 및 주택규모별 건설비율, 사업시행자의 임대주택 건설의무

정비계획의 입안권자는 주택의 수급안정과 저소득 주민들의 입주 기회를 확보하기 위하여 정비사업으로 건설하는 주택에 대하여 다음 각 호 1. 「주택법」 제2조 제6호에 따른 국민주택규모의 주택이 전체 세대수의 100분의 90 이하에서 **대통령령**으로 정하는 범위, 2. 임대주택(「민간임대주택에 관한 특별법」에 따른 민간임대주택 및 「공공주택 특별법」에 따른 공공임대주택을 말한다. 이하 같다)이 전체 세대수 또는 전체 연면적의 100분의 30 이하에서 **대통령령**으로 정하는 범위에서 국토교통부장관이 정하여 고시[「**정비사업의 임대주택 및 주택규모별 건설비율**」 2018. 2. 9. 전면개정(시행 2018. 2. 9. 국토교통부고시 제2018-102호)]하는 임대주택 및 주택규모별 건설비율 등을 정비계획에 반영하여야 한다(법 제10조 제1항).

(1) 정비사업의 임대주택 및 주택규모별 건설비율

(가) 상기 법 제10조 제1항 제1호 및 제2호에서 "**대통령령**으로 정하는 범위"란 각각 다음 각 호의 범위를 말한다(영 제9조 제1항).

	국민주택규모의 주택	임대주택 비율	비고
주거환경개선사업	90% 이하	공공임대 전체 세대수 30% 이하, 주거전용 40㎡ 50% 이하	
재개발	80% 이하	임대주택 15%이하, 주거전용 40㎡ 40% 이하	
재건축	60% 이하	제외	

1. **주거환경개선사업**: 가. 국민주택규모 주택[80]: 건설하는 주택 전체 세대수의 100분의 90 이하, 나. 공공임대주택: 건설하는 주택 전체 세대수의 100분의 30 이하로 하되, 주거전용면적이 40㎡ 이하인 공공임대주택이 전체 공공임대주택 세대수의 100분의 50 이하일 것
2. **재개발사업**의 경우 다음 각 목의 범위: 가. 국민주택규모의 주택: 건설하는 주택 전체 세대수의 100분의 80 이하, 나. 임대주택(「민간임대주택에 관한 특별법」에 따른 민간임대주택과 공공임대주택을 말한다. 이하 같다): 건설하는 주택 전체 세대수(법 제54조제1항에 따라 정비계획으로 정한 용적률을 초과하여 건축함으로써 증가된 세대수는 제외한다. 이하 이 목에서 같다)의 100분의 20 이하[법 제55조 제1항에 따라 공급되는 임대주택은 제외하며, 해당 임대주택 중 주거전용면적이 40제곱미터 이하인 임대주택이 전체 임대주택 세대수(법 제55조 제1항에 따라 공급되는 임대주택은 제외한다. 이하 이 목에서 같다)의 100분의 40 이하여야 한다. 다만, 특별시장·광역시장·특별자치시장·특별자치도지사·시장·군수 또는 자치구의 구청장이 정비계획을 입안할 때 관할 구역에서 시행된 재개발사업에서 건설하는 주택 전체 세대수에서 별표 3 제2호가목1)에 해당하는 세입자가 입주하는 임대주택 세대수가 차지하는 비율이 특별시장·광역시장·특별자치시장·도지사·특별자치도지사(이하 "시·도지사"라 한다)

---

80) 주택법 제2조(정의) 6. "국민주택규모"란 주거의 용도로만 쓰이는 면적(이하 "주거전용면적"이라 한다)이 1호(戶) 또는 1세대당 85㎡ 이하인 주택(「수도권정비계획법」 제2조제1호에 따른 수도권을 제외한 도시지역이 아닌 읍 또는 면 지역은 1호 또는 1세대당 주거전용면적이 100㎡ 이하인 주택을 말한다)을 말한다. 이 경우 주거전용면적의 산정방법은 국토교통부령으로 정한다.

가 정하여 고시한 임대주택 비율보다 높은 경우 등 관할 구역의 특성상 주택수급안정이 필요한 경우에는 다음 계산식에 따라 산정한 임대주택 비율 이하의 범위에서 임대주택 비율을 높일 수 있다.

$$\text{해당 시·도지사가 고시한 임대주택 비율} + (\text{건설하는 주택 전체 세대 수} \times \frac{10}{100})$$

3. **재건축사업**: 국민주택규모의 주택이 건설하는 주택 전체 세대수의 100분의 60 이하이며, 임대주택 건설은 재건축사업의 경우는 제외된다.

(나) 재건축사업의 경우 국민주택규모의 주택건설 비율을 적용받지 않는 경우는 「수도권정비계획법」 제6조 제1항 제1호에 따른 과밀억제권역에서 다음 각 호 1. 재건축사업의 **조합원**에게 분양하는 주택은 기존 주택(재건축하기 전의 주택을 말한다)의 주거전용면적을 축소하거나 30%의 범위에서 그 규모를 확대할 것, 2. **조합원** 이외의 자에게 분양하는 주택은 모두 85㎡ 이하 규모로 건설할 것의 요건을 모두 갖춘 경우에는 국민주택규모의 주택 건설 비율을 적용하지 아니한다(영 제9조 제2항).

(2) 사업시행자의 임대주택 건설의무

사업시행자는 법 제10조 제1항에 따라 고시된 내용에 따라 주택을 건설하여야 한다(법 제10조 제2항). 여기서 "사업시행자"란 정비사업을 시행하는 자를 말한다(법 제2조 제8호).

라. 정비계획의 입안 기준

(1) 주거지역을 세분·변경하는 계획과 용적률에 관한 사항(법 제9조 제1항 제10호 다목)을 포함하는 정비계획은 기본계획에서 정하는 건폐율·용적률 등에 관한 건축물의 밀도계획(법 제5조 제1항 제11호)에도 불구하고 달리 입안할 수 있다(법 제9조 제2항). 법 제9조 제1항 제10호 다목은 「국토계획법」 제36조 제1항 제1호 가목에 따른 주거지역을 세분 또는 변경하는 계획과 용적률에 관한 사항으로서 이것이 정비계획에 포함되면 「국토계획법」에 따른 계획이 기본계획보다 우선하기 때문에 기본계획과 무관하게 달리 입안할 수 있다는 점을 규정한 것이다.

정비계획의 입안권자는 1. 생활권의 설정, 생활권별 기반시설 설치계획 및 주택수급계획, 2. 생활권별 주거지의 정비·보전·관리의 방향(법 제5조 제2항 각 호)의 사항을 포함하여 기본계획을 수립한 지역에서 정비계획을 입안하는 경우에는 그 정비구역을 포함한 해당 생활권에 대하여 같은 항 각 호의 사항에 대한 세부 계획을 입안할 수 있다(법 제9조 제3항).

(2) 정비계획의 작성기준 및 작성방법은 국토교통부장관이 정하여 고시하도록 하고 있다(법 제9조 제4항). 이에 따라 2010. 9. 16. 국토해양부훈령 제2010-626호로 「도시·주거환경 정비계획 수립 지침」(이하 '정비계획수립지침'이라 한다)을 제정·시행하였으며, 정비계획의 수립에 관한 세부 작성기준 등

을 정하는 것을 목적으로 하였다. 사견으로는 동 지침의 법적 성격도 비록 형식은 행정규칙이지만, 「도시정비법」 제9조 제4항의 위임을 받아 그 위임받은 사항을 정하고 있으며, 위 법률과 불가분적으로 결합되는 점에서 법규적 성격을 갖는 것이라 할 수 있다.

라. 기본계획 및 정비계획 수립 시 용적률 완화

기본계획의 수립권자 또는 정비계획의 입안권자는 정비사업의 원활한 시행을 위하여 기본계획을 수립·변경하거나 정비계획을 입안·변경입안하려는 경우에는 「국토계획법」 제36조에 따른 주거지역에 대하여는 같은 법 제78조에 따라 조례로 정한 용적률에도 불구하고 같은 조 및 관계 법률에 따른 용적률의 상한까지 용적률을 정할 수 있다(법 제11조 제1항).[81]

구청장등 또는 대도시의 시장이 아닌 시장은 정비계획을 입안하거나 변경입안하려는 경우 기본계획의 변경 또는 변경승인을 특별시장·광역시장·도지사에게 요청할 수 있다(법 제11조 제2항).

3. 정비계획의 입안 제안

가. 입안 제안 사유

(1) **토지등소유자**(제5호의 경우에는 법 제26조 제1항 제1호 및 제27조 제1항 제1호에 따라 사업시행자가 되려는 자를 말한다)는 다음 각 호 1. 법 제5조 제1항 제10호에 따른 단계별 정비사업 추진계획상 정비예정구역별 정비계획의 입안시기가 지났음에도 불구하고 정비계획이 입안되지 않거나 정비예정구역별 정비계획의 수립시기를 정하고 있지 않은 경우, 2. **토지등소유자**가 토지주택공사 등을 사업시행자로 지정 요청하려는 경우(법 제26조 제1항 제7호 및 제8호), 3. 대도시가 아닌 시 또는 군으로서 시·도조례로 정하는 경우, 4. 정비사업을 통하여 공공지원민간임대주택을 공급하거나 임대할 목적으로 주택을 주택임대관리업자에게 위탁하려는 경우로서 법 제9조 제1항 제10호 각 목을 포함하는 정비계획의 입안을 요청하려는 경우, 5. 천재지변 등 긴급(법 제26조 제1항 제1호 및 제27조 제1항 제1호)하게 정비사업을 시행하려는 경우, 6. **토지등소유자**(조합이 설립된 경우에는 **조합원**을 말한다)가 3분의 2 이상의 동의로 정비계획의 변경을 요청하는 경우(다만, 제15조 제3항에 따른 경미한 사항을 변경하는 경우에는 **토지등소유자**의 동의절차를 거치지 아니한다)의 어느 하나에 해당하는 경우에는 정비계획의 입안권자에게 정비계획의 입안을 제안할 수 있다(법 제14조 제1항). 2018. 2. 9. 시행법은 **토지등소유자** 2/3 이상 동의로 정비계획의 변경을 요청하는 경우 입안 제안을 허용하도록 신설하였다.

(2) 여기서 '**토지등소유자**'란 다음 각 목 가. 주거환경개선사업 및 재개발사업의 경우에는 정비구역에 위치한 토지 또는 건축물의 소유자 또는 그 지상권자, 나. 재건축사업의 경우에는 정비구역에 위치

---

81) 지방자치단체에서 단체장의 성향에 따라 용적률을 제한하여 주택공급을 위축시킬 수 있음을 고려해서 **조례**에서 용적률을 낮게 규율하더라도 법률에 따른 용적률의 상한까지 용적률을 정할 수 있도록 하였다(김조영, 재건축재개발 등 정비사업 법령해설집, 도서출판 국토, 2019.).

한 건축물 및 그 부속토지의 소유자의 어느 하나에 해당하는 자를 말한다. 다만, 제27조 제1항에 따라 「자본시장과 금융투자업에 관한 법률」 제8조 제7항에 따른 신탁업자(이하 "신탁업자"라 한다)가 사업 시행자로 지정된 경우 **토지등소유자**가 정비사업을 목적으로 신탁업자에게 신탁한 토지 또는 건축물에 대하여는 위탁자를 **토지등소유자**로 본다(법 제2조 제9호). 대법원은 소정의 '토지 또는 건축물 소유자' 는 정비구역 안의 토지 및 건축물의 소유자뿐만 아니라 토지만을 소유한 자, 건축물만을 소유한 자 모두를 포함하는 의미라고 해석하였다.[82]

나. 입안 제안 요건

(1) 정비계획 입안의 제안을 위한 **토지등소유자**의 동의, 제안서의 처리 등에 필요한 사항은 **대통령 령**으로 정한다(법 제14조 제2항).

(2) **토지등소유자**가 법 제14조 제1항에 따라 정비계획의 입안권자에게 정비계획의 입안을 제안하 려는 경우 **토지등소유자의 3분의 2 이하** 및 **토지면적 3분의 2 이하**의 범위에서 시·도조례로 정하는 비율 이상의 동의를 받은 후 시·도조례로 정하는 제안서 서식에 정비계획도서, 계획설명서, 그 밖의 필요한 서류를 첨부하여 정비계획의 입안권자에게 제출하여야 한다(영 제12조 제1항). 정비계획의 입 안권자는 제1항의 제안이 있는 경우에는 제안일부터 60일 이내에 정비계획에의 반영여부를 제안자에 게 통보하여야 한다. 다만, 부득이한 사정이 있는 경우에는 한 차례만 30일을 연장할 수 있다(영 제12 조 제2항). 정비계획의 입안권자는 제1항에 따른 제안을 정비계획에 반영하는 경우에는 제안서에 첨부 된 정비계획도서와 계획설명서를 정비계획의 입안에 활용할 수 있다(영 제12조 제3항). 제1항부터 제3 항까지에서 규정된 사항 외에 정비계획 입안의 제안을 위하여 필요한 세부사항은 시·도조례로 정할 수 있다(영 제12조 제4항).

4. 주민공람, 지방의회 및 정비기반시설 등 관리청의 의견청취[83]

가. 정비계획의 입안·입안변경에 대한 의견청취 원칙

정비계획의 입안권자는 정비계획을 입안하거나 변경하려면 주민에게 서면으로 통보한 후 주민설명 회 및 30일 이상 주민에게 공람하여 의견을 들어야 하며, 제시된 의견이 타당하다고 인정되면 이를 정비계획에 반영하여야 한다(제15조 제1항).

정비계획의 입안권자는 법 제15조 제1항에 따라 정비계획을 주민에게 공람하려는 때에는 미리 공람 의 요지 및 장소를 해당 지방자치단체의 공보등에 공고하고, 공람장소에 관계 서류를 갖추어 두어야

---

82) 대법원 2012. 10. 25. 선고 2010두25107 판결; 대법원 2013. 7. 11. 선고 2011두27544 판결.
83) 정비계획의 수립 및 정비구역의 지정은 그 법적 성격이 도시계획이며 국토계획법의 특별법으로서 「도시정비법」이 그 수립절차를 별도로 정하고 있다. 또한 「국토계획법」은 도시계획에 관한 한 일반법적 성격을 가지는 것이므로 「도시정비 법」이 마련하고 있는 절차에 부족한 부분이 있으면 보충적으로 개입해 들어오는 것으로 해석해야 한다(김종보, 건설법 (제6판), 412면).

한다(영 제13조 제1항). 주민은 법 제15조 제1항에 따른 공람기간 이내에 정비계획의 입안권자에게 서면(전자문서를 포함한다)으로 의견을 제출할 수 있다(영 제13조 제2항). 정비계획의 입안권자는 영 제13조 제2항에 따라 제출된 의견을 심사하여 법 제15조 제1항에 따라 채택할 필요가 있다고 인정하는 때에는 이를 채택하고, 채택하지 아니한 경우에는 의견을 제출한 주민에게 그 사유를 알려주어야 한다(영 제13조 제3항).

그리고 주민공람과 함께 지방의회의 의견을 들어야 한다. 이 경우 지방의회는 정비계획의 입안권자가 정비계획을 통지한 날부터 60일 이내에 의견을 제시하여야 하며, 의견제시 없이 60일이 지난 경우 의의가 없는 것으로 본다(법 제15조 제2항). 정비계획의 입안권자는 제97조, 제98조, 제101조 등에 따라 정비기반시설 및 국유·공유재산의 귀속 및 처분에 관한 사항이 포함된 정비계획을 입안하려면 미리 해당 정비기반시설 및 국유·공유재산의 관리청의 의견을 들어야 한다(법 제15조 제4항).

나. 경미한 사항의 변경 시 의견청취 절차 생략 가능

(1) **대통령령**으로 정하는 정비계획의 경미한 사항을 변경하는 경우에는 예외적으로 주민에 대한 서면통보, 주민설명회, 주민공람 및 지방의회의 의견청취 절차를 생략 할 수 있다(법 제15조 제3항).

(2) 법 제15조 제3항에서 "**대통령령**으로 정하는 경미한 사항을 변경하는 경우"란 다음 각 호 1. 정비구역의 면적을 10% 미만의 범위에서 변경하는 경우(법 제18조에 따라 정비구역을 분할, 통합 또는 결합하는 경우를 제외한다), 2. 정비기반시설의 위치를 변경하는 경우와 정비기반시설 규모를 10% 미만의 범위에서 변경하는 경우, 3. 공동이용시설 설치계획을 변경하는 경우, 4. 재난방지에 관한 계획을 변경하는 경우, 5. 정비사업시행 예정시기를 3년의 범위에서 조정하는 경우, 6. 「건축법 시행령」 [별표 1] 각 호의 용도범위에서 건축물의 주용도(해당 건축물의 가장 넓은 바닥면적을 차지하는 용도를 말한다)를 변경하는 경우, 7. 건축물의 건폐율 또는 용적률을 축소하거나 **10% 미만의 범위에서 확대**하는 경우, 8. 건축물의 최고 높이를 변경하는 경우, 9. 법 제66조에 따라 용적률을 완화하여 변경하는 경우, 10. 「국토계획법」 제2조 제3호에 따른 도시·군기본계획, 같은 조 제4호에 따른 도시·군관리계획 또는 기본계획의 변경에 따라 정비계획을 변경하는 경우, 11. 「도시교통정비 촉진법」에 따른 교통영향평가 등 관계법령에 의한 심의결과에 따른 변경인 경우, 12. 그 밖에 제1호부터 제8호까지, 제10호 및 제11호와 유사한 사항으로서 시·도**조례**로 정하는 사항을 변경하는 경우의 어느 하나에 해당하는 경우를 말한다(영 제13조 제4항).

5. 정비계획의 결정 및 정비구역의 지정·고시

정비구역의 지정권자는 정비구역을 지정·변경지정하려면 지방도시계획위원회의 심의를 거쳐야 한다. 다만, 경미한 사항을 변경하는 경우에는 지방도시계획위원회의 심의를 거치지 아니할 수 있다(법 제16조 제1항).

정비구역의 지정권자는 정비구역을 지정·변경지정하거나 정비계획을 결정·변경결정을 한 때에는 정비계획을 포함한 정비구역 지정의 내용을 해당 <u>지방자치단체의 공보에 고시</u>하여야 한다. 이 경우 <u>지형도면 고시</u> 등에 대하여는 「토지이용규제 기본법」 제8조에 따른다(법 제16조 제2항).

정비구역의 지정권자는 정비계획을 포함한 정비구역을 지정·고시한 때에는 국토교통부령으로 정하는 방법 및 절차에 따라 <u>국토교통부장관에게 그 지정의 내용을 보고</u>하여야 하며, 관계 서류를 일반인이 열람할 수 있도록 하여야 한다(법 제16조 제3항).

Ⅳ. 정비구역지정의 법적 효과

1. 도시·군관리계획(지구단위계획) 결정·고시의 효력

(1) 「국토계획법」 제2조 제4호 라목에서는 정비사업에 관한 계획을 도시·군관리계획의 종류 중 하나로 규정하고 있으므로, 「도시정비법」에 따른 정비계획의 수립 및 정비구역의 지정은 도시·군관리계획이라 할 것이다. 「도시정비법」 제2조 제2호에 따르면 정비사업에 관한 계획인 정비계획의 수립은 「국토계획법」에 따른 일반 도시·군관리계획으로는 이를 개선하기 곤란한 지역을 보다 체계적·효율적으로 정비하기 위한 계획으로 도시·군관리계획 중에서도 일반 도시·군관리계획에 우선하는 효력을 가진 특별 도시·군관리계획에 해당한다고 할 것이다.

(2) 정비구역의 지정·고시가 있는 경우 해당 정비구역 및 정비계획 중 「국토계획법」의 지구단위계획의 내용(제52조 제1항 각 호)에 해당하는 사항은 지구단위계획구역 및 지구단위계획으로 결정·고시된 것으로 간주하는(법 제17조 제1항) 취지는 정비계획의 수립 및 정비구역의 지정으로 지구단위계획 수립에 대체하는 것으로 보는 것이다.

즉 법 제17조 제1항에서는 「국토계획법」에 따른 "지구단위계획(지구단위계획구역)"과 「도시정비법」에 따른 "정비계획(정비구역)"이 서로 그 내용 및 목적이 상당 부분 동일하거나 유사하고 관련 절차가 대부분 같다는 점을 고려하여, 같은 내용의 계획을 같은 절차를 반복하여 두 번 수립 또는 변경할 필요가 없다는 점을 명확히 하기 위하여 정비구역의 지정·변경지정에 대한 고시가 있는 경우 당해 정비구역 및 정비계획 중 「국토계획법」 제52조 제1항 각 호의 어느 하나에 해당하는 사항은 「국토계획법」 제49조 및 제51조 제1항에 따른 지구단위계획 및 지구단위계획구역으로 결정·고시된 것으로 보도록 하는 의제 규정을 두고 있다. 「국토계획법」 제2조 제4호 마목에서 지구단위계획을 도시·군관리계획에 해당하는 것으로 규정하고 있으므로, 지구단위계획 및 지구단위계획구역으로 결정·고시된 것으로 본다는 것은 <u>도시·군관리계획으로 결정·고시된 것으로 본다</u>는 것과 같은 의미라고 할 것이다.[84] 따라서 이를 도시·군관리계획으로 볼 수 있으므로 이는 <u>구속적 행정계획으로 행정처분</u>이다. 따라서 그 절차나

---

[84] 법제처 법령해석 사례, 민원인 - 「도시정비법」에 따른 정비계획의 수립 및 정비구역의 지정과 「국토계획법」에 따른 도시·군관리계획의 결정 간의 관계(도시정비법 제4조 제7항 등 관련), 안건번호 15-0822, 회신일자 2016. 4. 27.

내용상의 하자에 대해 다투고자 하는 자는 행정처분이 고시된 후 90일 이내에 행정법원에 취소소송을 제기해야 한다(행정소송법 제20조).

(3) 「국토계획법」에 따른 지구단위계획구역에 대하여 법 제9조 제1항(정비계획의 내용) 각 호의 사항을 모두 포함한 지구단위계획을 결정·고시(변경 결정·고시하는 경우를 포함한다)하는 경우 해당 지구단위계획구역은 정비구역으로 지정·고시된 것으로 본다(법 제17조 제2항).

2. 용적률 등 완화

가. 용적률 완화와 현금기부채납

(1) 정비계획을 통한 토지의 효율적 활용을 위하여 「국토계획법」 제52조 제3항에 따른 <u>건폐율·용적률 등의 완화규정은 정비계획에 준용</u>한다. 이 경우 '지구단위계획구역'은 '정비구역'으로, '지구단위계획'은 '정비계획'으로 본다(법 제17조 제3항).

(2) 용적률이 완화되는 경우로서 사업시행자가 정비구역에 있는 <u>대지의 가액 일부에 해당하는 금액을 현금으로 납부한 경우</u>에는 **대통령령**으로 정하는 <u>공공시설 또는 기반시설(이하 '공공시설등'이라 한다)의 부지를 제공하거나 공공시설등을 설치하여 제공한 것으로 본다</u>(법 제17조 제4항). 현금 기부채납 규정은 2016. 1. 27. 개정 및 시행(법률 제13912호)으로 기부채납에 대한 현금 납부를 허용한 것이다. '기부채납'이란 국가 외의 자가 부동산 등(국유재산법 제5조 제1항 각 호) 사유재산에 해당하는 재산의 소유권을 무상으로 국가에 이전하여 국가가 이를 취득하는 것을 말한다(국유재산법 제2조 제2호). 법 개정으로 도로·공원 또는 건축물 등으로 기부채납을 하는 기존 방식 외에 현금납부 방식이 추가 되었는데, 이는 기반시설이 양호한 지역에서 불필요한 도로·공원 등의 기부채납을 지양하고, <u>현금납부를 통한 사업성 개선 및 현금납부금의 공공기여 재원으로 활용하기 위해 도입</u>되었다. 사업시행자가 기부채납하는 경우 건폐율·용적률·높이 등을 완화할 수 있도록 한다.

나. 현금납부 및 부과 방법

현금납부 및 부과 방법 등에 필요한 사항은 **대통령령**으로 정한다(법 제17조 제5항). 현금납부를 하려는 경우에는 **토지등소유자**(법 제35조에 따라 조합을 설립한 경우에는 **조합원**을 말한다) <u>과반수의 동의</u>를 받아야 한다. 이 경우 <u>현금으로 납부하는 토지의 기부면적은 전체 기부면적의 2분의 1을 넘을 수 없다</u>(영 제14조 제2항). 법 제17조 제4항에 따른 현금납부액은 시장·군수등이 지정한 둘 이상의 감정평가업자가 해당 기부토지에 대하여 평가한 금액을 산술평균하여 산정한다(영 제14조 제3항).

<u>현금납부액 산정기준일</u>은 법 제50조 제7항에 따른 <u>사업시행계획인가</u>(현금납부에 관한 정비계획이 반영된 최초의 사업시행계획인가를 말한다) <u>고시일</u>로 한다. 다만, 산정기준일부터 3년이 되는 날까지 법 제74조에 따른 관리처분계획인가를 신청하지 아니한 경우에는 산정기준일부터 3년이 되는 날의 다

음 날을 기준으로 제3항에 따라 다시 산정하여야 한다(영 제14조 제4항).[85]

3. 행위제한

가. 허가사항

정비구역이 지정되면 예외적인 경우 이외에 곧 건축물을 철거할 예정이므로 건축행위 등을 제한하고 있다.

(1) 정비구역에서 다음 각 호 1. 건축물의 건축:「건축법」제2조 제1항 제2호에 따른 건축물(가설건축물을 포함한다)의 건축, 용도변경, 2. 공작물의 설치: 인공을 가하여 제작한 시설물(「건축법」제2조 제1항 제2호에 따른 건축물을 제외한다)의 설치, 3. 토지의 형질변경: 절토·성토·정지·포장 등의 방법으로 토지의 형상을 변경하는 행위, 토지의 굴착 또는 공유수면의 매립, 4. 토석의 채취: 흙·모래·자갈·바위 등의 토석을 채취하는 행위. 다만, 토지의 형질변경을 목적으로 하는 것은 제3호에 따른다. 5. 토지분할, 6. 물건을 쌓아놓는 행위: 이동이 쉽지 아니한 물건을 1개월 이상 쌓아놓는 행위, 7. 죽목의 벌채 및 식재에 해당하는 행위를 하려는 자는 시장·군수등의 허가를 받아야 한다. 허가받은 사항을 변경하려는 때에도 또한 같다(법 제19조 제1항 및 영 제15조 제1항). 시장·군수등은 법 제19조 제1항에 따라 제1항 각 호의 행위에 대한 허가를 하려는 경우로서 사업시행자가 있는 경우에는 미리 그 사업시행자의 의견을 들어야 한다(영 제15조 제2항).

허가에 관하여 이 법에 규정된 사항을 제외하고는 「국토계획법」제57조(개발행위허가의 절차), 제58조(개발행위허가의 기준 등), 제59조(개발행위에 대한 도시계획위원회의 심의), 제60조(개발행위허가의 이행 보증 등) 및 제62조(준공검사)를 준용한다(법 제19조 제5항). 허가를 받은 경우에는 「국토계획법」제56조(개발행위의 허가)에 따라 허가를 받은 것으로 본다(법 제19조 제6항).

(2) 시장·군수등은 행위허가사항(법 제19조 제1항)을 위반한 자에게 원상회복을 명할 수 있다. 이 경우 명령을 받은 자가 그 의무를 이행하지 아니하는 때에는 시장·군수등은 「행정대집행법」에 따라 대집행할 수 있다(법 제19조 제4항).

---

[85] 서울특별시는 2017년 6월 "정비사업 현금기부채납 운영계획"을 만들어 아래의 3가지 기본원칙과 현금납부금액 및 납부방법, 토지가액 감정평가, 현금납부금의 활용 등 세부기준 등을 마련하였다.
　현금 기부채납 운영 기본원칙
　　1. 사업시행자 선택 원칙: 현금 기부채납 여부는 사업시행자가 선택 - 사업시행자가 현금 기부채납을 원할 경우 **토지등소유자(조합원)** 과반수 동의를 거쳐 정비계획 변경절차 추진
　　2. 기반시설 우선 원칙: 도로, 공원 또는 건축물 기부채납 우선 검토
　가. 도로, 공원 등의 법적 설치요건과 각종 기준 상 설치요건 우선 충족,
　나. 공공시설 건축물에 대한 수요가 있는 경우 우선 충족
　　3. 상위계획 정합성 유지 원칙: 정비기본계획 등 상위계획 및 방침과의 정합성 유지 - 상위계획에서 정한 기반시설 비율 등 설치요건을 벗어나는 현금 기부채납 불가

나. 허가제외 사항

다음 각 호 1. 재해복구 또는 재난수습에 필요한 응급조치를 위한 행위, 2. 기존 건축물의 붕괴 등 안전사고의 우려가 있는 경우 해당 건축물에 대한 안전조치를 위한 행위, 3. 그 밖에 **대통령령**으로 정하는 행위[다음 각 호 1. 농림수산물의 생산에 직접 이용되는 것으로서 국토교통부령으로 정하는 간이공작물의 설치, 2. 경작을 위한 토지의 형질변경, 3. 정비구역의 개발에 지장을 주지 아니하고 자연경관을 손상하지 아니하는 범위에서의 토석의 채취, 4. 정비구역에 존치하기로 결정된 대지에 물건을 쌓아놓는 행위, 5. 관상용 죽목의 임시식재(경작지에서의 임시식재는 제외한다)의 어느 하나에 해당하는 행위로서 「국토계획법」 제56조에 따른 개발행위허가의 대상이 아닌 것을 말한다(영 제15조 제3항)][86]의 어느 하나에 해당하는 행위는 허가를 받지 아니하고 할 수 있다(법 제19조 제2항).

다. 신고사항

허가를 받아야 하는 행위로서 정비구역의 지정 및 고시 당시 이미 관계 법령에 따라 행위허가를 받았거나 허가를 받을 필요가 없는 행위에 관하여 그 공사 또는 사업에 착수한 자는 정비구역이 지정·고시된 날부터 30일 이내에 그 공사 또는 사업의 진행상황과 시행계획을 첨부하여 관할 시장·군수등에게 신고한 후 이를 계속 시행할 수 있다(법 제19조 제3항 및 영 제15조 제4항).

4. 토지등소유자의 확정

추진위원회 또는 조합의 구성원이 될 수 있는 **토지등소유자**는 원칙적으로 '정비구역에 위치한' **토지등소유자**를 말한다(법 제2조 제9호). 정비구역이 지정·고시되어 효력을 발생하게 되면 비로소 **대상구역의 위치와 면적이 확정**되므로, 그로 인해 **토지등소유자**인 자와 그렇지 않은 자가 법적으로 확정된다. **토지등소유자**는 정비조합을 결성하여 사업을 주도하는 사업시행자의 잠재적 구성원이므로 정비구역의 지정이 갖는 가장 중요한 법적 효과 중의 하나가 바로 **토지등소유자**의 확정이다.[87]

5. 추진위원회 승인의 요건

토지등소유자의 확정은 정비구역내 추진위원회를 구성하기 위한 전제가 되므로(법 제31조 제1항), 정비구역의 지정·고시는 추진위원회의 승인을 위한 요건이 된다. 특히 구역지정이 없는 한 사업대상지가 전혀 정해질 수 없으므로 정비구역지정 없는 추진위원회의 승인은 무효이다.[88]

---

86) 영 제15조 제3항에 따르면 법 제19조 제2항 제2호에서 **대통령령**으로 정하는 행위"라고 하고 있으나 제3호가 맞다.
87) 김종보, 건설법(제5판), 594면.
88) 대법원 2009. 10. 29. 선고 2009두12297 판결; 정비구역이 지정되지 아니한 상태에서 일부 주민이 임의로 획정한 구역을 기준으로 구성된 조합설립추진위원회가 시장·군수의 승인을 얻어 설립될 수 있다고 한다면, 정비사업에 관한 제반 법률관계가 불명확·불안정하게 되어 정비사업의 추진이 전반적으로 혼란에 빠지고 그 구역 안에 토지 등을 소유하는 사람의 법적 지위가 부당한 영향을 받을 현저한 우려가 있다. 따라서 그와 같이 정비구역의 지정 및 고시 없이 행하여지는 시장·군수의 재개발조합설립추진위원회 설립승인은 「도시정비법」의 규정 및 조합설립추진위원회제도의 취지에 반하여 허용될 수 없고, 그와 같은 하자는 중대할 뿐만 아니라 객관적으로 명백하다고 할 것이다.

V. 정비구역의 분할·통합 및 결합

1. 의의

먼저 하나의 정비구역을 둘 이상의 정비구역으로 <u>분할</u>할 수 있다. 또 <u>통합</u>이란 서로 인접한 정비구역을 하나로 합치는 것을 말하고, <u>결합</u>이란 서로 연접하지 아니한 둘 이상의 구역(법 제8조 제1항에 따라 **대통령령**으로 정하는 요건에 해당하는 구역으로 한정한다) 또는 정비구역을 하나의 정비구역으로 지정하는 것을 말한다.

2. 법률 규정

정비구역의 <u>지정권자</u>는 정비사업의 효율적인 추진 또는 도시의 경관보호를 위하여 필요하다고 인정하는 경우에는 다음 각 호 1. <u>하나의 정비구역을 둘 이상의 정비구역으로 **분할**</u>, 2. <u>서로 연접한 정비구역을 하나의 정비구역으로 **통합**</u>, 3. <u>서로 연접하지 아니한 둘 이상의 구역(법 제8조 제1항에 따라 **대통령령**으로 정하는 요건에 해당하는 구역으로 한정한다) 또는 정비구역을 하나의 정비구역으로 **결합**</u>의 방법에 따라 정비구역을 지정할 수 있다(법 제18조 제1항).

정비구역을 분할·통합하거나 서로 떨어진 구역을 하나의 정비구역으로 결합하여 지정하려는 경우 시행 방법과 절차에 관한 세부사항은 <u>시·도조례</u>로 정한다(법 제18조 제2항).

법제처는 「도시정비법」에 따른 재개발을 시행함에 있어 같은 법 시행령 제13조 제1항 제5호(현행 제8조 제3항 제2호)에 따라 "하나의 정비구역(A)을 둘 이상의 구역(A-1 및 A-2 등)으로 분할하여 정비사업을 시행하는 계획"이 포함된 정비계획을 수립하고 전체 정비구역(A) 자체는 하나의 정비구역으로 지정한 경우, <u>별도의 정비구역 분할 변경 지정 없이</u> 정비계획에 포함된 내용대로 구역별(A-1 및 A-2 등)로 각각 추진위원회를 구성하여 재개발사업을 진행할 수 있는지에 대한 해석에서, <u>별도의 정비구역 분할 변경 지정 없이는</u> 비록 정비계획에 포함되었다 하더라도 구역별(A-1 및 A-2 등[89])로 각각 추진위

---

[89] 그 이유로, 인가된 조합은 해당 정비구역 내에서 재개발사업 시행이라는 존립목적을 부여받은 공행정주체로서 사업을 추진하게 되는 바, 하나의 정비구역 내에 복수의 추진위원회 및 이에 따른 복수의 조합의 존재를 인정하게 되는 경우, 동일한 목적을 가진 복수의 공행정주체가 하나의 재개발사업을 추진하는 것이 되어 정비사업에 관한 제반 법률관계가 불명확하게 되고, 이를 통하여 정비사업 추진이 전반적으로 혼란에 빠질 수 있으며, 그 구역 안에 토지 등을 소유하는 사람의 법적 안정성을 해할 우려가 있다.
그리고, 추진위원회가 설립되기 위하여는 같은 법 제13조 제2항(현행 제31조 제1항)에 따라 운영규정에 대한 **토지등소유자** 과반수의 동의를 얻도록 하고 있고, 재개발사업 등에 관하여 추진위원회가 구성되려면 그 전제로 "**토지등소유자**"의 범위가 확정될 필요가 있으며, 또한 "**토지등소유자**"의 범위를 확정하기 위하여는 특별시장·광역시장 또는 도지사에 의한 정비구역의 지정 및 고시가 선행되는 것이므로, 같은 법 제13조 제2항(현행 제31조 제1항)에서의 **토지등소유자** 과반수 산정은 하나의 정비구역을 기준으로 과반수를 산정하도록 한 것으로 보이는데, 하나의 정비구역 내에 복수의 추진위원회의 설립을 허용한다면, 정비구역 결합 등의 경우를 제외하고는, 하나의 정비구역 내 **토지등소유자**가 복수의 동의권을 행사할 수 있도록 하거나, 같은 법 제13조 제2항(현행 제31조 제1항)에 따른 동의요건을 정비계획에 포함된 구역별(A-1 및 A-2 등)로 충족이 가능한 것으로 볼 수밖에 없게 되어 이는 위 제13조 제2항(현행 제31조 제1항)의 내용에 반하는 것으로 보인다[법제처 법령해석 사례, 경기도-하나의 정비구역 내 정비계획에 포함된 분할 계획에 따른 구역별 추진위원회 구성 가부(도시정비법 제34조 등 관련), 안건번호 12-0104, 회신일자 2012. 3. 15.].

원회를 구성하여 재개발사업을 진행할 수는 없다고 해석하였다.

Ⅵ. 정비구역 등의 해제[90]

1. 직권해제의 의의

여기서 '직권해제'란 주민 갈등이나 사업성 저하 등으로 사업 추진이 더 이상 어렵다고 판단되는 경우 정비구역의 지정권자가 직권으로 정비사업 구역을 해제하는 것을 말한다. 아래의 두 개의 조문(법 제20조 및 제21조, 2012. 2. 1. 개정 당시 법 제4조의3)은 기속적 직권해제와 재량적 직권해제 조항으로 구분된다. 이를 필수적·임의적 해제라고도 한다. 이들은 모두 정비구역지정권자의 직권해제를 위한 근거가 되나, 재량적 직권해제(법 제21조)의 사유가 더 광범위하고 포괄적이다. 정비사업이 장기간 부진하게 되는 경우 사업비 증가로 주민의 경제적 부담이 가중되고, 행위제한으로 주민의 재산권행사가 제한되며, 해당 지역의 슬럼화가 가속화되어 주거환경이 열악해지는 것을 방지하기 위하여 정비사업의 단계별로 정비구역을 해제할 수 있는 근거를 마련하였다.[91]

---

90) **서울시의 뉴타운 출구전략**: 이명박 전 서울시장에 의해 2002년 10월 은평·왕십리·길음 3곳의 시범 뉴타운의 지정 후, 2003년 돈의문·한남·중화·아현·천호 등 12곳이 2차로 지정됐고, 2005년 3차로 11곳 등 총 26곳이 지정됐다. 이로써 뉴타운 사업은 4년 만에 26개 지구에 총 226개 구역이 지정되기에 이르렀고, 후임 오세훈 시장은 새롭게 뉴타운이 지정되지 않았다. 그러나 뉴타운은 최초 지정당시 근거법이 없었다가, 2005. 12. 30.「도시재정비특별법」제정(법률 제7834호, 시행 2006. 7. 1.)으로 근거법이 만들어졌으나, 부실한 입법으로 제대로 운영되기 어려웠다는 비판을 받고 있다(김종보, 건설법(제6판), 503면).
2011년 10월 취임한 박원순 시장은 2012. 1. 30. 기자설명회를 열고 서울 뉴타운·재개발·재건축 대상 1,300곳 중 사업시행인가 이전 단계에 있는 610곳에서 실태 조사와 주민 의견 등을 들은 후 사업시행 여부를 결정하는「뉴타운·정비사업 신(新)정책 구상」을 발표하면서, 뉴타운 사업을 원점에서 재검토하기로 했다. 이에 따라, 2017년 10월 29일 서울시에 따르면 정비구역 683곳 중 절반 이상인 365곳의 구역 지정이 해제됐다. 박원순 시장의 뉴타운 출구전략의 일환으로 서울시가 2012. 2. 1.「도시정비법」의 개정(법률 제11293호, 시행 2013. 2. 2.)을 건의함으로써, 뉴타운으로 지정된 정비구역을 해제하거나 이미 설립된 재개발조합설립인가를 취소(안 제4조의3 및 제16조의2 신설)하는 내용의 뉴타운 출구전략이 마련되었다.
이와 같은 출구전략은 법적으로 지지부진한 조합을 소멸시킨다는 의미이지만, 개정 이유는 재개발사업 등 정비사업이 사업성 저하 등으로 인하여 지연·중단됨에 따라 사업 추진이 어려운 지역은 주민의사에 따라 조합설립인가 등을 취소할 수 있도록 하며, 정비사업이 일정기간 지연되는 경우 구역을 해제할 수 있도록 하는 것이라 하고 있다. 2012년 2월 추진위가 구성되지 않은 정비구역에 대해 **토지등소유자**의 3분의1 이상이 지정 해제를 요구할 수 있게 하는 내용을 담은「도시정비법」이 시행되면서 구역지정 해제가 본격화됐다. 주민들의 지정해제 요구 기한이 2016. 1. 31. 만료되자, 서울시는 두 차례 **조례**를 개정해 기한을 2017. 12. 31.까지 연장하였으며(http://www.sedaily.com/NewsView/1OMHR137GV 서울경제, "서울시 '뉴타운 출구전략' 마무리.", 2017. 10. 29.), 2018. 2. 9. 시행법에서는 구법 제16조의2 조합설립인가취소는 삭제되었다. **토지등소유자**의 추진위원회 해산신청, 시장·군수의 승인취소 의무, 구법 제16조의2 조합설립인가의 취소 조항에 관해서는 후술하기로 한다.
91) 2011. 6. 국회 국토교통위원회, 도시정비법 일부개정법률안 검토보고서 참조.

2. 정비구역등에 대한 기속적 직권해제

가. 해제 사유

정비구역의 지정권자는 다음 각 호 1. 정비예정구역에 대하여 기본계획에서 정한 정비구역지정 예정일부터 3년이 되는 날까지 특별자치시장, 특별자치도지사, 시장 또는 군수가 정비구역을 지정하지 아니하거나 구청장등이 정비구역의 지정을 신청하지 아니하는 경우, 2. 재개발·재건축사업을 조합이 시행하는 경우에 한하여 다음 각 목 가. **토지등소유자**가 정비구역으로 지정·고시된 날부터 2년이 되는 날까지 추진위원회의 승인을 신청하지 아니하는 경우, 나. 정비사업에 대하여 법 제118조에 따른 공공지원을 하려는 경우로서 추진위원회를 구성하지 아니하는 경우로 한정하여(법 제31조 제4항) **토지등소유자**가 정비구역으로 지정·고시된 날부터 3년이 되는 날까지 조합설립인가를 신청하지 아니하는 경우, 다. 추진위원회가 추진위원회 승인일부터 2년이 되는 날까지 조합설립인가를 신청하지 아니하는 경우, 라. 조합이 조합설립인가를 받은 날부터 3년이 되는 날까지 사업시행계획인가를 신청하지 아니하는 경우의 어느 하나에 해당하는 경우, 3. **토지등소유자**가 시행하는 재개발사업으로서 **토지등소유자**가 정비구역으로 지정·고시된 날부터 5년이 되는 날까지 사업시행계획인가를 신청하지 아니하는 경우의 어느 하나에 해당하는 경우에는 정비예정구역 또는 정비구역(이하 '정비구역등'이라 한다)을 해제하여야 한다(법 제20조 제1항).

나. 해제 절차

(1) 구청장등은 해제사유(법 제20조 제1항 각 호)에 해당하는 경우에는 특별시장·광역시장에게 정비구역등의 해제를 요청하여야 한다(법 제20조 제2항).

(2) 특별자치시장·특별자치도지사, 시장·군수 또는 구청장등이 법 제20조 제1항에 따라 정비구역등을 해제하거나 법 제20조 제2항에 따라 정비구역등의 해제를 요청하는 경우에는 30일 이상 주민공람하여 의견을 들어야 한다(법 제20조 제3항).

(3) 특별자치시장·특별자치도지사, 시장·군수 또는 구청장등은 주민공람을 하는 경우에는 지방의회의 의견을 들어야 한다. 이 경우 지방의회는 특별자치시장·특별자치도지사, 시장·군수 또는 구청장등이 정비구역등의 해제에 관한 계획을 통지한 날부터 60일 이내에 의견을 제시하여야 하며, 의견제시 없이 60일이 지난 경우 이의가 없는 것으로 본다(법 제20조 제4항).

(4) 정비구역의 지정권자는 정비구역등의 해제를 요청받거나 정비구역등을 해제하려면 지방도시계획위원회의 심의를 거쳐야 한다. 다만, 「도시재정비특별법」 제5조에 따른 재정비촉진지구에서는 같은 법 제34조에 따른 도시재정비위원회의 심의를 거쳐 정비구역등을 해제하여야 한다(법 제20조 제5항).

(5) 정비구역의 지정권자는 정비구역등의 **토지등소유자**(조합을 설립한 경우에는 **조합원**)가 100분의 30 이상의 동의로 법 제20조 제1항 제1호부터 제3호까지의 규정에 따른 해당 기간이 도래하기 전까지

연장을 요청하거나 정비사업의 추진 상황으로 보아 주거환경의 계획적 정비 등을 위하여 정비구역등의 존치가 필요하다고 인정하는 경우에는 동조 제1항 제1호부터 제3호까지의 규정에 따른 해당 기간을 2년의 범위에서 연장하여 정비구역등을 해제하지 아니할 수 있다(법 제20조 제6항).

(6) 정비구역의 지정권자는 정비구역등을 해제하는 경우(제6항에 따라 해제하지 아니한 경우를 포함)에는 그 사실을 해당 지방자치단체의 공보에 고시, 국토교통부장관에게 통보하며, 관계 서류를 일반인에게 열람하여야 한다(법 제20조 제7항).

다. 법제처 법령해석

정비예정구역이 고시된 후 정비구역이 지정되기 전에 조합설립추진위원회의 승인을 받았고, 이후 정비예정구역을 포함하여 확대된 정비구역이 지정되었는데, 「도시정비법」(2012. 2. 1. 법률 제11293호로 일부개정되어 같은 날 시행된 것을 말함) 제4조의3(현행 제20조)의 시행일인 2012년 2월 1일부터 2년이 경과할 때까지 정비예정구역의 추진위원회만 있고, 확대된 정비구역의 추진위원회에 대한 변경 승인신청이 없었던 경우, 시장·군수 또는 구청장은 같은 조 제1항 제2호 가목(현행 제20조 제1항 제2호 가목)에 따라 특별시장·광역시장·도지사에게 정비구역의 해제를 요청하여야 하는지(현행 제20조 제2항은 구청장등이 특별시장·광역시장에게 해제 요청)에 대한 해석사례에서, 시장·군수 또는 구청장은 기존 추진위원회가 변경승인을 신청할 수 없도록 한 판결이 있는 등의 특별한 사정이 없는 한 같은 조 제1항 제2호 가목에 따라 특별시장·광역시장·도지사에게 정비구역의 해제를 요청하여야 한다고 해석하였다.[92]

3. 정비구역등의 재량적 직권해제

가. 해제 사유

정비구역의 지정권자는 다음 각 호 1. 정비사업의 시행으로 **토지등소유자**에게 과도한 부담이 발생할 것으로 예상되는 경우, 2. 정비구역등의 추진 상황으로 보아 지정 목적을 달성할 수 없다고 인정되는

---

92) 그 이유로 「도시정비법」 제4조의3(현행 제20조) 제1항 제2호 가목은 **토지등소유자**가 해당 정비구역에서 적법하게 정비사업을 추진할 수 있는 주체인 추진위원회의 승인을 신청하여야 하는 기한을 정비구역이 지정·고시된 후 2년으로 함으로써 정비사업의 계속 추진 여부를 사업 초기부터 비교적 단기간에 확실하게 하려는 취지의 규정이라 할 것이다.
그런데, 실제 정비구역이 추진위원회가 승인을 받을 당시의 정비예정구역보다 확대되어 지정된 경우 해당 추진위원회 승인이 당연 실효되었다고 볼 수 있는 등의 특별한 사정이 없는 한 추진위원회는 **토지등소유자**의 동의 등 일정한 요건을 갖추어 시장·군수에게 확대된 정비구역의 추진위원회로 변경승인을 신청할 수 있고(대법원 2014. 2. 27. 선고 2011두2248 판결 참조), 기존 추진위원회가 확대된 정비구역의 추진위원회로 변경승인을 받아야만 확대된 정비구역의 조합설립인가 단계로 나아가기 위한 업무를 적법하게 수행할 수 있다고 할 것이므로, 정비예정구역의 추진위원회가 확대된 정비구역의 추진위원회로 변경승인을 신청하지 아니하는 경우에는 다음 사업단계인 조합설립인가 절차로 나아가지 못하게 된다는 점에서 정비구역이 지정·고시된 후 **토지등소유자**가 추진위원회의 승인을 신청하지 아니한 경우와 다르게 볼 이유가 없다[법제처 법령해석 사례, 관악구청, 민원인 – 확대 지정된 정비구역에 대한 추진위원회로 변경승인신청을 하지 않은 경우, 정비구역 해제를 요청해야 하는지?(「도시정비법」 제4조의3 제2항 제1호 나목 등 관련), 안건번호 15-0846, 회신일자 2016. 3. 3.].

경우, 3. 추진위원회가 구성되지 아니한 구역에 한하여 **토지등소유자의 100분의 30 이상**이 정비구역등의 해제를 요청하는 경우, 4. 현지개량방식(법 제23조 제1항 제1호)으로[93] 시행 중인 주거환경개선사업의 정비구역이 지정·고시된 날부터 10년 이상 지나고, 추진 상황으로 보아 지정 **목적을 달성할 수 없다**고 인정되는 경우로서 **토지등소유자의 과반수**가 정비구역의 해제에 동의하는 경우,[94] 5. 추진위원회 구성 또는 조합 설립에 동의한 **토지등소유자**의 2분의 1 이상 3분의 2 이하의 범위에서 시·도조례로 정하는 비율 이상의 동의로 정비구역의 해제를 요청하는 경우(사업시행계획인가를 신청하지 아니한 경우로 한정한다), 6. 추진위원회가 구성되거나 조합이 설립된 정비구역에서 **토지등소유자** 과반수의 동의로 정비구역의 해제를 요청하는 경우(사업시행계획인가를 신청하지 아니한 경우로 한정한다)의[95] 어느 하나에 해당하는 경우 지방도시계획위원회의 심의를 거쳐 정비구역등을 해제할 수 있다. 이 경우 제1호 및 제2호에 따른 구체적인 기준 등에 필요한 사항은 시·도조례로 정한다(법 제21조 제1항).

나. 해제 절차

정비구역등의 해제의 절차에 관하여는 법 제20조 제3항부터 제5항까지 및 제7항을 준용한다(법 제21조 제2항).

다. 비용의 보조

정비구역등을 해제하여 추진위원회 구성·승인 또는 조합설립인가가 취소되는 경우 정비구역의 지정권자는 해당 추진위원회 또는 조합이 사용한 비용의 일부를 **대통령령**으로 정하는 범위에서 시·도조례로 정하는 바에 따라 보조할 수 있다(법 제21조 제3항).

---

[93] 사업시행자가 정비구역에서 정비기반시설 및 공동이용시설을 새로 설치하거나 확대하고 **토지등소유자**가 스스로 주택을 보전·정비하거나 개량하는 방법.

[94] 종전에는 "**토지등소유자**의 3분의 2 이상이 정비구역의 해제에 동의하는 경우"에서, 2019. 4. 23. 개정(시행 2019. 10. 24) 되었다.

[95] 제5호와 제6호의 차이점은 다음과 같다. 제5호는 "추진위원회 구성 또는 조합설립에 동의"한 **토지등소유자**이고, 제6호는 "동의하지 않은 **토지등소유자**를 포함한 전체 **토지등소유자**"를 말하는 것이다. 가령 시·도조례로 '2분의 1 이상'으로 정하고 1,000명의 **토지등소유자** 중에서 501명이 동의하여 추진위원회를 구성하였다고 가정할 경우에, 추진위 구성에 동의한 501명 중 2분의 1이상인 251명 이상이 정비구역해제를 요청하면 제5호에 의하여 해제요청이 가능하고, 만약에 추진위 구성에 동의한 **토지등소유자** 중에서 200명만 해제요청에 동의를 한다면 제5호의 2분의 1 이상의 요건에 미달되기 때문에 제5호의 요건에 충족하지 못하여 정비구역해제를 못하게 된다.
이 경우 제6호의 요건을 갖추어 해제할 수 있는 바, 추진위 구성에 동의하지 않은 **토지등소유자** 중에서 301명이 더 동의하여 총 501명이 해제요청에 동의하면 제6호 요건에 해당되어 해제요청이 가능한 것이다.
한편, 제5호에 의할 경우 1,000명 중 251명만 해제요청을 해도 정비구역이 해제되기 때문에 **토지등소유자**의 4분의 1 이상의 의사에 의하여 정비구역지정이 해제되는 상황이 발생하나, 어차피 4분의 1 이상이 정비구역지정해제를 요청한다면 조합설립동의율인 4분의 3을 충족할 수가 없어 조합설립이 불가능하여 사업진행이 더 이상 곤란하다는 점을 반영한 것이라고 보고 있다(김조영, 2019. 4. 23. 도시정비법 주요개정내용 해설 강의).

라. 해제 사유에 대한 법제처 법령해석

(1) 조합을 설립하여 재개발사업을 시행하던 중 정비구역이 확대지정 되었음에도 조합설립변경인가를 받지 못하고 있는 경우, 그 정비구역의 지정을 해제하기 위한 방법

조합 설립하여 재개발사업 중 「도시정비법」제8조 제1항에 따라 정비구역이 확대지정 되었음에도 같은 법 제35조 제5항에 따른 조합설립변경인가를 받지 못하고 있는 경우, 같은 법 제21조 제1항 제3호에 따라 확대지정된 정비구역(기존 정비구역을 포함한 전체 정비구역)의 토지등소유자의 100분의 30 이상의 동의를 받아 그 정비구역의 지정을 해제할 수 있는지에 대한 해석에서, 확대지정된 정비구역의 조합이 설립된 것으로 볼 수 없을 뿐만 아니라, 기존 정비구역에서의 정비사업을 위해 설립된 기존 조합을 확대지정된 정비구역의 추진위원회로 취급할 수도 없으므로, 이러한 경우에는 확대지정된 정비구역의 추진위원회 및 조합이 존재하지 않는 것으로 같은 법 제21조 제1항 제3호에 따라 확대지정된 정비구역의 토지등소유자의 100분의 30 이상의 동의를 받아 그 정비구역등의 해제를 요청할 수 있는 요건이 된다고 해석하였다.[96]

(2) 토지등소유자가 정비구역등의 지정 해제를 요청할 수 있는 범위

재개발사업(구 도시환경정비사업)을 조합이 아닌 토지등소유자가 직접 시행하려는 경우에도, 토지등소유자를 사업시행자로 하여 법 제50조에 따른 사업시행인가를 신청하기 전에는 법 제21조 제1항 제3호에서의 토지등소유자의 100분의 30 이상이 정비구역의 해제를 요청하는 경우 시·도지사 또는 대도시의 시장은 지방도시계획위원회의 심의를 거쳐 정비구역의 지정을 해제할 수 있다는 규정이 적용되는지에 대한 해석에서, 법 제21조 제1항 제3호에 따른 정비구역 지정 해제 요청은 문언상 추진위원회가 구성되지 아니한 정비구역에 한하여 적용된다고 할 것인데, 같은 법 제8조 제3항에 따르면 토지등소유자 외에 조합도 도시환경정비사업을 시행할 수 있으므로, 토지등소유자를 사업시행자로 하여 재개발사업(구 도시환경정비사업)의 사업시행인가를 신청하기 전에는 법령상 도시환경정비사업의 시행자가 조합인지, 토지등소유자인지, 아니면 공동으로 시행하는 경우인지 확정되지 않은 상태라고 할 것이어서, 해당 정비구역은 여전히 추진위원회가 설립될 여지가 있는 정비구역으로서, 추진위원회가 구성되지 아니한 정비구역이기 때문이다. 따라서 토지등소유자를 사업시행자로 하여 사업시행인가를 신청하기 전에는 같은 법 제21조 제1항 제3호가 적용된다고 해석하였다.[97]

---

96) 법제처 법령해석 사례, 서울특별시 - 조합을 설립하여 재개발사업을 시행하던 중 정비구역이 확대 지정되었음에도 조합설립변경인가를 받지 못하고 있는 경우, 그 정비구역의 지정을 해제하기 위한 방법(「도시정비법」 제4조의3 제1항 제5호 등 관련), 안건번호 13-0559, 회신일자 2013. 12. 16.

97) 법제처 법령해석 사례, 민원인 - 토지등소유자가 정비구역등의 지정 해제를 요청할 수 있는 범위(「도시정비법」 제4조의3 제4항 제3호 관련), 안건번호 15-0794, 회신일자 2016. 3. 30.

(3) 사업시행자가 지정된 주거환경개선사업 정비구역에 대하여 토지등소유자가 시·도지사 등에게 정비구역등의 지정 해제를 요청할 수 있는지 여부(법 제21조 제1항 제3호)

법제처는 조합설립 및 추진위원회 구성을 요하지 않고 한국토지주택공사 등이 사업시행자가 되는 주거환경개선사업 정비구역의 경우 같은 법 제24조에 따라 사업시행자가 지정된 후에 주거환경개선사업의 경우에도 같은 규정을 적용하여 사업시행자 지정 후에 정비구역 지정 해제를 요청할 수 있는지에 대한 해석에서, 주거환경개선사업의 경우에는 법 제21조 제1항 제3호를 적용하여 사업시행자 지정 후에 정비구역 지정 해제를 요청할 수 없다고 해석하였다.[98]

(4) 주거환경개선사업 정비구역의 지정 해제 요건(법 제21조 제1항 제4호)

법제처는 현지개량방식(제23조 제1항 제1호)으로 시행하고 있는 주거환경개선사업의 정비구역지정을 법 제21조 제1항 제1호 또는 제2호를 적용하여 해제할 수 있는지에 대한 해석에서, 이를 적용하여 해제할 수는 없다고 해석하였다.

그 이유로 법 제21조 제1항 제1호 및 제2호에서는 정비구역을 해제할 수 있는 요건으로 "정비사업의 시행에 따른 **토지등소유자**의 과도한 부담이 예상되는 경우(제1호)" 또는 "정비구역등의 추진 상황으로 보아 지정 목적을 달성할 수 없다고 인정되는 경우(제2호)"로 규정하여, 그 적용 대상이 되는 정비사업의 종류를 특정하고 있지 않으므로, 법 제23조 제1항 제1호의 주거환경개선사업에 대해서도 위 규정을 적용하여 그 정비구역을 해제할 수 있다고 보는 의견이 있을 수 있다. 그러나, 법 제21조 제1항 제1호 또는 제2호를 적용하여 법 제23조 제1항 제1호에 따른 방법으로 시행하는 주거환경개선사업의 정비구역을 해제할 수 있다면 굳이 같은 항 제4호에서 "정비구역이 지정·고시된 날부터 10년 이상 경과하고 추진 상황으로 보아 지정 목적을 달성할 수 없다고 인정되는 경우로서 **토지등소유자**의 3분의 2 이상이 정비구역의 해제에 동의하는 경우"라는 엄격한 요건을 별도로 규정할 입법 필요도 없다고 할 것이다.[99]

---

98) 그 이유로, 법령에 규정된 일정한 절차를 거쳐 정비구역이 지정된 이후에는 해당 정비구역의 유지 및 정비사업의 시행에 대하여 **토지등소유자** 등 관계인들의 신뢰가 형성된다고 볼 수 있는 바, 이러한 관계인의 신뢰를 보호하기 위하여 정비구역 해제의 근거 법령은 유추하거나 확장 해석하여서는 아니 된다고 할 것이다.
그렇다면, 주거환경개선사업은 법 제24조 제1항 및 제2항에 따라 정비예정구역안의 **토지 또는 건축물의 소유자 또는 지상권자의 3분의 2 이상(법 제23조 제1항 제1호에 따라 시행하는 경우에는 과반수)의 동의와 세입자 세대수 과반수의 동의를 각각 얻어 사업시행자를 지정하게 되는 점**을 고려할 때, 사업시행자 지정에 동의한 **토지등소유자**는 해당 정비구역의 유지 및 정비사업의 시행에 대한 신뢰를 갖게 된다고 볼 수 있을 것이고, **토지등소유자의 100분의 30의 요청만으로 정비구역을 해제할 수 있다고 하면 정비구역 내 건축물의 소유자 또는 지상권자가 불측의 손해를 입을 우려가 있는 점**에 비추어 볼 때, 법 제21조 제1항 제3호는 정비구역의 해제요청권을 **토지등소유자**가 추진위원회를 구성하고 조합을 설립하여 정비사업을 시행하는 구역으로 제한한다는 취지로 해석하는 것이 합리적일 것이다(법제처 법령해석, 안건번호 13-0563, 회신일자 2014. 3. 13.).
99) 법제처 법령해석 사례, 서울특별시 - 「도시정비법」 제6조 제1항 제1호에 따른 방법으로 시행하고 있는 주거환경개선사업 정비구역의 지정 해제 요건(「도시정비법」 제4조의3 제4항 등 관련), 안건번호 17-0341, 회신일자 2017. 9. 20.

(5) 종전 토지등소유자의 정비구역 지정 해제 동의를 새로운 토지등소유자의 동의로 볼 수 있는지 여부(법령개정으로 질의요지를 수정)

법제처는 법 제21조 제1항 제4호 또는 제5호에 따라 **토지등소유자**가 정비구역 지정 해제에 대하여 동의한 후 그 해제 요청이 있기 전에 제3자에게 토지 등을 양도한 경우, 종전 **토지등소유자**의 정비구역 지정 해제에 대한 동의를 새로운 **토지등소유자**의 동의로 볼 수 있는지에 대한 해석에서, 종전 **토지등소유자**의 정비구역 지정 해제에 대한 동의를 새로운 **토지등소유자**의 동의로 볼 수는 없다고 해석하였다. [100]

4. 정비구역등 해제의 효력

가. 도시재생선도지역 지정 요청

법 제20조 또는 제21조에 따라 정비구역등이 해제된 경우 정비구역의 지정권자는 해제된 정비구역 등을 「도시재생 활성화 및 지원에 관한 특별법」(이하 '도시재생법'이라 한다)에 따른 도시재생선도지역으로 지정하도록 국토교통부장관에게 요청할 수 있다(법 제21조의2). 「도시재생법」 제2조 제8호에 따른 "도시재생선도지역"이란 도시재생을 긴급하고 효과적으로 실시하여야 할 필요가 있고 주변지역에 대한 파급효과가 큰 지역으로, 국가와 지방자치단체의 시책을 중점 시행함으로써 도시재생 활성화를 도모하는 지역을 말한다. 도시재생선도지역으로 지정되면 상기 「도시재생법」에 따라 ① 도시재생전략 계획의 수립 여부와 관계없이 도시재생활성화계획을 수립할 수 있어 절차진행이 빨라지고, ② 예산 및 인력 등을 우선 지원받을 수 있으며, ③ 도시재생기반시설 중 1. 공동구, 2. 공원·녹지, 3. 소로(폭 12미터 미만의 도로를 말한다) 및 공용주차장의 시설에 대하여 설치비용의 전부 또는 일부를 지원받을 수 있다(같은 법 제34조). [101]

---

100) 그 이유에 관해서는 **법 제129조**에서는 사업시행자와 정비사업과 관련하여 권리를 갖는 자(이하 "권리자"라 함)의 변동이 있은 때에는 종전의 사업시행자와 권리자의 권리·의무는 새로이 사업시행자와 권리자로 된 자가 이를 승계한다고 규정하고 있는 바, 종전 **토지등소유자**가 정비구역 지정 해제에 대해 한 동의는 그 자체가 권리·의무가 아니고 단순한 사실행위에 불과하다고 할 것인 바, 법 제129조에 따라 새로운 **토지등소유자**에게 승계되는 종전 **토지등소유자**의 권리·의무의 범위에 "동의"가 포함된다고 보기는 어려우므로, 종전 **토지등소유자**가 정비구역 지정 해제에 대하여 동의했다고 하더라도 그 동의를 새로운 **토지등소유자**의 동의로 볼 수는 없다고 할 것이다.
그리고, **영 제33조 제1항 제3호**에서는 **토지등소유자**의 동의의 철회 또는 반대의사의 표시는 해당 동의에 따른 인·허가 등을 신청하기 전까지 할 수 있도록 규정하여 인·허가 등의 신청 시를 기준으로 동의 여부를 결정하도록 하고 있으므로, **정비구역 지정 해제에 대한 동의의 정족수를 판단하는 시점은 그 동의에 따른 정비구역 지정 해제 요청이 이루어진 시점**이라고 할 것인데(대법원 2014. 4. 24. 선고 2012두21437 판결례 참조), 정비구역 지정 해제에 대한 동의 후 그 요청이 이루어지기 전에 **토지등소유자**가 변경된 경우에는 **정비구역 지정 해제 요청 시점에서 종전의 토지등소유자는 더 이상 토지등소유자가 아닌 바, 그의 동의는 정비구역 지정 해제와 관련하여 자격 없는 자의 동의가 된다고 할 것이므로, 해당 토지 등에 대해서는 새로운 토지등소유자의 동의를 받아야 한다**고 할 것이다(법제처 법령해석, 안건번호 17-0467, 회신일자 2017. 12. 12.).

101) 정비구역을 해제한 뒤에 방치하면 그 지역은 계속 낙후되어 주거환경 등이 열악해지므로, 도시재생선도지역으로 지정하여 국가의 지원하에 도시재생사업을 빨리 진행할 수 있도록 하겠다는 취지이다. 그런데 도시재생선도지역으로 지정되면 도시재생사업을 하게 되는 것인데, 도시재생사업이라는 것이 따로 있는 것이 아니라 도시재생활성화계획에 따라 시행하는 정비사업, 재정비촉진사업, 빈집 정비사업 및 소규모주택정비사업 등이 곧 도시재생사업(도시재생법 제2조

나. 정비구역 지정 이전의 상태로 환원 등

정비구역등이 해제된 경우에는 정비계획으로 변경된 용도지역, 정비기반시설 등은 정비구역 지정 이전의 상태로 환원된 것으로 본다. 다만, 법 제21조 제1항 제4호의 경우 정비구역의 지정권자는 정비기반시설의 설치 등 해당 정비사업의 추진 상황에 따라 환원되는 범위를 제한할 수 있다(법 제22조 제1항).

재개발사업 및 재건축사업에 한정하여, 정비구역등이 해제된 경우 정비구역의 지정권자는 해제된 정비구역등을 현지개량방식(제23조 제1항 제1호)으로 시행하는 주거환경개선구역으로 지정할 수 있다. 이 경우 주거환경개선구역으로 지정된 구역은 법 제7조에 따른 기본계획에 반영된 것으로 본다(법 제22조 제2항).

정비구역등이 해제·고시된 경우 추진위원회 구성·승인 또는 조합설립인가는 취소된 것으로 보고, 시장·군수등은 해당 지방자치단체의 공보에 그 내용을 고시하여야 한다(법 제22조 제3항).

Ⅶ. 안전진단(재건축사업에 한함)

1. 안전진단의 의의

안전진단이란 재건축사업의 시행을 위한 현존하는 아파트의 안전과 기능들을 진단해서 일정 수준이상 위험하거나 기능이 열악한지 여부를 판단하는 검사행위를 말한다. 통상 안전진단이 통과된다는 의미는 현존하는 아파트가 철거되어야 할 정도의 위험성이 있거나 기능상의 결함이 있다고 판단하는 안전진단 결과보고서가 제출되어 재건축을 해도 된다는 것을 말한다.[102]

2. 도입 취지 및 연혁

구법시대 재건축사업은 구조상 사적자치를 존중하는 정관(定款)중심형 사업으로 행정청은 조합설립인가에만 간여하고 나머지 절차는 조합정관(또는 재건축 결의의 내용)에 의존했다.[103] 구법상 재건축사업은 사업의 개시를 법적으로 확정하는 정비구역의 지정이라는 절차가 없어 사실상의 주택단지를 전제로 추진위원회가 구성되고 재건축 결의를 완성해가는 형식을 취하고 있었다. 사업의 개시여부에 행정청이 간여할 수 있는 방법이 없었기 때문에 재건축의 과열을 막기 위해 안전진단이라는 편법적인

제7호)이기 때문에 결국에는 지원 등만 받고 다시 정비사업으로 되돌아 오게 되는 것이고, 이는 곧 정비구역 해제 후 도시재생선도지역으로 지정되어 「도시재생법」이 정하는 도시재생활성화계획 등에 따라 지원 등을 받을 수 있겠지만, 현실은 도시재생사업의 하나인 정비사업을 하기 위하여 다시 정비구역을 지정하여 사업을 진행하게 된다는(김조영, 2019. 4. 23. 도시정비법 주요개정내용 해설 강의) 점에서 실효성에 의문이 제기되고 있다.

102) 김종보, 건설법(제6판), 418~419면.
103) 김종보, "정비사업의 구조이론과 동의의 평가", 172면.

제도가 도입되었고, 이 제도를 통해 행정청은 재건축사업의 시작 단계에서 일정한 통제권을 확보했다. 즉 재건축사업이 공법적 통제수단 없이 남용되고, 개인들이 개발이익을 독점한다는 비난이 있게 되자, 재건축사업에 대한 최소한의 통제장치로서 사업의 개시여부에 대한 행정청의 간여를 정당화하는 방법으로 안전진단제도가 필요하게 되었다.[104]

당초 재건축사업에서 안전진단제도는 법률에 미처 마련되지 못하고 있다가, 먼저 1988. 6. 16. 개정 (**대통령령** 제12461호, 시행 1988. 6. 16.)된 「주촉법 시행령」 제42조 제5항에 그 법적 근거가 마련되었다. 그 후 1994. 1. 7. 「주촉법」 개정(법률 제4723호, 시행 1994. 3. 1.)을 통해 주택관리에 관한 조항에 편입되면서 그 근거를 마련하였다.

구법시대 재개발사업에서 안전진단과 같은 기능을 담당하던 것이 구역지정제도였고, 구역지정제도와 안전진단은 사업개시를 행정청이 결정 또는 통제한다는 점에서 서로 동일한 기능을 하던 것이었으나, 「도시정비법」이 제정되면서 과거 재건축에서 안전진단과 동일한 기능을 하는 정비구역지정제도가 명시적으로 도입되었는데도 「도시정비법」은 구역지정과 별도로 안전진단이 반드시 필요한 것처럼 규정하였다. 그로 인해 정비구역 지정 후 일정기간이 지나서 안전진단이 이루어지도록 조문을 마련하였고 이러한 이유로 2009년까지는 공동주택에 대한 재건축사업을 추진하기 위해서는 추진위원회가 구성되면, 가장 먼저 안전진단의 관문을 통과해야 했다. 당시 안전진단에 대한 주도권을 추진위원회에 맡기고 있었던 구법상의 조문에 의하면, 안전진단에 대한 판단이 너무 너그러워져 재건축이 과열되는 것을 피하기 어려웠다. 그 후 2009. 2. 6. 개정 및 시행(법률 제9444호)으로 시장·군수가 추진위원회와 무관하게 안전진단의 실시여부를 결정하도록 제도가 개정되었다(법 제12조 제5항). 상급지방자치단체인 시·도지사는 안전진단결과에 대한 적정성 여부에 대한 검토를 의뢰할 수 있도록 하며, 그 결과에 따라 재건축사업 시행결정의 취소 등 필요한 조치를 할 수 있다(법 제12조 제7항 및 제9항). 이 밖에도 안전진단의 실시시기가 추진위원회 구성 이후로 규정되어 있었기 때문에 안전진단을 통과하지 못하는 경우 추진위원회가 업무 없이 장기간 방치되고 그 결과로 사업이 장기화되는 문제가 있었다. 그 이유는 안전진단이 구역지정의 절차로 규정된 것이 아니고 구역지정의 요건으로 포함시키지 못한 채 별도의 절차로 독립시켜 놓은 것이 문제점이었다. 2009. 2. 6. 동법의 개정으로 재건축 시행여부를 결정하기 위한 안전진단을 정비계획 수립절차로 통합 규정하였으나, 구역지정과 안전진단조문이 멀리 떨어진 채 별도로 존속하고 있다는 점 등의 한계가 있었다.[105]

2018. 2. 9. 시행법은 안전진단을 재건축사업 정비계획 입안을 위한 조문의 일환을 배치하면서 정비구역지정 요건으로서의 성격이 한층 강화되었다. 그러나 안전진단은 여전히 하나의 독립된 제도로 구역지정과 별도의 제도로 규정되어 있다는 점에서 아직도 제도적 개선여지에 대한 지적이 있다. 한편 안전진단을 요청한 후 통과하지 못하면 이에 대한 취소소송이 허용된다고 이해하는 입장에서 안전진단을 처분의 일종으로 해석한다.[106]

---

104) 김종보, 건설법(제6판), 420면.
105) 김종보, 건설법(제6판), 420~421면.

3. 재건축사업 정비계획 입안을 위한 안전진단의 절차

〈표 5〉 안전진단 절차

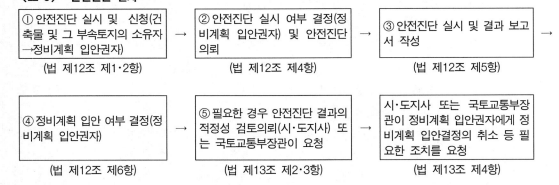

① 안전진단 실시 및 신청(건축물 및 그 부속토지의 소유자→정비계획 입안권자)	→	② 안전진단 실시 여부 결정(정비계획 입안권자) 및 안전진단 의뢰	→	③ 안전진단 실시 및 결과 보고서 작성	→
(법 제12조 제1·2항)		(법 제12조 제4항)		(법 제12조 제5항)	
④ 정비계획 입안 여부 결정(정비계획 입안권자)	→	⑤ 필요한 경우 안전진단 결과의 적정성 검토의뢰(시·도지사) 또는 국토교통부장관이 요청	→	시·도지사 또는 국토교통부장관이 정비계획 입안권자에게 정비계획 입안결정의 취소 등 필요한 조치를 요청	
(법 제12조 제6항)		(법 제13조 제2·3항)		(법 제13조 제4항)	

가. 안전진단의 대상 및 제외 대상

(1) 재건축사업의 안전진단은 <u>주택단지의 건축물</u>을 대상으로 한다(법 제12조 제3항 본문). 여기서 '주택단지'란 주택 및 부대시설·복리시설을[107) 건설하거나 대지로 조성되는 일단의 토지로서 다음 각 목 가. 「주택법」 제15조에 따른 사업계획승인을 받아 주택 및 부대시설·복리시설을 건설한 일단의 토지, 나. 가목에 따른 일단의 토지 중 도시·군계획시설인 도로나 그 밖에 이와 유사한 시설로 분리되어 따로 관리되고 있는 각각의 토지, 다. 가목에 따른 일단의 토지 둘 이상이 공동으로 관리되고 있는 경우 그 전체 토지, 라. 법 제67조에 따라 분할된 토지 또는 분할되어 나가는 토지, 마. 건축허가를 받아 아파트 또는 연립주택을 건설한 일단의 토지의 어느 하나에 해당하는 일단의 토지를 말한다(법 제2조 제7호).

(2) 다만, **대통령령**으로 정하는 주택단지의 건축물[1. 정비계획의 입안권자가 <u>천재지변 등으로 주택이 붕괴되어 신속히 재건축을 추진할 필요가 있다고 인정하는 것, 2. 주택의 구조안전상 사용금지가 필요하다고 정비계획의 입안권자가 인정하는 것, 3. [별표 1] 제3호 라목에 따른 노후·불량건축물 수에 관한 기준을 충족한 경우 잔여 건축물, 4. 정비계획의 입안권자가 진입도로 등 기반시설 설치를 위하여 불가피하게 정비구역에 포함된 것으로 인정하는 건축물, 5. 「시설물의 안전 및 유지관리에 관한 특별법」 제2조 제1호의 시설물로서 같은 법 제16조에 따라 지정받은 안전등급이 D(미흡) 또는 E(불량)인 주택단지의 건축물(영 제10조 제3항)]인 경우에는 안전진단 대상에서 제외</u>할 수 있다(법 제12조 제3항 단서).

---

106) 김종보, 건설법(제6판), 421면.

107) "부대시설"이란 주택에 딸린 주차장, 관리사무소, 담장 및 주택단지 안의 도로 등의 시설 또는 설비를 말하고(주택법 제2조 제13호), "복리시설"이란 주택단지의 입주자 등의 생활복리를 위한 어린이놀이터, 근린생활시설, 유치원, 주민운동시설 및 경로당 등의 공동시설을 말한다(주택법 제2조 제14호).

나. 안전진단실시 시기, 요건 및 비용의 부담

(1) 안전진단의 실시 시기

정비계획의 입안권자는 재건축사업 정비계획의 입안을 위하여 정비예정구역별 정비계획의 수립시기가 포함된 단계별 정비사업 추진계획(법 제5조 제1항 제10호)에 따른 정비예정구역별 정비계획의 수립시기가 도래한 때에 안전진단을 실시하여야 한다(법 제12조 제1항). 즉 안전진단의 실시 시기는 정비예정구역별 정비계획의 수립시기가 도래한 때이다.

(2) 안전진단실시 요건

정비계획의 입안권자는 다음 각 호 1. "법 제14조에 따라 정비계획의 입안을 제안하려는 자"가 입안을 제안하기 전에 해당 정비예정구역에 위치한 건축물 및 그 부속토지의 소유자 10분의 1 이상의 동의를 받아 안전진단의 실시를 요청하는 경우,[108] 2. "법 제5조 제2항에 따라 정비예정구역을 지정하지 아니한 지역"에서 재건축사업을 하려는 자가 사업예정구역에 있는 건축물 및 그 부속토지의 소유자 10분의 1 이상의 동의를 받아 안전진단의 실시를 요청하는 경우,[109] 3. "법 제2조 제3호 나목에 해당하는 건축물"의 소유자로서 재건축사업을 시행하려는 자가 해당 사업예정구역에 위치한 건축물 및 그 부속토지의 소유자 10분의 1 이상의 동의를 받아 안전진단의 실시를 요청하는 경우의[110] 어느 하나에 해당하는 경우에는 안전진단을 실시하여야 한다(법 제12조 제2항 전단). 특별자치시장, 특별자치도지사, 시장, 군수 또는 자치구의 구청장(정비계획의 입안권자)은 법 제12조 제2항 제1호에 따른 안전진단의 요청이 있는 때에는 같은 조 제4항에 따라 요청일부터 30일 이내에 국토교통부장관이 정하는 바에 따라 안전진단의 실시여부를 결정하여 요청인에게 통보하여야 한다. 이 경우 정비계획의 입안권자는 안전진단 실시 여부를 결정하기 전에 단계별 정비사업 추진계획 등의 사유로 재건축사업의 시기를 조정할 필요가 있다고 인정하는 경우에는 안전진단의 실시 시기를 조정할 수 있다(영 제10조 제1항). 이때의 안전진단(현지조사)의 의미에 관해서는 후술한다.

---

108) 여기서 "법 제14조에 따라 정비계획의 입안을 제안하려는 자"는 **토지등소유자**와 천재지변, 「재난기본법」 제27조 또는 「시설물의 안전 및 유지관리에 관한 특별법」 제23조에 따른 사용제한·사용금지, 그 밖의 불가피한 사유로 긴급하게 정비사업을 시행할 필요가 있다고 인정하는 때에 사업시행자가 되려는 자를 말한다.

109) "법 제5조 제2항에 따라 정비예정구역을 지정하지 아니한 지역"이란 정비계획을 생활권별 계획으로 세운 경우를 말한다.

110) "법 제2조 제3호 나목에 해당하는 건축물"이란 내진성능이 확보되지 아니한 건축물 중 중대한 기능적 결함 또는 부실설계·시공으로 구조적 결함 등이 있는 건축물로서 **대통령령**으로 정하는 건축물[건축물을 건축하거나 대수선할 당시 건축법령에 따른 지진에 대한 안전 여부 확인 대상이 아닌 건축물로서 다음 각 호 1. 급수·배수·오수 설비 등의 설비 또는 지붕·외벽 등 마감의 노후화나 손상으로 그 기능을 유지하기 곤란할 것으로 우려되는 건축물, 2. 법 제12조 제4항에 따른 안전진단기관이 실시한 안전진단 결과 건축물의 내구성·내하력(耐荷力) 등이 같은 조 제5항에 따라 국토교통부장관이 정하여 고시하는 기준에 미치지 못할 것으로 예상되어 구조 안전의 확보가 곤란할 것으로 우려되는 건축물의 어느 하나에 해당하는 건축물을 말한다(영 제2조 제1항)]을 말한다.

(3) 안전진단에 드는 비용의 부담

이 경우 정비계획의 입안권자는 안전진단에 드는 비용을 해당 **안전진단의 실시를 요청하는 자**에게 부담하게 할 수 있다(법 제12조 제2항 후단). 그리고 안전진단의 대상·기준·실시기관·지정절차 및 수수료 등에 필요한 사항은 **대통령령**으로 정하도록 하고 있고(법 제12조 제7항), 이에 따라 안전진단의 대상·기준·실시기관 및 지정절차에 대해서는 **대통령령**에서 정하고 있지만, 안전진단의 수수료에 관해서는 **대통령령**에 정하고 있지 않다. 그리고 영 제10조 제1항부터 제6항까지에서 규정한 사항 외에 법 제12조 제2항에 따른 안전진단의 요청 절차 및 그 처리에 관하여 필요한 세부사항은 <u>시·도조례</u>로 정할 수 있다(영 제10조 제7항).

구법 시행령(**대통령령** 제28610호) 제21조 제1항에서는 안전진단에 드는 비용은 <u>원칙적으로 시장·군수가 부담</u>하도록 하였다. 전면 개정된 2018. 2. 9. 시행법에서는 <u>안전진단에 드는 비용부담에 대하여 법률로 격상</u>하였으나 부담주체에 대해서는 애매한 태도를 취하고 있다. 즉 <u>원칙적인 부담주체에 대하여 침묵</u>하고, 안전진단실시를 요청한(법 제12조 제2항 후단) 자에게 예외적 부담주체를 명시함으로써 이의 반대해석을 통한 원칙적인 부담주체가 정비계획 입안권자임을 해석 할 수 있을 뿐이다.

다. 안전진단실시의 결정권자 및 안전진단의 기관

정비계획의 입안권자는 현지조사 등을 통하여 해당 건축물의 <u>구조안전성, 건축마감, 설비노후도 및 주거환경 적합성</u> 등을 심사하여 안전진단의 실시 여부를 결정하여야 하며, 안전진단의 실시가 필요하다고 결정한 경우에는 **대통령령**으로 정하는 안전진단기관[1. 「과학기술분야 정부출연연구기관 등의 설립·운영 및 육성에 관한 법률」 제8조에 따른 **한국건설기술연구원**, 2. 「시설물의 안전 및 유지관리에 관한 특별법」 제28조에 따른 <u>안전진단전문기관</u>, 3. 「시설물의 안전 및 유지관리에 관한 특별법」 제45조에 따른 **한국시설안전공단**(영 제10조 제4항)]에 안전진단을 의뢰하여야 한다(법 제12조 제4항). 정비계획의 입안권자는 법 제12조 제4항에 따른 <u>현지조사 등을 통하여 같은 조 제2항 제1호에 따른 안전진단의 요청이 있는 공동주택이 **노후·불량건축물**에 해당하지 아니함이 명백하다고 인정하는 경우에는 안전진단의 실시가 필요하지 아니하다고 결정할 수 있다</u>(영 제10조 제2항). 정비계획의 입안권자는 현지조사의 전문성 확보를 위하여 영 제4항 제1호 또는 제3호의 기관에 현지조사를 의뢰할 수 있다. 이 경우 현지조사를 의뢰받은 기관은 의뢰를 받은 날부터 20일 이내에 조사결과를 정비계획의 입안권자에게 제출하여야 한다(영 제10조 제5항). **정비계획의 입안권자는 법 제12조 제2항 전단의 사유에 따라 안전진단을 위한 현지조사는 의무적으로 실시하여야 하지만, 현지조사 후 안전진단의 실시여부와 이에 따른 영 제10조 제4항에 따른 안전진단기관에 안전진단을 의뢰하는 것은 재량사항이다.**

라. 안전진단결과보고서의 제출 및 안전진단의 평가

안전진단을 의뢰받은 안전진단기관은 <u>국토교통부장관이 정하여 고시하는 기준</u>(건축물의 내진성능 확보를 위한 비용을 포함한다)에 따라 안전진단을 실시하여야 한다.[111] 국토교통부령으로 정하는 방법 및 절차에 따라 안전진단 결과보고서를 작성하여 정비계획의 입안권자 및 법 제12조 제2항에 따라 안전진단의 실시를 요청한 자에게 제출하여야 한다(법 제12조 제5항).

법 제12조 제5항에 따른 재건축사업의 안전진단의 평가는 1. 구조안전성 평가: 영 제2조 제1항 각 호에 따른 노후·불량건축물을 대상으로 구조적 또는 기능적 결함 등을 평가하는 안전진단, 2. 주거환경 중심 평가: 제1호 외의 노후·불량건축물을 대상으로 주거생활의 편리성과 거주의 쾌적성 등을 중심으로 평가하는 안전진단의 구분에 따라 이원화되어 있다(영 제10조 제6항).

마. 정비계획의 입안 여부의 결정

정비계획의 입안권자는 안전진단의 결과와 도시계획 및 지역여건 등을 종합적으로 검토하여 정비계획의 입안 여부를 결정하여야 한다(법 제12조 제6항). 정비계획의 입안권자(특별자치시장 및 특별자치도지사는 제외한다)는 제12조 제6항에 따라 정비계획의 입안 여부를 결정한 경우에는 지체 없이 특별시장·광역시장·도지사에게 결정내용과 해당 안전진단 결과보고서를 제출하여야 한다(법 제13조 제1항).

바. 재건축사업의 안전진단 재실시

시장·군수 등은 법 제16조 제2항 전단에 따라 정비구역이 지정·고시된 날부터 10년이 되는 날까지 법 제50조에 따른 사업시행계획인가를 받지 아니하고 다음 각 호 1. 「재난기본법」 제27조 제1항에 따라 재난이 발생할 위험이 높거나 재난예방을 위하여 계속적으로 관리할 필요가 있다고 인정하여 특정관리대상지역으로 지정하는 경우, 2. 「시설물의 안전 및 유지관리에 관한 특별법」 제13조 제2항에 따라 재해 및 재난 예방과 시설물의 안전성 확보 등을 위하여 정밀안전진단을 실시하는 경우, 3. 「공동주택관리법」 제37조 제3항에 따라 공동주택의 구조안전에 중대한 하자가 있다고 인정하여 안전진단을 실시하는 경우의 어느 하나에 해당하는 경우에는 안전진단을 다시 실시하여야 한다(법 제131조).

4. 시·도지사의 안전진단 결과에 대한 적정성 검토

특별시장·광역시장·특별자치시장·도지사·특별자치도지사(시·도지사)는 필요한 경우 「국토안전관리원법」에 따른 국토안전관리원 또는 「과학기술분야 정부출연연구기관 등의 설립·운영 및 육성에 관한 법률」에 따른 한국건설기술연구원에 안전진단 결과의 적정성에 대한 검토를 의뢰할 수 있다(법 제13조 제2항). 안전진단 결과의 평가 등에 필요한 사항은 **대통령령**으로 정한다(법 제13조 제5항). **시·도지사**는 법 제13조 제1항에 따라 제10조 제4항 제2호에 따른 안전진단전문기관이 제출한 안전진단 결

---

111) 동 기준은 「도시정비법」 제13조 제5항에 따른 재건축사업의 안전진단의 실시방법 및 절차 등을 정한 행정규칙 형식의 2018. 3. 5. 국토교통부고시 제2018-141호 일부개정(시행 2018. 3. 5.)한 「주택 재건축 판정을 위한 안전진단 기준」을 말한다.

과보고서를 받은 경우에는 법 제13조 제2항에 따라 제10조 제4항 제1호 또는 제3호에 따른 안전진단기관에 안전진단 결과보고서의 적정성 여부에 대한 검토를 의뢰할 수 있다(영 제11조 제1항).

국토교통부장관은 시·도지사에게 안전진단 결과보고서의 제출을 요청할 수 있으며, 필요한 경우 시·도지사에게 안전진단 결과의 적정성에 대한 검토를 요청할 수 있다(법 제13조 제3항). 법 제13조 제2항 및 제3항에 따른 안전진단 결과의 적정성 여부에 따른 검토 비용은 적정성 여부에 대한 검토를 의뢰 또는 요청한 국토교통부장관 또는 시·도지사가 부담한다(영 제11조 제2항).

법 제13조 제2항 및 제3항에 따라 안전진단 결과의 적정성 여부에 따른 검토를 의뢰받은 기관은 적정성 여부에 따른 검토를 의뢰받은 날부터 60일 이내에 그 결과를 시·도지사에게 제출하여야 한다. 다만, 부득이한 경우에는 30일의 범위에서 한 차례만 연장할 수 있다(영 제11조 제3항).

시·도지사는 안전진단 검토결과에 따라 정비계획의 입안권자에게 정비계획 입안결정의 취소 등 필요한 조치를 요청할 수 있으며, 정비계획의 입안권자는 특별한 사유가 없으면 그 요청에 따라야 한다. 다만, 특별자치시장 및 특별자치도지사는 직접 정비계획의 입안결정의 취소 등 필요한 조치를 할 수 있다(법 제13조 제4항).

제3장 정비사업의 시행

제1절 정비사업의 시행방법 및 사업시행자

I. 시행과 시공

1. 정비사업의 시행

개발사업은 <u>사업을 주도적으로 이끌어가는 행위와 물리적 시설물을 만들어내기 위한 행위를 주된 구성요소로 한다.</u> 전자가 사업의 "시행"이고, 후자가 "시공"이다. 개발사업을 주도하는 자를 사업시행자, 공사를 담당하는 자를 시공자라 한다.

개발사업법에서 사업시행의 개념 자체를 정의하고 있지는 않으며 관련 법령을 종합하여 김종보 교수가 정의한 것에 따르면, 사업의 <u>시행이란 사업의 기획, 토지소유권 확보 등 개발사업의 진행, 자금조달, 주택분양 등 개발사업의 전 과정을 자신의 책임 하에 주도적으로 진행하는 일체의 행위를 말한다.</u> 사업시행자는 이를 수행하는 자로서 사업비용을 조달하며 개발사업의 결과로 발생하는 개발이익이나 손실을 최종적으로 부담하는 주체이다. 그리고 시공자를 선정하거나 사업을 추진하기 위해 계약을 체결하는 등의 행위를 포함하여 정비사업과 관련된 일체의 업무가 사업시행에 포함된다.[112] 「도시정비법」은 제3장에서 정비사업의 시행이라는 법률 용어를 사용하여 <u>제1절 정비사업의 시행방법 등과 제2절 조합설립추진위원회 및 조합의 설립 등 제6절까지의 규정을 두었지만, 기술한 바와 같이 사업시행자가 행하는 정비사업과 관련된 일체의 업무가 사업시행에 포함된다.</u>

2 사업의 시공

개발사업법의 일반법적 성격인 「건축법」은 시공자를 「건설산업기본법」에 의한 건설공사를 하는 자로 정의하고 있는데(동법 제2조 제16호), 건설업면허를 가지고 있는 자들의 물리적 시설공사를 시공이라 보는 것이다. <u>시공자는 사업시행자와 도급계약을 체결하고 수급인으로서 주택이나 부대시설 등을</u>

---

112) 김종보, 건설법(제6판), 426~427면.

건설하는 행위를 담당한다.[113]

「건설산업기본법」에 의하면 건설업자란 건설업의 등록을 하고 건설업을 하는 자를 말하지만(동법 제9조), 「주택법」은 이에 대한 예외로서 등록사업자제도를 두고 있다(동법 제4조). 이에 따라 「주택법」에 의해 등록한 자들도 주택건설사업의 시공능력이 인정된다(동법 제7조 제1항). 「도시정비법」에서는 「건설산업기본법」 제9조에 따른 건설업자(이하 '건설업자'라 한다)와 「주택법」 제7조 제1항에 따라 건설업자로 보는 등록사업자(이하 '등록사업자'라 한다) 모두를 시공자로 선정하도록 하고 있다(법 제29조 제4항).

Ⅱ. 정비사업의 시행 방법

재건축사업의 경우 관리처분방식만을 사업방식으로 하고 있기 때문에 사업방법의 전환이라는 것이 있을 수 없으나, 재개발사업은 환지방식과 관리처분방식 2가지를 정해 놓고 있으며, 「도시재개발법」 당시 환지방식으로 사업을 진행하다가 중단된 구역이 간혹 있기 때문에 사업방식의 전환에 관한 규정이 필요하고, 정비사업의 시행방법을 전환하기 위해서는 토지면적의 3분의 2 이상의 토지소유자의 동의와 **토지등소유자**의 5분의 4 이상의 동의와 시장·군수등의 승인이 필요하도록 하였다(법 제123조 제1항 및 제2항). 재개발사업 등의 시행방식의 전환은[114] 제7장 보칙 중 법 제123조에서 규정하고 있다. 사업시행자는 정비계획이 수립된 주거환경개선사업을 관리처분방식(법 제23조 제1항 제4호)의 시행방법으로 변경하려는 경우에는 **토지등소유자**의 3분의 2 이상의 동의를 받아야 한다(법 제123조 제5항).

1. 주거환경개선사업

현행 주거환경개선사업은 ①현지개량방식, ②공동주택 및 대지공급방식(수용방식), ③환지방식, ④관리처분방식, ⑤이 모두를 혼용하는 방법으로 나뉜다(법 제23조 제1항). 즉 다음 각 호 1. 법 제24조에 따른 사업시행자가 정비구역에서 정비기반시설 및 공동이용시설을 새로 설치하거나 확대하고 **토지등소유자**가 스스로 주택을 보전·정비하거나 개량하는 방법(현지개량방식)으로, 지방자치단체가 기반시설을 설치하고 **토지등소유자**가 스스로 주택을 보전·정비하거나 개량하는 방식이다. 2. 법 제24조에 따른 사업시행자가 제63조에 따라 정비구역의 전부 또는 일부를 수용하여 주택을 건설한 후 **토지등소유자**에게 우선 공급하거나 대지를 **토지등소유자** 또는 **토지등소유자** 외의 자에게 공급하는 방법(공동주택 및 대지공급방식),[115] 한국토지주택공사 등이 시행자가 되어 전면수용을 전제로 공동주택 등을 건설·공급하는 방식이다. 3. 법 제24조에 따른 사업시행자가 제69조 제2항에 따라 환지로 공급하는

---

113) 김종보, 건설법(제6판), 428면.
114) 시행방식의 전환에 관해서는 "제4장 보칙 및 벌칙/제4절 기타 보칙"과 법 제123조를 참조하라.
115) 여기서 "대지"란 정비사업으로 조성된 토지를 말한다(법 제2조 제6호).

방법(환지방식), 4. 법 제24조에 따른 사업시행자가 정비구역에서 제74조에 따라 인가받은 관리처분계획에 따라 주택 및 부대시설·복리시설을 건설하여 공급하는 방법(관리처분방식)의 <u>어느 하나에 해당하는 방법</u> 또는 이를(1호 내지 4호) <u>혼용하는 방법(혼용방식)</u>으로 한다(법 제23조 제1항).

(2) 현지개량방식은 <u>비교적 주택밀집도가 낮고 구역 주민의 재산상태가 양호하여 자력으로 주택개량이 가능한 구역</u>에 적용한다. 이 방식은 자력재개발에 원형을 둔 것으로, 개별 건축물 소유자의 증·개축이 주로 행해지므로 활발하게 이루어지지 않는다.[116]

(3) 공동주택방식은 해당 **토지등소유자**의 주택의 소유권을 전면 수용하는 방식으로 추진되는데 <u>주거환경이 매우 열악하여 주민의 자력개발을 기대할 수 없는 지역</u>에 적용된다.[117] 즉 정비구역의 전부 또는 일부를 수용하여 주택을 건설한 후 **토지등소유자**에게 우선 공급하거나 대지를 **토지등소유자** 또는 그 외의 자에게 공급하는 방법이다(법 제23조 제1항 제2호). 이 방식은 <u>재개발사업과 달리 기존 주택을 전면 수용의 방식에 의하고 새로 건설한 주택 및 토지를 **토지등소유자**에게 단지 우선 공급할 뿐 공용환권의 방식에 의하는 것이 아니라는 점</u>이다.

(4) 환지방식은 「도시개발법」 제28조부터 제49조까지의 환지관련 규정을 준용하는 방식으로 <u>주거환경개선사업에서 환지방식을 사용하는 것은 사실상 불가능한 것으로 평가받고 있다</u>(법 제23조 제1항 제3호).[118] 이유는 주거환경개선사업에서 재개발사업처럼 정비기반시설을 확보하고 공용환권에 의한 권리배분이 어렵기 때문이다.

(5) 관리처분방식은 <u>인가받은 관리처분계획에 따라 주택 및 부대시설·복리시설을 건설하여 공급하는 방법</u>으로(법 제23조 제1항 제4호), 주거환경개선사업 시행방법의 다양화 차원에서 2012. 2. 1. 개정(법률 제11293호, 시행 2012. 8. 2.)으로 관리처분방식을 새로이 도입하였다. 이 방식에 의할 경우 **토지등소유자**의 종전재산을 수용하지 않고 관리처분의 절차에 따라 종전재산의 **토지등소유자**에게 종후재산의 권리를 배분하는 방식에 의할 것이다. 재개발·재건축사업은 원칙적으로 조합이 사업시행자가 되지만, 이 방식은 시장·군수등이 직접 시행하거나, 토지주택공사등을 사업시행자로 지정하는 방식에 의한다(법 제24조 제2항). 최근 경기도 안양 냉천지구주거환경개선사업의 경우 2004년 지구 지정된 후 14년 만에 토지·건축물의 가치를 평가해 분담금을 정하고 사업 완료 후 기존 가구에 새로 지은 건물로 되돌려 주는 '관리처분방식'으로 토지소유자 3분의 2 이상 동의 얻어 경기도시공사·대림산업컨소시엄을 사업시행자로 지정하여 현재 사업시행인가를 거쳐 관리처분계획을 2020. 2. 28. 고시하였다.[119]

법제처는 법 제23조 제1항 제2호에 따라 <u>주거환경개선사업의 시행자로부터 정비구역의 토지를 공급받은 **토지등소유자** 외의 자가 해당 토지에 주택을 건설하여 **토지등소유자**에게 해당 주택을 우선 공급할 수 있는지</u>에 대한 해석에서, <u>해당 주택을 우선 공급할 수 있다</u>고 해석하였으며,[120] 현행 「도시정

---

116) 김종보, 건설법(제6판), 397면.
117) 김종보, 건설법(제6판), 397면.
118) 김종보, 건설법(제6판), 397면.
119) http://www.newsis.com/view/?id=NISX20200228_0000936081&cID=14001&pID=14000, 뉴시스, "안양 냉천 주거환경개선 본격 추진 " 2020. 2. 28.

비법」 제79조 제3항 및 동법 시행령 제66조에 의하여 입법적으로 해결되었다.

2. 재개발사업

재개발사업은 정비구역에서 <u>인가받은 관리처분계획(법 제74조)에 따라 **건축물**을 건설하여 공급하거나 환지로 공급(법 제69조 제2항)</u>하는 방법으로 한다(법 제23조 제2항).

2018. 2. 9. 이전에 관리처분계획인가신청을 한 경우에 재개발사업으로 공급할 수 있는 건축물로 <u>주택, 부대·복리시설 및 오피스텔(건축법 제2조 제2항에 따른 오피스텔을 말한다)</u>을[121] 건설·공급하도록 하여, 건축물의 유형이 주택, 부대시설·복리시설 및 오피스텔로만 한정되고 주택단지에 부속되는 부대시설이나 복리시설이 아닌 상업지역 등의 근린상가건물 등을 신축할 수 없었다. 그러나 2018. 2. 9. 시행법부터는 건축할 수 있는 건축물의 범위가 확대되어 사업수익성을 높일 수 있게 되었다.

그리고 환지를 공급할 수 있다는 조문에도 불구하고, 보통 재개발사업은 면적 자체가 좁아 대부분의 사업부지에 아파트와 상가가 건설되며, 예외적으로 일부의 토지가 평면적인 형태로 공급될 뿐이다. 이때 공급되는 평면적인 형태의 토지를 환지라 부르는데, 이러한 토지는 보통 도로나 공원 등 공공시설의 부지가 된다.[122]

---

120) 그 이유로, 2015. 9. 1. 개정(시행 2016. 3. 2.). 전, 구법 제6조(현행 제23조) 제1항 제2호에서는 주거환경개선사업의 시행방법의 하나로 **주택공급방식만을 규정**하고 있었고, 같은 법 제50조 제2항(현행 제79조 제3항)에 따라 <u>사업시행자가 토지등소유자</u>에게 해당 주택을 우선 공급할 수 있도록 하였다. 그러나 2015. 9. 1. 법률 제13508호로 개정되어 2016. 3. 2. 시행된 개정법 제23조(구 제6조) 제1항 제2호에는 **토지공급방식의 주거환경개선사업 방법이 추가**되었으나, 주택의 공급방법 등에 관한 같은 구법 제50조 제2항(현행 제79조 제3항)은 이러한 내용을 반영하는 개정이 이루어지지 않아 토지공급방식의 주거환경개선사업의 경우 그 토지를 공급받은 **토지등소유자** 외의 자가 주택을 건설하여 **토지등소유자**에게 해당 주택을 우선 공급할 수 있는지 여부가 불분명하였다.
개정법 제23조(구 제6조) 제1항 제2호를 개정하여 "**주택공급방식**" 외에 사업시행자가 토지를 공급하는 "**토지공급방식**"을 추가하였는 바, 주거환경개선사업의 시행으로 건설된 주택을 「도시정비법」 제50조 제2항(현행 제79조 제3항)에 따라 **토지등소유자**에게 우선 공급하던 종전의 주택 공급방법을 변경하려는 취지는 아니라고 할 것이다.
한편, 「도시정비법」 제50조 제2항(현행 제79조 제3항)에 따르면 "사업시행자"가 정비구역 안에 주택을 건설하는 경우에 입주자 모집조건·방법·절차 등 주택공급방법을 따로 정할 수 있다고 규정하고 있으므로 **만약 따로 정하지 않을 경우** 주택 건설 및 공급에 관한 일반법에 해당하는 「주택법」이 적용된다고 할 것이고, 같은 법 제54조, 제56조 및 「주택공급에 관한 규칙」 제28조 등에 따르면 「주택법」에 따라 주택을 공급받으려는 자는 미리 주택청약종합저축에 가입하는 등 같은 법에 따른 입주자자격을 갖추어야 하는바, 주거환경개선사업의 경우 저소득층이 집단 거주하는 지역을 대상으로 주거환경을 개선하는 사업으로서 정비사업 중에서도 특히 공공성이 강한 사업임을 고려할 때, 해당 정비구역 안에 소재한 토지 또는 건축물을 소유하고 있는 **토지등소유자**임에도 「주택법」에 따른 주택 공급에 관한 일반기준을 적용하여 주택을 공급받도록 하는 것은 주거환경개선사업의 취지에 반한다.
따라서, 법 제23조 제1항 제2호에 따라 <u>주거환경개선사업의 시행자로부터 정비구역의 토지를 공급받은 **토지등소유자** 외의 자</u>는 해당 토지에 주택을 건설하여 해당 주택을 **토지등소유자**에게 우선 공급할 수 있으며(법제처 법령해석 사례, 민원인 - 주거환경개선사업의 시행자로부터 정비구역의 토지를 공급받은 자가 주택을 건설하여 **토지등소유자**에게 우선 공급할 수 있는지 여부(도시정비법 제23조 제1항 제2호 등 관련), 안건번호 17-0619, 회신일자 2017. 12. 27.).
121) 「건축법 시행령」 [별표 1]용도별 건축물의 종류(제3조의5 관련)에서 업무시설 중 오피스텔은 업무를 주로 하며, 분양하거나 임대하는 구획 중 일부 구획에서 숙식을 할 수 있도록 한 건축물로서 국토교통부장관이 고시하는 기준에 적합한 것을 말한다(14호).
122) 김종보, "재개발사업에서 학교용지의 개념과 법적 성질", 행정법연구 제47호, 2016, 199면.

3. 재건축사업

재건축사업은 정비구역에서 제74조에 따라 <u>인가받은 관리처분계획에 따라</u> **주택, 부대시설·복리시설 및 오피스텔**(건축법 제2조 제2항)을 건설하여 공급하는 방법으로 한다(<u>관리처분방식</u>). 다만, 주택단지에 있지 아니하는 건축물의 경우에는 지형여건·주변의 환경으로 보아 사업 시행상 불가피한 경우로서 정비구역으로 보는 사업에 한정한다(법 제23조 제3항). 오피스텔을 건설하여 공급하는 경우에는 「국토계획법」에 따른 <u>준주거지역 및 상업지역에서만</u> 건설할 수 있다. 이 경우 <u>오피스텔의 연면적은 전체 건축물 연면적의 100분의 30 이하이어야</u> 한다(법 제23조 제4항).

Ⅲ. 사업시행자

사업시행자에 관해서 <u>주거환경개선사업</u>은 원칙적으로 시장·군수등이 직접 시행하는 방법에 의하므로 법적 쟁점이 되지 않으나, <u>재개발·재건축사업</u>에서는 사업을 시행하는 조합과 조합을 보조하면서 시공도 하는 시공자(건설사)가 정비사업을 진행하는 오랜 기간 동안 복잡한 법률관계를 맺으며 또 다양한 분쟁에 휘말린다. 이렇게 발생하는 분쟁에서 누가 어떤 책임을 지고 어디까지가 그 책임의 한계인지, 시공자와 조합의 관계는 어떻게 정립해야 하는지가 분쟁을 해결하는 출발점이 된다.

1. 사업시행자의 법적 지위

「도시정비법」상 <u>"사업시행자"는</u> 정비사업을 시행하는 자를 말하는데(법 제2조 제8호), 법률에 의해 정비사업의 주체로서 지위가 부여된 자를 말한다. 사업시행자는 자신의 이름과 책임으로 정비사업과 관련된 각종 인허가의 상대방이 되며, 정비사업의 참가자들과 계약을 맺고 비용을 조달하며 주택을 공급하는 등의 역할을 한다. 사업시행자에 해당하는 정비조합은 구성원들과 독립한 실체를 인정받아 단일한 행위주체로 활동하며, 권한배분의 문제에 대해서도 관리처분계획과 같은 공식적인 처분절차가 마련되어 있다. 그리고 사업시행자는 정비사업에 소요되는 비용을 부담해야 하며(법 제92조), 개발이익이 발생하는 경우 그 귀속주체가 된다. 또 사업시행자는 행정청으로부터 설립인가를 받거나 지정된다. 「도시정비법」이 사업시행자에게 개별적인 행정처분권한을 부여하고 있는 한도에서 사업시행자가 누리는 지위는 행정주체로서 행정청이며, 그 행정처분에 대하여 불복하고자 하는 자는 행정소송을 통하여 취소를 구해야 한다.[123]

---

123) 김종보, 건설법(제6판), 431~432면.

2. 주거환경개선사업의 시행자

주거환경개선사업은 원칙적으로 행정청인 <u>시장·군수등이 직접 시행</u>하는 방법으로 단독시행하거나 <u>토지주택공사등을 사업시행자로 지정</u>하는 방법에 의한다.

가. 현지개량방식(제1호)

현지개량방식(법 제23조 제1항 제1호)으로 시행하는 주거환경개선사업은 <u>시장·군수등이 직접 시행</u>하되, <u>토지주택공사등을 사업시행자로 지정</u>하여 시행하게 하려는 경우에는 <u>정비계획입안을 위한 주민 공람공고일(법 제15조 제1항) 현재 **토지등소유자**의 과반수의 동의</u>를 받아야 한다(법 제24조 제1항). 여기서 '토지주택공사등'이란 「한국토지주택공사법」에 따라 설립된 한국토지주택공사 또는 「지방공기업법」에 따라 주택사업을 수행하기 위하여 설립된 지방공사를 말한다(법 제2조 제10호).

나. 공동주택 및 대지공급방식(제2호)·환지방식(제3호)·관리처분방식(제4호)

(1) 공동주택 및 대지공급방식·환지방식·관리처분방식(법 제23조 제1항 제2호부터 제4호)으로 시행하는 주거환경개선사업은 <u>시장·군수등이 직접 시행</u>하거나, 다음 각 호 1. 시장·군수등이 다음 각 목 가. 토지주택공사 등, 나. 주거환경개선사업을 시행하기 위하여 국가, 지방자치단체, 토지주택공사 등 또는 「공공기관운영법」 제4조에 따른 공공기관이 총지분의 100분의 50을 초과하는 출자로 설립한 법인의 어느 하나에 해당하는 자를 <u>사업시행자로 지정</u>하는 경우, 2. 시장·군수등이 제1호에 해당하는 자와 다음 각 목 가. <u>건설업자</u>(건설산업기본법 제9조), 나. 건설업자로 보는 <u>등록사업자</u>(주택법 제7조 제1항)의 어느 하나에 해당하는 자를 <u>공동시행자로 지정</u>하는 경우에서 정한 자에게 시행하게 할 수 있다(법 제24조 제2항).

(2) 법 제24조 제2항에 따라 시행하려는 경우에는 <u>정비계획입안을 위한 주민 공람공고일(법 제15조 제1항) 현재 해당 정비예정구역의 토지 또는 건축물의 소유자 또는 지상권자의 3분의 2 이상의 동의와 세입자</u>(제15조 제1항에 따른 공람공고일 3개월 전부터 해당 정비예정구역에 3개월 이상 거주하고 있는 자) <u>세대수의 과반수의 동의</u>를 각각 받아야 한다. 다만, **대통령령**으로 정하는 사유[1. 세입자의 세대수가 <u>**토지등소유자**</u>의 2분의 1 이하인 경우, 2. 법 제16조 제2항에 따른 <u>정비구역의 지정·고시일</u> 현재 해당 지역이 속한 시·군·구에 공공임대주택 등 세입자가 입주 가능한 임대주택이 충분하여 임대주택을 건설할 필요가 없다고 시·도지사가 인정하는 경우, 3. 법 제23조 제1항 제1호(**현지개량방식**), 제3호(**환지방식**) 또는 제4호(**관리처분방식**)에 따른 방법으로 사업을 시행하는 경우(영 제18조)]에는 <u>세입자의 동의절차를 거치지 아니할 수 있다</u>(법 제24조 제3항). 즉 법 제23조 제1항 제2호의 방법인 "법 제24조에 따른 사업시행자가 제63조에 따라 정비구역의 전부 또는 일부를 수용하여 주택을 건설한 후 **토지등소유자**에게 우선 공급하거나 대지를 **토지등소유자** 또는 **토지등소유자** 외의 자에게 공급하는 방법"으로 주거환경개선사업을 할 경우에만 예외 없이 세입자 동의절차를 거쳐야 한다.

다. 천재지변, 그 밖의 불가피한 사유

시장·군수등은 천재지변, 그 밖의 불가피한 사유로 건축물이 붕괴할 우려가 있어 긴급히 정비사업을 시행할 필요가 있다고 인정하는 경우에는 제1항 및 제3항에도 불구하고 **토지등소유자** 및 세입자의 동의 없이 자신이 직접 시행하거나 토지주택공사등을 사업시행자로 지정하여 시행하게 할 수 있다. 이 경우 시장·군수등은 지체 없이 **토지등소유자**에게 긴급한 정비사업의 시행 사유·방법 및 시기 등을 통보하여야 한다(법 제24조 제4항).

3. 재개발·재건축사업의 시행자

가. 단독시행 또는 공동시행

(1) 「도시정비법」 제정 이전의 재개발·재건축 등에서 건설업자와 등록사업자(이하 '건설업자등'이라 한다)는 조합과 대등하게 공동시행자의 지위를 누렸었다. 즉 정비사업에서 건설업자등은 공사의 시공자로서의 지위를 누리고 법이 허용하는 공동시행자의 지위도 누렸다는 것이다. 그러나 시공과 시행은 전혀 다른 것이므로 비록 공동시행이라 해도 공동시행과 시공은 그 내용이 다른 것일 수밖에 없다. 그리고 통상 시공기능을 담당하는 것으로 알려진 건설업자 등은 단순히 시공만을 했던 것은 아니며 오랜 기간에 걸쳐 시행사업을 해 왔다. 이처럼 건설업자등이 광범위하게 시행기능을 담당하게 되었던 이유는 도급공사의 수주경쟁이 치열했기 때문이다. 문제는 「도시정비법」에서 공동시행이라는 표현이 사용되고 있으나 공동시행자의 지위나 다른 시행자와의 관계가 명확하게 정해져 있지 않다. 그 밖에도 공동시행자의 확정시기에 대한 명시적인 규정이 없다. 김종보 교수는 재개발·재건축사업 시공자 선정 시기에 관해 조합설립인가 후로 정하고 있으므로 시공자를 선정하는 총회에서 공동시행자도 정해진다고 보고 있다(법 제25조). 그러나 「도시정비법」에는 공동시행자로 선정되면 시공자와 어떻게 다르고 선정 시기는 언제인가에 대해 침묵하고 있다.

정비사업의 시행자와 건설업자등은 시공자 선정 후 공사계약을 하며 「민법」상 도급계약(민법 제664조)에[124] 의할 것이다. 실무상 사업시행자와 건설업자등의 계약은 도급제와 지분제로 구별되는데 그 구별기준은 건설업자등이 개발이익에 참여하는가 여부에 있다. 시행자가 건설업자등에게 총공사비를 확정금액으로 지불하는 것을 도급제(정액제)라 하고, 시공자에게 분양지분을 인정하는 것으로 총공사비의 전부 또는 일부를 갈음하는 것을 지분제라 한다. 지분제는 건설업자등에게도 개발이익의 귀속주체가 된다는 점에서 건설업자등이 수행하는 공동시행의 기능을 더 강하게 부각시킨다.[125]

(2) 공동시행의 연혁으로, 2003년 제정된 「도시정비법」은 재건축 과열을 초래한 주범을 민간건설업자로 보고 건설업자등의 공동시행을 전면적으로 금지시키고 원칙적으로 조합에 의한 단독 시행을 규정

---

124) 도급은 당사자 일방이 어느 일을 완성할 것을 약정하고 상대방이 그 일의 결과에 대하여 보수를 지급할 것을 약정함으로써 그 효력이 생긴다.
125) 김종보, 건설법(제6판), 438~440면.

하였다(구법 제8조 제1항). 그러나 이 규정에 의해 가장 큰 타격을 받은 분야는 재개발사업이었다. 조합이 시행하는 재개발사업에 대해 건설업자등의 공백을 채워 줄 다른 대안이 없다는 인식이 일반화되자,[126] 2005. 3. 18. 개정 및 시행(법률 제7392호)으로 재개발사업과 도시환경정비사업에 대해서는 민간건설업자가 재개발사업의 초기단계에서부터 참여하여 자금을 지원할 수 있도록 건설업자등이 공동시행자가 될 수 있도록 허용하고 그 선정 시기를 제한하지 않도록 개정하였다가(구법 제8조 제1항), 다시 재개발사업에 대해서도 시공자 선정 시기를 제한하는 방식으로 개정되었다. 그 후 2015. 9. 1. 개정(법률 제13508호, 시행2016. 3. 2)으로 다시 재건축의 경우에도 공동시행이 가능한 것으로 개정되어(구법 제8조 제2항), 현행법은 재개발·재건축 모두 공동시행이 가능하고(법 제25조), 조합설립인가를 받은 후 시공자를 선정할 수 있도록 규정하고 있다(법 제29조 제4항).

(3) **재개발사업**은 다음 각 호 1. 조합이 시행하거나 조합이 **조합원의 과반수의 동의**를 받아 시장·군수등, 토지주택공사등, 건설업자, 등록사업자 또는 「자본시장과 금융투자업에 관한 법률」 제8조 제7항에 따른 신탁업자와 「한국감정원법」에 따른 한국감정원과 **공동으로 시행**하는 방법, 2. **토지등소유자**가 20인 미만인 경우에는 **토지등소유자**가 직접 시행(**토지등소유자**방식)하거나 **토지등소유자**가 **토지등소유자**의 과반수의 동의를 받아 시장·군수등, 토지주택공사등, 건설업자, 등록사업자 또는 「자본시장과 금융투자업에 관한 법률」 제8조 제7항에 따른 신탁업자와 「한국감정원법」에 따른 한국감정원과 공동으로 시행하는 방법의 어느 하나에 해당하는 방법으로 시행할 수 있다(법 제25조 제1항 및 영 제19조). 2018. 2. 9. 시행법부터 도시환경정비사업에 대한 조항이 현재 재개발사업으로 통합되면서, 조합을 결성하지 않고 **토지등소유자**가 시행할 수 있는 경우를 20명 미만으로 제한하고 있다. 여기서 말하는 **토지등소유자**는 조합과 대등하게 사업시행자가 되는 단체를 의미하는 것이며, 단체의 구성원으로서 **토지등소유자**와는 구별되어야 한다. 종래 100명이 넘는 **토지등소유자**가 있는 곳에서도 **토지등소유자**를 시행자로 하는 도시환경정비사업이 빈번했던 것을 고려하면 매우 강력한 제한이 만들어진 것이라 볼 수 있다.[127]

(4) **재건축사업**은 조합이 시행하거나 조합이 **조합원의 과반수의 동의**를 받아 시장·군수등, 토지주택공사등, 건설업자 또는 등록사업자와 **공동으로 시행**할 수 있다(법 제25조 제2항). 재건축사업은 **재개발사업과 달리 신탁업자 또는 한국감정원과 공동시행이 불가하다**.

나. 공공시행자

(1) 시장·군수등은 재개발사업 및 재건축사업이 다음 각 호 1. 천재지변, 「재난기본법」 제27조 또는 「시설물의 안전 및 유지관리에 관한 특별법」 제23조에 따른 사용제한·사용금지, 그 밖의 불가피한 사유로 **긴급**하게 정비사업을 시행할 필요가 있다고 인정하는 때, 2. 법 제16조 제2항 전단에 따라 고시된

---

126) 김종보, "정비사업의 시공자 선정과 형사처벌", 서울대학교 법학 제48권 제4호, 2007, 212면.
127) 김종보, 건설법(제6판), 445면.

정비계획에서 정한 <u>정비사업시행 예정일부터 2년 이내에 사업시행계획인가를 신청하지 아니하거나 사업시행계획인가를 신청한 내용이 위법 또는 부당하다고 인정하는 때</u>(재건축사업의 경우는 제외한다), **3. 추진위원회가 시장·군수등의 구성·승인을 받은 날부터 3년 이내에 조합설립인가를 신청하지 아니하거나 조합이 조합설립인가를 받은 날부터 3년 이내에 사업시행계획인가를 신청하지 아니한 때**, 4. 지방자치단체의 장이 시행하는 「국토계획법」 제2조 제11호에 따른 <u>도시·군계획사업과 병행하여 정비사업을 시행할 필요가 있다고 인정하는 때</u>, 5. 법 제59조 제1항에 따른 <u>순환정비방식으로 정비사업을 시행할 필요가 있다고 인정하는 때</u>, 6. 법 제113조에 따라 국토교통부장관, 시·도지사, 시장·군수이 감독권을 행사하여 <u>사업시행계획인가가 취소된 때</u>, 7. 해당 정비구역의 국·공유지 면적 또는 국·공유지와 토지주택공사등이 소유한 토지를 합한 면적이 전체 토지면적의 2분의 1 이상으로서 **토지등소유자**의 과반수가 시장·군수등 또는 토지주택공사등을 사업시행자로 지정하는 것에 동의하는 때, 8. 해당 정비구역의 토지면적 2분의 1 이상의 토지소유자와 **토지등소유자**의 3분의 2 이상에 해당하는 자가 시장·군수등 또는 토지주택공사등을 사업시행자로 지정할 것을 요청하는 때[128](이 경우 법 제14조 제1항 제2호에 따라 **토지등소유자**가 정비계획의 입안을 제안한 경우 입안제안에 동의한 **토지등소유자**는 토지주택공사등의 사업시행자 지정에 동의한 것으로 본다. 다만, 사업시행자의 지정 요청 전에 시장·군수등 및 제47조에 따른 주민대표회의에 사업시행자의 지정에 대한 반대의 의사표시를 한 **토지등소유자**의 경우에는 그러하지 아니하다)의 어느 하나에 해당하는 때에는 <u>시장·군수등이 직접 정비사업을 시행하거나 토지주택공사등</u>(토지주택공사등이 건설업자등과 공동시행을 포함)<u>을 사업시행자로 지정하여 정비사업을 시행하게 할 수 있다</u>(법 제26조 제1항). 2018. 2. 9. 시행법부터 상기와 같은 특수한 사유에 의해 조합을 대신하여 사업시행자가 되는 자를 공공시행자라 부르고 있다.

　제3호의 경우 법 제20조 제1항 제2호 다목에 따르면 **"추진위원회가 추진위원회 승인일부터 2년이 되는 날까지 조합설립인가를 신청하지 아니하는 경우"**에 정비구역의 지정권자(특별시장·광역시장·특별자치시장·특별자치도지사, 시장 또는 군수, 광역시의 군수는 제외)는 정비구역 등을 해제하여야 한다(기속행위). 그렇다면 정비구역등이 해제된 후 1년이 더 지나 조합을 대신하여 <u>시장·군수등</u>이 사업시행자가 될 수 있는지 의문이다. 법 제20조 제1항 제2호 라목(**조합이 조합설립인가를 받은 날부터**

---

128) 실무에서는 주로 제8호의 요건을 충족하여 <u>시장·군수등</u>이나 토지주택공사등을 사업시행자로 지정해 달라고 요청하는 경우가 많다. 한편, 법제처는 법 제26조 제1항 제8호에 따른 정비구역 안의 토지면적 2분의 1 이상의 토지소유자와 **토지등소유자**의 3분의 2 이상에 해당하는 자가 시장·군수 또는 주택공사등을 사업시행자로 지정할 것을 요청하는 때에는 시장·군수는 직접 정비사업을 시행하거나 주택공사등을 사업시행자로 지정할 수 있다고 규정된 <u>사업시행자 지정요청에 동의한 **토지등소유자**</u>로부터 사업시행자 지정요청 전에 토지 등을 양수한 자도 사업시행자 지정요청에 동의한 것으로 보아야 하는지에 대한 해석에서, 사업시행자 지정요청에 동의한 **토지등소유자**로부터 사업시행자 지정요청 전에 토지 등을 양수한 자가 종전 소유자의 동의를 철회하거나 새로이 부동의의 의사표시를 하지 않았다면 사업시행자 지정요청에 동의한 것으로 보아야 할 것이라고 해석하였다. 그 이유는 법 제26조 제1항 제8호에 규정된 사업시행자 지정요청에 대하여 이미 동의한 소유자가 변동된 경우 동의요건이 충족되었는지 여부를 판단함에 있어서는 새로운 소유자가 사업시행자 지정 전에 새로이 부동의를 한다거나 종전 소유자의 동의를 철회하는 등 특별한 사정이 없는 한 종전 소유자의 동의를 묵시적으로 승인하여 동의한 것으로 추정함이 상당하다고 할 것이다(대법원 1998. 8. 21. 선고 97누9949 판결). (법제처 법령해석 사례, 안양시-「도시정비법」 제8조 제1항 제7호(사업시행자 지정의 요청), 안건번호 06-0316, 회신일자 2006. 12. 8.).

3년이 되는 날까지 사업시행계획인가를 신청하지 아니하는 경우)과 비교하여서도 정비구역의 지정권자가 정비구역등을 해제한 후 <u>시장·군수등이</u> 사업시행자가 된다는 것은 모순되는 규정으로 보인다.

(2) 시장·군수등은 <u>직접 정비사업을 시행하거나 토지주택공사등을 사업시행자로 지정하는 때</u>에는 정비사업 시행구역 등 **토지등소유자**에게 알릴 필요가 있는 사항으로서 **대통령령**으로 정하는 사항[1. 정비사업의 종류 및 명칭, 2. 사업시행자의 성명 및 주소(법인인 경우에는 법인의 명칭 및 주된 사무소의 소재지와 대표자의 성명 및 주소를 말한다), 3. 정비구역(법 제18조에 따라 정비구역을 둘 이상의 구역으로 분할하는 경우에는 분할된 각각의 구역을 말한다)의 위치 및 면적, 4. 정비사업의 착수예정일 및 준공예정일(영 제20조)]을 해당 <u>지방자치단체의 공보에 고시</u>하여야 한다. 다만, 법 제26조 제1항 제1호의 경우에는 **토지등소유자**에게 지체 없이 정비사업의 시행 사유·시기 및 방법 등을 통보하여야 한다(법 제26조 제2항).

시장·군수등이 <u>직접 정비사업을 시행하거나 토지주택공사등을 사업시행자로 지정·고시한 때</u>에는 <u>그 고시일 다음 날에 추진위원회의 구성·승인 또는 조합설립인가가 취소된 것으로 본다.</u> 이 경우 시장·군수등은 해당 지방자치단체의 공보에 해당 내용을 고시하여야 한다(법 제26조 제3항).

다. 지정개발자

(1) 시장·군수등은 <u>재개발사업 및 재건축사업</u>이 다음 각 호 1. 천재지변, 「재난기본법」 제27조 또는 「시설물의 안전 및 유지관리에 관한 특별법」 제23조에 따른 사용제한·사용금지, 그 밖의 불가피한 사유로 <u>긴급하게 정비사업을 시행할 필요</u>가 있다고 인정하는 때, 2. 법 제16조 제2항 전단에 따라 고시된 정비계획에서 정한 <u>정비사업시행 예정일부터 2년 이내에 사업시행계획인가를 신청하지 아니하거나 사업시행계획인가를 신청한 내용이 위법 또는 부당하다고 인정하는 때</u>(재건축사업의 경우는 제외한다), 3. 재개발·재건축사업의 **조합설립을 위한 동의요건 이상에 해당하는 자가 신탁업자를 사업시행자로 지정하는 것에 동의**하는 때의 어느 하나에 해당하는 때에는 **토지등소유자**, 「사회기반시설에 대한 민간투자법」 제2조 제12호에 따른 민관합동법인 또는 신탁업자로서 **대통령령으로 정하는 요건을 갖춘자**[1. 정비구역의 토지 중 <u>정비구역 전체 면적 대비 50퍼센트 이상의 토지를 소유한 자로서 **토지등소유자**의 50퍼센트 이상의 추천을 받은 자</u>, 2. 「사회기반시설에 대한 민간투자법」 제2조 제12호에 따른 민관합동법인(민간투자사업의 부대사업으로 시행하는 경우에만 해당한다)으로서 <u>토지등소유자의 50퍼센트 이상의 추천을 받은 자</u>, 3. <u>신탁업자로서 정비구역의 토지 중 정비구역 전체 면적 대비 3분의 1 이상의 토지를 신탁받은 자</u>(영 제21조)(이하 "지정개발자"라 한다)]를 사업시행자로 지정하여 정비사업을 시행하게 할 수 있다(법 제27조 제1항).

(2) <u>신탁업자들은 법 제27조 제1항 제3호와 영 제21조 제3호의 요건을 충족하여 자신이 지정개발자로 지정되는 절차를 주로 진행</u>하려고 하고 있다. 즉 토지면적의 3분의 1이상 토지를 신탁받고 여기에 조합설립동의율인 4분의 3이상의 지정개발자 지정동의를 받아 신탁업자가 지정개발자가 되어 사업시행자가 되려고 하는 절차를 주로 하게 된다.[129] <u>신탁업자</u>는 법 제27조 제1항 제3호에 따른 사업시행자 지정에 필요한 동의를 받기 전에 다음 각 호 1. **토지등소유자**별 분담금 추산액 및 산출근거, 2. 그

---

129) 김조영, 재건축재개발 등 정비사업 법령해설집, 도서출판 국토, 2019, 88면.

밖에 추정분담금의 산출 등과 관련하여 시·도**조례**로 정하는 사항에 관한 사항을 **토지등소유자**에게 제공하여야 한다(법 제27조 제3항).

법 제27조 제1항 제3호에 따른 **토지등소유자**의 동의는 국토교통부령으로 정하는 동의서에 동의를 받는 방법으로 한다. 이 경우 동의서에는 다음 각 호 1. 건설되는 건축물의 설계의 개요, 2. 건축물의 철거 및 새 건축물의 건설에 드는 공사비 등 정비사업에 드는 비용(이하 '정비사업비'라 한다),130) 3. 정비사업비의 분담기준(신탁업자에게 지급하는 신탁보수 등의 부담에 관한 사항을 포함한다), 4. 사업 완료 후 소유권의 귀속, 5. 정비사업의 시행방법 등에 필요한 시행규정, 6. 신탁계약의 내용의 사항이 모두 포함되어야 한다(법 제27조 제4항).

(3) 시장·군수등은 지정개발자를 사업시행자로 지정하는 때에는 정비사업 시행구역 등 **토지등소유자**에게 알릴 필요가 있는 사항으로서 **대통령령**으로 정하는 사항을 해당 지방자치단체의 공보에 고시하여야 한다. 다만, 제1항 제1호의 경우에는 **토지등소유자**에게 지체 없이 정비사업의 시행 사유·시기 및 방법 등을 통보하여야 한다(법 제27조 제2항). 시장·군수등이 지정개발자를 사업시행자로 지정·고시한 때에는 그 고시일 다음 날에 추진위원회의 구성·승인 또는 조합설립인가가 취소된 것으로 본다. 이 경우 시장·군수등은 해당 지방자치단체의 공보에 해당 내용을 고시하여야 한다(법 제27조 제5항).

라. 사업대행자

(1) 사업대행자의 의의, 사업대행자와 지정개발자의 차이

사업대행자라 함은 시장·군수등이 장기간 정비사업이 지연되거나 권리관계에 관한 분쟁 등으로 해당 조합 또는 **토지등소유자**가 시행하는 정비사업을 계속 추진하기 어렵다고 인정하는 경우나 **토지등소유자**(조합을 설립한 경우에는 **조합원**을 말한다)의 과반수 동의로 요청하는 경우에는 해당 조합 또는 **토지등소유자**를 대신하여 직접 정비사업을 시행하거나 토지주택공사등 또는 지정개발자에게 해당 조합 또는 **토지등소유자**를 대신하여 정비사업을 시행하게 할 수 있는데(법 제28조 제1항) 시장·군수등이나 토지주택공사등 또는 지정개발자가 사업대행자가 된다. 통상 대행이라고 함은 대행자가 본인을 대신하여 업무를 보는 것을 말한다.

정비사업을 대행하는 시장·군수등, 토지주택공사등 또는 지정개발자(이하 "사업대행자"라 한다)는 사업시행자에게 청구할 수 있는 보수 또는 비용의 상환에 대한 권리로써 사업시행자에게 귀속될 대지

---

130) 정비사업비의 구성요소에서 가장 중요한 비중을 차지하는 것이 바로 조합이 건설사에게 지불하는 공사비이다. 공사비는 사업시행자가 건설사에 지급하는 물리적 시설의 시공과 관련된 비용을 말하며 통상 도급계약을 통해 정해진다. 정비사업비는 1. 정비사업의 조사·측량·설계 및 감리에 소요된 비용, 2. 공사비, 3. 정비사업의 관리에 소요된 등기비용·인건비·통신비·사무용품비·이자 그 밖에 필요한 경비, 4. 법 제95조에 따른 융자금이 있는 경우에는 그 이자에 해당하는 금액, 5. 정비기반시설 및 공동이용시설의 설치에 소요된 비용(법 제95조 제1항에 따라 시장·군수등이 부담한 비용은 제외한다), 6. 안전진단의 실시, 정비업자의 선정, 회계감사, 감정평가, 그 밖에 정비사업 추진과 관련하여 지출한 비용으로서 정관등에서 정한 비용으로 구성되며 이외에도 **조합원**들에게 대여하는 자금이 있을 수 있다. 정비사업비의 구성에 관해서는 「서울시 도시정비조례 시행규칙」(2018. 8. 2. 전면개정 및 시행, 서울특별시 규칙 제4238호) 제16조 제3항 및 그에 따른 [별지28] 서식 참조.

또는 건축물을 압류할 수 있다(법 제28조 제2항).

법제처는 법 제27조 제1항에 따른 지정개발자는 조합방식 또는 **토지등소유자**방식의 사업시행자 자체를 변경하여 지정함으로써 정비사업을 추진하려는 규정이고, 같은 법 제28조 제1항은 사업시행자는 그대로 두고 사업대행자를 지정하여 대신 사업을 추진하게 하려는 규정으로서 두 제도는 정비사업 추진에 관한 별개의 제도라 할 것이다. 그에 따라, 시장·군수가 같은 법 제27조 제1항에 따른 지정개발자 등을 사업시행자로 지정하려면 같은 조 같은 항 제1호부터 제3호까지의 경우에 해당하여야 하는 반면, 법 제28조 제1항에 따라 지정개발자 등을 사업대행자로 지정하려면 같은 조 같은 항 제1호·제2호에 해당하여야 하는 바, 사업시행자를 지정할 수 있는 경우와 사업을 대신하여 정비사업을 시행하게 할 수 있는 경우가 문언상 명백히 다르다고 할 것이라고 해석하였다.[131]

(2) 사업대행개시결정 및 효과

정비사업을 대행하는 경우 사업대행의 개시결정, 그 결정의 고시 및 효과, 사업대행자의 업무집행, 사업대행의 완료와 그 고시 등에 필요한 사항은 **대통령령**으로 정한다(법 제28조 제3항).

시장·군수등은 법 제28조 제1항에 따라 정비사업을 직접 시행하거나 법 제27조에 따른 지정개발자 또는 토지주택공사등에게 정비사업을 대행하도록 결정한 경우에는 다음 각 호 1. 영 제20조 제1항 각 호의 사항, 2. 사업대행개시결정을 한 날, 3. 사업대행자, 4. 대행사항을 해당 지방자치단체의 공보등에 고시하여야 한다(영 제22조 제1항).

시장·군수등은 **토지등소유자** 및 사업시행자에게 고시한 내용을 통지하여야 한다(영 제22조 제2항).

사업대행자는 법 제28조 제1항에 따라 정비사업을 대행하는 경우 제1항에 따른 고시를 한 날의 다음 날부터 제23조에 따라 사업대행완료를 고시하는 날까지 자기의 이름 및 사업시행자의 계산으로 사업시행자의 업무를 집행하고 재산을 관리한다. 이 경우 법 또는 법에 따른 명령이나 정관등으로 정하는 바에 따라 사업시행자가 행하거나 사업시행자에 대하여 행하여진 처분·절차 그 밖의 행위는 사업대행자가 행하거나 사업대행자에 대하여 행하여진 것으로 본다(영 제22조 제3항).

시장·군수등이 아닌 사업대행자는 재산의 처분, 자금의 차입 그 밖에 사업시행자에게 재산상 부담을 주는 행위를 하려는 때에는 미리 시장·군수등의 승인을 받아야 한다(영 제22조 제4항).

사업대행자는 제3항 및 제4항에 따른 업무를 하는 경우 선량한 관리자로서의 주의의무를 다하여야 하며, 필요한 때에는 사업시행자에게 협조를 요청할 수 있고, 사업시행자는 특별한 사유가 없는 한 이에 응하여야 한다(영 제22조 제5항).

---

131) 법제처 법령해석 사례, 민원인 - 「도시정비법」 제9조에 따른 사업대행자로 지정개발자를 지정하는 경우에도 같은 법 제8조 제4항 제1호 및 제2호의 경우에만 지정할 수 있는지(「도시정비법」 제9조 등 관련), 안건번호 14-0619, 회신일자 2014. 10. 28.

(3) 사업대행의 완료

사업대행자는 법 제28조 제1항 각 호의 사업대행의 원인이 된 사유가 없어지거나 법 제88조 제1항에 따른 등기를 완료한 때에는 사업대행을 완료하여야 한다. 이 경우 시장·군수등이 아닌 사업대행자는 미리 시장·군수등에게 사업대행을 완료할 뜻을 보고하여야 한다(영 제23조 제1항).

시장·군수등은 제1항에 따라 사업대행을 완료한 때에는 제22조 제1항 각 호의 사항과 사업대행완료일을 해당 지방자치단체의 공보등에 고시하고, **토지등소유자** 및 사업시행자에게 각각 통지하여야 한다(영 제23조 제2항).

사업대행자는 제2항에 따른 사업대행완료의 고시가 있은 때에는 지체없이 사업시행자에게 업무를 인계하여야 하며, 사업시행자는 정당한 사유가 없는 한 이를 인수하여야 한다(영 제23조 제3항).

제3항에 따른 인계·인수가 완료된 때에는 사업대행자가 정비사업을 대행할 때 취득하거나 부담한 권리와 의무는 사업시행자에게 승계된다(영 제23조 제4항).

사업대행자는 제1항에 따른 사업대행의 완료 후 사업시행자에게 보수 또는 비용의 상환을 청구할 때에 그 보수 또는 비용을 지출한 날 이후의 이자를 청구할 수 있다(영 제23조 제5항).

IV. 계약의 방법 및 시공자 선정 등

1. 계약의 방법

가. 경쟁입찰 원칙

(1) 일반경쟁, 지명경쟁·수의계약: 추진위원장 또는 사업시행자(청산인을 포함한다)는 이 법 또는 다른 법령에 특별한 규정이 있는 경우를 제외하고는 계약(공사, 용역, 물품구매 및 제조 등을 포함한다)을 체결하려면 일반경쟁에 부쳐야 한다. 다만, 계약규모, 재난의 발생 등 **대통령령**으로 정하는 경우에는 입찰 참가자를 지명(指名)하여 경쟁에 부치거나 수의계약(隨意契約)으로 할 수 있다(법 제29조 제1항). 경쟁입찰을 하는 경우 2인 이상의 유효한 입찰참가 신청이 있어야 한다(「정비사업 계약업무 처리기준」 제6조 제2항).

(2) 전자조달시스템에 의한 계약: 일반경쟁의 방법으로 계약을 체결하는 경우로서 **대통령령**으로 정하는 규모를 초과하는 계약은 「전자조달의 이용 및 촉진에 관한 법률」 제2조 제4호의 국가종합전자조달시스템(이하 '전자조달시스템'이라 한다)을 이용하여야 한다(법 제29조 제2항). 2017. 8. 9. 개정(법률 제14857호, 시행 2018. 2. 9.)으로 추진위원회 또는 사업시행자는 계약체결 시, 일반경쟁을 원칙으로 하고, **대통령령**으로 정하는 규모 이상의 계약은 전자조달시스템 이용을 의무화하며, 이를 위반할 경우 벌칙, 과태료를 부과할 수 있도록 하였다(법 제136조, 제140조).

법 제29조 제2항에서 "**대통령령**으로 정하는 규모를 초과하는 계약"이란 다음 각 호 1. 「건설산업기본법」에 따른 건설공사로서 추정가격이 6억원을 초과하는 공사의 계약. 2. 「건설산업기본법」에 따른 전문공사로서 추정가격이 2억원을 초과하는 공사의 계약, 3. 공사관련 법령(「건설산업기본법」은 제외한다)에 따른 공사로서 추정가격이 2억원을 초과하는 공사의 계약, 4. 추정가격 2억원을 초과하는 물품 제조·구매, 용역, 그 밖의 계약의 어느 하나에 해당하는 계약을 말한다(영 제24조 제2항).

건설공사나 전문공사의 일반경쟁 입찰 중 금액이 큰 경우만 전자조달시스템을 이용하여야 하고 지명경쟁이나 수의계약은 전자조달시스템의 이용 대상이 아니다. 시공자가 하는 공사금액 대부분이 6억원을 초과하기 때문에 시공자선정은 "일반경쟁입찰+전자조달시스템"으로 하여야 한다. 그러나 후술하겠지만 시공자 선정시기는 조합설립인가 후, 시공자 선정은 조합총회, 일정금액 이상의 공사금액은 일반경쟁입찰+전자조달시스템의 형식에 의한다. 그리고 정비업자나 설계자 등 용역업체의 계약은 영 제24조 제2항 제4호의 용역계약에 해당하며 대부분 2억원을 초과하는 경우 "일반경쟁입찰+전자조달시스템"으로 하여야 한다.[132]

나. 지명경쟁입찰 또는 수의계약

법 제29조 제1항 단서에서 계약규모, 재난의 발생 등 **대통령령**으로 정하는 경우에는 입찰 참가자를 지명경쟁에 부치거나 수의계약으로 할 수 있다(영 제24조 제1항).

1. 지명경쟁: 지명으로 경쟁입찰을 하는 경우에도 2인 이상의 유효한 입찰참가 신청이 있어야 한다(「정비사업 계약업무 처리기준」 제6조 제2항). 그리고 다음 각 목 가. 계약의 성질 또는 목적에 비추어 특수한 설비·기술·자재·물품 또는 실적이 있는 자가 아니면 계약의 목적을 달성하기 곤란한 경우로서 입찰대상자가 10인 이내인 경우, 나. 「건설산업기본법」에 따른 건설공사(전문공사를 제외한다)로서 추정가격이 3억원 이하인 공사인 경우, 다. 「건설산업기본법」에 따른 전문공사로서 추정가격이 1억원 이하인 공사인 경우, 라. 공사관련 법령(건설산업기본법은 제외한다)에 따른 공사로서 추정가격이 1억원 이하인 공사인 경우, 마. 추정가격 1억원 이하의 물품 제조·구매, 용역, 그 밖의 계약인 경우의 어느 하나에 해당하여야 한다.

2. 수의계약: 2회 이상 경쟁입찰이 유찰된 경우로 한정하여 수의계약할 수 있다(법 제29조 제4항). 다음 각 목 가. 「건설산업기본법」에 따른 건설공사로서 추정가격이 2억원 이하인 공사인 경우, 나. 「건설산업기본법」에 따른 전문공사로서 추정가격이 1억원 이하인 공사인 경우, 다. 공사관련 법령(「건설산업기본법」은 제외한다)에 따른 공사로서 추정가격이 8천만원 이하인 공사인 경우, 라. 추정가격 5천만원 이하인 물품의 제조·구매, 용역, 그 밖의 계약인 경우, 마. 소송, 재난복구 등 예측하지 못한 긴급한 상황에 대응하기 위하여 경쟁에 부칠 여유가 없는 경우, 바. 일반경쟁입찰이 입찰자가 없거나 단독 응찰의 사유로 2회 이상 유찰된 경우의 어느 하나에 해당하여야 한다.

---

132) 김조영, 재건축재개발 등 정비사업 법령해설집, 93~94면.

다. 정비사업 계약업무 처리기준

(1) 계약을 체결하는 경우 계약의 방법 및 절차 등에 필요한 사항은 국토교통부장관이 정하여 고시한다(법 제29조 제3항). 이에 의하여 국토교통부장관은 종래의 국토교통부고시 제2016-187호 「정비사업의 시공자 선정기준」과 국토교통부고시 제2016-187호 「정비사업전문관리업자 선정 기준」을 폐지(계약업무 기준 부칙 제3조) 하고, 「정비사업 계약업무 처리기준」(이하 '계약 기준'이라 한다)을 2018. 2. 9. 국토교통부고시 제2018-101호로 제정하였으며, 동 「계약 기준」은 「도시정비법」 제29조에 따라 추진위원회 또는 사업시행자 등이 계약을 체결하는 경우 계약의 방법 및 절차 등에 필요한 사항을 정함으로써 정비사업의 투명성을 개선하고자 하는데 목적이 있다.

(2) 동 기준은 다른 법률과의 관계에 있어서는 사업시행자등이 계약을 체결하는 경우 관계 법령, 「도시정비법」 제118조 제6항에 따른 시·도**조례**로 정한 기준 등에 별도 정하여진 경우를 제외하고는 동 「계약 기준」이 정하는 바에 따른다. 관계 법령 등과 동 「계약 기준」에서 정하지 않은 사항은 정관 등(추진위원회의 운영규정을 포함한다)이 정하는 바에 따르며, 정관 등으로 정하지 않은 구체적인 방법 및 절차는 대의원회(법 제46조에 따른 대의원회, 법 제48조에 따른 **토지등소유자** 전체회의, 「추진위원회 운영규정」 제2조 제2항에 따른 추진위원회 및 사업시행자인 **토지등소유자**가 자치적으로 정한 규약에 따른 대의원회 등의 조직을 말한다)가 정하는 바에 따른다(계약 기준 제3조).

(3) 동 「계약 기준」은 2018. 2. 9. 시행법과 같은 날 시행이 되었다. 동 「계약 기준」은 시행 후 최초로 계약을 체결하는 경우부터 적용한다. 다만, 시공자나 정비사업전문관리업자(이하 '정비업자'라 한다)의 경우에는 이 법 시행 후 최초로 시공자나 정비업자를 선정하는 경우부터 적용한다(계약 기준 부칙 제2조).[133]

라. 임대사업자의 선정

사업시행자는 공공지원민간임대주택을 원활히 공급하기 위하여 국토교통부장관이 정하는 경쟁입찰의 방법 또는 수의계약(2회 이상 경쟁입찰이 유찰된 경우로 한정한다)의 방법으로 「민간임대주택에 관한 특별법」 제2조 제7호에 따른 임대사업자(이하 '임대사업자'라 한다)를 선정할 수 있다(법 제30조 제1항).

임대사업자의 선정절차 등에 필요한 사항은 국토교통부장관이 정하여 고시할 수 있다(법 제30조 제2항).[134]

---

[133] 동 기준의 "선정"의 의미에 관해서 ① 시공자는 총회에서 선정하기 때문에 시공자 선정총회를 의미한다는 견해, ② 시공자 선정은 선정총회 이전에 입찰공고부터 시작하니까 이 법 시행 전에 이미 입찰공고를 한 경우에는 적용되지 않는다는 견해가 있으나, 문구 그 자체의 해석으로는 선정은 **조합원** 총회에서 의결하기 때문에 선정총회를 의미한다고 해석하는 것이 타당할 것이고, 입찰공고가 선정하는 절차이기는 하지만 입찰공고를 한다고 하여 시공자가 선정되는 것은 아니며, 만약에 이 의미가 선정절차를 의미한다면 "입찰공고를 하는 분부터"라고 구체적으로 규정하였을 것이다(https://r1191.blog.me/221208518473 김조영, 국토부 정비사업 계약업무 처리기준 적용시점은 언제인가?, 2018. 2. 14.).

2. 계약의 내용(기존 건축물의 철거공사에 관한 계약 포함)

용산참사[135] 이후 2010. 4. 15. 개정(법률 제10268호, 시행 2010. 7. 16.)으로 사업시행자(사업대행자를 포함한다)는 선정된 시공자와 공사에 관한 계약을 체결할 때에는 기존 건축물의 철거 공사(석면안전관리법에 따른 석면 조사·해체·제거를 포함한다)에 관한 사항을 포함시키도록 개정하였다(법 제29조 제9항).

용산참사 때 건설사가 철거업자와 무관함을 주장하고 사실상 책임을 지지 않았다는 반성적 고려에 의하여 사업시행자가 시공자와 공사에 관한 계약을 체결할 때에는 기존건축물의 철거공사에 관한 사항을 포함하도록 의무화함으로써 시공책임의 범위에서 철거공사를 포함하도록 한 것이다.

3. 시공자 선정 시기의 제한 및 선정 방법

가. 원칙: 경쟁입찰 또는 수의계약

(1) 개정 연혁: 2003년 「도시정비법」이 제정되면서 정비사업에서 시공자 선정 시기는 사업시행인가 이후로 제한되었는데(구법 제11조 제1항), 재건축과열을 초래한 주범을 민간건설업자로 보고 이들이 정비사업의 초기에 개입하는 것을 막기 위해서였다. 2005. 3. 18. 개정(법률 제7392호, 시행 2005. 5. 19.)으로 재건축사업은 사업시행인가를 받은 후 시공자를 선정하도록 그대로 두고, 재개발사업에 대해서만 건설업자등이 '공동시행자'가 될 수 있도록 허용하고(구법 제8조 제1항) 시공자 선정 시기에 대한 제한을 삭제하였다가(법 제11조 제1항), 2006. 5. 24. 개정(법률 제7960호, 시행 2006. 8. 25.)으로 재건축조합은 사업시행인가를 받은 후로 그대로 두고, 재개발조합 및 도시환경정비조합은 조합설립인가를 받은 후 경쟁입찰의 방법으로 시공자를 선정하도록 하였다. 그 후 2009. 2. 6. 개정 및 시행(법률 제9444호)으로 재건축사업의 사업초기 자금 확보를 이유로 다시 토지등소유자가 시행하는 도시환경정비사업을 제외한 재개발·재건축사업에 대하여 조합설립인가 후 조합총회에서 시공자를 선정하도록 개정한 후, 현재에 이르고 있다. 동 조항이 존재하지 않던 구법시대의 재개발·재건축사업은 조합설립 시 시공자와 가계약을 체결하고 그 후 본계약을 체결하는 것이 관례였다. 동 조항에 의해 건설사는 단순 시공자로 전락하면서 조합설립에 간여할 수 없게 되었고, 공사비를 제시할 수 있는 시점도 조합설립인가 이후로 변경되었다.[136]

후술하겠지만, 정비사업의 공공지원제도(법 제118조)에 의해, 우리나라 정비사업의 많은 부분을 차

---

134) 「정비사업 연계 기업형임대사업자 선정기준」은 2016. 5. 16. 국토교통부고시 제2016-263호로 제정(시행 2016. 5. 16.) 되었으며, 이 기준은 「도시정비법」 제30조에 따라 사업시행자의 기업형임대사업자 선정에 관하여 필요한 사항을 정함을 목적으로 한다.

135) 2009년 1월 20일 서울시 용산4구역재개발 보상대책에 반발하던 철거민과 경찰이 대치하던 중 화재로 사상자가 발생한 사건으로 용산4구역재개발의 보상대책에 반발해 온 철거민과 전국철거민연합회 회원 등 30여 명이 적정 보상비를 요구하며, 2009년 1월 20일 새벽 용산구 한강로 2가에 위치한 남일당 건물을 점거하고 경찰과 대치하던 중 화재가 발생해 6명이 사망하고 24명이 부상당한 대참사다.

136) 김종보, "재건축·재개발 비용분담론(費用分擔論)의 의의와 한계", 149면.

지하는 서울시의 경우, 다시 시공자 선정 시기에 관해서 「도시정비법」의 원칙규정인 조합설립인가 후에도 불구하고 공공지원에 해당하면 다시 사업시행인가 후 비로소 시공자를 선정할 수 있게 된다.

(2) 조합설립인가 후: 조합은 조합설립인가를 받은 후 조합총회에서 경쟁입찰 또는 2회 이상 경쟁입찰이 유찰된 경우로 한정하여 수의계약의 방법으로 건설업자등을 시공자로 선정할 수 있다. 다만, **대통령령**으로 정하는 규모 이하의 정비사업[**조합원**이 100인 이하인 정비사업(영 제24조 제3항)]은 조합총회에서 정관으로 정하는 바에 따라 선정할 수 있다(법 제29조 제4항). 종래 시공자 선정은 경쟁입찰의 방법에 의하였지만, 2018. 2. 9. 시행법은 시공자, 기업형임대사업자, 정비업자 선정 시 경쟁입찰 방식을 원칙으로 하되, 예외적인 경우에는 수의계약도 허용하도록 하였다.

즉 경쟁입찰은 일반경쟁 또는 지명경쟁의 방법으로 할 수 있으며(계약 기준 제26조 제1항), 지명경쟁에 의한 입찰에 부치고자 할 때에는 5인 이상의 입찰대상자를 지명하여 3인 이상의 입찰참가 신청이 있어야하고, 대의원회의 의결을 거쳐야 한다(계약 기준 제27조). 일반경쟁 입찰이 미 응찰 또는 단독응찰의 사유로 2회 이상 유찰된 경우에는 총회의 의결을 거쳐 수의계약의 방법으로 건설업자등을 시공자로 선정할 수 있다(계약 기준 제26조 제2항). 사업시행자등은 시공자 선정을 위하여 입찰에 부치고자 할 때에는 현장설명회 개최일로부터 7일 전까지 전자조달시스템 또는 1회 이상 일간신문에 공고하여야 한다. 다만, 지명경쟁에 의한 입찰의 경우에는 전자조달시스템과 일간신문에 공고하는 것 외에 현장설명회 개최일로부터 7일 전까지 내용증명우편으로 통지하여야 한다(계약 기준 제28조).

사업시행자등은 제출된 입찰서를 모두 대의원회에 상정하여야 하고, 대의원회는 총회에 상정할 6인 이상의 건설업자등을 선정하여야 한다. 다만, 입찰에 참가한 건설업자등이 6인 미만인 때에는 모두 총회에 상정하여야 한다. 건설업자등의 선정은 대의원회 재적의원 과반수가 직접 참여한 회의에서 비밀투표의 방법으로 의결하여야 한다. 이 경우 서면결의서 또는 대리인을 통한 투표는 인정하지 아니한다(계약 기준 제33조).

건설업자등의 선정을 위한 총회는 **토지등소유자** 과반수가 직접 출석하여 의결하여야 한다. 이 경우 법 제45조 제5항에 따른 대리인이 참석한 때에는 직접 출석한 것으로 본다(계약 기준 제35조 제1항). 따라서 서면 동의서 징구에 의결권행사가 인정되며 정족수를 산정할 때에 출석한 것으로 본다.

조합원은 총회에 직접 참석이 어려운 경우 서면으로 의결권을 행사할 수 있으나, 서면결의서를 철회하고 시공자선정 총회에 직접 출석하여 의결하지 않는 한 직접 참석자에는 포함되지 않는다(계약 기준 제35조 제2항).

서면의결권 행사는 조합에서 지정한 기간·시간 및 장소에서 서면결의서를 배부 받아 제출하여야 한다(계약 기준 제35조 제3항). 조합은 **조합원**의 서면의결권 행사를 위해 **조합원** 수 등을 고려하여 서면결의서 제출기간·시간 및 장소를 정하여 운영하여야 하고, 시공자 선정을 위한 총회 개최 안내 시 서면결의서 제출요령을 충분히 고지하여야 한다(계약 기준 제35조 제4항).

조합은 총회에서 시공자 선정을 위한 투표 전에 각 건설업자등별로 **조합원**들에게 설명할 수 있는 기회를 부여하여야 한다(계약 기준 제35조 제5항).

법제처는 법 제11조 제1항 본문에 따라 경쟁입찰의 방법으로 재개발사업의 시공자를 선정할 때, 그 입찰이 3회 이상 유찰된 후 해당 사업계획의 개요가 변경되어 기존 입찰공고의 내용과 동일성이 인정되지 않는 경우에도, 그 재개발조합이 「정비사업의 시공자 선정기준」 제5조 제2항에 따라 시공자를 수의계약으로 선정할 수 있는지에 대한 해석에서, 그 재개발조합이 「정비사업의 시공자 선정기준」 제5조 제2항에 따라 시공자를 수의계약으로 선정할 수 없다고 해석하였다.[137]

(3) 사업시행자 지정·고시 후: 시장·군수등이 재개발·재건축사업의 <u>공공시행자</u>(법 제26조 제1항) 및 <u>지정개발자</u>(법 제27조 제1항)로서 직접 정비사업을 시행하거나, 토지주택공사등 또는 지정개발자를 사업시행자로 지정한 경우, <u>사업시행자 지정·고시 후</u> 경쟁입찰 또는 수의계약의 방법으로 건설업자등을 시공자로 선정하여야 한다(법 제29조 제6항). 시장·군수등이 직접 정비사업을 시행하는 경우 시공자 선정시기는 명확하지 않으므로 직접시행하기로 결정한 경우일 것이다.

나. 예외

(1) 토지등소유자 20인 미만의 재개발사업은 사업시행계획인가 후 시공자 선정

토지등소유자가 20인 미만인 경우에는 **토지등소유자**가 시행하거나, **토지등소유자**가 **토지등소유자**의 과반수의 동의를 받아 시장·군수등, 토지주택공사등, 건설업자등 또는 **대통령령**으로 정하는 요건을 갖춘 자와 공동으로 시행하는 방법(법 제25조 제1항 제2호)에 따라 재개발사업을 시행하는 경우에는 사업시행계획인가를 받은 후 사업시행자인 **토지등소유자**가 자치적으로 정한 규약(법 제2조 제11호 나목)에 따라 건설업자등을 시공자로 선정하여야 한다(법 제29조 제5항). 조합을 구성하지 않고 **토지등소유자**가 시행하기 때문에 조합설립인가라는 절차가 없고 사업시행인가를 받아 비로소 재개발사업의 사업시행자로서 지위를 인정받는 시점을 시공자 선정 시기로 한 것이다.

(2) 주민대표회의 또는 토지등소유자 전체회의의 시공자 추천

시장·군수등이 재개발·재건축사업의 공공시행자(법 제26조 제1항) 및 지정개발자(법 제27조 제1항)로서 직접 정비사업을 시행하거나, 토지주택공사등 또는 지정개발자를 사업시행자로 지정한 경우 시공자를 선정하거나 관리처분방식(법 제23조 제1항 제4호)으로 시행하는 주거환경개선사업의 사업시행자

---

137) 법 제29조 제4항(구 법 제11조 제1항)에서 시공자 선정을 경쟁입찰로 하도록 정하고 있는 취지는 조합과 시공자의 유착고리를 차단하여 재개발 수주 경쟁으로 인한 각종 비리와 부조리를 근절하고, 수주를 위하여 투입된 비용이 주택가격에 전가되는 것을 막기 위한 것인 바(2002. 12. 30. 법률 제6852호로 제정된 「도시정비법」 국회 심사보고서 주요부분 참조), 이에 비추어 볼 때 「정비사업의 시공자 선정기준」 제5조 제2항은 동일성이 인정되는 입찰이 3회 이상 유찰된 경우에 한하여 사업시행의 공백을 방지하기 위해 예외적으로 수의계약을 허용하고 있는 것으로 보아야 하고, 유찰된 사업계획과의 동일성을 인정하기 어려운 경우까지 바로 수의계약을 할 수 있도록 허용하려는 취지는 아니라고 할 것이다. 그러므로 경쟁입찰로 시공자를 선정할 때, 그 입찰이 3회 이상 유찰된 후 해당 사업계획의 개요가 변경되어 기존 입찰공고의 내용과 동일성이 인정되지 않는 경우에는, 수의계약으로 시공자를 선정할 수 없다고 할 것이라고 해석하였음에 비추어(법제처 법령해석 사례, 경상남도 창원시 - 「도시정비법」 제11조 제1항 등, 안건번호 15-0330, 회신일자 2015. 6. 17.), 동일성을 명문으로 규정하지 않았던 것이 2018. 2. 9. 시행법의 문제점으로 보인다.

가 시공자를 선정하는 경우 주민대표회의(법 제47조) 또는 **토지등소유자** 전체회의(법 제48조)는 **대통령령**으로 정하는 경쟁입찰[다음 각 호 1. <u>일반경쟁입찰·제한경쟁입찰 또는 지명경쟁입찰</u> 중 하나일 것, 2. 해당 지역에서 발간되는 <u>일간신문에 1회 이상 제1호의 입찰을 위한 공고를 하고, 입찰 참가자를 대상으로 현장 설명회를 개최할 것</u>, 3. 해당 지역 주민을 대상으로 <u>합동홍보설명회를 개최할 것</u>, 4. **토지등소유자**를 대상으로 제출된 입찰서에 대한 투표를 실시하고 그 결과를 반영할 것의 요건을 모두 갖춘 입찰방법을 말한다(영 제24조 제4항)] 또는 <u>수의계약(2회 이상 경쟁입찰이 유찰된 경우로 한정한다)의 방법으로 시공자를 추천</u>할 수 있다(법 제29조 제7항).

주민대표회의 또는 **토지등소유자** 전체회의가 시공자를 추천한 경우 사업시행자는 추천받은 자를 시공자로 선정하여야 한다. 이 경우 시공자와의 계약에 관해서는 「지방자치단체를 당사자로 하는 계약에 관한 법률」 제9조 또는 「공공기관운영법」 제39조를 적용하지 아니한다(법 제29조 제8항).

V. 사업시행자의 공사비 검증 요청

재개발·재건축사업의 사업시행자(시장·군수등 또는 토지주택공사등이 단독 또는 공동으로 정비사업을 시행하는 경우는 제외한다)는 <u>시공자와 계약 체결 후</u> 다음 각 호 1. **토지등소유자** 또는 **조합원** 5분의 1 이상이 사업시행자에게 검증 의뢰를 요청하는 경우, 2. <u>공사비의 증액 비율</u>(당초 계약금액 대비 누적 증액 규모의 비율로서 생산자물가상승률은 제외한다)이 다음 각 목 가. <u>사업시행계획인가 이전에 시공자를 선정한 경우: 100분의 10 이상</u>, 나. <u>사업시행계획인가 이후에 시공자를 선정한 경우: 100분의 5 이상</u>의 어느 하나에 해당하는 경우,[138] 3. 제1호 또는 제2호에 따른 <u>공사비 검증이 완료된 이후 공사비의 증액 비율</u>(검증 당시 계약금액 대비 누적 증액 규모의 비율로서 생산자물가상승률은 제외한다)<u>이 100분의 3 이상인 경우</u>의 어느 하나에 해당하는 때에는 법 제114조에 따른 <u>정비사업 지원기구에 공사비 검증을 요청하여야 한다</u>(법 제29조의2 제1항).

공사비 검증의 방법 및 절차, 검증 수수료, 그 밖에 필요한 사항은 국토교통부장관이 정하여 고시한다(법 제29조의2 제2항).

---

138) 제2호의 경우에는 <u>의무적으로 공사비 검증을 요청하여야 하는 경우</u>이고, <u>이 비율에 미달되는 경우에도 **토지등소유자** 또는 **조합원** 5분의 1 이상이 요청하면 공사비 검증을 하여야 하기 때문에</u>, 거의 모든 사업장에서 공사비 검증절차가 진행될 <u>가능성이 매우 높다</u>고 할 것이다. 다만 이 조문은 2019. 10. 24. 시행 후에 공사비기 증액되는 경우 등에 적용되도록 경과규정을 두고 있는데, 이러한 부칙 규정은 시행까지 공사비 증액이 필요한 거의 모든 사업장에서 공사비 증액요청을 하여 공사비검증절차를 피해갈 가능성이 있다.

제2절 조합설립추진위원회 및 조합의 설립

제1항 조합설립추진위원회

I. 조합설립추진위원회의 지위와 법적 성격

1. 조합설립추진위원회의 지위

조합설립추진위원회(이하 '추진위원회'라 한다)는 조합설립 이전단계에서 조합설립을 위한 준비업무를 수행하기 위하여 구성되는 단체를 의미한다. 구법시대 재건축사업의 경우 「주촉법」에서는 조합설립에 관해서는 규정하고 있었지만 추진위원회가 사실상의 집합체로 활동하였을 뿐, 법률이 인정하고 있는 실정법상의 조직은 아니었다. 2002. 12. 30. 제정법은 추진위원회로 하여금 조합의 설립 등 사업추진 준비를 하도록 하고, 동시에 추진위원회의 역할을 명확히 하여 사업추진과 관련된 분쟁 및 비리 요인을 제거하기 위하여 추진위원회에 관한 규정을 명문화하였다.

추진위원회 근거를 신설한 의미에 관하여 대법원은 "법정하는 추진위원회 제도는 법 제정에 즈음하여, 그 전까지 정비사업의 초기 단계에서 실제로 빈번하게 구성되어 활동하면서 여러 문제를 안고 있으면서도 법적으로 별달리 규율되지 않고 있던 추진위원회 등에 대하여 일정한 법적 틀을 부여함으로써 정비사업을 원활하게 진행하기 위하여 도입된 것이다. 그리하여 추진위원회는 조합설립인가의 신청권을 가지고(법 제35조 제2항), 추진위원회가 행한 업무와 관련된 권리와 의무는 조합에 포괄승계되고(법 제34조 제3항), 재개발사업의 경우 정비구역 내의 **토지등소유자**는 당연히 그 조합의 **조합원**이 되며(법 제39조 제1항), 나아가 법 제31조 제1항의 취지에 따르면 하나의 정비구역 안에서 추진위원회가 복수로 승인되어서는 안 되는 등으로 추진위원회에 대하여 특별한 법적 지위를 인정하고 있다."고 하였다.[139]

한편, 추진위원회는 법적으로 소규모 위원회의 구조를 취할 뿐 추진위원회의 설립에 동의한 모든 **토지등소유자**를 구성원으로 하는 것이 아니다. 예를 들면 추진위원회의 기능을 정하고 있는 「도시정비법」에서 추진위원회가 설계자를 선정 및 변경할 수 있도록 정하고 있을 뿐, 주민총회의 동의까지 필요한 것은 아니다(법 제32조 제1항 제2호). 반면에 조합이 시공자를 선정할 때 **조합원** 총회의결을 거치도록 하고 있는데 **조합원**총회는 조합이라는 단체에 속하는 **토지등소유자**의 전체회의이기 때문이다. 법 제31조 제1항 제2호에 따르면 추진위원회가 운영되기 위한 기초로 운영규정을 마련하도록 정하고 있지만, 법 자체에서 추진위원회와 주민총회의 관계를 정하지 않고, 다만, 국토교통부고시 「정비사업 조합설립추진위원회 운영규정」(이하 '운영규정'이라 한다) 제3조에 따른 [별표] 운영규정안 제21조에서 추진위원회 기관의 지위에서 주민총회의 의결사항을 규정하고 있는 정도일 뿐이다.

---

139) 대법원 2009. 10. 29. 선고 2009두12297 판결; 대법원 2013. 9. 12. 선고 2011두31284 판결.

또한 추진위원회는 조합처럼 행정청의 지위에 있지도 않고, 대의원회처럼 총회의 권한대행기관이자 **조합원** 전체의 대의기관의 성격을 갖지도 못하므로 조합설립인가를 받기위한 준비업무를 하는 법정기관에 불과하다. 추진위원회 설립에 동의한 **토지등소유자** 조차도 운영규정에 따른 주민총회 구성원일 뿐 추진위원회의 구성원은 아니라는 점에서 추진위원회와 **토지등소유자**의 관계는 불분명하다 못해 운영규정을 매개로 추진위원회와 일정한 관계를 맺는다는 점에서 모호한 지위를 갖는다.[140]

2. 추진위원회의 법적 성격

추진위원회는 주민총회에서 추진위원회의 운영규정, 위원장·부위원장 및 감사 등에 대한 동의를 받아 조직을 구성하게 된다. 이 단계를 거쳐 관할관청으로부터 승인을 받은 추진위원회는 조합설립인가를 받기 전이라도 단체(법인)로서의 조직과 실체를 갖추면 민사적 관점에서는 설립중의 법인으로서 '비법인사단'으로 해석될 수 있다.[141] 이때 비법인사단으로 해석된다는 의미는, 민사상 권리·의무의 주체가 될 수 있다는 의미일 뿐, 공법적인 면에서 큰 의미를 갖는 것은 아니다.[142] 그러나 현재 추진위원회에 대한 구성·승인처분을 다투는 소송에서 거의 예외 없이 추진위원회가 보조참가를 하고 있고, 추진위원회의 당사자능력을 인정하여 이를 허가하고 있다.[143]

대법원 역시 「도시정비법」상 추진위원회는 비법인사단에 해당한다고 일관되게 판시하고 있다.[144] 특히 최근에 선고된 대법원 판례에서 시장·군수로부터 추진위원회 구성·승인을 받은 추진위원회는 유효하게 설립된 비법인사단으로서 조합설립에 필요한 법률행위 등을 할 수 있다고 판시하였다.[145]

한편, 추진위원회의 경우 조합과 달리 조합을 설립하기 위한 준비절차의 업무만 담당할 뿐 토지 등의 수용권이나 관리처분계획, 경비부과처분과 같은 권한이 인정되지 않는다. 따라서 추진위원회는 행정주체로서의 지위가 부여되지 않는다.[146]

---

140) 김종보, 건설법(제6판), 453~454면.
141) 대법원 1994. 6. 28. 선고 92다36052 판결.
142) 김종보, 건설법(제6판), 457면.
143) 이승훈, "도시정비사건에서 선행처분과 후행처분의 관계", 사법논집 제61집, 2015, 19면.
144) 대법원 1998. 6. 26. 선고 97누2801 판결; 대법원 2012. 4. 12. 선고 2009다22419 판결; 대법원 2009. 1. 30. 선고 2008두14869 판결.
145) 대법원 2013. 12. 26. 선고 2011두8291 판결; 대법원 2014. 2. 27. 선고 2011두2248 판결.
146) 이승훈, 앞의 논문, 19면.

Ⅱ. 추진위원회의 구성·승인

1. 구성·승인의 요건

가. 추진위원회 구성·승인 신청 및 추진위원회 구성 동의의 조합설립 동의 간주

(1) 시장·군수등, 토지주택공사등 또는 지정개발자가 아닌 자가 정비사업을 시행하려는 경우에는 **토지등소유자**로 구성된 조합을 설립하여야 한다(법 제35조 제1항). 다만 **토지등소유자**가 시행하는 재개발사업은 조합이 불필요하므로 추진위원회의 구성의무도 없다.

조합을 설립하려는 경우에는 그 이전에 추진위원회를 구성하여야 하며, 추진위원회를 구성하여 승인을 받으려는 자는 법 제16조에 따른 정비구역 지정·고시 후 다음 각 호 1. 추진위원장을 포함한 5명 이상의 추진위원, 2. 법 제34조 제1항에 따른 운영규정의 사항에 대하여 **토지등소유자** 과반수의 동의를 받아 조합설립을 위한 추진위원회를 구성하여 국토교통부령으로 정하는 방법과 절차[법 제31조 제1항에 따라 추진위원회를 구성하여 승인을 받으려는 자는 별지 제3호서식의 조합설립추진위원회 승인신청서(전자문서로 된 신청서를 포함한다)에 다음 각 호 1. **토지등소유자**의 명부, 2. **토지등소유자**의 동의서, 3. 추진위원회 위원장 및 위원의 주소 및 성명, 4. 추진위원회 위원 선정을 증명하는 서류(전자문서를 포함한다)를 첨부하여 시장·군수등에게 제출하여야 한다(칙 제7조)]에 따라 시장·군수등의 승인을 받아야 한다(법 제31조 제1항). 그리고 이러한 추진위원회의 동의에 토지면적에 대한 동의는 필요하지 않다.

정비구역 지정고시가 있은 후에야 추진위원회를 구성할 수 있도록 한 이유는, 추진위원회 구성의 전제로서 **토지등소유자**의 범위가 확정되어야 하는데 **토지등소유자**의 범위를 확정하기 위해서는 정비구역의 지정·고시가 선행되어야 하기 때문이다. 판례는 "정비구역의 지정·고시 없이 행하여지는 시장·군수의 재개발조합설립추진위원회 설립승인은 「도시정비법」의 규정 및 추진위원회제도의 취지에 반하여 허용될 수 없고, 그와 같은 하자는 중대할 뿐만 아니라 객관적으로 명백하다고" 판시하였다.[147]

(2) 추진위원회의 구성에 동의한 **토지등소유자**는 법 제35조 제1항부터 제5항까지의 규정에 따른 조합의 설립에 동의한 것으로 본다. 다만, 조합설립인가를 신청하기 전에 시장·군수등 및 추진위원회에 조합설립에 대한 반대의 의사표시를 한 추진위원회 동의자의 경우에는 그러하지 아니하다(법 제31조 제2항).

나. 동의의 방법 및 절차, 설명·고지 의무

토지등소유자의 동의를 받으려는 자는 **대통령령**으로 정하는 방법 및 절차에 따라야 한다(법 제31조 제3항 전단). 법 제31조제1항에 따라 **토지등소유자**의 동의를 받으려는 자는 국토교통부령으로 정하는 동의서에 추진위원장, 추진위원회 위원, 법 제32조 제1항에 따른 추진위원회의 업무 및 법 제34조 제1항에 따른 운영규정을 미리 쓴 후 **토지등소유자**의 동의를 받아야 한다(영 제25조 제1항).

---

147) 대법원 2009. 10. 29. 선고 2009두12297 판결.

토지등소유자의 동의를 받기 전에 추진위원회 구성 동의는 조합설립 동의로 간주한다는 내용을 설명·고지하여야 한다(법 제31조 제3항 후단).[148] **토지등소유자**의 동의를 받으려는 자는 법 제31조 제3항에 따라 다음 각 호 1. 동의를 받으려는 사항 및 목적, 2. 동의로 인하여 의제되는 사항, 3. 법 제33조 제2항에 따른 동의의 철회 또는 반대의사 표시의 절차 및 방법의 사항을 설명·고지하여야 한다(영 제25조 제2항).

법제처는 법 제31조 제3항 및 영 제25조 제2항의 고지는 반드시 서면으로만 해야 하는지, 아니면 구두로도 할 수 있는지에 대한 해석에서, 서면으로만 해야 하는 것은 아니고, 구두로도 할 수 있다고 해석하였다.[149]

2. 추진위원회 구성·승인처분의 법적 성질

후술하는 바와 같이 대법원은 조합설립인가처분의 법적 성질을 설권적 처분(학문상 특허)으로 보고 있으나, 추진위원회 구성·승인처분의 성질에 대해서는 아직도 논란이 있다. 다만, 대법원은 추진위원회의 승인에 대한 요건이 충족되면 반드시 발급되어야 하는 기속행위로서의 처분으로 보고 있다.[150]

가. 학설

제1설은 추진위원회 구성·승인처분을 받게 되면 추진위원회가 조합설립인가를 받기 위한 준비업무 수행 등을 주된 업무로 하여 **토지등소유자**들로부터 조합설립 동의를 받고, 창립총회 개최나 조합설립인가를 신청할 수 있는 권한이 인정된다는 이유로 추진위원회 구성·승인처분을 "설권적 처분(학문상 특허)"으로 보는 견해이다.[151]

제2설은 추진위원회와 **토지등소유자**들 사이의 구체적인 권리·의무 등은 기본행위인 추진위원회 설립행위의 내용에서 나오는 것이고, 행정청의 승인처분을 통하여 직접적으로 형성되는 것이 아니라는 이유로 추진위원회 구성·승인처분을 "학문상 인가"로 보는 견해이다.[152]

제3설은 추진위원회 구성·승인처분은 조합설립인가에 선행하는 예비결정적 성격을 갖고 있다고 본다.[153] 예비결정이란 원자력발전소의 부지선정이나 「건축법」상 사전허가와 같이 본처분의 허가요건

---

148) 2009. 2. 6. 「도시정비법」이 개정(법률 제9444호, 시행 2009. 8. 7.)되어 추진위원회의 구성에 따른 **토지등소유자**의 동의를 받고자 하는 자는 그 동의를 받기 전에 법 제31조 제2항에 따른 동의 의제에 관한 내용을 설명·고지하도록 하는 제도를 도입하였다.

149) 설명·고지해야 한다는 취지는 이러한 세부적인 방법과 절차를 통해 동의를 받으려는 자에게 그 사항과 목적을 설명을 하고 알려주어야 한다는 점을 강조하기 위해 설명·고지를 함께 규정한 것이라고 할 것이다. 따라서, 설명과 고지를 분리해서 설명은 구두로만 해야 하고 고지는 서면으로만 해야 하는 것은 아니라고 할 것이므로, 서면이든 구두이든 적절한 방법으로 고지하면 될 것이다(법제처 법령해석 사례, 민원인 - 「도시정비법」 제13조 제4항의 고지는 서면으로만 해야 하는지(「도시정비법」 제13조 제4항 관련), 안건번호 15-0666, 회신일자 2015. 12. 23.).

150) 대법원 2008. 7. 24. 선고 2007두12996 판결; 대법원 2009. 6. 25. 선고 2008두13132 판결.

151) 김선희, "「도시정비법」상 추진위원회와 관련한 제반 법률문제", 사법 23호, 2013. 3., 156면.

152) 이영동, "재개발·재건축조합의 설립과 설립무효", 사법논집 제49집, 178면.

153) 김종보, 건설법(제6판), 459면; 김중권, "조합설립인가취소판결에 따른 추진위원회의 법적 지위에 관한 소고", 공법연구

중 일부를 선취하여 본처분보다 앞서 판단하는 결정을 말한다. 예비결정이 내려진 후 본처분이 발급되면 예비결정은 본처분에 흡수되고 따라서 예비결정에 대한 취소소송은 소의 이익을 상실한다.[154] 추진위원회는 조합이라는 주된 단체를 위해 존속하다 소멸하는 종속적 단체이고, 따라서 추진위원회에 대한 행정청의 승인처분도 역시 조합설립인가라는 처분에 대해 일정한 종속관계에 있다고 보아야 한다.[155] 동 견해는 조합설립인가를 설권행위로 보고 있는 대법원의 태도를 고려하면, 추진위원회에 대한 승인처분도 학문상 허가로 평가하거나 또는 약간의 재량이 있는 학문상 특허로 해석하는 입장이다.[156]

나. 판례

대법원은 "종래 추진위원회의 설립승인신청서를 통하여 <u>토지등소유자</u>의 2분의 1 이상의 동의가 있고 위원장을 포함한 5인 이상의 위원으로 구성되어 있음을 확인한 경우 시장·군수는 그 추진위원회의 설립을 승인하여야 한다"고,[157] 판시하여 추진위원회 구성·승인처분을 <u>학문상 인가</u>에 가깝게 해석하였다. 그러다가 최근 선고된 판결에서, "추진위원회 구성·승인은 조합의 설립을 위한 주체에 해당하는 비법인사단인 추진위원회의 구성행위를 보충하여 그 효력을 부여하는 처분이라고[158] 하여 추진위원회 구성·승인처분이 <u>학문상 인가</u>에 해당한다"고 판시하였다.

다. 검토

추진위원회는 앞서 본 바와 같이 행정주체가 아니므로 단지 「도시정비법」이 정한 업무만을 수행할 뿐, 행정처분을 할 수 있는 권한은 없다. 따라서 <u>추진위원회 구성·승인처분이 추진위원회에 어떠한 권리, 능력, 법적 지위 또는 포괄적 법률관계를 설정하는 것은 아니므로</u>[159] 구성·승인처분을 조합설립인가처분과 같은 평면에서 볼 수 없다. 또한 추진위원회설립 이후 추진위원회와 <u>토지등소유자</u> 사이의 구체적인 법률관계는 <u>토지등소유자</u>의 총회 결의 내용과 운영규정과 같은 내부 규약을 통해 형성되는 것이지 구성·승인처분을 통해 직접적으로 형성되는 것이 아니다. 이러한 점을 고려하면 <u>추진위원회 구성·승인처분은 행정청이 직접 자기와 관계없는 추진위원회의 설립행위를 보충하는 행위로서 학문상 인가</u>에 해당한다고 한다.[160] 따라서 기본행위인 추진위원회 설립행위가 적법·유효한 것이라도 그 효력을 완성케 하는 인가에 흠이 있을 때에는 추진위원회 구성·승인처분의 <u>취소청구 또는 무효확인을</u>

제15집 제4호, 2014. 11., 249면..
154) 대법원 2013. 1. 31. 선고 2011두11112,2011두11129 판결.
155) 김종보, 건설법(제6판), 456면.
156) 김종보, 건설법(제6판), 459면.
157) 대법원 2008. 7. 24. 선고 2007두12996 판결; 대법원 2009. 6. 25. 선고 2008두13132 판결.
158) 대법원 2013. 12. 26. 선고 2011두8291 판결; 대법원 2014. 2. 27. 선고 2011두2248 판결.
159) 송현진·유동규, 재개발·재건축 이론과 실무, 진원사, 2013, 333면.
160) 이승훈, 앞의 논문, 20면; 홍정선, 행정법원론(하), 박영사, 2015, 672면.

구할 수 있고, 그 인가가 취소되거나 무효이면 기본행위가 무인가행위가 됨은 말할 나위가 없다. 그러나 기본행위인 추진위원회 설립행위에 흠이 있는 경우 기본행위의 흠을 내세워 그에 대한 추진위원회 구성·승인처분의 취소 또는 무효확인을 구할 수 없다.[161] 판례와 다수설은 추진위원회 구성·승인처분의 법적 성질을 학문상 인가로 본다.

3. 정비사업의 공공지원에서 추진위원회 구성 예외

정비사업에 대하여 공공지원(법 제118조)을 하려는 경우에는 추진위원회를 구성하지 아니할 수 있다. 이 경우 조합설립 방법 및 절차 등에 필요한 사항은 **대통령령**으로 정한다(법 제31조 제4항).

　추진위원회(법 제31조 제4항 전단에 따라 추진위원회를 구성하지 아니하는 경우에는 **토지등소유자**를 말한다)는 법 제35조 제2항부터 제4항까지의 규정에 따른 동의를 받은 후 조합설립인가를 신청하기 전에 법 제32조 제3항에 따라 창립총회를 개최하여야 한다(영 제27조 제1항).

　추진위원회(법 제31조 제4항 전단에 따라 추진위원회를 구성하지 아니하는 경우에는 조합설립을 추진하는 **토지등소유자**의 대표자를 말한다)는 창립총회 14일 전까지 회의목적·안건·일시·장소·참석자격 및 구비사항 등을 인터넷 홈페이지를 통하여 공개하고, **토지등소유자**에게 등기우편으로 발송·통지하여야 한다(영 제27조 제2항).

　창립총회는 추진위원장(법 제31조 제4항 전단에 따라 추진위원회를 구성하지 아니하는 경우에는 **토지등소유자**의 대표자를 말한다)의 직권 또는 **토지등소유자** 5분의 1 이상의 요구로 추진위원장이 소집한다. 다만, **토지등소유자** 5분의 1 이상의 소집요구에도 불구하고 추진위원장이 2주 이상 소집요구에 응하지 아니하는 경우 소집요구한 자의 대표가 소집할 수 있다(영 제27조 제3항).

　법 제118조에 따라 공공지원 방식으로 시행하는 정비사업 중 법 제31조 제4항에 따라 추진위원회를 구성하지 아니하는 경우에는 영 제27조 제1항부터 제5항까지에서 규정한 사항 외에 영 제26조(추진위원회의 업무 등) 제2호부터 제4호(2. **토지등소유자**의 동의서의 접수, 3. 창립총회 개최, 4. 조합 정관의 초안 작성)까지의 업무에 대한 절차 등에 필요한 사항을 **시·도조례**로 정할 수 있다(영 제27조 제6항).

4. 추진위원회의 조직

　추진위원회는 추진위원회를 대표하는 추진위원장 1명과 감사를 두어야 한다(법 제33조 제1항). 추진위원의 선출에 관한 선거관리는 법 제41조 제3항을 준용한다. 법 제41조 제3항에 따르면 조합은 총회 의결을 거쳐 조합임원의 선출에 관한 선거관리를 「선거관리위원회법」 제3조에 따라 선거관리위원회에 위탁할 수 있다. 이 경우 "조합"은 "추진위원회"로, "조합임원"은 "추진위원"으로 본다(법 제33조 제2항).

---

161) 대법원 2002. 5. 24. 선고 2000두3641 판결.

5. 추진위원의 교체 및 해임

(1) <u>토지등소유자</u>는 추진위원회의 <u>**운영규정에 따라**</u> 추진위원회에 <u>추진위원의 교체 및 해임</u>을 요구할 수 있으며, <u>추진위원장이 사임, 해임, 임기만료, 그 밖에 불가피한 사유 등으로 직무를 수행할 수 없는 때부터 6개월 이상 선임되지 아니한 경우 그 업무의 대행에 관하여는 법 제41조 제5항 단서</u>를 준용한다. 제41조 제5항 단서에 따르면,[162] 다만 시장·군수등은 <u>조합임원이 사임, 해임, 임기만료, 그 밖에 불가피한 사유 등으로 직무를 수행할 수 없는 때부터 <u>6개월 이상 선임되지 아니한 경우 시·도**조례**</u>로 정하는 바에 따라 변호사·회계사·기술사 등으로서 <u>**대통령령**</u>으로 정하는 요건을 갖춘 자를 전문조합관리인으로 선정하여 조합임원의 업무를 대행하게 할 수 있다. 이 경우 "조합임원"은 "<u>추진위원장</u>"으로 본다(법 제33조 제3항).

<u>추진위원의 교체·해임 절차 등에 필요한 사항</u>은 법 제34조 제1항에 따른 <u>운영규정</u>에 따른다(법 제33조 제4항). <u>추진위원의 결격사유</u>는 법 제43조 제1항부터 제3항까지를 준용한다. 이 경우 "조합"은 "추진위원회"로, "조합임원"은 "추진위원"으로 본다(법 제33조 제5항).

(2) 법제처는 <u>추진위원의 해임을 주민총회에서 <u>**토지등소유자**</u>의 동의를 받지 않고 추진위원회의 의결을 거쳐 해임할 수 있도록</u> 하는 내용을 「정비사업조합설립추진위원회 운영규정」으로 정하는 것이 같은 법 제13조 제5항 및 제23조 제4항(현행 제33조 제5항 및 제43조 제4항)에 위배되는지에 대한 법령해석에서, 「도시정비법」 제15조 제2항 제1호(현행 제34조 제1항 제1호)를 근거로 <u>추진위원회 위원의 해임을 주민총회에서 <u>**토지등소유자**</u>의 동의를 받지 않고 추진위원회의 의결을 거쳐 해임할 수 있도록</u> 하는 내용을 추진위원회 운영규정으로 정하는 것은 같은 법 제13조 제5항 및 제23조 제4항(현행 제33조 제5항 및 제43조 제4항)에 위배되나, 같은 법 제15조 제6항 및 제7항(현행 제33조 제3항 전단 및 제4항)과 같은 <u>명시적인 수권규정에 따라 운영규정으로 <u>**토지등소유자**</u>의 해임요구가 있는 경우에 추진위원회의 의결을 거쳐 해임할 수 있도록</u> 하는 내용을 정하는 것은 같은 법 제13조 제5항

---

162) 영 제41조(전문조합관리인의 선정) ① 법 제41조제5항 단서에서 "<u>**대통령령**</u>으로 정하는 요건을 갖춘 자"란 다음 각 호의 어느 하나에 해당하는 사람을 말한다.
1. 다음 각 목 가. 변호사, 나. 공인회계사, 다. 법무사, 라. 세무사, 마. 건축사, 바. 도시계획·건축분야의 기술사, 사. 감정평가사, 아. 행정사(일반행정사를 말한다. 이하 같다)의 어느 하나에 해당하는 자격을 취득한 후 정비사업 관련 업무에 5년 이상 종사한 경력이 있는 사람
2. 조합임원으로 5년 이상 종사한 사람
3. 공무원 또는 공공기관의 임직원으로 정비사업 관련 업무에 5년 이상 종사한 사람
4. 정비사업전문관리업자에 소속되어 정비사업 관련 업무에 10년 이상 종사한 사람
5. 「건설산업기본법」 제2조 제7호에 따른 건설사업자에 소속되어 정비사업 관련 업무에 10년 이상 종사한 사람
6. 제1호부터 제5호까지의 경력을 합산한 경력이 5년 이상인 사람. 이 경우 같은 시기의 경력은 중복하여 계산하지 아니하며, 제4호 및 제5호의 경력은 2분의 1만 포함하여 계산한다.
② 시장·군수등은 법 제41조제5항 단서에 따른 전문조합관리인(이하 "전문조합관리인"이라 한다)의 선정이 필요하다고 인정하거나 <u>**조합원**</u>(추진위원회의 경우에는 <u>**토지등소유자**</u>를 말한다. 이하 이 조에서 같다) 3분의 1 이상이 전문조합관리인의 선정을 요청하면 공개모집을 통하여 전문조합관리인을 선정할 수 있다. 이 경우 조합 또는 추진위원회의 의견을 들어야 한다.
③ 전문조합관리인은 선임 후 6개월 이내에 법 제115조에 따른 교육을 60시간 이상 받아야 한다. 다만, 선임 전 최근 3년 이내에 해당 교육을 60시간 이상 받은 경우에는 그러하지 아니하다.
④ 전문조합관리인의 임기는 3년으로 한다.

및 제23조 제4항(현행 제33조 제5항 및 제43조 제4항)에 위배되지 않는다고 했다.[163]

Ⅲ. 추진위원회 변경승인

1. 변경승인이 가능하지 여부

가. 문제의 의의

법 제31조 제1항에 따르면 조합을 설립하고자 하는 경우 추진위원회를 구성하여 시장·군수의 승인을 얻어야 한다고만 규정하고 있을 뿐, 추진위원회 구성에 관한 변경승인절차에 관하여 규정하고 있지 않다. 또한 시행령과 시행규칙에서도 추진위원회 구성·승인처분의 변경승인과 관련된 내용을 규정하고 있지 않다.[164]

나. 판례

이와 관련하여 대법원은 구 「도시정비법」상 추진위원회가 구성·승인을 받을 당시의 정비예정구역보다 정비구역이 확대되어 지정된 경우, 추진위원회 구성의 변경승인을 신청할 수 있는지 여부(원칙적 적극) 및 변경승인 권한을 가지는 자(=구성·승인을 한 시장·군수)에 대한 판시에서 "구 영 제23조 제1항 제1호 나목은 추진위원회는 정비사업의 시행범위를 확대 또는 축소하려는 때에는 **토지등소유자**의 과반수 또는 추진위원회의 구성에 동의한 **토지등소유자**의 3분의 2 이상의 **토지등소유자**의 동의를 받도록 규정함으로써 추진위원회 단계에서 정비사업 시행구역의 변경을 예정하고 있는 점,[165] 당초 추진위원회의 신청서에 기재된 사업시행예정구역의 위치 및 면적 등(도시정비법 시행규칙 제6조 [별지 제2호 서식] 참조)을 토대로 추진위원회 구성·승인을 한 시장·군수로서는 정비사업 시행구역이 변경된 경우 그 요건 등을 심사하여 이를 규제할 수 있다고 보는 것이 자연스러운 점 등을 근거로 하여 추진위원회가 구성·승인을 받을 당시의 정비예정구역보다 정비구역이 확대되어 지정된 경우 당초의 추진위원회 구성·승인이 당연 실효되었다고 볼 수 있는 등의 특별한 사정이 없는 한 추진위원회는 **토지등소유자**의 동의 등 일정한 요건을 갖추어 시장·군수에 추진위원회 구성·변경승인을 신청할 수 있고, 추진위원회 구성에 관한 승인권한을 가지는 시장·군수는 그 변경승인의 권한이 있다고 봄이 상당하다"고 판시하였다.[166]

---

163) 법제처 법령해석 사례, 국토해양부 - 추진위원회의 의결로 위원을 해임하는 사항을 추진위원회 운영규정에 정하는 것이 「도시정비법」에 위배되는지 여부(「도시정비법」 제13조 제5항 및 제23조 제4항), 안건번호 10-0038, 회신일자 2010. 4. 9.

164) 이승훈, 앞의 논문, 31면.

165) 2018. 2. 9. 대통령령 제28628호로 전부개정에 의하여 2018. 2. 9.부터 시행한 동법 시행령은 동 규정을 삭제하여 현행 규정은 추진위원회 구성·변경승인에 더 소극적인 입법 태도를 보이고 있다.

166) 대법원 2014. 2. 27. 선고 2011두2248 판결; 추진위원회가 ① 당초 재개발 정비예정구역으로 지정된 354필지 45,619㎡

다. 검토

「도시정비법」상 각종 정비사업에 관하여 그 <u>추진위원회가 구성되려면 그 전제로 토지등소유자의</u> <u>범위가 확정될 필요가 있고, 또 토지등소유자의 범위를 확정하기 위해서는 특별시장·광역시장 또는</u> 도지사에 의한 정비구역의 지정 및 고시가 선행되어야 함에 비추어 보면,[167] 정비구역이 변경되는 등 의 사정이 발생하여 당초 추진위원회 구성·승인처분을 유지하기 곤란한 사정이 발생한 경우에는 구 성·승인처분의 <u>변경승인을 허용하는 것이 합리적</u>이라는 의견이[168] 타당하다.

2. 변경승인의 법적 성질

조합설립인가, 사업시행인가, 관리처분계획인가는 뒤에서 보는 바와 같이 경미한 사항을 변경하는 경우에는 신고하고 변경할 수 있다는 규정을 두고 있다. 그러나 추진위원회 구성·승인의 경우에는 위 와 같은 규정이 없다. 즉 그 정도에 이르지 않는 경우, 예컨대 정비구역의 범위가 변경되기는 하였으 나, 종전과 동일성을 유지하면서 경미하게 변경되었을 경우에는 변경승인의 성질을 어떻게 볼 것인가 가 문제 될 수 있다. 이에 대해서는 이 경우에도 추진위원회 변경승인을 학문상 <u>인가</u>에 해당한다고 보는 견해와 조합설립인가, 사업시행인가, 관리처분계획인가에 있어서 경미한 사항의 변경에 대한 <u>신</u> <u>고의 수리</u>에 준하는 것으로 보는 견해가 있을 수 있다.

추진위원회 구성·승인을 한 시장·군수로서는 정비구역이 변경된 경우 그 변경의 범위와는 관계없이 그 요건 등을 심사하여 이를 규제할 수 있는 점 등을 고려하여 보면, 정비구역이 변경된 경우 그 범위 와는 관계없이 추진위원회 <u>구성·승인 처분에 대한 변경승인</u>은 학문상 <u>인가</u>에 해당한다고 보는 것이 합리적이라고 한다.[169]

3. 두 개의 추진위원회가 하나의 조합설립을 위한 업무의 가능 여부

법제처는 「도시정비법」 제13조 제2항(현행 제31조 제1항)에 따라 아파트재건축조합 설립을 위한 추 진위원회를 구성하여 시장·군수의 승인을 얻은 A정비구역의 "<u>A추진위원회</u>"가 인근 B정비구역의 "<u>B추</u> <u>진위원회</u>"와 함께 재건축사업을 추진하기로 한다면, 「도시정비법」 제4조(현행 제16조 제2항)에 따른 시·도지사 또는 대도시 시장의 변경지정 고시가 없었고, 같은 법 제13조 제2항에 따른 새로운 추진위

일대를 재개발 정비사업 시행예정구역으로 하여 **토지등소유자** 420명 중 234명의 동의를 받고 구청장으로부터 재개발 정비사업조합 추진위원회 구성·승인을 받았는데, ② 이후 서울특별시의 도시·주거환경 정비기본계획이 변경되어 당초 정비예정구역에 주위 일대 토지가 추가로 편입됨으로써 정비구역이 444필지 68,164㎡로 확대되고 그에 따라 **토지등소 유자**가 580명으로 증가하였고, ③ 그 뒤 정비구역의 면적이 175㎡ 더 증가하여 정비구역의 총면적이 68,339㎡로 확정 되자 추진위원회가 정비구역의 확대를 이유로 **토지등소유자**의 동의 등 일정한 요건을 갖추어 추진위원회 구성·변경승 인을 신청한 사건이다.

167) 대법원 2009. 10. 29. 선고 2009두12297 판결.
168) 이승훈, 앞의 논문, 32면.
169) 이승훈, 앞의 논문, 33면.

원회를 구성하기 위한 **토지등소유자**의 동의를 사전에 받지 않은 상태에서도 A추진위원회 및 B추진위원회가 공동 명의로 재건축추진 조합설립동의서를 **토지등소유자**에게 징구하는 등 하나의 조합설립을 위한 업무를 수행할 권한이 있는지에 대한 해석에서, 재건축조합설립 추진위원회를 구성하여 시장·군수의 승인을 얻은 A정비구역의 "A추진위원회"가 인근 B정비구역의 "B추진위원회"와 함께 재건축사업을 추진하기로 하더라도, 「도시정비법」제4조에 따른 시·도지사 또는 대도시 시장의 변경지정 고시가 없었고, 같은 법 제13조 제2항(현행 제31조 제1항)에 따른 새로운 추진위원회를 구성하기 위한 **토지등소유자**의 동의를 사전에 받지 않은 상태에서는 A추진위원회 및 B추진위원회가 공동 명의로 재건축추진 조합설립동의서를 **토지등소유자**에게 징구하는 등 하나의 조합설립을 위한 업무를 수행할 권한은 없다고 해석하였다.[170][171]

---

170) 그 이유에 대해서는 A추진위원회 및 B추진위원회가 하나의 조합을 설립하기 위하여 재건축조합설립동의서를 **토지등소유자**로부터 징구하기 위해서는 우선 **A정비구역 및 B정비구역을 통합**하는 정비구역에 대한 변경지정이 필요하고, 변경지정된 정비구역에서 시장·군수 또는 주택공사 등이 아닌 자가 재건축사업을 추진하기 위해서는 새로이 「도시정비법」제13조(현행 제35조 제1항)에 따라 **토지등소유자**로 구성된 조합을 설립하여야 하며, 이러한 조합을 설립하기 위한 추진위원회를 구성하여 시장·군수의 승인을 얻는 등의 절차를 거쳐야 할 것이다.

즉 당초 지정된 정비구역이 변경되었다면 변경된 정비구역에서 정비사업을 시행하는 주체는 새로 구성되어야 하는 것이므로 A·B추진위원회가 그대로 존치한 채 단순히 A추진위원회와 B추진위원회의 협의 등을 통해 공동으로 조합설립을 추진할 수는 없고, 공동으로 조합설립을 추진하기 위해서는 「도시정비법」제13조 제2항(현행 제31조 제1항)에 따라 전체 토지등소유자의 과반수의 동의를 얻어 조합설립을 위한 새로운 추진위원회를 구성하여 시장·군수의 승인을 얻어야 할 것이다(법제처 법령해석 사례, 민원인- 2개의 추진위원회가 하나의 재건축조합의 설립을 위한 업무수행 권한이 있는지 여부(「도시정비법」제13조 등 관련), 안건번호 11-0455, 회신일자 2011. 9. 22.).

171) **추진위원회 변경승인이 있은 후 당초 추진위원회 구성·승인처분을 다툴 소의 이익이 있는지?**

가. 소의 이익의 개념: 취소소송은 행정청의 위법한 처분 등을 취소 또는 변경하는 소송으로 취소소송을 제기하기 위해서는 소송요건의 하나로 소의 이익이 있어야 한다. 소의 이익은 원고의 청구가 본안판결을 구할 정당한 법률상 이익 내지 필요가 있는지에 관한 문제이다(김철용, 행정법(제6판), 498면). 즉 법관이 취소소송을 심리하기 전에 취소소송에서 원고가 승소를 통해 실질적인 이익을 얻는가를 판단하고 그것이 결여되면 소의 이익이 없음을 이유로 취소소송을 각하한다. 취소소송을 각하하는 것은 권리구제를 위한 원고의 청구 자체를 판단하지 않는다는 것이므로 권리구제의 길이 막힌다(김종보, 건설법(제6판), 601~602면).

나. 판례: 대법원은 전술한 추진위원회 구성·승인처분의 변경승인이 가능하다는 태도의 판례(대법원 2014. 2. 27. 선고 2011두2248)를 참조판례로 하면서, 당초 정비예정구역과 확대·지정된 정비구역 사이에 동일성이 없다면 그 변경승인은 확대·지정된 정비구역 내 토지등소유자 수와 동의자 수에 터 잡은 새로운 구성·승인의 실질을 가지므로 그 변경승인에 의하여 종전의 구성·승인은 효력을 상실하였다고 보아야 하므로, 따라서 종전의 구성·승인 및 변경승인을 받은 추진위원회에 의한 조합설립에 반대하는 토지등소유자는 **변경승인의 효력에 대하여만 다투면 되고 이미 효력을 상실한 종전의 구성·승인에 대하여 따로 무효확인 등을 구할 법률상의 이익이 없다**고 판시하였다. 당초 원심은 ① 추진위원회가 기존 정비예정구역 22,748㎡ 내에서의 정비사업을 위한 추진위원회로 구성·승인을 받았고, ② 그 후 기존 정비예정구역이 46,900㎡로 확대됨에 따라, 기존 정비예정구역의 토지등소유자 190명 중 112명이 사업시행예정구역 확대에 찬성하고 편입 정비예정구역 24,152㎡의 토지등소유자 153명 중 78명이 추진위원회 구성에 동의하여 동의요건을 충족하게 되었다는 이유로, 피고 보조참가인을 변경된 정비예정구역에서의 정비사업을 위한 추진위원회로 변경승인 한 사건이다. 이에 대하여 대법원은 당초 구성·승인처분은 변경승인처분에 흡수된다고 인정하여, 변경 전 구성·승인처분의 무효확인 및 실효확인 청구 부분에 관한 이 사건 소는 무효확인 등을 구할 법률상 이익이 없어 부적법하다고 판시하였다(대법원 2014. 5. 29. 선고 2012두13726 판결). 즉 당초 정비예정구역에 비하여 확대·지정된 정비구역의 범위가 상당한 정도로 확대되어 당초의 정비예정구역과 동일성이 없을 정도에 이르렀다면 추진위원회 구성·승인의 전제가 되는 토지등소유자의 범위가 크게 달라졌을 것이므로 당초의 추진위원회 구성·승인은 변경승인된 추진위원회에 흡수되었다고 볼 수 있고, 따라서 당초 구성·승인처분을 다툴 소의 이익은 없다.

Ⅳ. 추진위원회의 기능

1. 추진위원회 업무

가. 업무범위

추진위원회는 다음 각 호 1. **정비업자**의 선정 및 변경, 2. **설계자**의 선정 및 변경, 3. 개략적인 정비사업 **시행계획서**의 작성, 4. 조합설립인가를 받기 위한 준비업무, 5. 그 밖에 조합설립을 추진하기 위하여 **대통령령**으로 정하는 업무[1. 법 제31조 제1항 제2호에 따른 추진위원회 운영규정의 작성, 2. **토지등소유자**의 동의서의 접수, 3. 조합의 설립을 위한 창립총회의 개최, 4. 조합 정관의 초안 작성, 5. 그 밖에 추진위원회 운영규정으로 정하는 업무(영 제26죄를 수행할 수 있다(법 제32조 제1항). 영 제26조 제5호에서는 "**그 밖에 추진위원회 운영규정으로 정하는 업무**"로 규정함으로써, 추진위원회의 업무를 도시정비법령에 명시적으로 규정한 것에 한정하지 아니하고, 운영규정으로도 정할 수 있음을 의미한다.

추진위원회가 수행하는 업무의 내용이 **토지등소유자**의 **비용부담을 수반**하거나 **권리·의무에 변동을 발생**시키는 경우로서 **대통령령**으로 정하는 사항에[172] 대하여는 그 업무를 수행하기 전에 **대통령령**으로 정하는 비율 이상의[173] **토지등소유자**의 동의를 받아야 하기 때문에(법 제32조 제4항), 개별 **토지등소유자**의 책임으로 곧바로 귀속된다고 볼 수 없다. 그러나 이러한 위임에도 구체적인 **대통령령**으로 정하는 사항과 **대통령령**으로 정하는 비율을 정한 집행명령이 없다.

나. 추진위원회 업무 범위를 벗어난 시공자·감정평가업자의 선정 계약

추진위원회 업무와 관련된 권리·의무는 조합이 포괄승계되지만(법 제34조 제3항), 시공자·감정평가업자의 선정 등 조합의 업무에 속하는 부분은 추진위원회의 업무범위에 포함되지 아니한다. 다만, 추진위원회가 조합설립 동의를 위하여 법 제35조 제8항에 따른 추정분담금을 산정하기 위해 필요한 경우 감정평가업자를 선정할 수 있다(운영규정안 제5조 제4항). 따라서 운영규정이 정하는 추진위원회 업무 범위를 초과하는 업무나 계약, 용역업체의 선정 등은 조합에 승계되지 아니한다(운영규정 제6조). 심지어 현행법은 제29조 제4항부터 제8항까지의 규정을 위반하여 조합설립인가 전에 추진위원회에서 시공자를 선정한 자 및 시공자로 선정된 자는 3년 이하의 징역 또는 3천만원 이하의 벌금에 처하도록 규제하고 있다(법 제136조 제2호).

2. 정비업자의 선정

추진위원회가 정비업자를 선정하려는 경우에는 **토지등소유자** 과반수의 동의를 받아 추진위원회 승인을 받은 후 법 제29조 제1항에 따른 경쟁입찰 또는 수의계약(2회 이상 경쟁입찰이 유찰된 경우로

---

172) 조문에서 위임한 사항을 규정한 하위법령이 없다.
173) 위 각주와 같다.

한정한다)의 방법으로 선정하여야 한다(법 제32조 제2항).

3. 창립총회 개최

창립총회를 통하여 조합을 설립하고, 임의가입제인 재건축사업에서는 조합설립의 미동의자에 대한 매도청구대상자를 가리는 두 가지 기능을 담당하고 있다.

가. 창립총회 개최 시기

추진위원회는 조합설립인가를 신청하기 전에 **대통령령**으로 정하는 방법 및 절차에 따라 조합설립을 위한 창립총회를 개최하여야 한다(법 제32조 제3항). 이에 따라 추진위원회(법 제31조 제4항 전단에 따라 추진위원회를 구성하지 아니하는 경우에는 **토지등소유자**를 말한다)는 법 제35조 제2항부터 제4항까지의 규정에 따른 조합설립인가의 동의를 받은 후 조합설립인가를 신청하기 전에 법 제32조 제3항에 따라 창립총회를 개최하여야 한다(영 제27조 제1항).

나. 창립총회 개최 절차 및 요건

(1) 추진위원회(법 제31조 제4항 전단에 따라 추진위원회를 구성하지 아니하는 경우에는 조합설립을 추진하는 **토지등소유자**의 대표자를 말한다)는 창립총회 14일 전까지 회의목적·안건·일시·장소·참석자격 및 구비사항 등을 인터넷 홈페이지를 통하여 공개하고, **토지등소유자**에게 등기우편으로 발송·통지하여야 한다(영 제27조 제2항).

(2) 창립총회는 추진위원장(법 제31조 제4항 전단에 따라 추진위원회를 구성하지 아니하는 경우에는 **토지등소유자**의 대표자를 말한다)의 직권 또는 **토지등소유자** 5분의 1 이상의 요구로 추진위원장이 소집한다. 다만, **토지등소유자** 5분의 1 이상의 소집요구에도 불구하고 추진위원장이 2주 이상 소집요구에 응하지 아니하는 경우 소집요구한 자의 대표가 소집할 수 있다(영 제27조 제3항).

다. 창립총회 업무 및 의사결정 방법

(1) 창립총회에서는 다음 각 호 1. 조합정관 확정, 2. 조합임원 선임, 3. 대의원 선임, 4. 그 밖에 필요한 사항으로서 사전에 통지한 사항의 업무를 처리한다(영 제27조 제4항).

(2) 창립총회의 의사결정은 **토지등소유자**(재건축사업의 경우 조합설립에 동의한 **토지등소유자**로 한정)의 과반수 출석과 출석한 **토지등소유자** 과반수 찬성으로 결의한다. 다만, 조합임원 및 대의원의 선임은 창립총회에서 확정된 정관에서 정하는 바에 따라 선출한다(영 제27조 제5항). 유의할 것은 창립총회에서 조합정관을 확정하는 의결을 먼저 하고, 확정된 정관에서 정하는 바에 따라 조합임원(조합장 1명, 이사, 감사)과 대의원을 선임할 수 있다. 왜냐하면 조합임원과 대의원의 선임방법에 관해서는

정관에 정하도록 하고 있기 때문에(법 제40조 제1항 제6호 및 제7호), 정관이 확정된 후에야 비로소 그 선임방법이 확정되어 조합임원과 대의원을 선임할 수 있기 때문이다.

(3) 법제처는 영 제22조의2 제5항(현행 영 제27조 제5항)에 따른 창립총회 의사결정시 서면결의서만 제출한 자를 출석한 것으로 보았고,[174] 창립총회를 개최한 후 **토지등소유자**의 동의요건에 미달된 것이 확인된 경우, 위 동의요건을 갖추어 다시 창립총회를 개최하여야 한다고[175] 해석하였다.

---

[174] 법제처는 창립총회의 의사결정은 재건축사업의 경우 조합설립에 동의한 **토지등소유자**로 한정하여, **토지등소유자**의 과반수 출석과 출석한 **토지등소유자** 과반수 찬성으로 결의하는데, 여기서 영 제22조의2 제5항(현행 영 제27조 제5항)에 따른 창립총회 의사결정시 **토지등소유자**가 서면으로 의결권을 행사하는 것이 가능하다고 해석하였다. 그 이유로는 서면에 의한 의결권 행사는 회의에 출석해 의결권을 행사할 수 있는 자격은 있으나 직접 참석하는 것이 곤란한 자도 의결권을 행사할 수 있도록 하기 위한 방식인데, 의결권 행사란 안건에 대한 의사표시로서 의사표시의 방법은 원칙적으로 제한이 없어야 하고, 서면에 의한 의결권 행사를 금지하는 것은 불가피한 사유로 회의에 참석할 수 없는 자가 의결권 행사 자체를 못하게 된다는 점 등을 고려할 때 서면에 의한 의결권 행사는 이를 금지하는 명시적인 규정이 없는 한 원칙적으로 보장되어야 할 것이다(법제처 법령해석 사례, 국토해양부 - 영 제22조의2 제5항에 따른 창립총회 의사결정 시 서면결의서만 제출한 자를 출석한 것으로 볼 수 있는지 여부 (영 제22조의2 제5항 관련), 안건번호 10-0189, 회신일자 2010. 6. 29.).

[175] 법제처는 법 제32조 제3항, 영 제27조 제1항 및 구 「도시정비법 시행령」(2009. 8. 11. 대통령령 제21679호로 개정·시행된 것을 말함) 부칙 제3조에 따르면, 재개발사업을 위한 추진위원회는 조합설립인가를 신청하기 전에 조합설립을 위한 창립총회를 개최하여야 하고, 2009. 8. 11. 이후 최초로 소집 요구되는 창립총회는 조합설립에 대한 **토지등소유자**의 4분의 3 이상 및 토지면적의 2분의 1 이상의 토지소유자의 동의를 받은 후에 개최하여야 하는데, 추진위원회가 조합설립에 대한 **토지등소유자**의 4분의 3 이상 및 토지면적의 2분의 1 이상의 토지소유자의 동의를 받았다고 판단하여 창립총회를 개최한 후 조합설립인가를 신청하였으나, 위 동의요건에 미달된 것으로 판명된 경우, 추가로 조합설립에 대한 동의를 받아 **토지등소유자**의 4분의 3 이상 및 토지면적의 2분의 1 이상의 토지소유자의 동의요건을 충족한 경우에도 다시 창립총회를 개최하여야 하는지 여부에 대한 해석에서, 「도시정비법」에서는 도시정비사업을 함에 있어 다양한 이해관계를 조정하고 사업추진과정의 투명성 및 효율성을 제고하기 위하여 단계별 사업추진절차와 그에 대한 **토지등소유자**의 동의요건을 명시적으로 규정하고 있고, 특히 종전에 도시정비법령에 명시적 규정 없이 민사법에 따라 운용되던 창립총회가 그 본래 기능을 충실히 수행할 수 있도록 2009. 8. 11. 「도시정비법 시행령」이 일부 개정되어 창립총회의 개최시기, 요건 및 그 세부적 운영방법 등이 규정되면서, 조합설립인가신청 전에 창립총회를 개최하도록 하되, 창립총회 개최의 진정성을 확보할 수 있도록 그 개최시기를 조합설립 동의요건을 갖춘 이후로 정한 점 등에 비추어 볼 때, 창립총회가 유효하게 개최되기 위해서는 **토지등소유자**의 4분의 3 이상 및 토지면적의 2분의 1 이상의 토지소유자의 동의가 필수적 요건이라고 해석되고, 그렇다면, **위 동의요건에 미달된 것으로 판명된 경우, 조합설립에 관한 동의요건에 미달하여 개최된 창립총회의 흠결을 보완할 수 있는 규정을 두고 있지 않은 한**, 조합설립에 대한 **토지등소유자**의 동의요건에 미달한 수가 극히 소수에 불과하고, 원칙적으로 창립총회가 개최된 이후 미달된 **토지등소유자**의 동의를 받는 것만으로 창립총회가 유효하게 된다고 볼 수는 없다. 따라서 조합설립에 대한 동의를 받아 **토지등소유자의 4분의 3 이상 및 토지면적의 2분의 1 이상의 토지소유자의 동의요건을 충족하였더라도, 원칙적으로 다시 창립총회를 개최하여야 할 것**이라고 해석하였다(법제처 법령해석 사례, 대전광역시 중구 - 조합설립을 위한 창립총회를 개최한 후 **토지등소유자**의 동의요건에 미달된 것이 확인된 경우, 위 동의요건을 갖추어 다시 창립총회를 개최하여야 하는지 (영 제22조의2 제1항 등 관련), 안건번호 11-0587, 회신일자 2011. 11. 24.).

Ⅴ. 추진위원회의 운영

1. 법 제34조 제1항의 위임에 따른 국토교통부고시 「추진위원회 운영규정」[176]

가. 운영규정의 고시

국토교통부장관은 추진위원회의 공정한 운영을 위하여 다음 각 호 1. 추진위원의 선임방법 및 변경, 2. 추진위원의 권리·의무, 3. 추진위원회의 업무범위, 4. 추진위원회의 운영방법, 5. 토지등소유자의 운영경비 납부, 6. 추진위원회 운영자금의 차입, 7. 그 밖에 추진위원회의 운영에 필요한 사항으로서 대통령령으로 정하는 사항[1. 추진위원회 운영경비의 회계에 관한 사항, 2. 법 제102조에 따른 정비업자의 선정에 관한 사항, 3. 그 밖에 국토교통부장관이 정비사업의 원활한 추진을 위하여 필요하다고 인정하는 사항(영 제28조)]을 포함한 추진위원회의 운영규정을 정하여 고시하여야 한다(법 제34조 제1항).

나. 운영규정의 법적 성질

「도시정비법」 제31조 제1항 및 제34조 제1항에 따라 추진위원회의 운영규정을 정하여 고시하여야 한다. 이에 국토해양부 고시 제2003-165호로 제정되었고, 현재 국토교통부고시 제2018-102호(개정 2018. 2. 9.)로 개정되어 적용되고 있다.

고시(告示)는 행정기관이 결정한 사항 또는 일정한 사항을 법령이 정하는 바에 따라 공식적으로 일반에게 널리 알리는 것으로, 일반적으로 법규성 없이 단순한 통지 기능만을 담당하는 경우가 많으나, 고시에 담겨진 내용에 따라서는 법규성을 가질 수 있다.

학문상 법령보충적 행정규칙과 같이 고시가 행정규칙의 형식을 취했지만 법규명령으로서의 효력을 인정할 수 있을지에 관해 학설은 대립하지만,[177] 대법원은 "법령의 직접적인 위임에 따라 행정기관이 그 법령을 시행하는 데 필요한 구체적인 사항을 정하고 그것이 상위법령의 위임한계를 벗어나지 않는 한 상위법령과 결합하여 대외적인 구속력을 갖는 법규명령으로서 기능하게 된다"고 하였으며,[178] 이와 같이 운영규정의 법적 성질에 대하여 추진위원회 운영을 구속하는 근거가 됨을 전제로 법규명령으로 보는 견해도 있다.

그러나 「도시정비법」이 추진위원회가 운영되기 위한 기초로 운영규정을 마련하도록 정하고 있고(법 제31조 제1항 제2호), 추진위원회에 동의한 토지등소유자들은 법정 동의요건을 갖춘 운영규정(안)을 준수할 의무가 있는 정도일 뿐, 국토교통부 고시 운영규정 자체는 구체적인 처분의 기준이 될 수 없고, 운영규정 제3조 제1항에 따르면 [별표]의 운영규정안을 기본으로 하여 작성하도록 한 점을 보면 예시 규정에 불과하다는 점에서 법규성이 없는 단순한 행정규칙에 불과하다는 견해가[179] 타당해 보인다.

---

176) 「정비사업 조합설립추진위원회 운영규정」 국토교통부고시 제2018-102호(개정 2018. 2. 9.).
177) 김남진·김연태, 행정법Ⅰ, 184~185면.
178) 헌재 2006. 12. 28. 2005헌바59; 대법원 2016. 1. 28. 선고 2015두53121 판결.
179) 황태윤, "정비사업조합 설립추진위원회를 둘러싼 몇 가지 쟁점에 관한 연구", 전북대학교 법학연구소, 법학연구 제25집,

2. 운영에 필요한 비용 납부 및 조합과 관련된 추진위원회 운영 사항

추진위원회는 운영규정에 따라 운영하여야 하며, **토지등소유자**는 운영에 필요한 경비를 운영규정에 따라 납부하여야 한다(법 제34조 제2항).

추진위원회는 수행한 업무를 법 제44조에 따른 총회에 보고하여야 하는데, 여기서 총회는 추진위원회의 주민총회를 말하는 것이 아니고 조합설립을 위한 창립총회를 말한다. 그 업무와 관련된 권리·의무는 조합이 포괄승계하고(법 제34조 제3항), 추진위원회는 사용경비를 기재한 회계장부 및 관계 서류를 조합설립인가일부터 30일 이내에 조합에 인계하여야 한다(법 제34조 제4항).

3. 대통령령에 위임된 추진위원회 운영에 필요한 사항

추진위원회의 운영에 필요한 사항은 **대통령령**으로 정한다(법 제34조 제5항). 이와 같은 **대통령령**의 위임에 따라 영 제29조 제1항에서는 추진위원회 운영에 필요한 사항으로, 다음 각 호 1. 법 제12조에 따른 안전진단의 결과, 2. 정비업자의 선정에 관한 사항, 3. **토지등소유자**의 부담액 범위를 포함한 개략적인 사업시행계획서, 4. 추진위원회 위원의 선정에 관한 사항, 5. **토지등소유자**의 비용부담을 수반하거나 권리·의무에 변동을 일으킬 수 있는 사항, 6. 법 제32조 제1항에 따른 추진위원회의 업무에 관한 사항, 7. 창립총회 개최의 방법 및 절차, 8. **조합설립에 대한 동의철회**(법 제31조 제2항 단서에 따른 반대의 의사표시를 포함한다) 및 **방법**, 9. 동법 시행령 제30조 제2항에 따른 **조합설립 동의서에 포함되는 사항**을 토지등소유자가 쉽게 접할 수 있는 일정한 장소에 게시하거나 인터넷 등을 통하여 공개하고, 필요한 경우에는 **토지등소유자**에게 서면통지를 하는 등 **토지등소유자**가 그 내용을 충분히 알 수 있도록 하여야 한다. 다만, 제8호 및 제9호의 사항은 조합설립인가 신청일 60일 전까지 추진위원회 구성에 동의한 **토지등소유자**에게 등기우편으로 통지하여야 한다(영 제29조 제1항).

추진위원회는 추진위원회의 지출내역서를 매분기별로 **토지등소유자**가 쉽게 접할 수 있는 일정한 장소에 게시하거나 인터넷 등을 통하여 공개하고, **토지등소유자**가 열람할 수 있도록 하여야 한다(영 제29조 제2항).

VI. 추진위원회의 해산·청산

1. 조합이 설립된 경우

추진위원회는 조합설립을 목적으로 하는 단체이므로 그 목적이 달성되면 당연히 해산한다(민법 제77조 제1항). 추진위원회는 조합설립인가일까지 업무를 수행할 수 있으며, 조합이 설립되면 모든 업무

2014., 321면; 맹신균, 도시 및 주거환경정비법 해설, 144면.

와 자산을 조합에 인계하고 추진위원회는 해산한다(운영규정 제5조 제1항). 추진위원회는 수행한 업무를 법 제44조에 따른 총회에 보고하여야 하며, 그 업무와 관련된 권리·의무는 조합이 포괄승계한다(법 제34조 제3항). 추진위원회는 사용경비를 기재한 회계장부 및 관계 서류를 조합설립인가일부터 30일 이내에 조합에 인계하여야 한다(법 제34조 제4항). 따라서 추진위원회는 창립총회에서 그 동안의 정비사업에 관한 경과보고 및 추진위원회의 업무를 보고하고, 총회안건을 상정하여 의결한다. 가령 법 제34조 제4항을 위반하여 추진위원회의 회계장부 및 관계 서류를 조합에 인계하지 아니한 추진위원장(전문조합관리인을 포함한다)은 1년 이하의 징역 또는 1천만원 이하의 벌금에 처한다(법 제138조 제1항 제2호). 또한 조합이 설립되었는데도 불구하고 추진위원회를 계속 운영한 자는 2년 이하의 징역 또는 2천만원 이하의 벌금에 처한다(법 제137조 제5호).

2. 조합이 설립되지 않은 경우

정비조합 설립에 실패한 추진위원회가 **비법인사단의 실질을 갖추지 못하고** 「민법」상 단순한 조합에 불과한 경우, 추진위원회와 개별 추진위원의 재산으로 추진위원회가 변제하여야 할 각종 채권에 대한 책임을 져야 할 것이다. 비록 하급심이기는 하나, 승인을 받았는지 여부와 관계없이 **비법인사단의 실질을 갖춘 추진위원회의 경우**에는 추진위원회의 재산만으로 책임을 지면 족하고, 추진위원 개인이 책임을 질 필요는 없다고 보았다.[180]

조합설립에 실패한 추진위원회의 실질이 민법상 조합의 단계에 불과한 경우 조합의 해산 및 청산이 필요하다. 청산절차가 끝날 때까지 「민법」의 규정은 없지만 조합관계는 그대로 유지된다고 할 것이다. 추진위원회의 목적이 재건축조합의 설립인 이상 조합설립이 실패되었다면 조합의 목적사업의 실패는 해산사유의 발생이라 볼 수 있다. 조합계약에서 정한 바에 따르거나 **조합원** 전원의 합의에 의하여 조합은 해산된다 할 것이다. 해산청구는 조합계약에서 정한 바가 있다면 그에 따라 절차를 진행하면 될 것이나, 특별한 규정을 두고 있지 않다면 일부 **조합원**의 다른 **조합원** 전원에 대한 의사표시로 하여야 할 것이다. 청산 과정은 조합인 추진위원회의 재산으로 추진위원회의 채무를 변제하고 나머지를 각 **조합원**인 추진위원들에게 그 출자가액에 비례하여 분배하여야 할 것이다(민법 제724조 제2항).[181]

승인을 받은 추진위원회는 「민법」상 비법인사단으로 보아야 하므로 조합설립에 실패하여 해산할 경우, 「민법」에서 정한 법인의 해산·청산절차를 준용하여 해산·청산하여야 할 것이다. 조합설립인가 전 추진위원회를 해산하는 경우 위원장, 부위원장, 감사가 청산인이 된다(민법 제82조 본문). 그러나 추진위원회 운영규정 또는 추진위원회(주민총회)의 결의로 달리 정한 바가 있으면 그에 의할 것이다(민법

---

180) 인천지방법원 2008. 4. 25. 선고 2007가합12926 판결. 어떤 단체에 관하여 비법인사단으로서의 실체를 인정하기 위해서는 고유의 목적을 가지고 사단적 성격을 가지는 규약을 만들어 이에 근거하여 의사결정기관 및 집행기관인 대표자를 두는 등의 조직을 갖추고, 기관의 의결이나 업무집행방법이 다수결의 원칙에 의하여 행하여지며, 그 조직에 의하여 대표의 방법, 총회나 이사회 등의 운영, 자본의 구성, 재산의 관리 기타 단체로서의 주요사항이 확정되어 있어야 하는 것이다; 동지 판례 대법원 1999. 4. 23. 선고 99다4504 판결.
181) 황태윤, "정비사업조합 설립추진위원회를 둘러싼 몇 가지 쟁점에 관한 연구", 346면.

제82조 단서).[182] 추진위원장은 총회 또는 중요한 회의가 있은 때에는 속기록·녹음 또는 영상자료를 만들어 이를 청산 시까지, 즉 청산업무가 종료할 때까지 보관하여야 한다(법 제125조 제1항).

3. 토지등소유자의 추진위원회 해산신청과 시장·군수의 승인취소 의무

부동산 시장의 침체기에 정비사업의 진행이 더 이상 어려운 경우에는 재건축사업의 진행 도중에 추가적인 손실을 막기 위하여 어쩔 수 없이 재건축사업을 중단할 필요가 있다. 추진위원회 구성·승인과 관계없이 비법인사단인 추진위원회는 적용할 다른 규정이 없다면 운영규정에 정한 바가 있다면 그에 따를 것이고, 운영규정에 정한 바가 없다면 「민법」 제78조 규정을 유추적용하여 추진위원회 설립에 동의한 **토지등소유자**의 4분의 3 이상의 동의로 해산을 결의할 수 있을 것이다.

구 「도시정비법」은 이와 관련하여 제16조의2를 신설하여 법률 제11293호(2012. 2. 1.) 부칙 제2조의 규정에 의하여 동조 제1항 제1호 및 제2호는 2016년 1월 31일까지 유효하였으며, 동 조항은 서울시 뉴타운 출구전략의 일환으로 신설한 것이었다. 이에 따르면 추진위원회 구성에 동의한 **토지등소유자**의 2분의 1 이상 3분의 2 이하의 범위에서 시·**도조례**로 정하는 비율 이상의 동의 또는 **토지등소유자** 과반수의 동의로 추진위원회의 해산을 신청할 수 있게 되었고, 이 경우 시장·군수는 추진위원회승인처분을 취소하여야 한다. 지금은 삭제되어 그 근거가 없는 조항이지만 말이다.

〈표 6〉 어려운 쟁점-조합설립인가처분과의 관계

VII. 추진위원회 구성·승인처분과 조합설립인가처분의 관계[183]

1. 조합설립인가처분이 있은 후 추진위원회 구성·승인처분의 취소 또는 무효를 다툴 소의 이익이 있는지

추진위원회는 조합설립을 위한 준비업무를 한시적으로 활동하는 단체로 조합이 구성되면 추진위원회는 소멸하게 된다. 추진위원회와 조합설립인가를 받은 조합의 관계는 조합이 설립되면 추진위원회가 행한 업무와 관련된 권리·의무를 조합이 포괄승계한다. 그런데 승계란 서로 다른 권리주체 사이에 권리·의무가 이전되는 것을 의미하고, 서로 같거나 동일성이 인정되는 권리주체 사이의 권리·의무 이전에는 승계라는 용어를 사용하지 않는다. 또한 2009. 2. 6. 개정법 제31조 제2항은 "추진위원회 동의자는 조합의 설립에 동의한 것으로 본다. 다만, 조합설립인가 신청 전에 시장·군수등 및 추진위원회에 조합설립에 대한 반대의 의사표시를 한 추진위원회 동의자의 경우에는 그러하지 아니하다."고 규정하고 있다. 만일 추진위원회가 조합의 전신으로서 실질적으로 같은 단체라면 추진위원회 설립에 동의한 사람은 별도로 조합설립에 동의할 필요 없이 당연히 조합의 구성원이 되는 것이므로 위와 같은 규정을 둘 필요가 없다.[184] 이러한 「도시정비법」 규정을 고려하면 추진위원회와 조합은 별개의 주체라 하여[185] 양자를 떼어 놓기도 한다. 그러나 "추진위원회의 권한은 조합설립을 추진하기 위한 업무를 수행하는데 그치므로, 일단 조합설립인가처분을 받아 추진위원회의 업무와 관련된 권리와 의무가 조합에 포괄적으로 승계되면 추진위원회는 그 목적을 달성하여 소멸한다."고 판시한 바와 같이[186] 추진위원회는 조합설립인가로 조합에 흡수되는 한시적인 조직이고 조합의 전신이기도 하다. 따라서 조합설립인가처분으로 추진위원회는 소멸하고, 그에 따라 추진위원회 구성·승인처분도 함께 소멸한다. 결국 조합설립인가처분이 있은 후 추진위원회 구성·승인처분을 다툴 소의 이익은 소멸한다.[187]

대법원도 "추진위원회 구성·승인처분은 조합의 설립을 위한 주체인 추진위원회의 구성행위를 보충하여 그 효력을 부여하는 처분으로서 조합설립이라는 종국적 목적을 달성하기 위한 중간단계의 처분에 해당하지만, 그 법률요건이나 효과가 조합설립인가처분의 그것과는 다른 독립적인 처분이기 때문에, 추진위원회 구성·승인처분에

---

182) 황태윤, 위의 논문, 346면.

대한 취소 또는 무효확인 판결의 확정만으로는 이미 조합설립인가를 받은 조합에 의한 정비사업의 진행을 저지할 수 없다. 따라서 추진위원회 구성·승인처분을 다투는 소송 계속 중에 조합설립인가처분이 이루어진 경우에는, **추진위원회 구성·승인처분에 위법이 존재하여 조합설립인가 신청행위가 무효라는 점 등을 들어 직접 조합설립인가처분을 다툼으로써 정비사업의 진행을 저지하여야 하고**, 이와는 별도로 추진위원회 구성·승인처분에 대하여 취소 또는 무효확인을 구할 법률상의 이익은 없다."고 판시하였다.[188]

2. 추진위원회 승인처분의 하자로 인한 조합설립인가처분의 위법 여부-하자승계?

가. 문제의 의의: 조합설립인가처분이 있은 후 추진위원회 구성·승인처분을 다툴 소의 이익이 소멸한다. 그렇다면 더는 추진위원회 구성·승인처분의 위법을 다툴 방법은 없는 것인가? 이는 조합설립인가처분을 다투는 소에서 추진위원회 구성·승인처분의 위법을 주장할 수 있는지의 문제로 귀결된다. 이는 우선 선행처분에 존재하는 하자를 후행처분에서 다툴 수 있는지에 관한 전통적인 이론인 하자승계론 또는 선행처분의 후행처분에 대한 구속력이론(규준력 또는 기결력)에 관한 문제인지 검토해 볼 수 있다.[189]

나. 판례: 대법원은 구 「도시정비법」상 재개발사업의 추진위원회 구성·승인처분의 하자를 들어 조합설립인가처분을 위법하다고 할 수 있는지 여부(원칙적 소극)에 대하여, "추진위원회의 구성·승인처분은 학문상 인가인 데 반해, 조합설립인가처분은 일종의 설권적 처분이므로 학문상 특허에 해당하며, 양자는 그 목적과 성격을 달리한다. 추진위원회의 권한은 조합 설립을 추진하기 위한 업무를 수행하는 데 그치므로 일단 조합설립인가처분을 받아 추진위원회의 업무와 관련된 권리와 의무가 조합에 포괄적으로 승계되면, 추진위원회는 그 목적을 달성하여 소멸한다. 조합설립인가처분은 추진위원회 구성의 동의요건보다 더 엄격한 동의요건을 갖추어야 할 뿐만 아니라 창립총회의 결의를 통하여 정관을 확정하고 임원을 선출하는 등의 단체결성행위를 거쳐 성립하는 조합에 관하여 하는 것이므로, 추진위원회 구성의 동의요건 흠결 등 추진위원회 구성·승인처분상의 위법만을 들어 조합설립인가처분의 위법을 인정하는 것은 조합설립의 요건이나 절차, 그 인가처분의 성격, 추진위원회 구성의 요건이나 절차, 그 구성·승인처분의 성격 등에 비추어 타당하다고 할 수 없다. 따라서 조합설립인가처분은 추진위원회 구성·승인처분이 적법·유효할 것을 전제로 한다고 볼 것은 아니므로, 구 도시정비법령이 정한 동의요건을 갖추고 창립총회를 거쳐 재개발조합이 성립한 이상, 이미 소멸한 추진위원회 구성·승인처분의 하자를 들어 조합설립인가처분이 위법하다고 볼 수 없다. 다만, 추진위원회 구성·승인처분의 위법으로 그 추진위원회의 조합설립인가 신청행위가 무효라고 평가될 수 있는 특별한 사정이 있는 경우라면, 그 신청행위에 기초한 조합설립인가처분이 위법하다고 볼 수 있다. 후술할 것이지만 조합설립인가 신청행위는 법령이 정한 동의 요건을 갖추고 창립총회를 거쳐 조합의 실체가 형성된 이후에 이를 바탕으로 이루어지는 것이므로, 추진위원회 구성이나 그 인가처분의 위법사유를 이유로 그 추진위원회가 하는 조합설립인가 신청행위가 위법·무효로 된다고 볼 것은 아니고, 그 위법사유가 「도시정비법」상 하나의 정비구역 내에 하나의 추진위원회로 하여금 조합설립의 추진을 위한 업무를 수행하도록 한 추진위원회 제도의 입법취지를 형해화 할 정도에 이르는 경우에 한하여 그 추진위원회의 조합설립인가 신청행위가 위법·무효이고, 나아가 이에 기초한 조합설립인가처분의 효력을 다툴 수 있게 된다"고 판시했다.[190]

다. 검토: 위 판결은 추진위원회 구성·승인처분상의 위법만을 들어 조합설립인가처분을 위법하다고 볼 수 없고, 다만 추진위원회 구성·승인처분의 위법으로 그 추진위원회의 조합설립인가 '신청행위'가 무효라고 평가될 수 있는 특별한 사정이 있는 경우라면, 그 신청행위에 기초한 조합설립인가처분을 위법으로 볼 수 있을 것이라고 판시하였다. 이러한 판시는 하자승계론 또는 선행처분의 후행처분에 대한 구속력이론으로 판결한 것으로 볼 수 없다.[191] 오히려 대상판결은 조합설립의 요건이나 절차, 그 인가처분의 성격, 추진위원회 구성의 요건이나 절차, 그 구성·승인처분의 성격 등으로 개별적으로 판단한 것이다.

3. 조합설립인가 취소에 따른 추진위원회 부활 여부 및 소의 이익

가. 문제의 의의: (1) 조합설립인가처분으로 추진위원회가 소멸한 후에 조합설립인가가 취소되거나 무효확인판결이 선고되는 경우 그 효력이 조합설립인가처분이 있었던 때로 소급하여 다시 추진위원회가 부활하는지 여부이다. 추진위원회 부활의 의미는 추진위원회 승인처분이 다시 살아나는지와 추진위원회에 대한 합의도 다시 부활하는지의 문제도 병행한다.[192] (2) 만약 부활한다면 이에 더 나아가 취소판결의 소급효로 인해 조합설립인가처분은 소급하여 없었던 것이 되므로 조합설립인가처분을 해산사유로 하여 소멸한 추진위원회도 소멸하지 않았던 것이 된다고 볼 수가 있고, 이 경우 선행처분인 추진위원회 구성·승인처분의 위법을 다툴 소의

이익이 있는지 여부도 검토 대상이다.[193]

나. 부활여부에 대한 견해(판례 포함): (1) 조합설립인가에 흡수된 추진위원회의 승인은 종국적으로 효력이 소멸된 것으로 해석하고 그 후에 조합설립인가가 판결에 의해 취소되어도 추진위원회가 다시 부활하지 않는 것으로 해석하는 견해와[194] 조합설립인가의 효력이 소급적으로 소멸할 때 추진위원회 승인처분도 부활한다는 견해,[195] 그리고 하급심 및 대법원 판례가 있다.[196] 법제처와 국토교통부의 유권해석도 추진위원회가 부활을 긍정하면서 부활한다고 판시한 다음의 판례를 인용하고 있다.[197] 즉 판례는 "재개발사업을 위한 추진위원회가 조합설립인가처분을 받아 조합이 법인으로 성립된 후 조합설립인가처분이 법원의 판결에 의하여 취소된 경우, 추진위원회가 지위를 회복하여 조합설립추진 업무를 계속 수행할 수 있는지 여부(적극)에 대한 판시에서, 그 후 조합설립인가처분이 법원의 판결에 의하여 취소된 경우에는 추진위원회가 지위를 회복하여 다시 조합설립인가신청을 하는 등 조합설립추진업무를 계속 수행할 수 있다"고[198] 판시하였다.

(2) 대법원 이 밖에도 조합설립인가처분 쟁송취소의 소급효를 인정하고 있다.[199] 그런데 조합설립인가처분의 쟁송취소에 소급효를 인정하더라도, 쟁송취소의 소급효를 그대로 적용하여 추진위원회가 소멸하지 않고 부활하는 것으로 보아 추진위원회 구성·승인처분을 다툴 소의 이익을 인정할 수 있는 반면, 조합설립인가가 취소되더라도 이미 소멸한 추진위원회가 부활하지 않는다고 보아 구성·승인처분을 다툴 소의 이익을 부정할 수도 있다.[200]

다. 검토: (1) 법제처와 국토교통부 유권해석은 조합설립인가처분이 취소됐어도 종전의 추진위원회는 해산된 것이 아니고 부활하여 새로 조합설립인가신청이 가능하다는 입장이다. 판례도 부활한다는 견해가 우세해 보이고, 학설도 견해가 대립하나 부활한다고 하는 견해가 우세하다.

(2) 다만, 추진위원회가 당연히 부활하는 것으로 해석하는 후자의 견해는 다음의 문제가 있다. 우선 조합설립인가 후 상당한 기간이 소요되어 인가가 취소되면 추진위원회를 구성하던 위원장과 추진위원들이 현존하지 않을 수 있다. 또 추진위원회의 위법한 행태가 조합설립인가로 사실상 승계되어 조합설립인가가 취소된 사안에서는 문제를 안고 있는 추진위원장이 다시 실질적인 결정권을 행사할 수 있게 되어 부당한 결과가 된다.[201] 추진위원회의 부활은 법률적인 측면에서 추진위원회의 승인처분이 다시 효력을 발하고 추진위원회가 존재하는 것처럼 간주할 수 있다. 그러나 사실상 추진위원들이 정비구역 밖으로 이주했다거나 임기가 만료되어 이미 존재하지 않는 상태가 되면 추진위원회가 부활해도 실체를 갖추지 못해 부활의 의미가 없다는 실질적인 문제점을 지적하고 있다.[202] 그래서 구성·승인처분을 받은 추진위원회가 조합설립인가처분을 받으면 추진위원회에 해산사유가 발생하고 그와 관련된 권리·의무가 조합에 포괄승계 되는데, 이때 조합설립인가처분이 취소되어 추진위원회는 이미 조합의 설립으로 해산되었다고 보아 부활하지 않는다는 입장에서 보면, 추진위원회를 다툴 소의 이익은 추진위원회는 이미 소멸하였으므로 다시 조합설립인가신청을 할 수 있는 등의 권한은 없기 때문에 추진위원회 구성·승인처분의 취소를 구할 법률상의 이익이 없다. 오히려 조합설립인가처분이 취소되거나 무효로 확인되는 경우 추진위원회가 부활한다고 보는 것은 법적 안정성에도 심각한 위협이 된다.[203]

---

183) 어려운 쟁점이라서 후술하는 "제2항 조합의 설립"을 읽고 난 후 보기를 권한다.

184) 이승훈, 앞의 논문, 21면.

185) 이승훈, 앞의 논문, 21~22면.

186) 대법원 2013. 12. 26. 선고 2011두8291 판결.

187) 이승훈, 앞의 논문, 23면.

188) 대법원 2013. 1. 31. 선고 2011두11112,2011두11129 판결; 대법원 2013. 6. 13. 선고 2010두10488,10495 판결.

189) 이의 이론에 관해서는 제2편 「부동산가격공시법」(제2장 지가의 공시, 제1절 표준지공시지가의 공시, Ⅵ. 표준지공시지가에 대한 권리구제)을 보라. 이승훈, 앞의 논문, 26면.

190) 대법원 2013. 12. 26. 선고 2011두8291 판결.

191) 이승훈, 앞의 논문, 27면.

192) 김종보, 건설법(제6판), 460면.

193) 이승훈, 앞의 논문, 24면.

194) 서울행정법원 2011. 3. 24. 선고 2010구합36732 판결; 박균성, 행정법론(하), 박영사, 2017, 544면; 김종보, 건설법(제6판), 460면.

195) 황태윤, "정비사업조합 설립추진위원회를 둘러싼 몇 가지 쟁점에 관한 연구", 350면.

196) 조합설립인가에 대한 취소판결 이후에 행한 추진위원회변경신고에 대해 반려한 사건에서 제1심인 서울행정법원 2012. 11. 8 선고 2012구합24580 판결은 "종전 처분이 법원의 확정판결에 의해 취소되어 소급적으로 그 효력이 상실되었으므

제2항 조합의 설립

Ⅰ. 조합설립의 의의

조합설립인가를 받게 되면 조합설립동의를 통해 개별 토지등소유자는 조합원으로 가입하게 된다. 이러한 조합설립동의의 의미는 단순한 민사상의 단체가입을 위한 동의를 넘어서 재개발·재건축사업이라는 공법상의 사업절차에 동의하는 것과 자신의 재산을 투자하고 각종 부담을 지기로 하는 공법상의 합의가 포함된다.

법 제35조 제1항에서 "정비사업은 조합을 설립하도록" 한 이유는 토지등소유자 다수를 대표하는 조합(법인)으로 하여금 법인격(권리능력)을 부여하여 토지등소유자로부터 독립한 권리주체로서 법적 거래에 참여할 수 있게 하여 권리·의무를 조합에 귀속시키고자 함이다. 조합은 조합설립인가를 받은 날부터 30일 이내에 주된 사무소의 소재지에서 대통령령으로 정하는 사항[1. 설립목적, 2. 조합의 명칭, 3. 주된 사무소의 소재지, 4. 설립인가일, 5. 임원의 성명 및 주소, 6. 임원의 대표권을 제한하는 경우에는 그 내용, 7. 법 제41조제5항 단서에 따른 전문조합관리인을 선정한 경우에는 그 성명 및 주소(영 제36조)]을 등기하는 때에 성립한다(법 제38조 제2항). 조합에 관하여는 이 법에 규정된 사항을 제외하고는 「민법」 중 사단법인에 관한 규정을 준용하고(법 제49조), 조합은 그 명칭에 '정비사업조합'이라는 문자를 사용하여야 한다(법 제38조 제3항). 판례는 추진위원회가 조합설립인가처분을 받아 설립등기를 마치기 전에 창립총회에서 한 결의의 법적 성격은 재개발조합의 결의가 아니라 주민총회 또는 토지등소유자 총회의 결의에 불과하다고 보았다.204)

조합은 임원(법 제41조)으로 구성된 이사회, 대의원회(법 제46조) 등의 기관을 통해서 법률행위를 한다. 조합 설립의 요건으로는 일정 수 토지등소유자의 동의(법 제35조 제2항 및 제3항)와 정관의 작성(법 제40조)이라는 조합설립행위가 있고, 행정청의 인가를 받아야 한다. 즉 조합의 설립은 조합설

로 재개발사업을 시행할 수 있는 행정주체로서의 지위를 부여받은 조합은 설립되지 못한 것이고, 추진위원회 설립승인을 받은 바 있는 원고는 조합설립이라는 목적을 달성하지 못한 이상 아직 해산되었다고 볼 수 없으며, 원고에 대한 추진위원회 설립승인처분의 효력 역시 상실되었다고 볼 수 없으므로, 조합설립신청 주체인 원고로서는 미비된 요건을 다시 갖추어 피고에게 다시 조합설립인가신청을 할 수 있다"고 하여 추진위원회 부활을 인정하였고, 서울고등법원 2013. 7. 11. 선고 2012누37519 판결은 제1심 판결을 그대로 인용하였다. 이 밖에도 서울고등법원 2012. 1. 19. 선고 2011누13325판결; 부산고등법원 2010. 7. 23. 선고 2010누1996 판결; 대법원 2010. 12. 23. 선고 2010두18611 판결 참조.

197) 법제처 법령해석사례, 중소기업청 - 시장정비사업을 추진하던 중 조합설립(변경)인가 및 사업시행인가에 대하여 무효판결을 받은 경우 새로이 시장정비사업추진위원회를 설립하여야 하는지 여부 등(「전통시장 및 상점가 육성을 위한 특별법」 제38조제2항 등 관련), 안건번호 11-0104, 회신일자2011. 6. 2; 도시 및 주거환경정비법 질의회신사례, 조합설립인가가 취소 및 무효가 된 경우 해산된 추진위원회가 존속하는지 여부('12. 6. 11.), 국토교통부, 2016. 7., 1면.

198) 대법원 2016. 12. 15. 선고 2013두17473 판결.

199) 대법원 2012. 3. 29. 선고 2008다95885 판결; 대법원 2012. 11. 29. 선고 2011두518 판결.

200) 이승훈, 앞의 논문, 25면.

201) 김종보, 건설법(제6판), 460면.

202) 김종보, 건설법(제6판), 461면.

203) 이승훈, 앞의 논문, 25면.

204) 대법원 2012. 4. 12. 선고 2010다10986 판결.

립의 인가라는 행정처분이 반드시 필요하지만, 그보다 전단계에서 조합을 설립하기 위해 <u>조합설립행위</u>가 선행되어야 한다. 조합설립행위는 조합설립을 위한 단체법상 합의로서 '<u>창립총회의 의결</u>'이나 그 의결에 의해 법적 효과를 부여받게 된 '<u>정관</u>'이라든지 그리고 구성원 개개인의 입장에서는 조합 설립을 전제로 조합에 가입하고 정관이 정하는 권리·의무를 진다는 의미에서 <u>조합설립의 동의</u>도 조합설립행위라 할 수 있다.[205] 크게 보면 조합설립요건은 "**조합설립동의**"와 "**조합설립인가**" 두 가지로 대별된다.

Ⅱ. 조합설립인가의 요건

1. 개설

조합설립인가의 적법한 동의요건은 조합설립에 대한 <u>동의율과 동의내용</u>으로 구성된다. <u>동의율</u>은 전체 **토지등소유자** 중에서 조합설립에 동의한 자의 비율을 말하며, 동의의 내용은 동의자들이 동의하기 위한 구체적인 대상을 말한다.

토지등소유자들의 <u>동의내용</u>은 크게 <u>정관에 대한 합의</u>와 <u>정비사업 자체에 대한 합의</u>로 이루어진다.[206] 정관에 대한 합의는 창립총회에서 조합정관을 확정하는 의결(영 제27조 제4항 제1호)의 방법에 의하고, 정비사업 자체에 대한 합의는 정관 합의를 제외한 4가지 동의내용에 대한 합의 정도일 것이다. 재개발·재건축사업에서 동의율과 동의내용은 「도시정비법」의 제정으로 큰 변화를 가져왔다.

2. 동의율

가. 재개발사업

(1) 강제가입제가 원칙인 재개발사업에서는 **토지등소유자**의 동의여부와 무관하게 모두 **조합원**이며, 다만 이들은 사후에 관리처분의 단계에서 <u>분양대상자와 현금청산대상자</u>로 분류된다. 관리처분계획이 인가되어도 이들은 여전히 <u>분양대상**조합원**과 청산대상**조합원**</u>으로 분류된다는 점에서 **조합원**의 지위를 유지한다. 또 <u>관리처분의 단계</u>에 이르면 지상권자는 동의자의 수 및 분양대상자에서 제외된다.[207]

연혁으로 구법시대 재개발조합의 설립은 토지소유자 총수 및 건축물소유자 총수의 각 3분의 2이상의 동의만을 요구했을 뿐(구 도시재개발법 제12조 제2항) 비용부담 등에 대해 전혀 정하지 않고 단순히 사업에 찬성한다는 동의서의 형식으로 충분하여 그 형식이 자유로웠다.

재개발사업도 「도시정비법」 제정으로 종래 재건축에서 요구하던 동의율을 받아들여 재개발사업 등에서도 **토지등소유자**의 5분의 4이상의 동의율이 조합설립요건에 요구되었다. 그 후 2007. 12. 21. 개

---

205) 김종보, 건설법(제6판), 462면.
206) 김종보, 건설법(제6판), 464면.
207) 김종보, 건설법(제6판), 492면.

정(법률 제8785호, 시행 2007. 12. 21.)으로 4분의 3 이상으로 완화되었다가, 다시 2009. 2. 6. 개정 및 시행(법률 제9444호)된 법 제16조 제1항에서 재개발(도시환경정비)사업에 **토지등소유자**의 수(數) 만을 기준으로 조합설립 및 정비사업을 추진하게 됨에 따라 적은 면적을 가진 다수자의 동의로 인하여 많은 면적을 소유한 소수자의 권리를 침해하는 결과를 초래하므로 이를 방지하기 위하여 조합을 설립 하고자 하는 때에는 **토지등소유자**의 4분의 3 이상의 동의 이외에도 토지면적의 2분의 1이상의 토지소 유자의 동의요건을 추가하였다(법 제35조 제2항).

재개발과 재건축사업이 「도시정비법」에서 통합·제정되면서 대체로 종래 「도시재개발법」에 재건축 근거 법률의 내용을 끼워 맞추는 식의 법률제정이었지만, "동의율과 동의내용"은 오히려 재건축사업의 것을 재개발사업에 그대로 적용하는 것으로 법을 제정하였다는 점이 특이하다.

(2) 재개발사업의 추진위원회(추진위원회를 구성하지 아니하는 경우에는 **토지등소유자**)가 **토지등 소유자**의 4분의 3 이상 및 토지면적의 2분의 1 이상의 **토지등소유자**의 동의를 받아 다음 각 호 1. **정관**, 2. **정비사업비와 관련된 자료 등 국토교통부령으로 정하는 서류**, 3. 그 밖에 시·도조례로 정하는 서류의[208] 사항을 첨부하여 시장·군수등의 인가를 받아야 한다(법 제35조 제2항, 칙 제8조).

법 제35조 제2항 제2호에서 "**정비사업비와 관련된 자료 등 국토교통부령으로 정하는 서류**"란 다음 각 호 1. 설립인가: 다음 각 목 가. **조합원** 명부 및 해당 **조합원**의 자격을 증명하는 서류. 나. 공사비 등 정비사업에 드는 비용을 기재한 **토지등소유자**의 조합설립동의서 및 동의사항을 증명하는 서류, 다. 창립총회 회의록 및 창립총회참석자 연명부, 라. 토지·건축물 또는 지상권을 여럿이서 공유하는 경우 에는 그 대표자의 선임 동의서, 마. 창립총회에서 임원·대의원을 선임한 때에는 선임된 자의 자격을 증명하는 서류, 바. 건축계획(주택을 건축하는 경우에는 주택건설예정세대수를 포함한다), 건축예정지 의 지번·지목 및 등기명의자, 도시·군관리계획상의 용도지역, 대지 및 주변현황을 기재한 사업계획서 의 서류, 2. 변경인가: 변경내용을 증명하는 서류의 구분에 따른 서류(전자문서를 포함한다)를 말한다 (칙 제8조 제2항).

나. 재건축사업

(1) 임의가입제를 택하고 있는 구법시대 재건축에서는 정비구역지정 절차가 없었고, 「집합건물법」 제47조에 의한 구분소유자 및 의결권의 5분의 4이상의 재건축 결의로 불리는 조합설립동의는 단체법 상 합의로서 실무상 조합설립행위와 동일한 의미를 갖는 것으로 이해하고 있었다. 그러나 재건축 결의 와 재건축조합의 설립행위가 공히 재건축창립총회에서 한 번에 이루어지는 것으로 이해되던 것에 반 해, 대법원의 기본적인 견해는 이 둘을 분리해서 다르게 취급하였다.[209] 그리고 이러한 판단은 재건축

---

208) 「서울시 도시정비조례」 제19조(조합의 설립인가 신청서류) 시행규칙 제8조제1항 별지 제5호서식의 신청인 제출서류란 중 제1호 아목에서 "그 밖에 특별시·광역시 또는 도의 **조례**가 정하는 서류"란 다음 각 호 1. 정비구역의 위치도 및 현황사진, 2. 정비구역 안의 토지 및 건축물의 지형이 표시된 지적현황도, 3. 법 제64조 제1항 제1호에 해당하는 매도 청구대상자명부 및 매도청구계획서(재건축사업으로 한정한다)의 서류를 말한다.

209) 대법원 2005. 6. 24. 선고 2003다55455 판결; 대법원 2006. 2. 23. 선고 2005다19552,19569 판결; 대법원 2009. 6.

조합의 설립을 위한 합의는 법률에 특별한 요건이 정해져 있지 않아 「민법」상 사단법인의 법리에 의해 판단하고 과반수만 되면 유효하며, 행정청의 설립인가를 위해 필요한 재건축 결의는 5분의 4 이상의 동의를 요구하지만 창립총회 후에 동의서를 받아서 인가신청 전까지만 충족하면 유효하다고 보는 해석으로 이어졌다. 이는 처음 창립총회의 조합설립을 위한 동의가 충분하지 않았더라도(하자가 있더라도) 사후에 추완될 수 있는 것이라는 오해로 이어졌고, 조합설립인가 후에도 이러한 추완은 가능한 것으로 보는 주장들이 나타나기 시작했다.[210] 그러나 구법하의 재건축 결의와 조합설립행위로 양분되어 있던 개념은 현행법 조합설립인가(법 제35조 제2항 및 제3항)와 매도청구(법 제64조) 조항에 의해 "조합설립의 동의"로 통일되었다.

재건축 결의에 대한 동의율의 연혁으로 당초 5분의 4 이상의 단지별 동의율은 물론이고 동별 동의율도 역시 5분의 4 이상을 충족해야 하는 것이었는데,[211] 그 후 1999. 2. 8.(법률 제5908호, 시행 1999. 3. 1.) 「주촉법」 제44조의3 제7항을 개정하여, 동의율이 동별 3분의 2 이상, 단지 전체의 5분의 4 이상으로 완화되었다. 이에 따라 최초로 동별 동의율이 단지별 동의율로부터 분리되어 다르게 규율되기 시작했으며, 2003년 「도시정비법」이 시행될 때 이 동의율이 그대로 채택되었다. 그 후 동별 동의율(2016. 1. 27. 개정)과 단지 전체의 동의율(2007. 12. 21. 개정)이 각각 하향되면서, 현행법에서는 동별 과반수, 단지 전체의 4분의 3 이상의 동의율로 정해진 것이다.

(2) 재건축사업의 추진위원회(추진위원회를 구성하지 아니하는 경우에는 **토지등소유자**를 말한다)가 조합을 설립하려는 때에는 주택단지의 공동주택의 각 동(복리시설의 경우에는 주택단지의 복리시설 전체를 하나의 동으로[212] 본다)별 구분소유자의 과반수 동의(공동주택의 각 동별 구분소유자가 5 이하인 경우는 제외한다)와 주택단지의 전체 구분소유자의 4분의 3 이상 및 토지면적의 4분의 3 이상의 토지소유자의 동의를 받아,[213] 후술하는 재개발사업의 신청 사항 법 제35조 제2항 각 호(1. 정관, 2. 정비사업비와 관련된 자료 등 국토교통부령으로 정하는 서류, 3. 그 밖에 시·도조례로 정하는 서류)의 사항을 첨부하여 시장·군수등의 인가를 받아야 한다(법 제35조 제3항).

(3) 제3항에도 불구하고 주택단지(아파트단지)가 아닌 지역이 정비구역에 포함된 때에는, 주택단지가 아닌 지역의 **토지 또는 건축물 소유자의 4분의 3 이상 및 토지면적의 3분의 2 이상**의 토지소유자의 동의를 받아야 한다(법 제35조 제4항). 종래 이 조항은 정비구역에 포함되어 있지만, 아파트단지 아닌 지역의 토지 또는 건출물 소유자의 조합설립인가 동의율을 규율하기 위해 마련된 것이다.

---

25. 선고 2006다64559 판결.

210) 김종보, 건설법(제6판), 507면.

211) 대법원 1998. 3. 13. 선고 97다41868 판결.

212) 하나의 동으로 구성된 상가는 동별 동의율 완화(과반수)로 문제가 상당부분 해소되었지만, 아파트단지 내 소규모상가가 여러 동이 있는 경우 상가들에 대한 동의율에 대해서도 2000. 1. 28. 「주촉법」 제44조의3 제7항 괄호가 개정되면서 아파트단지내에 있는 여러 개의 상가, 유치원 등 복리시설을 하나의 동으로 보도록 규정하는 조항의 추가로 상가는 통합산정하며, 이는 「도시정비법」 제정 이후 그대로 통용되고 있다.

213) 위 동의율을 요약하면, 주택단지 안의 각 동별 구분소유자의 과반수 동의 + 주택단지 안의 전체 구분소유자 3/4 이상 및 토지면적의 3/4 이상의 토지소유자의 동의를 말하고 토지면적은 지분면적을 말한다. 여기서 토지소유자와 면적요건 외 각 동별 과반수 요건을 갖추도록 하고 있어 아파트단지의 경우 꼭 동별 요건이 필요한 것인지 의문이다.

3. 동의의 내용

가. 다섯 항목에 관한 연혁 및 법률 규정

(1) 구법시대 재건축 결의와 동의율의 연혁은 전술한 바와 같고, 동의의 내용에 관해서는 「집합건물법」 제47조 제3항에서 재건축 결의를 할 때에는 1. 신건물의 설계의 개요, 2. 건물의 철거 및 신건물의 건축에 소요되는 비용의 개산액, 3. 제2호에 규정한 비용의 분담에 관한 사항, 4. 신건물의 구분소유권의 귀속에 관한 사항이라는 4가지 항목을 정하고 있었지만, 이에 반해 구법시대 **재건축조합의 설립**에 대해서는 특별한 동의율·동의내용에 대한 규율이 없었다.

이와 관련하여 대법원의 판결도 "「집합건물법」 제47조 제3항, 제4항에 의하면 **재건축 결의**를 할 때에는 건물의 철거 및 신건물의 건축에 소요되는 비용의 분담에 관한 사항과 신건물의 구분소유권의 귀속에 관한 사항을 정하여야 하고, 위 재건축 비용의 분담에 관한 사항은 구분소유자들로 하여금 상당한 비용을 부담하면서 재건축에 참가할 것인지, 아니면 시가에 의하여 구분소유권 등을 매도하고 재건축에 참가하지 않을 것인지를 선택하는 기준이 되는 것이고, 재건축 결의의 내용 중 가장 중요하고 본질적인 부분으로서, 재건축의 실행단계에서 다시 비용 분담에 관한 합의를 하지 않아도 될 정도로 그 분담액 또는 산출기준을 정하여야 하고 이를 정하지 아니한 재건축 결의는 특별한 사정이 없는 한 무효라고" 판례가 엄격한 입장으로 판시함에 따라,[214] 재건축 실무에서는 「주촉법」의 동의율과 함께 「집합건물법」이 요구하는 동의내용도 준수해야 하는 것으로 이해하였다.[215] 「도시정비법」이 제정되면서 종래 재건축사업에서만 요구되던 「집합건물법」 제47조 제3항의 동의내용이 재개발사업에서도 조합설립의 동의내용이 되었다(영 제30조 제2항). 구법하에서 판례를 통한 동의율은 특별히 정함이 없어 과반수의 요건으로 가능한 조합설립행위와 5분 4이상의 동의를 요하는 재건축 결의로 양분되어 있던 개념을,[216] 「도시정비법」 제정으로 **"조합설립의 동의**(법 제35조 제2항 내지 제4항)"라는 용어로 바꾸어 통합하였다.

(2) 법 제35조 제7항에 따르면 추진위원회의 조합의 설립인가·변경인가 등 **토지등소유자**에 대한 동의의 대상(내용) 및 절차, 조합설립 신청 및 인가 절차, 인가받은 사항의 변경 등에 필요한 사항은 **대통령령**에 위임하고 있다.

이에 따라 하위 법령인 **대통령령**에 따르면, 재개발·재건축사업의 **토지등소유자**의 동의는 국토교통부령으로 정하는 동의서에 동의를 받는 방법에 따른다(영 제30조 제1항). 이에 따른 동의서에는 다음과 같은 다섯 항목 1. 건설되는 건축물의 **설계** 개요, 2. **정비**사업비, 3. 정비사업비의 **분담**기준, 4. 사업 완료 후 소유권 **귀속**에 관한 사항, 5. 조합 **정관**의 내용이 포함되어야 한다(영 제30조 제2항). 동의서에 포함되는 동의대상 내지 내용이 현행 규정은 비록 하위법령에 위임되어 법적 위상이 격하되었지만, 구법당시 재건축사업의 매도청구권의 행사요건으로서 재건축 결의를 매우 엄격하게 해석하여 판례

---

214) 대법원 1998. 6. 26. 선고 98다15996 판결.
215) 김종보, 건설법(제6판), 466면.
216) 대법원 2006. 2. 23. 선고 2005다19552, 19569 판결.

는 「집합건물법」이 정한 동의율에 미달되는 경우뿐 아니라, 재건축 결의의 대상으로서 비용분담·구분소유권의 귀속 등에 대한 사항이 일부 누락되는 경우에도 재건축 결의를 무효로 보았던 것이다.[217] 위의 대법원 1998. 6. 26. 선고 98다15996 판결의 구법상 매도청구소송은 재건축의 공정성을 담보하는 가장 강력한 소송수단이었기 때문에 비용부담에 관한 사항은 법원이 강력하게 개입했던 것이다. 그러나 현행법은 관리처분계획인가에 대하여 취소소송이 허용되므로,[218] 매도청구소송에서 비용부담에 관한 문제를 판단하는 것보다 관리처분계획취소소송에서 이를 판단하는 것이 사업의 진행과정과 잘 맞는다고 한다.[219]

(3) 현행법은 재건축사업의 사업시행자는 조합설립인가·변경인가(제35조 제3항부터 제5항까지)에 동의하지 아니한 자에 대하여 일정한 절차를 거쳐 건축물 또는 토지의 소유권과 그 밖의 권리를 매도할 것을 청구할 수 있다(법 제64조). 즉 재건축사업에서만은 조합설립의 요건이 매도청구의 요건이 된다.

(4) 조합은 조합설립인가를 받은 때에는 정관으로 정하는 바에 따라 **토지등소유자**에게 그 내용을 통지하고, 이해관계인이 열람할 수 있도록 하여야 한다(영 제30조 제3항).

나. 동의 받기 전 추정분담금정보등 제공

(1) 추진위원회는 조합설립에 필요한 동의를 받기 전에 추정분담금 등 **대통령령**으로 정하는 정보[1. **토지등소유자**별 분담금 추산액 및 산출근거, 2. 그 밖에 추정 분담금의 산출 등과 관련하여 시·도조례로 정하는 정보(영 제32조)]를 **토지등소유자**에게 제공하여야 한다(법 제35조 제8항).

동 조항의 개정 취지는 **토지등소유자**가 조합설립에 동의할 때 표준동의서에 기재된 내용만으로는 정비사업 참여에 따른 개략적인 비용분담액을 예측하는 데에 어려움이 있고, 사업시행계획인가 또는 관리처분계획인가를 할 때 **조합원** 비용분담액이 원래보다 크게 증가하는 등의 문제가 발생하므로, **토지등소유자**가 정비사업으로 부담하게 될 비용을 보다 정확하게 예측할 수 있도록 하려는 의도이다.[220]

(2) 법제처도 법 제35조 제8항에서는 추진위원회는 조합설립에 필요한 동의를 받기 전에 추정분담금정보등을 **토지등소유자**에게 제공하여야 한다고 규정하고 있는 바, 추진위원회가 **토지등소유자**에게 추정분담금정보등을 제공하기 전에 조합설립에 필요한 동의를 받은 경우, 추진위원회는 **토지등소유자**에게 추정분담금정보등을 제공한 후 다시 조합설립에 필요한 동의를 받아야 하는지에 대한 법령해석에서, 추진위원회는 **토지등소유자**에게 추정분담금정보등을 제공한 후 다시 조합설립에 필요한 동의를 받아야 할 것이라고[221] 해석하였다.

---

217) 김종보, "재건축 창립총회의 이중기능", 인권과 정의, 2006. 8., 128면.
218) 대법원 1996. 2. 15. 선고 94다31235 전원합의체 판결.
219) 김종보, "재건축 창립총회의 이중기능", 133면.
220) 2010. 6. 11. 발의, 의안번호 제1808591호 「도시정비법」 일부개정법률안에 대한 국토교통위원회 전문위원 심사보고서 참조.

4. 정관의 작성

가. 정관의 법적 성질

(1) 「도시정비법」상 창립총회에서 확정된 조합정관은 조합설립의 인가를 받기위해서는 정관을 첨부하여 시장·군수등의 인가를 받아야 한다는 점에서 조합설립인가의 요건이 된다. 표준정관은 「도시정비법」의 위임을 받아 제정된 것이라는 점에서 형식상 행정규칙에 가까운 것으로 볼 수도 있으며(법 제40조 제2항), 실무에서는 강력한 규범력을 발휘하고 있는 것이 현실이다.[222]

(2) 정관에서 정하는 사항 중에서 조합원의 자격에 관한 사항으로, 조합원의 권리·의무를 정하는 법적 지위가 법률의 규정에 의해 부여되기도 하지만, 조합설립인가에 의해 승인된 조합정관이 조합원의 지위를 형성하는 주된 근거라 보아야 한다(재개발 및 재건축표준정관 제10조 제1항). 그러므로 정비사업의 초기에 조합원이었던 자들도 정관이 정하고 있는 의무불이행을 원인으로 정관의 규정에 의하거나 또는 직접 법률에 근거하여 조합원의 지위를 상실할 수 있다(재건축표준정관 제11조 제2항 및 제3항). 따라서 조합정관 자체에 일정한 의무불이행을 원인으로 조합원의 지위를 상실하게 정하거나, 또한 조합원으로서의 의무를 전혀 이행할 의사가 없는 자를 조합원에서 배제하는 규정을 정하는 것은 법률의 취지에 반하는 것이 아니다.[223]

(3) 대법원은 "재건축조합의 정관은 조합의 조직, 활동, 조합원의 권리·의무관계 등 단체법적 법률관계를 규율하는 합의문건으로서 공법인인 조합과 조합원에 대하여 구속력을 가지는 자치법규이므로, 이에 위반하는 활동은 원칙적으로 허용되지 않는다."고 판시하였으나,[224] 조합원 자격에 관해서 후술하겠지만 대법원 2009. 9. 24. 선고 2008다60568 판결에서와 같이 조합설립인가를 설권적 처분으로 해석한 이후부터, 조합원의 지위는 조합정관에서 정하는 바에 의하여 결정되는 것이 아니라, 조합원의 지위도 조합설립인가처분에 의하여 확정되는 것으로 보아야 할 것이므로, 조합정관의 구속력은 다소 약화된 것이라 볼 수 있다.

나. 정관의 기재사항

(1) 정관 기재 사항

(가) 조합의 정관에는 다음 각 호 1. 조합의 명칭 및 사무소의 소재지, 2. 조합원의 자격(2/3), 3. 조합원의 제명·탈퇴 및 교체(2/3), 4. 정비구역의 위치 및 면적(2/3), 5. 조합임원의 수 및 업무의 범위, 6. 조합임원의 권리·의무·보수·선임방법·변경 및 해임, 7. 대의원의 수, 선임방법, 선임절차 및 대의

---

221) 법제처 법령해석 사례, 민원인 – 추정 분담금 등 정보의 제공 없이 토지등소유자로부터 받은 동의의 유효 여부(「도시정비법」 제16조 제6항 등 관련), 안건번호 17-0123, 회신일자 2017. 6. 22.
222) 김종보, 건설법(제6판), 655면.
223) 김종보, 건설법(제6판), 488면.
224) 대법원 2016. 5. 12. 선고 2013다49381 판결.

원회의 의결방법, 8. **조합의 비용부담 및 조합의 회계(2/3)**, 9. 정비사업의 시행연도 및 시행방법, 10. 총회의 소집 절차·시기 및 의결방법, 11. 총회의 개최 및 **조합원**의 총회소집 요구, 12. 법 제73조 제3항에 따른 이자 지급, 13. 정비사업비의 부담 시기 및 절차(2/3), 14. 정비사업이 종결된 때의 청산절차, 15. 청산금의 징수·지급의 방법 및 절차, 16. **시공자·설계자의 선정 및 계약서에 포함될 내용(2/3)**, 17. 정관의 변경절차, 18. 그 밖에 정비사업의 추진 및 조합의 운영을 위하여 필요한 사항으로서 **대통령령으로 정하는 사항**[법 제40조 제1항 제18호는 정관에서 기재하여야 할 사항을 **대통령령**으로 위임하여 그 내용을 구체적으로 규정하도록 하고 있는 것으로 다음 각 호 1. 정비사업의 종류 및 명칭, 2. 임원의 임기, 업무의 분담 및 대행 등에 관한 사항, 3. **대의원회의 구성, 개최와 기능, 의결권의 행사방법 및 그 밖에 회의의 운영에 관한 사항**,[225] 4. 법 제24조 및 제25조에 따른 정비사업의 공동시행에 관한 사항, 5. 정비업자에 관한 사항, 6. 정비사업의 시행에 따른 회계 및 계약에 관한 사항, 7. 정비기반시설 및 공동이용시설의 부담에 관한 개략적인 사항, 8. 공고·공람 및 통지의 방법, 9. 토지 및 건축물 등에 관한 권리의 평가방법에 관한 사항, 10. 관리처분계획(법 제74조 제1항) 및 청산(분할징수 또는 납입에 관한 사항을 포함한다)에 관한 사항, 11. 사업시행계획서의 변경에 관한 사항, 12. 조합의 합병 또는 해산에 관한 사항, 13. 임대주택의 건설 및 처분에 관한 사항, 14. 총회의 의결을 거쳐야 할 사항의 범위, 15. **조합원**의 권리·의무에 관한 사항, 16. 조합직원의 채용 및 임원 중 상근임원의 지정에 관한 사항과 직원 및 상근임원의 보수에 관한 사항, 17. 그 밖에 시·도**조례**로 정하는 사항을[226] 말한다(영 제38조)]이 포함되어야 한다(법 제40조 제1항). 총회에서 의결정족수는 후술한다.

---

225) 법제처는 법 제20조(현행 제40조) 제1항에서는 조합정관의 기재사항으로 제7호에서는 "대의원의 수, 의결방법, 선임방법 및 선임절차(현행 대의원의 수, 선임방법, 선임절차 및 대의원회의 의결방법)"를 규정하고 있고, 제17호(현행 제18호)에서는 그 밖에 필요한 사항으로서 **대통령령**이 정하는 사항을 규정하고 있으며, 그 위임에 따른 영 제31조 제3호(현행 제38조 제3호)에서는 대의원회의 구성을 정관기재사항으로 규정하고 있는 바, 법 제20조 제1항 제7호(현행 제40조 제1항 제7호)의 "대의원의 수 및 그 선임방법 등"이 영 제31조 제3호(현행 제38조 제3호)의 "대의원회의 구성"에 포함되는 것으로 보아, 조합의 정관에서 대의원의 수 및 그 선임방법 등에 관한 사항을 규정하고 있으면, 대의원회의 구성에 관한 사항은 규정하지 않아도 되는지에 대한 법령해석에서, 조합 정관에서 **법 제20조(현행 제40조) 제1항 제7호에 따른 대의원의 수 및 그 선임방법에 관한 사항 외에 영 제31조 제3호에 따른 대의원회의 구성에 관한 사항도 규정하여야 한다**고 해석하였다.
법 제20조(현행 제40조) 제1항 제7호에서 "**대의원의 수, 의결방법, 선임방법 및 선임절차**"를 정관기재사항으로 규정한 것은 **대의원회의 구성원인 대의원의 수를 몇 명으로 하고, 어떠한 방법과 절차에 따라 대의원을 선임할 것인지를 정관으로 정하도록 하는 취지**라고 할 것이고, **영 제31조 제3호(현행 제38조 제3호)에서 "대의원회의 구성"을 정관기재사항으로 규정한 것은** 대의원 수, 의결방법, 선임방법 및 선임절차 외에 **해당 정비사업과 정비구역의 특성에 따른 동별 또는 주택유형별 대의원회의 구성 비율 등과 같이 대의원회의 구성 그 자체의 적정성을 확보할 수 있는 사항에 관한 것을 정하도록 하는 취지**라고 할 것이다(법제처 법령해석 사례, 조합의 정관에서 「도시정비법」 제25조 제4항에 따라 대의원의 수·선임방법을 규정한 것이 「도시정비법」 제20조 제1항 제17호 및 같은 법 시행령 제31조 제3호에 따른 '대의원회의 구성'을 규정한 것으로 볼 수 있는지, 안건번호 16-0395, 회신일자 2016. 11. 21.).

226) 「서울시 도시정비조례」 제22조(조합정관에 정할 사항) 영 제38조 제17호에서 "그 밖에 시·도**조례**로 정하는 사항"이란 다음 각 호 1. 이사회의 설치 및 소집, 사무, 의결방법 등 이사회 운영에 관한 사항, 2. 특정무허가건축물 소유자의 **조합원** 자격에 관한 사항, 3. 공유지분 소유권자의 대표자 선정에 관한 사항, 4. 단독 또는 다가구주택을 건축물 준공 이후 다세대주택으로 전환한 주택을 취득한 자에 대한 분양권 부여에 관한 사항, 5. 재정비촉진지구의 도시계획사업으로 철거되는 주택을 소유한 자 중 구청장이 선정한 자에 대한 주택의 특별공급에 관한 사항, 6. 융자금액 상환에 관한 사항, 7. 융자 신청 당시 담보 등을 제공한 조합장 등이 변경될 경우 채무 승계에 관한 사항, 8. 정비구역 내 공가 발생 시 안전조치 및 보고 사항, 9. 법 제87조에 따른 권리의 확정, 법 제88조에 따른 등기 절차, 법 제89조에 따른 청산금 등의 징수 및 지급이 완료된 후 조합 해산을 위한 총회 또는 대의원회의 소집 일정에 관한 사항을 말한다.

대법원은 **조합원**의 비용분담 조건을 변경하는 안건에 대하여 특별다수의 동의요건을 요구함으로써 **조합원**의 이익을 보호하고 권리관계의 안정과 재건축사업의 원활한 진행을 도모하고자 하는 「도시정비법」 관련 규정의 취지에 비추어 보면, 재건축조합이 구법의 유추적용에 따라 요구되는 **조합원** 3분의 2 이상의 동의를 거치지 아니하고(현행법도 3분의 2 이상의 찬성) 당초의 재건축 결의 시 채택한 **조합원**의 비용분담 조건을 변경하는 취지로 시공자와 계약을 체결한 경우 계약은 효력이 없다."고 판시하였다.[227]

(나) **시·도지사는** 표준정관을 작성·보급할 수 있다(법 제40조 제2항).[228] 종래 작성주체를 국토교통부장관에서 2019. 4. 23. 개정(시행 2019. 10. 24. 법률 제16383호)에 의해 시·도지사로 변경되었다.

(2) 정관의 변경

조합이 정관의 기재사항을 변경하려는 경우에는 조합설립인가을 위한 **토지등소유자**의 동의율과 달리(법 제35조 제2항부터 제5항까지의 규정에도 불구하고) **총회를 개최하여 조합원 과반수의 찬성으로 시장·군수등의 인가를** 받아야 한다. 다만, 제1항 **제2호·제3호·제4호·제8호·제13호 또는 제16호**의 경우에는 **조합원 3분의 2 이상의 찬성**으로 한다(법 제40조 제3항).[229] 법률과 시행령에서 해당 정관조항을 변경할 때 의결정족수인 과반수, 3분의2와 경미한 변경은 각 항목 정관내용 문구를 변경하기 위한 정족수이지 각 항목에 해당하는 내용을 총회에서 안건으로 결의 또는 변경할 때에 필요한 정족수가 아니라는 점이다.[230]

대법원은 구 「도시정비법」 제20조 제3항(현행 제40조 제3항)에서 정한 정관변경 '인가'의 법적 성질 및 이러한 인가를 받지 못한 경우, 변경된 정관의 효력(=무효) / 시장 등이 변경된 정관을 인가한 경우, 정관변경의 효력이 총회의 의결이 있었던 때로 소급하여 발생하는지 여부(소극)에 대하여, "구 「도시정비법」(2012. 2. 1. 법률 제11293호로 개정되기 전의 것) 제20조 제3항은 조합이 정관을 변경하고자 하는 경우에는 총회를 개최하여 **조합원** 과반수 또는 3분의 2 이상의 동의를 얻어 시장·군수의 인가를 받도록 규정하고 있다. 여기서 시장 등의 인가는 그 대상이 되는 기본행위를 보충하여 법률상 효력을 완성시키는 행위로서 이러한 인가를 받지 못한 경우 변경된 정관은 효력이 없고, 시장 등이 변경된

---

227) 대법원 2016. 5. 12. 선고 2013다49381 판결.

228) "현실과 동떨어진 국토부 가이드라인… 정부 표준정관 유명무실"이라는 2017. 10. 23. 머니투데이 보도내용에 대하여 국토교통부는 같은 날 보도참고자료를 통하여 "재개발·재건축사업의 표준정관은 「도시정비법」이 2003년 제정되면서, 법 제정 초기에 조합에서 원활하게 정관을 마련할 수 있도록 예시를 제시한 것이라면서, 당초 국토교통장관이 작성·보급하였으나 개정되었다.

229) 「도시정비법」상 정관변경인가와 조합설립변경을 위한 절차 중복에 대하여 「도시정비법」 제40조 제3항에 대하여 입법상 오류를 지적하고 있다. 정관이란 조합설립행위의 근간으로서 정관의 변경은 바로 조합설립행위의 변경과 동등하게 취급되어야 하고 양자가 대등한 동의율과 동의내용이어야 한다는 것이다. "법 제35조 제2항부터 제5항까지의 규정에도 불구하고"란 의미는 정관 변경을 하는 경우 조합설립인가를 위한 동의율을 적용하지 않고, **조합원** 과반수의 동의(또는 3분의 2 이상의 동의)만 받도록 한다는 것이다. 이에 대하여 정관은 조합의 핵심적인 내용이고, 정관만의 변경과 다른 것의 변경의 구별의 어려움을 이유로 두 제도의 통합을 주장하고 있다(김종보, 건설법(제6판), 484~485면).

230) 김조영, 재건축재개발 등 정비사업 법령해설집, 93~94면.

정관을 인가하더라도 정관변경의 효력이 총회의 의결이 있었던 때로 소급하여 발생한다고 할 수 없다고 하였다.[231]

(3) 정관의 경미한 변경

대통령령으로 정하는 경미한 사항을 변경하려는 때에는 변경방법은 이 법 또는 정관으로 정하는 방법에 따라 변경하고 시장·군수등에게 **신고**하여야 한다(법 제40조 제4항).

법 제40조 제4항에서 "**대통령령**으로 정하는 경미한 사항"이란 다음 각 호 1. 법 제40조 제1항 제1호에 따른 조합의 명칭 및 사무소의 소재지에 관한 사항, 2. 조합임원의 수 및 업무의 범위에 관한 사항, 3. 삭제, 4. 법 제40조 제1항 제10호에 따른 총회의 소집 절차·시기 및 의결방법에 관한 사항, 5. 법 제38조 제2호에 따른 임원의 임기, 업무의 분담 및 대행 등에 관한 사항, 6. 법 제38조 제3호에 따른 대의원회의 구성, 개회와 기능, 의결권의 행사방법, 그 밖에 회의의 운영에 관한 사항, 7. 법 제38조 제5호에 따른 정비업자에 관한 사항, 8. 법 제38조 제8호에 따른 공고·공람 및 통지의 방법에 관한 사항, 9. 법 제38조 제13호에 따른 임대주택의 건설 및 처분에 관한 사항, 10. 법 제38조 제14호에 따른 총회의 의결을 거쳐야 할 사항의 범위에 관한 사항, 11. 법 제38조 제16호에 따른 조합직원의 채용 및 임원 중 상근임원의 지정에 관한 사항과 직원 및 상근임원의 보수에 관한 사항, 12. 착오·오기 또는 누락임이 명백한 사항, 13. 법 제16조에 따른 정비구역 또는 정비계획의 변경에 따라 변경되어야 하는 사항, 14. 그 밖에 **시·도조례**로 정하는 사항을[232][233] 말한다(영 제39조).

---

231) 대법원 2014. 7. 10. 선고 2013도11532 판결.

232) 「서울시 도시정비조례」 제23조(정관의 경미한 변경사항) 영 제39조 제12호에서 "그 밖에 시·도**조례**가 정하는 사항"이란 제22조 제1호의 사항으로서 예산의 집행 또는 **조합원**의 부담이 되지 않는 사항을 말한다.

233) 법제처는 법 제20조(현행 제40조) 제1항 제7호에서는 조합은 "대의원의 수, 의결방법, 선임방법 및 선임절차(현행 대의원의 수, 선임방법, 선임절차 및 대의원회의 의결방법)"에 관한 사항이 포함된 정관을 작성하여야 한다고 규정하고 있고, 같은 조 제3항에서는 **조합**이 정관을 변경하고자 하는 경우에는 **대통령령**으로 정하는 경미한 사항의 변경을 제외하고는 시장·군수의 인가를 받아야 한다고 규정하고 있으며, 그 위임에 따른 영 제32조(현행 제39조)에서는 법 제20조(현행 제40조) 제1항 제7호를 경미한 사항의 변경으로 규정하고 있지 않은 바, 조합이 대의원의 선임방법 및 선임절차에 관하여 정관의 위임에 따라 별도로 선거관리규정을 두어 운용하고 있는 경우, 대의원의 선임방법 및 선임절차에 관한 사항을 변경하는 내용으로 선거관리규정을 개정하고, **해당 개정 내용을 반영한 조합 정관의 변경에 대하여 총회의 의결을 마쳤으나 시장·군수의 인가를 받지 않은 경우**, 조합 정관의 변경 인가 전에 개정된 선거관리규정에 따라 대의원을 선임할 수 있는지에 법제처의 법령해석에서, 해당 조합이 속한 시·도의 조례에서 "대의원의 선임방법 및 선임절차"에 관한 사항을 정관의 경미한 변경사항으로 규정하고 있지 않다면, 대의원의 선임방법 및 선임절차에 관한 사항을 변경하는 내용으로 선거관리규정을 개정하였더라도 해당 개정 내용을 반영한 **조합 정관의 변경에 대하여 시장·군수의 변경 인가를 받기 전에는 개정된 선거관리규정에 따라 대의원을 선임할 수 없다**고 해석하였다.
그 이유로는, 법 제20조(현행 제40조) 제1항 제7호에서는 대의원의 선임방법 및 선임절차를 정관 필수기재사항으로 규정하고 있고, **법 제25조 제4항(현행 제46조 제5항)에서도 대의원의 선임방법 및 선임절차 등에 관하여는 대통령령이 정하는 범위에서 정관으로 정한다**고 규정하고 있으며, 그 위임에 따라 **영 제36조 제2항(현행 제44조 제2항)에서는 대의원의 선임 및 해임에 관하여는 정관이 정하는 바에 따른다**고 규정하고 있는 바, 조합은 법이 규정하고 있는 내용의 범위에서 정관으로 대의원의 선임방법 및 선임절차를 규정하여야 하고, 이 경우 조합은 구성원들의 자율적인 결정에 따라 대의원의 선임방법 및 선임절차를 정관에서 직접 규정하거나, 정관에서 대의원의 선임방법 및 선임절차에 관한 사항 중 일부를 별도의 선거관리규정으로 정하도록 할 수도 있다고 할 것이다.
대의원의 선임방법 및 선임절차를 경미한 사항으로 규정하고 있지는 않지만, 시·도의 **조례**로 경미한 사항을 정할 수 있도록 규정하고 있는 바, 해당 조합이 속한 시·도의 **조례**에서 대의원의 선임방법 및 선임절차에 관한 사항을 정관의

Ⅲ. 토지등소유자의 동의의 사유 및 방법 등

전술한 바와 같이 조합설립에는 정비사업별로 일정한 **토지등소유자**의 동의를 받아야 한다. **토지등소유자**의 동의의 의사표시는 조합을 설립할 때 이외에도 정비사업 각 단계별로 동의를 요하므로 아래에서는 동의 사유 및 방법, 동의의 시기, 철회 또는 반대의사표시의 사유 및 시기에 관한 것이다.

1. 동의 사유 및 방법

가. 동의 사유

다음 각 호 1. 법 제20조 제6항 제1호에 따라 정비구역등 해제의 연장을 요청하는 경우, 2. 법 제21조 제1항 제4호에 따라 정비구역의 해제에 동의하는 경우, 3. 법 제24조 제1항에 따라 주거환경개선사업의 시행자를 토지주택공사등으로 지정하는 경우, 4. 법 제25조 제1항 제2호에 따라 **토지등소유자**가 재개발사업을 시행하려는 경우, 5. 법 제26조 또는 제27조에 따라 재개발·재건축사업의 공공시행자 또는 지정개발자를 지정하는 경우, 6. 법 제31조 제1항에 따라 **조합설립을 위한 추진위원회를 구성**하는 경우, 7. 법 제32조 제4항에 따라 추진위원회의 업무가 **토지등소유자**의 비용부담을 수반하거나 권리·의무에 변동을 가져오는 경우, 8. 법 제35조 제2항부터 제5항까지의 규정에 따라 **조합을 설립**하는 경우, 9. 법 제47조 제3항에 따라 주민대표회의를 구성하는 경우, 10. 법 제50조 제4항에 따라 사업시행계획인가를 신청하는 경우, 11. 법 제58조 제3항에 따라 사업시행자가 사업시행계획서를 작성하려는 경우에 대한 동의는 **서면동의서에 토지등소유자가 성명을 적고 지장(指章)을**[234] **날인하는 방법**으로 하며, 주민등록증, 여권 등 신원을 확인할 수 있는 **신분증명서의 사본을 첨부**하여야 한다(법 제36조 제1항).[235] 동의 사항의 철회 또는 법 제26조 제1항 제8호 단서, 제31조 제2항 단서 및 제47조 제4항 단서에 따른 반대의 의사표시도 동의의 의사표시와 같은 방법에 의한다(법 제36조 제1항 각호 외의

경미한 변경사항으로 규정하고 있지 않는 경우에는 조합이 "대의원의 선임방법 및 선임절차"에 관한 사항을 변경하려면 「도시정비법」 제20조(현행 제40조) 제3항 본문에 따라 총회를 개최하여 **조합원** 과반수의 동의를 얻고 시장·군수로부터 변경 인가를 받아야 할 것이다.
그렇다면, 조합이 정관에서 대의원의 선임방법 및 선임절차에 관한 사항을 선거관리규정에 위임할 수 있고, 이에 근거하여 선거관리규정에서 정하는 바에 따라 대의원을 선임할 수 있다고 하더라도 이는 정관에서 대의원의 선임방법 및 선임절차에 관한 사항을 선거관리규정에서 정하도록 하는 유효한 위임이 있는 것을 전제로 하는 바, 대의원의 선임방법 및 선임절차에 관한 선거관리규정의 개정사항이 그 내용상 시장·군수의 인가가 필요한 정관의 변경을 전제로 하는 사항이라면 선거관리규정의 개정만으로는 효력을 발생할 수 없고, 해당 개정사항을 반영하는 내용의 정관변경에 대한 총회 의결과 시장·군수의 인가가 있은 이후에 개정된 선거관리규정에 따라 대의원을 선임할 수 있다고 할 것이며, 비록 시장·군수의 인가 전에 선거관리규정이 먼저 개정되었다고 하더라도 이는 정관의 유효한 위임에 따른 것이라고 볼 수 없다고 할 것이므로 개정된 선거관리규정에 따라 대의원을 선임할 수는 없다고 할 것이다(법제처 법령해석 사례, 민원인 - 조합 정관의 변경을 수반하는 선거관리규정의 개정 사항을 정관변경 인가를 받기 전에 적용할 수 있는지「도시정비법」 제20조 제3항 관련), 안건번호 16-0396, 회신일자 2016. 11. 7.).

234) 도장을 대신하여 손가락에 인주 따위를 묻혀 그 지문(指紋)을 찍은 것. [비슷한 말] 무인(拇印)·손도장·수장·장인(掌印)·지인(指印).

235) 종래에는 **토지등소유자**의 동의(동의의 철회를 포함한다)는 인감도장을 사용한 서면동의 방법에 의하며, 이 경우 인감증명서를 첨부하도록(영 제28조 제4항) 하였다.

부분 괄호). 이에 관해서는 후술한다.

나. 동의 방법

(1) **토지등소유자**가 해외에 장기체류하거나 법인인 경우 등 불가피한 사유가 있다고 시장·군수등이 인정하는 경우에는 **토지등소유자**의 인감도장을 찍은 **서면동의서**에 해당 인감증명서를 첨부하는 방법 으로 할 수 있다(법 제36조 제2항).

(2) 서면동의서를 작성하는 경우 추진위원회 구성·승인(제31조 제1항) 및 재개발·재건축조합설립 인가(제35조 제2항부터 제4항까지의 규정)에 해당하는 때에는 시장·군수등이 **대통령령**으로 정하는 방 법에 따라 **검인(檢印)한 서면동의서**를 사용하여야 하며, 검인을 받지 아니한 서면동의서는 그 효력이 발생하지 아니한다(법 제36조 제3항). 법 제36조 제3항에 따라 동의서에 검인을 받으려는 자는 **영 제 25조 제1항**(**토지등소유자**의 동의를 받으려는 자는 국토교통부령으로 정하는 동의서에 추진위원장, 추 진위원회 위원, 추진위원회의 업무 및 운영규정을 미리 쓴 후 **토지등소유자**의 동의를 받아야 한다) 또는 **영 제30조 제2항**(1. 건설되는 건축물의 설계의 개요, 2. 정비사업비, 3. 정비사업비의 분담기준, 4. 사업 완료 후 소유권의 귀속에 관한 사항, 5. 조합 정관)에 따라 동의서에 기재할 사항을 기재한 후 관련 서류를 첨부하여 시장·군수등에게 검인을 신청하여야 한다(영 제34조 제1항).

(3) 신청을 받은 시장·군수등은 동의서 기재사항의 기재 여부 등 형식적인 사항을 확인하고 해당 동의서에 연번(連番)을 부여한 후 검인을 하여야 한다(영 제34조 제2항). 시장·군수등은 신청을 받은 날부터 20일 이내에 신청인에게 검인한 동의서를 내주어야 한다(영 제34조 제3항).

다. 동의 여부의 심사

대법원은 이와 같이 구「도시정비법」상의 재개발조합 설립에 **토지등소유자**의 서면에 의한 동의를 요구하고 그 동의서를 재개발조합설립인가신청 시 행정청에 제출하도록 하는 취지는, 서면에 의하여 **토지등소유자**의 동의 여부를 명확하게 함으로써 동의 여부에 관하여 발생할 수 있는 관련자들 사이의 분쟁을 미연에 방지하고 나아가 행정청으로 하여금 재개발조합설립인가신청 시에 제출된 동의서에 의 하여서만 동의요건의 충족 여부를 심사하도록 함으로써 동의 여부의 확인에 불필요하게 행정력이 소모 되는 것을 막기 위함에 있다. 따라서 재개발조합설립인가신청을 받은 행정청은 재개발조합설립인가의 요건인 **토지등소유자**의 동의 여부를 심사함에 있어서 무엇보다도 ① 동의의 내용에 관하여는 동의서 에 구「도시정비법 시행령」제26조 제1항(현행 제30조 제2항) 각 호의 법정사항이 모두 포함되어 있는 지를 기준으로, ② 동의의 진정성에 관하여는 그 동의서에 날인된 인영과 인감증명서의 인영이 동일한 것인지를 기준으로 각각 심사하여야 한다. 그리고 위 기준 중 어느 하나라도 충족하지 못하는 동의서 에 대하여는 이를 무효로 처리하여야 하고, 임의로 이를 유효한 동의로 처리할 수는 없다고 할 것이 다. 236)

2. 동의자 수 산정 기준 및 산정시기

가. 동의자 수 산정 기준

토지등소유자의 동의자 수 산정 방법 및 절차 등에 필요한 사항은 **대통령령**에 위임하고 있다(법 제36조 제4항). 즉 재건축사업 안전진단실시 요청서(법 제12조 제2항), **토지등소유자**의 과반수의 동의로 시장·군수가 직접 정비사업을 시행하거나 토지주택공사 등 또는 지정개발자를 사업대행자로 지정하는 경우(법 제28조 제1항), 법 제20조 제6항 제1호에 따라 정비구역등 해제의 연장을 요청 등(법 제36조 제1항), 정비계획의 입안 제안 동의(영 제12조), 기부채납을 현금으로 납부하려는 경우 동의(영 제14조 제2항) 및 창립총회 소집요구(영 제27조) 의사결정에 따른 **토지등소유자**(토지면적에 관한 동의자 수를 산정하는 경우에는 토지소유자를 말한다)의 동의는 아래의 기준에 따라 산정한다(영 제33조 제1항). 조합설립 동의 요건으로 토지 또는 건축물의 '소유권'이 아니라, 토지 또는 건축물의 '소유자'를 기준으로 하고 있다.[237]

(1) 주거환경개선사업·재개발사업

(가) 산정 기준: 주거환경개선사업·재개발사업은 다음 각 목의 기준에 의한다(영 제33조 제1항 제1호).

가. 1필지의 토지[238] 또는 하나의 건축물을 여럿이서 공유할 때에는 그 여럿을 대표하는 1인을 **토지등소유자**로 산정할 것. 다만, 재개발구역의 「전통시장 및 상점가 육성을 위한 특별법」 제2조에 따른 전통시장 및 상점가로서 1필지의 토지 또는 하나의 건축물을 여럿이서 공유하는 경우에는 해당 토지 또는 건축물의 **토지등소유자**의 4분의 3 이상의 동의를 받아 이를 대표하는 1인을 **토지등소유자**로 산정할 수 있다. 대표자 선출 합의가 안 되면 동의자로 산정될 수 없다. 다만 무허가건축물에 대해서는 **토지등소유자** 동의자 수에 포함된다.[239]

---

236) 대법원 2013. 1. 10. 선고 2010두16394 판결; 대법원 2011. 11. 10. 선고 2011두14883 판결; 대법원 2010. 1. 28. 선고 2009두4845 판결.

237) 대법원 2013. 11. 14. 선고 2011두5759 판결.

238) 법제처는 「도시정비법」 제16조 제1항(현행 제35조 제2항)에 따르면 도시환경정비사업의 추진위원회가 조합을 설립하고자 하는 때에는 **토지등소유자**의 4분의 3 이상 및 토지면적의 2분의 1 이상의 토지소유자의 동의를 얻어 시장·군수의 인가를 받아야 하는데, 토지면적의 2분의 1 이상의 토지소유자의 동의율을 산정함에 있어 정비사업구역내에 1개 필지의 토지를 공유하고 있는 여러 명 간 조합설립을 위한 동의여부에 대하여 의견이 일치하지 않아 **여러 명을 대표하는 1인을 정하지 못한 경우, 조합설립에 동의한 자의 지분에 해당하는 면적만큼 동의한 것으로 산정할 수는 없다**고 해석하였다.

그 이유로 1필지 토지공유자들이 조합설립에 대한 동의를 하기 위해서는 공유자 간 충분한 협의가 필요하다고 할 것이고, 더불어 정비사업구역내 토지 또는 건축물이 여러 명의 공유에 속하는 경우 그 여러 명을 대표하는 1인을 조합원으로 보고 그 이후 대표하는 1인을 기준으로 조합 총회 등의 의결 및 분양이 이루어지도록 한 「도시정비법」의 체계(제39조 제1항 제1호, 법 제79조 제4항) 등을 고려할 때, 1필지 토지공유자들의 조합설립에 대한 동의여부는 공유자 간 협의에 따라 선출된 대표자 1인을 기준으로 판단하여야 할 것으로 해석된다[법제처 법령해석 사례, 인천광역시 남구 - 정비사업구역내 1개 필지의 토지를 여러 명이 공유하고 있는 경우, 「도시정비법」 제16조 제1항에 따른 도시환경정비사업을 위한 조합설립에 대한 동의요건 중 토지면적의 2분의 1 이상의 토지소유자의 동의율 산정방법(「도시정비법」 제16조 제1항 등 관련), 안건번호 11-0666, 회신일자 2011. 12. 8.].

239) 법제처는 재개발예정구역내의 토지 위에 위치한 무허가건축물의 소유자가 당해 토지소유자와의 사전 협의 또는 승낙

117

나. 토지에 지상권이 설정되어 있는 경우 토지의 소유자와 해당 토지의 지상권자를 대표하는 1인을 **토지등소유자**로 산정할 것. 당해 토지에 지상권이 설정되어 있는 경우에는 추진위원회 또는 조합 설립 등에 대한 토지소유자와 지상권자의 의견이 모두 반영되어야 할 것이어서 지상권자가 당해 토지소유자와 사전 협의 또는 승낙을 받지 않아 대표자가 아님에도 동의서를 제출한 경우 당해 동의서는 **토지등소유자**의 동의자수로 산정될 수 없다.[240]

다. 1인이 다수 필지의 토지 또는 다수의 건축물을 소유하고 있는 경우에는 필지나 건축물의 수에 관계없이 **토지등소유자**를 1인으로 산정할 것. 다만, 재개발사업으로서 **토지등소유자**가 재개발사업을 시행하는 경우(법 제25조 제1항 제2호에 따른 **토지등소유자**방식) **토지등소유자**가 정비구역 지정 후에 정비사업을 목적으로 취득한 토지 또는 건축물에 대해서는 정비구역 지정 당시의 토지 또는 건축물의 소유자를 **토지등소유자**의 수에 포함하여 산정하되, 이 경우 동의 여부는 이를 취득한 **토지등소유자**에 따른다. 가령 정비구역지정 당시 총 **토지등소유자**가 18명이었는데, 정비구역지정 후 그 1인이 다른 사람이 소유하고 있는 토지 또는 건축물을 소유하게 되어(1인이 다수의 토지 또는 건축물 소유), 소유자가 17인으로 줄어들더라도 총 **토지등소유자**의 수는 18인으로 산정하고, 대신 새로 소유한 토지 또는 건축물에 대한 동의여부는 새로 취득한 **토지등소유자**가 행사하게 된다.[241]

라. 둘 이상의 토지 또는 건축물을 소유한 공유자가 동일한 경우에는 그 공유자 여럿을 대표하는 1인을 **토지등소유자**로 산정할 것

(나) 확대된 정비구역의 추진위원회 구성 승인에 요구되는 과반수 동의 요건: 법제처는 법 제8조에 따라 재개발사업의 시행을 위한 정비구역이 지정된 후 해당 정비구역의 범위를 확대하는 것으로 변경

없이 동의서를 제출한 경우 당해 동의서가 효력이 있는지 여부에 대한 법령해석에서, 재개발예정구역내의 토지 위에 위치한 <u>무허가건축물의 소유자</u> 중 법령이나 **조례** 등에 의하여 **토지등소유자**와 동일하게 취급받고 있는 경우에 한하여 그 무허가건축물의 소유자가 제출한 동의서는 적법한 동의서로서 효력이 있다고 할 것이다. 그 이유에 대해서는, 「도시정비법」 제2조 제9호 가목에 의하면, 재개발사업의 경우에는 토지만의 소유자, 건축물만의 소유자도 각각 **토지등소유자**가 되도록 규정하고 있어 건축물 소유자는 독립된 **토지등소유자**로서 토지소유자와는 상관없이 동의서를 제출할 수 있다고 할 것인 바, 무허가건축물이란 「건축법」에 의한 허가를 받지 아니한 건축물로서 「도시정비법」 제2조 제9호 가목에 규정된 "건축물"의 범위에서 무허가건축물을 배제하지 않고 있는 점, 동법에서의 분양은 적법여부에 앞서 **토지등소유자**의 기존 물권 및 거주 장소를 대체하는 것에 주된 목적이 있는 점, 동법 제39조에서 **조합원**은 **토지등소유자**로 하도록 규정하고, 동법 제40조에서는 정관으로 **조합원**의 자격을 정하되, 이러한 정관은 조례의 범위안에서 정해지는 점, 동법 제72조 및 동법 제79조의 규정에서 분양 및 주택공급대상을 **토지등소유자**로 하고 있는 점, 조례(서울시 도시정비조례 제2조 제1호 및 제34조 제4호, 제36조 제1항 제1호 등)에서 일정한 범위의 무허가건축물의 소유자도 **토지등소유자**로서 재개발사업으로 건립되는 공동주택의 분양대상자로 인정하고 있는 점 등을 고려하여 볼 때, 무허가건축물의 소유자 중 법령이나 조례 등에 의하여 **토지등소유자**와 동일하게 취급되고 있는 경우에는 「도시정비법」상의 **토지등소유자** 범위에 포함된다고 할 것이어서 이러한 무허가건축물의 소유자가 제출한 동의서에 한하여 **토지등소유자**의 동의자수에 포함할 수 있을 것이다(법제처 법령해석 사례, 건설교통부-영 제28조 제1항 제1호 나목(**토지등소유자**의 동의자수 산정방법), 안건번호 06-0140, 회신일자 2006. 8. 11.).

240) 법제처 법령해석 사례, 건설교통부-영 제28조 제1항 제1호 나목 (**토지등소유자**의 동의자수 산정방법), 안건번호 06-0140, 회신일자 2006. 8. 11.

241) 종전의 도시환경정비사업에서 **토지등소유자**방식으로 시행할 때 토지 또는 건축물을 여러 개 소유한 사람도 1개를 소유한 사람과 같이 1인으로 산정되어 정비구역내의 토지면적 비율과 관계없이 사람 수로 다수의 의사가 결정되는 불합리를 시정한 것이다(김조영, 재건축재개발 등 정비사업 법령해설집, 123면).

지정된 경우, 같은 법 제31조에 따라 조합설립을 위한 추진위원회를 구성하여 시장·군수의 승인을 받으려면 정비구역 전체의 **토지등소유자** 과반수의 동의를 얻으면 되는지, 아니면 기존 정비구역의 **토지등소유자** 과반수의 동의 및 정비구역의 확대 시 편입된 정비구역의 **토지등소유자** 과반수의 동의를 각각 얻어야 하는지 여부에 대한 법령해석에서, 정비구역 전체의 **토지등소유자** 과반수의 동의를 새로 얻으면 되는 것이지, 기존 정비구역의 **토지등소유자** 과반수의 동의 및 정비구역의 확대 시 편입된 정비구역의 **토지등소유자** 과반수의 동의를 각각 얻어야 하는 것은 아니다.[242]

(2) 재건축사업의 산정 기준

재건축사업의 경우에는 다음 각 목 가. 소유권 또는 구분소유권을 여럿이서 공유하는 경우에는 그 여럿을 대표하는 1인을 **토지등소유자**로 산정할 것, 나. 1인이 둘 이상의 소유권 또는 구분소유권을 소유하고 있는 경우에는 소유권 또는 구분소유권의 수에 관계없이 **토지등소유자**를 1인으로 산정할 것, 다. 둘 이상의 소유권 또는 구분소유권을 소유한 공유자가 동일한 경우에는 그 공유자 여럿을 대표하는 1인을 **토지등소유자**로 할 것의 기준에 따른다(영 제33조 제1항 제2호).

(3) 공통 산정 기준

토지등소유자의 공통된 동의자 수 산정 기준은 다음과 같다. 추진위원회의 구성 또는 조합의 설립에 **동의한 자**로부터 토지 또는 건축물을 취득한 자는 추진위원회의 구성 또는 조합의 설립에 **동의한** 것으로 보며(영 제33조 제1항 제3호), 토지등기부등본·건물등기부등본·토지대장 및 건축물관리대장에 소유자로 등재될 당시 ① 주민등록번호의 **기록이 없고** ② 기록된 주소가 현재 주소와 **다른 경우**로서 ③ 소재가 확인되지 아니한 자는 **토지등소유자**의 수 또는 공유자 수에서 **제외**하며(영 제33조 제1항 제4호), 국·공유지에 대해서는 그 **재산관리청** 각각을 **토지등소유자**로 산정한다(영 제33조 제1항 제5호).

나. 동의자 수 산정 시기

(1) 재개발조합설립인가 신청을 위한 동의 정족수의 판단 기준 시기(=재개발조합설립인가신청 시): 대법원은 구 「도시정비법」상 재개발조합설립인가를 위한 동의 정족수를 판단하는 기준 시기(=

---

242) 그 이유는, 도시정비법령에서는 재개발사업의 시행을 위하여 필요한 조합의 설립을 위한 추진위원회에 대하여 시장·군수의 승인을 얻기 위해 필요한 **토지등소유자**의 동의와 관련하여 **정비구역의 범위가 확대되는 경우에 대하여는 특별히 규율하고 있지 않고 있다.** 그렇다면 재개발사업의 시행을 위한 추진위원회의 구성과 관련하여 필요로 하는 **토지등소유자** 과반수의 동의는 재개발사업이 시행되는 정비구역 안에 소재한 토지의 소유자, 건축물의 소유자 및 그 지상권자의 **전체 총수를 기준으로 한 과반수의 동의**라 할 것이다(법제처 법령해석 사례, 서울특별시 - 정비구역이 확대된 경우 조합설립 추진위원회의 구성 승인에 있어서 요구되는 **토지등소유자**의 과반수 동의 요건(「도시정비법」 제13조 제2항 등 관련), 안건번호 10-0266, 회신일자 2010. 10. 1.).

재개발조합설립인가신청 시)에 대한 판시에서, "구「도시정비법」(2012. 2. 1. 법률 제11293호로 개정되기 전의 것)상의 ① 재개발조합설립에 **토지등소유자**의 서면에 의한 동의를 요구하고 동의서를 재개발조합설립인가신청 시 행정청에 제출하도록 하고 있는 점, ② 구「도시정비법 시행령」(2012. 7. 31. **대통령령** 제24007호로 개정되기 전의 것) 제28조 제4항(현행 제33조 제2항)에서 **토지등소유자**는 '인가신청 전'에 동의를 철회하거나 반대의 의사표시를 할 수 있도록 규정하는 한편, 조합설립의 인가에 대한 동의 후에는 위 시행령 제26조(제30조) 제2항 각 호의 사항이 변경되지 않으면 조합설립의 '인가신청 전'이라고 하더라도 창립총회 후에는 동의를 철회할 수 없도록 규정하여 '인가신청 시'를 기준으로 동의 여부를 결정하도록 하고 있는 점, ③ 인가신청 후 처분 사이의 기간에도 **토지등소유자**는 언제든지 자신의 토지 및 건축물 등을 처분하거나 분할·합병하는 것이 가능한데, 대규모 지역의 재개발사업에 대한 조합설립인가신청의 경우 행정청이 처분일을 기준으로 다시 일일이 소유관계를 확인하여 정족수를 판단하기는 현실적으로 어려울 뿐만 아니라 처분시점이 언제이냐에 따라 동의율이 달라질 수 있는 점, ④ 만일 처분일을 기준으로 동의율을 산정하면 인가신청 후에도 소유권변동을 통하여 의도적으로 동의율을 조작하는 것이 가능하게 되어 재개발사업과 관련한 비리나 분쟁이 양산될 우려가 있는 점 등을 종합적으로 고려하면, 조합설립인가를 위한 동의 정족수는 '조합설립인가처분일'이 아닌 '재개발조합설립인가신청 시'를 기준으로 판단해야 한다고 판시하였다."[243]

(2) **추진위원회 승인, 조합설립인가 및 사업시행인가 신청 시 얻어야 하는 동의자 수의 산정 시기:** 법제처는「도시정비법」에 따른 정비사업을 시행함에 있어서 추진위원회 승인신청, 조합설립인가 신청 및 사업시행인가 신청 시 얻어야 하는 **토지등소유자**의 동의자 수를 산정할 때 각각의 신청일을 기준으로 하여야 하는지, 아니면 정비구역의 지정·고시일을 기준으로 하여야 하는지에 대한 법령해석에서,「도시정비법」에 따른 정비사업을 시행함에 있어서 추진위원회 승인신청, 조합설립인가 신청 및 사업시행인가 신청 시 얻어야 하는 **토지등소유자**의 동의자 수를 산정할 때 각각의 신청일을 기준으로 하여야 한다.[244]

---

243) 대법원 2013. 11. 14. 선고 2011두5759 판결; 대법원 2014. 4. 24. 선고 2012두21437 판결.
244) 법 제19조 제1항에 따르면 정비구역이 지정·고시된 후에도 시장·군수의 허가를 받아서 건축물의 건축 및 토지분할 등을 할 수 있고, 토지나 건축물의 매각을 제한하는 등의 규제는 하지 않고 있는 바, **그렇다면 시장·군수의 허가를 받아서 건축한 건축물에 대한 새로운 소유자가 발생할 수도 있고, 토지분할 후 매각을 통하여 새로운 토지등소유자의 자격을 취득하거나 특정 토지등소유자가 다른 토지등소유자에게 토지 또는 건축물을 매각하여 기존 토지등소유자의 자격을 상실하는 등 정비구역지정·고시 후에도 토지등소유자 수의 변경 가능성이 있다**고 할 것인데, 정비구역 지정·고시 이후 **토지등소유자**의 수가 증감이 있는 경우에도 종전의 **토지등소유자**를 기준으로 한다면 당해 정비사업 추진에 **토지등소유자**의 의사가 정확하게 반영되기 어려울 것이다(법제처 법령해석 사례, 국토해양부 -「도시정비법」에 따라 **토지등소유자**의 동의를 받을 때 동의자 수 산정기준일을 언제로 보아야 하는지(「도시정비법」 제17조 제1항 관련), 안건번호 10-0059, 회신일자 2010. 4. 30.).

3. 철회 또는 반대의사의 표시

가. 철회 또는 반대의사 표시의 시기 기준

안전진단의 동의(법 제12조 제2항) 및 법 제36조 제1항 각 호 외의 부분에 따른 동의(법 제26조 제1항 제8호, 제31조 제2항 및 제47조 제4항에 따라 의제된 동의를 포함한다)의 철회 또는 반대의사 표시의 시기는 다음 각 호의 기준에 따른다(영 제33조 제2항).[245][246]

1. 동의의 철회 또는 반대의사의 표시는 해당 동의에 따른 인·허가 등을 신청하기 전까지 할 수 있다. 여기서 인·허가 등을 신청하기 전의 의미는 법 제36조 제1항 각 호에 따른 추진위원회와 조합설립인가 신청 전 및 그 밖의 경우는 동의서를 제출하기 전까지를 의미하고, 안전진단의 경우는 안전진단의 실시를 요청하기 전을 의미한다(법 제12조 제2항). 가령 추진위원회 구성에 동의한 자는 추진위원회 승인 신청 전까지 동의의 철회를 할 수 있다(제1호).

2. 제1호에도 불구하고 다음 각 목 가. 법 제23조 제1항 제1호에 따른 방법으로 시행 중인 주거환경개선사업의 정비구역이 지정·고시된 날부터 10년 이상 경과하고, 추진 상황으로 보아 지정 목적을 달성할 수 없다고 인정되는 경우로서 토지등소유자의 과반수가 정비구역의 해제에 대한 동의(법 제21조 제1항 제4호), 나. 조합설립에 대한 동의 후 영 제30조 제2항 각 호(1. 건설되는 건축물의 설계의 개요, 2. 정비사업비, 3. 정비사업비의 분담기준, 4. 사업 완료 후 소유권의 귀속에 관한 사항, 5. 조합 정관)의 사항이 변경되지 아니한 경우로 한정하여 법 제35조에 따른 조합설립에 대한 동의는 최초로 동의한 날부터 **30일까지만** 철회할 수 있다. 다만, 조합설립에 대한 동의는 최초로 동의한 날부터 30일이 지나지 아니한 경우에도 조합설립을 위한 **창립총회 후에는** 철회할 수 없다(제2호). 즉 가목과 나목의 동의의 철회는 최초 동의한 날로부터 30일까지만 할 수 있고, 그 중 조합설립동의의 철회는 30일 전이라고 하더라도 창립총회 개최 이후에는 철회할 수 없다.[247]

---

245) 여기서 동의란 사업시행자인 조합이 수많은 **토지등소유자**로 구성되어 있어서 **토지등소유자** 1인으로는 「도시정비법」 상 일정한 법적 효과가 생기지 않을 때에 이를 보충하는 의미에서 법정하는 일정수의 다른 **토지등소유자**의 승인의 의사표시가 더해지는 것을 동의라 할 것이다. 따라서 동의의 철회란 동의를 번복하는 것으로, 이와 같은 동의의 의사표시로 인하여 인·허가 등의 법적 효과가 확정적으로 생기기 전에 동의자가 원하지 않으므로 이를 저지하여 장래에 향하여 동의의 효과를 발생하지 않게 하려는 표의자의 일방적 의사표시로 보아야 할 것이다.

246) 전술한 안전진단의 동의(법 제12조 제2항) 및 법 제36조 제1항 각 호의 사유를 제외한 다음의 사유, 즉 **토지등소유자**(조합이 설립된 경우에는 **조합원**을 말한다)가 3분의 2 이상의 동의로 정비계획의 변경을 요청하는 경우(법 제14조 제1항 제6호), 해당 정비예정구역의 토지 또는 건축물의 소유자 또는 지상권자의 3분의 2 이상의 동의를 받아 공동주택 및 대지공급방식·환지방식·관리처분방식(법 제23조 제1항 제2호부터 제4호까지)으로 시행하는 주거환경개선사업은 시장·군수등이 직접 시행하거나 일정한 자에게 시행하게 하는 경우(법 제24조 제2항 및 제3항), 재개발사업을 조합이 조합원의 과반수의 동의를 받아 시장·군수등, 토지주택공사등, 건설업자등 또는 **대통령령**으로 정하는 요건을 갖춘 자와 공동으로 시행하거나(법 제25조 제1항 제1호), 재건축사업을 조합이 시행하거나 조합이 조합원의 과반수의 동의를 받아 시장·군수등, 토지주택공사등, 건설업자등과 공동으로 시행하는 경우(법 제25조 제2항), 재개발사업·재건축사업을 **토지등소유자**의 과반수의 동의로 사업대행자를 지정하는 경우(법 제28조), 조합임원 해임 동의(법 제43조 제4항), 총회의 의결 사항 중 「도시정비법」 또는 정관에 따라 동의가 필요한 사항(법 제45조 제1항 및 제2항)에 대해서는 영 제33조 제2항에 따른 동의의 철회 또는 반대의사의 표시와 그 시기의 기준에 관한 규정이 없다. 그렇다면 이들에 대해서는 동의를 한 후 철회 또는 반대의사의 표시를 할 수 없다.

나. 효력발생 시기

(1) 동의의 철회나 반대의 의사표시를 하려는 토지등소유자는 철회서에 <u>토지등소유자가 성명을 적고 지장(指章)을 날인한 후 주민등록증 및 여권 등 신원을 확인할 수 있는 신분증명서 사본을 첨부하여 동의의 상대방 및 시장·군수등에게 내용증명의 방법으로 발송하여야 한다</u>. 이 경우 시장·군수등이 철회서를 받은 때에는 지체 없이 동의의 상대방에게 철회서가 접수된 사실을 통지하여야 한다(영 제33조 제3항).

(2) 동의의 철회나 반대의 의사표시는 <u>철회서가 동의의 상대방에게 도달한 때</u> 또는 같은 항 후단에 따라 시장·군수등이 동의의 상대방에게 철회서가 <u>접수된 사실을 통지한 때</u> 중 빠른 때에 효력이 발생한다(영 제33조 제4항).

4. 토지등소유자의 동의서 재사용 특례

조합설립인가·변경인가를 받은 후에 동의서 위조, 동의 철회, 동의율 미달 또는 <u>동의자 수 산정방법에 관한 하자 등으로 다툼이 있는 경우로서</u> 다음 각 호 1. 조합설립인가의 무효 또는 취소소송 중에 일부 동의서를 추가 또는 보완하여 조합설립변경인가를 신청하는 때, 2. 법원의 판결로 조합설립인가의 무효 또는 취소가 확정되어 조합설립인가를 다시 신청하는 때의 어느 하나에 해당하는 때에는 <u>동의서의 유효성에 다툼이 없는 **토지등소유자**의 동의서를 다시 사용할 수 있다</u>(법 제37조 제1항).

조합(법 제37조 제1항 제2호의 경우에는 추진위원회를 말한다)이 **토지등소유자**의 동의서를 다시 사용하려면 다음 각 호 1. **토지등소유자**에게 기존 동의서를 다시 사용할 수 있다는 취지와 반대 의사표시의 절차 및 방법을 설명·고지할 것, 2. 법 제37조 제1항 제2호의 경우에는 다음 각 목 가. 조합설립인가의 무효 또는 취소가 확정된 조합과 새롭게 설립하려는 조합이 추진하려는 정비사업의 목적과 방식이 동일할 것, 나. 조합설립인가의 무효 또는 취소가 확정된 날부터 3년의 범위에서 **대통령령**으로 정하는 기간 내에 새로운 조합을 설립하기 위한 창립총회를 개최할 것의 요건을 충족하여야 한다(법 제37조 제2항).

토지등소유자의 동의서 재사용의 요건(정비사업의 내용 및 정비계획의 변경범위 등을 포함한다), 방법 및 절차 등에 필요한 사항은 **대통령령**으로 정한다(법 제37조 제3항).[248]

---

247) 동의 후 조합설립 동의의 각 사항(영 제30조 제2항 각 호)이 조합설립동의서에 기재된 바와 달리 변경된 경우(주로 조합설립동의서상의 내용과 창립총회 내용을 비교)에는 조합설립인가신청 전까지 철회가 가능하다. 이 밖에도 법 제31조 제2항에 따라 추진위원회의 구성에 동의한 **토지등소유자**는 조합의 설립에 동의한 것으로 간주하는데 단서 조항에 따라 조합설립인가를 신청하기 전까지 시장·군수등에게 조합설립에 대한 반대의 의사표시를 할 수 있다. 그리고 이 사람이 동의서를 제출한 경우 30일까지만 철회가 가능하고 창립총회를 개최하였다면 철회할 수 없다(김조영, 재건축재개발 등 정비사업 법령해설집, 125~126면).

248) 영 제35조(**토지등소유자**의 동의서 재사용의 특례)에 정하고 있다.

IV. 조합설립인가의 법적 성질

대법원은 구법시대 재건축조합설립행위를 기본행위로 행정청의 조합설립인가를 학문상 인가로 해석하고, 이에 대한 취소소송을 허용하지 않았다.[249] 학문상 인가는 다른 법률관계의 당사자의 법률적 행위를 보충하여 그 법률적 효력을 완성시켜주는 행정행위를 말하는데,[250] 당사자가 합의한 조합설립행위(또는 그 결과로서 정관)가 기본행위가 되고, 보충행위인 조합설립인가에 의해 정관의 효력이 완성된다.[251] 기본행위에 대해 법적 이견이 있으면 기본행위 자체를 민사소송으로 다투어야 하며, 기본행위의 하자를 이유로 조합설립인가에 대한 취소소송을 제기하는 것은 허용되지 않는다.[252]

대법원은 「도시정비법」 제정 이후에도 조합설립인가의 법적 성질에 대해 직접적인 판단을 내리지 않다가, 대법원 2009. 9. 24. 선고 2008다60568 판결에서[253] "행정청이 「도시정비법」 등 관련 법령에 근거하여 행하는 조합설립인가처분은 단순히 사인들의 조합설립행위에 대한 보충행위로서의 성질(학문상 인가)을 갖는 것에 그치는 것이 아니라 법령상 요건을 갖출 경우 「도시정비법」상 재건축사업을 시행할 수 있는 권한을 갖는 행정주체(공법인)로서의 지위를 부여하는 일종의 설권적 처분의 성격을 갖는다고 보아야 한다"고 하여, 종래 학문상 인가로 보던 견해를 바꾸어 이를 설권적 처분으로 해석하였다. 그리고 그와 같이 보는 이상 조합설립결의는 조합설립인가처분이라는 행정처분을 하는데 필요한 요건 중 하나에 불과한 것이어서, 조합설립결의에 하자가 있다면 그 하자를 이유로 직접 항고소송의 방법으로 조합설립인가처분의 취소 또는 무효확인을 구하여야 하고, 이와는 별도로 조합설립결의 부분만을 따로 떼어내어 그 효력 유무를 다투는 민사소송은 더 이상 허용되지 않고,[254] 조합설립인가 이전에도 조합설립과정상 기본행위인 창립총회결의의 하자에 대해서 당사자소송으로 다툴 수 있고, 인가이후에는 항고소송으로 인가의 취소나 무효확인을 구하는 방법으로만 다툴 수 있다.

---

249) 대법원 2000. 9. 5. 선고 99두1854 판결에서 "「주촉법」에서 규정한 바에 따른 관할시장 등의 재건축조합설립인가는 조합설립행위를 보충하여 그 법률상 효력을 완성시키는 보충행위일 뿐이므로 그 기본이 되는 조합설립행위에 하자가 있을 때에는 그에 대한 인가가 있다 하더라도 기본행위인 조합설립이 유효한 것으로 될 수 없고, 따라서 그 기본행위는 적법·유효하나 보충행위인 인가처분에만 하자가 있는 경우에는 그 인가처분의 취소나 무효확인을 구할 수 있을 것이지만 기본행위인 조합설립에 하자가 있는 경우에는 민사쟁송으로써 따로 그 기본행위의 취소 또는 무효확인 등을 구하는 것은 별론으로 하고 기본행위의 불성립 또는 무효를 내세워 바로 그에 대한 감독청의 인가처분의 취소 또는 무효확인을 소구할 법률상 이익이 없다."고 판시하였다; 대법원 2002. 3. 11. 자 2002그12 결정; 대법원 2005. 10. 14. 선고 2005두1046 판결.

250) 신봉기, 행정법개론, 228면.

251) 김종보, 건설법(제6판), 474면.

252) 대법원 2000. 9. 5. 선고 99두1854 판결.

253) 당초 1심법원(서울북부지방법원 2007. 9. 21. 선고 2006가합10396 판결)은 원고의 재건축결의부존재확인에 대하여 조합설립행위의 무효확인을 구하는 민사소송에 대하여 원고의 청구를 인용하였고, 이에 피고 재건축조합이 항소하였으나, 항소심을 담당한 서울고등법원(서울고등법원 2008. 7. 24. 선고 2007나101716 판결)은 피고의 항소를 아예 기각하였다. 동 판결은 이에 대한 상고심 판결로서 원심판결을 파기하고 관할 법원으로 이송하였다. 동지의 판례: 대법원 2009. 9. 24. 자 2009마168,169 결정; 대법원 2009. 10. 15. 선고 2009다10638,10645 판결; 대법원 2009. 10. 15. 선고 2009다30427 판결. 대법원이 종전 판례의 입장을 변경하였음에도 불구하고 전원합의체판결의 형식을 취하지 않은 이유는 종전 판례와 새 판례 사이에 관련 법체계의 중대한 변화가 있었기 때문인 것으로 보고 있다(이일세, "주택재개발·재건축사업에 관한 판례분석", 강원법학 제33권, 2011, 152면).

254) 같은 판례; 대법원 2010. 1. 28. 선고 2009두4845 판결; 대법원 2013. 12. 26. 선고 2011두8291 판결; 대법원 2014. 5. 22. 선고 2012도7190 전원합의체 판결.

이는 종래 사법상의 법률관계로 인식되었던 재건축조합의 설립이 2002년 「도시정비법」의 제정에 의해 공법상 법률관계로 변환되었으며, 또한 그 법적 성질이 종래 학문상의 인가에서, 이제는 행정주체의 지위를 부여하는 <u>학문상 특허</u>에 해당하는 것으로 인식됨에 따른 변화인 것이다.[255] 한편, 이와 같이 판례가 변경된 후 학설들도 설권행위를 받아들이는 분위기이다.[256]

V. 조합설립인가의 법적 효과

1. 조합에 행정청등 법적 지위 부여

가. 행정청(행정주체)

<u>정비조합은 국가 또는 지방자치단체를 대신하여 정비사업과 관련된 각종의 권력적 행정처분권을 행사할 수 있는 공행정주체이다.</u> 조합의 정비사업은 사인간의 자발적인 합의를 통하여 달성하기 어려운 공공성, 즉 도시기능의 회복이라는 목적을 지향하고 있다. 이러한 조합의 설립목적, 정비사업의 성질 및 내용, 관리처분계획의 내용 등에 비추어 보면, <u>조합은 **조합원**에 대한 법률관계에서 적어도 특수한 존립목적을 부여받은 특수한 행정주체로서 국가의 감독하에 그 존립 목적인 특정한 공공사무를 행하고 있다고 볼 수 있는 범위 내에서는 공법상의 권리·의무 관계에 서 있다.</u>[257] 사업시행자인 정비조합은 정비사업과정에서 중요한 행정계획의 입안권을 보유한다. 정비구역이 확정된 후 정비조합은 정비사업의 설계도면에 해당하는 사업시행계획을 작성하며, 이는 시장·군수 등의 인가를 통하여 확정된다(법 제50조 제1항). 이렇게 조합에 의해 작성되고 인가를 통하여 확정된 사업시행계획은 정비조합이 사업을 시행하는 데 필요한 개별적 행정처분권을 위한 포괄적 기초가 된다. <u>법이 조합에게 개별적인 행정처분권을 부여하고 있는 한도에서 정비조합이 누리는 지위는 행정주체로서 행정청이며, 그 행정처분에 불복하고자 하는 자는 행정소송을 통하여 그 취소를 구해야 한다.</u>[258]

나. 사업시행자

<u>조합설립인가는 **조합원**간의 단체결성을 위한 <u>조합설립행위를 승인</u>하는 기능을 담당하지만 동시에

---

255) 이일세, "주택재개발·재건축사업에 관한 판례분석", 152면.
256) 김철용, 행정법(제6판), 940면; 김동희, 행정법Ⅱ, 431면; 홍정선, 행정법원론(하), 673면; 홍준형, 행정법, 1581면; 김중권, "조합설립인가취소판결에 따른 추진위원회의 법적 지위에 관한 소고", 249면; 그러나 박균성 교수는 2008다60568 판례가 "학문상 인가에 그치는 것이 아니라 설권적 처분의 성격을 갖는다."는 문구에 중점을 두어 그 법적 성질에 대하여 인가의 성질과 함께 특허의 성질을 아울러 갖는 것으로 보았다고 평석하였다(박균성, 행정법론(하), 551면). 그러나 이때 판결의 취지는 조합설립인가가 학문상 인가가 아니라 설권행위라는 것이지, 학문상 인가이기도 하면서 설권행위라는 뜻이 아니다(김종보, 건설법(제6판), 482면).
257) 대법원 1996. 2. 15. 선고 94다31235 전원합의체 판결.
258) 김종보, 건설법(제6판), 480면.

조합을 <u>사업시행자로 지정하는</u> 기능도 갖게 된다. 가령 「도시개발법」의 경우에는 도시개발조합이 인가된 후에 다시 시행자 지정을 받아야 하지만, 「도시정비법」은 조합설립인가를 통해 <u>사업시행자로서의 지위도 동시에 확정되는 것으로 정하고 있다</u>(법 제25조). 그러므로 조합설립인가의 기능이 조합설립행위를 보충하여 완성시켜주는 학문상 인가에 그치는 정도가 아니라, 현행법상 **토지등소유자** 4분의 3 이상 등의 동의율과 다섯 항목의 동의내용(영 제30조 제2항)이 모두 충족되어 조합설립인가의 적법한 요건을 갖추었는지에 대하여 행정청의 조합설립인가처분 시 심사요건으로 검토되는 것이다. 따라서 이 요건이 충족되지 못하는 경우 조합설립이 인가되어서는 아니 될 것이다. 뿐만 아니라 조합설립단계에서 조합설립동의에 이의가 있는 자는 취소소송의 제기를 통하여 조합설립 동의를 다툴 수 있어야 한다.[259]

다. 공법상 사단법인

정비조합은 「도시정비법」 제38조에 따라 명시적으로 법인격(권리능력)이 부여되므로 공법상 사단법인이다. 「도시정비법」 제35조 제1항에 따르면 "일정한 자가 정비사업을 시행하려는 경우에는 **토지등소유자**로 구성된 조합을 설립하도록" 하고 있는데, 동법에서 조합을 설립하도록 한 이유는 **토지등소유자** 다수를 대표하는 조합(법인)으로 하여금 법인격(권리능력)을 부여하여 **토지등소유자**로부터 독립한 권리주체로서 법적 거래에 참여할 수 있게 하여 권리·의무를 조합에 귀속시키고자 함이다. 즉 「민법」상 조합은 사인간의 계약에 의한 법률관계이며 별개의 법인격이 부여되지 않는데 반하여, <u>설립등기를 마친 사단법인(「도시정비법」상 조합)은 물론 비법인사단(추진위원회)의 경우에도 그 구성원인 **토지등소유자**의 입장에서는 공법상 법인인 조합이 제3자에 대하여 부담하는 채무에 대하여 **조합원**으로서 아무런 책임을 지지 않는다.</u> 그리고 재개발·재건축조합은 단체의 명칭이 조합으로 불리고 법률관계가 여전히 「민법」상 조합적 성격을 띠지만(민법 제703조 이하), 그 법률관계는 <u>「민법」상 조합이 아니라, 법인으로 한다</u>(법 제38조 제1항).

한편, 구법시대 재건축조합은 법인격이 부여되지 않았다. 그 후 「도시정비법」 제정으로 재건축조합이 재개발조합과 동일하게 정비조합으로 되었고 법인격이 부여되도록 법령이 개정되었다. 그러나 이런 과정을 거쳐 재건축조합에 법인격이 부여되었다고 해서 재건축조합의 단체법적인 법률관계 전부가 모두 법인으로 전환된다거나 조합적 성격을 잃는 것도 아니다.[260] 정비조합은 사업시행자로서 통상 일반분양분과 **조합원**분의 공동주택을 건설하게 된다. **조합원**분의 공동주택은 **조합원** 개개인에게 원시취득되고, **조합원**명의로 보존등기가 이루어진다. **조합원**이 자신에게 분양되는 **조합원**분의 공동주택의 소유권귀속에 대하여 건축공정에 따라 공사비의 부담도 **조합원** 개개인에게 독립적으로 이루어지므로 그 한도에서 정비조합의 법적 성격은 「민법」상 조합에 가깝다. 그러나 정비조합이 일반에게 분양하는 일반분양분의 경우 조합이 일정한 단체로서 일차적인 사업의 책임을 지며 보존등기도 조합명의로 등기되

---

259) 김종보, "재건축 창립총회의 이중기능", 134면.
260) 김종보, 건설법(제6판), 479면.

어야 하므로 이때 조합은 독자적인 권리·의무의 주체로서 **조합원**과 구분되어 독립성(단체성)이 있어야 한다.[261]

소유형태에 있어서 비법인사단에 불과한 추진위원회는 총유이고(민법 제275조 이하), 「민법」상 조합은 합유에 불과하지만(민법 제271조 이하 및 제704조), 「도시정비법」상 조합은 법인이므로 단독소유의 형태로 한다는 것이 「민법」의 규정이다.[262] 따라서 조합은 조합설립인가를 받은 날부터 30일 이내에 주된 사무소의 소재지에서 **대통령령**으로 정하는 사항을 등기하는 때에 성립한다(법 제38조 제2항). 조합에 관하여는 이 법에 규정된 사항을 제외하고는 「민법」 중 사단법인에 관한 규정을 준용하고(법 제49조), 조합은 그 명칭에 '정비사업조합'이라는 문자를 사용하여야 한다(법 제38조 제3항).

2. 정관의 효력 발생 시기

최근 변경된 대법원 2009. 9. 24. 선고 2008다60568 판례와 같이 조합설립인가를 설권행위라 해석하는 경우, 조합정관의 효력발생시기에 대한 해석은 우선 조합창립총회에서 정관이 통과되면 일단 구성원인 **조합원**들에 대해서는 효력이 발생하고, 대외적인 관계에서는 조합설립인가에 의해 정관이 효력을 발생한다고 해석할 수 있다. 이렇게 되면 **조합원**의 의무도 조합정관이 창립총회에서 통과된 시점부터 발생하는 것으로 볼 수 있다.[263]

3. 조합임원과 조합원의 지위 확정

조합설립인가를 학문상 인가라고 보는 경우에는 **조합원**이나 조합임원 등의 지위는 정관이 정하는 바에 의존하는 것이 원칙이다. 그러나 조합설립인가가 설권행위라고 해석하면 **조합원**의 지위나 조합장 선임에 대한 승인도 역시 조합설립인가의 내용에 포함되는 것으로 해석될 수 있다. 판례가 설권행위설로 명확하게 변경된 현시점에서 인가처분의 내용에 **조합원**의 지위확정과 조합임원의 승인처분이 포함된 것으로 해석해야 한다.[264]

4. 소유자 불명 토지와 공동소유에 대한 처분 기준

사업시행자는 다음 각 호 1. 법 제25조에 따라 조합이 사업시행자가 되는 경우에는 제35조에 따른 **조합설립인가일**, 2. 법 제25조 제1항 제2호에 따라 **토지등소유자**가 시행하는 재개발사업의 경우에는 제50조에 따른 **사업시행계획인가일**, 3. 법 제26조 제1항에 따라 시장·군수등, 토지주택공사등이 정비사업을 시행하는 경우에는 같은 조 제2항에 따른 **고시일**, 4. 법 제27조 제1항에 따라 지정개발자를

---

261) 김종보, 건설법(제6판), 499~501면.
262) 황태윤, "정비사업조합 설립추진위원회를 둘러싼 몇 가지 쟁점에 관한 연구", 321면.
263) 김종보, 건설법(제6판), 481면.
264) 김종보, 건설법(제6판), 482면.

사업시행자로 지정하는 경우에는 같은 조 제2항에 따른 **고시일** 현재 건축물 또는 토지의 소유자의 소재 확인이 현저히 곤란한 때에는 전국적으로 배포되는 둘 이상의 일간신문에 2회 이상 공고하고, 공고한 날부터 30일 이상이 지난 때에는 그 소유자의 해당 건축물 또는 토지의 감정평가액에 해당하는 금액을 법원에 공탁하고 정비사업을 시행할 수 있다(법 제71조 제1항). 토지 또는 건축물의 감정평가는 법 제74조 제2항 제1호를 준용한다(법 제71조 제4항).

조합설립인가 후 지체 없이 이 절차를 진행하되, 최소한 착공신고를 하기 이전까지는 공탁이 완료되어야 한다. 동 조항은 2002. 12. 30. 제정(법률 제6852호, 시행 2003. 7. 1.)과 동시에 도입된 것으로 소유권을 소멸시키는 법리에 대한 이해가 없이 공탁만으로 소유권이 소멸할 것이라는 전제 하에 제정되었다. 그러나 개인의 토지소유권은 법률의 명시적 규정 없이 간접적으로 소멸할 수 없으며, 공탁을 완료하였더라도 그것만으로 구 소유권이 소멸하고 조합이 소유권을 확보하는 것은 불가능하다. 공탁이 후 소유권 확보에 대한 규정이 필요하지만 아직 미비된 상태라는 의미이다. 또한 소유자 불명으로 공탁된 토지에 대한 이의를 제기하는 방법이나 그 효력등에 대해서도 전혀 조항이 마련되어 있지 않다. 실무에서는 공탁을 통하여 소유권이 소멸되었다고 믿고 사업을 진행하지만 토지소유자가 출현하여 자신의 소유권을 주장하는 경우 소유권을 확보할 수 없다.[265]

재건축사업을 시행하는 경우 조합설립인가일 현재 **조합원** 전체의 공동소유인 토지 또는 건축물은 조합 소유의 토지 또는 건축물로 본다(법 제71조 제2항). 조합 소유로 보는 토지 또는 건축물의 처분에 관한 사항은 관리처분계획(법 제74조 제1항)에 명시하여야 한다(법 제71조 제3항).

5. 조합의 「주택법」상 지위의제

조합이 정비사업을 시행하는 경우 「주택법」 제54조를 적용할 때에는 조합을 같은 법 제2조 제10호에 따른 사업주체로 보며, 조합설립인가일부터 같은 법 제4조에 따른 주택건설사업 등의 등록을 한 것으로 본다(법 제35조 제6항). 조합이 정비사업을 시행하여 「주택법」 제54조에 따라 주택을 공급하는 경우 「주택법」 제4조에 따른 등록 절차를 거치지 않더라도 「주택법」 제2조 제10호에 따른 사업주체로 간주하겠다는 규정이다. 가령 「주택법」 제54조 제1항 제1호에 따를 경우 사업주체가 입주자를 모집하려면 국토교통부령으로 정하는 바에 따라 시장·군수·구청장의 승인을 받아야 하지만, 법 제79조 제3항에 따라 사업시행자는 정비구역에 주택을 건설하는 경우에는 입주자 모집 조건·방법·절차, 입주금(계약금·중도금 및 잔금을 말한다)의 납부 방법·시기·절차, 주택공급 방법·절차 등에 관하여 「주택법」 제54조에도 불구하고 **대통령령**으로 정하는 범위에서 시장·군수등의 승인을 받아 따로 정할 수 있다. 결국 실질적으로 조합이 자신의 명의로 입주자 모집을 할 수 있는 자격을 부여받게 되므로, 일반분양에 한해서 「주택법」상 사업주체의 지위를 인정받는 것이다.[266]

---

265) 김종보, 건설법(제6판), 483면.
266) 김종보, 건설법(제6판), 483면.

VI. 조합설립의 변경인가

1. 행정행위의 변경(처분변경)

행정법학에서 당초처분이 변경되어 새로운 처분이 성립하는 것을 변경처분이라 할 때, 당초처분과 변경처분의 관계에 대해서는 특별한 법적 이론이 존재하지 않는다.[267] 즉 행정행위의 변경(처분변경)이란 제목으로 별도의 논의는 없으나, 일반적으로 행정행위의 변경이란 일단 유효하게 성립한 행정행위(당초처분)가 그 하자 또는 사정변경을 이유로 그 내용에 대하여 변경이 가해져 새로운 행정행위(변경처분)로 성립하는 것을 말한다. 그러므로 일단 유효하게 성립한 행정행위를 그 대상으로 하므로 부존재·무효 등의 사유에는 변경의 여지가 없다. 변경은 적극적·소극적 변경을 포함하는 개념이나 중요한 것은 변경권자에 의한 변경의 의사표시가 있어야 한다.

변경의 종류로는 변경사유에 따라 하자로 인한 변경과 사정변경 등의 사유로 인한 변경, 변경권 발동의 동기에 따라 직권에 의한 변경과 쟁송에 의한 변경, 변경의 정도에 따라 전부변경과 일부변경, 변경의 내용에 따라 적극적 변경과 소극적 변경 등으로 나뉜다.

그렇다면 처분변경의 사유로 취소사유인 하자와 사정변경이라는 두 가지로 압축하면, 취소사유인 하자에 따른 처분변경은 행정행위 하자의 치유에 해당하므로 결국 하자의 치유를 포함한 사정변경에 따른 당초처분을 변경하는 것이 되겠다.

이를 조합설립인가처분의 변경에 대입해 보면, 조합설립인가는 당초처분이고, 조합설립인가 후 법정한 사항의 변경이 이루어지는 조합설립변경인가는 변경처분이라 할 수 있다. 대법원은 "조합설립변경인가처분은 당초 조합설립인가처분에서 이미 인가받은 사항의 일부를 수정 또는 취소·철회하거나 새로운 사항을 추가하는 것으로서 유효한 당초 조합설립인가처분에 근거하여 설권적 효력의 내용이나 범위를 변경하는 성질"이라고 하였다.[268]

따라서 변경인가의 요건 및 법적 성질을 논하고 조합설립인가처분과 변경인가처분의 법률관계에서 판례를 소개한 후 이를 검토하기로 한다.

2. 조합설립변경인가의 요건

조합설립인가 후 변경사항에는 법 제35조 제5항 본문에 따른 조합설립변경인가와 단서에 따른 경미한 변경에 대한 신고사항으로 구분된다.

가. 조합설립의 변경인가(법 제35조 제5항 본문)

조합설립변경인가도 최초의 조합설립인가와 마찬가지로 일정한 동의율과 동의내용을 갖추어 변경인

---

267) 김종보, 건설법(제6판), 506면.
268) 대법원 2014. 5. 29. 선고 2011두25876 판결.

가를 신청해야 하는데, 설립된 조합이 인가받은 사항을 변경하고자 하는 때에는 총회에서 **조합원**의 3분의 2이상의 찬성으로 의결하고, 당초 조합설립인가신청 시의 첨부 서류, 즉 법 제35조 제2항 각 호 1. 정관, 2. 정비사업비와 관련된 자료 등 국토교통부령에서 변경내용을 증명하는 서류(칙 제8조 제2항 제2호에 따른 변경내용을 증명하는 서류), 3. 그 밖에 시·도**조례**로 정하는 서류의 사항을 첨부하여 시장·군수등의 인가를 받아야 한다(법 제35조 제5항 본문).

대법원은 "종전 조합설립인가처분의 위법 여부 또는 효력 유무 등에 관한 다툼이 있어 처음부터 다시 조합설립인가에 관한 절차를 밟아 조합설립변경인가처분을 받은 경우, 조합설립변경인가처분을 새로운 조합설립인가처분으로 보기 위한 요건을 갖추었다고 보기 위해서는, 다른 특별한 사정이 없는 한 조합설립변경인가의 신청 전에 총회를 새로 개최하여 조합정관의 확정·조합임원의 선임 등에 관한 결의를 하는 등의 절차적 요건을 구비하여야 한다. 다만 이 경우 새로 개최된 총회의 의사결정은 종전의 조합설립인가의 신청 전에 이루어진 창립총회의 결의를 추인하는 결의를 하거나 총회의 진행 경과 등에 비추어 그러한 추인의 취지가 포함된 것으로 볼 수 있는 사정이 있으면 충분하다고" 판시하였다.[269)]

조합설립변경인가를 위한 동의내용도 당초 조합설립인가를 위한 동의내용(영 제30조 제2항에 따른 다섯 항목, 즉 1. 건설되는 건축물의 설계의 개요, 2. 정비사업비, 3. 정비사업비의 분담기준, 4. 사업 완료 후 소유권의 귀속에 관한 사항, 5. 조합 정관)과 같다(법 제35조 제7항).

2018. 2. 9. 시행법에서는 조합설립변경인가 시 당초 조합설립인가신청 시와 동일한 동의율을 요구하는 태도를 버리고, 총회에서 **조합원**의 3분의 2이상의 찬성으로 의결토록 개정하였다. 공교롭게도 법 제40조 제3항 단서에 따른 정관의 중요사항의 변경과 동의율이 같다는 점에 주목할 만하다.

나. 경미한 사항의 변경신고(법 제35조 제5항 단서)

(1) 「도시정비법」에서 설립된 조합의 인가받은 사항의 경미한 변경 사항을 규정하고 있는 취지는, 조합설립변경사항의 중요성에 대한 고려 없이 일률적으로 **조합원**의 동의를 받아 시장·군수의 인가를 받도록 할 경우 신속한 정비사업의 추진에 지장이 있으므로, 일정한 사안의 경우 "예외적으로" 그러한 절차 없이 시장·군수에게 신고함으로써 조합설립 변경이 가능하도록 하려는 것임을 고려할 때, 어떠한 사항이 "예외적으로" 경미한 사항에 해당하는지 여부에 대해서 문언에 규정된 것 이상으로 범위를 확대하는 것은 타당하지 않다.[270)]

(2) 법 제35조 제5항 단서에서, **대통령령**으로 정하는 경미한 사항을 변경하려는 때에는 총회의 의결 없이 시장·군수등에게 신고하고 변경할 수 있다. 여기서 '**대통령령**으로 정하는 경미한 사항'이란 다음 각 호 1. 착오·오기 또는 누락임이 명백한 사항, 2. 조합의 명칭 및 주된 사무소의 소재지와 **조합장의**

---

269) 대법원 2014. 5. 29. 선고 2013두18773 판결.

270) 법제처 법령해석 사례, 구리시 - 분양신청을 하지 않은 **조합원** 자격 상실에 관한 조합설립 변경이 「도시정비법」 제16조 제1항 단서 및 같은 법 시행령 제27조에 따른 경미한 사항의 변경에 해당하는지 여부(「도시정비법」 제16조 등 관련), 안건번호 11-0684, 회신일자 2012. 2. 3.

변경이 없는 경우로 한정하여 조합장의 성명 및 주소 변경,[271] 3. 토지 또는 건축물의 매매 등으로 조합원의 권리가 이전된 경우의 조합원의 교체 또는 신규가입, 여기서 "조합원의 교체"는 기존의 조합원이 조합원 자격을 상실하고 새로운 사람이 조합원에 포함되는 경우를 예정하고 있는 규정이다.[272] 4. 법 제45조에 따른 총회의 의결 또는 법 제46조에 따른 대의원회의 의결을 거친 경우로 한정하여 조합임원 또는 대의원의 변경,[273] 5. 건설되는 건축물의 설계 개요 변경, 6. 정비사업비 변경,[274] 7. 현금청산으로 인하여 정관에서 정하는 바에 따라 조합원 변경, 8. 정비구역·정비계획의 변경에 따른 변경.[275] 다만, 정비구역 면적이 10% 이상의 범위에서 변경되는 경우는 제외한다.[276] 9. 그 밖에 시·도조례로 정하는 사항을 말한다(영 제31조).

(3) 「서울시 도시정비조례」 제21조에 따르면 영 제31조 제9호에서 '그 밖에 시·도조례가 정하는 사항'이란 다음 각 호 1. 법령 또는 조례 등의 개정에 따라 단순한 정리를 요하는 사항, 2. 사업시행계획인가 또는 관리처분계획인가의 변경에 따라 변경되어야 하는 사항, 3. 매도청구대상자가 추가로 조합에 가입함에 따라 변경되어야 하는 사항,[277] 4. 그 밖에 규칙으로 정하는 사항을 말한다.

---

271) 영 제31조 제4호에 의하면 조합장의 변경도 결국은 경미한 변경이 된다. 조합장도 조합임원에 속하는데 법 제45조 제1항 제7호에 따르면 조합장 등 조합임원의 선임 및 해임은 총회의결사항이나, 이러한 절차를 거친 후 조합임원 또는 대의원의 변경은 경미한 변경이 된다.

272) 앞의 법제처 법령해석.

273) 총회의 의결 또는 대의원회의 의결을 거친 경우로 한정하여 조합임원 및 대의원의 변경은 총회의결 등 조합 내의 의사결정기구를 통해 이미 검증절차를 마친 사항으로서 시장·군수의 인가절차를 배제하고 신고만으로 가능하도록 하여 불필요한 절차의 이행을 방지하는 것이라는 점에 비추어 볼 때, 기존에 선임된 조합임원이 새로운 사람으로 교체되지 아니하고 임기만 연장되는 경우는 변경인가 대상에 해당하지 않을 뿐만 아니라 변경신고 대상에도 해당하지 않는다(법제처 법령해석 사례, 민원인 - 조합설립인가내용의 변경 신고대상인 경미한 사항의 범위(영 제27조 등 관련), 안건번호 12-0649, 회신일자 2012. 12. 4.).

274) 정비사업비가 10% 이상 늘어나는 경우에는 법 제45조 제4항에 따라 총회에서 조합원 3분의 2 이상의 찬성의결이 있은 후 조합설립의 변경을 인가 받으려면 신고하면 되는 경미한 변경사항에 속한다.

275) 법제처는 정비구역 또는 정비계획의 변경에 따라 건폐율 또는 용적률이 확대되어 조합설립인가내용의 변경이 경미한 변경인지 여부에 대한 법령해석에서, "정비구역 또는 정비계획의 변경에 따라 변경되어야 하는 사항"은 조합이 임의적으로 변경할 수 있는 것이 아니라 관할청이 필요에 따라 당초의 정비계획 내용을 변경하면 조합은 당연히 이를 따라야 하기 때문에 불가피하게 조합설립인가 내용을 변경하여야 하는 것이고, 당초 조합설립인가 내용의 경미한 변경대상을 규정한 취지가 사업장기화로 인한 피해 및 분쟁의 여지를 최소화하고 정비사업을 신속하게 진행하기 위한 것으로 건폐율 또는 용적률이 얼마나 확대되는지와 상관없이 영 제31조 제8호에 해당한다고 할 것이라고 해석하였다(법제처 법령해석 사례, 민원인 - 영 제27조 제3호에 해당하는 건폐율 또는 용적률의 변경 범위(영 제27조 등 관련), 안건번호 11-0527, 회신일자 2011. 10. 7.).
법제처는 법 제8조 제1항에 따라 정비구역에 정비사업의 일환으로 설치하기로 한 학교를 설치하지 않기로 하는 내용으로 정비계획이 변경되어 조합설립인가 받은 사항을 변경해야 하는 경우, 법 제35조 제5항 단서 및 영 제31조 제8호에 따라 조합원의 동의를 받지 않아도 되는 경미한 변경에 해당하는지에 대한 해석에서, 이러한 조합설립인가의 변경은 같은 영 제31조 제8호에 따라 정비구역 또는 정비계획의 변경에 따라 변경되어야 하는 사항에 해당함이 문언상 명백하고, 이 사안의 경우는 정비구역의 면적 변경과는 무관하여 같은 호 단서는 적용될 여지가 없으므로, 조합원의 동의를 받지 않아도 되는 경미한 변경에 해당한다고 하였다(법제처 법령해석 사례, 민원인 - 「도시정비법」에 따른 정비계획의 수립 및 정비구역의 지정과 「국토계획법」에 따른 도시·군관리계획의 결정 간의 관계(도시정비법 제4조 제7항 등 관련), 안건번호 15-0650(15-0822), 회신일자 2016. 4. 27.).

276) 영 제31조 제8호 단서의 개정은 2011. 4. 4. 개정(대통령령 제22829호, 시행 2011. 4. 4.) 되어 추가된 것이다.

277) 김종보, "재건축·재개발 비용분담론(費用分擔論)의 의의와 한계", 169면; 이의 의미는 반대하는 토지등소유자들이 찬성하는 입장으로 선회하게 되면 이들에게 아파트 분양권이 주어지는 것을 의미한다. 심지어 재개발사업은 사업기간 내내 반대의 의사표시를 한 토지등소유자도 분양신청을 하면 청산대상이 될 수 없으며(법 제73조), 분양신청은 사업

3. 조합설립변경인가 법적 성질

경미한 사항의 변경신고는 변경인가절차 간소화 차원에서 예외적인 것을 동일한 법 취지에서 제정된 것이지만, 문제는 아래에서 보는 것처럼 변경인가와 변경신고의 법적 성질이 같지 않다는 점이다.

가. 변경인가 사항

당초 조합설립인가와 같이 변경인가의 법적 성질도 학문상 인가인지 설권적 처분인지에 따라 효력이 달라질 수 있는데, 학문상 인가로 보면 인가는 보충행위에 불과하므로 조합설립행위에 근간이 되는 정관이 주된 것을 결정하는 것으로 해석하여 **조합원**의 지위나 조합임원의 선임의 효력 등이 정관에 의해 결정되지만, 설권행위로 보면 이러한 사항들이 인가처분에 의해 바로 결정되는 것으로 해석된다.278) 판례는 "조합설립변경인가처분은 당초 조합설립인가처분에서 이미 인가받은 사항의 일부를 수정 또는 취소·철회하거나 새로운 사항을 추가하는 것으로서 유효한 당초 조합설립인가처분에 근거하여 설권적 효력의 내용이나 범위를 변경하는 성질을 가진다"고 판시하였다.279)

나. 경미한 사항의 변경에 대한 신고

경미한 사항의 변경신고는 변경인가의 절차를 간소화하기 위해 예외를 설정한 것이라는 점에서 당초 조합설립인가 및 변경인가처분과 실질에서 다를 바 없다. 후술하는 바와 같이 대법원 2010. 12. 9. 선고 2009두4555 판결과 2012. 10. 25. 선고 2010두25107 판결에서 "경미한 사항의 변경에 대한 신고를 수리하는 의미에 불과한 변경인가처분"이라고 판시한 것에 대하여, 다음과 같은 여러 견해가 있다. 경미한 사항의 변경에 관한 신고의 경우에도 위의 변경인가처분과 마찬가지의 구조로 접근하여야 하며, 따라서 변경신고의 수리에 의하여 설립인가변경처분이 존재하게 된다고 한다.280) 즉 경미한 사항의 변경신고를 행정청이 수리하면 변경된 내용의 새로운 인가처분이 성립하고 종전의 설립인가처분은 변경처분에 흡수된다고 보는 점에서281) 종전처분과 같은 설권적 처분으로 보는 것으로 이해된다. 이러한 점에서 대법원이 신고에 의한 변경인가처분을 단순한 신고의 수리로 파악하는 것은 옳지 않다고 하여 금지해제적 신고로 보고 있다.282) 이 밖에도 사인의 일정한 법적 행위를 보충함으로써 그 효

시행인가 이후에 이루어지는 절차이다. 이렇게 분양대상자가 추가되는 경우에는 이들의 토지를 매수하기 위한 비용이 절감되고 이들에게 새로운 아파트를 주게 되므로 총비용과 총수입에 변화가 생길 수밖에 없다. 이 또한 「도시정비법」 자체가 사업기간 중의 비용분담에 관한 사항의 변경을 전제로 설계되어 있다는 것을 잘 보여준다.

278) 김종보, 건설법(제6판), 484면.
279) 대법원 2014. 5. 29. 선고 2011두25876 판결.
280) 김중권, "「도시정비법」상의 조합설립변경인가처분 관련 문제", 법률신문 2011. 1. 6.
281) 이일세, "주택재개발·재건축사업에 관한 판례분석", 154면.
282) 김중권, "「도시정비법」상의 조합설립변경인가처분 관련 문제", 김중권 교수는 사인의 공법행위로서 신고 일반적 유형인 자기완결적(자체완성적, 자족적, 수리를 요하지 않는) 신고와 수리를 요하는(행정요건적, 변형적) 신고로 분류하고 있는 것에 대하여, 필자의 관점은 전자를 정보제공적 신고, 후자를 금지해제적 신고로 보는 듯 하다.

력을 완성시키는 인가로 보는 견해가 있다.[283] 그러나 위 판례들은 신고의 법적 성질을 자기완결적 신고로 보는 듯하다.

　사견으로는 경미한 사항의 변경신고 법적 성질이 조합설립인가와 병렬적인 제도적 취지에서 예외적으로 인정된 점을 고려하여 수리를 요하는 신고로 보인다.

〈표 7〉 어려운 쟁점-조합설립인가처분과 변경인가처분의 관계

> **4. 조합설립인가처분과 변경인가처분의 관계**
> 　**가. 문제의 의의**
> 　　(1) 대법원은 "신고를 수리하는 의미에 불과한 경미한 사항의 변경인가처분에 설권적 처분인 당초 조합설립인가처분이 흡수되지 않는다고 하였지만, 조합설립인가처분의 위법 여부가 다투어지자 조합측이 위법사유를 보완하여 행정청으로부터 변경인가처분을 받는 경우, <u>당초 조합설립인가처분이 새로운 변경인가처분에 흡수되고 당초 처분은 독립된 존재가치를 상실하여 당연히 소멸하므로 그 취소를 구할 소의 이익이 없게 된다</u>는 판시하였고, 이에는 일정한 예외를 인정하여, <u>당초 조합설립인가처분에 기초하여 후속 행위를 하였다면 당초처분의 효력에 따라 그 후속행위의 효력에도 영향을 미칠 수 있기 때문에, 당초 처분을 대체하는 조합설립변경인가가 있더라도 당초 조합설립인가를 다툴 소의 이익이 소멸하지 않는다</u>"고 하였다.
> 　　(2) 그러나 당초 조합설립인가처분이 취소되거나 무효로 확정된 경우, 후행 조합설립변경인가처분도 그 효력을 상실하거나 무효라고 하면서도, <u>후행 조합설립변경인가가 새로운 조합설립변경인가로서의 요건을 갖춘 경우에는 그 자체로 새로운 조합설립인가로서의 효력을 갖춘 것</u>으로 보고 있는 것이 판례의 태도이다. 이에 대하여 비판적인 견해가 있다.
> 　**나. 판례**
> 　　**(1) 조합설립변경인가처분이 있은 후 당초 조합설립인가처분을 다툴 소의 이익이 있는지?**
> 　　　(가) 대법원은 조합설립인가와 변경인가처분의 관계에 관하여 ① <u>조합설립인가의 경미한 변경에 있어서 신고사항(법 제35조 제5항 단서)</u>과 ② <u>변경인가사항(법 제35조 제5항 본문)</u>을 구분하고, 각각의 경우에 당초 조합설립인가처분을 다툴 소의 이익 유무를 다르게 판단하고 있다.
> 　　　(나) 대법원은 "재개발조합설립 인가처분은 일종의 설권적 처분의 성격을 가지고 있는데, 구「도시정비법」(2007. 12. 21. 법률 제8785호로 개정되기 전의 것) 제16조 제1항(현행 제35조 제5항)은 당초 조합설립인가처분의 내용을 변경하는 변경인가처분을 할 때에는 조합설립인가처분과 동일한 요건과 절차를 거칠 것을 요구하고 있다(현행 규정은 총회에서 **조합원**의 3분의 2이상의 찬성으로 의결토록 개정되었다). 그런데 조합설립인가처분과 동일한 요건과 절차가 요구되지 않는 구 도시정비법 시행령(2008. 12. 17. 대통령령 제21171호로 개정되기 전의 것) 제27조(현행 제31조) 각 호에서 정하는 경미한 사항의 변경에 대하여 행정청이 조합설립의 변경인가라는 형식으로 처분을 하였다고 하더라도 그 성질은 당초의 조합설립인가처분과는 별개로 위 조항에서 정한 **경미한 사항의 변경에 대한 신고를 수리하는 의미에 불과**한 것으로 보아야 한다. 그래서 **경미한 사항의 변경에 대한 신고를 수리하는 의미에 불과한 변경처분에, 설권적 처분인 당초 조합설립인가처분이 흡수된다고 볼 것은 아니다**"라고 하면서 <u>원심판결을</u>[284] 파기환송하였다.[285] 따라서 경미한 변경에 대한 신고(법 제35조 제5항 단서)로 설권적 처분인 당초처분을 다툴 소의 이익이 소멸되지 않는다.
> 　　　(다) 대법원은 "재개발조합이 <u>당초 조합설립변경인가처분(1차 변경)</u> 이후 적법한 절차를 거쳐 당초 변경인가(1차)를 받은 내용을 모두 포함하여 이를 변경하는 취지의 <u>새로운 조합설립변경인가(2차 변경)</u>를 받은 경우, 당초 조합설립변경인가(1차 변경)는 취소·철회되고 변경된 조합설립변경인가(2차 변경)가 새로운 조합설립변경인가가 된다. 이 경우 <u>당초 조합설립변경인가(1차 변경)는 더 이상 존재하지 않는 처분이거나 과거의 법률관계가 되므로 특별한 사정이 없는 한 그 취소를 구할 소의 이익이 없다</u>고 보았다.[286] 그러나 <u>당초 조합설립인가처분에 기초하여 사업시행계획이나 관리처분계획을 수립하는 등 후속 행위를 하였다면, 당초 조합설립인가의 효력에 따라 그 후속행위의 효력에도 영향을

283) 최철호, "조합설립변경인가처분에 대한 취소소송에 있어서의 소의 이익" 고시계, 2014. 7., 178면.

미칠 수 있기 때문에 당초 조합설립인가를 대체하는 조합설립변경인가가 있더라도 당초 조합설립인 가를 다툴 소의 이익이 소멸하지 않는다.[287] 이에 관해서는 다시 상론(詳論)한다.

(2) 조합설립변경인가처분 이후, 당초 조합설립인가처분이 취소·무효로 확정된 경우, 조합설립변경인가처분 의 효력은 어떻게 되는지?

(가) 이와 관련하여 대법원은 조합에 관한 당초 조합설립인가처분 또는 선행 조합설립변경인가처분(1차) 이 쟁송에 의하여 취소되거나 무효로 확정된 경우, 이에 기초하여 이루어진 조합설립변경인가처분 또는 후행 조합설립변경인가처분(2차)의 효력(원칙적 무효) 및 후행 조합설립변경인가처분의 효력이 인정되는 경우에 대한 판시에서, "당초인가처분이 쟁송취소되거나 무효로 확정된 경우에는 이에 기 초하여 이루어진 변경인가처분도 원칙적으로 그 효력을 상실하거나 무효라고 해석함이 타당하다. 마찬가지로 당초 조합설립인가처분 이후 여러 차례 변경인가처분이 있었다가 중간에 행하여진 선행 변경인가처분이 쟁송취소되거나 무효로 확정된 경우에 후행 변경인가처분도 그 효력을 상실하거나 무효라고 해석하는 것이 타당하다는 입장이다. 다만, 조합설립변경인가처분도 조합에 정비사업 시행 에 관한 권한을 설정하여 주는 처분인 점에서는 당초 조합설립인가처분과 다를 바 없으므로, 선행 변경인가처분이 쟁송취소되거나 무효로 확정된 경우라도 후행 변경인가처분이 선행 변경인가처분에 의해 변경된 사항을 포함하여 새로운 변경인가처분의 요건을 갖춘 경우에는 그에 따른 효력이 인정 될 수 있다. 이러한 경우 조합은 당초 인가처분과 선행 변경인가처분의 요건을 갖춘 후행 변경인가 처분의 효력에 의하여 정비사업을 계속 진행할 수 있으므로, 그 후행 변경인가처분을 무효라고 할 수는 없다."고 판시하였다.[288]

(나) 위 판례를 동조하는 견해로 대부분의 재건축조합은 조합설립인가를 받은 이후에도 **조합원**의 변경, 사업시행구역의 변경, 매도청구권 행사 등의 다양한 이유로 수차례에 걸쳐 다시 변경인가를 받게 되는데, 단순히 선행 변경인가처분이 무효라는 이유로 후행 변경인가처분 전부를 무효로 한다면, 그 동안 추진되어온 재건축사업 자체가 중단됨은 물론 이로 인한 사회적 손실도 상당할 것이다. 이는 변경인가처분도 조합에 정비사업 시행에 관한 권한을 설정하여 주는 처분인 점에서는 당초 조합설립 인가처분과 다르지 않다는 점을 고려해 현실적인 혼란을 방지하고자 하는 것이다. 판례는 이와 같이 선행 변경인가처분이 동의요건을 충족하지 못하여 무효에 해당하는 경우에도 재건축조합이 사후적 으로 요건을 갖춰 이를 보완할 수 있는 가능성을 열어두어 재건축사업의 안정성을 보장했다는 점에 서 의의가 있다고 한다.[289] 그러나 이러한 판례를 비판하는 견해로 법치행정의 관점에서 조합설립변 경인가의 실질이 새로운 조합설립인가에 가까운 것이라 해도 이를 통해 조합설립인가가 소급적으로 적법해지는 것은 아니고, 또 조합설립인가가 소멸되어 변경인가에 흡수되는 것도 아니다. 그러므로 제소기간 내에 조합설립인가에 대한 취소소송이 제기되어 취소판결이 있으면 조합설립인가는 소급 해서 소멸하고, 그에 터 잡아 이루어진 조합설립변경인가도 법적 근거를 상실해서 무효가 된다고 반박하고 있다.[290]

(3) 조합설립인가처분의 하자가 조합의 후속행위에 미치는 영향

대법원은 "조합이 종전의 조합설립인가처분에 대한 무효확인소송 또는 취소소송이 진행되고 있는 등으 로 그 효력 유무 또는 위법 여부 등이 확정되지 않은 상태에서, 새로 조합설립인가처분을 받는 것과 동일한 요건과 절차로 조합설립변경인가처분을 받은 경우, 그 조합설립변경인가처분은 새로운 조합설립 인가처분으로서의 효력을 가진다. 그러나 종전의 조합설립인가처분이 당연무효이거나 취소되는 경우에 는 종전의 조합설립인가처분이 유효함을 전제로 수립·인가된 관리처분계획은 소급하여 효력을 잃는다 (대법원 2012. 12. 13. 선고 2011두21010 판결, 대법원 2012. 12. 27. 선고 2011두19680 판결, 대법 원 2014. 5. 16. 선고 2011두27094 판결 등 참조). 따라서 조합은 조합설립변경인가처분을 받기 전에 수립·인가된 종전의 관리처분계획에 따라 정비사업을 진행할 수는 없고, 도시정비법령이 정한 요건과 절차에 따라 관리처분계획을 새롭게 수립하여 인가를 받아야 한다. 이때 조합은 「도시정비법」 제46조 (현행 제72조) 제1항이 규정하고 있는 분양신청 통지·공고 등의 절차를 다시 밟거나 분양신청 대상자들 (종전 분양신청 절차에서 분양신청을 한 사람들과 이때에는 분양신청을 하지 않았지만 **조합원** 지위를 상실하지 않은 자를 포함한다)의 분양신청에 관한 의사를 개별적으로 확인하여 그 분양신청 현황을 기 초로 관리처분계획을 수립하여야 하고, 조합이 이러한 절차를 밟지 않고 종전 분양신청 현황에 따라 관리처분계획을 수립하였다면 그 관리처분계획은 위법하다. 다만 종전의 분양신청 현황을 기초로 했다고 하더라도 새로운 관리처분계획 수립 당시 **토지등소유자**의 분양신청 현황을 기초로 관리처분계획을 수립했다고 평가할 수 있는 예외적인 경우, 즉 ① '분양의 대상이 되는 대지 또는 건축물의 내역', '개략적인 분담금의 내역' 등 법령이 분양신청 통지에 포함시키도록 한 사항 등에 관하여 새로운 사업시행계획과 종전 사업시행계획 사이에 **실질적으로 변경된 내용이 없고**, ② 사업의 성격이나 규모 등에 비추어 두 사업시행계획 인가일 사이의 **시간적 간격이 지나치게 크지 않으며**, ③ 분양신청 대상자들 중 **종전 분양신청을 철회·변경하겠다거나 새롭게 분양신청을 희망한다는 의사를 조합에 밝힌 사람이 실제 있지 않은 경우** 등에는, 종전의 분양신청 현황을 기초로 새로운 관리처분계획을 수립하는 것도 허용된다"고 판시했다.[291]

다. 검토

(1) 법 제35조 제5항 단서에 따른 조합설립인가의 경미한 사항의 변경에 대한 신고를 수리하는 의미에 불과한 변경처분에 설권적 처분인 당초처분이 흡수되지 않지만, 법 제35조 제5항 본문에 따른 변경인가사항에 의하여 조합설립변경인가가 있는 경우 당초 조합설립인가처분을 다툴 소의 이익이 있는지는 당초처분이 변경(종국)처분에 흡수되어 당초처분은 더 이상 존재하지 않는 처분이거나 과거의 법률관계가 되므로 특별한 사정이 없는 한 그 취소를 구할 소의 이익이 없다는 판례의 태도에 동조한다.[292]

(2) 김종보 교수는 당초처분과 변경처분의 관계에서 전자를 본처분으로 보고, 후자를 종된 처분으로 보아, 이들 양자의 관계는 본처분이 가장 중요한 기준이 되어야 하고 본처분이 이루어진 시점이 처분의 효력발생시점이고, 본처분에 대한 취소소송이 제기되면 본처분의 하자의 치유는 허용되지 않는 것(다수설)으로 보고 있다.[293] 이는 소의 이익 여부에서 당초처분이 종국처분에 흡수되는 경우 소의 이익이 없게 된다는 판례를 염두에 둔 것으로 보인다.[294]

그러나 사견으로는 당초 조합설립인가처분이 새로운 조합설립변경인가처분의 본처분이라고 할 수 있는지 의문이다. 법 제35조 제5항 단서에 따른 조합설립인가의 경미한 사항의 변경이라면 몰라도, 적어도 법 제35조 제5항 본문에 따른 변경인가사항과 당초처분은 병렬적 관계이며 당초처분이 본처분 내지 종국처분일 수만은 없다고 보여진다.

---

284) 당초 이 사건 원심인 대전고법 2009. 2. 12. 선고 2007누2355판결은 이 사건 변경인가처분은 당초 조합설립인가처분에서 인가된 **토지등소유자**와 동의자를 초과하는 부분에 대하여만 변경인가를 한 것이 아니라, 조합설립인가처분에서 인가된 **토지등소유자** 수와 동의자 수에 추가로 제출된 동의서 등을 포함시켜 전체 **토지등소유자** 및 동의자 수를 다시 인가한 것이어서, 이 사건 **당초 조합설립인가처분은 변경인가처분에 흡수되었다**고 보고, 이와 같이 설립인가처분을 흡수한 이 사건 변경인가처분이 존재하는 이상 이 사건 청구 중 **당초 조합설립인가처분의 효력을 다투는 부분**은 소의 이익이 없어 부적법하다는 이유로 이를 각하하고 변경인가처분의 효력을 다투는 부분에 대하여만 그 당부를 판단하였다.

285) 대법원 2010. 12. 9. 선고 2009두4555 판결; 대법원 2012. 10. 25. 선고 2010두25107 판결.

286) 대법원 2013. 10. 24. 선고 2012두12853 판결; 대법원 2012. 10. 25. 선고 2010두25107 판결.

287) 위 같은 판례.

288) 대법원 2014. 5. 29. 선고 2011두25876판결; 대법원 2014. 5. 29. 선고 2011다46128,2013다69057판결; 대법원 2014. 8. 20. 선고 2012두5572판결; 대법원 2013. 10. 24. 선고 2012두12853판결.

289) 윤재윤 법무법인 세종 대표변호사, "<꼭! 알아야 할 건설·부동산 판례>조합설립인가 무효 시 후행 조합설립인가 인정 여부", 건설경제신문, 2014. 09. 17.

290) 김종보, 건설법(제6판), 507면.

291) 대법원 2016. 12. 15. 선고 2015두51347 판결.

292) 동지의 판례가 있다. 예를 들면 구 원자력법에 의한 원자로 및 관계시설의 사전부지승인 후에 원자로건설허가처분이 있게 되면 사전부지승인이 독립된 처분이기는 하나 원자로건설허가처분에 흡수되어 독립된 존재가치를 상실하므로 사전부지승인의 취소를 구할 법률상 이익이 없게 된다(대법원 1998. 9. 4. 선고 97누19588 판결). 또한 과세처분이 있은 후 과세표준세액 등이 확정된 증액경정처분의 경우 당초의 과세처분은 증액경정처분에 흡수되므로 당초의 과세처분의 취소를 구할 소의 이익이 없게 된다(대법원 1992. 8. 14. 선고 91누13229 판결).

293) 김종보, 건설법(제6판), 506면.

294) 대법원 1998. 9. 4. 선고 97누19588 판결; 대법원 1992. 8. 14. 선고 91누13229 판결 등.

VII. 조합설립인가의 취소

1. 서울시의 뉴타운 출구전략[295]

2011. 10. 취임한 박원순 서울시장은 뉴타운 출구전략의 일환으로 「뉴타운·정비사업 신(新)정책 구상」을 발표하였고, 이에 따른 서울시의 법 개정건의에 따라 2012. 2. 1. 개정(법률 제11293호, 시행 2013. 2. 2.)한 것이, 전술한 뉴타운으로 지정된 "정비구역을 해제"와 뉴타운 내 이미 설립된 조합설립인가를 취소(안 제4조의3 및 제16조의2 신설)하는 것을 내용으로 한다. 2012년 개정법은 조합설립인가를 직권으로 취소할 수 있는 내용들을 담고 있었다. 추진위원회 구성 또는 조합설립에 동의한 **토지등소유자**의 2분의 1 이상 3분의 2 이하의 범위에서 일정 수 이상 또는 과반의 동의를 얻어 추진위원회와 조합의 해산을 신청할 수 있으며, 이 경우 시장·군수는 조합설립인가 등을 취소하여야 한다(구법 제16조의2 제1항). 추진위원회 승인이 취소된 경우 시·도지사 또는 시장·군수는 해당 추진위원회가 사용한 비용의 일부를 **대통령령**으로 정하는 범위에서 시·**도조례**로 정하는 바에 따라 보조할 수 있다(구법 제16조의2 제4항). 이 제도는 한시적인 제도로 계속 연장되다가, 2018. 2. 9. 시행법에서는 구법 제16조의2 조합설립인가의 취소 조항은 삭제되었다. 구법 제4조의3 "정비구역등의 해제조항"에 관해서는 아직 남아 있으며 전술한 바와 같다.

2. 직권취소

2018. 2. 9. 시행법 이전 구법 제16조의2의 조합설립인가의 취소와 같은 행정행위의 취소는 일단 유효하게 성립한 행정행위에 대하여 취소원인인 하자를 이유로 권한 있는 기관이 그 효력의 전부 또는 일부를 상실시키기 위하여 직권으로 행하는 독립한 행정행위의 뜻으로 쓰인다. 행정행위의 취소는 가장 좁은 의미로 직권취소만을 뜻한다. 광의로는 행정쟁송절차를 거쳐 행하여지는 쟁송취소를 포함한다.[296] 조합설립인가의 취소는 인가처분에 취소원인인 하자를 이유로 일단 유효하게 성립한 인가처분의 효력을 상실시킨다는 의미가 아니라, 적법·유효하게 성립한 인가처분의 효력을 그 인가처분을 존속시킬 수 없는 후발적 사유의 발생을 이유로 상실시킨다는 점에서 철회의 의미로 보아야 한다. 따라서 하자 없이 성립된 조합설립인가처분에 대하여 사후에 그 효력을 존속시킬 수 없는 새로운 사정의 발생을 이유로 권한 있는 기관이 장래에 향하여 그 효력을 소멸시키는 독립된 행정처분을 말한다.[297]

통상적으로 조합설립인가처분은 수익적 처분으로 이해되었고, 이의 취소는 침익적 처분으로 볼 수 있었지만, 뉴타운 출구전략의 일환에서 지지부진한 조합을 퇴출시킨다는 의미에서 뉴타운 사업에 반대하는 주민(속칭 비대위)의 입장에서 오히려 취소처분이 수익적 처분이 되고 **조합원** 입장에서는 침익적

---

295) 서울시의 뉴타운 출구전략에 관해서는 "제2장 기본계획의 수립 및 정비구역의 지정/제3절 정비계획의 수립 및 정비구역의 지정/VI. 정비구역 등의 해제"에서 설명하였다.
296) 김철용, 행정법(제6판), 224면.
297) 그러나 양자의 구별은 상대적이라는 것이 현재의 유력한 견해이기도 하다(김철용, 행정법(제6판), 232면).

처분이 되어 종국에는 복효적 처분으로 이해되었다.

직권취소는 전형적인 감독적 조치로서 행정청의 재량처분으로 규정되어야 했지만,[298] 구법 제16조의2 제1항에 따르면 **토지등소유자**의 일정비율 이상의 신청을 받으면 재량이 없는 것처럼 규정되어 법체계상 미숙한 조항이라는 비판을 받았다.[299]

3. 판결에 의한 취소

가. 취소판결의 소급효

직권취소에 대응하는 의미는 쟁송취소이며 이는 취소심판과 취소소송에 의한 취소이지만, 현실은 취소소송에 의한 취소를 의미한다.

종래 조합설립인가를 학문상 인가로 보았던 때에는 법원에 의해 조합설립인가 취소판결이 나기 어려웠다. 또한 조합설립동의 또는 재건축결의가 무효라는 민사법원의 판결은 조합설립인가의 효력에 영향이 없는 것으로 해석되었다. 그러나 대법원 2009. 9. 24. 선고 2008다60568 판결에서 조합설립인가가 설권적 처분(특허)이라는 대법원의 판례 변경 후 조합설립인가는 취소 또는 무효로 선언되는 경우 종래 조합이 유효하게 인가되었음을 전제로 행해진 각종의 민사계약, 총회결의, 추진위원회에서 체결되었던 계약 등이 조합에 이전된 부분 등에 대해 법적으로 문제가 된다. 그러나 이론적으로 조합설립인가가 취소되면 조합이 소급해서 소멸하므로 조합설립 이후 이루어진 모든 행위는 무효가 된다. 그리고 법원의 취소판결 또는 무효판결로 인해 조합의 모든 절차는 종료된다.

나. 조합설립인가의 하자

조합설립은 조합설립행위 또는 조합설립동의라는 민사상 합의와 조합설립인가라는 행정처분으로 구성되며 2009년 판례변경 전까지는 특히 재건축사업을 중심으로 조합설립무효확인을 구하는 민사소송이 제기되었다. 그 당시 원고들은 조합설립을 위한 **토지등소유자**의 동의가 법정 비율에 미달한다고 주장하거나 또는 동의율은 충족되어도 비용분담에 관한 구체성이 결여되었다는 이유로 개별 동의서의 효력을 부인함으로써 조합설립무효를 인정받을 수 있었다. 그러므로 민사소송인 조합설립무효확인소송에서 동의서와 동의율은 소송의 가장 중요한 요소였으며 동의율이 미세하게 부족한 경우에도 조합설립은 무효로 판단되었다.

조합설립에 민사소송이 불허되고 조합설립인가취소소송이 허용되는 것으로 법원의 입장이 변경된 후 2018년에 이르기까지 여전히 조합설립인가취소소송에서 조차 동의율이 가장 중요한 것으로 생각하고 있다. 그래서 조합설립인가취소소송이 제기되면 조합은 동의율을 보완하기 위해 조합설립변경인가를 준비하고 원고 측은 조합설립 동의율이 부족하므로 조합설립인가가 하자가 있거나 또는 무효라는

---

298) 김종보, 건설법(제6판), 452면.
299) 김종보, 건설법(제6판), 452면.

주장을 반복하고 있는 정도이다.[300]

VIII. 조합원의 자격

1. 개설

토지등소유자가 **조합원**이 되지만 모든 **토지등소유자**가 **조합원**이 되지는 못한다는 점에서, **조합원**의 자격 시비가 매우 중요한 쟁점이라 할 수 있다. 그러나 안타깝게도 재개발·재건축사업의 도시기능 회복이라는 당초의 공익목적이 몰각된 채, **조합원**의 자격에 대해서 정부 부동산정책 당국자에게서 조차도 부동산가격상승의 주범으로 인식되어, 이들 **조합원** 자격을 두고 정부는 부동산시장에 개입하여 부동산 정책수단으로 활용되고 있는 것은 아쉬운 일이다.

2. 조합원의 법적 지위

법 제39조에 따라 **조합원**의 자격을 따지는 이유는 **비조합원**에 비해서 그에 상당하는 다음과 같은 법적 지위가 주어지기 때문일 것이다. **조합원**은 다음 각 호 1. 토지 또는 건축물(통상 아파트)의 분양청구권, 2. 총회의 출석권·발언권 및 의결권, 3. 임원의 선임권 및 피선임권, 4. 대의원의 선출권 및 피선출권, 5. 정비사업비, 청산금, 부과금과 이에 대한 연체료 및 지연손실금(이주지연, 계약지연, **조합원** 분쟁으로 인한 지연 등을 포함)등의 비용납부의무, 6. 사업시행계획에 의한 철거 및 이주 의무, 7. 그 밖에 관계법령 및 정관, 총회 등의 의결사항 준수의무와 같은 권리와 의무를 갖는다(재개발 및 재건축표준정관 제10조 제1항).

3. 투기과열지구 밖의 조합원 자격

가. 조합원과 토지등소유자

(1) **재개발·재건축사업의 조합원**은 **토지등소유자**가 되는 것이 원칙이다(법 제39조 제1항 본문 전단). 법 제79조 제2항에 따라, <u>사업시행자</u>는 정비사업의 시행으로 건설된 건축물을 <u>인가받은 관리처분계획</u>에 따라 **토지등소유자**에게 공급하도록 하고 있으나, 법 제39조 제1항에 따라 <u>조합원</u>이 되지 못한 **토지등소유자**는 해당 정비사업의 시행으로 건설된 건축물을 공급받을 수 없다.[301]

(2) <u>주거환경개선사업</u> 및 **재개발사업**에서 **토지등소유자**는 정비구역에 위치한 **토지 또는 건축물**의

---

300) 김종보, 건설법(제6판), 505면.

301) 법제처 법령해석 사례, 국토해양부 - 조합원이 아닌 토지등소유자가 분양권을 받을 수 있는지 여부(「도시정비법」 제19조 및 제48조 등 관련), 안건번호 10-0010, 회신일자 2010. 2. 22.

소유자 또는 그 지상권자(법 제2조 제9호 가목)를 말하며 **토지등소유자**의 동의여부와 무관하게 **조합원**이 되는 **강제가입제**를 택하고 있다. 이처럼 강제가입제는 사실상 동의하지 않는 자들에 대해서도 동의를 의제함으로써, 미동의자에 대하여 바로 매도청구권이 인정되어 소유권이 박탈되는 임의가입제와 달리, 강제가입제는 미동의자들에 대해서도 특별한 불이익이 예정되어 있지 않다.[302] 이들이 관리처분계획의 단계에서 분양신청을 하지 않으면, 비로소 손실보상 협의(현금청산)의 대상자가 되어 수용재결 신청에 의해 소유권을 잃게 될 뿐이다.

(3) 재건축사업의 **조합원**도 **토지등소유자**가 되고 정비구역에 위치한 건축물 및 그 부속토지의 소유자(법 제2조 제9호 나목)를 말하며 **재건축사업에 동의한 자만 조합원에 해당**되는(법 제39조 제1항 전단의 괄호부분) 임의가입제를 택하고 있다. 따라서 반대**조합원**이라는 개념이 없다. 다만, 「도시정비법」은 강제가입제를 원칙으로 하던 「도시재개발법」을 모태로 제정된 법률이어서 사업의 진행과정에서도 "**토지등소유자**"라는 표현이 **조합원**이라는 개념과 혼돈되어 사용되고 있다. 가령, 사업시행인가를 신청하기 전의 사업시행계획서에 대한 **토지등소유자**의 동의(제50조 제4항 내지 제6항), 분양신청 대상자(법 제72조 제1항, 제3항 및 제5항), 관리처분계획의 공람대상자(법 제78조 제1항)를 **토지등소유자**로 보고 있으나, 재건축사업의 경우 미동의자는 행정청의 조합설립인가처분을 시점으로 **조합원**에서 배제되므로 조합설립인가 후 처분절차에서는 **조합원**이라는 표현이 적절하다. 한편 미동의자에 대해서는 사업시행인가 후 일정한 절차를 거쳐 매도청구소송에 의해 조합이 소유권을 확보한다(법 제64조).

(4) 그리고, 사업시행자가 신탁업자인 경우에는 위탁자를 말한다(법 제39조 제1항 전단).

나. 여러 명을 대표하는 1명

토지등소유자가 1명이 아니고, 다음과 같은 세 가지의 경우에 해당하는 때에는 그 여러 명을 대표하는 1명을 **조합원**으로 본다(법 제39조 제1항 본문 후단).[303]

(1) 토지 또는 건축물의 소유권과 지상권이 **여러 명의 공유**에 속하는 때에는 **그 여러 명을 대표하는 1명**을 **조합원**으로 본다(제1호).

(2) 여러 명의 **토지등소유자**가 1세대에 속하는 때, 이 경우 동일한 세대별 주민등록표 상에 등재되어 있지 아니한 배우자 및 미혼인 19세 미만의 직계비속은 1세대로 보며, 1세대로 구성된 여러 명의 **토지등소유자**가 조합설립인가 후 세대를 분리하여 동일한 세대에 속하지 아니하는 때에도 **이혼 및 19세 이상 자녀의 분가(세대별 주민등록을 달리하고, 실거주지를 분가한 경우로 한정한다)를 제외**하고는 1세대로 본다(제2호).

(가) 동 규정의 입법 취지는 토지 또는 건축물을 하나의 세대 내에서 분할하여 **토지등소유자**가 여러

---

302) 김종보, "정비사업의 구조이론과 동의의 평가", 163면.
303) 따라서 조합설립인가 전에 다주택자는 한 채를 제외한 나머지 주택을 매도하여야 매수자는 **조합원**으로서 분양신청을 할 수 있고, 조합설립인가 후에 매입할 경우에는 여러 명을 대표하는 1명만이 조합원이 될 수 있으므로 불이익을 받을 수 있죠.

명이 되는 때에는 그 대표자 1명만을 **조합원**으로 인정하여 투기세력의 유입으로 정비사업의 사업성이 낮아지는 것을 막는 등 **조합원**의 재산권을 보호하기 위한 취지에서 2009. 2. 6.(법률 제9444호) 개정 및 시행법에서 신설한 규정이다.304) 이는 결국 동일한 정비사업으로 인한 **조합원** 자격, 즉 분양받을 권리는 세대를 기준으로 하나만 인정하기 위한 것이고, 1세대로 구성된 여러 명의 **토지등소유자**가 조합설립인가 후에 세대를 분리하여 동일한 세대에 속하지 아니하게 된 경우에 분리된 소유자에 대해서는 지분쪼개기 등 투기 목적의 여지가 있을 수 있다고 보지만, 19세 이상 자녀의 분가나 이혼의 경우에는 더 이상 종래 1세대에 속하였던 배우자나 직계존속과 주거와 생계를 같이하는 가족이 아니므로 세대를 분리할 수밖에 없는 특별한 사정이 있는 경우로서 세대분리가 투기 목적을 위한 것이라고 확정할 수 없다고 할 것이어서, 조합설립인가 후 세대분리라 하더라도, 이혼 및 19세 이상 자녀의 분가의 경우에는 예외적으로 **조합원** 자격 제한을 받지 않는 것으로 규정하였다.305) 2018. 2. 9. 시행법에서, **조합원**의 자격인정 기준을 「민법」상 성년 규정과 동일하게 20세 이상에서 19세 이상 자녀로 변경하고, 자녀 분가요건을 실거주지와 주민등록상 분가한 경우로 명확하게 신설하였다.

(나) 법제처 법령해석에서, ① 첫 번째로 재개발조합설립인가 후 **조합원** 2인이 결혼하여 세대를 합쳐 1세대에 속하게 된 경우, 「도시정비법」 제39조 제1항 제2호에 따라 그 2인을 대표하는 1인만이 **조합원** 자격을 갖게 되는지, 아니면 그 2인이 각각 **조합원** 자격을 유지하는지에 대한 질의에서, 법 제39조 제1항 제2호(구 제19조 제1항 제2호)에 따라 그 2인을 대표하는 1인만 **조합원** 자격을 갖게 된다고 해석하였다.306) ② 두 번째 재개발사업 **조합원** 2인이 각각 법 제72조(구법 제46조)에 따른 분양신청을 한 후 결혼하여 세대를 합쳐 1세대에 속하게 되었고, 그 후 사업시행변경인가로 인하여 같은 조에 따른 분양신청을 다시 하게 된 경우, 그 2인을 대표하는 1인만 분양신청을 다시 할 수 있는지, 아니면 그 2인이 각각 분양신청을 다시 할 수 있는지에 대한 질의에서, 그 2인을 대표하는 1인만 분양신청을 다시 할 수 있다고 해석하였다.307) ③ 세 번째 「도시정비법」 제74조 제1항 및 제78조 제4항(구 제48조

---

304) 의안번호 제1801705호 「도시정비법」 일부개정법률안 국회 심사보고서 참조.

305) 법제처 법령해석, 민원인 - 정비사업 조합원의 자격(「도시정비법」 제19조 제1항 관련), 안건번호 15-0716, 회신일자 2016. 4. 8.

306) 그 이유는 법 제39조 제1항 제2호(구 제19조 제1항 제2호)에서 그 여러 명을 대표하는 1인을 **조합원**으로 보는 경우 "여러 명의 **토지등소유자**가 1세대에 속할 것"만을 그 요건으로 하고 있을 뿐이고 그 시점은 요건으로 하고 있지 않으므로, 해당 규정의 문언상 1세대에 속하게 된 시점이 조합설립인가 전인지 후인지와 상관없이 여러 명의 **토지등소유자**가 1세대에 속하는 경우에 해당하기만 하면 도시정비법 제39조 제1항 제2호가 적용된다고 보아야 할 것이고, 또한, 사업시행자가 관리처분계획을 수립할 때 1세대 또는 1인이 하나 이상의 주택 또는 토지를 소유한 경우에는 1주택을 공급하도록 규정하고 있는 점도 이 사안을 해석할 때 고려하여야 할 것이다(법제처 법령해석, 민원인 - 재개발사업의 **조합원** 2인이 조합설립인가 후 결혼하여 1세대가 된 경우 **조합원** 자격 등(「도시정비법」 제19조 제1항 제2호 등 관련), 안건번호 17-0300, 회신일자 2017. 6. 22.).

307) 그 이유는, 사업시행자는 법 제72조에 따른 분양신청을 받은 후 잔여분이 있는 경우에 **조합원** 외의 자(현행 **조합원** 또는 **토지등소유자** 이외의 자)에게 분양할 수 있도록 규정하고 있는 법 제79조 제4항을 반대해석하면, 법 제72조에 따른 분양신청은 **토지등소유자** 중에서도 **조합원**만 할 수 있다고 할 것이므로, 이 사안과 같이 **사업시행변경인가로 인하여 같은 조에 따른 분양신청을 다시 하게 되는 경우에는 그 분양신청을 다시 하는 때를 기준으로 하여 조합원 자격을 갖춘 자만이 분양신청을** 다시 할 수 있다고 할 것이다.

그런데, 앞에서 살펴본 바와 같이, 법 제39조 제1항 제2호에서는 "여러 명의 **토지등소유자**가 1세대에 속하는 때"에는 그 여러 명을 대표하는 1인을 **조합원**으로 본다고 규정하여 여러 명을 대표하는 1인을 **조합원**으로 보는 경우 "여러

제1항 및 제49조 제3항)에 따라 관리처분계획인가 고시 후 해당 재개발조합의 **조합원** A와 동일 세대를 이루고 있는 자녀 C가 같은 조합의 다른 **조합원** B로부터 그 소유 주택에 대한 소유권을 이전받은 경우에도 법 제39조 제1항 제2호에 따라 동일 세대원인 A와 C를 대표하는 1인만 **조합원** 자격을 가지는지의 해석에서, 관리처분계획인가 고시 후 해당 재개발 조합의 **조합원** A와 동일 세대를 이루고 있는 자녀 C가 같은 조합의 다른 **조합원** B로부터 그 소유 주택에 대한 소유권을 이전받은 경우에도 동일 세대원인 A와 C를 대표하는 1인만 **조합원** 자격을 가진다고 해석하였다.[308] ④ 네 번째 **조합원** 범위에 대해서 「도시정비법」상 "재개발사업" 정비구역 안에 소재한 토지 또는 건축물의 소유권 또는 지상권을 각각 보유하는 A, B, C, D가 1세대에 속하던 중 조합설립인가 이후 다른 세대에 속하는 甲이 C로부터 C의 소유권 또는 지상권을 양수하여 **토지등소유자**의 지위를 취득한 경우, 법 제39조 제1항 제2호의 적용을 받아 A, B, 甲, D 중 대표하는 1인이 **조합원**의 자격을 가지는지에 대한 법령해석에서, 이 사안은 법 제39조 제1항 제2호의 적용을 받지 아니하고, 甲은 법 제39조 제1항 각 호 외의 부분의 **토지등소유자**로서 A, B, D와 별도로 단독 **조합원**의 자격을 가진다고 해석하였다.[309]

(3) 조합설립인가(조합설립인가 전에 제27조 제1항 제3호에 따라 **신탁업자를 사업시행자로 지정한**

명의 **토지등소유자**가 1세대에 속할 것"만을 그 요건으로 하고 있을 뿐이고 그 시점은 요건으로 하고 있지 않으므로, 해당 규정의 문언상 1세대에 속하게 된 시점이 분양신청 전인지 후인지와 상관없이 여러 명의 **토지등소유자**가 1세대에 속하는 경우에 해당하기만 하면 법 제39조 제1항 제2호가 적용된다고 보아야 할 것이다(법제처 법령해석 사례, 안건번호 17-0300, 회신일자 2017. 6. 22.).

법제처는 법령정비의견으로 법 제39조 제1항 제2호에 따른 "여러 명의 **토지등소유자**가 1세대에 속하는 때"에 해당하는지를 판단함에 있어 1세대에 속하게 된 시점에 대한 기준이 불명확하여 혼란을 초래하는 바, 결혼으로 인하여 세대를 합치는 경우와 같이 투기의 목적이 아닌 경우에 해당 규정에 달리 적용할 필요가 있는지 등을 정책적으로 판단하여 이를 명확하게 규정할 필요가 있다고 하였다.

308) 그 이유로, 법 제39조 제1항 제2호에서는 "여러 명의 **토지등소유자**가 1세대에 속하는 때"에는 그 여러 명을 대표하는 1인을 **조합원**으로 본다고 규정하여 "여러 명의 **토지등소유자**가 1세대에 속할 것"만을 요건으로 하고 있을 뿐이고 그 시점이나 경위 등은 요건으로 하고 있지 않으므로, 해당 규정의 문언상 그 시점이 관리처분계획의 효력이 발생하기 전인지 후인지, 또는 그 경위가 세대원 간 주택 등의 양도·양수로 인한 것인지 세대원과 제3자 간 주택 등의 양도·양수로 인한 것인지 등과 상관없이 법 제39조 제1항 제2호가 적용된다고 보아야 할 것이다. **관리처분계획이 인가·고시된 이후에도 그 계획에 따라 확정된 분양권을 전전 매수하는 등의 방법으로 투기세력이 유입될 가능성이 있다는 점**을 고려할 때, 관리처분계획의 효력이 발생한 이후에도 해당 규정을 적용할 필요가 있다고 할 것이다(법제처 법령해석, 안건번호 17-0040, 회신일자 2017. 4. 27.).

309) 이유로, 법문언상 법 제39조 제1항 제2호는 "여러 명의 **토지등소유자**가 1세대에 속하는 경우"를 대상으로 하고 있는 바, 이 사안에서와 같이 1세대에 속하는 A, B, C, D 중 C가 조합 설립 인가 이후 다른 세대에 속하는 甲에게 C의 소유권 또는 지상권을 양도한 경우라면 甲은 A, B, D와 1세대에 속하지 아니할 뿐만 아니라 독립적인 **토지등소유자**의 지위를 갖는다고 할 것이므로 같은 호의 적용대상에 해당하지 않고, 조합설립인가 후 여러 명의 **토지등소유자** 중 일부가 양도·양수로 인해 1세대가 아닌 사람이 소유하게 된 경우까지도 이를 1세대로 간주하는 명문의 규정을 두고 있지 아니하므로, 이 사안에서 甲은 「도시정비법」 제39조 제1항 각 호 외의 부분에 따라 단독으로 **조합원**의 자격을 가진다고 할 것이다.

한편, 여러 명의 **토지등소유자**가 1세대에 속하는 경우 그 중 1인이 양도를 하면 1세대의 1인과 양수인이 **조합원**이 되는 반면, 양도하지 아니하면 1세대의 1인만 **조합원**이 된다는 것은 법 제39조 제1항 제2호의 입법취지에 반한다는 주장이 있을 수 있으나, 같은 호에서는 여러 명의 **토지등소유자**가 1세대에 속하는 경우에도 이혼 및 19세 이상 자녀의 분가로 인하여 다른 세대에 속하게 되는 경우에는 별도의 **조합원**의 자격을 인정해주고 있어 **조합원**의 수가 늘어날 수 있음을 전제하고 있고, 같은 조 제2항과 같이 제3자가 양수하는 경우 **조합원**의 자격을 취득할 수 없다는 제한규정을 두고 있지 않는 점 등을 종합하여 볼 때, 위와 같은 주장은 합리적이지 않다고 할 것이다(법제처 법령해석, 안건번호 12-0468, 회신일자 2012. 12. 26.).

경우에는 **사업시행자의 지정**을 말한다) 후 1명의 **토지등소유자**로부터 토지 또는 건축물의 소유권이나 지상권을 양수하여 여러 명이 소유하게 된 때에도 그 여러 명을 대표하는 1명을 **조합원**으로 본다(제3호). 2017. 8. 9. 개정에서(법률 제14857호, 시행 2018. 2. 9.) 여러 명이 토지·건축물을 공유한 경우, 신탁방식의 정비사업에서도 조합방식과 동일하게 1명에게만 **조합원** 자격을 부여하도록 하였다.

법제처 법령해석은, ① 첫 번째로 재개발조합의 **A조합원**이 해당 재개발사업구역 내에 위치한 다른 **B조합원** 소유 주택을 조합설립인가 후 양수하였다가 이를 다시 제3자C에게 양도함으로써, 1인의 **A조합원**이 소유하던 2채의 주택을 2명(A조합원과 제3자C)이 소유하게 된 경우, **A조합원**과 제3자C를 대표하는 1인이 **조합원**의 자격을 갖는지, 아니면 **A조합원**과 제3자C가 각각 단독으로 **조합원**의 자격을 갖는지에 대한 법령해석에서, **A조합원과 제3자C를 대표하는 1인이 조합원의 자격**을 갖는다고 하였다.[310] ② 두 번째로 재건축사업의 정비구역 안에 소재한 아파트단지에서 **2채의 아파트를 각각 동일한 지분으로 공유하고 있는 부부**가 재건축조합 설립인가 후 1채의 아파트를 **제3자에게 양도**하는 경우, 양수인인 제3자는 단독으로 **조합원** 자격을 가지는지에 대한 법령해석에서, 양수인인 제3자는 단독으로 **조합원**의 자격을 가질 수 없고, **부부와 양수인인 제3자를 대표하는 1인만 조합원의 자격**을 가진다고 해석하였다.[311] ③ 세 번째로, **조합설립인가 후 재건축사업에 동의하지 않은 1인의 토지등소유자로부터 건축**

---

310) 법제처 법령해석, 민원인 - 조합설립인가 후 1인의 **토지등소유자**로부터 건축물의 소유권 등을 양수하여 여러 명이 소유하게 된 경우 **조합원**의 자격에 관한 규정의 적용 범위(「도시정비법」 제19조 제1항 제3호 등 관련), 안건번호 16-0431, 회신일자 2016. 11. 22.

311) 그 이유는, 이 사안과 같이 "2채"의 아파트를 부부가 각각 공유하다가 그 중 한 채를 제3자에게 양도하여 양수인이 단독으로 소유하는 경우는 "하나"의 토지 또는 건축물을 수인이 공유하는 경우를 그 적용대상으로 하는 법 제39조 제1항 제1호에 해당하지 않는다고 할 것이고, 부부와 제3자인 양수인은 1세대에 속하지 않으므로 같은 항 제2호에도 해당하지 않는다고 할 것이다.
다음으로, 제3호에서는 여러 명을 대표하는 1인을 **조합원**으로 보는 경우 중 하나로 "조합설립인가 후 1인의 **토지등소유자**로부터 토지 또는 건축물의 소유권이나 지상권을 양수하여 여러 명이 소유하게 된 때"라고 규정하고 있는 바, 이 사안과 같이 **부부가 2채의 아파트를 각각 공유하고 있는 경우"를 "1인의 토지등소유자"로 볼 수 있는지**, 그리고 부부가 2채 중 1채의 아파트를 조합설립인가 후 제3자인 양수인에게 양도하여 "1채는 부부가 공유하고, 나머지 1채는 양수인인 제3자가 소유하는 경우"가 **토지 또는 건축물의 소유권을 양수하여 여러 명이 소유하게 된 경우"에 해당하는지**를 각각 검토할 필요가 있다.
그런데, 「도시정비법」에서는 "**토지등소유자 수**"의 산정방법에 관하여 명문으로 규정하고 있지 않고, 다만, 영 제33조 제1항 제2호에서는 재건축사업에 있어서 정비구역의 해제 등에 필요한 **토지등소유자** 동의요건을 산정할 때 소유권 또는 구분소유권이 여러 명의 공유에 속하는 경우 및 1명이 둘 이상의 소유권 또는 구분소유권을 소유하고 있는 경우에는 **토지등소유자**를 1명으로 산정하도록 **토지등소유자**의 산정방법에 관하여 규정하고 있는바(대법원 2010. 1. 14. 선고 2009두15852 판결), 영 제33조 제1항 제2호의 규정은 **토지등소유자** 동의요건 산정 시 **토지등소유자**의 산정방법에 대한 것으로 **조합원** 수 산정에 관한 것은 아니지만, 같은 법령에서 "**토지등소유자**"라는 같은 용어를 기반으로 하여 산정방법을 정한다는 점을 고려할 때, 동의요건 산정에 있어서나 **조합원**수 산정에 있어서 **토지등소유자**의 산정방법은 같은 기준이 적용되어야 한다고 보는 것이 합리적이라고 할 것이므로, 법 제39조 제1항 제3호에 따른 **토지등소유자 수**를 산정할 때에도 영 제33조 제1항 제2호가 적용된다고 할 것이고, 그렇다면 **부부가 2채의 아파트를 각각 공유하는 경우 토지등소유자는 "1인"으로 산정**하여야 할 것이다.
그리고, 법 제39조 제1항 제3호의 "조합설립인가 후 1인의 **토지등소유자**로부터 토지 또는 건축물의 소유권이나 지상권을 양수하여 여러 명이 소유하게 된 때"에서 **"여러 명"의 범위에는 조합원으로부터 건축물을 양수한 제3자 외에 원래의 조합원인 양도인도 포함된다고 할 것이다**. 즉 부부가 재건축사업의 정비사업 구역 안에 있는 2채의 아파트를 각각 공유하다가 조합설립인가 후 그 중 한 채를 제3자에게 양도함으로써 한 채는 부부가, 다른 한 채는 양수인이 각각 소유하게 되는 경우는 **법 제39조 제1항 제3호에서 규정하는 "조합설립인가 후 1인의 토지등소유자로부터 토지 또는 건축물의 소유권이나 지상권을 양수하여 여러 명이 소유하게 된 경우"**에 해당하므로 같은 항 각 호 외의 부분 단서에 따라 **양도인인 부부와 양수인인 제3자를 대표하는 1인만이 조합원 자격을 갖는다**고 할 것이다(법제처 법령해석, 안건물 및 토지의 소유권을 여러 명이 양수하고, 양수한 여러 명이 재건축사업에 동의한 경우에 그 여러 명을 대표하는 1인에게만 **조합원** 자격이 인정되는지, 아니면 여러 명이 각각 **조합원** 자격이 있는지에 대한 법령해석에서, 그 **여러 명을 대표하는 1인에게만 조합원 자격이 인정된다**고 해석하였다.[312]

다. 한시 조항

2016. 1. 27. 법률 제13912호로 개정되어 같은 날 시행된 개정법에서는 제39조 제1항 각 호 외의 부분에 단서를 신설하여, 「국가균형발전특별법」 제18조에 따른 공공기관지방이전시책 등에 따라 이전하는 공공기관이 소유한 토지 또는 건축물을 양수한 경우 양수한 자(공유의 경우 대표자 1명을 말한다)를 **조합원**으로 본다고 규정하고 있고(법 제39조 제1항 단서), 동 조항은 2018. 2. 9. 시행법 부칙 제2조의 규정에 의하여 법 제39조 제1항 각 호 외의 부분 단서는 2018. 1. 26.까지 유효한 한시적인 규정이다. 법제처는 「국가균형발전특별법」 제18조에 따른 공공기관지방이전시책에 따라 이전하는 공공기관이 소유한 건축물을 조합설립인가 후 2016년 1월 27일 전에 공매로 여러 명이 낙찰 받았을 경우 낙찰자 여러 명에게 모두 **조합원** 자격이 인정되는지, 아니면 여러 명을 대표하는 1인만 **조합원**으로 인정되는지에 대한 법령해석에서, 낙찰 받은 여러 명을 대표하는 1인만이 **조합원**으로 인정된다고 해석하였다.[313]

라. 조합원 자격의 변경·소멸

(1) 정관에 의한 조합원의 변경 판례

조합원변경은 정관이 정하는 바에 따라 정해지며 조합설립변경인가에 의해 **조합원**이 변경되는 것은 아니라는 것이 종래 판례의 태도였다. 대법원 2009. 9. 24. 선고 2008다60568 판결 전까지는 조합설립인가가 학문상 인가로 해석되었고, 이에 따르면 **조합원**의 지위는 조합정관에서 정하는 바에 의하여

번호 16-0632, 회신일자 2017. 1. 25.).

312) 그 이유는, 법 제39조 제1항 각 호 외의 부분 본문 괄호 부분에서는 재건축사업에 동의한 **토지등소유자**만을 재건축사업의 **조합원**으로 규정하고 있는데, 개별 토지등소유자가 **조합원**이 될 수 있는 자격을 가지는지 여부는 그 개별 **토지등소유자**가 재건축사업에 동의하는지 여부로 결정한다는 의미일 뿐인 바, **토지등소유자가 정비구역안에 소재한 건축물 및 토지를 양도한 경우 그 양도인의 동의 여부에 따라 해당 건축물 및 토지의 양수인의 조합원으로서의 지위가 달라지거나 조합원의 수에 관한 법 적용이 달라지는 것은 아니라고 할 것이다.** 또한, 법 제39조 제1항 제3호에 따르면 "조합설립인가 후"에 1인의 **토지등소유자**로부터 토지 및 건축물의 소유권을 양수한 양수인이 여러 명이더라도 그 여러 명의 양수인을 대표하는 1인만이 **조합원**이 된다고 할 것이다(법제처 법령해석, 안건번호 16-0145, 회신일자 2016. 8. 11.).

313) 그 이유로, 법 제39조 제1항 각 호 외의 부분 단서는 최근 공공기관 지방이전 시책에 따라 공공기관이 지방으로 이전하면서 직원 기숙사로 활용하던 다수의 주택을 매각할 필요성이 있으나, 공공기관이 소유한 주택단지에 「도시정비법」에 따른 조합이 설립되어 있는 경우에는 해당 주택을 양수한 자의 **조합원** 자격 취득이 제한됨에 따라 공공기관이 소유한 주택의 매각이 어려워지는 문제를 해결하기 위하여 예외적으로 특례를 규정한 것이므로(의안번호 제1916433호, 「도시정비법」 일부 개정법률안 국회 심사보고서 참조), 그 입법취지에 비추어 볼 때 이미 매각이 이루어진 경우는 해당 규정의 적용 대상으로 하고 있지 않다고 할 것이다(법제처 법령해석, 안건번호 16-0228, 회신일자 2016. 11. 2.).

결정되는 것이고, 조합의 감독관청인 지방자치단체장의 행정처분 등에 의하여 **조합원**의 지위가 좌우되는 것이 아니었다. 즉 대법원은 "갑이 주택개량재개발조합의 참여**조합원**에 해당하는지의 여부는 위 조합의 정관이 정하는 바에 따라 결정되는 것이고, 구(區)가 위 조합에게 갑을 참여**조합원**으로 할 수 없다는 의견을 제시하여 위 조합이 갑을 참여**조합원**에서 제외하는 내용의 관리처분계획을 만들어 관할관청인 구청장으로부터 인가를 받았다 하더라도, 그러한 구의 의견표명이나 인가처분에 의하여 갑의 참여**조합원**으로서의 지위가 확정되는 것이 아니라고" 판시하였다.[314] 이 밖에도 "**조합원**은 조합설립인가시를 기준으로 정관의 규정에 의하여 확정되고 그 후 동 **조합원**의 지위에 양도 등의 사유가 발생한 경우에는 정관이 정하는 바에 따라 그 범위 내에서만 **조합원**의 변경이 가능하다"고 보았다.[315]

그러나 대법원 2009. 9. 24. 선고 2008다60568 판결에서와 같이 조합설립인가를 설권적 처분으로 해석한 이후부터, **조합원**변경에 의한 **조합원**지위도 역시 조합설립인가에 의해 인정되는 것이므로, **조합원**의 변경도 소유권변동과 정관에 의해 자동적으로 이루어지는 것이 아니라, 변경인가처분에 의해야 비로소 유효해지는 것으로 해석할 가능성이 더 높아졌다.[316]

(2) 양도 등의 승계로 인한 조합원의 변경

권리자의 변동이 있은 때에는 종전의 권리자의 권리·의무는 새로운 권리자로 된 자가 승계한다(법 제129조). 양도 등의 승계로 양도한자는 **조합원** 자격을 상실하고 양수한자는 **조합원** 자격을 획득하여 조합의 구성원이 변경된다. 즉 양도·상속·증여 및 판결 등으로 **조합원**의 권리가 이전된 때에는 **조합원**의 권리를 취득한 자로 **조합원**이 변경된 것으로 보며, 권리를 양수받은 자는 **조합원**의 권리와 의무 및 종전의 권리자가 행하였거나 조합이 종전의 권리자에게 행한 처분, 청산 시 권리·의무에 관한 범위 등을 포괄승계 한다(재개발 및 재건축표준정관 제9조 제5항, 제11조 제1항). 그러나 후술하는 바와 같이 투기를 방지하기 위하여 일정한 경우에 **조합원**명의변경이 금지된다(법 제39조 제2항 및 영 제37조).

또한 **조합원**이 권리나 지위 등을 양도하였을 경우 또는 관계법령 및 정관에서 정하는 **조합원**에 해당하지 않게 된 경우에 **조합원**의 자격이 조합내부의 별도 절차(총회, 대의원회 의결 등)나 행정절차(변경신고, 인가 등)를 받을 때까지 지속되지 않고 **조합원**자격은 자동 상실된다(재건축표준정관 제11조 제2항).

(3) 조합원 자격상실·제명·탈퇴로 인한 조합원의 소멸

재건축사업의 **조합원**이지만 분양신청기한 내에 분양신청을 하지 않거나 철회를 한 경우 등의 사유로 현금청산자가 된 경우 재건축**조합원**의 지위를 상실하게 되는 시점은 분양신청기간 종료일 다음날이고,[317] 재개발**조합원**의 경우 사업시행자의 토지수용으로 인한 수용개시일에 **조합원**자격이 상실되는 것

---

314) 대법원 1994. 6. 28. 선고 94다5830 판결.
315) 대법원 1998. 3. 27. 선고 97누17094 판결.
316) 김종보, 건설법(제6판), 489면.
317) 대법원 2010. 8. 19. 선고 2009다81203 판결.

으로(법 제73조 제2항, 재개발표준정관 제11조 제2항) 보인다.

조합원으로서 고의 또는 중대한 과실 및 의무불이행 등으로 조합에 대하여 막대한 손해를 입힌 경우에는 총회의 의결에 따라 **조합원**을 제명할 수 있다. 이 경우 제명 전에 해당 **조합원**에 대해 <u>청문 등 소명기회</u>를 부여하여야 하며, 청문 등 소명기회를 부여하였음에도 이에 응하지 아니한 경우에는 소명기회를 부여한 것으로 본다(재건축표준정관 제11조 제3항). 청문 규정은 조합이 이를 남용할 소지도 있으므로 청문 등 소명기회를 부여토록 한 것이다.

조합원은 <u>임의로 조합을 탈퇴할 수 없다</u>. 다만, <u>부득이한 사유가 발생한 경우 총회 또는 대의원회의 의결에 따라 탈퇴할 수 있다</u>(재건축표준정관 제11조 제4항). **조합원**에게 부득이한 사유가 생겼을 경우 탈퇴를 인정하되 개인사정에 따라 빈번하게 탈퇴가 이루어진다면 사업추진에 지장이 많으므로 총회 또는 대의원회의 의결에 따르도록 한 것이며, 총회에서 의결할 것인지 대의원회에서 의결할 것인지는 당해 조합의 **조합원**수, 단지 규모, 탈퇴가 조합에 미치는 영향 등을 감안하여 결정하면 될 것이다.

4. 투기과열지구지정 지역에서 조합원 변경

가. 입법 취지

(1) 법 제정 당시 **조합원** 변경에 대해 특별한 제한을 하지 않았으나, 법 시행(2003. 7. 1.) 후 6개월이 지나 2003. 12. 31. 개정 및 시행(법률 제7056호)으로 <u>재건축**조합원**명의변경금지 조항을 신설</u>하였다. 동 조항의 취지는 <u>조합설립인가 후 양도·증여·판결 등으로 인하여 **조합원**의 권리가 이전된 때에는 **조합원** 지위가 자동으로 승계됨으로 인하여 지가상승이 예상되는 재건축주택에 대한 투기가 문제되자</u> 그와 같은 투기수요를 차단하여 국민의 주거 안정을 확보하기 위하여 조합설립에 동의한 **조합원**의 변경을 제한하면서 이를 통해 <u>재건축조합설립인가 후 재건축단지 안의 주택 또는 토지를 양수한 자에 대하여는 **조합원** 자격을 취득할 수 없도록 하여 투기를 막기 위한 제도이다</u>.

(2) 그래서 조합설립인가 후 당해 정비사업의 건축물 또는 토지를 양수한 자로서 **조합원**의 자격을 <u>취득할 수 없는 자에 대하여는 조합설립인가일을 기준으로 현금으로 청산하도록 하되</u>, 생업상의 이유로 다른 특별시·광역시·시 또는 군으로 이전하는 때 등 불가피한 사유가 발생한 경우에는 예외를 인정하여 재산권 침해를 최소화하도록 하였다(2003. 12. 31. 개정, 법 제19조 제2항 및 제3항 신설).

(3) 계약자유의 원칙에 따라 **조합원** 지위의 양도·양수 자체는 자유로울 것이나, 다만 투기수요 차단이라는 공익목적에서 <u>투기과열지구 안에서 양수인에 한정하여 **조합원** 자격의 취득만을 제한하고 있을 뿐이다</u>. 헌법재판소도 "<u>토지재산권의 강한 공공성 등에 비추어 볼 때 재건축주택에 대한 투기수요를 차단하여 국민의 주거 안정을 확보하려는 입법목적은 정당하고, 투기과열지구 안의 재건축 **조합원**의 명의변경을 금지하는 것은 이러한 입법목적을 달성하는 데에 효과적인 방법이라고 볼 것이며, 나아가 법이 규제대상지역을 투기과열지구로 한정하고, 직장변경·취학·결혼 등의 사유로 세대원 전원이 타 지역으로 이주할 경우에는 예외적으로 **조합원** 지위 양도를 허용하고 있으며</u>, 이 법 시행 전에 재건축조

합설립인가를 받은 **조합원**으로부터 토지 등을 양수한 자에 대하여는 이 법조항의 적용을 배제하고 있는 점 등을 감안하여 볼 때, 이 조항이 「헌법」상 재산권을 지나치게 제한하는 것으로 볼 수 없다."고 판시하였다.[318]

나. 조합원 지위 양도 금지

(1) 원칙 금지: 「주택법」 제63조 제1항에 따른 투기과열지구로 지정된 지역에서 **재건축사업**을 시행하는 경우에는 **조합설립인가 후, 재개발사업**을 시행하는 경우에는 **관리처분계획의 인가 후** 해당 정비사업의 건축물 또는 토지를 양수(매매·증여, 그 밖의 권리의 변동을 수반하는 모든 행위를 포함하되, 상속·이혼으로 인한 양도·양수의 경우는 제외한다)한 자는 **조합원이 될 수 없다**(법 제39조 제2항 본문). 여기서 해당 정비사업의 "건축물 또는 토지"라 함은 아파트뿐만 아니라 상가도 포함된다.

전술한 2003. 12. 31. 개정(법률 제7056호) 이후, 동 조항은 2017. 2. 8.(법률 제14567호) 전면개정 2018. 2. 9. 시행일 전 시점에 또다시 위 조항이 개정되었다. 즉 2017. 10. 24. 개정(법률 제14943호) 하였는데, 그 시행 시기는 부칙 제1조에 따라 제39조 제2항(구 제19조 제2항)의 개정규정은 공포 후 3개월이 경과한 날부터 시행하도록 하여 2018. 1. 25.부터 **재건축조합원은 조합설립인가 전에 양수한 것에 한하여 조합원이 될 수 있고**, 부칙 제2조에 따라 **재개발사업(도시환경정비사업)의 개정규정은 법 시행일 2018. 1. 25. 후 최초로 사업시행계획인가를 신청하는 경우부터 적용**하도록 하였다.

(2) 예외 인정: 다만, 양도인이 다음 각 호 1. 세대원(세대주가 포함된 세대의 구성원을 말한다)의 근무상 또는 생업상의 사정이나 질병치료(「의료법」 제3조에 따른 의료기관의 장이 1년 이상의 치료나 요양이 필요하다고 인정하는 경우로 한정한다)·취학·결혼으로 세대원이 모두 해당 사업구역에 위치하지 아니한 특별시·광역시·특별자치시·특별자치도, 시 또는 군으로 이전하는 경우, 2. 상속으로 취득한 주택으로 세대원 모두 이전하는 경우, 3. 세대원 모두 해외로 이주하거나 세대원 모두 2년 이상 해외에 체류하려는 경우, 4. 1세대(법 제39조 제1항 제2호에 따라 1세대에 속하는 때를 말한다) 1주택자로서 양도하는 주택에 대한 소유기간은 10년 및 거주기간은 「주민등록법」 제7조에 따른 주민등록표를 기준으로 하며, 소유자가 거주하지 아니하고 소유자의 배우자나 직계존비속이 해당 주택에 거주한 경우에는 그 기간을 합산하여 5년의 기간 이상으로 소유자가 피상속인으로부터 주택을 상속받아 소유권을 취득한 경우에는 피상속인의 주택의 소유기간 및 거주기간을 합산한다(영 제37조 제1항). 5. 그 밖에 불가피한 사정으로 양도하는 경우로서 **대통령령으로 정하는 경우**의 어느 하나에 해당하는 경우 그 양도인으로부터 그 건축물 또는 토지를 양수한 자는 **조합원** 지위가 인정된다(법 제39조 제2항 단서).

법 제39조 제2항 제5호에서 **"대통령령으로 정하는 경우"**란 다음 각 호 1. 조합설립인가일부터 3년 이상 사업시행인가 신청이 없는 재건축사업의 건축물을 3년 이상 계속하여 소유하고 있는 자(소유기간을 산정할 때 소유자가 피상속인으로부터 상속받아 소유권을 취득한 경우에는 피상속인의 소유기간을

---

318) 헌재 2008. 9. 25. 2004헌마155 등.

합산한다. 이하 제2호 및 제3호에서 같다)가 사업시행인가 신청 전에 양도하는 경우, 2. 사업시행계획인가일부터 3년 이내에 착공하지 못한 재건축사업의 토지 또는 건축물을 3년 이상 계속하여 소유하고 있는 자가 착공 전에 양도하는 경우, 3. 착공일부터 3년 이상 준공되지 않은 재개발사업·재건축사업의 토지를 3년 이상 계속하여 소유하고 있는 경우, 4. 법률 제7056호 「도시정비법」 일부개정법률 부칙 제2항에 따른 **토지등소유자**로부터 상속·이혼으로 인하여 토지 또는 건축물을 소유한 자, 5. 국가·지방자치단체 및 금융기관(「주택법 시행령」 제71조 제1호 각 목의 금융기관을 말한다)에 대한 채무를 이행하지 못하여 재개발사업·재건축사업의 토지 또는 건축물이 경매 또는 공매되는 경우, 6. 「주택법」 제63조 제1항에 따른 투기과열지구로 지정되기 전에 건축물 또는 토지를 양도하기 위한 계약(계약금 지급 내역 등으로 계약일을 확인할 수 있는 경우로 한정한다)을 체결하고, 투기과열지구로 지정된 날부터 60일 이내에 「부동산거래신고법」 제3조에 따라 부동산 거래의 신고를 한 경우의 어느 하나에 해당하는 경우를 말한다(영 제37조 제2항).

(3) 손실보상: 사업시행자는 법 제39조 제2항 각 호 외의 부분 본문에 따라 **조합원**의 자격을 취득할 수 없는 경우 정비사업의 토지, 건축물 또는 그 밖의 권리를 취득한 자에게 법 제73조를 준용하여 **손실보상**을 하여야 한다(법 제39조 제3항). 2017. 2. 8.(법률 제14567호) 전부 개정 전에는 현금으로 청산하도록 하였다.

다. 사례

(1) 투기과열지구에서 재건축조합원이 조합설립인가 후 그 소유 주택의 지분 일부를 양도하여 해당 주택을 양수인과 공유하게 된 경우, 그 양도인의 조합원 지위 유지 여부

투기과열지구로 지정된 지역에서 주택을 단독으로 소유하고 있는 자로서 법 제39조 제1항에 따라 재건축**조합원** 자격을 가지는 자가 **그 조합설립인가 후 해당 주택의 소유권 일부를 조합원이 아닌 제3자에게 양도하여 양도인과 양수인이 해당 주택의 소유권을 공유하게 된 경우**, 그 **양도인**(법 제39조 제2항 각 호에 해당하지 않는 경우로 한정함)은 **조합원** 자격을 가지는지에 대한 법령해석에서, 해당 주택의 소유권 일부를 **조합원**이 아닌 제3자에게 양도하여 양도인과 양수인이 해당 주택의 소유권을 공유하게 된 경우, 그 **양도인**(법 제39조 제2항 각 호에 해당하지 않는 경우로 한정함)**은 조합원 자격을 가진다**고 해석하였다.[319]

---

[319] 그 이유로, 법 제39조 제2항 본문은 **토지등소유자**(공유자)에게 **조합원**(대표조합원) 자격을 부여하고 있는 같은 조 제1항의 특례로서, 재건축주택의 투기수요를 차단하기 위해 투기과열지구에서는 재건축사업조합설립인가 후에 해당 정비사업의 건축물 또는 토지를 양수하더라도 그 양수인은 **조합원** 자격을 취득할 수 없도록 제한하려는 규정이라고 할 것인 바(의안번호 제162846호 「도시정비법」 중 개정법률안 국회 심사보고서 참조), 해당 규정에 따라 **조합원**(대표**조합원**) 자격 취득이 제한되는 대상은 그 문언상 "양수인"에 한정됨이 명백하다고 할 것이다.
그렇다면, **"양도인"의 경우**에는 **조합원** 자격에 관한 원칙 규정인 법 제39조 제1항에 따라 **조합원** 자격 취득 여부를 판단해야 할 것인데, 이 사안에서 양도인과 양수인은 재건축사업의 주택을 공유하고 있으므로 같은 항 제1호(건축물의 소유권이 여러 명의 공유에 속하는 때)에 해당하여 양자를 대표하는 1인이 **조합원** 자격을 가지는 것이 원칙이라고 할 것이나, **"양수인"의 경우** 앞서 살펴본 바와 같이 법 제39조 제2항 본문에 따라 **조합원**(대표**조합원**) 자격 취득이

(2) 투기과열지구로서 재건축사업구역 내에 주택과 상가를 각각 1개씩 소유한 자가 조합설립 인가 후 상가를 양도한 경우, 양수인의 분양권 유무

법제처는 투기과열지구로 지정된 지역으로서 「도시정비법」에 따른 재건축사업구역내에 주택과 상가를 각각 1개씩 소유한 **조합원이 조합설립인가 후 상가를 양도**한 경우, (가) **상가를 양수한 자**는 법 제79조 제2항에 따라 정비사업에 따른 건축물을 분양받을 수 있는지에 대한 법령해석에서, 상가를 양수한 자는 법 제39조 제2항 각 호에 해당하지 않는 한 법 제79조 제2항에 따라 정비사업에 따른 **건축물을 분양받을 수 없다**고 해석하였다.[320] (나) **기존 조합원인 양도인**은 법 제39조 제1항 제3호에 의한 대표 **조합원**으로서 법 제79조 제2항에 따라 정비사업에 따른 건축물인 주택과 상가를 각각 1개씩 분양받을 수 있는지에 대한 법령해석에서, 기존 **조합원**인 양도인은 법 제79조 제2항에 따라 정비사업에 따른 건축물인 **주택과 상가를 각각 1개씩 분양받을 수는 없다**고 해석하였다.[321]

제한되므로, 결국 **양도인이 대표조합원**의 자격을 가진다. 한편, 투기수요 차단이라는 법 제39조 제2항 본문의 입법목적을 달성하기 위해서는 이 사안과 같은 경우 그 "양수인"뿐만 아니라 "양도인"도 **조합원** 자격을 취득할 수 없다고 해석하는 것이 타당하다는 의견이 있을 수 있다. 그러나 침익적 행정행위의 근거가 되는 행정법규는 가급적 엄격하게 해석·적용하는 것이 바람직하다는 점(대법원 2013. 12. 12. 선고 2011두3388 판결), 해당 규정의 입법 당시 투기수요의 완벽한 차단을 위해 투기과열지구에서는 재건축조합설립인가 후 그 주택의 양도·양수는 금지하거나 양도·양수는 허용하되 양도인과 양수인 모두 **조합원** 자격 취득을 제한하는 등 강력한 규제수단을 도입하는 것도 가능하였을 것인데, 그럼에도 불구하고 해당 규정과 같이 주택의 양도·양수 자체는 전면 허용하면서 단지 **양수인에 한정하여 조합원 자격의 취득만을 제한**하게 된 것은 **양도인의 재산권을 과도하게 침해하지 않는 범위에서 투기수요 차단이라는 공익을 달성하기 위한 것으로 볼 수 있다는 점** 등에 비추어 볼 때, 그와 같은 의견은 타당하지 않다(법제처 법령해석, 안건번호 17-0691, 회신일자 2018. 4. 16.).

320) 그 이유로, 「도시정비법」 제39조 제2항에 따르면 **투기과열지구로 지정된 지역으로서 재건축사업구역내에 1개의 건축물을 가진 자가 이를 조합설립인가 후에 양도하는 경우뿐만 아니라 2개의 건축물을 가진 자가 조합설립인가 후에 1개의 건축물을 양도하는 경우에도 그 양수인은 조합원의 자격이 없고**, 해당 정비사업에 따른 건축물에 대한 분양권이 없다고 보아야 할 것이다.

한편, 2개의 주택이 아니라 주택과 상가를 각각 1개씩 소유한 **조합원**이 조합설립인가 후에 상가를 양도한 경우에는 법 제39조 제2항에서는 "조합설립인가 후 당해 정비사업의 건축물을 양수한 자"라고만 규정되어 있을 뿐 달리 위 건축물에서 상가를 제외한다는 규정을 두고 있지 아니하고, 「도시정비법」에서는 건축물의 의미에 관하여 규정하고 있지 않으나 「건축법」 제2조 제1항 제2호의 건축물 규정에 의하면 상가는 건축물에 해당한다고 보아야 하며, 또한 재건축사업구역에서의 투기 방지 목적이라는 측면에서 보면 주택과 상가를 달리 취급할 이유가 없다는 점에서 **조합설립인가 후 상가를 양도하는 경우에도 「도시정비법」 제39조 제2항 및 제3항이 적용된다**고 할 것이다(법제처 법령해석, 안건번호 11-0293, 회신일자 2011. 8. 11.).

321) 그 이유로, 투기과열지구로 지정된 지역으로서 재건축사업의 경우에는 조합설립인가 후 건축물을 양수한 자는 당초부터 **조합원**이 될 수가 없어 양도인과 양수인 중 1인이 **조합원**이 된다는 「도시정비법」 제39조 제1항 제3호의 적용대상이 아니라고 할 것이므로, 기존 **조합원**인 양도인이 대표**조합원**이 될 수 있는 것은 아니다.

다음으로 투기과열지구로 지정된 지역으로서 재건축사업구역내에 주택과 상가를 각각 1개씩 소유한 **조합원**이 조합설립인가 후 상가를 양도한 경우에도 기존 **조합원**인 양도인이 정비사업에 따른 건축물인 주택과 상가를 각각 1개씩 분양받을 수 있는지에 관하여 살펴보면, 앞서 본 바와 같이 위 사업구역내에서 조합설립인가 후 상가를 양수한 자가 「도시정비법」 제39조 제2항 각 호의 어느 하나에 해당하는 경우에는 같은 항 단서에 따라 양수인이 정비사업에 따른 건축물을 분양받는 것이고, 「도시정비법」 제39조 제2항 각 호의 어느 하나에 해당하지 않는 경우에는 같은 항 각 호 외의 부분 본문 및 같은 조 제3항에 따라 **양수인이 상가에 관한 현금청산의 대상자가 된다**고 할 것인 바, 그렇다면 **기존의 주택과 상가를 각각 1개씩 보유했던 조합원이 상가를 양도한 경우에는 양도인은 기존 주택을 기준으로 하여 정비사업에 따른 건축물을 분양받을 수 있다고 보아야 할 것이지**, 양수인의 분양권 또는 현금청산의 대상인 상가를 전제로 하여 정비사업에 따른 건축물을 분양받을 수는 없다고 할 것이다(법제처 법령해석, 안건번호 11-0293, 회신일자 2011. 8. 11.).

5. 조합원지위확인소송

조합원의 지위에 관해 다툼이 있는 경우의 소송형태가 문제되는 바, 재개발·재건축조합을 행정주체로 보아 조합원 지위의 확인을 구하는 소송은 공법상 당사자소송으로 제기하여야 할 것이다. 관리처분계획의 인가가 있은 후에도 조합원 지위의 확인을 구하는 소송을 제기할 수 있는지가 문제된 사건에서 서울고등법원은 관리처분계획이 정해진 이후의 단계에서는 조합을 상대로 하여 민사소송이나 공법상 당사자소송으로 조합원자격확인을 구하는 것은 허용될 수 없다고 하여 소를 각하하였다.[322]

이에 대한 상고심인 대법원에서 "재개발조합인 피고가 그 조합원임을 주장하는 원고의 조합원자격을 부인하는 경우, 원고는 그의 권리 또는 법적 지위에 현존하는 위험·불안을 제거하는 방법으로 피고 조합을 상대로 조합원지위확인을 구할 소의 이익이 있다 할 것이고, 관리처분계획은 분양처분(이전고시)이 이루어지기 전까지는 변경될 수도 있을 뿐만 아니라, 그 계획이 확정되었다고 하여 위와 같은 소의 이익에 관한 법리가 달라지는 것은 아니라 할 것이다."고 함으로써 원심판결을 파기환송 하였다.[323]

IX. 조합의 임원

1. 임원의 구성

가. 의의

(1) 「상법」제312조에 따른 임원이란 이사와 감사를 말하며, 여기에서 그 주체로 규정된 조합의 임원이란 정비사업을 시행하기 위하여 토지등소유자로 구성되어 설립된 조합이 법 제41조 제1항에 따라 둔 조합장 1명과, 이사, 감사를 말한다.[324] 조합은 다음 각 호 1. 정비구역에서 거주하고 있는 자로서 선임일 직전 3년 동안 정비구역 내 거주 기간이 1년 이상일 것, 2. 정비구역에 위치한 건축물 또는 토지(재건축사업의 경우에는 건축물과 그 부속토지를 말한다)를 5년 이상 소유하고 있을 것의 어느 하나의 요건을 갖춘 조합장 1명과 이사, 감사를 임원으로 둔다. 이 경우 조합장은 선임일로 부터 관리처분계획의 인가를 받을 때까지는 해당 정비구역에서 거주(영업을 하는 자의 경우 영업을 말한다)하여야 한다(법 제41조 제1항).[325] 조합의 이사와 감사의 수는 대통령령으로 정하는 범위에서 정관으로

---

322) 서울고법 1997. 7. 31. 선고 96구27041 판결.
323) 대법원 1999. 2. 5. 선고 97누14606 판결.
324) 대법원 2014. 5. 22. 선고 2012도7190 전원합의체 판결.
325) 부칙 제3조(조합임원의 자격 및 결격사유 등에 대한 적용례) 제41조 및 제43조의 개정규정은 이 법 시행 후 조합임원을 선임(연임을 포함한다)하거나 전문조합관리인을 선정하는 경우부터 적용한다.
    법 제41조 제1항 후단에 따르면 조합장의 경우 선임일로부터 관리처분계획인가를 받을 때까지는 해당 정비구역에서 거주(영업) 요건을 상실할 경우 조합장의 지위에서 당연 퇴직되어야 한다. 일부 대도시의 경우 정비구역내의 세입자 비율이 50~70% 정도라고 하는데, 이는 정비구역 밖의 조합원들은 조합장 피선출권이 침해 받고 결국은 헌법상 보장되는 주거이전의 자유를 침해하는 규정이 될 수 있다.

정한다(법 제41조 제2항). 조합에 두는 이사의 수는 3명 이상으로 하고, 감사의 수는 1명 이상 3명 이하로 한다. 다만, **토지등소유자**의 수가 100인을 초과하는 경우에는 이사의 수를 5명 이상으로 한다(영 제40조).

그리고 2009. 2. 6. 법률 제9444호로 개정·시행되기 전의 법 제21조(현행 제41조) 제3항에 따르면, "조합임원은 총회에서 **조합원** 중에서 정관이 정하는 바에 따라 선임하도록" 규정하여 조합장을 비롯한 조합임원은 반드시 **조합원** 중에서만 선임할 수 있었다. 그러나 개정법에서는 같은 항을 삭제하였으며, 단지 "조합임원의 선출방법 등은 정관으로 정하도록" 하고 있으며(법 제41조 제5항), **조합원**이 아닌 자도 정관에서 정한다면 조합임원이 될 수 있다고 해석되는 바, 도시정비법령상 조합장이 반드시 **조합원**이어야 하는 것이 아니다.[326)]

(2) 조합은 총회 의결을 거쳐 조합임원의 선출에 관한 선거관리를 「선거관리위원회법」 제3조에 따라 선거관리위원회에 위탁할 수 있다(법 제41조 제3항). 조합임원의 임기는 3년 이하의 범위에서 정관으로 정하되, 연임할 수 있다(법 제41조 제4항).

(3) 조합임원의 선출방법 등은 정관으로 정한다. 다만, 시장·군수등은 다음 각 호 1. 조합임원이 사임, 해임, 임기만료, 그 밖에 불가피한 사유 등으로 직무를 수행할 수 없는 때부터 6개월 이상 선임되지 아니한 경우, 2. 총회에서 **조합원** 과반수의 출석과 출석 **조합원** 과반수의 동의로 전문조합관리인의 선정을 요청하는 경우의[327)] 어느 하나에 해당하는 경우 시·도**조례**로 정하는 바에 따라 변호사·회계사·기술사 등으로서 **대통령령**으로 정하는 요건을 갖춘 자를 전문조합관리인으로 선정하여 조합임원의 업무를 대행하게 할 수 있다(법 제41조 제5항). 전문조합관리인의 선정절차, 업무집행 등에 필요한 사항은 **대통령령**으로 정한다.[328)]

---

326) 법제처 법령해석, 안건번호 10-0268, 회신일자 2010. 10. 15.
327) 일반적으로 **조합원** 10분의 1 이상이 해임 발의 요구에 따라 해임 총회를 개최하는 경우 요구권자가 현행 집행부를 해임시키고 자신이 직접 집행부를 구성하기 위하여 총회를 하는 것인데, 설사 전문조합관리인을 선정하고자 할 경우에도, 현 조합장이나 조합임원이 있음에도 불구하고 전문조합관리인의 선정을 위한 총회결의가 쉬운 것이 아니기 때문에 실효성에 의문이 있다.
328) **영 제41조(전문조합관리인의 선정)** ① 법 제41조 제5항 단서에서 "**대통령령**으로 정하는 요건을 갖춘 자"란 다음 각 호 1. 다음 각 목 가. 변호사, 나. 공인회계사, 다. 법무사, 라. 세무사, 마. 건축사, 바. 도시계획·건축분야의 기술사, 사. 감정평가사, 아. 행정사(일반행정사를 말한다)의 어느 하나에 해당하는 자격을 취득한 후 정비사업 관련 업무에 5년 이상 종사한 경력이 있는 사람, 2. 조합임원으로 5년 이상 종사한 사람, 3. 공무원 또는 공공기관의 임직원으로 정비사업 관련 업무에 5년 이상 종사한 사람, 4. 정비업자에 소속되어 정비사업 관련 업무에 10년 이상 종사한 사람, 5. 「건설산업기본법」 제2조 제7호에 따른 건설업자에 소속되어 정비사업 관련 업무에 10년 이상 종사한 사람, 6. 제1호부터 제5호까지의 경력을 합산한 경력이 5년 이상인 사람(이 경우 같은 시기의 경력은 중복하여 계산하지 아니하며, 제4호 및 제5호의 경력은 2분의 1만 포함하여 계산한다)의 어느 하나에 해당하는 사람을 말한다.
② 시장·군수등은 전문조합관리인의 선정이 필요하다고 인정하거나 **조합원**(추진위원회의 경우에는 **토지등소유자**를 말한다) 3분의 1 이상이 전문조합관리인의 선정을 요청하면 공개모집을 통하여 전문조합관리인을 선정할 수 있다. 이 경우 조합 또는 추진위원회의 의견을 들어야 한다.
③ 전문조합관리인은 선임 후 6개월 이내에 법 제115조에 따른 교육을 60시간 이상 받아야 한다. 다만, 선임 전 최근 3년 이내에 해당 교육을 60시간 이상 받은 경우에는 그러하지 아니하다.
④ 전문조합관리인의 임기는 3년으로 한다.

나. 조합설립인가처분이 무효인 조합의 조합임원 여부

(1) 재개발조합의 임원이었던 피고인들이 공모하여, 총회의 결의 없이 철거감리업체를 선정하거나 정비사업 시행과 관련한 자료 등을 공개하지 아니하였다고 하여 구 「도시정비법」 위반으로 기소된 사안에서, 대법원 전원합의체 판결의 [다수의견]은 "행정청의 조합설립인가처분은 조합에 정비사업을 시행할 수 있는 권한을 갖는 행정주체(공법인)로서의 지위를 부여하는 일종의 설권적 처분의 성격을 가진다. 따라서 **토지등소유자**로 구성되는 조합이 그 설립과정에서 조합설립인가처분을 받지 아니하였거나 설령 이를 받았다 하더라도 처음부터 조합설립인가처분으로서 효력이 없는 경우에는, 구 「도시정비법」 제13조에 의하여 정비사업을 시행할 수 있는 권한을 가지는 행정주체인 공법인으로서의 조합이 성립되었다 할 수 없고, 또한 이러한 조합의 조합장, 이사, 감사로 선임된 자 역시 구 「도시정비법」에서 정한 조합의 임원이라 할 수 없다"고 하였다.[329]

(2) 위 조합에 대한 조합설립인가처분이 무효여서 처음부터 조합이 성립되었다 할 수 없으므로, 피고인들은 같은 법 제85조 제5호(현행 제137조 제6호), 제24조 제3항 제5호(현행 제45조 제1항 제4호) 및 제86조 제6호(현행 제138조 제6호), 제81조 제1항(현행 제124조 제1항)의 각 위반행위에 대한 주체가 될 수 없다고 판시하였다.

다. 임시이사가 조합의 임원에 해당하는지 여부

대법원은 "법 제41조 제1항에 따라 조합장 1인과 이사, 감사를 조합의 임원으로 규정하고 있는데, 조합에 관하여는 「도시정비법」에 규정된 것을 제외하고는 「민법」 중 사단법인에 관한 규정을 준용하도록 하고 있으므로(제27조), 조합의 임원인 이사가 없거나 「도시정비법」과 정관이 정한 이사 수에 부족이 있는 때에는 「민법」 제63조의 규정이 준용되어 법원이 임시이사를 선임할 수 있다. 그런데 법원에 의하여 선임된 임시이사는 원칙적으로 정식이사와 동일한 권한을 가지고, 「도시정비법」이 조합 총회에서 선임된 이사와 임시이사의 권한을 특별히 달리 정한 규정을 두고 있지도 않다. 이러한 점과 더불어 총회의결사항에 관하여 의결을 거치지 아니하고 임의로 추진한 조합 임원을 처벌하는 규정을 둔 「도시정비법」의 취지를 함께 살펴보면, 법원이 선임한 임시이사도 법 제137조 제6호에서 규정한 '조합의 임원'에 보아야한다."고 판시하였다.[330]

라. 이사회

(1) 법적 근거 및 성격

이사회의 법적 근거는 「도시정비법」 제124조 관련자료의 공개 일환으로 이사회 의사록을 예시하고

---

329) 대법원 2014. 5. 22. 선고 2012도7190 전원합의체 판결.
330) 대법원 2016. 10. 27. 선고 2016도138 판결.

있는 것을 제외하고는 언급되어 있지 않다. 그리고 영 제38조 제17호에서 "그 밖에 시·도조례로 정하는 사항"이라 하여 조례에 위임하고 있는데, 「서울시 도시정비조례」 제22조 제1호에서 이사회의 설치 및 소집, 사무, 의결방법 등 이사회 운영에 관한 사항에 관하여 근거를 두고 있다. 그리고 조합의 자치법규라 할 수 있는 재개발정비사업조합표준정관(이하 '재개발표준정관'이라 한다)·재건축정비사업조합표준정관(이하 '재건축표준정관'이라 한다)에 보다 상세한 근거를 두고 있다.

감사를 제외한 조합임원(법 제41조 제1항)의 회의체가 곧 이사회이다. 따라서 조합장·이사·감사로 구성되는 임원회의와 이사회는 구성원이 다르다. 표준정관에서는 조합에 조합의 사무를 집행하기 위하여 조합장과 이사로 구성하는 이사회를 두고, 이사회는 조합장이 소집하며, 조합장은 이사회의 의장이 된다(재개발표준정관 제27조). 이사회는 다음 각 호 1. 조합의 예산 및 통상업무의 집행에 관한 사항, 2. 총회 및 대의원회의 상정안건의 심의·결정에 관한 사항, 3. 업무규정 등 조합 내부규정의 제정 및 개정안 작성에 관한 사항, 4. 그 밖에 조합의 운영 및 사업시행에 관하여 필요한 사항의 사무를 집행한다(재개발표준정관 제28조). 별도의 조항으로 전문적이고 효율적인 조합운영을 위하여 이사회 보좌기관으로서 자문 또는 고문기관을 둘 수 있다(재개발표준정관 제28조(주)). 이 밖에도 금전적인 부담이 수반되지 아니하는 사항의 변경은 대의원회가 없는 경우 대의원회에 준하는 지위로서 이사회의 인준을 받도록 할 수 있다(재개발표준정관 제12조 제2항 단서).

사견으로 이사회는 「도시정비법」에서 구체적으로 그 지위를 정하고 있지는 않지만, 시·도조례나 실무상 막강한 규범력을 발휘하는 표준정관에 근거한 기관의 하나로서, 그 법적지위에 있어서는 총회나 대의원회를 보좌하는 집행기관으로 보아야 할 것이다.

(2) 이사회의 법적 지위에 대한 해석

법제처는 「도시정비법」 제44조 제1항에서는 정비사업을 시행하기 위하여 조합에 조합원으로 구성되는 총회를 둔다고 규정하고 있고, 법 제45조 제1항 제2호에서는 총회의 의결을 거쳐야 하는 사항의 하나로 "자금의 차입과 그 방법·이율 및 상환방법"을 규정하고 있는 바, 조합이 자금을 차입할 때 그 자금의 차입에 관한 모든 사항을 이사회에서 자유롭게 결정할 수 있다는 내용으로 총회에서 의결을 한 경우, 그 이후부터는 조합은 이사회의 의결을 거치면 총회의 의결을 거치지 않아도 자금을 차입할 수 있는지에 대한 법령해석에서, 조합이 자금을 차입할 때 그 자금의 차입에 관한 모든 사항을 이사회에서 자유롭게 결정할 수 있다는 내용으로 총회에서 의결을 하였더라도 조합은 이사회의 의결을 거치는 것만으로는 자금을 차입할 수 없다.[331]

---

[331] 그 이유로는, 법 제45조 제1항에서는 일정한 사항에 대해서는 조합 총회의 의결을 거쳐야 한다고 규정하고 있으나, 그 의결을 거치는 방법에 대해서는 구체적으로 규정하고 있지 않은 바(2018. 2. 9. 시행법으로 조합총회에서의 조합원 과반수 출석과 출석 과반수 동의의 의결정족수를 신설하였다), 이와 같이 해당 법령 자체에 그 법령에서 사용하는 용어의 정의나 포섭의 구체적인 범위가 명확히 규정되어 있지 아니한 경우 법령상 용어의 해석은 그 법령의 전반적인 체계와 취지·목적, 당해 조항의 규정형식과 내용 및 관련 법령을 종합적으로 고려하여 해석하여야 할 것이다(대법원 2005. 2. 18. 선고 2004도7807 판결). 그런데, 정비사업의 성격상 조합이 추진하는 모든 업무의 구체적인 내용을 총회에서

2. 조합임원의 직무

가. 조합장이 당연히 대의원인지 여부

조합장은 조합을 대표하고, 그 사무를 총괄하며, 총회 또는 법 제46조에 따른 대의원회의 의장이 된다(법 제42조 제1항). **조합장이 대의원회의 의장이 되는 경우에는 대의원으로 본다**(법 제42조 제2항). 대의원은 **조합원** 중에서 선출한다(영 제44조 제1항). 조합장은 당연직 대의원이 아니다. 평소에는 대의원이 아니다가 총회 또는 대의원회에서는 의장이 되며 대의원회 의장이면서 대의원으로서 권한인 표결권을 행사할 수 있도록 대의원회 의장이 되는 경우에만 대의원으로 본다는 규정을 둔 것이다. 이 규정은 **토지등소유자**가 **조합원**이 되고 대의원은 **조합원** 중에서 선출하지만 조합장은 **조합원**이 아닌 자도 정관에서 정한다면 조합임원이 될 수 있다는 법리와 무관하지 않다.

대의원으로 인정하는 조항은 2018. 2. 9. 시행법 전에 다음과 같은 논란이 있었다. 법제처는 구법 시행령 제36조 제1항(현행 영 제44조 제1항)에 따르면, "대의원은 **조합원** 중에서 선출하며, 대의원회의 의장은 조합장이 된다"고 규정하고 있었던 바, 대의원회의 의장이 되는 조합장은 정관에 따라 대의원으로 선임되지 않은 경우에도 당연히 대의원에 해당하는지에 대한 해석에서, 대의원회의 의장이 되는 조합장이 정관에 따라 대의원으로 선임되지 않은 경우에도 당연히 대의원에 해당하는 것은 아니라고 해석하였다.[332] 그러나 현재는 조합장이 대의원회의 의장이 되는 경우 조합장도 대의원으로 보도록 개정되었다(법 제42조 제2항).

사전에 의결하는 것은 어렵다고 할 것임에도 불구하고, 법 제45조 제1항 제2호에서는 "자금의 차입과 그 방법·이율 및 상환방법"을 총회의 의결사항으로 규정하고 있는 바, 이는 **조합원**의 재산에 직접적인 영향을 미치는 사항인 자금의 차입에 대해서는 **조합원**들의 의사가 반영될 수 있는 절차를 보장하기 위한 취지라고 할 것이다(대법원 2010. 6. 24. 선고 2009도14296 판결).

그리고, 법 제46조 제1항에서는 **조합원**의 수가 100인 이상인 조합은 대의원회를 두어야 한다고 규정하고 있고, 같은 조 제4항에서는 대의원회는 총회의 의결사항 중 **대통령령**으로 정하는 사항을 제외하고는 총회의 권한을 대행할 수 있다고 규정하고 있으며, 그 위임에 따른 영 제43조에서는 "대의원회가 총회를 대행할 수 없는 사항" 중 하나로 「도시정비법」 제24조 제3항(현행 제45조 제1항) 제2호에서 "자금의 차입과 그 방법·이율 및 상환방법에 관한 사항"을 규정함으로써, 자금의 차입과 같이 **조합원**의 재산에 중대한 영향을 미치는 사항에 대해서는 총회에서 직접 그 내용을 결정하도록 하고 있다.

이러한 규정의 취지 및 체계에 비추어 보면, **조합이 자금을 차입하려는 경우에는 사전에 총회에서 차입의 목적과 차입금의 액수·이율·차입기간 등 차입의 내용을 구체적으로 밝히고 그에 관하여 총회의 의결을 거치거나, 적어도 조합원들이 자금 차입으로 인해 조합이 부담하게 될 부담의 정도를 예측하고 그에 대한 찬성·반대의 의사를 표시할 수 있을 정도로 개략적으로 그 차입에 대해서 밝히고 그에 관하여 총회의 의결을 거쳐야만 한다고 할 것**이고(대법원 2010. 6. 24. 선고 2009도14296 판결), 이와 달리 집행기관에 불과한 이사회에서 추후 자유롭게 그 차입의 내용을 결정한 후 그에 따라 자금을 차입할 수 있도록 함으로써 그 차입의 내용에 대해 총회의 의결을 거치지 않아도 되도록 하는 **것은, 비록 총회 스스로 그와 같은 내용을 의결하였다고 하더라도 허용될 수 없다**고 해석하였다(법제처 법령해석, 안건번호 16-0238, 회신일자 2016. 10. 13.).

[332] 법제처 법령해석 사례, 국토해양부 - 조합장은 당연히 대의원에 해당하는지(영 제36조 등 관련), 안건번호 10-0268, 회신일자 2010. 10. 15.

나. 조합임원의 자기계약 및 중임 금지

(1) 조합장 또는 이사가 자기를 위하여 조합과 계약이나 소송을 할 때에는 감사가 조합을 대표한다(법 제42조 제3항). 조합임원은 조합의 실정을 잘 알고 업무집행의 결정에 참여하게 되므로 그 지위를 악용하여 사익을 도모할 우려가 있다. 따라서 조합장 또는 이사의 자기계약은 업무 집행권한을 수여한 조합의 이익을 해할 우려가 있기 때문에 「민법」 제124조(자기계약, 쌍방대리)의 취지와 같이 이를 금지하고 있는 것으로 보인다. 집행기관으로서 조합 임원의 자기계약이 금지되므로 견제기관으로서 감사가 이를 대표한다는 의미이다.

(2) 조합임원은 같은 목적의 정비사업을 하는 다른 조합의 임원 또는 직원을 겸할 수 없다(법 제42조 제4항).

3. 조합임원의 결격사유 및 해임

가. 결격사유

(1) 다음 각 호 1. 미성년자·피성년후견인 또는 피한정후견인, 2. 파산선고를 받고 복권되지 아니한 자, 3. 금고 이상의 실형을 선고받고[333] 그 집행이 종료(종료된 것으로 보는 경우를 포함한다)되거나 집행이 면제된 날부터 2년이 지나지 아니한 자, 4. 금고 이상의 형의 집행유예를 받고 그 유예기간 중에 있는 자, 5. **이 법을 위반하여 벌금 100만원 이상의 형을 선고받고 10년이 지나지 아니한 자**의 어느 하나에 해당하는 자는 조합임원 또는 전문조합관리인이 될 수 없다(법 제43조 제1항). 구 「도시정비법」 제23조 제1항 제5호(현행 제43조 제1항 제5호)는 법률 제9444호로 일부개정되어 2009. 2. 6. 공포·시행된 구법에서 신설되었고, 구법 부칙 제5조 제1항에 따르면 "제23조 제1항 제5호의 개정규정은 이 법 시행 후 최초로 임원을 선임하는 분부터 적용하도록" 규정하고 있다.

(2) 법제처는 법 제40조 제1항 제6호에서 조합은 **조합임원의 선임방법 및 해임에 관한 사항이 포함된 정관을 작성**하여야 한다고 규정하고 있고, 같은 법 제43조 제1항 각 호에서는 조합임원의 결격사유를 규정하고 있는 바, 조합은 법 제43조 제1항 각 호에서 규정하고 있는 조합임원의 결격사유 외의 결격사유를 정관에서 추가로 정할 수 있는지에 대한 법령해석에서, 조합은 법 제43조 제1항 각 호에서 규정하고 있는 **조합임원의 결격사유 외의 결격사유를 정관에서 추가로 정할 수 있다**고 해석하였다.[334]

---

333) 선고는 확정판결이며, 1·2심판결에 불복하여 항소·상고를 하고 있는 중이면 확정판결이 아니므로 제3호를 적용할 수 없다.

334) 그 이유로, 법 제43조 제1항 각 호에서 다섯 가지의 조합임원 결격사유를 규정하고 있는 바, **조합임원의 결격사유도 모든 조합에 동일하게 적용되는 것은 아닌 점을 고려하여, 조합의 임원에 공통으로 적용되는 결격사유를 법률에서 명시적으로 정한 것**이라고 할 것이다. 한편, 결격사유 규정은 사회생활의 안전과 건전한 경제질서 유지라는 공익상의 이유로 인정되는 것이지만, 그 결과로 해당 요건을 갖추지 못한 자는 특정 분야의 직업이나 사업을 영위할 수 없게 되어 「헌법」상 보장되는 기본권인 직업선택의 자유나 경제활동의 자유 등 사회활동에 있어 제한을 받게 된다고 할 것인 바, 가능한 한 제한적으로 해석하는 것이 타당하다고 할 것이나, 법률에서 정관으로 결격사유를 정할 수 있도록 규정한 경우에는 예외적으로 정관에서 결격사유를 추가할 수 있다고 할 것이다.
그런데, 법 제40조 제1항 제6호에서는 조합은 **조합임원의 선임방법 및 해임에 관한 사항이 포함된 정관을 작성**하여야

나. 당연 퇴임 및 해임

(1) 조합임원이 다음 각 호 1. **법 제43조 제1항 각 호에 따른 결격사유의 어느 하나에 해당하게 되거나 선임 당시 그에 해당하는 자이었음이 밝혀진 경우, 2. 조합임원이 법 제41조 제1항에 따른 자격요건**[1. 정비구역에서 거주하고 있는 자로서 선임일 직전 3년 동안 정비구역 내 거주 기간이 1년 이상일 것, 2. 정비구역에 위치한 건축물 또는 토지(재건축사업의 경우에는 건축물과 그 부속토지를 말한다)를 5년 이상 소유하고 있을 것]**을 갖추지 못한 경우**의 어느 하나에 해당하는 경우에는 당연 퇴임한다(법 제43조 제2항). **퇴임된 임원이 퇴임 전에 관여한 행위는 그 효력을 잃지 아니한다(법 제43조 제3항).**335)

조합임원은 **조합원** 10분의 1 이상의 요구로 소집된 총회에서 **조합원** 과반수의 출석과 출석 **조합원** 과반수의 동의를 받아 해임할 수 있다. 이 경우 요구자 대표로 선출된 자가 해임 총회의 소집 및 진행을 할 때에는 조합장의 권한을 대행한다(법 제43조 제4항). 법 제41조 제5항 제2호에 따라 시장·군수 등이 전문조합관리인을 선정한 경우 전문조합관리인이 업무를 대행할 임원은 당연 퇴임한다(법 제43조 제5항).

(2) 법제처는 구「도시정비법」(법률 제9444호로 일부개정되어 2009. 2. 6. 공포·시행된 것) 시행 전에 조합임원으로 선임된 자가 같은 법 시행 이후에 이 법에 위반하여 법 제43조 제1항 제5호의 결격사유에 해당하게 된 경우 같은 조 제2항에 따라 당연 퇴임하여야 하는지에 대한 해석에서, 구「도시정비법」(법률 제9444호로 일부개정되어 2009. 2. 6. 공포·시행된 것) 시행 전에 조합임원으로 선임되었다가 같은 법 시행 이후에 이 법의 위반으로 법 제43조 제1항 제5호의 결격사유에 해당하게 된 자는 같은 조 제2항에 따라 당연 퇴임되지 아니한다고 해석하였다.336)

한다고 규정하고 있고, **법 제41조 제5항 본문에서는 조합임원의 선출방법 등은 정관으로 정한다**고 규정하고 있는데, 이 때 조합임원의 "선임방법"이란 조합임원의 선임에 필요한 기준과 방식 등을 의미하는 것으로, "선임방법"에는 선임을 위한 기준이나 요건으로서의 "자격요건"도 포함되며, **조합 임원이 될 수 없는 결격사유는 조합임원의 "자격요건"에 해당하므로, 조합의 정관으로 정할 수 있는 조합임원의 "선임방법"의 결격사유에 관한 사항도 포함된다**고 할 것인 바, 조합은 법 제40조 제1항 제6호 및 제41조 제5항 본문의 위임에 따라, **법률에서 규정하고 있는 조합임원의 결격사유 외의 결격사유를 정관에서 추가로 규정할 수 있다**고 해석하였다(법제처 법령해석, 안건번호 16-0394, 회신일자 2016. 11. 7.).

335) 결격사유가 발견되어 당연 퇴임된다고 하여 그 이전에 관여한 행위를 무효라고 판단하게 되면 법적 안정성을 위한 조항이라 할 수 없다.

336) 그 이유로, 구「도시정비법」의 개정으로 신설된 같은 법 제23조 제1항 제5호(현행 제43조 제1항 제5호.)의 결격사유에 해당하게 되면 종전의 규정에 따라 선임된 임원도 당연 퇴임되어야 하나, 이렇게 적용할 경우 기존 조합임원에게 예측하지 못한 피해가 발생하고, 조합의 운영이 어려워질 수도 있다. 즉 구법에서 조합임원에 대한 결격사유를 확대한 것은 도시정비사업과 관련한 위법행위를 차단하는 법적 수단을 강화함으로써 조합운영의 내실을 도모하기 위한 것임에도 불구하고 신설된 결격사유로 인하여 기존 조합임원의 지위가 불안해지거나 조합의 운영에 곤란이 생기는 등 구 법령에 따른 법률관계 성립 당시에 예측할 수 없었던 상황이 발생한다면 오히려 법에서 추구하는 도시정비사업의 효율적 추진이라는 입법취지를 해칠 수 있게 될 것이다.

따라서 구법 부칙 제5조 제1항과 같은 적용례를 둔 것은 이러한 문제점을 해결하기 위하여 조합임원에 대한 기득권 보호, 기존 조합의 사업 추진의 안정성 확보, 조합과 관련된 법률관계의 법적 안정성 확보 등을 도모하려는 취지라고 할 것이다(법제처 법령해석, 안건번호 09-0359, 회신일자 2009. 11. 20.).

X. 조합원 총회

1. 규정의 취지

법 제45조 제1항에서 총회 의결을 거치도록 한 취지는 **조합원**들의 권리·의무에 직접적인 영향을 미치는 사항에 대하여 **조합원**들의 의사가 반영될 수 있도록 절차적 보장을 위한 것이다.[337] 이러한 규정취지에 비추어 보면, 「도시정비법」에 의해 설립된 재건축조합이 **조합원**총회의결을 거치지 아니하고 예산으로 정한 사항 외에 **조합원**의 부담이 될 계약을 체결한 경우에는 그 효력이 없다.

2. 총회의 소집

조합에는 **조합원**으로 구성되는 총회를 둔다(법 제44조 제1항). 총회는 조합장이 직권으로 소집하거나 **조합원** 5분의 1 이상(정관의 기재사항 중 제40조 제1항 제6호에 따른 조합임원의 권리·의무·보수·선임방법·변경 및 해임에 관한 사항을 변경하기 위한 총회의 경우는 10분의 1 이상으로 한다) 또는 대의원 3분의 2 이상의 요구로 조합장이 소집한다(법 제44조 제2항).[338] 조합임원의 사임, 해임 또는 임기만료 후 6개월 이상 조합임원이 선임되지 아니한 경우에는 시장·군수등이 조합임원 선출을 위한 총회를 소집할 수 있다(법 제44조 제3항).

총회를 소집하려는 자는 총회가 개최되기 7일 전까지 회의 목적·안건·일시 및 장소를 정하여 **조합원**에게 통지하여야 한다(법 제44조 제4항). 총회의 소집 절차·시기 등에 필요한 사항은 정관으로 정한다(법 제44조 제5항).

3. 총회의 의결

가. 의결 사항

(1) 총회의 의결, 총회의 결의, **조합원**의 동의 등은 법적으로 거의 동일한 의미로 쓰인다.[339] 다음 각 호 1. **정관의 변경**(법 제40조 제4항에 따른 경미한 사항의 변경은 법 또는 정관에서 총회의결사항으로 정한 경우로 한정한다)**(총회)**,[340] 2. **자금의 차입과 그 방법·이자율 및 상환방법(총회)**, 3. 정비사업비의 세부 항목별 사용계획이 포함된 예산안 및 예산의 사용내역,[341] 4. **예산으로 정한 사항 외에 조합**

---

[337] 대법원 2010. 6. 24. 선고 2009도14296 판결; 대법원 2010. 6. 24. 선고 2009도14296 판결; 대법원 2008. 6. 12. 선고 2008다6298 판결에서는 **조합원**총회에서 의결한 것이 아니고, 추진위원회 단계에서 개최한 **토지등소유자** 총회에서 시공사를 선정하기로 한 결의는 무효라고 판단하였다.

[338] 2019. 10. 24. 개정법에서는 정관기재사항 중 기재된 내용의 정관을 변경하기 위하여 총회를 소집할 경우의 소집 요구 숫자를 완화하여 10분의 1로 하였다. 즉 정관변경을 위한 총회를 말하는 것이지, 조합임원의 권리·의무·보수·선임방법·변경 및 해임에 관한 총회개최를 말하는 것이 아니라는 점의 유의하여야 한다.

[339] 김종보, 건설법(제6판), 515면.

[340] 법 제40조 제4항에 따른 정관의 경미한 사항의 변경은 이 법 또는 정관에서 총회의결사항으로 정한 경우로 한정한다.

[341] 종래에는 "정비사업비의 사용"이라고 하여 정비사업비를 사용할 때마다 총회의결을 거쳐야 한다고 해석하는 경우가

원에게 부담이 되는 계약(총회), 5. **시공자·설계자** 또는 **감정평가법인등**(법 제74조제2항에 따라 시장·군수등이 선정·계약하는 감정평가법인등은 제외한다)**의 선정 및 변경**. 다만, 감정평가법인등 선정 및 변경은 총회의 의결을 거쳐 시장·군수등에게 위탁할 수 있다.**(총회)** 6. **정비업자의 선정 및 변경(총회)**, 7. **조합임원의 선임 및 해임(총회)**-조합장을 제외한 보권선거는 대행 가능, 8. 정비사업비의 **조합원**별 분담내역, 9. 법 제50조 제1항 본문에 따른 정비사업의 중지 또는 폐지에 관한 사항을 포함하며, 같은 항 단서에 따른 경미한 변경을 제외한 법 제52조에 따른 **사업시행계획서의 작성 및 변경(총회)**, 10. 법 제74조에 따른 경미한 변경을 제외한 **관리처분계획의 수립 및 변경(총회)**, 11. 법 제89조에 따른 분할징수·분할지급을 포함하여 청산금의 징수·지급과 조합 해산 시의 회계보고, 12. 법 제93조에 따른 부과금의 금액 및 징수방법, 13. 그 밖에 **조합원**에게 경제적 부담을 주는 사항 등 주요한 사항을 결정하기 위하여 **대통령령**[법 제45조 제1항 제13호에 따라 총회의 의결을 거쳐야 하는 사항은 다음 각 호 1. 조합의 합병 또는 해산에 관한 사항(총회)-사업완료로 인한 해산은 대행 가능, 2. 대의원의 선임 및 해임에 관한 사항(총회)-보궐선거는 대행 가능, 3. 건설되는 건축물의 설계 개요의 변경(총회), 4. 정비사업비의 변경(총회)과 같다(영 제42조 제1항)] 또는 정관으로 정하는 사항은 총회의 의결을 거쳐야 한다(법 제45조 제1항). 위에서 (총회)라고 기재한 것은 영 제43조에 따라 대의원회가 총회의 권한을 대행할 수 없고 **반드시 총회에서 의결하여야 하는 사항**이다.

정비사업비(분담금)는 이 법 또는 다른 법령에 특별한 규정이 있는 경우를 제외하고는 사업시행자가 부담하는데 사업시행자는 원칙적으로 조합을 의미하고 조합은 **조합원**의 기관이므로, 결국은 **조합원**이 정비사업비를 부담한다(법 제92조 제1항). 따라서 정비사업비의 **조합원**별 분담내역이 총회의 의결 사항으로 규정되어 있다.

(2) 총회의 의결 사항 중 이 법 또는 정관에 따라 **조합원**의 동의가 필요한 사항은 총회에 상정하여야 한다(법 제45조 제2항).

(3) 대법원은 "총회의결"이 사전의결을 의미하는지 여부(원칙적 적극) 및 "**예산으로 정한 사항 외에 조합원의 부담이 될 계약**"을 체결하는 경우 사전에 총회의 의결을 거쳐야 하는 내용에 대한 판시에서, "구「도시정비법」(2009. 2. 6. 법률 제9444호로 개정되기 전의 것) 제24조 제3항 제5호(현행 제45조 제1항 제4호)에서 **예산으로 정한 사항 외에 조합원의 부담이 될 계약**을 총회의결 사항으로 규정한 취지는 **조합원**들의 권리·의무에 직접적인 영향을 미치는 사항이어서 **조합원**들의 의사가 반영될 수 있도록 절차적 보장을 하기 위한 것이고 이를 위하여 같은 법 제85조 제5호(현행 제137조 제6호)에 벌칙 조항을 둔 것으로 해석되는 점, 총회의 사전 의결 없이 계약이 체결되어 이행된 경우 원상회복이 어려울 뿐만 아니라 법률관계의 혼란을 초래하고 이러한 상황이 **조합원**들의 자유로운 의사결정에 방해가 될 수 있는 점 등에 비추어 볼 때, 위 법 제85조 제5호(현행 제137조 제6호)의 '총회의결'은 원칙적으로 **사전 의결**을 의미한다. 따라서 조합의 임원이 총회의 사전 의결을 거치지 아니하고 예산으로 정한 사항 외에 **조합원**의 부담이 될 계약을 체결하였다면 그로써 같은 법 제85조 제5호(현행 제137조 제6호)

있었고, 조합에서 총회결의를 거쳐야 하는 사항중 하나가 조합 예산 및 결산인데 이것을 총회의결을 거쳐야 하는지에 관해서도 논란이 있어서 2019. 10. 24. 개정법에서는 "정비사업비의 세부 항목별 사용계획이 포함된 예산안 및 예산의 사용내역"이라고 구체적으로 개정하였다.

에 위반한 범행이 성립된다고 할 것이고, 이와 달리 그 범행 성립시기가 추후에 이루어지는 총회에서 추인 의결이 부결된 때라거나 추후 총회에서 추인 의결이 이루어진다고 해서 그 범행이 소급적으로 불성립하게 된다고 볼 수도 없다. 한편 재개발사업의 성격상 조합이 추진하는 모든 업무의 구체적 내용을 총회에서 사전에 의결하기 어렵다 하더라도 위 **법 규정 취지에 비추어 보면 '예산으로 정한 사항 외에 조합원의 부담이 될 계약'을 체결하는 경우에는 사전에 총회에서 추진하려는 계약의 목적과 내용, 그로 인하여 조합원들이 부담하게 될 부담의 정도를 개략적으로 밝히고 그에 관하여 총회의결을 거쳐야 한다"**고 판시하였다.[342] 따라서 사전에 총회에서 추진하려는 계약의 목적과 내용, 그로 인하여 **조합원**들이 부담하게 될 부담의 정도를 개략적으로 밝히고 그에 관하여 총회의결을 거쳤다면 사전의결을 거친 것으로 볼 수 있다.[343]

나. 의결 방법

(1) 총회의 의결은 이 법 또는 정관에 다른 규정이 없으면 **조합원 과반수의 출석과 출석 조합원의 과반수 찬성**으로 한다(법 제45조 제3항). 2018. 2. 9. 시행법은 조합총회에서 일반의결정족수(**조합원** 과반수 출석과 출석 과반수 동의)를 신설하였다. 안건이 통과되기 위해서는 총회에 출석한 **조합원**의 의결권 가운데 일정 수 이상의 찬성을 얻어야 하는 바 이를 의결정족수라고 한다. 이때의 과반수라 함은 2분의 1을 넘어서는 것을 의미한다. 따라서 총회 표결결과 가부동수(可否同數)가 된 경우에는 법문에서 명문으로 과반수의 찬성을 요하므로 당연히 부결된 것으로 보아야 한다. 간혹 정관에서 가부동수인 때에는 의장이 결정한다는 규정을 두는 예가 있다. 이는 단체결의의 조리에도 반하고, **조합원** 평등의 원칙에도 반하므로 역시 무효이다.[344] 이때 의결정족수를 정하는 기준이 되는 출석**조합원**은 당초 총회에 참석한 모든 **조합원**을 의미하는 것이 아니라 문제가 된 결의 당시 회의장에 남아 있던 **조합원**만을 의미하고, 회의 중 스스로 회의장에서 퇴장한 **조합원**은 이에 포함되지 않는다.[345]

(2) 법 제45조 제1항 제9호(**사업시행계획서**의 작성 및 변경) 및 제10호(**관리처분계획**의 수립 및 변경)의 경우에는 **조합원 과반수의 찬성으로 의결**한다. 다만, **정비사업비가 100분의 10**(생산자물가상승률분, 법 제73조에 따른 손실보상 금액은 제외한다) **이상 늘어나는 경우에는 조합원 3분의 2 이상의 찬성으로 의결**하여야 한다(법 제45조 제4항). 이 경우 **조합원**은 전체 **조합원**을 말한다.

(3) **조합원은 서면으로 의결권을 행사**하거나 다음 각 호 1. **조합원**이 권한을 행사할 수 없어 배우자, 직계존비속 또는 형제자매 중에서 성년자를 대리인으로 정하여 위임장을 제출하는 경우, 2. 해외에 거주하는 **조합원**이 대리인을 지정하는 경우, 3. 법인인 **토지등소유자**가 대리인을 지정하는 경우(이 경우 법인의 대리인은 조합임원 또는 대의원으로 선임될 수 있다)의 어느 하나에 해당하는 경우에는

---

342) 대법원 2010. 6. 24. 선고 2009도14296 판결.
343) 대법원 2015. 9. 10. 선고 2015도9533 판결.
344) 맹신균, 도시 및 주거환경정비법 해설, 법률&출판, 2018, 427면.
345) 대법원 2010. 4. 29. 선고 2008두5568 판결.

대리인을 통하여 의결권을 행사할 수 있다. **서면으로 의결권을 행사하는 경우에는 정족수를 산정할 때에 출석한 것으로 본다**(법 제45조 제5항).

(4) 총회의 의결은 **조합원의 100분의 10 이상이 직접 출석**하여야 한다. 다만, 1. 창립총회, 2. 사업시행계획서의 작성 및 변경을 위하여 개최하는 총회, 3. 관리처분계획의 수립 및 변경을 위하여 개최하는 총회, 4. 정비사업비의 사용 및 변경을 위하여 개최하는 총회의 경우에는 **조합원의 100분의 20 이상이 직접 출석**하여야 한다(법 제45조 제6항 및 영 제42조 제2항). 법 제45조 제6항 본문은 "100분의 10 이상이 직접 출석하여야 한다."고만 규정하고 있을 뿐, "100분의 10 이상이 직접 출석하여 결의에 참여하여야 한다."고 규정하고 있지는 않다. 총회의 안건 중 시공자 선정안건을 제외한 나머지 안건은 미리 서면결의서를 제출한 후 총회에 참석한 **조합원**은 별도의 의결권을 행사하지 않았더라도 "직접 출석"한 **조합원**에 포함된다. 346)

그러나 **시공자 선정을 위한 총회의 경우 조합원 총수의 과반수 이상이 직접 참석하여 의결**하여야 하고, 서면으로 의결권을 행사할 수 있으나 직접 참석자의 수에는 포함되지 않으므로, 서면결의자가 총회에 참석만 하고 의결권을 행사하지 않으면 직접 참석자에 포함되지 않는다(계약 기준 제35조 제2항).

(5) 총회의 의결방법 등에 필요한 사항은 정관으로 정한다(법 제45조 제7항).

다. 사업시행계획서 수립 전에 시공자를 선정하는 경우의 총회의결 정족수

법제처는 법 제45조 제1항 제5호·제9호, 같은 조 제4항 및 제7항에 따르면, 같은 법 제35조에 따른 조합이 시공자를 선정 및 변경을 하는 경우(법 제45조 제1항 제5호)와 사업시행계획서를 수립(작성) 및 변경을 하는 경우(법 제45조 제1항 제9호)에는 총회의 의결을 거쳐야 하는데, 시공자 선정 및 변경 시에는 조합 정관에서 정하는 의결방법(법 제45조 제7항)에 따르고, 사업시행계획서 수립(작성) 및 변경 시 정비사업비가 100분의 10 이상 늘어나는 경우에는 **조합원** 3분의 2 이상의 동의를 받아서 의결하도록 규정하고 있는 바(법 제45조 제4항), 법 제52조에 따른 사업시행계획서를 작성하기 전에 시공자를 선정하려는 경우로서, 그 선정계약에 따라 정비사업비가 조합설립인가 시의 정비사업비보다 100분의 10 이상 늘어나는 경우, 시공자 선정을 총회에서 의결할 때 **조합원** 3분의 2 이상의 동의를 받아야 하는지에 대한 해석에서, 법 제52조에 따른 사업시행계획서를 작성하기 전에 시공자를 선정하려는 경우로서, 그 선정계약에 따라 정비사업비가 조합설립인가 시의 정비사업비보다 100분의 10 이상 늘어나더라도, 시공자 선정을 총회에서 의결할 때 **조합원** 3분의 2 이상의 동의를 받아야 하는 것은 아니라고 해석하였다. 347)

---

346) 맹신균, 도시정비법 해설, 2018, 427면.
347) 그 이유에서, 법 제45조 제1항에서는 총회의 의결사항으로 시공자의 선정 및 변경(제5호), 사업시행계획서의 작성 및 변경(제9호) 등을 규정하고 있고, 제45조 제7항에서는 총회의 의결방법 등에 관하여는 정관으로 정한다고 규정하고, **법 제45조 제4항 본문에서는 사업시행계획서의 작성·변경 및 관리처분계획의 수립·변경**(법 제45조 제1항 제9호 및 제10호)**의 경우에는 조합원 과반수의 동의**를 받아야 하되, **같은 항 단서에서는** "다만, **정비사업비가 100분의 10 이상 늘어나는 경우에는 조합원 3분의 2 이상의 동의**를 받아야 한다"라고 규정하고 있다.

4. 조합원 총회와 유사한 기관

가. 주민대표회의

(1) 의의 및 법적 성격

토지등소유자가 시장·군수등 또는 토지주택공사등의 사업시행을 원하는 경우에는 정비구역 지정·고시 후 주민대표기구(이하 '주민대표회의'라 한다)를 구성하여야 한다(법 제47조 제1항). 「도시정비법」에서 시장·군수등 또는 토지주택공사등의 사업시행을 원하는 경우란 **법 제26조에 따른 재개발사업·재건축사업의 공공시행자 지정에 따른 정비사업의 시행**이라 할 것이다. 그리고 정비구역 지정·고시 후 주민대표회의의 구성에 관해서는 2009. 2. 6. 개정 및 시행(법률 제9444호) 전에는 시장·군수 또는 주택공사등이 사업시행자로 지정·고시된 후에야 주민대표회의를 구성하였기 때문에 토지주택공사등이 사업시행자로 지정된 이후에 비로소 구성되는 주민대표회의는 사업시행자를 선택할 권한이 없었다. 그러나 동 조항의 개정으로 2009년부터는 제도가 변경되어 정비구역 내에서 **토지등소유자**가 토지주택공사등의 사업시행을 원하면 **정비구역 지정·고시 후**에 주민대표회의를 구성할 수 있다(법 제47조 제1항).[348]

주민대표회의는 주택공사등을 단독 사업시행자로 지정하는 형식의 사업추진방식을 취하는 경우 주

먼저, 법령에서 일정한 원칙에 관한 규정을 둔 후 이러한 원칙에 대한 예외규정을 두는 경우, 이러한 예외규정을 해석할 때에는 합리적인 이유 없이 문언의 의미를 확대하여 해석해서는 아니 된다고 할 것이므로(법제처 2012. 11. 3. 회신, 12-0596 해석례 참조), 법 제45조 제4항 단서는 같은 항 본문에 따른 사업시행계획서의 작성 및 변경과 관리처분계획의 수립 및 변경의 경우에만 적용되는 규정이라 할 것이고, 해당 규정의 문언의 의미를 넘어서 시공자를 선정하는 경우(제45조 제1항 제5호)에도 적용되는 것으로 해석할 수는 없다고 할 것이다.

또한, 법 제45조 제4항 단서는 조합설립인가 신청 시의 정비사업비가 사업시행 과정에서 과다하게 상승하는 경우에 소송 등 주민갈등이 야기되어 사업추진에 혼란이 있으므로, 주민갈등을 예방하고 주민의 권리를 보호하기 위하여 **"사업시행계획서 작성·변경 단계"**와 **"관리처분계획서 수립·변경 단계"**에서 당초보다 정비사업비가 100분의 10 이상 증가하는 경우에는 **조합원**의 3분의 2 이상의 동의를 받도록 **조합원** 동의 요건을 강화하려는 취지의 규정으로서, 사업시행 과정 중 정비사업비가 100분의 10 이상이 증가되는 모든 단계에서 위와 같은 강화된 동의 요건이 적용되는 것이 아니라, 특별히 "사업시행계획서 작성·변경 단계"와 "관리처분계획서 수립·변경 단계"에서 정비사업비 상승 여부를 판단하여 적용되도록 한 규정이라고 할 것인 바, **"사업시행계획서 수립 단계"**가 아닌 **"사업시행계획서 수립 전 시공자 선정 단계"**에서 정비사업비가 100분의 10 이상 증가하는 경우에는 해당 규정이 적용되지 않는다고 해석하는 것이 이와 같은 입법취지에 부합하는 해석이라고 할 것이다.

더욱이, 법 제45조 제1항 제5호 본문에서는 시공자의 선정 및 변경은 총회의 의결을 거쳐야 한다고 규정하면서, 제45조 제7항에서는 총회의 의결방법 등에 관하여는 정관으로 정한다고 규정하고 있어, 시공자 선정 시 의결방법은 정관으로 정하는 바에 따르도록 규정하고 있다 할 것이어서, 군이 사업시행계획서 수립 시의 의결방법에 관한 제45조 제4항을 유추 적용할 이유도 없다고 할 것이다.

따라서, **법 제52조에 따른 사업시행계획서를 작성하기 전에 시공자를 선정하려는 경우**로서 그 선정계약에 따라 정비사업비가 조합설립인가 시의 정비사업비보다 100분의 10 이상 늘어나는 경우, 시공자 선정을 총회에서 의결할 때 **조합원** 3분의 2 이상의 동의를 받아야 하는 것은 아니라고 할 것이라고 해석하였다(법제처 법령해석, 안건번호 15-0865, 회신일자 2016. 6. 2.).

348) 칙 제9조(주민대표회의의 구성승인 신청 등) 법 제47조 제1항에 따른 주민대표회의를 구성하여 승인을 받으려는 **토지등소유자**는 별지 제7호서식의 주민대표회의 승인신청서(전자문서로 된 신청서를 포함한다)에 다음 각 호 1. 영 제45조 제4항에 따라 주민대표회의가 정하는 운영규정, 2. **토지등소유자**의 주민대표회의 구성 동의서, 3. 주민대표회의 위원장·부위원장 및 감사의 주소 및 성명, 4. 주민대표회의 위원장·부위원장 및 감사의 선임을 증명하는 서류, 5. **토지등소유자**의 명부의 서류(전자문서를 포함한다)를 첨부하여 시장·군수등에게 제출하여야 한다.

민의 의견을 수렴하여 사업시행자에게 전달하기 위해 법률에 의해 구성되는 기구로서, **사업시행자로 지정된 주택공사등에 종속되는 기구는 아니라고 할 것**이다.[349] 주민대표회의는 사업시행자가 경합하는 초기에는 추진위원회와 대응관계에 있지만 사업이 진행되는 중에는 오히려 조합과 대응관계에 놓인다. 조합을 설립하고 사업을 주도하려는 민간건설사와 단독시행자로 사업을 진행하려는 공공기관이 서로 경합하면서 추진위원회를 후원하거나 주민대표회를 지원하는 형태를 띨 수 있기 때문이다. 따라서 하나의 사업장에 가칭 추진위원회와 가칭 주민대표회의가 동의서를 징구하는 등 경합하는 경우가 많이 존재했다.[350]

(2) 구성

주민대표회의는 위원장을 포함하여 5명 이상 25명 이하로 구성하고(법 제47조 제2항), 주민대표회의는 **토지등소유자의 과반수의 동의**를 받아 구성하며, 국토교통부령으로 정하는 방법 및 절차에 따라 시장·군수등의 승인을 받아야 한다(법 제47조 제3항).

주민대표회의의 구성에 동의한 자는 해당 정비구역의 토지면적 2분의 1 이상의 토지소유자와 **토지등소유자**의 3분의 2 이상에 해당하는 자가 시장·군수등 또는 토지주택공사등을 사업시행자로 지정할 것을 요청하는 때(법 제26조 제1항 제8호 후단)에 따른 사업시행자의 지정에 동의한 것으로 본다. 다만, 사업시행자의 지정 요청 전에 시장·군수등 및 주민대표회의에 사업시행자의 지정에 대한 반대의 의사표시를 한 **토지등소유자**의 경우에는 그러하지 아니하다(법 제47조 제4항).

주민대표회의 **또는 세입자**(상가세입자를 포함한다)는 사업시행자가 다음 각 호 1. 건축물의 철거, 2. 주민의 이주(세입자의 퇴거에 관한 사항을 포함한다), 3. 토지 및 건축물의 보상(세입자에 대한 주거이전비 등 보상에 관한 사항을 포함한다), 4. 정비사업비의 부담, 5. 세입자에 대한 임대주택의 공급 및 입주자격, 6. 그 밖에 정비사업의 시행을 위하여 필요한 사항으로서 **대통령령으로 정하는 사항**에 관하여 제53조에 따른 시행규정을 정하는 때에 의견을 제시할 수 있다. 이 경우 사업시행자는 주민대표회의 또는 세입자의 의견을 반영하기 위하여 노력하여야 한다(법 제47조 제5항). 법 제47조 제5항 제6호에서 "**대통령령으로 정하는 사항**"이란 다음 각 호 1. 법 제29조 제4항에 따른 시공자의 추천, 2. 다음 각 목 가. 법 제47조 제5항 제1호에 따른 건축물의 철거, 나. 법 제47조 제5항 제2호에 따른 주민의 이주(세입자의 퇴거에 관한 사항을 포함한다), 다. 법 제47조 제5항 제3호에 따른 토지 및 건축물의 보상(세입자에 대한 주거이전비 등 보상에 관한 사항을 포함한다), 라. 법 제47조 제5항 제4호에 따른 정비사업비의 부담의 변경에 관한 사항, 3. 관리처분계획 및 청산에 관한 사항(법 제23조 제1항 제1호부터 제3호까지의 방법으로 시행하는 주거환경개선사업은 제외한다), 4. 제3호에 따른 사항의 변경에 관한 사항을 말한다(영 제45조 제2항).

---

349) 법제처 법령해석 사례, 민원인 - 사업시행자 지정 취소 시 주민대표회의 구성·승인도 취소해야 하는지(「도시정비법」 제26조 등 관련), 안건번호 16-0198, 회신일자 2016. 8. 17.
350) 김종보, 건설법(제6판), 452면.

(3) 운영, 비용부담, 위원의 선임 방법 및 절차 등 대통령령에 위임된 사항

주민대표회의의 운영, 비용부담, 위원의 선임 방법 및 절차 등에 필요한 사항은 **대통령령**으로 정한다 (법 제47조 제6항). 이에 따라 **대통령령**에 위임된 사항은 다음과 같다. 주민대표회의에는 위원장과 부위원장 각 1명과 1명 이상 3명 이하의 감사를 둔다(영 제45조 제1항).

시장·군수등 또는 토지주택공사등은 주민대표회의의 운영에 필요한 경비의 일부를 해당 정비사업비에서 지원할 수 있다(영 제45조 제3항).

주민대표회의의 위원의 선출·교체 및 해임, 운영방법, 운영비용의 조달 그 밖에 **주민대표회의의 운영에 필요한 사항**은 주민대표회의가 정한다(영 제45조 제4항).

(4) 법제처 법령해석

(가) 사업시행자 지정 취소 시 주민대표회의 구성·승인도 취소해야 하는지

법제처는 법 제47조 제1항에서는 정비구역 안의 **토지등소유자**가 시장·군수 또는 주택공사등의 사업시행을 원하는 경우 주민대표회의를 정비구역지정 고시 후 구성하여야 한다고 규정하고 있으며, 같은 조 제3항에서는 주민대표회의를 구성한 때에는 국토교통부령으로 정하는 방법 및 절차에 따라 시장·군수의 승인을 얻어야 한다고 규정하고 있는 바, 시장·군수가 법 제26조 제1항 제8호에 따라 주택공사등을 사업시행자로 지정하고 같은 법 제47조 제1항에 따라 주민대표회의 구성 승인을 한 후, 사업성 미비 등의 사유로 사업시행자 지정을 취소하는 경우, 주민대표회의의 구성 승인도 취소하여야 하는지에 대한 해석에서, 법 제47조 제1항에 따라 주민대표회의를 구성하고 시장·군수가 이를 승인한 후 주택공사등에 대한 사업시행자 지정을 취소하는 경우, 시장·군수는 **토지등소유자**의 의견 및 제반 사정을 고려하여 새로운 사업시행자가 누구로 변경되는지에 따라 주민대표회의 구성·승인 취소 여부를 결정해야 한다고 해석하였다.[351]

---

351) 그 이유로는, 「도시정비법」상 "주민대표회의의 구성"과 "주택공사등에 대한 사업시행자 지정" 간에는 시기(時期)적 선후관계가 정해져 있지는 않지만, 법 제26조 제1항 제8호 단서에서 **사업시행자의 지정 요청 전에 시장·군수 및 제47조에 따른 주민대표회의에 "사업시행자의 지정에 대한 반대의 의사표시"를** 한 **토지등소유자는 사업시행자 지정요청에 대하여 동의한 것으로 보지 않는다**고 규정하고 있다는 점에 비추어 볼 때, **일반적으로는 주민대표회의가 먼저 구성된 후 토지등소유자가 주택공사등의 사업시행자 지정을 요청하는 것을 전제하고 있다**고 할 것이다.
다음으로, 주택공사등을 사업시행자로 지정하여 사업을 시행하게 할 경우, 사업시행자는 법 제53조에 따라 시행규정을 정하는 등 사업시행계획서를 작성하여 그에 따라 사업을 추진해야 하는데, 법 제47조 제5항에 따르면 주민대표회의는 주택공사등이 사업시행자로서 그 시행규정을 정하는 때에 건축물의 철거(제1호), 주민이주(제2호), 토지 및 건축물의 보상(제3호)에 관한 사항 등에 대한 의견을 제시하는 기능을 수행한다. 즉 주민대표회의는 주택공사등을 단독 사업시행자로 지정하는 형식의 사업추진방식을 취하는 경우 주민의 의견을 수렴하여 사업시행자에게 전달하기 위해 법률에 의해 구성되는 기구로서, 사업시행자로 지정된 주택공사등에 종속되는 기구는 아니라고 할 것이므로, 주택공사등에 대한 **사업시행자 지정이 취소된다고 하여 주민대표회의의 구성·승인도 취소되어야 한다고 보기는 어렵다**고 할 것이다. 그러나, **토지등소유자**가 하나의 주택공사등을 특정하여 사업시행자로 지정할 것을 시장·군수에게 요청한 경우라고 할지라도, **사정변경이나 중대한 공익상의 필요로 인하여 시장·군수가 사업시행자 지정을 취소한 경우**, 새로운 사업시행자를 누구로 지정할 것인지에 대하여는 변화된 환경과 제반 상황을 종합적으로 고려하여 해당 시점에서 새롭게 판단하여 정해야 할 것이다. 따라서 법 제47조 제1항에 따라 주민대표회의를 구성하고 시장·군수가 이를 승인한 후 주택공사등에 대한 사업시행자 지정을 취소하는 경우, **시장·군수는 토지등소유자의 의견 및 제반 사정을 고려하여 새로운**

(나) 주민대표회의 구성원이 전부 변경된 경우 시장의 재승인을 받아야 되는지 등

법제처는 ① 「도시정비법」에서 주민대표회의를 구성한 때에는 시장·군수의 승인을 받도록 하고 있는데, 주민대표회의의 구성원 전원을 교체하고 새로 선임한 경우, 법 제47조 제3항에 따라 시장·군수의 승인을 다시 받아야 하는지에 대한 법령해석에서 시장·군수의 승인을 다시 받아야 하는 것은 아니라고 해석하였다.[352] ② 주민대표회의에서 정한 주민대표회의 「운영규정」을 위반하여 위원을 선출, 교체, 해임하는 경우, 「도시정비법」 제113조 제1항에 따라 처분의 취소, 변경 또는 정지 등과 같은 조치를 취할 수 있는지에 대한 법령해석에서 처분의 취소, 변경 또는 정지 등과 같은 조치를 취할 수는 없다고 해석하였다.[353]

나. 토지등소유자 전체회의

법 제27조 제1항 제3호에 따라 사업시행자로 지정된 지정개발자인 신탁업자는 다음 각 호 1. 시행규정의 확정 및 변경, 2. 정비사업비의 사용 및 변경, 3. 정비업자와의 계약 등 **토지등소유자**의 부담이 될 계약, 4. 시공자의 선정 및 변경, 5. 정비사업비의 **토지등소유자**별 분담내역, 6. 자금의 차입과 그 방법·이자율 및 상환방법, 7. 법 제52조에 따른 사업시행계획서의 작성 및 변경(제50조 제1항 본문에 따른 정비사업의 중지 또는 폐지에 관한 사항을 포함하며, 같은 항 단서에 따른 경미한 변경은 제외한

사업시행자가 누구로 변경되는지에 따라 주민대표회의 구성·승인 취소 여부를 결정해야 할 것이라고, 해석하였다(법제처 법령해석, 안건번호 16-0198, 회신일자 2016. 8. 17.).

352) 그 이유는, 「도시정비법」에서는 사업시행을 원활하게 하기 위하여 주민의 대표기구로서 주민대표회의를 구성하도록 하고 있고, 주민대표회의에 시공자 추천(제29조 제7항), 사업시행자에 대해 건축물 철거, 주민이주 등에 대한 의견제시(제47조 제5항) 등의 독자적 권한을 주고 있다.
따라서 주민대표회의는 구성원 개인과는 구별되는 독자적인 조직이라 할 것이고, 위원의 선임, 탈퇴 등에 따른 구성원의 변경과 관계없이 대표기구가 존속하는 것이라 할 것이다. 또한, 법 제47조 제1항에서는 주민대표회의를 "정비구역 지정 고시 후" 구성하도록 규정하고 있는 바, 정비구역지정 고시 후 최초로 구성하는 주민대표회의에 대해 같은 조 제3항에 따라 시장·군수의 승인을 받았다면 추후 구성원이 전원 교체된 경우라도 별도의 승인을 받아야 하는 것은 아니다.
아울러, 「도시정비법」에서 주민대표회의를 구성한 때에는 시장·군수의 승인을 받도록 하면서도, 승인을 받은 후에 위원의 선출·교체·해임, 운영방법 등에 대해서는 주민대표회의에서 자율적으로 정하도록 하고 있는 바, 이는 주민대표회의의 자율성을 존중하여 **구성 시에만 승인의 방식으로 관여**하고 그 이후의 운영은 주민대표회의의 자율에 맡기겠다는 취지로 보아야 할 것이다(법제처 법령해석, 안건번호 14-0505, 회신일자 2014. 11. 14.).

353) 그 이유로, 법 제113조 제1항에서는 **시장·군수는 주민대표회의에 그 처분의 취소·변경 또는 정지, 그 공사의 중지·변경, 임원의 개선 권고 그 밖의 필요한 조치를 취할 수 있도록 하고 있는 바,** 이와 같은 조치는 주민대표회의에게 의무를 부과하는 것이므로 엄격하게 해석하여야 하고 합리적인 사유 없이 확장해석하거나 유추해석할 수는 없다. 이러한 관점에서 볼 때, 법 제113조 제1항에서는 "**정비사업의 시행이 이 법 또는 이 법에 의한 명령·처분이나 사업시행계획서 또는 관리처분계획에 위반**"한 경우에 필요한 조치를 할 수 있도록 하고 있으므로 주민대표회의 내부 운영방법 등을 정하고 있는 주민대표회의 「운영규정」을 위반하는 경우를 "이 법 또는 이 법에 의한 명령·처분이나 사업시행계획서 또는 관리처분계획에 위반"에 해당한다고 볼 수는 없을 것이다. 또한, 해당 규정에서는 "정비사업의 시행"에 관해서 이 법 또는 이 법에 의한 명령·처분 등을 위반하는 경우에 관해 규정하고 있는데, 주민대표회의 구성원의 선출이나 교체를 "정비사업의 시행"에 관한 것으로 보기도 어려울 것이다.
아울러 앞서 "질의 (1)"에서 살펴본 바와 같이, 법에서는 주민대표회의의 운영에 대해 주민대표회의의 자율성을 존중하고 있는 바, 법령이 아닌 주민대표회의의 내부 규정을 위반하는 경우까지 시장·군수가 취소, 정지와 같은 제재조치를 할 수는 없을 것이다(위 각주와 같은 해석사례임).

다), 8. 법 제74조에 따른 관리처분계획의 수립 및 변경(제74조 제1항 각 호 외의 부분 단서에 따른 경미한 변경은 제외한다), 9. 법 제89조에 따른 청산금의 징수·지급(분할징수·분할지급을 포함한다)과 조합 해산 시의 회계보고, 10. 법 제93조에 따른 비용의 금액 및 징수방법, 11. 그 밖에 **토지등소유자**에게 부담이 되는 것으로 시행규정으로 정하는 사항에 관하여 해당 정비사업의 **토지등소유자**(재건축사업의 경우에는 신탁업자를 사업시행자로 지정하는 것에 동의한 **토지등소유자**를 말한다) 전원으로 구성되는 회의(이하 "**토지등소유자** 전체회의"라 한다)의 의결을 거쳐야 한다(법 제48조 제1항).

토지등소유자 전체회의는 사업시행자가 직권으로 소집하거나 **토지등소유자** 5분의 1 이상의 요구로 사업시행자가 소집한다(법 제48조 제2항).

토지등소유자 전체회의의 소집 절차·시기 및 의결방법 등에 관하여는 제44조제5항, 제45조제3항·제4항·제6항 및 제7항을 준용한다. 이 경우 "총회"는 "**토지등소유자** 전체회의"로, "정관"은 "시행규정"으로, "**조합원**"은 "**토지등소유자**"로 본다(법 제48조 제3항).

XI. 대의원회

1. 법적 성격

대의원회는 「도시정비법」 제46조 제1항에 의한 법정기관으로서, 본래의 권한자인 **조합원** 총회의 권한대행기관이자 **조합원** 전체의 대의기관의 성격을 가진다.[354]

2. 대의원회의 권한

가. 조합 총회의 권한대행기관

대의원회는 총회의 의결사항 중 **대통령령**으로 정하는 사항 외에는 총회의 권한을 대행할 수 있다(법 제46조 제4항).

나. 대의원회가 총회의 권한을 대행할 수 없는 사항

(1) 대통령령으로 정하는 사항

법 제46조 제4항에서 "**대통령령**으로 정하는 사항"이란 다음 각 호 1. 법 제45조 제1항 제1호에 따른 **정관의 변경**에 관한 사항(법 제40조 제4항에 따른 경미한 사항의 변경은 법 또는 정관에서 총회의결사항으로 정한 경우로 한정한다), 2. 법 제45조 제1항 제2호에 따른 **자금의 차입**과 그 방법·이자율 및 상환방법에 관한 사항, 3. 법 제45조 제1항 제4호에 따른 **예산**으로 정한 사항 외에 **조합원**에게 부담이

---

354) 대법원 2010. 5. 27. 선고 2008다53430 판결.

되는 계약에 관한 사항, 4. 법 제45조 제1항 제5호에 따른 **시공자·설계자** 또는 법 제74조 제2항에 따라 시장·군수등이 선정·계약하는 감정평가업자는 제외한 감정평가업자의 선정 및 변경에 관한 사항, 5. 법 제45조 제1항 제6호에 따른 **정비업자의 선정** 및 변경에 관한 사항, 6. 법 제45조 제1항 제7호에 따른 **조합임원의 선임** 및 해임과 영 제42조 제1항 제2호에 따른 **대의원의 선임** 및 해임에 관한 사항. 다만, 정관으로 정하는 바에 따라 임기중 궐위된 자(조합장은 제외한다)를 보궐선임하는 경우를 제외한다. 7. 법 제45조 제1항 제9호에 따른 **사업시행계획서의 작성** 및 변경에 관한 사항(법 제50조 제1항 본문에 따른 정비사업의 중지 또는 폐지에 관한 사항을 포함하며, 같은 항 단서에 따른 경미한 변경은 제외한다), 8. 법 제45조 제1항 제10호에 따른 **관리처분계획의 수립** 및 변경에 관한 사항(법 제74조 제1항 각 호 외의 부분 단서에 따른 경미한 변경은 제외한다), 9. 법 제45조 제2항에 따라 **총회에 상정** 하여야 하는 사항, 10. 영 제42조 제1항 제1호에 따른 **조합의 합병** 또는 해산에 관한 사항. 다만, 사업 완료로 인한 해산의 경우는 제외한다. 11. 영 제42조 제1항 제3호에 따른 건설되는 **건축물의 설계 개요의 변경**에 관한 사항, 12. 영 제42조 제1항 제4호에 따른 **정비사업비**의 변경에 관한 사항을 말한다 (영 제43조).

(2) 대의원회가 법정 대의원 수에 미달하는 경우 대의원회에서 대의원을 보궐선임할 수 있는지?

법제처는 법 제46조에 따르면 대의원회는 **조합원**의 10분의 1 이상으로 구성하되, **조합원**의 10분의 1이 100인을 넘는 경우에는 **조합원**의 10분의 1 범위에서 100인 이상으로 구성할 수 있도록 되어 있고, 같은 법 시행령 제43조 제6호 단서에서는 임기 중 궐위된 대의원의 보궐선임은 대의원회에서 할 수 있도록 하고 있는 바, 대의원회가 이러한 법정 대의원 수에 미달되어 있는 경우 대의원의 보궐선임을 의결할 수 있는지에 대한 해석에서, 법정 대의원 수에 미달되는 대의원회는 대의원의 보궐선임을 의결할 수 없다고 해석하였다.[355]

---

355) 이 사안은 법 제46조 제2항에서 대의원회를 구성하는 최소한의 대의원 수(이하 "법정 대의원 수"라 함)를 정하고 있는 데, 법정 대의원 수에 미달되어 있는 경우라도 대의원회가 영 제43조 제6호 단서에 따라 대의원의 보궐선임을 의결할 수 있는지에 관한 것이라 하겠다. 그 이유로는, 먼저, 대의원회가 대의원의 보궐선임을 할 수 있기 위해서는 그 전제로 "적법한 의결행위"를 할 수 있는 상태에 있어야 할 것인 바, 법정 대의원 수를 충족하지 못한 대의원회가 적법한 의결행위를 할 수 있는지에 관해서는 법령에서 대의원회의 정원을 정하고 있는 취지, 대의원회의 성격, 대의원회의 권한과 역할 등을 종합적으로 고려하여 판단할 필요가 있다.
그런데, 대의원회에 관하여 규정하고 있는 「도시정비법」의 관련 규정에 따르면, 대의원회는 조합원이 직접 대의원을 선출하여 구성되는 대표기관이면서, 조합 총회의 일부 권한을 대행하는 대행기관으로서의 성격을 가지고 있다(법 제46조 제1항부터 제3항까지의 규정 참조). 특히, 영 제44조 제1항에서는 대의원을 조합원 중에서 선출(대의원의 수도 조합 원의 수에 비례하도록 하고 있음)하도록 함으로써 대의원회가 조합원들을 대표하여 그들의 이익과 의사를 대변하도록 하고 있다. 이러한 대의원회의 성격을 고려해 볼 때, 대의원회는 법정하는 대의원 수를 충족하여 권한대행기관으로서의 대표성을 확보하는 경우에만 유효한 대의원회로서 총회의 권한을 대행하게 되는 것으로 보아야 하고, 법령에서 규정하는 대의원 수에 미달하는 대의원회는 그 권한이 없다고 보는 것이 대의원회를 두는 취지 및 대의원회의 구성에 관한 기본적인 요건을 법령에서 규정하고 있는 취지에 부합할 것이다(법제처 2011. 2. 27. 회신 10-0495 해석례 참조). 그리고, 대의원회는 본래의 권한자인 조합원 총회의 권한을 대행하는 기관이므로 대의원의 수가 법정 정원을 충족하지 못하는 상황에 이르게 되면 대의원회는 그 기능을 다하게 되는 것이고, 원권한자인 조합 총회가 본연의 역할을 수행해야 한다는 점도 고려되어야 할 것이다. 이와 같이, 대의원회가 권한대행기관으로서의 대표성을 확보하지 못해서 총회의 권한을 대행할 수 없는 경우라면 영 제43조 제6호 단서에 따른 대의원의 보궐선임 권한 역시 대행할 수 없다고 보아야

3. 구성

가. 법정 대의원 수

 조합원의 수가 100명 이상인 조합은 대의원회를 두어야 한다(법 제46조 제1항). 대의원회는 **조합원**의 10분의 1 이상으로 구성한다. 다만, **조합원**의 10분의 1이 100명을 넘는 경우에는 **조합원**의 10분의 1의 범위에서 100명 이상으로 구성할 수 있다(법 제46조 제2항). 즉 **조합원**의 10분의 1이 100명을 넘는 경우에는 100명의 대의원으로 구성할 수 있다. 조합장이 아닌 조합임원은 대의원이 될 수 없다(법 제46조 제3항).

나. 대의원의 수, 선임방법 및 선임절차

 (1) 대의원의 수, 선임방법, 선임절차 및 대의원회의 의결방법 등은 **대통령령**으로 정하는 범위에서 **정관**으로 정한다(법 제46조 제5항). 이에 따라 위임된 하위법령이 시행령 제44조이다.

 (2) 대의원은 **조합원 중**에서 선출한다(영 제44조 제1항). 따라서 **조합원**이 아닌 자는 대의원이 될 수 없다. 대의원의 선임 및 해임에 관하여는 정관으로 정하는 바에 따른다(영 제44조 제2항). 대의원의 선출 또는 궐위된 대의원의 보선은 조합창립총회일 현재 사업시행구역안에 1년 이상 거주하고 있는 **조합원** 중에서 선출한다. 다만, 궐위된 대의원의 보선은 대의원 5인 이상의 추천을 받아 대의원회에서 선출한다(재개발표준정관 제24조 제4항). 대의원은 원칙적으로 **조합원**이 직접 선출하여야 할 것이나, **조합원**의 이주로 인하여 소집이 어려울 경우에는 보선에 한해 대의원회에서 선출할 수 있도록 한 것이며, 대의원 자격요건으로 거주기간을 조합여건에 따라 정할 수 있도록 하여(재개발표준정관 제24조 제4항(주)), 보궐선임에 관하여 제한적으로 규정한 것으로 보인다. 대의원의 수는 법 제46조 제2항(**조합원의 10분의 1 이상**)에 따른 범위에서 정관으로 정하는 바에 따른다(영 제44조 제3항).

다. 법정 대의원 수에 미달하여 구성된 조합 대의원회가 법정 의결정족수를 충족하여 의결을 한 경우, 해당 의결의 효력 유무 등

 (1) 「도시정비법」 제46조에 따라 조합의 대의원회를 구성하였으나 추후 1명의 대의원이 무자격으로 판명되어 법정 대의원 수에 미달하게 된 경우, 해당 대의원회의 구성은 무효인지에 대한 법령해석에서, 법제처는 해당 대의원회의 구성은 무효라고 판단했다.[356]

 할 것이다(법제처 법령해석, 안건번호 15-0006, 회신일자 2015. 2. 12.).

 이러한 해석에도 불구하고 영 제43조 제6호 단서의 법 문언에 충실하다 보면 궐위된 자의 보궐선임이 가능한 것으로 보여지기도 하므로, 법령을 정비할 필요가 있어 보인다.

[356] 그 이유는 법 제46조에서는 **조합원**의 수가 100인 이상인 조합은 정관이 정하는 바에 따라 **조합원**의 10분의 1 이상의 대의원으로 구성되는 대의원회를 설치하여 그 대의원회로 하여금 총회의 일부 권한을 대행할 수 있도록 하고 있는데, 이는 대규모 조합에서 **조합원** 전체가 참여하는 총회를 개최할 경우 초래하게 될 비효율 및 비용부담을 막고, 조합 총회의 권한대행기관으로서 대의원회가 **조합원**의 대표성을 확보하도록 하기 위한 취지로서, 특히 같은 법 시행령 제44조

(2) 해당 대의원회가 법정 의결정족수를 충족하여 한 의결은 무효인지에 대한 해석에서, 해당 대의원회의 의결은 법정 의결정족수를 충족하였다고 하더라도 무효라고 해석하였다.357)

4. 대의원회의 소집

대의원회는 조합장이 필요하다고 인정하는 때에 소집한다. 다만, 다음 각 호 1. 정관으로 정하는 바에 따라 소집청구가 있는 때, 2. 대의원의 3분의 1 이상(정관으로 달리 정한 경우에는 그에 따른다)이 회의의 목적사항을 제시하여 청구하는 때의 어느 하나에 해당하는 때에는 조합장은 해당일부터 14일 이내에 대의원회를 소집하여야 한다(영 제44조 제4항). 같은 조 제4항 각 호의 어느 하나에 따른 소집청구가 있는 경우로서 조합장이 제4항 각 호 외의 부분 단서에 따른 기간 내에 정당한 이유 없이 대의원회를 소집하지 아니한 때에는 감사가 지체 없이 이를 소집하여야 하며, 감사가 소집하지 아니하는 때에는 제4항 각 호에 따라 소집을 청구한 사람의 대표가 소집한다. 이 경우 미리 시장·군수등의 승인을 받아야 한다(영 제44조 제5항). 제5항에 따라 대의원회를 소집하는 경우에는 소집주체에 따라 감사 또는 제4항 각 호에 따라 소집을 청구한 사람의 대표가 의장의 직무를 대행한다(영 제44조 제6항).

법제처는 영 제44조 제4항 제2호에 따라 대의원회 소집의 청구가 있는 경우, 조합장은 집회일을 소집 청구일부터 14일 이내로 정하여 대의원회를 개최하여야 하는지, 아니면 14일 이내에 대의원회 소집을 위한 절차만 개시하면 되는지에 대한 질의인데, 이의 질의배경은 민원인이 국토교통부에 영 제44조 제4항의 소집의 의미에 대하여 질의하여 "회의 개최"를 의미한다는 취지의 답변을 받았는데, 광명시에서는 "소집 공고"를 의미한다고 주장하여, 이 건에 대하여 양 기관이 해석을 달리하여 법제처에 법령해석을 요청하였다. 영 제44조 제4항 제2호에 따라 대의원회 소집의 청구가 있는 경우, 조합장은 집회일을 소집 청구일부터 14일 이내로 정하여 대의원회를 개최하여야 할 것이라고 해석하여 국토교통부와 같은 해석을 하였다.358)

제1항에서는 대의원회의 대의원을 조합원 중에서 선출하도록 하고 대의원회가 조합원들을 대표하여 그들의 이익과 의사를 대변하도록 하고 있다.

따라서, 도시정비법령의 규정에 따른 대의원회는 **대의원의 수를 충족하는 경우에만 유효한 대의원회로서 총회의 권한을 대행하게 된다고 보아야 하고, 이러한 구성요건을 갖추지 못하였다면 대의원회의 구성 자체에 위법**이 있다. 그렇다면, 일단 외형적으로 대의원회가 성립된 후 사후에 대의원 자격이 없는 자가 대의원으로 선임되었음이 판명되어 결과적으로 법령에서 정하는 최소한의 대의원 수를 충족하지 못하게 되었다면, 해당 대의원회는 실질적으로 법령에서 규정하는 대의원 수에 미달하는 대의원으로 구성된 것이므로, 도시정비법령에 따른 대의원회로서 그 **권한이 없다고 보는 것이 대의원회를 두는 취지 및 대의원회의 구성에 관한 기본적인 요건을 법령에서 규정하고 있는 취지에 부합**한다고 할 것이다.

따라서 조합의 대의원회가 법정 대의원 수에 미달하게 되었다면 해당 대의원회의 구성 자체가 위법한 것으로서 무효라 하였다(법제처 법령해석, 안건번호 10-0495, 회신일자 2011. 2. 17.).

357) 그 이유로, 도시정비법령의 규정에 따른 구성요건을 갖추지 못한 대의원회는 법정하는 대의원회로서 그 권한이 없고, 그렇다면 해당 대의원회가 행한 의결 역시 법에 따른 대의원회의 의결로서의 효력을 갖지 못한다고 보는 것이 합리적이라고 할 것이다. 따라서, 「도시정비법」 제46조에 따라 구성된 대의원회가 추후 1명의 대의원이 무자격으로 판명되어 **결과적으로 법정 대의원 수에 미달하게 되었다면, 그 대의원회의 의결은 법정 의결정족수가 충족되었다고 하더라도 무효**로 보아야 할 것이라고 하였다(위 각주와 같은 사례).

5. 대의원회의 의결방법

대의원회의 <u>소집은 집회 7일 전까지</u> 그 회의의 목적·안건·일시 및 장소를 기재한 서면을 대의원에게 통지하는 방법에 따른다. 이 경우 정관으로 정하는 바에 따라 대의원회의 <u>소집내용을 공고하여야</u> 한다(영 제44조 제7항). 대의원회는 제7항 전단에 따라 **사전에 통지한 안건만 의결**할 수 있다. 다만, **사전에 통지하지 아니한 안건으로서** 대의원회의 회의에서 정관으로 정하는 바에 따라 채택된 안건의 경우에는 의결할 수 있다(영 제44조 제9항). 대의원회는 <u>재적대의원 과반수의 출석과 출석대의원 과반수의 찬성으로 의결</u>한다. 다만, 그 이상의 범위에서 정관으로 달리 정하는 경우에는 그에 따른다(영 제44조 제8항). 위와 같이 법 및 시행령에서는 조합 총회의 권한대행기관인 대의원회가 그 대표성을 확보할 수 있도록 대의원회의 **대의원의 수 및 의결정족수**에 관하여 <u>최소한의 범위</u>를 규정하면서, 이러한 범위 안에서 정관으로 정할 수 있도록 규정하고 있다.

법제처는 법 제35조에 따른 조합의 <u>조합원</u>이 <u>785명인 경우</u>, 같은 법 제46조 제2항·제4항 및 영 제44조 제3항·제8항에 따르면 <u>그 조합의 대의원회에 대의원 10명만 출석하여 의결을 할 수 있는지</u>에 대한 <u>해석에서</u>, 「도시정비법」 제35조에 따른 조합의 <u>조합원</u>이 785명인 경우, 그 조합의 대의원회에 대의원 <u>10명만 출석하였다면 적법한 의결이 이루어질 수 없다</u>고 해석하였다.[359]

<u>특정한 대의원의 이해와 관련된 사항에 대해서는 그 대의원은 의결권을 행사할 수 없다</u>(영 제44조 제10항).

---

358) 그 이유로, "소집"이란 일반적으로 "단체나 조직체의 구성원을 불러서 모음"이란 뜻으로 사용된다. 따라서 영 제44조 제4항에 규정된 "소집"의 의미 또한 이를 달리 해석하여야 할 사정이 없다면 대의원회의 구성원인 대의원들이 실제로 일정한 장소에 모이는 것을 뜻하는 것으로 볼 수 있다.
그리고, 영 제44조 제4항에서는 대의원회는 원칙적으로 조합장이 소집하도록 규정하면서, <u>다만 같은 항 각 호에 해당하는 경우에는 조합장으로 하여금 14일이라는 일정한 기한 이내에 대의원회를 소집하도록 의무를 부과하고 있는 바, 그 취지는 대의원회에서 의결하여야 할 사항에 관하여 조합장 스스로가 회의를 개최하지 않거나 조합장과 다른 조합원들 간의 이해관계의 충돌 등으로 조합장이 대의원회를 소집하지 아니하는 경우 등에는 일반 조합원에게 대의원회를 소집할 수 있는 권한을 부여한 것으로 이해할 수 있다.</u> 이와 같은 영 제44조 제4항의 규정 형식과 <u>입법 취지에 비추어 볼 때, 같은 항 각 호의 사유로 대의원회의 소집 청구가 있는 때에는 조합장은 지체 없이 법령으로 정한 기한 내에 대의원회를 열어야 한다고 보는 것이 입법 취지에 부합하는 해석이라고 할 것이다</u>(법제처 법령해석, 안건번호 14-0804, 회신일자 2015. 1. 13.).

359) 이 사안의 경우, <u>조합원</u>의 수가 785명인 조합에서 대의원회를 둘 경우 대의원회는 <u>조합원의 10분의 1 이상 즉 79명 이상으로 구성</u>될 수 있다고 할 것인데, 우선 영 제44조 제8항에 따르면 "<u>대의원 과반수</u>"의 출석을 요하고 있으며, 이 경우 대의원 과반수를 판단하는 기준이 되는 대의원 수는 특별한 사정이 없는 한, 법 제46조 및 영 제44조 제3항의 기준에 따라 정관으로 정하는 대의원 수를 의미한다고 할 것이다. 그렇다면, 이 사안 조합의 경우 정관으로 따로 더 가중된 의결정족수를 정하지 않았다고 한다면, 법령상 최소한의 대의원 수인 <u>79명을 기준으로 하여도, 대의원의 과반수인 40명 이상이 출석</u>하여야 하고, <u>최소한의 출석인원인 40명이 출석한 경우라 하더라도, 출석대의원의 과반수 즉 21명 이상의 찬성</u>이 있어야 대의원회에서 의결을 할 수 있다고 할 것이다. 그런데 이 사안에서와 같이 대의원 10명만이 대의원회에 출석하였다면, 어떠한 경우에도 법령에서 정한 최소한의 출석정족수 및 의결정족수를 충족할 수 없고 적법한 의결이 이루어질 수 없다고 해석하였다(법제처 법령해석, 안건번호 08-0384, 회신일자 2008. 12. 17.).

제3절　사업시행계획의 인가

Ⅰ. 의의 및 법적 성질

1. 사업시행계획의 의의 및 법적 성질

사업시행계획은 정비사업 시행을 위해 필요한 사업을 포괄하는 계획으로서, 토지이용계획·건축계획·정비기반시설 등의 설치계획·이주대책 등 정비사업을 위한 구체적인 계획이 포함된 행정계획이며, 사업시행자는 조합총회를 거쳐 사업시행계획 안(案)에 대해서 시장·군수 등에게 인가(법 제50조 제1항)를 받게 되는데, 총회의결(議決)과 시장·군수 등의 인가가 어떤 의미이고, 취소소송의 대상적격(소송물)과 피고가 누구인가 하는 점이 판례에서도 혼란스러워 하는 것으로 보인다.

인가된 사업시행계획은 관리처분계획과 마찬가지로 구속적 행정계획으로서 행정처분이고, 사업시행계획인가는 행정계획을 결정하는 행정청의 행정처분으로 표현하지만, 실상 이 둘은 하나의 처분이다. 이는 「국토계획법」상 도시계획결정에서 도시계획을 입안하는 자는 시장·군수·구청장 등이고, 결정권자는 광역자치단체장인 것과 유사한 구조이다. 즉 사업시행계획은 사업시행에 대한 인가로부터 독립한 행정처분이기도 하지만,[360] 사업시행계획인가 자체는 일련의 하나의 처분이며, 처분이 둘로 나뉘어 각각 존재하는 것이 아니라는 견해에 주목할 만하다. 그 이유로 사업시행계획 자체를 처분으로 이해되는 한, 인가처분은 사업시행계획과 독립해서 별도의 처분이 될 수 없고, 하나의 처분이 우연히 두 개의 처분처럼 보이는 외관만을 갖는 것이라는 점을 들고 있다.[361] 따라서, 조합이 공법인으로서 그 목적 범위 내에서 법령이 정하는 바에 따라 일정한 행정작용을 행하는 행정주체의 지위에서 「도시정비법」에 따라 수립한 사업시행계획은 인가·고시를 통해 확정되면 이해관계인과 관계행정청을 구속한다. 이미 조합설립인가에 대한 취소소송을 허용한 대법원 판례가 조합의 행정주체성을 인정하고 있으므로, 사업시행계획은 조합이라는 행정주체가 입안하는 행정계획 안(案)의 단계를 거쳐, 시장·군수 등의 인가 및 고시에 의해 확정되어 법적 구속력을 확보한다. 따라서 사업시행계획을 다투는 소송은 인가된 사업시행계획의 위법성을 소송물로 하는 소송이고, 피고는 조합과 시장·군수 등이 공동피고가 되는 것이 이론적이다.[362]

한편, 이와 같은 <u>사업시행계획안에 대한 총회결의는 그 행정처분에 이르는 절차적 요건 중 하나에 불과한 것으로서(법 제50조 제3항), 그 계획 확정 후에는 항고소송의 방법으로 사업시행계획인가의 취소 또는 무효확인을 구할 수 있을 뿐, 절차적 요건에 불과한 총회결의(決議) 부분만을 대상으로 그 효력 유무를 다투는 확인의 소를 제기하는 것은 허용되지 아니하고,[363]</u> 사업시행계획 자체에 하자(정

---

360) 이승훈, 앞의 논문, 50면.
361) 김종보, 건설법(제6판), 513면.
362) 김종보, 건설법(제6판), 512면.
363) 대법원 2009. 11. 2. 자 2009마596 결정; 대법원 2010. 12. 9. 선고 2009두4913 판결.

비계획에 위반 등)가 있을 때에는, 사업시행계획인가 또는 인가된 사업시행계획에 대한 취소 또는 무효확인소송을 제기하여야 한다.[364]

반면에 **토지등소유자**들이 그 사업을 위한 조합을 따로 설립하지 아니하고, 도시환경정비사업을 직접 시행하려는 경우[현행 **토지등소유자**가 시행하는 재개발사업, 법 제25조 제1항 제2호 전단)], **토지등소유자**들은 시장·군수로부터 사업시행계획의 인가를 받기 전에는 행정주체로서의 지위를 가지지 못한다. 따라서 그가 작성한 사업시행계획은 인가처분의 요건 중 하나에 불과하고 항고소송의 대상이 되는 독립된 행정처분에 해당하지 아니한다고 할 것이다.[365]

2. 사업시행계획인가의 법적 성질

가. 판례

(1) 사업시행계획의 인가는 <u>전형적인 재량처분</u>으로 분류된다.[366] 판례도, "<u>재건축사업시행의 인가</u>는 상대방에게 권리나 이익을 부여하는 효과를 가진 이른바 <u>수익적 행정처분</u>으로서 법령에 행정처분의 요건에 관하여 일의적으로 규정되어 있지 아니한 이상 행정청의 <u>재량행위</u>에 속하므로, 처분청으로서는 법령상의 제한에 근거한 것이 아니라 하더라도 공익상 필요 등에 의하여 필요한 범위 내에서 여러 조건(부담)을 부과할 수 있다."고 판시하였다.[367]

(2) 판례는 "조합이 수립한 사업시행계획은 그것이 인가·고시를 통해 확정되면 이해관계인에 대한 구속적 행정계획으로서 독립된 행정처분에 해당하므로, <u>사업시행계획을 인가하는 행정청의 행위</u>는 조합의 사업시행계획에 대한 법률상의 효력을 완성시키는 보충행위에 해당한다."고 판시하여 **학문상 인가**로 보았다.[368] 판례에 따르면 "기본행위가 적법·유효하고 보충행위인 인가처분 자체에만 하자가 있다면 그 인가처분의 무효나 취소를 주장할 수 있다고 할 것이지만, 인가처분에 하자가 없다면 기본행위에 하자가 있다 하더라도 따로 그 기본행위의 하자를 다투는 것은 별론으로 하고, 기본행위의 무효를 내세워 바로 그에 대한 인가처분의 취소 또는 무효 확인을 구할 수 없다."고 한다.[369]

---

364) 이승훈, 앞의 논문, 50면.
365) 대법원 2013. 6. 13. 선고 2011두19994 판결.
366) 김종보, 건설법(제6판), 511면.
367) 대법원 2007. 7. 12. 선고 2007두6663 판결.
368) 대법원 2008. 1. 10. 선고 2007두16691 판결; 대법원 2010. 12. 9. 선고 2009두4913 판결; 대법원 2013. 7. 25 선고 2011두7069 판결; 한편 전술한 대법원 2013. 6. 13. 선고 2011두19994 판결에서 "**토지등소유자**들이 그 사업을 위한 <u>조합을 따로 설립하지 아니하고 직접 도시환경정비사업을 시행하고자 하는 경우에는 사업시행계획서에 정관 등과 그 밖에 국토해양부령이 정하는 서류를 첨부하여 시장·군수에게 제출하고 사업시행인가를 받아야 하고, 이러한 절차를 거쳐 사업시행인가를 받은 **토지등소유자**들은 관할 행정청의 감독 아래 정비구역 안에서 구법상의 도시환경정비사업을 시행하는 목적 범위 내에서 법령이 정하는 바에 따라 일정한 행정작용을 행하는 행정주체로서의 지위를 가진다. 그렇다면 **토지등소유자**들이 직접 시행하는 도시환경정비사업에서 **토지등소유자**에 대한 사업시행인가처분은 단순히 사업시행계획에 대한 보충행위로서의 성질을 가지는 것이 아니라 구법상 정비사업을 시행할 수 있는 권한을 가지는 행정주체로서의 지위를 부여하는 일종의 <u>설권적 처분</u>의 성격을 가진다."고 판시하였다.
369) 대법원 2013. 7. 25 선고 2011두7069 판결.

나. 학설

사업시행계획인가의 법적 성질과 관련해서 학설의 입장은 정리되지 못하고 있다. 제1설은 그 법문상 표현과는 달리 인가가 아니라 허가적 측면과 설권적(특허적) 측면을 동시에 갖는다는 견해(<u>허가 내지 특허설</u>),370) 제2설은 사업시행인가는 사업시행계획서가 적법하게 작성되었다는 것을 확인하여 주는 인가적 성질과 재건축사업을 구체적으로 시행할 수 있는 길을 비로소 열어주는 특허의 성질을 동시에 갖는다는 견해(<u>인가 내지 특허설</u>),371) 제3설은 사업시행인가나 관리처분계획의 인가가 학문상 인가라는 견해로 사업시행계획이나 관리처분계획이 통과되는 과정에서 **조합원**들의 총회결의를 너무 중시하는 착각에서 기초하는 것이라고 비판하면서, 사업시행계획은 순수하게 시설설치허가라는 차원에서 건축허가적 성격이 강한 것으로 보고(<u>허가설</u>), 사업시행계획을 다투는 소송은 인가된 사업시행계획의 위법성이 소송물로 되면, 피고는 조합과 시장·군수 등이 공동피고가 되는 것이라고 한다.372)

다. 검토

사업시행계획인가처분은 이해관계인에게 직접적이고 구체적인 법적 효과를 발생시키므로 행정처분이면 재량처분에 해당한다. 사견으로는 사업시행계획인가처분은 조합이라는 법인격 주체에게 공동주택건축 등을 허가하는 성격 이외에도 그와 관련한 공익사업을 실현할 수 있도록 포괄적인 권리·의무관계를 설정하는 특허의 성격을 아울러 가진다는 점에서 제1설에 동조한다.

3. 사업시행계획인가·변경인가의 신청과 경미한 사항의 변경 신고

사업시행계획에 대한 <u>총회의 의결</u>을 거친 후, <u>사업시행자</u>(법 제25조 제1항 및 제2항에 따른 공동시행의 경우를 포함하되, 사업시행자가 시장·군수등인 경우는 제외한다)는 <u>사업시행계획서</u>에 <u>정관등과 그 밖에 국토교통부령으로 정하는 서류를 첨부하여</u>,373) 시장·군수등에게 제출하고 사업시행계획인가를 받아야 하고(법 제50조 제1항 본문 전단), <u>인가받은 사항을 변경하거나 정비사업을 중지 또는 폐지하려는 경우</u>에도 사업시행계획인가와 같다(법 제50조 제1항 본문 후단). 다만, **대통령령으로 정하는**

---

370) 김중권, "「도시정비법」상의 조합설립변경인가처분 관련 문제".
371) 이일세, "주택재개발·재건축사업에 관한 판례분석", 165면.
372) 김종보, 건설법(제6판), 512~513면.
373) 칙 제10조(사업시행계획인가의 신청 및 고시) ② 법 제50조 제1항 본문에서 "국토교통부령으로 정하는 서류"란 다음 각 호의 구분에 따른 서류(전자문서를 포함한다)를 말한다.
 1. **사업시행계획인가**: 다음 각 목 가. 총회의결서 사본. 다만, 법 제25조 제1항 제2호에 따라 **토지등소유자**가 재개발사업을 시행하는 경우 또는 법 제27조에 따라 지정개발자를 사업시행자로 지정한 경우에는 **토지등소유자**의 동의서 및 **토지등소유자**의 명부를 첨부한다. 나. 법 제52조에 따른 <u>사업시행계획서</u>, 다. 법 제57조 제3항에 따라 제출하여야 하는 <u>서류</u>, 라. 법 제63조에 따른 수용 또는 사용할 토지 또는 건축물의 명세 및 소유권 외의 권리의 명세서(재건축사업의 경우에는 법 제26조 제1항 제1호 및 제27조 제1항 제1호에 해당하는 사업을 시행하는 경우로 한정한다)의 서류
 2. **사업시행계획 변경·중지 또는 폐지인가**: 다음 각 목 가. 제1호 다목의 서류, 나. 변경·중지 또는 폐지의 사유 및 내용을 설명하는 서류의 서류

경미한 사항을 변경하려는 때에는 시장·군수등에게 신고하여야 한다(법 제50조 제1항 단서). 여기서 경미한 변경사항의 신고는 수리를 요하는 신고로 이해하고 있다.[374] 사견으로도 조합설립의 경미한 변경사항의 신고와 같은 것으로 보인다.

법 제50조 제1항 단서에서 "**대통령령으로 정하는 경미한 사항을 변경**"하려는 때란 다음 각 호 1. 정비사업비를 10%의 범위에서 **변경**하거나 관리처분계획의 인가에 따라 **변경**하는 때. 다만, 「주택법」 제2조 제5호에 따른 국민주택을 건설하는 사업인 경우에는 「주택도시기금법」에 따른 주택도시기금의 지원 금액이 증가되지 아니하는 경우만 해당한다. 2. 건축물이 아닌 부대시설·복리시설의 설치규모를 **확대**하는 때(**위치**가 변경되는 경우는 **제외**한다), 3. 대지면적을 10%의 범위에서 **변경**하는 때, 4. 세대 수와 세대당 주거전용면적을 **변경하지 않고** 세대당 주거전용면적의 10%의 범위에서 **세대 내부구조의 위치 또는 면적을 변경**하는 때, 5. **내장재료 또는 외장재료를 변경**하는 때, 6. 사업시행계획인가의 **조 건으로 부과된 사항의 이행에 따라 변경**하는 때, 7. 건축물의 설계와 용도별 위치를 변경하지 아니하는 범위에서 건축물의 **배치** 및 주택단지 안의 **도로선형을 변경**하는 때, 8. 「건축법 시행령」 제12조 제3항 각 호의 어느 하나에 해당하는 사항을 변경하는 때,[375] 9. **사업시행자의 명칭 또는 사무소 소재지를 변경**하는 때, 10. 정비구역 또는 정비계획의 **변경**에 따라 사업시행계획서를 **변경**하는 때, 11. 법 제35 조 제5항 본문에 따른 조합설립**변경** 인가에 따라 사업시행계획서를 **변경**하는 때, 12. 그 밖에 **시·도조 례**로 정하는 사항을 변경하는 때의 어느 하나에 해당하는 때를 말한다(영 제46조 제1항).

〈표 8〉 어려운 쟁점-사업시행계획변경인가에 따른 소의이익 및 사업시행계획의 하자승계

4. 사업시행계획변경인가에 따른 소의이익 및 사업시행계획의 하자승계
가. 사업시행계획변경인가와 당초 사업시행계획인가취소소송의 소의 이익 　　(1) 사업시행계획변경인가가 있는 경우 당초 사업시행인가처분의 취소를 구하는 소의 이익이 있는지에 관하여, 대법원은 "「도시정비법」 제50조 등 이러한 관계 법령의 내용, 형식 및 취지 등에 비추어 보면, 인가받은 사업시행계획의 내용 중 경미한 사항을 변경하여 이를 신고 한 경우는 물론, 그 밖의 사항을 변경하여 그 인가를 받은 경우에도 당초에 인가받은 사업시행계획 중 변경되지 아니한 부분은 여전히 존재하여 그 효력을 유지함이 원칙이지만, 재개발조합이 당초 사업시행계획의 흠을 바로 잡기 위하여 당초 사업시행계획과 동일한 요건·절차를 거쳐 새로운 사업시행계획을 수립하여 시장·군수의 인가받은 경우 또는

---

374) 김종보, 건설법(제6판), 517면.

375) 「건축법 시행령」 제12조(허가·신고사항의 변경 등) ③ 법 제16조 제2항에서 "**대통령령**으로 정하는 사항"이란 다음 각 호의 어느 하나에 해당하는 사항을 말한다.
　1. 건축물의 동수나 층수를 변경하지 아니하면서 변경되는 부분의 바닥면적의 합계가 50㎡ 이하인 경우로서 다음 각 목 가. 변경되는 부분의 높이가 1미터 이하이거나 전체 높이의 10분의 1 이하일 것, 나. 허가를 받거나 신고를 하고 건축 중인 부분의 위치 변경범위가 1미터 이내일 것, 다. 법 제14조 제1항에 따라 신고를 하면 법 제11조에 따른 건축허가를 받은 것으로 보는 규모에서 건축허가를 받아야 하는 규모로의 변경이 아닐 것의 요건을 모두 갖춘 경우
　2. 건축물의 동수나 층수를 변경하지 아니하면서 변경되는 부분이 연면적 합계의 10분의 1 이하인 경우(연면적이 5천 ㎡ 이상인 건축물은 각 층의 바닥면적이 50㎡ 이하의 범위에서 변경되는 경우만 해당한다). 다만, 제4호 본문 및 제5호 본문에 따른 범위의 변경인 경우만 해당한다.
　3. 대수선에 해당하는 경우
　4. 건축물의 층수를 변경하지 아니하면서 변경되는 부분의 높이가 1미터 이하이거나 전체 높이의 10분의 1 이하인 경우. 다만, 변경되는 부분이 제1호 본문, 제2호 본문 및 제5호 본문에 따른 범위의 변경인 경우만 해당한다.
　5. 허가를 받거나 신고를 하고 건축 중인 부분의 위치가 1미터 이내에서 변경되는 경우. 다만, 변경되는 부분이 제1호 본문, 제2호 본문 및 제4호 본문에 따른 범위의 변경인 경우만 해당한다.

당초 사업시행계획의 주요 부분을 실질적으로 변경하는 내용으로 새로운 사업시행계획을 수립하여 시장·군수의 인가를 받음으로써 **새로운 사업시행계획이 당초 사업시행계획을 대체하였다고 평가할 수 있는 경우, 당초 사업시행계획은 효력을 상실한다**"고 판시하였다.[376]

이러한 판례는 당초 사업시행계획의 경미한 사항을 변경하는 경우와는 달리, 당초 사업시행계획의 주요 부분을 실질적으로 변경하는 내용으로 새로운 사업시행계획을 수립하여 인가를 받으면 당초 사업시행계획은 달리 특별한 사정이 없는 한 그 효력을 잃는다는 의미로 이해된다.[377]

그리고 위 대법원판결에서 "당초 사업시행계획의 주요 부분을 실질적으로 변경하는 내용의 새로운 사업시행계획을 수립하여 당초 사업시행계획을 대체하였는지는, 사업시행계획 중 변경된 내용, 변경의 원인 및 그 정도, 당초와 변경 사업시행계획 사이의 기간, 당초 사업시행계획의 유효를 전제로 이루어진 후속 행위의 내용 및 그 진행 정도 등을 종합적으로 고려하여 판단하여야 한다"고 하였다.[378]

(2) 다음으로 어느 경우가 당초 사업시행계획을 실질적으로 변경하는 경우인지에 대하여 대법원은, 조합설립동의서의 건축물 철거 및 신축비용 개산액은 공사도급 가계약의 신축건축물 1평당 공사비를 기초로 **191,483,994,000원**으로 산정되었고, 조합은 위 동의서를 첨부하여 **조합설립인가**를 받았다. 조합은 2008. 5. 30. 이 사건 사업의 총사업비를 **241,466,052,000원**으로 하는 **사업시행계획인가**를 받았다. 이후 조합은 2010. 3. 31. 정기총회를 개최하여 신축건축물 1평당 공사비를 267만5천원에서 373만5천원으로 증액하는 내용의 안건을 가결하였고, 이후 2011. 1. 27. 임시총회를 개최하여 1평당 공사비를 위와 같이 증액하여 도급제 방식으로 시공하는 내용이 포함된 공사도급 본계약을 승인하였으며, 다시 2011. 6. 1. 정기총회를 개최하여 위 공사도급 본계약의 신축건축물 1평당 공사비 373만5천원을 기초로 총사업비용을 **274,793,295,392원**으로 산출한 **관리처분계획안**을 가결하였다.

이에 대하여 대법원은 **사업시행계획** 시에 **조합원**들의 동의를 거친 총사업비 241,466,052,000원을 **조합설립**에 관한 동의서 기재 건축물 철거 및 신축비용 개산액 **191,483,994,000원**과 비교할 때, 조합설립 시 기준으로 약 6개월 후인 사업시행계획 시에 총사업비가 약 **26.1% 증가**되었는바, 이 사건 사업시행계획 시의 총사업비는 **조합원**들의 이해관계에 중대한 영향을 미칠 정도로 **실질적으로 변경**된 경우에 해당한다고 판시하였다.[379]

(3) 결론적으로 판례는 당초 사업시행계획의 주요부분을 실질적으로 변경하는 경우 새로운 사업시행계획으로 볼 가능성이 크고, 그리하여 당초의 사업시행계획인가처분을 대체하는 사업시행변경인가가 있는 경우, 당초의 사업시행계획 및 그 인가 처분의 취소나 무효확인을 구하는 것은 과거의 법률관계를 다투는 것으로서 법률상 이익이 없게 되었다고 볼 여지가 있으므로 **소의 이익이 없다**고 판시한 것이다.[380]

나. 사업시행계획의 하자승계

(1) 사업시행계획은 정비사업 시행을 위해 필요한 사업계획을 포괄하는 계획으로서 조합은 사업시행계획에 근거하여 분양신청을 받고, 분양신청의 현황을 기초로 관리처분계획을 수립하게 된다. 이처럼 사업시행계획과 관리처분계획은 선후관계로 유기적으로 연결되어 있다. 따라서 사업시행계획이 무효인 경우 관리처분계획은 당연히 위법하다. 그런데 이때 조합이 수립한 사업시행계획에 취소사유에 해당하는 하자가 있는 경우 그 하자가 관리처분계획에 어떤 영향을 미치는지 문제 된다.

(2) 이 문제는 앞서 살펴본 조합설립인가처분의 하자와 사업시행계획, 관리처분계획의 관계와는 다르다. 왜냐하면 조합설립인가처분에 존재하는 하자는 행정주체로서 조합의 지위에 관한 하자이고, 여기에서 다룰 문제는 조합의 행위에 관한 하자의 문제이기 때문이다. 따라서 이 문제는 앞에서 살펴 본 하자의 승계 또는 선행처분의 후행처분에 대한 구속력 문제가 적용되는 전형적인 사례이다.[381] 대법원은 사업시행계획과 관리처분계획은 서로 독립하여 별개의 법적 효과를 발생시키는 것으로서, 이 사건 사업시행계획의 수립에 관한 취소사유인 하자는 관리처분계획에 승계되지 아니하므로, 그 취소사유를 들어 이 사건 관리처분계획의 적법여부를 다툴 수는 없다고 판시하여 하자의 승계를 명시적으로 부정하고 있다.[382]

(3) 도시환경정비사업에 대한 사업시행계획에 당연무효인 하자가 있는 경우에는 도시환경정비사업조합은 그 사업시행계획을 새로이 수립하여 관할관청으로부터 인가를 받은 후 다시 분양신청을 받아 관리처분계획을 수립하여야 할 것인바, 분양신청기간 내에 분양신청을 하지 않거나 분양신청을 철회함으로 인해 「도시정비법」 제73조 제1항 및 조합 정관에 의하여 조합원의 지위를 상실한 토지등소유자도 그때 분양신청을 함으로써 건축물 등을 분양받을 수 있으므로 관리처분계획의 무효확인 또는 취소를 구할 법률상 이익이 있다고 할 것이다. 즉 대법원은 사업시행계획 및 그 변경계획에 중대·명백한 하자가 있어 당연무효인 경우에는 관리처분계획도 위법하다는 취지의 판시를 하였다.[383]

II. 사업시행인가의 절차

1. 사업시행계획서 작성(입안)

가. 작성(입안)권자

사업시행계획의 작성(입안) 주체는 사업시행자이다(법 제52조 제1항). 시장·군수등이 직접 시행하는 경우라면 사업시행계획의 작성(입안)권도 시장·군수등이 된다(법 제57조 제4항). 그리고 사업시행계획의 작성이 완료되면, 시장·군수등을 제외한 작성권자는 인가권자에게 인가를 신청하며(법 제50조 제1항), 정비사업의 인가권자는 원칙적으로 특별자치시장·특별자치도지사, 시장·군수·자치구의 구청장이다(법 제50조 제1항). 인가권자가 진행하는 절차는 공람 및 의견청취(법 제56조), 인가의 고시(법 제50조 제7항) 등이다. 사업시행자가 시장·군수등인 경우에는 작성권자와 인가권자가 동일인이므로 인가의 시기가 명확하지 않지만, 이 경우에도 인가의 고시는 반드시 해야 하는 것으로 규정되어 있으므로(법 제50조 제7항), 인가의 효력은 고시에 의해 발생하는 것으로 해석한다.384)

나. 사업시행계획서의 내용

(1) 사업시행자는 정비계획에 따라 다음 각 호 1. 토지이용계획(건축물배치계획을 포함한다), 2. 정비기반시설 및 공동이용시설의 설치계획, 3. 임시거주시설을 포함한 주민이주대책, 4. 세입자의 주거 및 이주대책, 5. 사업시행기간 동안 정비구역 내 가로등 설치, 폐쇄회로 텔레비전 설치 등 범죄예방대책, 6. 법 제10조에 따른 임대주택의 건설계획(재건축사업의 경우는 제외한다), 7. 법 제54조 제4항에 따른 소형주택의 건설계획(주거환경개선사업의 경우는 제외한다), 8. 공공지원민간임대주택 또는 임대관리 위탁주택의 건설계획(필요한 경우로 한정한다), 9. 건축물의 높이 및 용적률 등에 관한 건축계획, 10. 정비사업의 시행과정에서 발생하는 폐기물의 처리계획, 11. 교육시설의 교육환경 보호에 관한 계획(정비구역부터 200미터 이내에 교육시설이 설치되어 있는 경우로 한정한다), 12. 정비사업비, 13. 그 밖에 사업시행을 위한 사항으로서 **대통령령으로 정하는 바에 따라 시·도조례로 정하는 사항**을 포함하는 사업시행계획서를 작성하여야 한다(법 제52조 제1항).

이의 위임에 따라 영 제47조 제2항에서는, 법 제52조 제1항 제13호에서 "**대통령령으로 정하는 바에**

---

376) 대법원 2014. 2. 27. 선고 2011두25173 판결.
377) 이승훈, 앞의 논문, 53면.
378) 대법원 2014. 2. 27. 선고 2011두25173 판결.
379) 대법원 2014. 6. 12. 선고 2012두28520 판결.
380) 대법원 2014. 5. 16. 선고 2011두28509 판결.
381) 이승훈, 앞의 논문, 58면.
382) 대법원 2012. 8. 23. 선고 2010두13463 판결; 대법원 2014. 6. 12. 선고 2012두28520 판결.
383) 대법원 2011. 12. 8. 선고 2008두18342 판결.
384) 김종보, 건설법(제6판), 515면.

따라 **시·도조례로 정하는 사항**"이란 다음 각 호 1. 정비사업의 종류·명칭 및 시행기간, 2. 정비구역의 위치 및 면적, 3. 사업시행자의 성명 및 주소, 4. 설계도서, 5. 자금계획, 6. 철거할 필요는 없으나 개· 보수할 필요가 있다고 인정되는 건축물의 명세 및 개·보수계획, 7. 정비사업의 시행에 지장이 있다고 인정되는 정비구역의 건축물 또는 공작물 등의 명세, 8. 토지 또는 건축물 등에 관한 권리자 및 그 권리의 명세, 9. 공동구의 설치에 관한 사항, 10. 정비사업의 시행으로 법 제97조 제1항에 따라 용도가 폐지되는 정비기반시설의 조서·도면과 새로 설치할 정비기반시설의 조서·도면(토지주택공사등이 사업 시행자인 경우만 해당한다), 11. 정비사업의 시행으로 법 제97조 제2항에 따라 **용도가 폐지되는 정비 기반시설의 조서·도면 및 그 정비기반시설에 대한 둘 이상의 감정평가업자의 감정평가서와 새로 설치 할 정비기반시설의 조서·도면 및 그 설치비용 계산서**, 12. 사업시행자에게 무상으로 양여되는 국·공유 지의 조서, 13. 「물의 재이용 촉진 및 지원에 관한 법률」에 따른 빗물처리계획, 14. 기존주택의 철거계 획서(석면을 함유한 건축자재가 사용된 경우에는 그 현황과 해당 자재의 철거 및 처리계획을 포함한 다), 15. 정비사업 완료 후 상가세입자에 대한 우선 분양 등에 관한 사항 중 시·**도조례로 정하는 사항** 을 말하며, 이들을 포함하는 사업시행계획서를 작성하여야 한다(영 제47조 제2항).

(2) 사업시행자가 사업시행계획서에 「공공주택 특별법」 제2조 제1호에 따른 공공주택(이하 "공공주 택"이라 한다) 건설계획을 포함하는 경우에는 공공주택의 구조·기능 및 설비에 관한 기준과 부대시설· 복리시설의 범위, 설치기준 등에 필요한 사항은 같은 법 제37조에 따른다(법 제52조 제2항).[385] 2018. 2. 9. 시행법은 공공주택을 건설하는 경우 「공공주택 특별법」에 따라 사업시행계획서를 작성하도록 하고 있다.

2. 총회 의결 및 토지등소유자의 동의

가. 총회 의결

사업시행자(시장·군수등 또는 토지주택공사등은 제외한다)는 사업시행계획인가를 신청하기 전에 미 리 총회의 의결을 거쳐야 하며, 인가받은 사항을 변경하거나 정비사업을 중지 또는 폐지하려는 경우에 도 또한 같다. 다만, 경미한 사항의 변경은 총회의 의결을 필요로 하지 아니한다(법 제50조 제3항). 이를 반대해석하면 조합과 시장·군수등이 공동시행하는 경우에도 동의를 받아야 한다. 사업시행계획 에 대한 동의 방법은 종래 동의서 징구에서 총회의 의결로 변경되었는데, 이의 취지는 **조합원**들이 총회 에 참석하여 사업시행계획의 내용을 숙지하고 다양한 의견을 제시하고 충분한 토론을 거치게 하기 위 한 것으로 보인다.[386]

---

385) 「공공주택 특별법」 제37조(공공주택의 건설기준 등) 공공주택의 구조·기능 및 설비에 관한 기준과 부대·복리시설의 범위, 설치기준 등에 필요한 사항은 **대통령령**으로 정할 수 있다.
386) 맹신균, 도시정비법 해설, 2018, 621면.

나. 동의의 대상과 동의율

(1) 동의의 대상은 후술하는 바와 같이, 법 제52조 제1항 각 호의 사항인 사업시행계획서의 내용이며, 총회의 의결 또는 **토지등소유자**의 동의를 받기 위해서는 사업시행계획서가 구체적인 형태를 갖추고 있어야 한다.

(2) 구법시대 사업시행인가에 대한 동의는 재개발사업에서만 필요한 것으로 규정되어 있었고(도시재개발법 제22조 제2항), 「주촉법」에 의한 재건축사업의 사업승인에서는 요구되고 있지 않았다. 「도시정비법」이 제정되면서 재건축사업에 대해서는 동의를 요구하지 않고, 재개발사업 등에 대해서만 토지면적의 3분의 2 이상의 토지소유자의 동의와 **토지등소유자**의 5분의 4 이상의 동의를 요구하고 있었다(구 도시정비법 제24조 제4항). 그러나 2005. 3. 18. 개정 및 시행(법률 제7392호)으로 법률에서 정하고 있던 동의율을 삭제하고 개별 조합의 정관등으로 정하도록 위임하게 되면서, 재건축사업도 동일하게 동의를 요하는 것으로 바뀌었다.

(3) 총회의 의결은 이 법 또는 정관에 다른 규정이 없으면 **조합원 과반수의 출석과 출석 조합원의 과반수 찬성**에 의하지만(법 제45조 제3항), 사업시행계획서의 작성 및 변경 등에 관한 사항은 **전체 조합원 과반수의 찬성으로 의결**하도록 하고 있으며(법 제45조 제4항 본문), 다만, 정비사업비가 생산자물가상승률분과 법 제73조에 따른 손실보상 금액(현금청산 금액)을 제외하고 100분의 10 이상 늘어나는 경우에는 **전체 조합원 3분의 2 이상의 찬성**으로 의결하여야 한다(법 제45조 제4항 단서). **사업시행계획서의 작성 및 변경 등을 의결하는 총회 등 대통령령으로 정하는 총회의 경우**에는 조합원의 100분의 20 이상이 직접 출석하여야 한다(법 제45조 제5항).

(4) 그러나 **토지등소유자**가 시행하는 재개발사업(법 제25조 제1항 제2호)의 경우에는 사업시행계획인가를 신청하기 전에 사업시행계획서에 대하여 **토지등소유자의 4분의 3 이상 및 토지면적의 2분의 1 이상의 토지소유자의 동의**를 받아야 한다. 2018. 2. 9. 시행법은 사업시행인가 신청 시 토지면적 2분의 1 이상의 동의요건을 추가로 신설하였다. 다만, 인가받은 사항을 변경하려는 경우에는 규약으로 정하는 바에 따라 **토지등소유자**의 과반수의 동의를 받아야 하며, 경미한 사항의 변경인 경우에는 **토지등소유자**의 동의를 필요로 하지 아니한다(법 제50조 제4항).

(5) 그리고 **지정개발자**가 정비사업을 시행하려는 경우에는 **사업시행계획인가를 신청하기 전에 토지등소유자**의 과반수의 동의 및 토지면적의 2분의 1 이상의 토지소유자의 동의를 받아야 한다. 다만, 경미한 사항의 변경인 경우에는 **토지등소유자**의 동의를 필요로 하지 아니한다(법 제50조 제5항).

(6) 한편, 시장·군수등은 재개발사업 및 재건축사업이 천재지변, 「재난기본법」 제27조 또는 「시설물의 안전 및 유지관리에 관한 특별법」 제23조에 따른 사용제한·사용금지, 그 밖의 불가피한 사유로 긴급하게 정비사업을 시행할 필요가 있다고 인정하여 직접 정비사업을 시행하거나 토지주택공사등(토지주택공사등이 건설업자등과 공동으로 시행하는 경우를 포함한다)을 사업시행자로 지정한 경우(법 제26조 제1항 제1호)와 시장·군수등이 지정개발자를 사업시행자로 지정(제27조 제1항 제1호)함에 따른

사업시행자는 법 제50조 제5항에도 불구하고 **토지등소유자**의 동의를 필요로 하지 아니한다(법 제50조 제6항).

3. 관계 서류의 공람과 의견청취

시장·군수등은 <u>사업시행계획인가</u>를 하거나 <u>사업시행계획서를 작성하려는 경우</u>에는 **대통령령**으로 정하는 방법 및 절차에 따라 <u>관계 서류의 사본을 14일 이상 일반인이 공람</u>할 수 있게 하여야 한다. 다만, 제50조 제1항 단서에 따른 경미한 사항을 변경하려는 경우에는 공람하게 할 필요가 없다(법 제56조 제1항). 시장·군수등은 법 제56조 제1항 본문에 따라 사업시행계획인가 또는 사업시행계획서 작성과 관계된 서류를 <u>일반인에게 공람</u>하게 하려는 때에는 그 요지와 공람장소를 해당 지방자치단체의 공보등에 공고하고, **토지등소유자**에게 공고내용을 통지하여야 한다(영 제49조). **토지등소유자** 또는 **조합원**, 그 밖에 정비사업과 관련하여 이해관계를 가지는 자는 공람기간 이내에 시장·군수등에게 서면으로 의견을 제출할 수 있다(법 제56조 제2항). 시장·군수등은 제출된 의견을 심사하여 채택할 필요가 있다고 인정하는 때에는 이를 채택하고, 그러하지 아니한 경우에는 의견을 제출한 자에게 그 사유를 알려주어야 한다(법 제56조 제3항).

4. 관계 행정기관의 장 등과 협의

가. 협의 절차

(1) <u>시장·군수등은 사업시행계획인가를 하거나 사업시행계획서를 작성하려는 경우</u> 법 제57조 제1항 각 호 및 제2항 각 호에 따라 의제되는 인·허가등에 해당하는 사항이 있는 때에는 미리 관계 행정기관의 장과 협의하여야 하고, 협의를 요청받은 관계 행정기관의 장은 요청받은 날(제3항 단서의 경우에는 서류가 관계 행정기관의 장에게 도달된 날을 말한다)부터 30일 이내에 의견을 제출하여야 한다. 이 경우 관계 행정기관의 장이 30일 이내에 의견을 제출하지 아니하면 협의된 것으로 본다(법 제57조 제4항). 2018. 2. 9. 시행법에서는 관계 행정기관의 장이 30일 이내에 협의의견을 제출하지 아니한 경우 사업절차의 신속을 위해 협의의제 규정을 신설하였다.

(2) 법제처는 법 제57조 제4항에서는 특별자치시장, 특별자치도지사, 시장, 군수, 자치구의 구청장은 사업시행인가를 하거나 사업시행계획서를 작성할 때 해당 사업시행인가나 사업시행계획서 작성으로 의제되는 인·허가등에 해당하는 사항이 있으면 미리 관계 행정기관의 장과 "협의"하여야 한다고 규정하고 있는 바, 이 경우 "협의"는 단순히 자문하여 의견을 듣는 것을 의미하는지, 아니면 합의 또는 동의를 의미하는지에 대한 해석에서, 미리 관계 행정기관의 장과 협의하는 경우의 "협의"는 관계 행정기관의 장의 "합의 또는 동의"를 의미한다고 해석하였다.[387]

---

387) 법 제57조 제4항에 따르면 협의를 요청받은 관계 행정기관의 장은 요청받은 날부터 20일 이내에 의견을 제출하여야

나. 해당 지방자치단체의 교육감 또는 교육장과 협의 및 선승인·후협의제

(1) 시장·군수등은 사업시행계획인가(시장·군수등이 사업시행계획서를 작성한 경우를 포함한다)를 하려는 경우, 정비구역부터 200미터 이내에 교육시설이 설치되어 있는 때에는 해당 지방자치단체의 교육감 또는 교육장과 협의하여야 하며, 인가받은 사항을 변경하는 경우에도 또한 같다(법 제57조 제5항).

(2) 시장·군수등은 법 제57조 제4항 및 제5항에도 불구하고, 천재지변이나 그 밖의 불가피한 사유로 긴급히 정비사업을 시행할 필요가 있다고 인정하는 때에는, 관계 행정기관의 장 및 교육감 또는 교육장과 협의를 마치기 전에 제50조 제1항에 따른 사업시행계획인가를 할 수 있다. 이 경우 협의를 마칠 때까지는 제1항 및 제2항에 따른 인·허가등을 받은 것으로 보지 아니한다(법 제57조 제6항). 동 조항을 선승인·후협의제라 한다.[388]

5. 사업시행계획인가의 통보 및 고시

시장·군수등은 특별한 사유가 없으면 사업시행계획서의 제출이 있은 날부터 60일 이내에 인가 여부를 결정하여 사업시행자에게 통보하여야 한다(법 제50조 제2항). 2018. 2. 9. 시행법은 인가권자는 60일 이내에 인가 여부를 결정하여 통보하도록 하는 의무화규정을 신설하였다.

시장·군수등은 사업시행계획인가(시장·군수등이 사업시행계획서를 작성한 경우를 포함한다)를 하거나 정비사업을 변경·중지 또는 폐지하는 경우에는 국토교통부령으로[389] 정하는 방법 및 절차에 따

하고, 이 경우 관계 행정기관의 장은 해당 법률에서 규정한 인·허가등의 기준을 위반하여 "협의"에 응하여서는 아니 된다고 규정하고 있으며, 같은 조 제6항에서는 천재지변 등 불가피한 사유로 협의를 마치기 전에 긴급히 사업시행인가를 할 수 있는 경우에도 "협의"를 마칠 때까지는 인·허가등을 받은 것으로 의제하지 않도록 규정하고 있는 점에 비추어 볼 때, 법 제57조 제4항에 따른 "협의"는 단순히 의견을 듣거나 자문을 구하는 것을 넘어 "합의" 또는 "동의"의 의미로 보아야 할 것이다. 다음으로, 인·허가등의 의제규정은 인·허가등 의제사항과 관련하여 창구를 단일화하고 절차를 간소화하며 비용과 시간을 절감함으로써 국민의 권익을 보호하려는 것이지, 인·허가등 의제사항 관련 법률에 따른 각각의 인·허가등 요건에 관한 일체의 "심사"를 배제하려는 것은 아니라 할 것인바(대법원 2015. 7. 9. 선고 2015두39590 판결례 참조), 관계 행정기관의 장은 시장·군수로부터 사업시행인가 등으로 의제되는 인·허가등의 사항에 대해 "협의"를 요청받은 경우, 그 사항이 해당 인·허가등의 실체적 요건을 갖추었는지 등을 개별 인·허가등 처분을 할 때와 마찬가지로 "검토"한 후 협의 의견을 어떤 내용으로 보낼지를 "결정"할 권한과 의무가 있다고 할 것이므로, 이 경우 "협의"를 단순히 관계행정기관의 장에게 자문하여 의견을 듣는 것에 불과한 것으로 볼 수는 없다고 할 것이다(법제처 2007. 2. 16. 회신 06-0390 해석례 등 참조)(법제처 법령해석, 안건번호 16-0120, 회신일자 2016. 6. 27.).

388) 선승인·후협의제라 함은 의제 대상 인·허가에 대한 관계 행정기관과의 모든 협의가 완료되기 전이라도, 공익상 긴급할 필요가 있고 사업시행을 위한 중요한 사항에 대한 협의가 있는 경우에는 협의가 완료되지 않은 인·허가에 대한 협의를 완료할 것을 조건으로, 각종 공사 또는 사업의 시행승인이나 시행인가를 할 수 있도록 하는 제도를 말한다(박균성, 행정법론(상), 676면).

389) 칙 제10조(사업시행계획인가의 신청 및 고시) ③ 시장·군수등은 법 제50조 제7항에 따라 같은 조 제1항에 따른 사업시행계획인가(시장·군수등이 사업시행계획서를 작성한 경우를 포함한다)를 하거나 그 정비사업을 변경·중지 또는 폐지하는 경우에는 다음 각 호의 구분에 따른 사항을 해당 지방자치단체의 공보에 고시하여야 한다.

  1. **사업시행계획인가**: 다음 각 목 가. 정비사업의 종류 및 명칭, 나. 정비구역의 위치 및 면적, 다. 사업시행자의 성명 및 주소(법인인 경우에는 법인의 명칭 및 주된 사무소의 소재지와 대표자의 성명 및 주소를 말한다. 이하 같다), 라. 정비사업의 시행기간, 마. 사업시행계획인가일, 바. 수용 또는 사용할 토지 또는 건축물의 명세 및 소유권 외의 권리의 명세(해당하는 사업을 시행하는 경우로 한정한다), 사. 건축물의 대지면적·건폐율·용적률·높이·용도 등 건축계획에 관

라 그 내용을 해당 지방자치단체의 공보에 고시하여야 한다. 다만, 경미한 사항을 변경하려는 경우에는 그러하지 아니하다(법 제50조 제7항). 인가의 효력은 고시에 의해 발생하는 것으로 인가고시는 인가의 효력발생요건이다.[390]

6. 그 밖의 사항

가. 시행규정의 작성

시장·군수등, 토지주택공사등 또는 신탁업자가 단독으로 정비사업을 시행하는 경우는 추진위원회나 조합을 설립하지 않음으로 정관을 작성하지 않는 대신에, 사업시행계획서의 작성이나 사업시행인가 단계에 이르러 통상 조례 등의 형식으로, 다음 각 호 1. 정비사업의 종류 및 명칭, 2. 정비사업의 시행연도 및 시행방법, 3. 비용부담 및 회계, 4. 토지등소유자의 권리·의무, 5. 정비기반시설 및 공동이용시설의 부담, 6. 공고·공람 및 통지의 방법, 7. 토지 및 건축물에 관한 권리의 평가방법, 8. 관리처분계획 및 청산(분할징수 또는 납입에 관한 사항을 포함한다). 다만, 수용의 방법으로 시행하는 경우는 제외한다. 9. 시행규정의 변경, 10. 사업시행계획서의 변경, 11. 토지등소유자 전체회의(신탁업자가 사업시행자인 경우로 한정한다), 12. 그 밖에 시·도조례로 정하는 사항을 포함하는 시행규정을 작성하여야 한다(법 제53조). 따라서 시장·군수등, 토지주택공사등 또는 신탁업자가 법 제53조에 따라 작성한 "시행규정"이 정비조합의 정관과 같은 자치법규가 된다(법 제2조 제11호).

나. 지정개발자의 정비사업비의 예치

시장·군수등은 재개발사업의 사업시행계획인가를 하는 경우 해당 정비사업의 사업시행자가 지정개발자(지정개발자가 토지등소유자인 경우로 한정한다)인 때에는 정비사업비의 100분의 20의 범위에서, 시·도조례로 정하는 금액을 예치하게 할 수 있다(법 제60조 제1항). 예치금은 법 제89조 제1항 및 제2항에 따른 청산금의 지급이 완료된 때에 반환한다(법 제60조 제2항). 예치 및 반환 등에 필요한 사항은 시·도조례로 정한다(법 제60조 제3항).

한 사항, 아. 주택의 규모 등 주택건설계획, 자. 법 제97조에 따른 정비기반시설 및 토지 등의 귀속에 관한 사항
  2. **변경·중지 또는 폐지인가**: 다음 각 목 가. 제1호 가목부터 마목까지의 사항, 나. 변경·중지 또는 폐지의 사유 및 내용의 사항
390) 김종보, 건설법(제6판), 515면.

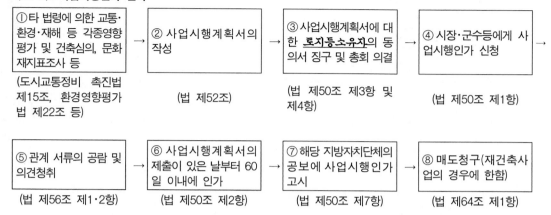

〈표 9〉 사업시행인가 절차

① 타 법령에 의한 교통·환경·재해 등 각종영향평가 및 건축심의, 문화재지표조사 등 → ② 사업시행계획서의 작성 → ③ 사업시행계획서에 대한 **토지등소유자**의 동의서 징구 및 총회 의결 → ④ 시장·군수등에게 사업시행인가 신청 →

(도시교통정비 촉진법 제15조, 환경영향평가법 제22조 등)   (법 제52조)   (법 제50조 제3항 및 제4항)   (법 제50조 제1항)

⑤ 관계 서류의 공람 및 의견청취 → ⑥ 사업시행계획서의 제출이 있은 날부터 60일 이내에 인가 → ⑦ 해당 지방자치단체의 공보에 사업시행인가 고시 → ⑧ 매도청구(재건축사업의 경우에 한함)

(법 제56조 제1·2항)   (법 제50조 제2항)   (법 제50조 제7항)   (법 제64조 제1항)

Ⅲ. 사업시행계획인가의 법적 효과

위와 같이 사업시행자는 사업시행계획을 인가받기 위한 일련의 절차를 거친 후 사업시행계획의 인가·고시는 사업시행자와 **조합원** 양자의 권리·의무를 구속하는 행정계획으로, 사업시행자인 조합은 법정하는 다음 1. 인·허가 의제, 2. 재건축사업에서의 매도청구, 3. 토지 등의 수용·사용 및 「토지보상법」의 준용, 4. 이주대책, 5. 주택을 착공할 수 있는 지위, 6. 권리배분단계의 개시, 7. 정비기반시설의 설치, 8. 국·공유지의 수의계약 또는 무상양여 받을 수 있는 지위를 얻게 되고, 그 밖에도 정비계획에 따라 일정비율의 임대주택이나 소형주택의 건설의무를 지게 된다.

「도시정비법」은 이에 대하여 대체로 제3장 제4절(제61조에서 제71조)의 "정비사업 시행을 위한 조치"와 제4장 "비용의 부담 등"이라는 제목 아래에서 규정하고 있는데, 이는 법률이 규정한 인가 받은 사업시행계획의 내용이기도 하지만, 학문상 의미는 사업시행인가의 법적 효과로서 정비사업을 원활하게 시행하도록 사업시행자에게 부여한 행정권한 내지는 의무로 이해하며, 필자는 절차에 대응하는 의미에서 법적 효과로 설명하기로 한다.

1. 인·허가 의제

가. 관련 규정

정비사업에서 정비조합은 사업을 진행하면서 아래의 인가·허가 절차도 밟는 것이 원칙이나 이렇게 사업을 진행하는 경우에는 상당한 시일 등이 소요되므로 사업시행자가 **사업시행계획인가를 받은 때**(시장·군수등이 직접 정비사업을 시행하는 경우에는 사업시행계획서를 작성한 때를 말한다)에는 다음 각호 1. 「주택법」 제15조에 따른 사업계획의 승인, 2. 「공공주택 특별법」 제35조에 따른 주택건설사업계획의 승인(2018. 2. 9. 시행법은 사업시행계획인가 시 「공공주택 특별법」에 따른 주택건설사업계획 승인도 의제처리 사항에 포함하도록 하였다). 3. 「건축법」 제11조에 따른 건축허가, 같은 법 제20조에 따른 가설건축물의 건축허가 또는 축조신고 및 같은 법 제29조에 따른 건축협의, 4. 「도로법」 제36조에 따른 도로관리청이 아닌 자에 대한 도로공사 시행의 허가 및 같은 법 제61조에 따른 도로의 점용 허가, 5. 「사방사업법」 제20조에 따른 사방지의 지정해제, 6. 「농지법」 제34조에 따른 농지전용의 허가·협의 및 같은 법 제35조에 따른 농지전용신고, 7. 「산지관리법」 제14조·제15조에 따른 산지전용허가 및 산지전용신고, 같은 법 제15조의2에 따른 산지일시사용허가·신고와 「산림자원법」 제36조 제1항·제4항에 따른 입목벌채 등의 허가·신고 및 「산림보호법」 제9조 제1항 및 같은 조 제2항 제1호에 따른 산림보호구역에서의 행위의 허가. 다만, 「산림자원법」에 따른 채종림·시험림과 「산림보호법」에 따른 산림유전자원보호구역의 경우는 제외한다. 8. 「하천법」 제30조에 따른 하천공사 시행의 허가 및 하천공사실시계획의 인가, 같은 법 제33조에 따른 하천의 점용허가 및 같은 법 제50조에 따른 하천수의 사용허가, 9. 「수도법」 제17조에 따른 일반수도사업의 인가 및 같은 법 제52조 또는 제54조에 따른 전용상수도 또는 전용공업용수도 설치의 인가, 10. 「하수도법」 제16조에 따른 공공하수도 사업의 허가 및 같은 법 제34조 제2항에 따른 개인하수처리시설의 설치신고, 11. 「공간정보관리법」 제15조 제3항에 따른 지도등의 간행 심사, 12. 「유통산업발전법」 제8조에 따른 대규모점포등의 등록, 13. 「국유재산법」 제30조에 따른 사용허가(재개발사업으로 한정한다), 14. 「공유재산법」 제20조에 따른 사용·수익허가(재개발사업으로 한정한다), 15. 「공간정보관리법」 제86조 제1항에 따른 사업의 착수·변경의 신고, 16. 「국토계획법」 제86조에 따른 도시·군계획시설 사업시행자의 지정 및 같은 법 제88조에 따른 실시계획의 인가, 17. 「전기사업법」 제8조에 따른 자가용전기설비의 공사계획의 인가 및 신고, 18. 「화재예방, 소방시설 설치·유지 및 안전관리에 관한 법률」 제7조 제1항에 따른 건축허가등의 동의, 「위험물안전관리법」 제6조 제1항에 따른 제조소등의 설치의 허가(제조소등은 공장건축물 또는 그 부속시설과 관계있는 것으로 한정한다)의 인가·허가·승인·신고·등록·협의·동의·심사·지정 또는 해제(이하 **"인·허가등"이라 한다)가 있은 것으로 보며**, 법 제50조 제7항에 따른 사업시행계획인가의 고시가 있은 때에는 위 각 호의 관계 법률에 따른 인·허가등의 고시·공고 등이 있은 것으로 본다(법 제57조 제1항).

나. 공장이 포함된 구역의 인·허가등의 의제

사업시행자가 공장이 포함된 구역에 대하여 재개발사업의 사업시행계획인가를 받은 때에는 법 제57조 제1항에 따른 인·허가등 외에 다음 각 호 1. 「산업집적활성화 및 공장설립에 관한 법률」 제13조에 따른 공장설립등의 승인 및 같은 법 제15조에 따른 공장설립등의 완료신고, 2. 「폐기물관리법」 제29조 제2항에 따른 폐기물처리시설의 설치승인 또는 설치신고(변경승인 또는 변경신고를 포함한다), 3. 「대기환경보전법」 제23조, 「물환경보전법」 제33조 및 「소음·진동관리법」 제8조에 따른 배출시설설치의 허가 및 신고, 4. 「총포·도검·화약류 등의 안전관리에 관한 법률」 제25조 제1항에 따른 화약류저장소 설치의 허가의 인·허가등이 있은 것으로 보며, 법 제50조 제7항에 따른 사업시행계획인가를 고시한 때에는 위 각 호의 관계 법률에 따른 인·허가 등의 고시·공고 등이 있은 것으로 본다(법 제57조 제2항).

다. 인·허가등의 의제 절차

사업시행자는 정비사업에 대하여 법 제57조 제1항 및 제2항에 따른 인·허가등의 의제를 받으려는 경우에는 법 제50조 제1항에 따른 사업시행계획인가를 신청하는 때에 해당 법률에서 정하는 관계 서류를 함께 제출하여야 한다. 다만, 사업시행계획인가를 신청한 때에 시공자가 선정되어 있지 아니하여 관계 서류를 제출할 수 없거나 법 제57조 제6항에 따라 사업시행계획인가(선승인·후협의)를 하는 경우에는 시장·군수등이 정하는 기한까지 제출할 수 있다(법 제57조 제3항).

라. 인·허가등의 의제에 따른 사용료 또는 점용료 면제

인·허가등을 받은 것으로 보는 경우에는 관계 법률 또는 시·도조례에 따라 해당 인·허가등의 대가로 부과되는 수수료와 해당 국·공유지의 사용 또는 점용에 따른 사용료 또는 점용료를 면제한다(법 제57조 제7항).

2. 재건축사업에서의 매도청구

가. 매도청구의 의의 및 연혁

(1) 매도청구(賣渡請求)제도란 재건축사업을 반대하는 자들의 소유권을 확보하기 위한 것으로, 사업시행자가 조합설립에 동의하지 않은 자의 토지 및 건축물의 매도를 청구하는 제도이다. **구법시대 재건축사업**에서는 「집합건물법」 제48조를 준용하여 인정된 권리였다. 이러한 매도청구권은 형성권으로 상대방의 동의 없이 일방적으로 이루어지며, 조합설립을 위한 동의율만 충족되면 심지어는 조합설립인가를 받지 않은 상태에서 매도청구를 할 수 있었다. 그리고 그 의사표시에 의해 매매계약과 유사한 법적 효과가 발생한다. 매도청구소송은 구법시대 재건축사업에 반대하는 **토지등소유자**의 소유권을 박탈하기 위해 「주촉법」과 「집합건물법」을 결합해서 실질은 수용소송이다.[391] 이 소송은 판결에 의해 재산권박탈을 최종 결정한다는 점에서 재개발사업의 토지수용위원회의 수용재결과 다르지만, 「헌법」 제23조 제3항의 수용에 해당한다.[392]

(2) 「도시정비법」이 제정될 때 **재건축사업**에 대해서도 수용권을 부여할 것인가를 둘러싼 논란이 있었지만, 재건축이 갖고 있는 공공성이 재개발에 못 미친다는 입법자의 의도로 결국 수용권 없이 입법되었다. 따라서 구 「도시정비법」 제39조에서 "재건축결의 또는 조합설립동의"를 요건으로 사업시행자

---

391) 김종보, 건설법(제6판), 557~558면.

392) 헌재 2006. 7. 27. 2003헌바18; 대법원 2008. 7. 10. 선고 2008다12453 판결에서 "「집합건물법」 제48조 제4항에 정한 매도청구권은 재건축사업의 원활한 진행을 위하여 같은 법이 재건축 불참자의 의사에 반하여 그 재산권을 박탈할 수 있도록 특별히 규정한 것으로, 매도청구소송은 수용소송이라는 실질을 갖는 것"이라고 판시하였다.

의 매도청구권을 명문으로 규정하였지만 아쉽게도 구법시대 재건축에서와 같이 「집합건물법」 제48조를 준용하여 매도청구권을 행사하도록 하였다. 또한 재건축사업이 공익사업이고 「도시정비법」이 전형적인 공법임에도 불구하고 매도청구소송을 둘러싼 법률관계는 사법상 법률관계로 운영되어 왔다.[393] 한편 **재개발사업**에 반대하는 자들까지도 조합설립 시 **조합원**으로 강제되고, 사업시행계획인가, 관리처분계획의 인가절차까지도 **조합원**의 지위를 계속 보유한다. 이들에 대해서 관리처분계획에 "청산대상 **조합원**"으로 명단이 확정된 후, 손실보상의 협의(현금청산)의 절차를 거쳐 다시 수용재결을 신청해야 한다. 법 제정 후에도 2018년까지 조합은 동의율만 충족되면 매도청구를 할 수 있었고, 약간의 예외가 있었지만 소송이 제기되면 대체로 조합의 매도청구권이 인정되는 것이 법원의 판례이었다.[394]

(3) 2018. 2. 9. 시행법부터는 매도청구는 「집합건물법」을 준용하지 아니하고, 정비사업의 특성을 반영하여 필요한 절차를 「도시정비법」에서 직접 규정하였다. 매도청구의 시간적 요건을 **사업시행인가 이후**로 미룬 것에 대하여 이를 통해 재건축사업에 반대하는 **토지등소유자**에 대한 불이익이 상당부분 완화된 것이라고 볼 수 있다.[395] 한편, 종래 민사법의 특별법으로 인식되던 「집합건물법」에 재건축결의에 반대하는 자들에 대한 매도청구소송이 민사적인 측면의 권리로 인식되어 오던 중, 「도시정비법」의 제정에 의해 공식적으로 행정법의 영역에 진입하게 되었다. 이와 같은 매도청구제도는 그것이 비록 초기에는 민사법의 영역에 속하는 것으로 실무가 운영되어 왔지만, 그 본질은 공법적 영역의 수용에 해당하는 것이다. 현행 「도시정비법」은 「집합건물법」과 절연하여 독자적인 매도청구제도를 마련하고 있는 이상 매도청구의 법률관계도 공법적 계기에 의한 것이므로 이에 대한 소송은 「행정소송법」상 당사자소송으로 제기하며, 행정법원에 제기되어야 할 것이다.[396]

(4) 정비사업은 그 성격상 사업에 동의하는 자(**조합원**)들의 소유권을 조합이 이전받는 것이 원칙일 것이다. 조합에 법인격이 인정되는 가장 중요한 이유가 바로 토지소유권을 이전받아 기존의 노후·불량 건축물을 철거한 후 그 지상에 아파트 등을 건설하기 위하여 조합소유의 재산을 확보하기 위한 것이기 때문이다. 그러나 현행 「도시정비법」은 재개발사업에 반대하는 자들에 대해서만 토지를 수용(법 제73조)하여 조합으로 소유권을 이전할 뿐이고 정비조합에게 사업시행인가를 위해 토지소유권을 확보하는 규정이 없어 **조합원**들의 소유권을 이전 받지 않는다. 이에 반하여 재건축사업은 찬성하는 **조합원**들의 재산을 신탁받고 반대하는 **토지등소유자**에 대해서는 매도청구권을 행사한다. 찬성하는 **조합원**에게 신탁을 요구하는 근거는 신탁의무를 정하는 조합정관이며, 이 제도가 매도청구와 함께 조합의 소유권확보의 수단이다.[397] 재건축사업에서의 매도청구는 ① 법 제64조에 따른 조합설립 또는 사업시행자의 지정에 미동의자들에 대한 사업시행계획인가의 고시 후 매도청구, ② 전자의 동의를 하였으나, 그 후 법 제73조에 따른 분양신청을 하지 아니한 자 등에 대한 조치의 일환으로 토지·건축물 등의 손실보상

---

393) 성중탁, 도시정비사업의 법적 쟁점과 해설, 집문당, 2016, 264면.
394) 김종보, 건설법(제6판), 557~558면.
395) 김종보, 건설법(제6판), 559면.
396) 김종보, 건설법(제6판), 562면.
397) 김종보, 건설법(제6판), 560~561면.

협의 미성립 시 매도청구소송, ③ 법 제39조 제2항에 따라 투기과열지구로 지정된 지역에서 재건축사업을 시행하는 경우에는 조합설립인가 후, 해당 정비사업의 건축물 또는 토지를 양수한 자가 재건축**조합원**이 될 수 없는 자에게 법 제73조에 따라 현금청산 규정을 준용하는 경우 매도청구소송이 있을 수 있으나, ②와 ③은 후술하기로 한다.

나. 매도청구의 요건 및 절차

(1) 요건

(가) 구법시대에는 재건축사업에 반대하는 자들에 대한 매도청구소송이 조합설립동의만으로 가능하였지만, 2018. 2. 9. 시행법에서는 사업시행인가를 받은 이후에만 매도청구권의 행사가 가능하도록 변경되었다.

(나) 재건축사업의 사업시행자는 **사업시행계획인가의 고시가 있는 날부터 30일 이내**에 조합설립에 동의하지 아니한 자 등에게 조합설립 또는 사업시행자의 지정에 관한 동의 여부를 회답할 것을 서면으로 촉구하여야 한다(법 제64조 제1항). 매도청구는 사업시행인가의 법적 효과이지만, 매도청구를 위한 요건은 곧 현행법에 따라 사업시행계획인가를 받았는지 여부가 가장 중요한 요건이 된다. 매도청구권 행사의 시간적 요건을 사업시행인가 이후로 미루고 최고의 시기도 인가 고시 후 30일 이내에 미동의자에게 동의를 촉구하도록 하였다.[398] 2018. 2. 9. 이전 조합설립인가를 신청하거나 사업시행자를 지정하는 경우 재건축사업의 시행자는 종전과 같이 「집합건물법」 제48조 제1항을 준용하여 "지체 없이" 미동의자들에게 동의여부에 회답할 것을 최고하여야 한다.

(2) 절차

(가) 동의 여부에 대한 확답 촉구: 재건축사업의 사업시행자는 사업시행계획인가의 고시가 있는 날부터 30일 이내에 다음 각 호 1. **조합설립에 동의하지 아니한 자**(법 제35조 제3항부터 제5항), 2. **시장·군수등, 토지주택공사등 또는 신탁업자의 사업시행자 지정**에 동의하지 아니한 자에게 조합설립 또는 사업시행자의 지정(법 제26조 제1항에 따른 공공시행자 및 제27조 제1항에 따른 지정개발자)**에 관한 동의 여부**를 회답할 것을 서면으로 촉구하여야 한다(법 제64조 제1항).

(나) 회답기간: 서면 촉구를 받은 **토지등소유자**는 촉구를 받은 날부터 2개월 이내에 회답하여야 한다(법 제64조 제2항). 2개월 기간 내에 회답하지 아니한 경우 그 **토지등소유자**는 조합설립 또는 사업시행자의 지정에 동의하지 아니하겠다는 뜻을 회답한 것으로 본다(법 제64조 제3항).

(다) 매도청구소송: 2개월의 기간이 지나면 사업시행자는 그 기간이 만료된 때부터 2개월 이내에 조합설립 또는 사업시행자 지정에 동의하지 아니하겠다는 뜻을 회답한 **토지등소유자**와 건축물 또는 토

---

398) 법률 제14567호, 2017. 2. 8. 부칙 제16조(매도청구에 관한 적용례) 제64조의 개정규정은 이 법 시행 후 최초로 조합설립인가를 신청하거나 사업시행자를 지정하는 경우부터 적용한다.

지만 소유한 자에게 건축물 또는 토지의 소유권과 그 밖의 권리를 매도할 것을 청구할 수 있다(법 제64조 제4항). 조합이 매도청구소송을 할 경우 조합설립미동의자 등의 종전재산가격은 재판절차에서 법원의 촉탁에 따른 감정평가를 통해 객관적으로 정해질 것이다. 2018. 2. 9. 시행법에서 종래「집합건물법」제48조 제4항을 준용하여 "시가"에 따라 매도를 청구할 수 있도록 하는 문구는 삭제되었지만, 매도청구제도는 헌법 제23조 제3항의 공용수용에 해당하므로 그 유효한 성립과 행사를 위해 법률이 정하는 요건 이외에도 헌법상 요건을 동시에 충족하여야 하는데, 그 요청이 법률의 근거, 정당한 보상, 공공필요라는 요건 등을 충족시켜야 한다. 여기서 정당한 보상이 제공되어야 할 것이 바로 시가에 의한 금액을 의미한다.[399] 판례도 재건축사업에 참가하지 않은 자에 대하여 구「도시정비법」제39조에 의한 매도청구권을 행사하는 경우, 그 매매 "시가"의 의미에 대한 판시에서 "사업시행자가 재건축사업에 참가하지 않은 자에 대하여 매도청구권을 행사하면, 그 매도청구권 행사의 의사표시가 도달함과 동시에 재건축사업에 참가하지 않은 자의 토지나 건축물에 관하여 시가에 의한 매매계약이 성립된다. 이때의 "시가"란 매도청구권이 행사된 당시의 토지나 건물의 객관적 거래가격으로서, 노후되어 철거될 상태를 전제로 하거나 재건축사업이 시행되지 않은 현재의 현황을 전제로 한 거래가격이 아니라, 그 토지나 건축물에 관하여 재건축사업이 시행된다는 것을 전제로 하여 토지나 건축물을 평가한 가격, 즉 재건축으로 인하여 발생할 것으로 예상되는 개발이익이 포함된 가격을 말한다.[400]

다. 매도청구와 사업시행인가, 관리처분계획의 관계

(1) 구법시대「주촉법」상 주택건설사업계획승인의 요건으로서 모든 사업주체에게 토지소유권을 확보할 것을 요구하였으나(현행 주택법 제21조 제1항), 재건축조합이 사업주체인 경우「집합건물법」제48조의 규정에 의하여 재건축에 참가하지 아니하는 미동의자의 소유권 등에 대해 매도청구소송이 제기된 경우 예외를 인정해 주었다(주촉법 시행령 제34조의4 제2호). 이러한 조문에 기초해서 실무에서는 사업계획승인 전에 매도청구소송을 제기하면 법령상의 요건이 충족되는 것으로 인정되었다.

(2) 그리고 재건축조합은 조합원분 이외의 주택을 행정청의 승인을 받아 일반에 분양 할 수 있는데(법 제79조 제8항 본문),「주택법」상 주택건설사업계획승인의 조건으로 소유권이 확보되지 않으면 일반분양분에 대한 행정청의 승인이 불가능했으므로, 미동의 토지등소유자의 소유권이 확보되지 않은 상태에서 일반분양분의 입주자모집공고가 행정청에 의해 거부되어 다음과 같이「도시정비법」이 개정되었다.

즉 주택의 공급 방법·절차 등은「주택법」제54조를 준용한다(법 제79조 제8항 본문). 다만, 사업시행자가 법 제64조에 따른 매도청구소송을 통하여 법원의 승소판결을 받은 후 입주예정자에게 피해가 없도록 손실보상금을 공탁하고, 분양예정인 건축물을 담보한 경우에는 법원의 승소판결이 확정되기

---

399) 김종보, 건설법(제6판), 562~563, 567면.
400) 대법원 2009. 3. 26. 선고 2008다21549, 21556, 21563 판결; 대법원 2014. 5. 29. 선고 2011다46128,2013다69057 판결

전이라도 「주택법」 제54조에도 불구하고 입주자를 모집할 수 있으나, 법 제83조에 따른 준공인가 신청 전까지 해당 주택건설 대지의 소유권을 확보하여야 한다(법 제79조 제8항 단서).

3. 토지 등의 수용·사용 및 「토지보상법」의 준용

가. 토지 등의 수용·사용

사업시행자는 정비구역에서 정비사업(재건축사업의 경우에는 법 제26조 제1항 제1호 및 제27조 제1항 제1호에 해당하는 사업으로 한정한다)을 시행하기 위하여 「토지보상법」 제3조에 따른 토지·물건 또는 그 밖의 권리를 취득하거나 사용할 수 있다(법 제63조). 정비구역에서 정비사업의 시행을 위한 토지 또는 건축물의 소유권과 그 밖의 권리에 대한 수용 또는 사용은 이 법에 규정된 사항을 제외하고는 「토지보상법」을 준용하도록 하고(법 제65조 제1항), 만약 사업시행자가 토지 등을 수용·사용하려면 사업시행계획 인가를 받아야 할 것을 요구하고 있다(법 제65조 제2항).401) 법 제63조를 제65조 제1항과 별도로 규정할 실익이 있는지 의문이다.

나. 「토지보상법」의 준용

(1) 이 법에 규정된 사항: (가) 정비구역에서 정비사업의 시행을 위한 토지 등의 수용·사용은 "이 법에 규정된 사항(이 법에 특별한 규정이 있는 경우)"을 제외하고는 「토지보상법」을 준용하도록 하고 있는데(법 제65조 제1항 본문),402) "이 법에 규정된 사항"에 대하여 이해가 필요하다. 여기서 법은 법

---

401) 법제처는 이와 관련 다음의 법령해석을 허였다. 법 제63조에서는 재건축사업의 시행자는 천재·지변 그 밖의 불가피한 사유로 인하여 긴급히 정비사업을 시행할 필요가 있다고 인정되는 경우에는 사업을 시행하기 위하여 필요한 토지 등을 취득하거나 사용할 수 있다고 규정하고 있고, 이 경우에는 정비사업의 시행을 위한 토지 또는 건축물의 소유권과 그 밖의 권리에 대한 수용·사용은 **이 법에 규정된 사항**을 제외하고는 「토지보상법」을 준용할 수 있다.
「국토계획법」 제95조에서는 도시·군계획시설사업의 시행자는 도시·군계획시설사업에 필요한 토지 등을 수용·사용할 수 있다고 규정하고 있는 바, 사업시행자가 사업시행계획인가를 받은 때에 법 제57조 제1항 제16호에 따라 "「국토계획법」 제86조에 따른 도시·군계획시설사업 시행자의 지정"이 의제되며, **재건축사업의 시행자**는 재건축사업의 정비계획에 따른 정비구역 내 도시·군계획시설의 설치에 필요한 토지를 법 제63조에 따라 천재·지변 그 밖의 불가피한 사유로 인하여 긴급히 정비사업을 시행할 필요가 있다고 인정되는 경우에만 수용할 수 있는지, 아니면 그러한 경우에 해당하지 않더라도 「국토계획법」 제95조를 적용하여 수용할 수 있는지에 대한 법령해석에서, 「도시정비법」 제63조에 따라 천재·지변 그 밖의 불가피한 사유로 인하여 긴급히 정비사업을 시행할 필요가 있다고 인정되는 경우에만 수용할 수 있다.
그 이유로 주된 인·허가에 관한 사항을 규정하고 있는 "갑" 법률에서 주된 인·허가가 있으면 "을" 법률에 따른 인·허가를 받은 것으로 의제하는 규정을 둔 경우에는, 주된 인·허가가 있으면 "을" 법률에 따른 인·허가가 있는 것으로 보는 데 그치는 것이고, 그에서 더 나아가 "을" 법률에서 해당 인·허가를 받았음을 전제로 하는 "을" 법률의 모든 규정들까지 적용되는 것은 아니라고 할 것인 바, 사업시행인가를 받은 경우에 「도시정비법」 제57조 제1항 제16호에서 「국토계획법」 제86조에 따른 도시·군계획시설사업 시행자의 지정을 받은 것으로 보도록 의제하였다고 하더라도, 이는 사업시행자가 본래는 「국토계획법」에 따른 도시·군계획시설사업의 시행자가 아니지만 「국토계획법」에 따른 도시·군계획시설사업의 시행자로 보아 도시·군계획시설의 설치를 그 정비사업에 포함시켜 시행할 수 있도록 하는 취지이지, 이러한 규정에 의하여 정비사업의 토지 수용에 대해 도시정비법령에서 별도로 정하고 있음에도 불구하고, 국토계획법령상의 토지 수용에 대한 규정을 당연히 적용할 수 있게 되는 것은 아니라고 할 것이다(법제처 법령해석, 「도시정비법」 제38조 등 관련), 안건번호 15-0863, 회신일자 2016. 3. 23.).

률에 한정하지 않고 하위법령이 포함된 법령을 의미하며, 단순한 법 규정의 문리적 표현에 한정하지 않고, 당초 법의 취지나 법원의 법해석도 포함된다. 따라서 이를 제외하고 「토지보상법」이 준용되어야 하므로 법에서 정하고 있는 사항에 대한 정확한 이해가 선행되어야 한다.

(나) 대법원은 공익사업을 위한 수용에 선행하는 협의 및 사전절차를 정한 「토지보상법」 토지조서 및 물건조서의 작성(제14조), 보상계획의 공고·통지 및 열람(제15조), 감정평가업자를 통한 보상액의 산정(제68조) 및 이를 기초로 한 사업시행자와의 협의(제16조)가 구 「도시정비법」상 현금청산대상자인 토지등소유자에 대하여 준용여부(소극)에 대한 재개발사업 사건 판시에서, "구 「도시정비법」(2012. 2. 1. 법률 제11293호로 개정되기 전의 것) 제47조 제1호에 따라 분양신청기간 만료일 다음 날인 현금청산대상자와 「도시정비법」상 정비사업의 절차진행을 보면, 현금청산대상자와 사업시행자 사이의 청산금 협의에 앞서 도시정비법 시행규칙 제9조에 따라 사업시행자의 사업시행인가신청 시 '법 제38조의 규정에 의한 수용 또는 사용할 토지 또는 건축물의 명세 및 소유권 외의 권리의 명세서'를 첨부하도록 규정하고 있고(제1항 제4호), 시장·군수가 사업시행인가처분에 따라 지방자치단체의 공보에 고시할 사항으로 '수용 또는 사용할 토지 또는 건축물의 명세 및 소유권외의 권리의 명세'를 규정하고 있다[제3항 제1호 (바)목]. 이러한 사업시행인가 신청과 그 인가처분·고시, 분양신청 통지·공고 절차가 선행하게 되는데, 이를 통하여 수용의 대상이 되는 토지 등의 명세가 작성되고 그 개요가 대외적으로 고시되며, 세부사항이 토지등소유자에게 개별적으로 통지되거나 공고되기 때문에 토지등소유자에 대하여는 위와 같은 「도시정비법」 고유의 절차와 별도로 다시 「토지보상법」상 토지조서 및 물건조서의 작성(제14조)이나 보상계획의 공고·통지 및 열람(제15조)의 절차를 새로이 거쳐야 할 필요나 이유가 없는 점은 「도시정비법」 제40조 제1항 본문에서 말하는 '이 법에 특별한 규정이 있는 경우'에 해당하므로 「도시정비법」상 현금청산대상자인 토지등소유자에 대하여는 토지조서 및 물건조서의 작성(제14조), 보상계획의 공고·통지 및 열람(제15조), 감정평가업자를 통한 보상액의 산정(제68조) 등의 규정은 준용될 여지가 없다"고 보았으며,[403] 원심판결에[404] 대하여 파기 환송하였다.

물론 사업시행자가 스스로 「토지보상법」이 정한 협의절차를 거치는 것은 당연히 가능하다. 하지만 이러한 판례에도 불구하고, 실무적으로 각 토지수용위원회는 조합이 수용재결을 신청할 경우 「토지보상법」이 정한 협의절차에 따라 협의를 거칠 것을 요구하여, 조합과 마찰이 생기는 곳이 여러 곳 있다.[405] 다만 동 판례이후 현금청산자에 대한 규정은 개정되었으며, 이에 따라 감정평가업자를 통한 보상액의 산정(제68조) 및 이를 기초로 한 사업시행자와의 협의(제16조)에[406] 대하여 준용여부의 논란은 없을 듯하다.

---

402) 이는 후술하는 "제3장 정비사업의 시행/제5절 관리처분계획/제1항 분양신청/Ⅲ. 분양신청 및 미신청의 법적 효과/2. 분양신청을 하지 아니한 자 등에 대한 조치"를 읽기 전에 다시 보아야 한다.

403) 대법원 2015. 11. 27. 선고 2015두48877 판결; 대법원 2015. 12. 23. 선고 2015두50535 판결.

404) 서울고법 2015. 7. 28. 선고 2015누41663 판결.

405) 경북대 법학전문대학원 성중탁 교수의 의견이다.

406) 현금청산에 관한 협의가 성립되지 않은 경우 「토지보상법」의 손실보상에 관한 협의를 별도로 거칠 필요 없이 사업시행자에게 수용재결신청을 청구할 수 있다고 보는 판례의 태도와 같다(대법원 2015. 12. 23. 선고 2015두50535 판결).

(2) **정비사업 유형별 「토지보상법」의 준용**: 법은 정비사업 유형별로 그 준용에 관해서 명시하지 않고 있으나, 대법원 2012다62561,62578 판결에 비추어 보면 <u>원칙적으로 재개발사업과 주거환경개선 사업에 「토지보상법」이 준용된다</u>. 대법원은 이에 대해서 "구「도시정비법」(2012. 2. 1. 법률 제11293호로 개정되기 전의 것) 제38조(현행 제63조), 제40조(현행 제65조) 제1항의 문언과 입법 목적 및 취지, 재건축사업의 특성 등과 아울러 ① 「도시정비법」은 다양한 유형의 정비사업에 대하여 각 사업의 공공성 및 공익성의 정도에 따라 구체적 규율의 내용을 달리하고 있는 점, ② <u>재건축사업</u>은 '정비기반 시설은 양호하나 노후·불량건축물이 밀집한 지역에서 주거환경을 개선'할 목적으로 시행하는 것으로서, 정비기반시설이 열악한 지역에서 정비기반시설 설치를 통한 도시기능의 회복 등을 목적으로 하는 <u>재개발사업에 비하여 공공성 및 공익성이 상대적으로 미약한 점</u>, ③ 그에 따라 <u>재건축사업</u> 시행자와 **토지등소유자** 등의 협의가 성립하지 않을 경우의 해결방법으로, 수용·사용 등의 공적 수단에 의하지 않고 매도청구권의 행사를 통한 사적 자치에 의해 해결하도록 규정하고 있는 것이 「도시정비법」의 기본적 틀로서 입법자가 결단한 것이라고 볼 수 있는 점, ④ 재개발사업에서 수용보상금의 산정이 개발 이익을 배제하는 것과는 달리, 재건축사업의 매도청구권 행사의 기준인 '시가'는 재건축으로 인하여 발생할 것으로 예상되는 개발이익이 포함된 가격을 말하는데, 이러한 차이는 재건축사업의 **토지등소유자**로 하여금 임차권자 등에 대한 보상을 임대차계약 등에 따라 스스로 해결하게 할 것을 전제로 한 것으로 보이는 점 등에 비추어 보면, <u>재건축사업의 경우에는 법 제26조 제1항 제1호 및 제27조 제1항 제1호에 해당하는 사업 이외에 「토지보상법」 규정이 유추적용된다고 보기도 어렵다</u>"고 판시한 점에 비추어,[407] <u>원칙적으로 재개발사업 등에 준용된다</u> 할 것이다.

(3) **「토지보상법」의 적용시기**: 법제처는 문언상 「토지보상법」의 준용시기가 불분명하므로, 별도의 입법조치를 통하여 「도시정비법」 제65조 제1항에 따른 「토지보상법」의 준용시기를 명확히 규정할 필요가 있다는 법령정비 의견이 있었다.[408] 적용시기의 문제는 전술한 양법의 관계에서 "이 법에 규정

---

407) 대법원 2014. 7. 24. 선고 2012다62561,62578 판결.

408) 법제처는 「도시정비법」에서는 사업시행자가 사업 준비를 위하여 **사업시행인가 전에 타인이 정비구역 내에서 점유하는 토지에 출입하는 것**에 관하여 특별한 규정이 없는데, 사업시행자인 조합은 법 제65조 제1항에 따라 「토지보상법」 제9조부터 제13조까지를 준용하여 사업시행인가 전에 정비구역 내 토지에 출입하여 측량하거나 조사를 할 수 있는지에 대한 질의에서, 사업시행자인 조합은 사업시행인가 전에 「도시정비법」 제65조 제1항에 따라 「토지보상법」 제9조부터 제13조까지를 준용하여 정비구역 내 토지에 출입하여 측량하거나 조사를 할 수는 없다고 해석하였다.

그 이유로, 법 제65조 제1항에서 정비구역 안에서 토지 등의 수용 또는 사용에 관하여 「토지보상법」을 준용하도록 한 취지는 <u>토지 등의 수용 또는 사용의 절차 등에 관하여 「도시정비법」에 특별한 규정이 없는 경우에는 토지보상법령에 따른 절차에 의할 것을 규정하고 있는 것</u>이라고 보인다.

법 제65조 제2항에서 도시정비구역 안에서 「토지보상법」을 준용함에 있어서 사업시행계획인가 고시가 있은 때에 「토지보상법」에 의한 사업인정 및 그 고시가 있은 것으로 규정하고 있는 것은 사업시행자가 토지 등을 수용하거나 사용하려면 국토해양부장관의 사업인정을 받을 것을 요구하고 있는 「토지보상법」 제20조 제1항과의 균형상 사업시행자가 토지 등을 수용하거나 사용하려면 사업시행계획 인가를 받아야 할 것을 요구하는 것이라고 보여지므로, **법 제65조에 따라 정비사업에 대하여 「토지보상법」이 준용되는 것은 사업시행계획인가 후 토지 등의 수용 또는 사용에 관한 사항 중에서 「도시정비법」에서 특별하게 규정하고 있지 않은 사항이라고 할 것이고,** 이 사안에서와 같이 사업시행계획인가 전에 사업시행 준비를 위하여 정비구역 내 타인이 점유하는 토지에 출입하여 측량하거나 조사하는 것과 관련된 사항은 준용의 대상이 아니라고 할 것이다.

더욱이, 사업시행인가 후 사업시행자가 사업 준비를 위하여 「토지보상법」을 준용하여 타인이 점유하는 토지에 출입하

된 사항"의 범위와 관련된다. 그러하다면 현금청산도 원칙적으로 조합과 **토지등소유자** 간에 협의를 통한 사법상 계약도 가능할 것이나, 실무상 적용시기는 협의불성립으로 사업시행자가 수용재결을 신청할 수 있고, 「토지보상법」 제20조 제1항 및 제22조 제1항의 사업인정에 의제되는(법 제65조 제2항) 사업시행계획인가 고시를 적용시기로 보아야 할 것이다.

다. 손실보상의 기준 및 절차

「도시정비법」 제65조 제1항 단서에서 정비사업의 시행에 따른 손실보상의 기준 및 절차는 **대통령령** 으로 정할 수 있도록 하여 이에 따라 하위법령에 위임된 손실보상의 기준과 절차는 다음과 같다.

(1) 이주대책대상자: 영 제13조 제1항에 따른 정비구역의 지정을 위한 주민 공람공고일부터 계약체 결일 또는 수용재결일까지 계속하여 거주하고 있지 아니한 건축물의 소유자는 「토지보상법 시행령」 제40조 제5항 제2호에 따라 이주대책대상자에서 제외한다.[409) 다만, 같은 호 단서(같은 호 마목은 제외한다)에 해당하는 경우에는 그러하지 아니하다(영 제54조 제1항).

(2) 영업보상: 정비사업으로 인한 영업의 폐지 또는 휴업에 대하여 손실을 평가하는 경우 영업의 **휴업기간은 4개월 이내**로 한다. 다만, 다음 각 호 1. 해당 정비사업을 위한 영업의 금지 또는 제한으로 인하여 4개월 이상의 기간동안 영업을 할 수 없는 경우, 2. 영업시설의 규모가 크거나 이전에 고도의 정밀성을 요구하는 등 해당 영업의 고유한 특수성으로 인하여 4개월 이내에 다른 장소로 이전하는 것이 어렵다고 객관적으로 인정되는 경우의 어느 하나에 해당하는 경우에는 **실제 휴업기간**으로 하되, 그 휴업기간은 2년을 초과할 수 없다(영 제54조 제2항).

(3) 영업손실 보상대상자 및 주거이전비 보상대상자 인정시점(기준일)

개정	시행	법	시행령	시행규칙	부칙	비고
2009. 8. 13.	좌동	제40조 제1항	제44조의2 제2항에서	제9조의2 주거이전비보상은 정 비구역 공람공고일 현재 세입자	제9조의2 개정규정 은 2009. 11. 28.부	

여 측량하거나 조사할 수 있는지 여부는 별론으로 하더라도, **「도시정비법」에서 명문으로 「토지보상법」에서와 같이 사업시행자에 대하여 사업시행인가 전에 타인의 토지 등에 출입할 수 있는 근거를 규정하고 있지 않는 이상**, 공용수용 절차 개시의 전제조건인 사업시행인가 전에 「도시정비법」 제65조 제1항을 근거로 하여 「토지보상법」 제9조부터 제13 조까지를 준용할 수는 없다고 해석하였다(법제처 법령해석, 안건번호 12-0105, 회신일자 2012. 3. 15.).

409) 「토지보상법 시행령」 제40조 ⑤ 다음 각 호의 어느 하나에 해당하는 자는 이주대책대상자에서 제외한다.
 1. 허가를 받거나 신고를 하고 건축 또는 용도변경을 하여야 하는 건축물을 허가를 받지 아니하거나 신고를 하지 아니하고 건축 또는 용도변경을 한 건축물의 소유자
 2. 해당 건축물에 공익사업을 위한 관계 법령에 따른 고시 등이 있은 날부터 계약체결일 또는 수용재결일까지 계속하여 거주하고 있지 아니한 건축물의 소유자. 다만, 다음 각 목 **가**. 질병으로 인한 요양, **나**. 징집으로 인한 입영, **다**. 공무, **라**. 취학, **마. 해당 공익사업지구 내 타인이 소유하고 있는 건축물에의 거주**, **바**. 그 밖에 가목부터 라목까지에 준하는 부득이한 사유의 어느 하나에 해당하는 사유로 거주하고 있지 아니한 경우에는 그러하지 아니하다.
 3. 타인이 소유하고 있는 건축물에 거주하는 세입자. 다만, 해당 공익사업지구에 주거용 건축물을 소유한 자로서 타인이 소유하고 있는 건축물에 거주하는 세입자는 제외한다.

개정	시행	법	시행령	시행규칙	부칙	비고
			국토교통부령에 위임		터 시행	
2009. 12. 1.	2009. 12. 1.	법 제40조 제1항	상동	제9조의2 ① 영업휴업손실 휴업기간 4개월 이내, ② 주거이전비 보상은 정비구역 공람공고일 현재 세입자	제9조의2 개정규정은 2009. 12. 1. 이후 사업시행인가 신청분부터 적용	2009. 12. 1. 이전에 사업시행인가를 신청했다면 휴업기간은 3개월이내 기준
2012. 8. 2.	2012. 8. 2.	법 제40조 제1항	상동	제9조의2 ① 영업휴업손실은 휴업기간 4개월 이내, ② 영업손실 보상은 정비구역 공람공고일 전부터 영업을 한 자, ③ 주거이전비보상은 정비구역 공람공고일 현재 세입자	제9조의2 제2항 개정규정은 이 규칙 시행 후 정비계획을 수립(변경수립은 제외)하기 위하여 정비구역공람공고를 하는 경우부터 적용	2012. 8. 2. 이전 이미 정비구역 공람공고 했다면, 사업시행인가일이전부터 적법한 영업한 자는 대상
2018. 2. 9.	2018. 2. 9.	법 제65조 제1항	제54조 ① **이주대책대상자** ② **영업휴업기간** ③ **영업손실보상** ④**주거이전비**	삭제		종래 국토교통부령에 위임했던 손실보상 기준을 시행령으로 격상시킴

(가) **영업손실을 보상** 및 **주거이전비를 보상**하는 경우 보상대상자의 인정시점은 **정비구역의 지정을 위한 주민 공람공고일**로 본다(영 제54조 제3항 및 제4항). 영업손실의 보상에서 보상대상자 인정시점은 일반법이라 할 수 있는 「토지보상법 시행규칙」 제45조 제1호 및 같은 법 시행규칙 제54조 제2항에 따르면 사업인정고시일로 하고 있으나, 개별법인 「도시정비법」에서는 사업인정고시일에 의제되는 사업시행계획인가고시일을 감정평가기준일로 하지 않고,[410] 정비구역의 지정을 위한 주민 공람공고일을 인정시점으로 달리 규정하고 있다는 점이다.

(나) 당초 이들 규정의 입법 내용은 2009. 5. 27. 개정(법률 제9729호, 시행 2009. 11. 28.) 「도시정비법」 제40조 제1항에서 손실보상의 기준 및 절차에 관해서 **대통령령**에 위임하였고, 동법 시행령은 다시 주거이전비 보상대상자의 인정기준에 관하여 구체적인 사항은 다음과 같이 국토교통부령으로 위임하였다. ① 주거이전비에 대하여 2009. 8. 13. 개정 및 시행(국토해양부령 제157호)된 「도시정비법 시행규칙」 제9조의2에 따르면 **「토지보상법 시행규칙」 제54조 제2항에 따른 주거이전비의 보상은 영 제11조에 따른 공람공고일 현재 당해 정비구역에 거주하고 있는 세입자를 대상**으로 한다. 즉 주거이전비의 정책적인 목적 및 「토지보상법」의 규정내용 등을 종합하여 볼 때, 정비계획이 외부에 공표됨으로써 주민 등이 정비사업의 시행 예정임을 알 수 있게 된 때에 해당하는 정비계획에 관한 공람공고일

---

410) 「감정평가법 시행규칙」 제4조 제1호에 따른 기준시점을 말하는데, 「감칙」 제2조 제2호에 따르면 '기준시점'이란 대상물건의 감정평가액을 결정하는 기준이 되는 날짜를 말한다.

당시 당해 정비구역 안에서 3월 이상(허가건축물 세입자)이나 1년 이상(무허가건축물 세입자) 거주한 자에게[411] 주거이전비를 지급하는 것이 타당하기 때문이라는 것이 개정이유이었다. ② 같은 해 2009. 12. 1. 개정 및 시행(국토해양부령 제183호)된 영 제44조의2 제2항에 따라 칙 제9조의2 제1항에서 정비사업으로 인한 영업의 휴업 등에 대하여 손실을 보상하는 경우 「토지보상법 시행규칙」 제47조 제1항에 따른 휴업기간은 같은 법 시행규칙 제47조 제2항 본문에도 불구하고 4개월 이내로 하고, 주거이전비 규정을 칙 제9조의2 제2항으로 이동하였다. ③ 2012. 8. 2. 개정 및 시행(국토해양부령 제506호)된 칙 제9조의2 제2항에서 영업손실의 보상대상자 인정시점은 "정비구역 공람공고일" 이전부터 영업을 한 자를 대상으로 하도록 신설하였고, 당초 주거이전비 보상대상자 인정시점은 같은 조 제3항으로 이동하여 영 제44조의2 제2항에 따른 주거이전비의 보상은 「토지보상법 시행규칙」 제54조 제2항 본문에도 불구하고 정비구역의 지정을 위한 공람공고일 현재 해당 정비구역에 거주하고 있는 세입자를 대상으로 하도록 하였다. ④ 그 이후 2018. 2. 9. 시행법은 법 제65조 제1항의 위임에 따라 영 제54조 제1항에서 **이주대책대상자**, 같은 조 제2항에서 **영업손실휴업기간**, 같은 조 제3항 및 제4항 **영업손실 및 주거이전비 보상대상자 인정시점**에 관해서 규정하고 있다.[412]

(다) 영 제54조 제4항에 따라 **주거이전비를 보상하는 경우 "정비구역의 지정을 위한 주민공람공고일로 본다."**는 규정과 「토지보상법 시행규칙」 제54조 제2항 본문에서는 세입자는 **"사업인정고시일등 당시 또는 공익사업을 위한 관계법령에 의한 고시 등이 있은 당시 당해 공익사업시행지구안에서 3월 이상 거주한 자(무허가건축물 세입자는 1년 이상 거주)"**이므로 결국은 정비사업의 시행으로 인하여 이주하게 되는 주거용 건축물의 세입자로서 **"정비구역의 지정을 위한 주민공람공고일 당시 당해 공익사업시행지구안에서 3월 이상 거주한 자(무허가건축물 세입자는 1년 이상 거주)"**에 대하여 주거이전비를

---

411) 대법원은 「토지보상법」 제78조 제5항, 같은 법 시행규칙 제54조 제2항 본문, 구 「도시정비법」(2008. 3. 28. 법률 제9047호로 개정되기 전의 것) 제4조 제1항, 제2항, 같은 법 시행령 제11조(정비구역의 지정을 위한 주민공람 등) 제1항의 각 규정 내용, 형식 및 입법 경위, 주거이전비는 당해 공익사업시행지구 안에 거주하는 세입자들의 조기이주를 장려하여 사업추진을 원활하게 하려는 정책적인 목적과 주거이전으로 인하여 특별한 어려움을 겪게 될 세입자를 대상으로 하는 사회보장적인 차원에서 지급하는 성격의 것인 점 등을 종합하면, 구 「도시정비법」상 주거용 건축물의 세입자에 대한 주거이전비의 보상은 정비계획이 외부에 공표됨으로써 주민 등이 정비사업이 시행될 예정임을 알 수 있게 된 때인 **정비계획에 관한 공람공고일 당시 해당 정비구역 안에서 3월 이상 거주한 자**를 대상으로 한다"고 판시하였다(대법원 2010. 11. 11. 선고 2010두5332 판결례 참조). 동 판례는 주거이전비에 대한 시행규칙 제9조의2 제2항(현행 영 제54조 4항)이 제정되기 전의 판례이므로 주거이전비 적용상 혼란의 시기에 나온 판례이다.

412) 법제처는, 영 제54조 제4항에서는 **주거이전비를 보상하는 경우 "정비구역의 지정을 위한 주민공람공고일로 본다"**고 규정하고 있는데, 허가건축물 세입자와 무허가건축물 세입자의 구분 및 각 세입자별 거주기간에 관계없이 공람공고일 현재 해당 정비구역에 거주하고 있으면 정비사업에 따른 주거이전비 지급대상이 되는지의 해석에서, 정비계획이 외부에 공표됨으로써 주민 등이 정비사업이 시행될 예정임을 알 수 있게 된 때인 **정비계획에 관한 공람공고일 당시 당해 정비구역 안에서 3월 이상(허가건축물 세입자의 경우)이나 1년 이상(무허가건축물 세입자의 경우) 거주한 자에게 주거이전비를 지급하는 것이 타당하다** 할 것이다. 「도시정비법」 제65조 제2항에서 같은 조 제1항에 따라 「토지보상법」을 준용함에 있어서 "사업시행인가의 고시"가 있은 때에는 「토지보상법」 제20조 제1항 및 제22조 제1항의 "사업인정 및 그 고시"가 있은 것으로 본다고 규정하고 있는 한편, 「토지보상법 시행규칙」 제54조 제2항에서는 사업인정고시일 당시 당해 공익사업시행지구 안에서 3월 이상 거주한 자(허가건축물 세입자)나 1년 이상 거주한 자(무허가건축물 세입자)에 대해서 주거이전비를 보상하여야 한다고 규정하고 있으나, **정비사업의 특성상 "정비구역의 지정에 관한 공람공고일"**을 주거이전비의 보상을 위한 기준 시점으로 하는 것이 타당하다고 보아, 이를 명시적으로 규정한 것이 영 제54조 제4항이다(법제처 법령해석, 안건번호 11-0191, 회신일자 2011. 6. 16.).

보상하여야 한다.

〈표 10〉 어려운 쟁점-주거이전비 보상대상자

> (4) 주거이전비 보상대상자
> 공익사업(정비사업)의 시행으로 인하여 이주하게 되는 주거이전비 보상대상자에 해당하는지의 여부에 대해서는 세입자에 대한 주거이전비의 보상은 「토지보상법 시행규칙」 제54조 제2항에 따라 적용하면 될 것이므로 의문의 여지가 없다. 「토지보상법 시행규칙」 제54조 제1항에 따른 주거용 건축물의 소유자에 대해서는 현금청산대상자로서 현금청산에 관한 협의가 성립되어 사업시행자에게 주거용 건축물의 소유권을 이전한 자이거나 현금청산에 관한 협의가 성립되지 않아 토지보상법에 따라 주거용 건축물이 수용된 자에 대하여는 토지보상법을 준용하여 주거이전비 및 이사비를 지급해야 하지만,[413] 그러나 도시환경정비사업에서 정비사업에 동의하여 분양신청을 함으로써 정비사업에 참여한 '**토지등소유자**'는 자신의 토지 또는 건축물을 정비사업에 제공하는 대신 정비사업의 시행으로 완공되는 건축물을 분양받고 종전에 소유하고 있던 토지 또는 건축물의 가격과 분양받은 토지 또는 건축물의 가격 사이에 차이가 있는 경우 이를 청산할 의무가 있는 사람으로서 **사업시행자에 준하는 지위를 가지고 있다고 할 것**이다. 따라서 이러한 **토지등소유자**에게는 공익사업법에 규정된 주거이전비 청구권이 발생하지 아니한다고 봄이 상당하다.[414]

라. 「토지보상법」상 사업인정 의제

(1) 사업시행자가 「도시정비법」에 따른 <u>사업시행계획인가 고시</u>(시장·군수등이 직접 정비사업을 시행하는 경우에는 법 제50조 제7항에 따른 사업시행계획서의 고시를 말한다)가 있은 때에는, 「토지보상법」을 준용함에 있어서 같은 법 제20조 제1항 및 제22조 제1항에 따른 <u>사업인정 및 그 고시가 있은 것으로 본다</u>(법 제65조 제2항). 이 조문에 의해 사업시행계획의 고시는 사업인정으로 의제되고 다음 단계의 수용재결이 가능해진다. 사업인정이 의제되는 공익사업에 대해서는 사업인정 전에 중앙토지수용위원회 및 사업인정 이해관계인의 의견을 들어야 한다(토지보상법 제21조 제2항).[415]

(2) 재개발사업은 분양신청을 하지 아니한 자에 대하여 사업에 반대하는 것으로 취급하고(법 제73조 제2항 및 영 제60조) <u>수용재결</u>이라는 처분을 수권하고 있으며, 이 <u>수용재결의 정당성</u>은 조합설립 또는 정관에서 오는 것이 아니라 <u>사업시행계획의 인가</u>라는 행정처분에 근거한다(법 제65조 제2항). 그러므로 수용재결의 위법을 다투는 행정소송에서 선행처분인 사업시행계획의 인가의 효력 유무는 선결문제에 해당하지만(하자승계), 조합설립인가의 무효는 쟁점이 될 수가 없다.[416]

마. 재결신청기간의 특례

수용 또는 사용에 대한 재결의 신청은 「토지보상법」 제23조 및 같은 법 제28조 제1항의 <u>사업인정고시가 된 날부터 1년 이내에 재결을 신청하도록</u> 하는 규정에도 불구하고, 사업시행계획인가(사업시행계

---

413) 대법원 2013. 1. 10. 선고 2011두19031 판결.
414) 대법원 2011. 11. 24. 선고 2009다28394 판결.
415) 김종보, 건설법(제6판), 512면.
416) 김종보, "재건축·재개발 비용분담론(費用分擔論)의 의의와 한계", 144면.

획변경인가를 포함한다)를 할 때 정한 <u>사업시행기간 이내</u>에 하여야 한다(법 제65조 제3항).

바. 현물보상에 대한 특례(분양조건부 수용조항)

대지 또는 건축물을 현물보상하는 경우에는 「토지보상법」 제42조(재결의 실효)에도 불구하고 법 제83조에 따른 정비사업의 <u>준공인가 이후</u>에도 할 수 있다(법 제65조 제4항).[417] 위의 「도시정비법」 제65조 제1항 및 제2항은 <u>재개발사업에 반대하는 **조합원**들에 대하여 <u>수용재결을 수권</u>하고 있는 조항인 반면, 제4항은 <u>현물로 보상하는</u> 조항이다. 동 조항은 후술하는 바와 같이 1971년 재개발사업제도가 한국에 도입된 이래 30년 가까이 존속하고 있는 <u>찬성**조합원**에 대한 분양조건부 수용조항이 변형된 것이다. 1976. 12. 31. 제정된 「도시재개발법」 제38조 제1항에 따르면 "사업시행자가 재개발구역안에서 그 사업을 위하여 필요한 토지·건축물 기타의 권리는 관리처분계획에서 정한 대지 또는 건축시설의 분양을 보상조건으로 이를 수용할 수 있다"고 규정하여, <u>찬성**조합원**에 대해 분양을 조건으로 수용을 할 수 있는 조항이 「도시재개발법」이 시행되는 기간 동안 계속 존속하고 있었지만, 실제 사용된 경우는 없었다</u>고 한다.[418]

4. 이주대책

가. 의의

(1) 정비사업에서 이주대책은 사업시행인가의 법적 효과이면서 사업시행자가 종전 건축물을 철거 및 종후 건축물의 착공을 위한 전제이고, **토지등소유자**에게 대체 주거지를 마련해주기 위해 「도시정비법」에서 <u>사업시행자의 의무</u>로 규정하고 있다(법 제52조 제1항 제3호 및 제4호). 이주대책은 원만한 사업진행을 위해 필수적인 것이며, 건축물의 착공을 위한 가장 중요한 단계이다. 건축물이 원활하게 비워지지 않는 한, 건축물의 철거 및 착공이 불가능한 것이기 때문이다.[419]

「도시정비법」 제52조 제1항에 따르면 사업시행자는 <u>임시거주시설을 포함한 주민이주대책</u>(제3호),[420] <u>세입자의 주거 및 이주대책(제4호)을</u>[421] 사업시행계획으로 세워야 한다. 그러나 법 제52조 제1항에서

---

417) 「토지보상법」 제42조(재결의 실효) ① 사업시행자가 수용 또는 사용의 개시일까지 관할 토지수용위원회가 재결한 보상금을 지급하거나 공탁하지 아니하였을 때에는 해당 토지수용위원회의 재결은 효력을 상실한다.
② 사업시행자는 제1항에 따라 재결의 효력이 상실됨으로 인하여 토지소유자 또는 관계인이 입은 손실을 보상하여야 한다.
③ 제2항에 따른 손실보상에 관하여는 제9조 제5항부터 제7항까지의 규정을 준용한다.
418) 김종보, 건설법(제5판), 522면.
419) 김종보, 건설법(제6판), 629면.
420) 주민이주대책이나 같은 조 같은 항 제4호의 주거 및 이주대책의 내용이 어떠한 것인지에 대하여 「도시정비법」이 명확히 밝히고 있지 않다. 다만 여기서 말하는 주민이란 주거용 건축물의 소유자를 말하는 것으로 보이고 <u>주민이주대책에는 주거용 건축물 소유자에게 이주비 대여를 알선하는 것을 포함하고</u>, 「토지보상법」에서 말하는 공익사업으로 인하여 생활근거를 상실하는 자에게 이주정착지를 건설하도록 조합에게 요구하는 것은 너무 과도한 것이라고 보기도 한다(김종보, 건설법(제6판), 635~636면).
421) 시장·군수등 또는 위탁지원자는 세입자의 주거 및 이주 대책 수립업무에 대하여 정비사업의 투명성 강화 및 효율성 제고를 위하여 시·<u>도조례</u>로 정하는 정비사업에 대하여 사업시행 과정을 지원(이하 "공공지원"이라 한다)할 수 있다(법

는 제3호에서 대상자를 "주민"으로 규정하여 이주대책대상자를 포괄적으로 정하고 있으나, 법 제61조에 비추어 보면 "주택의 소유자 또는 세입자"를 대상으로 한 것으로 보인다. 정비사업의 유형별, **조합원**인지 여부, 「토지보상법」과 「도시정비법」에 따라 이주대책이 다르므로, 「재개발·재건축표준정관」의 규정까지 검토되어야 할 필요가 있다.

(2) 「도시정비법」에서 이주대책에 대하여 정의하지 않으나, 「토지보상법」상 생활보상에 해당하는 이주대책 규정에서는, 정비사업의 시행으로 인하여 주거용 건축물을 제공함에 따라 생활의 근거를 상실하게 되는 **조합원** 내지 **토지등소유자**에 대하여 정비사업으로 이주하게 됨에 따라 공사기간 중 이주정착지를 조성하여 주택 또는 택지를 제공하거나 이에 갈음하여 이주정착금을 지급하는 것을 말한다 (토지보상법 제78조 제1항). 다만 「토지보상법」상 이주대책은 주로 댐건설, 산업단지조성사업 등 대규모 국책사업에서 발생한 이주민을 집단적으로 수용하기 위하여 발전된 제도이다. 이런 점에서 「토지보상법」상 이주대책은 정비사업 중 수용과 보상의 절차가 「토지보상법」에 의해 진행되는 재개발사업 등에만 적용되고, 재건축사업으로 주택이 철거되는 **조합원**은 사업을 시행하는 동안 자신의 부담으로 이주하여야 한다(재건축표준정관 제35조 제1항).

대법원도 "「도시정비법」상 재개발사업의 현금청산대상자로서 현금청산에 관한 협의가 성립되어 <u>사업시행자에게 주거용 건축물의 소유권을 이전하는 자</u>에 대하여는, 현금청산에 관한 협의가 성립되지 아니하여 「토지보상법」에 의하여 주거용 건축물이 수용되는 자와 마찬가지로 「토지보상법」을 준용하여 사업시행자가 <u>이주정착금, 주거이전비 및 이사비를 지급</u>하여야 한다고 봄이 상당하다."고 판시하여[422] 이를 뒷받침하고 있다.

나. 주거환경개선사업 및 재개발사업에 대한 이주대책

(1) 소유자 및 세입자에 대한 임시거주시설의 설치

사업시행자는 주거환경개선사업 및 재개발사업의 시행으로 **철거되는 주택의 소유자 또는 세입자**에게 해당 **정비구역 안과 밖에 위치한 임대주택 등의 시설에 임시로 거주**하게 하거나 **주택자금의 융자를 알선**하는 등 임시거주에 상응하는 조치를 하여야 한다(법 제61조 제1항). 사업시행자는 <u>임시거주시설의 설치</u> 등을 위하여 필요한 때에는 국가·지방자치단체, 그 밖의 공공단체 또는 개인의 시설이나 토지를 <u>일시 사용</u>할 수 있다(법 제61조 제2항). 국가 또는 지방자치단체는 <u>사업시행자로부터</u> <u>임시거주시설</u>에 필요한 건축물이나 토지의 <u>사용신청을 받은 때</u>에는 **대통령령**으로 정하는 사유[1. 법 제61조 제1항에 따른 임시거주시설의 설치를 위하여 필요한 건축물이나 토지에 대하여 <u>제3자와 이미 매매계약</u>을 체결한 경우, 2. <u>사용신청</u> <u>이전</u>에 임시거주시설의 설치를 위하여 필요한 건축물이나 토지에 대한 **사용계획이 확정**된 경우, 3. <u>제3자에게 이미 임시거주</u> 시설의 설치를 위하여 필요한 건축물이나 토지에 대한 **사용허가**를 <u>한 경우의 사유(영 제53조)</u>]가 없으면 <u>이를 거절하지</u>

제118조 제1항 제4호).
422) 대법원 2013. 1. 16. 선고 2012두34 판결.

못한다. 이 경우 사용료 또는 대부료는 면제한다(법 제61조 제3항). 사업시행자는 정비사업의 공사를 완료한 때에는 완료한 날부터 30일 이내에 임시거주시설을 철거하고, 사용한 건축물이나 토지를 원상회복하여야 한다(법 제61조 제4항). 시장·군수등은 시장·군수등이 아닌 사업시행자가 시행하는 정비사업의 정비계획에 따라 설치되는 임시거주시설에 대하여는 그 건설에 드는 비용의 전부 또는 일부를 부담할 수 있다(법 제92조 제2항).

「도시정비법」상의 임시거주시설은 주거용건축물의 소유자가 해당 정비구역 안에 새로운 주택이 건설되어 재정착하기 전까지의 주거불안을 고려한 것이다. 다만, 실무상으로는 정비구역 인근에 개발이익이 발생하여 임시거주시설 등을 설치할 부지를 확보할 수 없을 뿐더러, 철거를 전제로 임시거주시설을 설치한다는 것은 현실적으로 어렵다는 점에서, 임시거주시설 설치 조항은 현실성이 매우 떨어지는 규정이라 할 것이다. 그리고 「재개발·재건축표준정관」에서도 대부분 사업시행자가 주택자금을 융자·알선하는 것으로 임시거주시설의 설치에 갈음하고 있다.[423]

따라서 사업시행구역안의 거주자 중 사업시행으로 주택이 철거되는 **조합원**에게는 이주비 지원의 방법에 의할 것이고 이 경우 이주비를 지원받는 **조합원**은 사업시행구역안의 소유 토지 및 건축물을 담보로 제공하여야 한다(재개발표준정관 제35조 제2항). 분양신청을 하지 아니하는 등의 사유로 **조합원**의 지위에서 이탈하는 **토지등소유자**의 경우 손실보상 협의에 따라 이주정착금으로 이주대책에 갈음할 것이고(위 대법원 2012두34 판결 참고), 사업시행으로 철거되는 주택의 세입자는 해당 시·도**조례**에서 정하는 바에 따라 임대주택을 공급받거나, 「토지보상법 시행규칙」 제54조 제2항 및 제55조 제2항 규정의 기준에 해당하는 세입자에 대하여는 동 규칙이 정한 바에 따라 주거이전비를 지급받는다(재개발표준정관 제35조 제3항).

(2) 재개발사업으로 이주하는 상가세입자에 대한 임시상가 설치

재개발사업의 사업시행자는 사업시행으로 이주하는 상가세입자가 사용할 수 있도록 정비구역 또는 정비구역 인근에 임시상가를 설치할 수 있다(법 제61조 제5항).

(3) 손실보상

사업시행자는 공공단체(지방자치단체는 제외한다) 또는 개인의 시설이나 토지를 일시 사용함으로써 손실을 입은 자가 있는 경우에는 손실을 보상하여야 하며, 손실을 보상하는 경우에는 손실을 입은 자와 협의하여야 한다(법 제62조 제1항).

사업시행자 또는 손실을 입은 자는 손실보상에 관한 협의가 성립되지 아니하거나 협의할 수 없는 경우에는 「토지보상법」 제49조에 따라 설치되는 관할 토지수용위원회에 재결을 신청할 수 있다(법 제62조 제2항). 손실보상은 이 법에 규정된 사항을 제외하고는 「토지보상법」을 준용한다(법 제62조 제3항).

---

423) 김종보, 건설법(제6판), 636~637면.

다. 재건축사업의 조합원에 대한 이주비 지원

「도시정비법」제52조 제1항에 따른 이주대책은 정비사업 유형별 구분 없이 재개발·재건축사업 모두 이주대책을 수립하여야 할 것처럼 규정하고 있지만, 재건축사업은 원칙적으로 재개발사업과 다르게 「토지보상법」을 준용하지 못하므로,[424) 「토지보상법」제78조의 이주대책을 수립·실시하거나 이주정착금을 지급하는 의무를 부담하지 않는다.[425) 따라서 재건축사업은 사업에 동의한 자 스스로 이주하는 것을 원칙으로 한다(재건축표준정관 제35조 제1항). 그럼에도 불구하고 표준정관에서 사업시행자가 철거되는 조합원에 한해서 이주비의 지원을 알선하는 것이 현행 실무이며, 이를 이주대책이라 할 수 있다.[426) 세입자 또는 임시거주자 등이 있을 때에는 당해 조합원의 책임으로 함께 퇴거하도록 조치하도록 한다는 점에 주목할 필요가 있다(재건축표준정관 제35조 제4항), 전술한 대법원 2012다62561,62578 판결에서도 "재건축사업의 토지등소유자로 하여금 임차권자 등에 대한 보상을 임대차계약 등에 따라 스스로 해결하게 할 것을 전제로 한 것"이라 하면서 같은 취지로 판시한 바 있다.

라. 순환정비방식의 정비사업과 이주대책

(1) 순환정비방식은 정비사업의 시행으로 철거되는 주택의 소유자 또는 세입자에 대한 이주대책의 일환으로 시행되는 것으로,[427) 당초 1995. 12. 29. 「도시재개발법」의 개정(법률 제5116호, 시행 1996. 6. 30.)으로 순환정비사업은 합동재개발방식의 문제를 해결하기 위한 상대적 개념으로 미흡한 이주대책을 보완하고 철거민들의 주거보장을 위해 도입한 것이다. 순환정비사업은 사업시행자가 이미 가지고 있는 주택을 활용하거나 재개발구역 인근에 주택을 건립하여 재개발구역의 철거민을 부분적으로 이주시키고 그 주민들이 살던 불량주택지를 재개발한 후, 입주시키는 방법이라고 할 수 있다. 이렇게 순환정비방식은 재개발구역 내 순차적인 재개발사업으로 원주민 재정착을 유도하기 위해서 도입되었지만, 순차적인 사업시행보다는 현실적인 임시주거시설 마련의 의미가 강하며, 철거를 전제로 설치되는 가수

---

424) 대법원 2014. 7. 24. 선고 2012다62561,62578 판결 참조.
425) 김종보, 건설법(제6판), 629면.
426) 재건축표준정관 제35조에 따르면, 사업시행으로 주택이 철거되는 조합원은 사업을 시행하는 동안 자신의 부담으로 이주하여야 한다(동조 제1항). 조합은 이주비의 지원을 희망하는 조합원에게 조합이 직접 금융기관과 약정을 체결하거나, 시공자와 약정을 체결하여 지원하도록 알선할 수 있다. 이 경우 이주비를 지원받은 조합원은 사업시행구역안의 소유 토지 및 건축물을 담보로 제공하여야 한다(동조 제2항). 이주비를 지원받은 조합원 또는 그 권리를 승계한 조합원은 지원받은 이주비를 주택등에 입주시까지 시공자(또는 금융기관)에게 환불하여야 한다(동조 제3항). 조합원은 조합이 정하여 통지하는 이주기한 내에 당해 건축물에서 퇴거하여야 하며, 세입자 또는 임시거주자 등이 있을 때에는 당해 조합원의 책임으로 함께 퇴거하도록 조치하여야 한다(동조 제4항). 조합원은 본인 또는 세입자 등이 당해 건축물에서 퇴거하지 아니하여 기존 주택 등의 철거 등 사업시행에 지장을 초래하는 때에는 그에 따라 발생되는 모든 손해에 대하여 변상할 책임을 진다(동조 제5항). 조합원이 변상할 손해금액과 징수방법 등은 대의원회에서 정하여 총회의 승인을 얻어 당해 조합원에게 부과하며, 이를 기한 내에 납부하지 아니한 때에는 당해 조합원의 권리물건을 환가처분하여 그 금액으로 충당할 수 있다(동조 제6항). 동 조항의 취지는 소수 조합원의 의무불이행으로 사업지연 등 다수 조합원의 피해를 초래한 경우에는 변상책임이 있음을 미리 모든 조합원이 숙지토록 하여 분쟁을 예방하고 사업수행의 원활을 기하기 위한 것이다.
427) 국토교통용어사전, http://www.molit.go.kr/USR/dictionary/m_65/lst.jsp?ID_ONE=7055

용 방식과는 구분된다.

순환정비사업은 재개발사업의 초기에 사업시행자가 마련한 이주단지로 주민을 이주시킴으로써 이주비 절감 및 세입자 이주문제 완화에 기여하였으며, 세입자 또한 이주단지 입주가 가능하여 합동재개발사업의 문제점인 주거생활안정 및 세입자 문제를 완화하는 데 장점이 있다. 이러한 장점에 따라 당시 대한주택공사에서는 1990년 인천 송현지구에서 처음으로 순환정비방식을 적용한 바 있으며, 1991년에 상계5-2구역, 1998년에는 신림 2-1구역을, 2000년에는 신림 1구역 등을 순환정비사업으로 시행하였다. 최근에는 성남 구시가지 정비사업에 순환정비방식을 활용하여 사업이 추진 중에 있으나, 아직까지 민간부문에서는 순환용 주택의 확보가 어려운 관계로 시행된 사업이 전무한 것이 현실이라고 한다.[428]

(2) 순환정비방식은 정비구역의 안과 밖에 새로 건설한 주택 또는 이미 건설되어 있는 주택에 대하여 그 정비사업의 시행으로 철거되는 주택의 소유자 또는 세입자(정비구역에서 실제 거주하는 자로 한정한다)를 임시로 거주하게 하는 등 그 정비구역을 순차적으로 정비하는 방식이며 사업시행자는 이러한 순환정비방식으로 주택의 소유자 또는 세입자의 이주대책을 수립하여야 한다(법 제59조 제1항).

(3) 순환정비방식으로 정비사업을 시행하는 경우에 임시로 거주하는 주택을 **순환용주택**이라 하는데, 사업시행자는「주택법」제54조에 따른 주택의 공급에도 불구하고 순환용주택을 법 제61조에 따른 **임시거주시설로 사용하거나 임대**할 수 있으며, **대통령령**으로[429] 정하는 방법과 절차에 따라 토지주택공사등이 보유한 공공임대주택을 순환용주택으로 우선 공급할 것을 요청할 수 있다(법 제59조 제2항).

(4) 사업시행자는 순환용주택에 거주하는 자가 정비사업이 완료된 후에도 순환용주택에 계속 거주

---

428) 강우원·장재영, "순환정비사업에 있어 순환용주택 입주민의 인식 및 만족도 연구-경기도 도촌지구 사례를 중심으로", 한국도시설계학회지 도시설계 제12권 제4호, 2011. 8. 23~24면.

429) 영 제51조(순환용주택의 우선공급 요청 등) ① 사업시행자는 법 제59조 제2항에 따라 법 제74조에 따른 관리처분계획의 인가를 신청한 후 다음 각 호 1. 사업시행계획인가 고시문 사본, 2. 관리처분계획의 인가 신청서 사본, 3. 정비구역 내 이주대상 세대수, 4. 법 제59조 제1항에 따른 주택의 소유자 또는 세입자로서 순환용주택 이주 희망 대상자, 5. 이주시기 및 사용기간, 6. 그 밖에 토지주택공사등이 필요하다고 인정하는 사항의 서류를 첨부하여 토지주택공사등에 토지주택공사등이 보유한 공공임대주택을 법 제59조 제2항에 따른 순환용주택으로 우선 공급할 것을 요청할 수 있다.
② 토지주택공사등은 제1항에 따라 사업시행자로부터 공공임대주택의 공급 요청을 받은 경우에는 그 요청을 받은 날부터 30일 이내에 사업시행자에게 다음 각 호의 내용을 통지하여야 한다.
  1. 해당 정비구역 인근에서 공급 가능한 공공임대주택의 주택 수, 주택 규모 및 공급가능 시기
  2. 임대보증금 등 공급계약에 관한 사항
  3. 그 밖에 토지주택공사등이 필요하다고 인정하는 사항
③ 제2항 제1호에 따른 공급 가능한 주택 수는 제1항에 따라 요청을 한 날 당시 공급 예정인 물량의 2분의 1 범위로 한다. 다만, 주변 지역에 전세가격 급등 등의 우려가 있어 순환용주택의 확대 공급이 필요한 경우 2분의 1을 초과할 수 있다.
④ 토지주택공사등은 세대주로서 해당 세대 월평균 소득이 전년도 도시근로자 월평균 소득의 70% 이하인 거주자(제1항에 따른 요청을 한 날 당시 해당 정비구역에 2년 이상 거주한 사람에 한정한다)에게 순환용주택을 공급하되, 다음 각 호의 순위에 따라 공급하여야 한다. 이 경우 같은 순위에서 경쟁이 있는 경우 월평균 소득이 낮은 사람에게 우선 공급한다.
  1. 1순위: 정비사업의 시행으로 철거되는 주택의 세입자(정비구역에서 실제 거주하는 자로 한정한다)로서 주택을 소유하지 아니한 사람
  2. 2순위: 정비사업의 시행으로 철거되는 주택의 소유자(정비구역에서 실제 거주하는 자로 한정한다)로서 그 주택 외에는 주택을 소유하지 아니한 사람
⑤ 제1항부터 제4항까지의 규정에서 정한 사항 외에 공급계약의 체결, 순환용주택의 반환 등 순환용주택의 공급에 필요한 세부사항은 토지주택공사등이 따로 정할 수 있다.

하기를 희망하는 때에는 **대통령령**으로 정하는 바에 따라 <u>분양하거나 계속 임대</u>할 수 있다. 이 경우 사업시행자가 소유하는 순환용주택은 법 제74조에 따라 인가받은 관리처분계획에 따라 **토지등소유자**에게 처분된 것으로 본다(법 제59조 제3항).

5. 주택을 착공할 수 있는 지위

가. 의의

사업시행계획인가는 「<u>건축법</u>」 <u>제11조의 건축허가</u> 내지는 「<u>주택법</u>」 <u>제15조에 따른 사업계획의 승인</u>으로 보며 인·허가가 의제된다. 즉 사업시행계획이 시장·군수등에 의하여 인가·고시되면 그 법적효력이 발생하고, 그 효력 중에 가장 중요한 것이 바로 <u>공사에 착공할 수 있는 법적 지위가 부여된다는</u> 점이다.[430] 그러면서 사업시행자는 <u>사업시행계획서의 내용대로 건설할 의무</u>를 부담한다. 그러나 한편으로는 「도시정비법」은 관리처분계획인가라는 권리배분절차를 거치지 못하는 경우 정비사업의 착공은 의미가 없다는 점에서 <u>관리처분계획인가의 법적 효과</u>로 볼 수도 있다.

나. 착공신고 및 시공보증

조합이 정비사업의 시행을 위하여 <u>시장·군수등 또는 토지주택공사등이 아닌 자를 시공자로 선정</u>(법 제25조에 따른 공동사업시행자가 시공하는 경우를 포함한다)한 경우, 그 시공자는 공사의 <u>시공보증</u>(시공자가 공사의 계약상 의무를 이행하지 못하거나 의무이행을 하지 아니할 경우 보증기관에서 시공자를 대신하여 계약이행의무를 부담하거나 총 공사금액의 100분의 50 이하 총 공사금액의 100분의 30 이상의 범위에서 사업시행자가 정하는 금액을 납부할 것을 보증하는 것을 말한다)을 위하여 국토교통부령으로 정하는 기관의 <u>시공보증서를 조합에 제출하여야 한다</u>(법 제82조 제1항). <u>시장·군수등</u>은 「건축법」 제21조에 따른 <u>착공신고를 받는 경우에는 <u>시공보증서의 제출 여부를 확인하여야 한다</u>(법 제82조 제2항 및 영 제73조).

사업시행계획인가를 받지 아니하고 정비사업을 시행한 자와 같은 사업시행계획서를 위반하여 건축물을 건축한 자에게는 2년 이하의 징역 또는 2천만원 이하의 벌금에 처하도록 하여 사업시행계획인가는 건축물을 건축할 수 있는 지위를 의미한다(법 제137조 제7호의 반대해석).

다. 임대주택의 건설 의무[431]

사업시행계획인가의 법적 효과의 하나로, 사업시행자는 <u>정비계획의 입안권자가 주택의 수급안정과</u> <u>저소득 주민들의 입주 기회를 확보하기 위하여</u> 정비사업으로 건설하는 주택에 대하여 법 제10조 제1항

---

430) 그래서 김종보 교수는 제5판에 이어 제6판에서도 사업시행인가의 효과로 설명한다(김종보, 건설법(제6판), 518면).
431) 2025 서울특별시 도시·주거환경정비기본계획 278면.

에 따른 범위에서 국토교통부장관이 정하여 고시하는 임대주택 및 주택규모별 건설비율 등을 정비계획에 반영하여야 하고(법 제10조 제1항), 이와 같이 고시된 내용에 따라 사업시행자는 주택을 건설하여야 한다.

특히, 임대주택의 건설은 기본계획(법 제5조 제1항 제12호에 따른 세입자에 대한 주거안정대책) 및 정비계획의 내용(법 제9조 제1항 제8호에 따른 세입자 주거대책)으로 포함하여야 함은 물론, 사업시행계획서에 법 제10조에 따른 임대주택의 건설계획을 포함하여 작성하고, 이를 인가 받아야 할 사항으로 정하고 있으며(법 제52조 제1항 제6호), 「도시정비법」에서 저소득 주민들에 대한 주거안정이라는 정책적 배려가 법률의 취지이다. 국토교통부장관, 시·도지사, 시장, 군수, 구청장 또는 토지주택공사등은 조합이 요청하는 경우 재개발사업의 시행으로 건설된 임대주택을 인수하여야 한다(법 제79조 제5항 전단).

임대주택 및 주택규모별 건설비율은 "제2장 기본계획의 수립 및 정비구역의 지정, 제3절 정비계획의 수립 및 정비구역의 지정"에서 설명하였다.

라. 재건축사업 등의 용적률 완화 및 소형주택의 의무건설비율·공급

(1) 입법 취지

사업시행자는 사업시행인가의 법적 효과로 법 제52조 제1항 제7호에 따른 사업시행계획서상의 법 제54조 제4항에 따른 소형주택의 건설계획을 초과용적률의 일정 비율에 해당하는 면적에 주거전용면적 60㎡ 이하의 소형주택을 건설해야 할 의무를 부담한다.

「국토계획법」 제78조 제1항·제2항, 영 제85조 제1항, 시·도 및 시·군조례로 제한되어 있는 용적률을 법정상한용적률이라 하되, 주거전용면적 60㎡(약 18평) 이하의 소형주택을 건설할 경우에는 시·도조례에서 정하고 있는 범위내에서 정한 정비계획상의 용적률을 초과하여 법적상한용적률까지 건축할 수 있도록 완화함으로써 소형주택공급을 늘리고, 정비사업을 활성화시킬 수 있는 방안으로 아래에서 정하고 있다.

(2) 재건축사업 등의 용적률 완화

(가) 사업시행자는 다음 각 호 1. 과밀억제권역(수도권정비계획법 제6조 제1항 제1호) 중 주거지역으로 한정에서 시행하는 재개발사업 및 재건축사업, 2. 제1호 외의 경우 시·도조례로 정하는 지역에서 시행하는 재개발사업 및 재건축사업의 어느 하나에 해당하는 정비사업(도시재정비특별법 제2조 제1호에 따른 재정비촉진지구에서 시행되는 재개발사업 및 재건축사업은 도시재정비특별법의 특례에 의하여 완화되기 때문에 법 제54조에 의한 완화가 필요가 없어 제외한다)을 시행하는 경우 정비계획(이 법에 따라 정비계획으로 의제되는 계획을 포함한다)으로 정하여진 용적률에도 불구하고 지방도시계획위원회의 심의를 거쳐 「국토계획법」 제78조 및 관계 법률에 따른 용적률의 상한(이하 이 조에서 '법적

상한용적률'이라 한다)까지 건축할 수 있다(법 제54조 제1항).

(나) 사업시행자가 정비계획으로 정하여진 용적률을 초과하여 건축하려는 경우에는 「국토계획법」 제78조에 따라 시·도 및 시·군의 **조례**로 정한 용적률 제한 및 정비계획으로 정한 허용세대수의 제한을 받지 아니한다(법 제54조 제2항). 허용세대수 제한은 인구의 과도한 증가를 방지하기 위하여 용적률 이외에 정비계획을 제한할 수 있기 때문이다.

(다) 법 제54조 제1항의 관계 법률에 따른 용적률의 상한은 다음 각 호 1. 「국토계획법」 제76조에 따른 건축물의 층수제한, 2. 「건축법」 제60조에 따른 높이제한, 3. 「건축법」 제61조에 따른 일조 등의 확보를 위한 건축물의 높이제한, 4. 「공항시설법」 제34조에 따른 장애물 제한표면구역 내 건축물의 높이제한, 5. 「군사기지 및 군사시설 보호법」 제10조에 따른 비행안전구역 내 건축물의 높이제한, 6. 「문화재보호법」 제13조에 따른 건설공사 시 문화재 보호를 위한 건축제한, 7. 그 밖에 시장·군수등이 건축 관계 법률의 건축제한으로 용적률의 완화가 불가능하다고 근거를 제시하고, 지방도시계획위원회 또는 「건축법」 제4조에 따라 시·도에 두는 건축위원회가 심의를 거쳐 용적률 완화가 불가능하다고 인정한 경우의 어느 하나에 해당하여 건축행위가 제한되는 경우 건축이 가능한 용적률을 말한다(법 제54조 제3항). 법 제54조 제1항 및 제2항에 따라 용적률이 완화되더라도 위 제3항의 각 호에 따른 제한을 다시 적용하면 제한을 받는 원상태로 돌아 올 수 있어 법적상한용적률까지 인정되지 않을 가능성이 높다.[432] 제1항 및 제2항은 용적률 완화이지만 제3항은 제한 규정이기 때문이다.

(3) 초과용적률에 대한 소형주택 의무건설비율

초과용적률이란 사업시행자는 법적상한용적률에서 정비계획으로 정하여진 용적률을 뺀 용적률을 말한다. 초과용적률 전체에 대하여 소형주택을 건설하는 것이 아니라 시·도**조례**로 정하는 비율만큼만 소형주택을 건설하고 나머지 비율에 대해서는 중대형주택을 건설할 수 있다. 다음 각 호 1. 과밀억제권역에서 시행하는 재건축사업은 초과용적률의 100분의 30 이상 100분의 50 이하로서 시·도**조례**로 정하는 비율, 2. 과밀억제권역에서 시행하는 재개발사업은 초과용적률의 100분의 50 이상 100분의 75 이하로서 시·도**조례**로 정하는 비율, 3. 과밀억제권역 외의 지역에서 시행하는 재건축사업은 초과용적률의 100분의 50 이하로서 시·도**조례**로 정하는 비율, 4. 과밀억제권역 외의 지역에서 시행하는 재개발사업은 초과용적률의 100분의 75 이하로서 시·도**조례**로 정하는 비율에 해당하는 면적에 주거전용면적 60㎡ 이하의 소형주택 건설의무가 있다(법 제54조 제4항 본문).

과밀억제권역 재건축(30/100분~50/100)＜과밀억제권역밖 재건축(50/100)＜과밀억제권역 재개발(50/100분~75/100)＜과밀억제권역밖 재개발(75/100)의 순서로, 과밀억제권역보다 밖에서, 재건축보다 재개발사업에서 소형주택을 더 많이 건축하라는 취지이다.

다만, 천재지변, 「재난기본법」 제27조 또는 「시설물의 안전 및 유지관리에 관한 특별법」 제23조에

---

432) 김조영, 재건축재개발 등 정비사업 법령해설집, 170면.

따른 사용제한·사용금지, 그 밖의 불가피한 사유로 긴급하게 정비사업을 시행하는 경우(법 제26조 제1항 제1호 및 제27조 제1항 제1호)는 소형주택 의무건설비율을 제외한다(법 제54조 제4항 단서).

(4) 소형주택의 공급 및 인수

사업시행자는 건설한 소형주택을 **국토교통부장관, 시·도지사, 시장·군수·구청장 또는 토지주택공사 등**(이하 이 조에서 "인수자"라 한다)**에 공급하여야 한다**(법 제55조 제1항).

소형주택의 공급가격은 「공공주택 특별법」 제50조의4에 따라 국토교통부장관이 고시하는 공공건설 임대주택의 표준건축비로 하며, 부속 토지는 인수자에게 기부채납한 것으로 본다(법 제55조 제2항).

사업시행자는 정비계획상 용적률을 초과하여 건축하려는 경우에는 사업시행계획인가를 신청하기 전에 미리 소형주택에 관한 사항을 인수자와 협의하여 사업시행계획서에 반영하여야 한다(법 제55조 제3항).

소형주택의 인수를 위한 절차와 방법 등에 필요한 사항은 **대통령령**으로 정할 수 있으며, 인수된 소형주택은 **대통령령**으로 정하는 장기공공임대주택으로 활용하여야 한다. 다만, **토지등소유자**의 부담 완화 등 **대통령령**으로 정하는 요건에 해당하는 경우에는 인수된 소형주택을 장기공공임대주택이 아닌 임대주택으로 활용할 수 있다(법 제55조 제4항).

사업시행자는 법 제54조 제4항에 따라 건설한 소형주택 중 법 제55조 제1항에 따른 인수자에게 공급하여야 하는 소형주택을 공개추첨의 방법으로 선정하여야 하며, 그 선정결과를 지체 없이 같은 항에 따른 인수자에게 통보하여야 한다(영 제48조 제1항).

사업시행자가 영 제48조 제1항에 따라 선정된 소형주택을 공급하는 경우에는 시·도지사, 시장·군수·구청장 순으로 우선하여 인수할 수 있다. 다만, 시·도지사 및 시장·군수·구청장이 소형주택을 인수할 수 없는 경우에는 시·도지사는 국토교통부장관에게 인수자 지정을 요청하여야 한다(영 제48조 제2항). 국토교통부장관은 영 제48조 제2항 단서에 따라 시·도지사로부터 인수자 지정 요청이 있는 경우에는 30일 이내에 인수자를 지정하여 시·도지사에게 통보하여야 하며, 시·도지사는 지체 없이 이를 시장·군수·구청장에게 보내어 그 인수자와 소형주택의 공급에 관하여 협의하도록 하여야 한다(영 제48조 제3항).

법 제55조제4항 본문에서 "**대통령령**으로 정하는 장기공공임대주택"이란 공공임대주택으로서 「공공주택 특별법」 제50조의2 제1항에 따른 임대의무기간(이하 "임대의무기간"이라 한다)이 20년 이상인 것을 말한다(영 제48조 제4항).

법 제55조 제4항 단서에서 "**토지등소유자**의 부담 완화 등 **대통령령**으로 정하는 요건에 해당하는 경우"란 다음 각 호 1. 가목의 가액(가. 정비사업 후 대지 및 건축물의 총 가액에서 총사업비를 제외한 가액)을 나목의 가액(나. 정비사업 전 토지 및 건축물의 총 가액)으로 나눈 값이 100분의 80 미만인 경우. 이 경우 가목 및 나목의 가액은 사업시행계획인가 고시일을 기준으로 하여 산정하되 구체적인 산정방법은 국토교통부장관이 정하여 고시한다. 2. 시·도지사가 정비구역의 입지, **토지등소유자**의 조합설립 동의율, 정비사업비의 증가규모, 사업기간 등을 고려하여 **토지등소유자**의 부담이 지나치게 높다고 인정하는 경우의 어느 하나에 해당하는 경우를 말한다(영 제48조 제5항).

법 제55조 제4항 단서에 따른 <u>임대주택의 인수자</u>는 <u>임대의무기간</u>에 따라 감정평가액의 100분의 50 이하의 범위에서 대통령령으로 정하는 가격으로 부속 토지를 인수하여야 한다(법 제55조 제5항). 법 제55조 제5항에서 "대통령령으로 정하는 가격"이란 다음 각 호 1. 임대의무기간이 <u>10년 이상인 경우</u>: 감정평가액(시장·군수등이 지정하는 둘 이상의 감정평가업자가 평가한 금액을 산술평균한 금액을 말한다)의 100분의 30에 해당하는 가격, 2. <u>임대의무기간이 10년 미만인 경우</u>: 감정평가액의 100분의 50에 해당하는 가격의 구분에 따른 가격을 말한다(영 제48조 제6항).

6. 권리배분단계의 개시

정비사업은 조합원의 출자 재산에 대한 권리배분이라는 절차를 거친 후 철거와 시공이라는 절차로 이어진다. <u>사업시행계획인가의 고시가 있는 날</u>(사업시행계획인가 이후 시공자를 선정한 경우에는 시공자와 계약을 체결한 날)부터 120일 이내에, 분양대상자별 종전의 토지 또는 건축물의 명세 및 사업시행계획인가의 고시가 있는 날을 기준으로 한 가격, 분양대상자별 분담금의 추산액 등을 토지등소유자에게 통지하고, 이를 해당 지역에서 발간되는 일간신문에 공고한 후 고시한 날로부터 30일 이상 60일 이내로 토지등소유자의 분양신청을 받게 되며(법 제72조 제1항 및 제2항), 이를 기초로 관리처분계획이 작성된다. 이러한 관리처분계획은 사업시행의 단계 중 건축물의 철거 이전에 인가를 받아야 하는 것으로 규정하고 있다(법 제74조).

7. 정비기반시설의 설치

가. 정비기반시설의 설치·비용부담 의무자

(1) "정비기반시설"이란 도로·상하수도·공원·공용주차장·공동구(국토계획법 제2조 제9호), 그 밖에 주민의 생활에 필요한 열·가스 등의 공급시설로서 대통령령으로 정하는 시설을[433] 말한다(법 제2조 제4호). 정비기반시설은 「도시정비법」에서 정의된 개념이지만, 「국토계획법」상의 <u>기반시설·도시계획시설·공공시설</u>과 연계된 개념으로 「국토계획법」에서는 이들의 개념을 정의하고 있으며, 정비기반시설을 포함한 이들 모두는 다양한 형태의 <u>공적시설</u>이라 할 수 있다.

(2) 사업시행계획인가의 법적 효과로서, <u>사업시행자</u>는 사업시행인가를 받은 후 관할 지방자치단체의 장과의 협의를 거쳐 정비구역에 사업시행계획서상의 정비기반시설 설치계획(법 제52조 제1항 제2호)에 따른 <u>정비기반시설</u>(주거환경개선사업의 경우에는 공동이용시설을 포함한다)을 설치하는 의무를 부

---

433) 영 제3조(정비기반시설) 법 제2조 제4호에서 "대통령령으로 정하는 시설"이란 다음 각 호 1. 녹지, 2. 하천, 3. 공공공지, 4. 광장, 5. 소방용수시설, 6. 비상대피시설, 7. 가스공급시설, 8. 지역난방시설, 9. 주거환경개선사업을 위하여 지정·고시된 정비구역에 설치하는 공동이용시설로서 법 제52조에 따른 사업시행계획서에 해당 특별자치시장·특별자치도지사·시장·군수 또는 자치구의 구청장이 관리하는 것으로 포함된 시설을 말한다.

담한다(법 제96조). 정비기반시설에 대한 소유권은 시장·군수등이 <u>사업시행계획을 인가</u>하면서 사업시행자가 제출하는 <u>사업시행계획서</u>를 보고 **기부채납**을 요구하거나(법 제51조 제1항), 사업시행자가 사업시행계획서대로 정비기반시설을 설치 후 <u>무상귀속 및 양도규정</u>에 따라 국가 또는 지방자치단체에 소유권이 무상으로 귀속되거나 사업시행자에게 양도 될 것이다.

이 밖에도 <u>정비사업비</u>는 이 법 또는 다른 법령에 특별한 규정이 있는 경우를 제외하고는 **사업시행자 부담이 원칙**이지만(법 제92조 제1항), **시장·군수등**은 시장·군수등이 아닌 사업시행자가 시행하는 정비사업의 정비계획에 따라 설치되는 도시·군계획시설 중 **대통령령**으로 정하는 주요 정비기반시설 및 공동이용시설[1. 도로, 2. 상·하수도, 3. 공원, 4. 공용주차장, 5. 공동구, 6. 녹지, 7. 하천, 8. 공공공지, 9. 광장(영 제77조)]에 대하여는 그 건설에 드는 **비용의 전부 또는 일부를 부담**할 수 있다(법 제92조 제2항).

나. 정비기반시설의 기부채납에 의한 설치

시장·군수등은 <u>사업시행계획을 인가하는 경우</u> 사업시행자가 제출하는 <u>사업시행계획에 해당 정비사업과 직접적으로 관련이 없거나 과도한 정비기반시설의 기부채납을 요구할 수 없도록</u>(법 제51조 제1항) <u>부당결부금지원칙과 비례원칙</u>이 적용됨을 명시하고 있다.[434] 이는 사업시행자의 불이익을 최소화하는 취지에서 기부채납을 제한하는 제도이기도 하다.[435] 그리고 동 규정을 반대해석하면, 정비사업과 관련 있는 정비기반시설은 행정청이 사업시행인가를 하면서 기부채납부담(負擔)을 요구할 수 있는 근거 규정으로 이해될 수 있다.

국토교통부장관은 정비기반시설의 <u>기부채납</u>과 관련하여 다음 각 호 1. 정비기반시설의 기부채납 부담의 원칙 및 수준, 2. 정비기반시설의 설치기준 등의 사항이 포함된 <u>운영기준</u>을 작성하여 고시할 수 있다(법 제51조 제2항). 그러나 아직까지 고시된 위임기준이 공표된 바 없다. 그리고 시장·군수등은 운영기준의 범위에서 지역여건 또는 사업의 특성 등을 고려하여 따로 기준을 정할 수 있으며, 이 경우 사전에 국토교통부장관에게 보고하여야 한다(법 제51조 제3항).[436]

다. 정비기반시설 소유권의 무상귀속 및 양도

(1) 공공사업시행자

<u>시장·군수등 또는 토지주택공사등</u>이 정비사업의 시행으로 새로 정비기반시설을 설치하거나 기존의

---

434) 선정원, "기부채납의 부담에 대한 독일과 미국의 사법적 통제의 비교와 그의 시사점", 행정법연구 제50호, 2017, 17면.
435) 기부채납의 정의는 "국가·지방자치단체 외의 자가 국유재산 또는 공유재산의 소유권을 무상으로 국가에 이전하여 국가가 이를 취득하는 것"이라 규정하고 있다(국유재산법 제2조 제2호 등). 따라서 기부채납이란 국가 또는 지방자치단체가 무상으로 재산을 받아들이는 것을 말한다. 이 경우 기부(寄附)는 「민법」상의 증여와 같은 것이며, 채납(採納)은 승낙에 해당된다.
436) 사견으로는 상기 운영기준의 작성이 없다는 점, 개발행위허가·주택건설사업의 승인·건축허가 등 수익적 행정처분과 달리 정비사업은 공익성이 강하다는 점, 법 제97조 제1항 및 제2항에 따른 정비기반시설의 무상귀속 및 양도 규정이 있는 한, 동 규정의 적용은 많지 않을 것으로 보인다.

정비기반시설을 대체하는 정비기반시설을 설치한 경우에는 「국유재산법」 및 「공유재산법」에도 불구하고 종래의 정비기반시설은 사업시행자에게 무상으로 귀속되고, 새로 설치된 정비기반시설은 그 시설을 관리할 국가 또는 지방자치단체에 무상으로 귀속된다(법 제97조 제1항).

(2) 민간사업시행자

(가) 강행규정성

시장·군수등 또는 토지주택공사등이 아닌 사업시행자가 정비사업의 시행으로 새로 설치한 정비기반시설은 그 시설을 관리할 국가 또는 지방자치단체에 무상으로 귀속되고(이하 '**전단규정**'이라 한다), 정비사업의 시행으로 용도가 폐지되는 국가 또는 지방자치단체 소유의 정비기반시설은 사업시행자가 새로 설치한 정비기반시설의 설치비용에 상당하는 범위에서 그에게 무상으로 양도된다(이하 '**후단규정**'이라 한다)(법 제97조 제2항).

전단 규정인 민간사업시행자가 정비사업의 시행으로 새로이 설치한 정비기반시설을 국가 또는 지방자치단체에 무상으로 귀속하도록 규정한 이유는 정비사업과정에서 필수적으로 요구되는 도로 등 기반시설의 원활한 확보와 그 시설의 효율적인 유지·관리를 통하여 쾌적한 주거환경을 조성하기 위하여 사업지구 안의 기반시설을 사업시행자가 확보하도록 하되, 정비기반시설의 공공성 등을 고려하여 이를 국가 또는 지방자치단체에 귀속시켜 관리하도록 하고자 하는데 그 취지가 있다고 할 것인데, 즉 사업시행자의 재산권을 박탈·제한함에 그 본질이 있는 것이 아니라, 사업지구 안에서 공공시설 등의 소유관계를 정함으로써 사업시행자의 지위를 장래에 향하여 획일적으로 확정하고자 하는 **강행규정**이다.

후단 규정의 입법 취지는 민간사업시행자에 의하여 새로 설치된 정비기반시설이 전단 규정에 따라 관리청에 무상으로 귀속됨으로 인하여 야기되는 사업시행자의 재산상 손실을 고려하여, 그 사업시행자가 새로 설치한 정비기반시설의 설치비용에 상당하는 범위 안에서 정비사업의 시행으로 용도가 폐지되는 국가 또는 지방자치단체 소유의 정비기반시설을 그 사업시행자에게 무상으로 양도하도록 하여, 위와 같은 재산상의 손실을 합리적인 범위 안에서 보전해 주고자 하는 데 그 입법 취지가 있다. 그리고 후단의 동 규정은 「국토계획법」 제65조 제2항이 임의규정인 것과 달리, 민간사업시행자에 의하여 새로 설치될 정비기반시설의 설치비용에 상당하는 범위 안에서 용도폐지 될 정비기반시설의 무상양도를 강제하는 **강행규정**[437]이다. [438]

---

437) 대법원 2007. 7. 12. 선고 2007두6663판결.
438) 법제처 법령해석 사례, 국토해양부 - 정비사업의 시행으로 용도가 폐지되는 국가 또는 지방자치단체 소유의 정비기반시설의 평가금액이 시장·군수 또는 주택공사등이 아닌 사업시행자가 새로이 설치한 정비기반시설의 설치비용을 초과하는 경우, 해당 행정청은 사업시행자에게 용도가 폐지되는 정비기반시설 전부를 무상으로 양도하여야 하는지(「도시정비법」 제65조 등 관련), 안건번호 11-0643, 회신일자 2011. 12. 8.

개념 구분	법적 근거	적용 대상	비고
무상귀속	「국토계획법」 제65조 제1항	행정청인 사업시행자에 대한 종래 공공시설의 무상귀속	강행규정
	「도시정비법」 제97조 제1항	행정청인 사업시행자에 대한 종래 정비기반시설의 무상귀속	강행규정
무상양도	**「국토계획법」 제65조 제2항**	행정청이 아닌 사업시행자에 대한 종래 공공시설의 무상양도	**임의규정**
	「도시정비법」 제97조 제2항	행정청이 아닌 사업시행자에 대한 폐지되는 정비기반시설의 무상양도	강행규정

(나) 법제처 법령해석

① 시장·군수 또는 주택공사 등이 **아닌 사업시행자**가 정비구역 밖의 「국토계획법」에 따른 도시계획시설인 진입도로에 대하여 **도시계획시설사업 시행자 지정**을 받아 개선공사에 착공한 후, 해당 도로가 **정비구역에 포함되는 내용의 사업시행계획변경인가를 받아 정비사업을 완료**한 경우, 해당 도로가 「도시정비법」 제97조(구 제65조) 제2항의 "정비사업의 시행으로 새로이 설치한 정비기반시설"에 해당되는지에 대한 해석에서, 시장·군수 또는 주택공사 등이 아닌 사업시행자가 정비구역 밖의 「국토계획법」에 따른 도시계획시설인 진입도로에 대하여 도시계획시설사업 시행자 지정을 받아 개선공사에 착공한 후, 해당 도로가 정비구역에 포함되는 내용의 사업시행계획변경인가를 받아 정비사업을 완료한 경우, 해당 도로는 「도시정비법」 제97조 제2항의 "정비사업의 시행으로 새로이 설치한 정비기반시설"에 해당된다.[439]

② 법 제97조 제2항에서는 정비사업의 시행으로 인하여 **용도가 폐지되는** 국가 또는 지방자치단체 소유의 **정비기반시설**은 시장·군수 또는 주택공사등이 아닌 사업시행자가 **새로이 설치한 정비기반시설의 설치비용에 상당하는 범위 안에서 사업시행자에게 무상으로 양도**된다고 규정하고 있는 바(전단규정), 정비사업의 시행으로 **용도가 폐지되는 국가 또는 지방자치단체 소유의 정비기반시설의 평가금액**(후단규정)이 **시장·군수 또는 주택공사등이 아닌 사업시행자가 새로이 설치한 정비기반시설의 설치비용(전단규정)을 초과**하는 경우, 해당 행정청은 사업시행자에게 용도가 폐지되는 정비기반시설 전부를 무상으로 양도하여야 하는지에 대한 법령해석에서, 해당 행정청은 사업시행자에게 용도가 폐지되는

---

439) 법 제97조 제2항에 따른 무상귀속의 대상이 되는 정비기반시설은 정비사업의 시행으로 설치되는 시설인데, 정비사업의 시행으로 설치된다는 것은 해당 시설이 「도시정비법」에서 정한 절차에 따라 정비구역 안에 설치되는 것을 말하고(도시정비법 제2조 제2호·제4호), 이는 정비사업시행자가 해당 시설의 설치에 관한 사항이 포함된 사업시행계획에 대한 사업시행인가를 받고 그에 따라 해당 시설을 설치한다는 의미(법 제50조)라고 할 것이다.
「국토계획법」에 따른 기반시설과 「도시정비법」에 따른 정비기반시설은 실질적으로 같은 기능을 하는 시설이고, 한편 정비구역의 변경은 「도시정비법」에서 예정하고 있는 절차(법 제8조 제1항)로서, 정비구역의 범위를 변경하여 정비사업에 포함시킬 필요가 있다면 원래의 정비구역 외의 지역을 정비구역에 포함시키기 위한 정비구역의 변경이 가능하고, 정비구역의 지정권자는 진입로 설치를 위하여 필요한 경우에는 진입로 지역과 그 인접 지역을 포함하여 정비구역을 지정할 수도 있다고 「도시정비법」에서 특별히 규정하고 있는 점(법 제8조 제3항) 등에 비추어 볼 때, 정비구역에 포함되기 전에 도로개선사업이 일부 이루어졌다고 하여 해당 도로를 원래의 정비구역에 포함되어 설치된 정비기반시설과 달리 볼 이유는 없다. 그리고, 정비기반시설을 새로이 설치한다는 것에는 기존 시설을 개선하는 경우도 포함된다고 보는 것이 합리적일 것이다(법제처 법령해석, 안건번호 10-0286, 회신일자 2010. 11. 12.).

정비기반시설 전부를 **무상으로 양도하여야 하는 것은 아니라고 할 것**이라고 해석하였다.[440]

(3) 정비기반시설에 해당하는 도로

정비기반시설에 해당하는 도로는 다음 각 호 1. 「국토계획법」 제30조에 따라 도시·군관리계획으로 결정되어 설치된 도로, 2. 「도로법」 제23조에 따라 도로관리청이 관리하는 도로, 3. 「도시개발법」 등 다른 법률에 따라 설치된 국가 또는 지방자치단체 소유의 도로, 4. 그 밖에 「공유재산법」에 따른 공유 재산 중 일반인의 교통을 위하여 제공되고 있는 부지(이 경우 부지의 사용 형태, 규모, 기능 등 구체적인 기준은 시·도**조례**로 정할 수 있다)의 어느 하나에 해당하는 도로를 말한다(법 제97조 제3항).

종래 법 제97조 제1항(구 제65조 제1항) 후단 및 각 호에서는 "사업시행자가 시장·군수 또는 주택공사 등인 경우(**공공**)"에 그에게 무상으로 귀속되는 정비기반시설 중 도로의 범위에 대해 구체적으로 규정하고 있는 반면, 같은 조 제2항에서는 "사업시행자가 시장·군수 또는 주택공사등이 아닌 경우(**민간**)"에 그에게 무상으로 양도되는 정비기반시설 중 도로의 범위에 대해 같은 조 제1항 후단 및 각 호와 같은 규정을 두고 있지 않은 바, 같은 조 제1항에 따른 무상귀속 규정과 같은 조 제2항에 따른 무상양도 규정 간에 그 귀속·양도의 범위에 차이를 두기 위해 의도적으로 규정 방식을 달리한 것이면 종전 규정이 옳다 할 것이나, 현행 규정으로 개정된 점에 비추어 **단순 입법의 불비**에 해당되어 **개정**되었다. 이는 법제처의 법령정비 의견에 따른 것이었다. 2018. 2. 9. 시행법의 개정 취지는 사업시행자가 공공 뿐만 아니라 민간인 경우에도 무상으로 양도 되는 정비기반시설에 현황 도로를 포함하도록 하였다.

(4) 무상양도 대상 정비기반시설의 범위

무상양도대상 정비기반시설의 범위와 관련하여 두 가지가 쟁점이 되고 있다.

(가) 첫 번째는 이른바 기능대체성의 문제로 이는 신설되는 정비기반시설과 폐지되는 정비기반시설 간에 기능대체성이 필요한가의 문제이며, 이는 구 「도시계획법」 제83조 제2항(1999. 2. 8. 법률 제 5898호로 개정되기 전의 것)에서 기능대체성 요건을 규정하여 무상양도 대상을 제한하고 있었던 데에서 비롯된 논의인데 「도시정비법」은 구 「도시계획법」과 달리 기능대체성 요건을 요구하고 있지 않으므로 무상양도 대상인 정비기반시설의 범위를 기능대체성으로 제한할 수 없다.[441][442]

(나) 두 번째로 무상양도 대상 정비기반시설은 도시계획시설로 국한되는지 여부이다. ① 도시계획시

---

440) 그러므로, 위와 같은 입법취지를 고려하면서 법 제97조 제2항의 규정을 반대해석하면, 이 사안과 같이 정비사업의 시행으로 **용도가 폐지되는 정비기반시설의 평가금액**이 **사업시행자가 새로이 설치한 정비기반시설의 설치비용을 초과하는 경우**에 그 초과 부분을 어떻게 처리할 것인지가 명시적으로 규정되어 있지는 않다고 하더라도, 그 초과하는 부분을 무상으로 양도할 수는 없다고 보아야 할 것이어서, 그 초과하는 부분에 대해서는 해당 행정청이 매각 등의 필요한 조치를 할 수 있다고 보아야 할 것이다(법제처 법령해석 사례, 상기 앞의 각주, 안건번호 11-0643, 회신일자 2011. 12. 8.).

441) 이현수, "도시정비법상 정비기반시설의 법적 쟁점", 행정법연구 제30호, 2011, 355면; 김종보, 건설법(제5판), 595면.

442) 대법원 2007. 7. 12. 선고 2007두6663 판결.

설로 국한하는 견해는 무상양도 정비기반시설은 사업시행인가 이전에 이미 「국토계획법」에 의하여 도시관리계획으로 결정되어 설치된 국가 또는 지방자치단체 소유의 기반시설, 즉 도시계획시설을 의미한다는 견해가 대법원의 입장이다.[443] 대법원은 그 주된 논거로서 「국토계획법」상의 기반시설의 설치정비 또는 개량에 관한 계획과 도시개발사업 또는 정비사업에 관한 계획은 같은 법상의 도시관리계획에 해당하고 도시관리계획을 시행하기 위한 도시계획사업에 도시계획시설사업과 도시정비법에 의한 정비사업이 포함되는 점을 들고 있다. ② 이 밖에도 도시계획시설로 국한하지 아니하는 견해가 있다.[444]

(5) 무상귀속·무상양도에 관한 헌법재판소 결정

(가) 무상귀속의 위헌성

신설되는 정비기반시설의 **소유권이 국가등에게 무상으로 법률규정에 의하여 자동적으로 귀속**되게 하는 것에 대해서 사업시행자 재산권의 과도한 침해가 아닌가 하는 의문이 들 수 있다. 헌법재판소 2003. 8. 21. 2000헌가11, 2001헌가29(병합) 사건에서 행정청이 아닌 시행자가 도시계획사업을 시행하여 새로이 설치한 공공시설은 그 시설을 관리할 국가등에 무상으로 귀속되도록 한 구 「도시계획법」 제83조 제2항 전단 부분을 준용하는 구 「주촉법」 제33조 제6항(제8항)이 재산권을 보장한 「헌법」 제23조에 위배되는지 여부에 대하여, 4인 합헌의견, 3인 위헌의견, 2인 단순위헌의견으로 나뉘어 다수인 5인의 재판관이 위헌의견을 채택하였으나, 위헌결정 정족수에 이르지 못하여 합헌으로 결정되었다.[445] 공공시설의 무상귀속에 대한 위헌성 논란은 「도시정비법」상 정비기반기시설의 무상귀속에도 원용된다.

(나) 무상양도의 위헌성

정비기반시설의 **무상귀속에 대응한 무상양도**가 손실보상적 성격이라고는 하지만,[446] 헌재 2013. 10. 24. 2011헌바355에서 ① 정비사업의 시행으로 인하여 용도가 폐지되는 국가등 소유의 정비기반시설을 사업시행자가 새로이 설치한 정비기반시설의 설치비용에 상당하는 범위 안에서 **사업시행자에게 무상으로 양도**되도록 한 「도시정비법」(2002. 12. 30. 법률 제6852호로 제정된 것) 제65조 제2항 후단 (이하 '이 사건 법률조항'이라 한다)에 관하여 「헌법」상 수용에 따른 정당한 보상의 원칙이 적용되는지 여부(소극)에 대하여, 「도시정비법」 제65조(현행 제97조) 제2항은 정비기반시설의 설치와 관련된 비용의 적정한 분담과 그 시설의 원활한 확보 및 효율적인 유지·관리의 관점에서 정비기반시설과 그 부지의 소유·관리·유지 관계를 정한 규정이므로 헌법 제23조 제3항의 수용에 해당하지 않고, 이 사건 법률조항이 그에 대한 보상의 의미를 가지는 것도 아니므로, 이 사건 법률조항에 관하여 **정당한 보상의**

---

443) 대법원 2011. 2. 24. 선고 2010두22498 판결.
444) 이현수, "도시정비법상 정비기반시설의 법적 쟁점", 355~356면.
445) 제2편 국토계획법/제5장 개발행위의 허가 등/제1절 개발행위의 허가/IX. 개발행위에 따른 공공시설의 무상귀속·무상양도 참조.
446) 이현수, "도시정비법상 정비기반시설의 법적 쟁점", 354면.

원칙이 적용될 여지가 없다.

② 이 사건 법률조항은 사업구역에 필요한 정비기반시설의 설치에 관한 비용을 국가 등과 사업시행자 사이에 형평에 맞게 분담시키고자 하는 취지로, 사업시행자가 새로이 정비기반시설을 설치하는 비용의 범위 안에서 사업시행자가 정비사업의 시행을 위하여 기존 정비기반시설의 부지를 확보하여야 하는 비용을 보전하여 주면서, 기존에 국가 등이 소유하고 관리하던 정비기반시설의 소유권을 그대로 사업시행자에게 이전하도록 함으로써 원활한 사업시행을 도모할 수 있도록 한 것이다. 따라서 이 사건 법률조항이 이러한 부분들에 관하여 사업시행자에게 이익을 부여하지 않았다고 하여 그 재산권을 침해하는 것은 아니다.

③ 이 사건 법률조항에 의하여 정비사업의 시행으로 용도가 폐지되는 정비기반시설의 면적이나 그러한 정비기반시설이 국토계획에 관한 법령에 의해 설치되었는지에 따라 사업시행자가 무상으로 양도받는 정비기반시설의 범위가 달라지더라도, 이는 무상양도의 목적에 부합하는 합리적인 기준에 따른 것이므로, 이 사건 법률조항은 평등원칙에 위배되지 아니한다.

(6) 정비기반시설의 귀속 및 양도의 절차

시장·군수등은 정비기반시설의 귀속 및 양도에 관한 사항이 포함된 정비사업을 시행하거나 그 시행을 인가하려는 경우에는 미리 그 관리청의 의견을 들어야 한다. 인가받은 사항을 변경하려는 경우에도 또한 같다(법 제97조 제4항).

사업시행자는 관리청에 귀속될 정비기반시설과 사업시행자에게 귀속 또는 양도될 재산의 종류와 세목을 정비사업의 준공 전에 관리청에 통지하여야 하며, 해당 정비기반시설은 그 정비사업이 준공인가되어 관리청에 준공인가통지를 한 때에 국가 또는 지방자치단체에 귀속되거나 사업시행자에게 귀속 또는 양도된 것으로 본다(법 제97조 제5항).

(7) 정비기반시설의 등기 및 용도폐지 행정재산의 대부료 면제

법 제97조 제5항에 따른 정비기반시설에 대한 등기의 경우 정비사업의 **시행인가서와 준공인가서**(시장·군수등이 직접 정비사업을 시행하는 경우에는 제50조 제7항에 따른 사업시행계획인가의 고시와 제83조 제4항에 따른 공사완료의 고시를 말한다)는 「부동산등기법」에 따른 등기원인을 증명하는 서류를 갈음한다(법 제97조 제6항).

정비사업의 시행으로 용도가 폐지되는 국가 또는 지방자치단체 소유의 정비기반시설의 경우 정비사업의 시행 기간 동안 해당 시설의 대부료는 면제된다(법 제97조 제7항).

8. 국유·공유재산의 수의계약 또는 국·공유지의 무상양여

사업시행자가 <u>사업시행인가</u>를 받음으로 <u>국유·공유재산의 관리와 처분에 관한 관계 법령에도 불구하고 종전의 용도가 폐지</u>되는데, 사업시행자 또는 점유자 및 사용자는 수의계약에 의하든지, 정비사업의 유형에 따라 사업시행자는 무상양여 받을 수 있는 효력이 있다.

가. 관리청과 협의

시장·군수등은 <u>인가하려는 사업시행계획 또는 직접 작성하는 사업시행계획서에 **국유·공유재산의 처분**</u>에 관한 내용이 포함되어 있는 때에는 **미리 관리청과 협의**하여야 한다. 이 경우 관리청이 불분명한 재산 중 <u>도로·하천·구거 등</u>은 국토교통부장관을, <u>그 외의 재산</u>은 기획재정부장관을 관리청으로 본다(법 제98조 제1항). 협의를 받은 관리청은 <u>20일 이내</u>에 의견을 제시하여야 한다(법 제98조 제2항). 정비구역의 국유·공유재산은 **정비사업 외의 목적**으로 매각되거나 양도될 수 없다(법 제98조 제3항).

나. 국유·공유재산의 수의계약

(1) 정비구역의 국유·공유재산은 「국유재산법」 제9조 또는 「공유재산법」 제10조에 따른 국유재산종합계획 또는 공유재산관리계획과 「국유재산법」 제43조 및 「공유재산법」 제29조에 따른 계약의 방법에도 불구하고, <u>사업시행자 또는 점유자 및 사용자에게 다른 사람에 우선하여 수의계약으로 매각 또는 임대</u>될 수 있는데(법 제98조 제4항), <u>사업시행인가 고시 후에 수의계약</u>을 할 수 있다.

(2) 법제처는 「도시정비법」 제98조 제4항에 따라 도시환경정비구역(2017. 2. 8. 법률 제14567호로 전부개정되기 전의 것, 법 제2조 제2호 라목) 안의 국유지를 그 점유자에게 <u>수의계약으로 매각</u>하려는 경우, **사업시행인가 고시 전**에 해당 국유지를 매각할 수 있는지에 대한 법령해석에서, 「도시정비법」 제98조 제4항에 따라 도시환경정비구역 안의 국유지를 그 점유자에게 수의계약으로 매각하려는 경우, 사업시행인가 고시 전에 해당 국유지를 매각할 수 없다고 해석하였다.[447]

---

447) 그 이유로는 「국유재산법」 제4조에 따르면 <u>국유재산의 처분에 관하여 다른 법률에 특별한 규정이 있는 경우</u>에는 「국유재산법」이 아니라 그 다른 법률에서 정하는 바에 따른다고 할 것인데, 그런데 「도시정비법」 제98조에서는 정비구역에서의 국유재산의 처분에 관하여 규정하고 있는 바, 「도시정비법」 제4조 제5항에 따라 정비구역으로 지정된 이후에 해당 정비구역 안의 국유지를 매각하려고 하는 경우에는 「도시정비법」이 「국유재산법」에 우선하여 적용된다고 할 것이다.
그런데, 도시환경정비구역 안의 국유재산의 처분과 관련하여 「도시정비법」 제98조 제4항에서는 사업시행자 또는 점유자 및 사용자에게 다른 사람에 우선하여 수의계약으로 매각할 수 있다고 규정하고 있고, ① 이에 따라 수의계약을 하는 경우 국유지의 평가는 같은 조 제6항에 따라 사업시행인가의 고시가 있는 날을 기준으로 하여야 할 것인데, 평가를 시행하지 않고 먼저 매각할 수는 없으므로, 같은 조 제6항은 평가기준일인 사업시행인가의 고시가 있는 날이 지나야 비로소 국유지를 매각할 수 있음을 전제하고 있다고 보아야 할 것이다. ② 그리고, 「도시정비법」 제98조 제3항에 따라 **정비사업을 목적으로 매각하여야 할 것인데, 정비사업의 내용이 사업시행인가의 고시로 확정되기 전에 용도가 확정되지 않은 정비구역 안의 국유지를 매각하는 것을 정비사업의 목적으로 하는 매각으로 단정하기는 어려울 것**이므로, 정비구역 안의 국유지는 사업시행인가의 고시가 있는 날 이후에 매각할 수 있다고 해석하는 것이 타당할 것이다.
더욱이, 「도시정비법」 제98조 제6항 단서에서는 사업시행인가의 고시가 있는 날부터 3년 이내에 매매계약을 체결하지

다. 국유·공유재산의 용도폐지 및 감정평가기준일

(1) 법 제98조 제4항에 따라 다른 사람에 우선하여 매각·임대될 수 있는 국유·공유재산은, 「국유재산법」, 「공유재산법」 및 그 밖에 국·공유지의 관리와 처분에 관한 관계 법령에도 불구하고, **사업시행계획인가의 고시가 있은 날부터 종전의 용도가 폐지**된 것으로 본다(법 제98조 제5항).

(2) 정비사업을 목적으로 우선 매각하는 국·공유지는 **사업시행계획인가의 고시가 있은 날을 기준으로 평가**하며, <u>주거환경개선사업의 경우 매각가격은 평가금액의 100분의 80으로 한다. 다만, 사업시행계획인가의 고시가 있은 날부터 3년 이내에 매매계약을 체결하지 아니한 국·공유지는 「국유재산법」 또는 「공유재산법」에서 정한다</u>(법 제98조 제6항). 법제처는 구 「도시정비법」(2009. 5. 27. 법률 제9729호로 일부개정되어 2009. 11. 28. 시행되기 전의 것을 말함) 제66조(현행 제98조) 제6항에 따르면, 재개발사업을 목적으로 우선 매각하는 국·공유의 일반재산의 평가는 <u>사업시행인가의 고시가 있은 날</u>을 기준으로 행한다고 규정되어 있는데, 이 경우 국·공유의 일반재산의 매각가격 결정을 위한 <u>감정평가업자에게 감정을 의뢰하는 주체는 국유의 일반재산에 대해서는 원칙적으로 해당 **국유재산의 총괄청 또는 관리청**이고, **공유의 일반재산**에 대해서는 **지방자치단체의 장**</u>이라고 해석하였다.[448]

라. 국·공유지의 무상양여

(1) 다음 각 호 1. **주거환경개선구역**, 2. 국가 또는 지방자치단체가 도시영세민을 이주시켜 형성된 낙후지역으로서 **대통령령**으로 정하는 **재개발구역**(이 항 각 호 외의 부분 본문에도 불구하고 무상양여 대상에서 국유지는 제외하고, 공유지는 시장·군수등 또는 토지주택공사등이 단독으로 사업시행자가 되는 경우로 한정한다)의 어느 하나에 해당하는 구역에서 **국가 또는 지방자치단체가 소유하는 토지**는

아니한 국·공유지는 「국유재산법」 또는 「공유재산법」에서 정하는 바에 따른다고 규정하고 있는 바, ③ 이는 정비구역 안의 국·공유지의 매매계약에 관하여는 원칙적으로 「도시정비법」의 규정에 따른다고 할 것이고, 예외적으로 고시가 있은 날부터 3년 이내에 매매계약을 체결하지 아니한 경우에 비로소 「국유재산법」 또는 「공유재산법」에서 정하는 바에 따르도록 규정한 것이라 할 것이다(법제처 법령해석, 안건번호 16-0296, 회신일자 2016. 9. 12.).

[448] 그 이유로는 법 제98조 제4항 및 제6항에 따르면, 정비구역 안의 국·공유 재산은 사업시행자 등에게 다른 사람에 우선하여 수의계약으로 매각할 수 있는데, 이 경우 정비사업을 목적으로 우선매각하는 국·공유지의 평가는 **사업시행인가의 고시가 있은 날**을 기준으로 하여 행한다고 규정하고 있을 뿐, 국·공유재산의 감정평가방법에 관하여는 규정하고 있지 않다.
그런데, 구 「국유재산법」(2009. 5. 27. 법률 제9711호로 일부개정되어 2009. 7. 31. 시행된 것을 말함) 제4조는 국유재산의 관리와 처분에 관하여 다른 법률에 특별한 규정이 있는 경우를 제외하고는 이 법에서 정하는 바에 따른다고 규정하고 있고, 같은 법 제8조 제1항 및 제3항에 따르면 국유의 일반재산의 관리·처분은 기획재정부장관(총괄청) 또는 중앙관서의 장(관리청)이 하도록 되어 있는데, 같은 법 제44조 및 같은 법 시행령 제42조 제1항에 따르면 국유재산 중 일반재산을 처분할 때에는 두 개의 감정평가법인의 평가액을 산술평균하도록 하고, **감정을 의뢰하는 주체는 원칙적으로 해당 국유재산의 관리·처분권한을 가지고 있는 총괄청 또는 관리청**이라고 할 것이다.
또한, 구 「공유재산법」 제2조의2는 공유재산 관리·처분에 관하여는 다른 법률에 특별한 규정이 있는 경우 외에는 이 법에서 정하는 바에 따른다고 규정하고 있고, 같은 법 제30조 및 같은 법 시행령 제27조 제1항에 따르면 공유의 일반재산을 매각하는 경우 해당 재산의 예정가격은 지방자치단체의 장이 「감정평가법」에 따른 둘 이상의 감정평가법인에 의뢰하여 평가한 감정평가액을 산술평균한 금액 이상으로 하고 있는 바, 그렇다면 공유의 일반재산을 매각하는 경우 감정평가법인에 의뢰하는 주체는 지방자치단체의 장이라고 할 것이다(법제처 법령해석, 안건번호 11-0545, 회신일자 2011. 11. 4.).

사업시행계획인가의 고시가 있은 날부터 종전의 용도가 폐지된 것으로 보며, 「국유재산법」·「공유재산법」 및 그 밖에 국·공유지의 관리 및 처분에 관하여 규정한 관계 법령에도 불구하고 해당 사업시행자에게 **무상으로 양여**된다. 다만, 「국유재산법」 제6조 제2항에 따른 행정재산 또는 「공유재산법」 제5조 제2항에 따른 행정재산과 국가 또는 지방자치단체가 양도계약을 체결하여 정비구역지정 고시일 현재 대금의 일부를 수령한 토지에 대하여는 그러하지 아니하다(법 제101조 제1항).

따라서 단서의 규정으로 볼 때 행정재산이나 보존재산 등이 아니고 **일반재산**인 토지만 무상양여의 대상에 해당된다. 주거환경개선구역 등에서 이와 같은 규정을 둔 취지는 주거환경이 열악한 지역에 대한 주거환경개선사업에 있어서 그 사업시행자가 국·공유지가 무상양여 받도록 하여 토지 매입비용을 낮추고 이를 통해 재개발되는 토지에 대한 분양가를 적절한 수준에서 유지하도록 함으로써 원주민의 정착을 돕도록 하는 데에 있다.

(2) 법 제101조 제1항 각 호에 해당하는 구역에서 국가 또는 지방자치단체가 소유하는 토지는 정비구역지정의 고시가 있은 날부터 **정비사업 외의 목적**으로 양도되거나 매각될 수 없다(법 제101조 제2항).

(3) 무상양여된 토지의 사용수익 또는 처분으로 발생한 수입은 주거환경개선사업 또는 재개발사업 외의 용도로 사용할 수 없다(법 제101조 제3항).

(4) **시장·군수등**은 무상양여의 대상이 되는 국·공유지를 소유 또는 관리하고 있는 **국가 또는 지방자치단체와 협의**를 하여야 한다(법 제101조 제4항). 법제처는 주거환경개선구역 안에서, **교육감이 관리청**인 토지에 대하여 「도시정비법」 제101조 제4항에 따른 협의에 따라, 같은 조 제1항 본문에 따른 **무상양여 여부를 결정**할 수 있는지에 대한 법령해석에서, 주거환경개선구역 안에 있는 교육감이 관리청인 토지에 대하여 「도시정비법」 제101조 제4항의 협의에 따라 같은 조 제1항 본문에 따른 **무상양여 여부를 결정할 수 없다**고 해석하였다. "국가 또는 지방자치단체가 소유하는 토지"에는 교육감이 관리하는 토지도 포함되지만, 협의의 내용을 주거환경개선구역 안의 국·공유지에 대한 **무상양여 여부에 대하여 다시 협의하라는 의미로 볼 수는 없고**, 다만 같은 조 제1항에 따라 무상양여의 대상이 된 국·공유지의 무상양여가 원활히 진행될 수 있도록 **무상양여의 절차, 방법, 시기 등에 대하여 협의**하라는 취지로 보아야 할 것이다.[449]

---

449) 그 이유는, 교육청이 관리하고 있는 토지가 국가·지방자치단체가 소유하는 토지에 해당하는지를 살펴보면, 교육청이 관리하고 있는 토지의 경우에는 「공유재산법」 제9조 제2항 단서에 따라 공부상에 '○○광역시(교육감)'으로 등록하도록 되어 있는데, 같은 항 본문에 따르면 부동산으로서 등기에 등록이 필요한 공유재산의 권리자 명의는 해당 지방자치단체를 원칙으로 하도록 하고 있고, 다만 교육비특별회계 소관의 공유재산의 경우 교육감을 덧붙여 적도록 한 것으로 미루어 볼 때, 결국 교육감이 관리청인 재산은 「공유재산법」에 따른 공유재산이라고 할 것이므로 「도시정비법」 제101조 제1항 본문에 따른 **'국가 또는 지방자치단체가 소유하는 토지'에는 교육감이 관리하는 토지도 포함**된다.
다음으로 「도시정비법」 제101조 제1항 본문에서는 '주거환경개선구역 안의 국·공유지는 사업시행자에게 무상으로 양여된다.'고 규정되어 있으므로, 결국 해당 규정의 문언과 취지를 종합하면 주거환경개선구역 안에서 국가·지방자치단체가 소유하는 토지는 같은 법 제101조 제1항 본문에 따라 사업시행자에게 무상으로 양여되는 것이라고 할 것이다. 그런데 「도시정비법」 제101조 제4항에서는 시장·군수가 해당 국·공유지를 소유 또는 관리하고 있는 지방자치단체 등과 협의를 하도록 규정하고 있어 그 협의의 성격이 문제되는바, 「도시정비법」 제101조는 같은 법 제7조 제1항 및 제15조 제4항 등의 규정에 따라 관리청의 의견을 수렴하는 등의 절차를 거쳐 주거환경개선구역이라는 정비구역으로 이미 지정된 구역 안에 포함된 국·공유지의 무상양여를 규정한 것으로, 같은 **법 제101조 제4항에서 시장·군수**는 같은 조

사업시행자에게 양여된 토지의 관리처분에 필요한 사항은 국토교통부장관의 승인을 받아 해당 시·도**조례** 또는 토지주택공사등의 시행규정으로 정한다(법 제101조 제5항).

Ⅳ. 사업시행계획인가의 특례

1. 제정 취지

법 제58조의 취지는 다음과 같다. 구법시대 재개발·재건축에 의한 공동주택 건설은 각종 법령에 의한 기준을 준수하기 위하여 전면철거방식이 불가피하나, 「도시정비법」의 제정으로 필요한 경우 일부 건축물의 존치 또는 리모델링을 포함한 사업시행인가를 가능하게 하기 위한 것으로, 같은 조 제3항은 이러한 경우 존치 또는 리모델링되는 건축물 소유자의 권리를 보호하기 위하여 이들의 동의를 얻도록 한 것이다.450)

2. 존치 또는 리모델링이 포함된 사업시행계획인가 신청

사업시행자는 일부 건축물의 존치 또는 리모델링(주택법 제2조 제25호 또는 건축법 제2조 제1항 제10호에 따른 리모델링을 말한다)에 관한 내용이 포함된 사업시행계획서를 작성하여 사업시행계획인가를 신청할 수 있다(법 제58조 제1항).

시장·군수등은 존치 또는 리모델링하는 건축물 및 건축물이 있는 토지가 「주택법」 및 「건축법」에 따른 다음 각 호 1. 「주택법」 제2조 제12호에 따른 주택단지의 범위, 2. 「주택법」 제35조 제1항 제3호 및 제4호에 따른 부대시설 및 복리시설의 설치기준, 3. 「건축법」 제44조에 따른 대지와 도로의 관계, 4. 「건축법」 제46조에 따른 건축선의 지정, 5. 「건축법」 제61조에 따른 일조 등의 확보를 위한 건축물의 높이 제한의 건축 관련 기준에 적합하지 아니하더라도, 이를 완화 적용토록 하였으며, **대통령령**으로 정하는 기준에 따라 사업시행계획인가를 할 수 있도록 하였다(법 제58조 제2항).

3. 건축물 소유자등의 동의

사업시행자가 사업시행계획서를 작성하려는 경우에는 존치 또는 리모델링하는 건축물 소유자의 동

제1항의 규정에 의한 무상양여의 대상이 되는 국·공유지의 관리청 등과 협의를 하도록 규정하고 있다고 하더라도, 그 **협의는 같은 조 제1항에 따라 해당 국·공유지가 주거환경개선구역 안에 포함되어 이미 무상양여의 대상이 된 것을 전제**로 한 것으로 보아야 할 것이고, 그렇다면 같은 **법 제101조 제4항에서 규정하고 있는 협의의 내용을 주거환경개선구역 안의 국·공유지에 대한 무상양여 여부에 대하여 다시 협의하라는 의미로 볼 수는 없으며**, 다만 제101조 제1항에 따라 무상양여의 대상이 된 국·공유지의 무상양여가 원활히 진행될 수 있도록 무상양여의 절차, 방법, 시기 등에 대하여 협의하라는 취지로 보아야 할 것이다(법제처 법령해석, 안건번호 10-0417, 회신일자 2010. 12. 9.).

450) 도시및주거환경정비법안 심사보고서, 건설교통위원회 수석전문위원 손성태, 2002. 11. 20면.

의(집합건물법 제2조 제2호에 따른 구분소유자가 있는 경우에는 **구분소유자의 3분의 2 이상**의 동의와 해당 건축물 **연면적의 3분의 2 이상**의 구분소유자의 동의로 한다)를 받아야 한다(법 제58조 제3항 본문). 이 규정들은 정비사업 유형에 관계없이 모두에 적용된다고 해석하였다.[451]

다만, 정비계획에서 존치 또는 리모델링하는 것으로 계획된 경우에는 그러하지 아니한다(법 제58조 제3항 단서). 단서 규정은 2018. 2. 9. 시행법에서부터 정비계획에 포함된 경우 소유자등의 동의를 요구하지 아니하도록 하였다.

제4절　기타 정비사업 시행을 위한 조치

Ⅰ. 특례 규정

특례규정은 법령을 제·개정하는 경우 특수한 상황을 전제로 하여 특정한 대상에 대하여 일정한 기간 동안 개정내용의 본칙과 다른 규정을 적용할 필요가 있는 경우에 사용된다.

1. 용적률에 관한 특례

사업시행자가 다음 각 호 1. 법 제65조 제1항 단서에 따라 **대통령령**으로 정하는 손실보상의 기준 이상으로 세입자에게 주거이전비를 지급하거나 영업의 폐지 또는 휴업에 따른 손실을 보상하는 경우, 2. 제65조 제1항 단서에 따른 손실보상에 더하여 임대주택을 추가로 건설하거나 임대상가를 건설하는 등 추가적인 세입자 손실보상 대책을 수립하여 시행하는 경우의 어느 하나에 해당하는 경우에는 「국토계획법」 제78조 제1항에도 불구하고 해당 정비구역에 적용되는 용적률의 100분의 125 이하의 범위에서 **대통령령**으로 정하는 바에 따라 특별시·광역시·특별자치시·특별자치도, 시 또는 군의 **조례**로 용적률을 완화하여 정할 수 있다(법 제66조). 사업시행자가 법 제66조에 따라 완화된 용적률을 적용받으려는 경우에는 사업시행계획인가 신청 전에 다음 각 호 1. 정비구역 내 세입자 현황, 2. 세입자에 대한 손실보상 계획의 사항을 시장·군수등에게 제출하고 사전협의하여야 한다(영 제55조 제1항).

영 제55조 제1항에 따른 협의를 요청받은 시장·군수등은 의견을 사업시행자에게 통보하여야 하며, 용적률을 완화받을 수 있다는 통보를 받은 사업시행자는 사업시행계획서를 작성할 때 영 제55조 제1항 제2호에 따른 세입자에 대한 손실보상 계획을 포함하여야 한다(영 제55조 제2항).

---

451) 법제처 법령해석, 안건번호 11-0207, 회신일자 2011. 6. 9.

2. 재건축사업의 범위에 관한 특례

가. 취지

'재건축사업의 범위에 관한 특례'를 정한 것은 주택단지 안의 일부 토지 및 그 위의 건축물과 관련된 <u>토지등소유자</u>의 반대 등으로 조합설립인가나 사업시행인가를 받지 못하여 그 밖에 다수의 <u>토지등소유자</u>들에게 피해가 발생하는 것을 방지하고 재건축사업을 원활하게 시행할 수 있도록 하기 위하여 마련된 <u>**특별규정**</u>이다.[452]

따라서 상가단체 등의 재건축사업에 반대하는 자들을 사업자체에서 배제할 수 있는 길이 입법적으로 제공되었다. 예를 들면 단지 내 상가를 포함한 여러 동의 공동주택 재건축사업에서 상가동을 제외하고 주택동만으로 재건축사업을 진행할 수 있다. 재건축조합과 상가단체가 중요한 사안에 대하여 합의에 이르지 못하면 재건축조합이 상가단체를 제외시킬 수 있으므로 이를 통해 상가의 무리한 주장으로부터 재건축조합을 보호할 수 있다.[453]

한편, <u>시장·군수는 정비구역 지정·고시 이후에</u> <u>재건축사업 추진의 사정 변화를 반영하고, 주민의 동의에 기초하여 재건축사업을 신속하고 효율적으로 추진할 수 있도록</u> 주택단지 안의 일부 토지에 대하여 법원에 의한 토지분할 청구 절차가 진행 중인 경우에는 같은 법 제35조 제3항에 따른 동의요건에 미달되더라도 조합 설립이 가능하도록 하고 있으므로, 재건축사업에서는 같은 법 제67조에 따른 일정한 요건을 갖추면 건축위원회의 심의를 거쳐 처음 지정·고시한 정비구역 내에서 분할되어 나갈 일부 토지를 제외하고 조합설립인가를 할 수 있다고 할 것이다.

따라서 「도시정비법」 제67조 제3항에 따라 <u>법원에 토지분할이 청구된 경우, 시장·군수 또는 자치구의 구청장은 법 제67조 제4항에 따라 시·도지사가 지정하여 고시한 정비구역 내에서 분할되어 나갈 일부 토지를 제외하고 건축위원회의 심의를 거쳐 재건축조합 설립인가를 할 수 있다.</u>

나. 토지분할의 청구의 요건

(1) <u>사업시행자 또는 추진위원회는 사업계획승인(주택법 제15조 제1항)을 받아 건설한 **둘 이상의 건축물이 있는 주택단지**에 **재건축사업**을 하는 경우이거나 법 제35조 제3항에 따른 재건축조합설립의 동의요건(주택단지의 전체 구분소유자의 4분의 3 이상 및 토지면적의 4분의 3 이상의 토지소유자의 동의)을 충족시키기 위하여 필요한 경우에는, 그 주택단지 안의 일부 토지에 대하여 「건축법」 제57조에도[454] 불구하고 분할하려는 토지면적이 같은 조에서 정하고 있는 면적에 미달되더라도 토지분할을</u>

---

452) 대법원 2013. 12. 12. 선고 2011두12900 판결.

453) 김종보, "재건축에서 상가단체의 법적 성질과 상가의 관리처분", 행정법연구 제51호, 2017, 137~138면.

454) **「건축법」 제57조(대지의 분할 제한)** ① 건축물이 있는 대지는 **대통령령**으로 정하는 범위에서 해당 지방자치단체의 **조례**로 정하는 면적에 못 미치게 분할할 수 없다.
  ② 건축물이 있는 대지는 제44조, 제55조, 제56조, 제58조, 제60조 및 제61조에 따른 기준에 못 미치게 분할할 수 없다.
  ③ 제1항과 제2항에도 불구하고 제77조의6에 따라 건축협정이 인가된 경우 그 건축협정의 대상이 되는 대지는 분할할 수 있다.

청구할 수 있다(법 제67조 제1항).

(2) 사업시행자 또는 추진위원회는 토지분할 청구를 하는 때에는 토지분할의 대상이 되는 토지 및 그 위의 건축물과 관련된 **토지등소유자와 협의**하여야 한다(법 제67조 제2항).

(3) 사업시행자 또는 추진위원회는 토지분할의 협의가 성립되지 아니한 경우에는 **법원에 토지분할을 청구**할 수 있다(법 제67조 제3항).

(4) **시장·군수등**은 법원에 토지분할이 청구된 경우에 분할되어 나가는 토지 및 그 위의 건축물이, 다음 각 호 1. 해당 토지 및 건축물과 관련된 **토지등소유자**의 수가 전체의 10분의 1 이하일 것, 2. 분할되어 나가는 토지 위의 건축물이 분할선 상에 위치하지 아니할 것, 3. 그 밖에 사업시행계획인가를 위하여 **대통령령**으로 정하는 요건[분할되어 나가는 토지가 「건축법」 제44조에 적합한 경우를[455] 말한다(영 제56조)]에 해당할 것의 요건을 충족하는 때에는, **토지분할이 완료되지 아니하여 법 제67조 제1항에 따른 동의요건에 미달되더라도** 「건축법」 제4조에 따라 특별자치시·특별자치도·시·군·구(자치구를 말한다)에 설치하는 건축위원회의 심의를 거쳐 **조합설립인가와 사업시행계획인가**를 할 수 있다(법 제67조 제4항).

다. 판례

'재건축사업의 범위에 관한 특례'를 정한 법 제67조의 입법 취지나 법원에 토지분할을 청구한 상태에서 바로 조합설립인가가 가능하도록 한 점 등에 비추어 보면, 법 제67조에 따라 조합설립인가를 하는 경우에는 같은 조 제3항에 의한 토지분할이 청구되고 분할되어 나갈 토지 및 건축물과 관련된 **토지등소유자**의 수가 전체의 10분의 1 이하일 것 등 같은 조 제4항이 정한 요건이 갖추어지면 되는 것이고, 토지분할청구에 **토지등소유자** 과반수 또는 추진위원회 구성에 동의한 **토지등소유자** 2/3 이상의 동의가 필요하다는 원고의 주장에 대하여(서울고등법원 2011. 5. 12. 선고 2010누27631 판결), 특별한 사정이 없는 한 토지분할을 전제로 한 새로운 조합설립동의서나 특별결의·정관변경 등이 요구되는 것은 아니라고 판단하였다.[456][457]

---

455) 「건축법」 제44조(대지와 도로의 관계) ① 건축물의 대지는 **2미터 이상이 도로**(자동차만의 통행에 사용되는 도로는 제외한다)**에 접하여야** 한다. 다만, 다음 각 호 1. 해당 건축물의 **출입에 지장이 없다**고 인정되는 경우, 2. 건축물의 주변에 **대통령령으로 정하는 공지**가 있는 경우, 3. 「농지법」 제2조 제1호 나목에 따른 **농막**을 건축하는 경우의 어느 하나에 해당하면 그러하지 아니하다.
② 건축물의 대지가 접하는 도로의 너비, 대지가 도로에 접하는 부분의 길이, 그 밖에 대지와 도로의 관계에 관하여 필요한 사항은 **대통령령**으로 정하는 바에 따른다.
456) 대법원 2013. 12. 12. 선고 2011두12900 판결.
457) 위 대법원 2011두12900 판결에서 원심은 "상가 부분에 관한 토지분할청구로 인하여 재건축사업의 본질적인 내용이 변경된 것으로 보이지 않는 이상, 상가를 분리하고자 하는 추진위원회의 토지분할청구가 **토지등소유자**에게 새로운 비용부담을 수반하거나 **토지등소유자**의 권리와 의무에 변동을 발생시키는 것(법 제32조 제4항)이라고 볼 수 없다(서울고등법원 2011. 5. 12. 선고 2010누27631 판결).

3. 건축규제의 완화 등에 관한 특례

주거환경개선사업에 따른 건축허가를 받은 때와 부동산등기(소유권 보존등기 또는 이전등기로 한정한다)를 하는 때에는 「주택도시기금법」 제8조의 국민주택채권의 매입에 관한 규정을 적용하지 아니한다(법 제68조 제1항).

주거환경개선구역에서 「국토계획법」 제43조 제2항에 따른 도시·군계획시설의 결정·구조 및 설치의 기준 등에 필요한 사항은 국토교통부령으로 정하는 바에 따른다(법 제68조 제2항).

사업시행자는 **주거환경개선구역**에서 다음 각 호 1. 「건축법」 제44조에 따른 대지와 도로의 관계(소방활동에 지장이 없는 경우로 한정한다), 2. 「건축법」 제60조 및 제61조에 따른 건축물의 높이 제한(사업시행자가 공동주택을 건설·공급하는 경우로 한정한다)의 어느 하나에 해당하는 사항은 시·도조례로 정하는 바에 따라 기준을 따로 정할 수 있다(법 제68조 제3항).

사업시행자는 법 제26조 제1항 제1호 및 제27조 제1항 제1호에 따른 **재건축구역**(재건축사업을 시행하는 정비구역을 말한다)에서 다음 각 호 1. 「건축법」 제42조에 따른 대지의 조경기준, 2. 「건축법」 제55조에 따른 건폐율의 산정기준, 3. 「건축법」 제58조에 따른 대지 안의 공지 기준, 4. 「건축법」 제60조 및 제61조에 따른 건축물의 높이 제한, 5. 「주택법」 제35조 제1항 제3호 및 제4호에 따른 부대시설 및 복리시설의 설치기준. 6. 제1호부터 제5호까지에서 규정한 사항 외에 법 제26조 제1항 제1호 및 제27조 제1항 제1호에 따른 재건축사업의 원활한 시행을 위하여 **대통령령**으로 정하는 사항의[458] 어느 하나에 대하여 **대통령령**으로[459] 정하는 범위에서 「건축법」 제72조 제2항에 따른 지방건축위원회의 심의를 거쳐 그 기준을 완화 받을 수 있다(법 제68조 제4항).

II. 다른 법령의 적용 및 적용 배제

주거환경개선구역은 해당 정비구역의 지정·고시가 있은 날부터 「국토계획법」 제36조 제1항 제1호

---

458) 조문에서 위임한 사항을 규정한 하위법령이 없는 상태이다.
459) 영 제57조(건축규제의 완화 등에 관한 특례) 법 제68조제4항에서 "**대통령령**으로 정하는 범위"란 다음 각 호를 말한다.
  1. 「건축법」 제55조에 따른 건폐율 산정 시 주차장 부분의 면적은 건축면적에서 제외할 수 있다.
  2. 「건축법」 제58조에 따른 대지 안의 공지 기준은 2분의 1 범위에서 완화할 수 있다.
  3. 「건축법」 제60조에 따른 건축물의 높이 제한 기준은 2분의 1 범위에서 완화할 수 있다.
  4. 「건축법」 제61조 제2항 제1호에 따른 건축물(7층 이하의 건축물에 한정한다)의 높이 제한 기준은 2분의 1 범위에서 완화할 수 있다.
  5. 「주택법」 제35조 제1항 제3호 및 제4호에 따른 부대시설 및 복리시설의 설치기준은 다음 각 목의 범위에서 완화할 수 있다.
    가. 「주택법」 제2조 제14호 가목에 따른 어린이놀이터를 설치하는 경우에는 「주택건설기준 등에 관한 규정」 제55조의2 제7항 제2호 다목을 적용하지 아니할 수 있다.
    나. 「주택법」 제2조 제14호에 따른 복리시설을 설치하는 경우에는 「주택법」 제35조 제1항 제4호에 따른 복리시설별 설치기준에도 불구하고 설치대상 복리시설(어린이놀이터는 제외한다)의 면적의 합계 범위에서 필요한 복리시설을 설치할 수 있다.

가목 및 같은 조 제2항에 따라 주거지역을 세분하여 정하는 지역 중 **대통령령**으로 정하는 지역으로 결정·고시된 것으로 본다.[460] 다만, 다음 각 호 1. 해당 정비구역이 「개발제한구역법」 제3조 제1항에 따라 결정된 개발제한구역인 경우, 2. 시장·군수등이 주거환경개선사업을 위하여 필요하다고 인정하여 해당 정비구역의 일부분을 종전 용도지역으로 그대로 유지하거나 동일면적의 범위에서 위치를 변경하는 내용으로 정비계획을 수립한 경우, 3. 시장·군수등이 법 제9조 제1항 제10호 다목(「국토계획법」 제36조 제1항 제1호 가목에 따른 주거지역을 세분 또는 변경하는 계획과 용적률에 관한 사항)의 사항을 포함하는 정비계획을 수립한 경우의 어느 하나에 해당하는 경우에는 그러하지 아니하다(법 제69조 제1항).

정비사업과 관련된 **환지**에 관하여는 「도시개발법」 제28조부터 제49조까지의 규정을 준용한다. 이 경우 같은 법 제41조 제2항 본문에 따른 "환지처분을 하는 때"는 "사업시행계획인가를 하는 때"로 본다(법 제69조 제2항).

주거환경개선사업의 경우에는 「토지보상법」 제78조 제4항을[461] 적용하지 아니하며, 「주택법」을 적용할 때에는 이 법에 따른 사업시행자(토지주택공사등이 공동사업시행자인 경우에는 토지주택공사등을 말한다)는 「주택법」에 따른 사업주체로 본다(법 제69조 제3항).

Ⅲ. 지상권 등 계약의 해지

정비사업의 시행으로 지상권·전세권 또는 임차권의 설정 목적을 달성할 수 없는 때에는 그 권리자는 계약을 해지할 수 있다(법 제70조 제1항).

계약을 해지할 수 있는 자가 가지는 전세금·보증금, 그 밖의 계약상의 금전의 반환청구권은 사업시행자에게 행사할 수 있다(법 제70조 제2항). 금전의 반환청구권의 행사로 해당 금전을 지급한 사업시행자는 해당 **토지등소유자**에게 구상할 수 있다(법 제70조 제3항). 사업시행자는 구상이 되지 아니하는 때에는 해당 **토지등소유자**에게 귀속될 대지 또는 건축물을 압류할 수 있다. 이 경우 압류한 권리는 저당권과 동일한 효력을 가진다(법 제70조 제4항).

---

460) 영 제58조(다른 법령의 적용) 법 제69조 제1항 각 호 외의 부분 본문에서 "**대통령령**으로 정하는 지역"이란 다음 각 호의 구분에 따른 용도지역을 말한다.
 1. 주거환경개선사업이 법 제23조 제1항 제1호(현지개량방식) 또는 제3호(환지방식)의 방법으로 시행되는 경우: 「국토계획법 시행령」 제30조 제1호 나목(2)에 따른 **제2종일반주거지역**
 2. 주거환경개선사업이 법 제23조 제1항 제2호(공동주택 및 대지공급방식) 또는 제4호(관리처분방식)의 방법으로 시행되는 경우: 「국토계획법 시행령」 제30조 제1호 나목(3)에 따른 **제3종일반주거지역**. 다만, 기업형임대주택 또는 「공공주택 특별법」 제2조 제1호의2에 따른 공공건설임대주택을 200세대 이상 공급하려는 경우로서 해당 임대주택의 건설지역을 포함하여 정비계획에서 따로 정하는 구역은 「국토계획법 시행령」 제30조 제1호 다목에 따른 **준주거지역**으로 한다.
461) 「토지보상법」 제78조(이주대책의 수립 등) ④ 이주대책의 내용에는 이주정착지(이주대책의 실시로 건설하는 주택단지를 포함한다)에 대한 도로, 급수시설, 배수시설, 그 밖의 공공시설 등 통상적인 수준의 생활기본시설이 포함되어야 하며, 이에 필요한 비용은 사업시행자가 부담한다. 다만, 행정청이 아닌 사업시행자가 이주대책을 수립·실시하는 경우에 지방자치단체는 비용의 일부를 보조할 수 있다.

관리처분계획의 인가를 받은 경우 지상권·전세권설정계약 또는 임대차계약의 계약기간은 「민법」 제280조·제281조 및 제312조 제2항, 「주택임대차보호법」 제4조 제1항, 「상가건물임대차보호법」 제9조 제1항을 적용하지 아니한다(법 제70조 제5항).

제5절 관리처분계획

사업시행자(조합)의 관리처분은 **토지등소유자(조합원)**의 분양신청과 행정청의 관리처분계획인가로 이루어진다. 관리처분은 분양신청으로 시작되는데, **조합원**들의 분양신청을 받아야 조합은 신축되는 아파트를 어떻게 분양할 것인지를 설계할 수 있기 때문이다. 반대로 분양신청을 하지 않은 자들을 조기에 사업에서 배제해서 이들의 소유권을 확보해야 하기 때문이기도 하다.

제1항 분양신청

토지등소유자의 분양신청은 사업시행자의 분양공고로 시작되므로, 분양공고에 관한 법률 조항을 이해한 후 분양신청을 설명하기로 한다.

Ⅰ. 분양공고

분양공고란 정비사업으로 사업시행자(아파트를 공급하는 자)가 **조합원** 내지 **토지등소유자**(아파트를 분양받으려는 자)에게 해당 아파트에 대한 정보를 사실 그대로 제공하는 것을 말한다. 「주택공급에 관한 규칙」 제21조에 따르면 사업주체는 입주자를 모집하고자 할 때에는 입주자모집공고를 해당 주택건설지역 주민이 널리 볼 수 있는 일간신문, 관할 시·군·자치구의 인터넷 홈페이지 또는 해당 주택건설지역 거주자가 쉽게 접할 수 있는 일정한 장소에 게시하여 공고하여야 하지만, 「도시정비법」에서는 분양공고시기 등에 관해서 다음과 같이 정하고 있다.

1. 공고시기

(1) 사업시행자는 **사업시행계획인가의 고시가 있은 날부터 120일 이내에** 또는 **사업시행계획인가 이후 시공자를 선정한 경우**에는 시공자와 계약을 체결한 날부터 120일 이내에 일정한 사항을 **토지등소유자에게 통지**하고, 분양의 대상이 되는 대지 또는 건축물의 내역 등 **대통령령**으로 정하는 사항(영

제59조 제1항)을 해당 지역에서 발간되는 일간신문에 공고하여야 한다(법 제72조 제1항 본문).

(2) 만약 사업시행계획인가 전에 시공자를 선정했다면 비록 선정된 시공자와 공사계약을 체결하지 못한 경우라 할지라도, **사업시행자는 사업시행인가의 고시가 있은 날부터 120일 이내**에 분양대상자별 분담금의 추산액 등의 통지 및 일간신문에 공고를 해야 할 것이다.[462] 그리고「도시정비법」은 강제가 입제를 원칙으로 하던「도시재개발법」을 모태로 한 법률이어서 **토지등소유자**를 분양신청 대상자로 하여 **재개발사업**에는 맞는 표현이나, 임의가입제인 **재건축사업**의 경우 조합설립에 동의하지 않은 **토지 등소유자**는 분양신청 대상자가 아니므로, 관리처분계획의 공람을 할 이해관계도 없어서(법 제78조 제1항), 이 규정의 **토지등소유자**는 재건축사업의 경우 **조합원**으로 보아야 한다.[463]

(3) 다만, **토지등소유자** 1인이 시행하는 재개발사업의 경우에는 **토지등소유자**에게 통지나 일간신문의 공고를 생략한다(법 제72조 제1항 단서).

2. 토지등소유자에 대한 통지 사항

(1) 분양신청에 대하여 아래와 같이 일간신문에 공고하기 전에, 다음 각 호 1. 분양대상자별 종전의 토지 또는 건축물의 명세 및 사업시행계획인가의 고시가 있은 날을 기준으로 한 가격,[464] 2. 분양대상자별 분담금의 추산액, 3. 분양신청기간, 4. 그 밖에 **대통령령으로 정하는 사항**을 **토지등소유자**에게 통지하여야 한다(법 제72조 제1항 각 호). 분양대상자별 분담금의 추산액 등의 통지 및 일간신문에 공고하도록 하는 취지는 재건축조합이 시장·군수로부터 인가받은 사업시행계획을 토대로 분양의 대상이 되는 대지 또는 건축물의 내역을 통지하여 **토지등소유자**가 대지 또는 건축물을 분양받을지 여부를 결정하도록 하는데 있다.[465]

(2) 법 제72조 제1항 제4호에서 "**대통령령으로 정하는 사항**"이란 아래 각 호 1. 영 제59조 제1항에서 제7호(**토지등소유자 외**의 권리자의 권리신고방법)를 제외한 제1호부터 제6호까지 및 제8호의 사항, 2. 분양신청서, 3. 그 밖에 **시·도조례**로 정하는 사항을 말한다(영 제59조 제2항). 영 제59조 제2항 제3호에서 "그 밖에 **시·도조례**로 정하는 사항"이란 다음 각 호 1. 분양신청 안내문, 2. 철거 및 이주 예정일을 말한다(서울시 도시정비**조례** 제32조 제2항).

---

462) 법제처도 재건축조합이 사업시행계획인가를 받기 전에 시공자를 선정하였으나 선정된 시공자와 공사계약을 체결하지 못한 상태에서 사업시행계획인가를 받은 경우,「도시정비법」제72조 제1항(구 제46조 제1항)에 따른 개략적인 부담금 내역 등의 통지 및 일간신문 공고는 시공자와 공사에 관한 계약을 체결한 날부터 120일(구 60일) 이내에 해야 하는지에 대한 법령해석에서, 재건축조합이 사업시행계획인가를 받기 전에 시공자를 선정하였으나 선정된 시공자와 공사계약을 체결하지 못한 상태에서 사업시행계획인가를 받은 경우,「도시정비법」제72조 제1항에 따른 개략적인 부담금내역 등의 통지 및 일간신문 공고는 사업시행계획인가의 고시가 있은 날부터 120일 이내에 해야 할 것이라고, 해석하였다(법제처 법령해석, 안건번호 14-0348, 회신일자 2014. 7. 24.).

463) 김종보, "정비사업의 구조이론과 동의의 평가", 166면.

464) 사업시행계획인가 전에 제81조 제3항에 따라 철거된 건축물은 시장·군수등에게 허가를 받은 날을 기준으로 한 가격으로 한다.

465) 법제처 법령해석, 안건번호 14-0348, 회신일자 2014. 7. 24.

3. 일간신문 공고 사항

법 제72조 제1항 각 호 외의 부분 본문에서 "분양의 대상이 되는 대지 또는 건축물의 내역 등 **대통령령**으로 정하는 사항"이란 다음 각 호 1. 사업시행인가의 내용, 2. 정비사업의 종류·명칭 및 정비구역의 위치·면적, 3. 분양신청기간 및 장소, 4. 분양대상 대지 또는 건축물의 내역, 5. 분양신청자격, 6. 분양신청방법, 7. **토지등소유자**외의 권리자의 권리신고방법, 8. 분양을 신청하지 아니한 자에 대한 조치, 9. 그 밖에 시·**도조례**로 정하는 사항을 해당 지역에서 발간되는 일간신문에 공고하여야 한다(영 제59조 제1항). 영 제59조 제1항 제9호에서 "그 밖에 시·**도조례**로 정하는 사항"이란 다음 각 호 1. 법 제72조 제4항에 따른 재분양공고 안내, 2. 제44조 제2항에 따른 보류지 분양 처분 내용의 사항을 말한다(서울시 도시정비**조례** 제32조 제1항).

II. 분양신청

1. 의의 및 연혁

(1) 분양신청은 **조합원**이 관리처분단계에서 조합에게 신축되는 아파트 중 일정한 평형을 분양받겠다는 의견을 표명하는 행위를 말한다.[466) 분양신청에 대한 종래의 이해는 분양신청이 관리처분을 위한 사실상의 신청행위에 불과한 것이라 보는 것이 일반적이다. 「도시정비법」에서 **조합원**의 분양신청에 대해서는 그 절차와 효과가 정해져 있다고 할 수 있으나 분양 미신청은 정비사업별로 의미가 같지 않다. 즉 강제가입제의 **재개발사업**에서는 분양 미신청한 **토지등소유자**를 사업에 반대하는 자의 대표적인 경우로 보아 손실보상 협의(종래 현금청산) 및 수용재결의 대상이 된다. 그런데 임의가입제의 **재건축사업**에서 분양신청은 조합설립 동의 후, 다시 정비사업에 대한 동의 의사를 표시하는 절차이다. 조합설립에 동의를 한 자라 하여도 분양신청을 하지 않은 자에 대한 조치로 **조합원**의 종전 재산에 대해서 현금으로 청산(손실보상 협의)하는 절차를 거치고, 관리처분대상자에서 제외하는 등의 조항이 마련되어 있다. **재건축사업에서 분양신청**은 조합원이 한 번 더 조합이 시행하는 정비사업에 동의하는 뜻을 밝히는 중요한 공법적 견해표명이며 조합설립동의에 준하는 것이라는 점에 유의해야 한다.[467)

(2) 구법시대 분양신청을 하지 않은 자에 대해 "현금청산" 하도록 정하고 있었던 것은 재개발사업에 한정된 것이었고(도시재개발법 제36조 및 제42조), 재건축사업에서는 분양신청이나 현금청산이라는 제도가 없었다. 왜냐하면 분양신청이나 현금청산은 관리처분계획을 수립하기 위한 절차의 일부였기 때문이다. 재건축과 재개발사업이 「도시정비법」으로 통합되면서 재건축에도 관리처분절차가 도입되었고, 자연스레 분양신청이나 현금청산(현행 손실보상 협의)도 같이 적용되는 것으로 규정되었다.

---

466) 김종보, 건설법(제6판), 639면.
467) 김종보, 건설법(제6판), 590면.

그러나 임의가입제에 의한 재건축조합은 이미 분양받을 것을 전제로 조합설립에 동의하는 것이므로 이들에 대해 **다시 분양신청을 받는 것**은 절차의 중복이다. 그리고 분양신청을 하지 않는 자들에 대해 현금청산 하도록 한 취지도 "조합"으로부터 아파트를 분양 받지 않겠다면 협의를 통해 현금으로 청산할 수 있는 권한을 준다는 의미이지, 불리한 사업에서 이탈할 권한을 "**조합원**"에게 주는 취지는 아니다. 이런 이유로 재건축사업에서는 분양신청이나 현금청산의 절차가 재개발사업과 구별되어 규율되어야 했지만, 이를 고려하지 않고 입법한 결과 다양한 문제들이 등장하게 되었다.[468]

2. 분양신청 및 분양신청 철회의 기간

가. 의의

「주택법」제54조에 따른 주택공급과 달리, 「도시정비법」에 의한 재개발·재건축사업은 관리처분계획의 수립을 위해서 **분양신청**을 받고, **조합원**은 관리처분계획인가 후 ○일 이내에 분양계약체결을 하도록 하고 있다(재개발 표준정관 제44조 제5항 및 재건축 표준정관 제42조 제5항). 따라서 **분양신청의 철회**하거나 분양신청 후 분양계약을 하지 않거나 분양계약을 해제(철회)한 경우에 이들 "분양신청을 하지 아니한 자 등"에 대하여 사업시행자(조합)는 법 제73조에 따른 조치를 하게 된다.

나. 분양신청기간

분양신청기간은 사업시행자가 **토지등소유자**에게 통지한 날부터 30일 이상 60일 이내로 하여야 한다. 다만, 사업시행자는 관리처분계획의 수립에 지장이 없다고 판단하는 경우에는 **분양신청기간을 20일의 범위에서 한 차례만 연장**할 수 있다(법 제72조 제2항). 그리고 법제처에서도 분양신청 연장기간의 기산점에 대하여 명문의 규정이 없어 사업시행자가 분양신청 기간을 연장하고자 할 경우, 당초의 분양신청 기간에 이어서만 분양신청 기간을 연장할 수 있는지 아니면 당초의 분양신청 기간과 이어지지 않는 기간을 별도로 정하여 분양신청 기간을 연장할 수 있는지 여부에 대한 법령해석에서, 위 규정에서 분양신청 기간을 정하고 있는 취지는 도시정비사업의 법률관계를 조속히 확정하여 법적 안정성을 확보하기 위한 것이므로, 이러한 연장의 개념 및 같은 규정의 입법취지에 비추어 볼 때, 사업시행자는 분양신청 기간을 연장하고자 하는 경우 **당초의 분양신청 기간에 이어서 20일의 범위 이내**에서 분양신청 기간을 연장할 수 있다고 해석하여야 할 것이라고 하였다.[469] 따라서 당초의 분양신청 기간과 이어지지 않는 기간을 별도로 정하여 분양신청 기간을 연장하는 경우 후술하는 재분양 공고 및 재분양 신청의 방법으로 할 수 있을 것이다.

---

468) 김종보, 건설법(제6판), 637~638면.
469) 법령해석, 민원인 - 사업시행자가 분양신청기간을 연장하여 통지하는 경우 분양신청 연장기간을 당초의 분양신청기간에 이어서만 연장할 수 있는지 여부(「도시정비법」제46조 제1항 등 관련), 안건번호11-0548, 회신일자 2011. 10. 13.

다. 분양신청의 철회기간

(1) 「도시정비법」은 분양신청의 기간에 관하여 정하고 있으나, 분양신청에 대한 철회의 기간에 관해서는 명시적인 규정이 없고, 다만 법 제73조 제1항 제2호에서 "분양신청기간 종료 이전에 분양신청을 철회한 자"라 하여 분양신청기간 종료 이전에 분양신청을 철회할 수 있고 분양신청 기간이 분양신청의 철회 기간임을 우회적으로 표현한 것이라 할 수 있다.[470]

(2) 판례는 "분양신청을 철회한 자라고 함은 분양신청기간 내에 분양신청을 하였으나 그 기간이 종료되기 전에 이를 철회함으로써 분양신청을 하지 아니한 자와 마찬가지로 관리처분계획의 수립과정에서 현금청산대상자가 된 자를 가리킬 뿐, 분양신청을 한 **토지등소유자**가 분양신청기간이 종료된 후에 임의로 분양신청을 철회하는 것까지 당연히 허용되어 그에 따라 위에서 말하는 분양신청을 철회한 자에 해당하게 된다고 볼 수 없다"는 판시와[471] 같이 **분양신청기간과 분양철회의 기간이 같고 분양신청기간 종료 후 분양신청의 철회는 허용되지 않는다.**

(3) 법제처는 분양신청 기간을 법에서 정한 취지는 분양신청은 일련의 연속되는 재개발사업 중 하나의 절차이므로 분양신청 기간을 법정하고, 연장의 경우 역시 최대 20일까지만 허용함으로써 분양신청 기간이 길어지거나 계속 연장되어 이후 절차가 지연되는 것을 막고, 이를 통하여 특별한 사정이 없는 한, 분양신청 기간 종료와 더불어 분양신청 여부가 확정되도록 하여 분양신청에 따른 권리관계를 정리하고자 한 것으로 보이는 바, 그렇다면 **분양신청 철회 역시 원칙적으로는 분양신청 기간 중에 한하여 허용하는 것이 분양신청 기간 및 연장기간을 법에서 정한 취지에 부합한다**고 할 것이다.[472] 법제처도 재개발사업의 관리처분계획인가 고시일 전 분양신청을 철회할 수 있는지 여부에 대한 법령해석에서, 재개발사업을 시행함에 있어서, 분양신청 기간 중 분양신청을 한 자는 분양신청 기간이 종료된 이후부터 같은 법 제78조 제4항에 따른 관리처분계획인가 고시일 이전의 기간 중에 제한 없이 분양신청을 철회할 수 없다고 해석하였다.[473]

---

470) **분양신청 철회 시기를 제한**하는 것은 국민의 재산권 행사와 상당한 관련이 있으므로, 어느 시점까지 분양신청 철회가 가능한지, 분양신청 철회가 가능한 경우 철회 시점에 따른 **조합원** 지위나 현금청산 시기 등에 어떠한 영향을 미치는지 등에 대한 명확한 규정을 마련할 필요가 있다는 법령개정 의견이 있었으나, 아직까지 이와 관련된 법령의 개정은 없다 (법제처 법령해석, 안건번호 12-0079, 회신일자 2012. 3. 2.).

471) 대법원 2011. 12. 22. 선고 2011두17936 판결.

472) 법제처 법령해석, 안건번호 12-0079, 회신일자 2012. 3. 2.

473) 그 이유로 사업시행자는 원칙적으로 분양신청 기간이 종료된 시점에 분양신청 현황을 기초로 분양대상자 및 분양대상자별 종전 부동산 명세와 가격, 분양예정인 부동산 추산액 뿐 아니라, 보류지 및 일반분양분과 현금청산에 관한 내용이 포함된 관리처분계획을 수립하고, 이러한 관리처분계획에 대한 총회 의결 및 시장·군수 인가와 이에 관련된 일련의 절차를 밟아야 한다. 그러므로, **분양신청 기간 종료일 이후 개별적인 분양신청 철회를 무제한으로 인정한다면** 원칙적으로 분양신청 기간 종료 시를 기준으로 작성되고 시장·군수의 인가 및 **조합원** 총회의 의결을 거쳐야 하는 관리처분계획이 지속적으로 수정 또는 변경될 수밖에 없어 재개발사업이 지연될 뿐만 아니라, 관리처분계획과 관련된 절차 자체가 진행되지 못하여 재개발사업이 중단되는 경우도 발생할 수 있다.
한편, 관리처분계획인가 고시일 이전에 무제한으로 분양신청 철회를 인정하는 경우 이러한 철회내용을 관리처분계획에 어떻게 반영할 것인지, 만약 관리처분계획에 반영하지 않는 경우 **조합원** 탈퇴 시점이나 현금청산 기준시점을 언제로 보아야 하는지 및 관리처분계획과 어떻게 조화를 이루어야 하는지, 관리처분계획 변경 절차를 통하여 반영하는 경우 이에 따른 절차의 지연 문제를 어떻게 해결하여야 하는지 등 추가적인 법적인 문제점들이 야기된다고 할 것이다. 또한,

라. 분양계약의 미체결 및 해제

관리처분계획인가 전 분양신청을 하고, 이에 따른 분양계약의 체결은 재개발·재건축조합표준정관에 따르면 관리처분계획인가 후 ○일 이내에 분양계약체결을 하여야 하며 분양계약체결을 하지 않는 경우 현금청산대상자에 해당하게 된다(법 제73조, 재개발 표준정관 제44조 제5항 및 재건축 표준정관 제42조 제5항). 대법원은 재개발조합의 분양계약체결 사건에서 "사업시행자의 <u>조합정관이나 관리처분계획</u>에서 <u>**조합원**</u>들에 대하여 분양신청기간 종료 후 일정한 기간 내에 분양계약을 체결할 것을 요구하면서 <u>그 기간 내에 분양계약을 체결하지 아니한 자에 대하여는 그 권리를 현금으로 청산한다는 취지를 정한 경우, 이는 사업시행자가 **조합원**이었던 **토지등소유자**에 대하여 해당 기간에 분양계약의 체결을 거절 하는 방법으로 사업에서 이탈할 수 있는 기회를 추가로 부여한 것이므로, 분양신청을 한 **토지등소유자** 가 분양신청 기간이 종료된 이후 분양계약 체결기간 내에 분양계약을 체결하지 않거나, 사업시행자에게 분양신청을 철회하는 등으로 분양계약의 체결의사가 없음을 명백히 표시하고 사업시행자가 이에 동의한 경우에도 당해 **토지등소유자**는 현금청산대상자에 해당하게 된다고 보아야 한다"</u>고[474] 판시하였다. 분양계약을 체결한 후 **토지등소유자** 내지 **조합원**이 일방적으로 해제하거나 합의해제하는 경우 「민법」의 법리에 의하면 될 것이다.

3. 분양신청의 방법 및 절차

(1) 대지 또는 건축물에 대한 <u>분양을 받으려는 **토지등소유자**</u>는 법 제72조 제2항에 따른 분양신청기간에 **대통령령**으로 정하는 방법 및 절차에 따라 사업시행자에게 대지 또는 건축물에 대한 분양신청을 하여야 한다(법 제72조 제3항).

(2) 이에 위임된 **대통령령**에서는, 법 제72조 제3항에 따라 <u>분양신청을 하려는 자</u>는 영 제59조 제2항 제2호에 따른 분양신청서에 소유권의 내역을 분명하게 적고, 그 소유의 토지 및 건축물에 관한 등기부 등본 또는 환지예정지증명원을 첨부하여 사업시행자에게 제출하여야 한다. 이 경우 우편의 방법으로 분양신청을 하는 때에는 영 제59조 제1항 제3호에 따른 분양신청기간 내에 발송된 것임을 증명할 수 있는 우편으로 하여야 한다(영 제59조 제3항).

(3) **재개발사업**의 경우 **토지등소유자**가 정비사업에 제공되는 종전의 토지 또는 건축물에 따라 분양받을 수 있는 것 외에 공사비 등 사업시행에 필요한 비용의 일부를 부담하고 그 대지 및 건축물(**주택을 제외**한다)을 <u>분양받으려는 때에는</u> 영 제59조 제3항에 따른 분양신청을 하는 때에 **그 의사를 분명히 하고**, 분양대상자별 종전의 토지 또는 건축물의 사업시행계획인가의 고시가 있은 날을 기준으로 한

국토교통부가 만든 「재개발사업표준정관」 제44조 제5항에 나타나 있는 바와 같이, <u>일정한 경우에는 분양신청 철회를 원하는 경우 **관리처분계획인가 이후 분양계약 체결 기간 중에 분양계약을 체결하지 아니함으로써 현금청산이 가능한 부분이 있으므로**, 관리처분계획 인가 이전에 하는 분양신청 철회에 일정한 제한을 둠으로써 발생할 수 있는 문제들이</u> 일부 해결될 수 있다(법제처 법령해석 사례, 안건번호 12-0079, 회신일자 2012. 3. 2.).

474) 대법원 2011. 7. 28. 선고 2008다91364 판결; 대법원 2014. 8. 26. 선고 2013두4293 판결.

가격(법 제72조 제1항 제1호)의 **10%**에 상당하는 금액을 사업시행자에게 납입하여야 한다. 이 경우 그 금액은 납입하였으나 영 제62조 제3호(영 제63조 제1항 제4호에 따른 비용의 부담비율에 따른 대지 및 건축물의 분양계획과 그 비용부담의 한도·방법 및 시기. 이 경우 비용부담으로 분양받을 수 있는 한도는 정관등에서 따로 정하는 경우를 제외하고는 기존의 토지 또는 건축물의 가격의 비율에 따라 부담할 수 있는 비용의 50%를 기준으로 정한다)에 따라 정하여진 비용부담액을 정하여진 시기에 납입 하지 아니한 자는 그 납입한 금액의 비율에 해당하는 만큼의 대지 및 건축물(주택을 제외한다)만 분양 을 받을 수 있다(영 제59조 제4항).

재개발사업에 한정하여 **토지등소유자**가 자신이 소유하고 현물출자한 종전재산에 따라 분양받을 수 있는 것 외에 **주택을 제외**하고 별도로 분양받을 수 있는 대지 또는 건축물의 분양절차를 규정한 것으로, **분양의사표시**를 하고 **종전재산의 10%**를 납입한 후 정하여진 비용 부담액의 일부만을 납부하였다 면 기 납부한 금액비율에 상당하는 부분만 분양받는다.[475]

4. 재분양 공고 및 재분양 신청

가. 개정 취지

동 조항은 2018. 2. 9. 시행법부터 **토지등소유자**에게 분양신청 공고 전에 종전재산의 평가 결과와 분양대상자별 분담금 추산액을 알려주도록 하고, 분양공고 시기를 사업시행인가 후 120일로 연장하며, 사업시행계획변경인가로 세대수·주택규모가 달라진 경우에는 예외적으로 재분양 신청을 허용하도록 하였다.

법 제50조 제1항 단서 및 영 제46조에 따른 경미한 사항의 변경에 해당하지 않는 **전체 세대수 및 주택공급면적의 변경은 조합원의 분담금 규모에 영향을 미치게 되고**, **조합원**의 분담금이 증액되는지 아니면 감액되는지 여부는 **조합원**들이 종전에 분양을 받은 주택을 취득할 수 있는 권리를 유지할지 여부를 정하는 핵심사항이 되어 **조합원**들의 권리의무에 본질적인 영향을 미치게 되는데, 이 같은 중요 한 사항이 변경된 경우에는 변경된 사업시행계획 하에서 **조합원**들의 주택을 취득할 수 있는 권리 유지 여부와 같은 재산권 행사에 대한 의사표시 절차가 필요하므로, 사업시행자는 변경된 사업시행계획에 따라 다시 분양공고 및 분양신청절차를 이행해야 할 것이다.[476]

나. 재분양 공고 및 신청

(1) 사업시행자는 **분양신청기간 종료 후** 경미한 사항의 변경을 제외한 **사업시행계획인가의 변경으 로 세대수 또는 주택규모가 달라지는 경우** 분양공고, 분양통지, 분양신청기간 등의 절차를 다시 거칠 수 있다(법 제72조 제4항).

---

475) 김조영, 재건축재개발 등 정비사업 법령해설집, 224면.
476) 법제처 법령해석, 안건번호 13-0652, 회신일자 2014. 3. 13.

(2) 사업시행자는 정관등으로 정하고 있거나 총회의 의결을 거친 경우 재분양 공고에 따라 1. 분양신청을 하지 아니한 자, 2. 분양신청기간 종료 이전에 분양신청을 철회한 자에 해당하는 **토지등소유자**에게 분양신청을 다시 하게 할 수 있다(법 제72조 제5항).

토지등소유자가 분양신청 기간내에 분양신청을 하지 않으면 분양신청기간 종료일 다음날에 **조합원**의 지위를 상실한다. 이렇게 **조합원**지위를 상실한 **토지등소유자**를 대상으로 법 제72조 제5항에 따라 분양신청을 다시 받으려면 조합정관을 개정하거나 **조합원**자격을 다시 부여하는 총회의결을 거쳐야 한다. 왜냐하면 **조합원** 지위를 회복하여야 **조합원**분양분에 대한 분양신청을 할 수 있기 때문이다. 일반적으로 재개발조합정관에서는 **조합원** 가입시기가 규정되어 있지 않으나, 재건축조합정관에서는 **조합원** 자격조항에 대부분 분양신청기한까지 **조합원**으로 가입할 수 있도록 되어 있다. 따라서 위 규정에 따라 재분양 신청을 받으려면 재개발조합에서는 **조합원**자격을 다시 부여하는 안건을 총회에 상정하여 의결하여야 하고, 재건축에서는 조합정관을 개정하면서 아울러 총회안건으로 상정하여 결의하여야 한다.[477]

5. 투기과열지구에서의 분양신청 제한

가. 분양신청 제한 요건

(1) **투기과열지구**의 정비사업에서 법 제74조에 따른 관리처분계획에 따라 **조합원**분양대상자(법 제74조 제1항 제2호) 또는 일반분양대상자(법 제74조 제1항 제4호 가목) 및 그 세대에 속한 자(즉 **조합원** 분양 또는 일반분양에 당첨된 자 및 그 세대에 속한 자)는 분양대상자 선정일(**조합원** 분양분의 분양대상자는 최초 관리처분계획인가일을 말한다)부터 **5년 이내에는 투기과열지구**에서 분양신청을 할 수 없다(법 제72조 제6항 본문).

따라서 2017. 10. 24.(법률 제14943호) 이후 투기과열지구 내 정비사업에서 일반분양 또는 **조합원**분양에 당첨된 자는 5년 이내에 투기과열지구 내 정비사업의 **조합원**분양 신청을 할 수 없도록 하였다. 법 제39조 제2항에 따른 **조합원** 지위의 양도 금지조항이 부칙 제1조에 따라 동법 시행일 이후 3개월 (2018. 1. 25.) 이후 시행인데 비하여, 동 조항은 공포한 날인 2017. 10. 24.부터 시행하도록 하였다.

(2) 그러나, **이 법 시행일(2017. 10. 24.) 전**에 이미 투기과열지구의 **토지등소유자**는 동 조항의 개정에도 불구하고 5년 이내 분양신청 제한이 적용되지 않는다(부칙 제4조 본문). 다만, 다음 각 호 1. **토지등소유자**와 그 세대에 속하는 자가 **이 법 시행 후** 투기과열지구의 정비사업구역에 소재한 토지 또는 건축물을 취득하여 해당 정비사업의 관리처분계획에 따라 **조합원**분양대상자로 선정된 경우, 2. **토지등소유자**와 그 세대에 속하는 자가 **이 법 시행 후** 투기과열지구의 정비사업의 관리처분계획에 따라 **일반분양대상자**로 선정된 경우의 어느 하나에 해당하는 경우에는 적용 제외에서 다시 제외(예외의 예외)되어, 결국 5년 이내 분양신청 제한의 대상이 된다(부칙 제4조 단서).

---

477) 김조영, 재건축재개발 등 정비사업 법령해설집, 201면.

(3) 법 시행일 이후 분양신청을 하는 경우라면 투기과열지구 내 **토지등소유자**가 5년 후 또 다른 주택으로 **조합원** 분양을 받거나 일반 분양에 당첨되는 것은 가능하다. 예를 들면 ① 법 시행일 전에 투기과열지구에서 1인이 두 개의 조합에서 각각 **토지등소유자**이더라도 분양신청 제한이 적용되지 아니하며, ② 법 시행일 전에 1인이 A조합에서 **토지등소유자**이고, 법 시행일 이후 B조합에서 주택을 매입하더라도 A조합에서 분양신청 후 5년 이내에 B조합에 분양신청이 가능하다. ③ 법 시행일 이후 두 채의 주택을 매입하여 한 채를 분양신청한 후 5년이 지나 다른 한 채에 대한 분양신청을 하더라도 가능하다. ④ 투기과열지구 지정 전에 주택 한 채를 매입하였으나 그 후 투기과열지구로 지정된 후 분양 신청을 하였고, 이후 또 다른 한 채가 투기과열지구 밖이라면 5년 이내 분양신청 제한이 적용되지 않는다. ⑤ 투기과열지구 이전에 한 채를 소유한 자가 그 이후 투기과열지구로 지정되었고, 다른 또 하나의 주택도 투기과열지구 내에 있다면 5년이 지나야 관리처분계획 인가를 위한 분양신청을 할 수 있다.

나. 예외

다만, 상속, 결혼, 이혼으로 **조합원** 자격을 취득한 경우에는 분양신청을 할 수 있다(법 제72조 제6항 단서).

Ⅲ. 분양신청을 하지 아니한 자 등에 대한 조치(분양신청·미신청의 법적 효과)

1. 의의

분양신청을 함으로써 **조합원**은 권리배분절차에 해당하는 관리처분절차에 참가하게 된다. 그렇다면 분양신청을 하지 않는 것은 사업에서 이탈하겠다는 의사를 밝히는 것이며, 분양신청을 하지 않은 경우에 「도시정비법」은 손실보상 협의를 거쳐 소유권을 박탈하기 위한 절차를 예정하고 있다.

정비사업에서 분양 미신청(법 제73조 제1항 제1호)은 다양한 의미가 있다. 재건축조합에서 조합설립 미동의자는 **조합원**이 아니고 사업시행인가 후 매도청구의 대상이 될 뿐이므로 분양신청을 할 기회조차 없기 때문에, 분양신청을 하지 않는다는 의미는 찬성 **조합원**에 해당하는 의미이고,[478] **조합원**이 분양신청을 하지 않는 것은 조합설립동의를 하지 않은 것과 다르지만, 분양 미신청 등의 사유로 현금청산 대상자가 되는 경우 **조합원** 지위도 상실하게 되어 조합탈퇴자에 준하는 신분을 가진다.[479] 재개발사업은 조합설립에 동의여부와 관계없이 **토지등소유자**는 **조합원**이므로 **조합원**이 분양신청을 하지 않은 경우가 있을 수 있다.

---

478) 김종보, 건설법(제6판), 639~640면.
479) 대법원 2010. 12. 23. 선고 2010다73215 판결.

재개발·재건축사업 모두 조합설립이나 사업시행계획에 동의한 자라 하더라도 분양신청을 하지 않을 수 있고, 반대로 재건축조합과 달리 특히 재개발사업은 정비사업에 동의하지 않은 자도 분양신청이 가능하다. 다만 분양신청을 하지 않으면 토지소유권을 상실하게 되며, 미동의자가 분양신청을 하는 경우에는 사업시행자가 정비사업에 동의하도록 종용할 뿐이다.[480]

2. 손실보상(현금청산)에 대한 법률 개정

종래 분양신청을 하지 않으면 현금청산(2017. 2. 8. 개정되기 전 구 도시정비법 제47조 제1항)의 대상이 되었는데 현금청산이라는 용어가 불분명해서 실무와 판례에 많은 혼란을 가져왔다. 2018. 2. 9. 시행법은 현금청산이라는 용어를 폐기하고 "손실보상 협의"로 개정하였으며, 협의가 결렬되면 수용재결을 신청하거나 매도청구소송을 제기하도록 하였다(법 제73조).

이와 같이 개정된 배경은 수용재결의 사전절차로서 「토지보상법」상의 협의취득절차와 「도시정비법」상 현금청산절차를 동일한 것으로 보던 대법원의 입장이 받아들여진 것이며,[481] 이는 재개발사업에서는 적절한 용어이나 재건축사업에서는 개정전 현금청산 표현이 더 적절한 것으로 보인다. 그 밖에도 150일 이었던 협의기간을 관리처분계획인가·고시된 날부터 90일 이내로 단축하였고(법 제73조 제1항 본문), 손실보상 협의 개시시점을 분양신청기간 종료일의 다음 날부터 하도록 하였다(법 제73조 제1항 단서). 이와 같은 협의가 성립되지 아니하면 협의기간 만료일 다음날부터 60일 이내에 수용재결을 신청하거나 매도청구소송을 제기하도록 명문화하였으며(법 제73조 제2항), 지연이자의 발생 시기 및 사유를 명확히 규정하였다(법 제73조 제3항).

3. 손실보상(현금청산)에 관한 협의

사업시행자는 **관리처분계획이 인가·고시된 다음 날부터 90일 이내**에 다음 각 호 1. 분양신청을 하지 아니한 자, 2. 분양신청기간 종료 이전에 분양신청을 철회한 자, 3. 투기과열지구 내 재당첨금지조항에 따라 분양신청을 할 수 없는 자(법 제72조 제6항 본문), 4. 인가된 관리처분계획에 따라 분양대상에서 제외된 자와 토지·건축물 또는 그 밖의 권리의 "손실보상에 관한 협의"를 하여야 한다(법 제73조 제1항 본문). 다만, 사업시행자는 분양신청기간 종료일의 다음 날부터 협의를 시작할 수 있다(법 제73조 제1항 단서). 그러나 실무적으로 분양신청기간 종료일 다음 날부터 협의를 시작하는 쉽지 않을 것이다. 왜냐하면 협의를 위해서는 분양신청을 아니한 자 등에 손실보상금(현금청산금)을 제시하여야 하는데, 분양신청기간 종료일이 지나서 감정평가액에 의한 손실보상금이 정해진 후 협의할 수 있기 때문이다.

---

480) 김종보, 건설법(제6판), 639~640면.
481) 「도시정비법」상 재개발사업에 있어서 분양신청을 하지 아니하여 현금청산대상자가 된 **토지등소유자**는 「도시정비법」 제47조 제1항이 정한 기간(이하 '현금청산기간'이라고 한다) 내에 현금청산에 관한 협의가 성립되지 않은 경우 「토지보상법」상의 손실보상에 관한 협의를 별도로 거칠 필요 없이 사업시행자에게 수용재결신청을 청구할 수 있다고 보아야 한다(대법원 2015. 12. 23. 선고 2015두50535 판결).

동 조항은 구법시대 재개발사업에서 현금청산제도에 관한 규정을 그대로 받아들인 것이고, 구법시대 재건축사업과 같이 조합설립에 동의한 자만이 **조합원**이 되고 분양신청제도도 없었던 경우에는 일단 조합설립에 동의하면 사업에서 이탈할 방법이 없었다. 한편 통상 분양신청을 하지 않은 자에 대해서는 손실보상 협의 절차가 진행되어야 하겠지만, **조합원** 상당수가 분양신청을 하지 않고 이로 인해 사업이 사실상 진행될 수 없다고 판단되면 손실보상 절차는 개시되지 않는다고 해석해야 한다. 이 경우에는 **조합원**총회를 개최하여 사업의 중단 등에 대해 합의해야 하고 사업의 중단이 결의되면 관리처분절차도 모두 중단되어야 한다.[482]

법 제73조 제1항에서 분양신청을 하지 않은 **조합원**이 현금청산대상자가 되어 토지 등의 권리에 대하여 현금으로 청산하도록 하는 제도를 둔 취지는, 분양신청을 하지 않은 **조합원**에 대하여 해당 재개발조합의 **조합원**으로서의 지위를 상실시킴으로써 이후의 재개발사업을 실제로 분양신청을 한 **조합원**을 중심으로 신속하고 차질 없이 추진할 수 있도록 하려는 취지인 동시에, 분양신청을 하지 않음으로써 **조합원**의 가장 중요한 권리인 분양청구권을 행사할 수 없게 된 **조합원**에 대하여 계속해서 **조합원**으로서의 권리를 보유하거나 의무를 부담하게 하는 것은 해당 **조합원**의 의사에도 부합하지 않음을 고려하여 분양신청을 하지 않은 자는 정관의 규정 여하에 관계없이 더 이상 **조합원**으로 보지 않고 해당 정비구역에서의 그 소유권 및 지상권을 현금청산하게 함으로써 조합과의 법률관계를 종료시키려는 취지라고 할 것이다.[483] 「도시정비법」도 이러한 점을 감안하여 인가된 관리처분계획 내용의 통지대상자의 범위를 **분양신청자**로 한정하고(법 제78조 제5항), 관리처분계획의 기준도 **분양신청자**를 대상으로 설정하고 있다(법 제76조 제1항 제1호).

조합원 임의가입제를 택하고 있는 **재건축사업**에서 현실적으로 조합설립 또는 사업시행자의 지정에 동의하고도 분양신청 기간에 분양신청을 하지 않거나 그 후 분양계약을 체결하지 않은 **조합원**이 있을 수 있다. 2018. 2. 9. 시행법에서 현금청산 대신 "손실보상 협의"로 규정하고 있지만, 공익사업의 성격이 강하지 못한 재건축사업의 특성을 고려하여 행정청인 조합이 사경제주체로서 **조합원**과 맺는 사법상 계약의 성질을 가진다. 그렇지만 현실적으로는 「도시정비법」 제64조 제1항에 따라 비**조합원**에 대해서 사업시행자인 조합은 사업시행계획인가의 고시가 있은 날부터 30일 이내에 매도청구를 할 수 있어서 관리처분절차에 해당하는 분양신청 이전 단계에서 대부분의 미동의자 문제가 해결될 것이나, **조합원** 중에서 분양신청을 아니한 자 등에 대하여 다소 어색한 손실보상 협의를 한 후 협의 미성립 시 그 기간의 만료일 다음 날부터 60일 이내에 매도청구소송을 제기하여야 한다(법 제73조 제2항).

반면, 강제가입제를 택하고 있는 **재개발사업**은 비로소 「도시정비법」 제72조 제1항에 따라 사업시행계획인가의 고시가 있은 날부터 120일 이내에 분양공고 및 분양신청에 대하여 분양신청을 하지 않음으로 조합에서 이탈하려는 자가 생겨 날 수 있고, 동법 제73조 제1항은 이러한 자들에 대한 조치로

---

482) 김종보, 건설법(제6판), 642면.

483) 법제처 법령해석 사례, 민원인 - 분양신청을 하지 않은 **조합원**의 지위(도시정비법 제46조 등 관련), 안건번호 15-0669, 회신일자 2016. 3. 7.

「토지보상법」상 손실보상 협의를 하여야 한다. 즉 공공필요에 의한 적법한 공권력행사로 인하여 분양신청을 하지 아니한 자 등에게 가하여진 '특별한 희생'에 대하여 사유재산권의 보장과 전체적인 공평부담의 견지에서 조합이 행하는 조절적인 재산적 전보로 이해한 것이고, 여기에서 <u>손실보상협의</u>는 판례와는 달리 공권력이 배후에 있다는 점이 강조되어 <u>공법상 계약</u>으로 보아야 할 것이나, 대법원은 재개발사업 사건에서 구 「도시정비법」 제47조 제1항의 현금청산대상자와 사업시행자 사이의 현금청산액에 관한 협의는 사업시행자와 현금청산대상자인 **토지등소유자** 사이의 <u>사법상 계약의 실질</u>을 갖는다고 보았다.[484]

한편, 법 제73조 제1항의 위임에 따른 하위법령에서, <u>사업시행자가 법 제73조 제1항에 따라 **토지등소유자**</u>의 토지, 건축물 또는 그 밖의 권리에 대하여 현금으로 청산하는 경우 청산금액은 **사업시행자와 토지등소유자가 협의하여 산정**하는 것이 원칙이라 할 수 있다(영 제60조 제1항 전단). 다시 말하면 현금으로 청산할 경우 그 금액은 감정평가액에 의하지 않고 <u>원칙적으로 양 당사자인 사업시행자와 **토지등소유자**</u>의 협의하여 산정할 수 있다는 의미이다. 그러나 현금청산금액을 놓고 조합과 현금청산자간 이견이 있기 마련이고 조합은 사업의 투명성과 청산금액의 적정성을 담보하기 위하여 임의적으로 청산금액을 책정하기 어려운 <u>현실적인 이유로 감정평가액으로 협의하는 것이 일반적이다.</u>[485] 감정평가액에 의할 경우, **재개발사업**의 손실보상금 산정을 위한 감정평가업자 선정에 관하여는 「토지보상법」 제68조 제1항에 따른다(영 제60조 제1항 후단). 반면 **재건축사업** 현금청산금 산정의 감정평가업자 선정에 관해서는 종래 「도시정비법 시행령」(2018. 2. 9. **대통령령** 제28628호 전부 개정되기 전의 것) 제48조와[486] 달리 현행 도시정비법령에서는 규정하고 있지 않아 사업시행자와 **토지등소유자**의 협의에 맡기고 있다. 당사자 중 일방이 임의로 선정한 감정평가업자가 평가하여 산정한 금액을 기준으로 협의를 하거나 당사자 쌍방이 합의하여 선정한 감정평가업자가 평가하여 산정한 금액을 기준으로 협의를 하는 등 다양한 방법으로 협의할 수 있을 것이며, 구 「도시정비법 시행령」 제48조 후단처럼 당사자간에 감정평가업자의 선정에 관하여 협의가 잘 이루어지지 않을 경우를 대비하여 그 <u>감정평가업자의 추천을 시장·군수에게 맡길 수도 있고,</u> 위의 <u>재개발사업의 손실보상금 산정</u>을 위한 감정평가업자 선정에 관한 규정에 따를 수도 있을 것이다.

4. 분양신청을 하지 않은 조합원의 지위 상실 시기

(1) 대법원은 "재건축**조합원**이 분양신청을 하지 않는 등의 사유로 현금청산대상자가 된 경우 **조합원** 지위를 상실하게 되는 시점(=분양신청기간 종료일 다음날)은 재건축사업에서 현금청산관계가 성립되

---

484) 대법원 2015. 11. 27. 선고 2015두48877 판결; 법령해석, 안건번호16-0331, 회신일자 2016. 11. 7.
485) 성중탁, 도시정비사업의 법적 쟁점과 해설, 집문당, 2016, 221면.
486) 구 영 제48조(분양신청을 하지 아니한 자 등에 대한 청산절차) 사업시행자가 법 제47조의 규정에 의하여 **토지등소유자**의 토지·건축물 그 밖의 권리에 대하여 현금으로 청산하는 경우 청산금액은 사업시행자와 **토지등소유자**가 협의하여 산정한다. 이 경우 시장·군수가 추천하는 감정평가업자 2 이상이 평가한 금액을 산술평균하여 산정한 금액을 기준으로 협의할 수 있다.

어 조합의 청산금 지급의무가 발생하는 시기이자 현금청산에 따른 토지 등 권리의 가액을 감정평가기준일과 마찬가지로 **분양신청을 하지 않거나 철회한 조합원은 분양신청기간 종료일 다음날 조합원의 지위를 상실**한다고 보아야 한다"고 판시하였다.[487] 그러나 형식적으로 <u>조합원</u> 지위의 상실시기는 <u>재개발조합</u>이 재결신청을 하고, 토지수용위원회가 이에 기하여 금전보상의 재결을 하여 그 재결이 확정되면, 토지 및 건물을 수용당한 **조합원**은 토지 및 건물에 대한 소유권을 상실하고, 재개발조합의 **조합원** 지위도 상실하게 된다.[488]

(2) 법제처도 재개발사업 사건에서 분양신청을 하지 않은 <u>조합원</u>의 지위에 대하여 위 대법원 2009다81203 판결의 재건축사업 사건과 비슷한 해석을 하고 있다. 즉 법 제73조 제1항에서 사업시행자는 분양신청을 하지 아니한 자에 대해서는 그 자가 소유하고 있는 정비구역 내 토지 및 건축물에 대하여 <u>현금으로 청산하여야 한다</u>고 규정하고 있고, 법 제40조 제1항에서는 재개발조합은 **조합원**의 자격(제2호), 제명·탈퇴 및 교체(제3호)에 관한 사항 등을 정관으로 정하여야 한다고 규정하고 있는 바, **재개발조합정관에 분양신청기간 이내에 분양신청을 하지 않은 자는 조합원 자격이 상실된다고 규정하고 있는 경우**로서, 해당 **조합원**이 법 제72조 제3항에 따른 분양신청을 하지 아니하여 같은 법 제73조 제1항에 따른 현금청산대상자가 된 경우에는 현금청산이 완료되어 해당 토지 또는 건축물에 대한 소유권이 조합에 이전되기 전이라고 하더라도 **조합원**으로서의 지위가 상실되는지에 대한 법령해석에서, 현금청산이 완료되어 해당 토지 또는 건축물에 대한 소유권이 조합에 이전되기 전이라고 하더라도 **조합원**으로서의 지위가 상실된다고 해석하였다.[489]

---

487) 대법원 2009. 9. 10. 선고 2009다32850,32867 판결; 대법원 2010. 8. 19. 선고 2009다81203 판결; 대법원 2011. 1. 27. 선고 2008두14340 판결.

488) 대법원 2011. 1. 27. 선고 2008두14340 판결.

489) 그 이유로는, 법 제73조에서는 조합 설립 및 사업시행인가 신청 등 분양신청 전까지의 모든 과정에 참여한 **조합원**이라고 하더라도, **조합원**인 <u>토지등소유자</u>가 분양공고를 통지받았음에도 불구하고 분양신청을 하지 않은 경우에는, 해당 조합으로 하여금 정비구역 안에 있는 그 **조합원**의 재산을 현금으로 청산하도록 함으로써 해당 조합과 **조합원** 간의 관계를 종료시킬 수 있게 하는 제도를 마련하고 있는 바, 이는 분양신청을 하지 않은 **토지등소유자**의 경우에는 해당 재개발사업의 결과인 주택 공급을 받지 않겠다는 의사를 분명하게 밝혔다고 볼 수밖에 없어 이에 대해서는 더 이상 해당 조합의 **조합원**으로서의 지위를 유지하게 할 이유가 상실되었기 때문이라고 할 것이다.
또한, 청산금 협의가 성립하지 않을 경우를 대비하여 법 제73조 제1항 및 제3항에서는 청산기한을 정하여 두고 있고, 이를 도과할 경우 조합이 이자를 지불하도록 하고 있으며, 「토지보상법」에 따른 수용절차를 통해 청산금을 지급받을 수 있고(법 제73조 제2항), 조합으로부터 청산금을 지급받을 때까지 조합에 대하여 종전 토지등에 대한 인도를 거절할 수 있으므로, **더 이상 조합의 설립목적에 동의하지 않은 자를 단지 청산절차가 마무리되지 못하여 정비구역에 토지등소유자에 해당한다는 이유로 조합원으로서의 지위를 계속 유지시켜야 할 이유는 없다**고 할 것이다(법제처 2012. 2. 3. 회신 11-0684 해석례; 법제처 2014. 9. 19. 회신 14-0496 해석례; 대법원 2011. 7. 28. 선고 2008다91364 판결례; 대법원 2013. 11. 28. 선고 2012다110477, 110484 판결례 참조).
아울러, 법 제73조 제1항에서는 **분양신청을 하지 않은 자에 대한 현금청산 기간의 시작일을 관리처분계획 인가를 받은 날의 다음 날부터로** 정하고 있어, 결국 현금청산은 관리처분계획 인가 이후에 하게 될 것이고, 현금청산을 하지 않으면 분양신청을 하지 않은 **조합원**의 토지등소유권이 조합에 이전되지도 않는다고 할 것이다. 그런데, **법 제45조 제1항 제10호**에서는 관리처분계획의 수립은 총회의 의결을 거쳐야 한다고 규정하고 있어, **토지등소유권이 조합에 이전되기 전까지는 계속 조합원으로서의 지위를 유지한다고 해석하게 된다면, 분양신청을 하지 않음으로써 더 이상 해당 재개발사업과 이해관계가 없는 자가 재개발사업의 핵심 계획인 관리처분계획의 수립에 관한 사항에 대한 총회의 의결에 조합원으로서 참여할 수 있게 되는 불합리한 결과를 가져오게 된다는 점**과 이 사안의 정관에서도 그러한 결과를 방지하기 위하여 분양신청 기한 내에 분양 신청을 하지 않은 자는 **조합원** 자격이 상실되는 것으로 규정한 점도 이 사안을 해석할 때 고려되어야 할 것이다(법제처 법령해석, 안건번호 15-0669, 회신일자 2016. 3. 7.).

5. 현금청산목적물의 감정평가기준일490)

판례는 재건축조합에서 조합설립에 동의한 **조합원** 중에서 분양신청을 하지 않거나 철회의 사유로 인하여 분양대상자의 지위를 상실함에 따라 **조합원** 지위도 상실하게 되어 조합탈퇴자에 준하는 신분을 가지는 현금청산 대상자에 대한 청산금 지급의무가 발생하는 시기는 사업시행자가 정한 "분양신청기간 종료일 다음날"이고, 현금청산의 목적물인 토지·건축물 또는 그 밖의 권리의 가액을 평가하는 감정평가기준일이기도 하다.491) 이는 재개발사업에서도 같은 판시를 하였다.492) 따라서 전술한 법 제73조 제1항의 분양신청을 하지 아니한 자(제1호)와 분양신청기간 종료 이전에 분양신청을 철회한 자(제2호) 및 법 제72조 제6항 본문에 따라 분양신청을 할 수 없는 자(제3호)의 종전재산 감정평가기준일은 "분양신청기간 종료일 다음날"이다. 그리고 법 제74조에 따라 인가된 관리처분계획에 따라 분양대상에서 제외된 자(제4호)는 원칙적으로 "관리처분계획의 인가일"이 될 것이다.

판례는 당초 분양신청을 하였으나 분양신청기간 종료 후에 분양계약을 체결하지 아니함으로써 추가로 현금청산대상자가 된 자에 대한 사업시행자의 청산금 지급의무는 '분양계약체결기간의 종료일 다음날' 발생한다는 판시에 비추어 보아서493) 종전재산의 감정평가기준일도 이날과 같다.

또 분양계약을 체결하였으나 그 후 분양계약을 해제 내지 합의해제한 경우 위약금에 관해서는 별론으로 하고, 관리처분계획이나 정관에서 정한 바가 있다면 그에 의할 것이나, 정한 바가 없다면 계약해제일이 종전재산의 감정평가기준일이 될 것이다.

그러나 실무적으로 "분양신청을 하지 아니한 자 등"과 손실보상 협의 내지 현금청산을 위하여 토지·건축물 또는 그 밖의 권리의 손실보상금을 평가하는 감정평가기준일에 대하여 「토지보상법」 제67조 제1항에 따른 협의에 의한 경우에는 협의 성립 당시의 가격을 감정평가기준일로 하는 것이 현행 감정평가실무이다. 이와 같은 견해는 법 제65조 제1항에 따른 「토지보상법」 준용조항에 대한 해석이며, 법 제65조 제1항 본문의 "이 법에 규정된 사항"에서 "법"의 의미를 속단(速斷)한 것으로 보인다.494) 왜냐하면 판례나 법제처해석에서와 같이 분양신청을 하지 아니한 자 등이 실질적으로 **조합원**의 지위를 상실하는 시점은 분양신청기간만료일 다음날부터이므로 이때를 손실보상(현금청산) 목적물의 감정평가기준일로 보아야 할 것이다.

---

490) 「토지보상법」의 준용에 관해서는 "제3장 정비사업의 시행/제3절 사업시행계획의 인가/Ⅲ. 사업시행계획인가의 법적 효과/3. 토지 등의 수용·사용 및 「토지보상법」의 준용"에서 설명하였다.

491) 대법원 2008. 10. 9. 선고 2008다37780 판결; 대법원 2009. 9. 10. 선고 2009다32850,32867 판결; 대법원 2012. 5. 10. 선고 2010다47469,47476,47483 판결; 대법원 2010. 8. 19. 선고 2009다81203 판결; 대법원 2012. 3. 29. 선고 2010두7765 판결; 대법원 2010. 12. 23. 선고 2010다73215 판결.

492) 대법원 2011. 1. 27. 선고 2008두14340 판결.

493) 대법원 2008. 10. 9. 선고 2008다37780 판결; 대법원 2011. 7. 28. 선고 2008다91364 판결; 대법원 2011. 12. 22. 선고 2011두17936 판결.

494) 국토교통부의 현금청산 감정평가의 기준시점에 관해서도 2014. 2. 17 시행 「주택정비과-502」에 따르면 현금청산 시 감정평가의 기준시점에 대하여는 「도시정비법」에 별도로 규정하고 있지 않고 있으므로, 「부동산 가격공시 및 감정평가에 관한 법률」이나 「토지보상법」에 따라 판단할 사항이라고 회신을 하였다.

6. 수용재결 신청 또는 매도청구소송 제기 및 지연이자의 지급

종래부터 **재건축사업**의 경우 구「도시정비법 시행령」제48조의 규정에 의거하여 시장·군수가 추천하는 감정평가업자 2인 이상이 평가한 산술평균금액을 기준으로 협의하고, 협의불성립 시 현금청산소송을 제기하여 소유권을 이전해 오는 반면, **재개발사업**의 경우 구「도시정비법」제38조 및 제40조의 규정에 따라 「토지보상법」이 정하는 절차와 방법으로 소유권을 이전해 오고 있었다. 2018. 2. 9. 시행 법부터는 **재개발·재건축사업** 모두 협의가 성립되지 아니하면 사업시행자는 그 기간의 만료일 다음 날부터 60일 이내에 수용재결을 신청하거나 매도청구소송을 제기하여야 한다(법 제73조 제2항). **재개발사업**에서 현금청산대상자들에 대한 청산금은 조합과 현금청산대상자가 협의에 의해 금액을 정하되, 협의가 성립하지 않을 때에는 조합은 「토지보상법」에 따라 토지수용위원회의 재결에 의하여 현금청산대상자들의 토지 등의 소유권을 취득할 수 있다. 그런데 도시정비법령은 수용보상금의 가격산정기준일에 관한 규정을 두고 있지 않으므로 현금청산대상자들의 토지 등에 대한 수용보상금은 「토지보상법」 제67조 제1항에 따라 토지 등의 수용재결일 가격을 기준으로 산정하여야 한다.[495]

사업시행자는 기간을 넘겨서 수용재결을 신청하거나 매도청구소송을 제기한 경우에는 해당 **토지등소유자**에게 지연일수(遲延日數)에 따른 이자를 지급하여야 한다. 이 경우 이자는 100분의 15 이하의 범위에서 **대통령령**으로 정하는 이율을 적용하여 산정한다(법 제73조 제3항).[496]

제2항 관리처분계획의 인가

Ⅰ. 의의 및 법적 성질

1. 관리처분계획의 의의 및 법적 성질

재개발사업에서 관리처분계획의 인가는 1976. 12. 31. 「도시재개발법」 제정 당시부터 제41조에서 규정되었던 반면, 구법시대 재건축사업은 구역지정도 없이 재건축 결의라는 사인간의 합의만으로 진행되었고, 법률상 권리배분에 대해서 정관에 따르는 것이었으므로 관리처분이 필요 없는 사업이었다. 그러나 **조합원**간 권리배분의 문제는 매우 첨예한 것이었기 때문에 구법시대의 재건축에서도 법이 요구하지 않았던 관리처분절차가 재개발과 유사한 방식으로 진행되었는데 이에 따라 법적 근거도 없는 관리처분총회가 사실상 개최되었다.[497]

관리처분계획은 종전 토지 및 건축물에 대한 관리와 이를 대신하여 정비사업의 시행으로 조성될 토지 및 건축물에 대한 처분에 관한 계획으로서, 새로 조성되는 토지 등에 대한 권리의 배분과 **조합원**들

---

495) 대법원 2016. 12. 15. 선고 2015두51309 판결.
496) 영 제60조(분양신청을 하지 아니한 자 등에 대한 조치) ② 법 제73조 제3항 후단에서 "대통령으로 정하는 이율"이란 다음 각 호 1. 6개월 이내의 지연일수에 따른 이자의 이율: 100분의 5, 2. 6개월 초과 12개월 이내의 지연일수에 따른 이자의 이율: 100분의 10, 3. 12개월 초과의 지연일수에 따른 이자의 이율: 100분의 15를 말한다.
497) 김종보, "재건축·재개발 비용분담론(費用分擔論)의 의의와 한계", 142~145면.

이 부담할 사업비용 등에 관한 사항을 주된 내용으로 하는 계획으로 종전재산에 관한 관리와 종후재산의 처분에 관한 계획이라 할 수 있다(법 제74조). 즉 재건축조합이 행정주체의 지위에서 수립하는 관리처분계획은 정비사업의 시행결과 조성되는 대지 또는 건축물의 권리귀속에 관한 사항과 **조합원**의 비용분담에 관한 사항 등을 정함으로써 **조합원**의 재산상 권리·의무 등에 구체적이고 직접적인 영향을 미치게 되므로 이는 구속적 행정계획으로서 재건축조합이 행하는 독립된 행정처분이다.[498]

이러한 행정계획으로서의 관리처분계획은 정비사업의 가장 마지막 단계에 등장한다. 정비사업은 정비사업의 위치와 면적을 확정하는 제1차 계획(정비구역의 지정), 그 개발행위의 설계도 역할을 하면서 설계도를 현실화시키기 위해 필요한 모든 고권이 조합에게 부여되는 제2차 계획(사업시행계획), 조합에게 모두 귀속되었던 토지와 건축물에 대한 권리·의무를 **조합원**에게 다시 분배하기 위한 포괄적인 계획으로서 제3차 계획(관리처분계획)으로 이루어진다.

사업시행계획은 조합에게 건축물과 토지를 수용할 수 있는 포괄적 기초로 작용하고, 개별적 집행행위인 수용재결 등에 의해 계획이 확정된 권리관계가 변동된다.

관리처분계획은 사업시행계획과 정반대의 절차를 진행하기 위한 행정계획으로, 관리처분계획은 전 단계에서 조합에게 이전된 모든 권리와 의무를 **조합원** 개개인에게 분배하기 위한 행정계획이며, 이전고시에 의해 소유권 변동이 이루어진다.[499] 관리처분계획의 내용에 해당하는 소유권의 귀속, 비용의 부담 등은 이전고시와 청산금 부과처분에 의해 집행된다. 이때 이전고시나 청산금 부과처분은 관리처분계획의 집행행위로서 관리처분계획에 그 법적 정당성의 기초를 두고 있으며 내용적으로도 관리처분계획에 구속된다. 이에 반하는 내용의 이전고시는 무효라고 보아야 한다.[500] 관리처분계획이나 이전고시가 없는 한 새롭게 건설된 시설에 대한 소유권은 인정될 수 없다.[501]

2. 관리처분계획안(案)의 총회결의 하자에 대한 소송 방식

구법시대 재개발사업은 대부분의 분쟁이 수용재결이나 관리처분계획취소소송 등 행정소송으로 집중된 반면, 재건축사업은 매도청구소송이나 조합설립무효확인소송과 같은 민사소송이 주를 이루었다. 「도시재개발법」이 정해 놓은 절차를 기본으로 해서 재건축사업을 포섭한 「도시정비법」의 구조를 감안하면, 법률의 구조가 「도시재개발법」에 의존하는 것이므로 행정소송이 일반적인 분쟁해결 방법이라 예상했던 것과 달리, 「도시정비법」 제정 후 재개발에 대한 취소소송과 재건축에 대한 민사소송은 오히려 민사소송으로 분쟁의 중심이 옮겨가게 되었다.

한편, 관리처분계획은 조합의 가장 중요한 의사결정기관으로서 총회가 그 내용을 결정할 권한을 갖는다. 즉 사업시행계획이나 관리처분계획은 총회의결사항이며(법 제45조 제1항 제9호, 10호), 조합총

---

498) 대법원 1996. 2. 15. 선고 94다31235 전원합의체 판결; 대법원 2007. 9. 6. 선고 2005두11951 판결; 대법원 2009. 9. 17. 선고 2007다2428 전원합의체 판결; 대법원 2009. 10. 15. 선고 2009다10638,10645 판결.
499) 김종보, 건설법(제5판), 550면.
500) 대법원 1993. 5. 27. 선고 92다14878 판결.
501) 김종보, 건설법(제5판), 548면.

회가 이에 대하여 세부항목들을 심의하여 결정하면 그 결정내용이 사업시행계획 또는 관리처분계획의 안(案)이 된다. 그리고 이러한 행정계획의 안(案)은 행정청의 인가를 통해 확정되고, 대외적으로 고시됨으로써 효력을 발생하게 된다.[502) 관리처분계획은 그 내용을 이루는 <u>조합총회결의</u>와 그 결과로서 형성된 <u>관리처분계획의 안(또는 인가된 관리처분계획)</u>이 상대적으로 분리되어 있다. 일반적으로 철거 명령처분이나 건축허가처분 등에 대하여 다툼이 있는 자는 철거명령취소소송을 제기해야 할 뿐, 철거 명령을 발급하는 과정의 행정청의 내부의사에 대하여 민사소송을 제기하는 것은 불가능하다. 반면, 관리처분계획에 있어서는 그와 상대적으로 분리된 "<u>조합총회결의</u>"라는 것이 존속하므로 조합총회결의를 소송대상물로 하면서, 이를 민사소송으로 할 것인가 행정소송으로 할 것인가가 쟁점이 되어 왔다.[503)

다행히 대법원은 2009. 9. 17. 선고 2007다2428 판결에서[504) "「도시정비법」상 행정주체인 <u>재건축조합을</u> 상대로 관리처분계획안에 대한 조합총회결의의 효력 등을 다투는 소송은 행정처분에 이르는 절차적 요건의 존부나 효력 유무에 관한 소송으로서 그 소송결과에 따라 행정처분의 위법 여부에 직접 영향을 미치는 공법상 법률관계에 관한 것이므로, 이는 「행정소송법」상의 당사자소송에 해당한다."고 하여 행정소송에 의하도록 하였으며, 또, "「도시정비법」상 <u>재건축조합이 관리처분계획에 대하여 관할 행정청의 인가·고시까지 있게 되면 관리처분계획은 행정처분으로서</u> 효력이 발생하게 되므로, 조합총회 결의의 하자를 이유로 하여 행정처분의 효력을 다투는 항고소송의 방법으로 관리처분계획의 취소 또는 무효확인을 구하여야 하고, 그와 별도로 <u>행정처분에 이르는 절차적 요건 중 하나에 불과한 조합총회결의 부분만을 따로 떼어내어 효력 유무를 다투는 확인의 소를 제기하는 것은 특별한 사정이 없는 한 허용되지 않는다</u>"고 하여,[505) 권리배분단계에서 관리처분계획취소소송과 별도로 제기되던 민사소송 즉 총회결의무효확인소송은 관리처분계획에 대한 행정청의 인가·고시가 있을 때까지만 허용되고, 행정청의 인가·고시가 있은 이후에는 허용되지 않는 것으로 입장을 정리하였다.[506) 따라서 <u>인가 전의 조합총회결의의 하자는 당사자소송으로, 인가 후에는 항고소송(취소소송)으로 다투어야 하는 것으로 변경되었다.</u>

이와 함께 대법원은 "재개발조합의 관리처분계획안에 대한 총회결의무효확인소송을 민사소송으로

---

502) 김종보, 건설법(제6판), 588면.

503) 안철상, "행정소송과 민사소송의 관계", 법조 제57권 제1호, 2008.1., 323면; 홍득관, "주택재건축사업과 관련된 법적 제 문제 -도시 및 주거환경정비법과 관련하여-", 법조 제58권 제8호, 2009. 8., 355면; 김중권, "관리처분계획에 관한 총회결의의 쟁송방법", 법률신문 2009. 9. 7.

504) 서울고등법원 2006. 12. 15. 선고 2006나42162 판결; M재건축조합은 2004년 12월 관리처분 임시총회를 개최해 총 **조합원** 537명 중 서면결의서를 제출한 171명을 포함해 총 512명이 참석한 가운데 찬성 414명으로 관리처분계획을 의결했다. 이후 총회에 참석하지 않은 20명에게도 관리처분계획에 찬성한다는 동의서를 추가로 받아 80.81%의 **조합원** 찬성을 얻었다. 조합은 2005년 3월 서울 종로구청으로부터 관리처분계획을 인가받았으며, 2004년 12월 **조합원**들의 권리가액과 분양신청에 따른 평형배정결과를 통보했다. 오씨 등 원고들은 당초 44평형을 분양신청했으나 자신들보다 대지지분이 적은 **조합원**들과 마찬가지로 33평형을 배정받자 임시총회결의가 무효라고 주장하며 서울중앙지법에 소송을 제기했다. 1·2심은 소송의 핵심인 임시총회의 효력에 대해 "총회에 참석하지 않은 **조합원** 20명으로부터 관리처분계획에 찬성한다는 동의서를 추가로 제출받았으므로 의결정족수 4/5를 충족했고, 임시총회진행에 절차상 중대한 하자가 없으며, 평형배정이 실질적인 형평에 현저히 반한다고 단정할 수 없다."며 원고패소 판결을 내렸다.

505) 대법원 2009. 9. 17. 선고 2007다2428 전원합의체 판결.

506) 김종보, "정비사업의 구조이론과 동의의 평가", 139면.

보고 또 관리처분계획에 대한 인가·고시가 있은 후에도 여전히 소로써 총회결의의 무효확인을 구할 수 있다"는 취지로 판시한 대법원 2004다13694판결을 전원합의체에서 변경하였다.

3. 관리처분계획인가의 법적 성질

가. 문제의 의의

판례는 관리처분계획과 그에 대한 인가처분을 별개의 처분으로 보아 관리처분총회결의는 기본행위이고 그 인가가 학문상 인가인 처분이라 판시하고 있으며, 김종보 교수는 이 둘을 분리할 수 없는 하나의 처분으로 보아 법적 성질에 대하여 구분하여 논하지 않고 있으며, 관리처분계획과 관리처분계획인가의 법적 성질을 구분하여 논할 실익이 있는지를 살펴본다.

나. 판례

관리처분계획은 조합이 행하는 권리변환계획(공용환권계획)으로서 독립된 행정처분이다. 그리고 판례는 일관하여 그에 대한 행정청의 인가는 조합의 관리처분총회결의라는 기본행위에 대하여 법률상의 효력을 완성시켜주는 보충행위로서 **학문상 인가**라고 하고 있다.[507] 학문상 인가는 다른 법률관계의 당사자의 법률적 행위를 보충하여 그 법률적 효력을 완성시켜주는 행정행위를 말하는데,[508] 따라서 행정청의 인가처분은 기본행위인 관리처분계획의 법률상의 효력을 완성시키는 보충행위로서 관리처분계획은 인가·고시가 있어야 그 내용대로 효력을 발생하게 된다.[509]

한편, 행정청의 인가는 그 기본이 되는 관리처분계획에 하자가 있을 때에는 그에 대한 인가처분이 있었다 하여도 기본행위인 관리처분계획이 유효한 것으로 될 수 없고, 다만 그 기본행위가 적법·유효하고 보충행위인 인가처분 자체에만 하자가 있다면 그 인가처분의 무효나 취소를 주장할 수 있다고 할 것이지만, 인가처분에 하자가 없다면 기본행위에 하자가 있다 하더라도 기본행위의 무효를 내세워 바로 그에 대한 행정청의 인가처분의 취소 또는 무효확인을 소구할 법률상의 이익이 있다고 할 수 없다.[510] 그 밖에도 조합은 시장·군수의 인가거부에 대하여 항고소송을 제기할 수 있다.

다. 학설

(1) 김종보 교수는 비록 그 실정법상의 명칭이 관리처분계획에 대한 "인가"라고 불리고 있다 하여도, 단순히 조합총회의 결의를 승인하는 한도를 넘어, 관리처분계획이라는 처분을 대외적으로 확정하기

---

507) 대법원 1994. 10. 14. 선고 93누22753 판결; 대법원 2001. 12. 11. 선고 2001두7541 판결; 김철용, 행정법(제6판), 262면; 박균성, 행정법론(하), 577면.

508) 신봉기, 행정법개론, 228면.

509) 이승훈, 앞의 논문, 60면.

510) 대법원 1994. 10. 14. 선고 93누22753 판결; 대법원 2001. 12. 11. 선고 2001두7541 판결.

위한 것이라는 점에서, 학문상 인가에 해당할 수 없다.[511] 즉 관리처분계획의 인가를 학문상 인가가 아니라 하나의 행정처분으로서 설권행위이며 처분의 명칭은 관리처분계획인가처분이거나 인가된 관리처분계획으로 하면서, 취소소송의 대상이 되는 처분은 "인가를 통해 확정된 관리처분계획"이고, 인가는 별도로 관리처분계획과 분리되어 독립된 처분성을 갖지 못한다.[512] 따라서 당사자가 명백하게 인가의 하자만을 다투는 경우에도 관리처분계획의 절차하자를 주장하는 것으로 해석해야 한다고 하였다.[513]

(2) 김해룡 교수는 학문상 인가는 다른 법률관계의 법률행위를 보충하여 그 법률행위의 효과를 완성시키는 행정행위로 보면, 행정주체의 지위인 조합이 수립한 관리처분계획이라는 행정처분에 대하여 다른 행정청(시장·군수 등)에 의해 인가라는 별도의 처분이 이루어진다는 점에서 이미 발급된 행정처분에 대하여 다시 인가처분을 하는 것에 의문을 제시하였다.[514]

(3) 안철상 부장판사는 관리처분계획이 아직 내부적 단계에 있는 총회결의에 대한 인가이고, 이는 행정처분에 대한 인가와 구별된다고 설명한다. 이렇게 보면, 관리처분계획은 인가가 있음으로써 행정처분으로서의 효력이 완성되므로, 결국 인가와 결합하여 행정처분이 되고, 따라서 인가가 있기 전의 관리처분계획은 아직 행정처분으로서의 효력이 발생하기 전 단계에 있는 것이어서 처분성이 인정되지 않고, 이에 대한 항고소송은 부적법하다고 보았다.[515]

(4) 홍득관 판사는 재건축조합이 총회결의로 수립한 관리처분계획안(案)은 그 자체로는 대외적으로 효력을 발생시키지 못하고, 행정청의 인가를 받아야만 정비구역 내 **조합원**의 권리·의무에 구체적이고 결정적인 영향을 미치게 되므로, 재건축조합이 총회결의로 수립한 "관리처분계획안"은 이른바 기본행위에 해당하는 것이고, 이에 대하여 행정청의 인가가 있게 되면 관리처분계획안의 효력이 확정되어 비로소 재건축조합이 수립한 행정처분으로서의 "관리처분계획"이 되는 것이다. 즉 관리처분계획안에 대한 행정청의 인가는 행정청의 고유한 인가처분으로서의 성격을 갖는 동시에 그 자체로는 행정처분으로 볼 수 없는 관리처분계획안을 비로소 행정처분으로서의 관리처분계획을 완성, 확정하여 주는 의미를 갖고 있고, 관리처분계획안에 대하여 행정청의 인가가 있게 되면 **행정처분으로서의 재건축조합의 관리처분계획**과 행정청의 **고유한 인가처분**이라는 두 개의 행정처분이 존재하는 것으로 설명하고 있다.[516]

---

511) 김종보, 건설법(제6판), 603면.
512) 김종보, 건설법(제6판), 597면.
513) 김종보, 건설법(제6판), 603면.
514) 김해룡, "도시정비사업법제의 개선을 위한 쟁점"-대법원의 최근 판례에 대한 비판적 시론-, 부동산법학회 제17집, 2010., 95면.
515) 안철상, "행정소송과 민사소송의 관계", 법조 제57권 제1호, 2008. 1., 327면.
516) 홍득관, "주택재건축사업과 관련된 법적 제 문제 -도시 및 주거환경정비법과 관련하여-", 법조 제58권 제8호, 2009. 8. 362~363면.

라. 검토

김종보 교수가 제시한 위 견해에 대하여 재건축조합이 총회결의로 수립한 관리처분계획안을 행정처분으로 보는 것인지 아니면 그러한 총회결의에 행정청의 인가가 결합하여 대외적으로 효력이 발생한 관리처분계획 자체를 행정처분으로 보는 것인지를 구별하기 어려운 점이 있다는 비판적인 견해가 있는데,[517] 관리처분계획이 작성되기 전 단계에서는 아직 공정력 있는 처분이 없는 것으로 이해하므로,[518] 행정주체의 지위에 있는 조합이 총회결의로 수립한 인가 후의 확정된 관리처분계획을 행정처분으로 보는 듯하다.

이외에도 관리처분계획인가를 학문상 인가가 아니라 설권적 행위인 특허라고 하는 김종보 교수의 견해에 대해서도, 행정주체가 행한 행정처분에 대하여 다른 행정청이 권리설정적 의사표시인 특허를 한다는 것은 더욱 행정법학의 법이론에 부합하지 않고, 이와 같은 경우 조합과 행정청의 관계를 업무 감독관계로 보고 피감독기관의 행정처분에 대한 감독기관의 승인 내지 재결에 해당하는 것으로 보는 견해도 있다.[519]

〈표 11〉 어려운 쟁점- 관리처분계획인가취소소송과 소의 이익

4. 관리처분계획인가취소소송과 소의 이익 가. 학문상 인가와 소의 이익 　　관리처분계획인가의 법적 성질과 관련하여 판례는 일관하여 학문상 인가라고 하고 있다. 따라서 학문상 인가의 경우 기본행위가 무효일 때에는 그에 대한 인가가 있었다 하더라도 그 기본행위가 유효하게 될 수 없고, 기본행위에 흠이 있는 경우 그 기본행위를 다투어 분쟁을 해결하여야 하며, 기본행위의 불성립 또는 무효를 내세워 그에 대한 인가처분의 취소 또는 무효확인을 소구할 법률상 이익이 없다.[520] 학문상 인가이론은 관리처분계획인가가 학문상 인가이므로 이에 대한 취소소송은 소의 이익이 없다는 것이 판례이론이다.[521] 나. 관리처분계획의 변경인가와 소의 이익 　　대법원은 관리처분계획의 변경인가가 최초의 인가와 동일한 요건을 전제로 발급되면 당초의 인가처분이 변경인가처분에 흡수되어 효력을 상실한다는 입장을 취한바 있다.[522] 대법원은 "새로운 관리처분계획은 당초 관리처분계획의 절차상 하자를 보완하고 그 주요 부분을 실질적으로 변경하는 것으로서, 당초 관리처분계획이 별개의 새로운 관리처분계획으로 변경됨으로써 그 효력을 상실한 이상, 원고들로서는 과거의 법률관계에 불과한 당초 관리처분계획에 대하여 그 무효확인 내지 취소를 구할 소의 이익이 없게 되었다"고[523] 판시하였다.[524] 다. 이전고시와 소의 이익 　　대법원 다수의견은 "이전고시의 효력 발생으로 이미 대다수 조합원 등에 대하여 획일적·일률적으로 처리된 권리귀속 관계를 모두 무효화하고 다시 처음부터 관리처분계획을 수립하여 이전고시 절차를 거치도록 하는 것은 정비사업의 공익적·단체법적 성격에 배치되므로, 이전고시가 효력을 발생하게 된 이후에는 조합원 등이 관리처분계획의 취소 또는 무효확인을 구할 법률상 이익이 없다고 봄이 타당하다"고 판시하였다.[525] 즉 판례는 이전고시로 사업이 사실상 종료되면 관리처분계획에 대한 취소나 무효확인소송이 소의 이익을 잃어 소송을 더 이상 진행할 수 없다는 것이다.

---

517) 홍득관, 위의 논문, 362면.
518) 김종보, 건설법(제6판), 600면.
519) 김해룡, "도시정비사업법제의 개선을 위한 쟁점"-대법원의 최근 판례에 대한 비판적 시론-, 부동산법학회 제17집, 2010., 95면.
520) 대법원 1994. 10. 14. 선고 93누22753 판결; 대법원 1996. 5. 16. 선고 95누4810 판결; 대법원 2001. 12. 11. 선고

Ⅱ. 관리처분계획의 수립 시기 및 내용

〈표 12〉 관리처분계획의 흐름

① 분양대상자별 종전 토지·건축물의 사업시행계획인가고시일 기준 가격(자본금)	② 정비사업비 추산액(지출: 건축비, 이주비, 조합운영비, 용역비 등)	③ 분양대상자별 분양예정인 토지·건축물의 추산액(수입)
예) **조합원** A의 종전재산액 2억원, 전체 **조합원** 종전재산 총액 500억원	예) 당해 사업의 정비사업비 600억원	예) 종후재산 총액 1,000억원 32평 분양가 1.8억원

④ 비례율 산정[(종후재산총액-정비사업비)/종전재산 총액]	⑤ **조합원**별 권리가액 산정(종전재산가액×비례율)	⑥ 정산
예) (1,000억-600억)/500억 = 0.8(80%)	예) **조합원** A의 권리가액 2억 ×0.8 = 1.6억	예) **조합원** A의 정산액 1.8억-1.6억 = 2천만원

1. 관리처분계획의 인가

사업시행자는 법 제72조에 따른 <u>분양신청기간이 종료된 때</u>에는 <u>분양신청의 현황을 기초로</u> 관리처분계획을 수립한다. 관리처분계획을 수립한 후 사업시행자는 시장·군수등의 인가를 받아야 하며, 관리처분계획을 변경·중지 또는 폐지하려는 경우에도 또한 같다(법 제74조 제1항 본문).

2. 관리처분계획의 내용

가. 법정 사항

다음 각 호 1. <u>분양설계</u>,[526] 2. **분양대상자의 주소 및 성명**, 3. 분양대상자별 분양예정인 대지 또는

2001두7541 판결.

521) 김종보, 건설법(제6판), 602면.
522) 대법원 2012. 3. 22. 선고 2011두6400 전원합의체 판결.
523) 대법원 2013. 7. 25 선고 2010두24678 판결.
524) 원심판결(서울고등법원 2010. 10. 20. 선고 2009누28461 판결)의 이유 및 기록에 의하면, 용산구청장은 2008. 5. 20. 당초 관리처분계획을 인가하고 같은 달 30. 이를 고시한 사실, 원심은 당초 관리처분계획이 총회소집 통지절차 및 의결정족수 산정의 절차상 하자와 주택공급기준 위반의 내용상 하자가 있어 무효라는 이유로 원고들 승소판결을 선고한 사실, 이에 피고는 당시 총회를 소집하여 2010. 12. 18. 당초 관리처분계획 중 '건축시설의 **조합원** 공동주택 분양기준' 항목에 '우선 총건설가구수의 규모별 50%까지 분양대상자에게 권리가액이 많은 순으로 분양할 수 있고, 50% 초과 **조합원** 분양대상 공동주택 분양설계에 따라 권리가액 다액 순으로 분양한다'는 내용을 추가하는 등 서울특별시 도시 및 주거환경 정비**조례** 소정의 주택공급기준에 부합하는 새로운 관리처분계획안을 상정하여 적법하게 의결한 사실, 그 후 피고는 2011. 1. 17.부터 2011. 2. 16.까지 관계서류의 사본을 **토지등소유자**에게 공람하게 하고 의견을 들은 다음 2011. 2. 22. 용산구청장에게 그 변경인가를 신청하였고, 용산구청장은 2011. 3. 25. 새로운 관리처분계획을 인가하고 이를 고시한 사실을 알 수 있다.
525) 대법원 2012. 5. 24. 선고 2009두22140 판결; 대법원 2012. 3. 22. 선고 2011두6400 전원합의체 판결.
526) 정비사업이 진행되면 **조합원**이 제공한 종전 토지 및 건축물을 전제로 신축된 아파트가 **조합원**에게 배분되거나 일반분

건축물의 추산액(종후재산가격),[527] 4. 다음 각 목 가. **일반 분양분**, 나. 공공지원민간임대주택, 다. 임대주택, 라. 그 밖에 부대시설·복리시설 등에 해당하는 보류지 등의 명세와 추산액 및 처분방법. 다만, 나목의 경우에는 제30조 제1항에 따라 선정된 임대사업자의 성명 및 주소(법인인 경우에는 법인의 명칭 및 소재지와 대표자의 성명 및 주소)를 포함한다. 5. 분양대상자별 종전의 토지 또는 건축물 명세 및 사업시행계획인가 고시가 있은 날을 기준으로 한 가격(종전재산가격),[528] 6. 정비사업비의 추산액 및 그에 따른 **조합원** 분담규모 및 분담시기, 7. 분양대상자의 종전 토지 또는 건축물에 관한 소유권 외의 권리명세, 8. 세입자별 손실보상을 위한 권리명세 및 그 평가액, 9. 그 밖에 정비사업과 관련한 권리 등에 관하여 **대통령령으로 정하는 사항**이 포함된 관리처분계획을 수립하여야 한다(법 제74조 제1항 본문).

나. 대통령령에 위임된 사항

전술한 관리처분계획의 법률 규정 사항 중 법 제74조 제1항 제9호에서 "**대통령령으로 정하는 사항**"은 다음 각 호 1. 법 제73조에 따라 **현금으로 청산**하여야 하는 **토지등소유자**별 기존의 토지·건축물 또는 그 밖의 권리의 명세와 이에 대한 청산방법, 2. 법 제79조 제4항 전단에 따른 **보류지 등의 명세와 추산가액 및 처분방법**, 3. 영 제63조 제1항 제4호에 따른 **비용의 부담비율**에 따른 대지 및 건축물의 분양계획과 그 비용부담의 한도·방법 및 시기. 이 경우 비용부담으로 분양받을 수 있는 한도는 정관등에서 따로 정하는 경우를 제외하고는 기존의 토지 또는 건축물의 가격의 비율에 따라 부담할 수 있는 비용의 50%를 기준으로 정한다. 4. 정비사업의 시행으로 인하여 **새롭게 설치되는 정비기반시설**의 명세와 용도가 폐지되는 정비기반시설의 명세, 5. **기존 건축물의 철거 예정시기**, 6. **그 밖에 시·도조례로 정하는 사항**을 말한다(영 제62조).[529]

양분으로 제공되면 도로나 공원은 행정청에게 무상으로 귀속된다. 사업이 성공적으로 완료되는 경우 기존 **조합원**에 대한 **조합원**분양, 제3자에 대한 일반분양 및 공원 등 공공시설의 귀속 등이 정해져야 하는데, 이를 내용으로 하는 것이 **분양설계**(공급대상 주택의 동·호수 등을 설계하는 것 등)이고, 분양설계는 관리처분계획의 내용이 된다(김종보, "재개발사업에서 학교용지의 개념과 법적 성질", 203면).

527) 임대관리 위탁주택에 관한 내용을 포함한다.

528) 사업시행계획인가 전에 법 제81조 제3항에 따라 철거된 건축물은 시장·군수등에게 허가를 받은 날을 기준으로 한 가격을 말한다.

529) 「서울시 도시정비조례」 제33조(관리처분계획의 내용) 영 제62조 제6호에서 "**그 밖에 시·도조례로 정하는 사항**"이란 다음 각 호의 사항을 말한다.
1. 법 제74조 제1항 제1호의 분양설계에는 다음 각 목 가. 관리처분계획 대상물건 조서 및 도면, 나. 임대주택의 부지명세와 부지가액·처분방법 및 임대주택 입주대상 세입자명부(임대주택을 건설하는 정비구역으로 한정한다), 다. 환지예정지 도면, 라. 종전 토지의 지적 또는 임야도면의 사항을 포함한다.
2. 법 제45조 제1항 제10호에 따른 관리처분계획의 총회의결서 사본 및 법 제72조 제1항에 따른 분양신청서(권리신고사항 포함) 사본
3. 법 제74조 제1항 제8호에 따른 세입자별 손실보상을 위한 권리명세 및 그 평가액과 영 제62조 제1호에 따른 현금으로 청산하여야 하는 토지등소유자별 권리명세 및 이에 대한 청산방법 작성 시 제67조에 따른 협의체 운영 결과 또는 법 제116조 및 제117조에 따른 도시분쟁조정위원회 조정 결과 등 토지등소유자 및 세입자와 진행된 협의 경과
4. 영 제14조 제3항 및 이 조례 제12조 제3항에 따른 현금납부액 산정을 위한 감정평가서, 납부방법 및 납부기한 등을 포함한 협약 관련 서류

〈표 13〉 어려운 쟁점- 종전재산 감정평가액결정에서 "사업시행계획인가 고시일"의 의미

다. 종전재산 감정평가액결정에서 "사업시행계획인가 고시일"의 의미
  (1) 법제처 해석
  법제처 법령해석의 배경으로 ① 부천시 송내동 일대 재개발조합은 2010. 3. 8. 부천시장으로부터 사업시행인가를 받았으나 관리처분계획수립을 위한 종전재산의 감정평가 과정에서 사업을 중단했고, 이에 부천시장이 용적률·건폐율을 늘리고 총 세대수를 늘리는 내용으로 정비계획을 변경하자 재개발조합은 이에 따라 분양 총세대수를 늘리는 등 사업시행변경계획을 작성하여 2013. 7. 29. 부천시장으로부터 사업시행변경인가를 받고 분양절차를 끝마쳤다. ② 재개발조합의 질의에 따라 부천시장은 관리처분계획수립을 위한 종전재산의 감정평가 기준일을 사업시행변경인가의 고시일로 보아야 하는지에 대하여 국토교통부에 질의하였으나, 국토교통부가 당초 사업시행인가의 고시일이라고 답변을 하자 이에 이의가 있어 이 건 법령해석을 요청한 사안이다.
  즉 조합이 사업시행인가를 받았으나 관리처분계획을 수립하지 않은 상태에서 당초 인가받은 사업시행계획 중 건폐율·용적률을 높이고 총세대수를 증가하는 등 주요 부분을 변경하여 「도시정비법」 제50조 제1항에 따라 사업시행변경인가를 받은 경우, 관리처분계획수립을 위한 종전의 토지 또는 건축물의 가격에 대한 감정평가의 기준일은 최초 사업시행인가의 고시가 있는 날인지 혹은 사업시행변경인가의 고시가 있는 날인지에 대한 질의에서, 관리처분계획수립을 위한 종전의 토지 또는 건축물의 가격에 대한 감정평가의 기준일은 사업시행변경인가의 고시가 있는 날로 보아야 할 것이라고 해석하였다. 그 이유는 법 제74조 제1항 제5호에 따르면 분양대상별 종전의 토지 또는 건축물의 가격에 대한 감정평가의 기준일을 '사업시행인가의 고시가 있는 날'이라고만 규정하여 그 기준일이 최초 사업시행인가의 고시가 있는 날인지, 사업시행변경인가의 고시가 있는 날인지가 불분명하나, 토지 또는 건축물의 가격에 대한 감정평가를 하는 목적이 관리처분계획의 수립을 위한 것이라면 관리처분계획의 수립시점과 가장 근접한 시점인 사업시행변경인가의 고시일이 보다 합리적 시점이라고 할 수 있다.
  또한, 건폐율·용적률을 높이고 총세대수를 증가하는 등 최초 사업시행계획의 주요부분이 변경된 경우 건폐율·용적률 및 총세대수의 증가는 **조합원**들의 재산권에 영향을 미치는 바가 크고, 사업시행계획의 변경은 사업구역의 확대에 따라 새로운 토지와 건축물이 추가되는 경우도 배제하지 않는 바, 이와 같은 경우까지 최초 사업시행인가고시일을 기준으로 평가하도록 하는 것은 불합리한 것으로 보이며, 최초 사업시행인가일과 사업시행변경인가일 간에 상당한 시간적 간격이 있는 경우 그 평가액에 현저한 차이가 발생할 수 있을 뿐만 아니라, 가격 차이가 경미한 경우라면 굳이 최초 사업시행 인가의 고시가 있는 날을 고집할 합리적인 이유도 없다고 할 것이고, 더욱이 최초 사업시행계획의 주요 부분의 변경이 있어 변경전·후의 계획이 동일성이 없다면 최초 사업시행인가의 고시가 있는 날을 기준으로 평가하도록 하는 것은 합리성이 없다고 할 것이다.[530]
  (2) 판례
  구 「도시정비법」 제48조(현행 제74조) 제1항 제4호가 정한 '사업시행인가 고시일'의 의미(=최초 사업시행계획 인가 고시일) 및 최초 사업시행계획의 주요 부분을 실질적으로 변경하는 사업시행계획 변경인가가 있는 경우, 최초 사업시행계획 인가 고시일을 기준으로 평가한 종전자산가격을 기초로 수립된 관리처분계획이 구 「도시정비법」 제48조 제2항 제1호[531]에 위반되는지 여부(원칙적 소극)에 대한 판시에서 위와 같은 관련 규정의 문언·취지·체계 등에 더하여, ① 관리처분계획의 내용으로서 종전자산가격의 평가는 이와 같은 **조합원**들 사이의 상대적 출자 비율을 정하기 위한 것인 점, ② 구 「도시정비법」 제48조 제1항 제4호가 원칙적으로 사업시행인가고시일을 기준으로 종전자산가격을 평가하도록 정하면서, 구 「도시정비법」 제48조의2 제2항에 따라 철거된 건축물의 경우에는 시장·군수에게 허가받은 날을 기준으로 평가하도록 하고 있을 뿐, 사업시행계획이 변경된 경우 종전자산가격의 평가를 새로 하여야 한다는 내용의 규정을 두고 있지 아니한 것은 평가시점에 따라 종전자산의 가격이 달라질 경우 발생할 수 있는 분쟁을 방지하고 종전자산의 가격 평가 시점을 획일적으로 정하기 위한 것으로 보이는 점, ③ 사업시행계획의 변경이 필연적으로 종전자산의 가격에 영향을 미쳐 그 평가를 변경인가 고시일을 기준으로 새로 해야 한다고 볼 수도 없는 점, ④ 최초 사업시행계획의 주요 부분에 해당하는 공동주택의 면적, 세대수 및 세대별 면적 등이 실질적으로 변경되어 최초

---

5. 그 밖의 관리처분계획 내용을 증명하는 서류

사업시행계획이 효력을 상실한다고 하더라도, 이는 사업시행계획 변경시점을 기준으로 최초 사업시행계획이 장래를 향하여 실효된다는 의미일 뿐, 그 이전에 이루어진 종전자산가격의 평가에 어떠한 영향을 미친다고 볼 수 없는 점, ⑤ 사업완료 후 총수입에서 총사업비를 공제한 금액을 종전자산의 총 가액으로 나눈 비례율에 **조합원**의 종전자산가격을 곱하여 산정되는 **조합원**별 권리가액의 산정방식에 비추어, 종전자산의 가격이 사후에 상승하였다고 하더라도 종전자산의 총 가액을 분모로 하는 비례율이 하락하여 그 상승분이 상쇄되므로, 평가시점의 차이로 정비구역 내 종전자산의 가액이 달라져도 반드시 권리가액이 달라진다고 볼 수는 없어 최초 사업시행계획 인가 고시일을 기준으로 종전자산가격을 평가하도록 한 것이 부당하다고 볼 수 없는 점 등에 비추어 보면, 비교적 장기간에 걸쳐서 진행되는 정비사업의 특성을 감안하더라도 구 「도시정비법」 제48조 제1항 제4호가 정한 '사업시행인가 고시일'이란 '최초 사업시행계획 인가 고시일'을 의미하는 것으로 봄이 타당하고, 따라서 최초 사업시행계획의 주요 부분을 실질적으로 변경하는 사업시행계획 변경인가가 있었다고 하더라도 특별한 사정이 없는 한 최초 사업시행계획 인가 고시일을 기준으로 평가한 종전자산가격을 기초로 하여 수립된 관리처분계획이 종전자산의 면적·이용상황·환경 등을 종합적으로 고려하여 대지 또는 건축물이 균형있게 분양신청자에게 배분되도록 정한 구 「도시정비법」 제48조 제2항 제1호에 위반된다고 볼 수 없다고 하여 원심판결을[532] 파기·환송하였다.[533]

(3) 검토

종전재산의 감정평가기준일을 사업시행변경인가의 고시일로 보아야 하는지의 질의에 대하여 국토교통부가 당초 사업시행인가의 고시일이라고 답변을 하였고, 법제처가 사업시행변경인가고시일이 보다 합리적 시점이라고 법령해석을 하였으나, 최초 사업시행계획의 주요 부분을 실질적으로 변경하는 사업시행계획변경인가라도 감정평가기준일의 결정은 주요 부분 변경의 내용에 따라 종전재산이나 종후재산의 감정평가액에 미치는 영향이 같지 않음을 간과한 법령해석으로 보인다. 즉 당초 정비구역의 축소·확대에 따라 새로운 토지와 건축물이 감소 내지 추가되는 사업시행계획의 변경의 경우는 종전재산가격의 평가로 인해 **조합원**들 사이의 상대적 출자 비율이 달라질 수 있기 때문에 이 경우에는 반드시 사업시행계획변경인가 고시일을 감정평가기준일로 하는 것이 합리적이므로, 법제처에서 설시한 관리처분계획의 수립시점과 단지 가장 근접한 시점을 감정평가 기준일로 한다는 사유가 사업시행계획변경인가 고시일을 감정평가기준일로 하는 합리적인 근거가 될 수 없고 더욱이 당초 인가받은 사업시행계획 중 건폐율·용적률을 높이고 총세대수를 증가하는 등 주요 부분을 변경은 종후재산의 감정평가액에 영향을 미치고 종전재산의 상대적 가치비율에는 영향이 없다는 점에서 당초 사업시행인가의 고시일이라고 답변한 국토교통부의 해석이 옳다.

한편 대법원 2014두15528 판결의 원심에서도 당초 사업시행인가의 내용과 비교 시 시행면적, 대지면적, 건폐율, 용적율, 건축물의 높이, 층수, 연면적, 공동주택의 규모 및 평형, 사업시행기간 등에 있어서 전반적으로 대폭적인 변경이 있어 주요 부분이 실질적으로 변경된 새로운 사업시행계획에 해당한다고 보아 종전자산의 평가도 새로운 사업시행계획 인가일을 기준으로 하는 편이 합리적이라는 법리 오해를 하였으나, 다행히 대법원에 의해 파기·환송되었다.

---

530) 법제처 법령해석, 부천시 - 사업시행인가 후 관리처분계획 수립 없이 주요 부분을 변경하여 사업시행변경인가를 받은 경우, 관리처분계획의 수립을 위한 토지 등 감정평가 기준일은 사업시행변경인가의 고시가 있은 날로 보아야 하는지 여부(「도시정비법」 제48조 제1항 등 관련), 안건번호 14-0289, 회신일자 2014. 7. 21.

531) 현행 법 제76조 제1항 제1호에 따르면 종전의 토지 또는 건축물의 면적·이용 상황·환경, 그 밖의 사항을 종합적으로 고려하여 대지 또는 건축물이 균형 있게 분양신청자에게 배분되고 합리적으로 이용되도록 한다.

532) 대구고등법원 2014. 11. 21. 선고 2014누237 판결(1심); 대구고법 2014. 11. 21. 선고 2014누237 판결(항소심).

533) 대법원 2015. 11. 26. 선고 2014두15528 판결; 대법원 2015. 10. 29. 선고 2014두13294 판결; 대법원 2016. 2. 18. 선고 2015두2048 판결.

3. 관리처분계획의 변경인가

가. 관리처분계획의 변경·중지 또는 폐지 인가

관리처분계획을 수립한 후 사업시행자는 시장·군수등의 인가를 받아야 하며, 관리처분계획을 변경·중지 또는 폐지하려는 경우에도 인가를 받아야 한다(법 제74조 제1항 본문).

나. 당초 관리처분계획과 변경 관리처분계획의 관계

(1) 당초 관리처분계획과 변경된 관리처분계획의 관계는 조합설립인가 및 사업시행계획의 경우와 같은 태도로 이해할 수 있다. 즉 관리처분계획에 실질적 변경이 있는 경우에는 당초 관리처분계획은 실효되고 새로운 관리처분계획만 존재하는 것으로 볼 수 있고, 경미한 변경만 있을 경우에는 당초 관리처분계획과 새로운 관리처분계획이 병존하는 것으로 볼 수 있다. 이하에서는 관련 판례를 분석한다.[534]

(2) 대법원은 이러한 「도시정비법」 규정의 내용, 형식 및 취지 등에 비추어 보면, 당초 관리처분계획의 경미한 사항을 변경하는 경우와는 달리 당초 관리처분계획의 주요 부분을 실질적으로 변경하는 내용으로 새로운 관리처분계획을 수립하여 시장·군수의 인가를 받은 경우에는 당초 관리처분계획은 달리 특별한 사정이 없는 한 그 효력을 상실한다고 했다.[535]

(3) 후술하는 바와 같이 많은 사례가 정비사업비의 변경과 관련되어 있고, 현재 하급심에서 계속 중인 사건들도 대부분 정비사업비 변경으로 인한 갈등이다. 대법원은 관리처분계획을 수립할 때 의결한 공사비 등 정비사업에 소요되는 비용이 조합원들의 이해관계에 중대한 영향을 미칠 정도로 실질적으로 변경된 경우에 해당하는지 판단하는 방법에 대한 판시에서, "구 「도시정비법」(2008. 2. 29. 법률 제8852호로 개정되기 전의 것)에 따른 정비사업이 조합의 설립, 사업시행계획, 관리처분계획 등의 단계를 거쳐 순차 진행되고, 각 단계에서 조합설립인가, 사업시행인가, 관리처분계획인가 등의 선행 행정처분이 이루어짐에 따라 다음 절차가 진행되는 정비사업의 특성과 사업시행계획의 단계에서 정비사업비에 관하여 동의를 얻도록 한 구 「도시정비법」 제17조, 제28조 제5항, 제6항, 제30조 제9호, 구 「도시정비법 시행령」(2008. 7. 29. 대통령령 제20947호로 개정되기 전의 것) 제28조 제4항, 제41조 제2항 제5호의 취지를 종합하여 보면, 조합설립을 할 때에 건축물 철거 및 신축비용 개산액에 관하여 조합원들의 동의를 받았고, 다음 단계인 사업시행계획의 수립 및 이에 대한 인가를 받을 때 조합원들의 동의 절차를 거쳐 정비사업비가 잠정적으로 정해졌으므로, 관리처분계획을 수립할 때에 의결한 정비사업비가 조합원들의 이해관계에 중대한 영향을 미칠 정도로 실질적으로 변경된 경우에 해당하는지를 판단할 경우에는 조합설립에 관한 동의서 기재 건축물 철거 및 신축비용 개산액과 바로 비교할 것이 아니라, 먼저 **사업시행계획 시에 조합원들의 동의를 거친 정비사업비가 조합설립에 관한 동의서 기재 건축물**

---

534) 이승훈, 앞의 논문, 61면.
535) 대법원 2012. 3. 22. 선고 2011두6400 전원합의체 판결.

철거 및 신축비용 개산액과 비교하여 **조합원**들의 이해관계에 중대한 영향을 미칠 정도로 실질적으로 변경된 경우에 해당하는지를 판단하고, 다음으로 관리처분계획안에서 의결한 정비사업비가 사업시행계획 시에 **조합원**들의 동의를 거친 정비사업비와 비교하여 **조합원**들의 이해관계에 중대한 영향을 미칠 정도로 실질적으로 변경된 경우에 해당하는지를 판단해야 한다"고 하였다.[536) 그리고, 이 사건 관리처분계획안에서 의결한 정비사업비가 위 사업시행계획 시에 **조합원**들의 동의를 거친 정비사업비와 비교하여 볼 때 **조합원**들의 이해관계에 중대한 영향을 미칠 정도로 실질적으로 변경되었다고 볼 수 없을 뿐만 아니라, 달리 위 인가받은 사업시행계획이 당연 무효라고 볼 아무런 자료도 없다고 하였다. 대법원은 이를 기초로 하여 관리처분계획 수립을 위한 조합 총회의 결의는 **조합원** 총수의 과반수 이상 찬성의 의결정족수를 충족하면 된다고 판시하였다.[537)

(4) 이 밖에도 결의요건에 관한 하자를 보완하는 의미로 다시 조합총회의 결의를 거쳐 당초 관리처분계획에 대하여 시장·군수의 인가를 받은 경우에도 당초 관리처분계획은 특별한 사정이 없는 한 그 효력을 상실하고,[538) 개발계획의 주요 부분을 실질적으로 변경하는 내용으로 새로운 개발계획을 수립하여 고시한 경우에도 당초 개발계획은 달리 특별한 사정이 없는 한 그 효력을 상실한다고 할 것이다.[539)

4. 관리처분계획의 경미한 변경의 신고사항

(1) **대통령령으로 정하는 경미한 사항을 변경**하려는 경우에는 **시장·군수등에게 신고**하여야 한다(법 제74조 제1항 단서). 법 제74조 제1항 각 호 외의 부분 단서에서 "**대통령령**으로 정하는 경미한 사항을 변경하려는 경우"란 다음 각 호 1. 계산착오·오기·누락 등에 따른 조서의 단순정정인 경우(불이익을 받는 자가 없는 경우에만 해당한다), 2. 정관 및 사업시행계획인가의 변경에 따라 관리처분계획을 변경하는 경우, 3. 매도청구에 대한 판결에 따라 관리처분계획을 변경하는 경우, 4. 법 제129조에 따른 권리·의무의 변동이 있는 경우로서 분양설계의 변경을 수반하지 아니하는 경우, 5. 주택분양에 관한 권리를 포기하는 **토지등소유자**에 대한 임대주택의 공급에 따라 관리처분계획을 변경하는 경우, 6. 「민간임대주택법」 제2조 제7호에 따른 임대사업자의 주소(법인인 경우에는 법인의 소재지와 대표자의 성명 및 주소)를 변경하는 경우의 어느 하나에 해당하는 경우를 말한다(영 제61조).

대법원은 "관리처분계획의 수립 또는 변경을 위하여 조합총회의 의결 및 행정청의 인가절차 등을 요구하는 취지는, 관리처분계획의 수립 또는 변경이 **조합원**, 현금청산대상자 등에 대한 소유권 이전 등 권리귀속 및 비용부담에 관한 사항을 확정하는 행정처분에 해당하므로, 그로 인하여 자신의 권리·

---

536) 대법원 2014. 6. 12. 선고 2012두28520 판결; 대법원 2014. 8. 20. 선고 2012두5572 판결; 대법원 2014. 8. 20. 선고 2012두5572 판결.
537) 대법원 2014. 8. 20. 선고 2012두5572 판결.
538) 대법원 2013. 12. 26. 선고 2012두6674 판결.
539) 대법원 2012. 9. 27. 선고 2010두16219 판결.

의무와 법적 지위에 커다란 영향을 받게 되는 **조합원** 등의 의사가 충분히 반영되어야 할 필요가 있기 때문이다. 반면에 관리처분계획의 경미한 사항을 변경하는 경우에는 이러한 필요성이 그다지 크지 않기 때문에 행정청에 신고하는 것으로 충분하도록 규정하고 있는 것이라고"540) 판시하였다.

같은 판례에서 구「도시정비법」제48조 제1항(현행 법 제74조 제1항) 단서에서 정한 '**대통령령**이 정하는 경미한 사항을 변경하고자 하는 때'가 구「도시정비법 시행령」제49조(현행 제61조)의 각호에 규정된 사항들에 한정되는지 여부에 대한 판시에서 "구「도시정비법」(2009. 2. 6. 법률 제9444호로 개정되기 전의 것) 관련 규정의 내용, 형식 및 취지에 비추어 보면,「도시정비법」제48조 제1항 단서에서 정한 '**대통령령**이 정하는 경미한 사항을 변경하고자 하는 때'란 구「도시정비법 시행령」(2009. 1. 30. 대통령령 제21285호로 개정되기 전의 것) 제49조(현행 제61조)의 각호에 규정된 사항들에 한정되는 것이 아니라, 변경대상이 되는 관리처분계획의 내용을 구체적·개별적으로 살펴보아 조합총회의 의결을 거치지 않더라도 변경내용이 객관적으로 **조합원** 등 이해관계인의 의사에 충분히 들어맞고 그 권리·의무나 법적 지위를 침해하지 않거나, 분양대상자인지에 대한 확정판결에 따라 관리처분계획의 내용을 변경하는 때와 같이 조합총회의 의결을 거친다고 하더라도 변경내용과 다르게 의결할 수 있는 여지가 없는 경우 등도 포함한다고 보는 것이 타당하다고" 판시하였다.

5. 시장·군수등이 직접 수립하는 관리처분계획에 준용

관리처분계획의 내용(법 제74조 제1항 각 호)과 정비사업에서 재산 또는 권리의 평가방법, **조합원**에게 통지, 관리처분계획의 내용, 관리처분의 방법 등(동조 제2항부터 제4항까지)의 규정은 시장·군수등이 직접 수립하는 관리처분계획에 준용한다(법 제74조 제5항).

Ⅲ. 관리처분계획의 수립절차와 변경절차

〈표 14〉 관리처분계획의 수립 및 인가의 절차

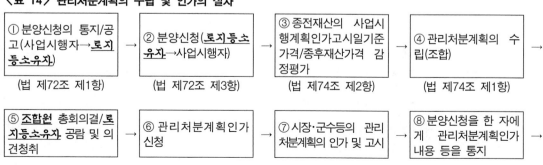

---

540) 대법원 2012. 5. 24. 선고 2009두22140 판결.

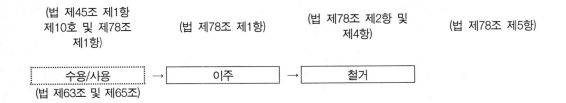

1. 조합원에게 통지

조합은 관리처분계획의 수립 및 변경(법 제45조 제1항 제10호)의 사항을 의결하기 위한 총회의 개최일부터 1개월 전에 법 제74조 제1항 제3호부터 제6호까지의 규정에 해당하는 사항을 각 조합원에게 문서로 통지하여야 한다(법 제74조 제3항).

2. 공람 및 의견청취

사업시행자는 관리처분계획인가를 신청하기 전에 관계 서류의 사본을 30일 이상 토지등소유자에게 공람하게 하고 의견을 들어야 한다. 다만, 제74조 제1항 각 호 외의 부분 단서에 따라 대통령령으로 정하는 경미한 사항을 변경하려는 경우에는 토지등소유자의 공람 및 의견청취 절차를 거치지 아니할 수 있다(법 제78조 제1항).

3. 관리처분계획의 인가 및 고시

시장·군수등은 사업시행자의 관리처분계획인가의 신청이 있는 날부터 30일 이내에 인가 여부를 결정하여 사업시행자에게 통보하여야 한다. 다만, 시장·군수등은 제3항에 따라 관리처분계획의 타당성 검증을 요청하는 경우에는 관리처분계획인가의 신청을 받은 날부터 60일 이내에 인가 여부를 결정하여 사업시행자에게 통지하여야 한다(법 제78조 제2항). 시장·군수등이 관리처분계획을 인가하는 때에는 그 내용을 해당 지방자치단체의 공보에 고시하여야 한다(법 제78조 제4항).

4. 공람계획 및 관리처분계획 인가의 통지

사업시행자는 법 제78조 제1항에 따라 공람을 실시하려거나 법 제78조 제4항에 따른 시장·군수등의 고시가 있는 때에는 대통령령으로 정하는 방법과 절차에 따라 토지등소유자에게는 공람계획을 통지하고, 분양신청을 한 자에게는 관리처분계획인가의 내용 등을 통지하여야 한다(법 제78조 제5항). 사업시행자는 법 제78조 제5항에 따라 공람을 실시하려는 경우 공람기간·장소 등 공람계획에 관한 사항과 개략적인 공람사항을 미리 토지등소유자에게 통지하여야 한다(영 제65조 제1항). 사업시행자는 법 제

78조 제5항 및 제6항에 따라 분양신청을 한 자에게 다음 각 호 1. 정비사업의 종류 및 명칭, 2. 정비사업 시행구역의 면적, 3. 사업시행자의 성명 및 주소, 4. 관리처분계획의 인가일, 5. 분양대상자별 기존의 토지 또는 건축물의 명세 및 가격과 분양예정인 대지 또는 건축물의 명세 및 추산가액의 사항을 통지하여야 하며, 관리처분계획 변경의 고시가 있는 때에는 변경내용을 통지하여야 한다(영 제65조 제2항).

공람 및 의견청취(제1항), 인가 및 고시(제4항) 및 공람계획 및 관리처분계획 인가의 통지(제5항)는 시장·군수등이 직접 관리처분계획을 수립하는 경우에 준용한다(법 제78조 제6항).

5. 기타

가. 관리처분계획의 타당성 검증

시장·군수등은 다음 각 호 1. **관리처분계획에 따른 정비사업비**가 사업시행계획서에 따른 정비사업비 기준으로 100분의 10 이상 늘어나는 경우, 2. 관리처분계획에 따른 **조합원** 분담규모가 분양신청통지 시에 따른 분양대상자별 분담금의 추산액 총액 기준으로 100분의 20 이상 늘어나는 경우, 3. **조합원** 5분의 1 이상이 관리처분계획인가 신청이 있은 날부터 15일 이내에 시장·군수등에게 타당성 검증을 요청한 경우, 4. 그 밖에 시장·군수등이 필요하다고 인정하는 경우의 어느 하나에 해당하는 경우에는 **대통령령**으로 정하는 공공기관[다음 각 호 1. 토지주택공사등, 2. 한국감정원의 기관을 말한다(영 제64조)]에 관리처분계획의 타당성 검증을 요청하여야 한다. 이 경우 시장·군수등은 타당성 검증 비용을 사업시행자에게 부담하게 할 수 있다(법 제78조 제3항). 2017. 8. 9. 법률 제14857호 개정(시행 2018. 2. 9.)으로 사업시행계획 대비 관리처분계획상 정비사업비가 일정비율 이상 증가하거나, 일정 비율 이상의 **조합원**이 요구하는 경우에는 시장·군수등은 해당 관리처분계획에 대하여 공공기관의 타당성 검증을 반드시 받도록 하였다.

나. 평형별 배정 및 동·호수 추첨회의

평형별 배정은 분양신청을 하면서 그 신청에 따라 결정되고 동·호수 배정은 관리처분총회 후 추첨에 따라 결정된다. 구체적인 방법은 관리처분기준에서 설명한다.

Ⅳ. 관리처분의 기준

관리처분계획은 「도시정비법」 제74조 제1항의 기준에 적합하여야 한다. 관리처분의 기준은 법 제76조에 따른 모든 정비사업에 일반적 기준, 분양대상자의 선정기준, 다주택 공급기준, 상가의 분양기준, 재산평가기준 등으로 구성된다.

1. 일반적 기준

가. 법 제74조 제1항에 따른 <u>관리처분계획의 내용</u>은 다음 각 호의 기준에 따른다(법 제76조 제1항).

1. <u>배분의 균형</u>: 종전의 토지 또는 건축물의 면적·이용 상황·환경, 그 밖의 사항을 종합적으로 고려하여 대지 또는 건축물이 균형 있게 분양신청자에게 배분되고 합리적으로 이용되도록 한다(1호).

2. <u>과소·과대토지</u>: 지나치게 좁거나 넓은 토지 또는 건축물은 넓히거나 좁혀 대지 또는 건축물이 적정 규모가 되도록 한다(2호).

3. <u>현금청산</u>: 너무 좁은 토지 또는 건축물이나 <u>정비구역 지정 후 분할된 토지를 취득한 자</u>에게는 <u>현금으로 청산</u>할 수 있다(3호).

4. <u>재해 또는 위생상의 위해를 방지</u>하기 위하여 토지의 규모를 조정할 특별한 필요가 있는 때에는 너무 좁은 토지를 넓혀 토지를 갈음하여 보상을 하거나 건축물의 일부와 그 건축물이 있는 대지의 공유지분을 교부할 수 있다(4호).

5. <u>분양설계에 관한 계획</u>은 분양신청기간이 만료하는 날을 기준으로 하여 수립한다(5호). 법 제72조 제1항 제3호에 따른 분양신청기간의 종료일을 <u>관리처분기준일</u>(서울시 도시정비**조례** 제2조 제3호)이라 한다.

6. <u>1주택공급 원칙</u>: <u>1세대 또는 1명이 하나 이상의 주택 또는 토지를 소유한 경우 1주택을 공급</u>하고, <u>같은 세대에 속하지 아니하는 2명 이상이 1주택 또는 1토지를 공유한 경우에는 1주택만 공급한다</u>(6호).

7. 제6호의 <u>1주택공급</u>이 원칙적인 규정이며, 다주택의 분양기준은 "3. 주택의 분양기준"에서 후술한다.

나. 관리처분계획의 수립기준 등에 필요한 사항은 **대통령령**으로 정한다(법 제76조 제2항). 그러나 현재 조문에서 위임한 사항을 규정한 하위법령이 없다.

2. 정비사업 유형별 관리처분의 방법

관리처분계획의 내용, 관리처분의 방법 등에 필요한 사항은 **대통령령**으로 정한다(법 제74조 제4항). 정비사업 유형별 관리처분의 방법은 다음과 같다.

가. 주거환경개선사업과 재개발사업

(1) <u>재개발조합</u>은 재건축조합과는 달리 **토지등소유자**의 조합설립 동의여부와 관계없이 모두가 **조합원**으로 강제된다. 또한, **토지등소유자**의 요건이 달라 분양대상자의 자격이 서로 다르다. **재개발사업**은 아래의 요건을 충족하는지 여부에 따라 <u>분양대상**조합원**</u>과 <u>청산대상**조합원**</u>으로 분류된다. 그러나 **재건축조합**에서는 조합설립의 동의를 하여야 **조합원**이기 때문에 <u>미동의자로서 **조합원**이 아닌 **토지등소유자**</u>는 매도청구의 대상일 뿐 <u>관리처분계획의 대상이 되지 않는다</u>.

(2) 관리처분방식으로 시행하는 **주거환경개선사업**(법 제23조 제1항 제4호)과 **재개발사업**의 경우 관리처분(법 제74조 제4항)은 다음의 방법에 따른다(영 제63조 제1항).

1. **시·도조례로 분양주택의 규모를 제한**하는 경우에는 그 규모 이하로 주택을 공급할 것

2. **1개의 건축물의 대지는 1필지의 토지**가 되도록 정할 것. 다만, 주택단지의 경우에는 그러하지 아니하다.

3. 정비구역의 **토지등소유자(지상권자는 제외**한다)에게 분양할 것. 다만, 공동주택을 분양하는 경우 시·도조례로 정하는 금액·규모·취득 시기 또는 유형에 대한 기준에 부합하지 아니하는 **토지 등소유자**는 시·도조례로 정하는 바에 따라 분양대상에서 제외할 수 있다.[541]

4. 1필지의 대지 및 그 대지에 건축된 건축물(법 제79조 제4항 전단에 따라 보류지로 정하거나 **조합원** 외의 자에게 분양하는 부분은 제외한다)을 **2인 이상에게 분양**하는 때에는 기존의 토지 및 건축물의 가격(영 제93조에 따라 사업시행방식이 전환된 경우에는 환지예정지의 권리가액을 말한다. 이하 제7호에서 같다)과 영 제59조 제4항 및 영 제62조 제3호에 따라 **토지등소유자**가 부담하는 비용(재개발사업의 경우에만 해당한다)의 비율에 따라 분양할 것

5. 분양대상자가 공동으로 취득하게 되는 건축물의 **공용부분**은 각 권리자의 **공유**로 하되, 해당 공용부분에 대한 각 권리자의 지분비율은 그가 취득하게 되는 부분의 위치 및 바닥면적 등의 사항을 고려하여 정할 것

6. 1필지의 대지 위에 2인 이상에게 분양될 건축물이 설치된 경우에는 건축물의 **분양면적의 비율에 따라 그 대지소유권이 주어지도록 할 것**(주택과 그 밖의 용도의 건축물이 함께 설치된 경우에는 건축물의 용도 및 규모 등을 고려하여 대지지분이 합리적으로 배분될 수 있도록 한다). 이 경우 토지의 소유관계는 **공유**로 한다.

7. 주택 및 부대시설·복리시설의 공급순위는 **기존의 토지 또는 건축물의 가격을 고려**하여 정할 것. 이 경우 그 구체적인 기준은 시·도조례로 정할 수 있다. 주택 및 부대·복리시설 공급 기준 등은 그 위임에 따라 「서울시 도시정비**조례**」 제38조에 따른다.[542] 종전 건축물의 용도나 영업유무 등

---

541) 「서울시 도시정비조례」 제36조(재개발사업의 분양대상 등) ① 영 제63조 제1항 제3호에 따라 재개발사업으로 건립되는 공동주택의 분양대상자는 관리처분계획기준일 현재 다음 각 호의 어느 하나에 해당하는 **토지등소유자**로 한다.
  1. 종전의 건축물 중 주택(주거용으로 사용하고 있는 특정무허가건축물 중 조합의 정관등에서 정한 건축물을 포함한다)을 소유한 자
  2. 분양신청자가 소유하고 있는 종전토지의 총면적이 90㎡ 이상인 자
  3. 분양신청자가 소유하고 있는 권리가액이 분양용 최소규모 공동주택 1구의 추산액 이상인 자. 다만, 분양신청자가 동일한 세대인 경우의 권리가액은 세대원 전원의 가액을 합하여 산정할 수 있다.
  4. 사업시행방식전환의 경우에는 전환되기 전의 사업방식에 따라 환지를 지정받은 자. 이 경우 제1호부터 제3호까지는 적용하지 아니할 수 있다.
  5. 「도시재정비법」 제11조 제4항에 따라 재정비촉진계획에 따른 기반시설을 설치하게 되는 경우로서 종전의 주택(사실상 주거용으로 사용되고 있는 건축물을 포함한다)에 관한 보상을 받은 자
542) 「서울시 도시정비**조례**」 제38조(주택 및 부대·복리시설 공급 기준 등) ① 영 제63조 제1항 제7호에 따라 법 제23조 제1항 제4호**(관리처분방식)의 방법으로 시행하는 주거환경개선사업, 재개발사업 및 단독주택재건축사업의 주택공급에 관한 기준**은 다음 각 호와 같다.
  1. 권리가액에 해당하는 분양주택가액의 주택을 분양한다. 이 경우 권리가액이 2개의 분양주택가액의 사이에 해당하는

에 따라 상가 등 부대·복리시설(속칭 단지 내 상가)의 공급에 대해서 정하고 있다. 후술하는 바와 같이 재건축사업의 경우에도 일정한 예외사유를 제외하고는 원칙적으로 기존 상가 등 부대·복리시설 소유자에게 새로 건설한 상가 등 부대·복리시설을 공급하도록 정하고 있다.

이 밖에도 정비사업에서 평형별 배정543) 및 동·호수 추첨에544) 관해서는 조합정관에서도 구체적인 방법이 정해져 있다. 평형별 배정은 **조합원**이 **조합원**분양분에 대한 분양신청 시 자신이 입주하기를 원하는 희망평형을 1순위·2순위·3순위로 그 순서를 정하여 분양신청서를 작성하여 조합에 제출하면, 각 **조합원**에 대한 평형배정은 우선 각 평형별 1순위 희망자를 그 평형에 우선배정하고, 만약 해당 평형의 1순위 희망자가 분양세대수를 초과하는 경우 정관규정에 따라 각 **조합원**의 종전 재산의 권리가액이 큰 순서에 따라 순차로 배정하며 여기에서 탈락한 **조합원**은 자신이 희망하는 2, 3순위 평형의 분양세대수가 남는 경우에 무작위 추첨을 통해 배정받게 된다.

동·호수 배정방식은 추첨이라고만 규정하고 구체적인 방법이 없어서 전술한 정관에 따른다. 따라서 관리처분총회 후 **조합원**들의 개략적인 추가부담금이 산정되면 관리처분계획인가를 신청하기 전 일정한 기간 내에 **조합원**의 분양대상주택을 확정하기 위해 동·호수 추첨을 한다. 동·호수 추첨까지 결정되면 **조합원**별 정확한 추가부담금이 결정된다.

나. 재건축사업

재건축사업에서 분양대상자로서의 자격이 있는 토지 및 건축물 소유자만이 조합에 가입할 수 있으

경우에는 분양대상자의 신청에 따른다.
2. 제1호에도 불구하고 정관등으로 정하는 경우 권리가액이 많은 순서로 분양할 수 있다.
3. 법 제76조 제1항 제7호 다목에 따라 2주택을 공급하는 경우에는 권리가액에서 1주택 분양신청에 따른 분양주택가액을 제외하고 나머지 권리가액이 많은 순서로 60㎡ 이하의 주택을 공급할 수 있다.
4. 동일규모의 주택분양에 경합이 있는 경우에는 권리가액이 많은 순서로 분양하고, 권리가액이 동일한 경우에는 공개추첨에 따르며, 주택의 동·층 및 호의 결정은 주택규모별 공개추첨에 따른다.
② 영 제63조 제1항 제7호에 따라 법 제23조 제1항 제4호의 방법으로 시행하는 **주거환경개선사업과 재개발사업**으로 조성되는 **상가 등 부대·복리시설**은 관리처분계획기준일 현재 다음 각 호의 순위를 기준으로 공급한다. 이 경우 동일 순위의 상가 등 부대·복리시설에 경합이 있는 경우에는 제1항 제4호에 따라 정한다.
  1. 제1순위: 종전 건축물의 용도가 분양건축물 용도와 동일하거나 비슷한 시설이며 **사업자등록**(인가·허가 또는 신고 등을 포함한다)을 하고 **영업**을 하는 건축물의 소유자로서 권리가액(공동주택을 분양받은 경우에는 그 분양가격을 제외한 가액을 말한다)이 분양건축물의 최소분양단위규모 추산액 이상인 자
  2. 제2순위: 종전 건축물의 용도가 분양건축물 용도와 동일하거나 비슷한 시설인 건축물의 소유자로서 권리가액이 분양건축물의 최소분양단위규모 추산액 이상인 자
  3. 제3순위: 종전 건축물의 용도가 분양건축물 용도와 동일하거나 비슷한 시설이며 사업자등록을 필한 건축물의 소유자로서 권리가액이 분양건축물의 최소분양단위규모 추산액에 미달되나 **공동주택을 분양받지 않은 자**
  4. 제4순위: 종전 건축물의 용도가 분양건축물 용도와 동일하거나 비슷한 시설인 건축물의 소유자로서 권리가액이 분양건축물의 최소분양단위규모 추산액에 미달되나 공동주택을 분양받지 않은 자
  5. 제5순위: 공동주택을 분양받지 않은 자로서 권리가액이 분양건축물의 최소분양단위규모 추산액 이상인 자
  6. 제6순위: 공동주택을 분양받은 자로서 권리가액이 분양건축물의 최소분양단위규모 추산액 이상인 자
543) **조합원**에 대한 신축건축물의 평형별 배정에 있어 **조합원** 소유 종전건축물의 가격·면적·유형·규모 등에 따라 우선순위를 정할 수 있다(재건축표준정관 제43조 제4호).
544) **조합원**의 동·호수 추첨은 OO은행 전산추첨을 원칙으로 경찰관입회하에 공정하게 실시하여야 하며 추첨결과는 시장·군수에게 통보하여야 한다(재개발표준정관 제53조 제5항 및 재건축표준정관 제46조 제5항).

므로, 반대로 **조합원**이면 분양대상자가 된다. 다만 투기과열지구에서 조합설립인가 후 건축물 또는 토지를 양수한 자는 **조합원**이 될 수 없으므로, 이들은 관리처분계획에서 분양대상자가 될 수 없다(법 제39조 제2항). 또 투기과열지구에서 재당첨금지조항에 의해 분양신청을 할 수 없는 경우에도 분양대상자가 될 수 없다(법 제72조 제6항).

재건축사업의 경우 관리처분은 다음 각 호의 방법에 따른다(영 제63조 제2항 본문). 다만, 조합이 **조합원** 전원의 동의를 받아 그 기준을 따로 정하는 경우에는 그에 따른다(영 제63조 제2항 단서). 따라서 재건축사업의 경우 평형별 배정 및 동·호수 추첨은 조합이 **조합원** 전원의 동의를 받아 그 기준을 따로 정하는 경우에는 그에 따르도록 하므로 통상 조합정관에 의할 것이다.

1. 영 제63조 제1항 제5호 및 제6호를 적용할 것(제1호).
2. 부속토지를 포함한 부대시설·복리시설의 소유자에게는 부대시설·복리시설을 공급할 것. 다만, 다음 각 목 가. 새로운 부대시설·복리시설을 건설하지 아니하는 경우로서 기존 부대시설·복리시설의 가액이 분양주택 중 최소분양단위규모의 추산액에 정관등으로 정하는 비율(정관등으로 정하지 아니하는 경우에는 1로 한다. 이하 나목에서 같다)을 곱한 가액보다 클 것, 나. 기존 부대시설·복리시설의 가액에서 새로 공급받는 부대시설·복리시설의 추산액을 뺀 금액이 분양주택 중 최소분양단위규모의 추산액에 정관등으로 정하는 비율을 곱한 가액보다 클 것, 다. 새로 건설한 부대시설·복리시설 중 최소분양단위규모의 추산액이 분양주택 중 최소분양단위규모의 추산액보다 클 것의 어느 하나에 해당하는 경우에는 1주택을 공급할 수 있다(제2호). 여기서 **부대시설**이란 주택에 딸린 다음 각 목 가. 주차장, 관리사무소, 담장 및 주택단지 안의 도로, 나. 「건축법」 제2조 제1항 제4호에 따른 건축설비, 다. 가목 및 나목의 시설·설비에 준하는 것으로서 **대통령령**으로 정하는 시설 또는 설비의 시설 또는 설비를 말한다(주택법 제2조 제13호). 그리고 **복리시설**이란 주택단지의 입주자 등의 생활복리를 위한 다음 각 목 가. 어린이놀이터, 근린생활시설, 유치원, 주민운동시설 및 경로당, 나. 그 밖에 입주자 등의 생활복리를 위하여 **대통령령**으로 정하는 공동시설을 말한다(주택법 제2조 제14호). 부대시설·복리시설의 소유자란 이들 중 근린생활시설을 소유한 **조합원**을 말하는 것이고 근린생활시설은 속칭 단지 내 상가(團地內商家)로 불린다.

3. 주택의 분양기준

가. 일반기준

정비사업에서 새로 건설되는 건축물의 대부분은 공동주택이고 이 주택은 **조합원**에게 1주택을 공급하는 것이 원칙이다(법 제76조 제1항 제6호). 신축 아파트의 희망평형의 수요가 실제 공급량을 초과하면 종전 권리가액 순에 따라 배정하고 동일 평형의 경우에는 추첨을 통해 주택이 배정되는 것이 원칙이다.

나. 다주택의 분양기준(1+1분양)

1주택공급 원칙의 예외적인 규정(법 제76조 제1항 제7호)에 따르면, 다음 각 목의 경우에는 각 목의 방법에 따라 주택을 공급할 수 있다.

가. **2명 이상**이 **1토지를 공유**한 경우로서 <u>시·도조례</u>로 주택공급을 따로 정하고 있는 경우에는 <u>시·도조례</u>로 정하는 바에 따라 주택을 공급할 수 있다(법 제76조 제1항 제7호 가목). 2009. 2. 6. 법률 제9444호로 개정된 「도시정비법」 제48조 제2항 제6호 각 목외의 부분 본문 및 단서(현행 제76조 제1항 제6호 및 제7호 가목)에서 2인 이상이 토지를 공유하고 있는 경우 1주택을 공급하되, 시·도 **조례**로 정하는 바에 따라 달리 정할 수 있도록 한 취지는, 개정 전 「도시정비법」 제48조 제2항 제6호 각 목외의 부분 본문(현행 제76조 제1항 제6호)에서는 <u>1세대가 1 이상의 주택을 소유한 경우 1주택을 공급하고, **2인 이상이 1주택을 공유**한 경우에는 1주택만 공급하도록 규정하고 있었을 뿐, **토지 공유**에 대한 부분은 규정하고 있지 않아 이로 인해 토지 공유의 경우 무한히 확대될 수 있는 분양자격을 제한하기 위하여</u> 「도시정비법」 제48조 제2항 제6호(현행 제76조 제1항 제6호)를 개정하였으나, 이와 같은 「도시정비법」 개정 전에 이미 각 지방자치단체들은 토지 공유의 경우 분양권을 제한하기 위하여 <u>**조례**로 정비구역지정 고시 전의 특정시점을 기준으로 하여 그 이전에 이미 토지 공유관계를 형성하고 있는 경우에는 일정한 면적을 기준으로 공유자별로 각 1주택을 공급하도록 하고, 그 이후에 지분양수 등으로 인하여 토지를 공유하는 경우에는 1주택만 공급하도록 하고 있었던 바, **결국 동 규정은 조례**에서 토지의 공유에 관하여 규율하고 있던 사항을 법에 명시하면서</u> 각 지방자치단체별로 정한 특정시점 이전에 이미 토지 공유관계가 형성된 자들의 신뢰를 보호하기 위하여, <u>**2명 이상이 1토지 공유 시 1주택 공급을 원칙**으로 하되 시·도 **조례**로 그 예외를 인정하도록 한 것이다.[545]</u>

나. 다음 1) **과밀억제권역 밖 "재건축사업"의 토지등소유자**. 다만, 투기과열지구 또는 「주택법」 제63조의2 제1항 제1호에 따라 지정된 <u>조정대상지역</u>에서 최초 사업시행계획인가를 신청하는 "재건축사업"의 **토지등소유자**는 제외한다. 2) **근로자**(공무원인 근로자를 포함한다) **숙소, 기숙사 용도로 주택을 소유하고 있는 토지등소유자**, 3) **국가, 지방자치단체 및 토지주택공사등**, 4) 「국가균형발전 특별법」 제18조에 따른 **공공기관지방이전시책 등**에 따라 이전하는 공공기관이 소유한 주택을 양수한 자의 어느 하나에 해당하는 **토지등소유자**에게는 **소유한 주택 수만큼 공급할 수 있다**(법 제76조 제1항 제7호 나목). 2018. 2. 9. 시행법 부칙 제2조의 규정에 의하여 법 제76조 제1항 제7호 나목 4)는 2018년 1월 28일까지만 유효하다.

다. <u>분양대상자별 종전재산의 사업시행계획인가 고시일을 기준으로 한 가격(법 제74조 제1항 제5호)의 범위</u> 또는 종전 주택의 주거전용면적의 범위에서 2주택을 공급할 수 있고,[546] 이 중 1주택은 주거

545) 2009. 2. 6.자 「도시정비법」 개정법률안 개정이유서 및 국회심사보고서.
546) 법 제76조 제1항 제7호 다목에 따른 1+1 분양은 주로 **조합원** 수 대비 일반분양분이 많은 재개발·재건축에서 채택하는 분양방식이다. 주택의 권리가액이나 전용면적을 기준으로 **조합원**들에게 2주택 공급이 가능하도록 규정하고 있다. 재건축 전 기존 아파트(종전재산)가 전용 150㎡인 **조합원**은 신축아파트 전용 84㎡+59㎡(143㎡) 두 채를 받을 수 있는 방식이다. 대부분 조합은 기존 주택만 **조합원** 분양가로 공급하고 추가 한 채의 분양가는 일반분양가의 80~95% 선으로

전용면적을 60㎡ 이하로 한다. 다만, 60㎡ 이하로 공급받은 1주택은 이전고시일 다음 날부터 3년이 지나기 전에는 주택을 전매(매매·증여나 그 밖에 권리의 변동을 수반하는 모든 행위를 포함하되 상속의 경우는 제외한다)하거나 전매를 알선할 수 없다(법 제76조 제1항 제7호 다목).

라. 과밀억제권역에 위치한 "재건축사업"의 경우에는 <u>토지등소유자</u>가 소유한 주택수의 범위에서 <u>3주택까지 공급할 수 있다.</u> 동 규정은 2018. 2. 9. 시행법으로 재건축사업의 경우 소유한 주택수의 범위 내에서 3주택 이하로 공급할 수 있도록 규정하였다. 다만, <u>투기과열지구</u> 또는 「주택법」 제63조의2 제1항 제1호에 따라 지정된 <u>조정대상지역</u>에서 최초 사업시행계획인가를 신청하는 재건축사업의 경우에는 그러하지 아니한 방법에 따라 주택을 공급할 수 있다(법 제76조 제1항 제7호 라목 본문). 2017. 10. 24. 법률 제14943호 개정(시행 2018. 2. 9.)으로 재건축<u>조합원</u>의 주택공급 수에 대한 현행법상의 특례를 <u>조정대상지역 및 투기과열지구</u>에서는 적용하지 아니하도록 하였다(법 제76조 제1항 제7호 라목 단서).

4. 상가 등의 분양기준

정비사업에서 <u>상가</u>는 주택과 관리처분을 동시에 하는 것이 원칙이지만 법률상 이를 <u>명시적으로 정하고 있지는 않다.</u> 다만 영 제63조 제2항 제2호에 따르면 부속토지를 포함한 부대시설·복리시설의 소유자에게는 부대시설·복리시설을 공급할 것을 원칙으로 하고 있다.

5. 재산[547] 또는 권리의 평가 방법

정비사업은 기존의 토지 또는 건축물을 출자(종전재산)하여 새로운 아파트(종후재산)를 분양받는 개발사업으로서, 이들에 대한 가치평가를 공정하게 하는 것이 권리배분에 있어서 중요하다. 정비사업에서 <u>종전재산</u>(법 제74조 제1항 제3호), <u>종후재산</u>(같은 조 같은 항 제5호), <u>세입자별 손실보상</u>(같은 조 같은 항 제8호) 평가액이라는 <u>재산 또는 권리를 평가</u>할 때에는 아래의 방법에 따른다(법 제74조 제2항).

1. 「감정평가법」에 따른 감정평가법인등 중 다음 각 목 가. **주거환경개선사업 또는 재개발사업**: 시장·군수등이 선정·계약한 2인 이상의 감정평가법인등, 나. **재건축사업**: 시장·군수등이 선정·계약한 1인 이상의 감정평가법인등과 조합총회의 의결로 선정·계약한 1인 이상의 감정평가법인등의 구분에 따른 감정평가법인등이 평가한 금액을 산술평균하여 산정한다. 다만, **관리처분계획을 변경·중지 또는 폐지**하려는 경우 분양예정 대상인 대지 또는 건축물의 추산액(종후재산)과 종전의 토지 또는 건축물의 가격(종전재산)은 사업시행자 및 **토지등소유자 전원이 합의**하여 산정할

책정하고 있어서 분양가 상한제가 시행되면 추가분담금이 발생하며 지분이 큰 **조합원**들의 부담이 커진다. 반면 1+1 분양에서 얻는 차익으로 분담금의 일부를 상쇄할 것이다.

547) 법 제74조 제2항에 따르면 "재산(財産)"이라고 규정하고 있는데도 불구하고, 예컨대 각종 문헌이나 제 규정(김종보, 건설법(제6판), 593면; 국토교통부고시 제2016-895호 감정평가실무기준730-3)에서 종전"자산" 또는 종후"자산"이라고 표현하고 있다. 법문언에 충실하자면 재산이라는 표현이 더 정확하다. 이유는 「민법」, 「상속세 및 증여세법」, 「도시정비법」 등에서 재산이라는 용어를 쓰고 있고, "자산(資産)"은 경영학이나 회계학에서 부채 및 자본에 대응하는 의미로 보아야 하기 때문이다. 다만, 실무적으로 오랫동안 자산과 혼용해서 쓰고 있기 때문에 그 의미는 전달된다.

수 있다(제1호).[548]

2. 시장·군수등은 감정평가법인등을 선정·계약하는 경우 <u>감정평가법인등의 업무수행능력, 소속 감정평가사의 수, 감정평가 실적, 법규 준수 여부, 평가계획의 적정성 등</u>을 고려하여 <u>객관적이고 투명한 절차</u>에 따라 선정하여야 한다. 이 경우 감정평가법인등의 선정·절차 및 방법 등에 필요한 사항은 <u>시·도조례</u>로 정한다(제2호).[549]

3. <u>사업시행자</u>는 감정평가를 하려는 경우 <u>시장·군수등에게 감정평가법인등의 선정·계약을 요청</u>하고 감정평가에 필요한 <u>비용을 미리 예치</u>하여야 한다. 시장·군수등은 감정평가가 끝난 경우 예치된 금액에서 감정평가 비용을 직접 지불한 후 나머지 비용을 <u>사업시행자와 정산</u>하여야 한다(제3호).

<u>**종전재산**</u>의 감정평가기준일은 재개발·재건축사업 공히 <u>사업시행인가일</u>을 기준으로 하는 것이 원칙이고, 건축물이 <u>사업시행계획인가</u> 전에 법 제81조 제3항에 따라 <u>철거된 건축물은 시장·군수등에게 허가를 받은 날</u>을 기준으로 한다(법 제74조 제1항 제5호). <u>**종후재산**</u>의 감정평가기준일은 <u>분양신청기간 만료일이나 의뢰인이 제시하는 날</u>을 기준으로 한다(감정평가실무기준 730-3.2).

---

548) 여기서 법제처는 「도시정비법」 제74조 제2항 제1호 각 목외의 부분 단서에 따라 관리처분계획을 변경·중지 또는 폐지하려는 경우 종후재산과 종전재산의 가격을 <u>사업시행자 및 **토지등소유자**</u> 전원이 합의하여 산정하려면 양 당사자 전원이 일치된 의견으로 산정해야 하는지에 대한 법령해석에서, 법 제74조 제2항 제1호 각 목외의 부분 단서에 따라 종후재산과 종전재산의 가격을 양 당사자 전원이 합의하여 산정하려면 양 당사자 전원이 일치된 의견으로 산정해야 한다고 해석하였다.

그 이유는, 법 제74조 제2항 제1호 각 목외의 부분 단서 중 "합의"의 의미에 관해서는 별도 규정을 두고 있지 않은 바, 이와 같이 법률에서 사용되는 용어의 의미가 명확하지 않은 경우에는 가능한 한 문언의 통상적인 의미에 충실하게 해석하는 것을 원칙으로 하면서 해당 법률의 입법 취지와 목적, 관계법령의 내용 및 법질서 전체와의 조화 등을 종합적으로 고려하여 판단해야 할 것이다.

그런데, 「도시정비법」에 따른 종전재산의 가격 평가는 <u>**조합원**</u>들 사이의 상대적 출자 비율을 정하는 기준이 되고, 종후재산의 추산액은 공동주택 등을 건설한 후에 배분받은 부분에 대한 <u>**조합원**</u>의 비용 및 개발에 따른 이익의 산정 기준이 되는 것으로서 재산가격의 결정 방법은 <u>**조합원**</u>들의 재산권과 밀접한 사항이라는 점을 고려하면, 같은 법 제74조 제2항 제1호 각 목외의 부분 단서 중 "합의"는 양 당사자 전원이 재산가격 결정의 대상이 되는 각 재산에 대하여 일치된 의견으로 재산가격을 결정하도록 한 것이라고 보아야 할 것이며, 재산가격의 평가에 동의하지 않는 개별 **토지등소유자**의 재산권을 침해하는 내용을 다수결의 방법에 따라 결정할 수는 없다고 할 것이다.

더욱이, 법령에서 일정한 원칙에 관한 규정을 둔 후 이러한 원칙에 대한 예외규정을 두는 경우, 이러한 예외규정을 해석할 때에는 합리적인 이유 없이 문언의 의미를 확대하여 해석해서는 안 되고 보다 엄격하게 해석할 필요가 있다고 할 것인데(법제처 2012. 11. 3. 회신, 12-0596 해석례 참조), 법 제74조 제2항 제1호 각 목외의 부분 단서는 재산가격의 평가와 관련한 분쟁을 예방하고 재산가격 평가의 객관성을 확보하기 위하여 재산가격을 시장·군수 등이 선정·계약한 감정평가업자 등이 평가한 가액으로 산정하도록 한 같은 목외의 부분 본문의 규정에 대한 예외를 규정한 것이라는 점에 비추어 엄격히 해석해야 하므로, "합의"의 의미를 전원의 일치된 의견이 아닌 경우에도 의결 등을 통해 결정할 수 있다는 의미로 해석할 수는 없다고 할 것이다(법제처 법령해석, 안건번호18-0129, 회신일자 2018. 4. 16.).

549) 「서울시 도시정비조례」 제35조(감정평가업자의 선정기준 등) 법 제74조 제2항 제2호에 따라 구청장이 감정평가업자를 선정하는 기준·절차 및 방법은 다음 각 호와 같다.

1. 구청장은 「감정평가법」 제2조 제4호의 '감정평가업자' 중 같은 법 제29조에 따라 <u>인가를 받은 감정평가법인</u>으로부터 신청을 받아 다음 각 목 가. 감정평가업자의 업무수행실적, 나. 소속 감정평가사의 수, 다. <u>기존평가참여도</u>, 라. 법규준수 여부, 마. <u>감정평가수수료 적정성</u>, 바. <u>감정평가계획의 적정성</u>의 평가항목을 평가하여 감정평가업자를 선정하며, 세부 평가기준은 [별표 3]과 같다.

2. 감정평가업자가 다음 각 목 가. 「감정평가법」 제32조에 따른 <u>업무정지처분 기간이 만료된 날부터 6개월이 경과되지 아니한 자</u>, 나. 「감정평가법」 제41조 제1항에 따른 과징금 또는 제52조에 따른 과태료 부과 처분을 받은 날부터 6개월이 경과되지 아니한 자, 다. 「토지보상법」 제95조, 「감정평가법」 제49조 또는 제50조에 따른 벌금형 이상의 선고를 받고 1년이 경과되지 아니한 자의 어느 하나에 해당하는 경우에는 선정에서 제외한다.

V. 관리처분계획인가의 법적 효과

1. 이해관계인의 권리·의무의 사실상 확정

조합이 관리처분계획을 수립하여 인가를 받게 되면 분양대상자, 분양가액, 청산금액, 보류지 등의 귀속에 관한 사항이 확정된다. 분양받을 권리 등을 포함하여 정비구역 내 새로운 건축물과 토지의 귀속에 대한 일반적 사항이 정해지므로 **조합원** 등 이해관계인의 권리·의무가 사실상 확정된다.550)

2. 건축물 등의 사용·수익의 중지 및 철거

가. 종전 토지·건축물 소유자 등의 사용·수익 중지

종전의 토지 또는 건축물의 소유자·지상권자·전세권자·임차권자 등 권리자는 관리처분계획**인가의 고시**가 있은 때에는 **이전고시**가 있은 날까지 종전의 토지 또는 건축물에 대하여 이를 사용·수익할 수 없다. 다만, 사업시행자의 동의를 받거나, 「토지보상법」에 따른 손실보상이 완료되지 아니한 경우에는, 사용·수익이 중지되지 않는다(법 제81조 제1항). 그리고 사용·수익이 정지되는 것은 조합정관(재개발표준정관 제54조 제2항 및 재건축표준정관 제47조 제2항)의 구속력이 아니라 관리처분계획의 법적 효과에 따른 것이므로, 따라서 명도소송의 피고는 관리처분계획의 무효를 전제로 사용·수익권이 존속함을 주장해야 한다. 법률이 정하고 있는 사용·수익 정지의 요건이 유효한 관리처분계획의 존재이기 때문에, 정관의 무효는 사건의 직접 쟁점이 될 수 없다.551)

2009년 용산사건을 계기로, 같은 해 5. 27. 「도시정비법」이 개정(시행 2009. 11. 28. 법률 제9729호)되어 손실보상이 완료되지 않은 세입자에 대해서는 사용·수익이 정지되지 않도록 하였다. 만일 사업시행자와 임차인 사이에 보상금에 관한 협의가 성립된다면 사업시행자와 임차인 사이에 보상금에 관한 협의가 성립된다면 조합의 보상금 지급의무와 임차인의 부동산 인도의무는 동시이행의 관계에 있게 되고, 재결절차에 의할 때에는 부동산 인도에 앞서 영업손실보상금 등의 지급절차가 선행되어야 할 것이다.552)

1999. 3. 31. 「도시재개발법」(법률 제5956호)의 개정으로 건축물철거명령권과 대집행에 관한 근거조문이 삭제되었고, 이로 인하여 정비사업에 동의하지 않는 **조합원**에게 행정법상 의무를 부과할 수 있는 근거조문이 없어졌다. 그러나 관리처분계획인가의 법적 효과로 토지 또는 건축물의 사용·수익이 금지는 **토지등소유자**나 세입자 등에 대한 명도소송의 근거가 되며,553) 다만 사업시행자가 「도시정비법」에 근거하여 세입자에 대하여 명도소송을 제기하는 경우 그 소송은 공법상 권리로서 당사자소송에

---

550) 이승훈, 앞의 논문, 60면.

551) 김종보, "재건축·재개발 비용분담론(費用分擔論)의 의의와 한계", 144면.

552) 대법원 2011. 11. 24. 선고 2009다28394 판결.

553) 김종보, 건설법(제6판), 521면, 명도소송이란 권한 없이 타인의 토지나 건물 등을 점유하고 있는 자를 상대로 토지와 건물 등의 인도를 구하는 소송을 말한다. 명도소송은 일반적으로 토지나 건물 등의 소유자가 점유자를 상대로 하는 소송으로, 현재 명도소송을 민사소송에 의하고 있다.

의해 청구되어야 한다.[554]

나. 사업시행자의 기존 건축물 철거 및 철거 제한

사업시행자는 법 제74조 제1항에 따른 관리처분계획인가를 받은 후 기존 건축물을 철거하여야 한다(법 제81조 제2항). 사업시행자는 다음 각 호 1. 「재난기본법」·「주택법」·「건축법」등 관계 법령에서 정하는 기존 건축물의 붕괴 등 안전사고의 우려가 있는 경우, 2. 폐공가(廢空家)의 밀집으로 범죄발생의 우려가 있는 경우의 어느 하나에 해당하는 경우에는 기존 건축물 소유자의 동의 및 시장·군수등의 허가를 받아 해당 건축물을 철거할 수 있는데, 이는 관리처분계획인가 전에 철거할 수 있는 예외적인 규정이다. 이 경우 건축물의 철거는 **토지등소유자**로서의 권리·의무에 영향을 주지 아니한다(법 제81조 제3항). 사업시행자는 관리처분계획인가 전 건축물을 철거하기 전에 관리처분계획의 수립을 위하여 기존 건축물에 대한 물건조서와 사진 또는 영상자료를 만들어 이를 착공 전까지 보관하여야 한다(영 제72조 제1항). 물건조서를 작성할 때에는 법 제74조 제1항 제5호에 따른 종전 건축물의 가격산정을 위하여 건축물의 연면적, 그 실측평면도, 주요마감재료 등을 첨부하여야 한다. 다만, 실측한 면적이 건축물대장에 첨부된 건축물현황도와 일치하는 경우에는 건축물현황도로 실측평면도를 갈음할 수 있다(영 제72조 제2항).

시장·군수등은 사업시행자가 기존의 건축물을 철거하는 경우 다음 각 호 1. 일출 전과 일몰 후, 2. 호우, 대설, 폭풍해일, 지진해일, 태풍, 강풍, 풍랑, 한파 등으로 해당 지역에 중대한 재해발생이 예상되어 기상청장이 「기상법」제13조에 따라 특보를 발표한 때, 3. 「재난기본법」제3조에 따른 재난이 발생한 때, 4. 제1호부터 제3호까지의 규정에 준하는 시기로 시장·군수등이 인정하는 시기의 어느 하나에 해당하는 경우에는 건축물의 철거를 제한할 수 있다(법 제81조 제4항).

3. 관리처분계획에 따른 처분

가. 조합원 분양과 일반분양

(1) 의의

조합원 분양은 관리처분계획에 의해 이루어지고 그 근거가 처분에 의한 것이지만, 일반분양은 조합에게 귀속되는 체비시설(일반분양분)을 「주택법」상 절차에 따라 일반인에게 매각하는 사법적 행위이다.[555] 정비사업에서 **조합원** 분양은 정비사업의 목적이며 **조합원** 분양의 절차는 정비사업의 절차 자체를 의미한다. 그럼에도 불구하고 정비사업에서 **조합원** 분양이라는 용어가 별도로 사용되는 이유는 사업시행자의 비용조달을 위한 일반분양제도 때문이다. 정비사업에서는 통상 **조합원** 수를 초과해서 아파

트가 건설되는데, 사업비용을 조달하기 위해서 사업시행자가 이를 일반에 매각하는 것을 일반분양이라 부른다. 법적으로 **조합원** 분양분은 관리처분계획 등「도시정비법」이 정하는 절차에 따라 공급되지만, 일반분양분은「주택법」상 주택공급절차에 따라 일반에게 공급된다(법 제79조 제2항 및 제8항).556)

(2) 조합원 분양

정비사업의 시행으로 조성된 대지 및 건축물은 관리처분계획에 따라 처분 또는 관리하여야 한다(법 제79조 제1항). **토지등소유자**로부터 먼저 분양신청을 받은 뒤 그 신청현황을 기초로 조성된 대지 및 건축물의 처분방법을 관리처분계획으로 수립하여, 총회의 결의를 거쳐 시장·군수등의 인가를 받아서 처분 또는 관리하여야 하고 임의로 처분하지 못하도록 하고 있다. 만약 이에 의하지 아니한 처분행위가 있는 경우에는 그 민사상 효력도 부인된다.557)

사업시행자는 정비사업의 시행으로 건설된 건축물을 인가받은 관리처분계획에 따라 **토지등소유자**에게 공급하여야 한다(법 제79조 제2항). 그러나 모든 **토지등소유자**에게 공급하는 것이 아니라 분양받을 권리를 가진 **조합원**에게만 공급한다.

사업시행자(제23조 제1항 제2호에 따라 대지를 공급받아 주택을 건설하는 자를 포함한다. 이하 이 항, 제6항 및 제7항에서 같다)는 정비구역에 주택을 건설하는 경우에는 입주자 모집 조건·방법·절차, 입주금(계약금·중도금 및 잔금을 말한다)의 납부 방법·시기·절차, 주택공급 방법·절차 등에 관하여 「주택법」제54조에도 불구하고 **대통령령**으로 정하는 범위에서 시장·군수등의 승인을 받아 따로 정할 수 있다(법 제79조 제3항).

「도시정비법」은「주택법」의 특별법으로서「도시정비법」상 사업시행인가 속에「주택법」상 사업승인이 포함되므로(법 제57조 제1항 제1호), 이에 의해 건설되는 아파트의 공급은「주택법」의 절차에 따르는 구조이다(주택법 제54조). 그러나 특례로「도시정비법」은 **조합원**분양분에 대해서는「주택법」에도 불구하고 관리처분계획에 의해 일반분양과 전혀 다른 방식으로 공급할 수 있도록 예외를 두고 있다.558)

(3) 일반분양

사업비용을 조달하기 위해 사업시행자에게 부여되는 대표적인 시설인 일반분양분은「도시개발법」상 체비지에 대응하는 개념이다. 사업시행자는 법 제72조에 따른 분양신청을 받은 후 잔여분이 있는 경우에는 정관 등 또는 사업시행계획으로 정하는 목적을 위하여 그 **잔여분**을 보류지(건축물을 포함한다)로 정하거나 **조합원 또는 토지등소유자 이외의 자**에게 분양할 수 있다(법 제79조 제4항 전단). 이를 분양받을 권리를 가진 **조합원** 분양에 대비하여 일반분양이라 한다. 한편, 조합이 시행하는 사업의

---

556) 김종보, 건설법(제6판), 650면.
557) 대법원 1996. 11. 15. 선고 95다27158 판결.
558) 김종보, 건설법(제6판), 648면.

경우 **조합원 분양 후 잔여분이 있는 경우에만 조합원 외의 자에게 일반분양할 수 있도록 한다**는 것으로서, 그 반대해석상 관리처분계획에 따른 분양권은 원칙적으로 **조합원**에게만 있다고 볼 수 있다. [559]

이 경우 분양공고와 분양신청절차 등에 필요한 사항은 **대통령령**에 위임하고 있는데(법 제79조 제4항 후단), 일반분양분은 관리처분계획에서 그 분량을 확정한 후 다시 원칙으로 돌아가서 「주택법」이 정하는 절차에 따라 일반에 공급한다(영 제67조).

법제처는 법 제74조 제1항에 따라 인가받은 관리처분계획에 공동주택의 일반분양가가 포함된 경우, 제79조 제4항에 따라 실제 일반분양을 할 때 반드시 관리처분계획에서 예상한 일반분양가를 적용하여야 하는지에 대한 법령해석에서, 인가받은 관리처분계획에 공동주택의 일반분양가가 포함된 경우, 실제 일반분양을 할 때 반드시 관리처분계획에서 예상한 일반분양가를 적용하여야 하는 것은 아니라고 해석하였다. [560]

나. 임대주택 등의 처분

(1) 재개발임대주택의 인수 절차 및 방법 등

국토교통부장관, 시·도지사, 시장·군수·구청장 또는 토지주택공사등은 **조합이 요청하는 경우 재개발사업의 시행으로 건설된 임대주택을 인수**하여야 한다. 이 경우 재개발임대주택의 인수 절차 및 방법, 인수 가격 등에 필요한 사항은 **대통령령**으로 정한다(법 제79조 제5항). **조합이 재개발임대주택의 인수를 요청하는 경우** 시·도지사 또는 시장·군수·구청장이 **우선하여 인수**하여야 하며, 시·도지사 또는 시장·군수·구청장이 예산·관리인력의 부족 등 부득이한 사정으로 인수하기 어려운 경우에는 국토교통부장관에게 **토지주택공사등**을 인수자로 지정할 것을 요청할 수 있다(영 제68조 제1항).

재개발임대주택의 인수 가격은 「공공주택 특별법 시행령」 제54조 제5항에 따라 정해진 분양전환가

---

559) 법제처 법령해석 사례, 국토해양부 - 투기과열지구로서 재건축사업구역내에 주택과 상가를 각각 1개씩 소유한 자가 조합설립인가 후 상가를 양도한 경우, 양수인의 분양권 유무(「도시정비법」 제19조 제2항 등 관련), 안건번호 11-0293, 회신일자 2011. 8. 11.

560) 「도시정비법」 제79조 제4항에서는 법 제72조에 따른 분양신청을 받은 후 잔여분이 있는 경우에는 **조합원 외의 자에게 분양할 수 있다**고 규정하면서, 이러한 일반분양을 하는 경우에 분양공고와 분양절차 등 필요한 사항은 **대통령령**으로 정하도록 위임하고 있고, 그 위임에 따라 영 제67조에서는 법 제79조 제4항에 따라 일반분양하는 경우의 공고·신청절차·공급조건·방법 및 절차 등에 관하여는 「주택법」 제54조를 준용한다고 규정하고 있을 뿐, 일반분양가의 산정방식이나 적용방법에 관해서는 도시정비법령이나 「주택법」에서 별도의 규정을 두고 있지 않다.
또한, 법 제74조 제1항 각 호에서는 정비사업비의 추산액 및 그에 따른 **조합원** 부담규모 및 부담시기(제6호) 등을 관리처분계획에 포함되어야 하는 사항으로 규정하고 있는데, 여기에 규정된 사항들은 기본적으로 해당 정비사업의 **조합원**을 대상으로 하는 **조합원** 분양과 관련된 사항으로서, **조합원 외의 자를 대상으로 하는 일반분양에 적용되는 일반분양가는 도시정비법령에서 관리처분계획에 포함되어야 하는 사항으로 규정하고 있지 않으므로**, 사업시행자가 관리처분계획의 인가를 신청할 때 일반분양가의 예정액을 관리처분계획서에 기재하였다 하더라도 이는 **임의적인 사항**으로서 관리처분계획 인가의 대상이 된 것은 아니라고 할 것이다.
나아가, 관리처분계획에 기재된 일반분양가의 변동이 **조합원** 부담규모의 변동에 영향을 주는 경우가 되더라도, 조합은 법 제74조 제1항 본문에 따라 조합 총회의 의결을 거쳐 관리처분계획의 변경인가를 받아 **조합원** 부담규모를 조정할 수 있는 것이므로, 관리처분계획에 일반분양가의 예정액이 포함되어 있다 하여 그 수정·변경이 불가능한 것도 아니라고 할 것이라고 해석하였다(법제처 법령해석, 안건번호 15-0223, 회신일자 2015. 7. 9.).

격의 산정기준 중 건축비에 부속토지의 가격을 합한 금액으로 하며, 부속토지의 가격은 사업시행계획인가 고시가 있는 날을 기준으로 감정평가업자 둘 이상이 평가한 금액을 산술평균한 금액으로 한다. 이 경우 건축비 및 부속토지의 가격에 가산할 항목은 인수자가 조합과 협의하여 정할 수 있다(영 제68조 제2항). 영 제68조 제1항 및 제2항에서 정한 사항 외에 재개발임대주택의 인수계약 체결을 위한 사전협의, 인수계약의 체결, 인수대금의 지급방법 등 필요한 사항은 인수자가 따로 정하는 바에 따른다(영 제68조 제3항).

(2) 임차인의 자격·선정방법·임대보증금·임대료 등 임대조건

(가) 사업시행자는 정비사업의 시행으로 임대주택을 건설하는 경우에는 임차인의 자격·선정방법·임대보증금·임대료 등 임대조건에 관한 기준 및 무주택 세대주에게 우선 매각하도록 하는 기준 등에 관하여 「민간임대주택법」 제42조 및 제44조, 「공공주택 특별법」 제48조, 제49조 및 제50조의3에도 불구하고 **대통령령**으로 정하는 범위에서 시장·군수등의 승인을 받아 따로 정할 수 있다(법 제79조 제6항 본문). 법 제79조 제6항 본문에 따라 임대주택을 건설하는 경우의 임차인의 자격·선정방법·임대보증금·임대료 등 임대조건에 관한 기준 및 무주택 세대주에게 우선 분양전환하도록 하는 기준 등에 관하여는 [별표 3]에 규정된 범위에서 시장·군수등의 승인을 받아 사업시행자 및 법 제23조 제1항 제2호에 따라 대지를 공급받아 주택을 건설하는 자가 따로 정할 수 있다(영 제69조 제1항).

(나) 다만, 재개발임대주택으로서 최초의 임차인 선정이 아닌 경우에는 **대통령령**으로 정하는 범위에서 인수자가 따로 정한다(법 제79조 제6항 단서). 법 제79조 제6항 단서에 따라 인수자는 다음 각 호 1. 임차인의 자격은 무주택 기간과 해당 정비사업이 위치한 지역에 거주한 기간이 각각 1년 이상인 범위에서 오래된 순으로 할 것. 다만, 시·도지사가 법 제79조 제5항 및 영 제48조 제2항에 따라 임대주택을 인수한 경우에는 거주지역, 거주기간 등 임차인의 자격을 별도로 정할 수 있다. 2. 임대보증금과 임대료는 정비사업이 위치한 지역의 시세의 100분의 90 이하의 범위로 할 것, 3. 임대주택의 계약방법 등에 관한 사항은 「공공주택 특별법」에서 정하는 바에 따를 것, 4. 관리비 등 주택의 관리에 관한 사항은 「공동주택관리법」에서 정하는 바에 따를 것의 범위에서 재개발임대주택의 임차인의 자격 등에 관한 사항을 정하여야 한다(영 제69조 제2항).

다. 주택의 공급대상자 외의 자에게 공급

사업시행자는 법 제79조 제2항부터 제6항까지의 규정에 따른 공급대상자에게 주택을 공급하고 남은 주택을 제2항부터 제6항까지의 규정에 따른 공급대상자 외의 자에게 공급할 수 있다(법 제79조 제7항). **조합원** 분양과 일반분양을 하고도 남은 주택에 대하여 공급하는 것을 말한다.

라. 소유권 확보시기[561]

주택의 공급 방법·절차 등은 「주택법」 제54조를 준용한다. 다만, 사업시행자가 제64조에 따른 매도청구소송을 통하여 법원의 승소판결을 받은 후 입주예정자에게 피해가 없도록 손실보상금을 공탁하고 분양예정인 건축물을 담보한 경우에는 법원의 승소판결이 확정되기 전이라도 「주택법」 제54조에도 불구하고 입주자를 모집할 수 있으나, 법 제83조에 따른 준공인가 신청 전까지 해당 주택건설 대지의 소유권을 확보하여야 한다(법 제79조 제8항).

4. 집행행위인 이전고시 및 청산금 부과처분의 근거

관리처분계획은 권리배분과 의무귀속에 관한 포괄적인 행정계획으로서, 뒤따르는 집행행위인 이전고시 및 청산금 부과처분의 근거가 된다. 따라서 관리처분계획이 소송을 통해 취소되거나 효력이 정지되면 이전고시를 포함한 각종의 집행행위들은 모두 법적 기초를 상실한다.[562]

Ⅵ. 기타

1. 사업시행계획인가 및 관리처분계획인가의 시기 조정

사업시행계획인가 또는 관리처분계획인가를 늦춤으로 인하여 결국 이주시기를 늦추는 효과를 가져옴에 따라 이주시기를 조정하는 것이 이 조항의 목적이다.[563] 특별시장·광역시장 또는 도지사는 정비사업의 시행으로 정비구역 주변 지역에 주택이 현저하게 부족하거나 주택시장이 불안정하게 되는 등 특별시·광역시 또는 도의 조례로 정하는 사유가 발생하는 경우에는 「주거기본법」 제9조에 따른 시·도 주거정책심의위원회의 심의를 거쳐 사업시행계획인가 또는 제74조에 따른 관리처분계획인가의 시기를 조정하도록 해당 시장, 군수 또는 구청장에게 요청할 수 있다. 이 경우 요청을 받은 시장, 군수 또는 구청장은 특별한 사유가 없으면 그 요청에 따라야 하며, 사업시행계획인가 또는 관리처분계획인가의 조정 시기는 인가를 신청한 날부터 1년을 넘을 수 없다(법 제75조 제1항).

특별자치시장 및 특별자치도지사는 정비사업의 시행으로 정비구역 주변 지역에 주택이 현저하게 부족하거나 주택시장이 불안정하게 되는 등 특별자치시 및 특별자치도의 조례로 정하는 사유가 발생하는 경우에는 「주거기본법」 제9조에 따른 시·도 주거정책심의위원회의 심의를 거쳐 사업시행계획인가 또는 제74조에 따른 관리처분계획인가의 시기를 조정할 수 있다. 이 경우 사업시행계획인가 또는 관리처분계획인가의 조정 시기는 인가를 신청한 날부터 1년을 넘을 수 없다(법 제75조 제2항).

---

561) 김종보, 건설법(제6판), 568면.
562) 이승훈, 앞의 논문, 60면.
563) 김조영, 재건축재개발 등 정비사업 법령해설집, 213면.

사업시행계획인가 또는 관리처분계획인가의 시기 조정의 방법 및 절차 등에 필요한 사항은 특별시·광역시·특별자치시·도 또는 특별자치도의 **조례**로 정한다(법 제75조 제3항).

2. 주택 등 건축물을 분양받을 권리의 산정 기준일

가. 의의

권리산정 기준일은 <u>분양자격의 기준이 되는 시점을 정하고 그 시점 이후에는 **조합원**의 증가를 막는 규정</u>이다. 기준일 다음날부터 **토지의 분할**, **건축의 제한**, **공유에 의한 소유**, **공동주택의 건축** 등과 같이 **토지등소유자**의 수가 증가하는 4가지 형태로 전환되는 경우 늘어난 **토지등소유자** 수만큼 분양자격을 각각 주지 않고 1개의 분양자격을 공유하는 형태로 부여받게 된다. 동 규정은 **정비예정구역 지정에 따른 법적 효과**이기도 하다.

나. 관련 규정

정비사업을 통하여 분양받을 건축물이 다음 각 호 1. 1필지의 토지가 여러 개의 필지로 분할되는 경우(**분할**), 2. 단독주택 또는 다가구주택이 다세대주택으로 전환되는 경우(**용도전환**), 3. 하나의 대지 범위에 속하는 동일인 소유의 토지와 주택 등 건축물을 토지와 주택 등 건축물로 각각 분리하여 소유하는 경우(**분리소유**), 가령 기준일 이후에는 A 소유의 토지와 건물을 토지는 A, 건물은 B가 소유하는 것으로 등기를 완료했더라도 2명의 **토지등소유자**가 되지 못하고 1명의 **토지등소유자**가 된다. 4. 나대지에 건축물을 새로 건축하거나(**신축**), 기존 건축물을 철거하고 다세대주택, 그 밖의 공동주택을 건축하여 **토지등소유자**의 수가 증가하는 경우(**공동주택의 건축**)의 어느 하나에 해당하는 경우에는 <u>정비구역지정·변경고시일</u>(법 제16조 제2항 전단) 또는 시·도지사가 투기를 억제하기 위하여 <u>기본계획 수립 후 정비구역 지정·고시 전에 따로 정하는 날</u>(이하 '기준일'이라 한다)<u>의 다음 날을 기준으로 건축물을 분양받을 권리를 산정</u>한다(법 제77조 제1항).

시·도지사는 기준일을 따로 정하는 경우에는 기준일·지정사유·건축물을 분양받을 권리의 산정 기준 등을 해당 지방자치단체의 <u>공보에 고시</u>하여야 한다(법 제77조 제2항).

3. 지분형주택 등의 공급

가. 의의

지분형주택(持分型住宅)이란 정부가 주택공급대책으로 내놓은 대안 중의 하나로써 주택분양가의 <u>51%는 매입자가 부담</u>하고 <u>49%는 다른 투자자가 소유하도록</u> 하여 주택을 공급하는 방식으로 정부의 부동산대책 중 하나이다. 이 방법은 정비사업에서, <u>사업시행자가 토지주택공사등인 경우에는 분양대상자와 사업시행자가 공동 소유하는 방식으로 주택을 공급</u>할 수 있다(법 제80조 제1항 전단).

나. 지분형주택의 규모, 공동 소유기간 및 분양대상자

이 경우 공급되는 지분형주택의 규모, 공동 소유기간 및 분양대상자 등 필요한 사항은 **대통령령**에 위임하도록 하고 있다(법 제80조 제1항 후단). 동법 시행령 제70조 제1항에 따르면 법 제80조에 따른 지분형주택의 규모, 공동 소유기간 및 분양대상자는 다음 각 호와 같다. 지분형주택의 규모는 1. 주거전용면적 60㎡ 이하인 주택으로 한정하고, 2. 지분형주택의 공동 소유기간은 소유권을 취득한 날(소유권을 이전하는 고시 다음날)부터 10년 범위에서 사업시행자가 정하는 기간으로 한다. 3. 지분형주택의 분양대상자는 다음의 요건[564] 가. 종전에 소유하였던 토지 또는 건축물의 가격이 주택의 분양가격 이하에 해당하는 사람, 나. 세대주로서 해당 정비구역에 2년 이상 실제 거주한 사람, 다. 정비사업 시행으로 철거되는 주택 외 다른 주택을 소유하지 아니한 사람을 모두 충족하는 자로 한다(영 제70조 제1항).

4. 토지임대부 분양주택의 공급

토지임대부 분양주택이란 **토지의 소유권**은 「주택법」 제15조에 따른 사업계획의 승인을 받아 토지임대부 분양주택 건설사업을 시행하는 자가 가지고, **건축물 및 복리시설 등에 대한 소유권**(건축물의 전유부분에 대한 구분소유권은 이를 분양받은 자가 가지고, 건축물의 공용부분·부속건물 및 복리시설은 분양받은 자들이 공유한다)은 주택을 분양받은 자가 가지는 주택을 말한다(주택법 제2조 제9호).

국토교통부장관, 시·도지사, 시장·군수·구청장 또는 토지주택공사등은 정비구역에 세입자와 1. 면적이 90㎡ 미만의 토지를 소유한 자로서 건축물을 소유하지 아니한 자, 2. 바닥면적이 40㎡ 미만의 사실상 주거를 위하여 사용하는 건축물을 소유한 자로서 토지를 소유하지 아니한 자의 요청이 있는 경우에는 법 제79조 제5항에 따라 인수한 임대주택의 일부를 「주택법」에 따른 토지임대부 분양주택으로 전환하여 공급하여야 한다(법 제80조 제2항).

제6절   준공인가와 이전고시

Ⅰ. 정비사업의 준공인가

1. 관련 규정

시장·군수등이 아닌 사업시행자가 정비사업 공사를 **완료**한 때에는 **대통령령**으로 정하는 방법 및 절차에 따라 시장·군수등의 준공인가를 받아야 한다(법 제83조 제1항). 시장·군수등이 아닌 사업시행자는 법 제83조 제1항에 따라 준공인가를 받으려는 때에는 국토교통부령으로 정하는 준공인가신청서를

---

564) 사업시행자가 일정 비율의 주택대금을 투자하는 것이기 때문에 저소득층에 적용되도록 요건을 정하였다.

시장·군수등에게 제출하여야 한다. 다만, 사업시행자(공동시행자인 경우를 포함한다)가 토지주택공사인 경우로서 「한국토지주택공사법」 제19조 제3항 및 같은 법 시행령 제41조 제2항에 따라 준공인가 처리결과를 시장·군수등에게 통보한 경우에는 그러하지 아니하다(영 제74조 제1항). 시장·군수등은 직접 시행하는 정비사업에 관한 공사가 완료된 때에는 그 완료를 해당 지방자치단체의 공보에 고시하여야 한다(법 제83조 제4항).

준공인가신청을 받은 시장·군수등은 지체 없이 준공검사를 실시하여야 한다. 이 경우 시장·군수등은 효율적인 준공검사를 위하여 필요한 때에는 관계 행정기관·공공기관·연구기관, 그 밖의 전문기관 또는 단체에게 준공검사의 실시를 의뢰할 수 있다(법 제83조 제2항).

시장·군수등은 준공검사를 실시한 결과 정비사업이 인가받은 사업시행계획대로 완료되었다고 인정되는 때에는 준공인가를 하고 공사의 완료를 해당 지방자치단체의 공보에 고시하여야 한다(법 제83조 제3항). 따라서 준공인가는 사업시행계획대로 시공되었는지를 확인하는 행위로서 법적 성격은 확인적 행정행위이다.565)

시장·군수등은 준공인가를 하기 전이라도 완공된 건축물이 사용에 지장이 없는 등 **대통령령**으로 정하는 기준에 적합한 경우에는 입주예정자가 완공된 건축물을 사용할 수 있도록 사업시행자에게 허가할 수 있다. 다만, 시장·군수등이 사업시행인 경우에는 허가를 받지 아니하고 입주예정자가 완공된 건축물을 사용하게 할 수 있다(법 제83조 제5항). 이를 임시사용승인이라고도 하는데 준공인가전 사용허가를 말한다.

공사완료의 고시 절차 및 방법, 그 밖에 필요한 사항은 **대통령령**으로 정한다(법 제83조 제6항).

2. 준공인가 등에 따른 정비구역의 해제

정비구역의 지정은 법 제83조에 따른 준공인가의 고시가 있은 날(관리처분계획을 수립하는 경우에는 이전고시가 있은 때를 말한다)의 다음 날에 해제된 것으로 본다. 이 경우 지방자치단체는 해당 지역을 「국토계획법」에 따른 지구단위계획으로 관리하여야 한다(법 제84조 제1항). 2018. 2. 9. 시행법은 정비사업이 준공된 경우에는 정비구역을 해제하고, 지구단위계획으로 관리하도록 하였다. 정비구역의 해제는 조합의 존속에 영향을 주지 아니한다(법 제84조 제2항).

3. 공사완료에 따른 관련 인·허가등의 의제

준공인가를 하거나 공사완료를 고시하는 경우 시장·군수등이 법 제57조에 따라 의제되는 인·허가등에 따른 준공검사·준공인가·사용검사·사용승인 등(이하 "준공검사·인가등"이라 한다)에 관하여 관계 행정기관의 장과 협의한 사항은 해당 준공검사·인가등을 받은 것으로 본다(법 제85조 제1항).

시장·군수등이 아닌 사업시행자는 준공검사·인가등의 의제를 받으려는 경우에는 준공인가를 신청

---

565) 김종보, 건설법(제6판), 671면.

하는 때에 해당 법률에서 정하는 관계 서류를 함께 제출하여야 한다(법 제85조 제2항).

시장·군수등은 준공인가를 하거나 공사완료를 고시하는 경우 그 내용에 법 제57조에 따라 의제되는 인·허가등에 따른 준공검사·인가등에 해당하는 사항이 있은 때에는 미리 관계 행정기관의 장과 협의 하여야 한다(법 제85조 제3항).

시장·군수등은 천재지변 등 그 밖의 불가피한 사유로 긴급히 정비사업을 시행할 필요가 있다고 인정하는 때에는 관계 행정기관의 장 및 교육감 또는 교육장과 협의를 마치기 전에 준공검사·인가등을 할 수 있다(법 제57조 제6항 및 제85조 제4항).

Ⅱ. 이전고시(분양처분)

1. 의의 및 법적 성질

이전고시란 신축건축물에 대한 준공인가의 고시로 사업시행이 완료된 이후에 관리처분계획에서 정한 바에 따라 아파트나 상가 등을 분양받을 자에게 소유권의 이전을 고시하는 집행행위이다. 따라서 정비사업의 시행은 준공인가고시로 완료되고, 이전고시에 의하여 관리처분계획에서 정한 내용에 따라 **조합원** 및 사업시행자에게 정비사업으로 조성된 대지 및 건축물의 소유권이 귀속되게 된다. 종래의 「도시재개발법」에서는 분양처분이라는 용어를 사용하였는데, 「도시정비법」은 분양처분이라는 용어 대신 이전고시라고 표현하고 있다. 용어를 달리 쓰고 있으나 이전고시의 법적 성격은 소유권을 부여하는 행정처분이라는 점에서566) 구 「도시재개발법」상 분양처분과 같은 처분이고,567) 이론상 취소소송의 대상이 된다.568)

2. 이전고시의 절차 및 요건

(1) 사업시행자는 해당 지방자치단체의 공보에 준공인가의 고시가 있은 때에는 지체 없이 대지확정측량을 하고 토지의 분할절차를 거쳐, 관리처분계획에서 정한 사항을 분양받을 자에게 통지하고 대지 또는 건축물의 소유권을 이전하여야 하는데 이전고시의 절차를 개시하기 위해서는 준공인가가 먼저

---

566) 「도시재개발법」에 의한 재개발사업에 있어서의 분양처분은 재개발구역 안의 종전의 토지 또는 건축물에 대하여 재개발사업에 의하여 조성되거나 축조되는 대지 또는 건축 시설의 위치 및 범위 등을 정하고 그 가격의 차액에 상당하는 금액을 청산하거나, 대지 또는 건축 시설을 정하지 않고 금전으로 청산하는 공법상 처분으로서, 그 처분으로 종전의 토지 또는 건축물에 관한 소유권 등의 권리를 강제적으로 변환시키는 이른바 공용환권에 해당한다(대법원 1995. 6. 30. 선고 95다10570 판결); 대법원 1989. 9. 12. 선고 88누9763 판결.

567) 김종보, "재개발사업에서 학교용지의 개념과 법적 성질", 206면.

568) 환권방식에서는 환권처분에 의해 구소유권을 소멸시켜야 하므로 개별 조항에서 환권처분의 이러한 법적 효과를 명시적으로 선언한다. 예컨대 환권처분에 대한 「도시개발법」 제42조 제1항에서 구소유권을 소멸시킨다는 문구를 명시적으로 두고 있다. 이에 비하여 「도시정비법」은 이전고시(분양처분)의 법적 효과로 구소유권의 소멸을 거론하지 않고 있다(김종보, 건설법(제5판), 537면). 따라서 이전고시는 구(舊)소유권을 소멸시키는 힘을 갖지 못한다. 이러하다면, 조합은 구소유권을 유효하게 확보하고 있어야 한다는 것이 이전고시의 적법요건이 된다(김종보, 건설법(제6판), 672면).

있어야 한다. 다만, 정비사업의 효율적인 추진을 위하여 필요한 경우에는 해당 정비사업에 관한 공사가 전부 완료되기 전이라도 완공된 부분은 준공인가를 받아 대지 또는 건축물별로 분양받을 자에게 소유권을 이전할 수 있다(법 제86조 제1항). 즉 부분준공인가가 있는 경우에도 역시 준공인가가 있는 건축물에 한해서만 이전고시를 할 수 있다.

그리고 관리처분계획이 이미 존재하고 그 유효성이 인정된 경우에만 이전고시의 절차가 시작될 수 있다. 만약 관리처분계획이 당연 무효이거나 행정청에 의해 직권 취소된 경우에는 이전고시의 절차도 진행될 수 없다. 또한 이전고시는 관리처분계획의 내용대로 실현하는 행위에 불과하므로 관리처분계획이 확정한 바와 다르게 이전고시처분을 하는 경우 그 효력이 인정될 수 없다.[569]

(2) 사업시행자는 대지 및 건축물의 소유권을 이전하려는 때에는 그 내용을 해당 지방자치단체의 공보에 고시한 후 시장·군수등에게 보고하여야 한다. 다만, 대지 또는 건축물을 분양받을 자는 고시가 있은 날의 다음 날에 그 대지 또는 건축물의 소유권을 취득한다(법 제86조 제2항).

3. 이전고시의 법적 효과

가. 소유권의 변동

이전고시가 효력을 발생하는 시점(이전고시의 다음 날)에 소유권을 취득하며, 그 이전에 소유권이 변동되는 것이 아니고, 이러한 소유권 변동은 처분에 의한 것이므로 등기를 요하지 않는다(민법 제187조).

나. 대지 및 건축물에 대한 권리의 확정

대지 또는 건축물에 대한 권리의 확정은 관리처분계획이 아니라 이전고시에서 법적 효과가 직접 발생한다.

대지 또는 건축물을 분양받을 자에게 소유권을 이전한 경우, 종전의 토지 또는 건축물에 설정된 지상권·전세권·저당권·임차권·가등기담보권·가압류 등 등기된 권리 및 「주택임대차보호법」 제3조 제1항의 요건을 갖춘 임차권은 소유권을 이전받은 대지 또는 건축물에 설정된 것으로 본다(법 제87조 제1항). 분양받을 자에게 이전된 소유권에 한해서만 종전 전세권 등이 이전되는 것이고, 분양을 받지 못하는 자의 구소유권은 소멸하므로 전세권 등도 같이 소멸한다.[570]

조합원분양분은 「도시개발법」 제40조에 따라 행하여진 환지로 보며(법 제87조 제2항), 보류지와 일반분양분(법 제79조 제4항)은 「도시개발법」 제34조에 따른 보류지 또는 체비지로 본다(법 제87조 제3항).

---

569) 김종보, 건설법(제6판), 671면.
570) 김종보, "재개발사업에서 학교용지의 개념과 법적 성질", 207면.

다. 등기절차 및 권리변동의 제한

이전고시에 의해 **조합원**분양분은 **조합원** 앞으로 보존등기하고, 일반분양분은 조합으로 보존등기를 한 후 일반분양자에게 이전등기한다. **조합원**분양분과 보류지는 이전고시로 소유권의 변동이 일어나며, 일반분양분은 조합으로 보존등기 후 이전등기에 의해 소유권이 이전된다. 사업시행자는 이전고시가 있은 때에는 지체 없이 대지 및 건축물에 관한 등기를 지방법원지원 또는 등기소에 촉탁 또는 신청하여야 한다(법 제88조 제1항, 「도시 및 주거환경정비 등기규칙」 제5조 제1항).

등기에 필요한 사항은 대법원규칙으로 정하도록(법 제88조 제2항) 하고 있는데, 이에 의한 것이 「도시 및 주거환경정비 등기규칙」이다. 동 규칙에 의하면 사업시행자는 이전고시 후 정비사업의 시행에 의한 종전 토지에 관한 등기의 말소등기(제5조 제1항 제1호)와 정비사업의 시행으로 축조된 건축시설과 조성된 대지에 관한 소유권보존등기(제5조 제1항 제2호)를 신청해야 하는데, 이는 구토지의 소유권의 소멸과 신소유권의 생성을 의미한다. 정비사업에 관하여 이전고시가 있은 날부터 등기가 있을 때까지는 저당권 등의 다른 등기를 하지 못한다(법 제88조 제3항).

라. 청산금 징수절차의 개시

(1) 청산금의 의의 및 연혁

(가) 청산(해산)이란 사단 등의 단체가 사업목적이 완성되거나 사업목적을 달성할 수 없는 경우에 그 단체를 해산하면서 단체의 구성·운영과 관련되었던 권리·의무관계를 정리하는 행위를 말한다(민법 제77조 이하). 「도시정비법」상 청산금은 정비사업이 완료되어 조합의 설립목적이 달성됨으로써 더 이상 조합이 존속될 이유가 없게 되었을 때 과부족분을 정산하는 기능을 한다. 「도시정비법」 제89조는 조합의 청산금 부과처분을 통해 **조합원**의 종전재산과 종후재산의 차액을 기준으로 과부족분을 조절하는 것을 청산금이라 하고, 청산금 부과처분은 행정처분의 형식을 취한다. 이러한 청산금 부과처분도 이전고시와 마찬가지로 권리배분계획을 현실화하기 위한 집행적 성격을 갖는 처분이며 취소소송의 대상이 된다.[571]

(나) 「도시정비법」에는 조합이 사업비용을 조달하기 위해 **조합원**들에게 분담시키는 금액을 칭하는 용어로 분담금·부과금·청산금이 있다. **분담금(分擔金)**은 이전고시 이전 조합설립인가 단계에서 종후재산과 종전재산 가액(총수입과 총비용)의 차이를 말하고, 이러한 분담금에 대하여 이전고시가 있은 후 과부족분을 정산하는 것을 **청산금(淸算金)**이라 한다(법 제89조 및 제90조). 한편, **부과금(賦課金)**이란 사업시행자의 비용부담원칙에 따라(법 제92조 제1항), 조합이 사업시행자인 경우 **조합원**으로부터 정비사업에 따른 분담금을 부과금으로 부과·징수하는 것을 말한다(법 제93조 제1항).

부과금은 사업진행 중에 부과하는 분담금으로, 부과금은 청산금 부과 시점인 이전고시 이전에 **조합원**에게 부과할 수 있는 조합의 부과처분으로서 분담금 중에서도 선납되는 것을 말한다. 분담금을 이전

---

571) 김종보, 건설법(제6판), 654면.

고시 이전에 모두 납부하였다면 청산금은 없게 되고, 그것이 아니면 이전고시 후 **조합원**은 자신이 제공한 종전재산 및 선납한 분담금과 종후재산의 차이에서 오는 과부족분을 청산금 명목으로 정산해야 한다. 따라서 **조합원**의 분담금 과부족분 정산의무는 이전고시 후 조합의 청산금 부과처분으로 부과되어야 하며, **조합원**이 분담금을 선납한 만큼 청산금은 줄어든다. 한편, **조합원**은 종전재산과 분담금을 납부하고 새로운 아파트를 분양받는 **조합원** 분양계약에 의해서 분담금을 이전고시 이전에 사실상 선납하는 방식이 현행 실무이므로, **청산금 조항은 사문화되어 거의 활용되지 않는다**. 즉 입주 이전에 분담금 과부족분이 대부분 정산되기 때문이다.

(다) 이러한 청산금제도는 정비사업이 완료되어 조합의 설립 목적이 달성됨으로써, 더 이상 조합이 존속할 이유가 없게 되었을 때 과부족분을 조절하기 위한 것으로 이해하여야 한다.[572] 청산금 규정의 연혁은 1966. 8. 3. 「토지구획정리사업법」 제정 및 시행(법률 제1822호) 당시부터 있어 왔고, 「도시재개발법」에 의한 재개발사업은 토지구획정리제도를 기초로 제정된 것이며, 실제로도 「도시재개발법」의 상당수 조문들이 「토지구획정리사업법」의 조문들을 모방하거나 약간 변형하고 있다.[573] 따라서 청산금 등에 관한 사항은 1976. 12. 31. 「도시재개발법」 제정 당시부터 규정되었는데, 같은 법 제53조 제3항에 따르면 종전재산과 종후재산 모두 공사착수 전의 가격을 기준으로 하도록 하였다. 동 규정은 2002. 12. 30. 「도시재개발법」이 폐지되기까지 큰 변화 없이 규정되어 왔으며, 같은 법 제42조 제1항에 따르면 대지 또는 건축시설을 분양받은 자가 종전에 소유하고 있던 토지 또는 건축물의 가격과 분양받은 대지 또는 건축시설의 가격에 차이가 있을 때, 시행자는 분양처분의 고시가 있은 후에 그 차액에 상당하는 금액을 징수하거나 지급하여야 한다. 같은 조 제3항에 따르면 청산기준가격의 구체적인 가격평가의 방법 및 절차 등에 관하여 필요한 사항은 **대통령령**으로 정하도록 하였는데, 대체적인 내용은 현행 규정과 비슷하다. 이후 2002. 12. 30. 「도시정비법」 제정으로 제57조와 제58조에 규정하였고, 제57조 제3항에서 가격평가의 방법 및 절차 등에 관하여 필요한 사항은 **대통령령**으로 정하도록 하고, 동법 시행령 제57조(현행 영 제76조)에서 감정평가에 의하도록 하여 현행과 같은 체계를 유지하고 있다.

(2) 청산금 등의 징수 및 지급

청산금은 부과처분이라는 행정처분의 형식을 취한다. 청산금이 있는 경우 사업시행자는 이전고시가 있은 후에 그 차액에 상당하는 금액을 분양받은 자로부터 징수하거나 분양받은 자에게 지급하여야 한다(법 제89조 제1항).

사업시행자는 정관등에서 분할징수 및 분할지급을 정하고 있거나 총회의 의결을 거쳐 따로 정한 경우에는 관리처분계획인가 후부터 법 제86조 제2항에 따른 이전고시가 있은 날까지 일정 기간별로 분할징수하거나 분할지급할 수 있다(법 제89조 제2항).

---

572) 김종보, "도시재개발과 가청산", 인권과 정의 제292호, 2000년 12월, 112면.
573) 김종보, "도시재개발과 가청산", 107면.

(3) 청산기준가격의 평가

청산금제도는 이전고시가 있은 후에 청산단계에서 **조합원**이 이전고시 이전 시점에 현물출자 종전재산 및 분담금과 종후재산 사이에 차액이 있으면 이를 청산금이라 칭하고 이를 청산하라는 취지이다.[574]

사업시행자는 종전재산과 종후재산의 가격을 평가하는 경우 그 토지 또는 건축물의 규모·위치·용도·이용 상황·정비사업비 등을 참작하여 평가하여야 한다(법 제89조 제3항). 가격평가의 방법 및 절차 등에 필요한 사항은 아래 각주와 같이 **대통령령**에 위임하고 있다(법 제89조 제4항).[575] 청산금 산정을 위한 감정평가에서 감정평가기준일을 별도로 명시하지 않아 관리처분계획 인가를 위한 감정평가 규정을 준용할 경우, 종전재산은 "사업시행계획인가 고시일"이 되고, 종후재산은 감정평가기준일에 관해서는 「도시정비법」에 규정되어 있지 아니하고, 다만, 감정평가실무기준에[576] "종후재산의 감정평가는 분양신청기간 만료일이나 의뢰인이 제시하는 날을 기준"으로 하도록 하고 있다(730.3.2). 그러나 이전고시가 있은 후 청산단계에서 청산금 산정을 위한 감정평가가 이루어지지 않고, 관리처분계획인가를 위한 종전재산 및 종후재산 감정평가액을 그대로 준용한다.

(4) 징수방법

시장·군수등인 사업시행자는 청산금을 납부할 자가 이를 납부하지 아니하는 경우 지방세 체납처분의 예에 따라 징수(분할징수를 포함한다)할 수 있으며, **시장·군수등이 아닌 사업시행자**는 시장·군수등에게 청산금의 징수를 위탁할 수 있다. 이 경우 제93조 제5항을 준용한다(법 제90조 제1항). 청산금을 지급받을 자가 받을 수 없거나 받기를 거부한 때에는 사업시행자는 그 청산금을 공탁할 수 있다(법

---

574) 김종보, "도시재개발과 가청산", 113면.
575) 정비사업 유형별로 감정평가업자의 선정·계약에 관한 것만 차이가 있을 뿐 결국 청산금의 산정은 감정평가액에 의한다는 의미이다.
    영 제76조(청산기준가격의 평가) ① 종전재산은 다음 각 호의 구분에 따른 방법으로 평가한다.
    1. 관리처분방식으로 시행하는 주거환경개선사업과 재개발사업의 경우에는 시장·군수등이 선정·계약한 2인 이상의 평가한 금액을 산술평균하여 산정한다.
    2. 재건축사업의 경우에는 사업시행자가 정하는 바에 따라 평가할 것. 다만, 감정평가를 받으려는 경우에는 시장·군수등이 선정·계약한 1인 이상의 감정평가업자와 조합총회의 의결로 선정·계약한 1인 이상의 감정평가업자 평가금액을 산술평균하여 산정한다.
    ② 종후재산은 다음 각 호의 구분에 따른 방법으로 평가한다.
    1. 관리처분계획방식의 주거환경개선사업과 재개발사업의 경우에는 영 제76조 제1항 제1호와 같다.
    2. 재건축사업은 사업시행자가 정하는 바에 따라 평가할 것. 다만, 감정평가업자의 평가를 받으려는 경우에는 영 제76조 제1항 제2호와 같다.
    ③ 종후재산가격 평가를 할 때 다음 각 호 1. 정비사업의 조사·측량·설계 및 감리에 소요된 비용, 2. 공사비, 3. 정비사업의 관리에 소요된 등기비용·인건비·통신비·사무용품비·이자 그 밖에 필요한 경비, 4. 법 제95조에 따른 융자금이 있는 경우에는 그 이자에 해당하는 금액, 5. 정비기반시설 및 공동이용시설의 설치에 소요된 비용(법 제95조 제1항에 따라 시장·군수등이 부담한 비용은 제외한다), 6. 안전진단의 실시, 정비업자의 선정, 회계감사, 감정평가, 그 밖에 정비사업 추진과 관련하여 지출한 비용으로서 정관등에서 정한 비용의 비용을 가산하여야 하며, 법 제95조에 따른 보조금은 공제하여야 한다.
    ④ 제1항·제2항에 따른 건축물의 가격평가를 할 때 층별·위치별 가중치를 참작할 수 있다.
576) 국토교통부고시 제2016-895호, 2016.12.14.

제90조 제2항). 청산금을 <u>지급(분할지급을 포함한다)</u>받을 권리 또는 이를 <u>징수할 권리는 이전고시일의 다음 날부터 5년간 행사하지 아니하면 소멸한다</u>(법 제90조 제3항).

(5) 저당권의 물상대위

정비구역에 있는 토지 또는 건축물에 저당권을 설정한 권리자(<u>저당권자</u>)는 사업시행자가 저당권이 설정된 토지 또는 건축물의 소유자(<u>저당권설정자</u>)에게 <u>청산금을 지급하기 전에 압류절차를 거쳐 저당권을 행사할 수 있다</u>(법 제91조, 민법 제342조 제2문). 왜냐하면 저당권자는 저당부동산의 멸실·훼손 또는 공용징수로 인하여 저당권설정자가 받을 금전 기타 물건에 대하여서도 이를 행사할 수 있기 때문이다(민법 제342조 제1문).

4. 이전고시와 관리처분계획소송의 소익

대법원은 "이전고시의 효력 발생으로 이미 대다수 **조합원** 등에 대하여 획일적·일률적으로 처리된 권리귀속 관계를 모두 무효화하고 다시 처음부터 관리처분계획을 수립하여 이전고시 절차를 거치도록 하는 것은 정비사업의 공익적·단체법적 성격에 배치되므로, <u>이전고시가 효력을 발생하게 된 이후에는 **조합원** 등이 관리처분계획의 취소 또는 무효확인을 구할 법률상 이익이 없다</u>"고 판시하였다.[577] 즉 판례는 이전고시로 사업이 사실상 종료되면 관리처분계획에 대한 취소나 무효확인소송이 소의 이익을 잃어 소송을 더 이상 진행할 수 없다고 보는 것이다.

---

[577] 대법원 2012. 3. 22. 선고 2011두6400 전원합의체 판결.

제4장 보칙 및 벌칙

I. 비용부담의 원칙

1. 조합원의 비용부담

정비사업비는 이 법 또는 다른 법령에 특별한 규정이 있는 경우를 제외하고는 사업시행자가 부담한다(법 제92조 제1항). 그러므로 조합을 구성해서 정비사업이 진행되는 경우에는 사업시행자인 조합이 비용을 부담할 의무를 지고, 조합의 의무는 결국 그 구성원인 **조합원**의 출자의무로 연결된다. 이러한 이유로 정비사업이 시작될 때 **조합원**은 토지나 건축물 등 유형적 재산의 출자 이외에도 사업에 소요되는 비용을 금전적으로 부담해야 하는 지위에 서게 되는데,[579] 이를 분양대상자별 "분담금"이라 하고, 사업시행자인 조합은 **조합원**에게 부과금 부과처분을 할 수 있다(법 제72조 제1항 제2호 등).

2. 행정청의 비용부담

한편, 시장·군수등은 시장·군수등이 아닌 사업시행자가 시행하는 정비사업의 정비계획에 따라 설치되는 1. 도시·군계획시설 중 **대통령령**으로 정하는 주요 정비기반시설 및 공동이용시설[1. 도로, 2. 상·하수도, 3. 공원, 4. 공용주차장, 5. 공동구, 6. 녹지, 7. 하천, 8. 공공공지, 9. 광장(영 제77조)], 2. 임시거주시설에 대하여는 그 건설에 드는 비용의 전부 또는 일부를 부담할 수 있다(법 제92조 제2항).

---

578) 「도시정비법」상 제4장에 해당한다.
579) 김종보, "재건축·재개발 비용분담론(費用分擔論)의 의의와 한계", 133면.

Ⅱ. 부과금 부과처분에 의한 비용 조달

1. 부과금의 의의

「도시정비법」은 조합이 사업시행자인 경우 사업시행자 부담원칙의 정비사업비를 총수입과 총비용의 차액에 대하여 **조합원**에게 부과금 부과처분을 할 수 있도록 정하고 있다(법 제92조 및 제93조). 부과금은 정비사업비를 조달하기 위해 조합이 **조합원**들에게 분담시키는 금액이며, 조합은 이를 일정한 절차와 방식에 의해 징수 할 수 있다. 그러므로 부과금은 조합의 사업비용 충당을 위해 **조합원** 개개인이 부담하는 분담금의 전부 또는 일부를 의미한다. 부과금의 부과시점은 청산금 이전단계에서 부과하며 선납되는 분담금을 의미한다. 부과금의 납부로 분담금의 일부를 사전에 납부한 것이라면 사업종료 후 **조합원**은 자신이 출자한 종전재산 및 선납한 분담금과 종후재산 가액의 차이에 해당하는 과부족분을 청산금으로 정산하면 된다. 그리고 「도시정비법」이 분담금 선납의무를 집행하기 위해 마련한 부과금 부과는 상대방의 동의여부와 무관한 행정처분의 형식으로 부과하며 이는 당연히 취소소송의 대상이 된다. [580]

2. 부과금 부과의 형식

사업시행자는 **토지등소유자**로부터 법 제92조 제1항에 따른 비용과 정비사업의 시행과정에서 발생한 수입의 차액을 부과금으로 부과·징수할 수 있다(법 제93조 제1항). 사업시행자는 **토지등소유자**가 부과금의 납부를 게을리 한 때에는 연체료를 부과·징수할 수 있다(법 제93조 제2항). 부과금 및 연체료의 부과·징수에 필요한 사항은 정관등으로 정한다(법 제93조 제3항).

시장·군수등이 아닌 사업시행자는 부과금 또는 연체료를 체납하는 자가 있는 때에는 시장·군수등에게 그 부과·징수를 위탁할 수 있다(법 제93조 제4항).

시장·군수등은 부과금 또는 연체료의 부과·징수를 위탁받은 경우에는 지방세 체납처분의 예에 따라 부과·징수할 수 있다. 이 경우 사업시행자는 징수한 금액의 100분의 4에 해당하는 금액을 해당 시장·군수등에게 교부하여야 한다(법 제93조 제5항).

3. 부과금 부과처분 근거 조항과 총회의결

조합은 **조합원**에게 분담금을 선납시키기 위해 부과금을 부과할 수 있는 근거조문을 확보하고 있으나 그것만으로 조합이 당연히 사업비용 모두를 **조합원**에게 부과금으로 징수할 수는 없다. 조합의 "부과금의 금액 및 징수방법"에 대해서는 **총회의 의결**을 거치도록 명시하고 있기 때문이다(법 제45조 제1항 제12호). 그러므로 만약 조합이 총회의 의결을 거치지 않고 부과금 부과처분을 한다면 비록 법적 근거 조문이 있다고 하여도 위법한 처분이 된다.

---

580) 김종보, 건설법(제6판), 660~661면.

부과금 부과에 관한 총회의결은 각 **조합원**이 부담하는 분담금을 부과금에 의해 선납시킬 부분과 청산금으로 정산할 부분으로 나누는 것이 포함되어야 한다. 만약 분담금을 모두 선납시키기로 결의했다면 청산금은 존재하지 않게 되고 **조합원**의 분담금은 전액 부과금 부과처분에 의해 선납되어야 한다. 분담금을 일부라도 선납하기로 결의되었다면 총회결의는 또 선납할 분담금의 징수방법 등에 대해서도 정해야하고 이렇게 정해진 부과금의 징수방법 등은 조합의 부과금 부과처분의 내용을 구속한다. 그리고 조합이 총회의 결의사항과 다른 금액을 책정하거나 그 징수시점을 달리하여 부과처분을 하는 경우에도 역시 위법한 처분이라 할 것이다. 따라서 **조합원**은 조합을 상대로 부과금 부과처분에서 정해진 금액과 납부시기에 대해 이견이 있으면 이에 대한 취소소송도 허용된다.[581]

Ⅲ. 정비기반시설 관리자의 비용부담

시장·군수등은 자신이 시행하는 정비사업으로 현저한 이익을 받는 정비기반시설의 관리자가 있는 경우에는 **대통령령**으로 정하는 방법 및 절차에 따라 해당 정비사업비의 일부를 그 정비기반시설의 관리자와 협의하여 그 관리자에게 부담시킬 수 있다(법 제94조 제1항). 법 제94조 제1항에 따라 정비기반시설 관리자가 부담하는 비용의 총액은 해당 정비사업에 소요된 비용(제76조 제3항 제1호의 비용을 제외한다. 이하 이 항에서 같다)의 3분의 1을 초과해서는 아니 된다. 다만, 다른 정비기반시설의 정비가 그 정비사업의 주된 내용이 되는 경우에는 그 부담비용의 총액은 해당 정비사업에 소요된 비용의 2분의 1까지로 할 수 있다(영 제78조 제1항). 시장·군수등은 법 제94조 제1항에 따라 정비사업비의 일부를 정비기반시설의 관리자에게 부담시키려는 때에는 정비사업에 소요된 비용의 명세와 부담 금액을 명시하여 해당 관리자에게 통지하여야 한다(영 제78조 제2항).

사업시행자는 정비사업을 시행하는 지역에 전기·가스 등의 공급시설을 설치하기 위하여 공동구를 설치하는 경우에는 다른 법령에 따라 그 공동구에 수용될 시설을 설치할 의무가 있는 자에게 공동구의 설치에 드는 비용을 부담시킬 수 있다(법 제94조 제2항). 비용부담의 비율 및 부담방법과 공동구의 관리에 필요한 사항은 국토교통부령으로 정한다(법 제94조 제3항).[582]

---

581) 김종보, 건설법(제6판), 662면.
582) 칙 제16조(공동구의 설치비용 등) ① 법 제94조 제2항에 따른 공동구의 설치에 드는 비용은 다음 각 호 1. 설치공사의 비용, 2. 내부공사의 비용, 3. 설치를 위한 측량·설계비용, 4. 공동구의 설치로 인한 보상의 필요가 있는 경우에는 그 보상비용, 5. 공동구 부대시설의 설치비용, 6. 법 제95조에 따른 융자금이 있는 경우에는 그 이자에 해당하는 금액와 같다. 다만, 법 제95조에 따른 보조금이 있는 경우에는 설치에 드는 비용에서 해당 보조금의 금액을 빼야 한다.
② 공동구에 수용될 전기·가스·수도의 공급시설과 전기통신시설 등의 관리자(이하 "공동구점용예정자"라 한다)가 부담할 공동구의 설치에 드는 비용의 부담비율은 공동구의 점용예정면적비율에 따른다.
③ 사업시행자는 법 제50조제7항 본문에 따른 사업시행계획인가의 고시가 있은 후 지체 없이 공동구점용예정자에게 제1항 및 제2항에 따라 산정된 부담금의 납부를 통지하여야 한다.
④ 제3항에 따라 부담금의 납부통지를 받은 공동구점용예정자는 공동구의 설치공사가 착수되기 전에 부담금액의 3분의 1 이상을 납부하여야 하며, 그 잔액은 법 제83조제3항 또는 제4항에 따른 공사완료 고시일전까지 납부하여야 한다. 칙 제17조(공동구의 관리) ① 법 제94조제2항에 따른 공동구는 시장·군수등이 관리한다.

Ⅳ. 보조 및 융자

국가 또는 시·도는 시장·군수·구청장 또는 토지주택공사등이 시행하는 ① 정비사업에 관한 기초조사 및 ② 정비사업의 시행에 필요한 시설로서 **대통령령**으로 정하는 정비기반시설, 임시거주시설 및 주거환경개선사업에 따른 공동이용시설[정비기반시설, 임시거주시설 및 주거환경개선사업에 따른 공동이용시설의 전부를 말한다(영 제79조 제1항)]의 건설에 드는 비용의 **일부**를 보조하거나 융자할 수 있다. 이 경우 국가 또는 시·도는 다음 각 호 1. 시장·군수등 또는 토지주택공사등이 다음 각 목 가. 법 제20조 및 제21조에 따라 해제된 정비구역등, 나. 「도시재정비특별법」 제7조 제2항에 따라 재정비촉진지구가 해제된 지역의 어느 하나에 해당하는 지역에서 시행하는 **주거환경개선사업**, 2. 국가 또는 지방자치단체가 도시영세민을 이주시켜 형성된 낙후지역으로서 **대통령령**으로 정하는 지역[정비구역 지정(변경지정을 포함한다) 당시 다음 각 호 1. 「토지보상법」 제4조에 따른 공익사업의 시행으로 다른 지역으로 이주하게 된 자가 집단으로 정착한 지역으로서 이주 당시 300세대 이상의 주택을 건설하여 정착한 지역, 2. 정비구역 전체 건축물 중 준공 후 20년이 지난 건축물의 비율이 100분의 50 이상인 지역의 요건에 모두 해당하는 지역을 말한다(영 제79조 제2항)]에서 시장·군수등 또는 토지주택공사등이 단독으로 시행하는 **재개발사업**의 어느 하나에 해당하는 사업에 **우선적**으로 보조하거나 융자할 수 있다(법 제95조 제1항). 법 제95조 제1항에 따라 국가 또는 지방자치단체가 보조하거나 융자할 수 있는 금액은 기초조사비, 정비기반시설 및 임시거주시설의 사업비의 각 80퍼센트(법 제23조 제1항 제1호에 따른 주거환경개선사업을 시행하는 정비구역에서 시·도지사가 시장·군수등에게 보조하거나 융자하는 경우에는 100퍼센트) 이내로 한다(영 제79조 제3항).

시장·군수등은 사업시행자가 토지주택공사등인 **주거환경개선사업**과 관련하여 제1항에 따른 ① 정비기반시설 및 ② 공동이용시설, ③ 임시거주시설을 건설하는 경우 건설에 드는 비용의 전부 또는 일부를 토지주택공사등에게 보조하여야 한다(법 제95조 제2항).

국가 또는 지방자치단체는 시장·군수등이 아닌 사업시행자가 시행하는 정비사업에 드는 비용의 일부를 보조 또는 융자하거나 융자를 알선할 수 있다(법 제95조 제3항). 법 제95조 제3항에 따라 국가 또는 지방자치단체가 보조할 수 있는 금액은 기초조사비, 정비기반시설 및 임시거주시설의 사업비, 조합 운영경비의 각 50퍼센트 이내로 한다(영 제79조 제4항). 법 제95조 제3항에 따라 국가 또는 지방자치단체는 다음 각 호 1. 기초조사비, 2. 정비기반시설 및 임시거주시설의 사업비, 3. 세입자 보상비, 4. 주민 이주비, 5. 그 밖에 시·도**조례**로 정하는 사항(지방자치단체가 융자하거나 융자를 알선하는 경우만 해당한다)의 사항에 필요한 비용의 각 80퍼센트 이내에서 융자하거나 융자를 알선할 수 있다(영 제79조 제5항).

---

② 시장·군수등은 공동구 관리비용(유지·수선비를 말하며, 조명·배수·통풍·방수·개축·재축·그 밖의 시설비 및 인건비를 포함한다. 이하 같다)의 일부를 그 공동구를 점용하는 자에게 부담시킬 수 있으며, 그 부담비율은 점용면적비율을 고려하여 시장·군수등이 정한다.
③ 공동구 관리비용은 연도별로 산출하여 부과한다.
④ 공동구 관리비용의 납입기한은 매년 3월 31일까지로 하며, 시장·군수등은 납입기한 1개월 전까지 납입통지서를 발부하여야 한다. 다만, 필요한 경우에는 2회로 분할하여 납부하게 할 수 있으며 이 경우 분할금의 납입기한은 3월 31일과 9월 30일로 한다.

국가 또는 지방자치단체는 정비사업에 필요한 비용을 보조 또는 융자하는 경우 법 제59조 제1항에 따른 순환정비방식의 정비사업에 우선적으로 지원할 수 있다. 이 경우 순환정비방식의 정비사업의 원활한 시행을 위하여 국가 또는 지방자치단체는 다음 각 호 1. 순환용주택의 건설비, 2. 순환용주택의 단열보완 및 창호교체 등 에너지 성능 향상과 효율개선을 위한 리모델링 비용, 3. 공가(空家)관리비의 비용 일부를 보조 또는 융자할 수 있다(법 제95조 제4항).

국가는 다음 각 호 1. 법 제59조 제2항에 따라 토지주택공사등이 보유한 공공임대주택을 순환용주택으로 조합에게 제공하는 경우 그 건설비 및 공가관리비 등의 비용, 2. 법 제79조 제5항에 따라 시·도지사, 시장·군수·구청장 또는 토지주택공사등이 재개발임대주택을 인수하는 경우 그 인수 비용의 어느 하나에 해당하는 비용의 전부 또는 일부를 지방자치단체 또는 토지주택공사등에 보조 또는 융자할 수 있다(법 제95조 제5항).

국가 또는 지방자치단체는 법 제80조 제2항에 따라 토지임대부 분양주택을 공급받는 자에게 해당 공급비용의 전부 또는 일부를 보조 또는 융자할 수 있다(법 제95조 제6항).

V. 국유·공유재산의 임대

지방자치단체 또는 토지주택공사등은 주거환경개선구역 및 재개발구역(재개발사업을 시행하는 정비구역을 말한다)에서 임대주택을 건설하는 경우에는 「국유재산법」 제46조 제1항 또는 「공유재산법」 제31조에도 불구하고 국·공유지 관리청과 협의하여 정한 기간 동안 국·공유지를 임대할 수 있다(법 제99조 제1항).

시장·군수등은 「국유재산법」 제18조 제1항 또는 「공유재산법」 제13조에도 불구하고 임대하는 국·공유지 위에 공동주택, 그 밖의 영구시설물을 축조하게 할 수 있다. 이 경우 해당 시설물의 임대기간이 종료되는 때에는 임대한 국·공유지 관리청에 기부 또는 원상으로 회복하여 반환하거나 국·공유지 관리청으로부터 매입하여야 한다(법 제99조 제2항). 임대하는 국·공유지의 임대료는 「국유재산법」 또는 「공유재산법」에서 정한다(법 제99조 제3항).

VI. 공동이용시설 사용료의 면제

지방자치단체의 장은 마을공동체 활성화 등 공익 목적을 위하여 「공유재산법」 제20조에 따라 주거환경개선구역 내 공동이용시설에 대한 사용 허가를 하는 경우 같은 법 제22조에도 불구하고 사용료를 면제할 수 있다(법 제100조 제1항).

공익 목적의 기준, 사용료 면제 대상 및 그 밖에 필요한 사항은 시·도조례로 정한다(법 제100조 제2항).

Ⅰ. 제도도입의 취지

구법시대 재건축에서 컨설팅이라 불리던 직역에 대해 「도시정비법」이 제정되면서 정비사업전문관리업자(이하 '정비업자'라 한다)라는 명칭으로 법정한 등록을 하도록 하고 이에 따른 업무를 할 수 있도록 하였다. 구법시대 재개발·재건축사업은 시공자가 사업초기단계부터 추진위원회를 만들거나 이들에게 대여금을 지급하는 방법을 통하여 사업을 주도하였다. 이러한 수주경쟁에서 투입된 자본은 사후 공사비에 반영되고 이는 **조합원**의 추가부담금으로 이어진다. 또한 사업수익성과 관계없이 시공권을 선점하기 위한 경쟁으로 인하여 과열현상이 나타나자 이를 해소하기 위하여 「도시정비법」에서는 조합의 조력자로서 시공자와 별개의 전문가를 탄생시켰고, 그 역할을 담당하도록 한 것이 정비업자이다.584)

Ⅱ. 정비사업전문관리업의 등록 및 업무

다음 각 호 1. 조합설립의 동의 및 정비사업의 동의에 관한 업무의 대행, 2. 조합설립인가의 신청에 관한 업무의 대행, 3. 사업성 검토 및 정비사업의 시행계획서의 작성, 4. 설계자 및 시공자 선정에 관한 업무의 지원, 5. 사업시행계획인가의 신청에 관한 업무의 대행, 6. 관리처분계획의 수립에 관한 업무의 대행, 7. 법 제118조 제2항 제2호에 따라 시장·군수등이 정비업자를 선정한 경우에는 추진위원회 설립에 필요한 다음 각 목 가. 동의서 제출의 접수, 나. 운영규정 작성 지원, 다. 그 밖에 시·도**조례**로 정하는 사항의 업무의 사항을 추진위원회 또는 사업시행자로부터 위탁받거나 이와 관련한 자문을 하려는 자는 **대통령령**으로 정하는 자본·기술인력 등의 기준[영 제81조 제1항의 별표4]을 갖춰 시·도지사에게 등록 또는 변경[**대통령령**으로 정하는 경미한 사항의 변경[자본금이 증액되거나 기술인력의 수가 증가된 경우(영 제81조 제2항)]은 제외한다]등록하여야 한다. 다만, 주택의 건설 등 정비사업 관련 업무를 하는 공공기관 등으로 **대통령령**으로 정하는 기관[1. 한국토지주택공사, 2. 한국감정원(영 제81조 제3항)]의 경우에는 그러하지 아니하다(법 제102조 제1항). 등록의 절차 및 방법, 등록수수료 등에 필요한 사항은 **대통령령**으로 정한다(법 제102조 제2항). 시·도지사는 정비사업전문관리업의 등록 또는 변경등록한 현황, 제106조 제1항에 따라 정비사업전문관리업의 등록취소 또는 업무정지를 명한 현황을 국토교통부령으로 정하는 방법 및 절차에 따라 국토교통부장관에게 보고하여야 한다(법 제102조 제3항).

즉 정비업자는 정비사업의 시행을 위하여 필요한 사항을 추진위원회 또는 사업시행자로부터 위탁받

---

583) 「도시정비법」상 제5장에 해당한다.
584) 김종보, 건설법(제6판), 522~533면.

거나 이와 관련한 자문을 하고자 하는 자이다. 정비업자의 법정 업무를 하고자 하는 경우 반드시 등록하여야 하며, 등록 없이 이러한 행위를 하는 경우에는 2년 이하의 징역 등으로 처벌된다(법 제137조 제9호). 정비업자는 자문 등을 업으로 하는 자이므로 이를 업(業)으로 하지 않는 자의 간헐적인 자문은 이에 해당하지 않는다. 또한 영리를 목적으로 자문하는 경우로 한정하여야 할 것이며 영리는 계약상의 보수에 한정되는 것은 아니다.[585] 그 밖에도 정비업자의 업무 중 「도시정비법」 제정(법 제69조 제1항 제4호) 당시에는 설계자와 시공자의 선정업무에 관해서 설계자 및 시공자 선정에 관한 업무의 대행이었으나 정비업자가 조합을 대행해 시공자 등을 선정할 수 있는가에 대한 논란이 있어, 2005. 3. 18. 개정(법률 제7392호, 시행 2005. 5. 19.)으로 '**대행**' 대신 '**지원**'으로 용어가 변경되었고 선정주체가 조합이라는 점이 명확해졌다. 한편 추진위원회나 사업시행자는 자문이나 업무의 일부를 위탁하기 위해 필요하면 정비업자를 선정할 수 있으나 선정하는 것이 법에 의해 강제되는 것은 아니다.[586]

법제처는 법 제31조 제1항에 따른 추진위원회가 [별표]「정비사업 조합설립추진위원회 운영규정」제20조 제1항에 따른 주민총회의 운영과 관련하여 주민총회에 참석하지 않는 **토지등소유자**로부터 총회 의결을 위한 서면을 받는 업무나 투·개표관리 업무를 하는 경우 반드시 법 제102조 제1항에 따른 시·도지사의 정비사업전문관리업 등록을 받은 자에게 위탁하여야만 할 수 있는지 아니면 추진위원회가 직접 할 수 있는지에 대한 해석에서, 주민총회의 운영과 관련하여 주민총회에 참석하지 않는 **토지등소유자**로부터 총회 의결을 위한 서면을 받는 업무나 투·개표관리 업무를 하는 경우 반드시 법 제102조 제1항에 따른 시·도지사의 정비사업전문관리업 등록을 받은 자에게 위탁하지 않더라도 추진위원회가 직접 할 수도 있다고 해석하였다.[587]

---

585) 김종보, 건설법(제6판), 533면.
586) 김종보, 건설법(제6판), 533~534면.
587) 그 이유로는 이 사안과 같이 주민총회의 의결을 위하여 서면을 받거나 투·개표를 관리하는 업무는 "조합 설립의 동의 및 정비사업의 동의에 관한 업무"에 해당(법제처 2011. 5. 12. 회신 11-0126 해석례 참조)한다고 할 것이므로, 이와 같이 도시정비법령과 도시정비법령의 위임에 따라 정해진 업무가 추진위원회의 소관이라면 해당 업무는 추진위원회가 직접 수행하는 것이 원칙이라고 할 것이다.
　　한편, 법 제102조 제1항에 따르면 조합 설립의 동의 및 정비사업의 동의에 관한 업무의 대행 등 정비사업의 시행을 위하여 필요한 사항을 추진위원회로부터 위탁받거나 이와 관련한 자문을 하고자 하는 자는 **대통령령**이 정하는 자본·기술인력 등의 기준을 갖춰 시·도지사에게 등록하여야 한다고 되어 있는데, 법 제102조 제1항에 따른 정비사업전문관리업 등록제도는 정비사업의 시행을 위하여 필요한 사항을 위탁받거나 자문할 수 있는 정비사업전문관리제도를 도입함으로써 추진위원회 및 조합의 비전문성을 보완하고 효율적인 사업추진을 도모하려는 취지로 도입된 제도이므로, 추진위원회는 직접 업무를 수행할 수도 있고, 효율성을 위하여 필요한 경우에는 법 제102조 제1항에 따라 시·도지사에게 정비사업전문관리업의 등록을 한 자에게 위탁하여 업무를 수행할 수도 있다고 할 것이어서, 이와 같은 정비사업전문관리업 등록제도가 추진위원회의 모든 업무를 정비사업전문관리업의 등록을 한 자에게 위탁하여 처리하여야 한다고 볼 합리적인 근거가 될 수는 없다고 할 것이다.
　　따라서, 법 제31조 제1항에 따른 추진위원회가 「정비사업 조합설립추진위원회 운영규정」[별표] 제20조 제1항에 따른 주민총회의 운영과 관련하여 주민총회에 참석하지 않는 **토지등소유자**로부터 총회 의결을 위한 서면을 받는 업무나 투·개표관리 업무를 하는 경우 반드시 법 제102조 제1항에 따라 시·도지사에게 정비사업전문관리업의 등록을 받은 자에게 위탁하지 않더라도 추진위원회가 직접 할 수도 있다고 할 것이다(법제처 법령해석, 안건번호 12-0097, 회신일자 2012. 3. 2.).

Ⅲ. 정비업자의 업무제한 및 위탁자와의 관계

정비업자는 동일한 정비사업에 대하여 다음 각 호 1. 건축물의 **철거**, 2. 정비사업의 **설계**, 3. 정비사업의 **시공**, 4. 정비사업의 **회계감사**, 5. 그 밖에 정비사업의 공정한 질서유지에 필요하다고 인정하여 **대통령령**으로 정하는 업무[법 제12조에 따른 **안전진단업무**(영 제83조 제2항)]를 병행하여 수행할 수 없다(법 제103조). 그리고 정비사업전문관리업자와 다음 각 호 1. 정비사업전문관리업자가 법인인 경우에는 「독점규제 및 공정거래에 관한 법률」 제2조 제3호에 따른 계열회사, 2. 정비사업전문관리업자와 상호 출자한 관계의 어느 하나의 관계에 있는 자는 법 제103조를 적용할 때 해당 정비사업전문관리업자로 본다(영 제83조 제1항). 기존의 정비사업에서 정비업자와 유사한 기능을 수행하던 자들은 철거·시공업자 및 건축사 등이었다. 이러한 직역의 전문가들과 정비업자가 중복되면 정비업자의 중립성에 문제가 있을 수 있다는 취지에서 그 업무의 중복을 제한하고 있다. 이는 **정비업자의 겸업제한**에 해당한다.

정비업자에게 업무를 위탁하거나 자문을 요청한 자와 정비업자의 관계에 관하여 이 법에 규정된 사항을 제외하고는 「민법」 중 위임에 관한 규정을 준용한다(법 제104조). 정비업자와 조합 간 계약의 성격이 위임계약이기 때문이다. 위임은 당사자 일방(위임인)이 상대방에 대하여 사무의 처리를 위탁하고 상대방(수임인)이 이를 승낙함으로써 그 효력이 생긴다(민법 제680조).

Ⅳ. 정비업자의 결격사유

다음 각 호 1. 미성년자(대표 또는 임원이 되는 경우로 한정한다)·피성년후견인 또는 피한정후견인, 2. 파산선고를 받은 자로서 복권되지 아니한 자, 3. 정비사업의 시행과 관련한 범죄행위로 인하여 금고 이상의 실형의 선고를 받고 그 집행이 종료(종료된 것으로 보는 경우를 포함한다)되거나 집행이 면제된 날부터 2년이 지나지 아니한 자, 4. 정비사업의 시행과 관련한 범죄행위로 인하여 금고 이상의 형의 집행유예를 받고 그 유예기간 중에 있는 자, 5. 이 법을 위반하여 벌금형 이상의 선고를 받고 2년이 지나지 아니한 자, 6. 법 제106조에 따라 등록이 취소된 후 2년이 지나지 아니한 자(법인인 경우 그 대표자를 말한다), 7. 법인의 업무를 대표 또는 보조하는 임직원 중 제1호부터 제6호까지 중 어느 하나에 해당하는 자가 있는 법인의 어느 하나에 해당하는 자는 정비사업전문관리업의 등록을 신청할 수 없으며, 정비업자의 업무를 대표 또는 보조하는 임직원이 될 수 없다(법 제105조 제1항).

정비업자의 업무를 대표 또는 보조하는 임직원이 제1항 각 호의 어느 하나에 해당하게 되거나 선임 당시 그에 해당하였던 자로 밝혀진 때에는 당연 퇴직한다(법 제105조 제2항). 법 제105조 제2항에 따라 퇴직된 임직원이 퇴직 전에 관여한 행위는 효력을 잃지 아니한다(법 제105조 제3항).

V. 정비사업전문관리업의 등록취소 또는 업무정지

1. 처분사유 및 처분기준

가. 등록취소나 업무정지의 처분사유

시·도지사는 정비업자가 다음 각 호 1. <u>거짓, 그 밖의 부정한 방법으로 등록을 한 때</u>, 2. 제102조 제1항에 따른 <u>등록기준에 미달하게 된 때</u>, 3. 추진위원회, 사업시행자 또는 시장·군수등의 위탁이나 자문에 관한 <u>계약 없이</u> 법 제102조 제1항 각 호에 따른 업무를 수행한 때,[588] 4. 법 <u>제102조 제1항 각 호에 따른 업무를 **직접 수행하지 아니한 때**</u>, 5. <u>고의 또는</u> 과실로 조합에게 계약금액(정비업자가 조합과 체결한 총계약금액을 말한다)의 3분의 1 이상의 재산상 손실을 끼친 때, 6. 법 제107조에 따른 보고·자료제출을 하지 아니하거나 거짓으로 한 때 또는 조사·검사를 <u>거부·방해 또는 기피한 때</u>, 7. 법 제111조에 따른 보고·자료제출을 하지 아니하거나 거짓으로 한 때 또는 조사를 <u>거부·방해 또는 기피한 때</u>, 8. **최근 3년간 2회 이상의 업무정지처분**을 받은 자로서 그 정지처분을 받은 기간이 **합산하여 12개월을 초과**한 때, 9. 다른 사람에게 자기의 성명 또는 상호를 사용하여 이 법에서 정한 업무를 수행하게 하거나 등록증을 **대여**한 때, 10. 이 법을 위반하여 벌금형 이상의 선고를 받은 경우(법인의 경우에는 그 소속 임직원을 포함한다), 11. 그 밖에 이 법 또는 이 법에 따른 명령이나 처분을 위반한 때의 어느 하나에 해당하는 때에는 그 **등록을 취소**하거나 **1년 이내**의 기간을 정하여 **업무의 전부 또는 일부의 정지**를 명할 수 있다. 다만, <u>제1호·제4호·제8호 및 제9호</u>에 해당하는 때에는 그 **등록을 취소**하여야 한다(법 제106조 제1항). 단서는 의무적 사항이며 단서 외는 임의적 사항이다.

나. 등록취소 및 업무정지처분 기준

(1) 등록의 취소 및 업무의 정지처분에 관한 기준은 **대통령령**으로 정한다(법 제106조 제2항). 이에 따른 하위법령인 영 제84조 [별표5]에서 구체적인 등록취소 및 업무정지처분의 기준을 마련하고 있다. 그러나 그 처분기준에 대해서 「도시정비법」이 2010. 4. 15. 개정되어 같은 법 제73조 제1항 제2호의2 (현행 제106조 제1항 제3호)가 신설되면서 이러한 법률 개정에 맞춰 시행령을 정리해주지 않은 입법상의 미비 상태에서 아래와 같은 논란이 있었다.

(2) 법제처는 「도시정비법」 제106조 제1항 제3호에서는 시·도지사는 정비업자가 추진위원회, 사업시행자 또는 시장·군수의 위탁이나 자문에 관한 계약 없이 같은 법 제102조 제1항 각 호에 규정된 업무를 수행한 때 그 등록을 취소하거나 1년 이내의 기간을 정하여 업무의 전부 또는 일부의 정지를 명할 수 있도록 규정하고 있고, 같은 조 제2항에서 그 처분의 기준을 **대통령령**으로 정하도록 하고 있는

---

588) 2010. 4. 15. 법 제73조 제1항 제2호의2(현행 법 제106조 제1항 제3호)가 신설된 취지는 정비업자가 추진위원회가 구성되기 이전 단계에서 추진위원회, 사업시행자 또는 시장·군수의 위탁이나 자문에 관한 계약 없이 해당 정비사업의 사업성을 과장하여 주민들에게 정비사업을 추진하도록 독려하는 경우, 정비사업이 왜곡되어 추진될 수 있으므로 주민들의 자발적인 의사로 사업 추진 여부가 결정·추진될 수 있도록 하려는 것이다.

데, 이와 관련하여 **대통령령**에서 등록취소나 업무정지처분의 기준을 정하고 있지 않은 경우, 시·도지사가 같은 법 제106조 제1항 제3호에 근거하여 등록취소나 업무정지처분을 할 수 있는지에 대한 법령해석에서, 시·도지사는 정비업자가 추진위원회, 사업시행자 또는 시장·군수의 위탁이나 자문에 관한 계약 없이 법정한 업무를 수행한 때 그 등록을 취소하거나 1년 이내의 기간을 정하여 업무의 전부 또는 일부의 정지를 명할 수 있도록 규정하고 있고, 그 처분의 기준을 **대통령령**으로 정하도록 하고 있는데, 이와 관련하여 **대통령령**에서 등록취소나 업무정지처분의 기준을 정하고 있지 않은 경우에도 시·도지사가 같은 법 제106조 제1항 제3호에 근거하여 등록취소나 업무정지처분을 할 수 있다고 할 것이다.[589]

2. 사업시행자에 대한 통지 및 정비업자의 기존 계약에 대한 특례

법 제106조 제1항에 따라 등록취소처분 등을 받은 정비업자와 등록취소처분 등을 명한 시·도지사는 추진위원회 또는 사업시행자에게 해당 내용을 지체 없이 통지하여야 한다(법 제106조 제3항). 정비업자는 등록취소처분 등을 받기 전에 계약을 체결한 업무는 계속하여 수행할 수 있다. 이 경우 정비업자는 해당 업무를 완료할 때까지는 정비업자로 본다(법 제106조 제4항).

정비업자는 다음 각 호 1. 사업시행자가 등록취소처분 등의 통지를 받거나 처분사실을 안 날부터 3개월 이내에 총회 또는 대의원회의 의결을 거쳐 해당 업무계약을 해지한 경우, 2. 정비업자가 등록취소처분 등을 받은 날부터 3개월 이내에 사업시행자로부터 업무의 계속 수행에 대하여 동의를 받지 못한 경우. 이 경우 사업시행자가 동의를 하려는 때에는 총회 또는 대의원회의 의결을 거쳐야 한다. 3. 법 제106조 제1항 각 호 외의 부분 단서에 따라 등록이 취소된 경우의 어느 하나에 해당하는 경우에는 업무를 계속하여 수행할 수 없다(법 제106조 제5항).

---

589) 일반적으로 행정법상 의무위반에 대한 등록취소나 업무정지처분은 그 의무자의 직업선택의 자유 내지는 영업의 자유를 제한하는 것으로서 법률상 근거가 필요하다고 할 것인데, 「도시정비법」 제106조 제1항에 따라 추진위원회, 사업시행자 또는 시장·군수의 위탁이나 자문에 관한 계약 없이 같은 법 제102조 제1항 각 호에 규정된 업무를 수행한 정비업자에 대하여 등록취소 등의 처분을 할 수 있는 권한이 시·도지사에게 부여되어 있다면, 비록 **대통령령**에서 그러한 처분의 구체적 기준을 정하고 있지 않다고 하더라도 법에서 시·도지사에게 부여한 권한의 범위에서 해당 업자에게 같은 법 시행령 [별표 5]의 기준에 준하는 영업정지 등의 처분을 할 수 있다고 보아야 할 것이다.
다만, 이른바 수익적 행정처분인 정비사업전문관리업의 등록을 취소하거나 영업을 정지시키는 경우에는 직업선택의 자유 내지는 영업의 자유를 제한하는 것이 되므로, 시·도지사가 법 제106조 제1항 제3호에 해당하는 정비업자에 대하여 영업정지 등의 제재처분을 하는 경우 그 처분권한의 행사는 처분사유인 위반행위의 내용과 해당 처분행위에 의하여 달성하려는 공익목적 및 이에 따른 제반 사정 등을 객관적으로 고려하고 공익침해의 정도와 그 처분으로 인하여 상대방이 입게 될 불이익을 비교교량하여 처분 여부와 그 정도를 결정하도록 하여야 할 것이다.
따라서, 법 제106조 제1항 제3호에서는 시·도지사는 정비업자가 추진위원회, 사업시행자 또는 시장·군수의 위탁이나 자문에 관한 계약 없이 같은 법 제102조 제1항 각 호에 규정된 업무를 수행한 때 그 등록을 취소하거나 1년 이내의 기간을 정하여 업무의 전부 또는 일부의 정지를 명할 수 있도록 규정하고 있고, 같은 조 제2항에서 그 처분의 기준을 **대통령령**으로 정하도록 하고 있는데, 이와 관련하여 **대통령령**에서 등록취소나 업무정지처분의 기준을 정하고 있지 않은 경우에도 시·도지사가 같은 법 제106조 제1항 제3호에 근거하여 등록취소나 업무정지처분을 할 수 있다고 할 것이라고 해석하였다(법제처 법령해석, 안건번호 12-0012, 회신일자2012. 2. 9.).

VI. 정비업자에 대한 조사 등

국토교통부장관 또는 시·도지사는 다음 각 호 1. 등록요건 또는 결격사유 등 이 법에서 정한 사항의 위반 여부를 확인할 필요가 있는 경우, 2. 정비업자와 **토지등소유자**, **조합원**, 그 밖에 정비사업과 관련한 이해관계인 사이에 분쟁이 발생한 경우, 3. 그 밖에 시·도조례로 정하는 경우의 어느 하나에 해당하는 경우 **정비업자**에 대하여 그 업무에 관한 사항을 보고하게 하거나 자료의 제출, 그 밖의 필요한 명령을 할 수 있으며, 소속 공무원에게 영업소 등에 출입하여 장부·서류 등을 조사 또는 검사하게 할 수 있다(법 제107조 제1항).

법 제107조 제1항에 따라 출입·검사 등을 하는 공무원은 권한을 표시하는 증표를 지니고 관계인에게 내보여야 한다(법 제107조 제2항).

국토교통부장관 또는 시·도지사가 **정비업자**에게 제1항에 따른 업무에 관한 사항의 보고, 자료의 제출을 하게 하거나, 소속 공무원에게 조사 또는 검사하게 하려는 경우에는 「행정조사기본법」 제17조에 따라 **사전통지**를 하여야 한다(법 제107조 제3항).

법 제107조 제1항에 따라 업무에 관한 사항의 보고 또는 자료의 제출 명령을 받은 정비업자는 그 명령을 받은 날부터 15일 이내에 이를 보고 또는 제출(전자문서를 이용한 보고 또는 제출을 포함한다)하여야 한다(법 제107조 제4항).

국토교통부장관 또는 시·도지사는 제1항에 따른 업무에 관한 사항의 보고, 자료의 제출, 조사 또는 검사 등이 완료된 날부터 30일 이내에 그 결과를 통지하여야 한다(법 제107조 제5항).

VII. 정비사업전문관리업 정보의 종합관리

국토교통부장관은 정비업자의 자본금·사업실적·경영실태 등에 관한 정보를 종합적이고 체계적으로 관리하고 추진위원회 또는 사업시행자 등에게 제공하기 위하여 정비사업전문관리업 정보종합체계를 구축·운영할 수 있다(법 제108조 제1항).

정비사업전문관리업 정보종합체계의 구축·운영에 필요한 사항은 국토교통부령으로 정한다(법 제108조 제2항).

VIII. 협회의 설립, 업무 및 감독

1. 협회의 설립

정비업자는 정비사업전문관리업의 전문화와 정비사업의 건전한 발전을 도모하기 위하여 정비업자단체(이하 "협회"라 한다)를 설립할 수 있다(법 제109조 제1항).

협회는 법인으로 한다(법 제109조 제2항). 협회는 주된 사무소의 소재지에서 설립등기를 하는 때에 성립한다(법 제109조 제3항).

협회를 설립하려는 때에는 회원의 자격이 있는 50명 이상을 발기인으로 하여 정관을 작성한 후 창립총회의 의결을 거쳐 국토교통부장관의 인가를 받아야 한다. 협회가 정관을 변경하려는 때에도 또한 같다(법 제109조 제4항).

이 법에 따라 시·도지사로부터 업무정지처분을 받은 회원의 권리·의무는 영업정지기간 중 정지되며, 정비사업전문관리업의 등록이 취소된 때에는 회원의 자격을 상실한다(법 제109조 제5항).

협회의 정관, 설립인가의 취소, 그 밖에 필요한 사항은 **대통령령**으로 정한다(법 제109조 제6항). 협회에 관하여 이 법에 규정된 사항을 제외하고는 「민법」 중 사단법인에 관한 규정을 준용한다(법 제109조 제7항).

2. 협회의 업무 및 감독

협회의 업무는 다음 각 호 1. 정비사업전문관리업 및 정비사업의 건전한 발전을 위한 조사·연구, 2. 회원의 상호 협력증진을 위한 업무, 3. 정비사업전문관리 기술 인력과 정비사업전문관리업 종사자의 자질향상을 위한 교육 및 연수, 4. 그 밖에 **대통령령**으로 정하는 업무와 같다(법 제110조 제1항).

국토교통부장관은 협회의 업무 수행 현황 또는 이 법의 위반 여부를 확인할 필요가 있는 때에는 협회에게 업무에 관한 사항을 보고하게 하거나 자료의 제출, 그 밖에 필요한 명령을 할 수 있으며, 소속 공무원에게 그 사무소 등에 출입하여 장부·서류 등을 조사 또는 검사하게 할 수 있다(법 제110조 제2항). 법 제110조 제2항에 따른 업무에 관한 사항의 보고, 자료의 제출, 조사 또는 검사에 관하여는 제107조 제2항부터 제5항까지의 규정을 준용한다(법 제110조 제3항).

제3절　감독 등590)

Ⅰ. 상급행정기관에 보고 및 자료의 제출 등

시·도지사는 국토교통부령으로 정하는 방법 및 절차에 따라 정비사업의 추진실적을 분기별로 국토교통부장관에게, 시장, 군수 또는 구청장은 시·도조례로 정하는 바에 따라 정비사업의 추진실적을 특별시장·광역시장 또는 도지사에게 보고하여야 한다(법 제111조 제1항).

국토교통부장관, 시·도지사, 시장, 군수 또는 구청장은 정비사업의 원활한 시행을 감독하기 위하여

---

590) 「도시정비법」상 제6장에 해당한다.

필요한 경우로서 다음 각 호 1. 이 법의 위반 여부를 확인할 필요가 있는 경우, 2. **토지등소유자**, **조합원**, 그 밖에 정비사업과 관련한 이해관계인 사이에 분쟁이 발생된 경우, 3. 그 밖에 시·도조례로 정하는 경우의 어느 하나에 해당하는 때에는 **추진위원회·사업시행자·정비사업전문관리업자·설계자 및 시공자 등** 이 법에 따른 업무를 하는 자에게 그 업무에 관한 사항을 보고하게 하거나 **자료의 제출**, 그 밖의 필요한 명령을 할 수 있으며, 소속 공무원에게 영업소 등에 출입하여 **장부·서류 등을 조사 또는 검사**하게 할 수 있다(법 제111조 제2항).

법 제111조 제2항에 따른 업무에 관한 사항의 보고, 자료의 제출, 조사 또는 검사에 관하여는 제107조 제2항부터 제5항까지의 규정을 준용한다(법 제111조 제3항).

Ⅱ. 회계감사

1. 회계감사의 시기 및 회계감사 대상의 기준

가. 시장·군수등 또는 토지주택공사등이 아닌 사업시행자는 **대통령령**으로 정하는 방법 및 절차에 따라 다음 각 호 1. 법 제34조 제4항에 따라 추진위원회에서 사업시행자로 인계되기 전까지 납부 또는 지출된 금액과 계약 등으로 지출될 것이 확정된 금액의 합이 3억5천만원 이상인 경우 그 인계 전 7일 이내에, 2. 법 제50조 제7항에 따른 사업시행계획인가 고시일 전까지 납부 또는 지출된 금액이 7억원 이상인 경우 사업시행계획인가의 고시일부터 20일 이내, 3. 법 제83조 제1항에 따른 준공인가 신청일까지 납부 또는 지출된 금액이 14억원 이상인 경우 준공인가의 신청일부터 7일 이내의 각각에 해당하는 시기에 단계별로 「주식회사 등의 외부감사에 관한 법률」 제2조 제7호 및 제9조에 따른 감사인의 회계감사를 받아야 하며, 그 감사결과를 회계감사가 종료된 날부터 15일 이내에 시장·군수등 및 해당 조합에 보고하고 **조합원**이 공람할 수 있도록 하여야 한다. 다만, 지정개발자가 사업시행자인 경우 제2호 및 제3호에 해당하는 시기에 한정한다(법 제112조 제1항 및 영 제88조).

법 제112조에서 추진위원회에서 조합으로 인계되기 전 7일 이내의 시기에 회계감사를 받도록 규정하고 있는 것은 재개발사업의 각 단계에 있어서의 정비사업 추진에 따른 사업비 집행의 투명성을 제고하려는 것이 그 취지이고, 특히 같은 법 제112조 제1항 제1호에 따른 추진위원회에 대한 회계감사의 경우에는 추진위원회가 해산하여 조합으로 인계되기 전에, 그 추진위원회가 행한 업무에 대한 회계감사를 실시하여 회계처리 상의 문제점이 있는 경우에는 추진위원회 측에 책임을 물어, 궁극적으로는 부정한 회계처리로 인한 **조합원**들의 피해를 방지하려는 데에 그 목적이 있다고 할 것이다.[591] 아울러 법 제138조 제6호에 따르면 "회계감사를 받지 아니한 자"는 1년 이하의 징역 또는 1천만원 이하의 벌금에 처해지게 되므로, 회계감사를 받을 의무는 형벌법규의 구성요건이 된다고 할 것인바, 형벌법규는

---

591) 법제처 법령해석, 안건번호 09-0190, 회신일자 2009. 7. 27.

가급적 사업시행자에게 불리하지 않도록 엄격하게 해석할 필요가 있다.

나. 법제처는 (1) 재개발사업 추진위원회가 계약을 하면서 계약에 따라 지급할 금액을 조합설립인가 후에 지급하기로 한 경우로서, 그 금액이 3억 5천만원 이상인 경우, 법 제112조 제1항 제1호 및 영 제88조 제1항 제1호에 따라 회계감사를 받아야 하는지에 대한 법령해석에서, 그 금액이 3억 5천만원 이상인 경우, 법 제112조 제1항 제1호 및 영 제88조 제1항 제1호에 따라 회계감사를 받아야 할 것이라고 해석하였다.[592]

(2) 추진위원회가 법 제112조 및 영 제88조에 따라 납부 또는 지출된 금액과 계약 등을 통해 지출될 것이 확정된 금액의 합이 3억5천만원 이상이면 회계감사를 1회만 받으면 되는지, 아니면 금액의 합이 3억5천만원이 될 때마다 회계감사를 받아야 하는지에 대한 법령해석에서, 추진위원회는 법 제112조 및 영 제88조 제1호에 따라 납부 또는 지출된 금액과 계약 등을 통해 지출될 것이 확정된 금액의 합이 3억5천만원 이상인 경우에 회계감사를 1회만 받으면 된다고 해석하였다.[593]

(3) 법 제112조 제1항 제2호에서는 한국토지주택공사 등이 아닌 사업시행자는 법 제50조 제7항의 규정에 의한 <u>사업시행계획인가의 고시일부터 20일 이내에</u> 「주식회사의 외부감사에 관한 법률」 제3조

---

592) 그 이유로, 「주식회사의 외부감사에 관한 법률」 제13조 제1항 및 제3항에서는 금융위원회가 주식회사의 회계처리기준을 정하고, 주식회사는 위 회계처리기준에 따라 재무제표 등을 작성하여야 한다고 규정하고 있고, 같은 법 제13조 제1항 제1호 및 제4항에 따른 회계처리기준인 「기업회계기준」 중 "재무회계 개념체계"는 발생주의를 원칙으로 하고 있다. 이 사안에서는 영 제88조 제1호의 "납부 또는 지출된 금액"이 실제로 현금으로 지출된 금액만 의미하는지, 아니면 추진위원회가 계약하면서 조합설립인가 후에 지급하기로 한 금액, 즉 미지급금도 포함하는 것인지가 문제된다.
만약 영 <u>제88조 제1호에 따라 추진위원회에서 조합으로 인계되기 전까지 "납부 또는 지출된 금액"에, 추진위원회가 계약을 체결하면서 조합설립인가 후에 지급하기로 한 미지급금이 포함되지 않는다고 본다면, 계약에 대한 대가를 현금 등으로 지급할 것인지, 아니면 조합설립인가 후에 지급할 것인지에 관한 위 추진위원회의 결정에 따라 추진위원회에 대한 회계감사 여부가 결정되는 결과가 되므로 추진위원회가 이를 **회계감사 회피 수단으로 악용**할 수도 있어 추진위원회 재정 운영의 투명성을 제고하려는 법 제112조의 취지에 부합하지 않는다고 할 것이다.</u>
또한, 법 제34조 제1항 및 영 제28조에 따라 추진위원회 운영경비의 회계에 관한 사항에 관해 정한 「운영규정」(국토해양부 고시 제2006-330호) <u>제31조 제2항에서 추진위원회의 예산·회계는 기업회계원칙에 따른다고 규정하고 있는 점, **법 제34조 제3항에서 추진위원회가 행한 업무와 관련된 권리와 의무는 조합이 포괄승계**한다고 규정하고 있으므로 조합에게 부당한 부담을 전가하지 않도록 하기 위해서는 추진위원회 단계에서 면밀한 회계감사를 받을 필요성이 있는 점 등을 종합하여 볼 때, 영 제88조 제1호에 따라 추진위원회에서 조합으로 인계되기 전까지 "납부 또는 지출된 금액"에는 추진위원회가 계약하면서 조합설립인가 후에 지급하기로 한 미지급금도 포함된다고 보는 것이 타당하다고 할</u> 것이다(법제처 법령해석, 안건번호 09-0190, 회신일자 2009. 7. 27.).
593) 「도시정비법」 제112조 제1항에서는 회계감사의 절차와 방법에 대해서는 **대통령령**으로 정한다고 규정하면서 회계감사의 시기에 대하여만 규정하고 있고, 영 제88조에서는 회계감사를 받아야 하는 대상의 기준에 대해서만 규정하고 회계감사의 횟수에 대한 규정은 두고 있지 않고 있다. 그러나, 법 제112조 제1항 제1호 및 영 제88조 제1호의 문언상 추진위원회가 받아야 하는 회계감사는 회계장부 등을 인계하는 특별한 시기를 기준으로 추진위원회가 지출하거나 납부한 자금의 합이 3억5천만원 이상일 것을 요건으로 규정하고 있어 하나의 기준이 정해질 때의 감사횟수는 당연히 1회로 해석될 수밖에 없고, 추진위원회가 지출하거나 납부한 자금 등이 3억5천만원이 될 때마다 회계감사를 받아야 한다고 규정한 것이라고 보기는 어렵다. 또한, 영 제88조 제1호에 따르면 회계감사대상을 추진위원회가 조합으로 회계장부 등을 인계하기 전 7일 이내에 지출된 금액은 물론 향후 지출될 금액도 포함하고 있어 추진위원회가 업무를 수행하는 기간 동안 지출되었거나 지출예정인 금액전체에 대하여 회계감사를 실시하게 되므로 회계감사를 법 제112조 제1항 제1호에서 정하는 시기에 1회만 실시한다 하더라도 추진위원회가 조합으로 회계장부 등을 인계하기 전에 회계감사를 시행하도록 한 규정의 취지에 충분히 부합한다고 판단된다. 따라서, 추진위원회는 법 제112조 제1항 제1호 및 영 제88조 제1호에 따라 납부 또는 지출된 금액과 계약 등을 통하여 지출될 것이 예정된 금액의 합이 **3억5천만원 이상인 경우에 회계감사를 1회만 받으면 된다**고 해석하였다(법제처 법령해석, 안건번호 09-0423, 회신일자 2010. 2. 5.).

에 따른 감사인의 회계감사를 받아야 한다고 규정하고 있는 바, 사업시행계획변경인가를 받은 경우에도 법 제112조 제1항 제2호에 따른 회계감사를 받아야 하는지에 대한 법령해석에서, <u>사업시행계획변경인가를 받은 경우</u>에 대해서까지 법 제112조 제1항 제2호에 따라 회계감사를 받아야 하는 것은 아니라고 해석하였다.[594]

2. 회계감사기관의 선정·계약

회계감사가 필요한 경우 사업시행자는 <u>시장·군수등에게 회계감사기관의 선정·계약을 요청하여야</u> 하며, 시장·군수등은 요청이 있는 경우 즉시 회계감사기관을 선정하여 회계감사가 이루어지도록 하여야 한다(법 제112조 제2항).

회계감사기관을 선정·계약한 경우 <u>시장·군수등</u>은 공정한 회계감사를 위하여 선정된 회계감사기관을 <u>감독하여야</u> 하며, 필요한 처분이나 조치를 명할 수 있다(법 제112조 제3항).

<u>사업시행자</u>는 회계감사기관의 선정·계약을 요청하려는 경우 시장·군수등에게 <u>회계감사에 필요한 비용을 미리 예치</u>하여야 한다. 시장·군수등은 회계감사가 끝난 경우 예치된 금액에서 회계감사비용을 직접 지불한 후 나머지 비용은 사업시행자와 정산하여야 한다(법 제112조 제4항).

III. 감독

1. 국토교통부장관, 시·도지사, 시장·군수의 감독

(1) 정비사업의 시행이 <u>이 법 또는 이 법에 따른 명령·처분이나 사업시행계획서 또는 관리처분계획에 위반되었다고 인정되는 때</u>에는 정비사업의 적정한 시행을 위하여 필요한 범위에서 **국토교통부장관**은 시·도지사, 시장·군수·구청장, 추진위원회, 주민대표회의, 사업시행자 또는 정비업자에게, **특별시장·광역시장 또는 도지사**는 시장·군수·구청장, 추진위원회, 주민대표회의, 사업시행자 또는 정비업자에게, **시장·군수**는 추진위원회, 주민대표회의, 사업시행자 또는 정비업자에게 <u>처분의 취소·변경 또는</u>

---

594) 법 제50조 제1항 및 제7항에 따르면 정비사업을 시행하려는 경우에 받는 "<u>사업시행인가</u>"와 그 인가 후에 정비사업이 변경됨으로써 인가받은 내용을 변경하려는 경우에 받는 "<u>사업시행변경인가</u>"는 구분되는데, 회계감사에 대해 규정하고 있는 같은 법 제112조 제1항 제2호에서는 "<u>사업시행인가</u>"라고 규정하고 있을 뿐 "<u>사업시행변경인가</u>"에 대해서는 아무런 규정을 두지 않고 있다. 법 제112조 제1항 제2호에 따른 "<u>사업시행인가</u>"에 그 문언과 달리 "<u>사업시행변경인가</u>"도 포함된다고 해석할 수는 없다고 할 것이다. 그리고, 법 제112조 제1항 및 영 제88조에서는 정비사업의 각 단계에 있어서의 사업비 집행의 투명성을 제고하기 위하여(법제처 2009. 7. 27. 회신 09-0190 해석례 참조), 사용경비를 기재한 회계장부 및 관련서류가 추진위원회에서 조합으로 인계되기 전까지 납부 또는 지출된 금액 등의 합이 3억5천만원 이상인 경우 그 인계 전 7일 이내에, 사업시행인가의 고시일 전까지 납부 또는 지출된 금액이 7억원 이상인 경우 그 고시일부터 20일 이내에, 준공인가의 신청일까지 납부 또는 지출된 금액이 14억원 이상인 경우 그 신청일부터 7일 이내에 각각 회계감사를 받도록 단계별로 규정을 마련해 두고 있으므로, <u>굳이 그 "중간에" 사업시행변경인가 등의 사유로 납부·지출된 금액이 있다 하여 회계감사를 수시로 추가적으로 받게 할 **실익도 없다**</u>고 할 것이다(법제처 법령해석, 안건번호 15-0772, 회신일자 2016. 4. 27.).

정지, 공사중지·변경, 임원의 개선 권고, 그 밖의 필요한 조치를 취할 수 있다(법 제113조 제1항).

법제처는 법 제113조 제1항에서 규정하고 있는 "그 밖의 필요한 조치"에 "추진위원회 또는 조합 임원에 대한 개선 명령"이 포함되는지에 대한 법령해석에서, 동 감독규정은 정비사업의 적정한 시행을 위하여 "필요한 범위 안"에서 이루어지는 것이라는 점에서 감독권자에게 무제한적인 처분을 용인하는 근거 규정은 아니라 할 것이고, 나아가 같은 항의 규정에 따른 "그 밖의 필요한 조치"는 그 앞에 규정되어 있는 "그 처분의 취소·변경 또는 정지, 그 공사의 중지·변경, 임원의 개선 권고"와 서로 동등하거나 유사한 것을 의미한다는 점에서, 해당 규정에 언급된 "임원의 개선 권고"보다 더 침익적이고 제한적 성격을 가지는 "**임원의 개선 명령**"이 "그 밖의 필요한 조치"에 포함된다고 보는 것은 타당하지 않다고 할 것이다. 따라서, 법 제113조 제1항의 "그 밖의 필요한 조치"에 추진위원회 또는 조합 임원에 대한 개선 명령은 포함되지 않는다고 할 것이다.[595]

(2) 국토교통부장관, 시·도지사, 시장, 군수 또는 구청장은 이 법에 따른 정비사업의 원활한 시행을 위하여 관계 공무원 및 전문가로 구성된 점검반을 구성하여 정비사업 현장조사를 통하여 분쟁의 조정, 위법사항의 시정요구 등 필요한 조치를 할 수 있다. 이 경우 관할 지방자치단체의 장과 조합 등은 **대통령령**으로 정하는 자료[1. **토지등소유자**의 동의서, 2. 총회의 의사록, 3. 정비사업과 관련된 계약에 관한 서류, 4. 사업시행계획서·관리처분계획서 및 회계감사보고서를 포함한 회계관련 서류, 5. 정비사업의 추진과 관련하여 분쟁이 발생한 경우에는 해당 분쟁과 관련된 서류(영 제89조)]의 제공 등 점검반의 활동에 적극 협조하여야 한다(법 제113조 제2항).

(3) 법 제113조 제2항에 관하여는 정비사업 현장조사를 할 때에는 증표휴대, 사전통지 및 감독기관의 30일 이내의 결과 통지(제107조 제2항, 제3항 및 제5항)를 준용한다(법 제113조 제3항).

2. 시·도지사의 시공자 선정 취소 명령 또는 과징금

현행법에서는 시공자 등의 계약 체결과 관련하여 금품·향응 또는 그 밖의 재산상 이익의 제공 및 제공의사 표시 등을 할 수 없다고 규정하고 있고 이를 위반 시 처벌하도록 규정하고 있음에도 불구하고, 최근 일부 정비사업의 시공자 선정 과정에서 건설사가 금품·향응을 제공하는 등 과열문제가 발생하고 있어, 2018. 10. 13. 시행법부터 시·도지사는 건설업자가 시공자 선정 등과 관련하여 금품·향응 제공 등 행위제한 의무를 위반한 경우 사업시행자에게 시공자 선정을 취소할 것을 명하거나 건설업자에게 과징금을 부과할 수 있도록 하여 시공자 선정 관련 불법행위에 대한 처벌을 대폭 강화하여 실효성 있는 제도를 마련하였다.

해당 정비사업을 관할하는 시·도지사는 건설업자가 다음 각 호 1. 건설업자가 법 제132조(조합임원 등의 선임·선정 시 행위제한)를 위반한 경우 2. 건설업자가 제132조의2(건설업자의 관리·감독 의무)를 위반하여 관리·감독 등 필요한 조치를 하지 아니한 경우로서 용역업체의 임직원(건설업자가 고용한

---

595) 법제처 법령해석 사례, 민원인 - 「도시정비법」 제77조 제1항의 "그 밖의 필요한 조치"의 범위(「도시정비법」 제77조 등 관련), 안건번호 12-0542, 회신일자 2012. 12. 26.

개인을 포함한다)이 제132조를 위반한 경우의 어느 하나에 해당하는 경우 <u>사업시행자에게 건설업자의 해당 정비사업에 대한 **시공자 선정을 취소할 것을 명령**</u>하거나 그 건설업자에게 사업시행자와 시공자 사이의 계약서상 공사비의 100분의 20 이하에 해당하는 금액의 범위에서 **과징금을 부과**할 수 있다. 이 경우 시공자 선정 취소의 명령을 받은 사업시행자는 시공자 선정을 취소하여야 한다(법 제113조의2 제1항). 시공자 선정 취소의 명령을 받은 사업시행자가 시공자 선정을 취소하지 않고 강행할 경우 형사책임이나 행정적 책임은 없다.

과징금을 부과하는 위반행위의 종류와 위반 정도 등에 따른 과징금의 금액 등에 필요한 사항은 **대통령령**으로 정한다(법 제113조의2 제2항). 법 제113조의2에 따른 과징금의 부과기준은 [별표 5의2]와 같다(영 제89조의2 제1항).

시·도지사는 법 제113조의2에 따라 시공자 선정을 취소할 것을 명하거나 과징금을 부과하려는 경우에는 그 위반행위, 처분의 종류 및 과징금의 금액(과징금을 부과하는 경우만 해당한다)을 적어 서면으로 통지하여야 한다(영 제89조의2 제2항).

영 제89조의2 제2항에 따른 과징금 부과 통지를 받은 자는 <u>통지가 있는 날부터 20일 또는 시·도지사가 20일 이상의 범위</u>에서 따로 정한 기간 이내에 시·도지사가 정하는 수납기관에 과징금을 납부하여야 한다. 다만, 천재지변이나 그 밖에 부득이한 사유로 그 기간에 과징금을 납부할 수 없는 경우에는 그 사유가 없어진 날부터 7일 이내에 납부하여야 한다(영 제89조의2 제3항).

영 제89조의2 제3항에 따라 과징금을 납부받은 수납기관은 그 납부자에게 영수증을 발급하여야 하고, 지체 없이 그 사실을 해당 시·도지사에게 통보하여야 한다(영 제89조의2 제4항).

시·도지사는 과징금의 부과처분을 받은 자가 납부기한까지 과징금을 내지 아니하면 「지방행정제재·부과금의 징수 등에 관한 법률」에 따라 징수한다(법 제113조의2 제3항).

3. 건설업자의 입찰참가 제한

2018. 10. 13. 시행법부터 신설되었다. 즉 <u>시·도지사</u>는 법 제113조의2 제1항 각 호의 어느 하나에 해당하는 <u>건설업자에 대해서는 2년 이내의 범위</u>에서 **대통령령**으로 정하는 기간 동안 정비사업의 입찰참가를 제한할 수 있다(법 제113조의3 제1항). <u>시·도지사</u>는 건설업자에 대한 정비사업의 입찰참가를 제한하려는 경우에는 **대통령령**으로 정하는 바에 따라 대상, 기간, 사유, 그 밖의 입찰참가 제한과 관련된 내용을 공개하고, 관할 구역의 시장, 군수 또는 구청장 및 사업시행자에게 통보하여야 한다. 이 경우 통보를 받은 <u>사업시행자</u>는 해당 건설업자의 입찰 참가자격을 제한하여야 한다(법 제113조의3 제2항).

<u>사업시행자는 입찰참가를 제한받은 건설업자와 계약(수의계약을 포함한다)을 체결해서는 아니 된다</u>(법 제113조의3 제3항).

법 제113조의3에 따른 정비사업의 입찰참가 제한기준은 [별표 5의2]와 같다(영 제89조의3 제1항). 시·도지사는 법 제113조의3 제1항에 따라 <u>정비사업의 입찰참가를 제한하려는 경우</u>에는 다음 각 호 1. 업체(상호)명·성명(법인인 경우 대표자의 성명) 및 사업자등록번호(법인인 경우 법인등록번호), 2.

입찰참가자격 제한기간, 3. 입찰참가자격을 제한하는 구체적인 사유의 사항을 지체 없이 해당 지방자치단체의 공보에 게재하고 일반인이 해당 내용을 열람할 수 있도록 인터넷 홈페이지에 입찰참가 제한기간 동안 게시하여야 한다(영 제89조의3 제2항).

시·도지사는 영 제89조의3 제2항에 따른 정비사업의 입찰참가 제한의 집행이 정지되거나 그 집행정지가 해제된 경우에는 그 사실을 지체 없이 해당 지방자치단체의 공보에 게재하고 일반인이 해당 내용을 열람할 수 있도록 인터넷 홈페이지에 게시하여야 한다(영 제89조의3 제3항). 시·도지사는 영 제89조의3 제2항 및 제3항에 따라 공개한 입찰제한과 관련된 내용을 지체 없이 관할 구역의 시장, 군수 또는 구청장 및 사업시행자에게 통보하여야 한다(영 제89조의3 제4항).

4. 건설업자의 관리·감독 의무

건설업자는 시공자 선정과 관련하여 홍보 등을 위하여 계약한 용역업체의 임직원이 제132조를 위반하지 아니하도록 교육, 용역비 집행 점검, 용역업체 관리·감독 등 필요한 조치를 하여야 하고(법 제132조의2), 이를 위반한 경우 5천만원 이하의 벌금에 처한다(법 제138조 제2항).

Ⅳ. 정비사업 지원기구의 설치

국토교통부장관은 다음 각 호 1. 정비사업 상담지원업무, 2. 정비사업전문관리제도의 지원, 3. 전문조합관리인의 교육 및 운영지원, 4. 소규모 영세사업장 등의 사업시행계획 및 관리처분계획 수립지원, 5. 정비사업을 통한 공공지원민간임대주택 공급 업무 지원, 6. 법 제29조의2에 따른 공사비 검증 업무, 7. 그 밖에 국토교통부장관이 정하는 업무를 수행하기 위하여 정비사업 지원기구를 설치할 수 있다. 이 경우 국토교통부장관은 「한국부동산원법」에 따라 설립된 한국부동산원 또는 「한국토지주택공사법」에 따라 설립된 한국토지주택공사에 정비사업 지원기구의 업무를 대행하게 할 수 있다(법 제114조).

2018. 2. 9. 시행법은 정비사업에 전문성이 있는 공공기관으로 하여금 정비사업의 원활한 진행을 위해 지원할 수 있도록 정비사업 지원기구를 신설 하였다.

Ⅴ. 교육의 실시

국토교통부장관, 시·도지사, 시장·군수 또는 구청장은 추진위원장 및 감사, 조합임원, 전문조합관리인, 정비업자의 대표자 및 기술인력, **토지등소유자** 등에 대하여 1. 주택건설 제도, 2. 도시 및 주택 정비사업 관련 제도, 3. 정비사업 관련 회계 및 세무 관련 사항, 4. 그 밖에 국토교통부장관이 정하는 사항에 대하여 교육을 실시할 수 있다(법 제115조 및 영 제90조).

VI. 도시분쟁조정위원회

1. 입법 취지

2009. 5. 27.(법률 제9729호) 개정되어 2010. 1. 1.부터 시행법에서는 <u>재개발·재건축 사업의 공공성에 비추어 공공의 적극적인 분쟁조정역할을 강조하여 조정위원회의 설치를 통해 정비사업에 따른 분쟁을 공론화할 수 있는 취지</u>에서 조정위원회에 대한 내용이 신설되었는바(국회심사보고서 참조), 조정위원회를 시·군·구에 설치하되(법 제116조 제1항), 위원의 자격, 구성, 조정절차 및 효력 등 본질적인 사항은 법률에 규정하고(법 제116조 제3항 및 제117조 제1항 등) 비용의 부담 등의 운영사항은 시·도 **조례**에 위임하고(같은 법 제117조 제7항) 있다. 이러한 개정법의 입법연혁과 체계 등에 비추어 볼 때, 개정법은 정비사업과정에서 발생하는 분쟁사항이 시·군·구청장의 인·허가 등과 관련하여 시·군·구의 관할 구역 내에서 발생한다는 점 등을 고려하여 해당 위원회를 시·군·구에 설치하도록 하되, 조정위원회의 본질적인 사항은 법률에서 직접 정하여 전국적으로 동일한 기준을 적용하고, 법률에서 정하지 아니한 해당 위원회의 비용부담 등에 대하여는 시·**도조례**로 정하도록 함으로써 조정위원회의 구성·운영에 관한 사항 등을 시·도(특별시·광역시·특별자치시·도·특별자치도 또는 「지방자치법」 제175조에 따른 서울특별시·광역시 및 특별자치시를 제외한 인구 50만 이상 대도시를 말함. 이하 "시·도"라 함) 단위로 그 지방의 실정에 맞게 통일적인 기준을 적용하면서, 인구 50만 이상의 대도시의 경우에는 그 특성을 고려하여 직접 해당 시·군·구의 **조례**로 정할 수 있도록 특례를 둔 것이다.

2. 구성

정비사업의 시행으로 발생한 분쟁을 조정하기 위하여 정비구역이 지정된 <u>특별자치시·특별자치도, 또는 시·군·구</u>(자치구를 말한다)에 도시분쟁조정위원회(이하 "조정위원회"라 한다)를 둔다. 다만, 시장·군수등을 당사자로 하여 발생한 정비사업의 시행과 관련된 분쟁 등의 조정을 위하여 필요한 경우에는 <u>시·도에 조정위원회를 둘 수 있다</u>(법 제116조 제1항). 구 「도시정비법」(2009. 5. 27. 법률 제9729호로 일부개정되기 전의 것) 제77조 제3항에서는 <u>정비사업에 관한 분쟁조정을 국토해양부장관이 수행할 수 있도록 규정</u>하고 있었으나, 2009. 5. 27. 개정(법률 제9729호, 시행 2009. 11. 28.)으로 당해 행정구역에 정비구역이 지정된 <u>시·군·구에 분쟁조정위원회를 설치</u>하여 정비사업과 관련한 분쟁을 조정하도록 신설하였다.596)

---

596) 법제처는 구 「도시정비법」 제77조 제3항 규정은 정비사업을 총괄적으로 지도·감독할 수 있는 주무부처의 입장에서 분쟁의 조정이 가능함을 명시한 규정으로서, 정비사업 관련 분쟁조정의 권한을 국가에게 독점적으로 부여하거나 지방자치단체로 하여금 해당 지방자치단체의 개발사업과 관련하여 분쟁을 조정하는 것을 금지하는 취지로 해석될 수는 없다. 개정 규정에서는 「도시정비법」에 따라 시행하는 정비사업과정에서 발생하는 분쟁의 조정이 시·군·구의 전속적인 사무로 볼 것인지 여부를 살펴보면, 정비사업은 정비계획의 수립 및 정비사업의 시행 과정에서 시·도와 시·군·구가 함께 유기적으로 협동하여 추진하는 사업으로 볼 수 있으므로, 이러한 정비사업 과정에서 발생하는 이해관계인 간의 분쟁 조정 업무도 시·도 또는 시·군·구에 배타적으로 귀속된다기보다는 <u>시·도 및 시·군·구에 공통되는 사무</u>라고 봄이 타당할 것이다. 또한 현실적으로 많은 분쟁사항이 시·군·구청장의 인·허가 등과 관련하여 시·군·구의 관할 구역 내에

조정위원회는 부시장·부지사·부구청장 또는 부군수를 위원장으로 한 10명 이내의 위원으로 구성한다(법 제116조 제2항).

조정위원회 위원은 정비사업에 대한 학식과 경험이 풍부한 사람으로서 다음 각 호 1. 해당 특별자치시, 특별자치도 또는 시·군·구에서 **정비사업 관련 업무에 종사하는 5급 이상 공무원**, 2. 대학이나 연구기관에서 부교수 이상 또는 이에 상당하는 직에 재직하고 있는 사람, 3. **판사, 검사 또는 변호사의 직에 5년 이상** 재직한 사람, 4. **건축사, 감정평가사, 공인회계사로서 5년 이상** 종사한 사람, 5. 그 밖에 정비사업에 전문적 지식을 갖춘 사람으로서 시·도조례로 정하는 자[1. 해당 자치구의회 의원, 2. 해당 자치구 도시계획위원회 또는 건축위원회 위원(「서울시 도시정비조례」 제64조)]의 어느 하나에 해당하는 사람 중에서 시장·군수등이 임명 또는 위촉한다. 이 경우 제1호, 제3호 및 제4호에 해당하는 사람이 각 2명 이상 포함되어야 한다(법 제116조 제3항).

조정위원회에는 위원 3명으로 구성된 분과위원회(이하 "분과위원회"라 한다)를 두며, 분과위원회에는 제3항 제1호 및 제3호에 해당하는 사람이 각 1명 이상 포함되어야 한다(법 제116조 제4항).

그 밖에 조정위원회의 구성·운영 및 비용의 부담, 조정기간 연장 등에 필요한 사항은 시·도조례로 정한다(법 제117조 제7항).[597] 2017. 8. 9. 법률 제14857호 개정(시행 2018. 2. 9.)으로 조정위원회가

서 발생한다고 하더라도, 이 경우 시·도에서는 오히려 광역적인 입장에서 중립적으로 분쟁사항을 심사, 조정안을 권고할 수 있는 이점이 있는 것이므로, 그러한 점을 근거로 분쟁의 조정이 시·군·구의 전속적인 사무로서 시·도가 수행할 수 없는 사무라고 볼 수는 없다. 따라서 도시정비법에 따른 정비사업의 과정에서 발생하는 이해관계인의 분쟁을 조정하는 사무는 시·도가 조례로 정할 수 있는 시·도의 사무에 해당한다고 할 수 있고, 이에 따라 시·도는 「지방자치법 시행령」 제80조에 근거하여 이러한 분쟁을 심의하여 조정안을 권고하는 분쟁조정위원회를 설치할 수 있다고 할 것이다(법제처 법령해석 사례, 부산광역시 - 「도시정비법」에 따른 정비사업에 따른 분쟁을 심의·조정하기 위한 분쟁조정위원회를 시·도의 조례로 설치할 수 있는지 여부(「지방자치법」 제22조, 「지방자치법 시행령」 제80조, 「도시정비법」 제77조 등 관련), 안건번호 09-0120, 회신일자 2009. 6. 8.).

597) 「서울시 도시정비조례」 제65조(도시분쟁조정위원회 운영 등) ① 도시분쟁조정위원회(이하 "조정위원회"라 한다)의 위원 중 법 제116조 제3항 제1호에 해당하는 공무원 및 위원장의 임기는 해당 직에 재직하는 기간으로 하고, 위촉직 위원의 임기는 2년으로 하되, 연임할 수 있다.
② 조정위원회에는 다음 각 호와 같이 분과위원회를 둔다.
1. 제1분과위원회: 조합 또는 추진위원회와 **조합원** 또는 **토지등소유자** 간의 분쟁 조정
2. 제2분과위원회: 제1분과위원회에 해당하지 않는 그 밖에 분쟁에 관한 사항 조정
③ 위원장은 조정위원회의 회의를 소집하여 그 의장이 되며 위원장의 직무는 다음 각 호와 같다. 다만, 위원장이 부득이한 사유로 직무를 수행할 수 없는 때에는 해당 위원 중 호선된 위원이 그 직무를 대행한다.
1. 위원장이 조정위원회의 회의를 소집하고자 하는 때에는 회의 개최 5일 전까지 회의 일시·장소 및 분쟁조정 안건 등을 위원에게 통지한다.
2. 위원장은 조정위원회의 심사에 앞서 분과위원회에서 사전심사를 담당하게 할 수 있다.
3. 위원장은 효율적인 심사조정을 위하여 필요하다고 인정하는 경우에는 현장조사를 하거나 조정당사자, 관련전문가 및 관계공무원을 회의에 참석하게 하여 의견을 진술하게 할 수 있다.
④ 조정위원회의 회의는 재적위원 과반수의 출석으로 개회하고, 출석위원 과반수의 찬성으로 의결한다. 다만, 분과위원회는 위원 전원의 찬성으로 의결한다.
⑤ 조정위원회의 사무를 처리하기 위하여 간사 1명과 서기 1명을 두되, 간사는 조정위원회를 주관하는 업무담당 주사가 되고, 서기는 업무담당자로 한다.
⑥ 조정위원회의 위원이 다음 각 호의 어느 하나에 해당하는 경우에는 해당 분쟁조정 사건의 심사의결에서 제척된다.
1. 해당 분쟁조정 사건과 관련하여 용역·감정·수용·자문 및 연구 등을 수행하였거나 수행 중에 있는 경우
2. 해당 분쟁조정 사건의 당사자와 친족관계에 있거나 있었던 경우
3. 해당 분쟁조정 사건과 직접적인 이해관계가 있는 경우
⑦ 당사자는 위원에게 심사의결의 공정성을 기대하기 어려운 사정이 있는 경우에는 기피신청을 할 수 있다. 이 경우 조정

조정은 정당한 사유가 있는 경우에만 연장 할 수 있도록 하였다.

3. 조정위원회의 조정

조정위원회는 정비사업의 시행과 관련하여 다음 각 호 1. 매도청구권 행사 시 감정가액에 대한 분쟁, 2. 공동주택 평형 배정방법에 대한 분쟁, 3. 그 밖에 **대통령령**으로 정하는 분쟁[1. 건축물 또는 토지 명도에 관한 분쟁, 2. 손실보상 협의에서 발생하는 분쟁, 3. 총회 의결사항에 대한 분쟁, 4. 그 밖에 시·도조례로 정하는 사항에 대한 분쟁(영 제91조)]의 어느 하나에 해당하는 분쟁 사항을 심사·조정한다. 다만, 「주택법」, 「토지보상법」, 그 밖의 관계 법률에 따라 설치된 위원회의 심사대상에 포함되는 사항은 제외할 수 있다(법 제117조 제1항).

시장·군수등은 다음 각 호 1. 분쟁당사자가 정비사업의 시행으로 인하여 발생한 분쟁의 조정을 신청하는 경우, 2. 시장·군수등이 조정위원회의 조정이 필요하다고 인정하는 경우의 어느 하나에 해당하는 경우 조정위원회를 개최할 수 있으며, 조정위원회는 조정신청을 받은 날(제2호의 경우 조정위원회를 처음 개최한 날을 말한다)부터 60일 이내에 조정절차를 마쳐야 한다. 다만, 조정기간 내에 조정절차를 마칠 수 없는 정당한 사유가 있다고 판단되는 경우에는 조정위원회의 의결로 그 기간을 한 차례만 연장할 수 있으며 그 기간은 30일 이내로 한다(법 제117조 제2항).

조정위원회의 위원장은 조정위원회의 심사에 앞서 분과위원회에서 사전 심사를 담당하게 할 수 있다. 다만, 분과위원회의 위원 전원이 일치된 의견으로 조정위원회의 심사가 필요없다고 인정하는 경우에는 조정위원회에 회부하지 아니하고 분과위원회의 심사로 조정절차를 마칠 수 있다(법 제117조 제3항).

조정위원회 또는 분과위원회는 조정절차를 마친 경우 조정안을 작성하여 지체 없이 각 당사자에게 제시하여야 한다. 이 경우 조정안을 제시받은 각 당사자는 제시받은 날부터 15일 이내에 수락 여부를 조정위원회 또는 분과위원회에 통보하여야 한다(법 제117조 제4항).

당사자가 조정안을 수락한 경우 조정위원회는 즉시 조정서를 작성한 후, 위원장 및 각 당사자는 조정서에 서명·날인하여야 한다(법 제117조 제5항).

당사자가 강제집행을 승낙하는 취지의 내용이 기재된 조정서에 서명·날인한 경우 조정서의 정본은 「민사집행법」 제56조에도 불구하고 **집행력 있는 집행권원과 같은 효력**을 가진다. 다만, 청구에 관한 이의의 주장에 대하여는 「민사집행법」 제44조 제2항을 적용하지 아니한다(법 제117조 제6항). 2018. 2. 9. 시행법은 분쟁조정위원회의 분쟁조정의 대상을 **대통령령**으로 구체화하도록 하고, 조정이 성립된 경우 집행력을 부여하도록 신설하였다.

위원회의 위원장은 기피신청에 대하여 조정위원회의 의결을 거치지 아니하고 결정한다.
⑧ 위원이 제척사유에 해당하는 경우에는 스스로 해당 분쟁조정 사건의 심사·의결에서 회피할 수 있다.
⑨ 조정위원회에 출석한 위원에게는 예산의 범위에서 수당과 여비 등을 지급하되, 조사 및 현장 확인을 위한 출장비용 등은 실제 비용으로 지급할 수 있다.

VII. 정비사업의 공공지원제도

1. 공공지원제도의 의의 및 연혁

공공지원제도(당초 공공관리제도에서 2016년 명칭 변경)는 지방자치단체장 선거를 얼마 남겨두지 않은 시점에 서울시의 주도로 법률개정안이 마련되어 2010. 4. 15.(법률 제10268호, 시행 2010. 4. 15.) 개정한 것으로, 동 조항을 통해 서울시는 공공지원자로서 **조례**가 정하는 정비사업을 지원할 수 있게 되었다. 서울시가 내세운 제도도입의 명분은 현행 재개발·재건축 사업이 조합의 전문성 부족과 자금조달의 미비로 사업추진과정에서 정비업체등 관련업체와 유착하여 비리가 발생하고, **조합원**간 갈등에 따른 사업장기화로 비용이 과다 발생하기 때문에, 정비사업의 투명성 강화와 효율성 제고를 위하여 공공관리제도를 운영할 수 있는 근거를 마련한 것이라는 것으로 공공지원의 시행을 위한 방법과 절차는 시·도의 **조례**로 정하도록 하였다.

공공지원제도란 정비사업의 계획 수립단계에서부터 사업완료 시까지 사업진행 관리를 공공에서 지원하는 제도로서, 정비계획 수립이후 구청장이 직접 수행하거나 사업 대행자를 지정하는 것을 말한다. 법 제118조 제1항에 따르면 시장·군수등은 정비사업의 투명성 강화 및 효율성 제고를 위하여 시·도**조례**로 정하는 정비사업에 대하여 사업시행 과정을 지원(이하 '공공지원'이라 한다)하거나[598] 토지주택공사등, 신탁업자, 주택도시보증공사 또는 한국감정원에 공공지원을 위탁하는 것을(이하 '위탁지원'이라 한다)[599] 말한다. 정비사업의 공공관리를 위해 해당 정비구역의 구청장이 공공지원자가 되고, 공공지원자는 주민들이 추진위원회 구성, 조합임원선출, 시공자나 설계자와 같은 주요 용역업체의 선정 등 정비사업의 주요결정을 합리적이고 투명하게 할 수 있도록 도와주는 '도우미' 역할을 한다.[600][601]

공공지원제도의 대상사업은 위임받은 시·도**조례**로 정하는 바에 따라 실시하고 있다(서울시 도시정비**조례** 제73조). 동 제도의 시행(2010. 7. 16. 다만, 시공자 선정 지원규정은 10.1.부터 시행)은 이 법 시행 당시 조합원총회에서 시공자 또는 설계자를 선정하지 아니한 정비사업 분부터 적용한다(법률 제10268호, 2010. 4. 15. 부칙 제3항).

---

598) 「서울시 도시정비조례」 제72조 제1호에 따르면 "공공지원자"란 법 제118조 제2항 각 호의 업무를 수행하는 자로서의 **구청장**을 말한다.

599) 「서울시 도시정비조례」 제72조 제2호에 따르면 "위탁지원자"란 법 제118조 제1항에 따라 공공지원을 위탁받은 자를 말한다.

600) http://cleanup.seoul.go.kr/cleanup/view/publicSumry.do 서울특별시 재건축·재개발클린업시스템 /「서울시 도시정비조례」 제69조 제1호 "클린업시스템"이란 정비사업 시행과 관련한 자료 구축 및 정보를 제공하기 위한 시스템을 말한다.

601) 오세훈 시장이 재선을 위해 정비사업의 **조합원**들에게 추가부담금을 1억원씩 줄여주겠다고 공약하고 그 일환으로 건설사의 도급공사비를 낮추기 위해 공공관리제도가 활용되었다. 사업시행계획인가를 받은 후 시공사를 선정하도록 강제한 후 서울시가 개입하여 건설사의 도급공사비를 대폭 삭감한다는 것이 공공관리제도의 핵심 내용이라고 한다. 김종보 교수는 이러한 서울시의 공공지원제도의 도입 배경에도 불구하고, 서울시장이나 구청장은 원래 「도시정비법」상 사업시행자도 될 수 있는 자들이고, 또 조합설립인가, 사업시행계획인가, 관리처분계획인가 등 조합이 진행하는 모든 절차에 대해 인허가권을 보유하고 있는 행정주체라는 점에서 이들이 다시 공공지원자로서 조합의 사업과정에 개입하겠다는 것은 「도시정비법」 전체의 구도와 맞지 않는다는 비판을 하고 있다(김종보, 건설법(제6판), 530면).

2. 공공지원 업무

가. 시장·군수등은 정비사업의 투명성 강화 및 효율성 제고를 위하여 시·도조례로 정하는 정비사업에 대하여 **사업시행 과정을 지원**하거나 토지주택공사등, 신탁업자, 「주택도시기금법」에 따른 주택도시보증공사 또는 법 제102조 제1항 각 호 외의 부분 단서에 따라 **대통령령**으로 정하는 기관[1. 「한국토지주택공사법」에 따른 한국토지주택공사, 2. 한국감정원(영 제81조 제3항)]에 공공지원을 위탁할 수 있다(법 제118조 제1항). 여기서 법 제118조 제1항에서 '시·도조례로 정하는 정비사업'이란 **법 제25조에 따른 조합이 시행하는 정비사업(조합이 건설업자 또는 등록사업자와 공동으로 시행하는 사업을 포함한다)**을 말한다. 다만, 법 제16조에 따라 정비구역 지정·고시가 있은 날의 **토지등소유자**의 수가 100명 미만으로서 주거용 건축물의 건설비율이 50% 미만인 도시정비형 재개발사업은 제외한다(서울시 도시정비조례 제73조).

나. 정비사업을 공공지원하는 시장·군수등 및 위탁지원자는 다음 각 호 1. 추진위원회 또는 주민대표회의 구성, 2. 정비업자의 선정(위탁지원자는 선정을 위한 지원으로 한정한다), 3. 설계자 및 시공자 선정 방법 등, 4. 법 제52조 제1항 제4호에 따른 세입자의 주거 및 이주 대책(이주 거부에 따른 협의 대책을 포함한다) 수립, 5. 관리처분계획 수립, 6. 그 밖에 시·도조례로 정하는 사항의[602] 업무를 수행한다(법 제118조 제2항).

다. 추진위원회가 법 제118조 제2항 제2호에 따라 시장·군수등이 선정한 정비업자를 선정하는 경우에는, 추진위원회 승인을 받은 후 선정하는 규정을 적용하지 아니하고(법 제32조 제2항 및 제118조 제5항), 구청장이 선정한 업체를 승계하거나 재선정한다.

3. 대외적 책임 및 조례 위임 사항

시장·군수등은 위탁지원자의 공정한 업무수행을 위하여 관련 자료의 제출 및 조사, 현장점검 등 필요한 조치를 할 수 있다. 이 경우 위탁지원자의 행위에 대한 대외적인 책임은 시장·군수등에게 있다(법 제118조 제3항).

---

602) 「서울시 도시정비조례」 제75조(공공지원자의 업무범위) 법 제118조 제2항 제6호에 따라 "그 밖에 시·도조례로 정하는 사항"이란 다음 각 호에 해당하는 업무를 말한다.
  1. 추진위원회 구성을 위한 위원 선출업무의 선거관리위원회 위탁
  2. 건설사업관리자 등 그 밖의 용역업체 선정 방법 등에 관한 업무의 지원
  3. 조합설립 준비업무에 관한 지원
  4. 추진위원회 또는 조합의 운영 및 정보공개 업무의 지원
  5. 법 제52조 제1항 제4호에 따른 세입자의 주거 및 이주 대책 수립에 관한 지원
  6. 관리처분계획 수립에 관한 지원
  7. 법 제31조 제4항에 따라 추진위원회 구성 단계를 생략하는 정비사업의 조합설립에 필요한 **토지등소유자**의 대표자 선출 등 지원
  8. 법 제118조 제7항 제1호에 따른 건설업자의 선정방법 등에 관한 업무 지원
  9. 법 제87조에 따른 권리의 확정, 법 제88조에 따른 등기 절차, 법 제89조에 따른 청산금 등의 징수 및 지급, 조합 해산 준비업무에 관한 지원

공공지원의 시행을 위한 방법과 절차, 기준 및 제126조에 따른 도시·주거환경정비기금의 지원, 시공자 선정 시기 등에 필요한 사항은 시·도조례로 정한다(법 제118조 제6항).

4. 비용지원 및 공공지원을 위한 비용부담

공공지원에 필요한 비용은 시장·군수등이 부담하되, 특별시장, 광역시장 또는 도지사는 관할 구역의 시장·군수 또는 구청장에게 특별시·광역시 또는 도의 조례로 정하는 바에 따라 그 비용의 일부를 지원할 수 있다(법 제118조 제4항).

구청장은 공공지원 업무를 수행하는데 필요한 다음 각 호 1. 추진위원회 구성 또는 조합설립(법 제31조 제4항에 따라 추진위원회를 구성하지 아니하는 경우로 한정한다)을 위한 구청장의 용역 및 선거관리위원회 위탁비용, 2. 위탁지원 수수료의 비용을 부담한다(서울시 도시정비조례 제74조 제1항).

법 제118조 제2항 각 호 외의 업무를 지원받고자 하는 경우에는 총회의 의결을 거쳐 구청장에게 신청할 수 있다(서울시 도시정비조례 제74조 제2항).

구청장은 제2항에 따라 조합의 신청이 있는 경우 법 제118조 제1항의 기관 중에서 지정하여 조합에 통보하여야 하며, 조합은 해당 기관과 지원 범위 및 수수료 등에 대한 계약을 체결하고 비용을 부담하여야 한다(서울시 도시정비조례 제74조 제3항).

5. 시공자 등의 선정기준

시장은 정비업자·설계자·시공자 및 법 제118조 제7항 제1호에 따른 건설업자의 선정방법 등에 대하여 다음 각 호 1. 업체 선정에 관한 세부절차, 2. 업체 선정 단계별 공공지원자 등의 기능 및 역할, 3. 그 밖에 업체 선정 방법 등 지원을 위하여 필요한 사항의 내용을 포함하는 기준을 정할 수 있다(서울시 도시정비조례 제77조 제5항).

가. 시공자의 선정

(1) 사업시행계획인가 후 선정

공공지원에 해당하면 시공자 선정 시기 등에 필요한 사항은 시·도조례로 정한다(법 제118조 제6항).

법 제118조 제6항에 따라 조합은 사업시행계획인가를 받은 후 총회에서 시공자를 선정하여야 한다. 다만, 법 제118조 제7항 제1호에 따라 조합과 건설업자 사이에 협약을 체결하는 경우에는 시공자 선정 시기를 조정할 수 있다(서울시 도시정비조례 제77조 제1항).

조합은 사업시행계획인가 된 사업시행계획서를 반영한 설계도서를 작성하여 법 제29조 제1항에 따른 경쟁입찰 또는 수의계약(2회 이상 경쟁입찰이 유찰된 경우로 한정한다. 이하 이 조에서 같다)의 방법으로 시공자를 선정하여야 한다(서울시 도시정비조례 제77조 제2항).

조합설립인가를 받은 후에 시공자를 선정하는 「도시정비법」의 원칙규정인 불구하고, 공공지원에 해당하면 다시 사업시행계획인가 후 비로소 시공자를 선정할 수 있게 된다. 특히 중요한 정비사업의 대부분이 서울에 몰려 있는 상황에서 서울시가 공공지원을 하는 사업장에 대해 사업시행계획인가를 받은 후 시공자를 선정하도록 법령개정을 주도함으로써 조합이 시공자가 되는 대부분의 정비사업이 공공지원대상이고(서울시 도시정비**조례** 제73조) 이 경우 조합은 시공자를 선정할 때에는 인가된 사업시행계획서를 반영한 설계도서를 작성하여 입찰에 부치도록 하여 실질적으로 사업시행인가를 받은 후 시공자를 선정할 수 있도록 하고 있다(서울시 도시정비**조례** 제77조 제2항). 즉 시공자 선정의 핵심은 사업시행계획인가 된 설계도서를 기준으로 입찰하는 것으로 종전 구체적 내역 없이 평당 단가로 계약하던 관행에서 벗어나 입찰 전 설계도면·시방서·물량내역서 등을 모두 갖춰 입찰하도록 하여 사업비용의 검증과 **조합원** 분담금 증가를 방지하도록 했다.

(2) 조합설립인가 후 선정

그러나, 위의 원칙의 예외 규정에도 불구하고, 다음과 같은 예외의 예외 규정이 있다. 조합이 건설업자와 공동으로 정비사업을 시행하는 경우로서 1. 조합과 건설업자 사이에 협약을 체결하는 경우, 2. 사업대행자가 정비사업을 시행하는 경우(제28조 제1항 및 제2항)에는 **토지등소유자**(제35조에 따라 조합을 설립한 경우에는 **조합원**)의 과반수 동의를 받아 조합설립인가를 받은 후 시공자를 선정할 수 있다. 다만, 조합이 건설업자와 공동으로 정비사업을 시행하는 경우에는 해당 건설업자를 시공자로 본다(법 제118조 제7항). 조합과 건설업자간 공동시행의 협약사항에 관한 구체적인 내용은 시·도**조례**로 정할 수 있다(법 제118조 제8항).

이 조항은 건설사를 공동시행자로 인정하고 또 이 경우 건설사를 시공자로 본다는 규정을 둠으로써 공동시행과 시공의 구별을 전혀 무의미한 것으로 만들고 있을 뿐 아니라 전술한 시공사선정시기와 공동시행에 관한 조항 전체를 뒤흔드는 것이라서, 법률이 원칙과 예외를 모두 **조례**와 지방자치단체의 편의에 의존시키고 또 지방자치단체의 영향을 받아 시공자 선정 시기를 자의적으로 정하고 운영하는 것은 매우 유감스러운 일이라는 지적이 있다.[603]

나. 설계자 선정

종래 추진위원회에서 개략적인 사업시행계획서 작성을 위한 설계자 선정(Ⅰ)과 상세설계와 내역서 등 작성 없이 조합에서 설계자 선정(Ⅱ)을 2회함으로써 업체와 유착비리가 발생함에 따른 개선으로,[604] 추진위원회 또는 조합은 총회에서 법 제29조 제1항에 따른 경쟁입찰 또는 수의계약의 방법으로 「건축사법」 제23조에 따라 건축사사무소 개설신고 한 자를 설계자로 선정하도록(서울시 도시정비**조례**

---

603) 김종보, 건설법(제6판), 531면.
604) http://cleanup.seoul.go.kr/cleanup/view/publicMainSkill.do 서울시 재개발·재건축 클린업시스템.

제77조 제3항) 구청장은 설계자 선정 절차를 지원하여야 한다.

다. 정비업자 선정

종래 다수의 예비추진위원회에서 각 정비업체와 결탁하여 추진위원회 구성 전 정비사업에 개입 OS 요원 동원 동의서 징구, 동의서 매도 매수, 지분쪼개기 개입 조장 등으로 인한 과열경쟁으로 비대위가 발생하고 오히려 사업추진이 지연됨으로 사업비용의 증가 문제가 발생함으로써 정비계획 수립단계에서 구청장이 선정하고 향후 추진위원회에서 승계 또는 재선정하는 방법으로 개선하였다.605) 즉 추진위원회 또는 조합은 총회에서 법 제29조 제1항에 따른 경쟁입찰 또는 수의계약의 방법으로 법 제102조에 따라 등록한 정비업자를 선정하여야 한다. 이 경우 법 제118조 제5항에 따라 구청장이 정비업자를 선정하는 경우에는 제외한다(서울시 도시정비**조례** 제77조 제4항).

VIII. 정비사업관리시스템의 구축

시·도지사는 정비사업의 효율적이고 투명한 관리를 위하여 정비사업관리시스템을 구축하여 운영할 수 있다(법 제119조 제1항).606) 2018. 2. 9. 시행법은 정비사업의 효율적이고 투명한 관리를 위해 시·도지사가 정비사업관리시스템을 구축·운영할 수 있도록 신설하였다.

정비사업관리시스템의 운영방법 등에 필요한 사항은 시·**도조례**로 정한다(법 제119조 제2항).

IX. 정비사업의 정보공개

시장·군수등은 정비사업의 투명성 강화를 위하여 조합이 시행하는 정비사업에 관한 다음 각 호 1. 법 제74조 제1항에 따라 관리처분계획의 인가(변경인가를 포함한다)를 받은 사항 중 법 제29조에 따른 계약금액, 2. 법 제74조 제1항에 따라 관리처분계획의 인가를 받은 사항 중 정비사업에서 발생한 이자, 3. 그 밖에 시·**도조례**로 정하는 사항을 매년 1회 이상 인터넷과 그 밖의 방법을 병행하여 공개하여야 한다. 이 경우 공개의 방법 및 시기 등 필요한 사항은 시·**도조례**로 정한다(법 제120조).

2017. 8. 9. 법률 제14857호 개정(시행 2018. 2. 9.)으로 시장·군수등은 관리처분계획상 사업시행자가 체결한 모든 계약금액을 매년 1회 이상 공개하도록 하였다.

---

605) 앞의 각주 참조.
606) 앞의 각주 참조.

X. 청문

국토교통부장관, 시·도지사, 시장, 군수 또는 구청장은 다음 각 호 1. 법 제106조 제1항에 따른 <u>정비사업전문관리업의 등록취소</u>, 2. 법 제113조 제1항부터 제3항까지의 규정에 따른 <u>추진위원회 승인의 취소,</u> <u>조합설립인가의 취소, 사업시행계획인가의 취소 또는 관리처분계획인가의 취소</u>, 3. 법 제113조의2 제1항에 따른 <u>시공자 선정 취소 또는 과징금 부과</u>, 4. 법 제113조의3 제1항에 따른 <u>입찰참가 제한</u>의 어느 하나에 해당하는 처분을 하려는 경우에는 <u>청문</u>을 하여야 한다(법 제121조). 2018. 2. 9. 시행법에서는 구법 제16조의2 <u>조합설립인가의 취소</u> 조항은 삭제된 현행 법률에서 청문 조항이 필요한지 의문이다.

제4절 **기타 보칙**[607]

I. 토지등소유자의 거래 상대방에게 설명·고지의무

토지등소유자는 자신이 소유하는 정비구역 내 토지 또는 건축물에 대하여 매매·전세·임대차 또는 지상권 설정 등 부동산 거래를 위한 계약을 체결하는 경우 다음 각 호 1. 해당 **정비사업의 추진단계**, 2. **퇴거예정시기**(건축물의 경우 철거예정시기를 포함한다), 3. 법 제19조에 따른 **행위제한**, 4. 법 제39조에 따른 **조합원의 자격**, 5. 법 제70조 제5항에 따른 **계약기간**, 6. 법 제77조에 따른 **주택 등 건축물을 분양받을 권리의 산정 기준일**, 7. 그 밖에 거래 상대방의 권리·의무에 중대한 영향을 미치는 사항으로서 **대통령령**으로 정하는 사항[1. 법 제72조 제1항 제2호에 따른 분양대상자별 분담금의 추산액, 2. 법 제74조 제1항 제6호에 따른 **정비사업비의 추산액**(재건축사업의 경우에는 「재건축초과이익 환수에 관한 법률」에 따른 재건축부담금에 관한 사항을 포함한다) **및 그에 따른 조합원 분담규모 및 분담시기**(영 제92조)]을 거래 상대방에게 설명·고지하고, 거래 계약서에 기재 후 서명·날인하여야 한다(법 제122조 제1항).

법 제122조 제1항 각 호의 사항은 「공인중개사법」 제25조 제1항 제2호의 "법령의 규정에 의한 거래 또는 이용제한사항"으로 본다(법 제122조 제2항).

II. 재개발사업 등의 시행방식의 전환[608]

<u>제3장 정비사업의 시행</u>에서 **사업의 시행 방법**을 언급하면서 기 설명하였다.

시장·군수등은 법 제28조 제1항에 따라 <u>사업대행자를 지정</u>하거나 **토지등소유자**의 5분의 4 이상의

---

607) 「도시정비법」상 제7장에 해당한다.
608) 정비사업의 시행 방법에 관해서는 제3장 정비사업의 시행/제1절 정비사업의 시행방법 및 사업시행자를 참조하라.

요구가 있어 법 제23조 제2항에 따른 재개발사업의 시행방식의 전환이 필요하다고 인정하는 경우에는 정비사업이 완료되기 전이라도 **대통령령**으로 정하는 범위에서 정비구역의 전부 또는 일부에 대하여 시행방식의 전환을 승인할 수 있다(법 제123조 제1항). 시행방식의 전환과 관련, 법 제123조 제1항에 따라 시장·군수등은 환지방식의 재개발사업을 위한 정비구역의 전부 또는 일부를 관리처분계획에 따라 주택 및 부대시설·복리시설을 건설하여 공급하는 방법으로 전환하는 것을 승인할 수 있다(영 제93조).

사업시행자는 시행방식을 전환하기 위하여 관리처분계획을 변경하려는 경우 토지면적의 3분의 2 이상의 토지소유자의 동의와 **토지등소유자**의 5분의 4 이상의 동의를 받아야 하며, 변경절차에 관하여는 제74조 제1항의 관리처분계획 변경에 관한 규정을 준용한다(법 제123조 제2항).

사업시행자는 제1항에 따라 정비구역의 일부에 대하여 시행방식을 전환하려는 경우에 재개발사업이 완료된 부분은 준공인가를 거쳐 해당 지방자치단체의 공보에 공사완료의 고시를 하여야 하며, 전환하려는 부분은 이 법에서 정하고 있는 절차에 따라 시행방식을 전환하여야 한다(법 제123조 제3항).

제3항에 따라 공사완료의 고시를 한 때에는 「공간정보관리법」 제86조 제3항에도 불구하고 관리처분계획의 내용에 따라 제86조에 따른 이전이 된 것으로 본다(법 제123조 제4항).

사업시행자는 정비계획이 수립된 주거환경개선사업을 인가받은 관리처분계획에 따라 주택 및 부대시설·복리시설을 건설하여 공급방식(제23조 제1항 제4호)으로 변경하려는 경우에는 **토지등소유자**의 3분의 2 이상의 동의를 받아야 한다(법 제123조 제5항).

Ⅲ. 관련 자료의 공개, 보관 및 인계

1. 관련 자료의 공개

가. 공개 대상

(1) 추진위원장 또는 사업시행자(조합의 경우 청산인을 포함한 조합임원, **토지등소유자**가 단독으로 시행하는 재개발사업의 경우에는 그 대표자를 말한다)는 정비사업의 시행에 관한 다음 각 호 1. 법 제34조 제1항에 따른 추진위원회 운영규정 및 정관등, 2. 설계자·시공자·철거업자 및 정비업자 등 용역업체의 선정계약서, 3. 추진위원회·주민총회·조합총회 및 조합의 이사회·대의원회의 의사록, 4. 사업시행계획서, 5. 관리처분계획서, 6. 해당 정비사업의 시행에 관한 공문서, 7. 회계감사보고서, 8. 월별 자금의 입금·출금 세부내역, 9. 결산보고서, 10. 청산인의 업무 처리 현황, 11. 그 밖에 정비사업 시행에 관하여 **대통령령**으로 정하는 서류 및 관련 자료[1. 법 제72조 제1항에 따른 분양공고 및 분양신청에 관한 사항, 2. 연간 자금운용 계획에 관한 사항, 3. 정비사업의 월별 공사 진행에 관한 사항, 4. 설계자·시공자·정비업자 등 용역업체와의 세부 계약 변경에 관한 사항, 5. 정비사업비 변경에 관한 사항(영 제94조 제1항)]의 서류 및 관련 자료가 작성되거나 변경된 후 15일 이내에 이를 **조합원, 토지등소유자** 또는 **세입자**가 알 수 있도록 인터넷과 그 밖의 방법을 병행하여 공개하여야 한다(법 제124조 제1항).

(2) 공개의 대상이 되는 서류 및 관련 자료의 경우 분기별로 공개대상의 목록, 개략적인 내용, 공개 장소, 열람·복사 방법 등을 **대통령령**으로 정하는 방법과 절차에 따라 **조합원** 또는 **토지등소유자**에게 서면으로 통지하여야 한다(법 제124조 제2항). <u>추진위원장 또는 사업시행자</u>(조합의 경우 조합임원, 법 제25조 제1항 제2호에 따라 재개발사업을 **토지등소유자**가 시행하는 경우 그 대표자를 말한다)는 법 제124조 제2항에 따라 매 분기가 끝나는 달의 다음 달 15일까지 다음 각 호 1. 공개 대상의 목록, 2. 공개 자료의 개략적인 내용, 3. 공개 장소, 4. 대상자별 정보공개의 범위, 5. 열람·복사 방법, 6. 등사에 필요한 비용의 사항을 **조합원** 또는 **토지등소유자**에게 서면으로 통지하여야 한다(영 제94조 제2항).

(3) 법제처는 (가) <u>재건축사업 추진위원회위원장 또는 사업시행자</u>(조합의 경우 조합임원을 말하며, 이하 같음)는 재건축사업에 동의하지 않은 **토지등소유자**에게도 「도시정비법」 제124조 제1항에 따라 해당 정비사업의 시행에 관한 서류와 관련 자료를 공개하여야 하는지에 대한 법령해석에서, 주택재건축사업 추진위원회위원장 또는 사업시행자는 재건축사업에 동의하지 않은 **토지등소유자**에게도 법 제124조 제1항에 따라 해당 정비사업의 시행에 관한 서류와 <u>관련 자료를 공개하여야 할 것</u>이라고 해석하였다.[609)]

(나) 법제처는, ① 조합총회 및 조합의 이사회 등에 제출된 서면결의서가 「도시정비법」 제124조 제1항에 따른 공개대상인지에 대한 해석에서, 조합총회 및 조합의 이사회 등에 제출된 <u>서면결의서는 공개 대상</u>으로 보아야 할 것이다.[610)]

② 만약 위 <u>서면결의서가 공개대상일 경우</u>, 서면결의서를 제출한 **조합원**의 동의 없이도 공개가 가능한 것인지에 대한 해석에서, 서면결의서를 제출한 **조합원**의 동의가 없더라도 서면결의서의 공개는 가

---

609) 「도시정비법」 제2조 제9호 나목에 따르면 **토지등소유자**는 해당 재건축사업에 대한 동의 여부와 관계없이 건축물 및 토지를 소유하고 있는지 여부에 따라 결정되고, 법 제39조 제1항에 따르면 재건축사업의 경우에는 재건축사업에 동의한 **토지등소유자**만 **조합원**이 될 수 있다.
　그런데, 「도시정비법」 제124조 제1항에서는 법적 개념이 서로 다른 주체인 **토지등소유자**와 **조합원**을 모두 정비사업 시행 관련 자료 등의 공개 대상자로 구분하여 열거한 점에 비추어 볼 때, 재건축사업에 동의하지 않은 **토지등소유자**를 제외할 근거가 없다 할 것이므로, 재건축사업에 동의하지 않은 **토지등소유자**에게도 해당 정비사업의 시행에 관한 서류와 관련 자료를 공개하여야 할 것이다. 또한, 법 제124조 제1항에서 서류와 관련 자료를 공개하도록 한 것은 정비사업 시행과정의 투명성을 제고하고, **조합원** 등의 알권리를 보호하기 위한 것(법제처 2011. 9. 1. 회신 11-0324 해석례 참조)이다.
　따라서, 추진위원장 또는 사업시행자는 재건축사업에 동의하지 않은 **토지등소유자**에게도 법 제124조 제1항에 따라 해당 정비사업의 시행에 관한 서류와 관련 자료를 공개하여야 할 것이다(법제처 법령해석, 안건번호 12-0428, 회신일자 2012. 9. 10.).

610) 법 제124조 제1항 제3호 규정에 따르면 추진위원회·주민총회·조합총회 및 조합의 이사회·대의원회의 의사록은 공개대상인 서류에 해당한다고 할 것인데, 의사록의 의미에 관해서는 「도시정비법」에 명확하게 규정되어 있지 않으나, 일반적으로 의사록이라 함은 회의가 진행되는 과정 및 결과, 참석자들의 안건에 대한 의사 등을 기록한 것이라 할 것이다. 한편, 서면결의서라 함은 총회 등에서 **조합원** 등이 의결권을 행사함에 있어 불가피한 사유로 직접 참석하기 곤란한 경우, 안건에 대한 의사를 서면으로 표시한 것인 점을 고려하면, 서면결의서는 의사록의 일부 또는 적어도 의사록과 관련된 자료라고 볼 수 있을 것이다. 특히, 법 제124조 제1항에서 의사록 및 관련자료를 공개하도록 한 것은 정비사업 시행과정의 투명성을 제고하고, **조합원** 등의 알권리를 보호하기 위한 것이므로, 이러한 취지에 비추어 볼 때 정비사업 시행을 위한 주요한 결정이 이루어지는 창립총회, 조합총회, 조합의 이사회·대의원회의 의사결정과정은 공개되어야 할 것이고, 이러한 의사결정과정에 있어서의 핵심은 **조합원** 등의 안건에 대한 찬·반 의사표시라고 할 것인 바, 그렇다면 **조합원** 등의 의사표시가 기재된 서면결의서도 공개대상서류로 보아야 할 것(대법원 2012. 2. 23. 선고 2010도8981 판결)이다(법제처 법령해석, 안건번호 11-0324, 회신일자 2011. 9. 1.).

능하다.[611]

나. 공개 방법 및 절차

(1) 추진위원장 또는 사업시행자는 제1항 및 제4항에 따라 공개 및 열람·복사 등을 하는 경우에는 **주민등록번호를 제외**하고 국토교통부령으로 정하는 방법 및 절차에 따라 공개하여야 한다(법 제124조 제3항). 법 제124조 제4항에 따른 **토지등소유자** 또는 **조합원**의 열람·복사 요청은 **사용목적 등을 기재한 서면(전자문서를 포함한다)**으로 하여야 한다(칙 제22조).

법제처는 ① 「도시정비법」 제124조 제1항 및 제3항에 따라 공개대상인 의사록의 관련 자료로서 서면결의서를 공개함에 있어, **주민등록번호만을 제외하고 이름, 주소를 공개할 수 있는지**에 대한 법령해석에서, 법 제124조 제1항 및 제3항에 따라 공개대상인 의사록의 관련 자료로서 서면결의서를 공개함에 있어, **주민등록번호만을 제외하고 이름, 주소를 공개할 수 있다**고 해석하였다.[612] ② 칙 제22조에

---

611) 법 제124조 제1항 전단 및 제3호에 따르면 정비사업의 시행에 관한 추진위원회·주민총회·조합총회 및 조합의 이사회·대의원회의 의사록 및 관련 자료를 공개하도록 하고 있을 뿐, 위 자료를 공개하는 경우 <u>조합원</u> 등의 동의를 받을 것을 요구하고 있지 않다. 또한, 서면결의서에는 이를 제출한 <u>조합원</u> 등의 신상 정보가 기재되어 있으나, 법 제124조 제3항에 따라 공개 및 공람의 적용범위·절차 등에 관하여 필요한 사항을 정한 같은 <u>칙 제22조</u>에서는 법 제124조 제3항에 따라 <u>제124조 제1항 및 영 제94조의</u> 공개 대상 서류 및 관련 자료는 개인의 신상정보를 보호하기 위하여 이름, 주민등록번호 및 주소를 제외하고 공개하도록 하고 있을 뿐, 공개되는 서면결의서는 안건에 대한 찬반의 의사표시만이 기재되어 있을 뿐 특정인을 식별할 수 있는 개인 정보가 포함되어 있지 아니하므로, 공개되는 서면결의서가 개인정보로서의 성격이 있음을 전제로 하여 이를 제출한 <u>조합원</u> 등의 동의가 필요하다고 볼 수는 없다. 따라서, <u>서면결의서를 제출한 조합원의 동의가 없더라도 서면결의서의 공개는 가능하다</u>고 할 것이다(위 각주와 동일).

612) 그 이유에 대해서, 「도시정비법」 제124조 제3항에 따르면 제1항 및 제6항에 따라 공개 및 열람·복사 등을 하는 경우에는 <u>주민등록번호를 제외</u>하고 공개하여야 한다고 규정되어 있다. 이 사안에서는 위와 같이 「도시정비법」 제124조 제3항에서 주민등록번호를 제외하고 공개하도록 규정함에 따라, 이름, 주소 및 주민등록번호가 기재된 서면결의서를 공개함에 있어 <u>주민등록번호만 제외하고 이름 및 주소는 공개할 수 있는지</u>가 문제될 수 있다.
먼저, 「도시정비법」 제124조 제1항의 의사록 및 관련 자료를 공개하도록 하고 있는 것은 정비사업의 투명한 추진과 <u>조합원</u> 등의 알권리 충족을 위하여 추진위원회 및 사업시행자의 정비사업과 관련된 자료의 공개의무를 명확히 한 것으로서(2007. 12. 21. 법률 제8785호로 개정·시행된 도시정비법의 개정이유서 참조), 도시정비법령의 입법연혁을 보면, 구 「도시정비법」(2012. 2. 1. 법률 제11293호로 개정되어 2012. 8. 2. 시행되기 전의 것을 말함) 제124조 제3항에서 공개 및 공람의 적용범위·절차 등에 필요한 사항은 국토해양부령으로 정하도록 함에 따라 구 「도시정비법 시행규칙」(2012. 2. 1. 국토해양부령 제506호로 개정되어 2012. 8. 2. 시행되기 전의 것을 말함) <u>제22조</u>에서 공개 대상 서류 및 관련 자료로 **"이름, 주민등록번호 및 주소"를 제외**하고 공개하도록 하던 것을, 도시정비법령의 개정으로 법 제124조 제3항에서 **"주민등록번호"를 제외**하고 공개하여야 한다고 규정하면서, 같은 법 시행규칙 제22조의 "이름, 주민등록번호 및 주소를 제외하고 공개"하도록 한 규정은 삭제한 것이다.
한편, 서면결의서를 공개함에 있어 <u>주민등록번호를 제외한 이름, 주소를 공개하도록 한 입법취지</u>를 살펴보면, 서면결의서는 총회 등에서 <u>조합원</u> 등이 의결권을 행사함에 있어 불가피한 사유로 직접 참석하기 곤란한 경우 안건에 대한 의사를 서면으로 표시한 것으로, 이러한 서면결의서를 의사록의 관련 자료로 보아 의사록이 진정하게 작성되었는지 여부, 의사정족수와 의결정족수가 충족되었는지 여부, <u>조합원</u> 등의 의사결정내용이 올바르게 반영되었는지 여부 등을 판단하기 위해서 공개하도록 하고 있는 바(대법원 2012. 2. 23. 선고 2010도8981 판결 참조), 이러한 **서면결의서가 진정하게 작성되었는지 여부는 서면결의서 제출자의 이름, 주소를 확인하여야만 서면결의서의 진정성을 확인할 수 있다**는 의도로 보인다.
다만, 「개인정보보호법」 제18조 제2항에 따르면 정보주체의 동의나 다른 법률에 특별한 규정이 있더라도 정보주체의 이익을 부당하게 침해할 우려가 있으면 개인정보의 공개가 제한되는데, 서면결의서에 포함된 이름과 주소를 공개함으로써 이를 제출한 <u>조합원</u> 또는 제3자의 이익을 부당하게 침해할 우려가 있는지의 문제는 별론이라 할 것이다. 따라서, 「도시정비법」 제124조 제1항 및 제3항에 따라 공개대상인 의사록의 관련 자료로서 서면결의서를 공개함에 있어, <u>주민</u>

따르면 법 제124조 제1항 및 제4항에 따른 **토지등소유자** 또는 **조합원**의 열람·등사 요청은 사용목적 등을 기재한 서면 또는 전자문서로 하여야 하는데, 위 서면 또는 전자문서에 사용목적이 기재되지 않은 경우 사업시행자 등은 열람·등사 요청에 응하지 않아도 되는지에 대한 해석에서, 위 서면 또는 전자문서에 사용목적이 기재되지 않은 경우 사업시행자 등은 열람·등사 요청에 응하지 않아도 된다고 할 것이다.[613]

(2) **조합원, 토지등소유자**가 법 제124조 제1항에 따른 서류 및 다음 각 호 1. **토지등소유자** 명부, 2. **조합원** 명부, 3. 그 밖에 **대통령령**으로 정하는 서류 및 관련 자료를 포함하여 정비사업 시행에 관한 서류와 관련 자료에 대하여 열람·복사 요청을 한 경우 추진위원장이나 사업시행자는 15일 이내에 그 요청에 따라야 한다(법 제124조 제4항).

(3) 복사에 필요한 비용은 실비의 범위에서 청구인이 부담하며, 비용납부의 방법, 시기 및 금액 등에 필요한 사항은 시·도**조례**로 정한다(법 제124조 제5항).

(4) 열람·복사를 요청한 사람은 제공받은 서류와 자료를 사용목적 외의 용도로 이용·활용하여서는 아니 된다(법 제124조 제6항).

2. 관련 자료의 보관 및 인계

추진위원장·정비업자 또는 사업시행자(조합의 경우 청산인을 포함한 조합임원, **토지등소유자**가 단독으로 시행하는 재개발사업의 경우에는 그 대표자를 말한다)는 법 제124조 제1항에 따른 서류 및 관련 자료와 총회 또는 중요한 회의(**조합원** 또는 **토지등소유자**의 비용부담을 수반하거나 권리·의무의 변동을 발생시키는 경우로서 **대통령령**으로 정하는 회의를 말한다)가 있은 때에는 속기록·녹음 또는 영상자료를 만들어 청산 시까지 보관하여야 한다(법 제125조 제1항). 법 제125조 제1항에서 "**대통령령**으로 정하는 회의"란 다음 각 호 1. 용역 계약(변경계약을 포함한다) 및 업체 선정과 관련된 대의원회·이사회, 2. 조합임원·대의원의 선임·해임·징계 및 **토지등소유자**(조합이 설립된 경우에는 **조합원**을 말한다) 자격에 관한 대의원회·이사회를 말한다(영 제94조 제3항).

시장·군수등 또는 토지주택공사등이 아닌 사업시행자는 정비사업을 완료하거나 폐지한 때에는 시·

등록번호만을 제외하고 이름, 주소를 공개할 수 있다고 할 것이라고, 해석하였다(법제처 법령해석, 안건번호13-0110, 회신일자 2013. 4. 26.)

613) 법 제124조 제3항에 따라 공개 및 공람의 적용범위·절차 등에 관하여 필요한 사항을 정한 같은 법 시행규칙 제22조에 따르면 법 제124조 제1항에 따른 **토지등소유자** 또는 **조합원**의 열람·등사 요청은 사용목적 등을 기재한 서면 또는 전자문서로 하여야 한다고 규정하고 있으므로, 공개요청을 위한 서면등에는 사용목적 등을 기재하여야 할 것이고, 사용목적을 기재하지 아니한 경우에는 적법한 공개요청이라 할 수 없어 사업시행자등이 이에 응할 의무는 없다고 보아야 할 것이다.
특히, **조합원** 등의 열람·등사요청권의 남용을 방지하기 위하여 사용목적을 기재하도록 한 취지, 「도시정비법」에서 사용목적을 기재하라고 하였을 뿐 사용목적이나 요청횟수에 특별한 제한을 하고 있지 아니한 점 등을 고려하더라도, 사용목적을 기재하지 않는 경우에는 요청된 자료를 공개하지 않아도 된다고 할 것이다. 따라서 열람·등사 요청을 위한 서면 또는 전자문서에 사용목적이 기재되지 않은 경우, 사업시행자 등은 열람·등사 요청에 응하지 않아도 된다고 할 것이다(위 각주와 동일).

도**조례**로 정하는 바에 따라 <u>관계 서류를 시장·군수등에게 <u>인계</u>하여야 한다(법 제125조 제2항). 시장·군수등 또는 토지주택공사등인 사업시행자와 제2항에 따라 관계 서류를 <u>인계받은 시장·군수등</u>은 해당 정비사업의 관계 서류를 <u>5년간 보관</u>하여야 한다(법 제125조 제3항).

Ⅳ. 도시·주거환경정비기금

1. 정비기금의 설치

법 제4조 및 제7조에 따라 <u>기본계획을 수립하거나 승인하는 특별시장·광역시장·특별자치시장·도지사·특별자치도지사 또는 시장</u>은 정비사업의 원활한 수행을 위하여 도시·주거환경정비기금(이하 "정비기금"이라 한다)을 <u>설치</u>하여야 한다. 다만, 기본계획을 수립하지 아니하는 시장 및 군수도 필요한 경우에는 정비기금을 설치할 수 있다(법 제126조 제1항).

2. 정비기금의 재원

정비기금은 다음 각 호 1. 법 제17조 제4항에 따라 사업시행자가 현금으로 납부한 금액, 2. 법 제55조 제1항에 따라 시·도지사, 시장, 군수 또는 구청장에게 공급된 소형주택의 임대보증금 및 임대료, 3. 법 제94조에 따른 부담금 및 정비사업으로 발생한 「개발이익 환수에 관한 법률」에 따른 개발부담금 중 지방자치단체 귀속분의 일부, 4. 법 제98조에 따른 정비구역(재건축구역은 제외한다) 안의 국·공유지 매각대금 중 **대통령령**으로 정하는 일정 비율 이상의 금액, 5. 「재건축초과이익 환수에 관한 법률」에 따른 재건축부담금 중 같은 법 제4조 제3항 및 제4항에 따른 지방자치단체 귀속분, 6. 「지방세법」 제69조에 따라 부과·징수되는 지방소비세 또는 같은 법 제112조(같은 조 제1항 제1호는 제외한다)에 따라 부과·징수되는 재산세 중 **대통령령**으로 정하는 일정 비율 이상의 금액, 7. 그 밖에 시·도**조례**로 정하는 재원의 어느 하나에 해당하는 금액으로 재원을 조성한다(법 제126조 제2항).

3. 정비기금의 사용 목적

정비기금은 다음 각 호 1. 이 법에 따른 정비사업으로서 다음 각 목 가. 기본계획의 수립, 나. 안전진단 및 정비계획의 수립, 다. 추진위원회의 운영자금 대여, 라. 그 밖에 이 법과 시·도**조례**로 정하는 사항의 어느 하나에 해당하는 사항, 2. 임대주택의 건설·관리, 3. 임차인의 주거안정 지원, 4. 「재건축초과이익 환수에 관한 법률」에 따른 재건축부담금의 부과·징수, 5. 주택개량의 지원, 6. 정비구역등이 해제된 지역에서의 정비기반시설의 설치 지원, 7. 「소규모주택정비법」 제44조에 따른 빈집정비사업 및 소규모주택정비사업에 대한 지원, 8. 「주택법」 제68조에 따른 증축형 리모델링의 안전진단 지원(2018. 2. 9. 시행법은 정비기금의 사용 목적에 증축형리모델링의 안전진단 지원을 추가하였다), 9.

제142조에 따른 신고포상금의 지급의 어느 하나의 용도 이외의 목적으로 사용하여서는 아니 된다(법 제126조 제3항).

4. 정비기금의 관리·운용 등

정비기금의 관리·운용과 개발부담금의 지방자치단체의 귀속분 중 정비기금으로 적립되는 비율 등에 필요한 사항은 시·도**조례**로 정한다(법 제126조 제4항).

V. 노후·불량주거지 개선계획의 수립

국토교통부장관은 주택 또는 기반시설이 열악한 주거지의 <u>주거환경개선을 위하여 5년마다 개선대상</u> <u>지역을 조사</u>하고 연차별 재정지원계획 등을 포함한 <u>노후·불량주거지 개선계획을 수립</u>하여야 한다(법 제127조).

VI. 권한의 위임 및 위탁

1. 위임

<u>국토교통부장관</u>은 이 법에 따른 권한의 일부를 **대통령령**으로 정하는 바에 따라 <u>시·도지사, 시장,</u> <u>군수 또는 구청장에게</u> **위임**할 수 있다(법 제128조 제1항). 이에 따라 국토교통부장관은 법 제128조 제1항에 따라 법 제107조에 따른 정비업자에 대한 조사 등의 권한을 <u>시·도지사에게 위임</u>한다(영 제96 조 제1항).

2. 위탁

국토교통부장관, 시·도지사, 시장, 군수 또는 구청장은 이 법의 효율적인 집행을 위하여 필요한 경우에는 **대통령령**으로 정하는 바에 따라 다음 각 호 1. 법 제108조에 따른 <u>정비사업전문관리업 정보종합</u> <u>체계의 구축·운영에 관한 사무: 한국감정원</u>, 2. 법 제115조에 따른 <u>교육의 실시에 관한 사무: 협회</u>, 3. 그 밖에 **대통령령**으로 정하는 사무의[614] 어느 하나에 해당하는 사무를 정비사업지원기구, 협회 등 **대통령령**으로 정하는 기관 또는 단체에 **위탁**할 수 있다(법 제128조 제2항 및 영 제96조 제2항). 영 제96조 제2항에 따라 법 제115조에 따른 교육의 실시에 관한 사무를 위탁받은 협회는 같은 조에 따른

---

614) 조문에서 위임한 사항을 규정한 하위법령이 없는 상태이다.

교육을 실시하기 전에 교육과정, 교육 대상자, 교육시간 및 교육비 등 교육실시에 필요한 세부 사항을 정하여 국토교통부장관의 승인을 받아야 한다(영 제96조 제3항).

Ⅶ. 사업시행자 등의 권리·의무의 승계

사업시행자와 정비사업과 관련하여 권리를 갖는 자(이하 "권리자"라 한다)의 변동이 있는 때에는 종전의 사업시행자와 권리자의 권리·의무는 새로 사업시행자와 권리자로 된 자가 승계한다(법 제129조).

Ⅷ. 정비구역의 범죄 예방

시장·군수 등은 법 제50조 제1항에 따른 사업시행계획인가를 한 경우 그 사실을 관할 경찰서장에게 통보하여야 한다(법 제130조 제1항).

시장·군수 등은 사업시행계획인가를 한 경우 정비구역 내 주민 안전 등을 위하여 다음 각 호 1. 순찰 강화, 2. 순찰초소의 설치 등 범죄 예방을 위하여 필요한 시설의 설치 및 관리, 3. 그 밖에 주민의 안전을 위하여 필요하다고 인정하는 사항을 관할 지방경찰청장 또는 경찰서장에게 요청할 수 있다(법 제130조 제2항).

Ⅸ. 조합임원 등의 선임·선정 시 행위제한

누구든지 추진위원, 조합임원의 선임 또는 법 제29조에 따른 계약 체결과 관련하여 다음 각 호 1. 금품, 향응 또는 그 밖의 재산상 이익을 제공하거나 제공의사를 표시하거나 제공을 약속하는 행위, 2. 금품, 향응 또는 그 밖의 재산상 이익을 제공받거나 제공의사 표시를 승낙하는 행위, 3. 제3자를 통하여 제1호 또는 제2호에 해당하는 행위를 하는 행위를 하여서는 아니 된다(법 제132조).

예를 들면 국토교통부와 서울특별시는 최근 ○○○구역재개발 사업에 대한 현장점검 결과, 법 제132조 제1호의 그 밖의 재산상 이익을 제공하거나 제공의사를 표시하거나 제공을 약속하는 행위에 대하여, 사업비·이주비 등과 관련한 무이자 지원(금융이자 대납에 따른 이자 포함)은 재산상의 이익을 직접적으로 제공하는 것이고, 분양가 보장·임대주택 제로 등도 시공과 관련 없는 제안으로 간접적으로 재산상 이익을 약속하는 것에 해당한다고 밝혔다.[615]

---

615) 2019. 11. 26. 국토교통부 보도자료.

X. 조합설립인가 등의 취소에 따른 채권의 손해액 산입

시공자·설계자 또는 정비업자 등(이하 이 조에서 "시공자등"이라 한다)은 해당 추진위원회 또는 조합(연대보증인을 포함하며, 이하 이 조에서 "조합등"이라 한다)에 대한 채권(조합등이 시공자등과 합의하여 이미 상환하였거나 상환할 예정인 채권은 제외한다. 이하 이 조에서 같다)의 전부 또는 일부를 포기하고 이를 「조세특례제한법」 제104조의26에 따라 손금에 산입하려면 해당 조합등과 합의하여 다음 각 호 1. 채권의 금액 및 그 증빙 자료, 2. 채권의 포기에 관한 합의서 및 이후의 처리 계획, 3. 그 밖에 채권의 포기 등에 관하여 시·**도조례**로 정하는 사항을 포함한 채권확인서를 시장·군수등에게 제출하여야 한다(법 제133조).

XI. 벌칙 적용에서 공무원 의제

1. 의의 및 입법취지

추진위원장·조합임원·청산인·전문조합관리인 및 정비업자의 대표자(법인인 경우에는 임원을 말한다)·직원 및 위탁지원자는 「형법」 제129조부터 제132조까지의[616] 규정을 적용할 때에는 공무원으로 의제되므로(법 제134조), 그 수뢰액이 일정 금액 이상이면 「특정범죄 가중처벌 등에 관한 법률」 제2조에 따라 가중 처벌된다.[617]

이는 재건축·재개발 정비사업이 노후·불량 건축물이 밀집하여 주거환경이 불량한 지역을 계획적으로 정비하고 개량하여 주거생활의 질을 높이기 위한 공공적 성격을 띤 사업일 뿐만 아니라, 정비구역 내 주민들이나 **토지등소유자**들의 재산권 행사에 중대한 영향을 미치는 점을 고려하여 정비사업을 진행하는 조합의 임원뿐만 아니라, 조합이나 조합설립추진위원회의 정비사업에 관한 주요 업무를 대행하는 정비사업전문관리업자의 임·직원의 직무수행의 공정성과 청렴성을 확보하여 재건축·재개발 정비사업이 공정하고 투명하게 진행되도록 하기 위한 것이다.[618]

2. 판례

가. 「도시정비법」상 조합 임원이 임원의 지위를 상실하거나 직무 수행권을 상실한 후에도 조합 임원으로 등기되어 있는 상태에서 계속하여 실질적으로 조합 임원으로서 직무를 수행하여 온 경우, 그 조합 임원을 같은 법 제84조에 따라 형법상 뇌물죄의 적용에서 '공무원'으로 보아야 하는지 여부(적극)[619]

---

616) 「형법」 제129조부터 제132조까지의 규정은 뇌물죄에 해당한다. 뇌물죄의 보호법익은 공무원의 직무집행의 공정과 그에 대한 사회의 신뢰 및 직무행위의 불가매수성으로 보고 있다(대법원 2014. 3. 27. 선고 2013도11357판결 등).

617) 대법원 2016. 10. 27. 선고 2016도9954 판결.

618) 대법원 2008. 9. 25. 선고 2008도2590 판결.

619) 대법원 2016. 1. 14. 선고 2015도15798 판결.

(1) 판결 요지

위 사안에 대하여 대법원은, "「도시정비법」 제134조의 문언과 취지, 「형법」상 뇌물죄의 보호법익 등을 고려하면, 조합의 임원이 정비구역 안에 있는 토지 또는 건축물의 소유권 또는 지상권을 상실함으로써 조합 임원의 지위를 상실한 경우나 임기가 만료된 조합의 임원이 관련 규정에 따라 후임자가 선임될 때까지 계속하여 직무를 수행하다가 후임자가 선임되어 직무수행권을 상실한 경우, 그 조합 임원이 그 후에도 조합의 법인 등기부에 임원으로 등기되어 있는 상태에서 계속하여 실질적으로 조합 임원으로서의 직무를 수행하여 왔다면 직무수행의 공정과 그에 대한 사회의 신뢰 및 직무행위의 불가 매수성은 여전히 보호되어야 한다. 따라서 그 조합 임원은 임원의 지위 상실이나 직무수행권의 상실에도 불구하고 법 제134조에 따라 형법 제129조 내지 제132조의 적용에서 공무원으로 보아야 한다"라고 판시함으로써 해석에 의하여 공무원 개념을 확장하였다.

(2) 공무원 개념 확장의 의의 및 필요성[620]

위 사실관계에서 본 바와 같이 피고인은 사업구역 내의 자신의 부동산에 대한 소유권을 상실하여 **조합원**의 자격을 상실함으로써 더 이상 **조합원**이 아니게 되었고, 후임이사가 선출됨으로써 이사로서의 직무수행을 할 수 없게 되었다. 그럼에도 불구하고 피고인은 이사로서의 등기가 되어 있는 상태에서 이사 퇴임 등기 시까지 대내외적으로 실질적으로 이사직을 수행하였던 것이다.

이와 같이 이사로서의 자격이 없으나 실질적으로 이사로서의 활동을 하며 금품을 수수한 경우에 과연 해석에 의하여 공무원으로 볼 수 있는지가 문제되는 것이다. 해석에 의한 공무원 개념의 확장은 「국가공무원법」, 「지방공무원법」 등에서 규정하고 있는 공무원 또는 공무원 간주규정에 의한 공무원이 아니라 하더라도 해석에 의하여 뇌물죄의 주체인 공무원으로 보고 뇌물죄를 적용하는 것이다. 이를 인정하는 이유는 반드시 개별법령에 기한 신분상 공무원의 지위에 있지 않더라도 법령에 근거하여 공무를 수행하는 이상 그러한 공무의 공정성이나 불가매수성 즉 뇌물죄의 보호법익은 보호되어야 하기 때문이다.[621]

나. 공무원으로 의제되는 시기

상기 자들에게 공무원 의제의 적용 시점에 관해 별도의 법률 규정이 없지만, 추진위원장 경우는 추진위원회의 구성·승인처분의 인가일을, 조합임원의 조합설립인가일을,[622] 청산인이 경우 청산절차 개

---

620) 이광훈, "「도시정비법」상 조합 임원에 대한 공무원 개념의 확장", 법률신문, 2017. 4. 19.

621) 여기서 한 가지 의문을 가져보면, 만약 이 사안에서 이사 퇴임 등기가 된 경우 즉 이사 퇴임 등기가 된 상태에서 후임 이사 선임으로 직무수행권이 없음에도 불구하고 실질적으로 이사로서 활동하며 금품을 수수한 경우에도 공무원으로 의제할 수 있을까 하는 의문이 생긴다. 이와 같은 경우에는 이사의 지위를 사칭한 사기죄가 성립될 가능성이 있을 것이다.

622) 대법원 2006. 5. 25. 선고 2006도1146 판결.

시일을, 전문조합관리인과 정비업자의 대표자는 선정일을 기준으로 벌칙 적용에서 공무원으로 의제 된다고 본다.

그리고 정비업자의 임·직원이 일정한 자본·기술인력 등의 기준을 갖추어 시·도지사(2006. 12. 28. 법률 제8125호로 개정되기 전에는 건설교통부 장관)에게 등록한 후에는 조합설립추진위원회로부터 정 비업자로 선정되기 전이라도 그 직무에 관하여 뇌물을 수수한 때에 「형법」 제129조 내지 제132조의 적용대상이 되고, 정비업자가 조합설립추진위원회로부터 정비사업에 관한 업무를 대행할 권한을 위임 받은 후에야 비로소 그 임·직원이 위 법의 적용대상이 되는 것은 아니다.[623]

제5절　벌칙[624]

Ⅰ. 행정형벌

1. 5년 이하의 징역 또는 5천만원 이하의 벌금

다음 각 호의 어느 하나에 해당하는 자는 5년 이하의 징역 또는 5천만원 이하의 벌금에 처한다(법 제135조).

1. 제36조에 따른 **토지등소유자**의 서면동의서를 위조한 자
2. 제132조 각 호의 어느 하나를 위반하여 금품, 향응 또는 그 밖의 재산상 이익을 제공하거나 제공 의사를 표시하거나 제공을 약속하는 행위를 하거나 제공을 받거나 제공의사 표시를 승낙한 자

2. 3년 이하의 징역 또는 3천만원 이하의 벌금

다음 각 호의 어느 하나에 해당하는 자는 3년 이하의 징역 또는 3천만원 이하의 벌금에 처한다(법 제136조).

1. 제29조 제1항에 따른 계약의 방법을 위반하여 계약을 체결한 추진위원장, 전문조합관리인 또는 조합임원(조합의 청산인 및 **토지등소유자**가 시행하는 재개발사업의 경우에는 그 대표자, 지정개 발자가 사업시행자인 경우 그 대표자를 말한다)
2. 제29조 제4항부터 제8항까지의 규정을 위반하여 시공자를 선정한 자 및 시공자로 선정된 자
2의2. 제29조 제9항을 위반하여 시공자와 공사에 관한 계약을 체결한 자[625]

---

623) 2008. 9. 25. 선고 2008도2590 판결.
624) 「도시정비법」상 제8장에 해당한다.
625) 「도시정비법」 제29조 ⑨ 사업시행자(사업대행자를 포함한다)는 제4항부터 제8항까지의 규정에 따라 선정된 시공자와 공사에 관한 계약을 체결할 때에는 기존 건축물의 철거 공사(「석면안전관리법」에 따른 석면 조사·해체·제거를 포함한 다)에 관한 사항을 포함시켜야 한다.

3. 제31조 제1항에 따른 시장·군수등의 추진위원회 승인을 받지 아니하고 정비업자를 선정한 자

4. 제32조 제2항에 따른 계약의 방법을 위반하여 정비업자를 선정한 추진위원장(전문조합관리인을 포함한다)

5. 제36조에 따른 <u>토지등소유자</u>의 서면동의서를 매도하거나 매수한 자

6. 거짓 또는 부정한 방법으로 제39조 제2항을 위반하여 <u>조합원</u> 자격을 취득한 자와 <u>조합원</u> 자격을 취득하게 하여준 <u>토지등소유자</u> 및 조합의 임직원(전문조합관리인을 포함한다)

7. 제39조 제2항을 회피하여 제72조에 따른 분양주택을 이전 또는 공급받을 목적으로 건축물 또는 토지의 양도·양수 사실을 은폐한 자

8. 제76조 제1항 제7호 다목 단서를 위반하여 주택을 전매하거나 전매를 알선한 자

3. 2년 이하의 징역 또는 2천만원 이하의 벌금

다음 각 호의 어느 하나에 해당하는 자는 2년 이하의 징역 또는 2천만원 이하의 벌금에 처한다(법 제137조).

1. 제13조 제5항에 따른 안전진단 결과보고서를 거짓으로 작성한 자

2. 제19조 제1항을 위반하여 허가 또는 변경허가를 받지 아니하거나 거짓, 그 밖의 부정한 방법으로 허가 또는 변경허가를 받아 행위를 한 자

3. 제31조 제1항 또는 제47조 제3항을 위반하여 추진위원회 또는 주민대표회의의 승인을 받지 아니하고 제32조 제1항 각 호의 업무를 수행하거나 주민대표회의를 구성·운영한 자

4. 제31조 제1항 또는 제47조 제3항에 따라 승인받은 추진위원회 또는 주민대표회의가 구성되어 있음에도 불구하고 임의로 추진위원회 또는 주민대표회의를 구성하여 이 법에 따른 정비사업을 추진한 자

5. 제35조에 따라 조합이 설립되었는데도 불구하고 추진위원회를 계속 운영한 자

6. 제45조에 따른 총회의 의결을 거치지 아니하고 같은 조 제1항 각 호의 사업(같은 항 제13호 중 정관으로 정하는 사항은 제외한다)을 임의로 추진한 조합임원(전문조합관리인을 포함한다)

   가. 구 「도시정비법」 제85조 제5호는 '제24조의 규정에 의한 <u>총회의 의결</u>을 거치지 아니하고 동조 제3항 각 호의 사업을 임의로 추진하는 조합의 임원'을 처벌하도록 규정하고 있고, <u>제 24조 제3항은 총회의 의결</u>을 거쳐야 하는 사항을 규정하고 있다. 이처럼 「도시정비법」이 일정한 사항에 관하여 <u>총회의 의결을 거치도록 하고 이</u>를 위반한 조합 임원을 처벌하는 벌 <u>칙규정까지 둔 취지는 조합원</u>들의 권리·의무에 직접적인 영향을 미치는 사항에 대하여 <u>조 합원</u>들의 의사가 반영될 수 있도록 절차적 참여 기회를 보장하고 <u>조합 임원에 의한 전횡을 방지</u>하기 위한 것이다.[626]

---

626) 대법원 2016. 10. 27. 선고 2016도138 판결.

나. 대법원은 전원합의체 판결에서 재개발조합의 임원이었던 피고인들이 공모하여, <u>총회의 결의 없이 철거감리업체를 선정하거나 정비사업 시행과 관련한 자료 등을 공개하지 아니하였다</u>고 하여 구「도시정비법」위반으로 기소된 사안에서, 이에 대한 **[다수의견]**은 "조합설립인가처분으로서 효력이 없는 경우에는, 구「도시정비법」제13조에 의하여 정비사업을 시행할 수 있는 권한을 가지는 행정주체인 공법인으로서의 조합이 성립되었다 할 수 없고, 또한 이러한 조합의 조합장, 이사, 감사로 선임된 자 역시 구「도시정비법」에서 정한 조합의 임원이라 할 수 없다. 이러한 법률 규정과 법리에 비추어 보면, 정비사업을 시행하려는 어떤 조합이 조합설립인가처분을 받았다 하더라도 그 조합설립인가처분이 무효여서 처음부터 구「도시정비법」제13조에서 정한 조합이 성립되었다고 할 수 없는 경우에, 그 성립되지 아니한 조합의 조합장, 이사 또는 감사로 선임된 자는 구「도시정비법」제85조 제5호(현행 제137조 제6호) 위반죄 또는 제86조 제6호(현행 제138조 제6호) <u>위반죄의 주체인 '조합의 임원' 또는 '조합임원'에 해당하지 아니한다고 해석함이 타당하며, 따라서 그러한 자의 행위에 대하여는 구「도시정비법」제85조 제5호(현행 제137조 제6호) 위반죄 또는 제86조 제6호 위반죄로 처벌할 수 없다고</u>" 하였다.[627]

7. 제50조에 따른 사업시행계획인가를 받지 아니하고 정비사업을 시행한 자와 같은 사업시행계획서를 위반하여 건축물을 건축한 자

8. 제74조에 따른 관리처분계획인가를 받지 아니하고 제86조에 따른 이전을 한 자

9. 제102조 제1항을 위반하여 등록을 하지 아니하고 이 법에 따른 정비사업을 위탁받은 자 또는 거짓, 그 밖의 부정한 방법으로 등록을 한 정비업자

10. 제106조 제1항 각 호 외의 부분 단서에 따라 등록이 취소되었음에도 불구하고 영업을 하는 자

11. 제113조 제1항부터 제3항까지의 규정에 따른 처분의 취소·변경 또는 정지, 그 공사의 중지 및 변경에 관한 명령을 받고도 이를 따르지 아니한 추진위원회, 사업시행자, 주민대표회의 및 정비업자

12. 제124조 제1항에 따른 서류 및 관련 자료를 거짓으로 공개한 추진위원장 또는 조합임원(**토지등소유자**가 시행하는 재개발사업의 경우 그 대표자)

13. 제124조 제4항에 따른 열람·복사 요청에 허위의 사실이 포함된 자료를 열람·복사해 준 추진위원장 또는 조합임원(**토지등소유자**가 시행하는 재개발사업의 경우 그 대표자)

4. 1년 이하의 징역 또는 1천만원 이하의 벌금

다음 각 호 1. 제19조 제8항을 위반하여「주택법」제2조 제11호 가목에 따른 지역주택조합의 **조합원**을 모집한 자, 2. 제34조 제4항을 위반하여 추진위원회의 회계장부 및 관계 서류를 조합에 인계하지

---

627) 대법원 2014. 5. 22. 선고 2012도7190 전원합의체 판결[다수의견].

아니한 추진위원장(전문조합관리인을 포함한다), 3. 제83조 제1항에 따른 준공인가를 받지 아니하고 건축물 등을 사용한 자와 같은 조 제5항 본문에 따라 시장·군수등의 사용허가를 받지 아니하고 건축물을 사용한 자, 4. 다른 사람에게 자기의 성명 또는 상호를 사용하여 이 법에서 정한 업무를 수행하게 하거나 등록증을 대여한 정비업자, 5. 제102조 제1항 각 호에 따른 업무를 다른 용역업체 및 그 직원에게 수행하도록 한 정비업자, 6. 제112조에 따른 회계감사를 받지 아니한 자, 7. 제124조 제1항을 위반하여 정비사업시행과 관련한 서류 및 자료를 인터넷과 그 밖의 방법을 병행하여 공개하지 아니하거나 같은 조 제4항을 위반하여 **조합원** 또는 **토지등소유자**의 열람·복사 요청을 따르지 아니하는 추진위원장, 전문조합관리인 또는 조합임원(조합의 청산인 및 **토지등소유자**가 시행하는 재개발사업의 경우에는 그 대표자, 제27조에 따른 지정개발자가 사업시행자인 경우 그 대표자를 말한다), 8. 제125조 제1항을 위반하여 속기록 등을 만들지 아니하거나 관련 자료를 청산 시까지 보관하지 아니한 추진위원장, 전문조합관리인 또는 조합임원(조합의 청산인 및 **토지등소유자**가 시행하는 재개발사업의 경우에는 그 대표자, 제27조에 따른 지정개발자가 사업시행자인 경우 그 대표자를 말한다)의 어느 하나에 해당하는 자는 1년 이하의 징역 또는 1천만원 이하의 벌금에 처한다(법 제138조 제1항).

5. 5천만원 이하의 벌금

건설업자가 제132조의2에 따른 조치를 소홀히 하여 용역업체의 임직원이 제132조 각 호의 어느 하나를 위반한 경우 그 건설업자는 5천만원 이하의 벌금에 처한다(법 제138조 제2항).

Ⅱ. 양벌규정

법인의 대표자나 법인 또는 개인의 대리인, 사용인, 그 밖의 종업원이 그 법인 또는 개인의 업무에 관하여 제135조부터 제138조까지의 어느 하나에 해당하는 위반행위를 하면 그 행위자를 벌하는 외에 그 법인 또는 개인에게도 해당 조문의 벌금에 처한다. 다만, 법인 또는 개인이 그 위반행위를 방지하기 위하여 해당 업무에 관하여 상당한 주의와 감독을 게을리하지 아니한 경우에는 그러하지 아니하다(법 제139조).

Ⅲ. 행정질서벌(과태료)

1. 부과 대상

법 제113조 제2항에 따른 점검반의 현장조사를 거부·기피 또는 방해한 자에게는 1천만원의 과태료를 부과한다(법 제140조 제1항).

다음 각 호 1. 제29조 제2항을 위반하여 전자조달시스템을 이용하지 아니하고 계약을 체결한 자, 2. 제78조 제5항 또는 제86조 제1항에 따른 통지를 게을리 한 자, 3. 제107조 제1항 및 제111조 제2항에 따른 보고 또는 자료의 제출을 게을리 한 자, 4. 제125조 제2항에 따른 관계 서류의 인계를 게을리 한 자의 어느 하나에 해당하는 자에게는 500만원 이하의 과태료를 부과한다(법 제140조 제2항).

2. 부과·징수

법 제140조 제1항 및 제2항에 따른 과태료는 **대통령령**으로 정하는 방법 및 절차에 따라 국토교통부장관, 시·도지사, 시장, 군수 또는 구청장이 부과·징수한다(법 제140조 제3항).

Ⅳ. 자수자에 대한 특례

제132조 각 호의 어느 하나를 위반하여 금품, 향응 또는 그 밖의 재산상 이익을 제공하거나 제공의 사를 표시하거나 제공을 약속하는 행위를 하거나 제공을 받거나 제공의사 표시를 승낙한 자가 자수하였을 때에는 그 형벌을 감경 또는 면제한다(법 제141조). 2017. 8. 9. 법률 제14857호 개정(시행 2018. 2. 9.)으로 정비사업의 계약체결 시 금품 또는 향응을 제공하거나 수수한 자가 수사기관에 자진 신고한 경우에는 형벌을 감면하도록 하였다(법 제141조).

Ⅴ. 금품·향응 수수행위 등에 대한 신고포상금

시·도지사 또는 대도시의 시장은 제132조 각 호의 행위사실을 신고한 자에게 시·**도조례**로 정하는 바에 따라 포상금을 지급할 수 있다(법 제142조). 2017. 8. 9. 법률 제14857호 개정(시행 2018. 2. 9.)으로 정비사업과 관련한 계약체결 시 금품 또는 향응을 주고받는 행위를 신고한 자에게 시·도지사가 포상금을 지급할 수 있도록 하였다(법 제142조).

제 **6** 편

국유재산법

제1장 총설

I. 「국유재산법」의[628] 법적 성격

국유재산 중 행정재산은 공물의 성격을 갖는다. 공물은 국가 등 행정주체에 의하여 또는 관습법에 의하여 직접 공적 목적에 제공되어 공법적 규율을 받는 유체물과 무체물 및 물건의 집합체(시설)로 그 개념이 정의되는데, 공물은 어떠한 물건이 공적 목적에 제공됨으로써 공법적 규율을 받게 되는 점에 착안하여 수립된 학문상의 개념이며, 그 물건의 소유권 귀속과는 관계가 없다. 이에 반하여 국유재산은 소유권이 국가에 있다. 이 둘의 관계는 <u>사유재산이라도 행정주체에 의해 공적 목적에 제공되면</u> <u>"공물"이고, "국유재산"이라도 공적목적에 제공되지 않으면 공물이 아니다.</u> 국유재산은 그 용도에 따라 행정재산과 일반재산으로 구분되며, 이 중에서 "일반재산"은 학문적 의미의 공물에는 포함되지 않는 실정법상 개념이다.[629]

따라서, 「국유재산법」은 국가소유의 국유재산에 대한 공법적 규율을 의미한다. 「국유재산법」은 행정법학에서 공물법의 영역에 속하므로 공물의 법적 체계를 이해하는 것이 선행되어야 한다. 공물법은 공무원법과 나란히 행정조직법의 위치에서 이해되기도 하나, 공물의 이용관계라는 점에 착안하여 <u>공물법을 행정작용법(특히 급부행정법)</u>의 차원에서 접근하는 입장이 우리나라의 주된 모습이며, 이 밖에도 공물이 환경에 미치는 영향을 고려하여 환경법 영역의 문제로 평가될 수도 있다.[630]

그리고 공물에 대해서는 **"공물관리법"**과 **"재산관리법"**의 법체계에 의하여 규율되고 있다. <u>전자는 **공물관리작용**</u>에 관한 규율을 그 내용으로 하는 법체계이다. 공물관리작용은 공물 자체의 목적을 증진하고, 목적 저해행위를 방어하기 위한 목적을 갖는 일련의 행위를 말한다. 개개의 공물에 관해서는 비교적 상세한 규율이 행해지고 있는데 도로·하천·공원 등 "공공용물"에 관해서는 「도로법」·「하천법」·「도시공원법」·「자연공원법」 등의 법률이 당해 공물에 한정되어 적용되며 개별 공물의 특성에 상응하여

---

628) 2020. 3. 31. 개정하여 2020. 10. 1.부터 시행되는 법률 제17137호를 기준으로 하였다.
629) 김남진·김연태, 행정법Ⅱ, 391면.
630) 유지태, "현행 국유재산관리의 법적 문제", 고려법학, 2001, 68~69면.

규율되고 있다. "공용물"에 관하여는 별도의 법률은 존재하지 않으며 공물관리규칙, 청사관리규칙이 존재한다. 문화재나 보안림 등 "보존공물"에 관해서는 「문화재보호법」 등이 규율하고 있다. 후자에 해당하는 **재산관리법**은 공물이 갖는 재산적 측면에 착안하여 규율하는 법체계이다. 실정법상으로 국유재산에 대하여는 「국유재산법」·「물품관리법」·「국가채권관리법」 등이, 공유재산에 관해서는 「공유재산 및 물품 관리법」 등에 규정을 두고 있다. 양자의 관계는 서로 다른 규율체계를 갖고 있으므로 달리 보아야 할 것이나 개개의 공물자체의 관리를 직접적인 규율대상으로 하는지, 재산적인 측면에서 규율하는지에 관계없이 모두 당해 국유재산의 행정목적과 관련을 갖는다는 점에서 양자의 관계를 상대적인 것으로 보아야 한다고 한다.631) 따라서 「국유재산법」은 공물법으로 공물자체의 관리에 착안한 **공물관리법**과는 구별되는 것으로 급부행정이라는 행정작용법으로서 **재산관리법**의 영역에 속한다.

한편, 「국유재산법」은 공물법에 그치지 않고, 재무행정법(재정법)의 영역에 속하는데, 재무행정(재정)작용은 재정권력작용과 재정관리작용으로 나뉜다.

재정권력작용은 재정목적의 달성을 위해 국민에 대하여 명령·강제하는 작용으로 각종 세법을 들 수 있다.

재정관리작용이란 국가의 수입·지출이나 재산을 관리하는 비권력적인 작용을 말하며 이에 관한 실정법으로 「국가재정법」·「국유재산법」·「국유재산특례제한법」·「물품관리법」 등이 있다. 「국가재정법」은 「헌법」의 재정 조항(재정헌법)들을 구체화한 법이며, 국가재정의 기본법이다. 「국유재산법」·「국유재산특례제한법」·「물품관리법」·「국고금관리법」 및 「국가채권관리법」은 수입 중 세외수입과 관련 있는 법들이다. 재정관리작용은 국가 또는 지방자치단체가 그 재산이나 수입·지출을 관리하는 작용을 말하며, 회계라고도 한다. 국유·공유재산관리를 물품회계, 수입·지출관리를 현금회계라 한다. 회계는 관리하는 재산의 종류에 따라 현금회계·채권회계·동산회계 및 부동산회계로 나눌 수 있다.

그 관리주체에 따라 국가회계와 지방자치단체회계로 나눌 수 있다. **국가회계**에 관한 일반법으로 「국가회계법」·「국가재정법」·「국고금관리법」·「국유재산법」·「물품관리법」·「국가채권관리법」 등이 있고, **지방자치단체회계**에 관한 일반법으로 「지방자치법」·「지방재정법」·「공유재산 및 물품관리법」 등이 있다.

「국유재산법」은 **공물법**으로 급부행정이라는 행정작용법으로서 재산관리법의 영역에 속하지만, **재정법**적 측면에서 재정관리작용에 관한 법이기도 하다.

---

631) 유지태, "현행 국유재산관리의 법적 문제", 69~70면.

Ⅱ. 「국유재산법」의 연혁 및 체계

1. 연혁

1950. 4. 8. 법률 제122호로 제정·시행되었다가, 1956. 11. 28. 폐지제정(시행 1957. 11. 14. 법률 제405호) 후, 1976년 전면개정을 거쳤고, 계속적으로 일부개정만을 해오다가, 2009. 1. 30.(시행 2010. 1. 1. 법률 제9401호) 전면개정으로 국유재산의 효율적 관리를 위하여 분류체계를 정비하고, 국유재산의 안정적 사용을 위하여 국유재산 사용허가 기간을 장기화하며, 「국가회계기준에 관한 규칙」[632] 도입에 맞추어 국유재산의 가격평가 및 결산기능을 보완·강화하였다.

2. 체계

〈표 15〉 「국유재산법」의 구성

제1장 총칙	제34조(사용료의 면제)	제8절 정부배당
제1조(목적)	제35조(사용허가기간)	제65조의2(정부배당대상기업 및 출자재산의 적용범위)
제2조(정의)	제36조(사용허가의 취소와 철회)	제65조의3(정부배당결정의 원칙)
제3조(국유재산관리·처분 기본원칙)	제37조(청문)	제65조의4(정부배당수입의 예산안 계상 등)
제4조(다른 법률과의 관계)	제38조(원상회복)	제65조의5(정부배당의 결정)
제5조(국유재산의 범위)	제39조(관리 소홀에 대한 제재)	제65조의6(국회 보고 등)
제6조(국유재산의 구분과 종류)	제40조(용도폐지)	제4장의2 지식재산 관리·처분의 특례
제7조(국유재산의 보호)	제4장 일반재산	제65조의7(지식재산의 사용허가등)
제8조(국유재산 사무의 총괄과 관리)	제1절 통칙	제65조의8(지식재산의 사용허가등의 방법)
제8조의2(사용 승인 철회 등)	제41조(처분 등)	제65조의9(지식재산의 사용료 등)
제9조(국유재산종합계획)	제42조(관리·처분 사무의 위임·위탁)	제65조의10(지식재산 사용료 또는 대부료의 감면)
제10조(국유재산의 취득)	제43조(계약의 방법)	제65조의11(지식재산의 사용허가등 기간)
제11조(사권 설정의 제한)	제44조(처분재산의 가격결정)	제65조의12(저작권의 귀속 등)
제12조(소유자 없는 부동산의 처리)	제45조(개척·매립·간척·조림을 위한 예약)	제5장 대장(臺帳)과 보고
제13조(기부채납)	제2절 대부	제66조(대장과 실태조사)
제14조(등기·등록 등)	제46조(대부기간)	제67조(다른 사람의 토지 등의 출입)
제15조(증권의 보관·취급)	제47조(대부료, 계약의 해제 등)	제68조(가격평가)
제16조(국유재산의 관리전환)	제47조의2(대부료의 감면)	제69조(국유재산관리운용보고서)
제17조(유상 관리전환 등)	제3절 매각	제70조(멸실 등의 보고)
제18조(영구시설물의 축조 금지)	제48조(매각)	제71조(적용 제외)
제19조(국유재산에 관한 법령의 협의)	제49조(용도를 지정한 매각)	제6장 보칙
제20조(직원의 행위 제한)	제50조(매각대금의 납부)	제72조(변상금의 징수)
제2장 총괄청	제51조(소유권의 이전 등)	제73조(연체료 등의 징수)
제21조(총괄청의 감사 등)	제52조(매각계약의 해제)	제73조의2(도시관리계획의 협의 등)
제22조(총괄청의 용도폐지 요구 등)	제53조(건물 등의 매수)	제73조의3(소멸시효)
제23조(용도폐지된 재산의 처리)	제4절 교환	제74조(불법시설물의 철거)
제24조(중앙관서의 장의 지정)	제54조(교환)	제75조(과오납금 반환 가산금)
제25조(총괄사무의 위임 및 위탁)	제5절 양여	제76조(정보공개)
제26조(국유재산정책심의위원회)	제55조(양여)	제77조(은닉재산 등의 신고)
제2장의2 국유재산관리기금	제56조	제78조(은닉재산의 자진반환자 등에 관한 특례)
제26조의2(국유재산관리기금의 설치)	제6절 개발	제79조(변상책임)
제26조의3(국유재산관리기금의 조성)	제57조(개발)	제79조의2(벌칙 적용에서의 공무원 의제)
제26조의4(자금의 차입)	제58조(신탁 개발)	제80조(청산절차의 특례)
제26조의5(국유재산관리기금의 용도)	제59조(위탁 개발)	제81조(군사분계선 이북지역에 있는 회사의 청산절차)
제26조의6(국유재산관리기금의 관리·운용)	제59조의2(민간참여 개발)	
제26조의7(국유재산관리기금의회계기관)	제59조의3(민간참여 개발의 절차)	
제3장 행정재산	제59조의4(민간참여 개발사업의 평가)	

---

632) 2009. 3. 19. 제정 및 시행(기획재정부령 제60호) 되었다.

제27조(처분의 제한) 제27조의2(국유재산책임관의 임명 등) 제28조(관리사무의 위임) 제29조(관리위탁) 제30조(사용허가) 제31조(사용허가의 방법) 제32조(사용료) 제33조(사용료의 조정)	제59조의5(손해배상책임) **제7절 현물출자** 제60조(현물출자) 제61조(현물출자 절차) 제62조(출자가액 산정) 제63조(출자재산 등의 수정) 제64조(현물출자에 따른 지분증권의 취득가액) 제65조(「상법」의 적용 제외)	**제7장 벌칙** 제82조(벌칙) **부칙**

「국유재산법」은 국유재산에 관한 기본적인 사항을 정함으로써 국유재산의 적정한 보호와 효율적인 관리·처분을 목적으로 하는데(법 제1조), 국유재산의 기본적인 사항이란 국유재산의 관리체계(국유재산종합계획, 국유재산관리기관, 국유재산관리기금)와 국유재산을 정의하고 그 범위(부동산 등의 권리와 지식재산)와 종류별로 구분(행정재산, 일반재산) 하는 것을 말한다. 그리고 동법은 이러한 국유재산의 관리·처분을 목적으로 하는데, 이 법에서 관리란 국유재산의 취득·운용과 유지·보존을 위한 모든 행위를 말하고(법 제2조 제3호), 처분이란 매각·교환·양여·신탁·현물출자 등의 방법으로 국유재산의 소유권이 국가 외의 자에게 이전되는 것을 말한다(법 제2조 제4호). 동법에서 관리와 처분은 구별하지만 관리의 개념에 취득을 포함하고 있다는 점이 특징이다.

Ⅲ. 국유재산의 정의와 종류

1. 국유재산의 정의 및 범위

(1) **국유재산이란** 국가의 부담, 기부채납(寄附採納)이나 법령 또는 **조약**에 따라 국가 소유로 된 법제5조 제1항 각 호의 재산을 말한다(법 제2조 제1호). 여기서 국가의 부담, 기부채납에 의한 취득은 유·무상취득을 의미하고, 법령은 법률과 명령을 말하나, **조약**은 2개국 또는 그 이상의 국가간 법규상의 권리·의무를 창설·변경·소멸시키는 법률효과를 목적으로 하는 문서화된 명시적 합의를 말한다.[633] 「헌법」 제6조 제1항은 "헌법에 의하여 체결·공포된 조약과 일반적으로 승인된 국제법규는 국내법과 같은 효력을 가진다"라고 규정하고 있다. 헌법재판소는 조약에 대하여 "국가·국제기구 등 국제법 주체 사이에 권리·의무관계를 창출하기 위하여 서면형식으로 체결되고 국제법에 의하여 규율되는 합의"로 정의하고 있다.[634] 「헌법」상 조약의 체결권은 대통령에게 있고(헌법 제73조), 국회는 상호원조 또는 안전보장에 관한 조약, 중요한 국제조직에 관한 조약, 우호통상항해조약, 주권의 제약에 관한 조약, 강화조약, 국가나 국민에게 중대한 재정적 부담을 지우는 조약 또는 입법사항에 관한 조약의 체결·비준에 대한 동의권을 가진다(헌법 제60조 제1항). 국회의 동의를 얻은 조약은 법률과 동일한 효력을 가진다.

---

633) 성낙인, 헌법학, 법문사, 2014. 311면
634) 헌재 2008. 3. 27. 2006헌라4결정, 국회의원과 대통령 등 간의 권한쟁의.

(2) **국유재산의 범위**에 대하여 (가) 다음 각 호 1. <u>부동산과 그 종물(從物)</u>, 2. <u>선박, 부표(浮標),</u>[635] <u>부잔교(浮棧橋),</u>[636] <u>부선거(浮船渠)</u>[637] <u>및 항공기와 그들의 종물</u>, 3. 「정부기업예산법」 제2조에 따른 <u>정부기업(이하 '정부기업'이라 한다)이나,</u>[638] <u>정부시설에서 사용하는 기계와 기구 중 대통령령으로 정하는 것</u>[기관차·전차·객차(客車)·화차(貨車)·기동차(汽動車) 등 궤도차량(영 제3조)], 4. <u>지상권, 지역권, 전세권, 광업권, 그 밖에 이에 준하는 권리</u>, 5. 「자본시장과 금융투자업에 관한 법률」 제4조에 따른 <u>증권(이하 '증권'이라 한다),</u>[639] 6. 다음 각 목 가. 「특허법」·「실용신안법」·「디자인보호법」 및 「상표법」에 따라 등록된 <u>특허권, 실용신안권, 디자인권 및 상표권</u>, 나. 「저작권법」에 따른 <u>저작권, 저작인접권 및 데이터베이스제작자의 권리 및 그 밖에 같은 법에서 보호되는 권리로서</u> 같은 법 제53조 및 제112조 제1항에 따라 한국저작권위원회에 등록된 권리(이하 '저작권등'이라 한다), 다. 「식물신품종 보호법」 제2조 제4호에 따른 <u>품종보호권</u>, 라. 가목부터 다목까지의 규정에 따른 지식재산 외에 「지식재산 기본법」 제3조 제3호에 따른 <u>지식재산권</u>(다만, 「저작권법」에 따라 등록되지 아니한 권리는 제외한다)의 어느 하나에 해당하는 권리(이하 "지식재산"이라 한다)와 같다(법 제5조 제1항).

(나) 정부기업이나 정부시설에서 사용하는 기계와 기구 중 기관차·전차·객차(客車)·화차(貨車)·기동차(汽動車) 등 궤도차량에서 사용하는 기계와 기구로서 **해당 기업이나 시설의 폐지와 함께 포괄적으로 용도폐지된 것은 해당 기업이나 시설이 폐지된 후에도 국유재산**으로 한다(법 제5조 제2항).

〈표 16〉 국유재산의 범위

1. 부동산과 그 종물
2. 선박, 부표(浮標), 부잔교(浮棧橋), 부선거(浮船渠) 및 항공기와 그들의 종물
3. 정부기업이나 정부시설에서 사용하는 기계와 기구 중 대통령령으로 정하는 것
4. 지상권, 지역권, 전세권, 광업권, 그 밖에 이에 준하는 권리
5. 「자본시장과 금융투자업에 관한 법률」 제4조에 따른 증권
6. 특허권, 저작권, 상표권, 디자인권, 실용신안권, 그 밖에 이에 준하는 권리

---

635) 수면에 띄운 부체(浮體)로 된 항로표지. 부이 또는 부구(浮具)라고도 한다. 선박의 안전한 항해를 돕기 위하여 항로를 지시하거나 암초·침몰선 등 항해상의 위험물의 존재를 경고하기 위하여 설치되며, 해저와는 체인으로 연결되어 떠내려가지 않도록 되어 있다. 특히 야간용으로서 등화(燈火)를 설치해 둔 것을 등부표라 한다. 부표의 빛깔과 모양에 따라, 등부표의 등화 빛깔 및 등질에 따라 그 부표 또는 등부표가 나타내는 뜻이 다르다(네이버 지식백과).

636) 조석 간만의 차가 심한 곳에서 조위에 관계없이 선박이 접안할 수 있도록 부함(pontoon)을 1개 또는 여러 개 연결하여 부두 기능을 갖도록 한 부체(네이버 지식백과).

637) 선박을 건조하거나 수리하기 위한 선거의 일종. 선거 자체의 밸러스트 탱크에 물을 주수 또는 배수하여 선거 갑판(deck)을 가라앉히거나 부상시킬 수 있음. 부상된 갑판 위에서 선박을 건조, 수리하고 일정 수심으로 가라앉혀 진수시킴(네이버 지식백과).

638) 「정부기업예산법」 제2조(정부기업) 이 법에서 "정부기업"이란 기업형태로 운영하는 우편사업, 우체국예금사업, 양곡관리사업 및 조달사업을 말한다.

639) 「자본시장과 금융투자업에 관한 법률」 제4조(증권) ① 이 법에서 "증권"이란 내국인 또는 외국인이 발행한 금융투자상품으로서 투자자가 취득과 동시에 지급한 금전등 외에 어떠한 명목으로든지 추가로 지급의무(투자자가 기초자산에 대한 매매를 성립시킬 수 있는 권리를 행사하게 됨으로써 부담하게 되는 지급의무를 제외한다)를 부담하지 아니하는 것을 말한다. 다만, 다음 각 호 1. 투자계약증권, 2. 지분증권, 수익증권 또는 증권예탁증권 중 해당 증권의 유통 가능성, 이 법 또는 금융관련 법령에서의 규제 여부 등을 종합적으로 고려하여 대통령령으로 정하는 증권의 어느 하나에 해당하는 증권은 제2편 제5장, 제3편 제1장(제8편부터 제10편까지의 규정 중 제2편 제5장, 제3편 제1장의 규정에 따른 의무 위반행위에 대한 부분을 포함한다) 및 제178조·제179조를 적용하는 경우에만 증권으로 본다.

2. 국유재산의 구분과 종류

가. 국유재산의 구분

국유재산은 그 용도에 따라 **행정재산**과 **일반재산**으로 구분한다(법 제6조 제1항). 국유재산의 구분을, ① 1950. 4. 8. 제정(시행 1950. 4. 8. 법률 제122호) 당시에는 행정재산과 보통재산으로 구분하였다가, ② 1956. 11. 28. 제정 「국유재산법」의 폐지제정 및 시행(법률 제405호)으로, 행정재산·보존재산 및 잡종재산으로 세분하였다. 그 후 2009. 1. 30. 전면개정(시행 2010. 1. 1. 법률 제9401호)으로 잡종재산(雜種財產)이라는 용어는 쓸모없는 재산이라는 부정적 이미지가 있고, 행정재산 및 보존재산은 국유재산법령상 구분 실익이 없어서 잡종재산을 일반재산으로 명칭을 변경하고, 보존재산을 행정재산의 한 유형인 보존용재산으로 통합하여 국유재산의 효율적 관리를 위하여 분류체계를 정비하였다.

나. 국유재산의 종류

〈표 17〉 국유재산 분류체계의 변경

구법	현행법	비　고
□ 행정재산	□ 행정재산	
○ 공용재산	○ 공용재산	
○ 공공용재산	○ 공공용재산	
○ 기업용재산	○ 기업용재산	
〈신　설〉	○ 보존용재산	○ 종래 보존재산을 편입
□ 보존재산	〈삭　제〉	○ 명칭을 변경하여 행정재산으로 통합
□ 잡종재산	□ 일반재산	○ 명칭변경

(1) **행정재산**의 종류는 **공용·공공용·기업용·보존용재산**과 같다(법 제6조 제2항).

(가) **공용재산**(제1호): 국가가 직접 사무용·사업용 또는 공무원의 주거용[직무 수행을 위하여 필요한 경우로서 1. 대통령 관저, 2. 국무총리, 「국가재정법」제6조 제1항 및 제2항에 따른 독립기관 및 **중앙관서의 장**이 사용하는 공관, 3. 「국방·군사시설 사업에 관한 법률」제2조 제1호에 따른 국방·군사시설 중 주거용으로 제공되는 시설, 4. 원래의 근무지와 다른 지역에서 근무하게 되는 사람 또는 인사명령에 의하여 지역을 순환하여 근무하는 사람에게 제공되는 **주거용 시설**, 5. 비상근무에 종사하는 사람에게 제공되는 해당 근무지의 구내 또는 이와 인접한 장소에 설치된 **주거용 시설**, 6. 그 밖에 해당 재산의 위치, 용도 등에 비추어 직무상 관련성이 있다고 인정되는 **주거용 시설**의 어느 하나에 해당하는 목적으로 사용하거나 사용하려는 경우에 한정한다(영 제4조 제2항)]으로[640] 사용하거나 대통령령으로 정하는 기한[국가나 「정부

---

640) 이는 2012. 12. 18. 시행법부터 공무원 및 정부기업 직원의 주거용 재산의 범위를 명확화 하였는데, 그 이유로 ① 공무원 및 정부기업 직원의 주거용 재산이 직무 수행을 위한 필요 여부와 관계없이 일률적으로 행정재산으로 분류·관리되고 있어 행정재산의 적정한 관리가 어려운 문제점이 있고, ② 공무원 및 정부기업 직원의 주거용 재산을 직무 수행을 위하여 필요한 경우에만 행정재산에 포함되도록 그 범위를 명확히 함으로써 행정재산의 적정한 관리를 도모하고자 함이다.

기업예산법」 제2조에 따른 정부기업이 행정재산으로 사용하기로 결정한 날부터 5년이 되는 날(영 제4조 제1항)]까지 사용하기로 결정한 재산(청사, 관사, 학교 등)을 말한다.

(나) **공공용재산**(제2호): 국가가 직접 공공용으로 사용하거나 대통령령으로 정하는 기한[국가나 「정부기업예산법」 제2조에 따른 정부기업이 행정재산으로 사용하기로 결정한 날부터 5년이 되는 날(영 제4조 제1항)]까지 사용하기로 결정한 재산(도로, 제방, 하천, 구거, 유지, 항만 등)을 말한다.[641]

(다) **기업용재산**(제3호): 정부기업이 직접 사무용·사업용 또는 그 기업에 종사하는 직원의 주거용[직무 수행을 위하여 필요한 경우로서 대통령령으로 정하는 경우(영 제4조 제2항 제4호부터 제6호까지에 해당하는 목적으로 사용하거나 사용하려는 경우, 영 제4조 제3항)로 한정한다]으로 사용하거나 대통령령으로 정하는 기한[국가나 「정부기업예산법」 제2조에 따른 정부기업이 행정재산으로 사용하기로 결정한 날부터 5년이 되는 날(영 제4조 제1항)]까지 사용하기로 결정한 재산을 말한다.

(라) **보존용재산**(제4호): 법령이나 그 밖의 필요에 따라 국가가 보존하는 재산[국가가 보존할 필요가 있다고 **총괄청**이 결정한 재산(문화재, 요존국유림 등)을 말한다(영 제4조 제4항)]을 말한다.

(마) 전술한 법 제6조 제2항 각 호에서 규정한 **행정재산의 사용 또는 보존 여부는 총괄청이 중앙관서의 장의 의견을 들어 결정**한다(영 제4조 제5항).

(바) 판례는 행정재산이란 국가가 소유하는 재산으로서 직접 공용, 공공용 또는 기업용으로 사용하거나 사용하기로 결정한 재산을 말하고(법 제6조 제2항), 그 중 도로와 같은 인공적 공공용 재산은 법령에 의하여 지정되거나 행정처분으로써 공공용으로 사용하기로 결정한 경우 또는 행정재산으로 실제로 사용하는 경우의 어느 하나에 해당하여야 비로소 행정재산이 되는데, 특히 도로는 도로로서의 형태를 갖추고 「도로법」에 따른 노선의 지정 또는 인정의 공고 및 도로구역 결정·고시를 한 때 또는 「도시계획법」 또는 「도시재개발법」에서 정한 절차를 거쳐 도로를 설치하였을 때에 공공용물로서 공용개시행위가 있으므로, 토지의 지목이 도로이고 국유재산대장에 등재되어 있다는 사정만으로 바로 토지가 도로로서 행정재산에 해당한다고 할 수는 없다. 이는 국유재산대장에 행정재산으로 등재되어 있다가 용도폐지된 바가 있더라도 마찬가지이다. 그러므로 택지개발사업시행지구 내에 있는 토지가 지목이 도로이고 국유재산대장에 행정재산으로 등재되었다가 용도폐지되었다는 사정만으로는 당연히 무상귀속 대상인 종래의 공공시설에 해당한다고 할 수 없고, 대상 시설에 해당한다는 점은 사업시행자가 증명하여야 한다.[642]

국유 하천부지는 자연의 상태 그대로 공공용에 제공될 수 있는 실체를 갖추고 있는 이른바 자연공물

---

641) 도로와 같은 인공적 공공용재산은 법령에 의하여 지정되거나 행정처분으로 공공용으로 사용하기로 결정한 경우 또는 행정재산으로 실제 사용하는 경우의 어느 하나에 해당하여야 행정재산이 되는 것이며, 도로는 도로로서의 형태를 갖추어야 하고, 「도로법」에 따른 노선의 지정 또는 인정의 공고 및 도로구역의 결정·고시가 있는 때부터 또는 「도시계획법」 소정의 절차를 거쳐 도로를 설치하였을 때부터 공공용물로서 공용개시행위가 있는 것이며, 토지에 대하여 도로로서의 도시계획시설결정 및 지정승인만 있었을 뿐 그 도시계획사업이 실시되었거나 그 토지가 자연공로로 이용된 적이 없는 경우에는 도시계획결정 및 지정승인의 고시만으로는 아직 공용개시행위가 있었다고 할 수 없어 그 토지가 행정재산이 되었다고 할 수 없다(대법원2000. 4. 25. 선고2000다348판결).

642) 대법원 2016. 5. 12. 선고 2015다255524 판결; 대법원 2009. 10. 15. 선고 2009다41533 판결; 대법원 2000. 2. 25. 선고 99다54332 판결; 대법원 1996. 1. 26. 선고 95다24654 판결.

로서 별도의 공용개시행위가 없더라도 행정재산이 되고 그 후 본래의 용도에 공여되지 않는 상태에 놓여 있더라도 국유재산법령에 의한 용도폐지를 하지 않은 이상 당연히 잡종재산으로 된다고는 할 수 없으며, 농로나 구거와 같은 이른바 인공적 공공용 재산은 법령에 의하여 지정되거나 행정처분으로 공공용으로 사용하기로 결정한 경우, 또는 행정재산으로 실제 사용하는 경우의 어느 하나에 해당하면 행정재산이 된다.[643]

(2) **일반재산**이란 행정재산 외의 모든 국유재산을 말한다(법 제6조 제3항).

(3) **총괄청**은 법 제6조 제2항 제1호(공용재산)·제3호(기업용재산) 및 같은 조 제3항(일반재산)에 따른 국유재산 중 공무원 또는 정부기업에 종사하는 직원의 주거용으로 사용하거나 주거용으로 사용할 필요가 있다고 인정하는 국유재산의 관리·처분 방법을 따로 정할 수 있다(영 제4조 제6항).

제2절   통칙

Ⅰ. 국유재산 관리·처분의 기본원칙

국유재산관리 원칙은 주로 국유재산보호와 동시에 국유재산의 효율적 이용에 있다. 그러나 국유재산의 효율적 이용이 국유재산을 통한 재정수입 증대만을 강조할 경우 국유재산 보호에 역행하게 된다. 따라서 재정수입만을 위해 매각하는 행위는 엄격히 제한되어야 하며, 또한 수익성만을 위해서 국유재산을 비공익적인 분야에 활용하는 것은 제한해야 할 것이다.[644] 2009. 1. 30. 전면개정(시행 2009. 7. 31. 법률 제9401호)으로 「국유재산법」이 국유재산의 관리·처분에 관한 일반법임을 고려하여, 국유재산 관리·처분의 기본이 되는 원칙을 명시하였는데, 이는 국유재산이 사회간접자본시설을 제공하는 공공재 기능 및 재해방지 기능, 환경재 기능 등의 공공적 역할과 더불어 장래 행정수요를 고려한 비축 기능과 사용허가·대부·매각을 통한 국가재정보전 기능 등을 수행하는 국유재산의 역할과 기능을 감안할 때, 효율적인 국유재산의 관리 및 처분 업무를 수행하기 위한 기본 원칙을 정한 것으로 바람직한 입법조치라 하겠다.[645]

국가는 국유재산을 관리·처분할 때에는 다음 각 호의 원칙을 지켜야 한다(법 제3조).

1. 국가전체의 이익에 부합되도록 할 것(법 제3조 제1호)

동 규정의 의미가 명확하지 않으나, 국회입법과정을 보면 그 취지를 알 수 있다. 당초 정부개정안에

---

643) 대법원 2007. 6. 1. 선고 2005도7523 판결; 대법원 1997. 8. 22. 선고 96다10737 판결; 대법원 1993. 4. 13. 선고 92누18528 판결.
644) 김백진, 국유재산법, 한국학술정보, 2013, 112면.
645) 기획재정위원회 수석전문위원 현성수, 국유재산법 전부개정법률안(정부제출)검토보고서, 2008. 12. 6면.

는 "1. 국가전체의 이익에 부합되도록 할 것"이 없었으나, 법안 제3조는 주로 국유재산의 "관리"와 관련한 원칙만을 선언한 것으로서, 국유재산의 "처분"과 관련하여 국유재산은 원칙적으로 국가예산을 투입하여 확보된 재산임을 고려하여 국가 전체적인 이익을 고려한다는 측면에서 "국유재산의 처분은 국가 전체의 이익에 부합되도록 할 것"이라는 규정을 추가할 필요가 있을 것이라고[646] 하였다. 즉 국유재산의 처분에 신중을 기하여 단기적인 국유재산 활용의 필요성이 없다 하더라도 장기적이고 국가 전체의 시각에서 국유재산 처분을 제한하고자 하는 의미로 이해하고 있다.[647]

2. 취득과 처분이 균형을 이룰 것(법 제3조 제2호)

취득과 처분이 균형을 이룬다는 것은 국유재산의 보호라는 기본취지를 표현한 것으로 국유재산의 처분이 필요하다 하더라도 국유재산 취득도 그에 맞게 이루어져야 전체 국유재산을 지속적으로 유지할 수 있다.[648]

3. 공공가치와 활용가치를 고려할 것(법 제3조 제3호)

오늘날 국유재산의 효율적 이용을 강조하는 원인은 국민들의 생활수준이 향상됨에 따라 행정에 대해 다양한 서비스를 요구하고 있기 때문이다. 또한 국유재산에 대한 대부, 사용·수익허가, 신탁 등의 적극적인 활용을 통해 국가 또는 지방자치단체의 재정수입을 증대시킬 수 있다. 그러나 국유재산의 이용을 활용가치만을 고려하여 국유재산을 통한 재정수입만을 우선시 하게 되면 국유재산의 공공가치를 몰각할 수 있다. 국유재산은 기본적으로 공공재이거나 앞으로 공익적 목적을 위해서 사용될 가능성이 있는 재산이다. 따라서 재정수입만을 위해 비공익적인 분야에 무분별한 활용을 제한하도록 하는 것이다.[649]

4. 경제적 비용을 고려할 것 (법 제3조 제3의2호)

2011. 4. 1.시행법부터 「국유재산법」이 국유재산의 관리·처분에 관한 기본법임에도 국유재산 사용에 대한 비용 측면의 원칙이 미비했던 문제가 있었는바, 국유재산 관리·처분의 기본원칙에 경제적 비용의 고려를 추가하였다.

경제적 비용을 고려한 국유재산관리 규정은 다음과 같다. ① 중앙관서의 장등은 국가의 활용계획이 없는 건물이나 그 밖의 시설물이 재산가액에 비하여 유지·보수 비용이 과다한 경우에는 철거할 수 있다(법 제41조 제2항). ② 일반재산은 국가가 보존·활용할 필요가 없고 대부·매각이나 교환이 곤란하여

---

646) 위 검토보고서, 7면
647) 김백진, 국유재산법, 113면.
648) 김백진, 국유재산법, 113면.
649) 김백진, 국유재산법, 114면.

대통령령으로 정하는 재산[1. 국가 외의 자가 소유하는 토지에 있는 국가 소유의 건물(부대시설을 포함한다). 이 경우 양여받는 상대방은 그 국가 소유의 건물이 있는 토지의 소유자로 한정한다. 2. 국가 행정 목적의 원활한 수행 등을 위하여 국무회의의 심의를 거쳐 대통령의 승인을 받아 양여하기로 결정한 일반재산(영 제58조 제5항)]은 양여할 수 있다(법 제55조 제1항 제4호). ③ 관리전환하려는 국유재산의 감정평가에 드는 비용이 해당 재산의 가액(價額)에 비하여 과다할 것으로 예상되는 경우에는 무상으로 관리전환 할 수 있다(법 제17조).[650]

5. 투명하고 효율적인 절차를 따를 것(법 제3조 제4호)

국유재산관리에 투명하고 효율적인 절차를 준수하도록 하고 이를 위해 **총괄청**은 국유재산관리계획을 매년 수립하여, 국회에 보고하도록 하고 있다. 이 계획을 통해서 **총괄청**과 **중앙관서의 장**, 그리고 국민은 국유재산이 어떻게 운용되고 있는지를 파악할 수 있는 것이다. 별도로 절차 준수를 명시한 것은 공무원뿐만 아니라 국유재산관리를 위탁받은 사인에게도 이를 강조하는 취지로 보고 있다. 동법은 국유재산관리에 관한 사무를 위임받은 자가 고의나 중대한 과실로 그 임무를 위반한 행위를 함으로써 그 재산에 대하여 손해를 끼친 경우에는 변상책임을 부여하고 있다(법 제79조). 이러한 변상책임은 법령에 의하여 창설된 공법상의 특별책임에 해당한다.[651]

Ⅱ. 국유재산의 보호

1. 사용 또는 수익 금지

누구든지 이 법 또는 다른 법률에서 정하는 절차와 방법에 따르지 아니하고는 국유재산을 사용하거나 수익하지 못한다(법 제7조 제1항). 반대해석하면 이 법 또는 다른 법률에서 정하는 절차와 방법에 의하면 사용·수익할 수 있다는 의미인데 동법은 행정재산의 사용허가(법 제30조)와 일반재산의 대부(제4장 제2절 법 제46조 내지 법 제47조의2)에 관한 규정을 두고 있다.

2. 영구시설물의 축조 금지

가. 영구시설물의 축조 금지 및 허용

영구시설물이란 시설물의 해체가 물리적으로 심히 곤란하여 재사용이 불가능하거나 해체비용이 막대하여 해체 시 오히려 손실이 발생할 수 있는 시설물을 말하는 것으로서, 국유지상에 건물이나 영구시설물이 축조되는 경우 국가의 소유권 행사와 장래 행정 및 기타목적 사용에 장애를 초래하기 때문에

---

650) 김백진, 국유재산법, 114면.
651) 김백진, 국유재산법, 114면.

「국유재산법」 제24조(현행 법 제18조 제1항) 규정에 의거하여 영구시설물의 축조를 금지하는 것이며, 국유지상에 설치하고자 하는 시설물이 영구시설물에 해당하는지 여부는 사실판단에 관한 사항으로서 재산관리기관에서 위 규정에 따라 재산현황 등 제반사정을 고려하여 결정할 사항이다.[652]

국가 외의 자는 국유재산에 건물, 교량 등 구조물과 그 밖의 영구시설물을 축조하지 못한다. 다만, 다음 각 호 1. **기부를 조건**으로 축조하는 경우, 2. **다른 법률**에 따라 국가에 소유권이 귀속되는 공공시설을 축조하는 경우, 2의2. 법 제50조 제2항에 따라 매각대금을 나누어 내고 있는 **일반재산**으로서 대통령령으로 정하는 경우[다음 각 호 1. 영 제55조 제2항 제1호 또는 제2호에 해당하는 재산으로서 매각대금의 2분의 1 이상을 낸 경우, 2. 영 제55조 제2항 제3호에 해당하는 토지로서 그 토지에 있는 사유건물이 천재지변이나 그 밖의 재해로 파손된 경우, 3. 영 제55조 제3항 제3호의2에 해당하는 재산으로서 매각대금의 5분의 1 이상을 낸 경우, 4. 영 제55조 제2항 제9호에 해당하는 토지로서 매각대금의 5분의 1 이상을 낸 경우의 어느 하나에 해당하는 경우를 말한다(영 제13조의2)], 3. **지방자치단체**나 「지방공기업법」에 따른 지방공기업(이하 "**지방공기업**"이라 한다)이 「사회기반시설에 대한 민간투자법」 제2조제1호의 사회기반시설 중 **주민생활을 위한 문화시설, 생활체육시설 등 기획재정부령으로 정하는 사회기반시설을 해당 국유재산 소관 **중앙관서의 장**과 협의를 거쳐 **총괄청**의 승인을 받아 축조하는 경우, 4. **민간참여개발**(법 제59조의2)에 따라 개발하는 경우, 5. 법률 제4347호 「지방교육자치에관한법률」 시행 전에 설립한 초등학교·중학교·고등학교 및 특수학교에 **총괄청** 및 관련 **중앙관서의 장**과 협의를 거쳐 교육부장관의 승인을 받아 「학교시설사업 촉진법」 제2조제1호에 따른 **학교시설을 증축 또는 개축**하는 경우, 6. 그 밖에 국유재산의 사용 및 이용에 지장이 없고 국유재산의 활용가치를 높일 수 있는 경우로서 대부계약의 사용목적을 달성하기 위하여 **중앙관서의 장등**이 필요하다고 인정하는 경우의 어느 하나에 해당하는 경우에 한하여 영구시설물의 설치를 허용하였다(법 제18조 제1항).

여기서 "**중앙관서의 장등**"이란 「국가재정법」 제6조에 따른 **중앙관서의 장**과 법 제42조 제1항에 따라 일반재산의 관리·처분에 관한 사무를 위임·위탁받은 자를 말한다. 2011. 3. 30. 개정(시행 2011. 4. 1. 법률 제10485호)에서 종래 "관리청"이라는 용어를 폐기하고 **중앙관서의 장**으로 법률용어를 변경하였다.

그리고 2016. 3. 2. 시행법부터 민간참여에 따라 개발되는 경우 영구시설물의 축조를 금지하는 조항을 완화하였다. 2020. 10. 1. 시행법부터 국유재산에 지방자치단체나 지방공기업이 주민생활을 위한 문화시설, 생활체육시설 등의 사회기반시설을 축조하는 행위와 일정한 요건에 해당하는 학교시설을 증축 또는 개축하는 행위를 허용하였다.

나. 원상회복의 이행보증조치

법 제18조 제1항 단서에 따라 영구시설물의 축조를 허용하는 경우에는 대통령령으로[653] 정하는 기

---

652) 국유재산과-249, 2004. 2. 11.
653) 영 제13조(원상회복의 이행보증조치) ① 법 제18조 제1항 각 호 외의 부분 단서에 따라 영구시설물을 축조하려는 자는

준 및 절차에 따라 그 영구시설물의 철거 등 원상회복에 필요한 비용의 상당액에 대하여 이행을 보증하는 조치를 하게 하여야 한다(제18조 제2항).

3. 국유재산의 시효취득

가. 행정재산의 시효취득 불인정

행정재산은 「민법」 제245조에도 불구하고[654] 시효취득(時效取得)의 대상이 되지 아니한다(법 제7조 제2항). 행정재산은 공용폐지가 되지 아니하는 한 사법상 거래의 대상이 될 수 없으므로 시효취득의 대상이 되지 않는다.[655] 국유재산에 대한 취득시효가 완성되기 위해서는 그 국유재산이 취득시효기간 동안 계속하여 행정재산이 아닌 시효취득의 대상이 될 수 있는 일반재산이어야 한다. 또 행정재산이 기능을 상실하여 본래의 용도에 제공되지 않는 상태에 있다 하더라도 관계 법령에 의하여 용도폐지가 되지 아니한 이상 당연히 취득시효의 대상이 되는 일반재산이 되는 것은 아니고, 공용폐지의 의사표시는 묵시적인 방법으로도 가능하나 행정재산이 본래의 용도에 제공되지 않는 상태에 있다는 사정만으로는 묵시적인 공용폐지의 의사표시가 있다고 볼 수도 없다.[656]

이와 같이 국유재산 중 일반재산은 배제하고 행정재산에 대해서만 시효취득을 배제하는 규정을 둔 연혁은 헌법재판소의 판결 영향에 힘입었다. 즉 헌법재판소는 국유잡종재산에 대하여도 시효제도의 적용이 있는지 여부에 대한 결정에서 국유잡종재산은 사경제적 거래의 대상으로서 사적자치 원칙이 지배되고 있으므로 시효제도의 적용에 있어서도 동일하게 보아야 하고, 국유잡종재산에 대한 시효취득을 부인하는 동규정은 합리적 근거 없이 국가만을 우대하는 불평등한 규정으로서 「헌법」상의 평등의 원칙과 사유재산권보장의 이념 및 과잉금지의 원칙에 반한다고 하였다. 이에 반해, 재판관 3인의 반대

그 영구시설물의 축조 및 원상회복에 관한 계획서를 해당 **중앙관서의 장등**에 제출하여야 한다.
② **중앙관서의 장등**은 법 제18조 제1항 제3호에 따라 영구시설물을 축조하는 자에게 해당 재산의 원상회복에 필요한 비용의 상당액(이하 이 조에서 "이행보증금"이라 한다)을 그 영구시설물을 착공하기 전까지 예치하게 하여야 한다.
③ 이행보증금은 현금이나 다음 각 호 1. 「국가재정법 시행령」 제46조 제4항에 따른 금융기관 또는 「은행법」에 따른 외국은행이 발행한 지급보증서, 2. 「보험업법」에 따라 허가를 받은 보험회사가 발행한 보증보험증권의 어느 하나에 해당하는 보증서 등으로 한다.
④ **중앙관서의 장등**은 이행보증금을 예치한 자가 원상회복의 사유가 발생하였는데도 원상회복을 이행하지 아니한 경우에는 예치된 이행보증금으로 해당 국유재산을 원상회복할 수 있다.
⑤ **중앙관서의 장등**은 이행보증금을 원상회복 비용에 충당하고 남은 금액이 있으면 그 남은 금액을 반환하여야 한다. 이 경우 이행보증금을 현금으로 납부하여 이자가 발생한 경우에는 그 이자를 함께 반환한다.
⑥ 제4항에도 불구하고 **중앙관서의 장등**은 원상회복의 사유가 발생한 시점에 영구시설물 또는 그 일부 시설물이 국유재산의 활용가치를 높일 수 있다고 인정되는 경우에는 원상회복을 하지 아니하고 그 영구시설물 또는 일부 시설물을 무상으로 취득할 수 있다. 이 경우 이행보증금은 그 전부 또는 일부를 제5항에 따라 반환하여야 한다.
654) 민법 제245조(점유로 인한 부동산소유권의 취득기간) ① 20년간 소유의 의사로 평온, 공연하게 부동산을 점유하는 자는 등기함으로써 그 소유권을 취득한다.
② 부동산의 소유자로 등기한 자가 10년간 소유의 의사로 평온, 공연하게 선의이며 과실 없이 그 부동산을 점유한 때에는 소유권을 취득한다.
655) 대법원 1995. 4. 28. 선고 93다42658 판결.
656) 대법원 2010. 11. 25. 선고 2010다58957 판결; 대법원 1998. 11. 10. 선고 98다42974 판결.

의견이 있었는데 국유의 부동산은 전체 국민의 복리를 위하여 특히 보호하여야 할 기본적인 국가재산이므로 국유재산의 사유화로 인한 잠식을 방지하고 국유재산관리의 효율성을 도모하기 위하여 취득시효제도를 배제하여야 한다고 하였다.[657]

나. 일반재산의 시효취득 인정

당초 "국유재산은 「민법」 제245조의 규정에 불구하고 시효취득의 대상이 되지 아니한다"는 조항에 대하여, 구 「국유재산법」 제5조 제2항이 국유재산 중 잡종재산에 대하여 시효취득을 적용하는 것은 헌법에 위반된다는 1991. 5. 13. 89헌가97 결정이 있었다. 그 후 동 조항은 국유재산은 「민법」 제245조의 규정에 불구하고 시효취득의 대상이 되지 아니한다. 다만, 잡종재산의 경우는 그러하지 아니한다로 하였다가, 현행과 같은 규정에 이르렀다.

그리고 판례에 의하면, 구 「지방재정법」상 공유재산에 대한 취득시효가 완성되기 위하여는 그 공유재산이 취득시효기간 동안 계속하여 시효취득의 대상이 될 수 있는 잡종재산이어야 하고, 이러한 점에 대한 증명책임은 시효취득을 주장하는 자에게 있다[658] 또, 원래 잡종재산이던 것이 행정재산으로 된 경우 잡종재산일 당시에 취득시효가 완성되었다고 하더라도 행정재산으로 된 이상 이를 원인으로 하는 소유권이전등기를 청구할 수 없다.[659]

4. 사권 설정재산의 취득제한

사권이 설정된 재산은 그 사권이 소멸된 후가 아니면 국유재산으로 취득하지 못한다. 다만, 판결에 따라 취득하는 경우에는 그러하지 아니하다(법 제11조 제1항).

국유재산에는 사권을 설정하지 못한다. 다만, 일반재산에 대하여 대통령령으로 정하는 경우[1. 다른 법률 또는 확정판결(재판상 화해 등 확정판결과 같은 효력을 갖는 것을 포함한다)에 따라 일반재산에 사권(私權)을 설정하는 경우, 2. 일반재산의 사용 및 이용에 지장이 없고 재산의 활용가치를 높일 수 있는 경우로서 **중앙관서의 장등**이 필요하다고 인정하는 경우(영 제6조)]에는 사권을 설정할 수 있다(법 제11조 제2항). 일반재산에 대해 제한적으로 사권 설정을 허용하여 국유재산의 활용도를 높일 예정이다.

---

657) 헌재1991. 5. 13. 89헌가97 全員裁判部, 國有財産法 第5條 第2項의 違憲審判, 이 사건의 개요는 위헌심판의 제청신청인들은, 국가를 상대로 수원지방법원 여주지원에 주청구로서 89가합14 소유권보존등기의 말소등기절차 이행을 구하고, 예비적 청구로서 취득시효완성을 원인으로 한 소유권이전등기절차의 이행을 구하는 소를 제기하였다. 즉 신청외 망 한○영은 1931. 5.경 경기도 이천군 신둔면 ○○리 산3의 2 임야 48,397평방미터를, 1935. 1.경 같은 곳 산 11의 1 임야 19,736평방미터를 각 매수하여 점유·관리하여 오다가 1961. 8. 10. 사망하자, 제청신청인들이 위 망인의 공동상속인으로서 위 부동산을 현재까지 계속 점유·관리하고 있는 데, 위 부동산에 대한 등기부 등 공부가 6.25사변으로 멸실되자, 국가가 1987. 3. 16. 그 명의로 위 부동산에 관하여 각 소유권보존등기를 경료하였다는 것이다. 이에 수원지방법원 여주지원은 1989. 5. 25. 헌법재판소법 제41조 제1항에 따라 위 재판의 전제가 되는 국유재산법(이하 법이라 한다) 제5조 제2항의 위헌여부에 대한 심판을 제청하였다.
658) 대법원 2009. 12. 10. 선고 2006다19177 판결; 대법원 1996. 10. 15. 선고 96다11785 판결; 대법원 1995. 6. 16. 선고 94다42655 판결.
659) 대법원 1997. 11. 14. 선고 96다10782 판결.

5. 국유재산법령 제·개정의 총괄청 및 감사원과 협의

각 <u>중앙관서의 장</u>은 국유재산의 관리·처분에 관련된 법령을 제정·개정하거나 폐지하려면 그 내용에 관하여 **총괄청 및 감사원**과 협의하여야 한다(법 제19조).

6. 국유재산 사무종사직원에 대한 행위 제한

국유재산에 관한 사무에 종사하는 직원은 그 처리하는 <u>국유재산을 취득하거나 자기의 소유재산과 교환하지 못한다</u>. 다만, 해당 **총괄청**이나 **중앙관서의 장**의 허가를 받은 경우에는 국유재산을 취득하거나 자기의 소유재산과 교환할 수 있다(법 제20조 제1항). 이를 <u>위반한 행위는 무효</u>로 한다(법 제20조 제2항).[660]

대법원은 "국유재산에 관한 사무에 종사하는 직원이 타인 명의로 국유재산을 취득 및 전매한 행위의 효력(무효)에 대한 판시에서, 구 국유재산법(1976. 12. 31. 법률 제2950호로 개정되기 전의 것) 제7조는 같은 법 제1조의 입법 취지에 따라 국유재산 처분 사무의 공정성을 도모하기 위하여 관련 사무에 종사하는 직원에 대하여 <u>부정한 행위로 의심받을 수 있는 가장 현저한 행위를 적시하여 이를 엄격히 금지하는 한편, 그 금지에 위반한 행위의 사법상 효력에 관하여 이를 무효로 한다고 명문으로 규정하고 있으므로, 국유재산에 관한 사무에 종사하는 직원이 타인의 명의로 국유재산을 취득하는 행위는 강행법규인 같은 법 규정들의 적용을 잠탈하기 위한 탈법행위로서 무효이고</u>, 나아가 같은 법이 거래안전의 보호 등을 위하여 그 무효로 주장할 수 있는 상대방을 제한하는 규정을 따로 두고 있지 아니한 이상, 그 무효는 원칙적으로 누구에 대하여서나 주장할 수 있으므로, 그 규정들에 위반하여 취득한 국

---

660) 구 국유재산법 제7조 제1항 위헌소원 등(1999. 4. 29. 96헌바55 전원재판부)
【판시사항】
1. 관재담당공무원으로 하여금 국유재산을 취득할 수 없도록 한 구 국유재산법 제7조 제1항이 <u>재산권보장에 관한 헌법 제23조 제1항에 위반되는지 여부</u>(소극)
2. 위 국유재산법 조항이 <u>평등원칙에 위반되는지 여부</u>(소극)
3. 관재담당공무원의 국유재산취득행위를 무효로 하면서 선의의 제3자 보호규정을 두지 않은 <u>구 국유재산법 제7조 제2항</u>이 사유재산제도·사적 자치의 원칙에 위반되는지 여부(소극)
【결정요지】
1. 헌법 제23조 제1항에 의하여 보호되는 재산권은 사적(私的) 유용성 및 그에 대한 원칙적 처분권을 내포하는 재산가치 있는 구체적 권리라 할 것이고, 단순한 이익이나 재화의 획득에 관한 기회 등은 재산권보장의 대상이 되지 아니하는바, 구 국유재산법 제7조 제1항에 의하여 제한되는 것은 관재담당공무원이 국유재산을 취득할 수 있는 기회에 불과하므로 이는 위 헌법조항에 의하여 보호되는 재산권에 해당되지 않고, 따라서 국유재산법 조항은 헌법 제23조 제1항에 위반되지 아니한다.
2. 관재담당공무원은 국유재산에 관한 정보를 취급하고 있으며 관계장부 등을 쉽게 열람할 수 있고 그 매각가격의 결정 등에 영향력을 행사할 가능성이 있기 때문에 관재담당공무원에게 국유재산을 취득하는 것이 허용된다면 관재담당공무원의 부정행위가 빈발하여 국유재산처분사무의 공정성이 저해될 우려가 크므로, 관재담당공무원에 대하여 국유재산의 취득을 제한하는 구 국유재산법 제7조 제1항은 평등의 원칙에 위배되지 아니한다.
3. 구 국유재산법 제7조 제2항이 국유재산의 보전과 국유재산처분사무의 공정성 확보라는 입법목적을 달성하기 위하여 관재담당공무원의 국유재산취득행위를 절대적으로 무효화하는 방법을 채택한 것은 정당하고, 거래의 안전보다 국유재산의 공정한 관리처분이라는 입법목적을 더 중요시하여 선의의 제3자 보호규정을 두지 않았다 하여 자의적인 입법조치라고 볼 수 없으므로 사유재산제도 및 사적 자치의 원칙에 위반되지 아니한다.

유재산을 <u>제3자가 전득하는 행위 또한 당연무효라고</u>" 판시하였다.[661]

Ⅲ. 국유재산의 관리전환

1. 의의

관리전환이란 일반회계와 특별회계·기금 간 또는 서로 다른 특별회계·기금 간에 국유재산의 관리권을 넘기는 것을 말한다(법 제2조 제5호). 그렇다면 일반회계와 특별회계·기금 간의 구별이 있어야 한다. 이들에 대해서는 「국가재정법」에서 규율하고 있다. 「국가재정법」은 재정의 정의나 범위에 대해 규정하지 않고 있지만, 국가재정에 관한 모법(母法)이다.[662] 2006년에 제정된 「국가재정법」은 구 「예산회계법」의 예산과 구 「기금관리기본법」의 기금을 합친 개념으로 '재정'이라는 용어를 사용하고 있으며, <u>국가재정</u>이란 국가의 존립과 목적달성을 위하여 필요한 경비를 조달·관리하는 일체의 활동을 말한다. 그리고 국가재정에 관한 기본법으로는 「국가재정법」·「국세기본법」·「국유재산법」 등이 있다.

전술한 바와 같이 재정은 그 수단을 기준으로 <u>재정권력작용</u>과 <u>재정관리작용</u>으로 나누어진다고 하였다. <u>재정권력작용</u>은 조세의 부과징수 및 전매가 있다. <u>재정관리작용</u>을 <u>회계</u>라고도 하는데, 회계란 국가 또는 지방자치단체가 그 재산과 수입·지출을 관리하는 작용을 말하지만,[663] 회계는 관리하는 재산의 종류에 따라 현금회계·채권회계·동산회계 및 부동산회계로 나눌 수 있다. 여기서 현금회계란 국가 또는 지방자치단체의 현금수지에 관한 예산·출납 및 결산을 총칭한다.[664]

현금회계 개념에 포함된 예산은 실질적으로는 국가 또는 지방자치단체의 세입·세출의 예정표를 말하나, 형식적으로는 정부에 의하여 편성되고 국회의 심리·결정으로 성립된 1 회계년도 중의 세입·세출의 예정표를 말한다. 보통 예산이라 할 때는 형식적 의미로 사용된다.[665] 예산은 여러 기준에 따라, 본예산과 추가경정예산, 확정예산과 준예산, 일반회계예산과 특별회계예산으로 분류할 수 있다. 「국가재정법」에 따르면 **일반회계**는 조세수입 등을 주요 세입으로 하여 국가의 일반적인 세출에 충당하기 위하여 설치하도록 설치목적을 명확히 밝히고(국가재정법 제4조 제2항), 예외적으로 법률로써 **특별회계**를 설치할 수 있는 요건을 규정하면서(국가재정법 제4조 제3항), 그러한 법률이 다시금 「국가재정법」 별표의 법률에 규정되어야 함을 명시함으로써 특별회계의 설치를 총괄적으로 제한하고 있다. 그리고 「국가재정법」 제4조 제1항에서 국가의 회계를 **일반회계**와 **특별회계**로 구분하고 있다. 이와 같이 구분한 것은 행정활동의 범위가 중대하면서 다양화·복잡화 되고 있는 사회현실에서 원칙적으로 국가회계를 단일회계주의를 채택하면서, 특히, 일반행정과 다른 기업적 성격의 사업은 그 책임의 소재를 명백히

---

661) 대법원 1997. 6. 27. 선고 97다9529 판결.
662) 국회예산정책처, 국가재정법 이해와 실제, 2014. 5., 31면.
663) 김동희, 행정법Ⅱ, 668면.
664) 김동희, 행정법Ⅱ, 670면.
665) 김동희, 행정법Ⅱ, 673면.

하고, 예산집행의 탄력성을 높이기 위하여 일반회계와 구분하여 특별회계를 운영하고 있는 것이다.[666]

일반회계는 국가의 중심회계로서, 기본적인 국가의 고유활동과 주요 재정활동은 일반회계를 통하여 처리된다. 일반회계는 국가의 모(母)회계로서 재정의 최종적인 책임은 일반회계로 귀결된다. 일반회계는 국가경제의 규모가 증가함에 따라 정부수립 이후 매년 증가하는 추세에 있다.[667]

특별회계는 ① 국가에서 특정한 사업을 운영하고자 할 때, ② 특정한 자금을 보유하여 운용하고자 할 때, ③ 특정한 세입으로 특정한 세출에 충당함으로써 일반회계와 구분하여 회계처리 할 필요가 있을 때에, 특별회계는 항상 남설(濫設)의 위험이 상존하고 있으므로 법률로서 설치하되, [별표 1]에 규정된 법률로만 이를 설치할 수 있다(국가재정법 제4조 제3항).[668]

특별회계 중「정부기업예산법」에 따라 설치된 조달, 양곡관리, 우편사업, 우체국예금특별회계 및「책임운영기관의 설치·운영에 관한 법률」에 따라 설치된 책임운영기관특별회계 등 5개는 기업형태로 운영되는 정부사업의 합리적 경영을 위해 설치된 기업특별회계로 분류된다.

그 밖의 14개 특별회계는 각각 개별 근거법률에 따라 설치되어 있으며 환경개선부담금을 통해 재원을 조성하여 수질보전·대기개선 등의 사업을 수행하는 환경개선특별회계, 농어촌특별세와 수입 농수산물에 부과되는 관세 수입 등으로 재원을 조성하여 농어촌구조개선사업을 수행하는 농어촌구조개선특별회계 등이 있다.[669] 이에 따라 우리나라 국가예산은 **일반회계**와 **19개의 특별회계**로 구성되어 있다.

기금은 후술하는 이 법의 국유재산관리기금의 예와 같이, 국가가 특정한 목적을 위하여 특정한 자금을 신축적으로 운용할 필요가 있을 때에 한하여 법률로써 설치하되, 정부의 출연금 또는 법률에 따른 민간 부담금을 재원으로 하는 기금은 [별표 2]에 규정된 법률에 의해서만 이를 설치할 수 있다(국가재정법 제5조 제1항).[670] 기금은 세입세출예산에 의하지 아니하고 운용할 수 있다(국가재정법 제5조 제2항).

---

666) 국회예산정책처, 국가재정법 이해와 실제, 44면.
667) 국회예산정책처, 국가재정법 이해와 실제, 45면.
668) [별표 1] 〈개정 2016. 12. 20.〉[유효기간: 2019년 12월 31일] 제21호, 특별회계설치 근거법률(제4조 제3항 관련) 1. 교도작업의 운영 및 특별회계에 관한 법률, 2. 국가균형발전 특별법, 3. 국립의료원특별회계법, 4. 삭제 〈2006.12.30.〉, 5. 정부기업예산법, 6. 농어촌구조개선특별회계법, 7. 농어촌특별세관리특별회계법, 8. 등기특별회계법, 9. 신행정수도 후속대책을 위한 연기·공주지역 행정중심복합도시 건설을 위한 특별법, 10. 아시아문화중심도시 조성에 관한 특별법, 11. 에너지및자원사업특별회계법, 12. 우체국보험특별회계법, 13. 삭제 〈2006.12.30.〉, 14. 주한 미군기지 이전에 따른 평택시 등의 지원 등에 관한 특별법, 15. 책임운영기관의 설치·운영에 관한 법률, 16. 특허관리 특별회계법, 17.「환경정책기본법」, 18. 국방·군사시설이전특별회계법, 19. 공공기관 지방이전에 따른 혁신도시건설 및 지원에 관한 특별법, 20. 교통시설특별회계법, 21. 유아교육지원특별회계법.
669) 국회예산정책처, 국가재정법 이해와 실제, 45면.
670) [별표 2] 〈개정 2016. 12. 20.〉 기금설치 근거법률(국가재정법 제5조 제1항 관련) 1. 고용보험법, 2. 공공자금관리기금법, 3. 공무원연금법, 4. 공적자금상환기금법, 5. 과학기술기본법, 6. 관광진흥개발기금법, 7. 국민건강증진법, 8. 국민연금법, 9. 국민체육진흥법, 10. 군인복지기금법, 11. 군인연금법, 12. 근로복지기본법, 13. 금강수계 물관리 및 주민지원 등에 관한 법률, 14. 금융회사부실자산 등의 효율적 처리 및 한국자산관리공사의 설립에 관한 법률, 15. 기술보증기금법, 16. 낙동강수계 물관리 및 주민지원 등에 관한 법률, 17. 남북협력기금법, 18. 농림수산업자 신용보증법, 19. 농수산물유통 및 가격안정에 관한 법률, 20. 농어가 목돈마련저축에 관한 법률, 21.「농어업재해보험법」, 22. 대외경제협력기금법, 23. 문화예술진흥법, 24.「방송통신발전 기본법」, 25. 보훈기금법, 26. 복권 및 복권기금법, 27. 사립학교교직원 연금법, 28. 사회기반시설에 대한 민간투자법, 29. 산업재해보상보험법, 30.「무역보험법」, 31.「신문 등의 진흥에 관한 법률」, 32. 신용보증기금법, 33.「농업소득의 보전에 관한 법률」, 34.「양곡관리법」, 35.「수산업·어촌 발전 기본법」, 36.「양성평등기본법」, 37. 영산강·섬진강수계 물관리 및 주민지원 등에 관한 법률, 38. 예금자보호법(예금보

한편 2009. 1. 30. 개정으로 "관리환"이라는 용어를 "관리전환"이라는 용어로 변경하였다. 관리환이라는 용어로 제정된 이래 관리청간(間)의 소관 국유재산의 이관을 나타내는 개념에서, 회계와 기금이 추가되어 개념이 넓어지게 개정되었다가, 현재는 관리청 간 전환 개념을 폐지하였다. 관리전환은 해당 행정기관의 사무 증감에 따라 필요로 하는 재산을 원활하게 공급하는 기능을 한다. 소관 국유재산의 행정청이 이를 다른 행정청으로 이관하기 위해서는 원래 용도폐지하여 **총괄청**에 이관한 후에 **총괄청**에서 필요로 하는 행정청으로 이관해야 하나, 관리전환 제도를 통해 불필요한 행정절차를 거치지 아니하고 이관할 수 있다.[671]

〈표 18〉 관리전환 정의의 변천

근거 규정	조문 내용	비고
1950.6.10. 제정, 대통령령 제372호, 제3조	재무부장관은 필요가 있다고 인정할 때에는 … 국유재산의 용도의 변경, 용도의 폐지나 관리환을 시킬 수 있다.	정의 규정 없고, 시행령에서 규율
1956.11.28. 폐지제정, 법률 제405호, 제13조 제1항	**총괄청**은 관리청에 대하여 … 그 관리에 속하는 국유재산을 다른 관리청으로 이관(以下 管理換이라 한다)케 하며 기타 필요한 조치를 요구할 수 있다.	법률에서 규율하였고, 관리청 상호간 이전 개념
1976.12.31., 전부개정, 법률 제2950호, 제15조 제2항	**총괄청**은 관리청에 대하여 … 그 국유재산을 다른 관리청 또는 회계에 이관(이하 "管理換"이라 한다)하게 하거나 **총괄청**에 인계하게 할 수 있다.	회계에 이관을 추가
2009.1.30., 전부개정, 법률 제9401호, 제2조 제5호	"관리전환"이란 각 관리청 간이나 서로 다른 회계·기금 간에 국유재산의 관리권을 넘기는 것을 말한다.	관리환에서 관리전환으로 용어 변경, 기금추가
2011.3.30., 일부개정, 법률 제10485호, 제2조 제5호	"관리전환"이란 일반회계와 특별회계·기금 간 또는 서로 다른 특별회계·기금 간에 국유재산의 관리권을 넘기는 것을 말한다.	관리청 간 전환 개념을 폐지

출처: 김백진, 국유재산법, 한국학술정보, 2013, 215면에서 인용.

2. 관리전환의 방법 및 절차

국유재산의 관리전환은 일반회계와 특별회계·기금 간에 관리전환을 하려는 경우에는 **총괄청**과 해당

험기금채권상환기금에 한한다), 39. 「산업기술혁신 촉진법」, 40. 외국환거래법, 41. 「원자력 진흥법」, 42. 응급의료에 관한 법률, 43. 임금채권보장법, 44. 자유무역협정 체결에 따른 농어업인 등의 지원에 관한 특별법, 45. 장애인고용촉진 및 직업재활법, 46. 전기사업법, 47. 「정보통신산업 진흥법」, 48. 「주택도시기금법」, 49. 「중소기업진흥에 관한 법률」, 50. 지역신문발전지원 특별법, 51. 청소년기본법, 52. 축산법, 53. 삭제 〈2010.12.27.〉, 54. 한강수계 상수원수질개선 및 주민지원 등에 관한 법률, 55. 한국국제교류재단법, 56. 한국농촌공사 및 농지관리기금법, 57. 한국사학진흥재단법, 58. 한국주택금융공사법, 59. 「영화 및 비디오물의 진흥에 관한 법률」, 60. 독립유공자예우에 관한 법률, 61. 삭제 〈2009.3.5.〉, 62. 「방사성폐기물 관리법」, 63. 「문화재보호기금법」, 64. 「석면피해구제법」, 65. 「범죄피해자보호기금법」, 66. 「국유재산법」, 67. 「소기업 및 소상공인 지원을 위한 특별조치법」, 68. 「공탁법」, 69. 자동차손해배상 보장법, 70. 국제질병퇴치기금법.

671) 국유재산의 관리환은 국유재산법 제22조(현행 법 제16조)의 규정에 의하여 관리청 간에 협의하여 결정할 사항이므로 지자체가 관리환을 요구할 수 없으며, 지자체가 동 국유지를 필요로 하는 경우에는 관리청으로부터 매수하여야 함. 한편, 지자체가 관계 법률에 의하여 국유재산의 사용·수익허가를 받지 않고 국유재산을 점유·사용한 경우에도 국유재산법 제51조 제1항(현행 법 제72조 제1항)에 의하여 변상금을 부과할 수 있음(국재45501-260, 1994.3.18.).

특별회계·기금의 소관 **중앙관서의 장**간의 협의에 의하고, 서로 다른 특별회계·기금 간에 관리전환을 하려는 경우는 해당 특별회계·기금의 소관 **중앙관서의 장**간의 협의의 방법에 따른다(법 제16조 제1항). 이를 상호관리전환이라 한다.

협의가 성립되지 아니하는 경우 **총괄청**은 다음 각 호 1. 해당 재산의 관리 상황 및 활용 계획, 2. 국가의 정책목적 달성을 위한 우선 순위의 사항을 고려하여 **소관 중앙관서의 장을 결정**한다(법 제16조 제2항). 그리고 **총괄청**은 일반재산을 보존용재산으로 전환하여 관리할 수 있다(법 제8조 제2항). 이를 일방관리전환이라 한다.

3. 관리전환 및 사용승인 시 유상원칙

국유재산을 관리전환하거나 서로 다른 회계·기금 간에 그 사용을 하도록 하는 경우에는 **유상**으로 하여야 한다(유상원칙). 다만, 다음 각 호 1. 직접 도로, 하천, 항만, 공항, 철도, 공유수면, 그 밖의 공공용으로 사용하기 위하여 필요한 경우, 2. 다음 각 목 가. 관리전환하려는 국유재산의 감정평가에 드는 비용이 해당 재산의 가액(價額)에 비하여 과다할 것으로 예상되는 경우, 나. 상호교환의 형식으로 관리전환하는 경우로서 유상으로 관리전환하는데 드는 예산을 확보하기가 곤란한 경우, 다. 법 제8조 제3항에 따른 특별회계 및 기금에 속하는 일반재산의 효율적인 활용을 위하여 필요한 경우로서 법 제26조에 따른 국유재산정책심의위원회의 심의를 거친 경우의 어느 하나에 해당하는 사유로, **총괄청**과 **중앙관서의 장** 또는 **중앙관서의 장**간에 무상으로 관리전환하기로 합의하는 경우에는 **무상**으로 할 수 있다(법 제17조).[672]

4. 해당 재산가액의 결정

가. 유상 관리전환: 법 제17조 각 호 외의 부분 본문에 따라 유상 관리전환을 하는 경우 해당 재산가액은 다음 각 호 1. **증권**: 영 제43조(상장증권의 예정가격) 및 제44조(비상장증권의 예정가격)를 준용하여 산출한 가액, 2. **증권 외의 국유재산**: 「감정평가법」에 따른 **감정평가법인등** 중 하나의 **감정평가법인등**이 평가한 가액의 구분에 따른 방법으로 결정한다(영 제12조 제1항). 가령 건물을 유상 관리전환하는 경우 **감정평가법인등**의 평가액을 참작하여 결정하여야 하며, 실제 건축비(실투자액)를 해당 재산가액으로 함은 불가하다.[673]

나. 무상 관리전환: 법 제17조 각 호 외의 부분 단서에 따라 무상 관리전환을 할 경우 해당 재산가액은 국유재산의 대장에 기록된 가격으로 한다(영 제12조 제2항).

다. 사용료의 결정: 법 제17조에 따라 국유재산을 사용하도록 하는 경우 사용료의 결정에 관하여는 행정재산의 사용료율과 사용료 산출방법(영 제29조) 또는 지식재산 사용료등의 산정기준(영 제67조의

---

672) 2020. 10. 1. 시행법에서 국유재산을 무상으로 관리전환할 수 있는 요건을 확대하였다.
673) 국재1281-1800, 1982. 5. 25.

8)을 <u>준용한다</u>(영 제12조 제3항).

Ⅳ. 증권의 보관·취급

총괄청이나 **중앙관서의 장등**은 증권을 한국은행이나 대통령령으로 정하는 법인(이하 "한국은행등"이라 한다)으로 하여금 <u>보관·취급</u>하게 하여야 한다(법 제15조 제1항).[674] 한국은행등은 증권의 보관·취급에 관한 <u>장부를 갖추어 두고 증권의 수급을 기록</u>하여야 한다. 이 경우 장부와 수급의 기록은 <u>전산자료로 대신</u>할 수 있다(법 제15조 제2항). 한국은행등은 <u>증권의 수급에 관한 보고서 및 계산서를 작성</u>하여 **총괄청**과 **감사원**에 제출하되, **감사원**에 제출하는 수급계산서에는 증거서류를 붙여야 한다(법 제15조 제3항). 한국은행등은 증권의 수급에 관하여 **감사원**의 검사를 받아야 한다(법 제15조 제4항). 한국은행등은 증권의 보관·취급과 관련하여 국가에 손해를 끼친 경우에는 「민법」과 「상법」에 따라 그 손해를 배상할 책임을 진다(법 제15조 제5항).

Ⅴ. 「국유재산법」의 다른 법률과의 관계

국유재산의 <u>관리와 처분</u>에 관하여는 다른 법률에 특별한 규정이 있는 경우를 제외하고는 이 법에서 정하는 바에 따른다. 다만, 다른 법률의 규정이 법 제2장 **총괄청**에 저촉되는 경우에는 이 법에서 정하는 바에 따른다(법 제4조). 즉 「국유재산법」이 국유재산의 관리·처분에 대한 기본법이기는 하나, 도로·하천·산림 등에 대하여 획일적으로 「국유재산법」을 적용하기 보다는 각 특별법에서 세부적으로 규정함이 더욱 적절하고 효율을 기할 수 있다는 취지에서 법 제4조(다른 법률과의 관계)가 제정된 것이다. 따라서 개별적인 특수성에 따라 특별법을 적용할 것이나,[675] 기본적·일반적인 사항에 대하여는 기본법인 「국유재산법」을 적용하여야 할 것이며, <u>특별법으로서도 「국유재산법」 제2장(**총괄청**)의 규정은 그 적용을 배제할 수 없다</u>.[676] 이하 다른 법률과의 관계는 「국토계획법」에서와 같다.[677]

---

674) 영 제10조(증권의 보관·취급) ① 법 제15조 제1항에서 "대통령령으로 정하는 법인"이란 다음 각 호 1. 「은행법」 제2조 제1항 제2호에 따른 은행(같은 법 제5조에 따라 은행으로 보는 것과 외국은행은 제외한다), 2. 한국예탁결제원의 어느 하나에 해당하는 법인을 말한다.
② 「자본시장과 금융투자업에 관한 법률」 제4조 제1항에 따른 증권의 보관이나 취급 등에 필요한 사항은 기획재정부령으로 정한다.
③ 정부가 출자한 법인이 「자본시장과 금융투자업에 관한 법률」 제4조 제4항에 따른 지분증권을 신규로 발행하는 경우에는 **총괄청**이 그 납입금액, 납입의 방법·시기 및 장소를 정하여 청약한다.
675) 가령 「국유재산법」 제2조(현행 법 제4조)의 규정에 따르면 국유재산의 관리와 처분에 관하여 다른 법률에 특별한 규정이 있는 경우에는 그 법에 따르도록 되어 있는바, 「도시철도법」·「토지보상법」에 지하사용에 대한 보상규정이 별도로 마련되어 있는 경우 그 법에 따라 처리하여야 할 것임(국유재산과-719, 2007.3.9.).
676) 기획재정부, 2010 국유재산업무편람, 8면.
677) 박영도, 입법학입문, 법령정보관리원, 2014, 528~530면.

제2장 국유재산의 관리체계

Ⅰ. 의의 및 도입 취지

과거 "국유재산관리계획"(이하 '관리계획'이라 한다)은 1회계연도의 국유재산 관리·처분에 관한 예정준칙으로서, 국유재산의 통일적이고 효율적인 관리·처분을 위해서 1977년도부터 「국유재산법」에 도입되어 운영되어 왔다. 그러나 **총괄청**은 각 부처가 승인을 요청하는 국유재산의 취득·처분·교환 등의 명세서를 승인하는 위주로만 운영된다는 비난이 있어 왔다. 또한 **감사원**은 단년도 국유재산관리계획만 운영되어 국유재산의 종합적이고 체계적인 관리가 곤란하므로, 중·장기 운용계획을 별도로 수립하자는 개선안을 제시하여 왔고,[678] 이와 같은 문제점은 다음 두 차례의 개정을 통하여 개선되었다.

국유재산관리계획을 국회의 회계연도 일정기간 전까지 제출하도록 하는 제도가 당초 정부개정안에는 없었으나, 국회 기획재정위원회 검토과정에서, 2009. 1. 30. 전면개정(시행 2009. 7. 31. 법률 제9401호) 시에 관리계획이 확정되거나 변경된 경우에는 국회에 제출하도록 추가되었다(법 제9조 제6항). 「국유재산법」 전면개정법률안(정부제출) 검토보고서에 따르면 개정안 제68조(국유재산관리운용보고서)에 따라 국유재산 증감 및 현재액 계산서 내용을 포함한 개별관리·처분에 관한 내용을 포함하는 '국유재산관리운용보고서'가 국회에 제출되기 때문에 관리계획을 제출할 실익이 없는데 따른 것으로 설명되고 있으나, 관리계획에는 중·장기 국유재산의 정책방향을 포함한 관리·처분의 대상이 되는 국유재산 명세의 총합계가 포함되어 있고, 이는 국유재산의 취득, 관리전환, 무상대부 등의 관리와 국유재산의 매각, 교환, 양여, 신탁 등의 처분에 대한 계획으로서 국가의 직접적인 재정운용인 세입·세출과 연계되는 사안인 점을 고려하는 경우, 국회에 제출하지 않는 것은 적정하지 못한 것이라 하겠다. 이와 관련하여 관리계획과 성격이 유사한 국가재정운용계획은 세입·세출안과 함께 국회에 제출되고 있음을 근거로 제시하였다.[679]

---

678) 「국유재산 관리실태 감사결과」, 감사원 보도자료, 2005. 8. 24.
679) 기획재정위원회 전문위원 현성수, 국유재산법 전부개정법률안(정부제출) 검토보고서, 2008. 12., 9~10면.

그 후 2011. 3. 30. 개정(시행 2011. 4. 1. 법률 제10485호)된 「국유재산법」에서는 개별적인 국유재산 매각 등의 명세서 승인을 위주로 하는 국유재산관리계획 제도에서 명칭을 **"국유재산종합계획"**으로 변경하고, 국유재산에 대한 중·장기 정책방향, 국유재산의 연간 취득·운용·처분에 관한 총괄계획, 처분의 기준 등을 포함하는 국유재산종합계획을 수립하도록 개정하였다. 또한 확정된 국유재산종합계획은 국회의 회계연도 일정기간 전까지 제출하도록 하고(법 제9조 제3항), 국유재산종합계획의 확정 외에 변경 시에도 지체 없이 이를 국회에 보고하도록 하는 한편(같은 조 제6항), 다음 연도에 집행결과인 국유재산관리운용총보고서를 제출하도록 규정하여(법 제69조 제4항), 예산안 등에 대한 국회심의에 활용하도록 하고 있다.[680]

〈표 19〉 국유재산관리계획과 국유재산종합계획 내용 비교

구분	국유재산관리계획	국유재산종합계획
방향	소극적 유지·보존	적극적 확대 활용
개념	1회계연도에 대한 국유재산의 관리·처분의 예정준칙, 국유재산 관리정책이 처분 위주(45~76년)에서 유지·보존 위주(77~93년)로 전환된 '77년부터 도입	1회계연도에 대한 중장기적 관점에 있어서 **국유재산 처분등의 총괄적인 기본계획**(1회계연도 국유재산과 관련한 **총괄적인 사업계획**)
대상 재산	국유재산(기계기구, 증권, 무주부동산 취득 재산, 현물출자재산, 무상귀속 재산 등 제외)	국유재산(**제외 없음**)
구성	중·장기 정책방향 관리·처분의 총괄 사항 및 개별재산의 명세의 총계 **관리·처분의 기준**	〈좌동〉 **국유재산 관리·처분 총괄계획[취득, 처분(양여), 사용승인, 개발, 사용허가(면제) 등]** 〈처분기준: 네거티브 도입〉 **국유재산특례 종합운용계획**
수립 절차	작성지침(6월말) → **계획제출(12월말)** → **수립(1~2월)** → **통보(2월말)** → 집행 → 결과보고(1월말)	작성지침(6월말) → **계획제출(9월말)** → **수립(12월말)** → 통보(즉시) → **집행계획 수립 및 총괄청 보고** → 집행 → **결과보고(2월말: 관리운용보고서)**
집행	수립된 관리계획에 따라 집행 이월집행 가능	국유재산 법령에 따라 집행 이월집행 불필요
계상 (승인)	• 개별재산에 대한 계상 및 처분승인 실시	• 개별재산에 대한 계상 및 처분**승인 없음**

출처: 기획재정위원회 수석전문위원 국경복, 국유재산법 일부개정법률안 국유재산특례제한법안 국가재정법 일부개정법률안【정부제출】검토보고, 2010. 11.

---

680) 김백진, 국유재산법, 한국학술정보, 2013, 107면.

II. 국유재산종합계획의 확정·변경

1. 확정·변경의 절차

가. 총괄청의 지침작성 통보 및 중앙관서의 장의 제출

구 국유재산관리계획이 예산과 성격이 유사한 점을 반영하여, 종래 시행령(대통령령 제21249호)에 규정되어 있는 수립절차를, 2009. 1. 30. 전면개정으로 법률에서 규정한 것이다.

총괄청은 다음 연도의 <u>국유재산의 관리·처분에 관한 계획의 작성을 위한 지침</u>을 매년 4월 30일까지 **중앙관서의 장**에게 <u>통보</u>하여야 한다(법 제9조 제1항). **중앙관서의 장**은 법 제9조 제1항의 지침에 따라 국유재산의 관리·처분에 관한 다음 연도의 계획을 작성하여 매년 6월 30일까지 **총괄청**에 제출하여야 한다(법 제9조 제2항).

여기서 **"중앙관서의 장"**은 「국가재정법」 제6조에 따른 **중앙관서의 장**을 말하는데, 「헌법」, 「정부조직법」, 그 밖의 법률에 따라 설치된 중앙행정기관의 장이나 국회사무총장, 법원행정처장, 헌법재판소사무처장 및 중앙선거관리위원회사무총장의 어느 하나에 해당하는 자를 말한다(국가재정법 제6조 제2항 및 제3항). 그리고 2011. 3. 30. 개정(시행 2011. 4. 1. 법률 제10485호) 이전 구법에서는 관리청등(관리청과 법 제42조 제1항에 따라 일반재산의 관리·처분에 관한 사무를 위임·위탁받은 자를 말한다)이 모두 관리계획을 제출할 수 있었으나, 개정법에서는 **중앙관서의 장**만이 국유재산종합계획을 **총괄청**에 제출할 수 있도록 엄격히 구분하였다.

나. 국유재산종합계획 확정·변경의 국회제출

총괄청은 제출된 계획을 종합조정하여 수립한 국유재산종합계획을 국무회의의 심의를 거쳐 대통령의 승인을 받아 확정하고, 회계연도 개시 120일 전까지 <u>국회에 제출</u>하여야 한다(법 제9조 제3항).

국유재산종합계획을 변경하는 경우에는 제3항을 준용한다(법 제9조 제5항). **총괄청**은 국유재산종합계획을 확정하거나 변경한 경우에는 **중앙관서의 장**에게 알리고, 변경한 경우에는 지체 없이 국회에 제출하여야 한다(법 제9조 제6항).

다. 총괄청과 해당 독립기관의 장과 협의

중앙관서의 장은 <u>확정된 국유재산종합계획의 반기별 집행계획</u>을 수립하여 해당 연도 1월 31일까지 **총괄청**에 제출하여야 한다(법 제9조 제7항).

총괄청이 국유재산종합계획을 수립하는 경우에는 「국가재정법」 제6조 제1항에 따른 독립기관의 장(이하 '독립기관의 장'이라 한다)의 의견을 최대한 존중하여야 하며,[681] 국유재산 정책운용 등에 따라

---

681) 「국가재정법」 제6조(독립기관 및 중앙관서) ① 이 법에서 "독립기관"이라 함은 국회·대법원·헌법재판소 및 중앙선거관리위원회를 말한다.

불가피하게 조정이 필요한 때에는 해당 독립기관의 장과 미리 협의하여야 한다(법 제9조 제8항).

총괄청은 법 제9조 제8항에 따른 협의에도 불구하고 제2항에 따른 독립기관의 계획을 조정하려는 때에는 국무회의에서 해당 독립기관의 장의 의견을 들어야 하며, **총괄청**이 그 계획을 조정한 때에는 그 규모 및 이유, 조정에 대한 독립기관의 장의 의견을 국유재산종합계획과 함께 국회에 제출하여야 한다(법 제9조 제9항).

2. 국유재산종합계획에 포함될 사항

국유재산종합계획에는 다음 각 호 1. 국유재산을 효율적으로 관리·처분하기 위한 중장기적인 국유재산 정책방향, 2. 대통령령으로 정하는 국유재산 관리·처분의 총괄 계획[1. 국유재산의 취득에 관한 계획, 2. 국유재산의 처분에 관한 계획, 3. 법 제8조 제4항에 따른 행정재산의 사용에 관한 계획, 4. 법 제57조에 따른 일반재산의 개발에 관한 계획, 5. 그 밖에 국유재산의 사용허가, 대부 등 관리에 관한 계획(영 제5조)], 3. 국유재산 처분의 기준에 관한 사항, 4. 「국유재산특례제한법」 제8조에 따른 국유재산특례 종합계획에 관한 사항,[682] 5. 제1호부터 제4호까지의 규정에 따른 사항 외에 국유재산의 관리·처분에 관한 중요한 사항이 포함되어야 한다(법 제9조 제4항).

제2절　국유재산관리기관

Ⅰ. 의의 및 연혁

국유재산관리기관은 국유재산을 그 구분과 종류(법 제6조)에 따라 처리하는 기관을 말한다. 2011. 4. 1. 시행법(2011. 3. 30. 개정, 법률 제10485호) 이전에는 국유재산관리기관을 **총괄청**과 관리청으로 구분하였고 관리청은 소관 행정재산과 일정한 일반재산을 관리·처분할 수 있는(법률 제10485호, 2011. 3. 30. 개정 전의 구법 제8조 제3항) 중앙행정관서의 장을 말한다.

2011. 4. 1. 시행법부터는 그간의 관리청 개념을 폐기하고 **총괄청**에서 행정재산을 통합관리 하도록 하였다. 법제처는 개정이유에서, 행정재산에 대한 중앙관서별 칸막이식 관리로 인하여 유휴·저활용 행

---

682) 「국유재산특례제한법」 제8조(국유재산특례 종합계획의 수립) ① **중앙관서의 장**은 다음 연도의 국유재산특례에 관한 계획을 수립하고 이를 「국유재산법」 제9조 제2항에 따른 국유재산의 관리·처분에 관한 다음 연도의 계획에 포함하여 매년 6월 30일까지 기획재정부장관에게 제출하여야 한다.
② 기획재정부장관은 제1항에 따라 **중앙관서의 장**이 제출한 다음 연도의 국유재산특례에 관한 계획을 종합조정하여 국유재산특례 종합계획을 수립하고 이를 「국유재산법」 제9조 제3항에 따른 국유재산종합계획에 포함하여야 한다.
③ 국유재산특례 종합계획에는 다음 각 호 1. 국유재산특례의 기본 운용 방향, 2. 국유재산특례의 유형별 운용실적 및 전망, 3. 다음 연도에 사용허가, 대부 또는 양여할 국유재산의 종류와 규모 및 산출 근거, 4. 제1호부터 제3호까지의 규정에 따른 사항 외에 대통령령으로 정하는 사항이 포함되어야 한다.

정재산이 발생하는 등 국유재산의 활용도를 저해하는 문제가 있는 바, 앞으로는 **총괄청**이 행정재산을 통합하여 관리하고, 각 중앙관서는 필요한 행정재산을 **총괄청**으로부터 승인받아 사용함으로써 전체 국유재산의 효율적 활용을 위해서라고 하였다. **총괄청**은 기획재정부장관이 되고(법 제2조 제10호), 관리청은 「국가재정법」 제6조에 따른 **중앙관서의 장**을 말한다. **총괄청**은 총괄에 관한 사무의 일부를 조달청장 또는 지방자치단체의 장에게 위임하거나 정부출자기업체 등에게 위탁할 수 있다(법 제25조).(683)

II. 총괄청(684)

1. 국유재산 사무의 총괄·관리

총괄청은 국유재산에 관한 사무를 총괄하고 그 국유재산(법 제8조 제3항에 따라 **중앙관서의 장**이 관리·처분하는 국유재산은 제외한다)을 관리·처분하는 총괄관리기관이다(법 제8조 제1항). 국유재산에 대한 **총괄청**이란 기획재정부장관을 말한다(법 제2조 제10호).

2. 사용 승인 철회 등

총괄청은 사용을 승인한 행정재산에 대하여 다음 각 호 1. 다른 국가기관의 행정목적을 달성하기 위하여 우선적으로 필요한 경우, 2. 법 제21조 제1항에 따른 보고나 같은 조 제3항에 따른 감사 결과 위법하거나 부당한 재산관리가 인정되는 경우, 3. 제1호 및 제2호의 경우 외에 **감사원**의 감사 결과 위법하거나 부당한 재산관리가 인정되는 등 사용 승인의 철회가 불가피하다고 인정되는 어느 하나에 해당하는 경우에는 국유재산정책심의위원회의 심의를 거쳐 그 사용 승인을 철회할 수 있다(법 제8조의2 제1항).

총괄청은 사용승인 철회를 하려면 미리 그 내용을 **중앙관서의 장**에게 알려 의견을 제출할 기회를 주어야 한다(법 제8조의2 제2항). **중앙관서의 장**은 사용승인이 철회된 경우에는 해당 행정재산을 지체 없이 **총괄청**에 인계하여야 한다. 이 경우 인계된 재산은 법 제40조 제1항에 따라 **용도가 폐지**된 것으로 본다(법 제8조의2 제3항).

3. 총괄청의 감독

총괄청은 "**중앙관서의 장등**"에게 해당 국유재산의 관리상황에 관하여 보고하게 하거나 자료를 제출하게 할 수 있다(법 제21조 제1항).

중앙관서의 장은 소관 행정재산 중 대통령령으로 정하는 유휴 행정재산 현황을 매년 1월 31일까지

---

683) 김백진, 국유재산법, 90면.
684) 「국유재산법」상 제2장에 속한다.

총괄청에 보고하여야 한다(법 제21조 제2항). 법 제21조 제2항에서 "대통령령으로 정하는 유휴 행정재산"이란 법 제5조 제1항 제1호에 해당하는 행정재산으로서 법 제6조 제2항 각 호의 행정재산으로 사용되지 아니하거나 사용할 필요가 없게 된 재산을 말한다(영 제14조 제1항). 법 제21조 제2항에 따라 중앙관서의 장이 총괄청에 보고하여야 할 유휴 행정재산의 현황은 다음 각 호 1. 전년도말 기준의 유휴 행정재산 총괄 현황 및 세부 재산 명세, 2. 유휴 행정재산의 발생 사유, 3. 전년도 관리 현황 및 향후 활용계획, 4. 그 밖에 총괄청이 유휴 행정재산의 현황을 파악하기 위하여 필요하다고 인정하는 사항과 같다(영 제14조 제2항).

총괄청은 중앙관서의 장등의 재산 관리상황과 유휴 행정재산 현황을 감사(監査)하거나 그 밖에 필요한 조치를 할 수 있다(법 제21조 제3항).[685]

4. 총괄청의 직권 용도폐지

가. 총괄청의 국유재산의 용도폐지·변경, 관리전환, 인계 요구

총괄청은 중앙관서의 장에게 그 소관에 속하는 국유재산의 용도를 폐지하거나 변경할 것을 요구할 수 있으며 그 국유재산을 관리전환하게 하거나 총괄청에 인계하게 할 수 있다(법 제22조 제1항). 총괄청은 법 제22조 제1항의 조치를 하려면 미리 그 내용을 중앙관서의 장에게 통보하여 의견을 제출할 기회를 주어야 한다(법 제22조 제2항). 용도폐지 절차와 관련하여, 종래에는 관리청이 총괄청의 국유재산 용도 폐지·변경 조치에 대해 이의가 있을 경우 국무회의 심의를 거쳐 확정되었으나, 현재는 관리청이 총괄청의 조치에 대한 의견을 제출할 기회만을 주고 총괄청이 직권으로 결정하도록 되어 있다.

총괄청은 중앙관서의 장이 정당한 사유 없이 용도폐지 등을 이행하지 아니하는 경우에는 직권으로 용도폐지 등을 할 수 있다(법 제22조 제3항). 종래에는 총괄청이 관리청에게 소관 국유재산의 용도폐지 등의 요구를 할 수 있으나, 관리청이 이에 응하지 아니하는 경우 별도의 강제수단이 없어 유휴행정재산이 장기간 방치되는 등 국유재산의 효율적인 이용을 저해하는 문제가 발생하였다는 점을 감안하여 개정되었다. 법 제22조 제3항에 따라 직권으로 용도폐지된 재산은 법 제8조의2에 따라 행정재산의 사용 승인이 철회된 것으로 본다(법 제22조 제4항).

나. 용도폐지된 재산의 처리

총괄청은 용도를 폐지함으로써 일반재산으로 된 국유재산에 대하여 필요하다고 인정하는 경우에는 그 처리방법을 지정하거나 이를 인계받아 직접 처리할 수 있다(법 제23조).

---

685) 영 제15조(감사 등) ① 총괄청은 조달청의 지원을 받아 법 제21조 제3항에 따른 감사를 할 수 있다.
② 총괄청은 제1항에 따른 감사 결과 위법하거나 부당하다고 인정되는 사실이 있으면 해당 중앙관서의 장등에 그 시정을 요구하는 등 필요한 조치를 할 수 있다.
③ 제2항에 따라 필요한 조치를 요구받은 중앙관서의 장등은 그 이행결과를 총괄청과 감사원에 통보하여야 한다.

5. 중앙관서의 장의 지정

총괄청은 국유재산의 관리·처분에 관한 소관 **중앙관서의 장**이 없거나 분명하지 아니한 국유재산에 대하여 그 <u>소관 **중앙관서의 장**을 지정한다</u>(법 제24조). 「국유재산법」 제16조(현행 법 제24조) 규정에 의하여 국유재산의 관리청(소관청)을 지정하는 것은 재산의 적정한 관리·처분과 그 책임소재를 명백히 하기 위한 것인 바, 하나의 국유재산에 대하여 두 개의 관리청을 지정하는 것은 허용될 수 없다. 다만 공유지분 형태로, 즉 각각의 소유지분에 대해서는 관리청이 지정될 수 있으나 이 경우에도 재산관리상의 문제발생 여부 등 제반사정을 고려하여 협의·결정하여야 할 것이다.[686]

6. 총괄사무의 위임 및 위탁

가. 중앙관서의 장에게 위임

이 법에 따른 **총괄청**의 행정재산의 관리·처분에 관한 사무는 그 일부를 대통령령으로 정하는 바에 따라 **중앙관서의 장에게 위임할 수 있다**(법 제8조 제6항). **총괄청**은 법 제8조 제6항에 따라 다음 각 호 1. 법 제13조의 <u>기부채납에 따른 재산의 취득</u>에 관한 사무, 2. <u>행정재산</u>[공용재산 중 법 제5조 제1항 제1호에 따른 재산(부동산과 그 종물)은 제외한다]<u>의 매입 등에 따른 취득</u>에 관한 사무, 3. 「국방·군사시설 사업에 관한 법률」 제2조 제1호에 따른 <u>국방·군사시설의 취득</u>에 관한 사무, 4. <u>행정재산의 관리(취득에 관한 사무는 제외한다)</u>에 관한 사무, 5. <u>용도가 폐지된 행정재산</u>(법 제5조 제1항 제1호에 따른 재산은 제외한다)<u>의 처분</u>에 관한 사무, 6. <u>그 밖에 **총괄청**이 행정재산의 효율적인 관리·처분을 위하여 필요하다고 인정하여 지정하는 사무</u>를 **중앙관서의 장에게 위임한다**(영 제4조의3 제1항).

나. 조달청 등에게 위임 또는 정부출자기업체 등에 위탁

(1) **총괄청**은 <u>대통령령으로 정하는 바에 따라 이 법에서 규정하는 총괄에 관한 사무의 일부를 조달청장 또는 지방자치단체의 장에게 위임하거나 정부출자기업체 또는 특별법에 따라 설립된 법인으로서 대통령령으로 정하는 자에게 위탁할 수 있다</u>(법 제25조). 정부출자기업체란 정부가 출자하였거나 출자할 기업체로서 대통령령으로 정하는 기업체를 말한다(법 제2조 제6호). 위임과 위탁의 의미는 구별되어야 하고, 이와 관련하여 제1편 「감정평가법」에서 위탁을, 제3편 「국토계획법」에서 권한의 위임·위탁에 관하여 설명하였으나, 통상적으로 권한의 **위임**은 대체로 직접적인 지휘·감독관계에 있는 보조기관 또는 하급행정기관에 행하는 것인 반면, **위탁**은 이러한 지휘계통에 있지 않는 다른 행정기관이나 법인·단체 또는 그 기관이나 사인 등이 행하는 것이 보통이다.[687]

---

686) 국유재산과-205, 2005. 1. 17.

687) 위임·위탁의 근거는 우선 「정부조직법」 제6조에서 찾을 수 있는데, 같은 조 제1항 제1문 전단에서 "행정기관은 법령으로 정하는 바에 따라 그 소관사무의 일부를 보조기관 또는 하급행정기관에 위임하거나"라고 규정하고 있어 권한의 위임이 주로 보조기관이나 하급행정기관에 대해 이루어진다는 점에 관해서는 논란의 여지가 없다. 다만, 「정부조직법」

(2) **총괄청**은 법 제25조에 따라 다음 각 호 1. 법 제21조 제1항 및 제2항에 따른 **총괄사무를 지원하기** 위한 국유재산 현황의 조사 등에 관한 사무(제2항 제1호에 따른 사무는 제외한다), 2. 법 제21조 제3항에 따른 감사(監査) 및 그 밖에 필요한 조치를 지원하기 위한 국유재산 관리 실태의 확인·점검에 관한 사무, 3. 법 제24조에 따른 소관 **중앙관서의 장**의 지정에 관한 사무, 4. 삭제 〈2017. 3. 2.〉, 5. 은닉된 국유재산 및 소유자 없는 부동산(이하 "은닉재산등"이라 한다)의 사실조사와 국가 환수 및 귀속에 관한 사무, 6. 장래의 행정수요에 대비하기 위한 비축용 토지의 취득에 관한 사무, 7. **중앙관서의 장등** 소관 행정재산의 법 제73조의2 제2항에 따른 무상귀속 사전협의에 관한 사무, 8. 청사, 관사 등의 신축에 필요한 토지·건물의 조사에 관한 사무를 **조달청장**에게 **위임**한다(영 제16조 제1항).

(3) **총괄청**은 법 제25조에 따라 다음 각 호 1. 법 제21조 제1항 및 제2항에 따른 **총괄사무를 지원하기** 위한 국유재산 현황의 전수조사 사무로서 항공조사 사무 및 그에 부수하는 사무, 2. 법 제73조의2 제1항에 따른 **총괄청** 소관 일반재산에 대한 도시·군관리계획의 협의에 관한 사무, 3. 제38조 제3항에 따라 관리·처분에 관한 사무가 위탁된 **총괄청** 소관 일반재산의 「국토계획법」 및 그 밖의 법률에 따른 무상귀속 협의에 관한 사무를 「금융회사부실자산 등의 효율적 처리 및 한국자산관리공사의 설립에 관한 법률」에 따른 한국자산관리공사(이하 **"한국자산관리공사"**라 한다)에 **위탁**한다. 이 경우 위탁비용 등 필요한 사항은 기획재정부령으로 정한다(영 제16조 제2항).

(4) **조달청장** 또는 한국자산관리공사가 영 제16조 제1항 또는 제2항에 따라 위임받거나 위탁받은 사무를 수행하기 위하여 특별시장·광역시장·특별자치시장·도지사 또는 특별자치도지사(이하 "시·도지사"라 한다)와 **중앙관서의 장등**에게 협조를 요청하는 경우 시·도지사와 **중앙관서의 장등**은 이에 따라야 한다(영 제16조 제3항).

(5) **조달청장**은 영 제16조 제1항 제1호 및 제2호에 따른 사무를 수행하기 위하여 매년 2월 말일까지 국유재산 현황의 조사 계획 및 국유재산 관리 실태의 확인·점검 계획을 수립하여 **총괄청**에 보고하고, 해당 **중앙관서의 장등**에 통지하여야 한다(영 제16조 제4항). 조달청장은 영 제16조 제1항 제1호에

제6조 제1항 제1문 후단에서는 "다른 행정기관·지방자치단체 또는 그 기관에 위탁 또는 위임할 수 있다."고 규정하고 있어 여기에서 위임·위탁을 누구에게 하는지가 분명하지 않은 점이 있다. 이러한 점은 「행정권한의 위임 및 위탁에 관한 규정(이하 '임탁정'이라 한다)」(대통령령 제28781호, 2018. 4. 3. 타법개정)에서 보다 분명히 정리될 수 있다. 즉, 여기서 **"위임"**이란 법률에 규정된 행정기관의 장의 권한 중 일부를 그 보조기관 또는 하급행정기관의 장이나 지방자치단체의 장에게 맡겨 그의 권한과 책임 아래 행사하도록 하는 것을 말하고(임탁정 제2조 제1호), **"위탁"**이란 법률에 규정된 행정기관의 장의 권한 중 일부를 다른 행정기관의 장에게 맡겨 그의 권한과 책임 아래 행사하도록 하는 것을 말한다(동 규정 제2조 제2호).
그래서 정남철 교수는 위탁에 대하여 특정한 행정기관이 직접적인 지휘·감독관계에 있지 않는 다른 행정기관, 법인·단체 또는 그 기관, 그리고 사인에게 권한의 일부를 이전하여 그들 자신의 이름으로 특정한 공적과제를 독자적으로 수행하도록 하는 것으로 이해한다(정남철, "사인의 행정과제 참여와 공무위탁-특히 공무위탁의 범위와 한계를 중심으로-". 법조(통권 681호) 2013. 6., 80~82면).
사건으로는 「국유재산법」 제8조 제6항에 따라 **총괄청**의 행정재산의 관리·처분에 관한 사무에 관하여 **총괄청**이 **중앙관서의 장**에게 **"위임"**하도록 하고 있는 것은 **총괄청**과 중앙행정관이 장의 관계가 행정조직법(정부조직법)적 지위에서 보면 "위탁"의 의미이지만, 그럼에도 불구하고 하나의 행정기관에 불과한 **총괄청**이 대등한 다른 행정기관의 지위에 있는 **중앙관서의 장**에 대한 관계에서 행정재산의 관리·처분에 관한 사무에 관해서 만큼은 직접적인 지휘·감독관계의 지위로 보아 "위임"으로 규정하고 있는 것이 아닌가 생각된다.

따른 조사 결과, 같은 항 제2호에 따른 확인·점검 결과 및 국유재산의 관리에 필요한 사항 등을 **총괄청**에 보고하여야 한다(영 제16조 제5항).

Ⅲ. 중앙관서의 장의 관리·처분

1. 총괄청의 승인 및 위임

중앙관서의 장은「국가재정법」제4조에 따라 설치된 특별회계 및 같은 법 제5조에 따라 설치된 기금에 속하는 국유재산과 법 제40조 제2항 각 호에 따른 재산을 관리·처분한다(법 제8조 제3항).

중앙관서의 장은 법 제8조 제3항 외의 국유재산을 행정재산으로 사용하려는 경우에는 대통령령으로 정하는 바에 따라 **총괄청**의 승인을 받아야 한다(법 제8조 제4항). **중앙관서의 장**은 법 제8조 제4항에 따라 행정재산의 사용 승인을 받으려면 다음 각 호 1. 재산의 표시, 2. 사용 목적, 3. 사용 계획, 4. 그 밖에 **총괄청**이 필요하다고 인정하는 사항의 내용을 적은 신청서를 **총괄청**에 제출하여야 한다(영 제4조의2). **총괄청**은 법 제8조 제4항에 따른 사용승인을 할 때 법 제40조의2에 따른 우선사용예약을 고려하여야 한다(법 제8조 제5항).

중앙관서의 장은 이 법에 따른 **총괄청**의 행정재산의 관리·처분에 관한 사무 중 일부에 대하여 대통령령으로 정하는 바에 따라 **중앙관서의 장**에게 위임할 수 있다(법 제8조 제6항). 전술한 **총괄청**의 총괄 사무의 위임 및 위탁에 관한 내용과 같다.

2. 국유재산책임관의 임명 등

중앙관서의 장은 소관 국유재산의 관리·처분 업무를 효율적으로 수행하기 위하여 그 관서의 고위공무원으로서 기획 업무를 총괄하는 직위에 있는 자를 국유재산책임관으로 임명하여야 한다(법 제27조의2 제1항).

국유재산책임관의 업무는 다음 각 호 1. 법 제9조 제2항에 따른 소관 국유재산의 관리·처분에 관한 계획과 같은 조 제7항에 따른 집행계획에 관한 업무, 2. 법 제69조에 따른 국유재산관리운용보고에 관한 업무, 3. 제1호 및 제2호에 따른 업무 외에 국유재산 관리·처분 업무와 관련하여 대통령령으로 정하는 업무와 같다(법 제27조의2 제2항).[688]

국유재산책임관의 임명은 **중앙관서의 장**이 소속 관서에 설치된 직위를 지정하는 것으로 갈음할 수 있다(법 제27조의2 제3항).

---

[688] 조문에서 위임한 사항을 규정한 하위법령이 없는 상태이다.

3. 관리사무의 위임

중앙관서의 장은 대통령령으로 정하는 바에 따라 **소속 공무원에게** 그 소관에 속하는 행정재산의 관리에 관한 사무를 **위임**할 수 있다(법 제28조 제1항). **중앙관서의 장**은 위임을 받은 공무원의 사무의 일부를 분장하는 공무원을 둘 수 있다(법 제28조 제2항). **중앙관서의 장**은 법 제28조 제1항 및 제2항에 따라 그 소속 공무원에게 행정재산 관리에 관한 사무를 위임하거나 분장하게 한 경우에는 그 뜻을 에 통지하여야 한다(영 제20조 제1항).

중앙관서의 장은 대통령령으로 정하는 바에 따라 **다른 중앙관서의 장의 소속 공무원에게** 그 소관에 속하는 행정재산의 관리에 관한 사무를 **위임**할 수 있다(법 제28조 제3항). **중앙관서의 장**은 법 제28조 제3항에 따라 다른 **중앙관서의 장**의 소속 공무원에게 행정재산의 관리에 관한 사무를 위임하려는 경우에는 위임받을 공무원 및 직위와 위임할 사무의 범위에 관하여 해당 **중앙관서의 장**의 의견을 들어 위임하고, 그 사실을 **감사원**에 통지하여야 한다(영 제20조 제2항).

중앙관서의 장은 그 소관에 속하는 행정재산의 관리에 관한 사무의 일부를 대통령령으로 정하는 바에 따라 **지방자치단체의 장이나 그 소속 공무원에게 위임**할 수 있다(법 제28조 제4항). **중앙관서의 장**은 법 제28조 제4항에 따라 지방자치단체의 장 또는 그 소속 공무원에게 행정재산의 관리에 관한 사무를 위임하려는 경우에는 위임받을 공무원 및 직위와 위임할 사무의 범위에 관하여 해당 지방자치단체를 감독하는 **중앙관서의 장**의 의견을 들어 위임하고, 그 사실을 **감사원**에 통지하여야 한다(영 제20조 제3항).

제1항부터 제4항까지의 규정에 따른 사무의 위임은 **중앙관서의 장**이 해당 기관에 설치된 직위를 지정함으로써 갈음할 수 있다(법 제28조 제5항).

4. 관리위탁

가. 의의

관리위탁이라 함은 **중앙관서의 장**이 행정재산을 효율적으로 관리하기 위하여 필요하면 국가기관 외의 자에게 그 재산의 관리를 위탁하는 것을 말한다(법 제29조 제1항). 관리위탁을 받은 자는 미리 해당 **중앙관서의 장**의 승인을 받아 위탁받은 재산의 일부를 사용·수익하거나 다른 사람에게 사용·수익하게 할 수 있다(법 제29조 제2항).

나. 관리수탁자의 자격, 관리위탁 기간 등

관리위탁을 받을 수 있는 자의 자격, 관리위탁 기간, 관리위탁을 받은 재산의 사용료, 관리현황에 대한 보고, 그 밖에 관리위탁에 필요한 사항은 대통령령으로 정한다(법 제29조 제3항).

(1) 관리위탁을 받을 자의 자격

법 제29조에 따라 행정재산의 관리를 위탁(이하 "관리위탁"이라 한다)할 때에는 해당 재산의 규모, 용도 등을 고려하여 재산의 관리를 위하여 특별한 기술과 능력이 필요한 경우에는 그 기술과 능력을 갖춘 자 등 해당 재산을 관리하기에 적합한 자에게 관리위탁하여야 한다(영 제21조).

(2) 관리위탁 기간 등

관리위탁의 <u>기간은 5년 이내로</u> 하되, 다음 각 호 1. 관리위탁한 재산을 국가나 지방자치단체가 <u>직접 공용이나 공공용으로 사용하기 위하여 필요</u>한 경우, 2. 법 제29조에 따라 관리위탁을 받은 자(이하 "관리수탁자"라 한다)가 제21조에 따른 <u>관리위탁을 받을 자격을 갖추지 못하게 된 경우</u>, 3. <u>관리수탁자가 관리위탁 조건을 위반한 경우</u>, 4. <u>관리위탁이 필요하지 아니하게 된 경우</u>의 어느 하나에 해당하는 경우를 제외하고는 <u>5년을 초과하지 아니하는 범위</u>에서 종전의 관리위탁을 <u>갱신</u>할 수 있다(영 제22조 제1항).

관리수탁자가 법 제29조 제2항에 따라 <u>위탁받은 재산의 일부를 사용·수익하거나</u> 다른 사람에게 <u>사용·수익하게 하려는 경우</u>에는 <u>관리위탁 기간 내</u>에서 하여야 한다(영 제22조 제2항).

(3) 관리위탁 재산의 관리

<u>관리수탁자</u>는 선량한 관리자로서의 주의의무를 다하여 공익목적에 맞게 위탁받은 재산을 관리하여야 하며, 그 재산에 손해가 발생한 경우에는 지체 없이 <u>소관 **중앙관서의 장**에 보고</u>하여야 한다(영 제23조 제1항).

관리수탁자는 위탁받은 재산의 원형이 변경되는 대규모의 수리 또는 보수를 하려면 <u>소관 **중앙관서의 장**의 승인</u>을 받아야 한다. 다만, 긴급한 경우에는 필요한 최소한의 조치를 한 후 지체 없이 그 내용을 **중앙관서의 장**에게 보고하여야 한다(영 제23조 제2항).

(4) 관리위탁 재산의 사용료 등

법 제29조에 따라 <u>위탁받은 재산을 사용·수익하는 자에게서 받는 사용료</u>는 영 제29조(사용료율과 사용료 산출방법) 및 제67조의8(지식재산 사용료등의 산정기준)의 사용료율과 산출방법에 따라 산출된 금액을 기준으로 하되, 예상수익을 고려하여 **중앙관서의 장**이 결정한다(영 제24조 제1항).

중앙관서의 장은 1년을 단위로 관리수탁자에게 지급할 총지출이 관리수탁자로부터 받을 총수입을 초과하는 경우에는 그 차액을 관리수탁자에게 지급하여야 하며, 총수입이 총지출을 초과하는 경우에는 그 차액을 국고에 납입하게 하여야 한다. 이 경우 지출 및 수입의 범위는 기획재정부령으로 정한다(영 제24조 제2항).

(5) 관리현황에 대한 보고 등

관리수탁자는 위탁받은 재산의 연간 관리현황을 다음 연도 1월 31일까지 해당 **중앙관서의 장**에게 보고하여야 한다(영 제25조 제1항).

중앙관서의 장은 필요한 경우 관리위탁 재산의 관리현황을 확인·조사하거나 관리수탁자가 보고하도록 할 수 있다(영 제25조 제2항).

Ⅳ. 국유재산정책심의위원회

1. 입법 연혁 및 법적 성격

기존 하위법령에 개별위원회가 산재되어 있었다. 예를 들면 시행령에서는 정부소유주식매각가격산정자문위원회(시행령 제38조의2, 대통령령 제21249호), 연합청산위원회(시행령 제61조 제2항, 대통령령 제20463호)가 있었고, 훈령에서는 국유재산관리 정책자문위원회가 있었다. 이렇게 산재되어 있는 기존 개별 위원회를 '국유재산정책심의회'로 통합 운영하여 국유재산 관리업무의 효율성과 객관성의 제고를 도모하였다(법 제26조).

국유재산정책심의위원회의 설치는 당초 정부개정안에는 없었으나 국회 기획재정위원회 검토과정에서 추가되었다. 그 이유는 2009. 1. 30. 전면개정(시행 2009. 7. 31. 법률 제9401호)으로 **총괄청**으로 하여금 중장기 시각에 입각한 국유재산관리계획을 새롭게 수립하고, 종전 「국유재산 현물출자에 관한 법률」의 흡수·통합에 따라 현물출자계획서를 작성하며, 관리청 소관 국유재산에 대한 직권 용도폐지권을 부여하는 등 종전에 비해 많은 기능을 부여하고 있음에도 불구하고, 그에 상응하는 공정성·객관성 및 정당성을 확보할 수 있는 기준이나 절차에 있어 다소 미흡한 것으로 보이는바, **총괄청**의 강화된 역할에 대하여 객관적이고 공정한 심의나 자문을 할 수 있는 별도의 기구(국유재산정책심의위원회)가 필요하다 하겠다.[689] 이러한 국유재산정책심의위원회는 자문위원회에 속한다.

2. 심의 사항

국유재산의 관리·처분에 관한 다음 각 호 1. 국유재산의 중요 정책방향에 관한 사항, 2. 국유재산과 관련한 법령 및 제도의 개정·폐지에 관한 중요 사항, 2의2. 행정재산의 사용 승인 철회에 관한 사항(법 제8조의2), 3. 국유재산종합계획의 수립 및 변경에 관한 중요 사항(법 제9조), 4. 소관 **중앙관서의 장**의 지정 및 직권 용도폐지에 관한 사항(법 제16조 제2항 및 제22조 제3항), 4의2. 무상 관리전환에 관한 사항(제17조 제2호 다목), 4의3. 국유재산관리기금의 관리·운용에 관한 사항(제26조의2), 5. 일반재산의 개발에 관한 사항(법 제57조), 6. 현물출자에 관한 중요 사항(법 제60조), 6의2. 국유재산특례의

---

[689] 기획재정위원회 수석전문위원 현성수, 국유재산법 전부개정법률안(정부제출)검토보고서, 2008. 12. 25면.

신설등 및 국유재산특례의 점검·평가에 관한 사항(「국유재산특례제한법」 제6조 및 제7조), 7. 그 밖에 국유재산의 관리·처분 업무와 관련하여 **총괄청**이 중요하다고 인정한 사항을 심의하기 위하여 **총괄청**에 국유재산정책심의위원회(이하 "위원회"라 한다)를 둔다(법 제26조 제1항).

3. 구성 및 운영

가. 구성

위원회는 위원장을 포함한 20명 이내의 위원으로 구성한다(법 제26조 제2항).

법 제26조 제1항에 따른 국유재산정책심의위원회(이하 "위원회"라 한다)는 다음 각 호 1. 기획재정부장관, 2. 기획재정부장관이 지명하는 기획재정부차관 1명, 3. 교육부차관, 4. 국방부차관, 5. 행정안전부차관, 5의2. 농림축산식품부차관, 5의3. 국토교통부장관이 지명하는 국토교통부차관 1명, 5의4. 조달청장, 5의5. 산림청장, 6. 국유재산 관련 분야에 학식과 경험이 풍부한 사람으로서 다음 각 목 가. 대학 또는 공인된 연구기관에서 부교수 또는 이에 상당하는 직에 10년 이상 근무한 경력이 있는 사람, 나. 변호사 자격을 가지고 소송·법률사무 부문에서 10년 이상 종사한 경력이 있는 사람, 다. 공인회계사 자격을 가지고 감사·회계 부문에서 10년 이상 종사한 경력이 있는 사람, 라. 감정평가사 자격을 가지고 감정평가 부문에서 10년 이상 종사한 경력이 있는 사람, 마. 부동산, 증권, 또는 그 밖의 관련 분야 경력 등이 가목부터 라목까지의 기준에 상당하다고 인정되는 사람의 어느 하나에 해당하는 사람 중 기획재정부장관이 위촉하는 민간위원 11명 이내의 위원으로 구성한다(영 제17조 제1항). 영 제17조 제1항 제6호의 위원의 임기는 1년으로 한다(영 제17조 제2항).

기획재정부장관은 영 제17조 제1항 제6호의 위원이 다음 각 호 1. 심신장애로 직무를 수행할 수 없게 된 경우, 2. 직무태만, 품위손상, 그 밖의 사유로 위원으로 적합하지 아니하다고 인정되는 경우의 어느 하나에 해당하는 경우 해촉할 수 있다(영 제17조 제3항).

나. 운영

위원회의 위원장은 기획재정부장관이 되고, 위원은 관계 중앙행정기관의 소속 공무원과 국유재산 분야에 학식과 경험이 풍부한 사람 중에서 기획재정부장관이 임명 또는 위촉한다. 이 경우 공무원이 아닌 위원의 정수는 전체 위원 정수의 과반수가 되어야 한다(법 제26조 제3항). 위원회의 위원장은 위원회를 소집하고, 위원회의 업무를 총괄한다(영 제17조 제4항). 위원회는 위원회의 심의를 위하여 필요하다고 인정하는 경우에는 관계기관의 장 및 관계자 또는 해당 분야의 전문가를 출석시켜 의견을 들을 수 있다(영 제17조 제5항). 영 제17조 제1항부터 제5항까지에서 규정한 사항 외에 위원회의 운영 등에 필요한 사항은 위원회의 의결을 거쳐 위원회의 위원장이 정한다(영 제17조 제6항).

4. 분과위원회

가. 법적 근거

위원회를 효율적으로 운영하기 위하여 위원회에 분야별 분과위원회를 둘 수 있다. 이 경우 분과위원회의 심의는 위원회의 심의로 본다(법 제26조 제4항).

법 제26조 제1항부터 제4항까지에서 규정한 사항 외에 위원회 및 분과위원회의 조직과 운영 등에 필요한 사항은 대통령령으로 정한다(법 제26조 제5항).

법 제26조 제4항 전단에 따라 위원회에 분야별 분과위원회로 부동산분과위원회, 증권분과위원회 및 기부 대 양여 분과위원회를 둔다(영 제18조 제1항).

나. 분과위원회의 심의 사항

영 제18조 제1항에 따른 분과위원회(이하 "분과위원회"라 한다)의 심의 사항은 다음 각 호의 구분에 따른다(영 제18조 제2항).

1. 부동산분과위원회: 가. 법 제9조 제4항 제3호에 따른 처분기준 중 매각에 관한 사항, 나. 법 제26조 제1항 제2호의2, 제4호, 제5호 및 제6호의2의 사항, 다. 그 밖에 국유재산(증권은 제외한다)의 관리·처분 업무와 관련하여 부동산분과위원회의 심의가 필요하다고 **총괄청**이 인정하는 사항
2. 증권분과위원회: 가. 법 제26조 제1항 제6호의 사항, 나. 증권의 매각 예정가격 결정에 관한 사항, 다. 증권에 대한 제42조 제3항에 따른 매각 예정가격 감액률 결정에 관한 사항, 라. 그 밖에 증권의 관리·처분 업무와 관련하여 증권분과위원회의 심의가 필요하다고 **총괄청**이 인정하는 사항
3. 기부 대 양여 분과위원회: 가. 법 제55조 제1항 제3호에 따른 양여(이하 이 호에서 "기부 대 양여"라 한다)에 관한 사항, 나. 그 밖에 기부 대 양여의 결정 및 관리 업무와 관련하여 기부 대 양여 분과위원회의 심의가 필요하다고 **총괄청**이 인정하는 사항

다. 분과위원회의 구성

각 분과위원회는 위원장 1명을 포함한 다음 각 호의 구분에 따른 위원으로 구성하며, 각 분과위원회의 위원장은 기획재정부장관이 지명하는 기획재정부차관이 된다(영 제18조 제3항).

1. 부동산분과위원회: 제17조 제1항 제2호·제5호·제5호의4 및 제5호의5의 위원과 제6호에 해당하는 위원 중 기획재정부장관이 위촉하는 6명 이내의 위원
2. 증권분과위원회: 제17조 제1항 제2호·제5호 및 제5호의4의 위원과 제6호에 해당하는 위원 중 기획재정부장관이 위촉하는 5명 이내의 위원
3. 기부 대 양여 분과위원회: 제17조 제1항 제2호·제4호·제5호·제5호의3 및 제5호의4의 위원과 제6호에 해당하는 위원 중 기획재정부장관이 위촉하는 5명 이내의 위원

라. 준용규정

분과위원회의 운영 등에 관하여는 영 제17조 제4항부터 제6항까지의 규정을 준용한다. 이 경우 "위원회"는 "분과위원회"로 본다(영 제18조 제4항).

| 제3절 | 국유재산관리기금[690) |

Ⅰ. 국유재산관리기금의 설치

기금은 국가가 특정한 목적을 위하여 특정한 자금을 신축적으로 운용할 필요가 있을 때에 한하여 법률로써 설치하되, 정부의 출연금 또는 법률에 따른 민간부담금을 재원으로 하는 기금은 [별표 2]에 규정된 법률에 의하지 아니하고는 이를 설치할 수 없다(국가재정법 제5조 제1항). 기금은 세입세출예산에 의하지 아니하고 운용할 수 있다(국가재정법 제5조 제2항). 국유재산의 원활한 수급과 개발 등을 통한 국유재산의 효용을 높이기 위하여 국유재산관리기금을 설치한다(법 제26조의2).

정부가 제출한 「국가재정법 일부개정법률안」 및 「국유재산법 일부개정법률안」에는 국유재산관리기금의 신설 및 기금운용과 관련된 규정을 두고 있으며, 국유재산관리기금은 「국가재정법」 제5조 제1항에 따라 「국유재산법」의 법적 근거를 가지고 설치된 기금이다. 동 규정은 2011. 4. 1. 시행법부터 국유재산 관련 세입·세출을 일반회계로 운영함에 따라 국유재산의 수급조정 기능이 미흡했던 문제가 있는 바, **총괄청** 소관 일반재산 관리·처분 대금을 재원으로 공용재산의 취득사업 등을 수행하는 국유재산관리기금을 설치하였다. 국유재산의 원활한 수급과 개발 등을 위하여 설치·운용하려는 것으로서 2007년 1월 1일에 폐지된 "국유재산특별회계"[691)와 다소 유사한 점도 있지만 목적, 사업내용 및 운용구조 등에 있어서 다음과 같은 차이가 있다.

〈표 20〉 국유재산관리특별회계와 국유재산관리기금의 비교

구 분		국유재산관리특별회계	국유재산관리기금
목 적		국유재산의 효율적 관리("국유지 관리의 취합" 성격)	국유재산의 원활한 수급과 활용도 제고
사 업		일반재산 관리 및 청사 신축·취득(비축토지 매입 병행)	일반재산 관리 및 공용재산의 신축·취득, 비축토지 매입 및 국유지 개발
구 조	소속 재산	일반재산, 산림청 소관 국유임야	기금으로 매입한 재산은 일반회계 소속재산으로 처리
	계정	재산관리·정부시설·사법시설 계정 (칸막이식 운용)	단일계정
	타회계	타 기금이나 회계로 전출 불가(일반회계에서 국특	타 기금 또는 회계로 전출 및 전입 가능(신축적

---

690) 「국유재산법」상 제2장의2에 속한다.
691) 1994년에 도입되어 재산관리계정(국유임야 및 잡종재산), 정부청사계정(정부청관사 및 군용시설), 사법시설계정 등으로 운용.

구 분		국유재산관리특별회계	국유재산관리기금
	관계	회계의 재산관리계정으로의 전입만 규정)	재정운용 고려)
기 타		200억원 미만 청사 신축예산은 일반회계에서 별도 편성하는 이원화된 청사사업 운용	타 기금 및 특별회계를 제외한 모든 일반회계 청사 취득·신축사업을 기금예산으로 일원화⇒**총괄청**이 통합 조정·편성

출처: 기획재정위원회 수석전문위원 국경복, 국유재산법등 일부개정법률안【정부제출】검토보고, 2010. 11.

Ⅱ. 국유재산관리기금의 신설에 관한 심사

한편, 「국가재정법」 제14조 제1항에 따르면 **중앙관서의 장**은 소관 사무와 관련하여 특별회계 또는 기금을 신설하고자 하는 때에는 해당 법률안을 입법예고하기 전에 특별회계 또는 기금의 신설에 관한 계획서(이하 이 조에서 "계획서"라 한다)를 기획재정부장관에게 제출하여 그 신설의 타당성에 관한 심사를 요청하여야 한다.

그리고 기획재정부장관은 같은 법 같은 조 제2항에 따르면 제1항에 따라 심사를 요청받은 경우 기금에 대하여는 1. 부담금 등 기금의 재원이 목적사업과 긴밀하게 연계되어 있을 것, 2. 사업의 특성으로 인하여 신축적인 사업추진이 필요할 것, 3. 중·장기적으로 안정적인 재원조달과 사업추진이 가능할 것, 4. 일반회계나 기존의 특별회계·기금보다 새로운 특별회계나 기금으로 사업을 수행하는 것이 더 효과적일 것의 제1호부터 제4호까지의 기준에 적합한지 여부를 심사하여야 한다. 이 경우 미리 자문회의에 자문하여야 한다.

Ⅲ. 재원 및 자금의 차입

국유재산관리기금은 다음 각 호 1. 정부의 출연금 또는 출연재산, 2. 다른 회계 또는 다른 기금으로부터의 전입금, 3. 법 제26조의4(자금의 차입)에 따른 차입금, 4. 다음 각 목 가. 대부료, 변상금 등 재산관리에 따른 수입금, 나. 매각, 교환 등 처분에 따른 수입금의 어느 하나에 해당하는 **총괄청** 소관 일반재산(증권은 제외한다)과 관련된 수입금, 5. **총괄청** 소관 일반재산에 대한 제57조의 개발에 따른 관리·처분 수입금, 6. 제1호부터 제5호까지의 규정에 따른 재원 외에 국유재산관리기금의 관리·운용에 따른 수입금의 재원으로 조성한다(법 제26조의3).

총괄청은 국유재산관리기금의 관리·운용을 위하여 필요한 경우에는 위원회의 심의를 거쳐 국유재산관리기금의 부담으로 금융회사 등이나 다른 회계 또는 다른 기금으로부터 자금을 차입할 수 있다(법 제26조의4 제1항). **총괄청**은 국유재산관리기금의 운용을 위하여 필요할 때에는 국유재산관리기금의 부담으로 자금을 일시차입할 수 있다(법 제26조의4 제2항). 일시차입금은 해당 회계연도 내에 상환하여야 한다(법 제26조의4 제3항).

IV. 국유재산관리기금의 용도

국유재산관리기금은 다음 각 호 1. 국유재산의 취득에 필요한 비용의 지출, 2. **총괄청** 소관 일반재산의 관리·처분에 필요한 비용의 지출, 3. 법 제26조의4에 따른 차입금의 원리금 상환, 4. 법 제26조의6에 따른 국유재산관리기금의 관리·운용에 필요한 위탁료 등의 지출, 5. 법 제42조 제1항에 따른 **총괄청** 소관 일반재산 중 부동산의 관리·처분에 관한 사무의 위임·위탁에 필요한 귀속금 또는 위탁료 등의 지출, 6. 법 제57조에 따른 개발에 필요한 비용의 지출, 7. 「국가재정법」 제13조에 따른 다른 회계 또는 다른 기금으로의 전출금, 8. 제1호부터 제7호까지의 규정에 따른 용도 외에 국유재산관리기금의 관리·운용에 필요한 비용의 지출의 어느 하나에 해당하는 용도에 사용한다(법 제26조의5 제1항). 국유재산관리기금에서 취득한 재산은 일반회계 소속으로 한다(법 제26조의5 제2항).

V. 국유재산관리기금의 관리·운용

국유재산관리기금은 **총괄청**이 관리·운용한다(법 제26조의6 제1항). **총괄청**은 국유재산관리기금의 관리·운용에 관한 사무의 일부를 대통령령으로 정하는 바에 따라 「한국자산관리공사 설립 등에 관한 법률」에 따른 한국자산관리공사(이하 "한국자산관리공사"라 한다)에 위탁할 수 있다(법 제26조의6 제2항). **총괄청**은 법 제26조의6 제2항에 따라 다음 각 호 1. 법 제26조의2에 따른 국유재산관리기금의 관리·운용에 관한 회계 사무, 2. 국유재산관리기금의 결산보고서 작성에 관한 사무, 3. 법 제57조 제1항에 따라 국유재산관리기금의 재원으로 개발하는 사업에 관한 사무, 4. 국유재산관리기금의 여유자금 운용에 관한 사무, 5. 그 밖에 **총괄청**이 국유재산관리기금의 관리·운용에 관하여 필요하다고 인정하는 사무를 한국자산관리공사에 위탁한다(영 제18조의2 제1항). 한국자산관리공사가 제1항에 따라 위탁받은 사무를 처리하는 데에 드는 비용은 국유재산관리기금의 부담으로 한다(영 제18조의2 제2항).

VI. 국유재산관리기금의 회계기관

총괄청은 소속 공무원 중에서 국유재산관리기금의 수입과 지출에 관한 업무를 수행할 기금수입징수관, 기금재무관, 기금지출관 및 기금출납공무원을 임명하여야 한다(법 제26조의7 제1항).

총괄청이 법 제26조의6 제2항에 따라 국유재산관리기금의 관리·운용에 관한 사무의 일부를 한국자산관리공사에 <u>위탁</u>한 경우에는 국유재산관리기금의 출납업무 수행을 위하여 한국자산관리공사의 임원 중에서 기금수입 담당임원과 기금지출원인행위 담당임원을, 한국자산관리공사의 직원 중에서 기금지출원과 기금출납원을 각각 임명하여야 한다. 이 경우 기금수입 담당임원은 기금수입징수관의 직무를, 기금지출원인행위 담당임원은 기금재무관의 직무를, 기금지출원은 기금지출관의 직무를, 기금출납원은 기금출납공무원의 직무를 수행한다(법 제26조의7 제2항).

제3장 국유재산의 취득

Ⅰ. 국유재산 취득의 의의

「국유재산법」은 국유재산의 효율적인 관리·처분을 목적으로 한다(법 제1조). 이 법에서 관리란 국유재산의 취득·운용과 유지·보존을 위한 모든 행위를 말하고(법 제2조 제3호), 처분이란 매각·교환·양여·신탁·현물출자 등의 방법으로 국유재산의 소유권이 국가 외의 자에게 이전되는 것을 말한다(법 제2조 제4호). 동법에서 관리와 처분은 구별하지만 관리의 개념에 취득을 포함하고 있다. 이는 당초 1956. 11. 28. 제정(시행 1957. 11. 14. 법률 제405호) 당시부터 일관되게 국유재산의 취득을 관리의 개념에 포함하고 있음에 유념할 필요가 있다.

그러나 통상적으로 재산의 취득과 관리라는 개념은 별개의 것이고 관리는 취득 이후에 생성되는 개념이다. 그러나 「국유재산법」에서 "관리·처분"이라고 할 때와 "관리"라고만 할 때의 개념이 같지 않고, 관리라고만 할 때는 취득의 의미가 포함되지 않은 규정들이 보이고 있어서 법률해석에 주의가 요구된다. 뿐만 아니라 「국유재산법」은 관리의 개념에 포함된 취득이 아닌, 원래 재산의 취득과 같은 국유재산의 "취득"에 관한 규정을 두고 있다. 따라서 동법에서도 이를 구분하는 것이 좋겠다.

국유재산 취득의 유형으로는 「토지보상법」에 따라 공익사업에 필요한 토지 등을 협의 또는 수용에 의하여 취득하는 것이 가장 일반적이라 하겠으나, 이 밖에도 「국토계획법」·「개발제한구역법」·「군사기지법」 등 각 개별법에 의한 매수청구에 의한 취득, 정부조달계약에 의한 취득, 은닉된 국유재산 등의 신고에 의한 취득, 무주부동산의 취득, 기부채납, 공공시설의 무상귀속 등에 의한 취득이 있다.

Ⅱ. 국가의 국유재산 취득재원 확보노력의무[692]

국가는 국유재산의 매각대금과 비축 필요성 등을 고려하여 국유재산의 취득을 위한 재원을 확보하도록 노력하도록 하여(법 제10조 제1항), 장래 행정수요 등에 필요한 국유지의 비축기능을 강화할 수 있도록 하였다. 공공재적 기능 등 국유재산의 기능에도 불구하고, 「국유재산관리특별회계법」이 폐지(법률 제7724호, 2005. 12. 14. 공포, 2007. 1. 1. 시행)됨에 따라 국유재산의 매각대금 및 취득 재원이 일반회계로 편입되어, 매각대금이 경상경비로 사용되어 토지비축 역할이 상대적으로 소홀해질 우려가 크다 하겠다.

중앙관서의 장이 「국가재정법」 제4조에 따라 설치된 특별회계와 같은 법 제5조에 따라 설치된 기금의 재원으로 공용재산 용도의 토지나 건물을 매입하려는 경우에는 **총괄청**과 협의하여야 한다(법 제10조 제2항).

Ⅲ. 은닉재산(은닉된 국유재산)등의 신고에 의한 취득

1. 은닉재산(은닉된 국유재산) 등의 의의

은닉재산(은닉된 국유재산)등의 신고에 의한 취득제도는 행정청이 포착하지 못한 은닉재산 및 무주부동산의 취득을 위해 보상금을 지급하더라도 국민으로 하여금 관련 정보의 제공을 장려하는 것에 입법 목적이 있다. 「국유재산법」은 "**은닉재산**"의 정의 규정을 두고 있지 않으며, 다만, 「국유재산법 시행령」 제75조 제1항에 "**은닉된 국유재산**"에 대하여 규정하고 있을 뿐인데, 법률에서는 **은닉재산**이라 하고, 시행령에서는 **은닉된 국유재산**이라 하고 있으나, 국유재산이 은닉되어 국가 외의 자의 명의로 등기 또는 등록되어 있더라도 은닉재산의 등기가 공신력을 갖지 못한다는 점에서, 실제 소유는 국가이므로 "은닉된 국유재산"이라는 용어가 합당할 것으로 보인다. 법 제77조에 따른 보상금의 지급 또는 양여의 대상이 되는 **은닉된 국유재산**은 등기부 등본 또는 지적공부에 국가 외의 자의 명의로 등기 또는 등록되어 있고, 국가가 그 사실을 인지하지 못하고 있는 국유재산(영 제75조 제1항)을 말한다.[693] 법 제77조에 따른 보상금의 지급 또는 양여의 대상이 되는 **소유자 없는 부동산**은 등기부 등본 또는 지적공부에

---

692) 이와 같은 노력의무규정은 이에 반하는 행위를 위법·무효로 하는 법적 효과를 발생시키는 것이 아니라, 기본적으로 국가를 당사자로 하여 임의적·자발적 이행을 기대하는 것이다. 동 규정은 총칙규정에 위치하고 있어서 구체적 노력의 무규정이라기 보다는 훈시적·추상적 노력의무 규정으로 이해하여야 한다(박영도, 입법학입문, 법령정보관리원, 2014, 528~530면). 따라서 국가의 비축토지 재원 확보 노력의무라는 선언적 규정만으로는 향후 시급히 필요한 비축토지 예산의 확보에 한계가 있을 수밖에 없는데, 향후 정부 청사 등 공용 목적의 토지 수요 등 행정수요 및 각종 국책사업의 추진에 소요되는 토지 수요에 대응하고, 토지수용 시 과다한 예산소요와 토지보상비에 기인한 부동산시장 불안정 등의 부작용을 최소화할 필요가 있는바, 앞으로 토지수요가 발생하는 경우 적기에 공급할 수 있는 제도적 방안을 조속히 강구할 필요가 있을 것으로 보고 있다(기획재정위원회 수석전문위원 현성수, 국유재산법 전부개정법률안(정부제출)검 토보고서, 2008. 12. 12면).

693) 다만 「국세기본법」 제84조의2 제3항에서는 "은닉재산"에 대하여 체납자가 은닉한 현금, 예금, 주식, 그 밖에 재산적 가치가 있는 유형·무형의 재산을 말하는 것으로 정의하고 있다.

등기 또는 등록된 사실이 없는 재산이거나 그 밖에 소유자를 확인할 수 없는 재산으로서 국가가 그 사실을 인지하지 못하고 있는 재산(다만, 공공용재산은 제외한다)으로 한다(영 제75조 제2항).

여기서 영 제75조 제1항 및 제2항 본문에 따른 국가가 인지하지 못하고 있는 재산이란 다음 각 호 1. 국유재산대장 또는 공유재산대장에 국유재산 또는 공유재산으로 적혀 있는 재산, 2. 국가와 소유권을 다투는 소송이 계류 중이거나 그 밖의 분쟁이 있는 재산, 3. 국가가 환수절차를 밟기 시작한 재산, 4. 섬 외의 재산을 말한다(시행규칙 제51조).

2. 은닉재산 등의 신고에 의한 취득 절차

가. 신고

(1) 은닉재산 등의 신고는 조달청장에게 하여야 한다(영 제75조 제3항). 은닉재산등을 법 제77조 제1항에 따라 신고하려는 자는 별지 제18호 서식의 은닉된 국유재산 또는 소유자 없는 부동산 신고서를 조달청장에게 제출(조달청장이 지정·고시하는 정보처리장치를 이용하여 제출하는 것을 포함한다)하여야 한다(칙 제52조 제1항). 조달청장은 신고서를 접수하면 신고접수증을 발급하여야 한다. 다만, 정보처리장치를 통하여 은닉재산 등의 신고서를 제출받은 경우에는 신고접수증을 발급하지 아니할 수 있다(칙 제52조 제2항). 신고된 재산이 은닉재산 등이 아닌 것이 명백한 경우에는 조달청장은 이유를 붙여 그 신고서를 반려할 수 있다(칙 제52조 제3항).

(2) 대법원은 신고 방법에 관하여 "은닉국유재산으로 의심되는 토지의 목록을 제출하면서 구두로 그에 대한 전반적인 조사를 요청한 것이 단서가 되어 해당 토지에 대한 국가 환수가 이루어졌다면 위 구두에 의한 신고행위는 「국유재산법」 제53조(현행 제77조)에서 규정하는 적법한 신고로 볼 수 있다."고[694] 판시하였다.

(3) 행정법상 신고에 대한 법적 규율은 「행정절차법」 제40조에서 규정하고 있는데,[695] 여기서 신고는 "법령 등에서 행정청에 대하여 일정한 사항을 통지함으로써 의무가 끝나며(같은 조 제1항), 신고서가 접수기관에 도달된 때에 신고 의무가 이행된 것으로 본다(같은 조 제2항)." 은닉된 국유재산의 신고는 행정주체가 행하는 기관으로서의 행위가 아니라, 행정주체에 대하여 행정의 상대방이 행하는 공법행위를 말하는 것으로 사인이 행위주체가 되고, 여기서 신고는 자기완결적 행위인 신고를 의미하는 것으로 보인다.[696]

---

694) 대법원 2004. 7. 22. 선고 2004다18323 판결.

695) 여기에 관해서는 제3편 건축법, "건축신고" 부분을 참고하라.

696) 공법행위의 효과 측면에서 사인의 공법행위로서 신고는 '자기완결적(자체완성적, 수리를 요하지 않는, 전형적) 행위인 신고'와 '수리를 요하는(행정요건적, 변형적) 신고'로 나뉜다. 전자는 신고서가 행정청에 도달되어 행정청에 대하여 일정한 사항을 통지한 때에 법적 효과가 발생하는 신고를 말하고, 행정청의 수리를 요하지 아니하므로 '수리를 요하지 아니하는 신고'라고 부르기도 한다. 후자는 사인이 행정청에 대하여 일정한 사항을 통지하고 행정청이 수리함으로써 법적 효과가 발생하는 신고를 말한다. 여기서 수리란 사인이 알려온 일정한 사항을 행정청이 유효한 것으로 받아들이는 행위를 말한다.

나. 조사 및 환수

조달청장은 신고된 재산을 직접 조사하여 은닉재산 등의 여부 및 보상금 지급대상 여부를 기획재정부장관에게 보고하고, 신고인에게 통지하여야 한다(칙 제53조 제1항). 여기서 조사는 사인의 신고에 의한 정보취득을 위한 행정청의 사실행위로 보아야 할 것이다.

조달청장은 조사한 재산이 은닉재산 등에 해당하는 경우 소관 **중앙관서의 장**을 지정하고[697] 해당 재산을 국가의 명의로 등기하여야 한다(칙 제53조 제2항). 국가의 명의로 등기하는 것은 국가외의 소유에서 국가 소유인 것으로 환수 조치하는 것을 의미한다.

3. 은닉재산 등의 신고에 의한 보상금 지급

가. 의의 및 법적 성질

(1) 지방자치단체 이외의 자나 지방자치단체가 은닉된 국유재산이나 소유자 없는 부동산을 발견하여 정부에 신고할 경우에는 대통령령으로 정하는 바에 따라 보상금을 지급하거나, 그 재산가격의 2분의 1의 범위에서 그 지방자치단체에 국유재산을 양여하거나 보상금을 지급할 수 있다(법 제77조 제1항 및 제2항).

법 제77조에 따른 보상금의 지급 또는 양여의 대상이 되는 **은닉된 국유재산은 등기부 등본 또는 지적공부에 국가 외의 자의 명의로 등기 또는 등록되어 있고,** 국가가 그 사실을 인지하지 못하고 있는 국유재산으로 한다(영 제75조 제1항). 법 제77조에 따른 보상금의 지급 또는 양여의 대상이 되는 **소유자 없는 부동산**은 등기부 등본 또는 지적공부에 등기 또는 등록된 사실이 없는 재산이거나 그 밖에 소유자를 확인할 수 없는 재산으로서 국가가 그 사실을 인지하지 못하고 있는 재산으로 한다. 다만, 공공용 재산은 제외한다(영 제75조 제2항). 법 제77조에 따른 은닉재산등의 신고는 기획재정부령으로 정하는 바에 따라 조달청장에게 하여야 한다(영 제75조 제3항). 조달청장은 기획재정부령으로 정하는 바에 따라 은닉재산등 처리대장을 갖추어 두고 이에 필요한 사항을 적어야 한다(영 제75조 제4항).

(2) 신고보상금제도는 행정목적을 수행하기 위하여 행정청과 국민사이에 체결되는 행정계약으로서 특히 사법적 법률효과를 발생하는 사법상 계약이다. 더 구체적으로 보면 신고보상금제는 민사상 전형계약의 하나인 현상광고(懸賞廣告)로서 행정청이 은닉재산 등의 신고를 한 자에게 「국유재산법」상 일정한 보수를 지급할 의사를 표시하고 이에 응한 자가 그 광고에 정한 행위를 완료함으로써 효력이 생기는 계약이다(민법 제675조). 따라서 행정상 손실보상이 아니고, 현행 「국세기본법」 제84조의2에서는 탈루세액, 부당하게 환급·공제받은 세액, 은닉재산의 신고를 한 경우 포상금을 지급하는 것을 규정하고 있는데, 개별법에 따라 보상금, 포상금으로 규정하고 있어도 국가가 국민의 은닉재산 등의 신고에 대하여 국유재산의 환수조치라는 행정목적 실현을 위한 반대급부로 행하는 입법 정책적 규정이다.

---

[697] **중앙관서의 장**의 지정은 「국유재산법」 제24조, 동법 시행규칙 제11조에 의한다.

나. 신고보상금의 지급

보상금지급이 되는 해당재산을 신고하였다 하여도 다음 각 호 1. 은닉된 국유재산이나 소유자 없는 부동산의 원인을 제공한 자가 신고한 경우, 2. 신고한 재산을 과거에 취득하였던 자로서 이를 보유하던 중에 은닉재산임을 인지한 자가 신고한 경우, 3. 국민이 아닌 자가 신고한 경우의 어느 하나에 해당하는 경우에는 법 제77조제1항과 영 제76조에 따른 보상금을 지급하지 아니한다(칙 제50조). 영 제76조 제1항 및 제3항에 따른 해당 재산가격의 결정에 관하여는 행정재산 사용료를 계산할 때 해당 재산가격 (영 제29조 제2항 각 호)을 준용한다.

(1) 지방자치단체 이외의 자가 발견·신고한 경우

지방자치단체 이외의 자가 발견하여 신고한 은닉재산등의 국가귀속이 확정되었을 때에는 법 제77조에 따라 그 신고자에게 해당 재산가격의 100분의 10의 범위에서 보상금을 지급한다(영 제76조 제1항). 신고 보상금은 3천만원을 한도로 하되, 은닉재산 등의 종류별 보상률과 최고 금액은 기획재정부령으로 정한다(영 제76조 제2항).

(2) 지방자치단체가 발견·신고한 경우

지방자치단체가 은닉된 국유재산이나 소유자 없는 부동산을 발견하여 신고한 경우에는 대통령령으로 정하는 바에 따라 그 재산가격의 2분의 1의 범위에서 그 지방자치단체에 국유재산을 **양여**하거나 **보상금을 지급**할 수 있다(법 제77조 제2항).

법 제77조 제2항에 따라 지방자치단체에 보상하려는 경우에는 다음 각 호의 구분에 따라 재산을 **양여**할 수 있다(영 제76조 제3항).

1. **은닉재산**을 발견·신고한 경우: **총괄청**이 지정하는 재산으로서 지방자치단체가 신고한 해당 재산가격의 100분의 30을 넘지 아니하는 금액에 상당하는 재산을 **양여**
2. 다음 각 목의 어느 하나에 해당하는 **소유자 없는 부동산**을 발견·신고한 경우: **총괄청**이 지정하는 재산으로서 지방자치단체가 신고한 해당 재산 가격의 100분의 15를 넘지 아니하는 금액에 상당하는 재산을 **양여**
   가. 공공용재산(폐도와 폐하천을 포함한다) 외에 처음부터 등기부 등본 또는 지적공부에 등기 또는 등록된 사실이 없는 재산
   나. 공유수면 매립 등으로 조성된 토지의 이해관계인이 없어 소유권 취득 절차를 밟지 아니한 재산

(3) 신고한 자가 둘 이상인 경우

은닉재산 등을 신고한 자가 둘 이상인 경우에는 먼저 신고한 자에게 보상금을 지급한다. 다만, 신고한 면적이 서로 다른 경우에는 나중에 신고한 자에게도 잔여분에 한정하여 보상금을 지급할 수 있다 (영 제76조 제4항).

4. 은닉재산의 자진반환자 등에 관한 특례

은닉된 국유재산을 선의(善意)로 취득한 후, 그 재산을 다음 각 호 1. 자진 반환, 2. 재판상의 화해, 3. 그 밖에 대통령령으로 정하는 원인의[698] 어느 하나에 해당하는 원인으로 국가에 반환한 자에게, 같은 재산을 매각하는 경우에는 법 제50조에도 불구하고 대통령령으로 정하는 바에 따라, 반환의 원인 별로 차등을 두어, 그 매각대금을 이자 없이 12년 이하에 걸쳐 나누어 내게 하거나, 매각 가격에서 8할 이하의 금액을 뺀 잔액을 그 매각대금으로 하여 전액을 한꺼번에 내게 할 수 있다(법 제78조).[699]

IV. 무주부동산(소유자 없는 부동산)의 취득

총괄청이나 **중앙관서의 장**은 소유자 없는 부동산을 국유재산으로 취득한다(법 제12조 제1항). **총괄청**이나 **중앙관서의 장**은 제1항에 따라 소유자 없는 부동산을 국유재산으로 취득할 경우에는 대통령령으로 정하는 바에 따라[**총괄청**이나 **중앙관서의 장**이 공고할 사항은 다음 각 호 1. 해당 부동산의 표시, 2. 공고 후 6개월이 지날 때까지 해당 부동산에 대하여 정당한 권리를 주장하는 자가 신고하지 아니하면 국유재산으로 취득한다는 뜻과 같다 (영 제7조 제1항)] 6개월 이상의 기간을 정하여 그 기간에 정당한 권리자나 그 밖의 이해관계인이 이의를

---

698) 조문에서 위임한 사항을 규정한 하위법령이 없는 상태이다.
699) 영 제77조(은닉재산의 자진반환자 등에 관한 특례) ① 법 제78조에 따른 매각의 대상이 되는 은닉된 국유재산은 등기부 등본 또는 지적공부에 국가 외의 자의 명의로 등기 또는 등록된 국유재산으로 한다.
② 법 제78조에 따라 은닉된 국유재산을 국가에 반환한 자에게 매각하는 경우 그 반환의 원인에 따라 매각대금을 나누어 낼 때의 분할납부기간과 일시납부하는 때의 매각대금은 [별표 3]과 같다.

■ **국유재산법 시행령 [별표 3] 〈개정 2011.10.14.〉**
은닉재산의 매각대금 분할납부 시 분할납부기간과 일시납부 시 매각대금(영 제77조 제2항 관련)

반환의 원인	분할납부하는 때의 매각대금 분할납부기간	일시납부하는 때의 매각대금
1. 자진반환 또는 제소 전 화해	12년 이하	매각가격의 20퍼센트
2. 제1심 소송 진행 중의 화해 또는 청구의 인낙	10년 이하	매각가격의 30퍼센트
3. 항소 제기 전 항소권의 포기 또는 항소 제기기간의 경과로 인한 항소권의 소멸	8년 이하	매각가격의 40퍼센트
4. 항소의 취하, 항소심의 소송 진행 중 화해 또는 청구의 인낙	6년 이하	매각가격의 50퍼센트
5. 상고 제기 전 상고권의 포기 또는 상고 제기기간의 경과로 인한 상고권의 소멸	4년 이하	매각가격의 60퍼센트
6. 상고의 취하, 상고심의 소송 진행 중 화해 또는 청구의 인낙	2년 이하	매각가격의 70퍼센트

③ 제2항에 따른 자진반환의 경우에 그 반환일은 반환하려는 은닉재산의 소유권 이전을 위한 등기신청서의 접수일로 한다.

제기할 수 있다는 뜻을 공고하여야 한다(법 제12조 제2항). 공고는 관보와 일간신문에 게재하고 해당 부동산의 소재지를 관할하는 지방조달청의 인터넷 홈페이지에 14일 이상 게재하여야 한다(영 제7조 제2항).

판례는 "등기부취득시효가 인정되려면 점유의 개시에 과실이 없어야 하고, 증명책임은 주장자에게 있으며, 여기서 무과실이란 점유자가 자기의 소유라고 믿은 데에 과실이 없음을 말한다. 그런데 부동산에 등기부상 소유자가 존재하는 등 소유자가 따로 있음을 알 수 있는 경우에는 비록 소유자가 행방불명되어 생사를 알 수 없더라도 부동산이 바로 무주부동산에 해당하는 것은 아니므로, 소유자가 따로 있음을 알 수 있는 부동산에 대하여 국가가 「국유재산법」 제8조에 따른 무주부동산 공고절차를 거쳐 국유재산으로 등기를 마치고 점유를 개시하였다면, 특별한 사정이 없는 한 점유의 개시에 자기의 소유라고 믿은 데에 과실이 있다."고 보았다.[700]

총괄청이나 **중앙관서의 장**은 소유자 없는 부동산을 취득하려면 공고기간에 이의가 없는 경우에만 공고를 하였음을 입증하는 서류를 첨부하여 「공간정보관리법」에 따른 지적소관청에 소유자 등록을 신청할 수 있다(법 제12조 제3항). 무주의 부동산을 국유재산으로 취득한 경우에는 그 **등기일부터 10년간**은 처분을 하여서는 아니 된다.[701] 다만, 해당 국유재산이 「토지보상법」에 따른 공익사업에 필요하게 된 경우, 2. 해당 국유재산을 매각하여야 하는 불가피한 사유가 있는 경우로서 법 제9조 제4항 제3호(국유재산 처분의 기준에 관한 사항)에 따른 기준에서 정한 경우가 있으면 처분할 수 있다(법 제12조 제4항 및 영 제7조 제3항).

V. 기부채납(寄附採納)에 의한 취득

1. 기부채납의 의의

행정법상의 개념으로 국가 또는 지방자치단체가 무상으로 재산을 받아들이는 것을 말한다. 기부는 민법상의 증여이고 채납은 승낙이다. 기부채납된 재산은 국유재산이 된다. 법 제2조 제2호에 따르면 기부채납이란 국가 외의 자가 법 제5조 제1항 각 호에 해당하는 재산의 소유권을 무상으로 국가에 이전하여 국가가 이를 취득하는 것으로 정의하고 있다. 대법원도 "기부채납은 기부자가 그의 소유재산을 국가 또는 지방자치단체의 국유·공유재산으로 증여하는 의사표시를 하고 국가 또는 지방자치단체는 이를 승낙하는 채납의 의사표시를 함으로써 성립하는 증여계약"으로 정의하고 있다.[702]

기부채납은 당사자들의 의사에 따라 이루어지는 것이지만, 「국토계획법」 제65조와 「도시정비법」 제

---

700) 대법원 2016. 8. 24. 선고 2016다220679 판결; 대법원 2008. 10. 23. 선고 2008다45057 판결.
701) 2016. 3. 2. 시행법부터 국가가 취득한 무주부동산의 처분제한 기간의 기산점이 국가 명의로 소유권등기를 하는 등기일임을 명확히 하고자 한 것이다.
702) 대법원 1992. 12. 8. 선고 92다4031 판결; 대법원 1996. 11. 8. 선고 96다20581 판결.

97조에 의한 공공시설이나 정비기반시설의 <u>무상귀속은 법률 규정에 따라 강행적으로 이루어지는 것이</u> <u>원칙이다.</u> 이러한 기부채납에는 법령의 내용에 따라 일정한 법적 효과가 수반되며, 다른 행정행위와 결부됨이 없이 독자적으로 기부채납이 이루어지는 경우도 있지만, 어떤 행정행위의 부관으로 부가되는 경우도 많다.[703]

2. 기부채납의 유형 및 무상귀속과 차이

가. 유형

기부채납부담은 아래와 같이 <u>두 가지 유형</u>으로 구별할 수 있으며 제1유형인 기부의무가 부관으로 부가되는 경우는 「국유재산법」의 영역이 아니다.

(1) 제1유형: 기부의무가 부관으로 부가되는 경우

사인의 기부행위는 주로 행정청이 당사자의 수익적 행정행위의 신청에 대해 이를 허가하면서 부가되는 부관의 내용으로 나타난다. 예를 들면 개발행위허가권자에 의한 개발행위허가 시 기반시설에 대한 기부채납(국토계획법 제57조 제4항), 사업시행계획인가 또는 승인 시 정비기반시설 및 기반시설의 기부채납(도시정비법 제51조 제1항, 주택법 제17조) 등이 그 주요한 대상 유형에 해당한다. 따라서 이때에는 당사자는 행정행위의 효력발생요건이 부관인 부담으로 명하여진 의무의 이행행위로서 기부행위를 행하게 된다. 즉, <u>당사자는 행정청과 합의에 의하여 기부의 이행여부를 정하는 것이 아니라,</u> <u>행정청의 일방적 행위인 부관의 부가를 통하여 그 의무가 부과되는 것이다.</u>[704]

(2) 제2유형: 기부행위가 행정청의 반대급부행위의 전제가 되는 경우

기부행위는 또한 당사자 자신이 원하는 공물의 사용관계를 취득하기 위한 전제로서 행하여지기도 하는데 「국유재산법」에 그 일부가 규율되어 있다. 이해 해당하는 것으로 주로 <u>공물의 무상사용, 장기</u> <u>간의 점용허가나 통행료징수권한</u>을 얻기 위한 전제로서 지하상가시설 등이나 터널의 기부채납행위 등이 이에 해당한다.[705]

---

703) 이승민, "공공시설의 무상귀속에 관한 小考", 행정법연구, 제34호, 2012, 357면.
704) 유지태, "기부채납행위에 대한 현행 판례검토", 토지공법연구 제11집, 2001, 56면.
705) 대법원 1985. 7. 9. 선고 84누604 판결; 대법원 1994. 1. 25. 선고 93누7365 판결; 실무상 이러한 유형의 기부채납의 모습은 공물의 기부자가 공물 시설의 공사에 들어가기 전에 주무관청과 자신이 원하는 공물의 이용권한을 얻기 위한 계약을 체결하여 서로 계약조건을 확정한 후에 이러한 내용을 담은 각서를 체결하는 것이 보통이다.

〈표 21〉 기부채납과 무상귀속 및 양도

개념 구분	법적 근거	적용 대상	유형
기부 채납	「국토계획법」 제57조 제4항	개발행위허가 시 기반시설에 대한 기부채납	기부의무가 부관으로 부가되는 경우
	「도시정비법」 제51조 제1항, 「주택법」 제17조	사업시행계획인가 또는 승인 시 정비기반시설 및 기반시설의 기부채납	
	「국유재산법」 제13조, 제34조	행정재산의 기부채납 및 사용허가의 사용료의 면제	기부행위가 행정청의 반대급부행위의 전제가 되는 경우
무상 귀속	「국토계획법」 제65조 제1항	행정청인 사업시행자에 대한 종래 공공시설의 무상귀속	강행규정
	「도시정비법」 제97조 제1항	행정청인 사업시행자에 대한 종래 정비기반시설의 무상귀속	강행규정
무상 양도	「국토계획법」 제65조 제2항	행정청이 아닌 사업시행자에 대한 종래 공공시설의 무상양도	임의규정
	「도시정비법」 제97조 제2항	행정청이 아닌 사업시행자에 대한 폐지되는 정비기반시설의 무상양도	강행규정

나. 무상귀속과의 차이

이와 구별되는 것이 신설되는 공공시설 내지 정비기반시설의 무상귀속인데, 무상귀속과 기부채납은 그 개념은 물론 요건과 법적 효과까지도 엄연히 다르기 때문에 구별될 필요가 있다. 기부채납은 사법상 증여와 유사한 실질을 갖는 것으로서 국유재산법상 무상사용권 부여, 지방자치단체의 도시계획조례에 따른 용적률 인센티브 등 법령상 일정한 효과가 수반될 수 있으며, 반드시 법률의 근거를 요하지 않고 재량행위에 대한 부관으로 부가되는 경우가 많고, 법률행위에 의해 물권변동이 이루어진다는 점에서 무상귀속과 차이가 있다. 이러한 차이로 인하여 무상귀속 및 기부채납과 관련한 쟁송유형도 달라지는 부분이 발생한다.

3. 부담부 기부채납 금지의 원칙

가. 기부채납 절차

총괄청이나 **중앙관서의 장**(특별회계나 기금에 속하는 국유재산으로 기부받으려는 경우만 해당한다)은 법 제5조 제1항 각 호의 재산을 국가에 기부하려는 자가 있으면 대통령령으로 정하는 바에 따라 받을 수 있다(법 제13조 제1항).

총괄청이나 **중앙관서의 장**은 법 제13조 제1항에 따라 기부를 받으려면 다음 각 호 1. 기부할 재산의 표시, 2. 기부자의 성명 및 주소, 3. 기부의 목적, 4. 기부할 재산의 가격, 5. 소유권을 증명할 수 있는 서류, 6. 「공간정보관리법」 제2조 제19호에 따른 공유지연명부, 대지권등록부, 경계점좌표등록부, 7.

그 밖에 기부할 재산의 건축물현황도 등 필요한 도면의 사항을 적은 기부서를 받아야 한다. 이 경우 **총괄청**이나 **중앙관서의 장**은 필요한 경우 「전자정부법」 제36조 제1항에 따른 행정정보의 공동이용을 통하여 해당 재산의 등기부 등본, 건축물대장, 토지대장, 임야대장, 지적도, 임야도를 확인하여야 한다 (영 제8조 제1항). 대표자에 의하여 기부하는 경우에는 대표자임을 증명하는 서류와 각 기부자의 성명·주소 및 기부재산을 적은 명세서를 기부서에 첨부하여야 한다(영 제8조 제2항).

나. 부담부 기부채납 금지

총괄청이나 **중앙관서의 장**은 국가에 기부하려는 재산이 **국가가 관리하기 곤란하거나 필요하지 아니한 것인 경우** 또는 **기부에 조건이 붙은 경우**에는 받아서는 아니 된다(법 제13조 제2항 본문). 법 제13조 제2항 각 호 외의 부분 본문에서 "국가가 관리하기 곤란하거나 필요하지 아니한 것인 경우"란 다음 각 호 1. 법 제13조 제2항 제1호에 따른 무상 사용허가 기간이 지난 후에도 해당 **중앙관서의 장**이 직접 사용하기 곤란한 경우, 2. 재산가액 대비 유지·보수비용이 지나치게 많은 경우, 3. 그 밖에 국가에 이익이 없는 것으로 인정되는 경우를 말한다(영 제8조 제3항).

다. 부담부 기부채납

법령상 또는 실무상으로는 부관을 '조건'으로 표시하는 경우가 많은 점에 유의 할 필요가 있다. 즉 조건부 허가로 규율되어 있지만 동 규정의 조건(條件)은 학문상으로는 부담(負擔)으로 해석하여야 한다.[706]

다만, 다음 각 호 1. 행정재산으로 기부하는 재산에 대하여 기부자, 그 상속인, 그 밖의 포괄승계인에게 **무상으로 사용허가**하여 줄 것을 조건으로 그 재산을 기부하는 경우, 2. 행정재산의 **용도를 폐지하**는 경우 그 용도에 사용될 대체시설을 제공한 자, 그 상속인, 그 밖의 포괄승계인이 그 부담한 비용의 범위에서 제55조 제1항 제3호에 따라 **용도폐지된 재산을 양여할 것을 조건**으로 그 대체시설을 기부하는 경우에는 **기부에 조건이 붙은 것으로 보지 아니한다**(법 제13조 제2항 단서).

4. 기부채납의 효과

기부채납이 독자적으로 이루어지는 것은 주로 법 제34조 제1항 제1호, 「공유재산법」 제24조 제1항 제2호에 따라 무상사용권을 얻기 위한 수단으로 사용될 때이다.[707] 이외에도 기부채납 재산에 대해서는 「국유재산법」 제31조 제1항 단서, 동법 시행령 제27조 제3항, 「공유재산법」 제20조 제2항 제2호에

---

706) 박균성, 행정법론(하), 763면; 이하 부관에 관해서는 제2편 국토계획법/ 제5장 개발행위의 허가 등/ 제1절 개발행위의 허가/Ⅲ. 부관(附款)/1. 행정행위의 부관의 의의 및 근거 참조.

707) 국유재산의 경우, 과거에는 "사용료 총액이 기부를 채납한 재산의 가액에 달할 때까지" 사용료 면제가 가능하였으나, 「국유재산법 시행령」이 2009. 7. 27. 대통령령 제21641호로 개정되면서 무상사용기간이 최장20년으로 제한되었다.

따라 '수의(隨意)의 방법에 의한 사용허가'가 가능하고, 「서울시 도시계획조례」 제55조 제15항 및 제18항, 동 조례 시행규칙 제2조 제3호에 따른 상한용적률 상향 등의 효과를 누리기 위해 기부채납 부관을 수용하는 경우도 상당하다.[708]

VI. 국유재산의 취득 후 등기·등록 등의 조치의무

총괄청이나 **중앙관서의 장**은 국유재산을 취득한 경우 대통령령으로 정하는 바에 따라 지체 없이 등기·등록, 명의개서(名義改書), 그 밖의 권리보전에 필요한 조치를 하여야 한다(법 제14조 제1항). **총괄청**이나 **중앙관서의 장**은 국유재산을 취득한 후 그 소관에 속하게 된 날부터 60일 이내에 법 제14조 제1항에 따른 등기·등록, 명의개서, 그 밖에 권리보전에 필요한 조치를 하여야 한다(영 제9조 제1항). **총괄청**이나 **중앙관서의 장**이 제1항에 따른 권리보전에 필요한 조치를 하는 경우에는 해당 재산의 소관 청임을 증명하는 다음 각 호 1. 법 제16조 제1항에 따른 협의가 성립된 경우에는 그 **협의서**, 2. 법 제16조 제2항에 따라 **총괄청**이 결정하는 경우에는 그 **결정서**, 3. 법 제24조에 따라 **총괄청**이 **중앙관서의 장**을 지정하는 경우에는 그 **지정서**의 어느 하나에 해당하는 서류를 갖추어야 한다(영 제9조 제2항).

등기·등록이나 명의개서가 필요한 국유재산인 경우 그 권리자의 명의는 국(國)으로 하되 소관 중앙관서의 명칭을 함께 적어야 한다. 다만, 대통령령으로 정하는 법인[「자본시장과 금융투자업에 관한 법률」 제294조에 따라 설립된 한국예탁결제원(영 제9조 제3항)]에 증권을 예탁(預託)하는 경우에는 권리자의 명의를 그 법인으로 할 수 있다(법 제14조 제2항).

중앙관서의 장등은 국유재산이 지적공부와 일치하지 아니하는 경우 「공간정보관리법」에 따라 등록전환, 분할·합병 또는 지목변경 등 필요한 조치를 하여야 한다. 이 경우 「공간정보관리법」 제106조에 따른 수수료는 면제한다(법 제14조 제3항).[709]

---

708) 이승민, "공공시설의 무상귀속에 관한 小考", 357면.

709) 2016. 3. 2. 시행법부터 국유재산이 지적공부와 일치하지 않는 경우, 등록전환, 분할·합병 또는 지목변경 등 필요한 조치를 하도록 하였다.1

제4장 행정재산의 관리·처분710)

Ⅰ. 의의

우리 국유재산법제는 국유재산을 행정재산과 일반재산으로 이원화하여 **행정재산**에 대해서는 **취분불가능성**(법 제27조 제1항)과 **시효배제**(법 제7조 제2항)를 규정하고 있고, 민간에 의한 활용에 있어서도 **사용허가**(법 제30조)라는 행정행위 내지 처분의 형식을 취하도록 하는 한편, 일반재산에 대해서는 처분가능성을 규정하여(법 제41조 제1항) 취득시효의 대상이 되도록 하고 있으며 민간에 의한 활용의 모습도 대부계약(법 제46조)이라는 형식을 취하도록 하고 있다.711)

법 제3장 행정재산에 관한 조항(법 제27조 내지 제40조)은 행정재산의 관리·처분을 규정한 조항들로 행정재산의 관리란 취득·운용과 유지·보존을 위한 모든 행위를 말하나, 여기에서는 관리 측면에서 사용허가와 처분에서 용도폐지에 관한 내용들이 주요 내용이다.

Ⅱ. 처분의 제한(행정재산의 교환·양여)

1. 처분의 제한의 원칙(예외 교환·양여)

행정재산은 처분하지 못한다. 다만, 다음 각 호 1. 공유(公有) 또는 사유재산과 **교환**하여 그 교환받은 재산을 행정재산으로 관리하려는 경우, 2. 대통령령으로 정하는 행정재산(영 제58조 제1항 각 호의 어느 하나에 해당하는 재산)을 직접 공용이나 공공용으로 사용하려는 지방자치단체에 **양여**하는 경우의 어느 하나에 해당하는 경우에는 **교환**하거나 **양여**할 수 있다(법 제27조 제1항).

법 제27조 제1항 제2호에서 "대통령령으로 정하는 행정재산"이란 영 제58조 제1항 각 호 1. 국가사무에 사용하던 재산을 그 사무를 이관 받은 지방자치단체가 계속하여 그 사무에 사용하는 **일반재산**, 2. **지방자치단체가 청사 부지로 사용하는 일반재산**. 이 경우 종전 내무부 소관의 토지로서 1961년부터 1965년까지의 기간에 그 지방자치단체로 양여할 조건을 갖추었으나 양여하지 못한 재산을 계속하여

---

710) 「국유재산법」상 제3장에 속한다.
711) 이현수, "국유재산법상 변상금의 법관계", 일감법학 제34호, 2016, 189~190면.

청사 부지로 사용하는 일반재산에 한정한다. 3. 「국토계획법」 제86조(도시·군계획시설사업의 시행자)에 따라 지방자치단체(특별시·광역시·경기도와 그 관할구역의 지방자치단체는 제외한다)의 장이 시행하는 도로시설(1992년 이전에 결정된 도시·군관리계획에 따른 도시·군계획시설을 말한다)사업 부지에 포함되어 있는 **총괄청 소관의 일반재산**, 4. 「도로법」 제14조부터 제18조까지의 규정에 따른 도로(2004년 12월 31일 이전에 그 도로에 포함된 경우로 한정한다)에 포함되어 있는 **총괄청 소관의 일반재산**, 5. 「5·18민주화운동 등에 관한 특별법」 제5조에 따른 기념사업을 추진하는 데에 필요한 **일반재산**의 어느 하나에 해당하는 재산을 말한다(영 제19조 제2항).

2. 일반재산의 규정 준용

법 제27조 제1항 제1호에 따라 교환하는 경우에는 법 제54조 제2항부터 제4항까지를 준용하고, 같은 조 제1항 제2호에 따라 **양여**하는 경우에는 법 제55조 제2항·제3항을 준용한다. 이 경우 "일반재산"은 "행정재산"으로 본다(법 제27조 제2항).

법 제27조 제1항 제1호에 따른 **교환**에 관한 교환목적·가격 등의 확인사항, 법 제27조 제1항 제2호에 따라 **양여**하는 경우 법 제55조 제3항의 준용에 따라 **총괄청**과 협의하여야 하는 사항, 그 밖에 필요한 사항은 대통령령으로 정한다(법 제27조 제3항).

법 제27조 제1항 제1호에 따른 **교환**에 관하여는 영 제57조(교환)를 준용하고, 법 제27조 제1항 제2호에 따른 **양여**에 관하여는 영 제58조(양여)를 준용한다(영 제19조 제1항).[712]

Ⅲ. 행정재산의 사용허가

1. 사용허가의 의의 및 요건

행정재산은 일반재산과 달리 직접 행정목적에 제공된 재산이므로 원칙적으로 매각·교환·양여 또는 신탁 및 현물출자의 대상이 되거나, 그것에 용익 및 담보물권과 같은 사권을 설정할 수 없다. 그러나 행정재산도 예외적으로 그 용도 또는 목적에 장해가 되지 않는 범위 내에서 사용 또는 수익을 허가할 수 있는데, 이러한 허가에 따른 행정재산의 사용관계를 행정법학에서는 행정재산의 목적외사용이라 한다. 「국유재산법」의 사용허가가 이러한 규정이라 할 수 있다. 동법은 사용허가의 정의에 대하여 행정재산을 국가 외의 자가 일정 기간 유상이나 무상으로 사용·수익할 수 있도록 허용하는 것을 말한다 (법 제2조 제7호). 그리고 일반재산을 국가 외의 자가 일정기간 유상이나 무상으로 사용·수익할 수 있도록 하는 것을 대부계약이라 한다(법 제2조 제8호). 따라서 행정재산의 임대를 "사용허가"라 하고, 일반재산의 임대를 "대부"라 한다.

---

712) 다만 영 제19조 제1항에서는 영 제59조를 준용하도록 하고 있는데, 시행령의 오기인 것으로 보인다.

행정재산의 사용허가 요건에 대하여, **중앙관서의 장**은 다음 각 호 1. 공용·공공용·기업용 재산: 그 용도나 목적에 장애가 되지 아니하는 범위, 2. 보존용재산: 보존목적의 수행에 필요한 범위에서만 행정재산의 사용허가를 할 수 있다(법 제30조 제1항).

2. 사용허가의 법적 성질

가. 문제의 의의

당초 구「국유재산법」은 행정재산의 사용·수익허가에 대하여 잡종재산의 대부에 관한 규정을 준용하고 있었다(법률 제2163호, 제19조). 그리하여 당시 통설·판례는[713] 행정재산의 목적외사용을 사법상의 사용관계로 보았다. 그 후 1976. 12. 31. 전면개정(시행 1977. 5. 1. 법률 제2950호)으로 행정재산의 사용·수익허가에 대하여 잡종재산의 대부에 관한 규정을 준용하지 않고, 독자적으로 사용·수익허가,[714] 사용료 징수 및 강제징수, 허가기간, 허가의 취소와 철회에 관하여 규정하고, 오히려 이들 규정을 잡종재산의 대부료·무상대부와 대부계약의 해제 또는 해지에 관하여는 행정재산의 사용·수익허가 규정을 준용하도록 하였다. 그리하여 행정재산의 사용·수익관계는 잡종재산의 대부와는 달리 허가라는 행정처분에 의하여 성립하고, 취소 또는 철회라는 행정처분에 의하여 소멸되는 법률관계임을 명시적으로 규정하였다.[715] 여기에서 행정재산의 목적외사용의 성질에 대하여 견해의 대립이 있다.

나. 학설

(1) 공법관계설

이 견해는 행정재산의 목적외사용 허가를 행정처분으로 보며 사용관계를 공법관계로 본다. 이 견해가 다수견해인데 그 논거는 다음과 같다. ① 현행법은 구법과 달리 행정재산의 사용·수익은 관리청의 허가를 받도록 하고, 또한 관리청은 상대방의 귀책사유나 공공목적과의 관련에서는 그 허가를 일방적으로 취소·철회할 수 있도록 규정(법 제36조)하고 있는 점에서[716] 행정재산 관리청의 우월적인 공권력적 지위를 부여하고 있다고 볼 수 있다.[717] ② 현행법은 제30조에서 행정재산의 사용허가를, 그리고

---

713) 대법원 1964. 9. 30. 선고 64누102 판결.
714) 2009. 1. 30. 전면개정에서 사용허가로 명칭이 변경되었다.
715) 이러한 개정취지는 행정재산은 본래 공용 또는 공공용에 사용되는 것으로, 설령 그 일부를 그 용도 또는 목적에 장해가 없는 범위 안에서 사인에게 사용시키는 경우에도 항상 행정재산 전체가 본래의 용도 또는 목적을 위하여 가장 적합하고 효율적으로 사용될 수 있도록 일체적으로 관리할 필요가 있으며, 또한 사인에게 사용시키고 있는 도중에라도 당해 행정재산을 공용 또는 공공용에 제공할 필요가 생긴 경우에는 신속하게 행정상의 용도 또는 목적을 위하여 사용할 수 있도록 하는 제도상의 보장이 필요한바, 그 용도 또는 목적외의사용을 사법상의 대부계약으로서 다루는 경우에는 계약을 해제하여 행정재산의 용도 또는 목적을 회복하는 것이 곤란한 경우가 예상되기 때문이다(박윤흔·정형근, 최신 행정법강의(하), 박영사, 2009, 464면 각주).
716) 김동희, 행정법Ⅱ, 296면.
717) 박균성, 행정법론(하), 박영사, 2017, 419면.

제36조에서 사용허가의 취소와 철회를 규정하여 행정처분으로 규정하고 있고, 제32조에서 사용료 징수를, 그리고 제72조는 변상금의 징수를 규정하는 등 행정청의 자력집행을 가능하게 하는 규정을 두어 공법적 규율을 강화시켜 놓은 것에 비추어 공법관계라고 본다.[718]

「국유재산법」이 행정재산의 사용허가(법 제2조 제7호)와 일반재산의 대부계약(법 제2조 제8호)을 구분하고 있고, 동법 제2조 제7호에서 사용허가란 행정재산을 국가 외의 자가 일정 기간 유상이나 무상으로 사용·수익할 수 있도록 "허용하는 것"을 말한다고 하여 사용허가를 관리청의 일방적인 의사표시로 규정하고 있고, 동법 제36조의 사용허가 취소철회와 동법 제73조 제2항이 사용료 체납 시에 「국세징수법」에 따른 강제징수를 규정하고 있는 점에[719] 비추어 행정처분으로 보고 있다.

(2) 사법관계설

이 견해는 행정재산의 목적외사용 허가를 사법상계약으로 본다. 소수견해인 이 견해의 논거는 다음과 같다. ① 사용·수익허가라는 용어만으로 행정재산의 목적외사용허가의 성질을 속단할 수 없고, 행정재산의 목적외 사용·수익의 내용은 오로지 사용·수익자의 사적 이익을 도모하는 데 있는 점, ②「국유재산법」 제30조 제1항에 의한 사용이 "원래의 목적외사용"이라는 점, ③ 관리청과 사인의 관계에서 우월관계가 존재한다고 보기 어려운 점, ④ 조세체납절차에 따른 강제징수를 반드시 법률관계를 공법관계로 보아야 한다는 것은 아니라는 점, ⑤「국유재산법」상 사용허가는 승낙으로, 사용허가의 취소철회는 계약의 해제 등으로 볼 수 있다는 점 등을 논거로 한다(이상규).

(3) 이원적 법률관계설

「국유재산법」의 개정취지가 사용·수익관계의 발생·소멸과 사용료의 징수관계는 그것을 공법적으로 규율하려는 의도가 분명하므로 그 범위 안에서 공법관계이나, 행정재산의 사용·수익관계는 그 실질에 있어서는 사법상의 임대차관계와 같다고 할 것이며, 따라서 특수한 공법적 규율이 있는 사항을 제외하고는 행정재산의 목적외사용의 법률관계는 사법관계라고 할 것이며, 허가라는 행정처분에 의하여 발생하는 사용권도 사권이라고 본다. 그리하여 이를 이원적 법률관계라고 한다.[720]

다. 판례 및 검토

판례는 구법 아래에서는 사법상 사용관계로 보았으나, 1976. 12. 31. 개정법 아래에서는 행정처분으로 보는 공법관계설을 취하고 있다.[721] 행정재산의 사용관계가 공법관계인가 사법관계인가를 결정하

---

718) 김남진·김연태, 행정법Ⅱ, 433면.
719) 홍정선, 행정법원론(하), 박영사, 2015, 543면.
720) 박윤흔·정형근, 최신행정법강의(하), 박영사, 2009, 464면.
721) 국유재산의 관리청이 행정재산의 사용·수익을 허가한 다음 그 사용·수익하는 자에 대하여 하는 사용료 부과는 순전히 사경제주체로서 행하는 사법상의 이행청구라 할 수 없고, 이는 관리청이 공권력을 가진 우월적 지위에서 행한 것으로

는 기준은 일차적으로 실정법인 「국유재산법」의 규정에서 찾아야 하며 사용허가는 행정처분이면서 공법관계에 해당한다.

3. 사용허가의 제한

가. 영구시설물을 축조하기 위한 사용·수익허가의 금지[722]

국가 외의 자는 국유재산에 건물, 교량 등 구조물과 그 밖의 영구시설물을 축조하지 못한다. 다만, 일정한 경우에는 영구시설물을 축조할 수 있을 것이나(법 제18조 제1항), 법 제18조 제1항 단서에 따라 영구시설물의 축조를 허용하는 경우에는 대통령령으로 정하는 기준 및 절차에 따라 그 영구시설물의 철거 등 원상회복에 필요한 비용의 상당액에 대하여 이행을 보증하는 조치를 하게 하여야 한다(법 제18조 제2항).[723] 일반재산의 경우 영구시설물을 축조하는 경우에는 10년 이내로 한다(법 제46조 제1항).

나. 전(轉) 사용·수익 금지(전대금지)

사용허가를 받은 자는 그 재산을 다른 사람에게 사용·수익하게 하여서는 아니 된다. 다만, 다음 각 호 1. 기부를 받은 재산에 대하여 사용허가를 받은 자가 그 재산의 기부자이거나 그 상속인, 그 밖의 포괄승계인인 경우, 2. 지방자치단체나 지방공기업이 행정재산에 대하여 제18조 제1항 제3호에 따른 사회기반시설로 사용·수익하기 위한 사용허가를 받은 후 이를 지방공기업 등 대통령령으로 정하는 기관으로 하여금 사용·수익하게 하는 경우의 어느 하나에 해당하는 경우에는 **중앙관서의 장**의 승인을 받아 다른 사람에게 사용·수익하게 할 수 있다(법 제30조 제2항).[724] **중앙관서의 장**은 제2항 단서에 따른 사용·수익이 그 용도나 목적에 장애가 되거나 원상회복이 어렵다고 인정되면 승인하여서는 아니

서 항고소송의 대상이 되는 행정처분이라 할 것이다(대법원 1996. 2. 13. 선고 95누11023 판결); 공유재산의 관리청이 행정재산의 사용·수익에 대한 허가는 순전히 사경제주체로서 행하는 사법상의 행위가 아니라 관리청이 공권력을 가진 우월적 지위에서 행하는 행정처분으로서 특정인에게 행정재산을 사용할 수 있는 권리를 설정하여 주는 강학상 특허에 해당한다. 행정재산의 사용·수익허가처분의 성질에 비추어 국민에게는 행정재산의 사용·수익허가를 신청할 법규상 또는 조리상의 권리가 있다고 할 것이므로 공유재산의 관리청이 행정재산의 사용·수익에 대한 허가 신청을 거부한 행위 역시 행정처분에 해당한다(대법원 1998. 2. 27. 선고 97누1105 판결); 이 밖에도 같은 취지의 판례(대법원 2006. 3. 9. 선고 2004다31074 판결).

722) 제1장 총설/제2절 통칙/Ⅱ. 국유재산의 보호/2. 영구시설물의 축조 금지를 참조하라.

723) 「국유재산법」 제24조(현행 법 제30조)의 규정에 의하면 국유재산의 사용·수익허가는 당해 재산의 용도 또는 장애가 되지 아니하는 범위 내에서 제반사정을 고려하여 그 여부를 결정할 수 있는 국가의 재량행위인 바, 시설물의 설치를 목적으로 국유지의 사용·수익허가를 신청하는 경우 허가기간의 종료시 동 시설물의 철거 등 원상회복의 어려움이 인정되는지 여부 등 제반사정을 고려하여 허가신청을 거부할 수 있다. 따라서 신청을 거부할 수 있음에도 허가를 하고자 하는 경우에는 그 조건으로 이행보증금 납부 등 원상회복의 이행을 담보하는 의무를 부과할 수 있다(국유재산과-407, 2005. 2. 1.).

724) 「공공주택 특별법」 제49조의4(공공임대주택의 전대 제한) 공공임대주택의 임차인은 임차권을 다른 사람에게 양도(매매, 증여, 그 밖에 권리변동이 따르는 모든 행위를 포함하되, 상속의 경우는 제외한다)하거나 공공임대주택을 다른 사람에게 전대(轉貸)할 수 없다. 다만, 근무·생업·질병치료 등 대통령령으로 정하는 경우로서 공공주택사업자의 동의를 받은 경우에는 양도하거나 전대할 수 있다.

된다(법 제30조 제3항). 「공유재산법」제20조 제3항에서도 동일하게 규정하고 있다.

다. 관리 소홀에 대한 제재

행정재산의 사용허가를 받은 자가 그 행정재산의 관리를 소홀히 하여 재산상의 손해를 발생하게 한 경우에는 사용료 외에 대통령령으로 정하는 바에 따라 그 사용료를 넘지 아니하는 범위에서 가산금을 징수할 수 있다(법 제39조). 법 제39조에 따른 가산금은 사용허가할 때에 정하여야 한다(영 제36조 제1항). 영 제36조 제1항의 가산금은 해당 **중앙관서의 장** 또는 법 제28조에 따라 위임을 받은 자가 징수한다(영 제36조 제2항). 가산금을 징수할 때에는 그 금액, 납부기한, 납부장소와 가산금의 산출 근거를 명시하여 문서로 고지하여야 한다(영 제36조 제3항). 납부기한은 고지한 날부터 60일 이내로 한다(영 제36조 제4항).

4. 우선사용예약

"우선사용예약"이란 **중앙관서의 장**이 법 제40조 제1항에 따라 행정재산이 용도폐지된 경우 장래의 행정수요에 대비하기 위하여 해당 재산에 대하여 법 제8조 제4항에 따른 사용승인을 우선적으로 해 줄 것을 용도폐지된 날부터 1개월 이내에 대통령령으로 정하는 바에 따라 **총괄청**에 신청하는 것을 말한다(법 제40조의2 제1항).[725]

총괄청은 우선사용예약신청을 받은 경우 **중앙관서의 장**이 제출한 사업계획 및 다른 기관의 행정수요 등을 고려하여 우선사용예약을 승인할 수 있다(법 제40조의2 제2항).

중앙관서의 장이 우선사용예약을 승인받은 날부터 3년 이내에 **총괄청**으로부터 제8조 제4항에 따른 사용승인을 받지 아니한 경우에는 그 우선사용예약은 효력을 잃는다(법 제40조의2 제3항).

5. 사용허가의 방법

가. 사용허가자의 결정 방법

(1) 일반경쟁 원칙: 행정재산을 사용허가하려는 경우에는 그 뜻을 공고하여 일반경쟁에 부쳐야 한다(법 제31조 제1항 본문). 법 제31조 제1항에 따른 경쟁입찰은 1개 이상의 유효한 입찰이 있는 경우 최고가격으로 응찰한 자를 낙찰자로 한다(영 제27조 제1항).

---

725) 2020. 10. 1. 시행법부터 **중앙관서의 장**은 행정재산이 용도폐지된 경우 장래의 행정수요에 대비하기 위하여 해당 재산에 대하여 사용승인을 우선적으로 해 줄 것을 용도폐지된 날부터 1개월 이내에 **총괄청**에 신청할 수 있도록 하였다.

(2) 제한경쟁 및 지명경쟁, 수의계약

다만, 사용허가의 목적·성질·규모 등을 고려하여 필요하다고 인정되면 대통령령으로 정하는 바에 따라 <u>참가자의 자격을 제한(제한경쟁)</u>하거나 <u>참가자를 지명하여 경쟁(지명경쟁)</u>에 부치거나 <u>수의(隨意)의 방법</u>으로 할 수 있다(법 제31조 제1항 단서).

(가) 제한경쟁 및 지명경쟁: 행정재산이 다음 각 호 1. 토지의 용도 등을 고려할 때 <u>해당 재산에 인접한 토지의 소유자를 지명하여 경쟁에 부칠 필요가 있는 경우</u>, 1의2. 영 제27조 제3항에 따른 <u>사용허가의 신청이 경합하는 경우</u>, 2. 그 밖에 재산의 위치·형태·용도 등이나 계약의 목적·성질 등으로 보아 사용허가 받는 자의 자격을 제한하거나 지명할 필요가 있는 경우의 어느 하나에 해당하는 경우에는 법 제31조 제1항 단서에 따라 제한경쟁이나 지명경쟁의 방법으로 사용허가를 받을 자를 결정할 수 있다(영 제27조 제2항).

(나) 수의계약: 행정재산이 다음 각 호 1. <u>주거용으로 사용허가</u>를 하는 경우, 2. <u>경작용으로 실경작자에게 사용허가</u>를 하는 경우, 3. <u>외교상 또는 국방상의 이유</u>로 사용·수익 행위를 <u>비밀리</u>에 할 필요가 있는 경우, 4. <u>천재지변</u>이나 그 밖의 부득이한 사유가 발생하여 재해 복구나 구호의 목적으로 사용허가를 하는 경우, 5. 법 제34조 제1항 또는 다른 법률에 따라 사용료 면제의 대상이 되는 자에게 사용허가를 하는 경우, 6. <u>국가와 재산을 공유하는 자에게 국가의 지분에 해당하는 부분에 대하여 사용허가</u>를 하는 경우, 7. 국유재산의 관리·처분에 지장이 없는 경우로서 <u>사용목적이나 계절적 요인 등을 고려하여 6개월 미만의 사용허가</u>를 하는 경우, 8. <u>두 번에 걸쳐 유효한 입찰이 성립되지 아니한 경우</u>, 9. 그 밖에 재산의 위치·형태·용도 등이나 계약의 목적·성질 등으로 보아 <u>경쟁입찰에 부치기 곤란하다고 인정되는 경우</u>에 해당하는 경우에는 법 제31조 제1항 단서에 따라 수의의 방법으로 사용허가를 받을 자를 결정할 수 있다(영 제27조 제3항).[726]

나. 경쟁에 부치는 방법

경쟁에 부치는 경우에는 **총괄청**이 지정·고시하는 정보처리장치를 이용하여 <u>입찰공고·개찰·낙찰선언</u>을 한다.[727] 이 경우 **중앙관서의 장**은 필요하다고 인정하면 일간신문 등에 게재하는 방법을 병행할 수 있으며, 같은 재산에 대하여 수 회의 입찰에 관한 사항을 일괄하여 공고할 수 있다(법 제31조 제2항).

<u>입찰공고</u>에는 해당 행정재산의 사용료 예정가격 등 경쟁입찰에 부치려는 사항을 구체적으로 밝혀야 하고, 사용허가 신청자에게 공고한 내용을 통지하여야 한다(영 제27조 제4항).

중앙관서의 장은 행정재산에 대하여 <u>일반경쟁입찰을 두 번 실시</u>하여도 낙찰자가 없는 재산에 대하

---

726) 공유수면을 불법으로 매립한 자에게 그가 매립한 토지에 대하여 수의매각이나 대부 등 일체의 연고권을 인정하고 있지 않으므로, 동법시행령 제24조(현행 시행령 제27조)에 의거 경쟁의 방법으로 사용·수익자를 결정하여야 함(국재 45501-510, 1996. 6. 19.),

727) **총괄청**이 지정·고시하는 정보처리장치란 한국자산관리공사가 관리·운영하는 "온비드(OnBid)" 전자자산처분시스템(www.onbid.co.kr)을 말한다(국유재산법 제31조 제2항의 규정에 의한 정보처리장치 지정에 관한 고시[시행 2014. 2. 12.] [기획재정부고시 제2014-5호, 2014. 2. 12., 전부개정]).

여는 세 번째 입찰부터 최초 사용료 예정가격의 100분의 20을 최저한도로 하여 매회 100분의 10의 금액만큼 그 예정가격을 낮추는 방법으로 조정할 수 있다(영 제27조 제5항).

다. 「국당법」 준용

행정재산의 사용허가에 관하여는 이 법에서 정한 것을 제외하고는 「국가를 당사자로 하는 계약에 관한 법률」(이하 '국당법'이라 한다)의 규정을 준용한다(법 제31조 제3항).

라. 대부계약으로 전환

사용허가 중인 행정재산이 용도폐지되어 **총괄청**에 인계되는 경우 해당 재산에 대한 사용허가는 대부계약으로 전환된 것으로 본다(칙 제14조 제4항).

6. 사용료 징수

가. 사용료의 징수

(1) 사용료의 요율 등

행정재산을 사용허가한 때에는 대통령령으로 정하는 요율(料率)과 산출방법에 따라 매년 사용료를 징수한다(법 제32조 제1항 본문).

(가) 사용료율과 사용료 산출방법

① 법 제32조 제1항에 따른 연간 사용료는 해당 재산가액에 1천분의 50 이상의 요율을 곱한 금액으로 하되, 월 단위, 일 단위 또는 시간 단위로 계산할 수 있다. 다만, 다음 각 호의 어느 하나에 해당하는 경우에는 해당 재산의 가액에 해당 요율을 곱한 금액으로 하되, 제6호 단서의 경우에는 **총괄청**이 해당 요율이 적용되는 한도를 정하여 고시할 수 있다(영 제29조 제1항). 즉 연간 사용료는 수익목적으로 사용할 때에는 해당 재산가액에 1천분의 50 이상의 요율을 곱한 금액을 원칙으로 하며 단서조항에서 경작용, 내수면어업, 주거용, 행정목적, 공무원의 후생목적, 사회복지사업 및 종교목적 등에는 1천분의 10 이상 내지 1천분의 40 이상의 완화된 사용료율을 적용한다. 국유재산의 사용목적은 실제로 그 재산이 이용되고 있는 상태를 고려하여 판단하여야 한다.[728]

---

[728] 학교법인은 「사립학교법」 제10조의 규정에 의하여 설립되어 동법에 따라 국가의 지원과 감독을 받으며, 현재 해당 연령대 국민들의 대부분이 취·진학함으로써 학교교육을 받고 있는 바, 이러한 학교교육(공교육)의 공공성을 고려할 때, 학교시설로 직접 사용할 경우에는 「국유재산법시행령」 제26조 제1항 제1호(현행 시행령 제29조 제1항 제3호) 규정의 행정목적의 수행에 필요한 경우로 보아 사용료율을 '1천분의 25 이상'으로 적용할 수 있음. 다만, 국유재산의 사용목적은 실제적으로 그 재산이 이용되고 있는 상태를 고려하여 판단하여야 하는바, 수익목적으로 점·사용한 때에는 기타목적으로 보아 '1천분의 50 이상'으로 적용하여야 할 것이므로, 당해 국유재산의 실질적인 사용현황을 고려하여 행정목적에 해당하는지 여부를 판단하시기 바람(국유재산과-87, 2004. 1. 13.).

1. **경작용**(「농지법 시행령」 제2조 제3항 제2호에 해당하는 시설로 직접 사용하는 용도를 포함한다) 또는 **목축용**인 경우: 1천분의 10 이상

1의2. 「수산업법」에 따른 어업 또는 「내수면어업법」에 따른 **내수면어업**에 직접 사용하는 경우: 1천분의 10 이상

2. **주거용**인 경우: 1천분의 20 이상(「국민기초생활 보장법」 제2조 제2호에 따른 수급자가 주거용으로 사용하는 경우: 1천분의 10 이상)

3. **행정목적**의 수행에 사용하는 경우: 1천분의 25 이상

3의2. 지방자치단체가 해당 **지방자치단체의 행정목적** 수행에 사용하는 경우: 1천분의 25 이상

4. **공무원의 후생목적**으로 사용하는 경우: 1천분의 40 이상

5. 「사회복지사업법」 제2조 제1호에 따른 **사회복지사업**에 직접 사용하는 경우 및 「부동산 실권리자 명의 등기에 관한 법률 시행령」 제5조 제1항 제1호·제2호에 따른 **종교단체가 그 고유목적사업**에 직접 사용하는 경우: 1천분의 25 이상

6. 「소상공인 보호 및 지원에 관한 법률」 제2조에 따른 **소상공인이 경영하는 업종**(「중소기업창업 지원법 시행령」 제3조 제1항 단서에 해당하는 업종은 제외한다)에 직접 사용하는 경우: 1천분의 30 이상. 다만, 천재지변이나 「재난 및 안전관리 기본법」 제3조 제1호의 재난, 경기침체, 대량실업 등으로 인한 경영상의 부담을 완화하기 위해 **총괄청**이 기간을 정하여 고시한 경우에는 1천분의 10 이상의 요율을 적용한다.[729]

7. 다음 각 목의 어느 하나에 해당하는 기업 또는 조합이 해당 법령에 따른 사업 목적 달성을 위해 직접 사용하는 경우: 1천분의 25 이상

   가. 「사회적기업 육성법」 제2조 제1호에 따른 사회적기업

   나. 「협동조합 기본법」 제2조 제1호에 따른 협동조합 및 같은 조 제3호에 따른 사회적협동조합

   다. 「국민기초생활 보장법」 제18조에 따른 자활기업

   라. 「도시재생 활성화 및 지원에 관한 특별법」 제2조 제1항 제9호에 따른 마을기업

② 영 제29조 제1항에 따라 사용료를 계산할 때 해당 **재산가액**은 다음 각 호의 방법으로 산출한다. 이 경우 제1호, 제2호 및 제3호 본문에 따른 재산가액은 **허가기간 동안 연도마다 결정**하고, 제3호 단서에 따른 재산가액은 **감정평가일부터 3년 이내에만 적용**할 수 있다(영 제29조 제2항).

제1호 토지: 사용료 산출을 위한 재산가액 결정 당시의 개별공시지가(「부동산가격공시법」 제10조에

「국유재산법시행령」 제26조(현행 시행령 제29조) 규정상의 경작이라 함은 한국표준산업분류상의 작물재배업, 즉 작물 및 종자를 재배생산하는 활동을 의미하는 바, 조경수 및 과수의 재배는 동 분류상의 작물재배업에 해당하므로 경작목적으로 볼 수 있음. 다만 국유재산의 사용목적은 실제적으로 그 재산이 이용되고 있는 상태를 고려하여 판단하여야 하는 바, 예컨대 조경수를 단지 매매상 편의를 위해 일시적으로 가식하고 있는 경우에는 경작목적에 해당된다고 볼 수 없으므로, 재산관리기관에서 이러한 점 등을 고려하여 경작목적에 해당하는지 여부를 판단하여야 함(국재 41321-149, 2003. 2. 19.).

[729] 개정이유는 천재지변이나 감염병 확산 등의 재난, 경기침체 등으로 경영상의 부담을 겪는 소상공인에 대하여 **총괄청**이 기간을 정하여 고시한 경우 해당 기간 동안 국유재산 사용료율을 **1천분의 30 이상**에서 **1천분의 10 이상으로 인하**할 수 있도록 함으로써 **민생안정**을 지원하려는 것이다.

따른 해당 토지의 개별공시지가로 하며, 해당 토지의 개별공시지가가 없으면 같은 법 제8조에 따른 공시지가를 기준으로 하여 산출한 금액을 말한다. 이하 같다)를 적용한다.[730]

제2호 주택: 사용료 산출을 위한 재산가액 결정 당시의 주택가격으로서 다음 각 목의 구분에 따른 가격으로 한다.

　가. 단독주택: 「부동산가격공시법」 제17조에 따라 공시된 해당 주택의 개별주택가격

　나. 공동주택: 「부동산가격공시법」 제18조에 따라 공시된 해당 주택의 공동주택가격

　다. 개별주택가격 또는 공동주택가격이 공시되지 아니한 주택: 「지방세법」 제4조 제1항 단서에 따른 시가표준액

제3호 그 외의 재산: 「지방세법」 제4조 제2항에 따른 **시가표준액**으로 한다. 다만, 해당 시가표준액이 없는 경우에는 하나의 **감정평가법인등의 평가액**을 적용한다.

③ 경작용으로 사용허가하는 경우의 사용료는 제1항 제1호에 따라 산출한 사용료와 최근 공시된 해당 시·도의 농가별 단위면적당 농업 총수입(서울특별시·인천광역시는 경기도, 대전광역시·세종특별자치시는 충청남도, 광주광역시는 전라남도, 대구광역시는 경상북도, 부산광역시·울산광역시는 경상남도의 통계를 각각 적용한다)의 10분의 1에 해당하는 금액 중 적은 금액으로 할 수 있다(영 제29조 제3항).

④ 국유재산인 토지의 공중 또는 지하 부분을 사용허가하는 경우의 사용료는 제1항에 따라 산출된 사용료에 그 공간을 사용함으로 인하여 토지의 이용이 저해되는 정도에 따른 적정한 비율을 곱하여 산정한 금액으로 한다(영 제29조 제4항).

⑤ 영 제29조 제1항에 따른 사용료는 공개하여야 하며, 그 공개한 사용료 미만으로 응찰한 입찰서는 무효로 한다(영 제29조 제5항).

⑥ 경쟁입찰로 사용허가를 하는 경우 첫해의 사용료는 최고입찰가로 결정하고, 2차 연도 이후 기간(사용허가를 갱신하지 아니한 사용허가기간 중으로 한정한다)의 사용료는 다음의 계산식에 따라 산출한다. 다만, 제1항 제6호 단서에 따라 **총괄청**이 기간을 정하여 고시한 경우 해당 기간의 사용료는 같은 호 단서에 따라 산출한 사용료로 한다(영 제29조 제6항). [(입찰로 결정된 첫해의 사용료) × (영 제29조 제2항에 따라 산출한 해당 연도의 재산가액) ÷ (입찰 당시의 재산가액)]

⑦ 보존용재산을 사용허가하는 경우에 재산의 유지·보존을 위하여 관리비가 특히 필요할 때에는 사용료에서 그 관리비 상당액을 뺀 나머지 금액을 징수할 수 있다(영 제29조 제7항).

⑧ 영 제29조 제7항의 경우에 해당 보존용재산이 훼손되었을 때에는 공제된 관리비 상당액을 추징한다(영 제29조 제8항).

⑨ 영 제29조 제7항의 관리비의 범위는 기획재정부령으로 정한다(영 제29조 제9항).

---

730) 현재 지목이 도로이나 사실상 공장용지로 실제 이용되고 있다면 용도폐지 등의 절차를 거쳐 공부상의 지목(도로)을 토지의 실제 이용상황(공장용지)과 일치시킨 후 당해 부지에 대한 개별공시지가를 산정하고, 이에 근거하여 사용료를 산출함이 타당하다(국재41301-39, 1999. 1. 19.).

(나) 사용료의 납부시기 등

① 행정재산을 사용허가한 때에 사용료(법 제32조 제1항) 및 지식재산의 사용료 등(법 제65조의9 제1항)은 선납하여야 한다(영 제30조 제1항).

② 영 제30조 제1항에 따른 <u>사용료의 납부기한은 사용허가를 한 날부터 60일 이내</u>로 하되, <u>사용·수익을 시작하기 전</u>으로 한다. 다만, **중앙관서의 장**은 부득이한 사유로 납부기한까지 사용료를 납부하기 곤란하다고 인정될 때에는 납부기한을 따로 정할 수 있다(영 제30조 제2항).

(2) 통합 징수 및 분납

(가) 다만, 연간 사용료가 <u>20만원 이하</u>인 경우에는 사용허가기간의 사용료를 일시에 통합 징수할 수 있다(법 제32조 제1항 단서 및 영 제30조 제3항).

<u>연간 사용료는 대통령령으로 정하는 바에 따라 <u>나누어 내게 할 수 있다</u>(법 제32조 제2항 전단). 법 제32조 제2항 전단에 따라 사용료를 나누어 내게 하려는 경우에는 사용료가 <u>50만원을 초과하는 경우</u>에만 연 6회 이내에서 나누어 내게 할 수 있다. 이 경우 남은 금액에 대해서는 시중은행의 1년 만기 정기예금의 평균 수신금리를 고려하여 **총괄청**이 고시하는 이자율(이하 '고시이자율'이라 한다)을 적용하여 산출한 이자를 붙여야 한다(영 제30조 제4항). 이 경우 <u>연간 사용료가 1천만원 이상인 경우</u>에는 사용허가(허가를 갱신하는 경우를 포함한다)할 때에 그 허가를 받는 자에게 <u>연간 사용료의 100분의 50</u>에 해당하는 금액의 범위에서 보증금을 예치하게 하거나 이행보증조치를 하도록 하여야 한다(법 제32조 제2항 후단 및 영 제30조 제5항).[731]

(나) **중앙관서의 장**이 사용허가에 관한 업무를 <u>지방자치단체의 장에게 위임</u>한 경우에는 법 제42조 제6항을 준용한다(법 제32조 제3항).[732]

(다) 사용료를 일시에 통합 징수하는 경우에 사용허가기간 중의 사용료가 증가 또는 감소되더라도 사용료를 추가로 징수하거나 반환하지 아니한다(법 제32조 제4항).

(3) 연체료 등의 징수

중앙관서의 장등은 국유재산의 사용료, 관리소홀에 따른 가산금, 대부료, 변상금 및 제1항에 따른 연체료가 납부기한까지 납부되지 아니한 경우에는 다음 각 호의 방법에 따라 「국세징수법」 제23조와 같은 법의 체납처분에 관한 규정을 준용하여 징수할 수 있다(법 제73조 제2항).

---

731) 2011. 4. 1.시행법부터 국유재산 대부는 보증금 없이 연간 대부료를 선납하는 방식으로 운영하고 있는바, 이용자의 사정 등에 따라 연간 대부료의 일부 또는 전부를 보증금으로 환산하여 예치할 수 있도록 함으로써 국유재산 이용자의 편의를 높이려는 취지이다.

732) 법 제42조(관리·처분 사무의 위임·위탁) ⑥ 제1항 및 제4항에 따라 위임이나 위탁을 받아 관리·처분한 일반재산 중 대통령령으로 정하는 재산의 대부료, 매각대금, 개발수입 또는 변상금은 「국가재정법」 제17조와 「국고금관리법」 제7조에도 불구하고 대통령령으로 정하는 바에 따라 위임이나 위탁을 받은 자에게 귀속시킬 수 있다.

1. **중앙관서의 장**(일반재산의 경우 법 제42조 제1항에 따라 관리·처분에 관한 사무를 위임받은 자를 포함한다)은 직접 또는 관할 세무서장이나 지방자치단체의 장(이하 "세무서장등"이라 한다)에게 위임하여 징수할 수 있다. 이 경우 관할 세무서장등은 그 사무를 집행할 때 위임한 **중앙관서의 장**의 감독을 받는다.

2. 법 제42조 제1항에 따라 관리·처분에 관한 사무를 위탁받은 자는 관할 세무서장등에게 징수하게 할 수 있다.

나. 사용료의 조정

중앙관서의 장은 동일인(상속인이나 그 밖의 포괄승계인은 피승계인과 동일인으로 본다)이 같은 행정재산을 사용허가기간 내에서 1년을 초과하여 계속 사용·수익하는 경우로서 대통령령으로 정하는 경우[해당 연도의 사용료가 전년도 사용료(제29조 제1항 제6호 단서에 따라 연간 사용료가 변경된 경우에는 변경 전 연간 사용료를 말한다)보다 다음 각 호의 구분과 같이 **증가한 경우**를 말하며, 이 경우 조정되는 해당 연도 사용료의 산출방법은 다음 각 호 1. 영 제29조 제1항 제1호, 제1호의2 및 제2호의 사용료가 **5퍼센트 이상 증가**한 경우(사용허가를 갱신하는 경우를 포함한다): 전년도 사용료보다 5퍼센트 증가된 금액, 2. 제1호 외의 경우: 다음 각 목 가. 「상가건물 임대차보호법」 제2조 제1항에 따른 상가건물로서 사용료가 5퍼센트 이상 증가한 경우(사용허가를 갱신하는 최초 연도의 경우는 제외한다): 전년도 사용료보다 5퍼센트 증가된 금액, 나. 가목 외의 사용료가 9퍼센트 이상 증가한 경우(사용허가를 갱신하는 최초 연도의 경우는 제외한다): 전년도 사용료보다 9퍼센트 증가된 금액의 구분에 따른 경우의 구분과 같다(영 제31조)]에는 사용료를 조정할 수 있다(법 제33조 제1항). 조정되는 해당 연도 사용료의 산출방법은 대통령령으로 정한다(법 제33조 제2항). 조정 이유로는 사용료의 급격한 상승에 따른 부담을 완화하기 위한 것이 법의 취지이다. 적용대상은 동일인이 같은 행정재산을 1년을 초과하여 계속 사용·수익하는 경우에 한정한다.

다른 법률에 따른 사용료나 점용료의 납부 대상인 행정재산이 이 법에 따른 사용료 납부 대상으로 된 경우 그 사용료의 산출에 관하여는 제1항 및 제2항을 준용한다(법 제33조 제3항). 즉 다른 법률에 의한 사용료·점용료의 납부대상인 행정재산이 용도폐지되어 「국유재산법」의 사용료 납부대상이 된 경우도 조정 가능하다.

조정대상으로는 행정재산의 사용료(법 제33조) 및 일반재산의 대부료(법 제47조)가 해당되나, 변상금의 징수시에는 사용료와 대부료의 조정을 하지 아니한다(법 제72조 제3항).

다. 사용료의 면제·감면

(1) 면제

중앙관서의 장은 다음 각 호 1. 행정재산으로 할 목적으로 기부를 받은 재산에 대하여 기부자나 그 상속인, 그 밖의 포괄승계인에게 사용허가 하는 경우, 1의2. 건물 등을 신축하여 기부채납을 하려는 자가 신축기간에 그 부지를 사용하는 경우, 2. 행정재산을 직접 공용·공공용 또는 비영리 공익사업용으로 사용하려는 지방자치단체에 사용허가 하는 경우, 3. 행정재산을 직접 비영리 공익사업용으로 사용하려는 대통령령으로 정하는 공공단체[1. 법령에 따라 정부가 자본금의 전액을 출자하는 법인, 2. 법령에 따라 정부가 기본재산의 전액을 출연하는 법인(영 제33조)]에 사용허가 하는 경우의 어느 하나에 해당하면 대통령령으로 정하는 바에 따라 그 사용료를 면제할 수 있다(법 제34조 제1항). 법 제34조 제1항 제1호에 따라 사용료를 면제할 때에는 사용료 총액이 기부받은 재산의 가액이 될 때까지 면제할 수 있되, 그 기간은 20년을 넘을 수 없다(영 제32조 제1항). 제1항에도 불구하고 법 제5조 제1항 제6호의 재산(이하 "지식재산"이라 한다)의 사용료 면제기간은 20년으로 한다(영 제32조 제2항). 건물이나 그 밖의 시설물을 기부받은 경우에는 제1항의 사용료 총액에 그 건물이나 시설물의 부지사용료를 합산한다(영 제32조 제3항). 영 제32조 제1항의 기부받은 재산의 가액 및 그 사용료 계산의 기준이 되는 재산의 가액과 영 제32조 제3항에 따라 사용료 총액에 합산할 부지사용료 계산의 기준이 되는 부지의 가액은 영 제29조 제2항을 준용하여 산출하되, 최초의 사용허가 당시를 기준으로 하여 결정한다(영 제32조 제4항). 지방자치단체는 법 제34조 제1항 제2호에 따라 사용료를 면제받으려면 그 재산의 취득 계획을 **중앙관서의 장**에게 제출하여야 한다(영 제32조 제5항). 영 제32조 제5항에 따라 취득 계획을 제출받은 **중앙관서의 장**이 사용료를 면제하려는 경우 그 사용허가 기간은 1년을 초과해서는 아니 된다(영 제32조 제6항).

사용허가를 받은 행정재산을 천재지변이나 「재난 및 안전관리 기본법」 제3조 제1호의 재난으로 사용하지 못하게 되면 그 사용하지 못한 기간에 대한 사용료를 면제할 수 있다(법 제34조 제2항).

(2) 감면

중앙관서의 장은 행정재산의 형태·규모·내용연수 등을 고려하여 활용성이 낮거나 보수가 필요한 재산 등 대통령령으로 정하는 행정재산을 사용허가 하는 경우에는 대통령령으로 정하는 바에 따라 사용료를 감면할 수 있다(법 제34조 제3항). 2019. 3. 14. 시행법 개정이유는 국유재산의 활용성 제고를 위하여 **중앙관서의 장**은 국유재산의 형태·규모·내용연수 등을 고려하여 활용성이 낮거나 보수가 필요한 경우 등에는 그 사용료 또는 대부료를 감면할 수 있도록 하기 위함이다. 법 제34조 제3항에서 "활용성이 낮거나 보수가 필요한 재산 등 대통령령으로 정하는 행정재산"이란 다음 각 호의 행정재산을 말하며, 같은 항에 따라 사용료를 감면하는 기준은 다음 각 호의 구분과 같다(영 제32조 제7항).

1. 통행이 어렵거나 경사지거나 부정형(不定形) 등의 사유로 활용이 곤란한 토지로서 면적이 100제곱미터 이하이고 재산가액이 1천만원 이하인 경우: 사용료의 100분의 30을 감면
2. 면적이 30제곱미터 이하인 토지로서 재산가액이 100만원 이하인 경우: 사용료의 100분의 30을 감면
3. 다음 각 목 가. 준공 후 20년이 지난 건물로서 원활한 사용을 위하여 보수가 필요한 경우, 나. 「시설물의 안전 및 유지관리에 관한 특별법 시행령」 제12조에 따른 시설물의 안전등급 기준이 같은 영 [별표 8]에 따른 C등급 이하인 건물로서 안전관리를 위하여 보수가 필요한 경우, 다. 천재지변이나 그 밖의 재해 등으로 인하여 파손된 건물로서 별도의 보수가 필요한 경우의 어느

하나에 해당하는 건물로서 사용허가를 받은 자가 시설보수 비용을 지출하는 경우: 지출하는 보수 비용에 상당하는 금액을 사용료에서 감면(최초 1회로 한정한다)

7. 사용허가기간

행정재산의 사용허가기간은 5년 이내로 한다. 다만, 제34조 제1항 제1호의 경우에는 사용료의 총액이 기부를 받은 재산의 가액에 이르는 기간 이내로 한다(법 제35조 제1항).733)

법 제35조 제1항의 허가기간이 끝난 재산에 대하여 대통령령으로 정하는 경우[1. 법 제30조 제1항(1. 공용·공공용·기업용 재산: 그 용도나 목적에 장애가 되지 아니하는 범위, 2. 보존용재산: 보존목적의 수행에 필요한 범위)의 사용허가 범위에 포함되지 아니한 경우, 2. 법 제36조 제1항 각 호(사용허가의 취소와 철회 사유)의 어느 하나에 해당하는 경우, 3. 사용허가한 재산을 국가나 지방자치단체가 직접 공용이나 공공용으로 사용하기 위하여 필요한 경우, 4. 사용허가 조건을 위반한 경우, 5. **중앙관서의 장**이 사용허가 외의 방법으로 해당 재산을 관리·처분할 필요가 있다고 인정되는 경우(영 제34조 제1항)]를 제외하고는 **5년을 초과하지 아니하는 범위**에서 종전의 사용허가를 갱신할 수 있다. 다만, 수의의 방법으로 사용허가를 할 수 있는 경우가 아니면 1회만 갱신할 수 있다(법 제35조 제2항).

법 제35조 제2항에 따라 사용허가를 갱신하는 경우 갱신된 사용허가 기간의 연간 사용료는 다음 각 호 1. 영 제29조에 따라 산출한 사용료, 2. 다음 계산식에 따라 산출한 사용료

$$\text{갱신하기 직전 연도의 연간 사용료} \atop \text{(제29조 제1항 제6호 단서에 따라 연간 사용료가 변경된 경우에는 변경 전 연간 사용료를 말한다)} \times \frac{\text{제29조제2항에 따라 산출한 해당 연도의 재산가액}}{\text{갱신하기 직전 연도의 재산가액}}$$

의 금액 중 큰 금액으로 한다. 다만, 제29조 제1항 제6호 단서에 따라 **총괄청**이 기간을 정하여 고시한 경우 해당 기간의 사용료는 같은 호 단서에 따라 산출한 사용료로 한다(영 제34조).

갱신을 받으려는 자는 허가기간이 끝나기 1개월 전에 **중앙관서의 장**에게 신청하여야 한다(법 제35조 제3항).

8. 사용허가의 취소와 철회

가. 의의

중앙관서의 장은 행정재산의 사용허가를 받은 자가 다음 각 호 1. 거짓 진술을 하거나 부실한 증명 서류를 제시하거나 그 밖에 부정한 방법으로 사용허가를 받은 경우, 2. 사용허가 받은 재산을 법 제30

---

733) 경작의 목적으로 사용·수익허가하고자 하는 경우 민원인의 경제적 여건을 고려하여 단기간(파종에서 수확까지의 기간)으로 정할 수 있는지에 대하여 국유재산법 제27조(현행 법 제35조) 규정에 의하면 행정재산 등의 사용·수익허가기간은 3년(현행 5년)이내에서 정하도록 하고 있을 뿐 최소허가기간에 대해서는 규정하고 있지 않다(국유재산과-926, 2004. 5. 11.).

조 제2항을 위반하여 <u>다른 사람에게 사용·수익하게 한 경우</u>, 3. 해당 재산의 <u>보존을 게을리하였거나 그 사용목적을 위배한 경우</u>, 4. <u>납부기한까지 사용료를 납부하지 아니하거나</u> 법 제32조 제2항 후단에 따른 <u>보증금 예치나 이행보증조치를 하지 아니한 경우</u>, 5. **중앙관서의 장**의 승인 없이 사용허가를 받은 재산의 원래 상태를 변경한 경우의 어느 하나에 해당하면 그 <u>허가를 취소하거나 철회</u>할 수 있다(법 제36조 제1항).

중앙관서의 장은 사용허가한 행정재산을 <u>국가나 지방자치단체가 직접 공용이나 공공용으로 사용하기 위하여 필요하게 된 경우</u>에는 그 <u>허가를 철회</u>할 수 있다(법 제36조 제2항).

그 철회로 인하여 해당 사용허가를 받은 자에게 손실이 발생하면[734] 그 재산을 사용할 기관은 대통령령으로 정하는 바에 따라 보상한다(법 제36조 제3항). 법 제36조 제3항에 따른 보상액은 다음 각호 1. <u>사용허가 철회 당시를 기준으로 아직 남은 허가기간에 해당하는 시설비 또는 시설의 이전(수목의 이식을 포함한다)에 필요한 경비</u>, 2. <u>사용허가 철회에 따라 시설을 이전하거나 새로운 시설을 설치하게 되는 경우 그 기간 동안 영업을 할 수 없게 됨으로써 발생하는 손실에 대한 평가액과 같다</u>(영 제35조).

중앙관서의 장은 제1항이나 제2항에 따라 <u>사용허가를 취소하거나 철회한 경우</u>에 그 재산이 기부를 받은 재산으로서 제30조 제2항 단서에 따라 사용·수익하고 있는 자가 있으면 그 사용·수익자에게 <u>취소 또는 철회 사실을 알려야 한다</u>(법 제36조 제4항).

나. 청문

중앙관서의 장은 법 제36조에 따라 행정재산의 사용허가를 취소하거나 철회하려는 경우에는 <u>청문을 하여야 한다</u>(법 제37조).

다. 원상회복

사용허가를 받은 자는 <u>허가기간이 끝나거나</u> 제36조에 따라 <u>사용허가가 취소 또는 철회된 경우</u>에는 그 재산을 원래 상태대로 반환하여야 한다. 다만, **중앙관서의 장**이 미리 상태의 변경을 승인한 경우에는 변경된 상태로 반환할 수 있다(법 제38조).

---

734) 불법건축물에 대해서는 사용·수익허가(대부)할 것이 아니라 원상회복 명령을 하여야 하며 이를 이행하지 않을 경우 「국유재산법」 제52조(현행 법 제74조) 규정에 의거 「행정대집행법」을 준용하여 철거(원상회복)하여야 한다. 그러나, 「행정대집행법」 제2조 규정에 의하면 다른 수단으로써 의무이행을 확보하기 곤란하고 또한 이를 방치함이 심히 공익을 해할 것으로 인정되는 경우에 한해 대집행이 허용되는 바, 동 규정에 따라 대집행(원상회복)이 불가능하여 사실상 국가가 활용 내지 처분하기 곤란한 경우, 또한 소유권과 관련하여 시효중단의 조치가 필요하다고 인정되는 경우에는 대부할 수 있다. 다만, 대부계약 체결 시 불법건축물에 대해서는 향후 공용·공공용 또는 공익사업에 필요하여 계약을 해약하는 경우 「국유재산법」 제28조 제3항(현행 법 제36조 제3항)의 규정의 손실보상(대부계약서 제8조(현행 제9조제1항) 규정의 손해배상)의 대상에 해당되지 않음을 명백히 하여야 한다(국유재산과-613, 2004. 3. 22.).

Ⅳ. 행정재산의 용도폐지

1. 의의

용도폐지(用途閉止)라 함은 국유재산 중 행정재산을 행정재산으로 보존하지 않고 용도를 폐지하여 일반재산에 편입시키는 것을 말한다. 행정재산을 행정목적에 사용할 필요가 없을 때에는 행정재산으로 유지·보존하는 것이 오히려 비경제적이기 때문에 행정재산으로서의 용도를 폐지하게 되는 바 행정재산의 용도폐지는 행정재산으로서의 지정의 경우와는 달리 관리청이 선행 처리하게 되나 관리청이 용도폐지를 하였을 경우에는 지체 없이 **총괄청**에 인계하여야 한다. 다만 예외적으로 관리청이 그 용도를 폐지하더라도 **총괄청**에 인계하지 않아도 되는 경우가 있다.

2. 용도폐지의 사유

중앙관서의 장은 행정재산이 다음 각 호 1. 행정목적으로 사용되지 아니하게 된 경우, 2. 행정재산으로 사용하기로 결정한 날부터 **5년이 지난날까지** 행정재산으로 사용되지 아니한 경우, 3. 법 제57조에 따라 개발하기 위하여 필요한 경우 중 어느 하나에 해당하는 경우에는 지체 없이 그 용도를 폐지하여야 한다(법 제40조 제1항). **중앙관서의 장**은 법 제40조 제1항에 따라 용도폐지한 행정재산으로서 철거 또는 폐기할 필요가 있는 건물, 시설물, 기계 및 기구가 있으면 이를 지체 없이 철거 또는 폐기하고 **총괄청**에 인계하여야 한다(영 제37조 제2항).

3. 총괄청에 인계 및 예외 사유

중앙관서의 장은 용도폐지를 한 때에는 그 재산을 지체 없이 **총괄청**에 인계하여야 한다. 다만, 다음 각 호 1. 관리전환, 교환 또는 양여의 목적으로 용도를 폐지한 재산, 2. 법 제5조 제1항 제2호의 재산 (선박, 부표, 부잔교, 부선거 및 항공기와 그들의 종물), 3. 공항·항만 또는 산업단지에 있는 재산으로서 그 시설운영에 필요한 재산, 4. **총괄청**이 그 **중앙관서의 장**에게 관리·처분하도록 하거나 다른 **중앙관서의 장**에게 인계하도록 지정한 재산의 어느 하나에 해당하는 재산은 그러하지 아니하다(법 제40조 제2항).

4. 용도폐지 관련 판례

판례는 "도로용도폐지처분의 취소를 구할 법률상 이익이 있는 자에 대한 판시에서 일반적으로 도로는 국가나 지방자치단체가 직접 공중의 통행에 제공하는 것으로서 일반국민은 이를 자유로이 이용할 수 있는 것이기는 하나, 그렇다고 하여 그 이용관계로부터 당연히 그 도로에 관하여 특정한 권리나 법령에 의하여 보호되는 이익이 개인에게 부여되는 것이라고까지는 말할 수 없으므로, 일반적인 시민

생활에 있어 도로를 이용만 하는 사람은 그 용도폐지를 다툴 법률상의 이익이 있다고 말할 수 없지만, 공공용재산이라고 하여도 당해 공공용재산의 성질상 특정개인의 생활에 개별성이 강한 직접적이고 구체적인 이익을 부여하고 있어서 그에게 그로 인한 이익을 가지게 하는 것이 법률적인 관점으로도 이유가 있다고 인정되는 특별한 사정이 있는 경우에는 그와 같은 이익은 법률상 보호되어야 할 것이고, 따라서 도로의 용도폐지처분에 관하여 이러한 직접적인 이해관계를 가지는 사람이 그와 같은 이익을 현실적으로 침해당한 경우에는 그 취소를 구할 법률상의 이익이 있다."고 판시하였다.735)

공유수면은 소위 자연공물로서 그 자체가 직접 공공의 사용에 제공되는 것이고, 공유수면의 일부가 사실상 매립되었다 하더라도 국가가 공유수면으로서의 공용폐지를 하지 아니하는 이상 법률상으로는 여전히 공유수면으로서의 성질을 보유하고 있다. 행정재산은 공용폐지가 되지 아니하는 한 사법상 거래의 대상이 될 수 없으며 시효취득의 대상이 되지 아니하므로, 관재당국이 이를 모르고 행정재산을 매각하였다 하더라도 그 매매는 당연무효이다.736)

공용폐지의 의사표시는 명시적이든 묵시적이든 상관이 없으나 적법한 의사표시가 있어야 하고, 행정재산이나 보존재산이 사실상 본래의 용도에 사용되고 있지 않다거나 행정주체가 점유를 상실하였다는 정도의 사정이나 무효인 매도행위를 가지고 묵시적 공용폐지가 있었다고 볼 수 없다.737) 공물의 공용폐지에 관하여 국가의 묵시적인 의사표시가 있다고 인정되려면 공물이 사실상 본래의 용도에 사용되고 있지 않다거나 행정주체가 점유를 상실하였다는 정도의 사정만으로는 부족하고, 주위의 사정을 종합하여 객관적으로 공용폐지 의사의 존재가 추단될 수 있어야 한다.738)

---

735) 대법원 1992. 9. 22. 선고 91누13212 판결.
736) 대법원 1996. 5. 28. 선고 95다52383 판결.
737) 대법원 2009. 12. 10. 선고 2006다19528 판결.
738) 대법원 2009. 12. 10. 선고 2006다87538 판결.

제5장 일반재산의 관리·처분[739]

Ⅰ. 처분 등

1. 대부 또는 처분

일반재산은 대부 또는 처분할 수 있다(법 제41조 제1항). 종래 규정은 일반재산은 "관리계획에 따라" 관리·처분한다고 하였지만, 현행법은 이 중 "관리계획에 따라"를 삭제하였는데, 이는 종래의 국유재산관리 계획과 달리 현행법에 따른 국유재산종합계획은 매각대상 재산 명세를 나열하지 않고 있기 때문이다.[740]

2. 국유재산의 철거

중앙관서의 장등은 국가의 활용계획이 없는 건물이나 그 밖의 시설물이 다음 각 호 1. 구조상 공중 의 안전에 미치는 위험이 중대한 경우, 2. 재산가액에 비하여 유지·보수 비용이 과다한 경우, 3. 위치, 형태, 용도, 노후화 등의 사유로 철거가 불가피하다고 **중앙관서의 장등**이 인정하는 경우의 어느 하나 에 해당하는 경우에는 철거할 수 있다(법 제41조 제2항).

Ⅱ. 관리·처분 사무의 위임·위탁

1. 총괄청의 위임·위탁

총괄청은 대통령령으로 정하는 바에 따라 소관 일반재산의 관리·처분에 관한 사무의 **일부**를 **총괄청** 소속 공무원, **중앙관서의 장** 또는 그 소속 공무원, 지방자치단체의 장 또는 그 소속 공무원에게 **위임**하

---

739) 「국유재산법」상 제4장에 속한다.
740) 기획재정위원회 수석전문위원 국경복, 국유재산법등 일부개정법률안【정부제출】검토보고, 2010. 11. 15면.

거나, 정부출자기업체, 금융기관, 투자매매업자·투자중개업자 또는 특별법에 따라 설립된 법인으로서 대통령령으로 정하는 자에게 **위탁**할 수 있다(법 제42조 제1항).

총괄청은 **증권의 처분**을 **중앙관서의 장**이나 다음 각 호 1. 해당 증권을 발행한 법인, 2. 「은행법」 제2조 제1항 제2호에 따른 은행(같은 법 제5조에 따라 은행으로 보는 것을 포함한다), 3. 「자본시장과 금융투자업에 관한 법률」에 따른 투자매매업자, 투자중개업자 및 집합투자업자, 4. 「예금자보호법」에 따른 예금보험공사, 5. 「중소기업은행법」에 따른 중소기업은행, 6. 「한국산업은행법」에 따른 한국산업은행, 7. 「한국수출입은행법」에 따른 한국수출입은행, 8. 「한국은행법」에 따른 한국은행, 9. 삭제 〈2014. 12. 30.〉의 어느 하나에 해당하는 자에게 **위탁**할 수 있다(영 제38조 제1항).

총괄청은 법 제42조 제1항에 따라 다음 각 호 1. 국세물납에 따라 취득한 일반재산, 2. 법 제40조 제2항 본문에 따라 용도폐지되어 **총괄청**에 인계된 재산, 3. 삭제, 4. 법 제59조의2 제2항 전단에 따른 출자로 인하여 취득한 증권, 5. 영 제47조에 따라 대여의 방법으로 운용하기 위하여 **총괄청**이 지정하는 증권, 6. 영 제79조에 따른 청산법인의 청산이 종결됨에 따라 국가에 현물증여되는 재산, 7. 그 밖에 일반재산의 효율적 관리·처분을 위하여 **총괄청**이 지정하는 재산의 일반재산의 관리·처분에 관한 사무 (관리·처분과 관련된 소송업무를 포함한다) 및 이미 처분된 **총괄청** 소관 일반재산의 처분과 관련된 소송업무(영 제38조 제4항 제2호에 따른 소송업무는 제외한다)를 **한국자산관리공사**에 **위탁**한다(영 제 38조 제3항).

총괄청 또는 중앙관서의 장은 법 제42조 제1항 또는 제3항에 따라 다음 각 호 1. 법 제59조에 따라 개발하려는 일반재산의 관리·처분에 관한 사무, 2. 제1호에 따른 일반재산으로서 이미 처분된 **총괄청 또는 중앙관서의 장** 소관 일반재산의 처분과 관련된 소송업무의 사무를 **한국자산관리공사** 또는 「한국 토지주택공사법」에 따른 **한국토지주택공사**에 **위탁**한다(영 제38조 제4항).

영 제38조 제1항, 제3항 및 제4항에 따라 위탁을 받은 경우에는 위탁의 근거 규정을 표시하고, 위탁 받은 자의 명의로 관리·처분한다(영 제38조 제5항).

영 제38조 제3항 및 제4항에 따라 일반재산의 관리·처분에 관한 사무를 위탁하는 경우에 위탁료 등 세부적인 내용과 절차는 기획재정부령으로 정한다(영 제38조 제6항).

2. 총괄청의 위탁받은 사무에 대한 재위탁

총괄청은 법 제8조 제3항에 따라 **중앙관서의 장**이 관리·처분하는 일반재산의 관리·처분에 관한 사무의 일부를 **위탁받을 수 있으며**, 필요한 경우 위탁하는 **중앙관서의 장**과 협의를 거쳐 특별법에 따라 설립된 법인으로서 대통령령으로 정하는 자에게 위탁받은 사무를 **재위탁**할 수 있다(법 제42조 제2항).[741] 2020. 10. 1. 시행법부터 **총괄청**이 일반재산의 관리·처분에 관하여 위탁받은 사무를 특별법에 따라 설립된 법인에 재위탁할 수 있는 근거를 마련하였다.

---

[741] 법 제8조(국유재산 사무의 총괄과 관리) ③ **중앙관서의 장**은 「국가재정법」 제4조에 따라 설치된 **특별회계** 및 같은 법 제5조에 따라 설치된 **기금**에 속하는 국유재산과 제40조 제2항 각 호에 따른 재산을 관리·처분한다.

3. 중앙관서의 장의 위탁

중앙관서의 장이 소관 특별회계나 기금에 속하는 일반재산을 법 제59조에 따라 개발하려는 경우에는 제1항을 준용하여 위탁할 수 있다(법 제42조 제3항).

4. 준용조항 및 위임·위탁의 철회

중앙관서의 장과 위임받은 기관이 일반재산을 관리·처분하는 경우에는 관리사무의 위임에 관한 조항(법 제28조) 및 관리위탁에 관한 조항(법 제29조)을 준용한다(법 제42조 제4항).

법 제42조 제1항 및 제4항에 따라 일반재산의 관리·처분에 관한 사무를 위임이나 위탁한 **총괄청**이나 **중앙관서의 장**은 위임이나 위탁을 받은 자가 해당 사무를 부적절하게 집행하고 있다고 인정되거나 일반재산의 집중적 관리 등을 위하여 필요한 경우에는 그 위임이나 위탁을 철회할 수 있다(법 제42조 제5항).

5. 수임자 및 수탁자에 대한 대부료 등의 귀속

법 제42조 제1항 및 제4항에 따라 위임이나 위탁을 받아 관리·처분한 일반재산 중 대통령령으로 정하는 재산[1. 부동산과 그 종물, 2. 증권(영 제39조 제1항)]의 대부료, 매각대금, 개발수입 또는 변상금은 「국가재정법」 제17조와 「국고금관리법」 제7조에도 불구하고 대통령령으로 정하는 바에 따라 위임이나 위탁을 받은 자에게 귀속시킬 수 있다(법 제42조 제6항). 영 제39조 제1항 제2호의 경우에 영 제38조 제1항 각 호의 자에게 귀속시킬 수 있는 매각대금의 범위는 매각 과정에서 발생한 필요경비로 한다. 이 경우 **총괄청**은 위탁받은 자와 협의하여 필요경비의 100분의 10의 범위에서 대행수수료를 추가로 귀속시킬 수 있다(영 제39조 제3항).

Ⅲ. 계약의 방법

1. 일반경쟁입찰 원칙

일반재산을 처분하는 계약을 체결할 경우에는 그 뜻을 공고하여 일반경쟁에 부쳐야 한다(법 제43조 제1항 본문). 경쟁입찰은 1개 이상의 유효한 입찰이 있는 경우 최고가격으로 응찰한 자를 낙찰자로 한다(영 제40조 제1항). 법 제43조 제1항에 따라 경쟁에 부치는 경우 공고와 절차에 관하여는 법 제31조 제2항을 준용한다(법 제43조 제2항).[742]

---

742) 법 제31조(사용허가의 방법) ② 제1항에 따라 경쟁에 부치는 경우에는 **총괄청**이 지정·고시하는 정보처리장치를 이용하여 입찰공고·개찰·낙찰선언을 한다. 이 경우 **중앙관서의 장**은 필요하다고 인정하면 일간신문 등에 게재하는 방법을 병행할 수 있으며, 같은 재산에 대하여 수 회의 입찰에 관한 사항을 일괄하여 공고할 수 있다.

2. 예외

다만, 계약의 목적·성질·규모 등을 고려하여 필요하다고 인정되면 대통령령으로 정하는 바에 따라 참가자의 자격을 제한하거나(**제한경쟁**) 참가자를 지명하여(**지명경쟁**) 경쟁에 부치거나 **수의계약**으로 할 수 있으며, **증권**인 경우에는 대통령령으로 정하는 방법에 따를 수 있다(법 제43조 제1항 단서).

가. 제한경쟁 또는 지명경쟁에 부칠 수 있는 경우

일반재산이 다음 각 호 1. 토지의 용도 등을 고려할 때 해당 재산에 인접한 토지의 소유자를 지명하여 경쟁에 부칠 필요가 있는 경우, 2. 농경지의 경우에 특별자치시장·특별자치도지사·시장·군수 또는 구청장(자치구의 구청장을 말한다)이 인정하는 실경작자를 지명하거나 이들을 입찰에 참가할 수 있는 자로 제한하여 경쟁에 부칠 필요가 있는 경우, 3. 법 제49조에 따라 용도를 지정하여 매각하는 경우, 4. 영 제40조 제3항에 따른 수의계약 신청이 경합하는 경우의 어느 하나에 해당하는 경우에는 법 제43조 제1항 단서에 따라 제한경쟁이나 지명경쟁의 방법으로 처분할 수 있다(영 제40조 제2항).

나. 수의계약에 의할 수 있는 경우

일반재산이 다음 각 호의 어느 하나에 해당하는 경우에는 법 제43조 제1항 단서에 따라 수의계약으로 처분할 수 있다. 이 경우 처분가격은 예정가격 이상으로 한다(영 제40조 제3항).

1. 외교상 또는 국방상의 이유로 비밀리에 처분할 필요가 있는 경우
2. 천재지변이나 그 밖의 부득이한 사유가 발생하여 재해 복구나 구호의 목적으로 재산을 처분하는 경우
3. 해당 재산을 양여받거나 무상으로 대부받을 수 있는 자에게 그 재산을 매각하는 경우
4. 지방자치단체가 직접 공용 또는 공공용으로 사용하는 데에 필요한 재산을 해당 지방자치단체에 처분하는 경우
5. 「공공기관운영법」 제4조에 따른 공공기관(이하 "공공기관"이라 한다)이 직접 사무용 또는 사업용으로 사용하는 데에 필요한 재산을 해당 공공기관에 처분하는 경우
6. 인구 분산을 위한 정착사업에 필요하여 재산을 처분하는 경우
7. 법 제45조 제1항에 따라 개척·매립·간척 또는 조림 사업의 완성을 조건으로 매각을 예약하고, 같은 조 제3항에 따른 기한까지 그 사업이 완성되어 그 완성된 부분을 예약 상대방에게 매각하는 경우
8. 법 제59조의2 제2항 전단에 따른 국유지개발목적회사(이하 "국유지개발목적회사"라 한다)에 개발 대상 국유재산을 매각하는 경우
9. 법 제78조에 따라 은닉된 국유재산을 국가에 반환한 자에게 매각하는 경우
10. 법률 제3482호 국유재산법중개정법률 부칙 제3조에 해당하는 재산을 당초에 국가로부터 매수한

자(매수자의 상속인 또는 승계인을 포함한다)에게 매각하는 경우

11. 국가가 각종 사업의 시행과 관련하여 <u>이주대책의 목적</u>으로 조성하였거나 조성할 예정인 이주단지의 국유지를 그 이주민에게 매각하는 경우

12. 다른 국가가 대사관·영사관, 그 밖에 이에 준하는 <u>외교목적</u>의 시설로 사용하기 위하여 필요로 하는 국유재산을 해당 국가에 매각하는 경우

13. <u>국가와 국가 외의 자가 공유</u>하고 있는 국유재산을 해당 <u>공유지분권자</u>에게 매각하는 경우

14. 국유재산으로서 이용가치가 없으며, <u>국가 외의 자가 소유한 건물</u>로 점유·사용되고 있는 다음 각 목 가. 2012년 12월 31일 이전부터 <u>국가 외의 자 소유의 건물로 점유된 국유지</u>, 나. 토지 소유자와 건물 소유자가 동일하였으나 판결 등에 따라 토지 소유권이 국가로 이전된 국유지의 어느 하나에 해당하는 국유지를 그 <u>건물 바닥면적의 두 배 이내의 범위</u>에서 그 건물의 소유자에게 매각하는 경우

15. 2012년 12월 31일 이전부터 <u>종교단체가 직접 그 종교 용도로 점유·사용</u>하고 있는 재산을 그 점유·사용자에게 매각하는 경우

16. 사유지에 설치된 <u>국가 소유의 건물이나 공작물</u>로서 그 건물이나 공작물의 위치, 규모, 형태 및 용도 등을 고려하여 해당 재산을 그 <u>사유지의 소유자</u>에게 매각하는 경우

17. 국유지의 위치, 규모, 형태 및 용도 등을 고려할 때 국유지만으로는 이용가치가 없는 경우로서 그 <u>국유지와 서로 맞닿은 사유토지의 소유자</u>에게 그 국유지를 매각하는 경우

18. 법률에 따라 수행하는 사업 등을 지원하기 위한 다음 각 목의 어느 하나에 해당하는 경우

가. 「감염병의 예방 및 관리에 관한 법률」 제2조 제4호 다목에 따른 <u>한센병 환자</u>가 1986년 12월 31일 이전부터 집단으로 정착한 국유지를 그 정착인에게 매각하는 경우

나. 「국가균형발전 특별법」 제18조에 따라 지방으로 이전하는 <u>공공기관에 그 이전부지에 포함된 국유지를 매각하</u>는 경우

다. 「공익법인의 설립·운영에 관한 법률」 제4조 제1항에 따라 주무관청(학생기숙사의 경우에는 교육부장관, 공장 기숙사의 경우에는 고용노동부장관을 말한다. 이하 이 목에서 같다)으로부터 설립허가를 받은 <u>공익법인</u>이나 상 시 사용하는 근로자의 수가 50명 이상인 <u>기업체</u> 또는 주무관청으로부터 추천을 받은 자가 <u>대학생 또는 공장근</u> <u>로자를 위하여 건립</u>하려는 기숙사의 부지에 있는 재산을 그 법인이나 <u>기업체</u> 또는 <u>주무관청으로부터 추천을</u> <u>받은 자</u>에게 매각하는 경우

라. 「관광진흥법」 제55조에 따른 조성사업의 시행에 필요한 재산을 그 사업시행자에게 매각하는 경우

마. 「교통시설특별회계법」 제5조에 따른 <u>철도계정</u>, 같은 법 제5조의2에 따른 교통체계관리계정 또는 같은 법 제7 조에 따른 항만계정 소관의 폐시설 부지(법 제40조 제2항 제3호에 따른 재산 중 국토교통부 또는 해양수산부 소관의 토지를 포함한다)로서 장래에 활용할 계획이 없는 국유지를 다음의 어느 하나에 해당하는 자에게 매각 하는 경우

　1) 1987년 12월 31일 이전부터 <u>사실상 농경지</u>로서 시 지역에서는 1천제곱미터, 시 외의 지역[군(광역시에 있는 군을 포함한다) 지역과 도농복합형태의 시(행정시를 포함한다) 지역에 있는 읍·면 지역을 말한다. 이하 같다] 에서는 3천제곱미터 범위에서 <u>계속하여 경작한 그 실경작자</u>

　2) 철도시설이나 대중교통시설 또는 항만시설로 사용하기 위하여 취득하였으나 그 시설로 사용하지 아니하거나 그 용도로 사용할 필요가 없게 된 <u>국유지의 취득 당시 소유자</u>(상속인을 포함한다)

바. 「농수산물유통 및 가격안정에 관한 법률」에 따른 <u>농수산물유통시설 부지에 포함된 국유지</u>를 그 전체 유통시설 부지 면적의 50퍼센트(부지 면적의 50퍼센트가 2천제곱미터에 미달하는 경우에는 2천제곱미터) 미만의 범위에

> 서 농업협동조합·수산업협동조합이나 그 중앙회 또는 한국농수산식품유통공사(지방자치단체가 농업협동조합·수산업협동조합이나 그 중앙회 또는 한국농수산식품유통공사와 공동으로 출자하여 설립한 법인을 포함한다)에 매각하는 경우
>
> 사. 「농업·농촌 및 식품산업 기본법」 제50조 제1항 또는 「수산업·어촌 발전 기본법」 제39조 제1항에 따른 <u>지역특산품 생산단지</u>로 지정된 지역 또는 「농어촌정비법」 제82조에 따라 <u>농어촌 관광휴양단지</u>로 지정·고시된 지역에 <u>위치한 국유지</u>를 그 사업 부지 전체 면적의 50퍼센트 미만의 범위에서 그 <u>사업시행자에게 매각하는 경우</u>
>
> 아. 「농지법」에 따른 농지로서 <u>국유지</u>를 대부(사용허가를 포함한다) 받아 <u>직접 5년 이상 계속하여 경작하고 있는 자에게 매각하는 경우</u>
>
> 자. 「사도법」 제4조에 따라 개설되는 <u>사도에 편입되는 국유지</u>를 그 사도를 개설하는 자에게 매각하는 경우
>
> 차. 「산업입지법」 제2조에 따른 산업단지 또는 그 배후주거지역에 위치한 국유지를 「영유아보육법」 제14조에 따라 <u>직장어린이집을 설치하려는 자로서 보건복지부장관의 추천을 받은 자에게 1천400제곱미터 범위에서 매각하는 경우</u>
>
> 카. 「산업집적활성화 및 공장설립에 관한 법률」 제13조에 따른 <u>설립승인 대상이 되는 규모의 공장입지에 위치하는 국유지</u>를 공장설립 등의 승인을 받은 자에게 매각하는 경우[국유지의 면적이 공장부지 전체 면적의 50퍼센트 미만(「중소기업창업 지원법」 제33조에 따라 사업계획 승인을 받은 자에 대해서는 국유지 편입비율의 제한을 하지 아니한다)인 경우로 한정한다]
>
> 타. 「주택법」 제15조, 제19조 및 제30조에 따라 <u>매각 대상이 되는 국유지</u>를 그 사업주체에게 매각하는 경우[매각대상 국유지의 면적이 주택건립부지 전체 면적의 50퍼센트 미만(「주택법 시행령」 제3조에 따른 공동주택으로 점유된 국유지에 재건축하는 경우에는 국유지 편입비율의 제한을 받지 아니한다)인 경우로 한정한다]
>
> 파. 「초·중등교육법」 제2조 각 호의 어느 하나에 해당하는 학교의 부지로 사용되고 있는 재산 또는 「고등교육법」 제2조 각 호의 어느 하나에 해당하는 대학의 부지로 사용되고 있거나 그 대학의 학교법인이 건립하려는 기숙사의 부지에 위치한 재산을 그 <u>학교·대학 또는 학교법인에 매각하는 경우</u>
>
> 하. <u>다른 법률에 따라 특정한 사업목적 외의 처분이 제한되거나 일정한 자에게 매각하여야 하는 재산을 그 사업의 시행자 또는 그 법률에서 정한 자에게 매각하는 경우</u>

아울러, 「국유재산법」 제43조 제1항 및 같은 법 시행령 제40조 제3항 제18호 하목에서 다른 법률에 따라 특정한 사업목적 외의 처분이 제한되거나 일정한 자에게 매각하여야 하는 재산을 그 사업의 시행자 또는 그 법률에서 정한 자에게 매각하는 경우에 <u>수의계약을 할 수 있도록 규정하고 있는 것은, 다른 법률에서 수의계약을 할 수 있는 경우를 직접 정하고 있는 경우에는 그 다른 법률과 「국유재산법」의 내용이 상충되지 않도록 하여 국유재산이 그 다른 법률에 따라 해당 수의계약을 할 수 있도록 하기 위하여 「국유재산법」에서 확인해 주는 차원에서의 규정인 것이라고 할 것이지</u>, 다른 법률과 별개로 「국유재산법」에서 수의계약의 요건을 정하여 그 다른 법률에도 불구하고 다시 「국유재산법」에 따른 일반원칙에 따라 수의계약을 하도록 하기 위한 것은 아니라고 할 것이다.[743]

19. <u>정부출자기업체의 주주 등 출자자에게 해당 기업체의 지분증권을 매각하는 경우</u>

20. 국유지개발목적회사의 주주 등 출자자에게 해당 회사의 <u>지분증권을 매각하는 경우</u>

21. 다음 각 목 가. 「자본시장과 금융투자업에 관한 법률」에 따른 <u>투자매매업자, 투자중개업자 및 집합투자업자</u>, 나. 「은행법」 제2조 제1항 제2호에 따른 <u>은행</u>(같은 법 제5조에 따라 은행으로 보는 것을 포함한다), 다. 「보험업법」에 따른 <u>보험회사</u>의 어느 하나에 해당하는 자에게 <u>증권을</u>

---

[743] 법제처 법령해석 사례, 서울특별시 - 도시환경정비구역 내 국유지를 해당 국유지의 점유자에게 수의계약으로 매각하려는 경우, 사업시행인가 고시 전에 매각할 수 있는지(「도시정비법」 제66조 등 관련), 안건번호 16-0296, 회신일자 2016. 9. 12.

매각하거나 그 매각을 위탁 또는 대행하게 하는 경우

22. 법률에 따라 설치된 기금을 관리·운용하는 법인에 지분증권을 매각하는 경우

23. 정부출자기업체의 지분증권을 해당 기업체의 경영효율을 높이기 위하여 해당 기업체의 업무와 관련이 있는 법인·조합 또는 단체로서 기획재정부장관이 고시하는 법인·조합 또는 단체에 매각하는 경우

24. 「근로복지기본법」 제2조 제4호에 따른 우리사주조합에 가입한 자(이하 이 조에서 "우리사주조합원"이라 한다)에게 정부출자기업체의 지분증권을 매각하는 경우

25. 두 번에 걸쳐 유효한 입찰이 성립되지 아니하거나 뚜렷하게 국가에 유리한 가격으로 계약할 수 있는 경우

26. 지식재산의 내용상 그 실시(「특허법」 제2조 제3호, 「실용실안법」 제2조 제3호, 「디자인보호법」 제2조 제7호의 실시를 말한다)에 특정인의 기술이나 설비가 필요하여 경쟁입찰에 부치기 곤란한 경우

27. 재산의 위치·형태·용도 등이나 계약의 목적·성질 등으로 보아 경쟁에 부치기 곤란한 경우

나. 증권의 매각방법

법 제43조제1항 단서에서 "대통령령으로 정하는 방법"이란 다음 각 호의 방법을 말한다(영 제41조).

1. 「자본시장과 금융투자업에 관한 법률」 제9조 제9항에 따른 매출의 방법

2. 「자본시장과 금융투자업에 관한 법률」 제9조 제13항에 따른 증권시장(이하 "증권시장"이라 한다)에서 거래되는 증권을 그 증권시장에서 매각하는 방법

3. 「자본시장과 금융투자업에 관한 법률」 제133조에 따른 공개매수에 응모하는 방법

4. 「상법」에 따른 주식매수청구권을 행사하는 방법

5. 그 밖에 다른 법령에 따른 증권의 매각방법

IV. 처분재산의 가격결정

1. 일반재산의 처분가격

일반재산의 처분가격은 대통령령으로 정하는 바에 따라 시가(時價)를 고려하여 결정한다(법 제44조).

2. 예정가격 결정방법

처분재산의 예정가격(영 제42조), 지식재산의 처분에 관한 예정가격(영 제42조의2), 상장증권(영 제43조) 및 비상장증권(영 제44조)의 예정가격은 공개하여야 한다. 다만, 지분증권을 처분하는 경우에는

공개하지 아니할 수 있다(영 제45조).

가. 증권을 제외한 일반재산

증권을 제외한 일반재산을 처분할 때에는 <u>시가를 고려하여 해당 재산의 예정가격을 결정하여야 한다</u>. 이 경우 예정가격의 결정방법은 다음과 같다. 1. **대장가격이 3천만원 이상**인 경우(제2호의 경우는 제외한다): **두 개의 감정평가법인등**의 평가액을 산술평균한 금액, 2. 대장가격이 **3천만원 미만**인 경우나 **지방자치단체 또는 공공기관**에 처분하는 경우: 하나의 **감정평가법인등**의 평가액으로 한다(영 제42조 제1항). **감정평가법인등**의 평가액은 평가일부터 1년이 지나면 적용할 수 없다(영 제42조 제2항).

중앙관서의 장등은 일반재산에 대하여 **일반경쟁입찰**을 두 번 실시하여도 낙찰자가 없는 경우에는 세 번째 입찰부터 최초 매각 예정가격의 100분의 50을 최저한도로 하여 매회 100분의 10의 금액만큼 그 예정가격을 낮출 수 있다(영 제42조 제3항). 따라서 <u>지명 및 제한경쟁입찰의 경우 예정가격 체감이 불가하다.</u>

일반재산을 법 제45조에 따라 <u>개척·매립·간척 또는 조림하거나 그 밖에 정당한 사유로 점유하고 개량한 자에게 해당 재산을 매각하는 경우에는 매각 당시의 개량한 상태의 가격에서 개량비 상당액을 뺀 금액을 매각대금으로 한다.</u> 다만, 매각을 위한 평가일 현재 개량하지 아니한 상태의 가액이 개량비 상당액을 빼고 남은 금액을 초과하는 경우에는 그 가액 이상으로 매각대금을 결정하여야 한다(영 제42조 제5항). 법 제45조에 따라 <u>개척·매립·간척 또는 조림하거나 그 밖에 정당한 사유로 점유하고 개량한 일반재산을 「토지보상법」에 따른 공익사업의 사업시행자에게 매각하는 경우로서 해당 사업시행자가 해당 점유·개량자에게 개량비 상당액을 지급한 경우에 관하여는 법 제44조의2 제1항을 준용한다</u>(영 제42조 제6항). 영 제42조 제5항 및 제6항의 개량비의 범위는 기획재정부령으로 정한다(영 제42조 제7항).

법 제55조 제1항 제1호(대통령령으로 정하는 일반재산을 직접 공용이나 공공용으로 사용하려는 지방자치단체에 양여하는 경우) 및 제4호(국가가 보존·활용할 필요가 없고 대부·매각이나 교환이 곤란하여 대통령령으로 정하는 재산을 양여하는 경우)에 따라 양여하는 경우에는 제1항에도 불구하고 <u>대장가격을 재산가격으로 한다</u>(영 제42조 제8항).

「토지보상법」에 따른 <u>공익사업에 필요한 일반재산을 해당 사업의 사업시행자에게 처분하는 경우에는 제1항에도 불구하고 해당 법률에 따라 산출한 보상액을 일반재산의 처분가격으로 할 수 있다</u>(영 제42조 제9항).

다음 각 호 1. <u>일단(一團)의 토지</u>[경계선이 서로 맞닿은 일반재산(국가와 국가 외의 자가 공유한 토지는 제외한다)인 일련(一連)의 토지를 말한다] <u>면적이 100제곱미터 이하인 국유지</u>(특별시·광역시에 소재한 국유지는 제외한다), 2. <u>일단의 토지 대장가격이 1천만원 이하인 국유지</u>의 어느 하나에 해당하는 국유지를 법 제43조 제1항에 따른 <u>경쟁입찰의 방법으로 처분하는 경우에는 제1항에도 불구하고 해당 국유지의 개별공시지가를 예정가격으로 할 수 있다</u>(영 제42조 제10항).

나. 지식재산의 처분에 관한 예정가격

(1) 지식재산을 처분할 때의 예정가격은 다음 각 호 1. 해당 지식재산 존속기간 중의 사용료 또는 대부료 추정 총액, 2. **감정평가법인등**이 평가한 금액(제1호에 따라 예정가격을 결정할 수 없는 경우로 한정한다)의 방법으로 결정한 금액으로 한다(영 제42조의2 제1항). 영 제42조의2 제1항 제2호에 따른 **감정평가법인등**이 평가한 금액은 평가일부터 1년이 지나면 적용할 수 없다(영 제42조의2 제2항).

(2) 영 제42조의2 제1항의 방법으로 예정가격을 결정하기 곤란한 경우에는 유사한 지식재산의 매매 실례가격에 따라 결정하며, 유사한 지식재산의 매매실례가격이 없는 경우에는 「공무원 직무발명의 처분·관리 및 보상 등에 관한 규정」 제11조 제3항 또는 「종자산업법 시행령」 제17조를 준용하여 예정가격을 결정할 수 있다(영 제42조의2 제3항).

다. 증권의 예정가격

(1) 상장증권

(가) 상장법인이 발행한 주권을 처분할 때에는 그 예정가격은 다음 각 호 1. 평가기준일 전 1년 이내의 최근에 거래된 30일간의 증권시장에서의 최종 시세가액을 가중산술평균하여 산출한 가액으로 하되, 거래 실적이 있는 날이 30일 미만일 때에는 거래된 날의 증권시장의 최종 시세가액을 가중산술평균한 가액과 영 제44조 제1항의 방법에 따른 가액을 고려하여 산출한 가격. 다만, 경쟁입찰의 방법으로 처분하거나 「자본시장과 금융투자업에 관한 법률」 제9조 제9항에 따른 매출의 방법으로 처분하는 경우에는 평가기준일 전 1년 이내의 최근에 거래된 30일간(거래 실적이 있는 날이 30일 미만인 경우에는 거래된 날)의 증권시장에서의 최종 시세가액을 가중산술평균한 가액과 영 제44조 제1항의 방법에 따른 가액을 고려하여 산출한 가격으로 할 수 있다. 2. 영 제41조 제3호에 따라 공개매수에 응모하는 경우에는 그 공개매수 가격, 3. 영 제41조 제4호에 따라 주식매수청구권을 행사하는 경우에는 「자본시장과 금융투자업에 관한 법률」 제165조의5에 따라 산출한 가격, 4. 영 제41조 제5호에 따라 매각가격을 특정할 수 있는 경우에는 그 가격의 어느 하나에 해당하는 가격 이상으로 한다(영 제43조 제1항).

(나) 영 제43조 제1항 외의 상장증권은 평가기준일 전 1년 이내의 최근에 거래된 증권시장에서의 시세가격 및 수익률 등을 고려하여 산출한 가격 이상으로 한다(영 제43조 제2항).

(다) 영 제43조 제1항 및 제2항에도 불구하고 상장증권을 증권시장 또는 기획재정부장관이 가격 결정의 공정성이 있다고 인정하여 고시하는 시장을 통하여 매각할 때에는 예정가격 없이 그 시장에서 형성되는 시세가격에 따른다(영 제43조 제3항).

(2) 비상장증권

(가) 비상장법인이 발행한 지분증권을 처분할 때에는 그 예정가격은 기획재정부령으로 정하는 산출

방식에 따라 비상장법인의 자산가치, 수익가치 및 상대가치를 고려하여 산출한 가격 이상으로 한다. 다만, 기획재정부령으로 정하는 경우에는 수익가치 또는 상대가치를 고려하지 아니할 수 있다(영 제44조 제1항).

(나) 영 제44조 제1항에도 불구하고 국세물납으로 취득한 지분증권의 경우에는 물납재산의 수납가액 또는 증권시장 외의 시장에서 형성되는 시세가격을 고려하여 예정가격을 산출할 수 있다(영 제44조 제2항).

(다) 비상장법인이 발행한 지분증권을 현물출자하는 경우에는 그 증권을 발행한 법인의 재산 상태 및 수익성을 기준으로 하여 기획재정부장관이 재산가격을 결정한다(영 제44조 제3항).

(라) 영 제44조 제1항 외의 비상장증권의 예정가격은 기획재정부령으로 정하는 방식에 따라 산정한 기대수익 또는 예상수익률을 고려하여 산출한 가격 이상으로 한다(영 제44조 제4항).

(3) 증권의 평가기관

총괄청이나 **중앙관서의 장등**은 증권의 처분가격을 산출할 때 필요하면 다음 각 호 1. **감정평가법인 등**, 2. 「자본시장과 금융투자업에 관한 법률」에 따른 신용평가회사, 3. 「공인회계사법」에 따른 회계법 인의 평가기관 등에 의뢰하여 그 평가액을 고려할 수 있다(영 제46조).

V. 물납 증권의 처분 제한

「상속세 및 증여세법」 제73조에 따라 물납된 증권의 경우 물납한 본인 및 대통령령으로 정하는 자 에게는 수납가액보다 적은 금액으로 처분할 수 없다. 다만, 「자본시장과 금융투자업에 관한 법률」 제8 조의2 제4항 제1호에 따른 증권시장에서 거래되는 증권을 그 증권시장에서 매각하는 경우에는 그러하 지 아니하다(법 제44조의2 제1항). 법 제44조의2 제1항 본문에서 "대통령령으로 정하는 자"란 다음 각 호 1. 물납한 본인과 다음 각 목 가. 배우자, 나. 직계혈족, 다. 형제자매, 라. 배우자의 직계혈족, 마. 배우자의 형제자매, 바. 직계혈족의 배우자의 관계에 있는 사람, 2. 물납한 본인 및 물납한 본인과 제1 호 각 목의 관계에 있는 사람이 물납 증권 처분 당시 보유한 지분증권의 합계가 그 외 각 주주가 보유 한 지분증권보다 많은 법인의 어느 하나에 해당하는 자를 말한다(영 제47조의2).

2019. 3. 14. 시행법 개정이유는 비상장 물납증권을 매각 처분할 때 대부분은 물납자 본인이나 납세 자의 친족 등 특수관계인에게 저가로 매각되고 있는데 일종의 탈세 또는 재테크 수단으로 활용되고 있으므로 시행령에 규정된 국세물납 증권의 처분 제한 규정을 법률로 상향하여 규정하고, 물납증권의 저가매수 금지 대상을 물납한 본인뿐만 아니라 물납자의 특수관계인으로 확대함으로써 조세회피를 방 지하고자 국세물납제도를 개선하였다.

총괄청은 제1항 본문에 따른 처분 제한 대상자의 해당 여부를 확인하기 위하여 관계 행정기관의 장,

「공공기관운영법」에 따른 공공기관의 장에게 필요한 자료의 제출을 요청할 수 있다. 이 경우 자료 제출을 요청받은 관계 행정기관의 장 등은 특별한 사유가 없으면 이에 따라야 한다(법 제44조의2 제2항).

제2항에 따른 자료 제출 요청의 범위와 절차 등 필요한 사항은 대통령령으로 정한다(법 제44조의2 제3항).

Ⅵ. 개척·매립·간척·조림을 위한 예약

일반재산은 개척·매립·간척 또는 조림 사업을 시행하기 위하여 그 사업의 완성을 조건으로 대통령령으로 정하는 바에 따라 대부·매각 또는 양여를 예약할 수 있다(법 제45조 제1항). **중앙관서의 장등**이 제1항에 따라 그 재산의 매각이나 양여를 예약하려는 경우에는 **총괄청**과 협의하여야 한다(법 제45조 제5항). 법 제45조 제1항에 따른 예약기간은 계약일부터 10년 이내로 정하여야 한다. 다만, 해당 **중앙관서의 장**은 천재지변이나 그 밖의 부득이한 사유가 있는 경우에만 **총괄청**과 협의하여 5년의 범위에서 예약기간을 연장할 수 있다(영 제48조 제1항). 법 제45조 제1항에 따라 예약을 한 자는 계약일부터 1년 이내에 그 사업을 시작하여야 한다(영 제48조 제2항).

예약 상대방은 그 사업기간 중 예약된 재산 또는 사업의 기성부분(旣成部分)을 무상으로 사용하거나 수익할 수 있다(법 제45조 제2항).

예약 상대방이 지정된 기한까지 사업을 시작하지 아니하거나 그 사업을 완성할 수 없다고 인정되면 그 예약을 해제하거나 해지할 수 있다(법 제45조 제3항).

예약을 해제하거나 해지하는 경우에 사업의 일부가 이미 완성된 때에는 공익상 지장이 없다고 인정되는 경우에만 그 기성부분의 전부 또는 일부를 예약 상대방에게 대부·매각 또는 양여할 수 있다(법 제45조 제4항).

제2절 대부

Ⅰ. 대부기간

대부계약이란 일반재산을 국가 외의 자가 일정 기간 유상이나 무상으로 사용·수익할 수 있도록 체결하는 계약을 말한다(법 제2조 제8호).[744]

---

744) 국유지상에 진출입로를 개설하는 경우 당해 국유지는 계속 같은 목적으로 사용되도록 그 용도가 제한되어 국가의 소유권 행사와 장래 행정 및 기타목적 사용에 장애가 되므로 일반적으로 진출입로 개설을 목적으로 하는 국유지의 사용·수익허가 및 대부는 허용되지 않음. 다만, 사경제적 거래의 대상이 되는 국유잡종지에 있어서는 이른바 사유지가 맹지에

일반재산의 대부기간은 다음 각 호 1. 조림을 목적으로 하는 토지와 그 정착물: **20년**, 2. 대부 받은 자의 비용으로 시설을 보수하는 건물(대통령령으로 정하는 경우[1. **준공 후 20년이 지난 건물**로서 원활한 사용을 위하여 보수가 필요한 경우, 2. 「시설물의 안전 및 유지관리에 관한 특별법 시행령」 제12조에 따른 시설물의 안전등급 기준이 같은 영 [별표 8]에 따른 **C등급 이하인 건물로서 안전관리를 위하여 보수가 필요**한 경우, 3. 천재지변이나 그 밖의 **재해 등으로 인하여 파손된 건물로서 별도의 보수가 필요**한 경우(영 제50조 제1항)]에 한정한다): **10년**, 3. **제1호 및 제2호 외의 토지와 그 정착물: 5년**, 4. 그 밖의 재산: **1년**의 기간 이내로 한다. 다만, 제18조 제1항 단서에 따라 영구시설물을 축조하는 경우에는 10년 이내로 한다(법 제46조 제1항).[745)

대부기간이 끝난 재산에 대하여 대통령령으로 정하는 경우[1. 대부재산을 국가나 지방자치단체가 법 제6조 제2항 각 호의 용도로 사용하기 위하여 필요한 경우, 2. 법 제36조 제1항 각 호의 어느 하나에 해당하는 경우, 3. 대부계약 조건을 위반한 경우(영 제50조 제2항)]를 제외하고는 그 대부기간을 초과하지 아니하는 범위에서 종전의 대부계약을 갱신할 수 있다. 다만, 수의계약의 방법으로 대부할 수 있는 경우가 아니면 1회만 갱신할 수 있다(법 제46조 제2항). 갱신을 받으려는 자는 대부기간이 끝나기 1개월 전에 **중앙관서의 장등에** 신청하여야 한다(법 제46조 제3항).

제46조 제1항에도 불구하고 법 제58조 및 제59조의2에 따라 개발된 일반재산의 대부기간은 30년 이내로 할 수 있으며, 20년의 범위에서 한 차례만 연장할 수 있다(제46조 제4항).[746)

Ⅱ. 대부료, 계약의 해제 등

일반재산의 대부의 제한, 대부료, 대부료의 감면 및 대부계약의 해제나 해지 등에 관하여는 법 제30조(사용허가) 제2항, 제31조(사용허가의 방법) 제1항·제2항, 제32조(사용료), 제33조(사용료의 조정), 제34조(사용료의 감면) 제1항 제2호·제3호, 조 제2항·제3항, 제36조(사용허가의 취소와 철회) 및 제38조(원상회복)를 준용한다(법 제47조 제1항).

법 제47조 제1항에도 불구하고 대부료에 관하여는 대통령령으로 정하는 바에 따라 연간 대부료의 전부 또는 일부를 대부보증금으로 환산하여 받을 수 있다(법 제47조 제2항). 법 제47조 제2항에 따른 대부보증금은 다음 계산식에 따라 산출한다(영 제51조의2).

$$대부보증금 = \frac{연간\ 대부료\ 중\ 대부보증금\ 전환대상\ 금액}{고시이자율}$$

해당하여 해당 국유지를 사용하지 않고 진입할 수 없는 경우에 한하여 잔여 국유지의 효용감소가 크게 초래되지 않는 범위 내에서 예외적으로 진입로 개설 목적의 대부가 가능하며, 국유재산 대부의 구체적인 사안에 있어서는 재산관리기관에서 위 규정에 따라 재산의 제반현황을 고려하여 결정할 사항임(국유재산과-4566, 2005. 12. 29.).

745) 2018. 6. 27. 시행법부터 국유재산의 활용도를 높이기 위하여 조림을 목적으로 하는 토지와 그 정착물에 대한 대부기간을 최대 10년에서 최대 20년으로, 대부 받은 자의 비용으로 시설을 보수하는 건물에 대한 대부기간을 최대 5년에서 최대 10년으로 각각 연장하였다.

746) 2016. 3. 2. 시행법부터 민간참여에 따라 개발된 일반재산의 대부기간은 30년 이내로 할 수 있으며, 20년 범위 내에서 1회에 한하여 연장할 수 있도록 하였다.

중앙관서의 장등은 대부기간이 만료되거나 대부계약이 해제 또는 해지된 경우에는 제2항에 따른 대부보증금을 반환하여야 한다. 이 경우 대부받은 자가 내지 아니한 대부료, 공과금 등이 있으면 이를 제외하고 반환하여야 한다(법. 제47조 제3항).

III. 대부료의 감면

중앙관서의 장은 국가가 타인의 재산을 점유하는 동시에 해당 재산 소유자는 일반재산을 점유(이하 "상호 점유"라 한다)하는 경우 대통령령으로 정하는 바에 따라 해당 재산 소유자에게 점유 중인 **일반재산의 대부료를 감면**할 수 있다(법 제47조의2 신설).[747] 법 제47조의2에 따라 **중앙관서의 장**이 대부료를 감면하려는 경우에는 같은 조에 따른 상호 점유하고 있는 사유재산을 행정재산으로 보아 그에 대하여 제29조에 따라 사용료액을 계산할 경우 산출되는 금액을 한도로 감면할 수 있다(영 제51조의3).

제3절 매각

Ⅰ. 매각 대상

종래에는 일반재산에 대한 매각 가능성만을 명시하였을 뿐 국유재산의 매각을 위한 일반적인 요건에 대해서는 아무런 근거 규정을 두지 않고 있었다가, 그 후 2009. 1. 30. 전면개정(시행 2010. 1. 1. 법률 제9401호)으로 일반재산은 일정한 경우에[748] 매각할 수 있도록 포지티브(Positive)시스템으로 국유재산 매각의 일반적인 기준을 규정하였는데, 무분별한 국유재산의 매각을 지양하고 합리적 매각을 통한 재정 수익 증대를 도모할 수 있도록 매각의 일반적 조건을 제시한 것이므로 타당한 입법 조치로 평가 받았다.[749]

2011. 4. 1. 시행법부터 종래 일정한 기준에 해당하는 경우에만 국유재산을 매각할 수 있도록 하고 있는 매각기준인 포지티브 방식에서, 반대로 일정한 사유에 해당하는 경우에만 이를 매각하지 못하도록 함으로써 국가가 보존·활용할 필요가 없는 재산의 매각이 원활, 보존부적합 재산의 효율적 매각을 유도하기 위하여 매각기준을 네거티브(Negative) 방식으로 다음과 같이 변경하였다.

---

[747] 2016. 3. 2. 시행법부터 **중앙관서의 장**은 상호 점유하는 경우 대통령령으로 정하는 바에 따라 해당 재산 소유자에게 해당 일반재산의 대부료를 감면할 수 있도록 하였다.

[748] 다음 각 호 1. 다른 법률에 따라 특정 사업을 위하여 불가피한 경우, 2. 문화시설·공원 등 공공사용을 목적으로 하여 대통령령으로 정하는 공익사업을 위하여 필요한 경우, 3. 특별회계나 기금 소관 재산으로 그 회계나 기금의 설치목적을 고려하여 대통령령으로 정한 경우, 4. 재산의 위치·규모·형태나 정책목적 등을 고려할 때 국가가 보존·관리하는 것이 적합하지 아니하거나 활용할 가치가 없는 경우.

[749] 기획재정위원회 수석전문위원 현성수, 국유재산법 전부개정법률안(정부제출)검토보고서, 2008. 12. 22면

일반재산은 다음 각 호 1. **중앙관서의 장**이 행정목적으로 사용하기 위하여 그 재산에 대하여 제8조 제4항에 따른 행정재산의 사용 승인이나 관리전환을 신청한 경우, 2. 「국토계획법」 등 다른 법률에 따라 그 처분이 제한되는 경우, 3. 장래 행정목적의 필요성 등을 고려하여 제9조 제4항 제3호의 처분기준에서 정한 처분제한 대상에 해당하는 경우, 4. 제1호부터 제3호까지의 규정에 따른 경우 외에 대통령령으로 정하는 바에 따라 국가가 관리할 필요가 있다고 **총괄청**이나 **중앙관서의 장**이 지정하는 재산[1. 법 제57조에 따른 개발이 필요한 재산, 2. 장래의 행정수요에 대비하기 위하여 비축할 필요가 있는 재산, 3. 사실상 또는 소송상 분쟁이 진행 중이거나 예상되는 등의 사유로 매각을 제한할 필요가 있는 재산(영 제52조 제1항)]의 어느 하나에 해당하는 경우 외에는 매각할 수 있다(법 제48조 제1항).[750]

〈표 22〉 일반재산 매각기준 변경안 비교

구분	구 법	현 행 법
근거 기준	「국유재산법」 제48조	「국유재산법」 제48조 제1항
규정 내용	• 매각가능사유 규정(Positive 방식) - 매각가능사유 외에는 매각불가	• 매각제한사유 규정(Negative 방식) - 매각제한사유 외에는 매각 가능
규정 형식	○○○ 해당하는 경우에 매각할 수 있다.	●●● 해당하는 경우 외에는 매각할 수 있다.
내용	• 매각가능재산 - 특정사업 필요재산 - 공익사업 필요재산 - 특별회계, 기금소관 필요재산 - 보존부적합재산	• 매각제한재산 - 행정목적 사용재산 - 다른 법률에 따른 처분제한 재산 - 장래 행정목적 등을 고려한 처분 제한 재산 - 국가가 관리할 필요가 있는 재산

출처: 기획재정위원회 수석전문위원 국경복, 국유재산법등 일부개정법률안【정부제출】검토보고, 2010. 11, 16면.

중앙관서의 장이 소관 특별회계나 기금에 속하는 일반재산 중 대통령령으로 정하는 일반재산[1. 공용재산으로 사용 후 용도폐지된 토지나 건물, 2. 일단의 토지 면적이 3천 제곱미터를 초과하는 재산(영 제52조 제2항)]을 매각하려는 경우에는 **총괄청**과 협의하여야 한다(법 제48조 제2항).

---

750) 영 제52조(매각) ③ 법 제42조 제1항에 따라 일반재산의 관리·처분에 관한 사무를 위임·위탁받은 자는 해당 일반재산이 제40조 제3항 제3호부터 제5호까지, 제12호 및 같은 항 제18호 자목에 해당하여 수의계약의 방법으로 매각하려는 경우에는 미리 **총괄청**의 승인을 받아야 한다.
　④ **중앙관서의 장등**은 다음 각 호 1. 용도폐지된 군부대, 교도소 및 학교의 부지, 2. 일단의 토지 면적이 1만제곱미터를 초과하는 토지의 어느 하나에 해당하는 국유지를 매각하려는 경우에는 우선적으로 장기공공임대주택(「공공주택 특별법」 제2조 제1호의2에 따른 공공건설임대주택으로서 임대의무기간이 10년 이상인 임대주택을 말한다)의 용도로 필요한지에 관하여 국토교통부장관과 협의하여야 한다.

Ⅱ. 용도를 지정한 매각 및 매각계약의 해제

1. 용도를 지정한 매각

일반재산을 매각하는 경우에는 대통령령으로 정하는 바에 따라 매수자에게 그 재산의 용도와 그 용도에 사용하여야 할 기간을 정하여 매각할 수 있다(법 제49조).

법 제49조에 따라 용도를 지정하여 매각하는 경우에는 그 재산의 매각일부터 10년 이상 지정된 용도로 활용하여야 한다(영 제53조 제1항).

총괄청은 필요하다고 인정하는 경우에는 용도를 지정하여 매각한 재산의 관리상황에 관하여 보고를 받거나 자료의 제출을 요구할 수 있고, 소속 공무원에게 그 관리상황을 감사하게 하거나 그 밖에 필요한 조치를 할 수 있다(영 제53조 제2항).

법 제49조에 따라 용도를 지정하여 매각하는 경우에는 법 제52조 제3호(법 제49조에 따라 용도를 지정하여 매각한 경우에 매수자가 지정된 날짜가 지나도 그 용도에 사용하지 아니하거나 지정된 용도에 제공한 후 지정된 기간에 그 용도를 폐지한 경우)의 사유가 발생하면 해당 매매계약을 해제한다는 내용의 특약등기를 하여야 한다(영 제53조 제3항).

2. 매각계약의 해제

법 제49조에 따라 용도를 지정하여 매각한 경우에 매수자가 지정된 날짜가 지나도 그 용도에 사용하지 아니하거나 지정된 용도에 제공한 후 지정된 기간에 그 용도를 폐지한 경우 등 각호의 어느 하나에 해당하는 사유가 있으면 그 계약을 해제할 수 있다(법 제52조 제3호). 이에 관해서는 후술한다.

Ⅲ. 매각대금의 납부

일반재산의 매각대금은 대통령령으로 정하는 바에 따라[계약 체결일부터 60일의 범위에서 **중앙관서의 장등**이 정하는 기한까지 전액을 납부하여야 한다 다만, 영 제55조 제1항부터 제4항까지의 규정에 해당하는 경우에는 전액을 납부할 필요가 없다(영 제54조 제1항)]납부하여야 한다(법 제50조 제1항 본문). 다만, 대통령령으로 정하는 경우[1. 천재지변이나 「재난 및 안전관리기본법」 제3조 제1호에 따른 재난으로 매수인에게 책임을 물을 수 없는 사고가 발생한 경우, 2. 국가의 필요에 따라 국가가 매각재산을 일정 기간 계속하여 점유·사용할 목적으로 재산인도일과 매각대금의 납부기간을 계약 시에 따로 정하는 경우(영 제54조 제2항)]에는 납부기간을 연장할 수 있다(법 제50조 제1항 단서).

일반재산의 매각대금을 한꺼번에 납부하도록 하는 것이 곤란하다고 인정되어 대통령령으로 정하는 경우[매각대금이 1천만원을 초과하는 경우에는 그 매각대금을 3년 이내의 기간에 걸쳐 나누어 내게 할 수 있다(영 제55조 제1항)]에는 1년 만기 정기예금 금리수준을 고려하여 대통령령으로 정하는 이자[영 제55조 제1항부터 제4항까지의 규정에 따른 매각대금 잔액에 고시이자율을 적용하여 산출한 이자를 말한다]를 붙여 20년 이내에 걸쳐 나누어

내게 할 수 있다(법 제50조 제2항).751)

751) 영 제55조(매각대금의 분할납부) ② 법 제50조 제2항에 따라 다음 각 호의 어느 하나에 해당하는 경우에는 매각대금을 <u>5년 이내의 기간</u>에 걸쳐 나누어 내게 할 수 있다.
  1. <u>지방자치단체에 그 지방자치단체가 직접 공용 또는 공공용으로 사용하려는 재산을 매각하는 경우</u>
  2. <u>제33조에 따른 공공단체가 직접 비영리공익사업용으로 사용하려는 재산을 해당 공공단체에 매각하는 경우</u>
  3. 2012년 12월 31일 이전부터 사유건물로 점유·사용되고 있는 토지와 「특정건축물 정리에 관한 특별조치법」(법률 제3533호로 제정된 것, 법률 제6253호로 제정된 것, 법률 제7698호로 제정된 것, 법률 제11930호로 제정된 것을 말한다)에 따라 준공인가를 받은 건물로 점유·사용되고 있는 토지를 해당 점유·사용자에게 매각하는 경우
  4. <u>「도시정비법」 제2조 제2호 나목에 따른 재개발사업을 시행하기 위한 정비구역에 있는 토지로서 시·도지사가 같은 법에 따라 재개발사업의 시행을 위하여 정하는 기준에 해당하는 사유건물로 점유·사용되고 있는 토지를 재개발사업 사업시행계획인가 당시의 점유·사용자로부터 같은 법 제129조에 따라 그 권리·의무를 승계한 자에게 매각하는 경우(해당 토지가 같은 법 제2조제4호에 따른 정비기반시설의 설치예정지에 해당되어 그 토지의 점유·사용자로부터 같은 법 제129조에 따라 권리·의무를 승계한 자에게 그 정비구역의 다른 국유지를 매각하는 경우를 포함한다)</u>
  5. <u>「전통시장 및 상점가 육성을 위한 특별법」 제31조에 따른 시장정비사업 시행구역의 토지 중 사유건물로 점유·사용되고 있는 토지를 그 점유·사용자에게 매각하는 경우</u>
  6. <u>「벤처기업육성에 관한 특별조치법」 제19조 제1항에 따라 벤처기업집적시설의 개발 또는 설치와 그 운영을 위하여 필요한 토지를 벤처기업집적시설의 설치·운영자에게 매각하는 경우</u>
  7. <u>「산업기술단지 지원에 관한 특례법」 제10조 제1항에 따른 산업기술단지의 조성에 필요한 토지를 사업시행자에게 매각하는 경우</u>
  8. 국가가 매각재산을 일정기간 계속하여 점유·사용하는 경우
  9. 「산업집적활성화 및 공장설립에 관한 법률」 제2조 제14호에 따른 산업단지에 공장 설립을 위하여 필요한 토지를 입주기업체에 매각하는 경우
  10. 다음 각 목의 어느 하나에 해당하는 기업 또는 조합이 해당 법령에 따른 사업 목적 달성을 위해 직접 사용하려는 재산을 그 기업 또는 조합에 매각하는 경우
    가. 「사회적기업 육성법」 제2조 제1호에 따른 사회적기업
    나. 「협동조합 기본법」 제2조 제1호에 따른 협동조합 및 같은 조 제3호에 따른 사회적협동조합
    다. 「국민기초생활 보장법」 제18조에 따른 자활기업
    라. 「도시재생 활성화 및 지원에 관한 특별법」 제2조 제1항 제9호에 따른 마을기업
  ③ 법 제50조 제2항에 따라 다음 각 호의 어느 하나에 해당하는 경우에는 매각대금을 <u>10년 이내의 기간</u>에 걸쳐 나누어 내게 할 수 있다.
  1. 「농지법」에 따른 농지로서 국유지를 실경작자에게 매각하는 경우
  2. 「도시개발법」 제3조에 따른 도시개발구역에 있는 토지로서 도시개발사업에 필요한 토지를 해당 사업의 시행자(같은 법 제11조 제1항 제7호에 따른 수도권 외의 지역으로 이전하는 법인만 해당한다)에게 매각하는 경우
  3. <u>지방자치단체에 그 지방자치단체가 「산입법」에 따른 산업단지의 조성에 사용하려는 재산을 매각하는 경우</u>
  3의2. 국유지개발목적회사에 개발대상 국유재산을 매각하는 경우
  4. 「체육시설의 설치·이용에 관한 법률」에 따른 체육시설 중 골프장·스키장 등 실외 체육시설로 점유되고 있는 국유지를 해당 점유자에게 매각하는 경우
  5. <u>지방자치단체에 그 지방자치단체가 「국민여가활성화기본법」 제3조 제2호에 따른 여가시설의 조성을 위하여 사용하려는 재산을 매각하는 경우</u>
  6. 「소상공인 보호 및 지원에 관한 법률」 제2조에 따른 소상공인이 경영하는 업종(「중소기업창업 지원법」 제3조 각 호의 어느 하나에 해당하는 업종은 제외한다)에 직접 사용하기 위한 재산을 그 소상공인에게 매각하는 경우
  ④ 법 제50조 제2항에 따라 다음 각 호의 어느 하나에 해당하는 경우에는 매각대금을 <u>20년 이내의 기간</u>에 걸쳐 나누어 내게 할 수 있다.
  1. <u>「도시정비법」 제2조 제2호 나목에 따른 재개발사업을 시행하기 위한 정비구역에 있는 토지로서 제2항 제4호에 따른 사유건물로 점유·사용되고 있는 토지를 재개발사업 시행인가 당시의 점유·사용자에게 매각하는 경우(해당 토지가 같은 법 제2조 제4호에 따른 정비기반시설의 설치예정지에 해당되어 그 토지의 점유·사용자에게 그 정비구역의 다른 국유지를 매각하는 경우를 포함한다)</u>
  2. 다음 각 목의 어느 하나에 해당하는 경우로서 국무회의의 심의를 거쳐 대통령의 승인을 받은 경우
    가. 일반재산의 매각이 인구의 분산을 위한 정착사업에 필요하다고 인정되는 경우
    나. 천재지변이나 「재난 및 안전관리기본법」 제3조 제1호에 따른 재난으로 인하여 일반재산의 매각이 부득이하다고 인정되는 경우
  ⑥ 제2항 제8호에 따라 매각대금을 5년 이내의 기간에 걸쳐 나누어 내는 경우 제5항에 따른 이자는 매수자가 매각재산을

Ⅳ. 소유권의 이전 등

일반재산을 매각하는 경우 해당 매각재산의 <u>소유권 이전은 매각대금이 완납된 후</u>에 하여야 한다(법 제51조 제1항).

법 제50조 제2항에 따라 <u>매각대금을 나누어 내게 하는 경우로서 공익사업의 원활한 시행 등을 위하여 소유권의 이전이 불가피하여 대통령령으로 정하는 경우</u>[영 제55조 제2항 제1호·제2호 및 제4호부터 제7호까지, 같은 조 제3항 제3호·제5호, 같은 조 제4항 제1호에 따라 매각대금을 나누어 내는 경우를 말한다(영 제56조)]<u>에는 매각대금이 완납되기 전에 소유권을 이전할 수 있다.</u> 이 경우 저당권 설정 등 채권의 확보를 위하여 필요한 조치를 취하여야 한다(법 제51조 제2항).

Ⅴ 매각계약의 해제

일반재산을 매각한 경우에 다음 각 호 1. 매수자가 <u>매각대금을 체납한 경우</u>, 2. 매수자가 <u>거짓 진술을 하거나 부실한 증명서류를 제시하거나 그 밖의 부정한 방법으로 매수한 경우</u>, 3. 법 제49조에 따라 <u>용도를 지정하여 매각한 경우에 매수자가 지정된 날짜가 지나도 그 용도에 사용하지 아니하거나 지정된 용도에 제공한 후 지정된 기간에 그 용도를 폐지한 경우</u>의 어느 하나에 해당하는 사유가 있으면 그 <u>계약을 해제</u>할 수 있다(법 제52조).

Ⅵ. 건물 등의 매수

일반재산의 <u>매각계약이 해제된 경우</u> 그 재산에 <u>설치된 건물이나 그 밖의 물건을 **중앙관서의 장**</u>이 법 제44조에 따라 결정한 가격으로 매수할 것을 알린 경우 그 소유자는 정당한 사유 없이 그 <u>매수를 거절하지 못한다</u>(법 제53조).

제4절　교환

Ⅰ. 교환의 의의

국가가 국가의 행정목적수행에 필요한 재산을 확보하기 위하여 <u>국유 일반재산을 국가 외의 자의 재</u>

인도받거나 점유·사용을 시작한 때부터 징수한다.

산과 상호 교환하는 사법상의 계약을 말한다.

Ⅱ. 교환의 요건

1. 일반적 요건

다음 각 호 1. 국가가 직접 행정재산으로 사용하기 위하여 필요한 경우, 2. 소규모 일반재산을 한 곳에 모아 관리함으로써 재산의 효용성을 높이기 위하여 필요한 경우, 3. 일반재산의 가치와 이용도를 높이기 위하여 필요한 경우로서 매각 등 다른 방법으로 해당 재산의 처분이 곤란한 경우, 4. 상호 점유를 하고 있고 해당 재산 소유자가 사유토지만으로는 진입·출입이 곤란한 경우 등 대통령령으로 정하는 불가피한 사유[1. 사유재산 소유자가 사유토지만으로는 진입·출입이 곤란한 경우, 2. 국가의 점유로 인하여 해당 사유재산의 효용이 현저하게 감소된 경우, 3. 2016년 3월 2일 전부터 사유재산 소유자가 소유한 건물로 점유·사용되고 있는 일반재산인 토지로서 해당 토지의 향후 행정재산으로서의 활용가능성이 현저하게 낮은 경우(영 제57조 제4항)]로 인하여 점유 중인 일반재산과 교환을 요청한 경우의 어느 하나에 해당하는 경우에는 일반재산인 토지·건물, 그 밖의 토지의 정착물, 동산과 공유 또는 사유재산인 토지·건물, 그 밖의 토지의 정착물, 동산을 교환할 수 있다(법 제54조 제1항).[752]

2. 교환재산간 유사성

법 제54조 제1항에 따라 교환하는 재산은 다음 각 호 1. 공유재산(公有財産)과 교환하는 경우, 2. 새로운 관사를 취득하기 위하여 노후화된 기존 관사와 교환하는 경우의 어느 하나에 해당하는 경우 외에는 서로 유사한 재산이어야 한다(영 제57조 제1항).

영 제57조 제1항에서 서로 유사한 재산의 교환은 다음 각 호 1. 토지를 토지와 교환하는 경우, 2. 건물을 건물과 교환하는 경우, 3. 양쪽 또는 어느 한 쪽의 재산에 건물(공작물을 포함한다)이 있는 토지인 경우에 주된 재산(그 재산의 가액이 전체 재산가액의 2분의 1 이상인 재산을 말한다)이 서로 일치하는 경우, 4. 동산을 동산과 교환하는 경우의 어느 하나에 해당하는 경우로 한다(영 제57조 제2항).

3. 교환의 제한

중앙관서의 장등은 일반재산이 다음 각 호 1. 「국토계획법」, 그 밖의 법률에 따라 그 처분이 제한되는 경우, 2. 장래에 도로·항만·공항 등 공공용 시설로 활용할 수 있는 재산으로서 보존·관리할 필요가

---

752) 2012. 12. 18. 시행법부터 국유재산의 효율적 관리를 도모하기 위하여 교환이 가능한 재산의 범위를 동산까지 확대하였고, 2016. 3. 2. 시행법부터 상호 점유를 하고 대통령령으로 정하는 불가피한 사유로 인하여 소유자가 교환을 요청한 경우에는 상호 교환할 수 있도록 하였다(제54조 제1항 제4호 신설).

있는 경우, 3. **교환으로 취득하는 재산에 대한 구체적인 사용계획 없이 교환하려는 경우**, 4. **한쪽 재산의 가격이 다른 쪽 재산 가격의 4분의 3**(법 제54조 제1항 제2호에 따른 소규모 일반재산을 한 곳에 모아 관리함으로써 재산의 효용성을 높이기 위하여 필요한 경우의 교환인 경우에는 2분의 1을 말한다) **미만인 경우.** 다만, 교환 대상 재산이 공유재산인 경우는 제외한다. 5. 교환한 후 남는 국유재산의 효용이 뚜렷하게 감소되는 경우, 6. 교환 상대방에게 건물을 신축하게 하고 그 건물을 교환으로 취득하려는 경우, 7. 그 밖에 법 제9조 제4항 제3호에 따른 처분기준에서 정한 교환제한대상에 해당하는 경우의 어느 하나에 해당하는 경우에는 교환해서는 아니 된다. 다만, 제3호 또는 제4호에 해당하는 일반재산이 영 제57조 제4항 각 호(1. 사유재산 소유자가 사유토지만으로는 진입·출입이 곤란한 경우, 2. 국가의 점유로 인하여 해당 사유재산의 효용이 현저하게 감소된 경우, 3. 2016년 3월 2일 전부터 사유재산 소유자가 소유한 건물로 점유·사용되고 있는 일반재산인 토지로서 해당 토지의 향후 행정재산으로서의 활용가능성이 현저하게 낮은 경우)의 어느 하나에 해당하는 경우에는 교환할 수 있다(영 제57조 제3항).

Ⅲ. 교환하는 재산의 종류와 가격 및 절차

교환하는 재산의 종류와 가격 등은 대통령령으로 정하는 바에 따라 제한할 수 있다(법 제54조 제2항).

중앙관서의 장등은 일반재산을 교환하려는 경우에는 기획재정부령으로 정하는 바에 따라 교환목적, 교환대상자, 교환재산의 가격 및 교환자금의 결제방법 등을 명백히 하여야 한다(영 제57조 제5항).

공유재산과 교환하려는 경우에는 영 제42조 제1항에도 불구하고 **중앙관서의 장등**과 지방자치단체가 협의하여 개별공시지가로 산출된 금액이나 하나 이상의 **감정평가법인등**의 평가액을 기준으로 하여 교환할 수 있다(영 제57조 제6항).

중앙관서의 장등은 동산과 동산을 교환하려는 경우에는 미리 **총괄청**과 협의하여야 한다(영 제57조 제7항).

법 제42조 제1항에 따라 일반재산의 관리·처분에 관한 사무를 위임·위탁받은 자는 해당 일반재산을 교환하려는 경우에는 미리 **총괄청**의 승인을 받아야 한다(영 제57조 제8항).

교환할 때 쌍방의 가격이 같지 아니하면 그 차액을 금전으로 대신 납부하여야 한다(법 제54조 제3항).

중앙관서의 장등은 일반재산을 교환하려면 그 내용을 **감사원**에 보고하여야 한다(법 제54조 제4항).

제5절　양여

I. 양여의 의의

어떤 재산권을 다른 자에게 이전, 즉 양도할 때 이를 무상으로 하는 경우를 특히 양여라고 하는 것으로「민법」상 증여와 같다. 2009. 1. 30. 전면개정(시행 2010. 1. 1. 법률 제9401호)으로 국가가 보존·활용할 필요가 없고 대부·매각이나 교환이 곤란한 재산인 경우 이를 양여할 수 있는 근거를 마련하였다. 그동안 매각이 곤란하고 철거비용이 과다하여 사실상 방치되고 있는 사유지상 국유건물에 대한 처리방안이 부재하여 해당 사유지 소유자의 불편과 민원이 발생하고 국유 건물에 대한 관리비용 부담이 가중되어 왔는바, 지자체가 공용 또는 공공용으로 직접 사용하기 위하여 필요로 하는 경우 등에 한하여 양여를 허용하는 현행 규정에 국가가 보존·활용할 필요가 없고 대부·매각이나 교환이 곤란한 국유재산을 추가함으로서 해당 사유지 소유자의 불편과 국유재산 관리비용 부담을 해소하려는 취지를 고려할 경우, 동 법률의 개정은 현실에 부합하는 입법조치이다.[753)

II. 양여의 유형

일반재산은 다음 각 호의 어느 하나에 해당하는 경우에는 양여할 수 있다(법 제55조 제1항).

1. **대통령령으로 정하는 일반재산**[1. 국가 사무에 사용하던 재산을 그 사무를 이관받은 지방자치단체가 계속하여 그 사무에 사용하는 일반재산, 2. 지방자치단체가 청사 부지로 사용하는 일반재산. 이 경우 종전 내무부 소관의 토지로서 1961년부터 1965년까지의 기간에 그 지방자치단체로 양여할 조건을 갖추었으나 양여하지 못한 재산을 계속하여 청사 부지로 사용하는 일반재산에 한정한다. 3. 「국토계획법」 제86조에 따라 지방자치단체(특별시·광역시·경기도와 그 관할구역의 지방자치단체는 제외한다)의 장이 시행하는 도로시설(1992년 이전에 결정된 도시·군관리계획에 따른 도시·군계획시설을 말한다)사업 부지에 포함되어 있는 **총괄청** 소관의 일반재산, 4. 「도로법」 제14조부터 제18조까지의 규정에 따른 도로(2004년 12월 31일 이전에 그 도로에 포함된 경우로 한정한다)에 포함되어 있는 **총괄청** 소관의 일반재산, 5. 「5·18민주화운동 등에 관한 특별법」 제5조에 따른 기념사업을 추진하는 데에 필요한 일반재산(영 제58조 제1항)]을 직접 공용이나 공공용으로 사용하려는 지방자치단체에 양여하는 경우

2. **지방자치단체나 대통령령으로 정하는 공공단체**[영 제33조에 따른 법인을 말한다(영 제58조 제2항)]가 유지·보존비용을 부담한 공공용재산이 용도폐지됨으로써 일반재산이 되는 경우에 해당 재산을 그

---

753) 양여가 불가피한 대표적인 예로 "낙도초소"를 들 수 있다. 2007년말 현재 전국 302개의 낙도초소 중 미활용 초소가 200개로 이중 157개가 사인소유의 토지에 건축되어 있다. 토지소유자의 지속적인 민원에도 불구하고 개당 철거비용이 1,000만원을 초과하고 있어 철거 또한 여의치 않은 실정이다. 이에 필요한 경우 토지소유자에게 양여해 줄 수 있는 근거를 둠으로써 관리 및 철거에 따르는 비용 부담을 해소하는 한편, 토지소유자의 재산 활용기회를 제공할 수 있을 것으로 기대된다(기획재정위원회 수석전문위원 현성수, 국유재산법 전부개정법률안(정부제출)검토보고서, 2008. 12,, 24면).

부담한 비용의 범위에서 해당 지방자치단체나 공공단체에 양여하는 경우

3. 대통령령으로 정하는 행정재산[1. 「토지보상법」제20조에 따라 사업인정을 받은 공익사업의 사업지구에 편입되는 행정재산, 2. 군사시설 이전 등 대규모 국책사업을 수행하기 위하여 용도폐지가 불가피한 행정재산(영 제58조 제3항)]을 용도폐지하는 경우 그 용도에 사용될 대체시설을 제공한 자 또는 그 상속인, 그 밖의 포괄 승계인에게 그 부담한 비용의 범위에서 용도폐지된 재산을[754] 양여하는 경우

4. 국가가 보존·활용할 필요가 없고 대부·매각이나 교환이 곤란하여 대통령령으로 정하는 재산[1. 국가 외의 자가 소유하는 토지에 있는 국가 소유의 건물(부대시설을 포함한다). 이 경우 양여받는 상대방은 그 국가 소유의 건물이 있는 토지의 소유자로 한정한다. 2. 국가 행정 목적의 원활한 수행 등을 위하여 국무회의의 심의를 거쳐 대통령의 승인을 받아 양여하기로 결정한 일반재산(영 제58조 제5항)]을 양여하는 경우

Ⅲ. 양여의 취소

법 제55조 제1항 제1호에 따라 양여한 재산이 10년 내에 양여목적과 달리 사용된 때에는 그 양여를 취소할 수 있다(법 제55조 제2항). 즉, 일반재산을 직접 공용이나 공공용으로 사용하려는 지방자치단체에 양여하는 경우에는 양여한 재산이 10년 내에 양여목적과 달리 사용된 때에는 그 양여를 취소할 수 있다.

Ⅳ. 총괄청과 협의

중앙관서의 장등은 일반재산을 양여하려면 총괄청과 협의하여야 한다. 다만, 대통령령으로 정하는 가액[500억원(영 제58조 제7항)] 이하의 일반재산을 법 제55조 제1항 제3호에 따라 양여하는 경우에는 그러하지 아니하다(법 제55조 제3항).[755]

---

754) 영 제58조(양여) ④ 법 제55조 제1항 제3호에 따른 용도폐지된 재산의 평가의 기준시점 등에 관하여 필요한 사항은 기획재정부장관이 정한다. 이에 따라 총괄청 또는 중앙관서의 장이 행정재산을 용도폐지하는 경우 그 용도에 사용될 대체시설을 제공한 자 등에게 그 부담한 비용의 범위에서 용도폐지된 재산을 양여하는 사업의 추진절차 및 기부·양여 재산의 평가방법 등을 규정함으로써 국유재산의 적정한 보호와 효율적인 관리처분에 기여함을 목적으로 기획재정부장관이 훈령으로 제정한 것이 「국유재산 기부 대 양여 사업관리 지침」(2018. 9. 6., 일부개정, 시행 2018. 9. 6. 기획재정부훈령 제389호)이다.

755) 2018. 6. 27. 시행법부터 행정재산을 용도폐지하는 경우 그 용도에 사용될 대체시설을 제공한 자 등에게 그 부담한 비용의 범위에서 용도폐지가 되어 일반재산이 된 해당 재산을 양여하는 기부 대 양여를 하는 경우 종전에는 총괄청과의 협의를 거치지 아니하였으나, 국유재산의 효율적인 관리를 위하여 앞으로는 대통령령으로 정하는 가액 이하의 일반재산을 기부 대 양여하는 경우 외에는 총괄청과의 협의를 거치도록 하였다.

I. 개발의 의의 및 유형

일반재산은 국유재산관리기금의 운용계획에 따라 국유재산관리기금의 재원으로 개발하거나 신탁 개발(법 제58조)·**위탁 개발**(법 제59조) 및 민간참여 개발(법 제59조의2)에 따라 개발하여 대부·분양할 수 있다(법 제57조 제1항). 법이 허용하는 개발의 유형은 신탁·위탁 및 민간참여에 의하여 공동으로 하는 개발이 있다.

개발이란 다음 각 호 1. 「건축법」 제2조에 따른 건축, 대수선, 리모델링 등의 행위, 2. 「공공주택 특별법」, 「국토계획법」, 「도시개발법」, 「도시정비법」, 「산업입지법」, 「주택법」, 「택지개발촉진법」 및 그 밖에 대통령령으로 정하는 법률[1. 「혁신도시 조성 및 발전에 관한 특별법」, 2. 「도시재정비특별법」, 3. 「민간임대 주택에 관한 특별법」, 4. 「지역 개발 및 지원에 관한 법률」, 5. 「항만법(영 제60조 제2항)]에 따라 토지를 조성하는 행위를 말한다(법 제57조 제2항). 법 제57조 제2항 제2호에 따른 개발은 법 제59조에 따라 **위탁 개발** 하는 경우에 **한정**한다(법 제57조 제3항).[756]

일반재산을 개발하는 경우에는 다음 각 호 1. 재정수입의 증대 등 재정관리의 건전성, 2. 공공시설의 확보 등 공공의 편익성, 3. 주변환경의 개선 등 지역발전의 기여도, 4. 제1호부터 제3호까지의 규정에 따른 사항 외에 국가 행정목적 달성을 위한 필요성의 사항을 고려하여야 한다(법 제57조 제4항).

II. 신탁 개발

1. 신탁개발의 의의 및 근거

일반재산은 대통령령으로 정하는 바에 따라 부동산신탁을 취급하는 신탁업자에게 신탁하여 개발할 수 있다(법 제58조 제1항). **중앙관서의 장등**이 법 제58조에 따라 신탁 개발하려는 경우에는 기획재정 부령으로 정하는 바에 따라 **신탁계약을 체결**하도록 하고 있다(영 제61조 제1항).[757]

---

756) 2019. 3. 14. 시행법 개정이유로 유휴·저활용 국유지를 적극적으로 개발·활용하기 위하여 일반재산 개발의 범위에 토지를 조성하는 행위도 추가하되, 토지조성에 관하여는 전문성을 갖춘 수탁자가 수행하는 위탁 개발에 한정하여 실시 할 필요가 있다. 이에 일반재산 개발의 범위에 건축행위 뿐만 아니라 위탁 개발에 한정하여 토지를 조성하는 행위도 추가함으로써 일반재산의 활용도를 제고하고 부가가치를 증대시키려는 것이다.

757) 「신탁법」에서 "신탁"이란 신탁을 설정하는 자(이하 "위탁자"라 한다)와 신탁을 인수하는 자(이하 "수탁자"라 한다) 간의 신임관계에 기하여 위탁자가 수탁자에게 특정의 재산(영업이나 저작재산권의 일부를 포함한다)을 이전하거나 담보권의 설정 또는 그 밖의 처분을 하고 수탁자로 하여금 일정한 자(이하 "수익자"라 한다)의 이익 또는 특정의 목적을 위하여 그 재산의 관리, 처분, 운용, 개발, 그 밖에 신탁 목적의 달성을 위하여 필요한 행위를 하게 하는 법률관계를 말한다(신탁법 제2조). 「신탁법」상 신탁은 위탁자와 수탁자 사이의 계약, 위탁자의 유언 그리고 신탁선언에 의해 설정할 수 있다(신탁법 제3조 제1항). 이 중 주로 이용되는 설정방법은 위탁자와 수탁자 사이의 계약(이하에서 "신탁계약"이라 한다)이다.

2. 신탁개발의 절차

중앙관서의 장이 소관 특별회계나 기금에 속하는 일반재산을 제1항에 따라 개발하려는 경우에는 신탁업자의 선정, 신탁기간, 신탁보수, 자금차입의 한도, 시설물의 용도 등에 대하여 대통령령으로 정하는 바에 따라 **총괄청과 협의**하여야 한다. **협의**된 사항 중 대통령령으로 정하는 중요 사항을 **변경**하려는 경우에도 또한 같다(법 제58조 제2항).

법 제42조 제1항에 따라 **관리·처분에 관한 사무를 위임·위탁받은 자**가 법 제58조 제1항에 따라 개발하려는 경우에는 신탁업자의 선정, 신탁기간, 신탁보수, 자금차입의 한도, 시설물의 용도 등에 대하여 대통령령으로 정하는 바에 따라 **총괄청의 승인**을 받아야 한다. **승인**받은 사항 중 대통령령으로 정하는 중요 사항을 **변경**하려는 경우에도 또한 같다(법 제58조 제3항).

중앙관서의 장등은 영 제61조 제1항에 따른 신탁계약을 체결하기 전에 신탁계약의 내용을 명백히 하여 법 제58조 제2항이나 제3항에 따라 **총괄청과 협의하거나 총괄청의 승인**을 받아야 한다(영 제61조 제2항).

법 제58조 제2항 후단에서 "대통령령으로 정하는 바" 및 같은 조 제3항 후단에서 "대통령령으로 정하는 중요 사항"이란 다음 각 호 1. 신탁업자의 선정, 2. 신탁기간, 3. 신탁보수, 4. 자금차입의 한도, 5. 시설물의 용도, 6. 개발의 종류의 어느 하나에 해당하는 사항을 말한다(영 제61조 제3항).

법 제58조 제1항에 따른 신탁으로 발생한 수익의 국가귀속방법, 그 밖에 필요한 사항은 대통령령으로 정한다(법 제58조 제4항). 일반재산을 신탁받은 신탁업자는 신탁기간 중 매년 말일을 기준으로 신탁사무의 계산을 하고, 발생된 수익을 다음 연도 2월 말일까지 **중앙관서의 장등**에 내야 한다(영 제62조 제1항).

신탁기간이 끝나거나 신탁계약이 해지된 경우 신탁업자는 신탁사무의 최종 계산을 하여 **중앙관서의 장등**의 승인을 받고, 해당 신탁재산을 다음 각 호의 방법으로 국가에 이전하여야 한다(영 제62조 제2항).

1. 토지와 그 정착물은 신탁등기를 말소하고 국가로 소유권이전등기를 한다. 다만, 등기하기 곤란한 정착물은 현 상태대로 이전한다.
2. 그 밖에 신탁으로 발생한 재산은 금전으로 **중앙관서의 장등**에 낸다.

Ⅲ. 위탁 개발

1. 위탁개발의 의의 및 근거

「임탁정」제2조 제2호에 따르면 "위탁"이란 법률에 규정된 행정기관의 장의 권한 중 일부를 다른 행정기관의 장에게 맡겨 그의 권한과 책임 아래 행사하도록 하는 것을 말한다. 그리고 동 규정 같은 조 제3호에서는 "민간위탁"이란 법률에 규정된 행정기관의 사무 중 일부를 지방자치단체가 아닌 법인·단체 또는 그 기관이나 개인에게 맡겨 그의 명의로 그의 책임 아래 행사하도록 하는 것을 말한다. 위탁개발에서 위탁의 의미는 「임탁정」 규정에 의할 때 위탁이라기보다 민간위탁을 의미하는 것으로 보인다.

위탁개발의 근거로, 법 제42조 제1항과 제3항에 따라[총괄청은 소관 일반재산의 관리·처분에 관한 사무의 일부나 중앙관서의 장이 소관 특별회계나 기금에 속하는 일반재산을 정부출자기업체 또는 특별법에 따라 설립된 법인으로서 대통령령으로 정하는 자에게 위탁할 수 있고, 이에 따라 한국자산관리공사 또는 「한국토지주택공사법」에 따른 한국토지주택공사에 위탁한다(영 제38조 제4항)] 관리·처분에 관한 사무를 위탁받은 자(이하 "수탁자"라 한다)는 위탁받은 일반재산을 개발할 수 있다(법 제59조 제1항).

2. 위탁개발의 절차

수탁자가 법 제59조 제1항에 따라 개발하려는 경우에는 위탁기간, 위탁보수, 자금차입의 한도, 시설물의 용도 등에 대하여 대통령령으로 정하는 바에 따라 총괄청이나 중앙관서의 장의 승인을 받아야 한다. 승인받은 사항 중 대통령령으로 정하는 중요 사항을 변경하려는 경우에도 또한 같다(법 제59조 제2항). 법 제42조 제1항과 제3항에 따라 일반재산의 관리·처분에 관한 사무를 위탁받은 자(이하 "수탁자"라 한다)가 법 제59조 제2항에 따라 승인을 받으려는 경우에는 위탁기간, 위탁보수, 자금차입의 한도, 시설물의 용도, 토지이용계획 등을 포함하는 위탁개발사업계획을 수립하여야 한다(영 제63조 제1항). 법 제59조 제2항 후단에서 "대통령령으로 정하는 바" 및 같은 조 제3항 후단에서 "대통령령으로 정하는 중요 사항"이란 다음 각 호 1. 위탁기간, 2. 위탁보수, 3. 자금차입의 한도, 4. 시설물의 용도, 5. 개발의 종류, 6. 토지이용계획의 어느 하나에 해당하는 사항을 말한다(영 제63조 제3항).

중앙관서의 장이 법 제59조 제2항에 따라 개발을 승인하려는 경우에는 대통령령으로 정하는 바에 따라 총괄청과 협의하여야 한다. 협의된 사항 중 대통령령으로 정하는 중요 사항을 변경하려는 경우에도 또한 같다(법 제59조 제3항). 중앙관서의 장이 법 제59조 제3항에 따라 협의하려는 경우에는 제1항의 위탁개발사업계획을 총괄청에 제출하여야 한다(영 제63조 제2항).

위탁 개발로 발생한 수익의 국가귀속방법, 그 밖에 필요한 사항은 대통령령으로 정한다(법 제59조 제4항). 수탁자가 법 제59조에 따라 개발한 재산의 소유권은 국가로 귀속된다(영 제64조 제1항). 수탁자는 위탁기간 중 매년 말일을 기준으로 위탁사무의 계산을 하고, 발생한 수익을 총괄청이나 중앙관서의 장에 내야 한다(영 제64조 제2항).

법 제59조 제1항에 따라 개발한 재산의 대부·분양·관리의 방법은 법 제43조·제44조·제46조 및 제47조에도 불구하고 수탁자가 총괄청이나 중앙관서의 장과 협의하여 정할 수 있다(법 제59조 제5항).

Ⅳ. 민간참여 개발

1. 의의

총괄청은 5년 이상 활용되지 아니한 재산이나 국유재산정책심의위원회의 심의를 거쳐 개발이 필요하다고 인정되는 재산에758) 해당하는 **일반재산**을 1. 국가, 지방자치단체 및 공공기관, 2. 특별법에 따라 설립된 공사 또는 공단에 해당하는 자를 제외한 법인(외국법인을 포함한다)과 공동으로 개발할 수 있다(법 제59조의2 제1항 및 영 제64조의2).759)

---

758) 2016 .3. 2. 시행법부터 5년 이상 활용되지 않은 재산이나 국유재산심의위원회의 심의를 거쳐 개발이 필요하다고 인정되는 재산은 민간참여개발을 할 수 있도록 하였다(법 제59조의2).

759) 2011. 4. 1. 시행법부터 국유재산의 개발제도는 신탁개발과 위탁개발로 한정되어 신탁회사와 국유재산 위탁관리기관으로 참여자가 제한되어 있었지만 국가와 민간사업자가 공동으로 국유재산을 개발할 수 있도록 민간참여개발 제도를 도입하였는바 이 3가지 개발방식을 비교하면 아래 표와 같다.
　민간참여 개발의 장단점(국유재산 개발방식 비교, 출처: 기획재정위원회 수석전문위원 국경복, 국유재산법등 일부개정법률안【정부제출】검토보고, 2010. 11., 18~19면) 민간참여개발은 **총괄청**(기획재정부장관)이 국유재산관리기금의 재원으로 자본금을 출자한 SPC가 개발의 주체가 되어 자금을 차입하여 개발하고 개발대상 국유지는 SPC에 매각하는 방식으로, 매각대금은 SPC의 자금조달 등을 감안하여 분납의 형태로 이루어지며, 개발이 완료되어 개발목적을 달성하였을 경우에는 SPC를 청산하고 국가지분을 매각하여 국가 출자지분을 회수하는바, 민간의 개발 노하우 활용과 자본참여가 가능한 방식이다.
　민간참여개발은 개발에 필요한 자금을 PFV를 설립하여 민간부분에서 조달함에 따라 대규모 자금 조달이 가능하고 개발 위험의 분산이 가능함에 따라 대규모 국유지의 개발이 가능하며, 사업 계획 수립, 추진 및 운영 등을 민간을 통하여 추진함에 따라 예산사업에 비해 효율적으로 사업을 추진(공사비 절감, 공사기간 단축 등)할 수 있고 토지의 SPC매각을 통한 개발이익의 안정적인 회수가 가능하다는 등의 장점이 있다.
　그러나 민간참여개발 방식은 한편으로는 SPC를 통한 간접개발 방식으로서 금융비용 등 간접비용 비중이 높은 편이며, 다수의 민간 투자자가 사업에 참여함에 따라 사업자 간 이견이 발생할 경우 적절한 통제가 어려운 점이 있고, 경기 상황 등에 따른 사업성 변동이 심하여 대규모 개발사업에 따른 사업 리스크가 크며, 도시계획변경, 민간사업자 선정계획의 작성, 기금운용계획 반영 및 국회 심의 등 사업추진 절차가 복잡하다는 단점도 있으므로 이를 도입함에 있어서는 신중을 기할 필요가 있다는 비판이 있다.

〈표 23〉 **민간참여개발의 장점 및 단점**

구분	내 용
장점	• 민간자금 조달 및 개발위험의 분산을 통해 대규모 국유지의 개발 가능 • 민간 활용 사업추진을 통하여 예산사업 보다 효율적인 사업 추진(공사비 절감, 공사기간 단축 등) • 다양한 민간 부분들의 제한 없이 국유지개발에 참여 • 토지의 SPC매각을 통한 개발이익의 안정적인 회수
단점	• 직접개발 방식에 비해 금융비용 등 간접비용 비중이 높음 • 민간 사업자 간 이견이 발생할 경우 적절한 통제 및 합의의 어려움 • 경기 상황 등에 따른 사업성 변동이 심하고 대규모 개발사업에 따른 사업 리스크 • 복잡하고 장기간이 소요되는 사업추진 절차

〈표 24〉 **국유재산 개발방식 비교**

구분	위탁개발	신탁개발	민간참여개발
사업구조	적극적인 국유지 관리차원에서 위탁기관이 사업추진(주요사항은 국가가 결정)	신탁계약 체결 후 제반사항을 신탁회사가 주도(국가의 사업관리 제약)	국유지개발목적회사(SPC)의 AMC가 사업주도(순수민간개발사업)
참여자	위탁기관(KAMCO)	신탁회사(11개사)	제한없음

총괄청은 개발을 위하여 설립하는 국유지개발목적회사(국유지를 개발하기 위하여 민간사업자와 공동으로 설립하는 「법인세법」 제51조의2 제1항 제9호에 따른 투자회사를 말한다. 이하 같다)와 자산관리회사(자산 관리·운용 및 처분에 관한 업무의 수행을 국유지개발목적회사로부터 위탁받은 자산관리회사로서 대통령령으로 정하는 회사를 말한다.[760] 이하 같다)에 국유재산관리기금운용계획에 따라 출자할 수 있다. 이 경우 국유지개발목적회사에 대한 국가의 출자규모는 자본금의 100분의 30을 초과할 수 없다(법 제59조의2 제2항).

구분	위탁개발	신탁개발	민간참여개발
개발대상	**총괄청** 일반재산 기금·특별회계재산	**총괄청** 일반재산 기금·특별회계재산	**총괄청** 일반재산
소유권	소유권 변동 없음	신탁회사(신탁)	국유지개발목적회사
자금조달	위탁기관 토지담보 차입불가	신탁회사, 비용·손해배상 청구권 담보 차입가능	SPC 토지담보 차입가능
조달금리	낮음(5~7%)	높음(7~10%)	사업성에 따라 다르나 높은편(7~12%)
위험도	토지소유권 미이전, 개발과정 직접통제에 따른 상대적인 저위험	토지소유권 이전 및 통제부족에 따른 중위험	토지소유권 이전 및 순수민간추진에 따른 고위험, 고수익
국가수익	위탁보수외 제반수익	신탁보수외 제반수익	투자지분에 따른 배당 및 토지처분 수익
장점	·자금 조달 유리 ·소규모사업 가능	·사업구조 단순 ·효율적인 추진	·민간자본 및 아이디어 활용 용이 ·수익과 위험 분배
단점	·위탁기관부채비율증가	·임대형 곤란 ·일정규모(300억) 이상 요구	·개발이익 규모의 한계 ·경기변동 등에 따른 사업위험
개발대상	소규모 일반재산 수익시설 개발 수익성이 우수한 지역의 민관 복합 건물	사건물점유, 공유지분, 무단점유 등 소유관계가 복잡한 분양형개발에 적합	막대한 자금이 소요되는 대규모 개발
사 례	남대문세무서외 8건	없음	-

출처: 기획재정위원회 수석전문위원 국경복, 국유재산법등 일부개정법률안【정부제출】검토보고, 2010. 11., 17면.

760) 영 제64조의3(자산관리회사) 법 제59조의2 제2항 전단에서 "대통령령으로 정하는 회사"란 「법인세법 시행령」 제86조의2 제5항 제2호 각 목의 어느 하나에 해당하는 법인을 말한다.
　　「법인세법 시행령」 제86조의2(유동화전문회사 등에 대한 소득공제) ⑤ 법 제51조의2 제1항 제9호 아목에서 "대통령령으로 정하는 요건"이란 다음 각 호의 요건을 말한다.
　1. 자본금이 50억원 이상일 것. 다만, 「사회기반시설에 대한 민간투자법」 제4조 제2호의 규정에 의한 방식으로 민간투자사업을 시행하는 투자회사의 경우에는 10억원 이상일 것
　2. 자산관리·운용 및 처분에 관한 업무를 다음 각 목 가. 당해 회사에 출자한 법인, 나. 당해 회사에 출자한 자가 단독 또는 공동으로 설립한 법인의 어느 하나에 해당하는 자(이하 이 조에서 "자산관리회사"라 한다)에게 위탁할 것. 다만, 제6호 단서의 경우 「건축물의 분양에 관한 법률」 제4조 제1항 제1호에 따른 신탁계약에 관한 업무는 제3호에 따른 자금관리사무수탁회사에 위탁할 수 있다.
　3. 「자본시장과 금융투자업에 관한 법률」에 따른 신탁업을 영위하는 금융회사 등(이하 이 조에서 "자금관리사무수탁회사"라 한다)에 자금관리업무를 위탁할 것
　4. 주주가 제4항 각 호의 요건을 갖출 것. 이 경우 "발기인"을 "주주"로 본다.
　5. 법인설립등기일부터 2월 이내에 다음 각 목 가. 정관의 목적사업, 나. 이사 및 감사의 성명·주민등록번호, 다. 자산관리회사의 명칭, 라. 자금관리사무수탁회사의 명칭의 사항을 기재한 명목회사설립신고서에 기획재정부령이 정하는 서류를 첨부하여 납세지 관할세무서장에게 신고할 것
　6. 자산관리회사와 자금관리사무수탁회사가 동일인이 아닐 것. 다만, 해당 회사가 자금관리사무수탁회사(해당 회사에 대하여 지배주주등이 아닌 경우로서 출자비율이 100분의 10 미만일 것)와 「건축물의 분양에 관한 법률」 제4조 제1항 제1호에 따라 신탁계약과 대리사무계약을 체결한 경우는 그러하지 아니하다.

국유지개발목적회사는 다음 각 호 1. 「공공기관운영법」에 따른 공공기관, 2. 특별법에 따라 설립된 각종 공사 또는 공단에 해당하는 자(각 호의 자와 대통령령으로 정하는 특수관계에 있는 자를 포함한다)로부터 총사업비의 100분의 30을 초과하여 사업비를 조달하여서는 아니 된다(법 제59조의2 제3항).

국유지개발목적회사와 자산관리회사에 관하여 이 법에서 정하는 사항 외에는 「상법」에서 정하는 바에 따른다(법 제59조의2 제4항).

총괄청은 법 제59조의2 제2항의 국유재산관리기금운용계획에서 정한 범위 외에 국가에 부담이 되는 계약을 체결하려는 경우에는 미리 국회의 의결을 얻어야 한다(법 제59조의2 제5항).

총괄청은 법 제59조의2 제1항에 따른 개발이 완료되고 출자목적이 달성된 경우 기획재정부장관이 정하는 바에 따라 법 제59조의2 제2항에 따라 출자한 지분을 회수하여야 한다(법 제59조의2 제6항).

2. 민간참여 개발의 절차

총괄청이 법 제59조의2에 따른 개발을 하려면 다음 각 호 1. 개발대상 재산 및 시설물의 용도에 관한 사항, 2. 개발사업의 추정 투자금액·건설기간 및 규모에 관한 사항, 3. 사전사업타당성 조사 결과에 관한 사항(「국가재정법」 제38조에 따른 예비타당성조사를 포함한다), 4. 민간사업자 모집에 관한 사항, 5. 협상대상자 선정 기준 및 방법에 관한 사항, 6. 그 밖에 개발과 관련된 중요 사항의 사항을 포함하는 민간참여 개발사업에 관한 기본계획(이하 "민간참여개발기본계획"이라 한다)을 수립하여야 한다(법 제59조의3 제1항).

총괄청은 민간참여개발기본계획에 대하여 제26조 제4항에 따른 분과위원회를 거쳐 위원회의 심의를 받아야 한다(법 제59조의3 제2항).

총괄청은 제2항에 따른 위원회의 전문적인 심의를 위하여 기획재정부장관이 정하는 바에 따라 수익성 분석 및 기술 분야의 전문가로 민간참여개발자문단을 구성·운영하여야 한다. 이 경우 민간참여개발자문단은 민간참여개발기본계획에 대한 자문의견서를 위원회에 제출하여야 한다(법 제59조의3 제3항).

총괄청은 협상대상자 선정 기준 및 방법 등 대통령령으로 정하는 민간참여개발기본계획의 중요 사항을 변경하려는 경우 법 제59조의3 제2항을 준용한다(법 제59조의3 제4항).

총괄청은 법 제59조의3 제1항의 민간사업자를 공개적으로 모집하고 선정하여야 한다. 이 경우 협상대상자 선정 기준 및 방법 등 모집에 관한 사항을 공고(인터넷에 게재하는 방식에 따른 경우를 포함한다)하여야 한다(법 제59조의3 제5항).

민간사업자가 법 제59조의3 제5항에 따라 공고된 민간참여 개발사업에 참여하려는 경우에는 타당성조사내용, 수익배분기준 등 대통령령으로 정하는 사항을 포함하는 민간참여개발사업계획제안서(이하 "사업제안서"라 한다)를 작성하여 **총괄청**에 제출하여야 한다(법 제59조의3 제6항).

총괄청은 법 제59조의3 제6항에 따라 제출된 사업제안서에 대하여 민간전문가가 과반수로 구성된 민간참여개발사업평가단의 평가와 위원회의 심의를 거쳐 협상대상자를 지정하여야 한다(법 제59조의3 제7항).

총괄청은 법 제59조의3 제7항에 따라 지정한 협상대상자와의 협의에 따라 개발사업의 추진을 위한 사업협약을 체결한다. 이 경우 제59조의2 제3항에 따른 사업비 조달 제한 및 위반 시 책임에 관한 사항이 포함되어야 한다(법 제59조의3 제8항).

법 제59조의3 제7항에 따른 민간참여개발사업평가단의 구성·운영에 관한 사항은 대통령령으로 정한다(법 제59조의3 제9항).

3. 민간참여 개발사업의 평가

총괄청은 매년 민간참여 개발사업의 추진현황 및 실적을 평가하여 위원회에 보고하여야 한다(법 제59조의4 제1항).

총괄청은 법 제59조의4 제1항에 따른 평가결과 제59조의2 제3항을 위반하거나 사업부실 등으로 개발목적을 달성할 수 없다고 판단하는 경우에는 위원회의 심의를 거쳐 출자지분의 회수 등 필요한 조치를 하여야 한다(법 제59조의4 제2항).

4. 손해배상책임

법 제59조의3 제7항에 따라 협상대상자로 지정받은 자가 사업제안서를 거짓으로 작성하여 국가에 손해를 발생하게 한 때에는 국가에 손해를 배상할 책임을 진다(법 제59조의5).

제7절　현물출자

I. 현물출자의 의의 및 근거

현물출자는 금전이외의 재산을 목적으로 하는 출자를 말한다. 재산의 목적인 재산은 일반재산이다.

국유재산 현물출자에 관한 근거법인 「국유재산의현물출자에관한법률」에는 현물출자의 요건이 없었다. 이의 폐지와 함께 2009. 1. 30. 전면개정으로 「국유재산법」에 편입하여 통합적으로 규정하고, 국유재산 처분의 일종인 현물출자의 근거를 명확히 하기 위하여 현물출자의 요건을 아래와 같이 직접 규정하였다.

정부는 다음 각 호 1. 정부출자기업체를 새로 설립하려는 경우, 2. 정부출자기업체의 고유목적사업을 원활히 수행하기 위하여 자본의 확충이 필요한 경우, 3. 정부출자기업체의 운영체제와 경영구조의 개편을 위하여 필요한 경우의 어느 하나에 해당하는 경우에는 일반재산을 현물출자할 수 있다(법 제60조).

Ⅱ. 현물출자 절차

1. 현물출자의 신청

정부출자기업체는 법 제60조에 따라 현물출자를 받으려는 때에는 다음 각 호 1. 현물출자의 필요성, 2. 출자재산의 규모와 명세, 3. 출자재산의 가격평가서, 4. 재무제표 및 경영현황, 5. 사업계획서의 서류를 붙여 관계 법령에 따라 해당 정부출자기업체의 업무를 관장하는 행정기관의 장(이하 "주무기관의 장"이라 한다)에게 신청하여야 한다(법 제61조 제1항).

2. 주무기관의 장의 현물출자 요청 및 승인

주무기관의 장이 법 제61조 제1항에 따라 출자신청을 받은 때에는 현물출자의 적정성을 검토한 후 제1항 각 호의 서류와 현물출자의견서를 붙여 **총괄청**에 현물출자를 요청하여야 한다(법 제61조 제2항).

총괄청은 현물출자를 요청받은 경우에는 현물출자계획서를 작성하여 국무회의의 심의를 거쳐 대통령의 승인을 받아야 한다(법 제61조 제3항).

Ⅲ. 출자가액 산정

현물출자를 하는 경우에 일반재산의 출자가액은 법 제44조에 따라 산정한다.[761] 다만, 지분증권의 산정가액이 액면가에 미달하는 경우에는 그 지분증권의 액면가에 따른다(법 제62조).

Ⅳ. 출자재산 등의 수정

총괄청은 평가기준일부터 출자일까지의 기간에 현물출자 대상재산이 멸실·훼손 등으로 변동된 경우에는 출자재산이나 출자가액을 수정할 수 있다. 이 경우 해당 주무기관의 장은 현물출자 대상재산의 변동 사실을 지체 없이 **총괄청**에 알려야 한다(법 제63조).

Ⅴ. 현물출자에 따른 지분증권의 취득가액

정부가 현물출자로 취득하는 지분증권의 취득가액은 기획재정부령으로 정하는 자산가치 이하로 한

---

761) 법 제44조(처분재산의 가격결정) 일반재산의 처분가격은 대통령령으로 정하는 바에 따라 시가(時價)를 고려하여 결정한다.

다. 다만, 지분증권의 자산가치가 액면가에 미달하는 경우로서 대통령령으로 정하는 경우에는 액면가로 할 수 있다(법 제64조).

Ⅵ. 「상법」의 적용 제외

정부출자기업체가 법 제60조에 따라 현물출자를 받는 경우에는 「상법」 제295조 제2항, 제299조 제1항, 제299조의2와 제422조를 적용하지 아니한다(법 제65조).

제8절   정부배당

Ⅰ. 정부배당대상기업 및 출자재산의 적용범위

이 절은 국유재산으로 관리되고 있는 출자재산으로서 국가가 일반회계, 특별회계 및 기금으로 지분을 가지고 있는 법인 중 대통령령으로 정하는 기업(「상속세 및 증여세법」에 따라 정부가 현물로 납입받은 지분을 가지고 있는 기업은 제외한다. 이하 이 절에서 "정부배당대상기업"이라 한다)으로부터 정부가 받는 배당(이하 이 절에서 "정부배당"이라 한다)에 대하여 적용한다(법 제65조의2).

Ⅱ. 정부배당결정의 원칙

총괄청과 **중앙관서의 장**은 「상법」 또는 관계 법령에 따라 산정된 배당가능이익이 발생한 해당 정부배당대상기업에 대하여는 다음 각 호 1. 배당대상이 되는 이익의 규모, 2. 정부출자수입 예산 규모의 적정성 및 정부의 재정여건, 3. 각 정부배당대상기업의 배당률 및 배당성향, 4. 같거나 유사한 업종의 민간부문 배당률 및 배당성향, 5. 해당 정부배당대상기업의 자본금 규모, 내부자금 적립 규모, 부채비율, 국제결제은행의 기준에 따른 자기자본비율, 과거 배당실적, 투자재원 소요의 적정성 등 경영여건, 6. 그 밖에 대통령령으로 정하는 배당결정 기준의 사항을 고려하여 적정하게 정부배당이 이루어지도록 하여야 한다(법 제65조의3).[762]

---

762) 2011. 10. 15. 시행법부터 기획재정부장관은 「상법」 또는 관련 법령에 따라 산정된 배당가능이익이 발생한 해당 정부배당대상기업에 대하여 각 정부배당대상기업의 배당대상이 되는 이익의 규모, 배당률 및 배당성향 등 여러 사항을 고려하여 적정하게 정부배당이 이루어지도록 하였다.

Ⅲ. 정부배당수입의 예산안 계상 등

정부배당대상기업은 대통령령으로 정하는 바에 따라 정부배당수입을 추정할 수 있는 자료를 **총괄청**이나 **중앙관서의 장**에게 제출하여야 한다(법 제65조의4 제1항).

총괄청이나 **중앙관서의 장**은 제1항에 따라 제출받은 자료를 기초로 다음 연도의 정부배당수입을 추정하여 소관 예산안의 세입예산 또는 기금운용계획안의 수입계획에 계상하여야 한다(법 제65조의4 제2항).[763]

Ⅳ. 정부배당의 결정

정부배당대상기업은 대통령령으로 정하는 바에 따라 정부배당결정과 관련한 자료를 **총괄청**과 **중앙관서의 장**에게 각각 제출하여야 한다(법 제65조의5 제1항).

정부배당대상기업은 정부배당을 결정하는 경우 이사회·주주총회 등 정부배당결정 관련 절차를 거치기 전에 **총괄청**과 **중앙관서의 장**과 각각 미리 협의하여야 한다(법 제65조의5 제2항).[764]

Ⅴ. 국회 보고 등

총괄청과 **중앙관서의 장**은 정부배당대상기업의 배당이 완료된 때에는 정부배당대상기업의 배당내역을 국회 소관 상임위원회와 예산결산특별위원회에 보고하고 공표하여야 한다(법 제65조의6).[765]

---

763) 2011. 10. 15. 시행법부터 정부배당대상기업은 정부배당수입을 추정할 수 있는 자료를 기획재정부장관 또는 **중앙관서의 장**에게 제출하여야 하고, 기획재정부장관 또는 **중앙관서의 장**은 제출받은 자료를 기초로 다음 연도의 정부배당수입을 추정하여 예산안 및 기금운용계획안에 계상하게 되었다.

764) 2011. 10. 15. 시행법부터 정부배당대상기업은 정부배당을 결정함에 있어 이사회·주주총회 등 정부배당결정 관련 절차를 거치기 전에 기획재정부장관 및 소관 **중앙관서의 장**과 미리 협의를 거치도록 하였다.

765) 2011. 10. 15. 시행법부터 기획재정부장관과 소관 **중앙관서의 장**은 배당이 완료된 때에는 정부배당대상기업의 배당내역을 국회 소관 상임위원회와 예산결산특별위원회에 보고하고 공표하도록 하였다.

제6장 지식재산 관리·처분의 특례766)

Ⅰ. 지식재산의 사용허가 등

지식재산의 사용허가 또는 대부(이하 "사용허가 등"이라 한다)를 받은 자는 제30조 제2항 본문 및 제47조 제1항에도 불구하고 해당 **중앙관서의 장등**의 승인을 받아 그 지식재산을 <u>다른 사람에게 사용· 수익</u>하게 할 수 있다(법 제65조의7 제1항).

저작권 등의 사용허가 등을 받은 자는 해당 지식재산을 관리하는 **중앙관서의 장등**의 승인을 받아 <u>그 저작물의 변형, 변경 또는 개작</u>을 할 수 있다(법 제65조의7 제2항).767)

Ⅱ. 지식재산의 사용허가등의 방법

중앙관서의 장등은 지식재산의 <u>사용허가등</u>을 하려는 경우에는 법 제31조 제1항 본문 및 제47조 제1항에도 불구하고 <u>수의(隨意)</u>의 방법으로 하되, 다수에게 일시에 또는 여러 차례에 걸쳐 할 수 있다 (법 제65조의8 제1항).768)

<u>사용허가등</u>을 받은 자는 <u>다른 사람의 이용을 방해</u>하여서는 아니 된다(법 제65조의8 제2항). **중앙관서의 장등**은 제2항을 위반하여 <u>다른 사람의 이용을 방해한 자</u>에 대하여 사용허가등을 철회할 수 있다 (법 제65조의8 제3항).

중앙관서의 장등은 법 제65조의8 제1항에도 불구하고 법 제65조의11 제1항에 따른 사용허가등의 기간 동안 신청자 외에 사용허가등을 받으려는 자가 없거나 지식재산의 효율적인 관리를 위하여 특히

---

766) 「국유재산법」상 제4장의2에 속한다.

767) 2012. 12. 18. 시행법부터 일반 유형재산과 달리 지식재산의 사용허가 또는 대부를 받은 자는 다른 사람에게 사용·수익하게 할 수 있도록 지식재산에 대한 제3자의 사용·수익을 허용하였다. 그리고 지식재산은 주로 제3자의 사용·수익을 목적으로 하는 복제·전송·배포를 통해 활용되는 특성을 갖고 있는 바, 이러한 특성을 반영한 관리·처분이 가능하게 됨으로써 지식재산의 자유로운 이용을 촉진할 수 있을 것으로 기대하고 있다.

768) 2012. 12. 18. 시행법부터 지식재산의 사용허가등의 방법으로 **중앙관서의 장등**이 지식재산의 <u>사용허가등</u>을 하려는 경우에는 <u>수의(隨意)</u>의 방법으로 하되, <u>다수에게 일시에 또는 수회에 걸쳐 할 수 있도록</u> 하였다. 그리고 비독점적으로 다수가 이용할 수 있는 지식재산의 경우 일반경쟁을 통해 다수의 이용을 배제하는 것은 지식재산의 활용 촉진에 반하는 바, 지식재산을 다수가 수의의 방법으로 이용할 수 있도록 함으로써 자유로운 이용을 촉진할 수 있을 것으로 기대하고 있다.

필요하다고 인정하는 경우에는 특정인에 대하여만 사용허가등을 할 수 있다. 이 경우 사용허가등의 방법은 법 제31조 제1항 본문 및 제2항 또는 제47조 제1항에 따른다(법 제65조의8 제4항).

Ⅲ. 지식재산의 사용료 등

지식재산의 사용허가등을 한 때에는 제32조 제1항 및 제47조 제1항에도 불구하고 해당 지식재산으로부터의 매출액 등을 고려하여 대통령령으로 정하는 사용료 또는 대부료를 징수한다(법 제65조의9 제1항).

동일인(상속인이나 그 밖의 포괄승계인은 피승계인과 동일인으로 본다)이 같은 지식재산을 계속 사용·수익하는 경우에는 제33조 및 제47조 제1항은 적용하지 아니한다(법 제65조의9 제2항).

Ⅳ. 지식재산 사용료 또는 대부료의 감면

중앙관서의 장등은 다음 각 호의 어느 하나에 해당하는 경우에는 대통령령으로 정하는 바에 따라 그 사용료 또는 대부료를 감면할 수 있다(법 제65조의10). **중앙관서의 장등**은 법 제65조의10에 따라 사용료등을 감면하려는 경우 사용허가서 또는 대부계약서에 그 이용 방법 및 조건의 범위를 명시하여야 한다(영 제67조의9 제1항).

1. 면제

「농업·농촌 및 식품산업 기본법」 제3조 제2호에 따른 농업인과 「수산업·어촌 발전 기본법」 제3조 제3호에 따른 어업인의 소득 증대, 「중소기업기본법」 제2조에 따른 중소기업의 수출 증진, 「중소기업 창업 지원법」 제2조 제2호 및 제2호의2에 따른 창업자·재창업자에 대한 지원 및 「벤처기업육성에 관한 특별조치법」 제2조 제1항에 따른 벤처기업의 창업 촉진, 그 밖에 이에 준하는 국가시책을 추진하기 위하여 **중앙관서의 장등**이 필요하다고 인정하는 경우에 면제한다(법 제65조의10 제1호).[769]

2. 감면

그 밖에 지식재산을 공익적 목적으로 활용하기 위하여 **중앙관서의 장등**이 필요하다고 인정하는 경우에 감면하며(법 제65조의10 제2호), 법 제65조의10 제2호의 경우 그 사용료등의 감면비율은 다음

---

769) 2018. 6. 27. 시행법부터 중소기업 창업자나 벤처기업에 대하여 국가 소유의 지식재산 사용료 등을 면제할 수 있는 근거를 현행법에 마련함으로써 이들의 생존율을 높이고 안정적으로 성장할 수 있는 토대를 마련하였다.

1. 지방자치단체에 사용허가등을 하는 경우: 면제, 2. 그 밖의 경우: 사용료등의 100분의 50과 같다(영 제67조의9 제2항).[770]

V. 지식재산의 사용허가등 기간

법 제35조 또는 제46조에도 불구하고 지식재산의 사용허가기간 또는 대부기간은 5년 이내에서 대통령령으로 정한다(법 제65조의11 제1항). 법 제65조의11 제1항에 따라 지식재산(상표권은 제외한다)의 사용허가등의 기간은 3년 이내로 한다(영 제67조의10 제1항).[771]

영 제67조의10 제1항에도 불구하고 다음 각 호 1. 해당 지식재산을 실시하는 데에 필요한 준비기간이 1년 이상 걸리는 경우: 그 준비기간, 2. 해당 지식재산의 존속기간이 계약일부터 4년 이내에 만료되는 경우: 그 존속기간 만료 시까지의 남은 기간의 어느 하나에 해당하는 경우에는 그 사용허가등의 기간을 다음 각 호의 구분에 따른 기간만큼 연장할 수 있다. 이 경우에도 최초의 사용허가등의 기간과 연장된 사용허가등의 기간을 합산한 기간은 5년을 초과하지 못한다(영 제67조의10 제2항).

상표권의 사용허가등의 기간은 5년 이내로 한다(영 제67조의10 제3항).

사용허가기간 또는 대부기간이 끝난 지식재산(제35조 제2항 본문 및 제46조 제2항에 따라 대통령령으로 정하는 지식재산의 경우는 제외한다)에 대하여는 제1항의 사용허가기간 또는 대부기간을 초과하지 아니하는 범위에서 종전의 사용허가등을 갱신할 수 있다. 다만, 제65조의8 제4항에 따른 사용허가등의 경우에는 이를 한 번만 갱신할 수 있다(법 제65조의11 제2항).

VI. 저작권의 귀속 등

중앙관서의 장등은 국가 외의 자와 저작물 제작을 위한 계약을 체결하는 경우 그 결과물에 대한 저작권 귀속에 관한 사항을 계약내용에 포함하여야 한다(법 제65조의12 제1항).

중앙관서의 장등이 국가 외의 자와 공동으로 창작하기 위한 계약을 체결하는 경우 그 결과물에 대한 저작권은 제11조 제1항 본문에도 불구하고 공동으로 소유하며, 별도의 정함이 없으면 그 지분은 균등한 것으로 한다. 다만, 그 결과물에 대한 기여도 및 국가안전보장, 국방, 외교관계 등 계약목적물

---

770) 2012. 12. 18. 시행법부터 지식재산의 사용료 감면 사유 확대하였는데, 지식재산의 경우 농어업인의 소득 증대, 중소기업의 수출 증진 등 국가시책을 추진하기 위하여 필요한 경우에는 사용료 또는 대부료를 면제할 수 있도록 하고, 그 밖에 공익적 목적으로 활용하는 경우에는 감면할 수 있도록 하였다. 지식재산의 사용료 등의 감면 사유를 확대함으로써 지식재산의 활용을 촉진하고 관련 산업 및 문화 발전을 도모할 수 있을 것으로 기대하고 있다.

771) 2012. 12. 18. 시행법부터 지식재산의 사용허가 등의 기간을 5년 이내에서 정하되, 원칙적으로 횟수의 제한 없이 갱신할 수 있도록 하였는데, 지식재산의 사용허가 등을 횟수의 제한 없이 갱신할 수 있도록 함으로써 지식재산 사용허가 기간을 탄력적으로 운영하도록 하여 지식재산의 활용을 촉진할 수 있을 것으로 기대된다.

의 특수성을 고려하여 협의를 통하여 저작권의 귀속주체 또는 지분율 등을 달리 정할 수 있다(법 제65조의12 제2항).

중앙관서의 장등은 제1항 및 제2항에 따른 계약을 체결하는 경우 그 결과물에 대한 저작권의 전부를 국가 외의 자에게 귀속시키는 내용의 계약을 체결하여서는 아니 된다(법 제65조의12 제3항).

제7장 대장(臺帳)과 보고[772]

I. 대장과 실태조사

중앙관서의 장등은 국유재산의 구분과 종류(법 제6조)에 따라 그 소관에 속하는 <u>국유재산의 **대장**·등기사항증명서와 도면</u>을 갖추어 두어야 한다. 이 경우 국유재산의 대장은 <u>전산자료로 대신할 수 있다</u>(법 제66조 제1항).[773] **중앙관서의 장등**은 매년 그 소관에 속하는 <u>국유재산의 **실태를 조사**</u>하여 법 제66조 제1항의 <u>대장을 정비하여야 한다</u>(법 제66조 제2항).

법 제66조 제1항의 **대장**과 제2항의 **실태조사**에 필요한 사항은 대통령령으로 정한다(법 제66조 제3항). 법 제66조 제1항에 따른 국유재산의 <u>대장</u>은 국유재산의 구분과 종류에 따라 **총괄청**이 정하는 서식으로 작성하여야 한다(영 제38조 제1항). 법 제28조에 따라 관리에 관한 사무가 위임되거나 법 제42조 제1항 및 제2항에 따라 일반재산의 관리·처분에 관한 사무가 위임 또는 위탁된 경우에는 <u>위임이나 위탁받은 자</u>가 영 제38조 제1항의 **대장**을 작성하여 갖추어 두고, **중앙관서의 장**은 이에 관한 총괄**대장**을 작성하여 갖추어 두어야 한다(영 제38조 제2항). **중앙관서의 장등**은 국유재산의 특성 및 이용 상태 등을 고려하여 **실태조사** 대상재산을 선정하고, 해당 국유재산에 대해서는 <u>1년에 한 번 이상 **실태조사**</u>를 하여야 한다. 이 경우 실태조사할 내용은 다음 각 호 1. 재산 등기 및 지적 현황, 2. 주위 환경, 3. 이용 현황, 4. 그 밖에 재산의 보존·관리 등에 필요한 사항과 같다(영 제38조 제4항).

총괄청은 중앙관서별로 국유재산에 관한 **총괄부**(總括簿)를 갖추어 두어 그 상황을 명백히 하여야 한다. 이 경우 총괄부는 전산자료로 대신할 수 있다(법 제66조 제4항). **총괄청**은 **중앙관서의 장**, 법 제42조 제1항에 따라 <u>일반재산의 관리·처분에 관한 사무를 위임이나 위탁받은 자</u> 및 **총괄청**의 보유재산별로 **총괄부**를 갖추어 두어야 한다(영 제38조 제3항).

---

772) 「국유재산법」상 제5장에 속한다.

773) **【판시사항】** 토지의 지목이 도로이고 국유재산대장에 등재되어 있다는 사정만으로 바로 그 토지가 도로로서 행정재산에 해당하는지 여부(소극)에 대하여, **【판결요지】**국유재산법상의 행정재산이란 국가가 소유하는 재산으로서 직접 공용, 공공용, 또는 기업용으로 사용하거나 사용하기로 결정한 재산을 말하는 것이고(국유재산법 제4조 제2항 참조), 그 중 도로와 같은 인공적 공공용 재산은 법령에 의하여 지정되거나 행정처분으로써 공공용으로 사용하기로 결정한 경우, 또는 행정재산으로 실제로 사용하는 경우의 어느 하나에 해당하여야 비로소 행정재산이 되는 것인데, 특히 도로는 도로로서의 형태를 갖추고, 도로법에 따른 노선의 지정 또는 인정의 공고 및 도로구역 결정·고시를 한 때 또는 도시계획법 또는 도시재개발법 소정의 절차를 거쳐 도로를 설치하였을 때에 공공용물로서 공용개시행위가 있다고 할 것이므로, 토지의 지목이 도로이고 국유재산대장에 등재되어 있다는 사정만으로 바로 그 토지가 도로로서 행정재산에 해당한다고 할 수는 없다(대법원 2009. 10. 15. 선고 2009다41533 판결).

총괄청, 중앙관서의 장 또는 제28조, 제29조, 제42조 제1항·제3항에 따라 <u>관리사무를 위임받은 공무원</u>이나 <u>위탁받은 자</u>가 국유재산의 관리·처분을 위하여 필요하면 등기소, 그 밖의 관계 행정기관의 장에게 무료로 필요한 서류의 열람과 등사 또는 그 등본, 초본 또는 등기사항증명서의 교부를 청구할 수 있다(법 제66조 제5항).

Ⅱ. 다른 사람의 토지 등의 출입

<u>**중앙관서의 장등**</u> 또는 제25조에 따라 총괄사무를 위임·위탁받은 자의 직원은 그 위임·위탁 사무의 수행이나 법 제66조 제2항에 따른 실태조사를 위하여 필요한 경우 다른 사람의 토지 등에 출입할 수 있다(법 제67조 제1항). 다른 사람의 토지 등에 출입하려는 사람은 소유자·점유자 또는 관리인(이하 이 조에서 "이해관계인"이라 한다)에게 미리 알려야 한다. 다만, 이해관계인을 알 수 없는 때에는 그러하지 아니하다(법 제67조 제2항). 이해관계인은 정당한 사유 없이 출입을 거부하거나 방해하지 못한다(법 제67조 제3항). 다른 사람의 토지 등에 출입하려는 사람은 신분을 표시하는 증표를 지니고 이를 이해관계인에게 내보여야 한다(법 제67조 제4항).

Ⅲ. 가격평가 등

국유재산의 <u>가격평가 등 회계처리</u>는 「국가회계법」 제11조에 따른 <u>국가회계기준</u>에서 정하는 바에 따른다(법 제68조).

Ⅳ. 국유재산관리운용보고서

중앙관서의 장은 그 소관에 속하는 국유재산에 관하여 <u>국유재산관리운용보고서를 작성</u>하여 다음 연도 2월 말일까지 **총괄청**에 <u>제출</u>하여야 한다. 이 경우 국유재산관리운용보고서에 포함되어야 할 사항은 대통령령으로 정한다(법 제69조 제1항). 법 제69조 제1항에 따른 국유재산관리운용보고서에 포함되어야 할 사항은 다음 각 호 1. <u>국유재산종합계획에 대한 집행 실적 및 평가 결과</u>, 2. <u>연도 말 국유재산의 증감 및 보유 현황</u>, 2의2. 「국유재산특례제한법」 제9조에 따른 <u>운용실적</u>, 3. 그 밖에 국유재산의 관리·처분 업무와 관련하여 **중앙관서의 장**이 중요하다고 인정하는 사항과 같다(영 제70조).

총괄청은 <u>국유재산관리운용보고서를 통합</u>하여 <u>국유재산관리운용총보고서를 작성</u>하여야 한다(법 제69조 제2항).

총괄청은 국유재산관리운용총보고서를 다음 연도 4월 10일까지 **감사원**에 제출하여 검사를 받아야 한다(법 제69조 제3항).

총괄청은 **감사원**의 검사를 받은 국유재산관리운용총보고서와 **감사원**의 검사보고서를 다음 연도 5월 31일까지 국회에 제출하여야 한다(법 제69조 제4항).

V. 멸실 등의 보고

중앙관서의 장등은 그 소관에 속하는 국유재산이 멸실되거나 철거된 경우에는 지체 없이 그 사실을 **총괄청**과 **감사원**에 보고하여야 한다(법 제70조).

VI. 적용 제외

국방부장관이 관리하는 법 제5조 제1항 제2호의 재산과 그 밖에 **중앙관서의 장**이 **총괄청**과 협의하여 정하는 재산은 법 제68조부터 제70조까지의 규정을 적용하지 아니한다(법 제71조).

제8장 보칙 및 벌칙

제1절 **보칙**774)

Ⅰ. 변상금의 징수

1. 의의 및 법적 성질

변상금이란 사용허가나 대부계약 없이 국유재산을 사용·수익하거나 점유한 자(사용허가나 대부계약 기간이 끝난 후 다시 사용허가나 대부계약 없이 국유재산을 계속 사용·수익하거나 점유한 자를 포함한다.775) 이하 '**무단점유자**'라 한다)에게 법 제72조 제1항에 따라 부과하는 금액을 말한다(법 제2조 제9호). 「도로법」 제72조나 「하천법」 제37조 제2항의 경우 무단점유자에 대해서는 변상금을 징수하도록 하는 별도의 규정이 있으므로, 「국유재산법」을 적용하여 변상금을 부과할 수 없다. 다만, 「국유림의 경영 및 관리에 관한 법률」 및 「도시공원법」 등과 같이 개별 법률에 별도의 규정이 없는 경우에는 「국유재산법」에 따라 변상금을 부과할 수밖에 없다.

변상금부과의 법적 성질에 대해서 처분성 및 그 기속행위성을 강조하는 판례들이 나오게 되었다. 대법원은 "국유재산 무단점유자에 대하여 대부 또는 사용·수익허가 등을 받은 경우에 납부하여야 할

---

774) 「국유재산법」상 제6장에 속한다.

775) 한편 이 시기에 나온 판례들에서는 변상금부과대상인 무단점유의 개념에 대해 엄격히 좁혀 해석하는 입장을 취하고 있었다. 즉 「국유재산법」 제51조 제1항(현행 제72조 제1항)이 국유재산의 무단점유자에 대하여 대부 등을 받은 경우에 납부하여야 할 대부료 상당액 이외에 2할을 가산하여 변상금을 징수토록 규정하고 있는 것은 무단점유에 대한 징벌적 의미가 있으므로 위 규정은 국유재산에 대한 점유개시가 법률상 권원 없이 이루어진 경우에 한하여 적용되고 당초 국유재산에 대한 대부 등을 받아 점유사용 하다가 계약기간만료 후 새로운 계약을 체결하지 아니한 채 계속 점유사용한 경우에는 적용되지 않는다고 본 것이다(대법원 1993. 9. 10. 선고 93누13865 판결). 당시의 법문상 변상금 부과대상인 무단점유자는 "사용허가나 대부계약 없이 국유재산을 사용·수익하거나 점유한 자"로서 여기에는 애초부터 아무런 권원 없이 국유재산을 사용·수익하거나 점유한 경우뿐 아니라 사용허가나 대부계약 기간 종료 후 다시 사용허가나 대부계약 없이 국유재산을 계속 사용·수익하거나 점유한 자 등도 포함된다고 해석될 여지가 없지 않음에도 불구하고 법원은 변상금의 징벌적 성격에 주목하여 무단점유의 개념을 엄격히 해석한 것이다. 이처럼 93누13865 판결이 변상금을 부과할 수 있는 무단점유를 엄격하게 해석하자 입법자(국회)는 1994년 「국유재산법」을 개정하여 "대부 또는 사용·수익허가기간이 만료된 후 다시 대부 또는 사용·수익허가 등을 받지 아니하고 국유재산을 계속 점유하거나 이를 사용·수익한 자"를 무단점유자의 범위에 포함시키는 문구를 새로이 마련하였고(법 제51조 제1항) 이러한 입장은 현행 「국유재산법」 제2조 제9호에도 이어지고 있다(이현수, "국유재산법상 변상금의 법관계", 198면).

대부료 또는 사용료 상당액 외에도 징벌적 의미에서 국가측이 일방적으로 그 2할 상당액을 추가하여 징수토록 하고 있다는 점, 변상금 체납 시에는 「국세징수법」 중 체납처분에 관한 규정을 준용하여 강제징수토록 하고 있는 점에 근거하여 이 사건과 같이 국유재산의 관리청이 그 무단점유자에 대하여 하는 변상금부과처분은 순전히 사경제 주체로서 행하는 사법상의 법률행위라고 할 수 없고 이는 관리청이 공권력을 가진 우월적 지위에서 행한 것으로서 행정소송의 대상이 되는 행정처분이라고 보아야 한다"거나,[776] "변상금부과처분은 법규의 규정형식으로 보아 처분청의 재량이 허용되지 않은 기속행위"라는 입장이 그것이다.[777]

2. 국유재산법상 변상금부과와 민사상 부당이득반환청구에 관한 판례의 검토

가. 문제의 의의

「국유재산법」은 국유재산을 무단점유한 자에 대해서는 그 재산의 유형을 불문하고 통상적인 사용료를 상회하는 변상금부과처분을 통하여 다스리도록 하고 있어서(법 제72조), 변상금부과처분과 민사상 부당이득반환청구와의 관계가 문제되고 있다. 즉, 국유재산 무단점유에 대하여 공법적 성질의 변상금부과처분과 민사상 부당이득반환청구가 병존(다수의견)할 수 있는 것인지, 아니면 전자는 후자에 대한 관계에서 일종의 특별법으로서, 변상금부과가 가능한 경우에는 민사상 부당이득반환청구는 후퇴(반대의견)하는 것인지가 그것이다. 대상판결에서는 이러한 논점을 두고 다수의견과 반대의견으로 나뉘었다.

나. 판례

(1) 다수의견

국유재산의 무단점유자에 대한 변상금 부과는 공권력을 가진 우월적 지위에서 행하는 행정처분이고, 그 부과처분에 의한 변상금 징수권은 공법상의 권리인 반면, 민사상 부당이득반환청구권은 국유재산의 소유자로서 가지는 사법상의 채권이다. 부당이득반환의 경우 수익자가 반환하여야 할 이득의 범위는 손실자가 입은 손해의 범위에 한정되고, 손실자의 손해는 사회통념상 손실자가 당해 재산으로부터 통상 수익할 수 있을 것으로 예상되는 이익 상당액이다. 그런데 국가가 잡종재산으로부터 통상 수익할 수 있는 이익은 그에 관하여 대부계약이 체결되는 경우의 대부료이므로, 잡종재산의 무단점유자가 반환하여야 할 부당이득은 특별한 사정이 없는 한 국유재산 관련법령에서 정한 대부료 상당액이다. 또한 변상금은 부당이득 산정의 기초가 되는 대부료나 사용료의 120%에 상당하는 금액으로서 부당이득금과 액수가 다르고, 이와 같이 할증된 금액의 변상금을 부과·징수하는 목적은 국유재산의 사용·수익으로 인한 이익의 환수를 넘어 국유재산의 효율적인 보존·관리라는 공익을 실현하는 데 있다. 그리고 대부

---

776) 대법원 1988. 2. 23. 선고 87누1046 판결.
777) 대법원 2000. 1. 14. 선고 99두9735 판결; 대법원 1998. 11. 24. 선고 97다47651 판결, 대법원 1998. 9. 22. 선고 98두7602 판결, 대법원 1992. 9. 14. 선고92재누14 판결 등 참조.

또는 사용·수익허가 없이 국유재산을 점유하거나 사용·수익하였지만 <u>변상금 부과처분을 할 수 없는 때에도 민사상 부당이득반환청구권은 성립하는 경우가 있으므로, 변상금 부과·징수의 요건과 민사상 부당이득반환청구권의 성립 요건이 일치하는 것도 아니다.</u>

이처럼 구 국유재산법(2009년 1월 30일 법률 제9401호로 전부 개정되기 전의 것, 이하 같다) 제51조 제1항, 제4항, 제5항에 의한 변상금 부과·징수권은 민사상 부당이득반환청구권과 법적 성질을 달리하므로, 국가는 무단점유자를 상대로 변상금 부과·징수권의 행사와 별도로 국유재산의 소유자로서 민사상 부당이득반환청구의 소를 제기할 수 있다. 즉, <u>「국유재산법」상 변상금부과권은 공법상 권리인 반면 민사상 부당이득반환청구권은 민사상 채권으로서 그 법적 성질을 달리하므로 국유재산의 관리를 위탁 받은 한국자산관리공사는 무단점유자에 대하여 변상금부과처분을 한 후에도 민사상 부당이득반환청구 의 소를 제기할 수 있다고 봄으로써 국유재산의 관리에 있어서 공법적 방도를 행사하고 난 이후에도 다시 중첩적으로 사법적 방도가 병행될 수 있다고 판시하였다.</u>[778]

(2) 반대의견

반면 당해 판결의 반대의견에서는 <u>변상금부과권과 민사상 부당이득반환청구권 양자 모두 국유재산 의 무단점유자로부터 법률상 원인 없는 이익을 환수하는 것을 본질로 하므로, 변상금 부과·징수는 국 유재산의 무단점유자에 대한 부당이득반환청구를 공법적인 형태로 규율하는 것으로 볼 수 있으며 이처 럼 행정주체가 효율적으로 권리를 행사·확보할 수 있도록 관련 법령에서 간이하고 경제적인 권리구제 절차를 특별히 마련해 놓고 있는 경우에는, 행정주체로서는 그러한 절차에 의해서만 권리를 실현할 수 있고 그와 별도로 민사소송의 방법으로 권리를 행사하거나 권리의 만족을 구하는 것은 허용될 수 없다</u>고 보았다.[779]

다. 검토

변상금부과는 국회입법자가 국유재산의 관리주체인 행정청에게 부여한 권한으로서의 성격과 기속적 의무로서의 성격을 모두 공유하고 있으므로, 소관청은 법률 우위의 원칙상 변상금부과의 요건이 충족 되었을 경우에는 변상금부과의무를 이행하여야 한다. 따라서 <u>변상금부과처분의 요건이 충족되었음에 도 불구하고 변상금부과처분을 하지 아니하고 민사상 부당이득반환청구의 소를 제기할 수 있다고 본 91다42197 대법원 판결이나</u>[780] <u>변상금부과처분을 한 후에 다시 민사상 부당이득반환청구를 하는 것이 허용된다고 본 2011다76402 대법원 판결의 다수의견은</u>[781] 변상금부과가 행정에게 부여된 권한으로서 의 성격뿐 아니라 의무로서의 성격도 지닌다는 점 및 국가재산의 관리자로서 행정이 등장하는 경우에

---

778) 대법원 2014. 7. 16. 선고 2011다76402 전원합의체 판결 다수의견.
779) 위 판결 반대의견.
780) 대법원 1992. 4. 14. 선고 91다42197 판결.
781) 대법원 2014. 7. 16. 선고 2011다76402 전원합의체 판결.

도 법률우위의 원칙이 적용되어야 한다는 점을 간과하고 있다는 비판적인 견해가 있다.[782]

3. 변상금의 산출방법

중앙관서의 장등은 무단점유자에 대하여 대통령령으로 정하는 바에 따라 그 재산에 대한 사용료나 대부료의 100분의 120에 상당하는 변상금을 징수한다(법 제72조 제1항 본문).[783] 변상금의 산출을 위해서는 당해 무단점유자의 「점유개시일」로부터 영 제29조 제1항부터 제3항까지의 규정에 따라 일차적으로 산출한 연간 사용료 또는 연간 대부료(지식재산의 경우 제67조의8 제1항에 따라 산출한 사용료 등을 말한다)의 100분의 120에 상당하는 금액으로 한다. 이 경우 점유한 기간이 1회계연도를 초과할 때에는 각 회계연도별로 산출한 변상금을 합산한 금액으로 한다(영 제71조 제1항). 그러나 후술하겠지만, 2016. 3. 2. 시행법부터 이 법에 따라 금전의 급부를 목적으로 하는 국가의 권리는 5년간 행사하지 아니하면 시효의 완성으로 소멸하도록 신설하였다. 즉 체납변상금·대부료 등 채권의 시효소멸로 인한 국고손실을 방지하고, 시효중단을 위한 소송비용 등 절감을 위해 법 제73조의3 제1항에서 시효규정을 마련하였다.

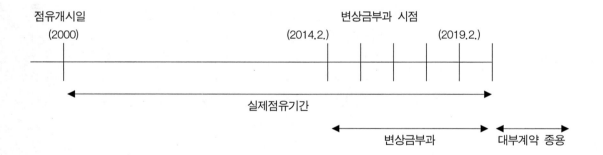

변상금부과 이후에는 정당한 사용허가 또는 대부계약체결을 종용하여 이에 응하면 매년 사용료·대부료를 납부하며, 이에 불응하고 계속적으로 무단 점유·사용하면 다시 변상금을 부과한다.[784]

4. 변상금의 징수

변상금의 징수에 관하여는 영 제36조 제3항 및 제4항을 준용한다. 변상금을 부과고지하기 전에 사전통지서를 발송하도록 하고, 통지 내용에 의견이 있는 경우에는 점유자가 의견을 제출할 수 있는 기회를 부여하고 있다(시행규칙 제49조).[785] 이는 변상금에 대한 국민들의 몰이해를 개선하고 변상금의

---

782) 이현수, "국유재산법상 변상금의 법관계", 198면.
783) 산식 : 연간 변상금 = 연간 사용료 × 1.2(최장 5년).
784) 기획재정부, 2010 국유재산업무편람, 75면.

자진납부를 유도하기 위한 것이다. 변상금을 체납하는 경우에는 「국세징수법」의 체납처분 규정을 준용하여 징수할 수 있다.

5. 변상금의 면제

다만, 다음 각 호 1. 등기사항증명서나 그 밖의 공부(公簿)상의 명의인을 정당한 소유자로 믿고 적절한 대가를 지급하고 권리를 취득한 자(취득자의 상속인이나 승계인을 포함한다)의 재산이 취득 후에 국유재산으로 밝혀져 국가에 귀속된 경우, 2. 국가나 지방자치단체가 재해대책 등 불가피한 사유로 일정 기간 국유재산을 점유하게 하거나 사용·수익하게 한 경우의 어느 하나에 해당하는 경우에는 변상금을 징수하지 아니한다(법 제72조 제1항 단서).

6. 납부 유예 및 분할 납부

가. 납부 유예

변상금은 무단점유를 하게 된 경위(經緯), 무단점유지의 용도 및 해당 무단점유자의 경제적 사정 등을 고려하여 대통령령으로 정하는 바에 따라 5년의 범위에서 징수를 미루거나 나누어 내게 할 수 있다(법 제72조 제2항).

중앙관서의 장등은 무단점유자가 다음 각 호 1. 재해나 도난으로 재산에 심한 손실을 입은 경우, 2. 무단점유자 또는 그 동거 가족의 질병이나 중상해로 장기 치료가 필요한 경우, 3. 「국민기초생활보장법」 제2조 제2호에 따른 수급자인 경우, 4. 그 밖에 제1호 및 제2호에 준하는 사유로 인정되는 경우의 어느 하나에 해당하는 경우에는 변상금의 최초 납부기한부터 1년의 범위에서 그 징수를 미룰 수 있다(영 제71조 제2항). 법 제72조 제2항에 따라 변상금을 미루어 내거나 나누어 내려는 자는 영 제71조 제5항에 따라 준용되는 영 제36조 제3항에 따른 납부기한 다음 날부터 기산해 1년이 되는 날까지 기획재정부령으로 정하는 신청서를 중앙관서의 장등에게 제출해야 한다(영 제71조 제4항).

나. 분할 납부

중앙관서의 장등은 변상금이 100만원을 초과하는 경우에는 법 제72조 제2항에 따라 변상금 잔액에 고시이자율을 적용하여 산출한 이자를 붙이는 조건으로 3년 이내의 기간에 걸쳐 나누어 내게 할 수 있다. 이 경우 나누어 낼 변상금의 납부일자와 납부금액을 함께 통지하여야 한다(영 제71조 제3항).

---

785) 국유재산의 무단점유 또는 사용수익사실을 인지한 것만으로는 시효중단의 효과가 없으므로 동 사실을 확인한 경우 즉시 변상금 사전통지서를 발송하고 변상금 부과가 정당하다고 판단되면 「국유재산법 시행규칙」 제26조(현행 시행규칙 제20조) 규정에 의한 별지 제5호 서식의 고지서를 고지하여야 한다.

7. 사용료와 대부료의 조정 배제

변상금을 징수하는 경우에는 법 제33조에 따른 사용료와 제47조에 따른 대부료의 조정을 하지 아니한다(법 제72조 제3항). 동 조항은 국유재산의 적법한 사용(사용허가 및 대부)을 유도하기 위해 사용료(대부료)의 조정을 배제하도록 신설된 조항으로 변상금에 대한 사용료(대부료)의 조정 배제는 2009. 7. 31 이후의 무단점유기간에 따른 변상금부터 적용(법률 제9401호, 부칙 제5조)한다.

Ⅱ. 연체료 등의 강제징수

1. 연체료의 징수

중앙관서의 장등은 국유재산의 사용료, 관리소홀에 따른 가산금, 대부료, 매각대금, 교환자금 및 변상금(징수를 미루거나 나누어 내는 경우 이자는 제외한다)이 납부기한까지 납부되지 아니한 경우 대통령령으로 정하는 바에 따라 연체료를 징수할 수 있다. 이 경우 연체료 부과대상이 되는 연체기간은 납기일부터 60개월을 초과할 수 없다(법 제73조 제1항).[786]

2. 강제징수

중앙관서의 장등은 국유재산의 사용료, 관리소홀에 따른 가산금, 대부료, 변상금 및 법 제73조 제1항에 따른 연체료가 납부기한까지 납부되지 아니한 경우에는 다음 각 호의 방법에 따라 「국세징수법」 제23조와 같은 법의 체납처분에 관한 규정을 준용하여 징수할 수 있다(법 제73조 제2항).

1. **중앙관서의 장**(일반재산의 경우 제42조 제1항에 따라 관리·처분에 관한 사무를 위임받은 자를 포함한다. 이하 이 호에서 같다)은 직접 또는 관할 세무서장이나 지방자치단체의 장(이하 "세무서장등"이라 한다)에게 위임하여 징수할 수 있다. 이 경우 관할 세무서장등은 그 사무를 집행할 때 위임한 **중앙관서의 장**의 감독을 받는다.
2. 법 제42조 제1항에 따라 관리·처분에 관한 사무를 위탁받은 자는 관할 세무서장등에게 징수하게

---

786) 영 제72조(연체료 등의 징수) ① **중앙관서의 장등**은 법 제73조에 따라 국유재산의 사용료, 관리 소홀에 따른 가산금, 대부료, 매각대금, 교환자금 및 변상금(나누어 내는 경우에 이자는 제외한다)이 납부기한까지 내지 아니한 경우에는 다음 각 호의 구분에 따른 비율로 계산한 연체료를 붙여 15일 이내의 기한을 정하여 납부를 고지하여야 한다. 이 경우 고지한 기한까지 전단의 금액과 연체료를 내지 아니한 때에는 두 번 이내의 범위에서 다시 납부를 고지하되, 마지막 고지에 의한 납부기한은 전단에 따른 납부고지일부터 3개월 이내가 되도록 하여야 하며, 이후 1년에 한 번 이상 독촉을 하여야 한다.
  1. 연체기간이 1개월 미만인 경우: 연 7퍼센트
  2. 연체기간이 1개월 이상 3개월 미만인 경우: 연 8퍼센트
  3. 연체기간이 3개월 이상 6개월 미만인 경우: 연 9퍼센트
  4. 연체기간이 6개월 이상인 경우: 연 10퍼센트
② 제1항 전단에 따라 고지한 납부기한까지 고지한 금액을 내는 경우에는 고지한 날부터 낸 날까지의 연체료는 징수하지 아니한다.

할 수 있다.

Ⅲ. 도시관리계획의 협의 등

1. 도시관리계획의 결정·변경 등의 협의

중앙관서의 장이나 지방자치단체의 장은 국유재산에 대하여 「국토계획법」에 따라 도시관리계획을 결정·변경하거나 다른 법률에 따라 이용 및 보전에 관한 제한을 하는 경우 대통령령으로 정하는 바에 따라 미리 해당 국유재산을 소관하는 **총괄청**이나 **중앙관서의 장**과 협의하여야 한다(법 제73조의2 제1항). **중앙관서의 장** 또는 지방자치단체의 장이 법 제73조의2 제1항에 따라 협의하려는 경우에는 다음 각 호 1. **총괄청** 소관 일반재산인 경우: **총괄청**, 2. 제1호 외의 국유재산인 경우: 해당 국유재산을 소관하는 **중앙관서의 장**의 구분에 따른 자와 협의하여야 한다(영 제72조의2 제1항).

2. 개발행위에 관한 인·허가 등의 협의

중앙관서의 장등(다른 법령에 따라 국유재산의 관리·처분에 관한 사무를 위임 또는 <u>위탁받은 자를 포함한다</u>)은 「국토계획법」 제65조 제3항 또는 그 밖의 법률에 따라 <u>국유재산인 공공시설의 귀속에 관한 사항이 포함된 개발행위에 관한 인·허가 등을 하려는 자에게 의견을 제출하려는 경우에는 대통령령으로 정하는 바에 따라 **총괄청**과 미리 협의하여야 한다(법 제73조의2 제2항).[787] **중앙관서의 장등**이 법 제73조의2 제2항에 따라 **총괄청**과 협의하려는 경우에는 사전검토 의견과 함께 기획재정부령으로 정하는 서류를 첨부하여야 한다(영 제72조의2 제1항).

3. 도시관리계획의 변경 요청

총괄청이나 **중앙관서의 장등**은 국유재산을 효율적으로 관리하고 그 활용도를 높이기 위하여 필요하다고 인정하는 경우 「국토계획법」에 따른 도시관리계획의 입안권자에게 해당 도시관리계획의 변경을 요청할 수 있다(법 제73조의2 제3항).

---

787) 2018. 6. 27. 시행법부터 국유재산의 효율적인 관리를 위하여 **중앙관서의 장** 등은 「국토계획법」 또는 그 밖의 법률에 따라 국유재산의 귀속에 관한 사항이 포함된 개발행위에 관한 인·허가 등을 하려는 자에게 의견을 제출하려는 경우에는 **총괄청**과 미리 협의하도록 하고 있다.

Ⅳ. 소멸시효

1. 의의

시효란 일정한 사실상태가 오랫동안 계속된 경우에 그 상태가 진실한 권리관계에 합치하는가를 묻지 않고서 그 사실 상태를 그대로 권리관계로서 인정하려는 제도이다. 시효에는 취득시효와 소멸시효의 두 가지가 있는데, 「민법」의 총칙편에서 소멸시효를, 물권편에서 취득시효를 규정하고 있다. 소멸시효는 권리자가 일정한 기간 동안 권리를 행사하지 않는 상태가 계속된 경우에 그의 권리를 소멸시키는 것이다.[788]

이 법에 따라 금전의 급부를 목적으로 하는 국가의 권리는 5년간 행사하지 아니하면 시효의 완성으로 소멸한다(법 제73조의3 제1항).[789]

2. 소멸시효의 중단

소멸시효 완성에 필요한 권리불행사라는 사실상태는 일정한 사유가 있는 때에는 중단되고, 그때까지 진행한 시효기간은 효력을 잃게 된다. 이처럼 소멸시효의 진행을 막고 그동안의 시효기간을 0으로 만드는 것이 소멸시효의 중단이다.[790]

법 제73조 제2항의 권리(국유재산의 사용료, 관리소홀에 따른 가산금, 대부료, 변상금 및 법 제73조 제1항에 따른 연체료)의 소멸시효는 다음 각 호 1. 납부고지, 2. 독촉, 3. 교부청구, 4. 압류의 사유로 인하여 중단된다(법 제73조의3 제2항).

법 제73조의3 제2항에 따라 중단된 소멸시효는 다음 각 호 1. 납부고지나 독촉에 따른 납입기간, 2. 교부청구 중의 기간, 3. 압류해제까지의 기간의 어느 하나의 기간이 지난 때부터 새로 진행한다(법 제73조의3 제3항).

3. 소멸시효의 정지

일정한 사유가 있는 경우에는 그 사유가 종료된 때부터 일정기간 내에는 소멸시효가 완성하지 않는데, 이것을 소멸시효의 정지라고 한다. 이러한 시효정지는 시효중단과 더불어 시효의 완성을 막아 권리자인 국가를 보호하는 것이나, 이미 경과한 시효기간이 0으로 되지 않고 일정한 유예기간이 경과하면 시효가 완성하는 점에서 중단과 다르다.[791]

---

788) 송덕수, 신민법입문, 박영사, 2016, 114면.
789) 2016. 3. 2. 시행법부터 체납변상금·대부료 등 채권의 시효소멸로 인한 국고손실을 방지하고, 시효중단을 위한 소송비용 등의 절감을 위해 시효규정을 마련하였다. 그러나 동 조항의 신설 이전에는 국가의 채권소멸시효를 5년으로 규정한 「국가재정법」 제96조를 준용하였다.
　「국가재정법」 제96조(금전채권·채무의 소멸시효) ① 금전의 급부를 목적으로 하는 국가의 권리로서 시효에 관하여 다른 법률에 규정이 없는 것은 5년 동안 행사하지 아니하면 시효로 인하여 소멸한다.
790) 송덕수, 신민법입문, 117면.

법 제73조의3 제1항에 따른 소멸시효는 다음 각 호 1. 이 법에 따른 분납기간, 징수유예기간, 2. 「국세징수법」에 따른 체납처분유예기간, 3. 「국세징수법」 제30조에 따른 사해행위 취소소송이나[792] 「민법」 제404조에 따른 채권자대위 소송을[793] 제기하여 그 소송이 진행 중인 기간(소송이 각하·기각 또는 취소된 경우에는 시효정지의 효력이 없다)의 어느 하나에 해당하는 기간에는 진행되지 아니한다(법 제73조의3 제4항).

4. 다른 법률의 준용

이 법에 따라 금전의 급부를 목적으로 하는 국가의 권리의 소멸시효에 관하여 이 법에 특별한 규정이 있는 것을 제외하고는 「민법」과 「국가재정법」에 따른다(법 제73조의3 제5항).

V. 불법시설물의 철거

정당한 사유 없이 국유재산을 점유하거나 이에 시설물을 설치한 경우에는 **중앙관서의 장등**은 「행정대집행법」을 준용하여 철거하거나 그 밖에 필요한 조치를 할 수 있다(법 제74조).[794] 여기서 "**중앙관서의 장등**"이란 「국가재정법」 제6조에 따른 **중앙관서의 장**과 법 제42조 제1항에 따라 일반재산의 관리·처분에 관한 사무를 위임·위탁받은 자를 말한다.

VI. 과오납금 반환 가산금

국가는 과오납된 국유재산의 사용료, 대부료, 매각대금 또는 변상금을 반환하는 경우에는 과오납된 날의 다음 날부터 반환하는 날까지의 기간에 대하여 고시이자율을 적용하여 산출한 이자를 가산하여 반환한다(법 제75조 및 영 제73조).

---

791) 송덕수, 신민법입문, 118~119면.

792) 「국세징수법」 제30조(사해행위의 취소 및 원상회복) 세무공무원은 체납처분을 집행할 때 납세자가 국세의 징수를 피하기 위하여 재산권을 목적으로 한 법률행위(「신탁법」에 따른 사해신탁을 포함한다)를 한 경우에는 「민법」 제406조·제407조 및 「신탁법」 제8조를 준용하여 사해행위(詐害行爲)의 취소 및 원상회복을 법원에 청구할 수 있다.
「민법」 제406조(채권자취소권) ① 채무자가 채권자를 해함을 알고 재산권을 목적으로 한 법률행위를 한 때에는 채권자는 그 취소 및 원상회복을 법원에 청구할 수 있다. 그러나 그 행위로 인하여 이익을 받은 자나 전득한 자가 그 행위 또는 전득당시에 채권자를 해함을 알지 못한 경우에는 그러하지 아니하다. ② 전항의 소는 채권자가 취소원인을 안 날로부터 1년, 법률행위 있은 날로부터 5년 내에 제기하여야 한다.
제407조(채권자취소의 효력) 전조의 규정에 의한 취소와 원상회복은 모든 채권자의 이익을 위하여 그 효력이 있다.

793) 「민법」 제404조(채권자대위권) ① 채권자는 자기의 채권을 보전하기 위하여 채무자의 권리를 행사할 수 있다. 그러나 일신에 전속한 권리는 그러하지 아니하다. ② 채권자는 그 채권의 기한이 도래하기 전에는 법원의 허가 없이 전항의 권리를 행사하지 못한다. 그러나 보전행위는 그러하지 아니하다.

794) 따라서 2016. 3. 2. 시행법부터 관리·처분사무를 위탁받은 자도 행정대집행의 권한을 가지게 되었다.

VII. 정보공개

총괄청은 국유재산의 효율적인 관리와 처분을 위하여 보유·관리하고 있는 정보를 정보통신망을 활용한 정보공개시스템을 통하여 공표하여야 한다(법 제76조 제1항).

제1항에 따른 공표 대상 정보의 범위 및 공표 절차 등에 필요한 사항은 대통령령으로 정한다(법 제76조 제2항).

VIII. 변상책임

법 제28조에 따라 국유재산의 관리에 관한 사무를 위임받은 자가 고의나 중대한 과실로 그 임무를 위반한 행위를 함으로써 그 재산에 대하여 손해를 끼친 경우에는 변상의 책임이 있다(법 제79조 제1항).

변상책임에 관하여는 「회계관계직원 등의 책임에 관한 법률」 제4조 제3항·제4항 및 제6조부터 제8조까지의 규정을 준용한다(법 제79조 제2항).

IX. 벌칙 적용에서의 공무원 의제

위원회, 법 제59조의3 제3항에 따른 민간참여개발자문단 및 같은 조 제7항에 따른 민간참여개발사업평가단의 위원 중 공무원이 아닌 위원은 「형법」 제129조부터 제132조까지의 규정을 적용할 때에는 공무원으로 본다(법 제79조의2).

X. 청산절차의 특례

국가가 지분증권의 2분의 1 이상을 보유하는 회사 중 대통령령으로 정하는 회사의 청산에 관하여는 「상법」 중 주주총회나 사원총회의 권한과 소집·결의방법 등에 관한 규정에도 불구하고 대통령령으로 정하는 바에 따른다(법 제80조).

XI. 군사분계선 이북지역에 있는 회사의 청산절차

법 제80조에 따른 회사 중 그 본점이나 주사무소가 군사분계선 이북지역에 있는 회사의 청산에 관하여는 「상법」과 제80조를 준용한다. 다만, 「상법」 중 다음 각 호 1. 회사의 해산등기, 2. 청산인의 신고 및 등기, 3. 「상법」 제533조에 따른 재산목록 및 대차대조표의 제출, 4. 청산종결의 등기의 사항에 해당하는 규정은 그러하지 아니하다(법 제81조 제1항).

법 제81조 제1항에 따라 청산절차가 진행 중인 회사가 소유하고 있는 부동산의 소유권이 「민법」 제245조에 따라 그 부동산을 무단점유하고 있는 자에게 이전될 우려가 있으면 청산절차의 종결 전에도 **총괄청**이 그 부동산을 국가로 귀속시킬 수 있다. 이 경우 청산종결 후 남은 재산의 분배에서 주주나 그 밖의 지분권자의 권리는 영향을 받지 아니한다(법 제81조 제2항).

법 제81조 제1항에 따라 회사를 청산하려면 대통령령으로 정하는 바에 따라 필요한 사항을 공고하여야 한다(법 제81조 제3항).795)

법 제81조 제2항이나 청산절차종결에 의하여 남은 재산의 분배에 따라 국가가 해당 회사의 부동산에 대한 소유권이전등기를 촉탁하는 경우의 등기절차는 「부동산등기법」의 규정에도 불구하고 대통령령으로 정하는 바에 따른다(법 제81조 제4항).796)

제2절   벌칙797)

누구든지 이 법 또는 다른 법률에서 정하는 절차와 방법에 따르지 아니하고는 국유재산을 사용하거나 수익하지 못한다(법 제7조 제1항). 법 제7조 제1항을 위반하여 행정재산을 사용하거나 수익한 자는 2년 이하의 징역 또는 2천만원 이하의 벌금에 처한다(법 제82조). 일반재산은 형사처벌 대상에서 제외된다.

---

795) 영 제81조(군사분계선 이북지역에 있는 회사의 청산절차) ① 법 제81조 제3항에 따른 공고는 다음 각 호 1. 해당 회사의 회사명 및 재산명세, 2. 공고 후 6개월이 지날 때까지 신고를 하지 아니하는 주주, 채권자, 그 밖의 권리자는 청산에서 제외된다는 뜻의 사항을 관보와 전국을 보급지역으로 하여 발행되는 일간신문에 게재하는 방법으로 하여야 한다.

796) 영 제81조(군사분계선 이북지역에 있는 회사의 청산절차) ② 법 제81조 제2항 후단 또는 청산절차 종결에 의한 잔여재산의 분배에 따라 국가가 해당 회사의 부동산에 대한 소유권이전등기를 촉탁하는 경우에는 법 제81조 제4항에 따라 「부동산등기법」 제36조 제1항에 따른 등기의무자의 승낙서를 첨부하지 아니하며, 같은 법 제40조 제1항 제2호에 따른 등기원인을 증명하는 서면은 **총괄청**이 관계기관, 법인의 청산업무에 관한 학식과 경험이 풍부한 사람 등의 의견을 들어 정한 서면으로 갈음한다.

797) 「국유재산법」상 제7장에 속한다.

제 **7** 편

공간정보의 구축 및 관리 등에 관한 법률 중 지적에 관한 규정

제1장 총설

Ⅰ. 공간정보관리법 중 지적에 관한 규정의 의의[798]

「공간정보의 구축 및 관리 등에 관한 법률」(이하 '공간정보관리법'이라 한다)은 <u>측량의 기준 및 절차</u>와 <u>지적공부</u>(地籍公簿)·<u>부동산종합공부</u>(不動産綜合公簿)의 작성 및 관리 등에 관한 사항을 규정함으로써 <u>국토의 효율적 관리 및 국민의 소유권 보호</u>에 기여함을 목적으로 한다(법 제1조). 같은 법 제3장에서 지적(地籍)에 관한 규정을 두고 있는데,[799] 지적(地籍)은 여러 가지로 정의되고 있다. 가령 "국가기관이 국토의 전체를 필지 단위로 구획하여 토지에 대한 물리적 현황과 법적 권리관계 등을 등록 공시하고 변동사항을 연속적으로 등록관리하는 국가의 제도"로[800] 정의한다든가, 지적이란 "국가 통치권이 미치는 모든 영토를 필지단위로 구획하여 1필 토지에 관한 정보를 조사·측량하여 공적장부인 지적공부에 등록함으로써 토지의 물리적 현황과 소유관계를 공시하는 제도"로[801] 정의하기도 한다.

지적관련 토지공법은 지적과 직·간접으로 관련되어 토지에 공법적 규율을 가하는 법규의 총체를 의미한다.[802] 측량 및 수로조사와 지적공부·부동산종합공부의 작성 및 관리에 관하여 다른 법률에 특별한 규정이 있는 경우를 제외하고는 이 법에 따르도록 하여(법 제3조) 이 법이 지적에 관한 일반법이라 할 수 있겠다.

〈표 25〉 공간정보관리법의 구성

제1장 총칙 제1조(목적), 제2조(정의), 제3조(다른 법률과의 관계), 제4조(적용 범위)	제68조(면적의 단위 등) **제2절 지적공부** 제69조(지적공부의 보존 등)	**제3절 토지이동 신청 및 지적정리 등** 제77조(신규등록 신청) 제78조(등록전환 신청)

---

798) 2019. 12. 10. 개정(시행 2020. 6. 11.) 법률 제16807호를 기준으로 하되 감정평가사 1차 시험과목으로 「공간정보의 구축 및 관리 등에 관한 법률」(이하 '공간정보관리법'이라한다) 중 지적에 관한 규정만을 다룬다.

799) 연구문헌에 의하면 '지적(地籍)'이란 용어는 1700년대 초에 정제두가 오늘날의 토지대장을 의미하는 양안(量案)을 관리하는 관직의 명칭으로 처음 사용하였던 것으로 국립중앙도서관에 보존되어 있는 하곡집((霞谷集)에 의하여 확인되었다(류병찬, "'지적(地籍)'이란 용어의 사용연혁에 관한 연구 - 조선시대를 중심으로", 학술지「地籍」제39권 제1호, 2009, 45면).

800) 한자로 地(땅)籍(문서)은 토지에 관한 문서라는 의미로, 네이버 국어사전에 의하면 토지에 관한 여러 가지 사항을 등록하여 놓은 기록으로 정의하며, 토지의 위치, 형질, 소유 관계, 넓이, 지목, 지번, 경계 따위가 기록되어 있다.

801) 신국미, "공간정보 법제의 문제점과 개선방안-공간정보의 구축 및 관리 등에 관한 법률을 중심으로," 한국지적정보학회지 제18권 제2호, 2016, 90면.

802) 정우형, "지적법 변천에 관한 통시적 연구", 학술지 「地籍」 제39권 제2호, 2009, 38면.

Ⅱ. 지적법의 기본이념

1. 지적국정주의

지적에 관한 사항은 국가만이 결정할 수 있다는 원칙을 말한다. 그 이유로 사인이 행할 경우 공정성을 해칠 우려가 있어 지적에 관한 사무는 전국적으로 표준화되고 통일성 있게 추진되어야 하는 국가사무이기 때문이다(법 제64조 제2항).

2. 지적형식주의(등록주의)

지적에 관한 사항은 법정절차에 따라 지적공부에 등록하여야만 법적효력이 인정된다는 것을 말한다. 지적형식주의에 따라 신규등록이나 기타 토지이동의 법률적 효력은 지적공부에 등록한 때 발생한다(법 제64조 제1항).

3. 지적공개주의

지적공부에 등록된 사항은 일반 국민에게 널리 공개하여 정당하게 이용할 수 있게 하여야 한다는 이념이다(법 제14조 등).

Ⅲ. 지적제도와 등기제도의 비교

우리나라 토지공시제도는 지적제도와 등기제도로 이원화되어 있다. 지적제도는 토지의 물리적 현황을 공시하는 제도로서 토지의 표시라는 물적 관계에 중점을 두어 등록하는 제도임에 반해, 후술하는 부동산등기제도는 권리관계의 변동을 공시하는 제도이다. 따라서 물적 관계는 지적공부, 권리관계는 등기부에서 근거를 찾아야 한다.

〈표 26〉 지적제도와 등기제도의 비교

구분	지적제도	등기제도
근거법률	공간정보의 구축 및 관리 등에 관한 법률	부동산등기법
기능	사실관계공시(부동산등기제도의 기초)	권리관계의 공시(재산권 보호, 거래안전도모)
기본이념	• 지적국정주의 • 직권등록주의(적극적 등록주의) • 지적형식주의(등록주의) • 공개주의	• 사적자치원칙 • 당사자신청주의 • 형식주의(성립요건) • 공개주의
관할	**국토교통부장관**(지적소관청)	지방법원장, 등기소장
편제방법	물적편성주의(1필지 1카드주의)	물적편성주의(1필지 1등기기록원칙)
등록사항	• 대장(토지의 표시, 소유권, 토지등급, 기타 표시 사항) • 도면(토지소재, 지번, 지목, 경계 등)	• 표제부(토지소재, 지번, 지목, 면적) • 갑구(소유권) • 을구(소유권 이외의 권리)
신청방법	단독신청(법 제94조 제2항 본문), 직권등록주의 (법 제94조 제2항 단서)	공동신청주의
관할구역	행정구역	토지소재지를 관할하는 등기소(부동산등기법 제7조 제1항)
등록필지수	약 3천 5백만 필지	미등기필지: 약 90만 필지(2.6%)
심사방법	실질적 심사주의	형식적 심사주의
공신력	불인정	불인정

출처: 박홍일, 부동산공시법, 강의교재, 2017, 106면

Ⅳ. 연혁

현행 「지적법」은 1950. 12. 1. 법률 제165호로 제정하였는데, 종래 지적에 관한 사항 중 토지대장등록지에 대해서는 지세령 중에, 임야대장등록지에 대해서는 임야대장규칙에 규정되어 있어 업무처리에 지장이 많았으므로 이를 통합하여 「지적법」을 제정함으로써 지적을 상세히 조사하여 세원을 확보하려는 것이다. 이의 내용은 ① 지적공부로서 토지대장, 지적도, 임야대장 및 임야도를 두고, ② 일구역마다 지번을 붙이고 지목경계 및 지적을 정하고, ③ 세무서에 토지대장을 비치하여 등록하고, ⑥ 지목은 토지종류에 따라 정하고, ⑦ 지적은 평을 단위로 하였다.

그 후 <u>2009. 6. 9.</u> 법률 제9774호 「측량·수로조사 및 지적에 관한 법률」을 제정하였는데, 제정이유는 측량, 지적 및 수로업무 분야에서 서로 다른 기준과 절차에 따라 측량 및 지도 제작 등이 이루어져 우리나라 지도의 근간을 이루는 지형도·지적도 및 해도가 서로 불일치하는 등 국가지리정보산업의 발전에 지장을 초래하는 문제를 해소하기 위하여 <u>「측량법」, 「수로업무법」</u> 및 「지적법」을 통합하여 측량의 기준과 절차를 일원화함으로써 측량성과의 신뢰도 및 정확도를 높여 국토의 효율적 관리, 항해의 안전 및 국민의 소유권 보호에 기여하고 국가지리정보산업의 발전을 도모하려는 것이다. 이에 따라 2011. 4. 4. 부동산관계법규의 시험과목 중 종래 「지적법」에서 "「측량·수로조사 및 지적에 관한 법률」 중 지적에 관한 규정"으로 변경되었고(부감법 시행령 제55조 관련 [별표1]), 현행법은 「감정평가법 시행령」 제9조 제1항에서 "「공간정보의 구축 및 관리 등에 관한 법률」 중 지적에 관한 규정"이다. 따라서 시험범위는 현행 「공간정보관리법」 제3장에 한정되지 않고 측량 및 수로업무를 제외한 법 전반에 걸치는 지적(地籍)에 관한 규정이며 당초 법률이 통합되기 전 「지적법」에 관한 것이라 할 수 있다.

그 후 2014. 6. 3. 법률 제12738호로 개정하였는데, 개정이유로 첫째, 현행 「측량·수로조사 및 지적에 관한 법률」은 공간정보의 구축을 위한 측량 및 수로조사의 기준 및 절차와 지적공부의 작성 및 관리 등에 관한 사항을 규정한 것이므로, 법률 명칭을 「공간정보의 구축 및 관리 등에 관한 법률」로 변경하였다.

둘째, 측량업정보를 효율적으로 관리하기 위한 측량업정보 종합관리체계를 구축·운영하고, 측량용역사업에 대한 사업수행능력을 평가하여 공시하도록 하여 공공발주 시 측량업체선정의 객관성을 확보할 수 있도록 개선한 것이다.

셋째, 측량업의 등록질서를 확립하기 위해 고의적으로 폐업한 후 일정기간 내 재등록할 경우 폐업 전 위반행위에 대한 행정처분 효과의 승계는 물론 위반행위에 대해 행정처분이 가능하도록 함과 동시에 자진폐업을 한 경우에도 폐업 전에 수행 중인 측량업무를 계속 수행할 수 있도록 개선한 것이다.

넷째, 공간정보산업의 건전한 발전을 도모하기 위해 현행법에 따른 "측량협회"와 "지적협회"를 「공간정보산업 진흥법」에 의한 "공간정보산업 협회"로 전환함과 동시에 현행법에서 협회 관련 조문을 삭제하며, "대한지적공사"의 공적기능을 확대하고 공공기관으로의 위상변화에 맞게 "한국국토정보공사"로 명칭을 변경하며 그 설립근거를 이 법에서 삭제하고 「국가공간정보에 관한 법률」로 이관하려는 것이다.

이와 같은 「국가공간정보에 관한 법률」은 2014. 6. 3. 법률 제12736호로 이 법의 법률 명칭을 「국가공간정보 기본법」으로 개정(시행 2015. 6. 4.)하여 그 기본법적 성격을 명확히 드러내고, 실질적인 기능을 못하고 있는 국가공간정보위원회의 7개의 분과위원회를 하나의 전문위원회로 통합하여 실질적인 심의가 진행될 수 있도록 하는 등 국가공간정보에 관한 제도 전반을 개선하려는 법률 명칭을 「국가공간정보 기본법」으로 변경하였다.

제2장 토지의 등록803)

I. 토지등록의 의의

토지등록이라 함은 **국토교통부장관**이 우리나라 모든 토지에 대하여 필지별로 소재·지번·지목·면적·경계 또는 좌표 등을 조사·측량하여 이를 지적공부에 등록하는 것을 말한다. 그러나 이러한 토지등록 업무에 관한 **국토교통부장관**의 권한행사를 모두 할 수 없어서 지번·지목·면적·경계 또는 좌표는 토지의 이동이 있을 때 토지소유자 등의 신청을 받아 **지적소관청**이 결정한다.

II. 토지의 조사·등록 절차

1. 토지소유자의 신청등록주의

국토교통부장관은 모든 토지에 대하여 필지별로 소재·지번·지목·면적·경계 또는 좌표 등을 조사·측량하여 지적공부에 등록하여야 한다(법 제64조 제1항). 지적공부에 등록하는 지번·지목·면적·경계 또는 좌표는 토지의 이동이 있을 때 토지소유자(법인이 아닌 사단이나 재단의 경우에는 그 대표자나 관리인을 말한다)의 신청을 받아 **지적소관청**이 결정한다(법 제64조 제2항 본문). 동 조항은 지적법의 기본이념인 지적등록주의의 근거 조항이 된다.

여기서 "필지"란 대통령령으로 정하는 바에 따라 구획되는 토지의 등록단위를 말한다(법 제2조 제21호). 법 제2조 제21호에 따라 지번부여지역의 토지로서 소유자와 용도가 같고 지반이 연속된 토지는 1필지로 할 수 있다(영 제5조 제1항). 영 제5조 제1항에도 불구하고 다음 각 호 1. 주된 용도의 토지의 편의를 위하여 설치된 도로·구거(溝渠: 도랑) 등의 부지, 2. 주된 용도의 토지에 접속되거나 주된 용도의 토지로 둘러싸인 토지로서 다른 용도로 사용되고 있는 토지의 어느 하나에 해당하는 토지는 주된 용도의 토지에 편입하여 1필지로 할 수 있다. 다만, 종된 용도의 토지의 지목(地目)이 "대"(垈)인 경우와 종된 용도의 토지 면적이 주된 용도의 토지 면적의 10퍼센트를 초과하거나 330제곱미터를 초과하는 경우에는 그러하지 아니하다(영 제5조 제2항).

---

803) 「공간정보관리법」 제3장 제1절에 속한다.

"지번"이란 필지에 부여하여 지적공부에 등록한 번호를 말한다(법 제2조 제22호). "측량"이란 공간상에 존재하는 일정한 점들의 위치를 측정하고 그 특성을 조사하여 도면 및 수치로 표현하거나 도면상의 위치를 현지(現地)에 재현하는 것을 말하며, 측량용 사진의 촬영, 지도의 제작 및 각종 건설사업에서 요구하는 도면작성 등을 포함한다(법 제2조 제1호). "지도"란 측량 결과에 따라 공간상의 위치와 지형 및 지명 등 여러 공간정보를 일정한 축척에 따라 기호나 문자 등으로 표시한 것을 말하며, 정보처리시스템을 이용하여 분석, 편집 및 입력·출력할 수 있도록 제작된 수치지형도[항공기나 인공위성 등을 통하여 얻은 영상정보를 이용하여 제작하는 정사영상지도(正射映像地圖)를 포함한다]와 이를 이용하여 특정한 주제에 관하여 제작된 지하시설물도·토지이용현황도 등 대통령령으로[804] 정하는 수치주제도(數値主題圖)를 포함한다(법 제2조 제10호).

2. 지적소관청의 직권등록

가. 의의

다만, 토지소유자의 신청이 없으면 **지적소관청**이 직권으로 조사·측량하여 결정할 수 있다(법 제64조 제2항 단서). 동 조항은 지적법의 기본이념인 지적국정주의의 근거 조항이 된다. 여기서 "**지적소관청**"이란 지적공부를 관리하는 특별자치시장, 시장(「제주도특별법」 제10조 제2항에 따른 행정시의 시장을 포함하며, 「지방자치법」 제3조 제3항에 따라 자치구가 아닌 구를 두는 시의 시장은 제외한다)·군수 또는 구청장(자치구가 아닌 구의 구청장을 포함한다)을 말한다(법 제2조 제18호).

나. 지적소관청의 직권등록 절차

지적소관청이 직권으로 조사·측량하는 절차 등에 필요한 사항은 국토교통부령으로 정한다(법 제64조 제3항).

지적소관청은 법 제64조 제2항 단서에 따라 토지의 이동현황을 직권으로 조사·측량하여 토지의 지번·지목·면적·경계 또는 좌표를 결정하려는 때에는 토지이동현황 조사계획을 수립하여야 한다. 이 경우 토지이동현황 조사계획은 시·군·구별로 수립하되, 부득이한 사유가 있는 때에는 읍·면·동별로 수립할 수 있다(칙 제59조 제1항). **지적소관청**은 칙 제59조 제1항에 따른 토지이동현황 조사계획에 따라 토지의 이동현황을 조사한 때에는 별지 제55호 서식의 토지이동 조사부에 토지의 이동현황을 적어야 한다(칙 제59조 제2항).

---

804) 영 [별표 1] 수치주제도의 종류(제4조 관련): 1. 지하시설물도, 2. 토지이용현황도, 3. 토지적성도, 4. 국토이용계획도, 5. 도시계획도, 6. 도로망도, 7. 수계도, 8. 하천현황도, 9. 지하수맥도, 10. 행정구역도, 11. 산림이용기본도, 12. 임상도, 13. 지질도, 14. 토양도, 15. 식생도, 16. 생태·자연도, 17. 자연공원현황도, 18. 토지피복지도, 19. 관광지도, 20. 풍수해보험관리지도, 21. 재해지도, 22. 제1호부터 제21호까지에 규정된 것과 유사한 수치주제도 중 관련 법령상 정보 유통 및 활용을 위하여 정확도의 확보가 필수적이거나 공공목적상 정확도의 확보가 필수적인 것으로서 **국토교통부장관**이 정하여 고시하는 수치주제도

지적소관청은 칙 제59조 제2항에 따른 토지이동현황 조사 결과에 따라 토지의 지번·지목·면적·경계 또는 좌표를 결정한 때에는 이에 따라 지적공부를 정리하여야 한다(칙 제59조 제3항).

지적소관청은 칙 제59조 제3항에 따라 지적공부를 정리하려는 때에는 칙 제59조 제2항에 따른 토지이동 조사부를 근거로 별지 제56호 서식의[805] 토지이동 조서를 작성하여 별지 제57호 서식의 토지이동정리 결의서에 첨부하여야 하며, 토지이동조서의 아래 부분 여백에 "「공간정보관리법」 제64조 제2항 단서에 따른 직권정리"라고 적어야 한다(칙 제59조 제4항).

III. 지상경계의 구분

1. 지상경계의 구분

"경계"란 필지별로 경계점들을 직선으로 연결하여 지적공부에 등록한 선을 말한다(법 제2조 제26호). "경계점"이란 필지를 구획하는 선의 굴곡점으로서 지적도나 임야도에 도해(圖解) 형태로 등록하거나 경계점좌표등록부에 좌표 형태로 등록하는 점을 말한다(법 제2조 제25호).

토지의 지상경계는 둑, 담장이나 그 밖에 구획의 목표가 될 만한 구조물 및 경계점표지 등으로 구분한다(법 제65조 제1항).

지적소관청은 토지의 이동에 따라 지상경계를 새로 정한 경우에는 다음 각 호 1. 토지의 소재, 2. 지번, 3. 경계점 좌표(경계점좌표등록부 시행지역에 한정한다), 4. 경계점 위치 설명도,[806] 5. 그 밖에 국토교통부령으로 정하는 사항[1. 공부상 지목과 실제 토지이용 지목, 2. 경계점의 사진 파일, 3. 경계점표지의 종류

---

805) **[별지 제56호 서식]**

토 지 이 동 조 서

토지 소재		이동 전			이동 후			토지 이동		축척	토 소유자			토지이동 사유 및 연 월 일
고유번호		대장 코드	지목 코드	면 적 (㎡)	대장 코드	지목 코드	면적 (㎡)	사유 코드	결의일	도면 번호	주소	등록번호		
읍·면	동·리	지번	지목		지번	지목						성 명		

297mm×210mm (보존용지(1종) 70g/㎡)

806) 칙 제60조(지상 경계점 등록부 작성 등) ① 법 제65조 제2항 제4호에 따른 경계점 위치 설명도의 작성 등에 관하여 필요한 사항은 **국토교통부장관**이 정한다.

및 경계점 위치의 사항(칙 제60조)]을 등록한 <u>지상경계점등록부를 작성·관리</u>하여야 한다(법 제65조 제2항).

2. 지상경계의 결정 기준

<u>지상경계의 결정 기준</u> 등 지상경계의 결정에 필요한 사항은 <u>대통령령</u>으로 정하고, 경계점표지의 규격과 재질 등에 필요한 사항은 <u>국토교통부령</u>으로 정한다(법 제65조 제3항). 지상 경계의 결정기준은 다음 각 호의 구분에 따른다(영 제55조 제1항).

1. 연접되는 토지 간에 <u>높낮이 차이가 없는</u> 경우: 그 구조물 등의 <u>중앙</u>
2. 연접되는 토지 간에 <u>높낮이 차이가 있는</u> 경우: 그 구조물 등의 <u>하단부</u>
3. 도로·구거 등의 토지에 <u>절토(切土)된 부분</u>이 있는 경우: 그 경사면의 <u>상단부</u>
4. 토지가 해면 또는 수면에 접하는 경우: <u>최대만조위 또는 최대만수위</u>가 되는 선
5. 공유수면매립지의 토지 중 제방 등을 토지에 편입하여 등록하는 경우: <u>바깥쪽 어깨부분</u>

지상 경계의 구획을 형성하는 **구조물 등의 소유자가 다른 경우**에는 영 제55조 제1항 제1호부터 제3호까지의 규정에도 불구하고 <u>그 소유권에 따라 지상 경계를 결정</u>한다(영 제55조 제2항).

다음 각 호 1. 법 제86조(도시개발사업 등 시행지역의 토지이동 신청에 관한 특례) 제1항에 따른 <u>도시개발사업 등의 사업시행자가</u> 사업지구의 경계를 결정하기 위하여 토지를 분할하려는 경우, 2. 법 제87조(신청의 대위) 제1호 및 제2호에 따른 <u>사업시행자와 행정기관의 장 또는 지방자치단체의 장이 토지를 취득하기 위하여 분할</u>하려는 경우, 3. 「국토계획법」 제30조 제6항에 따른 <u>도시·군관리계획 결정고시와 같은 법 제32조 제4항에 따른 지형도면 고시</u>가 된 지역의 <u>도시·군관리계획선에 따라 토지를 분할</u>하려는 경우, 4. 영 제65조 제1항에[807) 따라 토지를 분할하려는 경우, 5. <u>관계 법령에 따라 인가·허가</u> 등을 받아 토지를 분할하려는 경우의 어느 하나에 해당하는 경우에는 <u>지상 경계점</u>에 법 제65조 제1항에 따른 **경계점표지를 설치하여 측량**할 수 있다(영 제55조 제3항).

분할에 따른 <u>지상 경계는 지상건축물을 걸리게 결정해서는 아니 된다</u>. 다만, 다음 각 호 1. <u>법원의 확정판결이 있는 경우</u>, 2. <u>법 제87조 제1호</u>(1. 공공사업 등에 따라 학교용지·도로·철도용지·제방·하천·구거·유지·수도용지 등의 지목으로 되는 토지인 경우: 해당 사업의 시행자)에 해당하는 토지를 분할하는 경우, 3. <u>영 제55조 제3항 제1호 또는 제3호</u>에 따라 토지를 분할하는 경우의 어느 하나에 해당하는 경우에는 그러하지 아니하다(영 제55조 제4항).

<u>지적확정측량의 경계는 공사가 완료된 현황대로 결정</u>하되, 공사가 완료된 현황이 사업계획도와 다를 때에는 미리 사업시행자에게 그 사실을 통지하여야 한다(영 제55조 제5항). "지적확정측량"이란 <u>법 제86조 제1항</u>(「도시개발법」에 따른 도시개발사업, 「농어촌정비법」에 따른 농어촌정비사업, 그 밖에

---

807) 영 제65조(분할 신청) ① 법 제79조 제1항에 따라 분할을 신청할 수 있는 경우는 다음 각 호 1. **소유권이전, 매매 등을 위하여 필요한 경우**, 2. **토지이용상 불합리한 지상 경계를 시정하기 위한 경우**, 3. 삭제 〈2020.6.9〉와 같다. 다만, 관계 법령에 따라 해당 토지에 대한 분할이 개발행위 허가 등의 대상인 경우에는 개발행위 허가 등을 받은 이후에 분할을 신청할 수 있다.

대통령령으로 정하는 토지개발사업)에 따른 사업이 끝나 토지의 표시를 새로 정하기 위하여 실시하는 지적측량을 말한다(법 제2조 제4의2호).

IV. 지번의 부여

1. 지번의 부여

지번은 **지적소관청**이 지번부여지역별로 차례대로 부여한다(법 제66조 제1항). "지번부여지역"이란 지번을 부여하는 단위지역으로서 동·리 또는 이에 준하는 지역을 말한다(법 제2조 제23호). **지적소관청**은 지적공부에 등록된 지번을 변경할 필요가 있다고 인정하면 시·도지사나 대도시 시장의 승인을 받아 지번부여지역의 전부 또는 일부에 대하여 지번을 새로 부여할 수 있다(법 제66조 제2항). 법 제66조 제1항과 제2항에 따른 지번의 부여방법 및 부여절차 등에 필요한 사항은 대통령령으로 정한다(법 제66조 제3항).

2. 지번의 구성 및 부여방법

가. 지번의 구성

지번(地番)은 아라비아숫자로 표기하되, 임야대장 및 임야도에 등록하는 토지의 지번은 숫자 앞에 "산"자를 붙인다(영 제56조 제1항). 지번은 본번(本番)과 부번(副番)으로 구성하되, 본번과 부번 사이에 "-" 표시로 연결한다. 이 경우 "-" 표시는 "의"라고 읽는다(영 제56조 제2항).

나. 지번의 부여방법

(1) 지번의 부여방법 및 부여절차 등에 필요한 사항은 대통령령으로 정한다(법 제66조 제3항). 법 제66조에 따른 지번의 부여방법은 다음 각 호와 같다(영 제56조 제3항).

1. 지번은 **북서에서 남동**으로 순차적으로 부여할 것
2. **신규등록 및 등록전환**의 경우에는 그 지번부여지역에서 인접토지의 본번에 부번을 붙여서 지번을 부여할 것. 다만, 다음 각 목 가. 대상토지가 그 지번부여지역의 최종 지번의 토지에 인접하여 있는 경우, 나. 대상토지가 이미 등록된 토지와 멀리 떨어져 있어서 등록된 토지의 본번에 부번을 부여하는 것이 불합리한 경우, 다. 대상토지가 여러 필지로 되어 있는 경우의 어느 하나에 해당하는 경우에는 그 지번부여지역의 **최종 본번의 다음 순번부터 본번**으로 하여 순차적으로 지번을 부여할 수 있다.
3. **분할**의 경우에는 분할 후의 필지 중 1필지의 지번은 분할 전의 지번으로 하고, 나머지 필지의

지번은 본번의 최종 부번 다음 순번으로 부번을 부여할 것. 이 경우 **주거·사무실 등의 건축물이 있는 필지**에 대해서는 **분할 전의 지번을 우선하여 부여**하여야 한다.

4. **합병**의 경우에는 합병 대상 지번 중 선순위의 지번을 그 지번으로 하되, 본번으로 된 지번이 있을 때에는 본번 중 선순위의 지번을 합병 후의 지번으로 할 것. 이 경우 토지소유자가 **합병 전의 필지에 주거·사무실 등의 건축물**이 있어서 그 건축물이 위치한 지번을 합병 후의 지번으로 신청할 때에는 **그 지번을 합병 후의 지번으로 부여**하여야 한다.

5. **지적확정측량을 실시한 지역의 각 필지에 지번을 새로 부여하는 경우**에는 다음 각 목 가. 지적확정측량을 실시한 지역의 종전의 지번과 지적확정측량을 실시한 지역 밖에 있는 본번이 같은 지번이 있을 때에는 그 지번, 나. 지적확정측량을 실시한 지역의 경계에 걸쳐 있는 지번을 **제외한 본번으로 부여**할 것. 다만, 부여할 수 있는 종전 지번의 수가 새로 부여할 지번의 수보다 적을 때에는 블록 단위로 하나의 본번을 부여한 후 필지별로 부번을 부여하거나, 그 지번부여지역의 최종 본번 다음 순번부터 본번으로 하여 차례로 지번을 부여할 수 있다.

6. 다음 각 목의 어느 하나에 해당할 때에는 제5호를 준용하여 지적확정측량을 실시한 지역의 지번부여방법과 동일한 방법으로 지번을 부여할 것
   가. 법 제66조 제2항에 따라 지번부여지역의 지번을 변경할 때
   나. 법 제85조 제2항에 따른 행정구역 개편에 따라 새로 지번을 부여할 때
   다. 영 제72조 제1항에 따라 축척변경 시행지역의 필지에 지번을 부여할 때

(2) 법 제86조에 따른 도시개발사업 등이 준공되기 전에 사업시행자가 지번부여 신청을 하면 국토교통부령으로 정하는 바에 따라 지번을 부여할 수 있다(영 제56조 제4항). 영 제56조 제3항 제5호에 따라 지적확정측량을 실시한 지역의 지번부여방법과 동일한 방법으로 지번을 부여할 수 있다(칙 제61조).

3. 지번변경 승인신청 등

지적소관청은 법 제66조 제2항에 따라 지번을 변경하려면 지번변경 사유를 적은 승인신청서에 지번변경 대상지역의 지번·지목·면적·소유자에 대한 상세한 내용(이하 "지번 등 명세"라 한다)을 기재하여 시·도지사 또는 대도시 시장(법 제25조 제1항의 대도시 시장을 말한다)에게 제출하여야 한다. 이 경우 시·도지사 또는 대도시 시장은 「전자정부법」 제36조 제1항에 따른 행정정보의 공동이용을 통하여 지번변경 대상지역의 지적도 및 임야도를 확인하여야 한다(영 제57조 제1항). 신청을 받은 시·도지사 또는 대도시 시장은 지번변경 사유 등을 심사한 후 그 결과를 **지적소관청**에 통지하여야 한다(영 제57조 제2항).

V. 지목의 종류

"지목"이란 토지의 주된 용도에 따라 토지의 종류를 구분하여 지적공부에 등록한 것을 말한다(법 제2조 제24호). 지목은 전·답·과수원·목장용지·임야·광천지·염전·대(垈)·공장용지·학교용지·주차장·주유소용지·창고용지·도로·철도용지·제방(堤防)·하천·구거(溝渠)·유지(溜池)·양어장·수도용지·공원·체육용지·유원지·종교용지·사적지·묘지·잡종지로 구분하여 정한다(법 제67조 제1항). 지목의 구분 및 설정방법 등에 필요한 사항은 대통령령으로 정한다(법 제67조 제2항). 법 제67조 제1항에 따른 지목의 설정은 필지마다 하나의 지목을 설정할 것과 1필지가 둘 이상의 용도로 활용되는 경우에는 주된 용도에 따라 지목을 설정할 것의 방법에 따른다(영 제59조 제1항). 토지가 일시적 또는 임시적인 용도로 사용될 때에는 지목을 변경하지 아니한다(영 제59조 제2항). 법 제67조 제1항에 따른 지목의 구분은 다음 각 호의 기준에 따른다(영 제58조).

지목은 토지대장, 임야대장에는 아래 지목명칭과 코드번호를 함께 등록한다. 그러나 지적도나 임야도에 등록할 때에는 부호로 표기한다(칙 제64조). 일반적으로 지목의 명칭 중 첫 글자로 표기하나, 공장용지(장), 하천(천), 유원지(원), 주차장(차)은 차문자로 표기한다.

〈표 27〉 지목의 부호

지목	부호	코드번호	지목	부호	코드번호	지목	부호	코드번호	지목	부호	코드번호
전	전	01	대	대	08	철도용지	철	15	공원	공	22
답	답	02	공장용지	장	09	하천	천	16	체육용지	체	23
과수원	과	03	학교용지	학	10	제방	제	17	유원지	원	24
목장용지	목	04	주차장	차	11	구거	구	18	종교용지	종	25
임야	임	05	주유소용지	주	12	유지	유	19	사적지	사	26
광천지	광	06	창고용지	창	13	양어장	양	20	묘지	묘	27
염전	염	07	도로	도	14	수도용지	수	21	잡종지	잡	28

1. 전

물을 상시적으로 이용하지 않고 곡물·원예작물(과수류는 제외한다)·약초·뽕나무·닥나무·묘목·관상수 등의 식물을 주로 재배하는 토지와 식용(食用)으로 죽순을 재배하는 토지

2. 답

물을 상시적으로 직접 이용하여 벼·연(蓮)·미나리·왕골 등의 식물을 주로 재배하는 토지

3. 과수원

사과·배·밤·호두·귤나무 등 과수류를 집단적으로 재배하는 토지와 이에 접속된 저장고 등 부속시설물의 부지. 다만, 주거용 건축물의 부지는 "대"로 한다.

4. 목장용지

다음 각 목의 토지. 다만, 주거용 건축물의 부지는 "대"로 한다.
가. 축산업 및 낙농업을 하기 위하여 초지를 조성한 토지
나. 「축산법」 제2조 제1호에 따른 가축을 사육하는 축사 등의 부지
다. 가목 및 나목의 토지와 접속된 부속시설물의 부지

5. 임야

산림 및 원야(原野)를 이루고 있는 수림지(樹林地)·죽림지·암석지·자갈땅·모래땅·습지·황무지 등의 토지

6. 광천지

지하에서 온수·약수·석유류 등이 용출되는 용출구(湧出口)와 그 유지(維持)에 사용되는 부지. 다만, 온수·약수·석유류 등을 일정한 장소로 운송하는 송수관·송유관 및 저장시설의 부지는 제외한다.

7. 염전

바닷물을 끌어들여 소금을 채취하기 위하여 조성된 토지와 이에 접속된 제염장(製鹽場) 등 부속시설물의 부지. 다만, 천일제염 방식으로 하지 아니하고 동력으로 바닷물을 끌어들여 소금을 제조하는 공장시설물의 부지는 제외한다.

8. 대

가. 영구적 건축물 중 주거·사무실·점포와 박물관·극장·미술관 등 문화시설과 이에 접속된 정원 및 부속시설물의 부지
나. 「국토계획법」 등 관계 법령에 따른 택지조성공사가 준공된 토지

9. 공장용지

가. 제조업을 하고 있는 공장시설물의 부지

나. 「산업집적활성화 및 공장설립에 관한 법률」 등 관계 법령에 따른 <u>공장부지 조성공사가 준공된 토지</u>

다. 가목 및 나목의 토지와 <u>같은 구역에 있는 의료시설 등 부속시설물의 부지</u>

10. 학교용지

학교의 교사(校舍)와 이에 접속된 체육장 등 부속시설물의 부지

11. 주차장

자동차 등의 주차에 필요한 독립적인 시설을 갖춘 부지와 <u>주차전용 건축물 및 이에 접속된 부속시설물의 부지</u>. 다만, 다음 각 목 가. 「주차장법」 제2조 제1호 가목 및 다목에 따른 <u>노상주차장 및 부설주차장</u>(「주차장법」 제19조 제4항에 따라 시설물의 부지 인근에 설치된 부설주차장은 제외한다), 나. <u>자동차 등의 판매 목적으로 설치된 물류장 및 야외전시장의 어느 하나에 해당하는 시설의 부지는 제외한다.</u>

12. 주유소용지

다음 각 목의 토지. 다만, 자동차·선박·기차 등의 제작 또는 정비공장 안에 설치된 급유·송유시설 등의 부지는 제외한다.

가. 석유·석유제품, 액화석유가스, **전기 또는 수소 등의 판매**를 위하여 일정한 설비를 갖춘 시설물의 부지

나. 저유소(貯油所) 및 원유저장소의 부지와 이에 접속된 부속시설물의 부지

13. 창고용지

물건 등을 보관하거나 저장하기 위하여 독립적으로 설치된 보관시설물의 부지와 이에 접속된 부속시설물의 부지

14. 도로

다음 각 목의 토지. 다만, <u>아파트·공장 등 단일 용도의 일정한 단지 안에 설치된 통로 등은 제외한다.</u>

가. 일반 공중(公衆)의 교통 운수를 위하여 보행이나 차량운행에 필요한 일정한 설비 또는 형태를

갖추어 이용되는 토지

나. 「도로법」 등 관계 법령에 따라 도로로 개설된 토지

다. 고속도로의 휴게소 부지

라. 2필지 이상에 진입하는 통로로 이용되는 토지

15. 철도용지

교통 운수를 위하여 일정한 궤도 등의 설비와 형태를 갖추어 이용되는 토지와 이에 접속된 역사(驛舍)·차고·발전시설 및 공작창(工作廠) 등 부속시설물의 부지

16. 제방

조수·자연유수(自然流水)·모래·바람 등을 막기 위하여 설치된 방조제·방수제·방사제·방파제 등의 부지

17. 하천

자연의 유수(流水)가 있거나 있을 것으로 예상되는 토지

18. 구거

용수(用水) 또는 배수(排水)를 위하여 일정한 형태를 갖춘 인공적인 수로·둑 및 그 부속시설물의 부지와 자연의 유수(流水)가 있거나 있을 것으로 예상되는 소규모 수로부지

19. 유지(溜池)

물이 고이거나 상시적으로 물을 저장하고 있는 댐·저수지·소류지(沼溜地)·호수·연못 등의 토지와 연·왕골 등이 자생하는 배수가 잘 되지 아니하는 토지

20. 양어장

육상에 인공으로 조성된 수산생물의 번식 또는 양식을 위한 시설을 갖춘 부지와 이에 접속된 부속시설물의 부지

21. 수도용지

물을 정수하여 공급하기 위한 취수·저수·도수(導水)·정수·송수 및 배수 시설의 부지 및 이에 접속된 부속시설물의 부지

22. 공원

일반 공중의 보건·휴양 및 정서생활에 이용하기 위한 시설을 갖춘 토지로서 「국토계획법」에 따라 공원 또는 녹지로 결정·고시된 토지

23. 체육용지

국민의 건강증진 등을 위한 체육활동에 적합한 시설과 형태를 갖춘 종합운동장·실내체육관·야구장·골프장·스키장·승마장·경륜장 등 체육시설의 토지와 이에 접속된 부속시설물의 부지. 다만, 체육시설로서의 영속성과 독립성이 미흡한 정구장·골프연습장·실내수영장 및 체육도장과 유수(流水)를 이용한 요트장 및 카누장 등의 토지는 제외한다.

24. 유원지

일반 공중의 위락·휴양 등에 적합한 시설물을 종합적으로 갖춘 수영장·유선장(遊船場)·낚시터·어린이놀이터·동물원·식물원·민속촌·경마장·**야영장** 등의 토지와 이에 접속된 부속시설물의 부지. 다만, 이들 시설과의 거리 등으로 보아 독립적인 것으로 인정되는 숙식시설 및 유기장(遊技場)의 부지와 하천·구거 또는 유지[공유(公有)인 것으로 한정한다]로 분류되는 것은 제외한다.

25. 종교용지

일반 공중의 종교의식을 위하여 예배·법요·설교·제사 등을 하기 위한 교회·사찰·향교 등 건축물의 부지와 이에 접속된 부속시설물의 부지

26. 사적지

문화재로 지정된 역사적인 유적·고적·기념물 등을 보존하기 위하여 구획된 토지. 다만, 학교용지·공원·종교용지 등 다른 지목으로 된 토지에 있는 유적·고적·기념물 등을 보호하기 위하여 구획된 토지는 제외한다.

27. 묘지

사람의 시체나 유골이 매장된 토지, 「공원녹지법」에 따른 묘지공원으로 결정·고시된 토지 및 「장사 등에 관한 법률」 제2조 제9호에 따른 봉안시설과 이에 접속된 부속시설물의 부지. 다만, 묘지의 관리를 위한 건축물의 부지는 "대"로 한다.

28. 잡종지

다음 각 목의 토지. 다만, 원상회복을 조건으로 돌을 캐내는 곳 또는 흙을 파내는 곳으로 허가된 토지는 제외한다.
가. 갈대밭, 실외에 물건을 쌓아두는 곳, 돌을 캐내는 곳, 흙을 파내는 곳, 야외시장 및 공동우물
나. 변전소, 송신소, 수신소 및 송유시설 등의 부지
다. 여객자동차터미널, 자동차운전학원 및 폐차장 등 자동차와 관련된 독립적인 시설물을 갖춘 부지
라. 공항시설 및 항만시설 부지
마. 도축장, 쓰레기처리장 및 오물처리장 등의 부지
바. 그 밖에 다른 지목에 속하지 않는 토지

VI. 면적의 단위와 결정

1. 면적의 단위

"면적"이란 지적공부에 등록한 필지의 수평면상 넓이를 말한다(법 제2조 제27호). 따라서 경사진 토지나 굴곡이 있는 토지라 할지라도 대장에는 해당필지의 입체적 표면적을 등록하는 것이 아니라 수평면상의 넓이를 등록한다. 면적의 단위는 제곱미터로 한다(법 제68조 제1항).

2. 면적의 결정 및 측량계산의 끝수처리

면적의 결정방법 등에 필요한 사항은 대통령령으로 정한다(법 제68조 제2항).
가. 면적의 결정은 다음 각 호의 방법에 따른다(영 제60조 제1항).
  (1) 토지의 면적에 1제곱미터 미만의 끝수가 있는 경우 0.5제곱미터 미만일 때에는 버리고 0.5제곱미터를 초과하는 때에는 올리며, 0.5제곱미터일 때에는 구하려는 끝자리의 숫자가 0 또는 짝수이면 버리고 홀수이면 올린다. 다만, 1필지의 면적이 1제곱미터 미만일 때에는 1제곱미터로 한다(제1호).
  (2) 지적도의 축척이 600분의 1인 지역과 경계점좌표등록부에 등록하는 지역의 토지 면적은 제1

호에도 불구하고 <u>제곱미터 이하 한 자리 단위</u>로 하되, 0.1제곱미터 미만의 끝수가 있는 경우 <u>0.05제곱미터 미만일 때에는 버리고</u>, <u>0.05제곱미터를 초과할 때에는 올리며</u>, <u>0.05제곱미터일 때에는 구하려는 끝자리의 숫자가 0 또는 짝수이면 버리고</u> <u>홀수이면 올린다</u>. 다만, 1필지의 면적이 0.1제곱미터 미만일 때에는 0.1제곱미터로 한다(제2호).

나. 방위각의 각치(角値), 종횡선의 수치 또는 거리를 계산하는 경우 구하려는 끝자리의 다음 숫자가 5 미만일 때에는 버리고 5를 초과할 때에는 올리며, 5일 때에는 구하려는 끝자리의 숫자가 0 또는 짝수이면 버리고 홀수이면 올린다. 다만, 전자계산조직을 이용하여 연산할 때에는 최종수치에만 이를 적용한다(영 제60조 제2항).

제3장 지적공부808) 및 부동산종합공부

지적공부

Ⅰ. 지적공부의 의의

"지적공부"란 토지대장, 임야대장, 공유지연명부, 대지권등록부, 지적도, 임야도 및 경계점좌표등록부 등 지적측량 등을 통하여 조사된 토지의 표시와 해당 토지의 소유자 등을 기록한 대장 및 도면(정보처리시스템을 통하여 기록·저장된 것을 포함한다)을 말한다(법 제2조 제19호). 이는 크게 대장, 도면(정보처리시스템을 통하여 기록·저장된 것을 포함한다), 경계점좌표등록부로 나눌 수 있고, 대장의 종류에는 토지대장·임야대장·공유지연명부·대지권등록부가 있고, 도면에는 지적도·임야도가 있으며, 지적측량 등을 통하여 조사된 토지의 표시와 해당 토지의 소유자 등을 기록한 대장 및 도면을 말한다.

"지적측량"이란 토지를 지적공부에 등록하거나 지적공부에 등록된 경계점을 지상에 복원하기 위하여 필지의 경계 또는 좌표와 면적을 정하는 측량을 말하며, 지적확정측량 및 지적재조사측량을 포함한다(법 제2조 제4호). "지적확정측량"이란 제86조 제1항에 따른 사업이 끝나 토지의 표시를 새로 정하기 위하여 실시하는 지적측량을 말한다(법 제2조 4의2호). "지적재조사측량"이란 「지적재조사에 관한 특별법」에 따른 지적재조사사업에 따라 토지의 표시를 새로 정하기 위하여 실시하는 지적측량을 말한다(법 제2조 제4의3호). 그리고 "토지의 표시"란 지적공부에 토지의 소재·지번(地番)·지목(地目)·면적·경계 또는 좌표를 등록한 것을 말한다(법 제2조 제20호).

Ⅱ. 토지대장과 임야대장 등의 등록사항

1. 토지대장과 임야대장

토지대장과 임야대장에는 다음 각 호 1. 토지의 소재, 2. 지번, 3. 지목, 4. 면적, 5. 소유자의 성명

---

808) 「공간정보관리법」 제3장 제2절에 속한다.

또는 명칭, 주소 및 주민등록번호(국가, 지방자치단체, 법인, 법인 아닌 사단이나 재단 및 외국인의 경우에는 「부동산등기법」 제49조에 따라 부여된 등록번호를 말한다), 6. 그 밖에 국토교통부령으로 정하는 사항[1. 토지의 고유번호(각 필지를 서로 구별하기 위하여 필지마다 붙이는 고유한 번호를 말한다), 2. 지적도 또는 임야도의 번호와 필지별 토지대장 또는 임야대장의 장번호 및 축척, 3. 토지의 이동사유, 4. 토지소유자가 변경된 날과 그 원인, 5. 토지등급 또는 기준수확량등급과 그 설정·수정 연월일, 6. 개별공시지가와 그 기준일, 7. 그 밖에 **국토교통부장관**이 정하는 사항(칙 제68조 제2항)]을 등록하여야 한다(법 제71조 제1항).809)

2. 공유지연명부

법 제71조 제1항 제5호의 소유자가 둘 이상이면 공유지연명부에 다음 각 호 1. 토지의 소재, 2. 지번, 3. 소유권 지분, 4. 소유자의 성명 또는 명칭, 주소 및 주민등록번호, 5. 그 밖에 국토교통부령으로 정하는 사항[1. 토지의 고유번호, 2. 필지별 공유지연명부의 장번호, 3. 토지소유자가 변경된 날과 그 원인(칙 제68조 제3항)]을 등록하여야 한다(법 제71조 제2항).

3. 대지권등록부

토지대장이나 임야대장에 등록하는 토지가 「부동산등기법」에 따라 대지권 등기가 되어 있는 경우에는 대지권등록부에 다음 각 호 1. 토지의 소재, 2. 지번, 3. 대지권 비율, 4. 소유자의 성명 또는 명칭, 주소 및 주민등록번호, 5. 그 밖에 국토교통부령으로 정하는 사항[1. 토지의 고유번호, 2. 전유부분(專有部分)의 건물표시, 3. 건물의 명칭, 4. 집합건물별 대지권등록부의 장번호, 5. 토지소유자가 변경된 날과 그 원인, 6. 소유권 지분

---

809) **공간정보관리법 시행규칙 [별지 제63호 서식]** 〈개정 2017. 1. 31.〉

고유번호					도면번호		발급번호		
토지소재				**토 지 대 장**	장 번 호		처리시각		
지 번		축 척			비 고		발 급 자		

토 지 표 시				소 유 자			
지 목	면 적(㎡)	사	유	변 동 일 자	주 소		
				변 동 원 인	성명 또는 명칭	등 록 번 호	
				년 월 일			
				년 월 일			

등 급 수 정 연 월 일													
토 지 등 급 (기준수확량등급)	( )	( )	( )	( )	( )	( )	( )	( )	( )	( )	( )	( )	( )
개별공시지가 기준일										용도지역 등		
개별공시지가(원/㎡)												

270mm×190mm[백상지(150g/㎡)]

(칙 제68조 제4항)]을 등록하여야 한다(법 제71조 제3항).[810]

4. 지적도 및 임야도 등의 등록사항

지적도 및 임야도에는 다음 각 호 1. 토지의 소재, 2. 지번, 3. 지목, 4. 경계, 5. 그 밖에 국토교통부령으로 정하는 사항[1. 지적도면의 색인도(인접도면의 연결 순서를 표시하기 위하여 기재한 도표와 번호를 말한다), 2. 지적도면의 제명 및 축척, 3. 도곽선(圖廓線)과 그 수치, 4. 좌표에 의하여 계산된 경계점 간의 거리(경계점좌표등록부를 갖춰 두는 지역으로 한정한다), 5. 삼각점 및 지적기준점의 위치, 6. 건축물 및 구조물 등의 위치, 7. 그 밖에 국토교통부장관이 정하는 사항(칙 제69조 제2항)]을 등록하여야 한다(법 제72조).

법 제72조에 따른 지적도 및 임야도는 각각 별지 제67호 서식 및 별지 제68호 서식과 같다(칙 제69조 제1항).[811] 경계점좌표등록부를 갖춰 두는 지역의 지적도에는 해당 도면의 제명 끝에 "(좌표)"라고 표시하고, 도곽선의 오른쪽 아래 끝에 "이 도면에 의하여 측량을 할 수 없음"이라고 적어야 한다(칙 제69조 제3항). 지적도면에는 **지적소관청**의 직인을 날인하여야 한다. 다만, 정보처리시스템을 이용하여 관리하는 지적도면의 경우에는 그러하지 아니하다(칙 제69조 제4항). **지적소관청**은 지적도면의 관리에 필요한 경우에는 지번부여지역마다 일람도와 지번색인표를 작성하여 갖춰 둘 수 있다(칙 제69조 제5항). 지적도면의 축척은 다음 각 호 1. 지적도: 1/500, 1/600, 1/1000, 1/1200, 1/2400, 1/3000, 1/6000, 2. 임야도: 1/3000, 1/6000의 구분에 따른다(칙 제69조 제6항).

---

810) **공간정보관리법 시행규칙 [별지 제66호 서식]** 〈개정 2017. 1. 31.〉

고유번호		대지권등록부				전유부분 건물표시		장 번호	
토지소재		지 번		대지권 비율			건물명칭		
지 번									
대지권 비율									
변 동 일 자	소유권 지분	소 유 자							
변 동 원 인		주 소						등 록 번 호 성명 또는 명칭	
년 월 일									
년 월 일									
년 월 일									
년 월 일									

270mm×190mm [백상지(150g/㎡)]

811) **[별지 제67호 서식] 지적도**

5. 경계점좌표등록부의 등록사항812)

가. 의의

경계점좌표등록부는 당초 수치지적부라고 하였으나 2001. 1. 26. 전면개정(시행 2002. 1. 27. 법률

[별지 제67호 서식]

지 적 도

○○군 ○○면 ○○리 지적도 ○○장 중 제○○호 축척○○○분의1

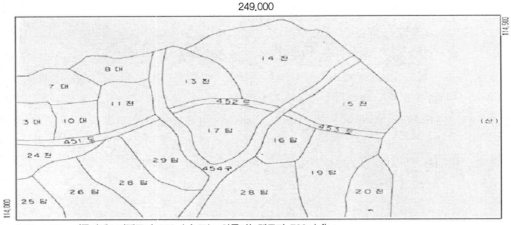

540mm×440mm (폴리에스터켄트지 220g/㎡ 또는 알루미늄켄트지 700g/㎡)

년 월 일 작성 ㉑
재작성

812) **경계점좌표등록부**

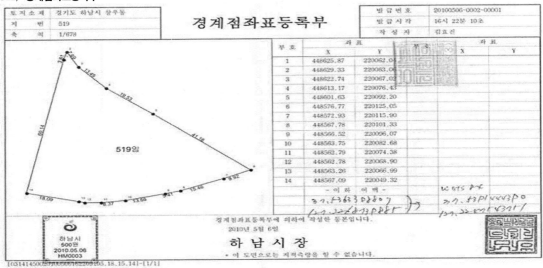

제6389호)으로 경계점좌표등록부로 명칭이 바뀌었다. 전국적으로 갖춰 두는 것이 아니라 **지적소관청**이 도시개발사업 등으로 인해 필요하다고 인정되는 지역 안의 토지에 대하여 한정적으로 갖춰 두고 있으며, 구체적으로 경계점좌표등록부를 갖춰 두는 토지는 지적확정측량 또는 축척변경을 위한 측량을 실시하여 경계점을 좌표로 등록한 지역의 토지로 하고 있다. 이를 등록할 때는 아래와 같은 등록사항이 있다.

나. 등록사항

지적소관청은 법 제86조에 따른 <u>도시개발사업 등에 따라 새로이 지적공부에 등록하는 토지</u>에 대하여는 다음 각 호 1. 토지의 소재, 2. 지번, 3. **<u>좌표</u>**, 4. 그 밖에 국토교통부령으로 정하는 사항[1. <u>토지의 고유번호</u>, 2. <u>지적도면의 번호</u>, 3. <u>필지별 경계점좌표등록부의 장번호</u>, 4. <u>부호 및 부호도</u>(칙 제71조 제3항)]을 등록한 경계점좌표등록부를 작성하고 갖춰 두어야 한다(법 제73조). 법 제73조의 경계점좌표등록부는 별지 제69호 서식과 같다(칙 제71조 제1항). 법 제73조에 따라 <u>경계점좌표등록부를 갖춰 두는 토지는 지적확정측량 또는 축척변경을 위한 측량을 실시하여 경계점을 좌표로 등록한 지역의 토지로 한다</u>(칙 제71조 제2항).

Ⅲ. 지적공부의 보존 및 관리

1. 지적공부의 보존 등

지적소관청은 해당 청사에 지적서고를 설치하고 그 곳에 지적공부(정보처리시스템을 통하여 기록·저장한 경우는 제외한다)를 <u>영구히 보존</u>하여야 하며, 다음 각 호 1. 천재지변이나 그 밖에 이에 준하는 <u>재난을 피하기 위하여 필요한 경우</u>, 2. 관할 시·도지사 또는 대도시 시장의 <u>승인을 받은 경우</u>의 어느 하나에 <u>해당하는 경우</u> 외에는 해당 청사 밖으로 지적공부를 반출할 수 없다(법 제69조 제1항).

지적공부를 <u>정보처리시스템을 통하여 기록·저장</u>한 경우 관할 시·도지사, 시장·군수 또는 구청장은 그 지적공부를 <u>지적정보관리체계에 영구히 보존</u>하여야 한다(법 제69조 제2항).

국토교통부장관은 보존하여야 하는 지적공부가 <u>멸실되거나 훼손될 경우</u>를 대비하여 지적공부를 복제하여 관리하는 <u>정보관리체계를 구축</u>하여야 한다(법 제69조 제3항).

지적서고의 설치기준, 지적공부의 보관방법 및 반출승인 절차 등에 필요한 사항은 <u>국토교통부령으로 정한다</u>(법 제69조 제4항).813)

---

813) <u>칙 제65조(지적서고의 설치기준 등)</u> ① 법 제69조 제1항에 따른 지적서고는 지적사무를 처리하는 사무실과 연접(連接)하여 설치하여야 한다.
   ② 제1항에 따른 지적서고의 구조는 다음 각 호의 기준에 따라야 한다.
   1. 골조는 철근콘크리트 이상의 강질로 할 것

2. 지적정보 전담 관리기구의 설치

국토교통부장관은 지적공부의 효율적인 관리 및 활용을 위하여 지적정보 전담 관리기구를 설치·운영한다(법 제70조 제1항).

국토교통부장관은 지적공부를 과세나 부동산정책자료 등으로 활용하기 위하여 주민등록전산자료, 가족관계등록전산자료, 부동산등기전산자료 또는 공시지가전산자료 등을 관리하는 기관에 그 자료를 요청할 수 있으며 요청을 받은 관리기관의 장은 특별한 사정이 없으면 그 요청을 따라야 한다(법 제70조 제2항). 지적정보 전담 관리기구의 설치·운영에 관한 세부사항은 대통령령으로 정한다(법 제70조 제3항).[814]

3. 지적공부의 복구

가. 지적공부복구의 의의

지적공부의 복구란 지적공부의 전부 또는 일부가 멸실된 경우에 관계자료에 의하여 멸실 당시의 지적공부를 다시 복원하는 것을 말한다. **지적소관청**(법 제69조 제2항에 따른 지적공부의 경우에는 시·도지사, 시장·군수 또는 구청장)은 지적공부의 전부 또는 일부가 멸실되거나 훼손된 경우에는 대통령령으로 정하는 바에 따라 지체 없이 이를 복구하여야 한다(법 제74조).

지적소관청이 법 제74조에 따라 지적공부를 복구할 때에는 멸실·훼손 당시의 지적공부와 가장 부합된다고 인정되는 관계 자료에 따라 토지의 표시에 관한 사항을 복구하여야 한다(영 제61조 제1항 본문).

---

2. 지적서고의 면적은 별표 7의 기준면적에 따를 것
3. 바닥과 벽은 2중으로 하고 영구적인 방수설비를 할 것
4. 창문과 출입문은 2중으로 하되, 바깥쪽 문은 반드시 철제로 하고 안쪽 문은 곤충·쥐 등의 침입을 막을 수 있도록 철망 등을 설치할 것
5. 온도 및 습도 자동조절장치를 설치하고, 연중 평균온도는 섭씨 20±5도를, 연중평균습도는 65±5퍼센트를 유지할 것
6. 전기시설을 설치하는 때에는 단독퓨즈를 설치하고 소화장비를 갖춰 둘 것
7. 열과 습도의 영향을 받지 아니하도록 내부공간을 넓게 하고 천장을 높게 설치할 것
③ 지적서고는 다음 각 호의 기준에 따라 관리하여야 한다.
1. 지적서고는 제한구역으로 지정하고, 출입자를 지적사무담당공무원으로 한정할 것
2. 지적서고에는 인화물질의 반입을 금지하며, 지적공부, 지적 관계 서류 및 지적측량장비만 보관할 것
④ 지적공부 보관상자는 벽으로부터 15센티미터 이상 띄워야 하며, 높이 10센티미터 이상의 깔관 위에 올려놓아야 한다.
칙 제66조(지적공부의 보관방법 등) ① 부책(簿册)으로 된 토지대장·임야대장 및 공유지연명부는 지적공부 보관상자에 넣어 보관하고, 카드로 된 토지대장·임야대장·공유지연명부·대지권등록부 및 경계점좌표등록부는 100장 단위로 바인더(binder)에 넣어 보관하여야 한다.
② 일람도·지번색인표 및 지적도면은 지번부여지역별로 도면번호순으로 보관하되, 각 장별로 보호대에 넣어야 한다.
③ 법 제69조 제2항에 따라 지적공부를 정보처리시스템을 통하여 기록·보존하는 때에는 그 지적공부를 「공공기관의 기록물 관리에 관한 법률」 제19조 제2항에 따라 기록물관리기관에 이관할 수 있다.
칙 제67조(지적공부의 반출승인 절차) ① **지적소관청**이 법 제69조 제1항에 따라 지적공부를 그 시·군·구의 청사 밖으로 반출하려는 경우에는 시·도지사 또는 대도시 시장(법 제25조 제1항의 대도시 시장을 말한다. 이하 같다)에게 지적공부 반출사유를 적은 별지 제62호 서식의 승인신청서를 제출하여야 한다.
② 제1항에 따른 신청을 받은 시·도지사 또는 대도시 시장은 지적공부 반출사유 등을 심사한 후 그 승인 여부를 **지적소관청**에 통지하여야 한다.
814) 조문에서 위임한 사항을 규정한 하위법령이 없다.

나. 지적공부의 복구자료

(1) 지적공부의 복구에 관한 관계 자료 및 복구절차 등에 관하여 필요한 사항은 <u>국토교통부령으로</u> 정한다(영 제61조 제2항). 영 제61조 제1항에 따른 지적공부의 복구에 관한 관계 자료(이하 "복구자료" 라 한다)는 다음 각 호 1. 지적공부의 등본, 2. 측량 결과도, 3. 토지이동정리 결의서, 4. 부동산등기부 등본 등 등기사실을 증명하는 서류, 5. **지적소관청**이 작성하거나 발행한 지적공부의 등록내용을 증명 하는 서류, 6. 법 제69조 제3항에 따라 복제된 지적공부, 7. 법원의 확정판결서 정본 또는 사본과 같다 (칙 제72조).

(2) <u>소유자에 관한 사항은 부동산등기부나 법원의 확정판결</u>에 따라 복구하여야 한다(영 제61조 제1 항 단서).

다. 지적공부의 복구절차

지적소관청은 법 제74조 및 영 제61조 제1항에 따라 <u>지적공부를 복구하려는 경우</u>에는 칙 제72조 각 호의 <u>복구자료를 조사</u>하여야 한다(칙 제73조 제1항).

지적소관청은 칙 제73조 제1항에 따라 조사된 복구자료 중 토지대장·임야대장 및 공유지연명부의 등록 내용을 증명하는 서류 등에 따라 별지 제70호 서식의 지적복구자료 조사서를 작성하고, 지적도면 의 등록 내용을 증명하는 서류 등에 따라 복구자료도를 작성하여야 한다(칙 제73조 제2항).

칙 제73조 제2항에 따라 작성된 복구자료도에 따라 측정한 면적과 지적복구자료 조사서의 조사된 면적의 증감이 영 제19조 제1항 제2호 가목의 계산식에 따른 허용범위를 초과하거나 복구자료도를 작 성할 복구자료가 없는 경우에는 복구측량을 하여야 한다. 이 경우 같은 계산식 중 A는 오차허용면적, M은 축척분모, F는 조사된 면적을 말한다(칙 제73조 제3항).

칙 제73조 제2항에 따라 작성된 지적복구자료 조사서의 조사된 면적이 영 제19조 제1항 제2호 가목 의 계산식에 따른 허용범위 이내인 경우에는 그 면적을 복구면적으로 결정하여야 한다(칙 제73조 제4 항).

칙 제73조 제3항에 따라 복구측량을 한 결과가 복구자료와 부합하지 아니하는 때에는 토지소유자 및 이해관계인의 동의를 받아 경계 또는 면적 등을 조정할 수 있다. 이 경우 경계를 조정한 때에는 칙 제60조 제2항에 따른 경계점표지를 설치하여야 한다(칙 제73조 제5항).

지적소관청은 칙 제73조 제1항부터 제5항까지의 규정에 따른 복구자료의 조사 또는 복구측량 등이 완료되어 지적공부를 복구하려는 경우에는 복구하려는 토지의 표시 등을 시·군·구 게시판 및 인터넷 홈페이지에 15일 이상 게시하여야 한다(칙 제73조 제6항).

복구하려는 토지의 표시 등에 이의가 있는 자는 칙 제73조 제6항의 게시기간 내에 **지적소관청**에 이의신청을 할 수 있다. 이 경우 이의신청을 받은 **지적소관청**은 이의사유를 검토하여 이유 있다고 인정되는 때에는 그 시정에 필요한 조치를 하여야 한다(칙 제73조 제7항).

　　지적소관청은 칙 제73조 제6항 및 제7항에 따른 절차를 이행한 때에는 지적복구자료 조사서, 복구자료도 또는 복구측량 결과도 등에 따라 토지대장·임야대장·공유지연명부 또는 지적도면을 복구하여야 한다(칙 제73조 제8항).

　　토지대장·임야대장 또는 공유지연명부는 복구되고 지적도면이 복구되지 아니한 토지가 법 제83조에 따른 축척변경 시행지역이나 법 제86조에 따른 도시개발사업 등의 시행지역에 편입된 때에는 지적도면을 복구하지 아니할 수 있다(칙 제73조 제9항).

4. 지적공부의 열람 및 등본 발급

　　지적공부를 <u>열람하거나 그 등본을 발급받으려는 자</u>는 해당 **지적소관청**에 그 열람 또는 발급을 신청하여야 한다. 다만, 정보처리시스템을 통하여 기록·저장된 지적공부(지적도 및 임야도는 제외한다)를 열람하거나 그 등본을 발급받으려는 경우에는 특별자치시장, 시장·군수 또는 구청장이나 읍·면·동의 장에게 신청할 수 있다(법 제75조 제1항).

　　지적공부의 열람 및 등본 발급의 절차 등에 필요한 사항은 <u>국토교통부령</u>으로 정한다(법 제75조 제2항).815)

5. 지적전산자료의 이용 등

　　지적공부에 관한 전산자료(연속지적도를 포함하며,816) 이하 "지적전산자료"라 한다)를 <u>이용하거나 활용하려는 자</u>는 다음 각 호 1. **전국 단위**의 지적전산자료: **국토교통부장관**, 시·도지사 또는 **지적소관청**, 2. **시·도 단위**의 지적전산자료: 시·도지사 또는 **지적소관청**, 3. **시·군·구(자치구가 아닌 구를 포함한다) 단위**의 지적전산자료: **지적소관청**의 구분에 따라 **국토교통부장관**, 시·도지사 또는 **지적소관청**에 지적전산자료를 신청하여야 한다(법 제76조 제1항).

　　<u>지적전산자료를 **신청**하려는 자</u>는 <u>대통령령</u>으로 정하는 바에 따라 지적전산자료의 이용 또는 활용 목적 등에 관하여 <u>미리 관계 중앙행정기관의 **심사**</u>를 받아야 한다. 다만, 중앙행정기관의 장, 그 소속 기관의 장 또는 지방자치단체의 장이 신청하는 경우에는 그러하지 아니하다(법 제76조 제2항).

---

815) 칙 제74조(지적공부 및 부동산종합공부의 열람·발급 등) ① 법 제75조에 따라 지적공부를 열람하거나 그 등본을 발급받으려는 자는 별지 제71호 서식의 지적공부·부동산종합공부 열람·발급 신청서(전자문서로 된 신청서를 포함한다)를 **지적소관청** 또는 읍·면·동장에게 제출하여야 한다. 〈개정 2014. 1. 17.〉
② 법 제76조의4에 따라 부동산종합공부를 열람하거나 부동산종합공부 기록사항의 전부 또는 일부에 관한 증명서(이하 "부동산종합증명서"라 한다)를 발급받으려는 자는 별지 제71호서식의 지적공부·부동산종합공부 열람·발급 신청서(전자문서로 된 신청서를 포함한다)를 **지적소관청** 또는 읍·면·동장에게 제출하여야 한다. 〈신설 2014. 1. 17.〉
③ 부동산종합증명서의 건축물현황도 중 평면도 및 단위세대별 평면도의 열람·발급의 방법과 절차에 관하여는 「건축물대장의 기재 및 관리 등에 관한 규칙」 제11조 제3항에 따른다. 〈신설 2014. 1. 17.〉
④ 부동산종합증명서는 별지 제71호의2서식부터 별지 제71호의4서식까지와 같다.
816) "연속지적도"란 지적측량을 하지 아니하고 전산화된 지적도 및 임야도 파일을 이용하여, 도면상 경계점들을 연결하여 작성한 도면으로서 측량에 활용할 수 없는 도면을 말한다(법 제2조 제19의2호).

법 제76조 제2항에도 불구하고 다음 각 호 1. <u>토지소유자</u>가 자기 토지에 대한 지적전산자료를 신청하는 경우, 2. 토지소유자가 사망하여 그 <u>상속인</u>이 피상속인의 토지에 대한 지적전산자료를 신청하는 경우, 3. 「개인정보호법」 제2조 제1호에 따른 <u>개인정보를 제외한</u> 지적전산자료를 신청하는 경우의 어느 하나에 해당하는 경우에는 <u>관계 중앙행정기관</u>의 **심사를 받지 아니할 수 있다**(법 제76조 제3항).

법 제76조 제1항 및 제3항에 따른 지적전산자료의 이용 또는 활용에 필요한 사항은 <u>대통령령으로</u> 정한다(법 제76조 제4항). 법 제76조 제1항에 따라 <u>지적전산자료를</u> **이용하거나 활용하려는 자**는 같은 조 제2항에 따라 다음 각 호 1. 자료의 이용 또는 활용 목적 및 근거, 2. 자료의 범위 및 내용, 3. 자료의 제공 방식, 보관 기관 및 안전관리대책 등의 사항을 적은 <u>신청서를 관계 중앙행정기관의 장에</u>게 제출하여 **심사를 신청**하여야 한다(영 제62조 제1항). 제1항에 따른 **심사 신청을 받은 관계 중앙행정기관의 장**은 다음 각 호 1. 신청 내용의 타당성, 적합성 및 공익성, 2. 개인의 <u>사생활 침해 여부</u>, 3. 자료의 목적 외 사용 방지 및 안전관리대책의 사항을 **심사한 후 그 결과를 신청인에게 통지**하여야 한다(영 제62조 제2항). 법 제76조 제1항에 따라 <u>지적전산자료의</u> **이용 또는 활용에 관한 승인을 받으려는 자**는 승인신청을 할 때에 제2항에 따른 <u>심사 결과를 제출</u>하여야 한다. 다만, 중앙행정기관의 장이 승인을 신청하는 경우에는 제2항에 따른 심사 결과를 제출하지 아니할 수 있다(영 제62조 제3항). 제3항에 따른 승인신청을 받은 **국토교통부장관**, 시·도지사 또는 **지적소관청**은 다음 각 호 1. 제2항 각 호의 사항, 2. 신청한 사항의 처리가 전산정보처리조직으로 가능한지 여부, 3. 신청한 사항의 처리가 지적업무수행에 지장을 주지 않는지 여부의 사항을 심사하여야 한다(영 제62조 제4항). **국토교통부장관**, 시·도지사 또는 **지적소관청**은 제4항에 따른 <u>심사를 거쳐 지적전산자료의 이용 또는 활용을 승인</u>하였을 때에는 지적전산자료 이용·활용 승인대장에 그 내용을 기록·관리하고 승인한 자료를 제공하여야 한다(영 제62조 제5항). 제5항에 따라 지적전산자료의 <u>이용 또는 활용에 관한 승인을 받은 자는 국토교통부령으로 정하는 사용료</u>를 내야 한다. 다만, 국가나 지방자치단체에 대해서는 사용료를 면제한다(영 제62조 제6항).

제2절　부동산종합공부

I. 부동산종합공부의 의의

"부동산종합공부"란 토지의 표시와 소유자에 관한 사항, 건축물의 표시와 소유자에 관한 사항, 토지의 이용 및 규제에 관한 사항, 부동산의 가격에 관한 사항 등 부동산에 관한 종합정보를 정보관리체계를 통하여 기록·저장한 것을 말한다(법 제2조 제19의3호).

Ⅱ. 부동산종합공부의 관리 및 운영

지적소관청은 부동산의 효율적 이용과 부동산과 관련된 정보의 종합적 관리·운영을 위하여 <u>부동산종합공부</u>를 관리·운영한다(법 제76조의2 제1항).

지적소관청은 부동산종합공부를 <u>영구히 보존</u>하여야 하며, 부동산종합공부의 멸실 또는 훼손에 대비하여 이를 별도로 복제하여 관리하는 정보관리체계를 구축하여야 한다(법 제76조의2 제2항).

법 제76조의3 각 호의 <u>등록사항을 관리하는 기관의 장</u>은 **지적소관청**에 상시적으로 관련 정보를 제공하여야 한다(법 제76조의2 제3항).

지적소관청은 부동산종합공부의 정확한 등록 및 관리를 위하여 필요한 경우에는 법 제76조의3 각 호의 등록사항을 관리하는 기관의 장에게 관련 자료의 제출을 요구할 수 있다. 이 경우 자료의 제출을 요구받은 기관의 장은 특별한 사유가 없으면 자료를 제공하여야 한다(법 제76조의2 제4항).

Ⅲ. 부동산종합공부의 등록사항

지적소관청은 부동산종합공부에 다음 각 호 1. <u>토지의 표시와 소유자</u>에 관한 사항: 이 법에 따른 <u>지적공부의 내용</u>, 2. <u>건축물의 표시와 소유자</u>에 관한 사항(토지에 건축물이 있는 경우만 해당한다): 「건축법」 제38조에 따른 <u>건축물대장의 내용</u>, 3. <u>토지의 이용 및 규제</u>에 관한 사항: 「토지이용규제 기본법」 제10조에 따른 <u>토지이용계획확인서의 내용</u>, 4. <u>부동산의 가격</u>에 관한 사항: 「부동산가격공시법」 제10조에 따른 <u>개별공시지가</u>, 같은 법 제16조, 제17조 및 제18조에 따른 <u>개별주택가격 및 공동주택가격</u> 공시내용, 5. 그 밖에 부동산의 효율적 이용과 부동산과 관련된 정보의 종합적 관리·운영을 위하여 필요한 사항으로서 대통령령으로 정하는 사항[「부동산등기법」 제48조에 따른 <u>부동산의 권리</u>에 관한 사항(영 제62조의2)]의 사항을 <u>등록</u>하여야 한다(법 제76조의3).

Ⅳ. 부동산종합공부의 열람 및 증명서 발급

부동산종합공부를 <u>열람</u>하거나 부동산종합공부 기록사항의 <u>전부 또는 일부</u>에 관한 증명서(이하 "부동산종합증명서"라 한다)를 <u>발급</u>받으려는 자는 **지적소관청**이나 읍·면·동의 장에게 신청할 수 있다(법 제76조의4 제1항).

부동산종합공부의 열람 및 부동산종합증명서 발급의 절차 등에 관하여 필요한 사항은 <u>국토교통부령</u>으로 정한다(법 제76조의4 제2항). 법 제75조에 따라 지적공부를 <u>열람</u>하거나 그 등본을 <u>발급</u>받으려는 자는 별지 제71호 서식의 <u>지적공부·부동산종합공부 열람·발급 신청서</u>(전자문서로 된 신청서를 포함한다)를 **지적소관청** 또는 읍·면·동장에게 제출하여야 한다(칙 제74조 제1항).

법 제76조의4에 따라 부동산종합공부를 <u>열람</u>하거나 부동산종합공부 기록사항의 <u>전부 또는 일부에</u> <u>관한 증명서</u>(이하 "부동산종합증명서"라 한다)를 발급받으려는 자는 별지 제71호 서식의 지적공부·부동산종합공부 <u>열람·발급 신청서</u>(전자문서로 된 신청서를 포함한다)를 **지적소관청** 또는 읍·면·동장에게 제출하여야 한다(칙 제74조 제2항).

부동산종합증명서의 건축물현황도 중 평면도 및 단위세대별 평면도의 열람·발급의 방법과 절차에 관하여는 「건축물대장규칙」 제11조 제3항에 따른다(칙 제74조 제3항).

부동산종합증명서는 별지 제71호의2 서식부터 별지 제71호의4 서식까지와 같다(칙 제74조 제4항).

V. 부동산종합공부의 등록사항 정정(준용 규정)

부동산종합공부의 <u>등록사항 정정</u>에 관하여는 후술하는 법 제84조(등록사항의 정정)를 <u>준용</u>한다(법 제76조의5). **지적소관청**은 법 제76조의5에 따라 준용되는 법 제84조에 따른 부동산종합공부의 등록사항 정정을 위하여 법 제76조의3 각 호의 등록사항 상호 간에 일치하지 아니하는 사항(불일치 등록사항)을 확인 및 관리하여야 한다(영 제62조의3 제1항).

지적소관청은 불일치 등록사항에 대해서는 법 제76조의3 각 호의 등록사항을 관리하는 기관의 장에게 그 내용을 통지하여 등록사항 정정을 요청할 수 있다(영 제62조의3 제2항).

부동산종합공부의 <u>등록사항 정정 절차</u> 등에 관하여 필요한 사항은 **국토교통부장관**이 따로 정한다(영 제62조의3 제3항).

제4장 토지의 이동 신청 및 지적정리[817] 등

"토지의 이동(異動)"이란 **토지의 표시**를 새로 정하거나 변경 또는 말소하는 것을 말한다(법 제2조 제28호). "**토지의 표시**"란 지적공부에 토지의 소재·지번(地番)·지목(地目)·면적·**경계** 또는 **좌표**를 등록한 것을 말한다(법 제2조 제20호). 그러나 토지소유자의 변경이나 주소변경 등은 토지의 이동에 해당하지 않는다. 토지이동에 따른 지적정리는 지적국정주의에 따라 **지적소관청**이 이를 결정할 수 있으므로 토지의 이동은 행정처분이라 할 것이다.

Ⅰ. 신규등록

"**신규등록**"이란 새로 조성된 토지와 지적공부에 등록되어 있지 아니한 토지를 지적공부에 등록하는 것을 말한다(법 제2조 제29호). 가령 공유수면을 매립하여 토지가 생성되는 것에 대하여 등록하는 것으로 이미 등록한 내용을 변경하는 토지이동과 차이가 있다.

토지소유자는 신규등록할 토지가 있으면 대통령령으로 정하는 바에 따라 그 사유가 발생한 날부터 60일 이내에 **지적소관청**에 신규등록을 신청하여야 한다(법 제77조).

신규등록 신청의 토지소유자는 법 제77조에 따라 신규등록을 신청할 때에는 신규등록 사유를 적은 신청서에 국토교통부령으로 정하는 서류를 첨부하여 **지적소관청**에 제출하여야 한다(영 제63조). 영 제63조에서 "국토교통부령으로 정하는 서류"란 다음 각 호 1. 법원의 확정판결서 정본 또는 사본, 2. 「공유수면법」에 따른 준공검사확인증 사본, 3. 법률 제6389호 지적법개정법률 부칙 제5조에 따라 도시계획구역의 토지를 그 지방자치단체의 명의로 등록하는 때에는 기획재정부장관과 협의한 문서의 사본, 4. 그 밖에 소유권을 증명할 수 있는 서류의 사본의 어느 하나에 해당하는 서류를 말한다(칙 제81조 제1항). 칙 제81조 제1항 각 호의 어느 하나에 해당하는 서류를 해당 **지적소관청**이 관리하는 경우에는

---

817) 「공간정보관리법」 제3장 제3절에 속한다.

지적소관청의 확인으로 그 서류의 제출을 갈음할 수 있다(칙 제81조 제2항).

Ⅱ. 등록전환

"등록전환"이란 임야대장 및 임야도에 등록된 토지를 토지대장 및 지적도에 옮겨 등록하는 것을 말한다(법 제2조 제30호). 토지소유자는 등록전환할 토지가 있으면 대통령령으로 정하는 바에 따라 그 사유가 발생한 날부터 60일 이내에 **지적소관청**에 등록전환을 신청하여야 한다(법 제78조). 법 제78조에 따라 등록전환을 신청할 수 있는 경우는 다음 각 호 1. 「산지관리법」에 따른 산지전용허가·신고, 산지일시사용허가·신고, 「건축법」에 따른 건축허가·신고 또는 그 밖의 **관계 법령에 따른 개발행위 허가 등**을 받은 경우, 2. 대부분의 토지가 등록전환되어 나머지 토지를 임야도에 계속 존치하는 것이 불합리한 경우, 3. 임야도에 등록된 토지가 사실상 형질변경되었으나 지목변경을 할 수 없는 경우, 4. 도시·군관리계획선에 따라 토지를 분할하는 경우와 같다(영 제64조 제1항).

토지소유자는 법 제78조에 따라 등록전환을 신청할 때에는 등록전환 사유를 적은 신청서에 국토교통부령으로 정하는 서류를 첨부하여 **지적소관청**에 제출하여야 한다(영 제64조 제3항). 영 제64조 제3항에 따라 토지의 등록전환을 신청하려는 경우에는 관계 법령에 따라 토지의 형질변경 등의 공사가 준공되었음을 증명하는 서류의 사본을 첨부하여야 한다(칙 제82조 제1항). 칙 제82조 제1항에 따른 서류를 그 **지적소관청**이 관리하는 경우에는 **지적소관청**의 확인으로 그 서류의 제출을 갈음할 수 있다(칙 제82조 제2항).

Ⅲ. 분할 신청

"**분할**"이란 지적공부에 등록된 1필지를 2필지 이상으로 나누어 등록하는 것을 말한다(법 제2조 제31호). 토지소유자는 토지를 분할하려면 대통령령으로 정하는 바에 따라 **지적소관청**에 분할을 신청하여야 한다(법 제79조 제1항). 토지소유자는 지적공부에 등록된 1필지의 일부가 형질변경 등으로 용도가 변경된 경우에는 대통령령으로 정하는 바에 따라 용도가 변경된 날부터 60일 이내에 **지적소관청**에 토지의 분할을 신청하여야 한다(법 제79조 제2항).

법 제79조 제1항에 따라 분할을 신청할 수 있는 경우는 다음 각 호 1. 소유권이전, 매매 등을 위하여 필요한 경우, 2. 토지이용상 불합리한 지상 경계를 시정하기 위한 경우와 같다. 다만, **관계 법령에 따라 해당 토지에 대한 분할이 개발행위 허가 등의 대상인 경우에는 개발행위 허가 등을 받은 이후에 분할을 신청할 수 있다**(영 제65조 제1항).

토지소유자는 법 제79조에 따라 토지의 분할을 신청할 때에는 분할 사유를 적은 신청서에 국토교통부령으로 정하는 서류를 첨부하여 **지적소관청**에 제출하여야 한다(영 제65조 제2항 전단). 영 제65조 제1항에서 "국토교통부령으로 정하는 서류"란 분할 허가 대상인 토지의 경우 그 허가서 사본을 말한다(칙 제83조 제1항). 제1항에 따른 서류를 해당 **지적소관청**이 관리하는 경우에는 **지적소관청**의 확인으로 그 서류의 제출을 갈음할 수 있다(칙 제83조 제2항).

이 경우 법 제79조 제2항에 따라 1필지의 일부가 형질변경 등으로 용도가 변경되어 분할을 신청할 때에는 제67조 제2항에 따른 지목변경 신청서를 함께 제출하여야 한다(영 제65조 제2항 후단).

IV. 합병 신청 및 제한 사유

1. 합병 신청

"**합병**"이란 지적공부에 등록된 2필지 이상을 1필지로 합하여 등록하는 것을 말한다(법 제2조 제32호). 토지소유자는 토지를 합병하려면 대통령령으로 정하는 바에 따라 **지적소관청**에 합병을 신청하여야 한다(법 제80조 제1항). 토지소유자는 「주택법」에 따른 공동주택의 부지, 도로, 제방, 하천, 구거, 유지, 그 밖에 대통령령으로 정하는 토지[공장용지·학교용지·철도용지·수도용지·공원·체육용지 등 다른 지목의 토지(영 제66조 제2항)]로서 합병하여야 할 토지가 있으면 그 사유가 발생한 날부터 60일 이내에 **지적소관청**에 합병을 신청하여야 한다(법 제80조 제2항).

2. 합병 신청 제한 사유

다음 각 호 1. 합병하려는 토지의 지번부여지역, 지목 또는 소유자가 서로 다른 경우, 2. 합병하려는 토지에 다음 각 목 가. 소유권·지상권·전세권 또는 임차권의 등기, 나. 승역지(承役地)에 대한 지역권의 등기, 다. 합병하려는 토지 전부에 대한 등기원인(登記原因) 및 그 연월일과 접수번호가 같은 저당권의 등기, 라. 합병하려는 토지 전부에 대한 「부동산등기법」 제81조 제1항 각 호의 등기사항이 동일한 신탁등기 외의 등기가 있는 경우, 3. 그 밖에 합병하려는 토지의 지적도 및 임야도의 축척이 서로 다른 경우 등 대통령령으로 정하는 경우[1. 합병하려는 토지의 지적도 및 임야도의 축척이 서로 다른 경우, 2. **합병하려는 각 필지가 서로 연접하지 않은 경우**, 3. 합병하려는 토지가 등기된 토지와 등기되지 아니한 토지인 경우, 4. 합병하려는 각 필지의 지목은 같으나 일부 토지의 용도가 다르게 되어 법 제79조 제2항에 따른 분할대상 토지인 경우. 다만, 합병 신청과 동시에 토지의 용도에 따라 분할 신청을 하는 경우는 제외한다. 5. 합병하려는 토지의 소유자별 공유지분이 다르거나 소유자의 주소가 서로 다른 경우, 6. 합병하려는 토지가 구획정리, 경지정리 또는 축척변경을 시행하고 있는 지역의 토지와 그 지역 밖의 토지인 경우(영 제66조 제3항)]의 어느 하나에 해당하는 경우에는 합병 신청을 할 수 없다(법 제80조 제3항).[818]

---

818) 영 제66조(합병 신청) ① 토지소유자는 법 제80조 제1항 및 제2항에 따라 토지의 합병을 신청할 때에는 합병 사유를 적은 신청서를 **지적소관청**에 제출하여야 한다.

V. 지목변경 신청

1. 의의

"**지목변경**"이란 지적공부에 등록된 지목을 다른 지목으로 바꾸어 등록하는 것을 말한다(법 제2조 제33호). 토지소유자는 지목변경을 할 토지가 있으면 대통령령으로 정하는 바에 따라 그 사유가 발생한 날부터 60일 이내에 **지적소관청**에 지목변경을 신청하여야 한다(법 제81조).

대법원은 지적공부 소관청의 지목변경신청 반려행위가 항고소송의 대상이 되는 행정처분에 해당하는지 여부(적극)에 대하여 구 지적법(2001. 1. 26. 법률 제6389호로 전문 개정되기 전의 것) 제20조, 제38조 제2항의 규정은 토지소유자에게 지목변경신청권과 지목정정신청권을 부여한 것이고, 한편 지목은 토지에 대한 공법상의 규제, 개발부담금의 부과대상, 지방세의 과세대상, 공시지가의 산정, 손실보상가액의 산정 등 토지행정의 기초로서 공법상의 법률관계에 영향을 미치고, 토지소유자는 지목을 토대로 토지의 사용·수익·처분에 일정한 제한을 받게 되는 점 등을 고려하면, 지목은 토지소유권을 제대로 행사하기 위한 전제요건으로서 토지소유자의 실체적 권리관계에 밀접하게 관련되어 있으므로 지적공부 소관청의 지목변경신청 반려행위는 국민의 권리관계에 영향을 미치는 것으로서 항고소송의 대상이 되는 행정처분에 해당한다고 판시하였다.[819]

2. 지목변경 대상토지

법 제81조에 따라 지목변경을 신청할 수 있는 경우는 다음 각 호 1. 「국토계획법」 등 관계 법령에 따른 토지의 형질변경 등의 공사가 준공된 경우, 2. 토지나 건축물의 용도가 변경된 경우, 3. 법 제86조에 따른 도시개발사업 등의 원활한 추진을 위하여 사업시행자가 공사 준공 전에 토지의 합병을 신청하는 경우와 같다(영 제67조 제1항).

3. 신청절차

토지소유자는 법 제81조에 따라 지목변경을 신청할 때에는 지목변경 사유를 적은 신청서에 국토교통부령으로 정하는 서류를 첨부하여 **지적소관청**에 제출하여야 한다(영 제67조 제2항). 영 제67조 제2항에서 "국토교통부령으로 정하는 서류"란 다음 각 호 1. 관계법령에 따라 토지의 형질변경 등의 공사가 준공되었음을 증명하는 서류의 사본, 2. 국유지·공유지의 경우에는 용도폐지 되었거나 사실상 공공용으로 사용되고 있지 아니함을 증명하는 서류의 사본, 3. 토지 또는 건축물의 용도가 변경되었음을 증명하는 서류의 사본의 어느 하나에 해당하는 서류를 말한다(칙 제84조 제1항).

개발행위허가·농지전용허가·보전산지전용허가 등 지목변경과 관련된 규제를 받지 아니하는 토지의 지목변경이나 전·답·과수원 상호 간의 지목변경인 경우에는 칙 제84조 제1항에 따른 서류의 첨부를 생

---

819) 대법원 2004. 4. 22. 선고 2003두9015 전원합의체 판결.

락할 수 있다(칙 제84조 제2항). 칙 제84조 제1항 각 호의 어느 하나에 해당하는 서류를 해당 **지적소관청**이 관리하는 경우에는 **지적소관청**의 확인으로 그 서류의 제출을 갈음할 수 있다(칙 제84조 제3항).

VI. 바다로 된 토지의 등록말소 신청

지적소관청은 지적공부에 등록된 토지가 지형의 변화 등으로 <u>바다로 된 경우로서</u> 원상(原狀)으로 회복될 수 없거나 다른 지목의 토지로 될 가능성이 없는 경우에는 <u>지적공부에 등록된 토지소유자에게 지적공부의 등록말소 신청을 하도록 통지</u>하여야 한다(법 제82조 제1항).

지적소관청은 <u>토지소유자가 통지를 받은 날부터 90일 이내에</u> 등록말소 신청을 하지 아니하면 <u>대통령령으로 정하는 바에 따라 등록을 말소한다</u>(법 제82조 제2항). 법 제82조 제2항에 따라 토지소유자가 등록말소 신청을 하지 아니하면 **지적소관청**이 직권으로 그 지적공부의 등록사항을 말소하여야 한다(영 제68조 제1항).

지적소관청은 말소한 토지가 지형의 변화 등으로 다시 토지가 된 경우에는 <u>대통령령으로 정하는 바에 따라 토지로 회복등록을 할 수 있다</u>(법 제82조 제3항). **지적소관청**은 법 제82조 제3항에 따라 <u>회복등록을 하려면</u> 그 <u>지적측량성과 및 등록말소 당시의 지적공부 등 관계 자료에 따라야</u> 한다(영 제68조 제2항). 영 제68조 제1항 및 제2항에 따라 <u>지적공부의 등록사항을 말소하거나 회복등록</u> 하였을 때에는 <u>그 정리 결과를 토지소유자 및 해당 공유수면의 관리청에 통지</u>하여야 한다(영 제68조 제3항).

VII. 축척변경

1. 축척변경의 의의

"<u>축척변경</u>"이란 지적도에 등록된 경계점의 정밀도를 높이기 위하여 작은 축척을 큰 축척으로 변경하여 등록하는 것을 말한다(법 제2조 제34호). 따라서 대축척에서 소축척으로 변경하는 것은 인정되지 않는다. 축척변경에 관한 사항을 심의·의결하기 위하여 **지적소관청**에 <u>축척변경위원회를 둔다</u>(법 제83조 제1항).

2. 축척변경의 대상

지적소관청은 지적도가 다음 각 호 1. <u>잦은 토지의 이동으로 1필지의 규모가 작아서 소축척으로는 지적측량성과의 결정이나 토지의 이동에 따른 정리를 하기가 곤란한 경우,</u>[820] 2. <u>하나의 지번부여지역</u>

---

820) "측량성과"란 측량을 통하여 얻은 최종 결과를 말한다(법 제2조 제8호).

에 서로 다른 축척의 지적도가 있는 경우, 3. 그 밖에 지적공부를 관리하기 위하여 필요하다고 인정되는 경우의 어느 하나에 해당하는 경우에는 토지소유자의 신청 또는 **지적소관청**의 직권으로 일정한 지역을 정하여 그 지역의 축척을 변경할 수 있다(법 제83조 제2항).

3. 축척변경의 요건

지적소관청은 축척변경을 하려면 축척변경 시행지역의 토지소유자 3분의 2 이상의 동의를 받아 축척변경위원회의 의결을 거친 후 시·도지사 또는 대도시 시장의 승인을 받아야 한다.

다만, 다음 각 호 1. 합병하려는 토지가 축척이 다른 지적도에 각각 등록되어 있어 축척변경을 하는 경우, 2. 제86조에 따른 도시개발사업 등의 시행지역에 있는 토지로서 그 사업 시행에서 제외된 토지의 축척변경을 하는 경우의 어느 하나에 해당하는 경우에는 축척변경위원회의 의결 및 시·도지사 또는 대도시 시장의 승인 없이 축척변경을 할 수 있다(법 제83조 제3항).

4. 축척변경의 절차 등

축척변경의 절차, 축척변경으로 인한 면적 증감의 처리, 축척변경 결과에 대한 이의신청 및 축척변경위원회의 구성·운영 등에 필요한 사항은 대통령령으로 정한다(법 제83조 제4항).

가. 축척변경 신청

법 제83조 제2항에 따라 축척변경을 신청하는 토지소유자는 축척변경 사유를 적은 신청서에 국토교통부령으로 정하는 서류를 첨부하여 **지적소관청**에 제출하여야 한다(영 제69조).

나. 축척변경 승인신청

(1) **지적소관청**은 법 제83조 제2항에 따라 축척변경을 할 때에는 축척변경 사유를 적은 승인신청서에 다음 각 호 1. 축척변경의 사유, 2. 삭제 〈2010. 11. 2.〉, 3. 지번 등 명세, 4. 법 제83조 제3항에 따른 토지소유자의 동의서, 5. 축척변경위원회의 의결서 사본, 6. 그 밖에 축척변경 승인을 위하여 시·도지사 또는 대도시 시장이 필요하다고 인정하는 서류의 서류를 첨부하여 시·도지사 또는 대도시 시장에게 제출하여야 한다. 이 경우 시·도지사 또는 대도시 시장은 「전자정부법」 제36조 제1항에 따른 행정정보의 공동이용을 통하여 축척변경 대상지역의 지적도를 확인하여야 한다(영 제70조 제1항).

(2) 제1항에 따른 신청을 받은 시·도지사 또는 대도시 시장은 축척변경 사유 등을 심사한 후 그 승인 여부를 **지적소관청**에 통지하여야 한다(영 제70조 제2항).

다. 축척변경 시행공고 등

지적소관청은 법 제83조 제3항에 따라 <u>시·도지사 또는 대도시 시장으로부터 축척변경 승인을 받았</u>을 때에는 지체 없이 다음 각 호 1. 축척변경의 목적, 시행지역 및 시행기간, 2. 축척변경의 시행에 관한 세부계획, 3. 축척변경의 시행에 따른 청산방법, 4. 축척변경의 시행에 따른 토지소유자 등의 협조에 관한 사항을 <u>20일 이상 공고</u>하여야 한다(영 제71조 제1항).

제1항에 따른 <u>시행공고</u>는 시·군·구(자치구가 아닌 구를 포함한다) 및 축척변경 시행지역 동·리의 게시판에 주민이 볼 수 있도록 <u>게시</u>하여야 한다(영 제71조 제2항).

축척변경 시행지역의 <u>토지소유자 또는 점유자</u>는 <u>시행공고가 된 날(시행공고일)부터 30일 이내에 시</u><u>행공고일 현재 점유하고 있는 경계에</u> 국토교통부령으로 정하는 <u>경계점표지를 설치</u>하여야 한다(영 제71조 제3항).

라. 토지의 표시 등

지적소관청은 축척변경 시행지역의 각 필지별 <u>지번·지목·면적·경계 또는 좌표</u>를 새로 정하여야 한다(영 제72조 제1항).

지적소관청이 축척변경을 위한 측량을 할 때에는 영 제71조 제3항에 따라 <u>토지소유자 또는 점유자</u><u>가 설치한 경계점표지를 기준</u>으로 새로운 축척에 따라 면적·경계 또는 좌표를 정하여야 한다(영 제72조 제2항).

법 제83조 제3항 단서에 따라 축척을 변경할 때에는 영 제72조 제1항에도 불구하고 <u>각 필지별 지번·</u>지목 및 경계는 종전의 지적공부에 따르고 **면적만** 새로 정하여야 한다(영 제72조 제3항).

축척변경절차 및 면적결정방법 등에 관하여 필요한 사항은 국토교통부령으로 정한다(영 제72조 제4항).[821]

마. 지번별 조서의 작성 및 지적공부정리 등의 정지

(1) **지적소관청**은 영 제72조 제2항에 따라 <u>축척변경에 관한 측량을 완료</u>하였을 때에는 시행공고일 현재의 지적공부상의 면적과 측량 후의 면적을 비교하여 그 변동사항을 표시한 축척변경 <u>지번별 조서</u>

---

[821] 칙 제87조(축척변경 절차 및 면적 결정방법 등) ① 영 제72조 제3항에 따라 면적을 새로 정하는 때에는 축척변경 측량 결과도에 따라야 한다.

② 축척변경 측량 결과도에 따라 면적을 측정한 결과 축척변경 전의 면적과 축척변경 후의 면적의 오차가 영 제19조 제1항 제2호 가목의 계산식에 따른 허용범위 이내인 경우에는 축척변경 전의 면적을 결정면적으로 하고, 허용면적을 초과하는 경우에는 축척변경 후의 면적을 결정면적으로 한다. 이 경우 같은 계산식 중 A는 오차 허용면적, M은 축척이 변경 될 지적도의 축척분모, F는 축척변경 전의 면적을 말한다.

③ 경계점좌표등록부를 갖춰 두지 아니하는 지역을 경계점좌표등록부를 갖춰 두는 지역으로 축척변경을 하는 경우에는 그 필지의 경계점을 평판(平板) 측량방법이나 전자평판(電子平板) 측량방법으로 지상에 복원시킨 후 경위의(經緯儀) 측량방법 등으로 경계점표지를 구하여야 한다. 이 경우 면적은 제2항에도 불구하고 경계점좌표에 따라 결정하여야 한다.

를 작성하여야 한다(영 제73조).

(2) **지적소관청**은 축척변경 시행기간 중에는 축척변경 시행지역의 지적공부정리와 경계복원측량(영 제71조 제3항에 따른 경계점표지의 설치를 위한 경계복원측량은 제외한다)을 제78조에 따른 축척변경 확정공고일까지 정지하여야 한다. 다만, 축척변경위원회의 의결이 있는 경우에는 그러하지 아니하다 (영 제74조).

바. 면적증감의 처리

(1) 청산금의 산정

지적소관청은 축척변경에 관한 측량을 한 결과 측량 전에 비하여 면적의 증감이 있는 경우에는 그 증감면적에 대하여 청산을 하여야 한다. 다만, 필지별 증감면적이 영 제19조 제1항 제2호 가목에 따른 허용범위 이내인 경우(다만, 축척변경위원회의 의결이 있는 경우는 제외한다)나 토지소유자 전원이 청 산하지 아니하기로 합의하여 서면으로 제출한 경우에는 그러하지 아니하다(영 제75조 제1항).

청산을 할 때에는 축척변경위원회의 의결을 거쳐 지번별로 제곱미터당 금액(이하 "지번별 제곱미터 당 금액"이라 한다)을 정하여야 한다. 이 경우 **지적소관청**은 시행공고일 현재를 기준으로 그 축척변경 시행지역의 토지에 대하여 지번별 제곱미터당 금액을 미리 조사하여 축척변경위원회에 제출하여야 한 다(영 제75조 제2항).

청산금은 영 제73조에 따라 작성된 축척변경 지번별 조서의 필지별 증감면적에 영 제75조 제2항에 따라 결정된 지번별 제곱미터당 금액을 곱하여 산정한다(영 제75조 제3항).

지적소관청은 청산금을 산정하였을 때에는 청산금 조서(축척변경 지번별 조서에 필지별 청산금 명 세를 적은 것을 말한다)를 작성하고, 청산금이 결정되었다는 뜻을 영 제71조 제2항의 방법에 따라 15 일 이상 공고하여 일반인이 열람할 수 있게 하여야 한다(영 제75조 제4항).

(2) 청산금의 납부고지

지적소관청은 청산금의 결정을 공고한 날부터 20일 이내에 토지소유자에게 청산금의 납부고지 또 는 수령통지를 하여야 한다(영 제76조 제1항). 납부고지를 받은 자는 그 고지를 받은 날부터 6개월 이내에 청산금을 **지적소관청**에 내야 한다(영 제76조 제2항). **지적소관청**은 제1항에 따른 수령통지를 한 날부터 6개월 이내에 청산금을 지급하여야 한다(영 제76조 제3항). **지적소관청**은 청산금을 지급받 을 자가 행방불명 등으로 받을 수 없거나 받기를 거부할 때에는 그 청산금을 공탁할 수 있다(영 제76조 제4항). **지적소관청**은 청산금을 내야 하는 자가 영 제77조 제1항에 따른 기간 내에 청산금에 관한 의의신청을 하지 아니하고 영 제76조 제2항에 따른 기간 내에 청산금을 내지 아니하면 지방세 체납처 분의 예에 따라 징수할 수 있다(영 제76조 제5항).

(3) 청산금에 대한 이의신청

영 제76조 제1항에 따라 납부고지되거나 수령통지된 청산금에 관하여 이의가 있는 자는 납부고지 또는 수령통지를 받은 날부터 1개월 이내에 **지적소관청**에 이의신청을 할 수 있다(영 제77조 제1항). 이의신청을 받은 **지적소관청**은 1개월 이내에 축척변경위원회의 심의·의결을 거쳐 그 인용(認容) 여부를 결정한 후 지체 없이 그 내용을 이의신청인에게 통지하여야 한다(영 제77조 제2항).

(4) 청산금 차액의 처리

청산금을 산정한 결과 증가된 면적에 대한 청산금의 합계와 감소된 면적에 대한 청산금의 합계에 차액이 생긴 경우 초과액은 그 지방자치단체(「제주도특별법」 제10조 제2항에 따른 행정시의 경우에는 해당 행정시가 속한 특별자치도를 말하고, 「지방자치법」 제3조 제3항에 따른 자치구가 아닌 구의 경우에는 해당 구가 속한 시를 말한다)의 수입으로 하고, 부족액은 그 지방자치단체가 부담한다(영 제75조 제5항).

사. 축척변경의 확정공고

청산금의 납부 및 지급이 완료되었을 때에는 **지적소관청**은 지체 없이 축척변경의 확정공고를 하여야 한다(영 제78조 제1항). **지적소관청**은 제1항에 따른 확정공고를 하였을 때에는 지체 없이 축척변경에 따라 확정된 사항을 지적공부에 등록하여야 한다(영 제78조 제2항). 축척변경 시행지역의 토지는 제1항에 따른 확정공고일에 토지의 이동이 있는 것으로 본다(영 제78조 제3항).

5. 축척위원회

가. 구성

축척변경위원회는 5명 이상 10명 이하의 위원으로 구성하되, 위원의 2분의 1 이상을 토지소유자로 하여야 한다. 이 경우 그 축척변경 시행지역의 토지소유자가 5명 이하일 때에는 토지소유자 전원을 위원으로 위촉하여야 한다(영 제79조 제1항). 위원장은 위원 중에서 **지적소관청**이 지명한다(영 제79조 제2항). 위원은 해당 축척변경 시행지역의 토지소유자로서 지역 사정에 정통한 사람이나 지적에 관하여 전문지식을 가진 사람 중에서 **지적소관청**이 위촉한다(영 제79조 제3항).

축척변경위원회의 위원에게는 예산의 범위에서 출석수당과 여비, 그 밖의 실비를 지급할 수 있다. 다만, 공무원인 위원이 그 소관 업무와 직접적으로 관련되어 출석하는 경우에는 그러하지 아니하다(영 제79조 제4항).

나. 기능

축척변경위원회는 **지적소관청**이 회부하는 다음 각 호 1. 축척변경 시행계획에 관한 사항, 2. 지번별 제곱미터당 금액의 결정과 청산금의 산정에 관한 사항, 3. 청산금의 이의신청에 관한 사항, 4. 그 밖에 축척변경과 관련하여 **지적소관청**이 회의에 부치는 사항의 사항을 심의·의결한다(영 제80조).

다. 회의

축척변경위원회의 회의는 **지적소관청**이 제80조 각 호의 어느 하나에 해당하는 사항을 축척변경위원회에 회부하거나 위원장이 필요하다고 인정할 때에 위원장이 소집한다(영 제81조 제1항).

축척변경위원회의 회의는 위원장을 포함한 재적위원 과반수의 출석으로 개의(開議)하고, 출석위원 과반수의 찬성으로 의결한다(영 제81조 제2항).

위원장은 축척변경위원회의 회의를 소집할 때에는 회의일시·장소 및 심의안건을 회의 개최 5일 전까지 각 위원에게 서면으로 통지하여야 한다(영 제81조 제3항).

제2절 　기타 토지이동

I. 등록사항의 정정

등록사항의 정정(訂正)이란 지적공부에 등록된 등록사항에 오류가 있을 경우 지적소유자의 신청 또는 **지적소관청**의 직권에 의하여 등록사항를 바로 잡는 것을 말한다.

1. 토지소유자의 신청에 의한 정정

토지소유자는 지적공부의 등록사항에 잘못이 있음을 발견하면 **지적소관청**에 그 **정정을 신청**할 수 있다(법 제84조 제1항).

토지소유자의 신청에 따른 정정으로 인접 토지의 경계가 변경되는 경우에는 다음 각 호 1. 인접 토지소유자의 승낙서, 2. 인접 토지소유자가 승낙하지 아니하는 경우에는 이에 대항할 수 있는 확정판결서 정본(正本)의 어느 하나에 해당하는 서류를 **지적소관청**에 제출하여야 한다(법 제84조 제3항).

2. 지적소관청의 직권에 의한 정정

지적소관청은 지적공부의 등록사항에 잘못이 있음을 발견하면 대통령령으로 정하는 바에 따라 **직권으로 조사·측량하여 정정**할 수 있다(법 제84조 제2항). **지적소관청**이 법 제84조 제2항에 따라 지적공부의 등록사항에 잘못이 있는지를 직권으로 조사·측량하여 정정할 수 있는 경우는 다음 각 호와 같다(영 제82조 제1항).

1. 영 제84조 제2항에 따른 <u>토지이동정리 결의서의 내용과 다르게 정리된 경우</u>
2. 지적도 및 임야도에 등록된 필지가 면적의 증감 없이 **경계의 위치**만 잘못된 경우
3. 1필지가 각각 다른 지적도나 임야도에 등록되어 있는 경우로서 지적공부에 등록된 면적과 측량한 실제면적은 일치하지만 <u>지적도나 임야도에 등록된 경계가 서로 접합되지 않아 지적도나 임야도에 등록된 경계를 지상의 경계에 맞추어 정정하여야 하는 토지가 발견된 경우</u>
4. <u>지적공부의 작성 또는 재작성 당시 잘못 정리된 경우</u>
5. <u>지적측량성과와 다르게 정리된 경우</u>
6. 법 제29조 제10항에 따라 <u>지적공부의 등록사항을 정정하여야 하는 경우</u>
7. <u>지적공부의 등록사항이 잘못 입력된 경우</u>
8. 「부동산등기법」 제37조 제2항에 따른 <u>통지가 있는 경우</u>(**지적소관청**의 착오로 잘못 합병한 경우만 해당한다)
9. 법률 제2801호 지적법개정법률 부칙 제3조에[822] 따른 <u>면적 환산이 잘못된 경우</u>

지적소관청은 제1항 각 호의 어느 하나에 해당하는 토지가 있을 때에는 <u>지체 없이</u> 관계 서류에 따라 지적공부의 등록사항을 정정하여야 한다(영 제82조 제2항).

지적공부의 등록사항 중 <u>경계나 면적 등 측량을 수반하는 토지의 표시가 잘못된 경우</u>에는 **지적소관청**은 그 <u>정정이 완료될 때까지 지적측량을 정지</u>시킬 수 있다. 다만, 잘못 표시된 사항의 정정을 위한 지적측량은 그러하지 아니하다(영 제82조 제3항).

3. 소유자 정정

지적소관청이 등록사항을 정정할 때 그 정정사항이 <u>토지소유자에 관한 사항</u>인 경우에는 <u>등기필증, 등기완료통지서, 등기사항증명서 또는 등기관서에서 제공한 등기전산정보자료</u>에 따라 정정하여야 한다. 다만, 제1항에 따라 <u>미등기 토지</u>에 대하여 토지소유자의 성명 또는 명칭, 주민등록번호, 주소 등에 관한 사항의 정정을 <u>신청한 경우</u>로서 그 등록사항이 명백히 잘못된 경우에는 <u>가족관계 기록사항에 관한 증명서</u>에 따라 정정하여야 한다(법 제84조 제4항).

Ⅱ. 행정구역의 명칭 및 지번부여지역의 변경

<u>행정구역의 명칭이 변경되었으면 지적공부에 등록된 토지의 소재는 새로운 행정구역의 명칭으로 변</u>

---

822) 부칙 〈법률 제2801호, 1975. 12. 31. 〉 제3조 (면적단위에 대한 경과조치) 이 법 시행당시 종전의 규정에 의하여 토지대장 또는 임야대장에 등록된 면적단위는 평방미터 단위로 환산등록될 때까지 종전의 례에 의하여 함께 사용한다.

경된 것으로 본다(법 제85조 제1항).

지번부여지역의 일부가 행정구역의 개편으로 다른 지번부여지역에 속하게 되었으면 **지적소관청**은 새로 속하게 된 지번부여지역의 지번을 부여하여야 한다(법 제85조 제2항).

Ⅲ. 도시개발사업 등 시행지역의 토지이동 신청에 관한 특례

1. 토지개발사업의 착수·변경 및 완료를 지적소관청에 신고하는 사업 범위

「도시개발법」에 따른 도시개발사업, 「농어촌정비법」에 따른 농어촌정비사업, 그 밖에 **대통령령으로 정하는 토지개발사업**의 시행자는 대통령령으로 정하는 바에 따라 그 사업의 **착수·변경 및 완료 사실을 지적소관청에 신고**하여야 한다(법 제86조 제1항).

법 제86조 제1항에서 **"대통령령으로 정하는 토지개발사업"**이란 다음 각 호 1. 「주택법」에 따른 주택건설사업, 2. 「택지개발촉진법」에 따른 택지개발사업, 3. 「산업입지법」에 따른 산업단지개발사업, 4. 「도시정비법」에 따른 정비사업, 5. 「지역 개발 및 지원에 관한 법률」에 따른 지역개발사업, 6. 「체육시설의 설치·이용에 관한 법률」에 따른 체육시설 설치를 위한 토지개발사업, 7. 「관광진흥법」에 따른 관광단지 개발사업, 8. 「공유수면 관리 및 매립에 관한 법률」에 따른 매립사업, 9. 「항만법」 및 「신항만건설촉진법」에 따른 항만개발사업, 10. 「공공주택 특별법」에 따른 공공주택지구조성사업, 11. 「물류시설의 개발 및 운영에 관한 법률」 및 「경제자유구역의 지정 및 운영에 관한 특별법」에 따른 개발사업, 12. 「철도의 건설 및 철도시설 유지관리에 관한 법률」에 따른 고속철도, 일반철도 및 광역철도 건설사업, 13. 「도로법」에 따른 고속국도 및 일반국도 건설사업, 14. 그 밖에 제1호부터 제13호까지의 사업과 유사한 경우로서 **국토교통부장관이 고시하는 요건에 해당하는 토지개발사업**을 말한다(영 제83조 제1항).

국토교통부장관이 고시하는 요건에 해당하는 토지개발사업(지적확정측량 대상 요건 및 토지개발사업 고시)[823]
1. 대상 요건: 토지면적 10,000㎡ 이상인 다음 각 호 가. 「공원녹지법」에 따른 공원시설사업, 나. 「국토계획법」에 따른 도시·군계획사업, 다. 「공공기관 지방이전에 따른 혁신도시건설 및 지원에 관한 특별법」에 따른 혁신도시개발사업, 라. 「전원개발촉진법」에 따른 변전소 신축사업, 마. 「산업집적활성화 및 공장설립에 관한 법률」에 따른 공장설립 사업, 바. 「도시가스사업법」에 따른 가스공급시설 사업, 사. 「국가균형발전 특별법」에 따른 개발사업, 아. 「수도법」에 따른 정수시설부지 조성사업, 자. 「학교시설사업 촉진법」에 따른 학교시설사업에 해당하는 토지개발 사업
2. 대상사업의 관리: 지적소관청은 위 대상사업 및 요건에 해당하는 토지개발사업의 시행자가 토지이동신청 특례 조항을 준수하도록 조치하여야 한다.

---

2. 신고기한

법 제86조 제1항에 따른 도시개발사업 등의 착수·변경 또는 완료 사실의 신고는 그 사유가 발생한

---

823) [시행 2014. 7. 31.] [국토교통부고시 제2014-468호, 2014. 7. 31., 제정]

날부터 15일 이내에 하여야 한다(영 제83조 제2항).

3. 토지이동의 신청

「주택법」에 따른 주택건설사업의 시행자가 파산 등의 이유로 토지의 이동 신청을 할 수 없을 때에는 그 주택의 시공을 보증한 자 또는 입주예정자 등이 신청할 수 있다(영 제83조 제4항).

법 제86조 제1항에 따른 사업과 관련하여 토지의 이동이 필요한 경우에는 해당 **사업의 시행자**가 **지적소관청**에 **토지의 이동을 신청**하여야 한다(법 제86조 제2항).

법 제86조 제2항에 따른 토지의 이동 신청은 그 신청대상지역이 환지를 수반하는 경우에는 법 제86조 제1항에 따른 사업완료 신고로써 이를 갈음할 수 있다. 이 경우 사업완료 신고서에 법 제86조 제2항에 따른 토지의 이동 신청을 갈음한다는 뜻을 적어야 한다(영 제83조 제3항). 법 제86조 제2항에 따른 토지의 이동은 토지의 형질변경 등의 공사가 준공된 때에 이루어진 것으로 본다(법 제86조 제3항).

법 제86조 제1항에 따라 사업의 착수 또는 변경의 신고가 된 토지의 소유자가 해당 토지의 이동을 원하는 경우에는 해당 사업의 시행자에게 그 토지의 이동을 신청하도록 요청하여야 하며, 요청을 받은 시행자는 해당 사업에 지장이 없다고 판단되면 **지적소관청**에 그 이동을 신청하여야 한다(법 제86조 제4항).

IV. 토지이동의 신청권자

1. 토지소유자 및 도시개발사업 등 사업시행자 신청

토지이동의 신청은 원칙적으로 토지소유자가 신청한다. 가령 신규등록(법 제77조), 등록전환(법 제78조), 분할(법 제79조), 합병(법 제80조), 지목변경(법 제81조), 바다로 된 토지의 등록말소 신청(법 제82조), 축척변경(법 제83조), 등록사항의 오류정정(법 제84조)을 신청할 수 있다. 한편, **도시개발사업 등 시행자는 시행지역의 토지이동 신청의 특례**(법 제86조)를 정하고 있다.

2. 신청의 대위

다음 각 호의 어느 하나에 해당하는 자는 이 법에 따라 토지소유자가 하여야 하는 신청을 대신할 수 있다. 다만, 제84조에 따른 등록사항 정정 대상토지는 제외한다(법 제87조).

1. 공공사업 등에 따라 학교용지·도로·철도용지·제방·하천·구거·유지·수도용지 등의 지목으로 되는 토지인 경우: 해당 사업의 시행자
2. 국가나 지방자치단체가 취득하는 토지인 경우: 해당 토지를 관리하는 행정기관의 장 또는 지방자치단체의 장
3. 「주택법」에 따른 공동주택의 부지인 경우: 「집합건물법」에 따른 관리인(관리인이 없는 경우에는

　　공유자가 선임한 대표자) 또는 해당 <u>사업의 시행자</u>

　4. 「민법」제404조에 따른 <u>채권자</u>

Ⅰ. 지적정리

1. 의의

　지적정리(地籍整理)라 함은 <u>토지이동</u>에 의하여 <u>토지현황의 변동</u>과 <u>소유자에 관한 사항, 그 밖에 지</u><u>적관리상 발생하는 일체의 사항</u>을 현황과 일치하도록 지적공부에 등록하는 것을 말한다.

2. 토지이동에 따른 지적정리

　지적소관청은 전술한 토지의 이동(제1절 토지의 이동 신청 및 제2절 기타 토지이동)에 의하여 지적공부를 정리하여야 한다.

3. 토지소유자의 정리

　토지소유자의 정리는 이미 지적공부에 등록된 토지소유자의 변경과 신규등록하는 토지소유자의 등록으로 구분된다.

가. 이미 지적공부에 등록된 토지소유자의 변경

　(1) 지정공부정리의 근거 자료: 이미 지적공부에 등록된 토지소유자의 변경사항은 등기관서에서 등기한 것을 증명하는 <u>등기필증, 등기완료통지서, 등기사항증명서 또는 등기관서에서 제공한 등기전산</u><u>정보자료</u>에 따라 정리한다(법 제88조 제1항 본문).

　(2) 직권 또는 신청에 의한 정리: 등기부에 적혀 있는 토지의 표시가 지적공부와 일치하지 아니하면 법 제88조 제1항에 따라 토지소유자를 정리할 수 없다. 이 경우 <u>토지의 표시와 지적공부가 일치하</u><u>지 아니하다는 사실을 관할 등기관서에 통지</u>하여야 한다(법 제88조 제3항).

　지적소관청은 필요하다고 인정하는 경우에는 관할 등기관서의 등기부를 열람하여 <u>지적공부와 부동</u><u>산등기부가 일치하는지 여부</u>를 <u>조사·확인</u>하여야 하며, <u>일치하지 아니하는 사항</u>을 발견하면 등기사항증명서 또는 등기관서에서 제공한 등기전산정보자료에 따라 지적공부를 직권으로 정리하거나, 토지소유자나 그 밖의 이해관계인에게 그 지적공부와 부동산등기부가 일치하게 하는 데에 필요한 신청 등을 하도록 요구할 수 있다(법 제88조 제4항).

지적소관청 소속 공무원이 지적공부와 부동산등기부의 부합 여부를 확인하기 위하여 등기부를 열람하거나, 등기사항증명서의 발급을 신청하거나, 등기전산정보자료의 제공을 요청하는 경우 그 수수료는 무료로 한다(법 제88조 제5항).

나. 신규등록 토지소유자의 경우

신규등록하는 토지의 소유자는 **지적소관청**이 직접 조사하여 등록한다(법 제88조 제1항 단서). 소유권에 관한 사항은 등기필증 등의 등기관련 자료에 근거하여 지적정리를 하여야 하지만, 신규등록을 할 때 등기관련 자료가 존재하지 않을 것이므로 **지적소관청**이 신규등록 신청 당시 제출된 소유권 증명서류에 의하여 조사한 후 등록한다.

그리고 「국유재산법」 제2조 제10호에 따른 총괄청이나 같은 조 제11호에 따른 중앙관서의 장이 같은 법 제12조 제3항에 따라 소유자 없는 부동산(무주부동산)에 대한 소유자 등록을 신청하는 경우 **지적소관청**은 지적공부에 해당 토지의 소유자가 등록되지 아니한 경우에만 등록할 수 있는데(법 제88조 제2항), 이 경우가 신규등록이 될 수 있다.

II. 등기촉탁

1. 의의

등기촉탁이라 함은 토지이동으로 인하여 토지의 표시변경에 대하여 등기를 할 필요가 있는 경우 토지소유자를 대신하여 **지적소관청**이 관할 등기소에 등기를 신청하는 것을 등기촉탁이라고 한다. **지적소관청**은 토지이동 등의 사유로 **토지표시의 변경에 관한 등기**를 할 필요가 있을 경우에는 소관청은 지체 없이 관할 등기소에 그 등기를 촉탁하여야 한다. 이 경우 등기촉탁은 국가가 국가를 위하여 하는 등기로 본다(법 제89조 제1항).

2. 등기촉탁의 사유

지적소관청은 필요가 있는 경우에 다음 가. 신규등록은 제외하고 직권으로 토지의 이동정리를 한 때(법 제64조 제2항), 나. **지적소관청**이 지적공부에 등록된 지번을 변경할 필요가 있다고 인정하여 지번을 변경한 경우(법 제66조 제2항), 다. 바다로 된 토지의 등록말소 신청(법 제82조), 라. 축척변경을 한 경우(법 제83조 제2항), 마. 등록사항 오류를 직권으로 정정한 때(법 제84조 제2항), 바. 행정구역의 개편으로 새로이 지번을 부여한 경우(법 제85조 제2항)와 같은 사유에는 지체 없이 관할 등기소에 **토지의 표시 변경에 관한 등기**를 촉탁하여야 한다.

3. 등기촉탁의 절차

등기촉탁에 필요한 사항은 국토교통부령으로 정한다(법 제89조 제2항). 이에 따라 **지적소관청**은 법 제89조 제1항에 따라 등기관서에 토지표시의 변경에 관한 등기를 **지적소관청**촉탁하려는 때에는 별지 제83호 서식의 토지표시변경등기 촉탁서에 그 취지를 적어야 한다(칙 제97조 제1항). 칙 제97조 제1항에 따라 토지표시의 변경에 관한 등기를 촉탁한 때에는 별지 제84호 서식의 토지표시변경등기 촉탁대장에 그 내용을 적어야 한다(칙 제97조 제2항).

Ⅲ. 지적정리 등의 통지

1. 의의 및 통지의 사유

지적소관청이 다음의 사유 가. **지적소관청** 직권으로 조사·측량하여 <u>토지의 이동정리를 결정한 때</u>(법 제64조 제2항 단서), 나. <u>지번을 변경한 경우</u>(법 제66조 제2항), 다. <u>지적공부를 **복구**한 때</u>(법 제74조), 라. <u>바다로 된 토지에 대하여 **지적소관청**이 직권으로 등록**말소**를 한때</u>(법 제82조 제2항), 마. <u>**지적소관청**이 등록사항을 직권으로 정정한 때</u>(법 제84조 제2항), 바. <u>행정구역의 개편으로 새로이 지번을 부여한 때</u>(법 제85조 제2항), 사. <u>도시개발사업 등 시행으로 사업시행자가 토지이동 신청한 때</u>(법 제86조 제2항), 아. <u>대위신청에 의하여 지적정리를 한 때</u>(법 제87조), 자. **지적소관청**이 <u>토지표시변경에 관한 **등기를 촉탁**한 때</u>(법 제89조)에 따라 <u>지적공부에 등록하거나</u> <u>지적공부를 복구 또는 말소하거나</u> <u>등기촉탁</u>을 하였으면 대통령령(영 제85조)으로 정하는 바에 따라 해당 <u>토지소유자에게 통지</u>하여야 한다(법 제90조 본문). 그러나 토지소유자가 신청한 사항은 토지소유자 자신이 알고 있기 때문에 **지적소관청**이 별도로 통지할 필요가 없다.

다만, 통지받을 자의 주소나 거소를 알 수 없는 경우에는 국토교통부령으로[824] 정하는 바에 따라 일간신문, 해당 시·군·구의 공보 또는 인터넷 홈페이지에 공고하여야 한다(법 제90조 단서).

2. 통지의 시기

지적소관청이 법 제90조에 따라 토지소유자에게 <u>지적정리 등을 통지하여야 하는 시기</u>는 다음 각 호 1. <u>토지의 표시에 관한 변경등기가 필요한 경우: 그 등기완료의 통지서를 접수한 날부터 15일 이내</u>, 2. 토지의 표시에 관한 변경등기가 필요하지 아니한 경우: <u>지적공부에 등록한 날부터 7일 이내</u>의 구분에 따른다(영 제85조).

---

824) 조문에서 위임한 사항을 규정한 하위법령이 없다.

제5장 지적측량825)

I. 지적측량의 실시 등

다음 각 호의 어느 하나에 해당하는 경우에는 지적측량을 하여야 한다(법 제23조 제1항).

1. 법 제7조 제1항 제3호에 따른 지적기준점을 정하는 경우

2. 법 제25조에 따라 지적측량성과를 검사하는 경우

3. 다음 각 목의 어느 하나에 해당하는 경우로서 측량을 할 필요가 있는 경우

    가. 법 제74조에 따라 지적공부를 복구하는 경우

    나. 법 제77조에 따라 토지를 신규등록하는 경우

    다. 법 제78조에 따라 토지를 등록전환하는 경우

    라. 법 제79조에 따라 토지를 분할하는 경우

    마. 법 제82조에 따라 바다가 된 토지의 등록을 말소하는 경우

    바. 법 제83조에 따라 축척을 변경하는 경우

    사. 법 제84조에 따라 지적공부의 등록사항을 정정하는 경우

    아. 법 제86조에 따른 도시개발사업 등의 시행지역에서 토지의 이동이 있는 경우

    자. 「지적재조사에 관한 특별법」에 따른 지적재조사사업에 따라 토지의 이동이 있는 경우

4. 경계점을 지상에 복원하는 경우

5. 그 밖에 대통령령으로 정하는 경우

지적측량의 방법 및 절차 등에 필요한 사항은 국토교통부령으로 정한다(법 제23조 제2항).

II. 지적측량 의뢰 등

토지소유자 등 이해관계인은 제23조 제1항 제1호 및 제3호(자목은 제외한다)부터 제5호까지의 사유로 지적측량을 할 필요가 있는 경우에는 법 제44조 제1항 제2호의 지적측량업의 등록을 한 자나 「국가

---

825) 「공간정보관리법」 제2장 제4절에 속한다.

공간정보기본법」제12조에 따라 설립된 한국국토정보공사(이하 "한국국토정보공사"라 한다) 다음 각 호의 어느 하나에 해당하는 자(이하 "지적측량수행자"라 한다)에게 지적측량을 의뢰하여야 한다(법 제 24조 제1항).

지적측량수행자는 지적측량 의뢰를 받으면 지적측량을 하여 그 측량성과를 결정하여야 한다(법 제 24조 제2항).

제1항 및 제2항에 따른 지적측량 의뢰 및 측량성과 결정 등에 필요한 사항은 국토교통부령으로 정한 다(법 제24조 제3항).

Ⅲ. 지적측량성과의 검사

지적측량수행자가 제23조에 따라 지적측량을 하였으면 시·도지사, 대도시 시장(「지방자치법」제175 조에 따라 서울특별시·광역시 및 특별자치시를 제외한 인구 50만 이상의 시의 시장을 말한다. 이하 같 다) 또는 **지적소관청**으로부터 측량성과에 대한 검사를 받아야 한다. 다만, 지적공부를 정리하지 아니하 는 측량으로서 국토교통부령으로 정하는 측량의 경우에는 그러하지 아니하다(법 제25조 제1항). 지적측 량성과의 검사방법 및 검사절차 등에 필요한 사항은 국토교통부령으로 정한다(법 제25조 제2항).

Ⅳ. 토지의 이동에 따른 면적 등의 결정방법

합병에 따른 경계·좌표 또는 면적은 따로 지적측량을 하지 아니하고 다음 각 호의 구분에 따라 결정 한다(법 제26조 제1항).

1. 합병 후 필지의 경계 또는 좌표: 합병 전 각 필지의 경계 또는 좌표 중 합병으로 필요 없게 된 부분을 말소하여 결정
2. 합병 후 필지의 면적: 합병 전 각 필지의 면적을 합산하여 결정

등록전환이나 분할에 따른 면적을 정할 때 오차가 발생하는 경우 그 오차의 허용 범위 및 처리방법 등에 필요한 사항은 대통령령으로 정한다(법 제26조 제2항).

Ⅴ. 지적기준점성과의 보관 및 열람 등

시·도지사나 **지적소관청**은 지적기준점성과(지적기준점에 의한 측량성과를 말한다. 이하 같다)와 그 측량기록을 보관하고 일반인이 열람할 수 있도록 하여야 한다(법 제27조 제1항).[826]

지적기준점성과의 등본이나 그 측량기록의 사본을 발급받으려는 자는 국토교통부령으로 정하는 바에 따라 시·도지사나 **지적소관청**에 그 발급을 신청하여야 한다(법 제27조 제2항).

VI. 지적위원회

다음 각 호 1. 지적 관련 정책 개발 및 업무 개선 등에 관한 사항, 2. 지적측량기술의 연구·개발 및 보급에 관한 사항, 3. 제29조 제6항에 따른 지적측량 적부심사(適否審査)에 대한 재심사(再審査), 4. 제39조에 따른 측량기술자 중 지적분야 측량기술자(이하 "지적기술자"라 한다)의 양성에 관한 사항, 5. 제42조에 따른 지적기술자의 업무정지 처분 및 징계요구에 관한 사항을 심의·의결하기 위하여 국토교통부에 중앙지적위원회를 둔다(법 제28조 제1항).

법 제29조에 따른 지적측량에 대한 적부심사 청구사항을 심의·의결하기 위하여 특별시·광역시·특별자치시·도 또는 특별자치도(이하 "시·도"라 한다)에 지방지적위원회를 둔다(법 제28조 제2항).

중앙지적위원회와 지방지적위원회의 위원 구성 및 운영에 필요한 사항은 대통령령으로 정한다(법 제28조 제3항).

중앙지적위원회와 지방지적위원회의 위원 중 공무원이 아닌 사람은 「형법」 제127조 및 제129조부터 제132조까지의 규정을 적용할 때에는 공무원으로 본다(법 제28조 제4항).

VII. 지적측량의 적부심사 등

토지소유자, 이해관계인 또는 지적측량수행자는 지적측량성과에 대하여 다툼이 있는 경우에는 대통령령으로 정하는 바에 따라 관할 시·도지사를 거쳐 지방지적위원회에 지적측량 적부심사를 청구할 수 있다(법 제29조 제1항).

제1항에 따른 지적측량 적부심사청구를 받은 시·도지사는 30일 이내에 다음 각 호의 사항을 조사하여 지방지적위원회에 회부하여야 한다(법 제29조 제2항).

1. 다툼이 되는 지적측량의 경위 및 그 성과
2. 해당 토지에 대한 토지이동 및 소유권 변동 연혁
3. 해당 토지 주변의 측량기준점,[827] 경계, 주요 구조물 등 현황 실측도

제2항에 따라 지적측량 적부심사청구를 회부받은 지방지적위원회는 그 심사청구를 회부받은 날부터 60일 이내에 심의·의결하여야 한다. 다만, 부득이한 경우에는 그 심의기간을 해당 지적위원회의 의결

---

826) "측량기록"이란 측량성과를 얻을 때까지의 측량에 관한 작업의 기록을 말한다(법 제2조 제9호).
827) "측량기준점"이란 측량의 정확도를 확보하고 효율성을 높이기 위하여 특정 지점을 제6조에 따른 측량기준에 따라 측정하고 좌표 등으로 표시하여 측량 시에 기준으로 사용되는 점을 말한다(법 제2조 제7호).

을 거쳐 30일 이내에서 한 번만 연장할 수 있다(법 제29조 제3항).

지방지적위원회는 지적측량 적부심사를 의결하였으면 대통령령으로 정하는 바에 따라 의결서를 작성하여 시·도지사에게 송부하여야 한다(법 제29조 제4항).

시·도지사는 제4항에 따라 의결서를 받은 날부터 7일 이내에 지적측량 적부심사 청구인 및 이해관계인에게 그 의결서를 통지하여야 한다(법 제29조 제5항).

제5항에 따라 의결서를 받은 자가 지방지적위원회의 의결에 불복하는 경우에는 그 의결서를 받은 날부터 90일 이내에 **국토교통부장관**을 거쳐 중앙지적위원회에 재심사를 청구할 수 있다(법 제29조 제6항).

제6항에 따른 재심사청구에 관하여는 제2항부터 제5항까지의 규정을 준용한다. 이 경우 "시·도지사"는 "**국토교통부장관**"으로, "지방지적위원회"는 "중앙지적위원회"로 본다(법 제29조 제7항).

제7항에 따라 중앙지적위원회로부터 의결서를 받은 **국토교통부장관**은 그 의결서를 관할 시·도지사에게 송부하여야 한다(법 제29조 제8항).

시·도지사는 제4항에 따라 지방지적위원회의 의결서를 받은 후 해당 지적측량 적부심사 청구인 및 이해관계인이 제6항에 따른 기간에 재심사를 청구하지 아니하면 그 의결서 사본을 **지적소관청**에 보내야 하며, 제8항에 따라 중앙지적위원회의 의결서를 받은 경우에는 그 의결서 사본에 제4항에 따라 받은 지방지적위원회의 의결서 사본을 첨부하여 **지적소관청**에 보내야 한다(법 제29조 제9항).

제9항에 따라 지방지적위원회 또는 중앙지적위원회의 의결서 사본을 받은 **지적소관청**은 그 내용에 따라 지적공부의 등록사항을 정정하거나 측량성과를 수정하여야 한다(법 제29조 제10항).

제9항 및 제10항에도 불구하고 특별자치시장은 제4항에 따라 지방지적위원회의 의결서를 받은 후 해당 지적측량 적부심사 청구인 및 이해관계인이 제6항에 따른 기간에 재심사를 청구하지 아니하거나 제8항에 따라 중앙지적위원회의 의결서를 받은 경우에는 직접 그 내용에 따라 지적공부의 등록사항을 정정하거나 측량성과를 수정하여야 한다(법 제29조 제11항).

지방지적위원회의 의결이 있은 후 제6항에 따른 기간에 재심사를 청구하지 아니하거나 중앙지적위원회의 의결이 있는 경우에는 해당 지적측량성과에 대하여 다시 지적측량 적부심사청구를 할 수 없다(법 제29조 제12항).

VIII. 손해배상책임의 보장

1. 손해배상책임

지적측량수행자가 타인의 의뢰에 의하여 지적측량을 함에 있어서 고의 또는 과실로 지적측량을 부실하게 함으로써 지적측량의뢰인이나 제3자에게 재산상의 손해를 발생하게 한 때에는 지적측량수행자는 그 손해를 배상할 책임이 있다(법 제51조 제1항).

2. 보증설정 및 변경

지적측량수행자는 제1항에 따른 손해배상책임을 보장하기 위하여 대통령령으로 정하는 바에 따라 보험가입 등 필요한 조치를 하여야 한다(법 제51조 제2항). 이에 따라 지적측량수행자는 법 제51조 제2항에 따라 손해배상책임을 보장하기 위하여 다음 각 호 1. 지적측량업자: 보장기간 10년 이상 및 보증금액 1억원 이상, 2. 「국가공간정보 기본법」 제12조에 따라 설립된 한국국토정보공사(이하 "한국국토정보공사"라 한다): 보증금액 20억원 이상의 구분에 따라 보증보험에 가입하거나 공간정보산업협회가 운영하는 보증 또는 공제에 가입하는 방법으로 보증설정(이하 "보증설정"이라 한다)을 하여야 한다(영 제41조 제1항).

지적측량업자는 지적측량업 등록증을 발급받은 날부터 10일 이내에 제1항 제1호의 기준에 따라 보증설정을 하여야 하며, 보증설정을 하였을 때에는 이를 증명하는 서류를 제35조 제1항에 따라 등록한 시·도지사에게 제출하여야 한다(영 제41조 제2항).

법 제51조에 따라 보증설정을 한 지적측량수행자는 그 보증설정을 다른 보증설정으로 변경하려는 경우에는 해당 보증설정의 효력이 있는 기간 중에 다른 보증설정을 하고 그 사실을 증명하는 서류를 제35조 제1항에 따라 등록한 시·도지사에게 제출하여야 한다(영 제42조 제1항).

보증설정을 한 지적측량수행자는 보증기간의 만료로 인하여 다시 보증설정을 하려는 경우에는 그 보증기간 만료일까지 다시 보증설정을 하고 그 사실을 증명하는 서류를 제35조 제1항에 따라 등록한 시·도지사에게 제출하여야 한다(영 제42조 제2항).

3. 보험금 등의 지급 등

지적측량의뢰인은 법 제51조 제1항에 따른 손해배상으로 보험금·보증금 또는 공제금을 지급받으려면 다음 각 호 1. 지적측량의뢰인과 지적측량수행자 간의 손해배상합의서 또는 화해조서, 2. 확정된 법원의 판결문 사본, 3. 제1호 또는 제2호에 준하는 효력이 있는 서류의 어느 하나에 해당하는 서류를 첨부하여 보험회사 또는 공간정보산업협회에 손해배상금 지급을 청구하여야 한다(영 제43조 제1항).

지적측량수행자는 보험금·보증금 또는 공제금으로 손해배상을 하였을 때에는 지체 없이 다시 보증설정을 하고 그 사실을 증명하는 서류를 제35조 제1항에 따라 등록한 시·도지사에게 제출하여야 한다(영 제43조 제2항).

지적소관청은 제1항에 따라 지적측량수행자가 지급하는 손해배상금의 일부를 **지적소관청**의 지적측량성과 검사 과실로 인하여 지급하여야 하는 경우에 대비하여 공제에 가입할 수 있다(영 제43조 제3항).

제6장 보칙[828)

Ⅰ. 타인토지의 출입

1. 토지등에의 출입 등

이 법에 따라 측량을 하거나, 측량기준점을 설치하거나, 토지의 이동을 조사하는 자는 그 측량 또는 조사 등에 필요한 경우에는 타인의 토지·건물·공유수면 등(이하 "토지등"이라 한다)에 출입하거나 일시 사용할 수 있으며, 특히 필요한 경우에는 나무, 흙, 돌, 그 밖의 장애물(이하 "장애물"이라 한다)을 변경하거나 제거할 수 있다(법 제101조 제1항).

타인의 토지등에 출입하려는 자는 관할 특별자치시장, 특별자치도지사, 시장·군수 또는 구청장의 허가를 받아야 하며, 출입하려는 날의 3일 전까지 해당 토지등의 소유자·점유자 또는 관리인에게 그 일시와 장소를 통지하여야 한다. 다만, 행정청인 자는 허가를 받지 아니하고 타인의 토지등에 출입할 수 있다(법 제101조 제2항).

타인의 토지등을 일시 사용하거나 장애물을 변경 또는 제거하려는 자는 그 소유자·점유자 또는 관리인의 동의를 받아야 한다. 다만, 소유자·점유자 또는 관리인의 동의를 받을 수 없는 경우 행정청인 자는 관할 특별자치시장, 특별자치도지사, 시장·군수 또는 구청장에게 그 사실을 통지하여야 하며, 행정청이 아닌 자는 미리 관할 특별자치시장, 특별자치도지사, 시장·군수 또는 구청장의 허가를 받아야 한다(법 제101조 제3항).

특별자치시장, 특별자치도지사, 시장·군수 또는 구청장은 제3항 단서에 따라 허가를 하려면 미리 그 소유자·점유자 또는 관리인의 의견을 들어야 한다(법 제101조 제4항).

토지등을 일시 사용하거나 장애물을 변경 또는 제거하려는 자는 토지등을 사용하려는 날이나 장애물을 변경 또는 제거하려는 날의 3일 전까지 그 소유자·점유자 또는 관리인에게 통지하여야 한다. 다만, 토지등의 소유자·점유자 또는 관리인이 현장에 없거나 주소 또는 거소가 분명하지 아니할 때에는 관할 특별자치시장, 특별자치도지사, 시장·군수 또는 구청장에게 통지하여야 한다(법 제101조 제5항).

해 뜨기 전이나 해가 진 후에는 그 토지등의 점유자의 승낙 없이 택지나 담장 또는 울타리로 둘러싸인 타인의 토지에 출입할 수 없다(법 제101조 제6항). 토지등의 점유자는 정당한 사유 없이 제1항에

---

828) 「공간정보관리법」 제4장에 속한다.

따른 행위를 방해하거나 거부하지 못한다(법 제101조 제7항). 제1항에 따른 행위를 하려는 자는 그 권한을 표시하는 허가증을 지니고 관계인에게 이를 내보여야 한다(법 제101조 제8항). 제8항에 따른 허가증에 관하여 필요한 사항은 국토교통부령으로 정한다(법 제101조 제9항).

2. 토지등의 출입 등에 따른 손실보상

법 제101조 제1항에 따른 행위로 손실을 받은 자가 있으면 그 행위를 한 자는 그 손실을 보상하여야 한다(법 제102조 제1항). 손실보상에 관하여는 손실을 보상할 자와 손실을 받은 자가 협의하여야 한다(법 제102조 제2항). 손실을 보상할 자 또는 손실을 받은 자는 제2항에 따른 협의가 성립되지 아니하거나 협의를 할 수 없는 경우에는 관할 토지수용위원회에 재결(裁決)을 신청할 수 있다(법 제102조 제3항). 관할 토지수용위원회의 재결에 관하여는 「토지보상법」 제84조부터 제88조까지의 규정을 준용한다(법 제102조 제4항).

Ⅱ. 토지의 수용 또는 사용

국토교통부장관은 기본측량을 실시하기 위하여 필요하다고 인정하는 경우에는 토지, 건물, 나무, 그 밖의 공작물을 수용하거나 사용할 수 있다(법 제103조 제1항). 제1항에 따른 수용 또는 사용 및 이에 따른 손실보상에 관하여는 「공익사업을 위한 토지 등의 취득 및 보상에 관한 법률」을 적용한다(법 제103조 제2항).

Ⅲ. 수수료 등

다음 각 호 13. 제75조에 따른 지적공부의 열람 및 등본 발급 신청(제13호), 14. 제76조에 따른 지적 전산자료의 이용 또는 활용 신청(제13호), 14의2. 제76조의4에 따른 부동산종합공부의 열람 및 부동산 종합증명서 발급 신청(제14의2호), 15. 법 제77조에 따른 신규등록 신청, 제78조에 따른 등록전환 신청, 제79조에 따른 분할 신청, 제80조에 따른 합병 신청, 제81조에 따른 지목변경 신청, 제82조에 따른 바다로 된 토지의 등록말소 신청, 제83조에 따른 축척변경 신청, 제84조에 따른 등록사항의 정정 신청 또는 제86조에 따른 도시개발사업 등 시행지역의 토지이동 신청(제15호)의 어느 하나에 해당하는 신청 등을 하는 자는 국토교통부령으로 정하는 바에 따라 수수료를 내야 한다(법 제106조 제1항).

제 **8** 편

부동산등기법

- 제1부 총론 -

제1장 총설

Ⅰ. 개설

1. 부동산등기 및 부동산등기법의[829] 의의

이 법은 부동산등기에 관한 사항을 규정하고 있는데(법 제1조), <u>부동산등기란 ① 부동산에 관한 물권의 변동을, ② **등기관**이라는 국가기관이, ③ 등기부라는 공적인 전자적 정보저장매체에, ④ 법정절차에 따라 기록하는 것 또는 그러한 기록 자체를 말한다.</u> 현재 등기사무는 전산정보처리조직에 의하여 처리되므로, 등기부는 전산정보처리조직에 의하여 입력·처리된 등기정보자료 전체를 대법원규칙으로 정하는 바에 따라 편성한 것을 말하며(법 제2조 제1호), 이에는 <u>부동산에 관한 권리관계와 부동산의 표시에 관한 사항을 적는 공적 기록을</u>[830] 의미한다.

따라서 「부동산등기법」은 부동산등기에 관한 <u>신청권 내지 청구권</u>이라는 법률관계(권리·의무)를 실현하는 절차를 정한 절차법이다. 또한 민법전에 규정되어 있는 실체적인 민법법규를 구체화하기 위한 절차를 규정한 민법 부속 법률로 분류된다. 한편 「부동산등기규칙」(이하 '규칙'이라 한다)은 <u>대법원이 법률인 「부동산등기법」에 저촉하지 않는 범위안에서 소송에 관한 절차, 법원의 내부규율과 사무처리에 관한 규칙을 제정(헌법 제108조)한 것으로 대법원에 의하여 제정된 규칙(大法院規則)이다.</u>

〈표 28〉 「부동산등기법」의 구성

제1장 총칙	제46조(구분건물의 표시에 관한 등기)	제83조(수탁자의 임무 종료에 의한 등기)
제1조(목적)	제47조(규약상 공용부분의 등기와 규약폐지에	제84조(수탁자가 여러 명인 경우)
제2조(정의)	따른 등기)	제84조의2(신탁재산에 관한 등기신청의 특례)
제3조(등기할 수 있는 권리 등)	제3절 권리에 관한 등기	제85조(촉탁에 의한 신탁변경등기)
제4조(권리의 순위)	**제1관 통칙**	제85조의2(직권에 의한 신탁변경등기)
제5조(부기등기의 순위)	제48조(등기사항)	제86조(신탁변경등기의 신청)
제6조(등기신청의 접수시기 및 등기의 효력발생	제49조(등록번호의 부여절차)	제87조(신탁등기의 말소)
시기)	제50조(등기필정보)	제87조의2(담보권신탁에 관한 특례)
제2장 등기소와 등기관	제51조(등기필정보가 없는 경우)	제87조의3(신탁재산관리인이 선임된 신탁의 등
제7조(관할 등기소)	제52조(부기로 하는 등기)	기)
제8조(관할의 위임)	제53조(환매특약의 등기)	**제6관 가등기**
제9조(관할의 변경)	제54조(권리소멸약정의 등기)	제88조(가등기의 대상)
제10조(등기사무의 정지)	제55조(사망 등으로 인한 권리의 소멸과 말소등기)	제89조(가등기의 신청방법)
제11조(등기사무의 처리)	제56조(등기의무자의 소재불명과 말소등기)	제90조(가등기를 명하는 가처분명령)

---

829) 2020. 2. 4. 개정(시행 2020. 8. 5. 법률 제16912호)을 기준으로 하였다.
830) 송덕수, 민법강의(제12판), 박영사, 2019, 367면.

2. 우리나라의 등기제도

가. 연혁

우리나라에 등기제도가 도입된 것은 일제강점기였는데, 1912년 3월 18일 「조선부동산등기령」(이하 '등기령'이라 한다)을[831] 공포하여 日本이 우리나라에 의용(依用)하도록 하였는데, 이때에는 부동산등기제를 전면적으로 시행할 제반여건이 갖추어지지 않았기 때문에 일부의 지역에만 「등기령」을 시행하였다.

1945년 해방 이후에도 구 日本法令이 계속 유지되었다가 1960. 1. 1. 「민법」의 시행과 더불어 현행

---

831) 조선총독부제령 제9호로 1912. 3. 18. 제정(시행 1912. 3. 26.) 하였다.

법도 같은 날 제정·공포되어 「민법」의 부속법률의 하나로서 부동산물권변동의 등기에 관한 사항을 정하려는 것으로, 즉시 시행에 들어갔고, 「등기령」은 폐지되었다. 주요내용은 ① 「민법」에서 신설한 전세권을 등기할 권리대상으로 하였고, ② 「민법」이 물권변동에 있어서 형식주의를 채택함에 따라 등기신청에 필요한 절차상의 조건이 구비되지 아니한 때에는 가등기를 할 수 없게 하고 청구권보전을 위한 가등기만을 인정하였고, ③ 「민법」상 공동소유형태의 하나로 총유를 인정하고 있으므로, 종중·문중 기타 법인 아닌 사단이나 재단의 부동산을 그 단체 명의로 등기할 수 있게 하였고, ④ 「민법」상 공동소유형태로 공유와 구별되는 합유를 인정하고 있으므로, 등기할 권리가 합유재산인 때에는 등기신청서에 그 취지를 기재하도록 하였고, ⑤ 근저당제도가 명문화됨에 따라 저당권의 내용이 근저당인 경우에는 설정등기신청서에 그 취지와 채권의 최고액을 기재하게 하였고, ⑥ 저당권은 피담보채권과 분리하여 처분할 수 없게 됨에 따라 저당권의 이전등기를 신청하는 경우에는 피담보채권과 같이 이전하는 뜻을 기재하게 하였고, ⑦ 등기부가 멸실된 경우 그 회복 절차로서 신청서편철제도를 두도록 하였고, ⑧ 등기부폐쇄제도를 두도록 하였다.

제정 이후 **2011. 4. 12.**(시행 2012. 6. 11. 법률 제10580호)에서 **전면개정**이 이루어졌는데[전면개정 전의 것을 구법(舊法)이라 한다], 이 전면개정으로 법령이 체계적으로 정비되었고 법령과 등기현실이 일치되었다. 개정 내용으로는 오랫동안 벌여온 부동산등기부 전산화 작업이 완료되어 종이등기부를 전제로 한 종래의 규정 또는 용어(등기용지, 기재, 날인 등)을 삭제하였고(등기용지는 등기기록으로, 기재는 기록으로 바꾸었음), 예고등기제도를 폐지하였다. 그리고 개정법에 맞추어 규칙도 전면개정 되었다.

이러한 전면개정 이후에도 2013. 5. 28. (법률 제11826호)은 「신탁법」 전면개정(법률 제10924호)의 내용을 반영하기 위한 것으로서 신탁과 관련된 등기절차에 일부 변화가 있게 되었다. 2017. 10. 13. 개정(법률 제14901호)이 이루어졌는데, 건축물대장의 기재 내용이 변경되는 경우, 지방자치단체의 장이 관할등기소에 의무적으로 건물의 표시변경등기를 촉탁하는 내용으로 「건축법」이 개정됨에 따라, 건물의 분할·구분·합병·멸실 등 건물표시 변경사유가 있는 때 건물의 소유자가 1월 이내에 그 등기신청을 하지 아니하면 과태료를 부과하는 규정을 삭제하였다. 마지막으로 2020. 2. 4. 개정(시행2020. 8. 5. 법률 제16912호) 되었다.

나. 우리나라 부동산등기제도의 특색

(1) 법원의 등기사무 관장: 등기사무는 나라마다 사법부 또는 행정부가 할 수 있으나 우리나라는 법원이 등기사무를 관장하고 있다(법원조직법 제2조 제3항).

(2) 물적 편성주의 및 토지·건물등기부의 이원화: 현행 등기제도는 물적 편성주의 원칙에 따라 1개의 부동산마다 1개의 등기기록을 개설하여 등기사무를 처리한다(법 제15조 제1항 본문). 이를 "1부동산 1등기기록 원칙"이라고 한다. 여기서 "등기기록"이란 1필의 토지 또는 1개의 건물에 관한 등기정보자료를 말한다(법 제2조 제3호). 우리나라와 日本은 토지 외에 건물도 독립한 부동산으로 보아 토지

등기부와 별도로 건물등기부도 두고 있다(법 제14조 제1항).

(3) **등기부와 대장의 이원화**: 등기와 대장은 둘 다 국가기관이 관리하지만 제도의 목적은 다르다. **등기는 부동산에 관한 권리관계를 공시하여 거래안전을 도모**하는 제도임에 반하여, 대장은 부동산의 사실적 상태나 현황을 파악하여 과세 등의 행정목적을 달성하도록 하는 제도이다. 日本은 등기와 대장을 모두 법무성에서 관리하고 있으나, 우리나라는 등기부는 법원에서, 대장은 대장소관청이 관리하는 이원체계를 취하고 있다. 법은 등기와 대장의 기록을 일치시키기 위하여 양자가 불일치하는 경우를 등기신청의 각하사유로 규정하였다(법 제29조 제6호).

(4) **공동신청주의**: 등기는 법률에 다른 규정이 없는 한 당사자의 신청 또는 관공서의 촉탁에 따라 하고 등기권리자와 등기의무자가 공동으로 신청하도록 하여(법 제22 및 제23조 제1항), 공동신청주의를 채택하고 있다. 공동신청주의는 실체관계에 대한 공증 대신 양 당사자가 동등으로 등기신청을 하게 함으로써 등기의 진정을 확보하고자 하는 제도이다. 또한 등기를 서면으로 신청할 때에는 양 당사자 또는 그 대리인이 등기소에 출석하도록 하고(법 제24조 제1항 제1호), 전산정보처리조직을 이용하여 신청할 때에도 먼저 등기소에 출석하여 사용자등록을 하도록 하고 있는바(규칙 제68조 제2항), 모두 **등기관**이 신청인의 동일성을 확인할 수 있도록 하기 위한 것이다.

(5) **형식적 심사주의**: 등기신청을 심사하는 **등기관**의 심사범위에 관하여, 등기절차상의 적법성 여부만 심사하게 하는 형식적 심사주의와 등기신청의 실질적인 이유 내지 원인의 존부, 효력 유무까지 심사할 수 있도록 하는 실질적 심사주의가 있다. 명문의 규정은 없으나, 법 제29조에서 각하사유를 **한정적으로 열거**하고 있을 뿐이라는 점 등을 고려할 때 형식적 심사주의를 채택하고 있다고 할 수 있다.

판례도 "**등기관**은 등기신청에 대하여 「부동산등기법」상 그 등기신청에 필요한 서면이 제출되었는지 여부 및 제출된 서면이 형식적으로 진정한 것인지 여부를 심사할 권한을 갖고 있으며 오직 제출된 서면 자체를 검토하거나 이를 등기부와 대조하는 등의 방법으로 등기신청의 적법 여부를 심사하여야 할 것이라고" 판시하였다.[832]

(6) **성립요건주의(형식주의)**: 「민법」은 등기의 효력과 관련하여 제186조에서 "부동산에 관한 법률행위로 인한 물권의 득실변경은 등기하여야 그 효력이 생긴다."고 규정함으로써 부동산물권변동에 관하여 성립요건주의를 채택하였다. 「민법」제187조의 법률의 규정에 의한 물권변동은 등기 없이도 물권을 취득하는 특칙을 둔 것이며, 등기 없이 부동산물권을 취득하였더라도 다시 법률행위에 의해 처분하기 위해서는 반드시 등기를 하도록 함으로써 물권변동의 과정을 공시하고 있다(민법 제187조 단서).

(7) **공신력의 불인정**: 우리나라 부동산등기제도는 공신의 원칙을 채택하지 않고 있다는 것이 통설·판례이다. 즉 등기기록을 믿고 거래하였더라도 상대방이 진정한 권리자가 아닌 경우에는 물권을 취득하지 못한다.[833]

---

832) 대법원 2005. 2. 25. 선고 2003다13048 판결.
833) 상세한 내용은 등기의 효력을 보라.

3. 부동산등기제도의 작용

부동산등기는 부동산물권을 공시하기 위하여 근대법이 고안한 고도의 법기술적 제도의 하나인데, 구체적인 기능은 각국의 사회적·역사적 배경에 따라 다르다.

가. 부동산물권의 공시: 부동산등기는 부동산에 관한 일정한 사항 즉, <u>부동산의 현황과 권리관계를 등기부에 기록하여 널리 알림으로써</u> 거래의 안전과 신속을 도모하는 공시제도이다.

나. 물권변동의 효력발생요건: 법률행위로 인한 물권변동이 <u>당사자의 의사표시만으로 효력이 생기느냐</u>(대항요건주의 또는 의사주의, 불법주의) 또는 <u>그 밖의 형식을 구비하여야 하느냐</u>(성립요건주의 또는 형식주의, 독법주의) 하는 것은 각 나라의 입법정책에 따라 다른데, 우리는 "부동산에 관한 법률행위로 인한 물권의 득실변경은 등기하여야 그 효력이 생긴다."고 규정하여(민법 제186조) <u>성립요건주의</u>를 택하고 있다. 따라서 당사자 사이에 물권변동에 관한 계약이 유효하게 성립되었더라도 등기를 하지 아니하면 물권변동은 생기지 아니한다.

다. 부동산물권의 처분요건: 법률의 규정에 의한 물권의 취득은 등기 없이도 할 수 있지만 <u>취득한 부동산을 처분하고자 할 때에는 먼저 취득에 따른 등기를 하여야 한다</u>(민법 제187조).

라. 대항력 요건: 임차권(민법 제621조 제2항), 신탁재산(신탁법 제4조), 환매권(민법 제592조) 등은 그 <u>등기가 있어야 제3자에 대한 대항력이 생긴다.</u> 지상권·지역권·전세권·저당권 등의 존속기간이나 지료, 이자와 그 지급시기 등도 등기를 하여야 제3자에 대하여 주장할 수 있다.

Ⅱ. 등기의 종류

1. 표제부의 등기, 갑구·을구의 등기(법 제15조 제2항)

<u>**표제부의 등기**</u>는 <u>등기기록의 표제부에 하는 부동산표시의 등기로서 부동산의 위치·면적·용도 등을 표시해서 그 등기기록이 어느 부동산에 관한 것인지를 나타내는 등기</u>이다. 표제부의 등기는 "**<u>사실의 등기</u>**"라고도 한다. 우리나라 등기제도는 1부동산 1등기기록 원칙에 따르고 있으므로 표제부의 등기는 등기의 대상인 부동산을 특정하는 역할을 한다. 표제부의 등기에 관하여 "**<u>부동산의 표시에 관한 등기</u>**"에서 후술하기로 한다. **<u>갑구·을구의 등기</u>**는 등기기록 중 갑구란과 을구란에 하는 부동산의 권리관계에 관한 등기로서 "**<u>권리의 등기</u>**"라고도 한다. 갑구에는 소유권에 관한 사항을, 을구에는 소유권 외의 권리에 관한 사항을 기록한다. 법 제4장(등기절차) 제2절(표시에 관한 등기)에서 토지의 표시에 관한 등기와 건물의 표시에 관한 등기를 규정하고, 같은 장 제3절에서 권리에 관한 등기를 규정하고 있다.

2. 등기의 내용에 의한 분류

등기의 내용에 의한 분류 중 주로 <u>권리의 등기</u>와 관련되는 <u>변경등기·경정등기·말소등기·말소회복등</u>

기 네 가지에 관해서는 자세히 알아보기로 한다.

가. 기입등기: 새로운 등기원인에 의하여 어떤 사항을 등기부에 새로이 기입하는 등기로서, 보통 등기라고 하면 이것을 가리킨다. 소유권보존·이전등기, 저당권설정등기 등이 이에 해당한다.

나. 변경등기(협의의 변경등기)

(1) 의의 및 종류: **광의의 변경등기**(=협의의 변경등기+경정등기)는 등기의 "일부"가 실체관계와 부합하지 않는 경우에 그 등기를 실체관계에 부합하도록 바로 잡는 등기이다. 이는 등기 내용 중 일부를 바로 잡는 등기로서, 실체관계와 부합하지 아니하는 등기 "**전부**"를 등기기록에서 소멸시키는 **말소등기**와 구별된다.

이러한 광의의 변경등기는 등기와 실체관계가 불일치하게 된 원인이 등기신청 당시부터 존재하는 **원시적**인 것인지, 아니면 등기가 마쳐진 후에 **후발적**으로 생긴 것인지에 따라 **경정등기**와 협의의 변경등기로 나누어진다. 협의의 변경등기란 등기와 실체관계 사이의 불일치가 "**후발적**"으로 생긴 경우 이를 바로잡기 위하여 기존등기의 일부를 변경하는 등기를 말하며, **보통 변경등기라 하면 협의의 변경등기**를 말한다. 변경등기는 그 대상에 따라 권리의 변경등기(권리 내용의 불일치), 등기명의인표시의 변경등기(권리주체 표시의 불일치) 및 부동산표시의 변경등기(권리객체 표시의 불일치)로 나누어지며, 주체의 변경을 이전등기라 하고 주체를 제외한 내용을 바꾸는 것이 변경등기이다.

(2) 변경등기의 요건

(가) 등기사항의 일부에 관하여 행해질 것: 여기서 등기사항은 표제부의 부동산표시와 갑구·을구에 기록된 등기명의인표시 및 권리의 내용에 관한 사항이며, 등기의 일부가 실체관계와 불일치하는 경우에 불일치를 제거하기 위하여 행하여지는 등기이다.

(나) 등기 후에 변경사유가 발생하였을 것: 변경등기를 할 때에는 실체관계와 부합하였으나 후발적인 사유로 등기내용에 변경이 생긴 경우에 행해지며, 이 점에서 착오 또는 유루에 의하여 원시적으로 등기신청의 내용과 다른 등기가 마쳐진 경우에 이를 시정하기 위한 경정등기와 구별된다.

(다) 변경 전·후의 등기에 동일성이 인정될 것: 변경등기는 등기의 일부가 후발적 사유로 실체관계와 불일치하는 경우이므로 경정등기와 마찬가지로 변경 전과 변경 후의 등기에는 동일성이 인정되어야 한다.

(3) 권리의 변경등기: 권리의 변경등기란 어떤 권리에 대한 등기를 마친 후에 그 등기로 공시되는 **권리 내용에 관하여 변경**이 있는 때에 하는 등기이다. 권리 내용의 변경이 아닌 권리주체의 변경(이전등기 또는 말소등기에 의함)이나 권리객체의 변경(부동산표시변경등기에 의함)의 경우에는 권리의 변경등기를 할 수 없다. 실무상 권리변경등기의 예로는 전세금의 증감·존속기간의 변경 있는 경우의 전세권변경등기, 채권최고액의 증감·채무자의 변경·지분 일부에 대한 근저당권의 포기 등으로 인한 근저

당권변경등기 등을 들 수 있다.

(4) **등기명의인표시의 변경등기**: 등기명의인이란 권리에 관한 등기의 현재 명의인, 즉 권리자를 말한다. 가령 소유권보존등기(가령 토지의 매립이나 건물 신축의 경우)의 소유권자, 근저당권설정등기의 근저당권자 등이다. 등기명의인의 표시란 등기명의인의 성명 또는 명칭, 주소 또는 사무소의 소재지, 주민등록번호 또는 부동산등기용등록번호를 말한다. 따라서 등기명의인표시의 변경등기는 등기를 마친 후에 위와 같은 등기명의인의 표시에 개별적 변경사유(주소의 이전, 상호의 변경 등) 또는 일반적 변경사유(행정구역의 변경, 행정구역 명칭의 변경 등)가 발생한 경우에 이를 실체와 일치시키기 위한 등기라고 할 수 있다. 등기명의인표시에 변경사유가 있다고 해서 그 변경등기를 신청하여야 할 의무가 부과되는 것은 아니다. 다만 신청서에 기재된 등기의무자의 표시가 등기기록과 일치하지 아니하면 신청의 각하사유(법 제29조 제7호)에 해당하므로 간접적으로 신청의무가 있다고 할 수 있다.

다. 경정등기

(1) **의의**: 경정등기란 광의의 변경등기의 일종으로,[834] 기존등기의 일부에 등기 당시부터 착오 또는 유루(遺漏)가 있어서[835] 그 등기가 **"원시적"**으로 실체관계와 일치하지 아니하는 경우에 이를 시정하기 위하여 기존 등기의 해당 부분을 정정 또는 보충함으로써 등기사항을 실체관계에 맞도록 변경하는 등기이다.

경정등기는 원칙적으로 부기등기에 의하므로, 기존 등기에 대한 경정의 효과는 등기 시에 소급하여 발생하고, 그 등기의 동일성이 유지된다. **경**정등기는 등기사항의 일부가 실체관계와 불일치한 때에 행하여지는 등기라는 점에서, **원**시적 또는 후발적 이유로 기존 등기사항 전부가 부적법하여 그 전부를 소멸시키는 말소등기와 구별되며, 실체관계와 등기의 불일치 사유가 원시적이라는 점에서 **후**발적 사유를 원인으로 하는 **변**경등기와 구별된다.

경정등기는 원시적 착오 또는 누락의 발생원인에 따라 당사자의 신청에 기인한 경우와 신청은 제대로 되었으나 **등기관**의 착오로 인한 경우로 나눌 수 있고, 그 경정대상에 따라 부동산표시 경정등기, 등기명의인표시 경정등기, 권리 경정등기로 나눌 수 있다.

(2) 경정등기의 요건

(가) **착오 또는 유루가 있을 것**: 등기절차에 있어서 "착오"란 등기상 본래 있어야 할 기록은 없고 잘못된 기록이 있는 경우(등기와 실체관계의 적극적 저촉)를 말하고, "유루"란 등기할 기록이 빠진 경우(소극적 저촉)를 말한다. 착오 또는 유루가 생긴 원인은 당사자의 잘못에 의한 것(신청착오)이든 **등**

---

834) 법 제3조의 변경은 경정을 포함하는 개념이다.

835) 등기절차에서의 "착오"란 등기상 본래 있어야 할 기록은 없고 잘못된 기록이 있는 경우(등기와 실체관계의 적극적 저촉)를 말하고, "유루(누락, 빠진 부분)"란 등기할 사항의 기록이 빠진 경우(소극적 저촉)를 말한다.

기관의 잘못에 의한 것이든 묻지 아니한다. 당사자의 고의에 의한 것인 경우에도 경정이 가능하다고 본다. 특히 **등기관**의 잘못에 의한 것인 때에는 직권경정에 관한 특칙이 있다(법 제32조 제2항).

(나) 현재 효력 있는 등기에 대하여 착오 또는 유루가 있을 것: 경정등기는 "현재 효력이 있는 등기사항"에 관하여만 할 수 있다. 따라서 폐쇄등기기록상의 등기명의인표시의 경정836) 또는 소유권이 이전된 후의 종전 소유권의 등기명의인표시 경정837) 등은 허용되지 아니한다.

(다) 등기사항의 일부에 대한 착오 또는 유루가 있을 것: "등기사항의 일부"에 대하여 착오 또는 유루가 있어야 경정등기의 대상이 되며 등기사항 전부에 착오가 있는 경우에는 경정등기가 아니라 말소등기의 대상이 된다.

(라) 등기와 실체관계 사이에 원시적인 불일치가 있을 것: 등기와 실체관계의 불일치는 신청 당시부터 있어야 한다. 등기완료 후 부동산표시나 권리관계에 변동이 있는 경우에는 변경등기를 하여야 하고 경정등기를 할 수 없다.

(마) 경정 전후의 등기에 동일성 내지 유사성이 있을 것: 경정등기가 허용되기 위해서는 경정 전의 등기와 경정 후의 등기 사이에 "동일성 또는 유사성"이 있어야 한다. 경정등기에 의하여 기존 등기가 당초로 소급하여 경정되는 효과가 발생하는데 만일 동일성이 없는 경우에도 경정을 허용한다면 경정등기에 의하여 새로운 물권변동이 일어나거나 애초부터 실체와 부합하지 않아서 무효인 등기를 경정등기에 의하여 유효한 등기로 만드는 결과가 되기 때문이다. 따라서 경정 전후의 등기에 동일성이 인정되지 않는 경우에는 그 등기를 말소하고 다시 신청의 취지에 맞는 등기를 하여야 한다.

(바) 등기상 이해관계 있는 제3자의 승낙: 등기상 이해관계 있는 제3자란 기존 등기에 존재하는 착오 또는 유루를 바로 잡는 경정등기를 허용함으로써 손해를 입게 될 위험이 있는 등기상의 권리자를 말한다. 그와 같은 손해를 입게 될 위험성은 등기의 형식에 의하여 판단하고 실질적으로 손해를 입을 염려가 있는지 여부는 고려의 대상이 되지 아니한다.838) 변경등기와 마찬가지로 등기상 이해관계 있는 제3자가 없다든지, 등기상 이해관계 있는 제3자가 있더라도 그 제3자의 동의서나 이에 대항할 수 있는 재판의 등본을 첨부한 때에는 부기등기에 의할 것이다. 그러나 등기상 이해관계 있는 제3자가 있지만 그 이해관계 있는 제3자의 동의서나 이에 대항할 수 있는 재판의 등본이 없는 경우에는 주등기로 한다.839)

---

836) 등기선례 제7-348호.
837) 등기선례 제3-674호.
838) 대법원 1998. 4. 9 자 98마40 결정.
839) 다만 경정등기의 형식으로 이루어지나 그 실질이 말소등기(일부말소 의미의)에 해당하는 경우(소유권보존등기의 경정, 상속으로 인한 소유권이전등기의 경정, 가압류등기나 매각에 따른 소유권이전등기 등 법원의 촉탁에 의한 등기가 완료된 후 그 촉탁에 착오가 있음을 증명하는 서면을 첨부하여 권리의 경정을 촉탁한 경우, 등기원인증서의 실질적 내용이 매매임에도 증여로 기재되어 있거나 등기 당시 도래하지 않은 일자가 등기원인일자로 등기원인증서에 기재되어 있는 등 등기원인증서상의 기재의 착오가 외관상 명백한 경우, 기타 법정지상권이나 법정저당권의 취득 등 법률의 규정에 의한 권리의 취득을 원인으로 하여 등기가 완료된 후 등기의 착오를 증명하는 서면을 첨부하여 권리의 경정을 신청하는 경우 등)에는 등기상 이해관계 있는 제3자가 있는 때에 그의 승낙서 등을 첨부한 경우에는 부기등기로 하고, 이를 첨부하지 아니한 경우 **등기관**은 그 등기신청을 수리하여서는 아니 된다(등기예규 제1564호 2. 나.). 이 경우 말소등기 청구소송에 의하는데 등기상 이해관계인이 동의를 해주면 부기등기의 형식으로 등기할 수 있고, 동의를 해 주지 않으면 독립등기도 할 수 없으며, 결국 등기를 못하게 된다.

(3) 경정등기의 절차

등기관이 등기를 마친 후 그 등기에 착오(錯誤)나 빠진 부분이 있음을 발견하였을 때에는 지체 없이 그 사실을 등기권리자와 등기의무자에게 알려야 하고, 등기권리자와 등기의무자가 없는 경우에는 등기명의인에게 알려야 한다. 다만, 등기권리자, 등기의무자 또는 등기명의인이 각 2인 이상인 경우에는 그 중 1인에게 통지하면 된다(법 제32조 제1항).

등기관이 등기의 착오나 빠진 부분이 **등기관**의 잘못으로 인한 것임을 발견한 경우에는 지체 없이 그 등기를 직권으로 경정하여야 한다. 다만, 등기상 이해관계 있는 제3자가 있는 경우에는 제3자의 승낙이 있어야 한다(법 제32조 제2항).

등기관이 경정등기를 하였을 때에는 그 사실을 등기권리자, 등기의무자 또는 등기명의인에게 알려야 한다. 이 경우 제1항 단서를 준용한다(법 제32조 제3항).

채권자대위권에 의하여 등기가 마쳐진 때에는 제1항 및 제3항의 통지를 그 채권자에게도 하여야 한다. 이 경우 제1항 단서를 준용한다(법 제32조 제4항).

라. 말소등기

(1) 의의: 어떤 등기의 등기사항 "**전부**"가 **원시적 또는 후발적으로 부적법**(실체관계와 불일치)하게 된 경우에 해당 등기 전부를 법률적으로 소멸시킬 목적으로 행하여지는 등기이다. 말소등기는 기존등기의 전부가 부적법한 경우에 행하여지는 것이므로 등기사항의 일부만이 실체관계와 불일치하는 경우에 행하여지는 변경등기 또는 경정등기와 구별된다.

또한 기존등기를 법률적인 차원에서 소멸시킬 목적으로 행하는 등기라는 점에서 부동산이 물리적으로 멸실된 경우에 행하는 멸실등기와 구별된다. 말소등기는 절차개시의 방식에 따라, ① **당사자의 신청**에 의한 말소등기와 ② 법에 특별한 규정이 있는 경우에 **등기관**이 직권으로 하는 **직권말소 등기**로 구분된다.

(2) 말소등기의 요건

(가) 현재 효력 있는 등기의 전부가 부적법할 것: 말소대상이 되는 등기는 등기사항 전부가 부적법한 것이어야 한다. 말소등기란 등기 전부를 소멸시킬 목적으로 하는 등기이므로 등기사항의 일부가 부적법한 경우에는 변경 또는 경정등기의 대상이 될 뿐이지 말소의 대상이 아니다.

부적법의 원인은 원시적인 것(신청착오, 원인무효 등)이든 후발적인 것(채무변제로 인한 저당권 소멸, 존속기간 만료로 인한 저당권 소멸 등)이든 묻지 않는다. 또한 실체적 부적법(등기원인의 무효·취소·해제)뿐만 아니라 절차적 부적법(중복등기, 관할위반의 등기)도 포함된다.

(나) 말소에 의하여 등기상 이해관계 있는 제3자의 승낙 또는 이에 대항할 수 있는 재판이 있을 것(법 제57조, 규칙 제46조 제1항 제3호): ① 말소등기를 신청하는 경우 그 말소에 관하여 등기상 이해관

계 있는 제3자가 있을 때에는 그의 승낙이 있어야 함을 규정하고 있다. 말소대상인 등기에 터잡아 이루어진 권리등기의 명의인은 그 등기의 말소에 관하여 등기상 이해관계 있는 제3자이다. 예컨대 소유권보존(이전)등기의 말소에 있어서는 그 소유권을 목적으로 하는 모든 권리자, 즉 저당권자,[840] 지상권자, 가압류권자,[841] 체납처분에 의한 압류권자, 가등기권자, 가처분권자[842] 등은 원칙상 모두 등기상 이해관계 있는 제3자가 된다.

말소에 관하여 등기상 이해관계 있는 제3자인지 여부는 등기기록에 따라 형식적으로 판단하고 실질적인 손해 발생의 염려 여부는 불문한다. 가령 피담보채권이 소멸하여 실체법상 무효인 저당권등기라도 아직 말소되지 않았다면 그 명의인은 등기상 이해관계 있는 제3자로 취급되고 등기기록에 기록되지 않은 자는 실체법상 이해관계가 있어도 해당하지 않는다. **등기관**은 형식적 심사권만 있을 뿐이어서 실체법상 권리 유무를 조사하는 것이 불가능하므로 등기기록의 형식만으로 판단할 수밖에 없기 때문이다.

② 등기상 이해관계 있는 제3자의 "승낙서"에는 말소등기의 대상이 된 등기의 말소를 승낙한다는 뜻이 나타나야 한다. 그 승낙의사가 그 자의 진정한 의사에 의한 것임을 담보하기 위하여 승낙서는 인감을 날인하고 인감증명서를 첨부하여야 한다(규칙 제60조 제1항 제7호). "대항할 수 있는 재판"이란 등기상 이해관계 있는 제3자를 피고로 하여 얻은 말소등기에 관하여 승낙을 할 뜻을 명한 확정된 이행판결 정본 또는 이와 동일한 효력이 있는 화해조서, 인낙조서, 조정조서 등의 정본을 뜻한다. 즉 재판은 제3자의 승낙에 갈음하는 것이므로 제3자에게 판결의 효력이 미치는 재판을 의미한다. 실무에서는 "피고(등기상 이해관계 있는 제3자)는 ○○말소등기에 대하여 승낙의 의사표시를 하라."는 주문뿐만 아니라, "피고(등기상 이해관계 있는 제3자)는 (피고명의의) ○○등기의 말소등기절차를 이행하라."는 주문도 이에 해당하는 것으로 보고 있다.

(3) 말소등기의 절차

(가) 사망 등으로 인한 권리의 소멸과 말소등기: 등기명의인인 사람의 사망 또는 법인의 해산으로 권리가 소멸한다는 약정이 등기되어 있는 경우에 사람의 사망 또는 법인의 해산으로 그 권리가 소멸하였을 때에는, 등기권리자는 그 사실을 증명하여 단독으로 해당 등기의 말소를 신청할 수 있다(법 제55조).

(나) 등기의무자의 소재불명과 말소등기: 등기권리자가 등기의무자의 소재불명으로 인하여 공동으로 등기의 말소를 신청할 수 없을 때에는 「민사소송법」에 따라 공시최고(公示催告)를 신청할 수 있다(법 제56조 제1항).

등기의무자의 소재불명의 경우에 제권판결(除權判決)이 있으면 등기권리자가 그 사실을 증명하여 단독으로 등기의 말소를 신청할 수 있다(법 제56조 제2항).

---

840) 확정판결에 의하여 소유권보존등기의 말소를 신청하는 경우에도 근저당권자등 그 등기의 말소에 대하여 등기상 이해관계 있는 제3자가 있는 때에는 그 승락서 또는 이에 대항할 수 있는 재판의 등본을 첨부하여야 한다(등기선례 제2-401호).
841) 대법원 2004. 5. 28. 선고 2003다70041 판결.
842) 등기선례 제4-472호, 제6-57호.

(4) 직권에 의한 말소등기

(가) 개설

등기관은 법에 위반한 등기신청이 있는 경우에는 그 신청을 각하하여야 한다. 그러나 **등기관**의 잘못으로 인하여 그러한 등기가 이루어진 때에는 그 등기를 일정한 절차에 따라 소멸시킬 필요가 있다. 이를 위한 것이 직권말소등기이다. 그러나 각하사유가 있음을 간과한 채 등기를 한 모든 경우에 그 등기를 직권말소할 수 있는 것은 아니고 어떤 사유를 직권말소사유로 삼을 것인가는 입법정책의 문제이다. 따라서 직권말소의 등기는 법에 규정이 있는 때에만 할 수 있음이 원칙이다. 현행법은 법 제29조 제1호와 제2호에 해당되는 경우에만 일정한 절차를 거친 후 직권으로 말소할 수 있도록 하고 있다(법 제58조). 이것이 본래 의미의 직권말소등기라고 할 수 있다.

그 밖에 **등기관**이 어떤 등기를 직권으로 말소할 수 있는 경우로는, 등기 당시에는 유효한 등기였으나 나중에 다른 등기를 실행하면서 이를 직권말소하는 경우와 장기간 방치된 저당권 등을 직권말소하는 경우가 있다.

(나) 법 제58조의 절차에 의한 직권말소

① 법 제29조 제1호·제2호 위반 등기의 직권말소: 등기관에 의한 직권말소의 대상이 되는 등기는 각하사유로, 어떤 등기가 관할이 아닌 등기소에서 마쳐진 경우(법 제29조 제1호)와 본래 등기할 수 없는 사항에 대한 것(법 제29조 제2호)인 때에 한하고, 그 밖의 각하사유에 해당하는 등기는 이에 해당되지 않는다.

② 직권말소의 일반적 절차: 등기관이 등기를 마친 후 그 등기가 법 제29조 제1호 또는 제2호에 해당된 것임을 발견하였을 때에는 등기권리자, 등기의무자와 등기상 이해관계 있는 제3자에게 1개월 이내의 기간을 정하여 그 기간에 이의를 진술하지 아니하면 등기를 말소한다는 뜻을 통지하여야 한다(법 제58조 제1항). 이의 통지는 등기를 마친 사건의 표시와 사건이 등기소의 관할에 속하지 아니한 사실 또는 등기할 것이 아닌 사실을 적은 통지서로 한다(규칙 제117조 제1항). 통지를 받을 자의 주소 또는 거소(居所)를 알 수 없으면 통지를 갈음하여 1개월 이내의 기간 동안 등기소 게시장에 이를 게시하거나 대법원규칙으로 정하는 바에 따라 공고하여야 한다(법 제58조 제2항). 이에 따른 공고는 대법원인터넷등기소에 게시하는 방법에 의한다(규칙 제117조 제2항). **등기관**은 말소에 관하여 이의를 진술한 자가 있으면 그 이의에 대한 결정을 하여야 한다(법 제58조 제3항).

등기관은 1개월 이내의 기간 이내에 이의를 진술한 자가 없거나 이의를 각하한 경우에는 제1항의 등기를 직권으로 말소하여야 한다(법 제58조 제4항). 말소등기를 할 때에는 그 사유와 등기연월일을 기록하여야 한다(규칙 제117조 제3항).

(다) 다른 등기를 실행함에 따라 등기관이 하는 직권말소등기

어떤 등기가 신청 당시에는 유효하게 이루어졌으나 나중에 다른 선행등기가 실행됨에 따라 그 등기의 효력이 더 이상 존속할 수 없게 된 경우 또는 어떤 등기가 그 목적을 달성하여 더 이상 존속시킬 필요가 없게 된 경우 등에는 **등기관**이 그 등기를 직권말소 할 수 있다.

① **가등기에 기한 본등기를 한 경우의 직권말소: 등기관**은 가등기에 의한 본등기를 하였을 때에는 대법원규칙으로 정하는 바에 따라 가등기 이후에 된 등기로서 가등기에 의하여 보전되는 권리를 침해하는 등기를 직권으로 말소하여야 한다(법 제92조 제1항). 이 경우의 직권말소는 **등기관**의 잘못으로 처음부터 부적법한 등기가 이루어진 것이 아니라, 어느 등기가 마쳐짐으로써 비로소 직권말소의 대상이 된다는 점에서 본래 의미의 직권말소와 구별된다.

② **토지수용으로 인한 권리이전등기와 다른 등기의 말소: 등기관**이 수용으로 인한 소유권이전등기를 하는 경우, 그 부동산의 등기기록 중 소유권, 소유권 외의 권리, 그 밖의 처분제한에 관한 등기가 있으면 그 등기를 직권으로 말소하여야 한다. 다만, 그 부동산을 위하여 존재하는 지역권의 등기 또는 토지수용위원회의 재결로써 존속이 인정된 권리의 등기는 그러하지 아니하다(법 제99조 제4항).

③ **가처분등기 이후의 등기를 말소할 때의 해당 가처분등기의 말소:**「민사집행법」제305조 제3항에 따라 권리의 이전, 말소 또는 설정등기청구권을 보전하기 위한 처분금지가처분등기가 된 후 가처분채권자가 가처분채무자를 등기의무자로 하여 권리의 이전, 말소 또는 설정의 등기를 신청하는 경우에는, 대법원규칙으로 정하는 바에 따라 그 가처분등기 이후에 된 등기로서 가처분채권자의 권리를 침해하는 등기의 말소를 단독으로 신청할 수 있다(법 제94조 제1항). **등기관**이 위 신청에 따라 가처분등기 이후의 등기를 말소할 때에는 직권으로 그 가처분등기도 말소하여야 한다. 가처분등기 이후의 등기가 없는 경우로서 가처분채무자를 등기의무자로 하는 권리의 이전, 말소 또는 설정의 등기만을 할 때에도 또한 같다(법 제94조 제2항).

④ **이해관계 있는 제3자가 있는 등기의 말소:** 등기의 말소를 신청하는 경우에 그 말소에 대하여 등기상 이해관계 있는 제3자가 있을 때에는 제3자의 승낙이 있어야 한다(법 제57조 제1항). 등기를 말소할 때에는 등기상 이해관계 있는 제3자 명의의 등기는 **등기관**이 직권으로 말소한다(법 제57조 제2항).

⑤ **토지분필, 토지의 분필·합필, 건물분할, 건물구분, 건물의 분할·합병, 건물의 구분합병 등에 따른 부동산표시의 변경등기 시 소유권 외의 권리에 대한 소멸승낙을 한 경우 그 등기의 말소**(규칙 제76조 제3항부터 제6항까지, 제78조 제6항, 제96조 제3항, 제97조 제6항, 제98조 제2항, 제99조 제2항)

마. 말소회복등기

(1) 의의: 말소회복등기는 어떤 등기의 **"전부 또는 일부"**가 부적법하게 말소된 경우에 그 말소된 등기를 회복함으로써 말소 당시에 소급하여 말소가 되지 않았던 것과 같은 효과를 생기게 하는 등기를 말한다.[843] 말소회복등기는 그 회복등기로 제3자에게 예상하지 못한 손해를 줄 염려가 없어야 한다. 따라서 회복된 등기는 말소전 종전 등기와 동일 순위를 가지게 된다.

---

843) 대법원 2013. 3. 14. 선고 2012다112350 판결.

이러한 말소회복등기를 인정하는 근거는, 등기는 부동산물권변동의 <u>효력발생요건일 뿐 효력존속요
건은 아니어서</u> 어떤 등기가 원인 없이 말소된 경우에도 그 물권의 효력에는 아무런 영향이 없고, 그
회복등기가 마쳐지기 전이라도 말소된 등기의 명의인은 적법한 권리자로 추정되며, 여전히 물권자로서
물권적 청구권인 말소회복등기청구권을 갖기 때문이다.[844]

(2) 말소회복등기의 요건

(가) 등기가 부적법하게 말소되어 있을 것: 판례는, 말소회복등기란 어떤 등기의 전부 또는 일부가
실체적 또는 절차적 하자로 부적합하게 말소된 경우에 말소된 등기를 회복하여 말소당시에 소급하여
말소가 없었던 것과 같은 효과를 생기게 하는 등기를 말하는 것이므로 <u>어떤 이유이건 당사자가 자발적
으로 말소등기를 한 경우에는 말소회복등기를 할 수 없다고 한다.</u>[845]

(나) 말소된 등기 그 자체를 회복하려는 것일 것: 말소회복등기는 "말소된 등기"를 그대로 재현하여
<u>그 효력을 회복시키는 것이다. 말소된 등기의 회복 방법으로는 말소회복등기를 하여야지 말소등기의
말소등기를 할 수 없다.</u> 말소등기의 말소등기를 하여도 처음의 말소등기로 말소된 등기는 여전히 말소
된 상태로 남아 있기 때문이다. 또 사실상 말소된 기록이더라도 그 기록이 등기라고 할 수 없는 것인
때에는 말소회복등기의 대상이 되지 않는다. 또 폐쇄등기기록에 기록된 등기사항의 말소회복도 할 수
있다.

(다) 회복등기로 인하여 제3자에게 예상하지 못한 손해를 줄 염려가 없을 것: 말소된 등기의 회복
전에 법률관계를 맺은 제3자 있는 경우에도 아무런 제약 없이 자유롭게 말소회복등기를 신청할 수 있
다고 한다면 제3자에게 예상하지 못한 손해를 주게 되고 거래의 안전을 해치게 된다. 따라서 법 제59
조와 규칙 제46조 제1항 제3호에 따라 말소된 등기의 회복(回復)을 신청하는 경우에 <u>등기상 이해관계
있는 제3자가 있을 때에는 그 제3자의 승낙이</u>[846] 필요한 경우에는 이를 증명하는 정보 또는 이에 대항
할 수 있는 재판이 있음을 증명하는 정보를 제공하지 아니하면 말소회복등기를 할 수 없도록 규정하였
다.

(3) 직권에 의한 말소회복등기: 말소회복등기의 절차는 말소등기가 어떻게 이루어졌느냐에 따라
달라진다. 즉, 어떤 등기가 <u>신청(촉탁)에 의하여 말소되었다면 그 회복등기도 신청(촉탁)에 의하고, 직
권으로 말소되었다면 회복등기도 직권으로</u> 하여야 한다(법 제59조).

---

844) 대법원 1997. 9. 30. 선고 95다39526 판결.
845) 대법원 1990. 6. 26. 선고 89다카5673 판결.
846) 등기상 이해관계 있는 제3자는 말소회복등기가 될 경우 손해를 입을 우려가 있다는 것이 기존의 등기기록에 의하여
형식적으로 인정되는 자를 의미한다. 이는 권리변경등기나 말소등기 등의 경우와 같다. 말소회복등기에 의하여 **등기
의 형식상 일반적으로 손해를 입을 염려가 있어야 하므로** 비록 실질적으로 손해를 입을 염려가 있더라도 **등기 명
의인이 아닌 자는 이해관계 있는 제3자가 아니다.** 반대로 **일반적으로 손해를 입을 염려가 등기의 형식상 인정되는
한** 비록 그 권리가 실체상 제3자에게 대항할 수 없어서 **실질적, 구체적으로 손해를 입을 염려가 없더라도 이해관계
있는 제3자에 해당**한다. 가령 갑 소유명의 부동산에 설정된 을 명의의 근저당권설정등기가 부적법하게 말소된 후에
병 명의의 소유권이전등기가 경료된 경우 현재 소유명의인인 병은 등기상 이해관계 있는 제3자이다(선례 7-423).

바. 멸실등기: 멸실등기는 기존의 등기된 <u>부동산이 전부 멸실</u>된 경우에 행하여지는 등기이다(법 제 39조·43조·44조). 토지나 건물의 <u>일부가 멸실</u>된 때에는 <u>변경등기</u>를 하지만 전부 멸실의 경우에는 멸실등기를 한다. 부동산이 전부 멸실되면 그 부동산 위의 권리도 모두 소멸하고, 등기기록은 폐쇄하여야 한다(규칙 제84조 제1항 및 제103조 제1항).

구법하에서 회복등기는 전술한 말소회복등기 외에도 등기부의 <u>전부 또는 일부가 멸실한 경우 구등기부를 대체할 신등기부를 편성하기 위하여 행해지는 멸실회복등기</u>로 구분되었으나, 개정법에서는 멸실회복등기 제도는 폐지되었다. 구법하에서 멸실회복등기란 등기부의 전부 또는 일부가 물리적으로 멸실됨으로 인하여 형식적으로 소멸한 등기를 회복하는 등기를 말한다(구법 제24조). <u>멸실회복등기는 종이등기부를 전제로 한 제도</u>이다. 등기부의 복구는 멸실회복등기처럼 "등기"라고는 할 수 없다. 개정법하에서는 등기부가 손상된 경우 등기부부본자료에 의하여 그 등기부를 복구한다(법 제17조 제1항, 규칙 제17조 제2항). 이러한 멸실회복등기는 등기부의 멸실 전에 이미 유효하게 마쳐졌던 등기를 단순히 회복하는 것일 뿐 새로운 등기를 하는 것은 아니다. 따라서 <u>멸실 전의 등기부에 등재되어 있지 않았다면 멸실회복등기의 방법으로는 등기할 수 없다.</u>[847]

멸실등기가 멸실회복등기절차에 따라 회복된 경우에는 멸실된 등기부에 있어서의 종전 순위를 보유하게 된다(구법 제24조 제1항).

3. 등기의 방법 내지 형식에 의한 분류

가. 주등기(독립등기): <u>부기등기</u>에 대응되는 용어로서 <u>독립한 순위번호</u>를 부여해서 하는 보통의 등기이며, 독립등기라고도 한다. 등기는 원칙적으로 이러한 주등기의 형식으로 이루어지는데, <u>표시에 관한 등기</u>를 할 때에는 표시번호란에 번호를 기록하고, <u>갑구·을구(권리에 관한 등기)</u>에 할 때에는 <u>순위번호란</u>에 번호를 기록하여야 한다.

나. 부기등기: 부기등기는 독립한 순위번호를 갖지 않는 등기를 말한다. 부기등기를 할 때에는 「부동산등기규칙」(이하 '규칙'이라 한다) 제2조에 따라 그 부기등기가 어느 등기에 기초한 것인지 알 수 있도록 <u>주등기 또는 부기등기의 순위번호에 가지번호를 붙여서</u> 한다. <u>부기등기의 순위는 주등기의 순위에 따른다.</u> 그리고 1개의 주등기에 대한 여러 부기등기나 부기등기에 대한 부기등기도 가능하다. <u>부기등기 상호 간의 순위는 그 등기순서에 따른다</u>(법 제5조). 부기등기 "1-1"에 대한 부기등기는 "1-1-1"로 표시된다.

<u>부기등기는 어떤 등기로 하여금 기존 등기(주등기)의 순위를 그대로 보유시킬 필요가 있는 경우에 행해진다.</u> 즉 어떤 등기가 기존 등기와의 동일성을 유지하면서 그 연장선상에서 행해지는 것임을 표시하고자 할 때(<u>변경·경정등기</u>), 또는 어떤 등기에 의하여 표시될 권리가 기존 등기에 의하여 표시된 권리와 동일한 순위나 효력을 가진다는 것을 명백히 하려고 할 때(<u>소유권 외의 권리의 이전등기 등</u>)에

---

847) 대법원 1995. 3. 17. 선고 93다61970 판결.

는 부기등기의 방식으로 한다.

부기등기는 법령에 부기로 하도록 규정된 경우에만 할 수 있다. 법 제52조에 따르면 부기로 하는 등기로서, 1. 등기명의인표시의 변경이나 경정의 등기, 2. 소유권 외의 권리의 이전등기, 3. 소유권 외의 권리를 목적으로 하는 권리에 관한 등기, 4. 소유권 외의 권리에 대한 처분제한 등기, 5. 권리의 변경이나 경정의 등기(다만, 제5호의 등기는 등기상 이해관계 있는 제3자의 승낙이 없는 경우에는 그러하지 아니하다), 6. 법 제53조의 환매특약의 등기, 7. 법 제54조의 권리소멸약정등기, 8. 법 제67조 제1항 후단의 공유물 분할금지의 약정등기, 9. 그 밖에 대법원규칙으로 정하는 등기를 규정하고 있다. 특별법에 의한 것으로 「주택법」 제61조 제3항에 의한 금지사항 부기등기가 대표적인 예이다.

4. 등기의 효력에 의한 분류

등기는 등기 본래의 효력 즉, 권리변동의 효력(민법 제186조) 또는 대항력이 발생하느냐 않느냐에 따라 종국등기(본등기)와 예비등기로 나누어진다.

가. 종국등기(본등기): 등기 본래의 효력, 즉, 물권변동의 효력(임차권인 경우에는 대항력)을 발생케 하는 등기로서 보통의 등기는 모두 이에 속한다. 가등기에 대응하여 본등기라고도 한다.

나. 예비등기: 등기 본래의 효력인 물권변동의 효력이나 대항력을 발생시키지 않지만, 장래에 할 종국등기의 준비를 하거나(가등기), 제3자에게 경고를 하기 위하여 하는(예고등기) 등기를 말한다. 구법에는[848] 예고등기도 있었으나, 개정법에서[849] 삭제되었다.

가등기는 부동산물권 또는 임차권 등에 관한 등기를 하기 위한 실체법상 또는 절차법상의 요건이 갖추어지지 아니한 경우에 장래 그 요건이 갖추어지면 행할 본등기의 순위를 보전하기 위하여 하는 등기이다(법 제88조). 소유권이전청구권 보전을 목적으로 하는 가등기가 대부분이나, 변칙적으로 채권담보를 목적으로 행하여지는 때도 자주 있다. 후자의 가등기를 담보가등기라고(가등기담보법 제2조) 한다.[850]

Ⅲ. 등기할 수 있는 물건

1. 토지

토지는 연속되어 있으므로 물리적으로 구분할 수 없지만, 인위적으로 경계선을 긋고 구획하여 개수를 정한다. 「공간정보관리법」에 의하여 소재지·지번·지목·면적경계 또는 좌표를 정하여 등록함으로써

---

848) 2011. 4. 12. 법률 제10580호로 전면개정되기 전의 「부동산등기법」을 말한다.
849) 2011. 4. 12. 법률 제10580호로 전면개정된 「부동산등기법」을 말한다.
850) 상세한 내용은 제7장 가등기를 보라.

1필의 토지가 된다.

일반적으로 우리나라 영토 내에 있는 육지는 전부 등기능력이 있는 토지라고 할 수 있다. 다만 토지도 사권의 목적이 될 수 없는 것은 등기능력도 없으므로 <u>공유수면</u>(사인의 지배가능성이 없는 해면 아래의 토지 부분)<u>은 등기의 대상이 되지 않는다.</u> 「도로법」상 도로부지나 「하천법」상 하천은 사권행사의 제한을 받지만, 소유권이전과 저당권설정이 가능하므로, 그 범위 내에서는 등기능력이 있다(도로법 제4조, 하천법 제4조)

2. 건물

법은 건물을 토지와는 별개의 독립한 부동산으로 보고 있다(법 제14조 제1항). 건물 이외의 토지의 정착물은 「입목에 관한 법률」 등과 같이 특별법에 의하여 인정된 경우를 제외하고는 독립하여 등기의 대상이 되지 않는다.

토지 또는 토지의 정착물과 별개의 독립된 부동산으로 인정되는 <u>건물이란 지붕과 주벽 또는 이와 유사한 것이 구비되고 토지에 정착해서 쉽게 해체이동을 하지 못하는 건조물로서 그 목적하는 용도에 제공될 수 있는 것</u>을 말한다.

가. 건축물의 등기능력 유무에 대한 판단 기준에 관해서는 「등기능력 있는 물건 여부의 판단에 관한 업무처리지침」(등기예규 제1086호, 시행)에서 정하고 있다.

(1) 「건축법」상 건축물에[851] 관하여 건물로서 소유권보존등기를 신청한 경우, **등기관**은 그 건축물이 토지에 견고하게 정착되어 있는지(定着性),[852] 지붕 및 주벽 또는 그에 유사한 설비를 갖추고 있는지(外氣分斷性),[853] 일정한 용도로 계속 사용할 수 있는 것인지(用途性) 여부를 당사자가 신청서에 첨부한 건축물대장등본 등에 의하여 종합적으로 심사하여야 한다.

(2) <u>건축물대장등본 등에 의하여 건물로서의 요건을 갖추었는지 여부를 알 수 없는 경우, **등기관**은 신청인으로 하여금 소명자료로서 당해 건축물에 대한 사진이나 도면을 제출하게 하여 등기능력 없는 건축물이 건물로서 등기되지 않도록 주의를 기울여야 한다.</u>

(3) 건물인지 여부를 판단하기 어려운 경우에는 아래의 예시를 참고하되 그 물건의 이용상태 등을 고려하여(위 소명자료 참조) **등기관**이 개별적, 구체적으로 판단하여야 한다.

(가) 등기능력 있는 건축물의 예시

지붕 및 주벽 또는 그에 유사한 설비를 갖추고 있고, 토지에 견고하게 정착되어 있는 것으로서 유류

---

851) 「건축법」 제2조 제2호에 따른 "건축물"이란 토지에 정착(定着)하는 공작물 중 지붕과 기둥 또는 벽이 있는 것과 이에 딸린 시설물, 지하나 고가(高架)의 공작물에 설치하는 사무소·공연장·점포·차고·창고, 그 밖에 대통령령으로 정하는 것을 말한다. 동 조문에서 위임한 사항을 규정한 하위법령은 없는 상태이다.

852) 해체이동이 용이한 비닐하우스나 견본주택, 가건물, 급유탱크, 컨테이너 등은 등기할 수 없다.

853) 지붕 및 주벽 또는 그에 유사한 설비를 갖추어서 外氣(바깥의 공기)를 分斷하는 구조를 가져야 한다는 것으로 결국은 바깥 공기를 차단할 수 있는 지붕과 외벽 등을 갖추어야 한다는 의미이다.

저장탱크, 사일로(silo), 농업용 고정식 온실, 비각, 경량철골조 경량패널지붕 건축물, 조적조 및 컨테이너구조 슬레이트지붕 주택 등은 건물로서 소유권보존등기를 할 수 있다.

(나) 등기능력 없는 건축물의 예시

지붕 및 주벽 또는 그에 유사한 설비를 갖추지 않고 있거나, 토지에 견고하게 부착되어 있지 않는 것으로서 농지개량시설의 공작물(방수문, 잠관 등), 방조제 부대시설물(배수갑문, 권양기, 양수기 등), 건물의 부대설비(승강기, 발전시설, 보일러시설, 냉난방시설, 배전시설 등), 지하상가의 통로, 컨테이너, 비닐하우스, 주유소 캐노피, 일시 사용을 위한 가설건축물, 양어장, 옥외 풀장, 경량철골조 혹은 조립식 패널 구조의 건축물 등은 건물로서 소유권보존등기를 할 수 없다.

나. 집합건물의 <u>구조상 공용부분</u>의 등기능력에 관해서는 (1) 집합건물의 공용부분 중 <u>구조적, 물리적으로 공용부분인 것(복도, 계단 등)은 전유부분으로 등기할 수 없다.</u> (2) 집합건물의 <u>공용부분</u>이라 하더라도 <u>아파트 관리사무소, 노인정 등</u>과 같이 독립된 건물로서의 요건을 갖춘 경우에는 <u>독립하여 건물로서 등기</u>할 수 있고, 이 경우 **등기관**은 공용부분인 취지의 등기를 한다.

IV. 등기할 수 있는 사항(등기사항)

1. 의의

등기사항에는 실체법상 등기사항과 절차법상 등기사항이 있다. <u>실체법상 등기사항이란 **"등기를 필요로 하는 사항"**</u> 즉, 등기를 하지 않으면 사법상의 일정한 효력(권리변동의 효력이나 추정력 효력 등)이 생기지 아니하는 사항, 즉, 등기가 필요한 사항이며, 그것은 대체로 「민법」 제186조와 제187조에 의하여 정하여진다.

그에 비하여 <u>절차법상 등기사항</u>이란 「부동산등기법」상 **"등기를 할 수 있는 사항"**, 즉, 당사자가 등기를 신청할 수 있고 **등기관**은 등기할 직책과 권한을 가지게 되는 사항을 말한다. 이에 대하여는 "<u>등기능력</u>"이 있다고 표현한다. 어떤 사항을 등기할 수 있으려면 법령에 그 사항을 등기할 수 있다는 취지의 규정이 있어야 한다. 이러한 원칙을 "<u>등기사항 법정주의</u>"라고 한다.

이 두 등기사항은 일치하지 않는다. <u>일반적으로 실체법상 등기사항은 모두 절차법상의 등기사항에 해당하나, 절차법상 등기사항에는 실체법상 등기사항이 아닌 것도 있다.</u> 가령 피담보채권의 소멸로 인한 저당권의 소멸은 등기를 하지 않더라도 당연히 발생하므로 실체법상의 등기사항에 해당되지 않으나, 절차법상 등기사항에는 해당된다.

2. 등기할 수 있는 권리

현행 「민법」상 원칙적으로 등기를 할 수 있는 권리는 <u>부동산물권</u>이다. 그러나 부동산물권이 모두 등기할 수 있는 권리는 아니다. <u>점유권·유치권은 등기할 수 없고, 특수지역권·분묘기지권도 등기할 권리가 아니다.</u> <u>소유권·지상권·지역권·전세권·저당권 등이 등기할 수 있는 물권이다.</u> 저당권에 의하여 담보된 채권을 질권 또는 채권담보권의 목적으로 하는 경우 질권 또는 채권담보권의 효력을 저당권에도 미치게 하기 위한 때에는 부동산물권은 아니지만 <u>권리질권이나 채권담보권</u>에도 등기능력이 인정된다(법 제3조). <u>부동산임차권과 부동산환매권</u>도 물권은 아니지만 법률 규정에 의하여 등기능력이 인정되고 있다. 물권변동을 목적으로 하는 청구권에 관하여서는 가등기능력이 인정된다.

3. 등기할 수 있는 권리변동

등기할 수 있는 권리변동이란 등기할 수 있는 권리의 보존, 이전, 설정, 변경, 처분의 제한 또는 소멸을 말한다(법 제3조).

"**보존**"이란 미등기 부동산에 대해 이미 가지고 있는 소유권을 공시하기 위하여 처음으로 하는 등기로서, <u>소유권만이 보존등기를 할 수 있는 권리이다.</u>

"**이전**"이란 어떤 자에게 귀속되어 있는 권리가 다른 자에게 옮겨가는 것을 의미한다. <u>소유권뿐만 아니라 양도성이 있는 권리라면 소유권 외의 권리에도 인정된다.</u>

"**설정**"이란 당사자 간의 계약에 의하여 <u>부동산 위에 새로이 소유권 외의 권리를 창설하는 것을 말한다. 지상권, 지역권, 전세권, 저당권, 권리질권, 채권담보권, 임차권</u> 등에 대하여 설정등기를 할 수 있다.

"**변경**"은 **협의의 변경등기**와 **광의의 변경등기**가 있다. **전자**는 등기된 사항의 일부가 **후발적**으로 변경된 경우 이를 실체관계에 부합되게 하는 등기를 말한다. **후자**는 **협의의 변경등기와 경정등기**를 포함하는데, 경정등기란 등기된 사항의 일부가 당초부터 실체관계와 부합하지 않는 경우에 이를 바로잡는 등기이다. 법 제3조의 변경은 광의의 변경을 말한다. 변경의 대상에는 권리의 내용뿐만 아니라 부동산표시와 등기명의인 표시가 모두 포함된다.

"**처분의 제한**"은 소유자나 그 밖의 권리자가 가지는 처분권능을 제한하는 것으로서, 법률에 규정되어 있는 경우에 한한다. 임의의 계약에 의한 처분 제한은 여기에서 말하는 처분의 제한에는 포함되지 않는다. <u>법률에 규정되어 있지 아니한 처분의 제한은 등기할 사항이 아니며, 처분제한(특약사항 또는 금지사항)에 관한 사항이 법률에 규정되어 있더라도 등기할 수 있도록 하는 별도의 규정이 없으면 등기할 수 없다.</u>

"**소멸**"이란 어떤 부동산이나 권리가 원시적 또는 후발적 사유로 없어지는 것을 말한다. 등기원인의 무효나 취소로 인한 각종 권리의 소멸이나 목적 부동산의 멸실에 의한 권리의 소멸 등을 예로 들 수 있다.

4. 부동산의 표시에 관한 사항

구법에서는 부동산의 표시(表示)에 관한 등기는 소유권보존등기의 한 부분이며 독립하여 등기할 수 없다는 입장에서 부동산의 표시에 관한 등기 중 "구분건물의 표시"만 등기사항에 해당한다고 보았다(구법 제2조). 그러나 부동산의 표시에 관한 등기가 반드시 소유권등기와 무관하게 독립적으로 이루어지는 것만을 의미하는 것은 아니다. 이미 등기되어 있는 부동산의 표시에 관한 사항을 변경하는 것도 부동산의 표시에 관한 등기에 해당한다. 개정법은 부동산의 표시에 관한 사항을 등기사항으로 규정하였다(법 제3조).

V. 등기의 효력

등기의 종류를 등기의 효력에 의하여 종국등기(본등기)와 예비등기로 분류하였으므로 등기의 효력도 본등기와 가등기의 효력으로 나누어 설명한다.

1. 본등기의 효력

가. 권리변동적 효력: 부동산에 관한 법률행위로 인한 물권의 득실변경은 등기하여야 그 효력이 생긴다(민법 제186조). 즉 물권행위 외에 유효한 등기가 있으면 부동산에 관한 물권변동의 효력이 생긴다. 이러한 권리변동적 효력은 등기의 효력 가운데 가장 중요한 것이다. 주의할 것은 등기의 권리변동적 효력이 생기려면 등기가 신청된 것만으로는 부족하고 등기기록(등기부)에 실제로 기록되어야 한다. 따라서 등기가 신청되고 **등기관**이 등기필정보를 통지하였더라도, 실제로 등기부에 기록되지 않으면 권리변동적 효력은 생기지 않는다.

수작업으로 등기사무를 처리하는 시기에는 **등기관**이 등기를 완료한 시점이 언제인지 알 수 없었으므로 등기의 효력발생시기를 등기부에 기재되어 있는 등기신청서의 접수연월일로 보는 것이 당연하였다. 하지만 등기전산화로 이제는 등기를 완료한 시점에 관한 정보가 전산정보처리조직에 그대로 저장되어 정확하게 알 수 있다.

개정법에서는 등기의 효력발생시기에 관한 분쟁을 방지하기 위하여, "**등기관이 등기를 마친 경우 그 등기는 접수한 때부터 효력을 발생**하도록(법 제6조 제2항)" 등기의 효력발생 시기를 명시하고 있다. 여기서 "**등기관이 등기를 마친 경우**"란 법 제11조 제4항에 따라 등기사무를 처리한 **등기관**이 누구인지 알 수 있는 조치를 하였을 때를 말하고(규칙 제4조), "**접수한 때부터 효력이 발생한다**"는 의미는 부동산등기신청은 대법원규칙으로 정하는 등기신청정보가 전산정보처리조직에 저장된 때 접수된 것으로 보므로(법 제6조 제1항), 결국 **등기는 등기신청정보가 전산정보처리조직에 저장된 때부터 효력이 생긴다**. 다만, 같은 토지 위에 있는 여러 개의 구분건물에 대한 등기를 동시에 신청하는 경우에는 그 건물의 소재 및 지번에 관한 정보가 전산정보처리조직에 저장된 때 등기신청이 접수된 것으로 본다(규칙 제3조 제2항).[854]

나. 대항적 효력: 어느 권리를 등기하지 않으면 그 권리는 당사자 사이에서 채권적 효력이 있을 뿐이나, 등기한 때에는 제3자에 대해서도 주장할 수 있는 효력이 생기는데, 그 효력을 대항력이라고 한다. 물권변동에 있어서 형식주의를 택한 우리 법제에서는 물권변동이 등기의 본래의 효력이고 대항력은 예외적인 효력이다. 임차권의 등기(법 제74조), 환매특약의 등기(법 제53조), 지상권 또는 전세권의 존속기간 등에 관한 약정의 등기(법 제69조, 제72조), 저당권의 변제기 등에 관한 약정의 등기(법 제75조 제1항) 등에는 대항력이 있다. 그러나 이들은 등기하지 않으면 당사자 사이에서 채권적 효력만 있게 된다.

다. 순위확정적 효력: 같은 부동산에 관하여 등기한 권리의 순위는 법률에 다른 규정이 없으면 등기한 순서에 따른다(법 제4조 제1항). 등기의 순서는 등기기록 중 **같**은 구에서 한 등기 상호 간에는 **순**위번호에 따르고 **다**른 구에서 한 등기 상호 간에는 **접**수번호에 따른다(법 제4조 제2항). 이를 등기의 순위확정의 효력이라고 한다. 같은 부동산에 관하여 등기한 권리의 순위가 반드시 등기의 순서에만 따르는 것은 아니다. 가령 저당권설정등기청구권을 피보전권리로 한 가처분등기 후 채무자가 제3자를 위하여 저당권설정등기를 해 준 경우 가처분권자가 판결에서 승소하였다 하더라도 제3자보다 앞선 순위번호로 등기를 할 수 없다. 이때에는 제3자보다 후순위로 저당권설정등기를 하되 그 등기가 가처분에 의한 것이라는 뜻을 등기기록 중 등기목적란에 표시한다. 이 경우 나중에 등기된 권리가 먼저 등기된 권리보다 우선하게 된다.

부기등기의 순위는 주등기의 순위에 따른다. 다만, 같은 주등기에 관한 부기등기 상호간의 순위는 그 등기 순서에 따른다(법 제5조).

라. 추정적 효력[855]

(1) **의의 및 근거:** 등기의 추정적 효력 내지는 추정력이라 함은 어떤 등기가 있으면 그에 대응하는 실체적 권리관계가 존재하는 것으로 추정하게 하는 효력을 말한다. 「민법」은 등기의 추정력에 관한 명문의 규정을 두고 있지 않으나, 이를 인정하는데 학설·판례가[856] 일치하고 있다.

(2) **추정력이 미치는 범위:** 등기가 있으면 그 권리가 등기명의인에게 속하는 것으로 추정된다. 그리고 그 등기에 의하여 유효한 물권변동이 있었던 것으로 추정하는 효력을 말한다.

그런데 등기의 추정력이 등기부에 기재된 **등기원인**에도 미치는가가 문제된다. 학설은 (가) 인정설과 (나) 부정설로 견해가 나뉘나, 판례는 긍정하고 있다.[857]

---

854) 송덕수, 민법강의(제12판), 384면.
855) 송덕수, 민법강의(제12판), 385~389면.
856) 대법원 2000. 3. 10. 선고 99다65462 판결.
857) 대법원 2003. 2. 28. 선고 2002다46256 판결 등.

등기의 추정력은 **등기부상의 기재사항**에도 미친다. 그 결과 가령 근저당권설정등기가 되어 있으면 근저당권의 존재뿐만 아니라 그에 상응하는 피담보채권도 존재한다고 추정된다.

등기의 추정력은 **권리변동의 당사자**에게도 미치는가? 가령 매매를 원인으로 하여 A로부터 B로 소유권이전등기가 되었는데, A가 B에 대하여 매매계약의 부존재를 이유로 등기말소를 청구하는 경우에, B가 등기의 추정력을 주장할 수 있는지가 문제된다. 여기에 관하여 학설은 (가) 인정설과 (나) 부정설로 견해가 나뉘나, 판례는 인정설을 취한다.858)

(3) **추정의 효과**: 등기의 추정력에서의 추정은 우리의 통설과 판례에 따르면, 법률상의 추정이고 그 중에서도 권리의 추정이라고 한다. 그러므로 그 추정을 번복하려면 등기와 양립할 수 없는 사실을 주장하는 자가 반대사실의 증거를 제출해야 한다.

그리고 판례도 "소유권이전등기가 경료되어 있는 경우 등기명의자는 제3자에 대하여서뿐만 아니라 전소유자에 대하여서도 적법한 등기원인에 의하여 소유권을 취득한 것으로 추정되므로, 원고가 이를 부인하고 등기원인의 무효를 주장하여 소유권이전등기의 말소를 구하려면 무효원인이 되는 사실을 주장하고 증명할 책임이 있다. 그런데 등기명의자 또는 제3자가 그에 앞선 등기명의인의 등기 관련 서류를 위조하여 소유권이전등기를 경료하였다는 점이 증명되었으면 특별한 사정이 없는 한 무효원인의 사실이 증명되었다고 보아야 하고, 등기가 실체적 권리관계에 부합한다는 사실의 증명책임은 이를 주장하는 등기명의인에게 있다"고 판시하였다.859) 등기의 추정력은 표제부에는 인정되지 않는다.

(4) **점유의 추정력과의 관계**: 점유의 추정력에 관한 「민법」 제200조가 부동산에도 적용되는지가 문제된다. 여기에 관하여 학설은 부동산에 대하여는 그 규정이 적용되지 않는다는 데 일치하고 있으나, 미등기의 부동산은 견해가 나뉜다. 그리고 판례는 등기된 부동산에 관하여는 명백히 부정하고 있으며,860) 미등기부동산에 관한 사안에서 토지대장에 소유자로 등재된 자에 대하여 소유자 추정을 인정한 적이 있다.861)

마. 후등기저지력: 현재 등기가 존재하는 이상 그것이 비록 실체법상 무효라고 하더라도 먼저 말소하지 않고서는 양립할 수 없는 등기를 할 수 없게 하는 효력을 말한다. 건물 전세권의 존속기간이 만료된 경우에도 그 전세권설정등기를 말소하지 않고는 후순위로 중복하여 전세권설정등기를 신청할 수 없다.

바. 공신력의 인정여부: 우리 「민법」은 동산거래에 관하여 선의취득을 인정하나(제249조), 부동산거래에 대하여는 그러한 제도를 두고 있지 않다. 따라서 등기에 의하여 공시된 내용을 신뢰하여 거래한 자에 대하여 그가 신뢰한 대로의 효력을 발생시키는 힘인 공신력은 없다고 해석한다. 그래서 부동산등기제도는 공신의 원칙을 채택하지 않고 있다는 것이 통설·판례이다. 즉 등기기록을 믿고 거래하였더라도 상대방이 진정한 권리자가 아닌 경우에는 물권을 취득하지 못한다. 법에서도 등기의 말소를

---

858) 대법원 2013. 1. 10. 선고 2010다75044,75051 판결 등.
859) 대법원 2014. 3. 13. 선고 2009다105215 판결.
860) 대법원 1980. 7. 22. 선고 80다780 판결 등.
861) 대법원 1976. 9. 28. 선고 76다1431 판결.

신청하는 경우에 그 말소에 대하여 등기상 이해관계 있는 제3자 있을 때에는 그 승낙이 있어야 한다고 (법 제57조 제1항) 함으로써 말소 대상인 등기를 믿고 거래를 한 자의 등기상 권리를 보장하고 있다.

2. 가등기의 본등기 순위보전적 효력

가등기에 의하여 본등기를 한 경우에 **본등기의 순위는 가등기의 순위**에 따른다(법 제91조). 이를 가등기의 본등기 순위보전적 효력이라고 한다. 가등기에 의한 본등기를 한 경우 물권변동의 효력은 가등기를 한 때로 소급하는 것이 아니라 **본등기 한 때**부터 생긴다.[862] 다만, 본등기의 순위는 가등기의 순위를 유지하기 때문에 가등기 이후에 마쳐진 제3자의 권리에 관한 등기(소위 중간처분의 등기)는 본등기의 내용과 저촉되는 범위에서 실효되거나 후순위로 된다.

등기되어 있는 가등기가 담보가등기인 경우에는 그 권리자에게 우선변제권이나 경매청구권 등이 주어진다(가등기담보법 참조).

VI. 등기의 유효요건

등기가 유효하기 위해서는 등기에 부합하는 실체법상의 권리관계가 존재하고(실질적 유효요건 또는 실체적 유효요건), 등기가 법이 정하는 절차에 따라 행해져야 한다(형식적 유효요건 또는 절차적 유효요건).

1. 실질적 유효요건

가. 등기에 부합하는 실체관계의 존재

(1) 등기에 부합하는 부동산, (2) 진정한 등기명의인, (3) 등기에 부합하는 실체적 권리변동 원인이 있어야 한다. 실체관계에 부합하지 않는 등기는 효력이 없다. 문제는 등기와 실체관계가 어느 정도 부합하여야 유효한 등기가 될 수 있느냐에 있다.

나. 등기와 실체관계의 부합의 정도

사회통념상 동일성이 인정되면 부합한다고 할 수 있다.

(1) 부동산 표시에 관한 부합의 정도: 부동산의 물리적 현황과 등기기록 사이에 다소의 불일치가 있더라도, 해당 부동산을 공시하고 있다고 할 수 있을 정도의 동일성이 인정되면 그 등기는 유효하다.[863]

---

862) 대법원 1981. 5. 26. 선고 80다3117 판결.
863) 대법원 1981. 12. 8. 선고 80다163 판결.

토지의 경우 지번이 다른 등기는 원칙적으로 무효이다. 반면, 지목·면적 등이 약간 다르더라도 지번이 같으면 동일성을 인정할 여지가 크다.

건물의 경우에는 건물의 소재지와 대지 지번의 표시가 다소 다르더라도 건물의 종류·구조·면적 및 인근에 유사한 건물이 있는지 여부 등을 종합적으로 고려하여 등기가 해당 건물을 표시하고 있다고 인정되면 유효한 등기로 보고 있다.

(2) 권리의 질적 불부합 — 권리의 주체·객체·종류의 불부합: 권리의 주체가 부합하지 않은 경우(가령 실제 권리자는 甲인데 乙로 등기된 경우), 권리의 객체가 부합하지 않은 경우(가령 甲 토지의 등기기록에 하여야 할 등기를 乙 토지의 등기기록에 한 경우)와 권리의 종류가 서로 부합하지 않은 경우(가령 전세권설정계약을 했는데 저당권등기가 된 경우) 해당 등기는 무효이다.

(3) 권리 내용의 양적 불부합: 권리의 주체·객체·종류는 부합하나 그 양이 일치하지 않는 경우에는 불일치의 정도에 따라 등기의 효력이 결정된다. 일반적으로 다음과 같이 볼 수 있다. 등기된 양이 물권행위의 양보다 클 때에는 물권행위의 한도에서 효력이 있고, 반대로 물권행위의 양이 등기된 양보다 클 때에는 법률행위의 일부무효에 관한 「민법」 제137조에 의하여 판단한다. 다만, 불일치가 착오에 의한 것임이 등기기록상 명백히 인정되면 경정등기에 의하여 고칠 수 있다.

2. 형식적 유효요건

등기자체가 존재하고, 그 등기는 적법한 절차(관할 등기소에서의 등기, 법률상 허용되는 등기, 그 밖의 절차 위배와 등기의 유효 문제)에 따라 이루어진 것이어야 한다.

제2장 등기기관

Ⅰ. 의의

등기사무를 담당하는 국가기관을 등기소라고 한다. 따라서 등기소라는 명칭을 가진 관서뿐만 아니라 등기사무를 담당하는 지방법원의 등기국, 등기과와 그 지원의 등기과 또는 등기계도 등기소이다. 법원행정처 부동산등기과는 직접 등기사건을 처리하고 있지 않으므로 여기에서 말하는 등기소는 아니다.

Ⅱ. 등기소의 관할

현실적으로 어느 등기소가 해당 등기사무를 처리할 것이냐 하는 것이 관할의 문제이다. 등기사무는 부동산의 소재지를 관할하는 지방법원, 그 지원(支院) 또는 등기소(이하 "등기소"라 한다)에서 담당한다(법 제7조 제1항). 등기소의 관할구역은 「각급 법원의 설치와 관할구역에 관한 법률」과 「등기소의 설치와 관할구역에 관한 규칙」(대법원규칙 제2828호)에 의하여 정해지는데 광역 등기국을 제외하고는 대체로 행정구역인 구·시·군을 기준으로 정하여져 있다.

Ⅲ. 관할의 지정

1개의 부동산(건물)이 여러 등기소의 관할구역에 걸쳐 있을 때에는 그 부동산에 대한 최초의 등기신청을 하고자 하는 자는 대법원규칙으로 정하는 바에 따라 각 등기소를 관할하는 상급법원의 장(여러 등기소가 같은 지방법원 관내일 때에는 그 지방법원의 장, 같은 고등법원 관내일 때에는 그 고등법원의 장, 고등법원의 관할구역을 달리할 때에는 대법원장)이 관할 등기소를 지정한다(법 제7조 제2항). 관할 등기소 지정 신청서는 해당 부동산의 소재지를 관할하는 등기소 중 어느 한 곳에 제출하며, 그 등기소에

서는 신청서 및 첨부서면의 적정 여부를 심사한 후 즉시 상급법원의 장에게 송부하여야 한다.[864]

신청서를 받은 등기소는 그 신청서를 지체 없이 상급법원의 장에게 송부하여야 하고, 상급법원의 장은 부동산의 소재지를 관할하는 등기소 중 어느 한 등기소를 관할등기소로 지정하여야 한다(규칙 제5조 제3항).

관할등기소의 지정을 신청한 자가 제3항에 따라 지정된 관할등기소에 등기신청을 할 때에는 관할등기소의 지정이 있었음을 증명하는 정보를 첨부정보로서 등기소에 제공하여야 한다(규칙 제5조 제4항).

등기관이 제4항에 따라 등기를 하였을 때에는 지체 없이 그 사실을 다른 등기소에 통지하여야 한다(규칙 제5조 제5항).

제5항에 따른 통지를 받은 등기소는 전산정보처리조직으로 관리되고 있는 관할지정에 의한 등기부목록에 통지받은 사항을 기록하여야 한다(규칙 제5조 제6항).

단지를 구성하는 여러 동의 건물 중 일부 건물의 대지가 다른 등기소의 관할에 속하는 경우에 준용한다(규칙 제5조 제7항).

IV. 관할의 위임

천재지변, 등기업무의 과다, 그 밖의 사유로 관할 등기소에서 등기사무를 처리하는 것보다 다른 등기소에서 처리하는 것이 편리할 수가 있다. 대법원장은 어느 등기소의 관할에 속하는 사무를 다른 등기소에 위임하게 할 수 있다(법 제8조).

V. 관할의 변경

행정구역의 변경 또는 등기소의 신설 등으로 인하여 어느 부동산의 소재지가 다른 등기소의 관할로 바뀌었을 때에는 종전의 관할 등기소는 전산정보처리조직을 이용하여 그 부동산에 관한 등기기록의 처리권한을 다른 등기소로 넘겨주는 조치를 하여야 한다(법 제9조).

VI. 등기사무의 정지

관할 등기소가 화재로 소실되거나 그 밖의 사유로 등기사무를 처리할 수 없는 상황이 발생한 경우 대법원장은 기간을 정하여 등기사무의 정지를 명령할 수 있다(법 제10조).

---

864) 등기예규 제1521호.

등기관

Ⅰ. 의의

 등기관은 지방법원장(등기소의 사무를 지원장이 관장하는 경우에는 지원장을 말한다)의 지정을 받아 지방법원, 그 지원 또는 등기소에서 등기사무를 처리하는 자를 말한다(법 제11조 제1항). 등기소에는 **등기관** 외에 접수사무, 등기사항증명서 발급 등을 담당하는 직원이 있으나, 이들은 **등기관**의 사무를 보조하는 자이다.

Ⅱ. 등기관의 지정

 등기사무는 등기소에 근무하는 법원서기관·등기사무관·등기주사 또는 등기주사보(법원사무관·법원주사 또는 법원주사보 중 2001년 12월 31일 이전에 시행한 채용시험에 합격하여 임용된 사람을 포함한다) 중에서 지방법원장(지원장)이 지정하는 자[이하 "**등기관**"(登記官)이라 한다]가 처리한다(법 제11조 제1항). 위와 같이 **등기관**은 지방법원장의 지정을 받아야 하므로 법원서기관 등이 등기소 발령을 받았다고 하여 당연히 **등기관**이 되는 것은 아니다. 그러나 실무상 등기소장은 별도로 **등기관**으로 지정을 받지 않더라도 등기소장 임명과 동시에 **등기관**으로 지정된 것으로 본다. **등기관**으로 지정되었던 자가 전임, 퇴직 등의 사유로 해당 관직을 이탈한 때 또는 휴직, 정직의 경우에는 **등기관** 지정이 취소된 것으로 본다(등기예규 제1364호 마 ③).

 등기관은 등기사무를 전산정보처리조직을 이용하여 등기부에 등기사항을 기록하는 방식으로 처리하여야 한다(법 제11조 제2항). **등기관**은 접수번호의 순서에 따라 등기사무를 처리하여야 한다(법 제11조 제3항). **등기관**이 등기사무를 처리한 때에는 등기사무를 처리한 **등기관**이 누구인지 알 수 있는 조치를 하여야 한다(법 제11조 제4항).

Ⅲ. 등기관의 권한과 책임

 등기관은 구체적인 등기사무 처리에 관한 한 독립적인 직무권한을 갖는다. 즉, 상사의 지휘·명령에 의하여 등기사무를 처리하는 것이 아니고 자기 판단과 책임하에 등기사무를 처리하게 된다. 다만 **등기관**의 독립성은 등기사무를 처리하는 것에 한정되며, 등기업무의 개선 및 **등기관** 상호 간의 업무통일 등 등기소 업무에 관하여는 등기소장의 행정지시를 따라야 한다(등기예규 제1364호 라 ①).

등기관이 직무를 집행하면서 고의 또는 과실로 법령을 위반하여 타인에게 손해를 입힌 경우에는 국가가 사용자로서 손해배상책임을 지고, **등기관**에게 고의 또는 중대한 과실이 있으면 국가는 **등기관**에게 구상할 수 있다(국가배상법 제2조). **등기관**의 책임과 관련하여 **등기관**이 가지는 주의의무는 등기신청서류와 등기부에 의하여 등기요건에 합당하는지 여부를 심사할 형식적 심사권에 따른 통상의 주의의무이다.[865]

법 제13조에 따르면 법원행정처장은 **등기관**의 재정보증(財政保證)에 관한 사항을 정하여 운용할 수 있다. 이에 따라 법원행정처는 피보험자를 국가로 하여 소정 금액을 보험금으로 하는 신원보증계약을 체결해 운영하고 있다.

IV. 등기관의 업무처리의 제한

등기사무는 사권관계에 중대한 영향을 미치므로 **등기관**은 등기사무를 공정하게 처리하여야 한다. 법은 이러한 **등기관**의 직무집행의 공정성을 보장하기 위하여 그 업무처리를 제한하는 규정을 두고 있다. 즉, **등기관**은 자기, 배우자 또는 4촌 이내의 친족(이하 "배우자등"이라 한다)이 등기신청인인 때에는 그 등기소에서 소유권등기를 한 성년자로서 **등기관**의 배우자등이 아닌 자 2명 이상의 참여가 없으면 등기를 할 수 없다. 배우자등의 관계가 끝난 후에도 같다(법 제12조 제1항).

이 경우 **등기관**은 조서를 작성하여 참여인과 같이 기명날인 또는 서명을 하여야 한다(법 제12조 제2항). **등기관**이 이러한 조서를 작성할 때에는 그 조서에 다음 각 호 1. 신청인의 성명과 주소, 2. 업무처리가 제한되는 사유, 3. 등기할 부동산의 표시 및 등기의 목적, 4. 신청정보의 접수연월일과 접수번호, 5. 참여인의 성명, 주소 및 주민등록번호, 6. 참여인이 그 등기소에서 등기를 한 부동산의 표시의 사항을 적어야 한다(규칙 제8조).

---

865) 대법원 1989. 3. 28. 선고 87다카2470 판결.

제3장 등기에 관한 장부

등기에 관한 장부는 크게 <u>등기부</u>와 그 외의 장부라 할 수 있는 <u>부속서류</u>로 나눌 수 있다. 법에서는 제3장에서 등기부 등으로 규정하고 있다.

제1절 등기부

I. 개설

1. 의의 및 종류

현재의 <u>등기부란 전산정보처리조직에 의하여 입력·처리된 등기정보자료를 대법원규칙으로 정하는 바에 따라 편성한 것</u>을 말한다(법 제2조 제1호, 법 제11조 제2항 등). <u>전산화 전의 등기부란 부동산에 관한 권리관계 또는 부동산의 표시에 관한 사항을 기재하는 공적인 종이장부</u>를 말했다. 「민법」은 토지 및 그 정착물을 부동산으로 보지만(민법 제99조), <u>등기부로는 **토지등기부와 건물등기부**로 구분한다</u>(법 제14조 제1항). 이는 등기부의 종류를 한정하고 있을 뿐만 아니라 등기의 대상을 정하고 있는 것으로 서 부동산 중에서 "토지"와 "건물"만이 「부동산등기법」상 등기의 대상이 될 수 있음을 의미한다.

2. 등기부(등기기록)의 형태

우리나라 등기부(등기기록)의 형태는 부책식(장부식)에서, 카드식(보관철식)으로, 이어서 전산등기 부로 변화되어 왔다.

① <u>부책식 등기부</u>는 등기사항을 기재하지 않은 상태의 등기부를 하나의 장부처럼 고정하여 편철한 것이다. 1동의 건물 또는 1필의 토지를 위한 1등기용지는 모두 3장의 용지로 이루어졌고, 50필 또는 50동을 한 묶음으로 편철하여 1권의 등기부책으로 하였다. 1등기용지는 첫 장에 "등기번호란"과 "표제 부"를, 둘째 장에는 "갑구란"을, 셋째 장에는 "을구란"을 두었다. 부책식 등기부는 1970년 전까지는 등 기사항이 국·한문 혼용으로 기재되어 세로 기재식이었으나, 1970년 이후에는 기재 글자가 한글로 변경

되면서 가로 기재식인 일명 신등기부를 사용하게 되었다.

② 그리고 <u>카드식 등기부</u>란 카드화된 등기용지를 부동산 지번의 순서에 따라 바인더에 편철한 등기부를 말한다. 카드식 등기부는 바인더에 등기용지를 가철하는 방식으로 등기부를 조제할 수 있어 새로운 등기용지를 쉽게 추가하거나 분리할 수 있었고, 등기용지를 부동산의 지번순으로 편철할 수 있게 되었다. 이에 따라 부책식 등기부와는 달리 등기번호란에 토지 또는 건물대지의 지번을 기재하였고, 등기부의 색출(索出)을 위한 색출장은 필요 없게 되었다. 또한 등기용지를 분리하여 타자기 등을 이용할 수 있게 되어 등기업무 처리의 기계화나 능률화를 꾀할 수 있게 되었고, 등본 등의 작성도 훨씬 용이하게 처리할 수 있게 되었다.

③ 종이 수작업폐쇄등기부를 제외하고 현재의 등기부는 모두 전산등기부로서 전산정보처리조직에 의하여 입력·처리된 등기정보자료를 편성·기록한 기억장치가 <u>전산등기부</u>이다(법 제2조 제1호 등). 장부식 등기부에서 카드식 등기부로 전환하여 등기업무가 효율화되었다고는 하지만, 양자 모두 종이로 된 수작업등기부라는 점에서 근본적인 변화는 없었다. 따라서 등기부 등·초본의 발급은 여전히 등기소 직원이 필사하거나 복사기를 이용하여 발급하였고, 등·초본 발급을 위한 등기부의 색출과 초본을 발급하기 위한 현재 유효사항 등의 발췌에 어려움이 있었다. 또한 관할 외 등·초본 발급의 경우 민원인은 원거리에 있는 해당 등기소를 방문하거나 모사전송의 방법으로 발급받아야 하는 등의 불편과 종이등기부의 멸실 위험도 여전히 상존하였다. 위와 같은 문제점을 해결하고자 등기사무의 전산화가 추진되어 ① <u>2002. 9월</u> 전국의 종이등기부를 <u>전산등기부로 전환하는 작업을 완료</u>하였으며, ② 등기부에 이상이 있어 전산등기부로의 전환이 보류된 전환보류 등기부도 2004. 6월에 그 전환이 완료됨에 따라 모든 카드식 등기부의 전산등기부로의 이기가 완료되었다.

3. 등기부의 편성

우리나라는 권리의 객체인 부동산을 편성의 단위로 하는 <u>물적편성주의</u>를 취하고 있다(물적편성주의). 등기부를 편성할 때에는 <u>1필의 토지 또는 1개의 건물에 대하여 1개의 등기기록</u>을 둔다(법 제15조 제1항 본문, <u>1부동산 1등기기록 원칙</u>). 따라서 ① 1개의 등기기록에 여러 부동산에 대한 등기를 하는 것, ② 1개의 등기기록에 1개의 부동산의 일부만에 대한 등기를 하는 것, ③ 1개의 부동산에 대하여 2 이상의 등기기록을 두는 것 등은 허용되지 않는다.

다만, 1부동산 1등기기록 원칙에는 예외가 있다. 즉 <u>1동의 건물을 구분한 건물에 있어서는 1동의 건물에 속하는 전부에 대하여 1개의 등기기록</u>을 사용한다(법 제15조 제1항 단서, 구분건물의 등기기록에 관한 특칙). 구체적으로 <u>구분건물등기기록에는</u> 1동의 건물에 대한 표제부를 두고, <u>전유부분마다 표제부·갑구·을구를 둔다</u>(규칙 제14조 제1항). 구분건물의 등기기록에 대지권등기를 한 때에는 처분의 일체성이 있는바, 하나의 구분건물 등기기록에 의하여 전유부분뿐만 아니라 대지권의 목적인 토지에 관한 권리도 공시하게 된다.

Ⅱ. 등기기록의 양식

1. 일반 등기기록

법 제15조 제2항에 따르면 등기기록에는 부동산의 표시에 관한 사항을 기록하는 표제부와 소유권에 관한 사항을 기록하는 갑구 및 소유권 외의 권리에 관한 사항을 기록하는 을구를 둔다고 하여 등기기록의 양식을 규정하고 있다.

가. 등기번호란

부책식 등기부의 등기번호란에는 등기한 순서에 따른 일련번호를 기재하였으나, 카드식 등기부의 경우에는 등기번호란에 등기한 토지 또는 건물대지의 지번을 기재하였다(구법 제16조 제2항). 그러나 전산정보처리조직에 의하여 등기사무를 처리하는 경우에는 등기번호란을 두지 않는다. 다만 등기기록의 좌측 상단에는 부동산의 소재지번(집합건물의 경우에는 건물 명칭 및 번호까지)을 우측 상단에는 각 부동산별 고유번호(규칙 제12조 제2항)를 기재함으로써 등기번호란의 기능을 갈음하고 있다.

나. 표제부(表題部)

토지등기기록의 표제부에는 표시번호란, 접수란, 소재지번란, 지목란, 면적란, 등기원인 및 기타사항란을 두고, 건물등기기록의 표제부에는 표시번호란, 접수란, 소재지번 및 건물번호란, 건물내역란, 등기원인 및 기타사항란을 둔다(규칙 제13조 제1항). 표제부의 "**접수**"란에는 신청서 접수의 연월일만 기재하고 접수번호와 등기목적은 기재하지 않는다. 부동산의 표시에 관하여는 토지의 경우는 ① 토지의 소재와 지번, ② 지목과 면적을 기재하고, 건물의 경우는 ① 건물의 소재, 지번 및 건물번호(다만 같은 지번 위에 1개의 건물만 있는 경우에는 건물번호는 기록하지 아니한다), ② 건물의 종류, 구조와 면적(부속 건물이 있는 경우에는 부속건물의 종류, 구조와 면적도 함께 기록한다) 등을 표제부에 기록한다(법 제34조 및 제40조). 위와 같은 기재에 의하여 부동산의 동일성이 특정된다.

그 밖에 "**등기원인 및 기타사항**"란에는 도면의 번호(법 제40조 제1항 제6호), 대위에 의한 신청인 경우에 대위자의 성명 또는 명칭, 주소 또는 사무소 소재지 및 대위원인(법 제28조 제2항)을 기록한다.

다. 갑구(甲區)

갑구에는 소유권에 관한 사항을 기록하는 부분이다(법 제15조 제2항). 종전 수작업 등기부는 갑구를 "순위번호란"과 "사항란"으로만 구분하였으나, 전산등기부에서는 사항란을 다시 "등기목적", "접수", "등기원인", "권리자 및 기타사항"으로 세분하여 각각 기록한다(규칙 제13조 제2항).

갑구에는 소유권보존등기·소유권이전등기·소유권이전청구권등기·소유권의 변경등기·소유권의 경정등기·소유권의 처분제한의 등기 등이다. 피보전권리자가 지상권 또는 전세권 등의 설정등기청구권인 경우라도 그 청구권을 보전하기 위하여 <u>소유권에 처분금지가처분을 하는 경우에는 갑구에 기록하여</u>야 한다. **등기관**이 「부동산거래신고법」 제3조 제1항에서 정하는 계약을 등기원인으로 한 소유권이전 등기를 하는 경우에는 대법원규칙으로 정하는 바에 따라 <u>거래가액을 기록</u>한다(법 제68조).

라. 을구(乙區)

을구의 양식은 갑구와 같다(규칙 제13조 제2항). <u>을구에는 소유권 외의 권리 즉, 지상권·지역권·전</u><u>세권·저당권·권리질권·채권담보권 및 임차권 등에 관한 사항을 기록한다(법 제15조 제2항)</u>. 을구에 기록할 사항이 없는 때에는 이를 두지 않는다.

2. 구분건물 등기기록

가. 개설

<u>구분건물이란 1동 건물의 일부분이 독립한 건물로서 구분소유권의 객체가 되는 것</u>을 말한다. 구분건 물의 경우 1부동산 1등기기록 원칙에 따라 구분소유권의 객체가 되는 각 전유부분마다 1등기기록을 개설하여야 할 것처럼 보인다. 그러나 전유부분인 구분건물과 1동 전체의 건물과는 밀접한 관계에 있고, 각 구분건물이 1동의 건물 중에서 차지하는 위치관계나 다른 구분건물과의 관계가 등기기록상 명확히 표시되어야 할 필요도 있다. 따라서 <u>구분건물의 등기기록은 1동 전체에 대한 표제부 기록을 두고</u><u>그 밖에 각 전유부분마다 전유부분 표제부·갑구·을구 기록을 두어 이를 합친 전체를 1등기기록으로</u>관념한다(법 제15조 제1항 단서). 그리하여 법은 1동의 건물을 구분한 건물에 있어서는 1동의 건물에 속하는 전부에 대하여 1개의 등기기록을 사용하게 된다. 이러한 구분건물 등기기록에는 1동의 건물에 대한 표제부를 두고 전유부분마다 표제부, 갑구, 을구를 둔다(규칙 제14조 제1항).

나. 1동 건물의 표제부

<u>1동 건물의 표제부는 "1동의 건물의 표시"와 "대지권의 목적인 토지의 표시"로 구성</u>된다. "1동의 건 물의 표시"란에는 신청서 접수일(접수번호, 등기목적은 기재하지 않음), 건물의 소재지번·건물명칭 및 번호, 건물의 종류, 구조와 면적, 도면의 번호를 기록한다(법 제40조 제1항 및 제2항), "대지권의 목적 인 토지의 표시"란에는 대지권의 목적인 토지의 일련번호·토지의 소재지번·지목·면적과 등기연월일을 기록한다(규칙 제88조 제1항).

다. 전유부분의 표제부

전유부분의 표제부는 "<u>전유부분의 건물의 표시</u>"와 "<u>대지권의 표시</u>"로 구성된다. "전유부분의 건물의 표시"란에는 접수연월일, 건물번호, 건물의 구조·면적, 도면의 번호를 기록한다(법 제40조 제1항 및

제2항). "대지권의 표시"란에는 대지권의 목적인 토지의 일련번호·대지권의 종류·대지권의 비율·등기원인 및 등기연월일을 기록한다(규칙 제88조 제1항).

라. 전유부분의 갑구·을구

일반부동산의 등기기록의 갑구·을구와 같다.

Ⅲ. 등기부의 보관·관리 및 공개

1. 등기부의 보관·관리

부책식 등기부와 카드식 등기부는 등기소의 서고에 보관하고 있었으며, 위에서 본 바와 같이 영구적 보존을 위한 전자화 작업이 완료되었다. 전산등기부의 경우 전산정보처리조직에 의한 등기사무 처리의 지원, 등기부의 보관·관리 및 등기정보의 효율적인 활용을 위하여 **법원행정처의 등기정보중앙관리소**에 보관·관리하여야 하며(규칙 제10조), 전쟁·천재지변이나 그 밖에 이에 준하는 사태를 피하기 위한 경우 외에는 그 장소 밖으로 옮기지 못한다(법 제14조 제3항).

2. 등기부의 손상방지 등을 위한 조치

가. 등기부부본자료의 작성과 보관

등기관이 등기를 마쳤을 때에는 등기부부본자료(登記簿副本資料)를 작성하여야 한다(법 제16조). "등기부부본자료"란 등기부와 동일한 내용으로 보조기억장치에 기록된 자료를 말한다(법 제2조 제2호). 법 제16조의 등기부부본자료는 전산정보처리조직으로 작성하여야 한다(규칙 제15조 제1항). 등기부부본자료는 법원행정처장이 지정하는 장소에 보관하여야 하고, 등기부부본자료는 등기부와 동일하게 관리하여야 한다(규칙 제15조 제2항 및 제3항).

나. 등기부의 손상방지 또는 손상된 등기부의 복구 등의 처분명령

(1) 등기부의 전부 또는 일부가 손상되거나 손상될 염려가 있을 때에는 대법원장은 대법원규칙으로 정하는 바에 따라 등기부의 복구·손상방지 등 필요한 처분을 명령할 수 있다(법 제17조 제1항).

(2) 대법원장은 대법원규칙으로 정하는 바에 따라 제1항의 처분명령에 관한 권한을 법원행정처장 또는 지방법원장에게 위임할 수 있다(법 제17조 제2항). 대법원장은 법 제17조에 따라 등기부의 손상방지 또는 손상된 등기부의 복구 등의 처분명령에 관한 권한을 법원행정처장에게 위임한다(규칙 제16조 제1항). 등기부의 전부 또는 일부가 손상되거나 손상될 염려가 있을 때에는 전산운영책임관은 지체

없이 그 상황을 조사한 후 처리방법을 법원행정처장에게 보고하여야 한다(규칙 제17조 제1항). 등기부의 전부 또는 일부가 손상된 경우에 전산운영책임관은 제15조의 등기부부본자료에 의하여 그 등기부를 복구하여야 한다(규칙 제17조 제2항). 규칙 제17조 제2항에 따라 등기부를 복구한 경우에 전산운영책임관은 지체 없이 그 경과를 법원행정처장에게 보고하여야 한다(규칙 제17조 제3항). 그리고 등기부가 복구된 때에는 복구된 등기는 이전의 등기와 동일한 것이고, 따라서 손상에 의하여 영향을 받지 않는다.[866]

3. 등기의 공개(등기사항의 열람과 증명)

가. 의의

등기제도의 목적은 부동산의 현황 및 권리관계를 공시하는 것이므로 등기기록을 공개해서 누구든지 이용할 수 있도록 하여야 한다. 법은 ① 등기사항증명서의 발급, ② 등기기록의 열람, ③ 등기기록의 부속서류에 대한 열람이라는 세 가지 방법으로 등기를 공개하고 있다(법 제19조). 공개의 대상이 되는 등기기록에는 등기의 일부로 보는 도면·매매목록·공동담보(전세)목록·공장저당목록·신탁원부도 포함된다. 신탁원부, 공동담보(전세)목록, 도면 및 매매목록은 보조기억장치(자기디스크, 자기테이프 그 밖에 이와 유사한 방법으로 일정한 등기사항을 기록·보관할 수 있는 전자적 정보저장매체를 말한다. 이하 같다)에 저장하여 보존하여야 한다(규칙 제18조 제1항). 다만, 법 제63조 단서에 따라 서면으로 작성되어 등기소에 제출된 도면은 이를 전자적 이미지정보로 변환하여 그 이미지정보를 보조기억장치에 저장하여 보존하여야 한다(규칙 제18조 제2항).

따라서 누구든지 수수료를 내고 대법원규칙으로 정하는 바에 따라, 등기기록에 기록되어 있는 사항의 전부 또는 일부의 열람(閱覽)과 이를 증명하는 등기사항증명서의 발급을 청구할 수 있다. 다만, 등기기록의 부속서류에 대하여는 이해관계 있는 부분만 열람을 청구할 수 있다(법 제19조 제1항). 그리고 등기기록의 열람 및 등기사항증명서의 발급 청구는 관할 등기소가 아닌 등기소에 대하여도 할 수 있다(법 제19조 제2항). 수수료의 금액과 면제의 범위는 대법원규칙으로 정한다(법 제19조 제3항). 폐쇄한 등기기록에 관하여는 법 제19조의 등기사항의 열람과 증명을 준용한다(법 제20조 제3항).

나. 등기사항증명서의 발급

(1) 의의: 등기사항증명서란 등기사항에 대한 증명서 즉, 등기기록에 기록되어 있는 사항의 전부 또는 일부를 증명하는 서면을 말한다(법 제19조 제1항, 규칙 제26조 제1항).[867]

---

866) 송덕수, 민법강의(제12판), 398면.

867) 구법에서는 등기부 등본·초본이라는 용어를 사용하였다. 등기부 **등본**은 등기부의 내용을 증명하기 위해 등기부의 내용을 동일한 문자와 부호로써 전부 옮긴 서면에 **등기관**이 인증문을 부기한 것을, **초본**은 등기부의 일부를 옮긴 서면에 **등기관**이 인증문을 부기한 것을 말한다. 등본과 초본은 원본의 내용전부 기재한 것인지 일부를 기재한 것인지에 따라 구별된다. 등기부가 전산화되기 전, 즉 전산정보처리조직에 의하여 등기사무를 처리하기 전에는 수작업등기부(부책식·

현재 등기정보는 전산정보처리조직에 의하여 입력·처리된 후 저장되어 있는 등기정보 중 필요한 등기사항의 전부나 일부를 일정한 양식으로 출력·발급하는 서면이 바로 등기사항증명서이다. 등기사항증명서의 발급방법에는 ① 등기소의 발급담당자가 민원인의 등기사항증명서 발급신청을 받아 발급하는 방법(이하 '유인발급'이라 한다), ② 민원인이 무인발급기를 이용하여 발급하는 방법(이하 '무인발급'이라 한다), ③ 민원인이 인터넷을 이용하여 발급하는 방법(이하 '인터넷발급'이라 한다)이 있는데, 이러한 발급방법에 따라 발급 가능한 등기사항증명서와 등기소의 업무절차가 달라진다.

(2) 등기신청이 접수된 부동산에 관한 등기사항증명서의 발급: 등기신청이 접수된 부동산에 관하여는 **등기관**이 그 등기를 마칠 때까지 등기사항증명서를 발급하지 못한다. 다만, 그 부동산에 등기신청사건이 접수되어 처리 중에 있다는 뜻을 등기사항증명서에 표시하여 발급할 수 있다(규칙 제30조 제4항).

(3) 등기사항증명서의 발급 방법: 등기사항증명서를 발급할 때에는 등기사항증명서의 종류를 명시하고, 등기기록의 내용과 다름이 없음을 증명하는 내용의 증명문을 기록하며, 발급연월일과 중앙관리소 전산운영책임관의 직명을 적은 후 전자이미지관인을 기록하여야 한다. 이 경우 등기사항증명서가 여러 장으로 이루어진 경우에는 연속성을 확인할 수 있는 조치를 하여 발급하고, 그 등기기록 중 갑구 또는 을구의 기록이 없을 때에는 증명문에 그 뜻을 기록하여야 한다(규칙 제30조 제1항).

(4) 신탁원부 등 영구보존문서의 발급: 신탁원부 등의 보존기간은 다음과 같다. 규칙 제18조 및 제19조에 따라 보조기억장치에 저장한 정보는 다음 각 호 1. 신탁원부: 영구, 2. 공동담보(전세)목록: 영구, 3. 도면: 영구, 4. 매매목록: 영구, 5. 신청정보 및 첨부정보와 취하정보: 5년의 구분에 따른 기간 동안 보존하여야 한다(규칙 제20조 제1항).

규칙 제20조 제1항 제5호의 보존기간은 해당 연도의 다음해부터 기산한다(규칙 제20조 제2항). 보존기간이 만료된 제1항 제5호의 정보는 법원행정처장의 인가를 받아 보존기간이 만료되는 해의 다음해 3월말까지 삭제한다(규칙 제20조 제3항).

신탁원부, 공동담보(전세)목록, 도면 또는 매매목록은 그 사항의 증명도 함께 신청하는 뜻의 표시가 있는 경우에만 등기사항증명서에 이를 포함하여 발급한다(규칙 제30조 제2항).

(5) 등기사항증명서의 종류: 등기사항증명서의 종류는 다음 각 호 1. 등기사항전부증명서(말소사항 포함), 2. 등기사항전부증명서(현재 유효사항), 3. 등기사항일부증명서(특정인 지분), 4. 등기사항일부증명서(현재 소유현황), 5. 등기사항일부증명서(지분취득 이력), 6. 그 밖에 대법원예규로 정하는 증명서로 한다. 다만, 폐쇄한 등기기록 및 대법원예규로 정하는 등기기록에 대하여는 제1호로 한정한다(규칙 제29조). 따라서 말소사항포함 등기부등본과 일부사항포함 등기부초본 두 가지가 있다.

카드식 종이등기부)를 필사(筆寫)하거나 전자복사기를 이용하여 등사(謄寫)하는 방법으로 등기의 내용을 증명할 수밖에 없었다. 따라서 등기부 등본·초본의 형태로 등기사항을 공개·증명하였다.

다. 등기기록, 등기신청서나 부속서류에 관한 열람

(1) 등기기록의 열람: 법은 등기의 공시 방법의 하나로서 <u>누구든지 수수료를 내고 등기기록에 기록</u>되어 있는 사항의 전부 또는 일부를 **열람**할 수 있도록 하고 있다(법 제19조 본문). 열람은 등기사항증명서와 같이 등기기록의 내용과 다름이 없음을 증명하는 서면을 교부받는 것이 아니라 신청인이 스스로 <u>등기기록을 보고 등기사항을 확인</u>하는 것이다.

<u>등기기록 열람</u>은 종전 수작업등기부 환경하에서 발급에 시간이 많이 소요되는 등·초본 대신 간이하게 등기사항을 확인하는 방법으로 많이 이용되었다. 등기소를 <u>방문</u>하여 등기기록 또는 신청서나 그 밖의 부속서류를 열람하고자 하는 사람은 <u>신청서를 제출</u>하여야 한다(규칙 제26조 제1항).

(2) 등기신청서나 부속서류에 관한 열람: 법은 <u>등기기록의 부속서류에 대하여는 이해관계 있는 부분만 열람을 청구</u>할 수 있다고 한다(법 제19조 제1항 단서). 여기서 <u>등기기록의 부속서류란 **등기신청서와 첨부서면**</u>을 말하고, 등기기록의 일부인 공동담보목록, 신탁원부 등은 해당되지 않는다. 등기신청서나 그 밖의 부속서류는 등기기록과는 달리 이해관계가 있는 자만이 열람할 수 있다. <u>이해관계인의 범위는 구체적인 사안에 있어서 **등기관**이 판단</u>하여야 할 것이나, 해당 등기신청서상의 <u>등기권리자, 등기의무자 및 등기기록에 기록된 등기명의인 등은 이해관계인</u>으로 볼 수 있다. 이해관계 있는 자의 대리인이 신청서나 그 밖의 부속서류의 열람을 신청할 때에는 신청서에 그 권한을 증명하는 서면을 첨부하여야 한다(규칙 제26조 제2항).

IV. 등기기록의 폐쇄

1. 의의

<u>등기기록의 폐쇄(閉鎖)</u>란 일정한 사유에 의하여 어떤 부동산에 관한 현재 유효한 권리관계를 공시할 필요가 없게 되거나 공시할 수 없게 된 때에, 등기기록에 그 사유와 등기기록을 폐쇄한다는 뜻을 기록하고 부동산의 표시를 말소하는 것을 말한다. **등기관**이 등기기록에 등기된 사항을 새로운 등기기록에 옮겨 기록한 때에는 종전 등기기록을 폐쇄한다(법 제20조 제1항). 등기기록이 폐쇄되면 그때부터 그 등기기록은 효력을 상실하며, 그 등기기록에는 어떠한 사항도 기록할 수 없게 된다.

그러나 폐쇄등기기록에 기록된 등기사항이 아무런 의미를 갖지 못하는 것은 아니다. 등기기록을 폐쇄하면서 그 등기된 내용을 다른 등기기록에 이기한 경우에는 그 이기된 등기를 매개체로 하여 폐쇄등기기록과 신등기기록이 연계되어 있고, 이기한 사항에 다툼이 있거나 등기사항 중 일부가 누락되거나 오류가 발생한 경우에 폐쇄등기기록에 기록된 사항이 중요한 역할을 한다. 또한 현재 유효한 등기기록상의 소유명의인에 관한 등기가 원인무효 등을 이유로 모두 말소된 경우 그 효력이 부활되기 전 등기사항을 폐쇄등기기록으로부터 이기하여야 한다. 이와 같이 <u>폐쇄등기기록도 등기로서의 공시기능을 가</u>

지므로 영구 보존하여야 하고(법 제20조 제2항), 등기기록의 보존·관리·공개에 관한 규정은 폐쇄등기 기록에도 준용된다(법 제20조 제3항, 규칙 제10조).

2. 등기기록 폐쇄의 원인

등기기록의 폐쇄 사유는 ① 등기기록의 전환, ② 소유권보존등기의 말소등기, ③ 중복등기기록의 정리, ④ 신 등기기록 이기, ⑤ 합필, 건물의 합병등기 또는 건물의 구분등기, ⑥ 멸실등기 등이다. 「부동산등기법」과 다른 법률에 의한 등기기록의 폐쇄원인을 살펴보면 다음과 같다.

가. 등기기록의 전환: 등기기록의 전환이란 전체 등기기록의 모든 기록 내용을 새로운 등기기록에 그대로 이기하는 것을 말한다. 등기기록의 전환은 주로 등기기록의 형태를 완전히 바꿀 때에 일어난다. 법은 등기기록을 전부 신등기기록에 이기한 때, 즉 등기기록의 전환이 있는 때에는 종전 등기기록을 폐쇄한다고 규정하고 있다(법 제20조 제1항). 이에 따라 종전의 부책식 등기부를 카드식 등기부, 카드식 등기부를 전산등기부로 전환하는 과정에서 부책식 등기부와 카드식 등기부는 모두 폐쇄되었다.

나. 소유권보존등기가 말소된 경우: 우리나라 부동산등기제도는 원칙적으로 표제부만을 두는 등기는 허용하지 아니하므로(예외: 구분건물의 표시등기) 소유권보존등기를 말소한 경우에는 그 등기기록을 폐쇄한다.

다. 중복등기기록 정리절차로 인한 폐쇄: 등기관이 같은 토지에 관하여 중복하여 마쳐진 등기기록을 발견한 경우에는 대법원규칙으로 정하는 바에 따라 중복등기기록 중 어느 하나의 등기기록을 폐쇄한다(법 제21조 제1항).

라. 새 등기기록에의 이기(기록사항의 과다 등 합리적 사유로 인한 신등기기록에 이기): 등기기록에 기록된 사항이 많아 취급하기에 불편하게 되는 등 합리적 사유로 등기기록을 옮겨 기록할 필요가 있는 경우에 **등기관**은 현재 효력이 있는 등기만을 새로운 등기기록에 옮겨 기록할 수 있다(법 제33조).

마. 멸실방지의 처분으로서 재제(再製): 구법 제26조는 등기부의 멸실 방지를 위한 처분에 따라 신등기용지로 이기 후 전 등기용지를 폐쇄하도록 규정하고 있었다(구규칙 제24조 및 제25조). 종전의 종이등기부에 멸실 위험이 있을 때 그 등기부와 같은 내용의 신등기용지를 편제하고 전 등기용지를 폐쇄하는 규정이다. 그러나 전산등기기록의 경우에는 등기기록을 데이터베이스 형태로 관리하므로 등기기록을 반영구적·안정적으로 보관할 수 있다. 따라서 개정법하에서는 멸실방지 처분으로서의 재제가 이루어지는 경우는 생각하기 어렵다.

바. 합필, 건물합병 등의 경우: A토지를 B토지에 **합필**하여 등기를 한 때에는 A토지에 관한 등기기록을 폐쇄하고, A건물을 B건물 또는 그 부속건물에 **합병**하거나 B건물의 부속건물로 할 때에도 A건물에 관한 등기기록을 폐쇄한다(규칙 제79조 및 제100조). 구분건물이 아닌 A건물을 구분하여 이를 A구분건물과 B**구분건물**로 하는 경우에는 종전의 A건물에 대한 등기기록을 폐쇄한다(규칙 제97조 제2항). 통상의 건물과 구분건물은 등기기록의 양식을 달리하기 때문이다. 그러나 A건물이 애당초 구분건물인

때에는 A건물에 관한 등기기록은 폐쇄하지 아니한다.

　사. 부동산 멸실의 경우: 부동산 멸실의 등기를 하는 때에는 등기기록의 표제부에 멸실의 원인을 기재하고 그 등기기록을 폐쇄한다(규칙 제84조 및 제103조).

　아. 환지처분 등에 따른 폐쇄:「도시개발법」,「농어촌정비법」 등에 따라 토지의 환지처분, 교환·분할·합병 등이 있는 때에 종전 등기기록을 폐쇄하는 경우가 있다. 가령 수필의 토지가 1필의 토지로 환지되거나 환지가 지정되지 아니하는 경우에 1필의 토지에 대한 등기기록으로 존속하는 것을 제외한 나머지 등기기록을 폐쇄한다.

　자.「도시정비법」에 따른 폐쇄:「도시정비법」상 사업시행자가 이전고시(동법 제86조 제2항)에 따라 정비사업의 시행으로 축조된 건물과 조성된 대지에 관한 소유권보존등기를 신청하는 경우 종전 토지에 관한 등기의 말소등기도 함께 신청하여야 한다. 그러면 **등기관**은 종전 토지의 등기기록 중 표제부에 정비사업시행으로 인하여 말소한 취지를 기록하고 부동산의 표시를 말소하는 기호를 기록하고 그 등기부를 폐쇄하여야 한다(도시 및 주거환경정비 등기규칙 제9조).

3. 폐쇄 절차

등기기록 폐쇄 절차에는 이기절차가 수반되는 경우와 그렇지 않은 경우가 있다.

가. 이기절차를 수반하지 않는 경우

　(1) 토지·건물의 멸실, (2) 환지처분에서 환지를 부여하지 않고 금전청산을 하는 경우, (3) 미수복지구 등기부의 폐쇄(등기예규 제1116호 2. (2)) 등의 경우에는 해당 부동산에 대하여 더 이상 등기할 것이 없으므로 이기절차를 거치지 않고 다음과 같은 방법으로 등기기록을 폐쇄한다. 즉, 등기기록을 폐쇄할 때에는 표제부의 등기를 말소하는 표시를 하고, 등기원인 및 기타사항란에 폐쇄의 뜻과 연월일을 기록하여야 한다(규칙 제55조).

〈표 29〉 (표제부)

표시번호	표　시　란
壹 번	(생략)
貳 번	㉑ 접수 壹九六貳년五월貳일 경기도연천군고장리貳貳八번지 답壹百參拾평 지목변경
	대법원등기예규 제1116호에 의하여 본호용지 폐쇄 2005년 12월 24일 ㉑

나. 이기절차를 수반하는 경우

(1) 등기기록의 전환, (2) 등기기록에 기록된 사항이 많아 취급하기에 불편하게 되는 등 합리적 사유로 등기기록을 옮겨 기록할 필요가 있는 경우(법 제33조), (3) 멸실방지 처분에 따른 재제, (4) 토지의 합필·건물의 합병·건물의 구분, (5) 환지처분 중 수필의 종전 토지에 대하여 1필의 환지를 교부하는 경우 등에는 구 등기기록에 기록된 등기사항 중 "현재 효력 있는 등기"만을 새로운 등기기록에 이기한다.

4. 패쇄등기기록에 기록된 등기의 효력

폐쇄등기기록에는 현재 효력 있는 등기의 연혁이라고 할 종전의 등기가 기록되어 있으므로 현 등기의 효력이 문제될 경우에는 중요한 역할을 한다.

등기기록을 폐쇄할 때에는 표제부의 등기를 말소하는 표시를 하여야 한다(규칙 제55조 제2항). 이로써 그 등기기록은 마치 표제부에 기재되어야 할 부동산에 관한 등기가 없는 것과 같이 되므로 그 등기기록의 갑구나 을구에 기재되어 있던 등기사항은 모두 효력을 잃는다. 따라서 폐쇄등기기록에는 통상의 등기기록과 같은 등기의 효력이 인정되지 않고, 폐쇄등기기록에 기록된 등기사항에 관한 경정, 변경 또는 말소 등기도 할 수 없다.

다만 소유권에 관하여 현재 효력 있는 등기가 원인무효 등을 이유로 말소된 경우 부활하게 되기 전 등기가 폐쇄등기기록상에 있다면 폐쇄등기기록으로부터 이를 이기하여야 한다. 위와 같이 폐쇄등기기록에 기록된 등기사항을 이기하는 경우 그 순위번호는 접수번호 순서가 아닌 현재 전산등기부에 이기한 순서대로 됨을 유의하여야 한다. 즉, 현재의 전산등기기록에는 종전 등기기록의 유효한 등기사항만이 이기되었으므로 카드식 등기부의 최종 순위번호의 등기가 이기되는 것이 보통인데, 그 후 다시 폐쇄등기기록의 전 등기사항이 이기됨으로써 현재 등기기록상에는 순위번호가 접수번호와는 역순으로 부여되게 된다.

5. 폐쇄등기기록의 보존기간

폐쇄등기기록은 영구히 보존하여야 한다(법 제20조 제2항). 다만 1983. 12. 31. 법률 제3692호로 「부동산등기법」이 개정되기 전에는 폐쇄한 등기부는 폐쇄일부터 30년간 이를 보존하면 되었다. 따라서 위 법률이 시행되기 전에 보존기간이 완료됨에 따라 폐기되어 현재 존재하지 않는 폐쇄등기부가 있을 수 있음을 유의하여야 한다. 종이형태로 작성한 등기를 폐쇄하는 경우 그 등기부는 전자적 이미지정보로 변환하여 그 정보를 보존하여야 하는데, 그에 따라 폐쇄등기를 전자적 이미지정보로 변환하였을 때에는 그 폐쇄등기부를 30년간 법원행정처장이 지정하는 장소에 보관하여야 한다(신규칙 부칙 제4조).

6. 폐쇄등기기록의 부활

폐쇄사유가 없음에도 잘못 폐쇄된 경우 그 등기기록을 부활할 수 있다. 그 절차에 관하여 예규는 다음과 같이 정하고 있다(등기예규 제1207호).

가. 부활 사유

(1) 부동산의 멸실(해몰 포함), 토지의 하천구역 편입을 원인으로 대장의 등록이 말소된 사실이 없음에도 착오로 등기기록이 폐쇄된 경우와 등록이 말소된 대장에 의하여 등기기록이 폐쇄되었으나 후에 대장의 등록**말소가 착오**임이 밝혀져 대장이 원상회복된 경우

(2) 대장상 합병된 사실이 없음에도 착오로 합필(합병)등기가 되면서 합병당한 부동산의 등기기록이 폐쇄된 경우와 대장상 합병된 사실을 원인으로 합필(합병)등기가 되면서 합병당한 부동산의 등기기록이 폐쇄되었으나 후에 대장상의 **합병이 착오**임이 밝혀져 대장이 원상회복된 경우(권리에 관한 말소등기의 실행을 위하여 합필 또는 합병된 부동산을 분필 또는 분할하여야 할 경우는 이에 해당하지 아니한다)

(3) 「도시개발법」 등에 의한 환지등기의 **촉탁에 착오**가 있어 등기기록이 잘못 폐쇄된 경우와 **등기관**이 착오로 촉탁되지 않은 토지의 등기기록을 폐쇄한 경우

(4) 소유권보존등기가 **등기관**의 착오나 등기명의인의 **착오**에 기한 말소신청 또는 확정판결의 집행으로 말소됨에 따라 등기기록이 폐쇄된 후 그 말소가 착오에 의한 것임이 밝혀지거나 확정판결이 재심판결에 의하여 취소됨으로써 소유권보존등기를 회복하여야 할 경우(이 경우 부활된 등기기록에 소유권보존등기를 회복한다)

나. 부활 절차

위 경우 등기기록의 폐쇄가 **등기관**의 착오에 의한 경우에는 직권으로, 그 외의 경우에는 신청에 의하여 등기기록을 부활한다. 신청권자는 소명자료를 첨부한 폐쇄등기부상의 소유권의 등기명의인(소유권보존등기의 말소회복의 경우에는 말소된 소유권보존등기명의인)이다. 다만 환지촉탁 착오의 경우에는 도시개발사업의 시행자 의 촉탁에 의하여 등기기록을 부활한다.

7. 수작업폐쇄등기부의 전자화

폐쇄등기부 중 부책식 등기부, 카드식 등기부와 같은 수작업폐쇄등기부도 등본 발급의 수요는 존재하고, 현재의 등기부와 동일하게 관리·보존되어야 한다(법 제19, 제20조, 규칙 제10조 제2항 등 참조). 그러나 수작업폐쇄등기부 등본은 전산등기부와 달리 관할 외 등기소에서는 발급하기 어려웠고, 특히 부책식 등기부의 경우에는 그 색출이 어려워 등본 발급에 상당한 노력을 필요로 하였다. 또한 수작업

폐쇄등기부의 보관을 위하여 등기소 청사의 상당 부분을 등기부서고에 할당하고 있는 실정이고, 각종 재해로 인한 등기부 멸실의 위험이 상존하고 있다. 이에 ① 부책식 등기부도 지번에 따른 색출을 가능하게 하고, ② 수작업폐쇄등기부 등본의 관할 외 전자적 발급을 가능하게 하며, ③ 수작업폐쇄등기부 관리의 편의와 안정적인 영구보존을 위해 수작업폐쇄등기부의 전자화를 추진하여 모두 완료하였다. 수작업등기부의 전자화는 폐쇄등기부를 스캔하여 이미지화하는 방법으로 이루어졌다. 등기사항의 열람과 증명에 관한 규정은 폐쇄등기기록에 준용된다(법 20조 제3항).

〈표 30〉 폐쇄등기부의 유형

폐쇄등기부의 형태	폐쇄 원인
부책식 등기부	① 카드식 등기부로의 전환 전에 토지의 합필 또는 건물의 합병 등에 따른 폐쇄
	② 카드식 등기부로의 전환으로 인한 폐쇄
카드식 등기부	① 전산등기부로의 전환 전에 토지의 합필 또는 건물의 합병 등에 따른 폐쇄
	② 카드식 등기부의 전산등기부로의 전환으로 인한 폐쇄

V. 중복등기기록의 정리

1. 개설

가. 의의

중복등기기록(이하 '중복등기'라 한다)이란 하나의 부동산에 관하여 둘 이상의 등기기록이 개설되어 있는 것을 말한다. 1부동산 1등기기록주의(법 제15조)를 취하고 있는 우리나라는 중복등기를 허용하지 않는다. 그러므로 이미 등기가 되어 있는 부동산에 대하여 다시 보존등기를 신청하는 경우 **등기관**은 법 제29조 제2호 및 규칙 제52조 제9호를 적용하여 그 등기신청을 각하하여야 한다.

나. 발생원인

크게 다음과 같이 유형화해 볼 수 있다. (1) 분배농지의 상환완료로 인한 이전이나 귀속재산의 불하(拂下)로 인한 이전 등과 관련하여 행정관청이 등기를 촉탁하면서 전소유자의 기존등기를 무시하고 새로 국가명의로 보존등기를 한 후 신소유자 앞으로 이전등기를 한 경우, (2) 6·25사변으로 등기부가 멸실된 지역에서 회복등기와 새로운 보존등기가 경합된 경우, (3) 각종 등기 특별조치법에 따라 이전등기를 하여야 할 매수인 등이 이전등기 대신 보존등기를 한 경우, (4) 임야대장에서 토지대장으로 등록 전환되는 과정에서 구등기부를 폐쇄함이 없이 새로 등기부를 개설한 경우, (5) 1 필의 토지가 분필되었는데 구등기부는 그대로 두고 분필토지에 대하여 새로 보존등기를 하거나 반대로 수필의 토지가 합병되었는데 구등기부는 그대로 두고 합필토지에 대하여 새로 보존등기를 한 경우, (6) 미등기 부동산에 대한 법원의 처분제한등기의 촉탁으로 **등기관**이 직권으로 보존등기를 한 후 그 부동산에 관하여 <u>대위</u> <u>보존등기</u>가 되거나 <u>대위보존등기 된 후 소유자에 의하여 다시 보존등기가 된 경우</u> 등이다.

다. 중복등기의 효력

(1) 학설: 중복등기 되어 있는 경우 그 중 어느 등기를 유효한 것으로 보아야 할 것인가에 관하여는 학설이 대립한다.

(가) "절차법설"은 먼저 보존등기 되어 있는 이상 나중에 된 보존등기는 1부동산 1등기기록주의 원칙에 반하여 위법한 것으로서 무효이므로 실체적 권리관계를 가릴 것 없이 <u>후등기기록이 말소되어야 한</u>다고 본다.

(나) 이에 반하여 "실체법설"은 등기신청단계에서는 후등기신청이 당연히 각하되어야 하지만, 일단 등기신청이 받아들여져 등기가 되어버린 이상 <u>양 등기의 실체관계를 따져 그에 부합하는 등기를 유효</u>한 것으로 보며, 실체관계에 부합하지 아니한 등기를 무효인 것으로 처리하고자 한다.

(다) 그 밖에 "절충적 입장"은 <u>기본적으로 절차법설</u>을 취하면서 <u>예외를 인정하는 견해</u>인데, 선등기는 전혀 권리 없는 자에 의하여 행해진 반면, 후등기는 실체적 권리자에 의하여 행해진 경우에는, 예외적으로 선등기를 무효로 하고 후등기를 유효로 하자고 한다.

(2) 판례: 대법원은 처음에는 언제나 후등기가 무효라는 <u>절차법설의 입장</u>이 지배적이었다.[868] 그러다가 1978년 전원합의체 판결에서 동일한 부동산에 관하여 등기명의인을 달리하여 2중의 보존등기가 된 경우에 <u>실체법설적 입장</u>을 취한 경우도 있었으나,[869] 또 절차법설을 따른 판결과 실체법설을 따른 판결이 병존하여 일관성이 없었다. 그 뒤 <u>1990년에 전원합의체</u> 판결에 의하여 엇갈리던 판례가 통일되었다. 그에 의하면, <u>후등기가 원칙적으로 무효이지만, 예외적으로 선등기가 무효이고 후등기가 실체관</u><u>계에 부합하는 경우에는 후등기가 유효하다.</u>[870] 이 같은 판례를 **절충설**로 평가하고 있다.[871]

라. 중복등기 정리절차의 이원화

<u>법과 규칙은 토지 중복등기의 정리</u>에 관해서만 근거를 두고 있고, <u>건물 중복등기의 정리</u>에 관해서는 <u>따로 규정을 두지 않고 있다.</u> 그 이유는 건물의 중복등기와 토지의 중복등기는 그 성격이 다르기 때문이다. 따라서 본서에서도 양자를 구분하여 살펴보고자 한다.

한편 법과 규칙에서 정하고 있는 <u>토지 중복등기의 정리절차</u>는 다음과 같다. ① 토지 중복등기 정리절차를 정하고 있는 <u>법 제21조 및 규칙 제33조 내지 제41조</u>는 실체관계와 부합할 가능성을 기준으로 하여 가능성이 큰 것을 존치시키기고 그렇지 않은 것을 폐쇄하도록 하여 실체법설적 관점을 반영하고

---

868) 대법원 1956. 2. 23 선고 4288민상549 판결 등.
869) 대법원 1978. 12. 26. 선고 77다2427 전원합의체 판결.
870) 대법원 1990. 11. 27. 선고 87다카2961,87다453 전원합의체판결.
871) 송덕수, 민법강의(제12판), 401면.

있다. 즉 **등기관**의 중복등기기록의 정리는 실체의 권리관계에 영향을 미치지 아니한다(규칙 제33조 제1항). ② 중복등기를 발견한 경우 **등기관**은 직권으로 정리할 수 있다(법 제21조 제1항). 다만 당사자의 신청이 있는 경우 그 신청에 따라 등기기록을 폐쇄하여야 한다(규칙 제39조 제2항). ③ 판결에 의한 중복등기의 해소는 중복등기라고 인정되는 어느 한 등기기록의 모든 등기를 말소한 후 그 등기기록을 폐쇄하므로 중복등기가 영구적으로 해소되지만, 법과 규칙에 따른 중복등기의 정리는 잠정적 해소에 불과하다. ④ 중복등기라는 이유로 폐쇄된 등기기록의 등기명의인이 진정한 소유자임이 확인된 경우에는 그 등기기록은 부활하고 다른 등기기록이 중복등기로 인정되어 폐쇄된다.

2. 토지 중복등기의 정리절차

등기관이 같은 토지에 관하여 중복하여 마쳐진 등기기록을 발견한 경우에는 대법원규칙으로 정하는 바에 따라 중복등기기록 중 어느 하나의 등기기록을 폐쇄하여야 한다(법 제21조 제1항).

가. 판단기준

(1) 일반적 기준: 중복등기로 인정되기 위해서는 원칙적으로 동일한 지번으로 여러 개의 등기기록이 존재하여야 한다. 지번이 같지 않다면 **등기관**이 중복등기에 해당하는지 여부를 쉽게 알 수도 없다. 중복등기는 같은 토지를 표상하는 것이어야 한다. 여러 중복등기가 표상하는 토지 사이에는 동일성이 있어야 하고, 실제 토지의 지적공부상 현황과도 동일성이 인정되어야 한다. 따라서 여러 등기기록이 표상하는 토지 사이에 동일성이 있더라도 실제 토지의 현황과 동일성이 없는 경우에는 중복등기라고 할 수 없다.

토지의 동일성은 지번, 지목, 면적 등을 종합하여 실질적으로 판단하여야 한다. 중복등기인지 여부와 관련하여 토지의 동일성을 판단할 때에는 부동산의 표시에 관한 사항(지번, 지목, 면적)을 주된 판단자료로 하고, 그 밖에 지적공부(토지대장, 임야대장)의 소유자 변동상황 등은 참고자료로 한다. 선례에 따르면, 같은 지번으로 등기되어 있다 하더라도 등기기록상 면적이 크게 차이가 나는 경우에는 중복등기로 볼 수 없다(등기선례 제7-351호).

결국 어느 등기가 중복등기인지 여부는 **등기관**의 판단사항이다. **등기관**은 중복등기기록인지 여부를 판단하기 위하여 필요한 경우 지적공부 소관청에 지적공부의 내용이나 토지의 분할, 합병 과정에 대한 사실조회를 하거나 등기명의인에게 해당 토지에 대한 지적공부등본 등을 제출하게 할 수 있다(등기예규 제1431호).

(2) 외관상 중복등기인 경우: 중복등기는 아니지만 외관상 중복등기처럼 보이는 경우가 있다. 가령 같은 지번으로 2개 이상의 등기가 존재하기는 하나 그 등기기록이 동일한 토지를 표상하는 것이 아니라 각각 다른 토지를 표상한다거나, 어느 한 등기기록을 제외하고 다른 등기기록은 모두 존재하지 않는 토지에 관한 등기기록인 경우가 이에 해당한다.

외관상 중복등기는 등기기록의 착오, 환지등기나 분필·합필등기 과정에서의 착오 등으로 생기거나, 존재하지 않는 토지에 대하여 소유권보존등기나 멸실회복등기가 이루어짐으로써 생긴다. 외관상 중복등기는 중복등기라고 할 수 없기 때문에 법과 규칙에서 정한 절차에 의하여 정리할 수 없고, 그 태양에 따라 아래의 절차와 같이 정리한다.

(가) 지번이 같더라도 폐쇄된 등기기록이나 폐쇄된 지적공부 등에 비추어 볼 때 지번의 착오 기재가 분명하면 **등기관**은 직권 또는 신청에 따라 경정등기를 함으로써 중복등기로 보이는 외관을 해소할 수 있다(등기예규 제1431호 16. 가.).

(나) 甲 토지를 乙 토지에 합병하여 乙 토지의 등기기록에 합필의 등기를 하였으나 甲 토지의 등기기록이 폐쇄되지 않은 경우에는 甲 토지의 등기기록을 폐쇄하여(규칙 제79조 제2항) 외관상 중복을 해소한다.

(다) 존재하지 않는 토지에 대하여 등기가 됨으로 인하여 외관상 지번이 동일한 중복등기기록이 있는 경우 진정한 등기기록상의 소유권의 등기명의인은 존재하지 않는 토지를 표상하는 등기기록상의 최종 소유권의 등기명의인을 대위하여 토지의 멸실등기에 준하는 등기의 신청을 하여 그 등기기록을 폐쇄시킬 수 있으므로 **등기관**은 진정한 등기기록상의 소유권의 등기명의인으로 하여금 이와 같은 신청을 하도록 적극 유도하여 외관상의 중복등기를 해소하도록 하여야 한다. 이 경우 **등기관**은 폐쇄된 등기기록, 지적공부를 전부 추적하여 이기과정에서의 착오로 지번이 잘못 기재된 등기기록이 존재하지 않는 토지의 등기기록으로 오인되어 폐쇄되는 일이 없도록 각별히 유의하여야 한다(등기예규 제1431호 16. 나.).

나. 직권에 의한 정리

(1) 최종 소유권의 등기명의인이 같은 경우

중복등기의 최종 소유권의 등기명의인이 같은 경우는 다음과 같은 4가지로 유형화 해 볼 수 있다.

〈표 31〉 4가지 유형

유형	선등기기록	후등기기록
①	갑	갑
②	갑	을→(병)→갑
③	을→(병)→갑	갑
④	정→(병)→갑	정→(무)→갑

※ 갑, 을 등은 소유권의 등기명의인을 의미하고, (병) 등은 소유권 외의 권리의 등기명의인을 의미한다(이하 같다).

중복등기의 최종 소유권의 등기명의인이 같은 경우에는 원칙적으로 나중에 개설된 등기기록(이하 '후등기기록'이라 한다)을 폐쇄한다(규칙 제34조). 후등기기록은 1부동산 1등기기록 원칙에 반하기 때문이다.

그러나 후등기기록에 소유권 외의 권리 등에 관한 등기가 있고 먼저 개설된 등기기록(이하 '선등기기록'이라 한다)에는 그와 같은 등기가 없는 경우(유형 ②)라면, 현재 효력이 있는 소유권 외의 권리 등에 관한 등기가 있는 후등기기록을 존치시키고 선등기기록을 폐쇄한다(규칙 제34조 단서). 후등기기록이라고 하여 무조건 폐쇄하면 그 토지에 관하여 소유권 외의 권리를 가진 자의 권리가 침해될 우려가 있기 때문이다. 만약 양 등기기록 모두에 소유권 외의 권리에 관한 등기가 있는 경우(유형 ④)에는 일단 후등기기록을 폐쇄하여야 한다. 후등기기록상 등기상 이해관계인은 규칙 제41조의 절차에 따라 권리구제를 받을 수밖에 없다.

"**제4절 중복등기기록의 정리**"에서 정하는 절차에 따라 폐쇄된 등기기록 소유권의 등기명의인 또는 등기상 이해관계인은 폐쇄되지 아니한 등기기록의 최종 소유권의 등기명의인과 등기상 이해관계인을 상대로 하여 그 토지가 폐쇄된 등기기록의 소유권의 등기명의인의 소유임을 확정하는 판결(판결과 동일한 효력이 있는 조서를 포함한다)이 있음을 증명하는 정보를 등기소에 제공하여 폐쇄된 등기기록의 부활을 신청할 수 있다(규칙 제41조 제1항). 제1항에 따른 신청이 있을 때에는 폐쇄된 등기기록을 부활하고 다른 등기기록을 폐쇄하여야 한다(규칙 제41조 제2항).

결국 위 표에서 유형 **①, ③, ④의 경우**에는 후등기기록을, 유형 **②의 경우**에는 선등기기록을 폐쇄하게 된다.

(2) 최종 소유권의 등기명의인이 다른 경우

(가) 한 등기기록의 최종 소유권의 등기명의인이 다른 등기기록의 최종 소유권의 등기명의인의 승계인인 경우

중복등기기록 중 어느 한 등기기록의 최종 소유권의 등기명의인이 다른 등기기록의 최종 소유권의 등기명의인으로부터 직접 또는 전전하여 소유권을 이전받은 경우로서, 다른 등기기록이 후등기기록이거나 소유권 외의 권리 등에 관한 등기가 없는 선등기기록일 때에는 그 다른 등기기록을 폐쇄한다(규칙 제35조).

(나) 어느 한 등기기록에만 원시취득사유 또는 분배농지의 상환완료를 등기원인으로 한 소유권이전등기가 있는 경우

중복등기기록의 최종 소유권의 등기명의인이 다른 경우로서 어느 한 등기기록에만 원시취득사유 또는 분배농지의 상환완료를 등기원인으로 한 소유권이전등기가 있을 때에는 그 등기기록을 제외한 나머지 등기기록을 폐쇄한다(규칙 제36조 제1항).

소유권보존등기가 원시취득사유 또는 분배농지의 상환완료에 따른 것임을 당사자가 소명하는 경우에도 그 등기기록을 존치하고 나머지 등기기록을 폐쇄한다(규칙 제36조 제2항).

규칙 제36조에 의해 중복등기를 정리하기 위해서는 법 제58조에 따른 직권에 의한 등기의 말소등기 시의 통지절차를 준하여 사전에 폐쇄될 등기기록의 최종 소유권의 등기명의인과 등기상 이해관계인에게 폐쇄의 뜻을 통지하여야 한다(규칙 제36조 제3항).

등기관이 제36조에 따라 중복등기기록을 정리하려고 하는 경우에는 지방법원장의 허가를 받아야 한다(규칙 제38조).

(다) 규칙 제35조 및 제36조에 해당하지 아니하는 경우

중복등기기록의 최종 소유권의 등기명의인이 다른 경우로서 규칙 제35조와 제36조에 해당하지 아니할 때에는, 각 등기기록의 최종 소유권의 등기명의인과 등기상 이해관계인에 대하여 1개월 이상의 기간을 정하여 그 기간 내에 이의를 진술하지 아니하면 그 등기기록을 폐쇄할 수 있다는 뜻을 통지하여야 한다(규칙 제37조 제1항).

통지를 받고 어느 등기기록의 최종 소유권의 등기명의인과 등기상 이해관계인이 이의를 진술하지 아니하였을 때에는 그 등기기록을 폐쇄한다. 다만, 모든 중복등기기록의 최종 소유권의 등기명의인과 등기상 이해관계인이 이의를 진술하지 아니하였을 때에는 그러하지 아니하다(규칙 제37조 제2항).

제1항과 제2항에 따라 등기기록을 정리할 수 있는 경우 외에는 대장과 일치하지 않는 등기기록을 폐쇄한다(규칙 제37조 제3항).

제1항부터 제3항까지 규정에 따른 정리를 한 경우 **등기관**은 그 뜻을 폐쇄된 등기기록의 최종 소유권의 등기명의인과 등기상 이해관계인에게 통지하여야 한다(규칙 제37조 제4항).

등기관이 제37조에 따라 중복등기기록을 정리하려고 하는 경우에는 지방법원장의 허가를 받아야 한다(규칙 제38조).

다. 당사자의 신청에 의한 정리(규칙 제39조)

중복등기기록 중 어느 한 등기기록의 최종 소유권의 등기명의인은 자기 명의의 등기기록을 폐쇄하여 중복등기기록을 정리하도록 신청할 수 있다. 다만, 등기상 이해관계인이 있을 때에는 그 승낙이 있음을 증명하는 정보를 첨부정보로서 등기소에 제공하여야 한다(규칙 제39조 제1항). **등기관**은 중복등기기록의 정리신청이 있는 경우에는 제34조부터 제37조까지의 규정에도 불구하고 그 신청에 따라 등기기록을 폐쇄하여야 한다(규칙 제39조 제2항).

라. 중복등기의 정리 결과에 대한 이의

(1) **등기관**이 규칙에 의하여 중복등기를 정리한 것은 **등기관**의 처분이라고 볼 수 있으므로 이를 부당하다고 하는 자는 관할 지방법원에 이의를 신청할 수 있다(법 제100조).

(2) 폐쇄된 등기기록의 소유권의 등기명의인이나 등기상 이해관계인은 위 이의신청을 제기하는 대

신, 존치된 등기기록의 최종 소유권의 등기명의인과 등기상 이해관계인을 상대로 하여 그 토지가 폐쇄된 등기기록의 소유권의 등기명의인의 소유임을 확정하는 판결을 구하는 소송, 즉, 실체관계에 관한 소송을 제기할 수도 있다. 이 소송에서 폐쇄등기기록의 소유권의 등기명의인 등이 승소한 경우에는 폐쇄된 등기기록의 부활을 신청하게 된다(법 제21조 제2항, 규칙 제41조).

마. 중복등기 정리의 효과 및 폐쇄된 등기기록의 부활

(1) 중복등기기록 정리의 법적 효과

법·규칙과 예규에 따른 중복등기기록의 정리는 실체의 권리관계에 아무런 영향을 미치지 아니한다(규칙 제33조 제2항). 등기가 원인 없이 말소되면 그 말소등기는 원인무효이므로 말소된 등기상 권리의 실체관계에는 아무런 영향이 없는 것과 마찬가지로, 규칙에 따른 중복등기의 정리도 등기의 공시제도의 기능을 확보하기 위한 것으로 실체관계에 영향을 미칠 수는 없기 때문이다. 따라서 규칙에서는 진정한 권리자가 언제든지 폐쇄된 등기기록을 부활할 수 있는 절차를 마련하여 놓고 있다(법 제21조 제2항, 규칙 제41조 제1항).

(2) 폐쇄된 등기기록의 부활 신청

폐쇄된 등기기록의 소유권의 등기명의인 또는 등기상 이해관계인은 폐쇄되지 아니한 등기기록의 최종 소유권의 등기명의인과 등기상 이해관계인을 상대로 하여 그 토지가 폐쇄된 등기기록의 소유권의 등기명의인의 소유임을 확정하는 판결(판결과 동일한 효력이 있는 조서를 포함한다)이 있음을 증명하는 정보를 등기소에 제공하여 폐쇄된 등기기록의 부활을 신청할 수 있다(법 제21조 제2항, 규칙 제41조 제1항). 규칙 제41조 제1항의 그 토지가 폐쇄된 등기기록의 소유권의 등기명의인의 소유임을 확정하는 판결이라 함은 주문 또는 이유에 이와 같은 취지가 기재된 판결을 의미한다(등기예규 제1431호 제13항 가.). 폐쇄된 등기기록의 소유권의 등기명의인에는 최종 소유권의 등기명의인 이전의 등기명의인도 포함되며, 규칙 제41조 제1항에 따른 등기기록 부활신청은 위와 같은 판결을 첨부하여 부활될 등기기록의 소유권의 등기명의인이나 등기상의 이해관계인 중의 1인이 할 수 있다(등기예규 제1431호 제13항 나. 다.).

(3) 부활방법

위와 같이 판결 정보를 제공한 부활신청이 있을 때에는 폐쇄된 등기기록을 부활하고 다른 등기기록을 폐쇄하여야 한다(규칙 제41조 제2항).

(4) 등기관의 착오로 잘못 폐쇄한 경우의 처리방법

등기관이 중복등기기록이 아닌 것을 중복등기기록으로 오관하여 어느 등기기록을 폐쇄한 경우에는 직권으로 그 등기기록을 부활하여야 한다.

바. 중복등기기록의 해소를 위한 직권분필

등기된 토지의 일부에 관하여 별개의 등기기록이 개설되어 있는 경우에 **등기관**은 직권으로 분필등기를 한 후 이 절에서 정하는 절차에 따라 정리를 하여야 한다(규칙 제40조 제1항).

규칙 제40조 제1항에 따른 분필등기를 하는 데 필요할 때에는 **등기관**은 지적소관청에 지적공부의 내용이나 토지의 분할, 합병 과정에 대한 사실조회를 하거나 등기명의인에게 해당 토지에 대한 지적공부 등본 등을 제출하게 할 수 있다(규칙 제40조 제2항).

3. 건물 중복등기의 정리절차

가. 의의

건물의 중복등기란 동일 건물에 대하여 이중으로 소유권보존등기가 마쳐진 경우를 말한다. 1필의 토지 위에는 여러 개의 건물이 존재할 수 있으므로 1필의 토지 위에 서로 다른 2 이상의 건물이 있어 그 등기기록이 여러 개 존재하더라도 그 등기기록은 각각 별개의 건물을 표상하고 있으므로 중복등기에 해당하지 않는다.

한편 선례에 따르면(등기선례 제6-197호), 건물의 등기기록상 기존건물이 멸실되고 그 자리에 새로운 건물이 들어선 경우 새로운 건물에 대한 보존등기신청을 하기 위해서는 먼저 기존건물에 대한 멸실 등기신청을 하여야 하는데, 이는 건물의 중복등기를 방지하기 위한 것이다.

나. 중복등기 여부의 판단

건물의 동일성은 지번 및 도로명주소, 용도, 구조, 면적과 도면에 나타난 건물의 높이, 위치 등을 종합하여 판단하여야 한다. 따라서 지번이 일치되더라도 도로명주소와 구조, 면적 또는 도면에 나타난 건물의 높이나 위치 등이 다른 경우에는 동일한 건물로 볼 수 없다. 다만, 각 등기기록에 기록된 건물의 용도와 구조, 면적 중의 일부가 일치하지 않더라도 건축물대장의 변동사항 등에 의하여 동일 건물로 봄이 상당하다고 인정되는 경우에는 동일 건물로 볼 수 있다(등기예규 제1374호 2.). 가령, 선행 보존등기는 증·개축으로 인한 변경등기 전의 부동산표시로 되어 있고 후행 보존등기는 변경 후의 부동산표시로 된 경우, 양 건물의 동일성이 인정되는 한, 두 등기기록은 중복등기기록에 해당한다고 보아야 한다.[872] 그

---

872) 대법원 1993. 2. 23. 선고 92다36397 판결.

리고 각각 일반건물과 집합건물로 보존등기가 되어 있는 경우라도 그 지번 및 도로명주소, 용도, 구조, 면적이 동일하고 도면에 나타난 건물의 높이, 위치 등이 동일하다면 <u>동일 건물로 볼 수 있다.</u>

(2) 만약 어느 한 등기기록상의 건물의 표시(구조, 면적 등)가 건축물대장 및 다른 등기기록과 현저한 차이가 있다면, 그 등기기록은 존재하지 않는 건물에 대한 것으로 보아야 한다. 이 경우 토지 등기기록의 외관상 중복에 준하여 처리한다. 즉, 존재하는 건물의 등기명의인은 존재하지 않는 건물의 등기명의인을 대위하여 멸실등기에 준하는 등기신청을 함으로써 그 등기기록을 폐쇄시킬 수 있다(등기선례 제201511-1호).

다. 정리방법

(1) 판례

동일부동산에 관하여 등기명의인을 달리하여 <u>중복된 소유권보존등기가 경료된 경우에는 먼저 이루어진 소유권보존등기가 원인무효가 되지 아니하는 한</u>, <u>뒤에 된 소유권보존등기는 비록 그 부동산의 매수인에 의하여 이루어진 경우에도 1부동산 1용지주의를 채택하고 있는 「부동산등기법」 아래에서는 무효라고 해석함이 상당하다.</u>[873)]

(2) 등기예규 제1374호

(가) 보존등기명의인이 동일한 경우

① 후행 보존등기를 기초로 한 새로운 등기가 없는 경우 **등기관**은 「부동산등기법」 제58조의 절차에 의하여 후행 보존등기를 직권으로 말소한다. 이는 선행 보존등기가 유효하다는 판례의 기본원칙에 따른 것이다.

② 후행 등기기록에는 소유권보존등기를 기초로 한 새로운 등기가 있고, 선행 등기기록에는 그 소유권보존등기 이외에 다른 등기가 없는 때, **등기관**은 법 제58조의 절차에 따라 후행 등기기록에 등기된 일체의 등기를 직권말소하여 등기기록을 폐쇄함과 동시에 그 등기기록에 기재된 소유권보존등기 외의 다른 등기를 선행 등기기록에 이기(미처리된 등기의 실행방법의 의미로서)함으로써 중복등기를 해소한다. 이는 예외적으로 건물 중복등기에 대한 직권정리를 인정한 것이다. 그 밖에 등기명의인이 선행 보존등기를 말소하는 신청을 하여 중복등기를 해소할 수도 있다. 다만, 중복등기기록이 일반건물과 구분건물로 그 종류를 달리하는 경우에는 **등기관**은 직권으로 정리할 수 없다.

③ 선행 보존등기 및 후행 보존등기를 기초로 한 새로운 등기가 모두 있는 경우 **등기관**은 이를 직권으로 정리할 수 없다.

---

873) 대법원 1990. 11. 27. 선고 87다카2961,87다453 전원합의체판결.

(나) 보존등기명의인이 서로 다른 경우

등기명의인이 다른 소유권보존등기가 중복된 경우에는 실질적 심사권이 없는 **등기관**으로서는 이를 직권으로 정리할 수 없고, 판결에 의하여 정리하여야 한다.

즉, 어느 일방 보존등기의 등기명의인이 자신의 보존등기가 유효함을 이유로 다른 일방 보존등기명의인을 상대로 그 소유권보존등기의 말소등기절차이행을 구하는 소를 제기하여 그 승소의 확정판결에 의해 다른 일방 보존등기에 대한 말소등기를 신청할 수 있다. 위 경우 말소되는 등기에 대해 이해관계 있는 제3자가 있는 경우에는 신청서에 그 승낙서 또는 이에 대항할 수 있는 재판의 등본을 첨부하여야 한다. 물론 어느 한쪽의 등기명의인이 스스로 그 소유권보존등기의 말소등기를 신청(이해관계인이 있는 경우 그 승낙서를 첨부)하는 것도 가능하다.

제2절 등기부 외의 장부(부속서류, 등기에 관한 장부)

Ⅰ. 의의 및 종류

등기소는 등기사무의 집행에 필요한 물적 설비로서 각종의 장부를 갖추어야 한다. 등기부 외 다음의 장부는 등기소에 비치하여야 한다. 즉, 등기소에는 다음 각 호 1. 부동산등기신청서 접수장,[874] 2. 기타 문서 접수장,[875] 3. 결정원본 편철장,[876] 4. 의의신청서류 편철장,[877] 5. 사용자등록신청서류 등 편철장, 6. 신청서 기타 부속서류 편철장,[878] 7. 신청서 기타 부속서류 송부부, 8. 각종 통지부, 9. 열람

---

[874] 부동산등기신청서 접수장은 같은 부동산에 관하여 등기한 권리의 순위는 원칙적으로 등기한 순서에 따르고 등기의 순서는 신청정보 접수의 순서에 의하여 결정되는데(법 제4조), 신청서 접수의 순서를 기록해서 비치하는 장소가 접수장이다. 접수장은 이와 같은 신청서 접수의 전후를 기록하는 장부이다. 2014. 3. 3.부터는 전국의 모든 등기소에서 수령인이 전자펜을 이용하여 전자서명패드에 서명하는 방법으로 등기필정보통지서 등을 교부받고 있으므로 종이 접수장은 별도로 비치할 필요 없게 되었다(등기예규 제1515호 1. 라. 삭제). **등기관**이 신청정보를 접수할 때에는 접수장에 접수연월일과 접수번호·등기의 목적·신청인의 성명 또는 명칭·부동산의 개수·등기신청수수료취득세 또는 등록면허세와 국민주택채권매입액 등을 기록하여야 한다(규칙 제22조 제1항). **등기관**은 접수번호의 순서에 따라 등기사무를 처리하여야 한다(법 제11조). 접수장에 신청인의 성명을 기록할 경우에 등기권리자 또는 등기의무자가 다수인 때에는 신청인 중 1명의 성명과 나머지 인원을 기록한다. 같은 부동산에 관하여 동시에 여러 개의 신청이 있는 경우에는 같은 접수번호를 부여하여야 한다(규칙 제65조 제2항).

[875] 기타 문서 접수장은 등기신청 외의 등기사무에 관한 문서를 접수한 때에는 기타 문서 접수장에 등재한다. 등기신청 취하서, 관할 등기소의 지정신청서, 중복등기정리와 관련된 신청서 등, **등기관**의 직권말소통지에 대한 이의신청서, 환지계획인가 고시 등의 통지, 정비사업시행자로부터의 이전고시 통지 등을 예로 들 수 있다.

[876] 결정원본 편철장은 등기신청에 관한 **등기관**의 각하결정(법 제29조) 등 **등기관**이 행한 결정의 원본을 편철하는 장부이다.

[877] 의의신청서류 편철장은 **등기관**의 결정 또는 처분에 대한 이의(법 제100조), 등기의 말소에 관한 이의(법 제58조)의 경우에 그 이의신청서 등을 편철하는 장부이다. 다만 **등기관**의 결정 또는 처분에 대한 이의의 경우 **등기관**이 이의가 이유 없다고 인정하면 이의신청서를 관할 지방법원에 보내게 된다(법 103조 제2항). 따라서 이의신청서를 등기소에 보존하는 경우는 **등기관**이 이의가 이유 있다고 인용한 때가 될 것이나, 법원에 이의신청서를 송부한 경우에도 그 신청서의 사본은 보존하는 것이 바람직하다.

[878] 등기를 완료한 후 신청서(촉탁서)와 그 부속서류 등을 접수번호의 순서에 따라 편철한 것으로, 통상 200건의 신청서를

신청서류 편철장, 10. 제증명신청서류 편철장, 11. 그 밖에 대법원예규로 정하는 장부를 갖추어 두어야 한다(규칙 제21조 제1항). 이와 같은 장부는 매년 별책으로 하여야 한다. 다만, 필요에 따라 분책할 수 있다(규칙 제21조 제2항). 장부는 전자적으로 작성할 수 있다(규칙 제21조 제3항).

Ⅱ. 등기부 외의 장부의 보관·관리

1. 의의

등기부는 대법원규칙으로 정하는 장소(중앙관리소)에 보관·관리하여야 하며(규칙 제10조), 전쟁·천재지변이나 그 밖에 이에 준하는 사태를 피하기 위한 경우 외에는 그 장소 밖으로 옮기지 못한다(법 제14조 제3항). 등기부의 부속서류도 위와 같은 사태를 피하기 위한 경우 외에는 등기소 밖으로 옮기지 못한다. 다만, 신청서나 그 밖의 부속서류에 대하여는 법원의 명령 또는 촉탁(囑託)이 있거나 법관이 발부한 영장에 의하여 압수하는 경우에는 등기소 밖으로 옮길 수 있다(법 제14조 제4항).

등기관이 전쟁·천재지변 그 밖에 이에 준하는 사태를 피하기 위하여 신청서나 그 밖의 부속서류를 등기소 밖으로 옮긴 경우에는 지체 없이 그 사실을 지방법원장(지원장)에게 보고하여야 한다(규칙 제11조 제1항). **등기관**이 법원으로부터 신청서나 그 밖의 부속서류의 송부명령 또는 촉탁을 받았을 때에는 그 명령 또는 촉탁과 관계가 있는 부분만 법원에 송부하여야 하는데(규칙 제11조 제2항), 이러한 서류가 전자문서로 작성된 경우에는 해당 문서를 출력한 후 인증하여 송부하거나 전자문서로 송부한다(규칙 제11조 제3항).

2. 등기부 외의 장부의 손상방지 등 처분

등기부의 부속서류가 손상·멸실(滅失)의 염려가 있을 때에는 대법원장은 그 방지를 위하여 필요한 처분을 명령할 수 있다(법 제18조 제1항).

제1항에 따른 처분명령에는 대법원장은 대법원규칙으로 정하는 바에 따라 제1항의 처분명령에 관한 권한을 법원행정처장 또는 지방법원장에게 위임할 수 있는 법 제17조 제2항을 준용한다(법 제18조 제2항).

대법원장은 법 제18조에 따라 전자문서로 작성된 등기부 부속서류의 멸실방지 등의 처분명령에 관한 권한은 법원행정처장에게, 신청서나 그 밖의 부속서류의 멸실방지 등의 처분명령에 관한 권한은 지방법원장에게 위임한다(규칙 제16조 제2항).

1책으로 편철한다. 전자신청이나 전자촉탁의 경우에는 굳이 신청정보와 첨부정보를 출력·편철할 필요가 없다. 등기신청서나 그 부속서류는 등기신청의 진부에 대한 다툼이 있을 경우 중요한 증거자료가 된다. 법원의 송부명령 또는 촉탁이 있으면 송부할 수 있으며(규칙 제11조), 압수·수색영장의 집행대상이 된다. 통상 신청서 등의 사본을 송부(제출)하는 방법으로 문서송부촉탁(압수)에 응하면 되지만, 문서감정 등을 위하여 원본의 송부(제출)가 필요한 경우에는 해당 서류의 사본을 작성하여 그 서류가 반환될 때까지 보관한다(등기예규 제1548호 3. 나.).

III. 장부의 보존기간 및 폐기

1. 보존기간

등기부는 영구(永久)히 보존하여야 한다(법 제14조 제2항). 등기소에 갖추어 두어야 할 등기부외 장부의 보존기간은 다음 각 호와 같이 1. 부동산등기신청서 접수장: 5년, 2. 기타 문서 접수장: 10년, 3. 결정원본 편철장: 10년, 4. 이의신청서류 편철장: 10년, 5. 사용자등록신청서류 등 편철장: 10년, 6. 신청서 기타 부속서류 편철장: 5년, 7. 신청서 기타 부속서류 송부부: 신청서 그 밖의 부속서류가 반환된 날부터 5년, 8. 각종 통지부: 1년, 9. 열람신청서류 편철장: 1년, 10. 제증명신청서류 편철장: 1년으로 한다(규칙 제25조 제1항).

2. 장부의 폐기

등기에 관한 장부 또는 서류는 보존기간이 경과한 후에 폐기한다. 보존기간은 장부를 작성한 해당 연도의 다음 해부터 기산한다(규칙 제25조 제2항). 보존기간이 만료된 장부 또는 서류는 지방법원장의 인가를 받아 보존기간이 만료되는 해의 다음해 3월말까지 폐기한다(규칙 제25조 제3항).

제4장 등기절차

등기는 부동산 물권변동에 관한 사항을 법정절차에 따라 등기기록에 기록하는 것이다. 등기절차는 크게 **등기신청절차**와 **등기실행절차**로 나누어진다.

I. 신청주의

1. 의의

법 제22조 제1항에 따르면 "등기는 당사자의 신청 또는 관공서의 촉탁에 따라 한다. 다만, 법률에 다른 규정이 있는 경우에는 그러하지 아니하다"고 규정하여, 등기절차의 개시원인으로 당사자의 신청과 관공서의 촉탁을 들고 있다. 그런데 관공서의 촉탁도 실질적으로는 신청의 한 모습에 지나지 않고, 법률에 다른 규정(법 제98조 등)이 있는 경우를 제외하고는 신청절차에 관한 규정을 준용하고 있다(법 제22조 제2항). 따라서 법은 당사자의 신청을 등기절차 개시의 원칙으로 하고 있으며, 이때의 신청이란 당사자에 의한 신청과 관공서의 신청인 촉탁을 모두 포함하는 개념이라고 할 수 있다. 이처럼 당사자의 신청이 있을 때 비로소 등기절차가 개시되는 것을 신청주의라 한다. 이는 당사자의 신청에 의할 때 가장 효율적으로 실체관계에 부합하는 등기를 할 수 있기 때문이다. 등기는 부동산에 관한 권리관계를 정확하게 공시해서 거래안전 보호를 그 목적으로 하지만, 등기의 신청 자체는 당사자의 의사에 맡겨져 있으므로, 이 점에서 사적자치 원칙이 적용되고 있다.

신청주의에서는 당사자에게 등기를 신청하여야 할 공법상의 의무를 부과하지 않는 것이 원칙이다. 다만 부동산 투기, 탈세 방지 등의 특수한 행정목적을 위하여 예외적으로 등기신청의무가 부과되는 경우도 있다. 이에 관해서는 "등기신청의무의 해태와 벌칙"에서 후술하기로 한다. 신청주의의 구체적 내용으로 구법에서는 **공동신청주의**(구법 제27조)·**출석주의**(구법 제28조) 및 **서면주의**(구법 제40조)를 채택하고 있었다. 개정법에서 방문신청(법 제24조 제1항 제1호)과 관련하여서는 이러한 원칙이 유지되고 있다. 그러나 전자신청(법 제24조 제1항 제2호)에는 그 본질상 출석주의·서면주의가 적용될 수 없어 이에 갈음할 수 있는 제도적 장치를 별도로 마련하고 있다.

2. 신청주의의 예외

등기는 신청주의에 따라 당사자의 신청이나 관공서의 촉탁이 있어야만 할 수 있는데, 예외적으로 "법률에 다른 규정이 있는 경우"에는 신청이나 촉탁이 없어도 할 수 있다(법 제22조 제1항). 그러한 예외적인 경우에는 **등기관의 직권에 의한 등기**와 법원의 명령에 의한 등기가 있다.

가. 등기관의 직권에 의한 등기

등기관이 직권으로 등기를 할 수 있는 경우는 당사자의 신청을 기다려 그 등기를 실행하는 것이 적절하지 않거나 당사자의 신청에 따른 등기에 부수하는 기술적인 등기를 하는 경우이다. **등기관**의 직권에 의한 등기는 법령에 근거규정이 있는 경우에만 허용된다. 대표적인 경우를 예시하면 다음과 같다.

(1) 소유권보존등기

등기관이 미등기부동산에 대하여 법원의 촉탁에 따라 소유권의 처분제한의 등기를 할 때에는 직권으로 소유권보존등기를 하고, 처분제한의 등기를 명하는 법원의 재판에 따라 소유권의 등기를 한다는 뜻을 기록하여야 한다(법 제66조 제1항).

(2) 변경등기

등기관이 직권으로 부동산표시의 변경등기 또는 등기명의인표시의 변경등기를 하는 경우를 예시하면 다음과 같다.

(가) 지적소관청의 통지에 의한 토지의 표시변경등기(법 제36조),

(나) 소유권이전등기를 하기 위한 등기명의인의 표시변경등기(규칙 제122조),

(다) 행정구역 또는 그 명칭이 변경된 경우에 따른 부동산의 표시변경등기 또는 등기명의인의 주소변경등기(규칙 제54조),

(라) 甲 토지를 분할하여 그 일부를 乙 토지로 하는 분할등기 시 소유권 외의 등기명의인이 그 권리의 소멸을 승낙하였거나 이에 대항할 수 있는 재판이 있음을 증명하는 정보를 제공한 경우에 하는 甲 토지 또는 乙 토지에 대한 권리 소멸의 뜻의 부기등기(규칙 제76조 제3항 및 제4항).

(3) 경정등기

등기관이 등기의 착오나 빠진 부분이 **등기관**의 잘못으로 인한 것임을 발견한 경우에는 지체 없이 그 등기를 직권으로 경정하여야 한다. 다만, 등기상 이해관계 있는 제3자가 있는 경우에는 제3자의 승낙이 있어야 한다(법 제32조 제2항).

(4) 말소등기

등기관이 직권으로 말소등기를 하는 경우는 다음과 같다.

(가) 환매에 따른 권리취득의 등기를 하였을 때에는 법 제53조의 환매특약의 등기의 말소등기(규칙 제114조 제1항). (나) 권리의 소멸에 관한 약정에 따라 권리소멸약정등기의 말소등기(규칙 제114조 제2항), (다) 말소할 권리를 목적으로 하는 제3자의 권리에 관한 등기의 말소(법 제57조 제2항, 규칙 제116조 제2항). 이 경우 제3자의 승낙을 증명하는 정보 또는 이에 대항할 수 있는 재판이 있음을 증명하는 정보가 제공되어야 한다(규칙 제46조 제1항 제3호), (라) 수용으로 인한 소유권이전등기를 하는 경우 그 부동산의 등기기록 중 소유권, 소유권 외의 권리, 그 밖의 처분제한에 관한 등기의 말소(법 제99조 제4항), (마) 사건이 그 등기소의 관할이 아닌 경우 및 등기할 것이 아닌 경우(법 제29조 제1호 또는 제2호)의 말소등기(법 제58조 제1항), (바) 가등기에 의한 본등기를 하였을 때 가등기 후에 된 등기로서 가등기에 의하여 보전되는 권리를 침해하는 등기의 말소등기(법 제92조 제1항, 규칙 제147조 및 제148조, 등기예규 제1408호).

(5) 구분건물의 대지권등기

구분건물의 대지권등기와 관련하여 **등기관**이 직권으로 등기하여야 할 경우는 다음과 같다.

(가) 대지권의 등기를 하는 때의 대지권이라는 뜻의 등기(법 제40조 제4항, 규칙 제89조), (나) 대지권의 변경 또는 경정으로 인하여 건물 등기기록에 대지권의 등기를 한 경우에는 그 권리의 목적인 토지의 등기기록 중 해당 구에 대지권이라는 뜻의 등기의 말소(규칙 제91조 제2항 및 제3항), (다) 대지권의 변경·경정등기를 하는 때의 건물만에 관한 것이라는 뜻의 부기등기(규칙 제92조 제1항), (라) 대지권의 변경으로 인하여 대지권의 등기를 할 때 건물에 대한 저당권등기에 건물만에 관한 것이라는 뜻을 부기하지 아니하는 경우의 저당권등기 말소(규칙 제92조 제1항 단서 및 제2항), (마) 대지권인 권리가 대지권이 아닌 것으로 변경됨에 따른 대지권에 대하여 동일한 등기로서의 효력이 있는 등기의 전사, 순위번호의 정정(규칙 제93조 제1항 및 제2항), (바) 공용부분이라는 뜻을 정한 규약을 폐지하여 소유권보존등기를 하는 때의 공용부분이라는 뜻의 등기의 말소등기(규칙 제104조 제4항 및 제5항).

나. 법원의 명령에 의한 등기

등기관의 결정 또는 처분에 이의가 있는 자는 관할 지방법원에 이의신청을 할 수 있다(법 제100조). 특히 등기신청을 각하한 결정에 대하여 이의를 한 경우 관할지방법원이 그 이유가 이유 있다고 인정하는 때에는 **등기관**에게 그에 해당하는 처분을 명할 수 있고, **등기관**은 그 명령에 따른 등기를 하여야 한다(법 제105조 제1항 제2문 및 제107조). 이때의 등기는 당사자의 신청에 의한 등기가 아니라 법원의 기록명령에 따른 등기라서 신청주의의 예외가 되는 것이다. 관할 지방법원은 이의신청에 대하여 결정하기 전에 **등기관**에게 가등기 또는 이의가 있다는 뜻의 부기등기를 명령할 수 있는데(법 제106조), 이 경우에도 마찬가지이다.

Ⅱ. 등기신청행위(등기신청권)

1. 의의

등기신청행위(등기신청권)는 <u>등기신청인이 국가기관인 등기소에 대하여 일정한 내용의 등기를 할 것을 요구하는 등기절차법상의 의사표시로서, 사인이 국가에 대하여 행하는 일종의 공법상의 행위이다</u> (공권). 이에 비하여 <u>등기청구권은 등기권리자가 등기의무자에 대하여 등기신청에 협력할 것을 청구할 수 있는 권리를 말하며 사권</u>이다. 가령 부동산매수인은 매도인에 대하여 등기청구권을 가진다. 그러나 <u>등기청구권은 단독으로 등기를 신청할 수 있는 경우에는 필요하지 않다.</u>[879]

등기사무는 소송사건이 아니라 국가가 부동산 물권변동에 관여해서 후견적 임무를 수행하는 비송사건이므로(법원조직법 제2조 제3항), 등기신청행위는 비송행위 중 하나라고 할 수 있다.

한편 등기신청은 사법상의 의사표시(법률행위)는 아니지만 당사자 간에는 채무의 변제에 준하는 의미를 가지며, 공법상 행위이지만 그 목적은 사법상 법률효과의 발생(물권변동)에 있으므로 등기신청의 결과인 등기의 효력에 관하여는 사법적인 관점에서 판단된다.

2. 유효요건

등기신청적격(등기당사자능력)과 등기신청능력을 가지고 있는 신청인의 진정한 의사에 의하고 소정의 방식을 갖추어야 한다.

가. 신청인

<u>등기신청인이라 함은 어떤 구체적인 등기신청행위를 자기 명의로 할 수 있는 자, 즉 특정의 등기를</u>

---

879) 송덕수, 민법강의(제12판), 381면.

신청할 수 있는 자를 말한다. 따라서 신청인은 등기명의인이 될 수 있는 자이어야 하고 등기신청능력이 있어야 한다.

(1) 등기신청적격(등기당사자능력)

등기신청적격(등기당사자능력)이라 함은 등기절차상 등기신청인(등기권리자, 등기의무자)이 될 수 있는 자격을 말한다. 「민법」상 권리능력에 대응하는 개념으로서, 원칙적으로 권리능력이 있는 자, 즉 자연인과 법인이 등기신청적격을 갖는다.

(가) 태아

태아는 부동산의 상속(민법 제1000조 제3항)과 유증(민법 제1064조) 등에 관해 제한적으로 권리능력이 인정되는 셈이다. 그런데 「민법」은 태아에게 권리능력을 인정하는 법률관계에 관하여 "이미 출생한 것으로 본다."고 표현하고 있는데 그 의미가 무엇인지 견해의 대립이 있다. 이 문제는 등기절차상 태아인 상태에서 상속이나 유증에 관한 등기신청을 할 수 있는가와 관련이 있다.

이에 관해 두 가지 견해가 있는데 첫째 해제조건설은 태아는 「민법」이 인정하는 법률관계에서는 이미 출생한 것으로 간주되어 그 범위 내에서는 등기신청도 가능하다고 본다. 이에는 태아의 등기신청을 인정하는데, 가령 망 ○○○ 태아 명의로 등기를 하고, 살아서 출생하면 등기명의인표시변경등기를, 죽어서 출생하면 소유권경정등기를 하면 된다.

둘째 정지조건설은 태아로 있는 동안에는 권리능력을 취득하지 못하고, 살아서 출생하는 때에 비로소 권리능력을 취득하며, 권리능력이 상속개시 시 등 문제의 시점으로 소급한다고 본다. 이 견해에 따르면 태아인 상태로는 등기신청을 할 수 없다.

판례는 손해배상청구권에 관한 판결에서 정지조건설을 취하고 있다. 등기실무도 태아에게 등기신청적격을 인정하지 않는다. 살아서 출생한 태아는 상속등기 경정의 방법으로 자기의 권리를 찾을 수 있다.

(나) 법인 아닌 사단·재단

실체는 사단이나 재단이지만 주무관청으로부터 허가를 받지 못하거나 설립등기를 하지 않아 법인격을 취득하지 못한 것을 법인 아닌 사단[880] 또는 재단이라 한다. 법은 "종중, 문중, 그 밖에 대표자나 관리인이 있는 법인 아닌 사단이나 재단에 속하는 부동산의 등기에 관하여서는 그 사단이나 재단을 등기권리자 또는 등기의무자로 한다"(법 제26조 제1항)고 함으로써, 법인 아닌 사단이나 재단의 등기신청적격을 인정하고 있다.

---

880) 법인 아닌 사단이라 함은 일정한 목적을 가진 다수인의 결합체로서 업무집행기관들에 관한 정함이 있고 또 대표자 등의 정함이 있는 법인 아닌 단체를 말한다(등기예규 제1621호).

(다) 외국인

외국인도 법령이나 조약에 의한 제한이 없는 한 우리나라 국민과 동일한 권리능력을 가지므로(헌법 제6조 제2항), 자기 명의로 등기신청을 하고 등기명의인이 될 수 있음이 원칙이다. 다만 법률에 의하여 외국인의 부동산 물권 취득을 제한하는 경우가 있는데(구 외국인토지법 제3조 및 제4조), 등기당사자 능력의 문제라기보다는 첨부정보(토지취득허가증 등)의 문제로 보아야 할 것이다.

(라) 조합·학교

「민법」상 조합이란 2인 이상이 서로 출자하여 공동의 사업을 경영할 것을 약정하는 조합계약에 의하여 조합원 사이에 생기는 법률관계를 말한다. 조합은 그 구성원과 독립한 단체로서의 실질을 갖지 않으므로 「민법」상 조합원의 출자 재산이나 그 밖의 조합재산에 관하여 조합 자체의 명의로는 등기를 할 수 없고 그 조합원 전원의 합유로 등기하게 된다. 조합은 권리능력이 없으므로 조합을 채무자로 표시하여 근저당권설정등기를 할 수도 없다. 학교는 하나의 시설물에 불과하므로 학교 명의로 등기를 할 수 없고, 그 설립자(사립학교는 학교법인, 국·공립학교는 국가 또는 지방자치단체)의 명의로 등기를 신청하여야 한다.

(마) 북한주민(등기예규 제1457호)

「남북 주민 사이의 가족관계와 상속 등에 관한 특례법」(이하 '남북가족특례법'이라 한다)에 따르면 북한지역에 거주하는 주민(이하 '북한주민'이라 한다)도 남한 내의 부동산에 관한 권리를 취득할 수 있다.

이에 따라 북한주민의 상속·유증재산 등에 관한 등기는 법원이 선임한 재산관리인이 북한주민을 대리하여 신청한다.

「남북가족특례법」에 따른 북한주민의 상속·유증재산 등에 관한 등기를 신청하는 경우에는 법무부장관이 발급한 "북한주민 등록번호 및 주소 확인서"에 기재된 사항을 「부동산등기규칙」 제43조 제1항 제2호의 신청정보로 제공하여야 한다.

「남북가족특례법」에 따른 북한주민의 상속·유증재산 등에 관한 등기를 신청하는 경우에는 규칙 제46조 제1항 제5호 및 제6호의 첨부정보로 다음 각 호 1. 법원의 재산관리인 선임(변경)을 증명하는 정보, 2. 법무부장관이 발급한 북한주민의 부동산등기용등록번호 및 주소를 확인하는 정보의 정보를 제공하여야 한다.

(2) 등기신청능력

등기신청행위는 등기소에 대하여 등기를 요구하는 절차법상의 의사표시이므로 의사능력이 필요하다. 행위능력의 문제는 등기신청행위에도 「민법」 제5조 이하의 적용이 있는가에 귀결된다. 이에 관해서는 의사능력이 있는 것으로 족하다는 견해와 행위능력도 있어야 한다는 견해가 대립되어 있다. 권리를 취득하게 되는 등기권리자는 의사능력을 갖는 것으로 충분하고 행위능력이 있음을 요하지 아니하나, 등기의무자는 등기로 권리를 상실하게 되므로 행위능력을 필요로 한다고 해석함이 타당하다. 행위능력이 없는 자의 등기신청은 법 제29조 제3호(신청할 권한이 없는 자가 신청한 경우)와 제4호(방문신청에서 당사자나 대리인이 출석하지 아니한 경우) 중 어느 규정을 적용하여 각하할 것인지가 문제된다. 제4호는 전자신청에 적용할 수 없으므로 제3호를 적용하는 것이 타당하다.

나. 신청의 진의(의사)

등기신청행위는 절차법상의 의사표시이므로 신청이라는 표시행위에 대응하는 진의(의사)가 있어야 한다. 법은 등기신청에 대한 신청인 (및 그 대리인)의 진의를 확인할 수 있도록 하기 위하여, 방문신청의 경우에는 출석주의를 채택하고(법 제24조 제1항 제1호) 전자신청의 경우에는 전자서명정보(공인인증서, 전자증명서 등)를 송신하도록 하고 있다(규칙 제67조 제4항). 일정한 등기신청의 경우에 등기필정보·등기필증을 제공하도록 하거나(법 제50조 제2항, 부칙 제2조) 인감증명을 제출하도록 하는 것(규칙 제60조 제1항) 등도 신청인의 진의 확인을 위한 제도라고 볼 수 있다. 다만, 형식적 심사권한만을 갖는 **등기관**은 일정한 신청정보·첨부정보의 범위 내에서만 이러한 진의를 확인할 수 있을 뿐이다.

따라서 등기의무자가 등기신청행위의 흠(비진의 의사표시, 착오, 사기·강박, 대리권 결여)을 주장하면서 **등기관**에게 각하결정을 요청하더라도 다른 각하사유가 없는 한 **등기관**은 신청에 따른 등기를 할 수밖에 없다.

다. 요식의 구비

등기의 신청은 신청인 또는 그 대리인이 등기소에 출석하거나 전산정보처리조직을 이용하여 법정의 신청정보를 제공(법 제24조, 제25조, 규칙 제43조, 제44조, 제45조 제3항, 제47조 제2항 등)함으로써 성립하는 요식행위이다. **등기관**은 보정이 이루어지지 않는 한 이러한 방식을 갖추지 않은 신청을 법 제29조 제5호에 의하여 각하하여야 한다. 다만 적법한 방식이 등기 자체의 유효요건은 아니므로 방식 위반의 신청에 따른 등기가 당연 무효라거나 직권 말소되어야 할 것이라고는 할 수 없다.

Ⅲ. 등기신청의 방법

등기신청의 방법에는 방문신청과 전자신청이 있다(법 제24조 제1항). 구법은 방문신청을 등기신청의 원칙적인 모습으로 하고(구법 제28조) 전자신청을 방문신청에 대한 특례로서 규정하였다(구법 제4장의2). 이에 대하여 개정법은 방문신청과 전자신청을 대등한 등기신청의 방법으로서 병렬적으로 규정한 점에 특징이 있다. 등기신청은 신청정보 및 첨부정보를 적은 서면을 제출하는 방법으로 하거나, 신청정보 및 첨부정보를 전산정보처리조직을 이용하여 보내는 방법으로 하여야 하며(법 제24조 제1

항), 구술신청은 허용되지 않는다.

1. 방문신청

가. 의의

방문신청이란 신청인 또는 그 대리인(代理人)이 등기소에 출석하여 신청정보 및 첨부정보를 적은 서면을 제출하는 방법으로 한다. 다만, 대리인이 변호사[법무법인, 법무법인(유한) 및 법무조합을 포함한다]나 법무사[법무사법인 및 법무사법인(유한)을 포함한다]인 경우에는 대법원규칙으로 정하는 사무원을 등기소에 출석하게 하여 그 서면을 제출할 수 있다(법 제24조 제1항 제1호). 신청인이 제공하여야 하는 신청정보 및 첨부정보는 대법원규칙으로 정한다(법 제24조 제2항).

나. 출석주의(법 제24조 제1항 제1호)

등기는 신청인 또는 대리인이 등기소에 출석하여 신청하여야 하는데 여기서 출석이란 당사자 또는 그 대리인이 신청서를 지참하여 **등기관**(또는 접수담당자)의 면전에서 직접 제출하는 것을 말하므로, 신청서를 우송하는 경우와 같이 당사자가 전혀 출석하지 아니하거나 **등기관**이 아닌 법원 숙직자에게 신청서를 제출하고 가버린 경우는 적법한 신청이 없는 것으로 본다. 판례도 "등기신청 대리인이 비어 있는 등기소장의 책상 위에 등기신청서류를 놓고 간 경우 이를 신청서가 접수된 것으로 볼 수 없다고" 판시하였다.[881)882)]

법 제24조 제1항 제1호 단서에 따라 등기소에 출석하여 등기신청서를 제출할 수 있는 변호사나 법무사(자격자대리인)의 사무원은 자격자대리인의 사무소 소재지를 관할하는 지방법원장이 허가하는 1명으로 한다. 다만, 법무법인·법무법인(유한)·법무조합 또는 법무사법인·법무사법인(유한)의 경우에는 그 구성원 및 구성원이 아닌 변호사나 법무사 수만큼의 사무원을 허가할 수 있다(규칙 제58조 제1항). 지방법원장은 상당하다고 인정되는 경우 허가를 취소할 수 있다(규칙 제58조 제4항).

방문신청에 있어서 출석주의를 취하는 이유는 당사자가 등기소에 출석하여 등기를 신청하도록 함으로써 등기신청의 진정성을 담보하고 그 신청의 흠을 보정할 기회를 주어 신청인의 이익을 보호하기 위한 것이다. 다만, 후술하는 전자신청에는 그 성질상 출석주의가 적용되지 않는다. 그러나 등기의 진정성을 확보하려는 출석주의의 취지는 사용자등록 제도를 통하여 전자신청의 경우에도 관철되고 있다.

한편, 관공서가 촉탁하는 경우에는 출석을 요하지 아니하므로 촉탁정보 및 첨부정보를 적은 서면을 제출하는 방법으로 등기촉탁을 하는 경우에는 우편 촉탁도 할 수 있다(규칙 제155조 제1항). 등기촉탁

---

881) 대법원 1989. 5. 29. 자 87마820 결정.
882) **즉시접수 창구**의 경우 접수담당자가 신청서를 제출받는 즉시 접수절차를 진행하여야하며 신청인은 접수절차가 완료될 때까지 등기소에 출석하고 있어야 하는 창구를 말한다. 반면 **당일접수 창구**의 경우 접수담당자가 신청서를 제출받은 당일 이내에 접수절차를 완료하면 되고, 신청인이 접수절차가 완료될 때까지 등기소에 출석하고 있을 필요가 없는 창구를 말한다(등기예규 제1154호 2.).

을 할 수 있는 자는 원칙적으로 <u>국가 및 지방자치단체</u>에 한하며, 국가 및 지방자치단체가 아닌 공사 등은 등기촉탁에 관한 특별규정이 있는 경우에만 촉탁할 수 있다(등기예규 제1625호 1. 나.).

다. 서면신청주의(법 제24조 제1항 제1호, 규칙 제56조)

<u>방문신청</u>을 하기 위해서는 소정의 사항이 기재되어 있는 <u>신청서와 첨부서면을 제공</u>하고, 신청서에는 신청인이나 그 대리인이 기명날인하거나 서명하여야 한다. 구술신청은 인정되지 않는다. <u>서면신청주의</u>는 등기신청에 있어서 착오를 방지하고 **등기관**으로 하여금 오로지 형식적인 서면의 심사만으로 신청의 수리 여부를 결정하게 함으로써 신속하게 등기사건을 처리하기 위한 것이다. <u>전자촉탁의 경우가 아닌 한 관공서의 촉탁도 역시 서면으로 하여야 한다(규칙 제155조 제1항).

2. 전자신청

가. 의의

전자신청도 방문신청에서의 서면주의와 마찬가지로, 법령에서 요구하는 일정한 방식에 따라야 한다. 전자신청은 대법원규칙으로 정하는 바에 따라 <u>전산정보처리조직을 이용하여 신청정보 및 첨부정보를 보내는</u> 방법(법원행정처장이 지정하는 등기유형으로 한정한다)으로 신청한다(법 제24조 제1항 제2호). 법 제24조 제1항 제2호에 따라 <u>등기가 이루어진 경우</u> 그 신청정보 및 첨부정보는 보조기억장치에 저장하여 보존하여야 한다(규칙 제19조 제1항). 법 제24조 제1항 제2호에 따른 <u>등기신청이 취하된 경우</u> 그 취하정보는 보조기억장치에 저장하여 보존하여야 한다(규칙 제19조 제2항).

전자신청은 종이에 의하지 않으며, 신청인이 등기소에 출석할 필요도 없이 신청서를 전자적으로 제출하는 것이라고 할 수 있다. 전자신청에 의하여 관할 등기소에 출석하지 않고 신청이 가능하게 됨에 따라 국민들은 등기신청에 소요되는 시간과 비용을 절감할 수 있게 되었고, 또한 신청과 동시에 접수와 기입이 완료되기 때문에 등기업무처리의 효율성을 높일 수 있게 되었다.

나. 전자신청의 방법

전자신청은 당사자(자연인과 법인)가 직접 하거나 자격자대리인이 당사자를 대리하여 한다. <u>전자신청의 대리는 자격자대리인만이 할 수 있다.</u> 자격자대리인이 아닌 경우 자기 사건이라 하더라도 상대방을 대리하여 전자신청을 할 수 없다. 다만, 법인 아닌 사단이나 재단은 전자신청을 할 수 없다. 전자인증을 받을 수 있는 절차가 마련되어 있지 않기 때문이다. <u>외국인의 경우</u>에는 다음 각 호 1. 「출입국관리법」 제31조에 따른 <u>외국인등록</u>, 2. 「재외동포의 출입국과 법적 지위에 관한 법률」 제6조, 제7조에 따른 <u>국내거소신고</u>의 어느 하나에 해당하는 요건을 갖추어야 한다(규칙 제67조 제1항).

<u>전자신청을 하는 경우</u>에는 규칙 제43조 및 그 밖의 법령에 따라 **신청정보**의 내용으로 등기소에 제공

하여야 하는 정보를 전자문서로 등기소에 송신하여야 한다. 이 경우 사용자등록번호도 함께 송신하여야 한다(규칙 제67조 제2항).

규칙 제46조 및 그 밖의 법령에 따라 **첨부정보**로서 등기소에 제공하여야 하는 정보를 전자문서로 등기소에 송신하거나 대법원예규로 정하는 바에 따라 등기소에 제공하여야 한다(규칙 제67조 제3항).

전자문서를 송신할 때에는 다음 각 호 1. 개인: 「전자서명법」의 공인인증서, 2. 법인: 「상업등기법」의 전자증명서, 3. 관공서: 대법원예규로 정하는 전자인증서의 구분에 따른 신청인 또는 문서작성자의 전자서명정보(이하 "공인인증서등"이라 한다)를 함께 송신하여야 한다(규칙 제67조 제4항).

3. 등기신청에 필요한 정보

법은 **등기관**에게 형식적 심사권만을 부여하고 있기 때문에 **등기관**은 신청정보와 첨부정보만에 의하여 등기신청에 관한 심사를 하여야 한다. 그리고 신청인이 제공하여야 하는 신청정보 및 첨부정보는 대법원규칙 즉, 부동산등기규칙으로 정하고 있으며(법 제24조 제2항). 그에 따르면, 이들 두 정보의 내용은 방문신청이나 전자신청이나 동일하며, 단지 정보를 제공하는 방식에서 차이가 있을 뿐이다.

가. 신청정보

(1) 의의: 방문신청은 등기신청서라는 서면을 제출함으로써 하는 요식행위로서, 신청서의 기재사항은 법정되어 있다(법 제24조 제1항 제1호, 제2항, 규칙 제43조, 제44조, 제45조 제3항, 제50조 등). **등기관**은 신청서에 반드시 기재되어야 할 사항이 기재되어 있지 않으면 법 제29조 제5호(신청정보의 제공이 대법원규칙으로 정한 방식에 맞지 아니한 경우)에 의하여 등기신청을 각하하여야 한다. 전자신청의 경우에도 서면으로 제출하지 않을 뿐 신청정보를 제공하여야 한다. 이러한 점에서 등기신청행위의 요식성은 전자신청의 경우에도 적용된다고 볼 수 있다.

(2) 신청정보의 작성방법

(가) 신청서 등의 문자

신청서나 그 밖의 등기에 관한 서면을 작성할 때에는 자획(字劃)을 분명히 하여야 한다(규칙 제57조 제1항). 제1항의 서면에 적은 문자의 정정, 삽입 또는 삭제를 한 경우에는 그 글자 수를 난외(欄外)에 적으며 문자의 앞뒤에 괄호를 붙이고 이에 날인 또는 서명하여야 한다. 이 경우 삭제한 문자는 해독할 수 있게 글자체를 남겨두어야 한다(규칙 제57조 제2항). 방문신청의 경우 제출하는 신청서나 그 밖의 등기에 관한 서면은 등기를 하기 위한 기초자료이므로 그 정정방법 등에 관하여 등기의 기재와 마찬가지로 엄격성이 요구된다.

(나) 1건 1신청주의(1부동산 1신청서)의 원칙 및 예외적 일괄신청

① 등기의 신청은 1건당 1개의 부동산에 관한 신청정보를 제공하는 방법으로 하여야 한다(법 제25조 본문). 가령 甲 소유 토지 2필을 乙과 丙이 각 1필씩 매수하였다면 甲과 乙의 등기신청과 甲과 丙의 등기신청은 각각 서로 다른 신청서로 하여야 한다.

② 일괄신청은 일반적으로 같은 등기소의 관할 내에 있는 여러 개의 부동산에 관한 신청정보를 일괄하여 제공하는 방법으로 하는 등기신청을 말한다(법 제25조 단서). 그런데 등기실무상으로는 1개의 신청서로 1개의 부동산에 관한 여러 개의 등기를 신청하는 경우도 일괄신청의 개념에 포함시키고 있으며, 규칙 제47조 제1항 제2호 및 제3호에서도 이를 반영하고 있다. 일괄신청을 원칙적으로 허용하지 않는 것은 등기의 착오를 유발할 우려가 많고, 신청에 따른 등기를 통일적으로 유형화하여 실현하기 어려우며, 결과적으로 부동산을 둘러싼 권리관계를 신속·정확하게 공시한다는 등기제도의 취지를 저해할 위험이 크기 때문이라고 한다. 일괄신청은 이러한 위험이 없거나 필요성이 있는 경우 법령에 의해서만 예외적으로 허용된다.

그러나 같은 등기소에 동시에 여러 건의 등기신청을 하는 것(규칙 제47조 제2항), 즉 동시에 여러 개의 등기신청서를 제출하는 것을 의미하는 동시신청과는 구별된다. 동시신청은 여러 건(=여러 개의 신청서)의 등기신청을 전제로 하는데 비해 일괄신청은 1건(=1 개의 신청서)의 등기신청을 전제로 한다.

③ 일괄신청이 허용되는 경우

㉮ **등기목적**과 **등기원인**이 동일한 경우(법 제25조 단서): **등기목적**(법 제48조 제1항 제2호)이 동일하다는 것은 등기할 사항(법 제3조), 즉 신청하는 등기의 내용 내지 종류(소유권보존, 소유권이전, 근저당권설정, 근저당권설정등기말소 등)가 같다는 것을 뜻한다. 즉 등기기록의 갑구·을구에 기록되는 등기목적이 같아야 한다.

등기원인(법 제34조 제6호, 제40조 제1항 제5호, 제48조 제1항 제4호 등)은 해당 등기의 원인이 되는 법률행위 또는 법률사실을 말하는데, 그러한 법률행위 또는 법률사실의 내용, 당사자, 원인일자가 모두 같아야 등기원인의 동일성이 인정된다. 즉 등기원인의 동일성은 하나의 법률행위 또는 법률사실에 의하여 여러 개의 부동산에 공통적으로 등기원인이 발생한 것을 의미한다.

㉯ 같은 채권의 담보를 위하여 소유자가 다른 여러 개의 부동산에 대한 저당권설정등기를 신청하는 경우(규칙 제47조 제1항 제1호)

㉰ 관공서의 공매처분으로 인한 등기를 촉탁하는 경우(법 제97조, 규칙 제47조 제1항 제2호)

㉱ 「민사집행법」 제144조 제1항 각 호의 등기를 촉탁하는 경우(규칙 제47조 제1항 제3호)에는 1건의 신청정보로 일괄하여 신청하거나 촉탁할 수 있다(규칙 제47조 제1항).

(다) 기명날인 및 간인: 방문신청을 하는 경우에는 등기신청서에 제43조 및 그 밖의 법령에 따라 신청정보의 내용으로 등기소에 제공하여야 하는 정보를 적고 신청인 또는 그 대리인이 기명날인하거나 서명하여야 한다(규칙 제56조 제1항).

신청서가 여러 장일 때에는 신청인 또는 그 대리인이 간인을 하여야 하고, 등기권리자 또는 등기의무자가 여러 명일 때에는 그 중 1명이 간인하는 방법으로 한다. 다만, 신청서에 서명을 하였을 때에는 각 장마다 연결되는 서명을 함으로써 간인을 대신한다(규칙 제56조 제2항).

(3) 신청서의 기재사항

신청서의 기재사항에는 일반적 기재사항과 특별한 기재사항이 있다.

(가) 일반적 기재사항

일반적 기재사항이란 일반적으로 신청서에 기재하여야 할 사항(규칙 제43조, 제44조, 제45조 제3항 및 제5항 등)으로서, 기재하지 않으면 **신청정보의 제공이 대법원규칙으로 정한 방식에 맞지 아니한 경우**(법 제29조 제5호)에 해당하여 등기신청의 각하사유가 된다. 등기를 신청하는 경우에는 다음의 사항을 신청정보의 내용으로 등기소에 제공하여야 한다(규칙 제43조 제1항).

① **부동산의 표시에 관한 사항(규칙 제43조 제1항 제1호)**[883]: 신청서에 기재하는 부동산의 표시는 등기기록과 일치하여야 하므로(법 제29조 제6호), 원칙적으로 등기기록 표제부의 부동산의 표시를 신청서에 기재하면 된다. 다만 부동산표시 변경등기와 소유권보존등기 등과 같이 토지대장이나 건축물대장 등의 기재 사항을 신청서에 기재하여야 하는 경우도 있다.

㉮ 토지: 소재와 지번, 지목, 면적(법 제34조 제3호부터 제5호까지의 규정에서 정하고 있는 사항)

㉯ 건물: 소재, 지번 및 건물번호, 건물의 종류, 구조와 면적(법 제40조 제1항 제3호와 제4호)[884]

---

883) 4. 부동산의 소재지 등의 표시(등기예규 제1628호)

　가. 부동산의 소재지 등을 표시할 때에는 "서울특별시", "부산광역시", "경기도", "충청남도" 등을 "서울", "부산", "경기", "충남" 등과 같이 약기하지 않고 행정구역 명칭 그대로 전부 기재하며, "서울특별시 서초구 서초동 967", "서울특별시 서초구 서초대로 219(서초동)" 등과 같이 주소 표기방법에 맞게 띄어 쓴다. 다만 지번은 "번지"라는 문자를 사용함이 없이 108 또는 108-1과 같이 기재하고, 도시개발사업 등으로 지번이 확정되지 않은 경우에는 "OO블록OO로트"와 같이 기재한다.

　나. 부동산의 소재지 등을 표시할 때 사용할 수 있는 문장부호는 마침표[.], 쉼표[,], 소괄호[( )], 붙임표[-]로 한다.

【지번 방식의 예시】
1) 서울특별시 서초구 서초동 967
2) 전라북도 순창군 복흥면 답동리 산59-10
3) 경기도 김포시 풍무동 풍무지구100블록100로트 풍무푸르지오 101동 101호

【도로명 방식의 예시】
1) 서울특별시 서초구 서초대로 219(서초동)
2) 전라북도 순창군 복흥면 가인로 442-141
3) 서울특별시 강북구 4.19로 100, 101동 101호(수유동, 파크빌)

884) 나. 등기신청서(등기예규 제1436호)
1) 건물등기기록 표제부에 도로명주소가 기록되지 않은 경우
　가) 등기신청서의 건물 표시는 등기기록에 표시된 건물의 소재지번을 기재하고, 이때 도로명주소만을 기재하여서는 아니된다.
　나) 등기신청서의 건물 표시에 소재지번과 도로명주소가 함께 기재된 경우에는 등기사건을 수리하되, 도로명주소가 기재된 건축물대장 정보가 함께 제공된 경우 5. 가.에 따라 **등기관**은 직권으로 도로명주소를 기록하는 표시변경 등기를 하여야 한다.
2) 건물등기기록 표제부에 도로명주소가 기록된 경우
　등기신청서의 건물 표시는 등기기록에 표시된 건물의 소재지번과 도로명주소를 함께 기재한다.

ⓒ 구분건물: 1동의 건물의 표시로서 소재지번·건물명칭 및 번호·구조·종류·면적, 전유부분의 건물의 표시로서 건물번호·구조·면적, 대지권이 있는 경우 그 권리의 표시(다만, 1동의 건물의 구조·종류·면적은 건물의 표시에 관한 등기나 소유권보존등기를 신청하는 경우로 한정한다)의 구분에 따른 부동산의 표시에 관한 사항,

② 신청인의 성명(또는 명칭), 주소(또는 사무소 소재지) 및 주민등록번호(또는 부동산등기용등록번호)(규칙 제43조 제1항 제2호),

③ 신청인이 법인인 경우에는 그 대표자의 성명과 주소(규칙 제43조 제1항 제3호),

④ 대리인에 의하여 등기를 신청하는 경우에는 그 성명과 주소(규칙 제43조 제1항 제4호),

⑤ 등기원인과 그 연월일(규칙 제43조 제1항 제5호): ㉮ 등기원인이라 함은 등기를 정당화하는 법률상의 원인, 즉 권원을 의미한다. 무엇이 그러한 등기원인인가에 관하여는 ⓐ 법률행위에 의한 부동산 물권변동의 경우, 판례는 물권행위가 아니라 그 물권행위를 하게 된 원인이 되는 원인행위(매매, 증여 등) 또는 그의 무효·취소·해제 등이 등기원인이라고 한다.[885] ⓑ 법률행위에 의하지 않는 부동산 물권변동의 경우에는(민법 제187조) 상속·공용징수·판결·경매·취득시효·건물 신축 등이 등기원인이 되는 데 다툼이 없다.[886]

㉯ 등기원인의 연월일은 등기원인인 법률행위 또는 법률사실의 성립이나 효력발생의 일자이다.

⑥ 등기의 목적(규칙 제43조 제1항 제6호): 등기의 목적이란 신청하는 등기의 내용 내지 종류를 말한다. 가령 "소유권보존", "소유권이전청구권가등기", "저당권설정등기말소" 등과 같이 기재한다.

⑦ 등기필정보. 다만, 공동신청 또는 승소한 등기의무자의 단독신청에 의하여 권리에 관한 등기를 신청하는 경우로 한정한다(규칙 제43조 제1항 제7호): ㉮ 여기서 등기필정보(登記畢情報)란 등기부에 새로운 권리자가 기록되는 경우에 그 권리자를 확인하기 위하여 법 제11조 제1항에 따른 **등기관**이 작성한 정보를 말한다(법 제2조 제4호). 과거에는 등기필증을 발급하였으나, 2006. 6. 1. 이후부터는 등기필정보 및 등기완료통지서를 발급해주며 이는 부동산의 소유자라는 공적 증명으로, 등기소의 공무원이 등기권리자에게 내주는 등기를 마쳤다는 증명서이다. '권리자의 이름, 주민번호, 주소, 부동산고유번호, 부동산소재지, 접수일자, 접수번호, 등기목적, 등기원인 및 일자'가 기록되어 있고, 그 아래에는 '일련번호'와 '비밀번호'가 부착되어 있다. 여기서 등기목적이 소유권이전이면 '소유권이전', 근저당권설정이면 '근저당권설정' 등으로 적혀있으며, 등기원인 및 일자에는 해당 '등기일자'와 함께 매매 등 '등기원인'이 간략하게 기록되어 있다. 등기필정보의 작성·통지(법 제50조 제1항)에 관해서는 후술한다.

㉯ 등기권리자와 등기의무자가 **공동으로 권리에 관한 등기를 신청**하는 경우에 신청인은 그 신청정보와 함께 등기의무자의 등기필정보를 등기소에 제공하여야 한다. 그리고 **승소한 등기의무자가 단독으로 권리에 관한 등기를 신청**하는 경우 그 등기의무자의 의사 확인을 위해 등기의무자의 등기필정보를

---

885) 소유권이전등기에 있어 등기원인이라고 함은 등기를 하는 것 자체에 관한 합의가 아니라 등기하는 것을 정당하게 하는 실체법상의 원인을 뜻하는 것으로서, 등기를 함으로써 일어나게 될 권리변동의 원인행위나 그의 무효, 취소, 해제 등을 가리킨다(대법원 1999. 2. 26. 선고 98다50999 판결).

886) 송덕수, 민법강의(제12판), 377면.

제공하여야 한다(법 제50조 제2항). 등기필정보를 제공하게 하는 이유는 등기의무자의 본인확인을 통하여 등기의 진정성을 담보하기 위한 것이므로 **표시에 관한 등기를 신청**하거나 **당사자 일방만으로 신청**하는 경우(상속으로 인한 등기나 판결에 의한 등기 등)에는 제공할 필요가 없다. 그러나 관공서가 등기의무자나 등기권리자로서 등기를 촉탁하는 경우에도 공동신청이 아니므로 등기필정보를 제공할 필요가 없다. 관공서가 촉탁에 의하지 아니하고 법무사 등에게 위임하여 신청하는 경우에도 등기필정보를 제공할 필요가 없다(등기예규 제1625호 4.). 한편, 등기필정보 없이 등기를 한 경우에는 위의 제도가 악용될 가능성을 대비하여 **등기관**으로 하여금 등기가 된 사실을 등기의무자에게 알리도록 하고 있다(법 제30조, 규칙 제53조 제1항 제3호).

ⓒ 등기의무자의 등기필정보가 없을 때에는 등기의무자 또는 그 법정대리인(이하 "등기의무자등"이라 한다)이 등기소에 출석하여 **등기관**으로부터 등기의무자 등임을 확인받아야 한다. 다만, 등기신청인의 대리인(변호사나 법무사만을 말한다)이 등기의무자등으로부터 위임받았음을 확인한 경우 또는 신청서(위임에 의한 대리인이 신청하는 경우에는 그 권한을 증명하는 서면을 말한다) 중 등기의무자 등의 작성부분에 관하여 공증(公證)을 받은 경우에는 확인 받지 않아도 된다(법 제51조). 즉, 등기필정보를 제공해야 하는 등기신청에서 등기필정보를 분실하거나 그 밖의 사유로 제공할 수 없는 경우에는 다음의 방법에 의한다.

(ㄱ) 확인조서: 등기의무자 또는 그 법정대리인 본인이 등기소에 직접 출석하고, **등기관**은 주민등록증·외국인등록증·국내거소신고증·여권 또는 운전면허증 등의 증명서에 의에 그가 등기의무자 등 본인임을 확인하여 조서를 작성하는 방법

(ㄴ) 확인서면: 등기신청 대리인이 법무사 또는 변호사인 경우에 한해 그들이 등기의무자 또는 법정대리인 본인으로부터 위임받았음을 확인하는 서면을 작성하여 첨부하는 방법. 법무사 등이 자기에 대한 확인서면을 스스로 작성할 수는 없다(등기선례 제201112-4호).

(ㄷ) 공증서면: 등기신청서(또는 위임장) 중 등기의무자의 작성부분에 대한 공증을 받는 방법. 이 경우 공증이란 등기의무자가 등기명의인임을 확인하는 서면에 대한 공증이 아니고 신청서 또는 위임장에 표시된 등기의무자의 작성 부분(기명날인 등)이 등기의무자 본인이 작성한 것임을 공증하는 것을 말한다. 등기의무자의 위임을 받은 대리인이 출석하여 공증을 받을 수는 없다.[887]

⑧ **등기소의 표시**(규칙 제43조 제1항 제8호)

⑨ **신청연월일**(규칙 제43조 제1항 제9호)

⑩ **취득세나 등록면허세 등 등기와 관련하여 납부하여야 할 세액 및 과세표준액 등**(규칙 제44조, 제45조 제3항, 제5항)

⑪ **첨부정보의 표시 및 원용의 뜻**(규칙 제47조 제2항): 같은 등기소에 동시에 여러 건의 등기신청을 하는 경우에 첨부정보의 내용이 같은 것이 있을 때에는 먼저 접수되는 신청에만 그 첨부정보를 제공하고, 다른 신청에는 먼저 접수된 신청에 그 첨부정보를 제공하였다는 뜻을 신청정보의 내용으로 등기소

---

887) 대법원 2012. 9. 13. 선고 2012다47098 판결.

에 제공하는 것으로 그 첨부정보의 제공을 갈음할 수 있다. 이러한 <u>원용은 동시신청의 경우에만 가능</u>함을 주의하여야 한다.

(나) 특별한 기재사항

<u>특별한 기재사항이란 위의 일반적 기재사항 외에 특정 등기와 관련하여 특별히 신청서에 기재하여야 할 사항</u>을 말한다. 가령 당사자 사이에 특별한 약정 내용을 등기할 수 있도록 하는 규정에 따라 신청서에 기재하여야 하는 사항을 들 수 있다. 특별한 기재사항이라고 하여 당사자가 신청서에 기재할지 여부를 임의로 정할 수 있는 것은 아니다. 즉 특별한 기재사항도 다른 규정이 없는 한 원칙적으로 반드시 신청서에 기재하여야 하고, 기재하지 않으면 일반적 기재사항의 경우와 마찬가지로 그 등기신청이 법 제29조 제5호에 의하여 각하된다.

① 거래가액: 등기관이 「부동산거래신고법」 제3조 제1항에서 정하는 계약을 등기원인으로 한 소유권이전등기를 하는 경우에는 대법원규칙으로 정하는 바에 따라 <u>거래가액을 기록</u>한다(법 제68조). 법 제68조의 거래가액이란 「부동산거래신고법」 제3조에 따라 <u>신고한 금액</u>을 말한다(규칙 제124조 제1항). 「부동산거래신고법」 제3조 제1항에서 정하는 계약을 등기원인으로 하는 소유권이전등기를 신청하는 경우에는 거래가액을 신청정보의 내용으로 등기소에 제공하고, 시장·군수 또는 구청장으로부터 제공받은 <u>거래계약신고필증정보를</u> 첨부정보로서 등기소에 제공하여야 한다. 이 경우 거래부동산이 2개 이상인 경우 또는 거래부동산이 1개라 하더라도 여러 명의 매도인과 여러 명의 매수인 사이의 매매계약인 경우에는 매매목록도 첨부정보로서 등기소에 제공하여야 한다(규칙 제124조 제2항).

② 등기권리자가 2인 이상인 경우 그 지분: <u>등기할 권리자가 2인 이상</u>일 때에는 <u>그 지분</u>을 신청정보의 내용으로 등기소에 제공하여 하고, 등기할 권리가 <u>합유</u>일 때에는 <u>합유라는 뜻</u>을 신청정보의 내용으로 등기소에 제공하여야 한다(규칙 제105조).

<u>소유권의 일부에 대한 이전등기</u>를 신청하는 경우에는 <u>이전되는 지분</u>을 신청정보의 내용으로 등기소에 제공하여야 한다(규칙 제123조 제1문).

③ 대위에 관한 사항(규칙 제50조): 법 제28조(<u>채권자대위권에 의한 등기신청</u>)에 따라 등기를 신청하는 경우에는 다음 각 호 1. 피대위자의 성명(또는 명칭), 주소(또는 사무소 소재지) 및 주민등록번호(또는 부동산등기용등록번호), 2. 신청인이 대위자라는 뜻, 3. 대위자의 성명(또는 명칭)과 주소(또는 사무소 소재지), 4. 대위원인의 사항을 신청정보의 내용으로 등기소에 제공하고, 대위원인을 증명하는 정보를 첨부정보로서 등기소에 제공하여야 한다.

④ 부동산의 표시에 관한 사항: 법 제35조에 따라 <u>토지의 표시변경등기</u>와 법 제41조에 따라 <u>건물의 표시변경등기</u>를 신청하는 경우에는 그 토지와 건물의 변경 전과 변경 후의 표시에 관한 정보를 신청정보의 내용으로 등기소에 제공하여야 한다(규칙 제72조 제1항, 제86조 제1항).

⑤ 당사자의 약정: 환매특약의 등기를 신청하는 경우에는 법 제53조의 등기사항(1. 매수인이 지급한 대금, 2. 매매비용, 3. 환매기간)을 신청정보의 내용으로 등기소에 제공하여야 한다(규칙 제113조, 법

제53조).

⑥ **그 밖의 특별한 기재사항:** 개별 등기(소유권, 용익권, 담보권, 신탁, 가처분의 등기나 가등기 등)와 관련하여 신청서에 기재하여야 할 사항이 규칙으로 정하여져 있다.

나. 첨부정보

(1) 의의: 등기신청에 필요한 일반적인 첨부정보에 관해서는 규칙 제46조에서 규정하고 있고, 그 밖의 개별등기에 필요한 첨부정보에 관해서는 각 관련 조문에서 규정하고 있다. 필요한 첨부정보를 제공하지 아니한 때에는 법 제29조 제9호(등기에 필요한 첨부정보를 제공하지 아니한 경우)에 따른 각하사유에 해당한다.

(2) 동시신청: 같은 등기소에 동시에 여러 건의 등기신청을 하는 경우에 첨부정보의 내용이 같은 것이 있을 때에는 먼저 접수되는 신청에만 그 첨부정보를 제공하고, 다른 신청에는 먼저 접수된 신청에 그 첨부정보를 제공하였다는 뜻을 신청정보의 내용으로 등기소에 제공하는 것으로 그 첨부정보의 제공을 갈음할 수 있다(규칙 제47조 제2항).

(3) 첨부정보의 내용

등기를 신청하는 경우에는 다음의 정보를 그 신청정보와 함께 첨부정보로서 등기소에 제공하여야 한다(규칙 제46조 제1항).

(가) **등기원인을 증명하는 정보**(제1호)

① 여기서 등기원인이라 함은 등기를 정당화하는 법률상의 원인 즉 권원을 의미한다. 등기원인을 증명하는 정보는 **등기할 권리변동의 원인인 법률행위 또는 그 밖의 법률사실의 성립을 증명하는 정보**를 말한다. 따라서 등기원인증명정보가 등기신청 시에 제출하여야 하는 등기원인을 증명하는 정보인데, 가령 매매·증여에 의한 소유권이전등기를 신청하는 경우에는 매매계약서·증여계약서, 저당권설정등기의 경우에는 저당권설정계약서 또는 저당권부 소비대차계약서, 판결의 경우에는 집행력 있는 확정판결정본, 상속의 경우에는 상속을 증명하는 시·구·읍·면장의 서면 또는 이를 증명할 수 있는 서면이 그에 해당한다.

② 등기원인을 증명하는 정보를 제공하게 하는 이유는 **등기관**으로 하여금 등기원인의 성립을 심사하도록 하여 부실등기를 방지하고 등기의 진정을 보장하기 위한 것이다.

③ 등기원인을 증명하는 정보가 집행력 있는 판결인 경우에는 규칙 제46조 제1항 제2호의 정보를 제공할 필요가 없다. 다만, 등기원인에 대하여 행정관청의 허가, 동의 또는 승낙을 받을 것이 요구되는 때에는 그러하지 아니하다(규칙 제46조 제3항).

④ 규칙 제46조 제1항 및 그 밖의 법령에 따라 등기소에 제공하여야 하는 첨부정보 중 법원행정처장이 지정하는 첨부정보는 「전자정부법」 제36조 제1항에 따른 행정정보 공동이용을 통하여 **등기관**이 확

인하고 신청인에게는 그 제공을 면제한다. 다만, 그 첨부정보가 개인정보를 포함하고 있는 경우에는 그 정보주체의 동의가 있음을 증명하는 정보를 등기소에 제공한 경우에만 그 제공을 면제한다(규칙 제46조 제6항). 규칙 제46조 제6항은 법원행정처장이 지정하는 등기소에 한정하여 적용할 수 있다(규칙 제46조 제7항).

(나) **등기원인**에 대하여 **제3자의 허가, 동의 또는 승낙이 필요한 경우**에는 **이를 증명하는 정보**(제2호)

① 등기원인에 대하여 제3자의 허가 등이 필요한 경우란 등기원인인 법률행위의 유효요건인 경우(토지거래계약허가), 제3자의 허가 등이 없으면 등기원인인 법률행위의 취소사유가 되는 경우(미성년자의 행위에 대한 법정대리인의 동의), 임차권의 양도나 임차물 전대에 대한 임대인의 동의(민법 제629조) 등이 포함된다. 제3자의 허가 등이 법률행위의 유효요건인 경우 제3자의 허가 등을 증명하는 정보를 제공하여야 한다는 점에는 이론이 없다. 취소사유인 경우에는 견해가 나뉠 수 있는데, 거래의 안전과 공시제도의 본질에 비추어 제공하도록 함이 타당하다. 제3자의 허가서 등을 제출하게 하는 이유는 무효 또는 취소될 수 있는 권리변동의 등기가 마쳐지는 것을 방지함으로써 해당 부동산에 대하여 거래관계를 맺고자 하는 자의 이익을 보호하기 위함이다.

② 이는 「농지법」 제8조 제1항 및 제4항에 따른 농지자격취득증명, 「부동산거래신고법」 제10조부터 제23조에 따른 토지거래계약허가, 「사립학교법」 제28조에 따른 학교법인 기본재산 처분에 대한 관할청의 허가, 「전통사찰의 보존 및 지원에 관한 법률」 제9조에 따른 전통사찰의 부동산 양도에 대한 문화체육관광부장관의 허가, 「향교재산법」 제8조 제1항 제1호에 따른 부동산 처분에 대한 시·도지사의 허가, 「부동산거래신고법」 제8조에 따른 외국인 등의 부동산 취득에 대한 신고관청에 신고 및 제9조에 따른 신고관청으로부터 토지취득의 허가, 「민법」 제45조 제3항 및 제42조 제2항에 따른 재단법인의 기본재산 처분에 대한 주무관청의 허가, 「공익법인의 설립·운영에 관한 법률」 제11조 제3항에 따른 공익법인의 기본재산 처분에 대한 주무관청의 허가 등을 말한다.

(다) **등기상 이해관계 있는 제3자의 승낙이 필요한 경우에는 이를 증명하는 정보 또는 이에 대항할 수 있는 재판이 있음을 증명하는 정보**(제3호)

(라) **신청인이 법인인 경우에는 그 대표자의 자격을 증명하는 정보**(제4호)

(마) **대리인에 의한 등기 신청의 경우에는 그 권한을 증명하는 정보**(제5호)

(바) **등기권리자**(새로 등기명의인이 되는 경우로 한정한다)**의 주소**(또는 사무소 소재지) **및 주민등록번호**(또는 부동산등기용등록번호)**를 증명하는 정보**(제6호). 다만, 소유권이전등기를 신청하는 경우에는 등기의무자의 주소(또는 사무소 소재지)를 증명하는 정보도 제공하여야 한다.

(사) **소유권이전등기를 신청하는 경우에는 토지대장·임야대장·건축물대장 정보나 그 밖에 부동산의 표시를 증명하는 정보**(제7호)

(아) **인감증명서, 본인서명사실확인서 또는 전자본인서명확인서의 발급증 제출**

① **인감증명의 제출:** 방문신청을 하는 경우에는 다음 각 호의 인감증명을 제출하여야 한다. 이 경우 해당 신청서(위임에 의한 대리인이 신청하는 경우에는 위임장을 말한다)나 첨부서면에는 그 인감을

날인하여야 한다(규칙 제60조 제1항).

1. 소유권의 등기명의인이 등기의무자로서 등기를 신청하는 경우 등기의무자의 인감증명
2. 소유권에 관한 가등기명의인이 가등기의 말소등기를 신청하는 경우 가등기명의인의 인감증명
3. 소유권 외의 권리의 등기명의인이 등기의무자로서 법 제51조에 따라 등기를 신청하는 경우 등기의무자의 인감증명
4. 제81조 제1항에 따라 토지소유자들의 확인서를 첨부하여 토지합필등기를 신청하는 경우 그 토지소유자들의 인감증명
5. 제74조에 따라 권리자의 확인서를 첨부하여 토지분필등기를 신청하는 경우 그 권리자의 인감증명
6. 협의분할에 의한 상속등기를 신청하는 경우 상속인 전원의 인감증명
7. 등기신청서에 제3자의 동의 또는 승낙을 증명하는 서면을 첨부하는 경우 그 제3자의 인감증명
8. 법인 아닌 사단이나 재단의 등기신청에서 대법원예규로 정한 경우

규칙 제60조 제1항 제1호부터 제3호까지 및 제6호에 따라 인감증명을 제출하여야 하는 자가 다른 사람에게 권리의 처분권한을 수여한 경우에는 그 대리인의 인감증명을 함께 제출하여야 한다(규칙 제60조 제2항).

규칙 제60조 제1항에 따라 인감증명을 제출하여야 하는 자가 국가 또는 지방자치단체인 경우에는 인감증명을 제출할 필요가 없다(규칙 제60조 제3항).

규칙 제60조 제1항 제4호부터 제7호까지의 규정에 해당하는 서면이 공정증서이거나 당사자가 서명 또는 날인하였다는 뜻의 공증인의 인증을 받은 서면인 경우에는 인감증명을 제출할 필요가 없다(규칙 제60조 제4항).

② 본인서명사실확인서 또는 전자본인서명확인서의 발급증을 제공하는 경우

「본인서명사실 확인 등에 관한 법률」에 따라 발급된 본인서명사실확인서 또는 전자본인서명확인서의 발급증을 등기소에 제공한 경우에는 인감증명을 따로 제공할 필요가 없다.

본인서명사실확인서와 신청서 등의 서명은 본인 고유의 필체로 자신의 성명을 기재하는 방법으로 하여야 하며, **등기관**이 알아볼 수 있도록 명확히 기재하여야 한다(등기예규 제1609호).

(4) 대지권의 등기의 첨부정보

구분건물에 대하여 대지권의 등기를 신청할 때 다음 각 호 1. 대지권의 목적인 토지가 「집합건물법」 제4조에 따른 건물의 대지인 경우, 2. 각 구분소유자가 가지는 대지권의 비율이 「집합건물법」 제21조 제1항 단서 및 제2항에 따른 비율인 경우, 3. 건물의 소유자가 그 건물이 속하는 1동의 건물이 있는 「집합건물법」 제2조 제5호에 따른 건물의 대지에 대하여 가지는 대지사용권이 대지권이 아닌 경우의 어느 하나에 해당되는 경우에는 해당 규약이나 공정증서를 첨부정보로서 등기소에 제공하여야 한다(규칙 제46조 제2항). 법 제60조 제1항 및 제2항의 등기를 신청할 때에는 규칙 제46조 제1항 제1호 및 제6호를 적용하지 아니한다(규칙 제46조 제4항).

(5) 첨부정보가 「상업등기법」 제15조에 따른 등기사항증명정보로서 그 등기를 관할하는 등기소와 부동산 소재지를 관할하는 **등기소가 동일한 경우에는 그 제공을 생략할 수 있다**(규칙 제46조 제5항).

(6) **첨부정보가 외국어로 작성된 경우에는 그 번역문을 붙여야 한다(규칙 제46조 제8항).** 첨부정보가 외국 공문서이거나 외국 공증인이 공증한 문서(이하 "외국 공문서 등"이라 한다)인 경우에는 「재외공관 공증법」 제30조 제1항에 따라 공증담당영사로부터 문서의 확인을 받거나 「외국공문서에 대한 인증의 요구를 폐지하는 협약」에서 정하는 바에 따른 아포스티유(Apostille)를 붙여야 한다. 다만, 외국 공문서 등의 발행국이 대한민국과 수교하지 아니한 국가이면서 위 협약의 가입국이 아닌 경우와 같이 부득이한 사유로 문서의 확인을 받거나 아포스티유를 붙이는 것이 곤란한 경우에는 그러하지 아니하다(규칙 제46조 제9항).

Ⅳ. 등기신청인(신청의 주체)

1. 공동신청주의

가. 의의

법 제23조 제1항에 따르면 "등기는 법률에 다른 규정이 없는 경우에는 등기권리자와 등기의무자가 공동으로 신청한다."고 규정하여 공동신청주의 원칙을 선언하고 있다. 이는 부실등기를 방지하고 등기의 진정을 확보하고자 하는 입장이다. 다만 공동신청주의는 모든 등기신청에 적용되는 것은 아니고 권리의 등기에 관한 원칙이며, 부동산표시 변경등기와 등기명의인표시 변경등기에는 단독신청이 원칙적 형태이다. 공동신청은 등기권리자와 등기의무자의 존재를 전제로 한다. 따라서 같은 건물에 대한 여러 공유자가 소유권보존등기를 신청하는 것은 공동신청이라고 할 수 없다.

나. 등기권리자와 등기의무자

「부동산등기법」에서 말하는 등기권리자와 등기의무자라 함은 등기절차상의 개념이다. 즉 **등기권리자**란 등기기록의 형식상 신청하는 등기에 의하여 권리를 취득하거나 그 밖의 이익을 받는 자이고, **등기의무자**라 함은 등기기록의 형식상 신청하는 그 등기에 의하여 권리를 상실하거나 기타 불이익을 받을 자(등기명의인이거나 그 포괄승계인)를 말한다.[888] 그리고 등기권리자와 등기의무자에는 절차법상 개념과 실체법상 개념이 있다.

---

888) 대법원 1979. 7. 24. 선고 79다345 판결.

(1) 절차법상 등기권리자·등기의무자

절차법상 등기권리자란 신청된 등기가 실행되면 등기기록의 기록 형식상 권리를 취득하거나 그 밖의 이익을 받는 자로 표시되는 자를 말한다. 반대로 등기가 실행되면 등기기록의 기록 형식상 권리를 상실하거나 그 밖의 불이익을 받는 것으로 표시되는 자를 **절차법상 등기의무자**라고 한다. **전자**는 등기신청 시를 기준으로 등기명의인일 수도 있고(말소등기) 아닐 수도 있지만(이전등기), **후자**의 경우 반드시 등기기록상 권리에 관한 등기의 명의인이어야 하고, 만약 신청서에 기재된 등기의무자의 표시가 등기기록과 부합하지 않는 경우에는 신청의 각하사유가 된다(법 제29조 제7호). 가령 甲 명의의 근저당권등기를 乙에게 이전하는 신청을 할 경우 그 등기가 실행됨으로써 甲은 등기기록상 근저당권을 상실하므로 **절차법상 등기의무자**이고 새로이 근저당권을 취득하는 乙이 **절차법상 등기권리자**이다. 또 채권최고액을 증액하는 근저당권변경등기를 신청하는 경우에는 변경등기로 인하여 이익을 얻는 자인 근저당권자가 **등기권리자**이고 불이익을 받는 근저당권설정자가 **등기의무자**가 된다.

절차법상 등기권리자 및 등기의무자에 해당하는지 여부는 반드시 등기기록상 형식적으로 판단하여야 하고, 실체법상 권리 유무를 고려하여서는 아니 된다. 가령 甲(채무자)에서 乙(수익자, 受益者)에게 소유권이전등기가 마쳐졌으나, 채권자 丙이 등기원인이 사해행위임을 이유로 위 소유권이전등기의 말소판결을 받은 경우, 丙은 **실체법상 등기권리자**이고 乙이 **실체법상 등기의무자**이지만, (乙 명의의 소유권이전등기에 대한 말소등기의) **절차법상으로는 甲이 등기권리자**, 乙이 등기의무자가 된다. 이 경우 甲은 乙에 대하여 아무런 실체법상 권리가 없지만, 乙 명의의 등기가 말소됨으로써 자신이 소유명의인이 되므로 절차법상 등기권리자가 된다. 따라서 등기신청서의 등기권리자란에는 "甲 대위신청인 丙"으로 기재하고, 등기의무자란에는 "乙"을 기재한다.

(2) 실체법상 등기권리자·등기의무자(등기청구권자와 그 상대방)

등기를 원하는 일방 당사자는 타방 당사자가 등기신청에 협력하지 않을 경우 상대방의 협력(등기신청의 의사표시)을 청구할 수 있어야 하는데, 이를 위한 권리가 등기청구권이다. 즉 등기청구권은 실체법상의 권리로서 권리자가 등기의무자에게 등기신청의 의사표시를 갈음하는 이행판결을 구할 수 있는 권리이다. 이러한 **등기청구권을 갖는 자가 실체법상 등기권리자**이고 **그 상대방이 실체법상 등기의무자**이다.

등기청구권과 구별하여야 할 개념으로 등기신청권이 있는데, 이는 다른 등기권리자 또는 등기의무자와 공동으로 권리의 등기를 신청하거나 단독으로 사실의 등기를 신청할 수 있는 공법상의 권리를 말한다.

2. 공동신청주의의 예외: 단독신청

공동신청에 의하지 않더라도 등기의 진정을 보장할 수 있는 특별한 사정이 있는 경우 또는 등기의 성질상 공동신청이 불가능한 경우에는 단독신청이 허용된다. 대체로 「민법」 제187조에 따른 법률행위에 의하지 않은 물권취득의 예로 들고 있는 판결·상속·공용징수 등의 경우를 단독신청이 가능한 경우로 생각하는 경향이 있으나, 위 조문은 단독신청의 근거 규정과는 무관하다. 단독신청을 하기 위해서는 반드시 광의의 「부동산등기법」에 근거규정이 있어야 하고 그러한 규정이 없으면 공동신청이 원칙이다(법 제23조 제1항). 단독신청이 인정되는 경우가 등기의 진정을 해할 염려가 없는 경우와 성질상 공동신청이 불가능한 경우가 있다.

가. 등기의 진정을 해할 염려가 없는 경우

(1) 판결에 의한 등기(법 제23조 제4항): 등기절차의 이행 또는 인수를 명하는 판결에 의한 등기는 승소한 등기권리자 또는 등기의무자가 단독으로 신청하고, 공유물을 분할하는 판결에 의한 등기는 등기권리자 또는 등기의무자가 단독으로 신청한다(법 제23조 제4항). 법 취지는 공동신청주의를 취하고 있는 법제도 하에서 일방 당사자가 등기신청에 협력하지 않으면 판결을 받아 등기신청을 할 수 있도록 하기 위함에 있다. 그리고 A가 그의 토지를 B에게 매도하였는데 B의 명의로 소유권이전등기를 하지 않은 경우에, B의 등기신청 지연으로 인하여 A에게 세금부담 기타의 불이익이 생길 수 있다. 그때 A가 B에게 등기를 이전해 갈 것을 요구할 등기수취청구권(등기인수청구권)이 있는지가 문제된다.[889] 이에 관하여 학설은 모두 긍정하고 있다. 그리고 판례는 법 제23조 제4항을 근거로 등기의 인수를 구할 수 있다고 한다.[890]

(2) 촉탁으로 인한 등기(법 제98조): 관공서가 권리관계의 일방 당사자가 되는 경우에는 타방 당사자인 사인과 공동으로 등기신청을 할 수도 있지만, 일정한 요건 아래 관공서가 등기를 촉탁할 수도 있다. 관공서가 허위의 등기를 촉탁할 염려가 없다고 보기 때문이다. 촉탁도 광의의 신청에 포함되므로 관공서의 단독 신청권을 인정한 것으로 볼 수 있다.

(3) 가등기(법 제89조 및 제93조): 가등기권리자는 법 제23조 제1항에도 불구하고, 가등기의무자의 승낙이 있거나 가등기를 명하는 법원의 가처분명령(假處分命令)이 있을 때에는 단독으로 가등기를 신청할 수 있다(법 제89조). 가등기는 그 자체만으로는 권리변동을 종국적으로 발생시키지 않고 순위보전의 효력만 있는 등기이기 때문에 인정되는 특칙이다. 물론 가등기권리자와 가등기의무자가 공동으

---

889) 송덕수, 민법강의(제12판), 381면.

890) 대법원은 「부동산등기법」 제29조(현행 제23조 제4항)에 따라 등기의무자가 등기권리자를 상대로 등기를 인수받아 갈 것을 구할 수 있는지 여부(적극)에 대한 판시에서, 「부동산등기법」상 등기는 등기권리자와 등기의무자가 공동으로 신청하여야 함을 원칙으로 하면서도(구법 제28조), 제29조에서 '판결에 의한 등기는 승소한 등기권리자 또는 등기의무자만으로' 신청할 수 있도록 규정하고 있는바, 위 법조에서 승소한 등기권리자 외에 등기의무자도 단독으로 등기를 신청할 수 있게 한 것은, 통상의 채권채무 관계에서는 채권자가 수령을 지체하는 경우 채무자는 공탁 등에 의한 방법으로 채무부담에서 벗어날 수 있으나 등기에 관한 채권채무 관계에 있어서는 이러한 방법을 사용할 수 없으므로, 등기의무자가 자기 명의로 있어서는 안 될 등기가 자기 명의로 있음으로 인하여 사회생활상 또는 법상 불이익을 입을 우려가 있는 경우에는 소의 방법으로 등기권리자를 상대로 등기를 인수받아 갈 것을 구하고 그 판결을 받아 등기를 강제로 실현할 수 있도록 한 것이다(대법원 2001. 2. 9. 선고 2000다60708 판결).

로 신청할 수도 있다.

가등기명의인은 단독으로 가등기의 말소를 신청할 수 있다(법 제93조 제1항). 가등기의무자 또는 가등기에 관하여 등기상 이해관계 있는 자도 가등기명의인의 승낙을 받아 단독으로 가등기의 말소를 신청할 수 있다(법 제93조 제2항). 이 규정은 가등기말소의 등기권리자도 등기의무자도 아닌 이해관계인에게 등기신청권을 인정한 점에서 특이하다.

(4) **등기명의인인 사람의 사망 또는 법인의 해산으로 권리가 소멸한다는 약정이 등기되어 있는 경우 사람의 사망 또는 법인의 해산으로 그 권리가 소멸하였을 때의 말소등기(법 제55조)**,

(5) **수용으로 인한 소유권이전등기(법 제99조 제1항)**

(6) **혼동으로 인한 말소등기**: 가등기권자가 가등기에 의하지 않고 다른 원인으로 소유권이전등기를 하였을 경우 그 부동산의 소유권이 제3자에게 이전되기 전에는 가등기권자의 단독신청으로 혼동을 등기원인으로 하여 가등기를 말소할 수 있으나, 그 부동산의 소유권이 제3자에게 이전된 후에는 통상의 가등기 말소절차에 따라 가등기를 말소한다(등기예규 제1408호, 6. 마.).

동일 부동산에 대한 소유권이전청구권 보전의 가등기상의 권리자와 근저당권자가 동일인이었다가 그 가등기에 기한 소유권이전의 본등기가 경료됨으로써 소유권과 근저당권이 동일인에게 귀속된 경우와 같이 혼동으로 근저당권이 소멸(그 근저당권이 제3자의 권리의 목적이 된 경우 제외)하는 경우에는 등기명의인이 근저당권말소등기를 단독으로 신청한다. 다만, 그 근저당권설정등기가 말소되지 아니한 채 제3자 앞으로 다시 소유권이전등기가 경료된 경우에는 현 소유자와 근저당권자가 공동으로 말소등기를 신청하여야 한다(등기예규 제1656호 제6조 제3항).

(7) **신탁재산에 속하는 부동산의 신탁등기는 수탁자(受託者)가 단독으로 신청한다(법 제23조 제7항)**. 수탁자가 「신탁법」 제3조 제5항에 따라 타인에게 신탁재산에 대하여 신탁을 설정하는 경우 해당 신탁재산에 속하는 부동산에 관한 권리이전등기에 대하여는 새로운 신탁의 수탁자를 등기권리자로 하고 원래 신탁의 수탁자를 등기의무자로 한다. 이 경우 해당 신탁재산에 속하는 **부동산의 신탁등기**는 제7항에 따라 **새로운 신탁의 수탁자가 단독으로 신청**한다(법 제23조 제8항).

나. 등기의 성질상 공동신청이 불가능한 경우

(1) 미등기부동산의 소유권보존등기(법 제23조 제2항 및 제65조): 토지·건물 등 미등기부동산의 소유권보존등기는 등기의무자가 존재하지 아니하고 이미 소유권을 취득한 자를 등기기록에 공시하는 행위에 불과하기 때문에 단독으로 등기신청을 할 수 있도록 한 것이다. 소유권보존등기의 말소신청도 그 등기명의인이 단독으로 신청한다.

(2) 상속, 법인의 합병, 그 밖에 대법원규칙으로 정하는 포괄승계에 따른 등기(법 제23조 제3항): 상속, 법인의 합병, **그 밖에 대법원규칙으로 정하는 포괄승계에 따른 등기**는 등기권리자가 단독으로 신청한다. 여기서 **"그 밖에 대법원규칙으로 정하는 포괄승계"**란 대법원규칙에서는 등기권리자가 단

독으로 신청할 수 있는 경우에 관하여 다음 각 호 1. **법인의 분할로 인하여 분할 전 법인이 소멸하는 경우**를 말하고 분할 전 법인이 존속하는 경우에는 존속하는 법인과 공동으로 신청할 수 있으므로 단독 신청이 허용되지 않는다. 2. **법령에 따라 법인이나 단체의 권리·의무를 포괄승계하는 경우**를 말하는데 특별법에 따라 설립된 법인이 법령에 의하여 소멸하고 신설되는 법인이 소멸한 법인의 권리·의무를 포괄승계하는 경우와 같이 두 가지를 규정하고 있다(규칙 제42조).

그런데 공동상속의 경우에는 상속인 전원이 등기권리자가 되어 단독으로 신청한다. 일부 공동상속인만으로 등기할 수는 없다.[891] 따라서 공동상속의 등기는 각자의 상속을 지분으로 하는 상속인 전원에 의한 공유의 등기가 된다.

(3) 부동산표시의 변경등기 또는 경정등기(법 제23조 제5항): 부동산의 분할합병, 멸실, 면적 증감 등에 따른 **부동산표시의 변경**에는 성질상 등기의무자가 존재하지 아니하고 이미 대장상 부동산의 표시에 관한 사항이 변경되었으므로 소유권의 등기명의인은 대장 등본을 첨부하여 소유권의 등기명의인이 단독으로 신청한다. **경정(更正)의 등기**도 성질상 등기의무자가 존재하지 않기 때문이다.

(4) 등기명의인표시의 변경등기 또는 경정등기(법 제23조 제6항): 이 경우도 성질상 등기의무자가 존재하지 않기 때문이다.

(5) 등기의무자의 소재불명으로 인한 말소등기(법 제56조): 등기권리자가 등기의무자의 소재불명으로 인하여 공동으로 등기의 말소를 신청할 수 없을 때에는 「민사소송법」에 따라 공시최고(公示催告)를 신청할 수 있고 이 경우에 제권판결(除權判決)이 있으면 등기권리자가 그 사실을 증명하여 단독으로 등기의 말소를 신청할 수 있다.

3. 대리인에 의한 등기신청

방문에 의한 등기신청은 본인은 물론이며 대리인에 의하여서도 할 수 있다(법 제24조 제1항 제1호 본문). 대리인은 행위능력자가 아니어도 무방하고, 대리권은 등기신청행위의 종료 시까지 즉 **등기관**이 그 신청을 접수하는 때 있으면 충분하다. 대리인에 의하여 등기를 신청하는 경우에 그 성명과 주소를 신청정보로 제공하여야 하고(규칙 제43조 제1항 제4호), 그 권한을 증명하는 정보를 첨부정보로 제공하여야 한다(규칙 제46조 제1항 제5호).

대리인이 변호사 또는 법무사 등 이른바 "자격자대리인"인 때에는 예외적으로 대법원규칙으로 정하는 바에 따라 사무원이 등기소에 출석하여 등기신청서를 제출할 수 있다(법 제24조 제1항 제1호 단서). 이러한 사무원을 '제출사무원'이라 부른다. 한편 법 제24조 제1항 제2호에 의한 전자신청의 경우에는 자격자대리인만이 대리할 수 있다(규칙 제67조 제1항).[892]

---

891) 대법원 1995. 2. 22. 자 94마2116 결정.
892) 방문신청과 전자신청에 관해서는, "제4장 등기절차/제1절 등기신청절차/Ⅲ. 등기신청의 방법" 참조.

4. 법인의 대표자에 의한 등기신청

법인의 대표에 관하여는 대리에 관한 규정이 준용되므로(민법 제59조 제2항), 법인의 대표자의 행위의 효과는 법인에 귀속되며, 법인은 대표자를 통하여 등기신청행위를 한다. 대표자는 법인의 기관일 뿐 법인 자체는 아니며, 대표관계는 별도로 법인등기기록에 의하여 공시되므로 등기할 사항은 아니다. 반면 법인격 없는 사단·재단의 대표자의 인적 사항은 등기사항이다.

5. 법인 아닌 사단 등의 등기신청

종중(宗中), 문중(門中), 그 밖에 대표자나 관리인이 있는 법인 아닌 사단(社團)이나 재단(財團)에 속하는 부동산의 등기에 관하여는 그 사단이나 재단을 등기권리자 또는 등기의무자로 한다(법 제26조 제1항). **등기는 그 사단이나 재단의 명의로 그 대표자나 관리인이 신청**한다(법 제26조 제2항).893)

등기신청적격이 있는 법인 아닌 사단이나 재단인지 여부는 명칭에 구애받지 않고 사단이나 재단의 실체를 갖추었는지에 따라 판단한다. 가령 'ㅇㅇ계(수리계, 어촌계 등)' 명의의 등기신청은 규약 등에 의하여 법인 아닌 사단의 실체를 갖추었음이 인정되는 경우 수리하여야 한다.894) 반면 각 계원의 개성이 개별적으로 뚜렷하게 계의 운영에 반영되어 있고 계원의 지위가 상속되는 등 단체의 성격을 갖는다고 볼 수 없는 경우에는 각하하여야 한다. 실무상 등기신청적격이 인정된 예로는 서원, 사찰, 종중, 아파트입주자대표회의 등이 있다. 사단법인의 하부조직의 하나라 하더라도 단체의 실체를 갖추고 독자적인 활동을 하고 있다면 별개의 독립된 비법인사단으로 볼 수 있다.895)

법인 아닌 사단이나 재단이 등기신청을 하는 경우 첨부정보는 다음 1. 정관이나 그 밖의 규약, 2. 대표자나 관리인임을 증명하는 정보. 다만, 등기되어 있는 대표자나 관리인이 신청하는 경우에는 그러하지 아니하다. 3. 「민법」 제276조 제1항의 결의가 있음을 증명하는 정보(법인 아닌 사단이 등기의무자인 경우로 한정한다), 4. 대표자나 관리인의 주소 및 주민등록번호를 증명하는 정보와 같다(규칙 제48조).

6. 포괄승계인에 의한 등기신청

등기원인이 발생한 후에 등기권리자 또는 등기의무자에 대하여 상속이나 그 밖의 포괄승계가 있는 경우에는 상속인이나 그 밖의 포괄승계인이 그 등기를 신청할 수 있다(법 제27조). 이는 상속인에 의한

---

893) 전통사찰의 소유에 속하는 부동산에 관하여는 「전통사찰의 보존 및 지원에 관한 법률」 제2조 제2호의 주지가 그 사찰을 대표하여 등기를 신청한다(등기예규 제1484호).

894) 비법인사단은 어떤 단체가 고유의 목적을 가지고 사단적 성격을 가지는 규약을 만들어 이에 근거하여 의사결정기관 및 집행기관인 대표자를 두는 등의 조직을 갖추고 있고, 기관의 의결이나 업무집행방법이 다수결의 원칙에 의하여 행하여지며, 구성원의 가입, 탈퇴 등으로 인한 변경에 관계없이 단체 그 자체가 존속되고, 그 조직에 의하여 대표의 방법, 총회나 이사회 등의 운영, 자본의 구성, 재산의 관리 기타 단체로서의 주요사항이 확정되어 있는 경우에는 비법인사단으로서의 실체를 가진다고 할 것이다(대법원 1999. 4. 23. 선고 99다4504 판결).

895) 대법원 2009. 1. 30. 선고 2006다60908 판결.

등기신청이며 물권행위 후 등기 전에 당사자가 사망한 경우를 들 수 있다. 가령 甲이 乙에게 부동산을 매도하였으나 소유권이전등기를 하기 전에 <u>甲이 사망한 경우, 甲의 상속인 A가</u> 등기의무자로서 등기 신청을 하게 되고, <u>乙이 사망한 때에는 乙의 상속인 B가</u> 등기권리자로서 등기를 신청하게 된다. 이것이 "**상속인에 의한 등기**"이다. 이는 <u>상속으로 등기신청권을 승계</u>한 것으로 이해한다. 그 결과 피상속인으로부터 직접 양수인에게 이전등기 할 수 있고 <u>중간생략등기로서 유효</u>하다.

그리고 「민법」 제187조 단서에 따른 "<u>상속에 의한 등기(상속을 원인으로 하는 피상속인으로부터 상속인으로의 이전등기)</u>"와는 다르므로 구별하여야 한다. <u>상속인이 상속재산을 처분한 경우, 즉 피상속인이 사망하였으나 아직 상속등기가 이루어지지 않은 상태에서 피상속인 명의로 되어 있는 부동산을 상속인이 매도한 경우에는 <u>먼저 상속등기를 한 후 매수인 앞으로 이전등기</u>를 하여야 한다.

포괄승계인에 의한 등기신청 시에는 포괄승계를 증명할 수 있는 가족관계등록증명정보 또는 법인등기사항증명정보를 제공하여야 한다(규칙 제49조).

7. 대위등기신청

가. 의의

등기는 등기권리자, 등기의무자 또는 등기명의인 등이 직접 신청하거나 대리인이 위 사람들을 대리하여 신청하는 것이 <u>원칙</u>이다. <u>다만 예외적으로 위 사람들을 대위하여 제3자가 자기의 이름으로 피대위자에 관한 등기를 신청할 수 있도록 법률이 인정하는 경우가 있는데</u>, 이러한 경우를 대위등기신청이라 한다.

그리고 <u>채권자는 자기 채권의 보전을 위하여 **채무자가 가지는 등기신청권**을 자기의 이름으로 행사하여 **채무자 명의의 등기를 신청**할 수 있다. 대위등기신청은 법 제28조에 따른 「민법」상 **채권자대위권**에 의한 경우와 **그 밖의 법률**에 의해 인정되는 경우가 있는데, 전자는 대위등기신청의 **일반적**인 것으로서 **후자**와는 성질이나 입법취지 등에서 차이가 있다.

나. 채권자대위권에 의한 등기신청

(1) 의의

<u>채권자대위(代位)권이란 채권자가 자기의 채권을 보전하기 위하여 채무자에게 속하는 권리를 자기 명의로 행사할 수 있는 권리를 말한다(민법 제404조). 등기신청권이라는 공법상 권리도 채권자대위의 객체가 될 수 있으므로, <u>채권자는 자기채권(금전채권 또는 등기청구권과 같은 특정채권)의 실현을 위하여 채무자가 가지는 등기신청권을 자기의 이름으로 행사하여 채무자 명의의 등기를 신청할 수 있다</u>고 규정하고 있다(법 제28조 제1항). 가령 甲이 乙에게 금전채권을 가지고 있고, 乙은 丙에 대하여 소유권이전등기청구권을 가지고 있는 경우, 甲은 금전채권의 보전을 위하여 乙의 소유권이전등기청구권

을 대위행사하여 丙과 공동으로 乙 명의로의 소유권이전등기를 신청할 수 있다.[896] 여기에서 <u>대위채권</u><u>자는 자기 채권의 보전을 위하여 채무자의 등기신청권을 대리하는 것이 아니라 채무자가 가지는 등기</u><u>신청권을 자기의 이름으로 행사하여 채무자 명의의 등기를 신청할 수 있는데, 이것이 등기의 대위신청</u><u>이다.</u> 대위신청권의 대위도 허용된다.

등기관이 법 제28조 제1항 또는 다른 법령에 따른 대위신청에 의하여 등기를 할 때에는 대위자의 성명 또는 명칭, 주소 또는 사무소 소재지 및 대위원인을 기록하여야 한다(법 제28조 제2항).

(2) 대위신청의 요건

(가) 채무자에게 등기신청권이 있을 것: 대위등기신청은 채권자가 채무자의 등기신청권을 대위 행사하는 것이므로 <u>그 전제로서 채무자에게 등기신청권이 있어야 한다.</u>

(나) 채무자에게 유리한 등기일 것: 채권자대위제도는 채무자의 책임재산 보전이 목적이므로 대위로 신청할 수 있는 등기는 <u>원칙적으로 채무자에게 이익이 되는 것에 한하며</u>, 채무자에게 불이익이 되는 것은 대위신청을 하지 못한다.

(다) 대위의 기초가 되는 채권(피보전채권)이 있을 것: 대위신청을 하기 위해서는 채권자대위의 일반 원칙에 따라 <u>대위자가 피대위자에 대하여 채권을</u> 가져야 한다.

다. 「부동산등기법」이 절차상 필요에 의하여 인정하는 대위등기신청

법 제28조에 따른 일반적인 채권자대위권에 의한 등기신청과는 별도의 대위신청에 관한 규정을 두고 있는데, 이러한 규정들은 주로 <u>부동산표시변경·경정, 등기명의인표시변경·경정</u> 또는 <u>상속에 의한 권리이전등기</u>에 관한 것이다.

(1) 구분건물에 관한 등기의 대위신청

구분건물에 관한 등기에서는, 각 구분건물과 그 건물이 속하는 1동의 건물 전체와의 관계 및 구분건물 상호 간의 관계를 명확하게 공시할 필요가 있다. 이에 따라 1동의 건물에 속하는 구분건물 전부에 대하여 1개의 등기기록을 사용하고(법 제15조 제1항 단서) 또한 각 구분건물의 등기기록은 일괄하여 한 번에 개설되어야 하므로, <u>일정한 경우에는 구분소유자가 다른 구분소유자를 대위하여 표시에 관한 등기를 신청할 수 있도록</u> 하였다.

(가) 소유권보존등기를 하는 경우: <u>1동의 건물에 속하는</u> **구분건물 중 일부만의 소유권보존등기를 신청하는 경우**에는 나머지 구분건물의 **표시에 관한 등기를 동시에 신청하여야** 한다(법 제46조 제1항).

---

896) 무자력한 채무자가 그의 유일한 재산인 부동산을 매매를 가장하여 제3자(피고)에게 이전등기하였으므로 그 말소를 구한다는 취지의 채권자의 주장은 채권자가 채무자를 대위하여 그 말소등기청구권을 행사(채권자 대위권의 행사)하는 것으로 보아야 한다(대법원 1989. 2. 28. 선고 87다카1489 판결).

구분건물의 소유자는 1동에 속하는 다른 구분건물의 소유자를 **대위**하여 그 건물의 **표시에 관한 등기**를 신청할 수 있다(법 제46조 제2항). **등기관**이 대위신청에 의하여 등기를 할 때에는 대위자의 성명 또는 명칭, 주소 또는 사무소 소재지 및 대위원인을 기록하여야 한다(법 제28조 제2항).

(나) 건물의 신축으로 **구분건물이 아닌 건물이 구분건물로 된 경우**: 구분건물이 아닌 건물로 등기된 건물에 접속하여 구분건물을 신축한 경우에 그 신축건물의 소유권보존등기를 신청할 때에는 구분건물이 아닌 건물을 구분건물로 변경하는 건물의 표시변경등기를 동시에 신청하여야 한다. 이 경우 법 제46조 제2항을 준용한다(법 제46조 제3항 및 제2항).

(다) 대지권의 변경 또는 소멸이 있는 경우: 구분건물로서 그 대지권의 **변경이나 소멸**이 있는 경우에는 구분건물의 소유권의 등기명의인은 1동의 건물에 속하는 다른 구분건물의 소유권의 등기명의인을 **대위**하여 그 등기를 신청할 수 있다(법 제41조 제3항). 대지권설정규약에 의하여 대지권이 아닌 것이 대지권으로 되거나, 분리처분 가능 규약의 설정 또는 규약상 대지로 정한 규약의 폐지에 의하여 대지권이 대지권이 아닌 것으로 된 경우에 대지권의 표시에 관한 건물의 표시변경등기는 당해 구분소유자 전원이 신청하거나 일부가 다른 구분소유자를 대위하여 일괄 신청하여야 한다(등기예규 제1470호 3. 가.).

(2) 건물의 멸실 또는 부존재의 경우 대위신청(법 제43조 제2항, 제44조 제2항)

(가) **건물이 멸실**된 경우에는 그 건물 소유권의 등기명의인은 그 사실이 있는 때부터 1개월 이내에 그 등기를 신청하여야 하는데(법 제43조 제1항), 그 소유권의 등기명의인이 1개월 이내에 멸실등기를 신청하지 아니하면 그 건물대지의 소유자가 건물 소유권의 등기명의인을 대위하여 그 등기를 신청할 수 있다(법 제43조 제2항). 구분건물로서 그 건물이 속하는 1동 전부가 멸실된 경우에는 그 구분건물의 소유권의 등기명의인은 1동의 건물에 속하는 다른 구분건물의 소유권의 등기명의인을 대위하여 1동 전부에 대한 멸실등기를 신청할 수 있다(법 제43조 제3항).

(나) **존재하지 아니하는 건물**에 대한 등기가 있을 때에는 그 소유권의 등기명의인은 지체 없이 그 건물의 멸실등기를 신청하여야 한다(법 제44조 제1항).

그 건물 소유권의 등기명의인이 등기를 신청하지 아니하는 경우에는 법 제43조 제2항을 준용한다(법 제44조 제2항).

존재하지 아니하는 건물이 구분건물인 경우에는 법 제43조 제3항을 준용한다(법 제44조 제3항).

(3) 신탁등기의 대위신청(법 제82조 제2항)

「신탁법」 제2조에서 **"신탁"**이란 신탁을 설정하는 자(이하 "위탁자"라 한다)와 신탁을 인수하는 자(이하 "수탁자"라 한다) 간의 신임관계에 기하여 위탁자가 수탁자에게 특정의 재산(영업이나 저작재산권의 일부를 포함한다)을 이전하거나 담보권의 설정 또는 그 밖의 처분을 하고 수탁자로 하여금 일정한 자(이하 "수익자"라 한다)의 이익 또는 특정의 목적을 위하여 그 재산의 관리, 처분, 운용, 개발, 그 밖에 신탁 목적의 달성을 위하여 필요한 행위를 하게 하는 법률관계를 말한다. 「신탁법」 제27조에 따르면 신탁재산의 관리, 처분, 운용, 개발, 멸실, 훼손, 그 밖의 사유로 수탁자가 얻은 재산은 **신탁재산**에 속한다.

가령 수탁자가 신탁을 받은 금전으로 제3자로부터 부동산을 매수 취득한 경우 그 부동산은 신탁재산이 된다. 이 때 수탁자는 소유권이전등기와 동시에 동일한 신청서에 의하여 신탁의 등기를 신청하여야 하지만(법 제82조 제1항, 규칙 제139조 제1항), 만약 소유권이전등기만을 먼저 신청한 경우라면 나중에 단독으로 신탁의 등기를 신청할 수 있다(법 제23조 제7항). 이 경우 수탁자가 신탁등기의 신청을 게을리 할 수도 있으므로, 수익자 또는 위탁자가 수탁자를 **대위**하여 신탁등기를 신청할 수 있도록 규정하고 있다(법 제82조 제2항).

라. 대위등기의 신청절차(규칙 제50조)

법 제28조(채권자대위권에 의한 등기신청)에 따라 등기를 신청하는 경우에는 다음 각 호 1. 피대위자의 성명(또는 명칭), 주소(또는 사무소 소재지) 및 주민등록번호(또는 부동산등기용등록번호), 2. 신청인이 대위자라는 뜻, 3. 대위자의 성명(또는 명칭)과 주소(또는 사무소 소재지), 4. 대위원인을 **신청정보**의 내용으로 등기소에 제공하고, 대위원인을 증명하는 정보를 **첨부정보**로서 등기소에 제공하여야 한다.

여기서 대위원인이라 함은 등기신청인의 대위권이 발생하게 된 원인을 말한다. 매매계약서, 차용증서 등 사문서이거나, 압류조서 등 공문서이거나, 가압류·가처분결정 등의 재판서이거나 불문한다. 법에서 특별히 인정하는 대위등기인 대지권의 변경등기, 구분건물의 표시등기 또는 표시변경등기를 신청하는 경우에는 대위신청자와 피대위자의 각 구분건물이 같은 1동의 건물에 속함을 증명하는 건축물대장정보나 등기사항증명정보를 제공하면 된다.

8. 판결 등 집행권원에 의한 등기신청

법 제23조 제1항에 따르면 등기는 공동신청주의를 원칙으로 하며, 만약 등기의무자가 등기신청에 협력하지 않는다면 등기권리자는 해당 등기에 따른 효력(물권의 변동, 대항력 등)을 생기게 할 수 없고 나아가서 등기제도의 원활한 운영을 꾀할 수 없게 된다. 여기서 등기를 원하는 일방 당사자가 타방 당사자에 대하여 등기신청에 협력할 것을 요구할 수 있는 실체법상의 권리, 즉 등기청구권이 인정된다. 등기청구권에 기하여 등기권리자가 등기의무자를 상대로 한 소송에서 일정한 내용의 등기절차를 이행할 것을 명하는 판결이 확정되면 그것으로써 등기의무자가 등기신청을 한 것으로 간주되므로 승소한 등기권리자는 그 **확정판결**에 의하여 단독으로 등기신청을 할 수 있다.

그런데 판결이 확정되었다고 해서 등기의무자의 등기신청의사가 등기소에 도달된 것은 아니므로 등기권리자가 판결을 첨부하여 그 판결에서 명한 특정한 등기신청의 의사를 등기소에 도달시키는 행위가 필요하며, 그러한 절차를 규정한 것이 법 제23조 제4항이라고 할 수 있다.

즉 **등기절차의 이행 또는 인수를 명하는 판결에 의한 등기는 승소한 등기권리자 또는 등기의무자가 단독으로 신청하고, 공유물을 분할하는 판결에 의한 등기는 등기권리자 또는 등기의무자가 단독으로 신청한다**(법 제23조 제4항).[897]

---

897) 이하에서는 **등기예규 제1607호 「판결 등 집행권원에 의한 등기의 신청에 관한 업무처리지침」**의 내용을 소개하면 다음과 같다.

가. 법 제23조 제4항에 따른 판결의 요건

(1) 이행판결

　(가) 법 제23조 제4항의 판결은 등기신청절차의 이행을 명하는 이행판결이어야 하는데, 이와 관련하여 이행판결만을 의미한다는 견해와 확인 또는 형성판결도 포함된다는 견해가 있으나, 여기서의 판결은 「민사집행법」 제263조의 의사의 진술, 그 중에서도 등기신청의사의 진술을 명한 <u>이행판결만을 의미</u>하고, 확인판결이나 형성판결은 이에 포함되지 않는다.

　　주문의 형태는 "○○○등기절차를 이행하라."와 같이 등기신청 의사를 진술하는 것이어야 한다. 다만 공유물분할 판결의 경우에는 예외로 한다.

　(나) 위 판결에는 등기권리자와 등기의무자가 나타나야 하며, 신청의 대상인 등기의 내용, 즉 등기의 종류, 등기원인과 그 연월일 등 신청서에 기재하여야 할 사항이 명시되어 있어야 한다.

　(다) 등기신청 할 수 없는 판결의 예시

　　① 등기신청절차의 이행을 명하는 판결이 아닌 경우: ㉮ "○○재건축조합의 조합원 지위를 양도하라"와 같은 판결, ㉯ "소유권지분 10분의 3을 양도한다."라고 한 화해조서, ㉰ "소유권이전등기절차에 필요한 서류를 교부한다"라고 한 화해조서

　　② 이행판결이 아닌 경우: ㉮ 매매계약이 무효라는 확인판결에 의한 소유권이전등기의 말소등기신청, ㉯ 소유권확인판결에 의한 소유권이전등기의 신청, ㉰ 통행권 확인판결에 의한 지역권설정등기의 신청, ㉱ 재심의 소에 의하여 재심대상 판결이 취소된 경우 그 재심판결로 취소된 판결에 의하여 경료된 소유권이전등기의 말소등기 신청, ㉲ 피고의 주소를 허위로 기재하여 소송서류 및 판결정본을 그 곳으로 송달하게 한 사위판결에 의하여 소유권이전등기가 경료된 후 상소심절차에서 그 사위판결이 취소·기각된 경우 그 취소·기각판결에 의한 소유권이전등기의 말소등기 신청

　　③ 신청서에 기재하여야 할 필수적 기재사항이 판결주문에 명시되지 아니한 경우: ㉮ 근저당권설정등기를 명하는 판결주문에 필수적 기재사항인 채권최고액이나 채무자가 명시되지 아니한 경우, ㉯ 전세권설정등기를 명하는 판결주문에 필수적 기재사항인 전세금이나 전세권의 목적인 범위가 명시되지 아니한 경우

(2) 확정판결: 법 제23조 제4항의 판결은 <u>확정판결</u>이어야 한다. 따라서 확정되지 아니한 가집행선고가 붙은 판결에 의하여 등기를 신청한 경우 **등기관**은 그 신청을 각하하여야 한다.

(3) 법 제23조 제4항의 판결에 준하는 집행권원

　(가) 화해조서·인낙조서, 화해권고결정, 민사조정조서·조정에 갈음하는 결정, 가사조정조서·조정에 갈음하는 결정 등도 그 내용에 등기의무자의 등기신청에 관한 의사표시의 기재가 있는 경우에는 등기권리자가 단독으로 등기를 신청할 수 있다.

　(나) 중재판정에 의한 등기신청은 집행결정을, 외국판결에 의한 등기신청은 집행판결을 각 첨부하여야만 단독으로 등기를 신청할 수 있다.

　(다) 공증인 작성의 공정증서는 설령 부동산에 관한 등기신청의무를 이행하기로 하는 조항이 기재되어 있더라도 등기권리자는 이 공정증서에 의하여 단독으로 등기를 신청할 수 없다.

　(라) 가처분결정(판결)에 등기절차의 이행을 명하는 조항이 기재되어 있어도 등기권리자는 이 가처분결정 등에 의하여 단독으로 등기를 신청할 수 없다. 다만, 가등기권자는 법 제89조의 가등기가처분명령을 등기원인증서로 하여 단독으로 가등기를 신청할 수 있다.

(4) 판결의 확정시기: 등기절차의 이행을 명하는 확정판결을 받았다면 그 확정시기에 관계없이, 즉 확정 후 10년이 경과하였다 하더라도 그 판결에 의한 등기신청을 할 수 있다.

나. 신청인

(1) 승소한 등기권리자 또는 승소한 등기의무자: (가) 승소한 등기권리자 또는 승소한 등기의무자는 단독으로 판결에 의한 등기신청을 할 수 있다. (나) 패소한 등기의무자는 그 판결에 기하여 직접 등기권리자 명의의 등기신청을 하거나 승소한 등기권리자를 대위하여 등기신청을 할 수 없다. (다) 승소한 등기권리자에는 적극적 당사자인 원고뿐만 아니라 피고나 당사자참가인도 포함된다.

(2) 승소한 등기권리자의 상속인: 승소한 등기권리자가 승소판결의 변론종결 후 사망하였다면, 상속인이 상속을 증명하는

I. 의의

등기절차는 당사자의 등기신청을 접수하면서부터 시작되며, **등기관**은 등기신청이 접수되면 이를 조사하여 법 제29조 각 호의 각하사유가 없는 한 신청에 따른 등기를 실행해야 한다. 즉 등기신청이 적법하다고 인정된 경우에는 **등기관**이 등기를 실행한다. 만약 신청에 흠이 있다면 그 흠이 보정 가능한 경우에는 <u>보정</u>을 명하고, 보정이 불가능한 흠이 있거나 당사자가 보정명령에 응하지 않는 경우에는 그 <u>신청</u>을 각하하게 된다. 위와 같은 일련의 절차, 즉 등기신청을 접수하여 그 신청의 적법 여부를 심사한 후에 신청을 수리하여 등기기록에 기록하고 등기필정보를 통지하는 등의 행위를 하거나, 그 신청을 각하하는 처분을 함으로써 등기절차가 종료될 때까지의 모든 절차를 **광의의 등기절차**라고 한다.

II. 등기신청의 접수와 배당

1. 접수의 의의 및 접수 시기

<u>신청서의 접수란 당사자 등이 제출한 신청서의 일정한 등기신청정보를 전산정보처리조직에 입력하는 것</u>을 말한다. 등기절차는 등기신청의 접수로부터 시작한다. 등기신청이 접수되면 **등기관**에게 배당하여 기입·조사·교합 등의 후속업무를 할 수 있게 한다.

종래 등기신청서의 접수시기에 관하여 명문의 규정은 없었으나, 신청인이 등기신청서를 접수담당자에게 제출한 때, 즉 **등기관** 또는 그 업무보조자인 접수담당자가 등기신청서를 받았을 때에 신청서가

서면을 첨부하여 직접 자기 명의로 등기를 신청할 수 있다.

(3) 공유물분할판결에 의한 경우: 공유물분할판결이 확정되면 그 소송 당사자는 원·피고인지 여부에 관계없이 그 확정판결을 첨부하여 등기권리자 단독으로 공유물분할을 원인으로 한 지분이전등기를 신청할 수 있다.

(4) 채권자대위소송에 의한 경우: (가) 채권자가 제3채무자를 상대로 채무자를 대위하여 등기절차의 이행을 명하는 판결을 얻은 경우 채권자는 법 제28조에 의하여 채무자의 대위 신청인으로서 그 판결에 의하여 단독으로 등기를 신청할 수 있다. (나) 채권자 대위소송에서 채무자가 채권자대위소송이 제기된 사실을 알았을 경우에는 채무자 또는 제3채권자도 채권자가 얻은 승소판결에 의하여 단독으로 등기를 신청할 수 있다.

(5) 채권자취소소송의 경우: 수익자(갑)를 상대로 사해행위취소판결을 받은 채권자(을)는 채무자(병)를 대위하여 단독으로 등기를 신청할 수 있다. 이 경우 등기신청서의 등기권리자란에는 "병 대위신청인 을"과 같이 기재하고, 등기의무자란에는 "갑"을 기재한다.

다. 등기관의 심사범위

(1) 원칙: 판결에 의한 등기를 하는 경우 **등기관**은 원칙적으로 판결 주문에 나타난 등기권리자와 등기의무자 및 이행의 대상인 등기의 내용이 등기신청서와 부합하는지를 심사하는 것으로 족하다.

(2) 예외: 다만 다음 각 호 (가) 소유권이전등기가 가등기에 기한 본등기인지를 가리기 위하여 판결이유를 보는 경우, (나) 명의신탁해지를 원인으로 소유권이전등기절차를 명한 판결의 경우 그 명의신탁이 「부동산 실권리자명의 등기에 관한 법률」에서 예외적으로 유효하다고 보는 상호명의신탁, 배우자 또는 종중에 의한 명의신탁인지 여부를 가리기 위한 경우 등에는 예외적으로 **등기관**이 판결 이유를 고려하여 신청에 대한 심사를 하여야 한다.

접수된 것으로 보는 것이 일반적인 등기실무였다.[898] 그런데 전자신청의 경우에는 신청서라는 서면을 등기소에 제출하는 절차가 생략되고, 신청정보가 등기소에 전자적으로 송신됨과 동시에 전산정보처리조직에 저장되면서 접수번호가 부여되고 원칙적으로 기입절차까지 완료되어 버린다. 따라서 동일한 부동산에 관하여 서면신청과 전자신청이 있을 경우 양자의 접수시점의 선후를 가릴 기준이 모호해지는 문제가 생긴다. 종전과 같이 신청서를 받은 때를 신청의 접수시점으로 볼 경우 어떤 부동산에 관하여 신청서를 제출하여 접수번호가 부여되었지만 접수정보가 입력되기 전에 동일 부동산에 관하여 전자신청이 있게 되면 전자신청이 늦게 접수되었는데도 불구하고 먼저 기입되는 모순이 발생한다.

이에 따라 "등기신청은 대법원규칙으로 정하는 등기신청정보[해당 부동산이 다른 부동산과 구별될 수 있게 하는 정보(규칙 제3조 제1항)]가 전산정보처리조직에 저장된 때 접수된 것으로 본다."고 규정(법 제6조 제1항)함으로써 일정한 신청정보의 입력 시기를 기준으로 접수의 선후를 정할 수 있도록 하였다.[899] 그러므로 등기신청인이 신청서를 접수담당자에게 제출하였다 하더라도 위와 같이 해당 부동산이 다른 부동산과 구별될 수 있게 하는 정보가 전산정보처리조직에 저장되기 전에는 그 신청이 접수된 것이 아니다.

구법 하에서는 접수의 효과로서 해당 등기신청에 대한 처리가 종결되기 전까지는 등기부 등·초본의 발급이 중단되었다(등기예규 제1330호 제8조 제2항). 그러나 개정법 하에서는 그 부동산에 등기신청이 접수되어 처리 중에 있다는 뜻을 등기사항증명서에 표시하여 발급(규칙 제30조 제4항 단서, 등기예규 제1645호 2. 다.)하므로 발급의 중단은 접수의 효과라고 할 수 없다.

2. 등기사건의 배당(등기예규 제1563호)

등기사건의 배당이란 등기신청을 접수 완료함과 동시에 등기업무시스템에 의하여 조사계로 배당하는 것을 말한다.

접수된 등기사건은 **등기관** 별 업무 부담에 차이가 없도록 균등하게 배당하여야 한다. 다만, 법인등기 등 다른 등기사무나 사법행정사무의 분담 여부, 전담 **등기관**의 지정 여부 등을 감안하여 **등기관**별 배당비율을 달리 정할 수 있다.

배당은 전산시스템에 의하여 무작위로 하여야 한다. 그러나 다음 각 호 1. 다른 등기사건이 먼저 접수되어 처리가 완료되지 아니한 부동산에 대하여 등기사건이 접수된 경우, 2. 토지와 그 지상의 건물 또는 동일한 부동산에 대하여 여러 건의 등기사건이 접수된 경우, 3. 동일한 피상속인의 사망으로 인하여 개시된 상속 등 같은 등기원인에 기초한 여러 건의 등기사건이 접수된 경우, 4. 등기신청인 또는 그 대리인이 연건으로 표시한 여러 건의 등기사건이 접수된 경우, 5. 그 밖에 등기사무의 효율적인 처리를 위하여 여러 건의 등기사건을 같은 **등기관**이 처리하는 것이 필요한 경우의 어느 하나에 해당하는 경우에는 해당 등기사건을 같은 **등기관**에게 배당할 수 있다.

---

898) 대법원 1989. 5. 29. 자 87마820 결정.
899) 같은 토지 위에 있는 여러 개의 구분건물에 대한 등기를 동시에 신청하는 경우에는 그 건물의 소재 및 지번에 관한 정보가 전산정보처리조직에 저장된 때 등기신청이 접수된 것으로 본다(규칙 제3조 제2항).

Ⅲ. 신청사항의 기입(등기예규 제1515호)

1. 기입의 의의

기입이란 신청된 등기사항을 등기기록에 입력하는 것을 말한다. 종전의 수작업 등기업무에서는 **등기관**이 신청서에 대한 조사를 마친 후에 등기를 실행할 신청에 대하여만 기입을 하는 것이 보통이었다. 그러나 전산정보처리조직(부동산등기업무시스템)에 의하여 등기업무를 처리하는 현행 제도에서는 일반 서면신청의 경우에도 접수시점에 이미 신청정보의 많은 부분에 대하여 기입이 이루어지고, e-Form신청이나 전자신청의 경우에는 원칙적으로 접수와 동시에 기입도 완료된다고 볼 수 있다.

2. 기입사무의 처리

기입공무원은 접수된 신청사건의 등기유형별로 필요한 기재사항을 입력한다. 기입공무원은 접수공무원이 등기전산시스템에 입력한 접수정보 중 빠졌거나 잘못된 사항을 발견한 경우에는 이를 수정하여야 한다. 기입공무원은 기입사무처리 시 부전지와[900] 원시오류코드 부여 여부 등을 발견하는 즉시 **등기관**에게 보고하고, 지시를 받아 기입사무를 처리하여야 한다. 기입공무원은 기입사항 확인표나 등기부화면으로 기입을 정확히 하였는지 확인한 후 기입작업을 완료하여야 하고, **등기관**으로부터 기입수정 지시를 받은 경우 수정기입한 부분 이외에 동일 사건 중 수정하지 않은 부분도 확인하여야 한다(등기예규 제1515호).

Ⅳ. 신청서의 조사 및 교합

1. 개설

등기의 목적은 부동산에 관한 물권 변동을 공시하는 것이므로 등기는 실체적 권리관계와 부합하여야 한다. 이를 위하여 「부동산등기법」은 **등기관**에게 등기신청에 대한 심사권을 부여하고 있다(법 제29조). **등기관**이 신청서를 받은 때에는 지체 없이 신청에 관한 모든 사항을 조사하여야 하고, 조사결과 신청에 따른 등기를 할 것인지, 보정을 명할 것인지 또는 신청을 각하할 것인지를 결정해야 한다. 등기사무 처리에 있어서 이와 같은 결정 과정을 등기신청의 심사 또는 신청서의 조사라고 한다.

---

900) 부전지는 등기기록의 특이사항 등을 등기기록에 전산입력한 것을 말하며, 그 내용에 따라 등기사항증명서 발급 시 공시하는 부전지와 공시하지 않는 메모가 있다. "공시하는 부전지"는 그 사유를 등기사항증명서 발급 시 좌측 상단의 부동산표시 아래에 공시한다. 환지등기 절차에서 다른 등기 정지에 관련된 부전지(도시개발법 제40조에 의한 환지처분의 공고, 농어촌정비법 제26조에 의한 환지계획의 인가 고시, 같은 법 제43조에 의한 교환·분할·합병계획의 인가 고시)가 대표적인 예이다.

2. 등기관의 심사권한

등기관의 심사권이란 등기부에 허위의 등기가 행하여지는 것을 막고 실체관계와 부합하는 등기가 이루어지도록 **등기관**이 신청의 적법 여부를 심사할 수 있는 권한을 말한다. **등기관**의 심사권한 범위에 관한 입법주의에는 형식적 심사주의와 실질적 심사주의가 있으며, 법은 형식적 심사주의를 채택하고 있다고 전술하였다.

가. 형식적 서면심사

등기관은 등기신청에 대하여 실체법상의 권리관계와 일치하는지 여부를 심사할 실질적인 심사권한은 없고 오직 신청서 및 그 첨부서류와 등기기록에 의하여 등기요건에 합당하는지 여부를 심사할 형식적 심사권한 밖에는 없다. 등기신청을 위하여 출석을 한 자나 그 밖의 제3자에 대한 심문을 하여서도 아니 된다. 다만, 위조문서에 의한 허위등기를 방지하기 위하여 등기예규 제1377호 제4조 제2항에 따르면 "등기신청서의 조사 시 첨부서면이 위조 문서로 의심이 가는 경우에는 신청인 또는 대리인에 알려 그 진위 여부를 확인하여 처리하고"라고 규정하여 일정한 경우에는 사실조사를 행하도록 하고 있다.

제출된 서면은 그 작성방법과 외형에 의하여 그 존부와 진부를 판단하면 족하고 등기원인의 존부에 대하여서까지 조사할 것은 아니다. 다만 이와 같은 형식적인 서면심사에 의한다고 하더라도 그 등기신청이 실체법상 허용되는 것인지 여부는 판단하여야 한다(법 제29조 제2호).

나. 조사의 순서

등기관은 접수번호의 순서에 따라 등기사무를 처리하여야 한다(법 제11조 제3항). **등기관**이 법 제29조에 의하여 심사를 하는 경우 심사의 기준시점은 신청서 제출시가 아니라 등기부에 기록(등기의 실행)하려는 때이다.[901)]

3. 교합

신청에 각하사유가 없고 기입내용에 오류가 없을 경우 **등기관**은 교합(交合)을 하게 된다. 교합이란 수작업등기부에서는 **등기관**이 기입내용을 확인하고 날인하는 행위를 의미하였으나, 전산등기부에서는 전자서명을 함으로써 등기사무를 처리한 **등기관**이 누구인지 알 수 있는 조치를 하는 것을 말한다(법 제11조 제4항, 규칙 제4조 및 제7조).[902)]

---

901) 대법원 1989. 5. 29. 자 87마820 결정.
902) 법 제11조(등기사무의 처리) ④ **등기관**이 등기사무를 처리한 때에는 등기사무를 처리한 **등기관**이 누구인지 알 수 있는 조치를 하여야 한다.
규칙 제4조(**등기관**이 등기를 마친 시기) 법 제6조 제2항에서 "**등기관**이 등기를 마친 경우"란 법 제11조 제4항에 따라 등기사무를 처리한 **등기관**이 누구인지 알 수 있는 조치를 하였을 때를 말한다.
규칙 제7조(**등기관**의 식별부호의 기록) 법 제11조 제4항의 등기사무를 처리한 **등기관**이 누구인지 알 수 있도록 하는 등기관은 당사자가 제출한 신청서 및 첨부서면이 「부동산등기법」 등 제반 법령에 부합되는지의 여부를 조사한 후 교합은 반드시 접수번호의 순서대로 교합처리하여야 하며 등기관은 지연처리나 보정명령 사유가 있는 경우를 제외하고는 늦어도 오전에 제출된 사건에 대하여는 다음날 18시까지, 오후에 제출된 사건에 대하여는 다음 다음날 12시까지 등기필정보를 작성하여 교부하여야 한다. 다만 수십 필지의 분할·합병등기, 여러 동의 아파트 분양사건과 같은 집단 사건 또는 법률적 판단이 어려운 경우와 같이 만일 접수 순서대로 처리한다면 후순위로 접수된 다른 사건의 처리가 상당히 지연될 것이 예상될 경우에는 그 사유를 등록하고 이들 신청사건보다 나중에 접수된 사건을 먼저 처리할 수 있다. 교합은 지방법원장으로부터 발급받은 등기관카드를 사용하여 등기관의 식별부호를 등기전산시스템에 기록하는 방법으로 하되 식별부호는 지방법원장으로부터 부여받은 사용자번호로 한다(등기예규 제1515호).

V. 등기신청의 취하·보정·각하

신청에 따른 등기가 정상적으로 실행되지 않는 경우로는 신청이 취하된 경우와 신청에 각하사유가 있는 경우가 있다.

1. 등기신청의 취하(등기예규 제1643호)

가. 의의

등기신청의 취하란 그 신청에 따른 등기가 완료되기 전에 등기신청의 의사표시를 철회하는 것을 말한다. 등기신청의 취하에 관해서는 규칙 제51조와 등기예규 제1643호에서 정하고 있다. 등기실무상으로는 보정이 불가능하거나 보정기간 내에 보정하지 아니하여 등기신청을 각하해야 할 경우에도 등기관이 각하결정을 하기 전에 등기신청 또는 그 대리인에게 취하를 권유하는 것이 보통이나, 반드시 그렇게 해야 하는 것은 아니다.

나. 등기신청을 취하할 수 있는 자

등기신청인 또는 그 대리인은 등기신청을 취하할 수 있다. 다만, 등기신청대리인이 등기신청을 취하하는 경우에는 취하에 대한 특별수권이 있어야 한다.

등기신청이 등기권리자와 등기의무자의 공동신청에 의하거나 등기권리자 및 등기의무자 쌍방으로부터 위임받은 대리인에 의한 경우에는, 그 등기신청의 취하도 등기권리자와 등기의무자가 공동으로 하

조치는 각 등기관이 미리 부여받은 식별부호를 기록하는 방법으로 한다.

거나 등기권리자 및 등기의무자 쌍방으로부터 취하에 대한 특별수권을 받은 대리인이 이를 할 수 있고, 등기권리자 또는 등기의무자 어느 일방만에 의하여 그 등기신청을 취하할 수는 없다.

다. 취하 시기 및 방식

(1) 등기신청의 취하는 **등기관**이 등기를 마치기 전(규칙 제51조 제1항) 또는 각하결정 전까지 할 수 있다. **등기관**이 신청사항을 등기기록에 기록하고 등기사무를 처리한 **등기관**이 누구인지 알 수 있는 조치를 취함으로써 등기가 완료된 후에는 이미 공시의 효과가 생겼으므로 취하로써 그 등기의 효력을 없앨 수 없다. 또한 각하결정을 한 후에는 해당 등기신청에 대한 **등기관**의 처리가 종료되었으므로 그 신청을 철회할 여지가 없다.

(2) 등기신청의 취하는 신청인 또는 그 대리인이 등기소에 출석하여 취하서를 제출하는 방법(규칙 제51조 제2항 제1호) 또는 전산정보처리조직을 이용하여 취하정보를 전자문서로 등기소에 송신하는 방법(규칙 제51조 제2항 제2호)으로 하여야 한다. 법 제25조 단서에 따라 여러 개의 부동산에 관한 신청정보를 일괄하여 동일한 신청서에 의하여 제공한 경우, 그 중 일부 부동산에 대하여만 등기신청을 취하하는 것도 가능하다.

라. 등기신청이 취하된 경우 등기관의 업무처리

등기관은 등기신청의 취하서가 제출된 때에는, 그 취하서의 좌측하단 여백에 접수인을 찍고 접수번호를 기재한 다음 기타문서접수장에 등재한다.

전산정보처리조직을 이용하여 취하 처리를 함으로써 부동산등기신청서접수장의 비고란에 취하의 뜻을 기록한 후, 등기신청서에 부착된 접수번호표에 취하라고 주서하여 그 등기신청서와 그 부속서류를 신청인 또는 그 대리인에게 환부하며, 취하서는 신청서기타부속서류편철장의 취하된 등기신청서를 편철하였어야 할 곳에 편철한다.

수개의 부동산에 관한 등기신청을 일괄하여 동일한 신청서에 의하여 한 경우 그 중 일부의 부동산에 대하여만 등기신청을 취하한 때에는, 전산정보처리조직을 이용하여 일부 취하 처리를 함으로써 부동산등기신청서접수장의 비고란에 일부 취하의 뜻을 기록한 후, 등기신청서의 부동산표시란 중 취하되는 부동산의 표시 좌측에 취하라고 주서한 다음 취하서를 등기신청서에 합철하여야 한다. 이 경우 등기신청서 및 부속서류의 기재사항 중 취하된 부동산에 관련된 사항은 이를 정정, 보정케 하여야 한다.

2. 등기신청의 보정

가. 의의

등기관이 신청을 심사한 결과 법 제29조 각 호의 어느 한 사유에 해당하는 경우에는 이유를 적은 결정으로 신청을 각하(却下)하여야 한다. 다만, 신청의 잘못된 부분이 보정(補正)될 수 있는 경우로서 신청인이 **등기관**이 보정을 명한 날의 다음 날까지 그 잘못된 부분을 보정하였을 때에는 각하하지 않는다(법 제29조). 여기서 신청의 보정이란 등기신청을 한 당사자가 **등기관**으로부터 지적을 받은 신청정보 및 첨부정보의 흠을 보충하고 고치는 것을 말한다.

　등기관이 신청서류에 흠이 있음을 발견한 경우 신청인 또는 대리인에게 이를 보정하도록 권장함이 바람직하지만, 법률상 보정명령을 하거나 석명해야 할 의무가 없다.[903] 그러나 신청인이 신청의 흠을 보정명령 다음 날까지 보정한 때에는 신청을 각하할 수 없다는 법 제29조 단서 규정 및 **등기관**이 등기신청에 대하여 보정을 명하는 경우에는 보정할 사항을 구체적으로 적시하고 그 근거법령이나 예규 등을 구체적으로 제시하여야 한다는 등기예규 제1670호 제6조 제1항이나 등기예규 제1515호 3. 라. (2) 등에 비추어 볼 때, 신청의 흠이 보정가능한 사항일 경우에 **등기관**은 보정을 명하는 것이 바람직하다.

나. 보정할 사항의 통지와 보정기간(등기예규 제1515호 3. 라.)

　(1) **등기관**은 흠결사항에 대한 보정이 없으면 그 등기신청을 각하할 수밖에 없는 경우에만 그 사유를 등록한 후 보정명령을 할 수 있으며, 그 흠이 각하사유에 해당하지 않는다면 보정통지를 할 필요가 없고 해서도 안 된다. 등기소장은 보정명령의 적정 여부에 관하여 철저히 감독을 하여야 한다.

　등기관이 등기신청에 대하여 보정을 명하는 경우에는 보정할 사항을 구체적으로 적시하고 그 근거 법령이나 예규, 보정기간 등을 제시하여 매건 조사 완료 후 즉시 구두 또는 전화나 모사전송의 방법에 의하여 등기신청인에게 통지하여야 한다.

　(2) 등기의 신청에 법 제29조 각 호의 각하사유에 해당하는 흠이 있더라도 그 흠이 보정될 수 있는 경우로서 신청인이 "**등기관**이 보정을 명한 날의 다음 날까지 그 잘못된 부분을 보정하였을 때"에는 **등기관**은 그 신청을 각하하지 않는다(법 제29조 단서). **등기관**은 흠이 보정될 수 없는 경우에는 보정명령 없이 등기신청을 각하할 수 있다.

다. 보정의 방법

　등기신청의 흠에 대한 보정은 당사자 본인이나 그 대리인이 등기소에 출석하여 한다(등기예규 제1670호 제6조 제2항). 보정은 반드시 **등기관**의 면전에서 하여야 하며, 보정을 위하여 신청서 또는 그 부속서류를 신청인에게 반환할 수 없다(등기예규 제1515호 3. 라.).

라. 등기관의 처리

　등기관이 보정통지를 한 후에는 보정 없이 등기를 하여서는 안 된다. 등기신청의 흠이 보정기간 내

---

903) 대법원 1969. 11. 6. 자 67마243 결정.

에 보정되지 않는 한 각하하여야 하고 각하결정을 한 후 이를 고지할 때까지 보정되었다고 하여 이미 내려진 각하 결정을 내려지지 않은 것으로 되돌릴 수는 없다(등기예규 제124호).

보정통지를 받은 신청인이 보정을 한 경우에 **등기관**은 보정의 적부를 심사하여 보정통지의 내용에 합당한 보정을 했다고 판단하면 신청에 따른 등기를 하고, 통지의 내용에 합당하지 않은 보정이라고 판단되면 그 신청을 각하하여야 한다.

3. 등기신청의 각하

가. 의의

각하란 등기신청에 대하여 **등기관**이 등기기록에 기록하는 것을 거부하는 소극적인 처분으로 등기신청을 확정적으로 수리하지 아니하는 **등기관의 처분**을 말하며, 이로써 해당 등기신청 절차는 종료된다. **각하사유는 법 제29조에 11개가 한정적으로 열거**되어 있다. 따라서 아래 각하사유에 해당하지 않는 등기신청에 대해서는 등기를 거부할 수 없다. 즉, 등기신청에 대해서는 **등기관**의 재량에 의한 판단이 인정되지 않는다.

나. 각하사유(법 제29조)

(1) 사건이 그 등기소의 관할이 아닌 경우(법 제29조 제1호)

등기사무는 부동산의 소재지를 관할하는 지방법원, 그 지원(支院) 또는 등기소(이하 "등기소"라 한다)에서 담당한다. 1개의 부동산이 여러 등기소의 관할구역에 걸쳐 있을 때에는 대법원규칙으로 정하는 바에 따라 각 등기소를 관할하는 상급법원의 장이 관할 등기소를 지정한다(법 제7조). 그런데 관할의 위임(법 제8조)이 없는데도 다른 등기소의 관할에 속하는 부동산에 대하여 신청하거나 또는 상급법원의 관할 등기소 지정 없이 여러 등기소의 관할 구역에 걸쳐 있는 부동산에 관하여 신청한 경우, 현행 법상 그 신청을 관할 등기소로 이송하는 절차가 없기 때문에 그 흠을 보정할 여지가 없다. 따라서 **등기관**은 이러한 신청을 각하하여야 한다.

(2) 사건이 등기할 것이 아닌 경우(법 제29조 제2호)

"사건이 등기할 것이 아닌 경우"라 함은 등기신청이 그 취지 자체에 의하여 법률상 허용될 수 없음이 명백한 경우를 의미 한다(규칙 제52조 제10호).[904] 다시 말하면 그 신청내용대로 등기하는 것이 절차법 또는 실체법에 의하여 허용되지 않는 것을 말한다. 사건이 등기할 것이 아닌 경우에 대하여는 규칙 제52조가 규정하고 있다. 크게 절차법상 등기를 허용할 수 없는 경우와 실체법상 등기를 허용할 수

---

904) 대법원 2012. 5. 10. 자 2012마180 결정, 대법원 2000. 9. 29. 선고 2000다29240 판결등.

없는 경우로 나눌 수 있는데, 제1호부터 제9호까지의 사유는 예시이므로 그 사유에 해당하지 않더라도 그 취지 자체에 의하여 법률상 허용될 수 없음이 명백한 등기신청은 각하하여야 한다(제10호).

(가) 절차법상 등기를 허용할 수 없는 경우

① 등기능력 없는 물건 또는 권리에 대한 등기를 신청한 경우(규칙 제52조 제1호): 법상 등기할 수 있는 물건은 토지와 건물뿐이다(법 제14조 제1항). 등기할 수 있는 권리는 법 제3조에서 정하고 있는데, 이러한 권리에 해당하지 않는 것은 비록 부동산 물권이라 하더라도 등기능력이 없으므로 등기할 수 없다. 점유권, 유치권은 등기할 수 없고 특수지역권, 분묘기지권도 등기할 권리가 아니다.

② 법령에 근거가 없는 특약사항의 등기를 신청한 경우(규칙 제52조 제2호)

③ 구분건물의 전유부분과 대지사용권의 분리처분 금지에 위반한 등기를 신청한 경우(규칙 제52조 제3호): 대지권등기가 되어 있는 구분건물에서는 그 토지 또는 건물만의 처분행위로 인한 등기신청 가령 소유권이전등기, 저당권설정등기, 가압류등기 등은 분리처분 금지에 위반되어 허용되지 않는다(법 제61조 제3항 및 제4항, 집합건물법 제20조). 대지사용권이 소유권이 아니고 지상권, 전세권, 임차권인 경우에도 같다(법 제61조 제5항).

④ 관공서 또는 법원의 촉탁으로 실행되어야 할 등기를 신청한 경우(규칙 제52조 제8호)

⑤ 이미 보존등기된 부동산에 대하여 다시 보존등기를 신청한 경우(규칙 제52조 제9호)

⑥ 동시에 신청하여야 할 등기를 동시에 신청(접수번호 동일)하지 아니한 경우

⑦ 직권말소대상통지 중인 압류등기에 관한 등기신청

⑧ 2인 공유의 등기를 등기 후의 사정변경을 원인으로 단독소유로 경정하는 경우와 같이 당사자 동일성의 한계를 벗어난 경정등기의 신청

⑨ 특별법에 의하여 등기가 금지되는 경우

(나) 실체법상 등기를 허용할 수 없는 경우

① 농지를 전세권설정의 목적으로 하는 등기를 신청한 경우(민법 제303조 제2항, 규칙 제52조 제4호): 다만 농지에 대한 임차권설정등기는 예외적으로 허용되는 경우가 있다(농지법 제23조).

② 저당권을 피담보채권과 분리하여 양도하거나, 피담보채권과 분리하여 다른 채권의 담보로 하는 등기를 신청한 경우(민법 제361조, 규칙 제52조 제5호)

③ 일부 지분에 대한 소유권보존등기를 신청한 경우(규칙 제52조 제6호)

④ 공동상속인 중 일부가 자신의 상속지분만에 대한 상속등기를 신청한 경우(규칙 제52조 제7호)

⑤ 공유 부동산에 대하여 5년을 넘는 기간의 불분할약정의 등기를 신청한 경우(민법 제268조 제1항 단서, 법 제67조 제1항 제2문)

⑥ 지역권을 요역지와 분리하여 양도하거나 다른 권리의 목적으로 하는 등기를 신청한 경우(민법 제292조 제2항)

⑦ 실명등기 유예기간(부동산실명법 제4조, 제11조 제1항 본문) 경과 후 명의신탁 해지를 원인으로 한 소유권이전등기를 신청한 경우

⑧ 그 밖의 경우: ㉮ 1개 부동산의 특정 일부만에 대한 소유권보존등기, 소유권이전등기, 근저당권설정등기 등을 신청한 경우, 다만 특정 일부에 대한 용익물권이나 임차권 설정등기는 가능하다. ㉯ 공유지분에 대한 지상권, 전세권, 임차권의 설정등기를 신청한 경우

(3) **신청할 권한이 없는 자가 신청한 경우(법 제29조 제3호):** 방문신청이든 전자신청이든 구별하지 않고 등기권리자와 등기의무자 아닌 자, 그 밖에 등기신청권(법 제23조) 없는 자가 한 등기신청도 본 호에 의하여 각하하여야 할 것이다.

(4) 법 제24조 제1항 제1호에 따른 **방문신청에 따라 등기를 신청할 때에 당사자나 그 대리인이 출석하지 아니한 경우**(법 제29조 제4호)

(5) **신청정보의 제공이 대법원규칙으로 정한 방식에 맞지 아니한 경우**(법 제29조 제5호)

(6) **신청정보의 부동산 또는 등기의 목적인 권리의 표시가 등기기록과 일치하지 아니한 경우**(법 제29조 제6호)

(7) **법 제27조에 따라 포괄승계인이 등기신청을 하는 경우를 제외하고 신청정보의 등기의무자의 표시가 등기기록과 일치하지 아니한 경우**(법 제29조 제7호): 등기의무자의 표시가 등기기록과 일치하지 않는 경우란 신청서에 기재된 등기의무자의 성명·명칭, 주소·사무소소재지, 주민등록번호·등록번호가 등기기록과 일치하지 않는 것을 말한다.

(8) **신청정보와 등기원인을 증명하는 정보가 일치하지 아니한 경우**(법 제29조 제8호): 신청서에 기재된 사항과 등기원인을 증명하는 서면에 기재된 사항이 일치하지 않을 경우에는 <u>실체적 권리관계와 부합하지 않는</u> 부실의 등기가 발생할 염려가 있기 때문에 이를 방지하기 위한 규정이다. 가령 등기원인이 매매인데 증여로 기재하였다든가 당사자가 甲을 乙로 기재한 경우와 같이 신청서와 등기원인증서의 기재가 적극적으로 저촉되는 것을 들 수 있다. <u>등기원인을 증명하는 서면의 기재사항이 신청서에 기재되지 아니한 소극적인 저촉의 경우에는 본 호가 아니라 법 제29조 제5호가 적용된다.</u>

등기원인을 증명하는 정보란 고유한 의미의 등기원인증서뿐만 아니라 해당 등기의 원인이 되는 법률행위 또는 법률사실을 증명하는 정보이면 모두 포함된다. 즉, 주소를 증명하는 주민등록표 등본, 상호변경 등을 증명하는 법인 등기사항증명서, 상속을 증명하는 가족관계등록사항별증명서 및 제적부등·초본도 이에 포함된다.

다만 법 제29조에서 별도의 각하사유를 정하고 있는 부동산 및 권리의 표시에 관한 사항(제6호), 등기명의인의 표시에 관한 사항(제7호), 대장과 신청서의 불일치(제11호)와 같은 경우에는 본 호의 각하사유에 해당하지 않는다.

(9) **등기에 필요한 첨부정보를 제공하지 아니한 경우**(법 제29조 제9호)

(10) **취득세**(지방세법 제20조의2에 따라 분할납부하는 경우에는 등기하기 이전에 분할납부하여야 할 금액을 말한다), <u>등록면허세</u>(등록에 대한 등록면허세만 해당한다) **또는 수수료를 내지 아니하거나**

등기신청과 관련하여 다른 법률에 따라 부과된 의무를 이행하지 아니한 경우(법 제29조 제10호)

(11) 신청정보 또는 등기기록의 부동산의 표시가 토지대장·임야대장 또는 건축물대장과 일치하지 아니한 경우(법 제29조 제11호): 대장과 등기부는 내용에 있어서 일치하고 있어야 제 기능을 발휘하는데, 그리하여 이들을 일치시키는 절차를 두고 있다. 즉 부동산의 물체적 상황에 관하여는 대장의 기재를 기초로 하여 등기를 하도록 하고(법 제29조 제11호), 권리의 변동은 등기부의 기재를 기초로 하여 대장을 정리하도록 한다(공간정보관리법 제84조 제4항, 건축물대장규칙 제19조).[905]

구체적으로 등기부와 대장을 일치시키는 절차는 다음과 같다. 대장등록의 경우에는 직권주의가 적용되기 때문에, 등기부를 기초로 하는 사항에 관하여는 소관청이 등기에 맞추어 직권으로 대장을 정리한다(공간정보관리법 제84조 제2·4항). 그에 비하여 대장을 기초로 하는 사항에 관하여는 등기의 신청주의(법 제22조 제1항) 때문에 대장에 맞추어 곧바로 등기를 할 수가 없어서 간접적으로 강제하는 방법을 쓰고 있다. 즉 등기부에 적힌 사항이 대장과 일치하지 않는 경우에는 법 제29조 제11호에 근거하여 등기관이 등기신청을 각하한다.[906]

다. 각하결정(등기예규 제1417호)

등기관은 등기신청이 법 제29조에 열거된 각하사유 중의 어느 하나에 해당하는 때에는 이유를 적은 결정으로 신청을 각하한다.

(1) 각하방식

소정의 양식에 의하여 이유를 적은 결정으로 각하한다. 결정서에는 신청인의 표시, 주문, 이유를 적고 등기소 및 등기관의 직위를 표시한 후 등기관이 서명, 날인 한다.

(2) 각하결정 후의 절차

(가) 각하취지의 접수장 등에의 기재 및 등기신청서의 편철

등기신청을 각하한 경우에는 접수장의 비고란 및 등기신청서 표지에 '각하'라고 주서하고, 그 등기신청서는 신청서기타부속서류편철장에 편철한다.

(나) 각하결정의 고지 및 첨부서류의 환부 등

각하결정의 고지방법등기신청을 각하한 경우에는 각하결정등본을 작성하여 신청인 또는 대리인에게 교부하거나 특별우편송달 방법으로 송달하되, 교부의 경우에는 교부받은 자로부터 영수증을 수령하여

---

905) 다만, 소유권보존등기의 경우에 소유권의 확인에 관하여는 예외적으로 대장의 기재를 기초로 한다(법 제65조 제1호). 그 경우에는 그에 앞선 등기가 없기 때문이다.
906) 송덕수, 민법강의(제12판), 370면.

야 한다.

각하결정서의 편철 등 위에 의하여 각하결정등본을 교부 또는 송달한 경우에는 지체없이 일정한 양식으로 된 고무인을 결정원본의 등기소표시 우측 여백에 찍고 해당사항을 기재한 후 **등기관**이 날인한 후 각하결정원본을 결정원본편철장에 편철한다.

첨부서류의 환부각하결정등본을 교부하거나 송달할 때에는 등기신청서 이외의 첨부서류(등록세영수필확인서 및 국민주택채권매입필증 포함)도 함께 교부하거나 송달하여야 한다. 다만, 첨부서류 중 각하사유를 증명할 서류는 이를 복사하여 당해 등기신청서에 편철한다.

각하결정등본의 교부영수증 또는 송달보고서의 편철각하결정등본 및 등기신청서이외의 서류를 교부 또는 송달한 경우에는 그 영수증 또는 송달보고서를 당해 등기신청서에 편철한다.

(다) 각하결정등본 등이 송달불능된 경우의 처리

송달한 각하결정등본 및 신청서 이외의 첨부서류가 소재불명 등의 사유로 송달불능되어 반송된 경우에는 별도의 조치를 취하지 아니하고 결정등본등 반송서류 일체를 그 송달불능보고서와 함께 당해 등기신청서에 편철한다.

(라) 각하통지

등기신청이 「부동산등기법」 제37조 제1항 또는 제42조 제1항에 위반함을 이유로 각하한 경우, **등기관**은 부동산등기사무의 양식에 관한 예규(등기예규 제1338호) 별지 제4호 양식에 의하여 그 사유를 지체 없이 지적공부소관청 또는 건축물대장소관청에 통지하여야 한다.

라. 각하사유를 간과하고 마쳐진 등기의 효력과 구제절차

(1) 법 제29조 제1호·2호의 각하사유

등기관이 등기를 완료한 후 그 등기가 사건이 그 등기소의 관할이 아닌 경우(법 제29조 제1호) 또는 사건이 등기할 것이 아닌 경우(같은 조 제2호)에 위반된 것임을 발견한 때에는 법 제58조(직권에 의한 등기의 말소)의 절차에 따라 그 등기를 거쳐 직권으로 말소하여야 한다. 법 제29조 제1호·제2호에 해당됨에도 마쳐진 등기는 당연무효이고, 이러한 등기를 그대로 둔다면 불필요한 혼란과 사고의 원인이 되기 때문에 **등기관**이 직권으로 말소하도록 한 것이다.

만약 **등기관**이 이를 직권말소하지 않고 있다면 등기신청인과 등기상 이해관계 있는 제3자는 그 처분에 대한 이의신청을 할 수 있다(법 제100조).[907]

---

907) 대법원 1970. 2. 21. 자 69마1023 결정.

(2) 법 제29조 제3호 이하의 각하사유

그러나 법 제29조 제3호 이하의 각하사유가 있음에도 등기가 마쳐진 경우 그 등기는 당연무효는 아니며, 실체관계에 부합하는 한 효력이 있다고 볼 여지가 있으므로 **등기관**이 직권말소할 수 없다. 결국 법 제29조 제3호 이하의 경우는 법 제100조의 이의사유는 될 수 없다.[908] 법 제29조 제3호 이하의 사유에 해당함에도 **등기관**이 간과하고 등기신청을 수리한 경우 이해관계인은 **등기관**의 처분에 대한 이의의 방법으로 등기의 말소를 청구할 수 없고 소로써 구제받을 수밖에 없다.[909]

각하사유를 간과하여 마쳐진 등기와 **등기관**이 아닌 권한 없는 제3자가 등기기록 자체를 위조한 것과는 구별하여야 한다. 권한 없는 제3자에 의하여 생성된 위조의 등기는 법 제29조 제2호와 제58조에 의하여 **등기관**이 직권으로 말소하고 등기과·소장은 그 결과를 법원행정처장에게 보고하여야 한다.[910]

VI. 등기완료 후의 절차

등기관의 교합에 의하여 등기절차가 완료되고 등기의 효력이 발생한다. 등기절차가 완료되면 **등기관**은 등기신청유형에 따라 등기필정보를 작성하여 등기권리자에게 통지하거나, 그 밖의 각종의 통지를 하여야 한다.

1. 등기필정보의 작성·통지

가. 의의

여기서 **등기필정보**(登記畢情報)란 등기부에 새로운 권리자가 기록되는 경우에 그 권리자를 확인하기 위하여 법 제11조 제1항에 따른 **등기관**이 작성한 정보를 말한다(법 제2조 제4호). **등기관**이 새로운 권리에 관한 등기를 마쳤을 때에는 등기필정보를 **작성**하여 등기권리자에게 **통지**하여야 한다(법 제50조 제1항 본문).

등기관이 등기권리자의 신청에 의하여 다음 각 호 (1) 「부동산등기법」 제3조 기타 법령에서 등기할 수 있는 권리로 규정하고 있는 권리를 보존, 설정, 이전하는 등기를 하는 경우, (2) 위 (1)의 권리의 설정 또는 이전청구권 보전을 위한 가등기를 하는 경우, (3) 권리자를 추가하는 경정 또는 변경등기(甲 단독소유를 甲, 乙 공유로 경정하는 경우나 합유자가 추가되는 합유명의인표시변경 등기 등)를 하는 경우 중 어느 하나의 등기를 하는 때에는 등기필정보를 **작성**하여야 한다. 그 이외의 등기를 하는 때에는 등기필정보를 작성하지 아니한다(등기예규 제1604호).

---

908) 대법원 1988. 2. 24. 자 87마469 결정.
909) 대법원 1968. 8. 23. 자 68마823 결정.
910) 등기예규 제1377호.

나. 등기필정보작성의 방법

법 제50조 제1항의 등기필정보는 아라비아 숫자와 그 밖의 부호의 조합으로 이루어진 일련번호와 비밀번호로 구성한다(규칙 제106조 제1항).

등기필정보는 **부동산 및 등기명의인**별로 작성한다. 다만, 대법원예규로 정하는 바에 따라 **등기명의인**별로 작성할 수 있다(규칙 제106조 제2항).[911]

다. 등기필정보통지의 방법

등기필정보는 다음 각 호 1. **방문신청**의 경우는 등기필정보를 적은 서면(이하 "등기필정보통지서"라 한다)을 교부하는 방법(다만, 신청인이 등기신청서와 함께 대법원예규에 따라 등기필정보통지서 송부용 우편봉투를 제출한 경우에는 등기필정보통지서를 우편으로 송부한다)으로 하고, 2. **전자신청**의 경우는 전산정보처리조직을 이용하여 송신하는 방법의 구분에 따른 방법의 구분에 따른 방법으로 한다(규칙 제107조 제1항).

제1항 제2호에도 불구하고, 관공서가 등기권리자를 위하여 등기를 촉탁한 경우 그 관공서의 신청으로 등기필정보통지서를 교부 할 수 있다(규칙 제107조 제2항).

등기필정보를 통지할 때에는 그 통지를 받아야 할 사람 외의 사람에게 등기필정보가 알려지지 않도록 하여야 한다(규칙 제107조 제3항).

라. 등기필정보통지의 상대방

등기관은 등기를 마치면 등기필정보를 등기명의인이 된 신청인에게 통지한다. 다만, 관공서가 등기권리자를 위하여 등기를 촉탁한 경우에는 대법원예규로 정하는 바에 따라 그 관공서 또는 등기권리자에게 등기필정보를 통지한다(규칙 제108조 제1항).

법정대리인이 등기를 신청한 경우에는 그 법정대리인에게, 법인의 대표자나 지배인이 신청한 경우에는 그 대표자나 지배인에게, 법인 아닌 사단이나 재단의 대표자나 관리인이 신청한 경우에는 그 대표자나 관리인에게 등기필정보를 통지한다(규칙 제108조 제2항).

---

911) 등기필정보의 작성 및 통지 등에 관한 업무처리지침[등기예규 제1604호, 개정2016.11.17(시행2017.1. 1.)]
  4. 등기필정보의 작성방법
  가. **일반신청**의 경우, 등기필정보는 부동산 및 등기명의인이 된 신청인별로 작성하되, 등기신청서의 접수년월일 및 접수번호가 동일한 경우에는 부동산이 다르더라도 등기명의인별로 작성할 수 있다. 그러므로 등기명의인이 신청하지 않은 다음 각 호 (1) 채권자대위에 의한 등기, (2) **등기관**의 직권에 의한 보존등기, (3) 승소한 등기의무자의 신청에 의한 등기 중 어느 하나의 등기를 하는 경우에는 등기명의인을 위한 등기필정보를 작성하지 아니한다.
  나. **관공서 촉탁**의 경우, 관공서가 등기를 촉탁한 경우에는 등기필정보를 작성하지 아니한다. 다만, 관공서가 등기권리자를 위해 등기를 촉탁하는 경우에는 그러하지 아니하다.

마. 등기필정보를 작성·통지할 필요가 없는 경우

다음 각 호 1. 등기권리자가 등기필정보의 통지를 원하지 아니하는 경우, 2. 국가 또는 지방자치단체가 등기권리자인 경우, 3. 제1호 및 제2호에서 규정한 경우 외에 **대법원규칙으로 정하는 경우**[1. 등기필정보를 전산정보처리조직으로 통지받아야 할 자가 수신이 가능한 때부터 3개월 이내에 전산정보처리조직을 이용하여 수신하지 않은 경우, 2. 등기필정보통지서를 수령할 자가 등기를 마친 때부터 3개월 이내에 그 서면을 수령하지 않은 경우, 3. 법 제23조 제4항에 따라 승소한 등기의무자가 등기신청을 한 경우, 4. 법 제28조에 따라 등기권리자를 대위하여 등기신청을 한 경우, 5. 법 제66조 제1항에 따라 **등기관**이 직권으로 소유권보존등기를 한 경우(규칙 제109조 제2항)]의 어느 하나에 해당하는 경우에는 등기필정보를 작성·통지할 필요가 없다(법 제50조 제1항 단서). 법 제50조 제1항 제1호의 경우에는 등기신청할 때에 그 뜻을 신청정보의 내용으로 하여야 한다(규칙 제109조 제1항).

바. 등기필정보를 제공할 수 없는 경우

(1) 등기권리자와 등기의무자가 **공동**으로 **권리에 관한 등기**를 신청하는 경우에 **신청인**은 그 신청정보와 함께 법 제50조 제1항에 따라 통지받은 등기의무자의 등기필정보를 등기소에 제공하여야 한다. 승소한 등기의무자가 단독으로 권리에 관한 등기를 신청하는 경우에도 또한 같다(법 제50조 제2항).

(2) 법 제50조 제2항의 경우에 등기의무자의 등기필정보가 없을 때에는 등기의무자 또는 그 법정대리인(이하 "등기의무자등"이라 한다)이 등기소에 출석하여 **등기관**으로부터 등기의무자등임을 **확인**받아야 한다(법 제51조 본문).

법 제51조 본문의 경우에 **등기관**은 주민등록증, 외국인등록증, 국내거소신고증, 여권 또는 운전면허증(이하 "주민등록증등"이라 한다)에 의하여 **본인 여부**를 확인하고 조서를 작성하여 이에 기명날인하여야 한다. 이 경우 주민등록증등의 사본을 조서에 첨부하여야 한다(규칙 제111조 제1항).

(3) 다만, 등기신청인의 대리인(변호사나 법무사만을 말한다)이 등기의무자등으로부터 위임받았음을 확인한 경우 또는 신청서(위임에 의한 대리인이 신청하는 경우에는 그 권한을 증명하는 서면을 말한다) 중 등기의무자등의 작성부분에 관하여 공증(公證)을 받은 경우에는 그러하지 아니하다(법 제51조 단서). 법 제51조 단서에 따라 자격자대리인이 등기의무자 또는 그 법정대리인으로부터 위임받았음을 확인한 경우에는 그 확인한 사실을 증명하는 정보(이하 "확인정보"라 한다)를 첨부정보로서 등기소에 제공하여야 한다(규칙 제111조 제2항). 자격자대리인이 제2항의 확인정보를 등기소에 제공하는 경우에는 제1항을 준용한다(규칙 제111조 제3항).

사. 등기필정보의 실효신고

(1) 등기명의인 또는 그 상속인 그 밖의 포괄승계인은 등기필정보의 실효신고를 할 수 있다(규칙 제110조 제1항).

(2) 신고는 다음 각 호 1. 전산정보처리조직을 이용하여 신고정보를 제공하는 방법, 2. 신고정보를

적은 서면을 제출하는 방법으로 한다(규칙 제110조 제2항). 등기필정보의 실효신고를 할 때에는 **대법원예규**로 정하는 바에 따라 **본인확인절차**를 거쳐야 한다(규칙 제110조 제3항). 규칙 제110조 제2항 제2호의 **신고를 대리인이 하는 경우**에는 신고서에 본인의 인감증명을 첨부하여야 한다(규칙 제110조 제4항).

(3) **등기관**은 등기필정보의 실효신고가 있는 경우에 해당 등기필정보를 실효시키는 조치를 하여야 한다(규칙 제110조 제5항).

2. 각종 통지

가. 등기완료의 통지

(1) 의의

등기관이 등기를 마쳤을 때에는 대법원규칙(규칙 제53조 제1항)으로 정하는 바에 따라 **신청인 등**에게 그 사실을 알려야 한다(법 제30조). 등기완료의 통지는 대법원예규로 정하는 방법으로 한다(규칙 제53조 제2항). 전술한 **등기필정보**는 **등기관**이 새로운 권리에 관한 등기를 마쳤을 때에 작성하여 **등기권리자에게 통지**하므로(법 제50조 제1항), 등기필정보를 통지받지 않는 그 밖의 등기신청인에게 등기완료 사실이 통지되도록 하기 위해서는 새로운 제도가 필요하였다. 또한 구법(법 제68조 제1항, 제69조)하에서와 마찬가지로 대위자의 등기신청(법 제28조)에 있어서의 피대위자 등에게로 등기완료 사실을 통지할 필요가 여전히 있다. 법 제30조는 위와 같은 통지 제도를 통합하여 규정하였다.

(2) 등기완료통지서를 받을 자

법 제30조에 따른 등기완료통지는, **신청인** 및 다음 각 호 1. 법 제23조 제4항에 따른 승소한 등기의무자의 등기신청에 있어서 **등기권리자**, 2. 법 제28조에 따른 대위자의 등기신청에서 **피대위자**, 3. 법 제51조에 따른 등기신청에서 **등기의무자**, 4. 법 제66조에 따른 직권 소유권보존등기에서 **등기명의인**, 5. 관공서가 촉탁하는 등기에서 **관공서**의 어느 하나에 해당하는 자에게 등기완료사실을 통지하여야 한다(규칙 제53조 제1항). 한편, 등기필정보가 없이 등기를 한 경우에는 위의 제도가 악용될 가능성을 대비하여 **등기관**으로 하여금 등기가 된 사실을 **등기의무자**에게 알리도록 하고 있다(규칙 제53조 제1항 제3호).

나. 소유권변경 사실의 통지

(1) 통지를 하여야 할 경우

등기관이 다음 각 호 1. 소유권의 보존 또는 이전, 2. 소유권의 등기명의인표시의 변경 또는 경정,

3. 소유권의 변경 또는 경정, 4. 소유권의 말소 또는 말소회복의 등기를 하였을 때에는 지체 없이 그 사실을 토지의 경우에는 지적소관청에, 건물의 경우에는 건축물대장 소관청에 각각 알려야 한다(법 제62조).

(2) 통지의 방법

법 제62조의 소유권변경사실의 통지는 **전산정보처리조직**을 이용하여 할 수 있다(규칙 제120조). 「부동산등기법」 제62조, 「부동산등기규칙」 제120조에 의한 소유권변경사실의 통지는 「부동산등기규칙」 제120조에 의하여 지적대장소관청, 건축물대장소관청(이하 대장소관청이라 함)에 소유권변경사실의 정보를 전송하는 방법으로 한다. 소유권변경사실의 정보 전송은 「전자정부법」 제38조 제1항에 따라 행정정보공유센터에 전송하는 방식으로 한다(등기예규 제1372호 제3조).

다. 과세자료의 제공

등기관이 소유권의 보존 또는 이전의 등기(가등기)를 하였을 때에는 대법원규칙으로 정하는 바에 따라 지체 없이 그 사실을 부동산 소재지 관할 세무서장에게 통지하여야 한다(법 제63조). 법 제63조의 과세자료의 제공은 전산정보처리조직을 이용하여 할 수 있다.

라. 그 밖의 각종 통지

법에서는 등기절차와 관련하여 다른 등기소나 관공서 또는 등기신청인이나 그 밖의 이해관계인에게 각종 통지를 하여야 하는 규정을 두고 있으며, 법 또는 규칙에 따른 통지는 별도의 규정이 없는 한 우편이나 그 밖의 편리한 방법으로 한다(규칙 제165조).

(1) 등기의 착오(錯誤)나 유루(遺漏)의 통지

등기관이 등기를 마친 후 그 등기에 착오나 빠진 부분이 있음을 발견하였을 때에는 지체 없이 그 사실을 등기권리자와 등기의무자에게 알려야 하고, 등기권리자와 등기의무자가 없는 경우에는 등기명의인에게 알려야 한다. 다만, 등기권리자, 등기의무자 또는 등기명의인이 각 2인 이상인 경우에는 그 중 1인에게 통지하면 된다(법 제32조 제1항). **등기관**이 등기의 착오나 빠진 부분이 **등기관**의 잘못으로 인한 것임을 발견한 경우에는 지체 없이 그 등기를 직권으로 경정하여야 한다. 다만, 등기상 이해관계 있는 제3자가 있는 경우에는 제3자의 승낙이 있어야 한다(법 제32조 제2항). **등기관**이 제2항에 따라 경정등기를 하였을 때에는 그 사실을 등기권리자, 등기의무자 또는 등기명의인에게 알려야 한다. 이 경우 제1항 단서를 준용한다(법 제32조 제3항).

(2) 직권에 의한 등기의 말소 관련 통지

등기관이 등기를 마친 후 그 등기가 <u>사건이 그 등기소의 관할이 아닌 경우</u>(법 제29조 제1호) 또는 <u>사건이 등기할 것이 아닌 경우</u>(법 제29조 제2호)에 해당된 것임을 발견하였을 때에는 등기권리자, 등기의무자와 등기상 이해관계 있는 제3자에게 1개월 이내의 기간을 정하여 그 기간에 이의를 진술하지 아니하면 <u>등기를 **말소**한다는 뜻을</u> 통지하여야 한다(법 제58조 제1항). 법 제58조 제1항의 통지는 등기를 마친 사건의 표시와 사건이 등기소의 관할에 속하지 아니한 사실 또는 등기할 것이 아닌 사실을 적은 통지서로 한다(규칙 제117조 제1항).

(3) 체납처분 압류등기와 관련된 대위등기의 통지

관공서가 체납처분(滯納處分)으로 인한 압류등기(押留登記)를 촉탁하는 경우에는 등기명의인 또는 상속인, 그 밖의 포괄승계인을 갈음하여 부동산의 표시, 등기명의인의 표시의 변경, 경정 또는 상속, 그 밖의 포괄승계로 인한 권리이전(權利移轉)의 등기를 함께 촉탁할 수 있는데, 이러한 경우 채권자대위권에 의한 등기신청의 경우에 준하여 통지를 하여야 한다(법 제96조, 규칙 제53조 제1항 제2호, 제2항, 등기예규 제1623호).

(4) 수용에 따른 등기 말소의 통지

등기관이 수용으로 인한 소유권이전등기를 하는 경우 그 부동산의 등기기록 중 소유권, 소유권 외의 권리, 그 밖의 처분제한에 관한 등기가 있으면 그 <u>등기를 직권으로 말소</u>하여야 하는데(법 제99조 제4항), 법 제99조 제4항에 따라 **등기관**이 직권으로 등기를 말소하였을 때에는 수용으로 인한 등기말소통지서에 다음 1. 부동산의 표시, 2. 말소한 등기의 표시, 3. 등기명의인, 4. 수용으로 인하여 말소한 뜻을 적어 <u>등기명의인에게 통지</u>하여야 한다(규칙 제157조 제1항). 말소의 대상이 되는 등기가 채권자의 대위신청에 따라 이루어진 경우 그 채권자에게도 제1항의 통지를 하여야 한다(규칙 제157조 제2항).

(5) 구분건물 소유자의 대위등기의 통지

구분건물의 소유자가 1동의 건물에 속하는 <u>다른 구분건물의 소유권의 등기명의인을 대위</u>하여 그 대지권의 변경이나 소멸 또는 건물 멸실 등의 등기를 신청하여 그 등기를 마쳤을 경우 **등기관**은 그 뜻을 다른 <u>구분소유자에게 통지</u>하여야 한다(법 제41조 제3항, 제43조 제3항, 제44조 제3항, 제46조, 제28조, 제30조, 규칙 제53조 제1항 제2호).

(6) 직권 토지표시변경등기 관련 통지

등기관이 <u>지적소관청으로부터 「공간정보관리법」 제88조 제3항의 통지를 받은 경우</u>에 제35조의 기간 이내에 <u>등기명의인으로부터 등기신청이 없을</u> 때에는 그 통지서의 <u>기재내용에 따른 변경의 등기를 직권</u>으로 하여야 하는데(법 제36조 제1항), 이러한 등기를 하였을 때에는 **등기관**은 지체 없이 그 사실을 지적소관청과 소유권의 등기명의인에게 알려야 한다(법 제36조 제2항).

제5장 등기관의 처분에 대한 이의 및 벌칙

제1절 등기관의 처분에 대한 이의[912]

I. 의의

등기관의 결정 또는 처분에 이의가 있는 자는 관할 지방법원에 이의신청을 할 수 있다(법 제100조). **등기관**은 등기사무를 처리하는 국가기관으로서 법이 정하는 절차에 따라 등기신청을 수리하여 등기를 실행하거나 등기신청을 각하하는 등 여러 가지 결정 또는 처분을 하게 된다. 이러한 **등기관**의 결정 또는 처분이 부당한 때에는 「국가배상법」에 의한 손해배상의 청구 등으로 당사자의 권리를 구제할 수도 있지만, 그 부당한 결정 또는 처분의 효과를 제거해서 당사자가 원하였던 대로 등기 또는 처분을 하는 것이 보다 직접적 구제방법이다. 이것이 바로 **등기관**의 처분에 대한 이의신청 제도의 존재 이유이다.

일반적으로 행정청의 위법·부당한 처분에 대해서는 행정쟁송을 제기하여 구제를 받을 수 있으나, 등기사무는 사법행정사무로서의 특수성 때문에 **등기관**의 결정 또는 처분이 부당한 경우에 행정소송 등에 의한 구제를 배제하고 법이 정한 이의신청 절차에 의하여 구제를 받도록 한 것이다. 즉, 이의신청은 **등기관**의 처분의 당부에 대하여 법원으로 하여금 심사하게 하는 제도라 할 수 있다.

II. 이의신청의 요건

1. 등기관의 결정 또는 처분의 부당

이의신청의 대상은 **등기관**의 부당한 **결정** 또는 **처분**이다(법 제100조). 여기서 **등기관**의 **결정**이란 가령 법 제29조에 따른 등기신청의 각하 결정과 같은 것을 말하고, **처분**이란 등기신청의 접수, 등기의 실행 및 직권말소, 등기신청서나 그 밖의 부속서류 열람과 그 거부 등 부동산등기법령상 **등기관**이 하여

---

912) 부동산등기법상 제5장에 속한다.

야 하는 것으로 정해져 있는 모든 처분을 말한다.

여기서 결정 또는 처분이 **부당**하다는 것은 하여야 할 것을 하지 않는 "**소극적 부당**"과 해서는 안 되는 것을 하는 "**적극적 부당**"으로 나뉘는데, 부속서류의 열람 등 등기신청 외의 신청에 대한 처분은 적극적 부당이든 소극적 부당이든 모두 이의신청의 대상이 된다.

등기관이 등기신청에 대하여 이를 접수하여 등기를 실행하여야 함에도 <u>등기의 실행을 게을리 한 경우</u>, 직권으로 등기를 하여야 함에도 이를 하지 아니하는 경우 또는 등기신청의 각하결정과 같이 소극적으로 부당한 사유이면 족하고 그 <u>이의사유에 특별한 제한은 없다</u>(등기예규 제1411호 제3조 제1항).

등기신청을 수리하여 완료된 등기에 대한 <u>이의신청</u>의 경우에는 등기신청이 「부동산등기법」 제29조 각 호에 해당되어 이를 각하하여야 함에도 **등기관**이 각하하지 아니하고 등기를 실행한 경우에는 그 등기가 「부동산등기법」 제29조 제1호, 제2호에 해당하는 경우에는 **등기관**이 직권으로 잘못된 등기를 말소할 수 있기 때문에 **등기관**의 처분에 대한 <u>이의신청의 방법으로 그 등기의 말소를 구할 수 있는</u> 반면에, 그 외의 각하사유에 해당하는 **동법 제29조 제3호 이하의 사유**로는 이의신청의 방법으로 그 등기의 말소를 구할 수 없고(등기예규 제1411호 제3조 제2항), **소로써 그 등기의 효력을 다툴 수밖에 없다**.[913]

〈표 32〉 부당처분의 효력 및 이의신청인

구분	내용	사유	효력	이의신청인	
				당사자	제3자
소극적 부당처분	등기신청의 각하, 신청한 등기의 해태			○	×
적극적 부당처분	각하사유를 간과하고 <u>실행한 등기</u>	법 제29조 제1·2호 사유	당연무효 ○	○	○
		법 제29조 제3호 이하 사유	당연무효 ×	×	×

2. 이의신청인

이의신청을 할 수 있는 자에 대하여 "**등기관의 결정 또는 처분에 이의가 있는 자**"라고만 규정하고 있으나(법 제100조), **등기관**의 결정 또는 처분에 대하여 아무런 이해관계가 없는 자는 이의신청의 이익이 없으므로 이의신청을 할 수 없다. 판례도 "<u>등기공무원의 처분이 부당하다고 하여 이의신청을 할 수 있는 자는 등기상 직접적인 이해관계를 가진 자에 한한다</u>"고 하여 같은 취지이다.[914] 여기에서 등기

---

913) **적극적 부당처분**, 즉 등기신청이 「부동산등기법」 제29조 각호에 해당하여 각하하여야 함에도 불구하고 이러한 사유를 간과하고 **등기관**이 등기를 실행한 경우에는 그 실행한 등기가 제29조 제1호 및 제2호(누가 보아도 당연히 무효이고 직권말소되어야 하는 등기임이 명백하므로)인 경우에만 이의신청의 방법으로 그 등기의 말소를 구할 수 있는 것이고 법 제29조 제3호 이하의 사유로는 이의신청을 할 수 없다. 왜냐하면 **법 제29조 제3호 이하의 사유를 간과하고 경료된 등기는 실체관계와 부합하는 한 효력이 있는 등기라는 것이 대법원 판례이고** 또한 **그렇게 실체관계와 부합하는지 여부는 소송에서 다투어야 할 것이므로 등기관**의 처분에 대한 이의로써 다툴 성질의 것은 아니기 때문이다.

상 직접적인 이해관계가 있는 자란 **등기관**의 해당 처분에 의하여 불이익을 받은 자로서 이의가 인정되면 직접 이익을 받게 될 자를 말한다.

등기신청의 **각하결정**에 대하여는 등기신청인인 등기권리자 및 등기의무자에 한하여 이의신청을 할 수 있고, **제3자**는 이의신청을 할 수 없다(등기예규 제1411호 제2조 제1항).

등기를 **실행한 처분**에 대하여는 등기상 이해관계 있는 **제3자**가 그 처분에 대한 이의신청을 할 수 있다. 그 이의신청을 할 수 있는지의 여부에 대한 구체적 예시는 다음과 같다(등기예규 제1411호 제2조 제2항). 1. 채권자가 채무자를 대위하여 경료한 등기가 채무자의 신청에 의하여 말소된 경우에는 그 말소처분에 대하여 채권자는 등기상 이해관계인으로서 이의신청을 할 수 있다. 2. 상속인이 아닌 자는 상속등기가 위법하다 하여 이의신청을 할 수 없다. 3. 저당권설정자는 저당권의 양수인과 양도인 사이의 저당권이전의 부기등기에 대하여 이의신청을 할 수 없다. 4. 등기의 말소신청에 있어 「부동산등기법」 제57조 소정의 이해관계 있는 제3자의 승낙서 등 서면이 첨부되어 있지 아니하였다는 사유는 제3자의 이해에 관련된 것이므로, 말소등기의무자는 말소처분에 대하여 이의신청을 할 수 있는 등기상 이해관계인에 해당되지 아니하여 이의신청을 할 수 없다.

Ⅲ. 이의신청의 절차와 효력

이의신청은 관할 지방법원에 하여야 하는데(법 제100조), 이의의 신청은 구술로는 할 수 없고, 대법원규칙으로 정하는 바에 따라 등기소에 이의신청서를 제출하는 방법으로 한다(법 제101조). 이의신청서에는 이의신청인의 성명과 주소, 이의신청의 대상인 **등기관**의 결정 또는 처분, 이의신청의 취지와 이유, 그 밖에 대법원예규로 정하는 사항을 적고 신청인이 기명날인 또는 서명하여야 한다(규칙 제158조). 이의신청기간에는 제한이 없으므로 이의의 이익이 있는 한 언제라도 이의신청을 할 수 있다(등기예규 제1411호 제1조 제3항).

등기관의 결정 또는 처분이 부당하다는 주장은 결정 또는 처분 당시를 기준으로 하여야 하므로 결정 또는 처분 시에 주장되거나 제출되지 아니한 **새로운 사실이나 새로운 증거방법**을 근거로 이의신청을 할 수는 없다(법 제102조, 등기예규 제1411호 제1조 제4항).[915]

이의에는 집행정지(執行停止)의 효력이 없다(법 제104조). 등기사무는 그 성질상 신속을 요하므로 이의신청이 있다고 하여 결정 또는 처분의 집행을 정지하는 것이 타당하지 않기 때문이다. 따라서 **등기관**의 결정 또는 처분에 대한 이의신청이 있고 그 이의가 있다는 뜻이 부기등기된 후에도 그 부동산에 대한 다른 등기신청을 수리하여야 한다.

---

914) 대법원 1987. 3. 18. 자 87마206 결정.
915) 대법원 1994. 12. 30. 자 94마2124 결정.

IV. 이의에 대한 조치

1. 등기관의 조치

〈표 33〉 등기관의 조치

구분	각하결정에 대한 이의신청	완료된 등기에 대한 이의신청	
		법 제29조 제1·2호 사유	법 제29조 제3호 이하 사유
이의가 이유 없다고 인정한 경우	관할지방법원에 송부		
이의가 이유 있다고 인정한 경우	등기를 실행	등기를 직권말소	관할지방법원에 송부

가. 등기신청의 각하결정이나 거부처분에 대한 이의신청이 있는 경우

등기관이 그 결정 또는 처분에 대하여 등기상 이해관계인으로부터 의의신청서를 제출받은 경우에는 이를 조사하여 **이의가 이유 없다고 인정**하면 이의신청일부터 3일 이내에 의견을 붙여 이의신청서를 관할 지방법원에 보내야 한다(법 제103조 제2항).

등기관은 **이의가 이유 있다고 인정**하면 그에 해당하는 처분을 하여야 한다(법 제103조 제1항). 그에 해당하는 처분이라 함은 부당한 처분을 시정하여 정당한 처분을 하는 것이다. 가령 등기신청을 각하한 것이 부당하다고 인정되면 그 신청에 의한 등기를 실행하면 되고, 신청서류의 열람을 거부한 것이 부당하다고 인정되면 열람을 허용한다.

나. 등기신청을 수리하여 완료된 등기에 대한 이의신청이 있는 경우

의의가 이유 없다고 인정한 경우 그 등기에 대하여 이의신청이 있다는 사실을 등기상 이해관계인에게 통지하고, 이의신청서가 접수된 날로부터 3일 이내에 의견서를 첨부하여 사건을 관할지방법원에 송부하여야 한다(법 제103조 제3항, 규칙 제159조 제2항, 등기예규 제1411호 제4조 제2항 제1호).

의의가 이유 있다고 인정한 경우 이의신청의 대상이 되는 등기가 법 제29조 제1호 또는 제2호에 해당하여 이의가 이유 있다고 인정한 경우에는 동법 제58조의 절차를 거쳐 그 등기를 **직권말소** 한다. 다만, 완료된 등기에 대하여는 법 제29조 제3호 이하의 사유를 이의사유로 삼을 수는 없는 것이어서, 동법 제29조 제3호 이하의 사유에 기한 이의신청은 그 사유가 인정된다 하더라도 결국 그 이의가 이유가 없는 경우에 해당하므로, 이 경우에는 위 제1호의 예에 따라 사건을 **관할법원에 송부**하여야 한다(규칙 제159조 제1, 3항, 등기예규 제1411호 제4조 제2항 제1호).

2. 이의신청에 대한 관할 지방법원의 부기등기의 명령

등기관으로부터 이의신청서를 송부받은 관할법원은 제일 먼저 이의가 있다는 뜻의 부기등기의 필요 여부를 실질적으로 살펴서 만약 그에 해당한다면 신속하게 이의가 있다는 뜻의 부기등기를 명령하여야 한다. 이는 부기등기가 늦게 되어 새로운 등기상 이해관계인이 생기는 것을 막기 위해서이다. 즉, 관할 지방법원은 이의신청에 대하여 결정하기 전에 **등기관**에게 가등기 또는 이의가 있다는 뜻의 부기등기를 명령할 수 있다(법 제106조). 이의신청이 기각된 경우 **등기관**의 처분이 맞다는 것을 의미하는데, 이때 법 제106조에 따른 가등기 또는 부기등기는 **등기관**이 관할 지방법원으로부터 이의신청에 대한 기각결정(각하, 취하를 포함한다)의 통지를 받았을 때에 말소한다(규칙 제162조).

관할 지방법원은 이의에 대하여 이유를 붙여 결정을 하여야 한다. 이 경우 이의가 이유 있다고 인정하면 **등기관**에게 그에 해당하는 처분을 명령하고 그 뜻을 이의신청인과 등기상 이해관계 있는 자에게 알려야 한다(법 제105조 제1항).

등기관이 관할 지방법원의 명령에 따라 등기를 할 때에는 명령을 한 지방법원, 명령의 연월일 및 명령에 따라 등기를 한다는 뜻을 기록하여야 한다(법 제107조).

3. 법원의 기록명령에 따른 등기를 할 수 없는 경우

가. 등기신청의 각하결정에 대한 이의신청에 따라 관할 지방법원이 그 등기의 기록명령을 하였더라도 다음 각 호 1. 권리이전등기의 기록명령이 있었으나, 그 기록명령에 따른 등기 전에 제3자 명의로 권리이전등기가 되어 있는 경우, 2. 지상권, 지역권, 전세권 또는 임차권의 설정등기의 기록명령이 있었으나, 그 기록명령에 따른 등기 전에 동일한 부분에 지상권, 전세권 또는 임차권의 설정등기가 되어 있는 경우, 3. 말소등기의 기록명령이 있었으나 그 기록명령에 따른 등기 전에 등기상 이해관계인이 발생한 경우, 4. **등기관**이 기록명령에 따른 등기를 하기 위하여 신청인에게 첨부정보를 다시 등기소에 제공할 것을 명령하였으나 신청인이 이에 응하지 아니한 경우의 어느 하나에 해당하는 경우에는 그 기록명령에 따른 등기를 할 수 없다(규칙 제161조 제1항).

나. 기록명령에 따른 등기를 할 수 없는 경우에는 그 뜻을 관할 지방법원과 이의신청인에게 통지하여야 한다(규칙 제161조 제2항).

V. 이의신청의 재판에 대한 불복

이의신청의 전부 또는 일부를 각하(기각 포함)하는 결정에 대하여는 이의신청인만이 비송사건절차법에 의하여 항고할 수 있다(법 제105조 제2항, 비송사건절차법 제20조 제2항). 이의신청인의 항고에 대한 항고법원의 기각결정에 대하여도 이의신청인만이 그것이 헌법, 법률, 명령, 규칙의 위반이 있음을 이유로 하는 때에 한하여 대법원에 재항고 할 수 있다(민사소송법 제442조). **송달**에 대하여는 「민사소송법」을 준용하고, **이의의 비용**에 대하여는 「비송사건절차법」을 준용한다(법 제108조).

제2절　등기에 관한 벌칙

다음 각 호의 어느 하나에 해당하는 사람은 2년 이하의 징역 또는 1천만원 이하의 벌금에 처한다(법 제111조).

1. 제110조 제2항을 위반하여 등기필정보의 작성이나 관리에 관한 비밀을 누설한 사람
2. 제110조 제3항을 위반하여 등기필정보를 취득한 사람 또는 그 사정을 알면서 등기필정보를 제공한 사람
3. 부정하게 취득한 등기필정보를 제2호의 목적으로 보관한 사람

제 **8** 편

부동산등기법

- 제2부 각론 -

제1장 부동산 표시에 관한 등기

제1절　개설

　부동산 표시에 관한 등기란 물권의 객체인 토지 또는 건물의 현황을 명확히 하기 위하여 등기기록의 표제부에 하는 등기이다. 부동산표시의 등기는 **등기관**이 소유권보존등기의 신청을 수리하여 새 등기기록을 개설할 때 하는데, 소유권등기의 일부이고 그 자체가 독립한 등기는 아니다. 따라서 갑구에 소유권보존등기가 되지 않은 채 등기기록의 표제부만 있는 등기는 있을 수 없다. 현행법상 이에 대한 예외가 구분건물의 표시등기(법 제46조)와 규약상 공용부분의 등기(법 제47조 제1항, 규칙 제104조 제3항)인데, 이는 집합건물에 관한 등기의 특성상 예외적으로 인정되는 것이다. 따라서 현행법상 부동산 표시에 관한 등기는 ① 등기기록을 개설할 때 부동산의 표시에 관하여 착오 또는 유루가 있어서 등기 당시부터 실체관계(대장 등록사항)와 불일치가 있는 경우에 하는 "부동산표시의 경정등기", ② 등기 후에 부동산의 표시에 변경이 있는 경우에 하는 "부동산표시의 변경등기", ③ 집합건물에 관한 등기의 특수성 때문에 예외적으로 인정되는 "구분건물의 표시등기"로 나눌 수 있다.

　현행법상 대장과 등기부는 분리되어 있어 부동산 현황은 대장 소관청이 관리하는 대장(토지대장, 임야대장, 건축물 대장 등)에 의하여 파악하고, 그 부동산에 관한 권리관계는 등기기록에 의하고 있다. 그런데 부동산의 현황에 관한 대장의 기재와 등기기록이 불일치한 경우에는 공시에 혼란을 초래할 수 있으므로 대장 기재내용의 변동사항을 즉시 등기기록에 반영할 필요가 있다. 이를 위하여 법은 부동산의 표시에 변경이 있는 경우 그 소유권의 등기명의인에게 등기신청의무를 부과하고 부동산의 표시에 관한 등기기록이 대장과 일치하지 않는 경우에는 다른 등기신청을 할 수 없도록 하고 있다(법 제29조 제11호). 한편 대장 소관청에 대하여도 부동산의 표시변경에 관한 일정한 사유가 있는 때에는 지체 없이 등기소에 등기를 촉탁하도록 하고 있다(공간정보관리법 제89조, 건축법 제39조).[916]

---

916) 제3편 건축법, 제2장 건축물의 건축(건축절차)/제11절　건축물의 유지와 관리/Ⅲ. 등기촉탁 참조.

토지의 표시에 관한 등기

Ⅰ. 의의

토지의 표시는 등기의 대상인 토지를 특정하는 역할을 한다. 토지는 소재지와 지번(행정구역 및 지번)·지목·면적에 의하여 특정된다.

토지등기기록의 표제부에는 위와 같이 토지를 특정하기 위하여 등기사항으로 **등기관**은 토지 등기기록의 표제부에 다음 각 호 1. 표시번호, 2. 접수연월일, 3. 소재와 지번(地番), 4. 지목(地目), 5. 면적, 6. 등기원인을 기록하여야 한다(법 제34조).

토지 표시에 관한 등기의 유형에는 ① 단순히 표제부의 기록만을 변경하는 '**토지 표시의 변경등기**', ② 토지의 분할과 합병이 있는 경우에 하는 등기로서 등기기록의 개설이나 폐쇄를 수반하는 '**토지의 분필등기 및 합필등기**', ③ 토지가 물리적으로 소멸하는 경우에 하는 등기로서 등기기록의 폐쇄를 수반하는 '**토지의 멸실등기**'가 있다.

Ⅱ. 토지 표시의 변경등기

1. 등기절차의 개시

가. 신청에 의한 경우

토지의 분할·합병이 있는 경우와 상기의 법 제34조에 따른 토지 표시의 등기사항에 변경이 있는 경우에는 그 토지 소유권의 등기명의인은 그 사실이 있는 때부터 1개월 이내에 그 등기를 신청하여야 한다(법 제35조). 이 때 토지의 표시변경등기를 신청하는 경우에는 그 토지의 변경 전과 변경 후의 표시에 관한 정보를 신청정보의 내용으로 등기소에 제공하여야 하고, 그 변경을 증명하는 토지대장 정보나 임야대장 정보를 첨부정보로서 등기소에 제공하여야 한다(규칙 제72조).

나. 촉탁에 의한 경우

지적소관청은 ① 토지의 이동이 있는 경우[신규등록은 제외한다(공간정보관리법 제64조 제2항)], ② 지번부여지역의 전부 또는 일부에 대하여 지번을 새로 부여한 경우(같은 법 제66조 제2항), ③ 지적공부에 등록된 토지가 지형의 변화 등으로 바다로 되거나 지형의 변화 등으로 다시 토지가 된 경우(같은 법 제82조), ④ 일정한 지역을 정하여 그 지역의 축척을 변경한 경우(같은 법 제83조 제2항), ⑤ 지적공부의 등록사항에 잘못이 있음을 발견한 경우(같은 법 제84조 제2항), ⑥ 지번부여지역의 일부가 행정구역의 개편으로 다른 지번부여지역에 속하게 되어 새로 속하게 된 지번부역지역의 지번을 부여한 경우(같은 법 제85조 제2항)에 따른 사유로 토지의 표시 변경에 관한 등기를 할 필요가 있는 경우에는 지체 없이 관할 등기관서에 그 등기를 촉탁하여야 한다. 이 경우 등기촉탁은 국가가 국가를 위하여 하는 등기로 본다(같은 법 제89조 제1항).

다. 직권에 의한 경우

(1) 행정구역 또는 그 명칭의 변경이 있는 경우

행정구역 또는 그 명칭이 변경되었을 때에는 등기기록에 기록된 행정구역 또는 그 명칭에 대하여 변경등기가 있는 것으로 본다(법 제31조). 이에 따르면 행정구역 등의 변경이 있는 경우 변경등기를 할 필요가 없는 것처럼 보이지만, **규칙**에서는 행정구역 또는 그 명칭이 변경된 경우에 **등기관**은 직권으로 부동산의 표시변경등기 또는 등기명의인의 주소변경등기를 할 수 있다(규칙 제54조). 이에 더하여 **등기예규 제1433호**에 따르면 행정구역 또는 그 명칭이 변경된 경우에 **등기관**은 직권으로 그 변경에 따른 부동산의 표시변경등기를 하여야 한다.

(2) 지적소관청으로부터 불일치 통지를 받은 경우

등기기록에 기록된 토지의 표시가 지적공부와 일치하지 아니하여 **등기관**이 지적소관청으로부터 「공간정보관리법」 제88조 제3항의 **통지를 받은 등기관**은 소유권의 등기명의인으로부터 1개월 이내에 등기명의인으로부터 등기신청이 없을 때에는 그 통지서의 기재내용에 따른 변경의 등기를 직권으로 하여야 한다(법 제36조 제1항).

등기관이 직권으로 토지의 변경등기를 하였을 때에는 **등기관**은 지체 없이 그 사실을 지적소관청과 소유권의 등기명의인에게 알려야 한다. 다만, 등기명의인이 2인 이상인 경우에는 그 중 1인에게 통지하면 된다(법 제36조 제2항).

2. 등기의 실행

토지의 표시에 관한 사항을 변경하는 등기는 항상 주등기로 하고, 종전의 표시에 관한 등기를 말소하는 표시를 한다(규칙 제73조).

Ⅲ. 토지의 분필등기와 합필등기

1. 의의

토지의 분할은 지적공부에 등록된 1필지를 2필지 이상으로 나누어 등록하는 것이고, 합병은 2필지 이상을 1필지로 합하여 등록하는 것이다. 지적공부에서 토지의 분할 또는 합병이 이루어진 후에 그를 토대로 하는 토지 표시의 변경등기를 분필등기 또는 합필등기라고 한다.

2. 토지의 분필등기

가. 의의

토지소유자는 토지이용상 불합리한 지상 경계를 시정하기 위한 경우 등에 있어 토지를 분할하려면 지적소관청에 분할을 신청할 수 있다(「공간정보관리법」 제79조, 같은 법 시행령 제65조). 토지의 분할이 있는 경우와 법 제34조의 등기사항(1. 표시번호, 2. 접수연월일, 3. 소재와 지번, 4. 지목, 5. 면적, 6. 등기원인)에 변경이 있는 경우에는 그 토지 소유권의 등기명의인은 그 사실이 있는 때부터 1개월 이내에 그 등기를 신청하여야 한다(법 제35조).

나. 일반적인 분필등기 절차

(1) 乙 토지의 등기기록

(가) 표제부: 甲 토지를 분할하여 그 일부를 乙 토지로 한 경우에 **등기관**이 분필등기를 할 때에는 乙 토지에 관하여 등기기록을 개설하고, 그 등기기록 중 표제부에 토지의 표시와 분할로 인하여 甲 토지의 등기기록에서 옮겨 기록한 뜻을 기록하여야 한다(규칙 제75조 제1항).

(나) 갑구와 을구: 규칙 제75조 제1항의 경우에는 乙 토지의 등기기록 중 해당 구에 甲 토지의 등기기록에서 소유권과 그 밖의 권리에 관한 등기를 전사(轉寫)하고,917) 분할로 인하여 甲 토지의 등기기록에서 전사한 뜻, 신청정보의 접수연월일과 접수번호를 기록하여야 한다. 이 경우 소유권 외의 권리에 관한 등기에는 甲 토지가 함께 그 권리의 목적이라는 뜻도 기록하여야 한다(규칙 제76조 제1항).

소유권 외의 권리의 등기명의인이 甲 토지에 관하여 그 권리의 소멸을 승낙한 것을 증명하는 정보 또는 이에 대항할 수 있는 재판이 있음을 증명하는 정보를 첨부정보로서 등기소에 제공한 경우에는 乙 토지의 등기기록 중 해당 구에 그 권리에 관한 등기를 전사하고, 신청정보의 접수연월일과 접수번호를 기록하여야 한다. 이 경우 甲 토지의 등기기록 중 그 권리에 관한 등기에는 甲 토지에 대하여 그 권리가 소멸한 뜻을 기록하고 그 등기를 말소하는 표시를 하여야 한다(규칙 제76조 제4항).

---

917) 글이나 그림 따위를 옮기어 베낌.

소멸하는 권리를 목적으로 하는 제3자의 권리에 관한 등기가 있는 경우에는 그 자의 승낙이 있음을 증명하는 정보 또는 이에 대항할 수 있는 재판이 있음을 증명하는 정보를 <u>첨부정보</u>로서 등기소에 제공하여야 한다(규칙 제76조 제5항).

(2) 甲 토지의 등기기록

(가) 표제부: <u>규칙 제75조 제1항의 절차를 마치면</u>, 甲 토지의 등기기록 중 표제부에 남은 부분의 표시를 하고, 분할로 인하여 다른 부분을 乙 토지의 등기기록에 옮겨 기록한 뜻을 기록하며, 종전의 표시에 관한 등기를 말소하는 표시를 하여야 한다(규칙 제75조 제2항).

(나) 갑구와 을구: 甲 토지의 등기기록에서 乙 토지의 등기기록에 소유권 외의 권리에 관한 등기를 전사하였을 때에는, <u>甲 토지의 등기기록 중 그 권리에 관한 등기에 乙 토지가 함께 그 권리의 목적이라는 뜻을 기록하여야</u> 한다(규칙 제76조 제2항).

<u>소유권 외의 권리의 등기명의인이 乙 토지에 관하여 그 권리의 소멸을 승낙한 것을 증명하는 정보</u> 또는 이에 대항할 수 있는 재판이 있음을 증명하는 정보를 <u>첨부정보로서 등기소에 제공한 경우에는</u> 甲 토지의 등기기록 중 그 권리에 관한 등기에 乙 토지에 대하여 그 권리가 소멸한 뜻을 기록하여야 한다(규칙 제76조 제3항).

다. 토지 일부에 권리가 존재하는 토지에 대한 분필등기

(1) 1필의 토지의 일부에 <u>지상권·전세권·임차권</u>이나 승역지(承役地: 편익제공지)의 일부에 관하여 하는 <u>지역권</u>의 등기가 있는 경우에 분필등기를 신청할 때에는 권리가 존속할 토지의 표시에 관한 정보를 <u>신청정보의 내용으로 등기소에 제공</u>하고, 이에 관한 권리자의 확인이 있음을 증명하는 정보를 <u>첨부정보로서 등기소에 제공하여야 한다</u>. 이 경우 그 권리가 토지의 일부에 존속할 때에는 그 토지부분에 관한 정보도 <u>신청정보의 내용으로 등기소에 제공</u>하고, 그 부분을 표시한 지적도를 <u>첨부정보로서 등기소에 제공하여야 한다</u>(규칙 제74조). 이와 같은 <u>첨부정보 없이 분필등기를 신청한 때에는 법 제29조 제9호</u>(등기에 필요한 첨부정보를 제공하지 아니한 경우)에 의하여 <u>각하</u>된다.

(2) <u>甲 토지를 분할하여 그 일부를 乙 토지로 한 경우 甲 토지에만 해당 권리가 존속할 때</u>에는 甲 토지의 등기기록 중 그 권리에 관한 등기에 乙 토지에 대하여 그 권리가 소멸한 뜻을 기록한다(규칙 제77조 제1항, 제76조 제3항). <u>반대로 乙 토지에만 해당 권리가 존속할 때</u>에는 乙 토지의 등기기록 중 해당 구에 그 권리에 관한 등기를 전사하고 신청정보의 접수연월일과 접수번호를 기록하며, 甲 토지의 등기기록 중 그 권리에 관한 등기에는 甲 토지에 대하여 그 권리가 소멸한 뜻을 기록하고 그 등기를 말소하는 표시를 하여야 한다(규칙 제77조 제1항, 제76조 제4항).

지상권·지역권·전세권 또는 임차권의 등기가 분필된 토지, 즉 甲 토지 또는 乙 토지의 일부에 존속할 때에는 그 권리가 존속할 부분을 기록하여야 한다(규칙 제77조 제2항).

라. 분필등기신청 시의 소유권 외의 권리자의 소멸승낙이 있는 경우

소유권 외의 권리의 등기명의인이 乙 토지에 관하여 그 권리의 소멸을 승낙한 것을 증명하는 정보 또는 이에 대항할 수 있는 재판이 있음을 증명하는 정보를 첨부정보로서 등기소에 제공한 경우에는 甲 토지의 등기기록 중 그 권리에 관한 등기에 乙 토지에 대하여 그 권리가 소멸한 뜻을 기록하여야 한다(규칙 제76조 제3항).

소유권 외의 권리의 등기명의인이 甲 토지에 관하여 그 권리의 소멸을 승낙한 것을 증명하는 정보 또는 이에 대항할 수 있는 재판이 있음을 증명하는 정보를 첨부정보로서 등기소에 제공한 경우에는 乙 토지의 등기기록 중 해당 구에 그 권리에 관한 등기를 전사하고, 신청정보의 접수연월일과 접수번호를 기록하여야 한다. 이 경우 甲 토지의 등기기록 중 그 권리에 관한 등기에는 甲 토지에 대하여 그 권리가 소멸한 뜻을 기록하고 그 등기를 말소하는 표시를 하여야 한다(규칙 제76조 제4항).

제3항 및 제4항의 권리를 목적으로 하는 제3자의 권리에 관한 등기가 있는 경우에는 그 자의 승낙이 있음을 증명하는 정보 또는 이에 대항할 수 있는 재판이 있음을 증명하는 정보를 첨부정보로서 등기소에 제공하여야 한다(규칙 제76조 제5항).

제5항의 정보를 등기소에 제공한 경우 그 제3자의 권리에 관한 등기에 관하여는 제3항 및 제4항을 준용한다(규칙 제76조 제6항).

3. 토지의 합필등기

가. 의의

「공간정보관리법」상 토지의 합병은 지적공부에 등록된 2필지 이상을 1필지로 합하여 등록하는 것을 말한다(같은 법 제2조 제32호). 토지소유자가 토지를 합병하려면 지적소관청에 합병을 신청하여야 한다. 토지의 합병이 있는 경우와 등기사항(법 제34조)에 변경이 있는 경우에는 그 토지 소유권의 등기명의인은 그 사실이 있는 때부터 1개월 이내에 그 등기를 신청하여야 한다(법 제35조). 합필등기는 등기기록을 새로 개설할 수 없다. 등기기록을 개설하여 합필등기를 하였다면 그 등기는 무효이다.[918]

나. 일반적인 합필등기 절차

(1) 乙 토지의 등기기록

(가) 표제부: 甲 토지를 乙 토지에 합병한 경우에 **등기관**이 합필등기를 할 때에는, 乙 토지의 등기기록 중 표제부에 합병 후의 토지의 표시와 합병으로 인하여 甲 토지의 등기기록에서 옮겨 기록한 뜻을 기록하고, 종전의 표시에 관한 등기를 말소하는 표시를 하여야 한다(규칙 제79조 제1항).

(나) 갑구와 을구: 甲 토지를 乙 토지에 합병한 경우에 乙 토지의 등기기록 중 갑구에 甲 토지의

---

918) 대법원 1968. 2. 27. 선고 67다2309,67다2310 제1부 판결.

등기기록에서 소유권의 등기를 옮겨 기록하고, 합병으로 인하여 甲 토지의 등기기록에서 옮겨 기록한 뜻, 신청정보의 접수연월일과 접수번호를 기록하여야 한다(규칙 제80조 제1항).

甲 토지의 등기기록에 <u>지상권·지역권·전세권 또는 임차권의 등기</u>가 있을 때에는 乙 토지의 등기기록 중 을구에 그 권리의 등기를 옮겨 기록하고, 합병으로 인하여 甲 토지의 등기기록에서 옮겨 기록한 뜻, 甲 토지이었던 부분만이 그 권리의 목적이라는 뜻, 신청정보의 접수연월일과 접수번호를 기록하여야 한다(규칙 제80조 제2항).

제1항과 제2항의 경우에는 제78조 제4항을 준용하고, 모든 토지에 관하여 등기원인과 그 연월일, 등기목적과 접수번호가 같은 저당권이나 전세권의 등기가 있는 경우에는 제78조 제5항을 준용한다(규칙 제80조 제3항).

(2) 甲 토지의 등기기록

乙 토지의 등기절차를 마치면, 甲 토지의 등기기록 중 표제부에 합병으로 인하여 乙 토지의 등기기록에 옮겨 기록한 뜻을 기록하고, 甲 토지의 등기기록 중 표제부의 등기를 말소하는 표시를 한 후 그 <u>등기기록을 폐쇄하여야 한다(규칙 제79조 제2항).</u>

다. 토지 합필의 제한

(1) 합필의 제한

저당권과 같이 토지의 일부에 대하여는 성립할 수 없는 권리가 등기되어 있는 토지에 관하여 합필등기를 허용할 경우에는 그 권리가 합필 후 토지의 일부분에 존속하는 것으로 공시되는데, 1물1권주의의 취지에 어긋나고 공시의 혼란을 초래한다. 법은 위와 같은 결과를 방지하기 위하여 토지의 일부에 성립이 허용되는 권리 즉, 합필(合筆)하려는 토지에 **다음 각 호** 1. 소유권·지상권·전세권·임차권 및 승역지(承役地: 편익제공지)에 하는 지역권의 등기, 2. 합필하려는 모든 토지에 있는 등기원인 및 그 연월일과 접수번호가 동일한 저당권에 관한 등기, 3. 합필하려는 모든 토지에 있는 법 제81조 제1항 각 호의 등기사항이 동일한 신탁등기 **외의 권리에 관한 등기**가 있는 경우에는 합필의 등기를 할 수 없다(법 제37조 제1항). **등기관**이 위와 같은 등기의 신청이 있으면 각하하고 <u>그 사유를 지체 없이 지적소관청에 알려야 한다(법 제37조 제2항).</u>[919]

(2) 합필의 특례

(가) 의의: 합필등기를 엄격히 제한하는 경우 <u>대장상 합병되었더라도 합필등기 전에 합필제한 사유</u>

---

[919] 2020. 2. 4. 개정(시행 2020. 8. 5 법률 제16912호)으로 여러 개의 토지·건물에 등기사항이 동일한 <u>신탁등기</u>가 각각 마쳐진 경우 해당 토지·건물을 합필·합병하더라도 <u>신탁의 목적에 반하거나 신탁관계인의 이익을 해할 염려가 없으므로 합필·합병 제한사유에서 제외하였다.</u>

가 발생하면 합필등기를 할 수 없게 되고, 소유자가 해당 토지를 거래하기 위해서는 다시 분필을 해야 하는 불편이 따른다. 법은 위와 같은 사정을 고려해 합필의 특례에 관한 규정을 두고 있다.

「공간정보관리법」에 따른 토지합병절차를 마친 후 합필등기(合筆登記)를 하기 전에 합병된 토지 중 어느 토지에 관하여 **소유권이전등기**가 된 경우라 하더라도 이해관계인의 승낙이 있으면 해당 토지의 소유권의 등기명의인들은 합필 후의 토지를 공유(共有)로 하는 합필등기를 신청할 수 있다(법 제38조 제1항).920)

「공간정보관리법」에 따른 토지합병절차를 마친 후 합필등기를 하기 전에 합병된 토지 중 어느 토지에 관하여 법 제37조 제1항에서 정한 **합필등기의 제한 사유에 해당하는 권리에 관한 등기**가 된 경우라 하더라도 이해관계인의 승낙이 있으면 해당 토지의 소유권의 등기명의인은 그 권리의 목적물을 합필 후의 토지에 관한 지분으로 하는 합필등기를 신청할 수 있다. 다만, 요역지(要役地: 편익필요지)에 하는 지역권의 등기가 있는 경우에는 합필 후의 토지 전체를 위한 지역권으로 하는 합필등기를 신청하여야 한다(법 제38조 제2항).

(나) 토지합필의 특례에 따른 등기신청: 법 제38조에 따른 합필등기를 신청하는 경우에는 종전 토지의 소유권이 합병 후의 토지에서 차지하는 지분을 **신청정보**의 내용으로 등기소에 제공하고, 이에 관한 토지소유자들의 확인이 있음을 증명하는 정보를 **첨부정보**로서 등기소에 제공하여야 한다(규칙 제81조 제1항).

이해관계인이 있을 때에는 그 이해관계인의 승낙이 있음을 증명하는 정보를 **첨부정보**로서 등기소에 제공하여야 한다(규칙 제81조 제2항).

(다) 토지합필의 특례에 따른 등기: 법 제38조에 따라 합필의 등기를 할 때에는 제79조 및 제80조에 따른 등기를 마친 후 종전 토지의 소유권의 등기를 공유지분으로 변경하는 등기를 부기로 하여야 하고, 종전 등기의 권리자에 관한 사항을 말소하는 표시를 하여야 한다(규칙 제82조 제1항).

이해관계인이 있을 때에는 그 이해관계인 명의의 등기를 제1항의 공유지분 위에 존속하는 것으로 변경하는 등기를 부기로 하여야 한다(규칙 제82조 제2항).

4. 토지의 분필·합필등기

어느 토지의 일부를 분할하여 다른 토지에 합병한 경우에는 토지의 분필등기와 합필등기가 함께 이루어진다. 甲 토지의 일부를 분할하여 乙 토지에 합병한 경우 등기 방법은 다음과 같다.

---

920) 가령 甲 토지와 乙 토지가 대장상 합병되었으나 합필등기를 하기 전에 甲 토지에 대하여 제3자에게 소유권이전등기 등이 마쳐진 경우, **등기관**은 제3자 토지의 소유권에 관한 등기를 乙 토지의 갑구에 이기하고 그 등기가 제3자 토지이었던 부분만에 관한 것이라는 뜻과 신청서 접수연월일과 접수번호를 기록한 후, 이기된 제3자의 소유권에 관한 등기 및 乙 토지의 소유권에 관한 등기를 공유지분으로 변경하는 등기를 직권으로 실행한다.

가. 乙 토지의 등기기록

(1) **표제부**: 甲 토지의 일부를 분할하여 이를 乙 토지에 합병한 경우에 **등기관**이 분필 및 합필의 등기를 할 때에는 乙 토지의 등기기록 중 표제부에 합병 후의 토지의 표시와 일부합병으로 인하여 甲 토지의 등기기록에서 옮겨 기록한 뜻을 기록하고, 종전의 표시에 관한 등기를 말소하는 표시를 하여야 한다(규칙 제78조 제1항).

(2) **갑구와 을구**: 乙 토지의 등기기록 중 갑구에 甲 토지의 등기기록에서 소유권의 등기(법 제37조 제1항 제3호의 경우에는 신탁등기를 포함한다. 이하 이 조부터 제80조까지에서 같다)를 전사하고, 일부합병으로 인하여 甲 토지의 등기기록에서 전사한 뜻, 신청정보의 접수연월일과 접수번호를 기록하여야 한다(규칙 제78조 제2항).

甲 토지의 등기기록에 지상권·지역권·전세권 또는 임차권의 등기가 있을 때에는 乙 토지의 등기기록 중 을구에 그 권리에 관한 등기를 전사하고, 일부합병으로 인하여 甲 토지의 등기기록에서 전사한 뜻, 합병한 부분만이 甲 토지와 함께 그 권리의 목적이라는 뜻, 신청정보의 접수연월일과 접수번호를 기록하여야 한다(규칙 제78조 제3항).

소유권·지상권·지역권 또는 임차권의 등기를 전사하는 경우에 등기원인과 그 연월일, 등기목적과 접수번호가 같을 때에는 전사를 갈음하여 乙 토지의 등기기록에 甲 토지에 대하여 같은 사항의 등기가 있다는 뜻을 기록하여야 한다(규칙 제78조 제4항).

甲 토지와 乙 토지의 등기기록에 등기원인과 그 연월일, 등기목적과 접수번호가 같은 저당권이나 전세권의 등기가 있을 때에는 乙 토지의 등기기록 중 그 등기에 해당 등기가 합병 후의 토지 전부에 관한 것이라는 뜻을 기록하여야 한다(규칙 제78조 제5항).

나. 甲 토지의 등기기록

분필의 경우 甲 토지의 등기기록에 대하여 하는 등기방법과 같다.

Ⅳ. 토지의 멸실등기

토지의 멸실이란 토지의 함몰·포락 등으로 인하여 1필의 토지 전체가 물리적으로 소멸한 것을 말한다.

토지가 멸실된 경우에는 그 토지 소유권의 등기명의인은 **그 사실이 있는 때부터 1개월 이내에 그 등기를 신청**하여야 한다(법 제39조). 토지가 멸실되어 지적공부가 등록말소 되었음에도 불구하고 등기가 여전히 존재한다면 실재로도 존재하는 것으로 오인될 염려가 있기 때문에 멸실등기신청의무를 부과한 것이다. 멸실 사실이 있는 때라 함은 그 사실이 **지적공부에 기록된 때**를 말한다. 등기신청을 하지 않더라도 과태료는 부과하지 않는다.

법 제39조에 따라 토지멸실등기를 신청하는 경우에는 그 멸실을 증명하는 토지대장 정보나 임야대장 정보를 <u>첨부정보</u>로서 등기소에 제공하여야 한다(규칙 제83조).

등기관이 토지의 멸실등기를 할 때에는 등기기록 중 표제부에 멸실의 뜻과 그 원인을 기록하고 표제부의 등기를 말소하는 표시를 한 후 그 <u>등기기록을 폐쇄</u>하여야 한다(규칙 제84조 제1항).

멸실등기한 토지가 다른 부동산과 함께 소유권 외의 권리의 목적일 때에는 그 다른 부동산의 등기기록 중 해당 구에 멸실등기한 토지의 표시를 하고, 그 토지가 멸실인 뜻을 기록하며, 그 토지와 함께 소유권 외의 권리의 목적이라는 뜻을 기록한 등기 중 멸실등기한 토지의 표시에 관한 사항을 말소하는 표시를 하여야 한다(규칙 제84조 제2항). 이때 공동전세목록이나 공동담보목록이 있는 경우에는 그 목록에 하여야 한다(규칙 제84조 제3항).

멸실등기한 토지와 함께 소유권외의 권리의 목적인 토지가 다른 부동산의 소재지가 다른 등기소 관할일 때에는 **등기관**은 지체 없이 그 등기소에 부동산 및 멸실등기한 토지의 표시와 신청정보의 접수연월일을 통지하고(규칙 제84조 제4항), 통지를 받은 등기소의 **등기관**은 지체 없이 위의 등기를 실행한다(규칙 제84조 제5항).

제3절   건물의 표시에 관한 등기

Ⅰ. 의의

건물의 표시는 등기의 대상인 건물을 특정하는 역할을 한다. 건물은 <u>소재와 지번·건물번호·건물의 내역(구조·면적·용도)</u>에 의하여 특정된다.

등기사항으로 **등기관**은 <u>건물 등기기록의 표제부</u>에 다음 각 호 1. <u>표시번호</u>, 2. <u>접수연월일</u>, 3. **소재, 지번 및 건물번호**. 다만, 같은 지번 위에 1개의 건물만 있는 경우에는 **건물번호**는 기록하지 아니한다. 4. <u>건물의 종류, 구조와 면적</u>. 부속건물이 있는 경우에는 <u>부속건물의 종류, 구조와 면적</u>도 함께 기록한다. 5. <u>등기원인</u>, 6. <u>도면의 번호</u>[같은 지번 위에 여러 개의 건물이 있는 경우와 「집합건물법」 제2조 제1호의 구분소유권의 목적이 되는 건물(이하 '구분건물'이라 한다)인 경우로 한정한다]의 사항을 기록하여야 한다(법 제40조 제1항).

등기할 건물이 <u>구분건물</u>인 경우에 **등기관**은 법 제40조 제1항 제3호의 <u>소재, 지번 및 건물번호</u> 대신 <u>1동 건물의 등기기록의 표제부에는 **소재와 지번**, **건물명칭 및 번호**를 기록</u>하고 <u>전유부분의 등기기록의 표제부에는 **건물번호**를 기록</u>하여야 한다(법 제40조 제2항).

구분건물에 「집합건물법」 제2조 제6호의 <u>대지사용권으로서 건물과 분리하여 처분할 수 없는 것(이하 '대지권'이라 한다)</u>이 있는 경우에는 **등기관**은 제2항에 따라 기록하여야 할 사항 외에 <u>1동 건물의 등기기록의 표제부에 대지권의 목적인 토지의 표시</u>에 관한 사항을 기록하고 <u>전유부분의 등기기록의 표제부에는 대지권의 표시</u>에 관한 사항을 기록하여야 한다(법 제40조 제3항). **등기관**이 대지권등기를 하였을 때에는 직권으로 대지권의 목적인 토지의 등기기록에 소유권·지상권·전세권 또는 임차권이 대지권이라는 뜻을 기록하여야 한다(법 제40조 제4항).

II. 건물 표시의 변경등기

1. 등기절차의 개시

가. 신청에 의한 경우

법 제40조의 등기사항(소재, 지번 및 건물번호, 건물의 종류, 구조와 면적 등)에 변경이 있는 경우에는 그 건물 소유권의 등기명의인은 그 사실이 있는 때부터 1개월 이내에 그 등기를 신청하여야 한다(법 제41조 제1항).

구분건물로서 표시등기만 있는 건물에 관하여는 소유권보존등기를 신청할 수 있는 자(법 제65조 각호의 어느 하나에 해당하는 자)가 건물표시변경등기를 신청하여야 한다(법 제41조 제2항). 구분건물인 경우에 그 건물의 등기기록 중 1동 표제부에 기록하는 등기사항에 관한 변경등기(가령 아파트 명칭 변경)는 그 구분건물과 같은 1동의 건물에 속하는 다른 구분건물에 대하여도 변경등기로서의 효력이 있으므로(법 제41조 제4항), 구분건물의 소유명의인 중 1인이 신청하면 된다.

건물의 표시변경등기를 신청하는 경우에는 그 건물의 변경 전과 변경 후의 표시에 관한 정보를 신청 정보의 내용과 그 변경을 증명하는 건축물대장 정보를 첨부정보로서 등기소에 제공하여야 한다(규칙 제86조 제1항, 제3항).

나. 촉탁에 의한 경우

특별자치시장·특별자치도지사 또는 시장·군수·구청장은 다음 각 호 1. 지번이나 행정구역의 명칭이 변경된 경우, 2. 「건축법」 제22조에 따른 사용승인을 받은 건축물로서 사용승인 내용 중 건축물의 면적·구조·용도 및 층수가 변경된 경우, 3. 「건축물관리법」 제30조에 따라 건축물을 해체한 경우, 4. 「건축물관리법」 제34조에 따른 건축물의 멸실 후 멸실신고를 한 경우의 어느 하나에 해당하는 사유로 건축물대장의 기재 내용이 변경되는 경우(제2호의 경우 신규 등록은 제외한다) 관할 등기소에 그 등기를 촉탁하여야 한다. 이 경우 제1호와 제4호의 등기촉탁은 지방자치단체가 자기를 위하여 하는 등기로 본다(건축법 제39조 제1항).

다. 직권에 의한 경우

행정구역 또는 그 명칭의 변경이 있는 경우 **등기관**이 직권으로 하는 건물 표시의 변경등기는 토지의 경우와 같다.

2. 등기의 실행

건물표시에 관한 사항을 변경하는 등기를 할 때에는 종전의 표시에 관한 등기를 말소하는 표시를 하여야 한다(규칙 제87조 제1항).

신축건물을 다른 건물의 부속건물로 하는 등기를 할 때에는 주된 건물의 등기기록 중 표제부에 부속건물 신축을 원인으로 한 건물표시변경등기를 하고, 종전의 표시에 관한 등기를 말소하는 표시를 하여야 한다(규칙 제87조 제2항).

Ⅲ. 건물의 분할·구분·합병등기

1. 의의

건물의 분할(1개의 일반건물을 2개 이상의 건물로 나누는 것), 구분(건물을 나누어 2개 이상의 구분건물로 만드는 것), 합병(2개 이상의 건물을 1개의 건물로 합하는 것)이 있는 경우에는 그 건물 소유권의 등기명의인은 그 사실이 있는 때부터 1개월 이내에 그 등기를 신청하여야 한다(법 제41조 제1항).

2. 건물의 분할등기

甲 건물로부터 그 부속건물을 분할하여 이를 乙 건물로 한 경우에 **등기관**이 분할등기를 할 때에는 乙 건물에 관하여 등기기록을 개설하고, 그 등기기록 중 표제부에 건물의 표시와 분할로 인하여 甲 건물의 등기기록에서 옮겨 기록한 뜻을 기록하여야 한다(규칙 제96조 제1항).

乙 건물의 등기절차를 마치면 甲 건물의 등기기록 중 표제부에 남은 부분의 표시를 하고, 분할로 인하여 다른 부분을 乙 건물의 등기기록에 옮겨 기록한 뜻을 기록하며, 종전의 표시에 관한 등기를 말소하는 표시를 하여야 한다(규칙 제96조 제2항). 제1항의 경우에는 제76조 및 제77조를 준용한다(규칙 제96조 제3항).

3. 건물의 구분등기

가. 의의

건물의 구분은 두 가지의 경우, 즉, 구분건물이 아닌 甲 건물을 구분하여 甲 건물과 乙 건물로 하거나, 구분건물인 甲 건물을 구분하여 甲 건물과 乙 건물로 하는 경우이다.

나. 등기절차

(1) 구분건물이 아닌 甲 건물을 구분하여 甲 건물과 乙 건물로 한 경우에 **등기관**이 구분등기를 할 때에는 구분 후의 甲 건물과 乙 건물에 대하여 등기기록을 개설하고, 각 등기기록 중 표제부에 건물의 표시와 구분으로 인하여 종전의 甲 건물의 등기기록에서 옮겨 기록한 뜻을 기록하여야 한다(규칙 제97조 제1항).

이와 같은 절차를 마치면 종전의 甲 건물의 등기기록 중 표제부에 구분으로 인하여 개설한 甲 건물과 乙 건물의 등기기록에 옮겨 기록한 뜻을 기록하고, 표제부의 등기를 말소하는 표시를 한 후 그 등기기록을 폐쇄하여야 한다(규칙 제97조 제2항).

새로 개설한 甲 건물과 乙 건물의 등기기록 중 해당 구에 종전의 甲 건물의 등기기록에서 소유권과 그 밖의 권리에 관한 등기를 옮겨 기록하고, 구분으로 인하여 종전의 甲 건물의 등기기록에서 옮겨 기록한 뜻, 신청정보의 접수연월일과 접수번호를 기록하여야 하며, 소유권 외의 권리에 관한 등기에는 다른 등기기록에 옮겨 기록한 건물이 함께 그 권리의 목적이라는 뜻도 기록하여야 한다. 이 경우 규칙 제76조 제3항부터 제6항까지의 규정을 준용한다(규칙 제97조 제3항).

(2) 구분건물인 甲 건물을 구분하여 甲 건물과 乙 건물로 한 경우에는 등기기록 중 乙 건물의 표제부에 건물의 표시와 구분으로 인하여 甲 건물의 등기기록에서 옮겨 기록한 뜻을 기록하여야 한다(규칙 제97조 제4항).

이러한 절차를 마치면 甲 건물의 등기기록 중 표제부에 남은 부분의 표시를 하고, 구분으로 인하여 다른 부분을 乙 건물의 등기기록에 옮겨 기록한 뜻을 기록하며, 종전의 표시에 관한 등기를 말소하는 표시를 하여야 한다(규칙 제97조 제5항).

제4항의 경우에는 제76조 및 제77조를 준용한다(규칙 제97조 제6항).

4. 건물의 합병등기

가. 의의

건물의 합병에는 물리적으로 합병하는 합동(合棟)과 다른 등기기록의 건물을 부속건물로 하기 위해 이미 등기된 건물의 등기기록에 이기하는 법률상 합병이 있다.

나. 등기절차

甲 건물을 乙 건물 또는 그 부속건물에 합병하거나 乙 건물의 부속건물로 한 경우에 **등기관**이 합병등기를 할 때에는 규칙 제79조(토지합필등기) 및 제80조(토지합필등기)를 준용한다. 다만, 甲 건물이 구분건물로서 같은 등기기록에 乙 건물 외에 다른 건물의 등기가 있을 때에는 그 등기기록을 폐쇄하지 아니한다(규칙 제100조 제1항).

합병으로 인하여 乙 건물이 구분건물이 아닌 것으로 된 경우에 그 등기를 할 때에는 합병 후의 건물에 대하여 등기기록을 개설하고, 그 등기기록의 표제부에 합병 후의 건물의 표시와 합병으로 인하여 甲 건물과 乙 건물의 등기기록에서 옮겨 기록한 뜻을 기록하여야 한다(규칙 제100조 제2항). 이 경우에는 제80조(토지의 합필등기))를 준용한다(규칙 제100조 제4항).

이 절차를 마치면 甲 건물과 乙 건물의 등기기록 중 표제부에 합병으로 인하여 개설한 등기기록에 옮겨 기록한 뜻을 기록하고, 甲 건물과 乙 건물의 등기기록 중 표제부의 등기를 말소하는 표시를 한 후 그 등기기록을 폐쇄하여야 한다(규칙 제100조 제3항).

대지권을 등기한 건물이 합병으로 인하여 구분건물이 아닌 것으로 된 경우에 제2항의 등기를 할 때에는 대지권변경등기에 관한 절차(규칙 제93조)를 준용한다(규칙 제100조 제5항).

다. 합병 제한

토지의 합필이 제한되는 것과 마찬가지로, 건물의 경우에도 그 일부에 성립할 수 있는 권리 즉, 합병하려는 건물에 **다음 각 호** 1. 소유권·전세권 및 임차권의 등기, 2. 합병하려는 모든 건물에 있는 등기원인 및 그 연월일과 접수번호가 동일한 저당권에 관한 등기, 3. 합병하려는 모든 건물에 있는 법 제81조 제1항 각 호의 등기사항이 동일한 신탁등기 **외의 권리에 관한 등기가 있는 경우**에는 합병의 등기를할 수 없다(법 제42조 제1항).

등기관이 합병제한사유가 있음을 이유로 합병등기의 신청을 각하하면 지체 없이 그 사유를 건축물대장 소관청에 알려야 한다(법 제42조 제2항).

5. 건물의 분할·합병등기

甲 건물로부터 그 부속건물을 분할하여 乙 건물의 부속건물로 한 경우에 **등기관**이 분할 및 합병의 등기를 할 때에는 乙 건물의 등기기록 중 표제부에 합병 후의 건물의 표시와 일부합병으로 인하여 甲건물의 등기기록에서 옮겨 기록한 뜻을 기록하고, 종전의 표시에 관한 등기를 말소하는 표시를 하여야한다(규칙 제98조 제1항).

건물분할등기(규칙 제96조 제2항) 및 토지의 분필·합필등기[규칙 제78조 제2항부터 제6항(제6항 중 제75조제2항을 준용하는 부분은 제외한다)]까지의 규정을 준용한다(규칙 제98조 제2항).

6. 건물의 구분합병등기

甲 건물을 구분하여 乙 건물 또는 그 부속건물에 합병한 경우에 **등기관**이 구분 및 합병의 등기를할 때에는 규칙 제98조 제1항(건물의 분할·합병등기)을 준용한다(규칙 제99조 제1항).

이 경우에는 규칙 제97조제5항(건물의 구분등기) 및 제78조 제2항부터 제6항[토지의 분필·합필등기(제6

항 중 제75조 제2항을 준용하는 부분은 제외한다)]까지의 규정을 준용한다(규칙 제99조 제2항).

Ⅳ. 건물의 멸실등기

1. 의의

가. 원칙: (1) 건물의 멸실이란 건물의 소실, 파괴 등으로 인하여 사회통념상 건물이라고 할 수 없는 상태로 된 것을 말한다. 건물이 멸실된 경우에는 그 건물 소유권의 등기명의인은 그 사실이 있는 때부터 1개월 이내에 그 등기를 신청하여야 한다. 구분건물로서 표시등기만이 있는 건물의 경우에는 소유권의 등기명의인이 있을 수 없으므로 그 건물의 소유권보존등기를 신청할 수 있는 자가 멸실등기를 신청하여야 한다(법 제43조 제1항, 제41조 제2항). 그리고 구법에서는 건물멸실등기 신청의무를 게을리하였을 때에는 토지의 경우와 달리 과태료를 부과하였다(법 제112조). 2017. 10. 13. 시행 개정법에서는 건축물대장의 기재 내용이 변경되는 경우, 지방자치단체의 장이 관할등기소에 의무적으로 건물의 표시변경등기를 촉탁하는 내용으로 「건축법」이 개정됨에 따라, 건물의 분할·합병·구분·멸실 등 건물 표시 변경사유가 있는 때 건물의 소유자가 1월 이내에 그 등기신청을 하지 아니하면 과태료를 부과하는 규정을 삭제하였다.

(2) 그러나 건물이 멸실된 경우에만은 그 건물 소유권의 등기명의인은 그 사실이 있는 때부터 1개월 이내에 그 등기를 신청하도록 하는 규정을 남겨 놓았는데, 그 이유는 건물이 멸실되었는데도 불구하고 건물의 소유명의인이 멸실등기를 신청하지 아니하여 건물등기가 그대로 있는 경우 그 등기는 대지 소유자의 권리행사에 방해가 된다. 이렇게 멸실된 때부터 그 소유권의 등기명의인이 1개월 이내에 멸실등기를 신청하지 아니하면 그 건물대지의 소유자가 건물 소유권의 등기명의인을 대위하여 그 등기를 신청할 수 있다(법 제43조 제2항). 구분건물로서 그 건물이 속하는 1동 전부가 멸실된 경우에는 그 구분건물의 소유권의 등기명의인은 1동의 건물에 속하는 다른 구분건물의 소유권의 등기명의인을 대위하여 1동 전부에 대한 멸실등기를 신청할 수 있다(법 제43조 제3항).

(3) 만약 건물이 멸실된 것이 아니고 당초부터 존재하지 아니하는 건물에 대한 등기가 있을 때에는 그 소유권의 등기명의인은 지체 없이 그 건물의 멸실등기를 신청하여야 한다(법 제44조 제1항). 그 건물 소유권의 등기명의인이 멸실등기를 신청하지 아니하는 경우에는 건물대지의 소유자가 대위하여 신청할 수 있고(법 제44조 제2항, 제43조 제2항), 존재하지 아니하는 건물이 구분건물인 경우에는 일부 구분건물의 소유명의인이 다른 구분건물의 소유명의인을 대위하여 1동 전부에 대한 멸실등기를 신청할 수 있다(법 제44조 제3항, 제43조 제3항).

나. 등기상 이해관계인이 있는 건물의 멸실: 소유권 외의 권리가 등기되어 있는 건물에 대한 멸실등기의 신청이 있는 경우에 **등기관**은 그 권리의 등기명의인에게 1개월 이내의 기간을 정하여 그 기간까지 이의(異議)를 진술하지 아니하면 멸실등기를 한다는 뜻을 알려야 한다. 다만, 건축물대장에 건물

멸실의 뜻이 기록되어 있거나 소유권 외의 권리의 등기명의인이 멸실등기에 동의한 경우에는 알릴 필요가 없다(법 제45조 제1항). 통지할 경우에는 직권말소의 통지절차(법 제58조 제2항부터 제4항까지)를 준용한다(법 제45조 제2항).

2. 등기의 신청

법 제43조 및 법 제44조에 따라 건물멸실등기를 신청하는 경우에는 그 멸실이나 부존재를 증명하는 건축물대장 정보나 그 밖의 정보를 첨부정보로서 등기소에 제공하여야 한다(규칙 제102조).

3. 등기의 실행

등기관이 건물의 멸실등기를 할 때에는 등기기록 중 표제부에 멸실의 뜻과 그 원인 또는 부존재의 뜻을 기록하고 표제부의 등기를 말소하는 표시를 한 후 그 등기기록을 폐쇄하여야 한다. 다만, 멸실한 건물이 구분건물인 경우에는 그 등기기록을 폐쇄하지 아니한다(규칙 제103조 제1항).

대지권을 등기한 건물의 멸실등기로 인하여 그 등기기록을 폐쇄한 경우에는 대지권변경등기절차(규칙 제93조)를 준용한다(규칙 제103조 제2항).

그 밖의 경우에는 토지의 멸실등기(규칙 제84조 제2항부터 제5항까지)의 규정을 준용한다(규칙 제103조 제3항).

제2장 권리에 관한 등기 일반

제1절 개설

법상 권리에 관한 등기는 부동산의 표시에 관한 등기에 대응하는 개념으로 소유권, 용익권, 담보권, 신탁등기, 가등기, 가처분에 관한 등기, 촉탁등기 등으로 구분하였다.

제2절 권리에 관한 등기 통칙

Ⅰ. 등기사항

등기관이 갑구 또는 을구에 권리에 관한 등기를 할 때에는 다음 각 호 1. 순위번호, 2. 등기목적, 3. 접수연월일 및 접수번호, 4. 등기원인 및 그 연월일, 5. 권리자의 사항을 기록하여야 한다(법 제48조 제1항).

권리자에 관한 사항을 기록할 때에는 권리자의 성명 또는 명칭 외에 주민등록번호 또는 부동산등기 용등록번호와 주소 또는 사무소 소재지를 함께 기록하여야 한다(법 제48조 제2항).

법 제26조에 따라 법인 아닌 사단이나 재단 명의의 등기를 할 때에는 그 대표자나 관리인의 성명, 주소 및 주민등록번호를 함께 기록하여야 한다(법 제48조 제3항). 권리자가 2인 이상인 경우에는 권리 자별 지분을 기록하여야 하고 등기할 권리가 합유(合有)인 때에는 그 뜻을 기록하여야 한다(법 제48조 제4항).

Ⅱ. 등록번호의 부여절차

법 제48조 제2항에 따른 부동산등기용등록번호(이하 "등록번호"라 한다)는 다음 각 호의 방법에 따라 부여한다(법 제49조 제1항).

1. 국가·지방자치단체·국제기관 및 외국정부의 등록번호는 국토교통부장관이 지정·고시한다.

2. 주민등록번호가 없는 **재외국민**의 등록번호는 대법원 소재지 관할 등기소의 **등기관**이 부여하고, 법인의 등록번호는 주된 사무소(회사의 경우에는 본점, 외국법인의 경우에는 국내에 최초로 설치 등기를 한 영업소나 사무소를 말한다) 소재지 관할 등기소의 **등기관**이 부여한다.

3. 법인 아닌 사단이나 재단 및 국내에 영업소나 사무소의 설치 등기를 하지 아니한 외국법인의 등록번호는 시장(「제주특별자치도 설치 및 국제자유도시 조성을 위한 특별법」 제10조 제2항에 따른 행정시의 시장을 포함하며, 「지방자치법」 제3조 제3항에 따라 자치구가 아닌 구를 두는 시의 시장은 제외한다), 군수 또는 구청장(자치구가 아닌 구의 구청장을 포함한다)이 부여한다.

4. 외국인의 등록번호는 체류지(국내에 체류지가 없는 경우에는 대법원 소재지에 체류지가 있는 것으로 본다)를 관할하는 지방출입국·외국인관서의 장이 부여한다.

법 제49조 제1항 제2호에 따른 등록번호의 부여절차는 대법원규칙으로 정하고,[921] 제1항 제3호와 제4호에 따른 등록번호의 부여절차는 대통령령으로 정한다(법 제49조 제2항).[922]

Ⅲ. 권리소멸약정의 등기

권리소멸의 약정이란 등기원인인 법률행위에 해제조건 또는 종기 등을 붙인 것을 말한다. 가령 매수인에게 이전된 소유권이 일정한 기한의 도래(일정한 기일까지 대금의 지급이 없는 때) 또는 조건의 성취(매수인 사망)로 매도인에게 복귀한다는 약정이 매매계약서에 나타나 있는 것을 말한다. 이는 등기원인행위와 동일한 계약에서 부가되어야 하고 별개의 계약에 의한 권리소멸의 약정은 여기서의 등기대상이 아니다. 등기원인에 권리의 소멸에 관한 약정이 있을 경우 신청인은 그 약정에 관한 등기를 신청할 수 있다(법 제54조).

---

921) 「법인 및 재외국민의 부동산등기용등록번호 부여에 관한 규칙」(시행 2019. 7. 1. 대법원규칙 제2850호, 2019. 6. 4. 일부개정)을 말한다.
922) 「법인 아닌 사단·재단 및 외국인의 부동산등기용 등록번호 부여절차에 관한 규정」(시행 2018. 5. 10. 대통령령 제28870호, 2018. 5. 8., 타법개정)을 말한다.

제3장 소유권에 관한 등기

제1절 개설

소유권에 관한 등기는 ① 소유권의 보존 또는 이전, ② 등기명의인표시의 변경 또는 경정, ③ 소유권의 변경 또는 경정, ④ 소유권의 말소 또는 말소회복의 등기를 말하고, **등기관**이 이러한 등기를 하였을 때에는 지체 없이 그 사실을 토지의 경우에는 지적소관청에, 건물의 경우에는 건축물대장 소관청에 각각 알려야 한다(법 제62조).

등기관이 소유권의 보존 또는 이전의 등기(가등기)를 하였을 때에는 대법원규칙으로 정하는 바에 따라 지체 없이 그 사실을 부동산 소재지 관할 세무서장에게 통지하여야 한다(법 제63조).

제2절 소유권보존등기

I. 개설

소유권보존등기란 등기의 대상인 토지와 건물의 표시 및 소유권에 관한 사항을 최초로 등기하여 등기기록을 개설하는 것을 말한다. 보존등기는 소유권에만 인정되는 것으로서 미등기의 특정 부동산에 관하여 최초로 하는 등기이다. 이때 등기기록은 소유권의 객체인 1개의 부동산에 대하여 1등기기록을 사용한다(1부동산 1등기기록의 원칙, 법 제15조 제1항 본문).

소유권보존등기에도 다른 등기와 마찬가지로 등기원인(건물신축, 공유수면매립 등)이 있다. 하지만 이러한 원인을 등기기록에 기록하지 않는다. 즉, **등기관**이 소유권보존등기를 할 때에는 법 제48조 제1항 제4호에도 불구하고 등기원인과 그 연월일을 기록하지 아니한다(법 제64조).

보존등기는 권리변동과는 무관하나 등기신청이 단독으로 이루어지고 그 등기가 마쳐지면 이후의 권리변동은 모두 보존등기를 기초로 해서 행해지기 때문에 등기의 진정성에 대한 담보가 무엇보다 중요

하며 그 진정성의 내용은 부동산의 표시와 소유명의인의 정확성에 있기 때문에 토지대장 또는 임야대
장이나 건축물대장, 판결문 등 소유권증명서면을 신용성이 매우 높은 서면으로 한정하고(법 제65조),
등기신청 시 부동산의 표시를 증명하는 서면도 제출하도록 하고 있다(규칙 제121조 제2항). 소유권보
존등기를 신청할 수 있는 근거 법률로는 「부동산등기법」 외에도 「토지보상법」, 구 「부동산소유권이전
등기 등에 관한 특별조치법」이 있다.

Ⅱ. 토지의 소유권보존등기

1. 의의

토지의 소유권보존등기란 「민법」 제212조에 따른 토지에 대하여 최초로 등기기록을 개설하는 것을
말한다. 만약 동일 지번에 이미 등기된 토지가 있는 경우에 다시 그 토지에 관한 보존등기를 하는 것은
1부동산 1등기기록 원칙에 반하므로 기존의 등기가 실체관계와 일치하는지 여부를 불문하고 그 등기
를 말소하지 않고서는 새로운 보존등기를 할 수 없다.[923]

2. 토지의 소유권보존등기를 신청할 수 있는 자

미등기의 토지에 관한 소유권보존등기는 다음 각 호 1. 토지대장, 임야대장에 최초의 소유자로 등록
되어 있는 자 또는 그 상속인, 그 밖의 포괄승계인, 2. 확정판결에 의하여 자기의 소유권을 증명하는
자, 3. 수용(收用)으로 인하여 소유권을 취득하였음을 증명하는 자의 어느 하나에 해당하는 자가 신청
할 수 있다(법 제65조).

3. 직권보존등기

미등기 토지에 관하여 처분제한의 등기촉탁(경매개시결정에 의한 압류등기의 촉탁, 가압류의 등기
촉탁, 가처분의 등기촉탁 등)이 있는 경우, 해당 토지의 소유권보존등기가 되어 있지 않은 때에는 그
처분제한의 등기만을 할 수는 없다. 법 제66조는 이와 같은 경우 **등기관**이 직권으로 보존등기를 할
수 있게 하였다. 미등기토지의 처분제한의 등기촉탁을 하는 때에는 채무자가 소유자로 등록되어 있는
대장 등본이나 채무자가 소유자임을 증명하는 판결 등을 첨부하여야 한다.

---

923) 대법원 1980. 9. 30. 자 80마404 결정.

Ⅲ. 건물의 소유권보존등기

1. 의의

건물의 소유권보존등기란 등기능력 있는 건물에 대하여 처음으로 등기기록을 개설하는 것을 말하며, 등기능력 있는 건물이란 「건축법」상 건축물 중 정착성, 외기분단성(外氣分斷性), 용도성이 있는 것을 말한다. 건물의 소유권보존등기 역시 대장상 최초 소유자로 등록된 자의 신청에 따라 이루어지는 것이 원칙이다. 토지의 보존등기와 다른 점은 다음과 같다. ① 토지의 소유권보존등기신청에 있어 토지대장 상 최초의 소유자를 모르는 경우에는 국가를 상대로 소유권 확인을 받는데 반해, 건물의 소유권보존등 기신청의 경우에는 특별자치도지사, 시장, 군수 또는 자치구의 구청을 상대로 확인 판결을 받아야 한다. ② 토지의 경우 예외적으로 대장상 최초 소유자로 복구된 자나 "국"으로부터 소유권이전등록을 받은 경우에는 소유권보존등기신청이 가능하지만 건물의 경우에는 할 수 없다.

2. 건물의 소유권보존등기를 신청할 수 있는 자

미등기의 건물에 관한 소유권보존등기는 다음 각 호의 어느 하나에 해당하는 자가 신청할 수 있다 (법 제65조).

가. 건축물대장에 최초의 소유자로 등록되어 있는 자 또는 그 상속인, 그 밖의 포괄승계인(제 1호): 대장등본에 최초의 소유자로 등록되어 있는 자는 토지의 소유권보존등기신청에서와 같이 대장에 최초의 소유자로 등록되어 있는 자 및 그 상속인, 그 밖의 포괄승계인을 말한다.

미등기건물의 양수인은 건축물대장에 자기명의로 소유권이전등록이 되어 있는 경우에도 직접 소유권보존등기를 신청할 수 없고 최초의 소유자 명의로 보존등기를 한 다음 자기 명의로 소유권이전등기를 하여야 한다.[924] 따라서 건축물대장의 변동(이동)원인란이 공란으로 되어 있는 경우 그 소유자로 등록된 자가 폐쇄된 구 대장에 의하여 최초로 소유자로 등록된 사실을 증명하지 않는 한 대장상 변동 (이동)원인란이 공란으로 되어 있는 건축물대장 등본을 첨부하여서는 건물소유권보존등기를 신청할 수 없다.

나. 확정판결에 의하여 자기의 소유권을 증명하는 자(제2호) 및 수용(收用)으로 인하여 소유 권을 취득하였음을 증명하는 자(제3호)

(1) 토지의 경우 그 토지대장상 최초의 소유자가 누구인지를 모를 경우에는 국가를 상대로 소유권확인을 구하여야 한다. 반면에 건축물대장의 소유자표시란이 공란이거나 소유자표시에 일부누락이 있어 대장상의 소유자를 확정할 수 없는 미등기건물에 관하여는 국가를 상대방으로 하여 소유권확인의 판결을 받을 수 없고, 건축물대장의 비치관리업무의 소관청인 지방자치단체를 상대로 하여 소유권확인을 구하여야 한다.[925]

---

924) 대법원 1986. 9. 27. 자 86마696 결정.

확정판결에 의하여 자기의 소유권을 증명하는 자란 ① 미등기건물의 경우에는 건축물대장에 등록된 소유자 또는 대장 소관청인 특별자치도지사, 시장, 군수, 자치구구청장을 상대로 소유권확인판결을 받은 사람을 말한다. 이러한 판결을 받은 경우 판결과 함께 건축물대장 정보를 첨부하여야 소유권보존등기를 신청할 수 있다. ② 등기된 건물의 경우에는 소유권보존등기의 명의인을 상대로 소유권보존등기 말소판결을 받은 사람을 말하며, 이 경우에도 판결과 함께 건축물대장 정보를 첨부하여야 한다.

(2) 수용(收用)으로 인하여 소유권을 취득하였음을 증명하는 자는 토지에서와 같다.

다. 건물의 경우로 한정하여 특별자치도지사, 시장, 군수 또는 구청장(자치구의 구청장을 말한다)의 확인에 의하여 자기의 소유권을 증명하는 자(제4호): 법 제65조 제4호를 건물의 소유권보존등기를 신청할 수 있다고 규정한 것은 최소한 건축물대장은 생성되어 있음을 전제로 한 것이고, 당초 건축물대장이 생성되어 있지 않은 건물에 대하여 처음부터 위 확인에 의하여 소유권을 증명하여 소유권보존등기를 신청할 수 있다는 의미는 아니다. 법 제65조 제4호의 소유권을 증명하는 시장 등의 확인서에 해당하기 위해서는 시장 등이 발급한 증명서로서 다음 각 호 (1) 건물의 소재와 지번, 건물의 종류, 구조 및 면적 등 건물의 표시, (2) 건물의 소유자의 성명이나 명칭과 주소나 사무소의 소재지 표시의 요건을 모두 구비하여야 한다(등기예규 제1483호).

3. 건물의 직권보존등기

가. 요건

(1) **법원의 처분제한의 등기촉탁이 있을 것: 등기관**이 미등기건물에 대하여 법원의 촉탁에 따라 소유권의 처분제한의 등기를 할 때에는[926] 토지의 경우와 마찬가지로 직권으로 소유권보존등기를 하고, 처분제한의 등기를 명하는 법원의 재판에 따라 소유권의 등기를 한다는 뜻을 기록하여야 한다(법 제66조 제1항). 그러므로 법원의 재판에 기초한 처분제한의 등기촉탁이 아닌 체납처분에 의한 압류등기의 촉탁과 같은 때에는 **등기관**이 직권으로 보존등기를 할 수 없고, 이러한 때에는 세무서장이 「국세징수법 제45조 제3항에 의하여 대위로 보존등기를 촉탁하여야 할 것이다.

(2) **처분제한의 대상이 되는 미등기 부동산은 등기능력이 있을 것:** 처분제한의 대상 부동산은 등기능력이 있어야 한다. 등기능력이 없다면 그 부동산에 관한 보존등기를 할 수 없으므로, 해당 처분제한 등기의 촉탁은 법 제29조 제2호에 의하여 각하되어야 한다.

(3) **처분제한등기의 촉탁은 소유권에 관한 것일 것:** 소유권 외의 권리에 대한 처분제한등기의 촉탁이 있는 경우에는 직권으로 소유권보존등기를 할 수 없고, 소유권의 일부에 대하여 처분제한의 등기촉탁이 있는 경우에도 소유권보존등기를 직권으로 할 수 없다. 소유권의 다른 일부에 대하여는

---

925) 대법원 1995. 5. 12. 선고 94다20464 판결.
926) 법원의 처분제한의 등기의 예로는 ① 경매개시결정의 등기, ② 가압류등기, ③ 처분금지가처분등기, ④ 채무자회생법 제24조의 등기, ⑤ 임차권등기명령에 의한 주택임차권등기 및 상가건물임차권등기를 들 수 있다.

직권으로 보존등기를 할 수 있도록 하는 규정이 없고, 일부 지분에 대한 소유권보존등기는 허용되지 않기 때문이다.

나. 절차: **등기관**이 미등기건물에 대한 소유권보존등기를 하는 경우에는 법 제65조(소유권보존등기 신청인)를 적용하지 아니한다. 따라서 소유자임을 증명하는 서면이 건축물대장 등본이나 판결에 제한되는 것은 아니고 별도의 서면으로도 가능하다. 다만, 그 건물이「건축법」상 사용승인을 받아야 할 건물임에도 사용승인을 받지 아니하였다면 그 사실을 표제부에 기록하여야 한다(법 제66조 제2항). 법 제66조 제2항 단서에 따라 등기된 건물에 대하여「건축법」상 사용승인이 이루어진 경우에는 그 건물 소유권의 등기명의인은 1개월 이내에 같은 조 제2항 단서의 기록에 대한 말소등기를 신청하여야 한다(법 제66조 제3항).

제3절 소유권이전등기

I. 의의

부동산의 소유권이전등기는 어떤 사람에게 귀속되어 있던 소유권이 다른 사람에게 옮겨가거나 그 지위가 승계되는 때 이를 공시하기 위하여 하는 등기를 말한다.

「민법」은 법률행위(제186조)와 법률규정(제187조)에 의한 물권변동의 효력을 규정하여 **등기원인에 의해 소유권이전등기를 분류**할 수 있다. 또한 권리 발생의 형태에 따라 **"원시취득"**과 **"승계취득"**으로 구분할 수 있는데, **전자**는 **타인의 물권에 기하지 않고 특정인에게 새로이 물권이 발생하는 것**이고 **후자**는 **어떤 물권이 타인의 물권에 기해서 특정인에게 승계되는 것**이다. 승계취득은 다시 이전적 승계와 설정적 승계 또는 포괄승계와 특정승계로 나눌 수 있다.

이전적 승계는 전 소유명의인이 지니던 물권이 그 동일성을 유지하면서 현 소유명의인에게 그대로 승계되는 것이며, 설정적 승계는 담보물권·용익물권의 설정과 같이 소유권은 그대로 존속하면서 그 물권의 내용 중 일부가 승계되는 것이다. **"포괄승계"**란 **상속·포괄적 유증**927)과 같이 적극·소극 재산을 포괄하는 재산의 전부 또는 그 비율에 의한 승계가 하나의 취득원인에 의하여 일괄적으로 이루어지는 것을 말하며, **"특정승계"**는 매매·특정적 유증과 같이 하나의 취득원인에 의하여 개별적인 재산상 이익이 구체적으로 특정되어 취득되는 것을 말한다. 소유권이전등기는 등기원인이나 물권의 발생형태에 따른 구분 없이 공동신청이 원칙(법 제23조 제1항)이고, 단독신청은 상속·판결(법 제23조 제3항·제

---

927) **유증**이란 유언자가 유언에 의하여 재산을 수증자에게 무상으로 증여하는 단독행위를 말한다. 유증에 의하여 재산을 받는 자를 수증자라고 하며, 유증을 이행하는 상속인을 유증의무자(遺贈義務者)라고 한다. 유증은 자유이므로 (1) 재산의 전부 또는 일부를 그 비율액(유산의 몇 분의 몇)으로 증여하는 **포괄적 유증**과 (2) 특정한 재산을 증여하는 **특정한 유증**을 할 수 있으며, 수증자를 각각 **포괄적 수증자**(包括的 受贈者), **특정수증자**(特定受贈者)라고 한다. 또한 수증자에게 일정한 부담을 지우는 부담부유증도 가능하다.

4항)·수용(법 제99조 제1항)과 같이 법에 규정되어 있는 경우에만 허용된다.

이하에서는 권리 발생의 형태에 따라 <u>원시취득</u>(IV)과 승계취득으로 나누어 설명하되, 후자는 **포괄승계**(III)와 **특정승계**(II)로 나누어 설명하기로 한다.

II. 특정승계로 인한 소유권이전등기

1. 개설

특정승계로 인한 소유권이전등기는 <u>개별적인 부동산을 구체적으로 특정하여 이전하는 것</u>으로, 그 원인은 ① <u>매매 등 법률행위를 원인</u>으로 하는 소유권이전등기와 ② <u>경매</u>(민사집행법 제135조), <u>공매</u>(국세징수법 제77조), <u>자산유동화</u>에 따른 소유권이전등기(자산유동화법 제8조 제2항) 등과 같이 법률에 의한 소유권이전등기로 나눌 수 있다. 이하에서는 ① <u>매매 등 법률행위를 원인</u>으로 한 소유권이전등기, ② <u>공공용지 협의취득</u>으로 인한 소유권이전등기로 나누어 설명한다.

2. 매매 등 법률행위를 원인으로 한 소유권이전등기

법률행위를 원인으로 한 소유권이전등기로는 <u>매매·증여·사인증여·재산분할·양도담보·교환·법률행위(계약)의 해제·현물출자·대물변제 등</u>을 들 수 있다.[928]

---

928) ① **매매(증여)**의 경우 <u>등기원인은 "매매(증여)"</u>로 기재하고 등기원인일자는 통상적인 매매에 있어서는 매매계약이 성립한 날, 증여의 경우에는 증여계약 성립일이다. **등기관**이 「부동산거래신고법」 제3조 제1항에서 정하는 계약을 등기원인으로 한 소유권이전등기를 하는 경우에는 대법원규칙으로 정하는 바에 따라 <u>거래가액을 기록</u>한다(법 제68조).
② **사인증여**란 증여자와 수증자 간에 생전에 체결한 증여계약이 증여자의 사망에 의해 효력이 발생하는 것이고 등기원인은 "증여"로 기재하여야 하나 등기원인일자는 증여자의 사망일이다.
③ **재산분할**은 이혼을 한 자의 일방이 상대방에 대해 재산의 분할을 청구(민법 제839조의2 제1항, 제843조)하여 당사자 간에 재산분할에 관한 협의가 이루어진 때에는 그 협의에 의하며, 협의가 이루어지지 않은 때 또는 협의할 수 없을 때에는 가정법원의 협의에 대신하는 처분(민법 제839조의2 제2항)에 의하여 분할하는 것을 말하고 "재산분할"이 등기원인이며, 그 일자는 협의가 성립한 날을 기재하되 조정 또는 심판으로 인한 분할의 경우에는 그 조정이 성립한 날 또는 심판이 확정된 날이다.
④ **양도담보**는 채권의 담보목적으로 소유권 이전이라는 형식을 취하며, <u>등기원인은 "양도담보"</u>이며, 그 일자는 <u>양도담보계약의 성립일</u>이다.
⑤ **교환**은 당사자가 금전 외의 재산권을 상호 이전할 것을 약정하는 계약이다(민법 제596조). 등기원인은 "교환"이며, 그 일자는 교환계약의 성립일이다.
⑥ 매매 또는 증여로 인한 소유권이전등기가 경료된 후 그 <u>매매계약 또는 증여계약의 해제</u>가 있을 때, 원상회복의 방법으로 그 <u>소유권이전등기의 말소가 아닌 당사자가 **계약해제를 원인으로 한 소유권이전등기**</u>신청을 할 수 있다(등기예규 제1343호). 등기원인은 "합의해제(또는 해제)", 그 일자는 해제계약의 성립일이다.
⑦ **현물출자**란 금전 외의 재산을 목적으로 하는 출자로서 주식회사 설립의 경우 재산의 출자(상법 제290조 제2호), 신주발행의 경우에 있어서는 신주인수인의 재산출자(상법 제416조 제4호) 등을 말한다. 등기원인은 "<u>현물출자</u>"이고, 그 일자는 <u>출자계약의 성립일</u>을 기재한다.
⑧ **대물변제계약**이란 본래의 급부 목적물에 대신하여 다른 급부를 하여 채무를 소멸시키는 것을 말하는 것으로 <u>등기원인은 "대물변제"</u>이며, 그 일자는 <u>대물변제 계약의 성립일</u>이다.

3. 소유권 또는 부동산의 일부 이전

가. 소유권의 일부이전등기

(1) 의의

소유권의 일부이전이란 단독 소유자가 일부 지분을 이전하여 공유로 하거나, 공유지분 또는 공유지분의 일부를 이전하는 것을 말한다.

등기관이 소유권의 일부에 관한 이전등기를 할 때에는 이전되는 지분을 기록하여야 한다. 이 경우 등기원인에 공유자 사이의 공유물 불분할계약(「민법」 제268조 제1항 단서)의 약정이 있을 때에는 그 약정에 관한 사항도 기록하여야 한다(법 제67조 제1항). 제1항 후단의 약정의 변경등기는 공유자 전원이 공동으로 신청하여야 한다(법 제67조 제2항).

소유권의 일부에 대한 이전등기를 신청하는 경우에는 **이전되는 지분**을 신청정보의 내용으로 등기소에 제공하여야 한다. 이 경우 등기원인에 「민법」 제268조 제1항 단서의 약정이 있을 때에는 그 약정에 관한 사항도 신청정보의 내용으로 등기소에 제공하여야 한다(규칙 제123조).

(2) 등기 목적의 기재방법(등기예규 제1313호)

(가) 공유자인 甲의 지분을 전부 이전하는 경우 등기의 목적은 "甲지분 전부이전"으로 기재한다.

(나) 공유자인 甲의 지분을 일부 이전하는 경우

① 등기의 목적은 "甲지분 ○분의 ○중 일부(○분의 ○)이전"으로 기재하되, 이전하는 지분은 부동산 전체에 대한 지분을 명시하여 괄호안에 기재하여야 한다[甲지분 2분의 1중 2분의 1을 乙이 이전받는 경우 "甲지분 2분의 1중 일부(4분의 1)이전"]. ② 다만 이전하는 甲의 지분이 별도로 취득한 지분 중 특정순위로 취득한 지분 전부 또는 일부인 경우, 소유권이외의 권리가 설정된 지분인 경우, 가등기 또는 가압류 등 처분제한의 등기 등이 된 경우로써 이전되지 않는 지분과 구분하여 이를 특정할 필요가 있을 경우에는 이를 특정하여 괄호안에 기재하여야 한다["甲지분 ○분의 ○중 일부(갑구 ○번으로 취득한 지분전부 또는 일부 ○분의 ○, 을구 ○번 ○○권 설정된 지분 ○분의 ○, 갑구 ○번으로 가압류된 지분 ○분의 ○ 등)이전"].

(다) 같은 순위번호에 성명이 같은 공유자가 있는 경우

같은 순위번호에 있는 성명이 같은 공유자들 중 일부 공유자만이 그 지분 전부 또는 일부를 이전하는 경우에는 등기목적에 그 공유자를 특정할 수 있도록 다음 예시와 같이 해당 공유자의 주소를 괄호안에 기록하여야 한다["1번 홍길동지분 전부이전(갑구1번 홍길동의 주소 서울특별시 서초구 서초동 12)"].

(3) 공유자 지분의 기재방법(등기예규 제1313호)

공유자의 지분이전 등기시 각 공유자의 지분은 이전받는 지분을 기재하되, "공유자 지분 ○분의 ○"과 같이 부동산 전체에 대한 지분을 기재한다. 다만 수인의 공유자로부터 지분 일부씩을 이전받는 경

우에는 이를 합산하여 기재한다[甲지분 5분의 4중 2분의 1을 乙이 이전받는 경우 "공유자 지분 5분의 2(5분의 4×2분의 1)", 甲지분 5분의 2중 2분의 1과 乙지분 5분의 1중 2분의 1을 丁이 이전받는 경우 "공유자 지분 10분의 3(5분의 4×2분의 1+5분의 1×2분의 1)"].

나. 부동산의 일부이전등기

1개 부동산의 특정 부분에 대한 일부이전등기는 1물1권주의 원칙상 허용되지 않는다. 그러므로 그 등기 전에 분필등기 또는 구분등기가 선행되어야 한다(등기예규 제455호).

1필지의 토지의 특정된 일부에 대하여 소유권이전등기의 말소를 명하는 판결을 받은 등기권리자는 그 판결에 따라 토지의 분할을 명하는 주문기재가 없더라도 그 판결에 기하여 등기의무자를 대위하여 그 특정된 일부에 대한 분필등기절차를 마친 후 소유권이전등기를 말소할 수 있으므로 토지의 분할을 명함이 없이 1필지의 토지의 일부에 관하여 소유권이전등기의 말소를 명한 판결을 집행불능의 판결이라 할 수 없다(등기예규 제639호).

1필지의 토지 중 특정 일부에 대한 소유권이전등기절차를 이행하기로 한 화해조서가 작성된 후 그 부분을 대장상 분할하여 분필등기를 경료하고, 소유권이전등기를 신청하는 경우에는 화해조서상의 특정부분과 분필 후의 토지가 동일하다는 것을 소명하여야 할 것이며, 이를 위해서는 그 화해조서에서 이전등기할 토지를 특정하기 위하여 첨부한 도면(지적측량 성과도에 의하여 작성된)과 분할 전후의 토지가 표시된 지적도등본 및 토지대장등본 등을 첨부하여야 할 것이다(등기예규 제734호).

4. 공공용지 협의취득으로 인한 소유권이전등기

「토지보상법」에 의한 공익사업을 위하여 토지 등을 수용·사용할 수 있는 경우로서, ① 사업인정 전에 수용·사용절차에 의하지 않고 협의에 의해 토지 등을 취득하는 공공용지의 협의취득(같은 법 제14조 내지 제17조), ② 사업인정 이후 재결(裁決)로의 강제절차 전에 한 번 더 상대방의 협력을 구하는 협의성립으로 인한 수용(같은 법 제26조), ③ 그리고 재결(같은 법 제34조)을 규정하고 있다. ① 공공용지의 협의취득은 사업시행자가 토지등소유자의 협력을 바탕으로 이루어지는 사법상의 계약에 해당하므로 승계취득이다. 이에 반해 ② 사업인정 이후 협의성립으로 인한 수용(같은 법 제26조)은 관할 토지수용위원회로부터 협의성립의 확인을 받음으로 원시취득을 하게 되며 그 성질은 공법상계약에 해당한다. 한편 ② 협의성립으로 인한 수용과 ③ 재결은 원시취득에 해당하므로 후술하는 바와 같이 "원시취득에 의한 소유권이전등기"에서 설명하기로 한다.

공공용지의 협의취득을 원인으로 하는 소유권이전등기신청은 일반원칙에 따라 사업시행자와 등기의무자의 공동신청에 의하는 것이 원칙이나, 다만 사업시행자가 관공서일 때에는 촉탁에 의할 수 있다. 사업시행자 명의로의 권리이전의 등기원인은 "공공용지의 협의취득"으로 기재한다.

Ⅲ. 포괄승계로 인한 소유권이전등기

전술한 바와 같이 포괄승계란 상속·포괄적 유증과 같이 적극·소극 재산을 포괄하는 재산의 전부 또는 그 비율에 의한 승계가 피상속인 또는 유증자의 사망이라는 하나의 취득원인에 의하여 일괄적으로 이루어지는 것을 말하며, 법인의 분할·합병의 경우에도 마찬가지이다.

상속으로 인한 소유권이전등기에서 상속이라 함은 피상속인의 사망으로 그에게 속하였던 모든 재산상의 지위(다만 일신전속권은 제외)를 상속인이 포괄적으로 승계하는 것을 말하고(민법 제1005조), 상속의 원인인 사망에는 실종선고(민법 제27조)와 인정사망(가족관계등록법 제87조), 부재선고(부재선고법 제4조)도 포함된다. 이러한 상속으로 인한 부동산물권의 변동은 등기를 요하지 아니하므로 상속등기를 하지 않더라도 피상속인의 사망으로 법률상 당연히 상속인에게 이전된다. 그러나 이를 다시 처분하려면 상속으로 인한 물권의 취득을 등기하고 그 후에 처분에 따른 등기를 하여야 한다(민법 제187조). 상속이 개시되는 시점은 자연사망의 경우 현실로 사망이라는 사실이 발생한 때이고 「가족관계등록법」상의 사망신고가 행해진 때가 아니다.

유증으로 인한 소유권이전등기에서 유증이란 유언에 의하여 유언자의 재산 전부 또는 일부(재산상의 이익을 포함)를 특정인(수증자)에게 증여하는 것이다. 재산에는 적극재산을 증여하는 것에 한하지 않고 채무를 면제하는 것도 유증에 포함된다. 유증은 특정적 유증과 포괄적 유증으로 나뉜다. 유증은 상대방 없는 단독행위로서 수증자의 승낙을 요하지 아니하고 법정의 방식에 따라야 하며, 유언자가 사망하여야만 효력이 발생하는 사후행위이다. 유증은 재산의 무상공여라는 점에서 증여와 같으나 증여는 증여자와 수증자와의 계약에 의하여 이루어지는 점에서 단독행위인 유증과 다르다. 또한 유증은 재산의 사후처분이라는 점에서 사인증여와 같으나, 사인증여는 증여자와 수증자 간에 생전에 체결한 증여계약이 증여자의 사망에 의해 효력이 발생하는 점에서 단독행위인 유증과 다르다. 또한 포괄적 유증은 유증자의 사망으로 인하여 수증자가 그의 재산을 포괄적으로 취득한다는 점에서 상속과 매우 흡사하다. 상속은 피상속인이 사망하면 피상속의 재산이 상속인에게 당연히 이전됨에 반하여 유증은 유증자의 의사표시를 요건으로 한다는 점에서 본질적인 차이가 있다.

Ⅳ. 원시취득에 의한 소유권이전등기

1. 개설

원시취득은 타인의 물권에 기하지 않고 특정인에게 새로이 물권이 발생하는 것으로 수용에 의한 사업시행자의 권리취득이 있으며 이 밖에도 부동산의 시효취득 등을 들 수 있다.

2. 수용으로 인한 소유권이전등기

가. 개설

사업시행자는 수용에 의하여 수용개시일에 토지 또는 물건의 소유권을 취득하며 이와 동시에 그 토지나 물건에 관한 다른 권리는 소멸하게 된다(토지보상법 제45조). 수용으로 인한 소유권취득이 원시취득이라는 점을 고려하면 이미 등기된 부동산에 관하여도 종전 등기기록을 폐쇄하고 사업시행자를 위하여 새로이 보존등기를 하여야 할 것이나, 기존의 권리변동 과정을 그대로 나타내 주는 것이 등기부의 공시기능을 더 잘 살릴 수 있다는 점 등을 고려하여 법은 이미 등기된 부동산에 대하여는 종전 등기기록에 이전등기의 형식으로[929] 사업시행자가 단독으로 소유권이전의 등기를 신청할 수 있음을 규정하고 있다(법 제99조 제1항).

나. 수용의 등기절차

이하에서는 수용으로 인한 소유권이전등기 절차를 「공익사업을 위한 토지 등의 취득 및 보상에 관한 법률에 의한 등기사무처리지침」(등기예규 제1388호)을 중심으로 설명한다.

(1) 등기신청

수용으로 인한 등기는 소유권이전의 형식을 취하게 되므로 공동신청이 원칙이나, 수용으로 인한 사업시행자의 소유권취득은 등기의무자의 자유의사에 기한 것이 아니어서 그의 협력을 얻기가 어려울 뿐만 아니라 토지수용위원회의 재결서(또는 협의성립확인서)를 등기원인증서로 제출하게 되면 등기의 진정성을 해칠 염려가 없으므로 수용으로 인한 소유권이전등기는 법 제23조 제1항에도 불구하고 등기권리자가 단독으로 신청할 수 있다(법 제99조 제1항). 또한 사업시행자가 관공서인 경우에는 국가 또는 지방자치단체는 지체 없이 등기를 등기소에 촉탁하여야 하나(법 제99조 제3항, 등기예규 제1388호 3. 가. (1)단서), 사업시행자와 등기의무자가 공동신청을 할 경우 이를 수리하여도 무방하다. 등기원인은 "토지수용"으로, 원인일자는 "수용개시일"을 각각 기재한다. 토지수용위원회의 재결로써 존속(存續)이 인정된 권리가 있으면 이에 관한 사항을 신청정보의 내용으로 등기소에 제공하여야 한다(규칙 제156조 제1항). 수용으로 인한 소유권이전등기를 신청하는 경우에는 보상이나 공탁을 증명하는 정보를 첨부정보로서 등기소에 제공하여야 한다(규칙 제156조 제2항).

등기권리자(사업시행자)는 수용으로 인한 소유권이전등기를 신청을 하는 경우에 등기명의인이나 상속인, 그 밖의 포괄승계인을 갈음하여 부동산의 표시 또는 등기명의인의 표시의 변경이나 경정 또는 상속, 그 밖의 포괄승계로 인한 소유권이전의 등기를 「부동산등기법」 제28조에 의하여 대위신청할 수 있다(법 제99조 제2항). 이 경우 대위원인은 "○년 ○월 ○일 토지수용으로 인한 소유권이전등기청구

---

[929] 취득시효 완성에 따른 소유권이전등기의 청구도 원시취득이지만 보존등기가 아니라 이전등기의 형식을 취한다.

권"으로 기재하고, 대위원인을 증명하는 정보로 재결서등본 등을 첨부한다. 다만 소유권이전등기신청과 동시에 대위신청하는 경우에는 이를 원용하면 된다. 이는 신청서에 기재된 부동산의 표시가 등기기록과 저촉되거나(법 제29조 제6호), 신청서에 기재된 등기의무자의 표시가 등기기록과 부합하지 않으면(법 제29조 제7호) 각각 신청의 각하사유에 해당하므로 사업시행자로 하여금 대위로 표시변경 또는 소유권이전등기신청을 할 수 있도록 한 것이다.

(2) 등기의 실행

등기관이 수용으로 인한 소유권이전등기를 하는 경우 그 부동산의 등기기록 중 소유권, 소유권 외의 권리, 그 밖의 처분제한에 관한 등기가 있으면 그 등기를 직권으로 말소하여야 한다(법 제99조 제4항 본문). 수용으로 인한 소유권의 취득은 원시취득이므로 존속하는 등기 이외는 말소하는 것이 원칙이며, 수용으로 인한 소유권이전등기신청(촉탁)이 있을 경우에 **등기관**이 말소할 등기는 ① 수용개시일 이후에 경료된 소유권이전등기, ② 소유권 이외의 권리 즉, 지상권, 지역권, 전세권, 저당권, 권리질권 및 임차권의 등기, **다만, 그 부동산을 위하여 존재하는 지역권의 등기 또는 토지수용위원회의 재결로써 존속이 인정된 권리의 등기는 말소하지 않는다**(법 제99조 제4항 단서). ③ 가등기, 가압류 가처분, 압류 및 예고등기는 직권으로 말소한다.[930]

부동산에 관한 소유권 외의 권리의 수용으로 인한 권리이전등기에 관하여는 수용으로 인한 소유권 이전등기 규정(제1항부터 제4항까지)을 준용한다(법 제99조 제5항).

(3) 사업인정고시 후 소유자의 승계

사업인정의 고시와 **재결** 그리고 재결서에서 정한 **수용개시일** 사이에 시간의 간격이 있기 때문에 소유자의 변동이 생길 수 있는 바, 그런 경우 등기신청에 있어서는 다음과 같다.

(가) 사업인정 고시 후 재결 전에 소유권의 변동이 있는 경우: 사업인정 고시 후 재결 전에 소유권의 변동이 있었음에도 사업인정 당시의 소유자를 피수용자로 하여 재결하고 그에게 보상금을 지급(공탁)한 후 소유권이전등기를 신청한 경우에는 그 등기신청을 수리하여서는 아니 되며, 재결 당시의 소유자로 재결서상의 피수용자 명의를 경정재결을 하고 경정재결된 재결서상의 피수용자에게 보상금을 지급(공탁)한 후 소유권이전등기를 신청하여야 한다.

(나) 사업인정 고시 후 재결 전에 등기기록상 소유자가 사망한 경우: 사업인정 고시 후 **재결절차 진행 중**에 등기기록상 **소유자가 사망하여 상속등기가 경료**되었으나, 이를 간과하고 사망자를 피수용자로 하는 수용재결을 하고 그 사망자에게 보상금을 공탁하였으나 그 공탁금을 상속인들이 수령한 경우 또는 그 상속인에게 보상금을 지급(공탁)한 경우는, 재결서상의 피수용자를 상속인으로 하는 경정재결

---

930) 수용에 따른 등기 말소의 통지에 관해서는 제4장 등기절차/제2절 등기실행절차/Ⅵ. 등기완료 후의 절차/2. 각종 통지 등에서 전술하였다.

을 받을 필요 없이 수용에 의한 소유권이전등기를 신청(촉탁)할 수 있다.

다만 **상속등기가 경료되지 않은 채**, 피상속인의 소유명의로 등기가 되어 있는 경우에는 사업시행자는 대위에 의한 상속등기를 먼저 거친 후 소유권이전등기를 신청하여야 하며, 기업자가 관공서라 할지라도 취득세 및 국민주택채권은 상속인들이 직접 신청하는 경우와 동일하게 납부하여야 한다. 이때 **등기관**은 상속등기를 하지 아니한 채 소유권이전등기신청을 하는 경우에는 이를 수리하여서는 아니 된다. 이와 달리 사업인정 고시 전에 피상속인이 사망하였으나, 이를 간과하고 피상속인을 피수용자로 하는 수용재결을 한 경우에는 경정재결을 받아야 한다.

또한 수용의 대상인 토지의 등기기록상 **소유명의인이 수용재결 전 사망**하였으나, 그 상속인의 존부가 분명하지 아니하여 피공탁자를 사망한 자로 기재하여 공탁한 경우, 기업자는 공탁서 원본 및 재결서 등본과 함께 사망한 자의 상속인의 존부가 불분명함을 소명하는 서면(상속재산관리인선임서 또는 재적등본 등)을 첨부하여, 수용을 원인으로 망자 명의로부터 곧바로 기업자 명의로 소유권이전등기를 신청할 수 있다.

(다) 재결 후 수용개시일 전에 소유권의 변동이 있는 경우: 재결 후 수용개시일 전에 소유권이 변동된 경우에는 사업시행자는 보상금의 지급 또는 공탁을 조건부로 하여 수용개시일에 권리를 취득하지만, 재결이 있게 되면 그로써 수용절차는 형식적으로 종결되므로, 재결 당시의 등기기록상 소유자를 재결서에 기재할 수밖에 없을 것이고, 따라서 재결서상의 피수용자에게 공탁을 한 후, 그 공탁서와 재결서를 첨부하여 등기를 촉탁할 수 있다고 하여야 할 것이다.

다만 이 경우에도 신청서상의 등기의무자는 수용개시일 당시의 등기기록상의 등기명의인(재결서상의 피수용자의 승계인)을 표시할 수밖에 없다고 할 것이며, 따라서 등기원인증서상의 명의인(피수용자)과는 부합되지 않게 되나, 이는 어쩔 수 없는 것으로서 법 제29조 제8호의 각하사유에 해당하지는 않는다고 해야 한다. 가령 토지소유자인 甲을 피수용자로 하는 수용재결을 하고 甲에게 보상금을 지급(공탁)하였으나 수용개시일 전에 甲에서 乙로의 소유권이전등기가 경료된 경우에는 사업시행자는 재결서를 경정할 필요 없이 乙을 등기의무자로 하고 위 재결서등본과 보상금지급증명서(공탁서원본)를 첨부하여, 토지수용을 원인으로 하는 소유권이전등기를 촉탁할 수 있다.

마찬가지로 미등기토지에 대한 수용재결이 있은 후 위 수용에 따른 보상금을 공탁한 경우 사업시행자는 위 토지에 대하여 자신 명의의 소유권보존등기를 신청할 수 있다. 다만, 이러한 사업시행자 명의의 소유권보존등기가 경료되기 전에 제3자가 「부동산소유권 이전등기 등에 관한 특별조치법」에 의하여 소유권보존등기를 경료하였다면, 사업시행자는 위 소유권보존등기를 신청할 수는 없고, 위 공탁서 원본 및 재결서등본을 첨부하여 그 제3자를 등기의무자로 하여 토지수용을 원인으로 한 소유권이전등기를 신청하여야 한다(등기선례 제200710-2호).

(라) 수용개시일 이후에 소유권의 변동이 있는 경우: 사업시행자는 수용개시일에 토지에 관한 권리를 원시취득하게 되므로, 수용개시일 이후에 등기기록상 소유권이전등기가 경료된 경우 그 취득자는 사업시행자에게 그 소유권의 이전을 대항할 수 없어 **등기관**이 그 소유권이전등기를 직권으로 말소하게

된다(법 제99조 제4항).

(4) 재결의 실효를 원인으로 한 소유권이전등기의 말소신청

수용재결로 인한 소유권이전등기가 경료되었으나 그 후 토지수용재결의 실효를 원인으로 하는 토지수용으로 인한 소유권이전등기의 말소의 신청은 수용에 의한 단독신청과 달리 등기의무자와 등기권리자가 공동으로 신청하여야 하며, 신청에 의하여 토지수용으로 인한 소유권이전등기를 말소한 때에는 **등기관**은 토지수용으로 말소한 등기를 직권으로 회복하여야 한다(등기예규 제1388호 3. 마.). 가령 소유권이전청구권보전의 가등기가 토지수용을 원인으로 말소되고, 토지수용으로 인한 소유권이전등기가 사업시행자 명의로 경료된 후에 토지수용(재결)이 실효되었다면, 수용으로 인한 소유권이전등기는 신청에 의하여 말소하여야 하고, 말소된 가등기는 위 소유권이전등기를 말소할 때 **등기관**이 직권으로 회복하여야 하는 것이다.

제4절 환매 및 특약사항의 등기

Ⅰ. 환매에 관한 등기

1. 개설

「민법」은 환매권의 유보를 등기사항으로 규정하고 있는데(민법 제592조), 이를 환매특약등기(환매권등기)라고 한다. 매도인은 환매권을 행사하여 매매목적물에 대하여 환매를 원인으로 한 소유권이전등기를 신청할 수 있다.

한편 「토지보상법」 등 특별법에서는 국가 등 공공기관이 공익사업 시행을 위하여 개인의 재산을 수용하였으나 그 후 수용의 목적이 소멸하여 국가 등이 그 재산을 계속 보유할 필요가 없는 경우 원소유자가 환매권을 행사하여 환매등기를 할 수 있는 규정을 두고 있다(토지보상법 제91조 등). 그러나 이러한 환매권은 「민법」상의 환매특약등기와는 달리 특별법상 등기사항으로 규정하고 있지 않기 때문에 환매특약등기를 할 수 없으나, 법률의 규정에 의한 환매권 행사의 요건이 발생한 경우 환매권을 행사하여 환매등기를 신청할 수 있다.

2. 환매특약등기

가. 의의

환매란 매도인이 매매계약과 동시에 환매할 권리(환매권)를 유보한 경우 일정한 기간 내에 그 환매권을 행사함으로써 매매목적물을 되찾는 것을 말한다(민법 제590조). 매매의 목적물이 부동산인 경우 환매권 유보의 특약이 있다면 매매로 인한 소유권이전등기신청과 동시에 환매특약등기를 신청하여야 한다(민법 제592조, 법 제53조). 환매특약등기를 한 때에는 그 때부터 제3자에 대항할 수 있으므로(민법 제592조) 이후 환매권자인 매도인은 제3취득자에게 직접 환매권을 행사할 수 있고, 환매특약등기 후에 제3자 앞으로 설정된 저당권, 질권, 지상권 등에 대해서도 환매권 행사를 이유로 그 등기의 말소를 청구할 수 있다.

그러나 환매특약등기에 부동산처분금지의 효력이 인정되어 있는 것은 아니므로 환매특약등기가 경료된 이후에도 매수인은 제3취득자에게 부동산을 전매하고 그에 따른 소유권이전등기를 신청할 수 있다(등기선례 제5-396호). 한 필지 전부를 매매의 목적물로 하여 매매계약을 체결함과 동시에 그 목적물소유권의 일부 지분에 대한 환매권을 보류하는 약정은 「민법」상 환매특약에 해당하지 않으므로 이러한 환매특약등기신청은 할 수 없다(등기선례 제201111-3호).

나. 환매특약등기 신청절차

환매특약등기는 매매로 인한 소유권이등기신청의 경우와는 반대로 매도인을 등기권리자, 매수인을 등기의무자로 하여 공동신청을 하여야 하고, 환매권자는 매도인에 한정되므로 제3자를 환매권자로 하는 환매특약등기를 할 수 없다.

등기관이 환매특약의 등기를 할 때에는 다음 각 호 1. 매수인이 지급한 대금, 2. 매매비용, 3. 환매기간을 기록하여야 한다. 다만, 제3호는 등기원인에 그 사항이 정하여져 있는 경우에만 기록한다(법 제53조). **환매기간은 임의적 등기사항**이므로 그 약정이 없는 때에는 이를 기재하지 않는다. 환매기간은 부동산은 5년, 동산은 3년을 넘지 못한다. 약정기간이 이를 넘는 때에는 부동산은 5년, 동산은 3년으로 단축한다(민법 제591조 제1항).

3. 환매권의 변동에 따른 등기절차

환매권도 하나의 재산권으로서 그 양도성이 인정되므로 환매권이 이전된 경우에는 그에 따른 이전등기와 환매권에 변경사유나 말소사유가 발생할 경우에는 그 변경등기나 말소등기를 할 수 있다.

4. 환매권의 행사에 따른 환매등기

환매권을 행사하면 환매등기가 이루어지는데, 이하에서는 환매권행사에 따른 등기신청절차를 「환매권행사에 따른 등기사무처리지침」(등기예규 제1359호)을 중심으로 아래 각주에서 설명하였다.

가. 환매권부매매에 의한 환매특약의 등기가 있는 경우 그 환매권의 행사로 인한 소유권이전등기: (1) 환매권부매매의 매도인이 등기권리자, 환매권부매매의 매수인이 등기의무자가 되어 환매권

행사로 인한 소유권이전등기를 공동으로 신청한다. 다만 환매권부매매의 매도인으로부터 환매권을 양수받은 자가 있는 경우에는 그 양수인이 등기권리자가 되고, 환매권부매매의 목적 부동산이 환매특약의 등기 후 양도된 경우에는 그 전득자(현재 등기기록상 소유명의인)가 등기의무자가 된다.

(2) 위 소유권이전등기의 등기원인은 "환매"로 하고 환매의 의사표시가 상대방에게 도달한 날을 등기원인일자로 한다.

(3) 다만 아래 "나항 단서"의 규정에 의하여 환매특약의 등기를 말소할 수 없는 경우에는 환매권 행사로 인한 소유권이전등기를 할 수 없다.

나. 환매특약의 등기의 말소: 등기관은 위 "가항"의 규정에 의하여 환매권의 행사로 인한 소유권이전등기를 할 때에는 직권으로 환매특약의 등기를 말소하여야 한다. 다만 환매권에 가압류, 가처분, 가등기 등의 부기등기가 경료되어 있는 경우에는 그 등기명의인의 승낙서 또는 이에 대항할 수 있는 재판서의 등본이 첨부되어 있지 아니하면 환매특약의 등기를 말소할 수 없다.

다. 환매특약의 등기 이후에 경료된 소유권 이외의 권리에 관한 등기의 말소: 환매특약의 등기 이후 환매권 행사 전에 경료된 제3자 명의의 소유권 이외의 권리에 관한 등기의 말소등기는 일반원칙에 따라 공동신청에 의하고, 그 말소등기의 원인은 "환매권행사로 인한 실효"로 기록한다.

Ⅱ. 특별법에 의한 특약사항의 등기할 수 있는 경우[931]

특별법에 의한 특약사항, 금지사항 등은 그러한 사항을 등기할 수 있다는 <u>법령상의 근거가 있어야만</u> <u>이를 등기</u>할 수 있다. 아래 각주에서는 「특별법에 의한 특약사항 등의 등기에 관한 예규」(등기예규 제1617호)를 중심으로 등기할 수 있는 특약에 관하여 설시하였다.

---

[931] 참고로 소개한 내용이다.

가. 「국유재산법」에 의한 국유재산 양여 등에 따른 특약등기

(1) 「국유재산법」 제49조의 규정에 의하여 국유재산을 용도를 지정하여 매각하고 소유권이전등기를 하는 경우, "「국유재 산법」 제52조 제3호 사유가 발생한 때에는 당해 매매계약을 해제한다."는 내용의 특약사항은 「국유재산법 시행령」 제53조 제3항의 규정에 의하여 이를 등기할 수 있다.

(2) 「국유재산법」 제55조 제1항 제1호의 규정에 의하여 국유재산을 양여하고 소유권이전등기를 하는 경우, "「국유재산법」 제55조 제2항의 사유가 발생한 때에는 당해 양여계약을 해제한다."는 내용의 특약사항은 「국유재산법 시행령」 제59조 의 규정에 의하여 이를 등기할 수 있다.

(3) 특약등기의 말소 위 (1) 또는 (2)에 따라 등기된 특약사항이 그 효력을 상실한 경우, 현재의 소유권의 등기명의인은 소관청의 확인서 등 위 특약의 효력이 상실하였음을 증명하는 서면을 첨부하여 특약등기의 말소를 신청할 수 있다. 다만, 그 양여 부동산의 반환, 원상회복 및 손해배상 등에 관한 사항은 이를 등기할 수 없다.

나. 「공유수면 관리 및 매립에 관한 법률」 제46조 제2항 및 같은 법 제35조 제5항의 규정에 의하여 매립지에 대한 소유권 보존등기 시 소유권행사의 제한의 부기등기

다. 「주택법」 제61조 제3항에 따른 금지사항의 부기등기

라. 「주택법」 제64조 제4항에 따른 금지사항의 부기등기

마. 「한국주택금융공사법」 제43조의7 제2항에 따른 금지사항의 부기등기

바. 「한강수계 상수원수질개선 및 주민지원 등에 관한 법률」 제11조의2 , 「금강수계 물관리 및 주민지원 등에 관한 법률」 제21조의2 , 「낙동강수계 물관리 및 주민지원 등에 관한 법률」 제23조의2 , 「영산강·섬진강수계 물관리 및 주민지원 등에 관한 법률」 제21조의2에 따른 금지사항 부기등기

아. 「주차장법」 제19조의20에 따른 부기등기

사. 「농어업경영체 육성 및 지원에 관한 법률」 제7조의2에 따른 금지사항 부기등기

자. 「공공주택 특별법」 제49조의6 제6항에 따른 공공분양주택의 공급계약 해제 또는 소유권 재취득 특약의 부기등기

차. 「공유재산법」에 따른 공유재산의 양여계약 또는 매매계약 해제특약의 부기등기

카. 「보조금 관리에 관한 법률」 제35조의2 제1항에 따른 금지사항 등의 부기등기

제4장 용익권(用益權)에 관한 등기

제1절 개설

타인의 부동산을 **일정한 목적과 범위 내에서 사용·수익**할 수 있는 제한물권을 용익물권이라 한다. 「민법」상 용익물권에는 지상권·지역권·전세권이 있다. 용익물권은 법률행위나 법률의 규정에 의하여 성립하는 것이 일반적이나, 관습법상의 법정지상권과 같이 판례에 의해 인정되는 경우도 있다. 한편 임차권은 채권이지만 법 제3조에서 등기할 사항으로 규정하고 있고 등기된 임차권(민법 제621조)은 제3자에게 대항할 수 있다는 점에서 용익물권과 유사하므로 이 장에서 설명하기로 한다.

제2절 지상권에 관한 등기

Ⅰ. 지상권의 의의

지상권은 타인 소유의 토지에 건물 그 밖의 공작물이나 수목을 소유하기 위하여 그 토지를 사용할 수 있는 물권이다(민법 제279조). 지상권의 취득은 법률행위에 의한 취득(민법 제186조)과 법률의 규정(민법 제187조)에 의한 취득이 있으며, 전자는 법률행위에 의한 물권변동으로 등기를 하여야 한다. 후자에 의한 것이 법정지상권과 관습법상 법정지상권이 있으며 등기를 요하지 않는다.

지상권은 타인의 토지에 대한 권리이다. 따라서 지상권과 토지소유권이 동일인에게 귀속하면 그 지상권은 혼동으로 소멸한다. 지상권의 객체인 토지는 1필의 토지임이 원칙이나, 1필의 토지의 일부라도 무방하다(법 제69조 제6호, 규칙 제126조 제2항).

지상권은 그 효력이 미치는 범위에 따라 통상의 지상권과 구분지상권으로, 취득 형태에 따라 당사자의 계약에 의한 약정지상권과 법률의 규정 또는 관습법에 의한 법정지상권으로 구분할 수 있다. 판례에 의하여 인정되는 분묘기지권도 관습법상의 법정지상권의 일종이지만, 분묘기지권은 분묘 자체가 공시기능을 하므로 등기가 필요 없다.

Ⅱ. 지상권등기절차

1. 지상권설정등기

가. 신청인

지상권을 취득하는 자가 등기권리자(지상권자), 토지소유자가 등기의무자(지상권설정자)가 되어 공동으로 신청하여야 한다.

나. 신청정보

등기관이 지상권설정의 등기를 할 때에는 법 제48조 제1항에서 규정한 사항(1. 순위번호, 2. 등기목적, 3. 접수연월일 및 접수번호, 4. 등기원인 및 그 연월일, 5. 권리자) 외에 다음 각 호 1. **지상권설정의 목적**, 2. **범위**, 3. <u>존속기간</u>, 4. <u>지료와 지급시기</u>, 5. <u>「민법」 제289조의2 제1항 후단의 약정</u>,932) 6. **지상권설정의 범위가 토지의 일부인 경우에는 그 부분을 표시한 도면의 번호**의933) 사항을 기록하여야 한다. 다만, <u>제3호부터 제5호까지는 등기원인에 그 약정이 있는 경우에만 기록한다</u>(법 제69조). 지상권설정의 등기를 신청하는 경우에는 법 제69조 제1호부터 제5호까지의 등기사항을 <u>신청정보의 내용으로 등기소에 제공하여야 한다</u>(규칙 제126조 제1항).

(1) 필수적 기재사항

지상권설정등기신청서에는 부동산의 표시, 신청인의 성명 또는 명칭과 주소, 등기원인과 그 연월일 등과 같이 규칙 제43조 제1항에서 정한 일반적인 기재사항 외에 지상권설정의 목적과 범위를 기재하여야 한다(법 제69조, 규칙 제126조 제1항).

(가) 지상권설정의 목적: 지상권은 타인의 토지위에 <u>건물 그 밖의 공작물이나 수목을 소유하기 위한</u> 것이므로 그 목적을 명확히 기재해야 한다. 이는 지상권의 최단 기간이 견고한 건물의 소유를 목적으로 하는 경우와 그 밖의 건물의 소유를 목적으로 하는 경우에 따라 다르기 때문이다(민법 제280조,

---

932) 「민법」 제289조의2(구분지상권) ① 지하 또는 지상의 공간은 상하의 범위를 정하여 건물 기타 공작물을 소유하기 위한 지상권의 목적으로 할 수 있다. 이 경우 설정행위로써 지상권의 행사를 위하여 토지의 사용을 제한할 수 있다.

933) 물권법의 일물일권주의는 하나의 물건 위에는 내용상 병존(양립)할 수 없는 물권은 하나만 성립할 수 있다는 원칙을 말한다. 일물일권주의의 원칙상 물건의 일부 또는 다수의 물건 위에 하나의 물권이 성립할 수 없으나, 1필의 토지의 일부는 분필절차를 밟기 전에는 양도하거나 제한물건을 설정할 수 없다. 그러나 용익물권은 분필절차를 밟지 않아도 1필의 토지의 일부 위에 설정할 수 있는 예외적인 경우가 있는데, 이에 따라 **법 제69조(지상권), 제70조(지역권), 제72조(전세권)에서는 그 부분을 표시한 도면의 번호**를 등기하도록 하고 있다.

제281조). 건물의 소유를 목적으로 하는 경우에는 "철근콘크리트조 건물의 소유", "목조건물의 소유" 등과 같이 구체적으로 표시해야 하고 단지 "건물의 소유"라 표시하여서는 안 된다.

지상권 설정의 목적이 되는 공작물이란 교량, 도로, 도랑, 연못, 우물, 동상, 탑(광고탑, 방송통신탑 등), 터널, 지하철, 고가도로, 파이프관 그 밖의 지상 및 지하의 인공적 건축물 내지 설비(시설물)를 말한다.

(나) 지상권설정의 범위: 지상권은 1필의 토지 전부에 설정등기를 할 수 있을 뿐만 아니라 일부에 대하여서도 지적도면을 첨부하여 설정등기를 할 수 있다(규칙 제126조 제2항).[934] 통상의 지역권은 그 목적범위 내에서 사용가능한 지표의 상하 전부에 효력이 미치지만, 구분지상권은 토지의 수직적 일부에 대하여 효력이 미친다(민법 제289조의2). 지상권의 범위가 일필의 토지의 전부인 때에는 "토지의 전부"라 기재하고 일필의 토지의 일부인 때에는 "동측 100m"와 같이 어느 부분인가를 명확히 기재하여야 한다.

구분지상권이 이미 설정되어 있는 토지에 통상의 지상권을 추가로 설정할 수 있는지 여부에 대하여는 기존 구분지상권자의 승낙을 증명하는 정보(인감증명 포함)를 첨부정보로 제공하여 통상의 지상권 설정등기를 신청할 수 있다(등기선례 제201407-2호).

(2) 임의적 기재사항

지상권설정등기를 신청하는 경우에는 설정계약서에 존속기간, 지료 및 지급시기에 관한 약정이 있는 때에는 신청서에 기재하여야 한다(법 제69조, 규칙 제126조 제1항).

(가) 존속기간: 「민법」은 지상권자를 보호하기 위하여 지상권의 설정목적에 따라 지상권의 최단기간을 규정하고 있으므로(민법 제280조) 이에 반하는 지상권설정 계약은 강행법규 위반으로 무효이고, 「민법」 제280조에 따른 기간까지 효력을 갖게 된다. 그러나 이보다 긴 기간을 존속기간으로 하는 약정은 유효하므로 존속기간은 100년, 120년 또는 그보다 장기로 하는 등기도 경료할 수 있고, 존속기간을 불확정기간으로 정할 수도 있다(등기예규 제1425호 1.). 다만, 지상권의 최단기간의 보장에도 불구하고 등기신청 시 그 존속기간을 「민법」 제280조 제1항 각호의 최단기간보다 단축한 기간을 기재한 경우 **등기관**은 실질적인 심사권이 없으므로 신청서 기재대로 수리해야 한다(등기예규 제1425호 2.).

(나) 지료 및 지급시기: 지료는 지상권의 요소는 아니지만 토지의 사용대가로서 지료 지급을 약정하여 그러한 약정이 설정계약서에 표시되었다면 신청서에 기재해야 한다(규칙 제126조 제1항). 지료는 반드시 금전으로 정하지 않아도 되고, 그 시기는 정기 또는 일시라도 무방하므로 "매월 말일" 또는 "12월 말일" 등과 같이 표시한다.

다. 첨부정보: 지상권설정의 범위가 부동산의 일부인 경우에는(법 제69조 제6호) 그 부분을 표시한 지적도를 첨부정보로서 등기소에 제공하여야 한다(규칙 제126조 제2항). 도면은 지상권의 목적인 토지

---

934) 용익물권은 부동산의 일부에 대하여 설정이 가능하나, 반면 담보물권은 일부에 대하여 설정이 불가능하다.

부분을 특정할 수 있을 정도의 것이면 되고 반드시 측량성과에 따라 정밀하게 작성될 필요는 없다.

2. 구분지상권설정등기

가. 의의

구분지상권이라 함은 <u>타인의 소유 토지의 지하 또는 지상의 공간은 상하의 범위를 정하여</u> 건물 기타 <u>공작물을 소유하기 위한</u> 지상권의 목적으로 할 수 있다(민법 제289조의2 제1항). 이러한 구분지상권은 고가도로, 고가철도 등 <u>공중공작물</u>이나 지하철, 지하주차장, 지하상가 등 <u>지하공작물을</u> 소유하기 위하여 설정할 수 있다. 그러나 건물 그 밖의 공작물이 아닌 <u>수목을 소유하기 위한 구분지상권은 허용되지 않으므로 수목을 소유하기 위하여는 통상의 지상권을 설정하여야</u> 한다.

동일토지에 관하여 지상권이 미치는 범위가 각각 다른 <u>2개 이상의 구분지상권은 그 토지의 등기용 지에 각기 따로 등기할 수 있다</u>(등기예규 제1040호 4.).[935]

나. 신청정보

(1) **구분지상권설정의 목적**: 구분지상권은 <u>지하 또는 지상 공간에 범위를 정하여 건물 그 밖의 공 작물을 소유하기 위한</u> 것이므로 그 <u>목적을 명확히</u> 하여야 한다. 가령 지하에 지하철도 소유를 목적으로 할 경우에는 "<u>지하철도 소유</u>"로, 고가철도의 소유가 목적이라면 "<u>고가철도 소유</u>"라고 기재한다.

(2) **구분지상권설정의 범위**: 구분지상권설정에서 지하 또는 지상 공간의 상하의 범위는 <u>평균 해면 또는 지상권을 설정하는 토지의 특정지점을 포함한 수평면을 기준으로</u> 하여 명백히 해야 한다. 가령 "<u>평균 해면 위 100미터로부터 150미터 사이</u>" 또는 "<u>토지의 동남쪽 끝 지점을 포함한 수평면을 기준으로 하여 지하 20미터부터 50미터 사이</u>"로 기재해야 한다. 이 때 도면을 첨부할 필요는 없으나 수평면 전체가 아닌 부동산 일부의 수평면이라면 도면을 첨부해야 할 것이다.

(3) **사용제한의 특약**: 구분지상권자는 설정행위에서 정한 범위 내에서 토지를 사용할 권리를 갖고, 구분지상권이 미치지 못하는 토지부분에 관하여는 여전히 토지소유자가 사용권을 가지게 된다. 그러나 설정행위로써 지상권의 행사를 위하여 토지의 사용을 제한하는 특약을 할 수 있고(민법 제289조의2 제1 항 후단), 이러한 특약을 한 때에는 신청서에 기재하여야 한다(법 제69조 제5호, 규칙 제126조 제1항.

다. 첨부정보: 구분지상권설정등기도 통상의 지상권설정등기의 경우와 동일한 서면을 첨부하여야 한다. 다만 제3자가 토지를 사용·수익할 권리를 가진 때에도 그 권리자 및 그 권리를 목적으로 하는 권리를 가진 자 전원의 승낙이 있으면 이를 설정할 수 있다. 이 경우 토지를 사용·수익할 권리를 가진

---

935) 구분지상권은 그 권리가 미치는 지하 또는 지상공간을 상하로 범위를 정하여 등기하는 것으로서 계층적 구분건물의 특정계층의 구분소유를 목적으로 하는 구분지상권의 설정등기는 할 수 없다(등기예규 제1040호 6.). 가령 타인의 토지 위에 2층은 주택부분, 1층은 점포 등의 시설부분인 1동의 건물을 층별로 구분소유하는 경우에 2층만의 구분소유를 목적으로 구분지상권을 설정할 수 없다. 2층은 건물의 1층부분을 매개로 하여 대지지반에 의하여 받쳐져 있으므로 2층의 이용권한만으로 이 부분을 공작물이나 건물로 볼 수 없기 때문이다.

제3자는 그 지상권의 행사를 방해하여서는 아니 된다(민법 제289조의2 제2항).

3. 지상권이전·변경·말소등기

가. 지상권이전등기: 지상권은 양도·상속에 따른 이전등기를 할 수 있으며, 그 이전등기에는 토지소유자의 승낙이 필요 없다. 소유권 외의 권리의 이전등기는 부기에 의하여야 하므로(법 제52조 제2호), 지상권의 이전등기는 부기등기로 하여야 한다.

나. 지상권변경등기: (1) 지상권의 내용 즉, 지상권설정의 목적(예컨대 공작물 또는 수목의 소유를 목적으로 하는 지상권에서 건물의 소유를 목적으로 하는 지상권으로 변경 등), 존속기간(연장 또는 단축, 폐지 또는 신설), 지료(증액 또는 감액, 폐지 또는 신설), 지료의 지급시기 등이 변경된 때에는 등기를 하여야 제3자에게 대항할 수 있다. 지상권의 변경등기로 통상의 지상권을 구분지상권으로 변경(지상권이 미치는 범위의 축소)하거나 반대의 등기도 할 수 있다. 다만, 구분지상권을 통상의 지상권으로 변경하는 경우에 그 토지상에 이미 다른 용익물권이 등기되어 있다면 그 용익물권을 말소하지 않고는 변경등기를 할 수 없다.

(2) 지상권변경등기는 부기등기에 의하나(법 제52조 제5호), 당해 토지를 목적으로 하는 후순위의 저당권자나 압류권자 등과 같이 등기상 이해관계인이 존재하는 경우 그 자의 승낙을 증명하는 정보 또는 이들에게 대항할 수 있는 재판의 등본을 첨부하지 않은 때는 주등기로 한다.

다. 지상권말소등기: 지상권은 목적 토지의 멸실, 존속기간의 만료, 혼동(민법 제191조), 소멸시효 완성(민법 제162조 제2항), 선순위 담보권의 실행으로 인한 경매, 토지의 수용, 토지소유자와 지상권자의 합의해제, 지상권자의 포기, 당사자 간의 약정소멸사유 발생(법 제54조), 지상권설정자의 소멸청구(민법 제287조) 등으로 소멸한다. 소멸사유 중 목적토지의 멸실로 인하여 지상권이 소멸하는 경우에는 토지의 멸실등기로 그 등기기록을 폐쇄하므로 지상권등기를 말소할 필요는 없다.

지상권이 설정되어 있는 토지 위에 지상권자 아닌 제3자가 건물을 신축한 후 동건물에 대한 소유권보존등기를 신청함에 있어서, 사전에 그 지상권을 말소하여야 하거나 소유권보존등기신청서에 지상권자의 승낙서를 첨부할 필요는 없다(등기선례 제2-238호)

말소등기의 일반원칙에 따라 주등기의 형식으로 말소등기를 한 후 지상권등기를 말소하는 표시를 한다(규칙 제116조 제1항). 이 경우에 말소되는 지상권을 목적으로 하는 제3자의 권리에 관한 등기가 있을 때에는 등기기록 중 해당 구에 그 제3자의 권리의 표시를 하고 어느 권리의 등기를 말소함으로 인하여 말소한다는 뜻을 기록하여야 한다(법 제57조 제2항, 규칙 제116조 제2항). 가령 지상권을 목적으로 하는 저당권등기가 있는 경우에 신청서에 저당권자의 지상권말소에 대한 승낙서를 첨부한 때에는 그 저당권등기를 말소해야 한다.

Ⅲ. 법정지상권

1. 의의

우리 법제도는 토지와 건물을 별개의 부동산으로 취급함에 따라, 토지와 건물의 소유자가 달라질 수 있으며 이 경우 건물은 그 성질상 토지를 이용하여야 하므로 건물소유자로서는 토지소유자와의 협의를 거쳐 그 토지이용관계를 설정해야 한다. 이러한 관계를 설정할 수 없는 부득이한 경우에 법률로서 그 토지이용관계를 설정하도록 하여 건물을 독립한 부동산으로 하는 우리 법제를 보완하려는 제도가 법정지상권이다. 법정지상권은 법률의 규정에 의한 물권 취득이므로 등기를 요하지 않는다.

2. 민법과 특별법상 법정지상권의 4유형

법정지상권은 법률의 규정 또는 판례가 인정하는 요건을 충족한 경우에 성립한다. 법률규정에 의한 것으로는 「민법」 제305조,[936] 「민법」 제366조,[937] 「가등기담보 등에 관한 법률」(이하 '가등기담보법'이라 한다) 제10조,[938] 「입목에 관한 법률」 제6조의[939] 경우를 들 수 있다.

3. 등기

「민법」 제366조에 의한 법정지상권이 성립하는 시기는 토지나 건물의 경매로 인하여 그 소유권이 매수인에게 이전하는 때이다. 따라서 구체적으로는 경락받은 매수인이 매각대금을 모두 지급한 때에 법정지상권이 성립한다.

법정지상권의 취득은 법률규정에 의한 것이므로(민법 제187조), 법정지상권이 성립하기 위하여 등기가 행하여질 필요는 없다. 그리고 법정지상권을 취득한 건물소유자는 등기 없이도 법정지상권을 취득할 당시의 토지소유자에 대하여는 물론이고 그로부터 토지 소유권을 양수한 제3자(경매 후 토지소유권을 전득한 자)에 대하여도 법정지상권을 주장할 수 있다.[940] 또한 법정지상권을 취득한자는 토지소유자에 대하여 지상권설정등기를 청구할 수 있다. 법정지상권이 성립한 후 토지가 제3자에게 양도된 때에는 그 양수인에 대하여 등기청구권을 가진다. 등기신청은 단독신청의 규정이 없으므로 일반원칙에

---

936) 「민법」 제305조(건물의 전세권과 법정지상권) ①대지와 건물이 동일한 소유자에 속한 경우에 건물에 전세권을 설정한 때에는 그 대지소유권의 특별승계인은 전세권설정자에 대하여 지상권을 설정한 것으로 본다.

937) 「민법」 제366조에 의한 법정지상권은 토지와 그 지상건물이 동일인에게 귀속하는 경우에 토지와 건물 중 어느 하나 또는 둘 모두에 저당권이 설정된 후 저당권의 실행으로 경매됨으로써 토지와 건물의 소유자가 다르게 된 때에 건물의 소유자에게 당연히 인정되는 지상권을 말한다.

938) 「가등기담보법」 제10조(법정지상권) 토지와 그 위의 건물이 동일한 소유자에게 속하는 경우 그 토지나 건물에 대하여 제4조 제2항에 따른 소유권을 취득하거나 담보가등기에 따른 본등기가 행하여진 경우에는 그 건물의 소유를 목적으로 그 토지 위에 지상권(地上權)이 설정된 것으로 본다.

939) 「입목에 관한 법률」 제6조(법정지상권) ① 입목의 경매나 그 밖의 사유로 토지와 그 입목이 각각 다른 소유자에게 속하게 되는 경우에는 토지소유자는 입목소유자에 대하여 지상권을 설정한 것으로 본다.

940) 대법원 1967. 6. 27 선고 66다987 판결.

따라 지상권을 취득하는 자가 등기권리자, 토지소유자가 등기의무자로서 공동신청하여야 한다.

IV. 관습법상 법정지상권

관습법상 법정지상권이란 토지와 건물이 동일한 소유자에 속하였다가 건물 또는 토지가 매매 기타의 원인으로 인하여 양자의 소유자가 다르게 될 때에는 특히 그 건물을 철거한다는 조건이 없는 이상 건물소유자는 토지소유자에 대하여 그 건물을 위한 관습상의 법정지상권을 취득한다.[941]

관습상의 지상권은 법률행위로 인한 물권의 취득이 아니고 관습법에 의한 부동산물권의 취득이므로 등기하지 아니하고 지상권취득의 효력이 발생하고 이 관습상의 법정지상권은 물권으로서의 효력에 의하여 이를 취득할 당시의 토지소유자나 이로부터 소유권을 전득한 제3자에게 대하여도 등기 없이 위 지상권을 주장할 수 있다.[942] 다만 그 지상권을 등기하지 아니하면 이를 처분할 수 없을 뿐이다(민법 제187조 단서).[943]

제3절 **지역권에 관한 등기**

I. 지역권의 의의와 법적 성질

지역권이란 일정한 목적을 위하여 타인의 토지를 자기 토지의 편익에 이용하는 권리를 말한다(법 제291조). 편익을 받는 토지를 요역지(要役地)라 하고 편익을 주는 토지를 승역지(承役地)라 한다. 편익의 종류는 민법상 상린관계에 관한 강행법규에 위반되지 않으면 아무런 제한이 없다. 가령 요역지의 소유자가 타인의 토지를 통행하기 위하여 설정하거나, 요역지의 이용을 위하여 승역지로부터 인수(引水)하거나 또는 승역지로 배수할 목적으로 도랑 혹은 송수관을 설치하기 위하여 설정할 수 있다.

지역권은 요역지 소유권의 내용이 아닌 독립된 권리이지만 요역지를 위하여 존재하는 권리이므로 당사자 간에 다른 약정이 없는 한 요역지 소유권에 부종하여 이전한다. 또한 요역지에 대한 소유권 외의 권리의 목적이 되므로 가령 요역지에 대한 지상권자, 전세권자나 임차권자는 지역권을 행사할 수 있다(민법 제292조 제1항). 이와 같이 요역지 소유권의 이전에 따라 지역권이 이전된 경우 과거 기록례는 지역권자를 등기기록의 기록사항으로 하였기 때문에 지역권이전등기를 하여야 했다. 그러나 현재는 지역권자가 등기기록의 기록사항이 아니므로 지역권이전등기를 별도로 할 필요가 없다(기록례

---

941) 대법원 1966. 2. 22. 선고 65다2223 판결.
942) 대법원 1988. 9. 27 선고 87다카279 판결.
943) 대법원 1971. 1. 26 선고 70다2576 판결.

제137항).

Ⅱ. 지역권설정등기

1. 신청인

승역지와 요역지의 관할등기소가 다른 경우 지역권설정등기신청은 승역지를 관할하는 등기소에 하여야 한다.

지역권설정등기는 지역권자가 등기권리자, 지역권설정자가 등기의무자로서 공동신청하여야 한다. 지역권자 즉, 등기권리자는 요역지의 토지소유자뿐만 아니라 지상권자・전세권자도 그들의 권한 내에서는 유효하게 지역권설정을 할 수 있으므로 그 설정등기의 등기권리자가 될 수 있다(등기예규 제205조). 한편 요역지의 임차권자가 지역권을 취득할 수 있는가에 관하여는 의견이 대립하고 있으나 대체로 이를 인정하고 있다.[944]

2. 신청정보

가. 필수적 기재사항: 등기관이 승역지의 등기기록에 지역권설정의 등기를 할 때에는 법 제48조 제1항 제1호부터 제4호까지에서 규정한 사항(1. 순위번호, 2. 등기목적, 3. 접수연월일 및 접수번호, 4. 등기원인 및 그 연월일) 외에 다음 각 호 1. 지역권설정의 목적, 2. 범위, 3. 요역지, 5. 승역지의 일부에 지역권설정의 등기를 할 때에는 그 부분을 표시한 도면의 번호의 사항을 기록하여야 한다(법 제70조 본문 및 제1호 내지 제3호, 제5호). 특히 등기의무자가 승역지의 지상권자, 전세권자 또는 임차권자라면 그 등기명의인이 권리취득을 한 등기, 즉 지상권, 전세권 또는 임차권의 설정 또는 이전등기의 등기필정보를 제공하여야 하고(법 제50조 제2항), 이러한 등기필정보를 제공할 수 없을 경우에는 법 제51조의 규정에 따른 **확인서면** 등을 제출한다.

나. 임의적 기재사항: 다만, 법 제70조 제4호(「민법」 제292조 제1항 단서, 「민법」 제297조 제1항 단서 또는 「민법」 제298조의 약정)는 등기원인에 그 약정이 있는 경우에만 기록한다(법 제70조 단서 및 제4호).

즉 (1) 「민법」 제292조 제1항 단서(가령 현재 요역지의 소유자에 한해서만 지역권의 행사를 인정하고 그 외의 자에게는 이를 인정하지 않는다거나 요역지의 용익권자에게는 그 행사를 인정하지 아니한다는 특약), (2) 「민법」 제297조 제1항 단서의 약정(용수승역지의 수량(水量)이 요역지 및 승역지의 수요에 부족한 때에는 그 수요정도에 의하여 먼저 가용(家用)에 공급하고 다른 용도에 공급하여야 하

---

944) 그러나 등기권리자인 지역권자는 등기기록의 기록사항이 아니기 때문에 지상권자・전세권자・임차권자가 지역권을 취득하여도 이를 기록할 수 없다.

는데 이와 다른 약정) 또는 (3)「민법」제298조의 약정(용수지역권의 설정에 의하여 용수로를 설치하거나 승역지의 소유자가 자기의 비용으로 용수로 수선의 의무를 지는 특약)이 있는 경우에는 이를 신청서에 기재하여야 한다.

다. 신청정보: 지역권설정의 등기를 신청하는 경우에는 <u>법 제70조 제1호부터 제4호까지의 등기사항을 신청정보</u>의 내용으로 등기소에 제공하여야 한다(규칙 제127조 제1항).

3. 첨부정보

지역권 설정의 범위가 <u>승역지의 일부인 경우</u>에는 <u>그 부분을 표시한 지적도를 첨부정보</u>로서 등기소에 제공하여야 한다(규칙 제127조 제2항).

4. 등기의 실행

<u>승역지 등기기록의 을구</u>에 등기의 목적·접수연월일 및 접수번호, 등기원인 및 그 연월일 등을 기록하되, 요역지의 표시는 소재지번만을 기록한다. 또한 지적도를 첨부한 때에는 등기사항 말미에 <u>도면의 번호</u>도 기록한다.

등기관이 승역지에 지역권설정의 등기를 하였을 때에는 **직권**으로 **요역지의 등기기록**에 다음 각 호 1. <u>순위번호</u>, 2. <u>등기목적</u>, 3. <u>승역지</u>, 4. <u>지역권설정의 목적</u>, 5. <u>범위</u>, 6. <u>등기연월일</u>의 사항을 기록하여야 한다(법 제71조 제1항).

등기관은 <u>요역지가 다른 등기소의 관할에 속하는 때</u>에는 지체 없이 그 등기소에 승역지, 요역지, 지역권설정의 목적과 범위, 신청서의 접수연월일을 <u>통지</u>하여야 한다(법 제71조 제2항).

<u>통지를 받은 등기소의</u> **등기관**은 지체 없이 <u>요역지인 부동산의 등기기록</u>에 <u>지역권의 등기사항</u>(법 제71조 제1항 제1호부터 제5호까지의 사항), <u>그 통지의 접수연월일 및 그 접수번호를 기록</u>하여야 한다(법 제71조 제3항).

III. 지역권변경·말소등기

1. 지역권변경등기

지역권 변경계약에 의하여 지역권 설정의 목적 또는 범위를 변경하거나 임의적 기록사항(민법 제292조 제1항 단서 등)의 폐지 또는 신설이 있는 경우 또는 요역지 부동산의 표시변경이나 지역권 일부가 시효로 인하여 소멸함에 따라 그 범위가 변경 되는 등 <u>지역권의 내용에 변경이 생긴 때에는 지역권 변경등기를 해야 제3자에게 대항할 수 있다.</u>

등기관이 지역권의 변경등기를 할 때에는 **등기관**은 요역지가 다른 등기소의 관할에 속하는 때에는 지체 없이 그 등기소에 승역지, 요역지, 지역권설정의 목적과 범위, 신청서의 접수연월일을 통지하여야 한다(법 제71조 제4항 및 제2항). 통지를 받은 등기소의 **등기관**은 지체 없이 요역지인 부동산의 등기기록에 지역권의 등기사항(법 제71조 제1항 제1호부터 제5호까지의 사항), 그 통지의 접수연월일 및 그 접수번호를 기록하여야 한다(법 제71조 제4항 및 제3항).

2. 지역권말소등기

지역권은 승역지 또는 요역지의 멸실, 권리혼동, 소멸시효, 제3자의 승역지의 취득시효, 선순위 담보권의 실행으로 인한 경매, 수용, 합의해제, 지역권자의 권리포기 또는 약정소멸사유 발생 등을 원인으로 말소된다.

승역지와 요역지의 등기기록에 각 등기를 말소할 때에는 말소의 등기를 한 후 해당 등기를 말소하는 표시를 하여야 한다(규칙 제116조 제1항).

등기관이 지역권의 말소등기를 할 때에는 법 제71조 제2항 및 제3항을 준용한다(법 제71조 제4항).

제4절　전세권에 관한 등기

Ⅰ. 전세권의 의의

전세권은 전세금을 지급하고 타인의 부동산을 점유하여 그 부동산의 용도에 따라 사용·수익하며, 그 부동산의 전부에 대하여 후순위 권리자 그 밖의 채권자보다 전세금의 우선변제를 받을 수 있는 물권을 말한다(민법 제303조 제1항). 즉, 전세권자는 타인의 부동산을 사용·수익할 수 있을 뿐만 아니라 전세금의 우선변제권을 가지며 전세권설정자가 전세금의 반환을 지체한 때에는 전세권의 목적물에 대한 경매청구권도 가진다(민법 제318조). 따라서 전세권은 용익물권성 외에 담보물권적 성격을 함께 가진다. 한편 토지와 건물은 별개의 부동산으로 건물의 일부 또는 전부에 전세권설정등기가 경료되어 있는 경우에는 그 대지인 토지의 일부 또는 전부에 전세권설정등기를 신청할 수 있다.

Ⅱ. 전세권설정등기

1. 신청인

전세권설정등기는 전세권자가 등기권리자, 토지 또는 건물의 소유자가 등기의무자로서 공동신청해야 한다. 등기의무자가 등기신청에 협력하지 아니하는 경우에는 등기절차를 명하는 판결을 받아 등기권리자가 단독으로 신청할 수 있다.

2. 신청정보

전세권설정 또는 전전세의 등기를 신청하는 경우에는 법 제72조 제1항 제1호부터 제5호까지의 등기사항을 신청정보의 내용으로 등기소에 제공하여야 한다(규칙 제128조 제1항).

가. 전세권 등의 등기사항: 등기관이 전세권설정이나 전전세(轉傳貰)의 등기를 할 때에는 **법 제48조에서 규정한 사항**(1. 순위번호, 2. 등기목적, 3. 접수연월일 및 접수번호, 4. 등기원인 및 그 연월일, 5. 권리자) **외에 다음 각 호** 1. 전세금 또는 전전세금, 2. 전세권 목적물의 범위 **3. 존속기간, 4. 위약금 또는 배상금, 5. 「민법」 제306조 단서의 약정(양도·임대금지의 약정)**, 6. 전세권설정이나 전전세의 범위가 부동산의 일부인 경우에는 그 부분을 표시한 도면의 번호를 기록하여야 한다(법 제72조 제1항 본문).

여기서 법 제48조에서 규정한 사항과 법 제72조 제1항 제1호, 제2호, 제6호는 **필수적으로 기록(필수적 기재사항)**하여야 한다. 그 이유의 하나로 전세금은 전세권자가 전세권설정자에게 교부하는 금전으로 전세권이 소멸한 때에 반환을 받게 되는 전세권의 본질적 요소이므로(민법 제303조 제1항), 전세권설정등기신청서에 반드시 기재하여야 하고(규칙 제128조 제1항), 전세금을 지급하지 않는다는 특약은 전세권의 성질에 반하여 무효이다.

그리고 신청서에는 전세권의 목적이 토지(건물)의 전부 또는 일부인지를 표시해야 한다(규칙 제128조 제1항). 전세권의 목적이 부동산의 전부일 때에는 "토지 전부", "건물 전부" 등으로, 부동산의 일부일 때에는 "건물 2층 전부", "건물 1층 동측 300㎡" 등으로 표시한다.

나. 임의적 기재사항: (1) 등기관이 전세권설정의 등기를 할 때에는 다만, **법 제72조 제1항 제3호부터 제5호**까지는 등기원인에 그 약정이 있는 경우에만 기록하는 임의적 기재사항이다.

(2) 전세권의 존속기간은 10년을 넘지 못한다. 당사자의 약정기간이 10년을 넘는 때에는 이를 10년으로 단축한다(민법 제312조 제1항). 건물에 대한 전세권의 존속기간을 1년 미만으로 정한 때에는 이를 1년으로 한다(민법 제312조 제2항). 전세권의 설정은 이를 갱신할 수 있다. 그 기간은 갱신한 날로부터 10년을 넘지 못한다(민법 제312조 제3항). 전세계약이 그 존속기간의 만료로서 종료하게 되면 전세권설정등기청구권도 소멸한다(등기예규 제229호).[945]

건물의 전세권설정자가 전세권의 존속기간 만료전 6월부터 1월까지 사이에 전세권자에 대하여 갱신거절의 통지 또는 조건을 변경하지 아니하면 갱신하지 아니한다는 뜻의 통지를 하지 아니한 경우에는 그 기간이 만료된 때에 전전세권과 동일한 조건으로 다시 전세권을 설정한 것으로 본다. 이 경우 전세권의 존속기간은 그 정함이 없는 것으로 보는 법정갱신이 인정된다(민법 제312조 제4항). 건물의 전세권이 법정갱신되는 경우에는 전세권 갱신에 관한 등기 없이도 전세권자는 전세권설정자나 그 건물을

---

945) 대법원 1974. 04. 23. 선고 73다1262 판결.

취득한 제3자에 대하여 전세권을 주장할 수 있다.

3. 첨부정보

전세권설정 또는 전전세의 범위가 부동산의 <u>일부인 경우</u>에는 <u>그 부분을 표시한 지적도나 건물도면</u>(법 제72조 제6호)을 <u>**첨부정보**</u>로서 등기소에 제공하여야 한다(규칙 제128조 제2항).

4. 여러 개 부동산의 전세권설정등기

여러 개의 부동산에 관한 권리를 목적으로 하는 전세권설정의 등기를 하는 경우에는 법 제78조(공동저당의 등기)를 준용한다(법 제72조 제2항).

Ⅲ. 전세권이전·변경·말소등기

1. 전세권이전등기

가. 의의

전세권자는 설정행위로 금지하지 않는 한 전세권을 설정자의 동의 없이 타인에게 <u>양도하거나 담보</u>로 제공할 수 있고, 제3자에게 전세권의 일부(준공유지분)를 양도하는 <u>전세권일부이전도 허용</u>된다. 다만, 전술한 바와 같이 <u>처분을 금지하는 약정은 등기를 하여야</u> <u>제3자에게 대항</u>할 수 있다(규칙 제128조 제1항).

<u>**등기관**</u>이 전세금반환채권의 **일부 양도를 원인으로 한 전세권 일부이전등기**를 할 때에는 **양도액**을 기록한다(법 제73조 제1항). **전세권 일부이전등기의 신청은 전세권의 존속기간의 만료 전에는 할 수 없다.** 다만, 존속기간 만료 전이라도 해당 전세권이 소멸하였음을 증명하여 신청하는 경우에는 그러하지 아니하다(법 제73조 제2항).

전세권의 양수인이 등기권리자, 양도인이 등기의무자로서 <u>공동신청</u> 해야 한다(등기예규 제616호). 소유권 외의 권리의 이전등기는 부기등기에 의하므로(법 제52조 제2호), 전세권의 이전등기는 <u>부기등기</u>로 한다.

나. 존속기간이 만료된 전세권의 이전 및 전전세등기 가능 여부

전세권자는 <u>설정행위로 금지하지 않는 한</u> 전세권을 타인에게 <u>양도 또는 담보</u>로 제공할 수 있고 그 <u>존속기간 내에서</u> 그 목적물을 타인에게 <u>전전세 또는 임대</u>할 수 있으며, 전세금 반환과 전세권설정등기의 말소 및 전세목적물의 인도와는 <u>동시이행</u>의 관계에 있으므로, 전세권이 존속기간의 만료로 인하여 소멸된 경우에도 당해 전세권설정등기는 전세금반환채권을 담보하는 범위 내에서는 유효한 것이라 할 것이다. 따라서 전세권의 존속기간이 만료되고 전세금 반환시기가 경과된 전세권의 경우에도 설정행위로 금지하지 않는 한 그러한 전세권의 이전등기는 가능할 것이다.

그러나 전전세는 전세권의 존속기간 내에서만 타인에게 할 수 있으며, <u>전세권의 존속기간이 만료된 건물 전세권에 대한 전전세등기는 이를 할 수 없다</u>(등기선례 제5-415호).

2. 전세권변경등기

전세권의 내용 즉, <u>전세금의 증감</u>, <u>존속기간의 변경</u>(연장·단축 또는 폐지·신설), <u>범위의 확대·축소</u>, <u>위약금의 증감이나 폐지·신설 등의 변경</u>이 발생한 때에는 <u>등기를 하여야</u> 제3자에게 대항할 수 있다. 다만 이러한 전세권의 변경등기는 전세권의 목적물 자체의 동일성이 인정되는 범위 내에서만 가능하다. 가령 건물의 일부(17층 북측 100㎡)로 설정된 것을 건물의 3층 동측 100㎡로 전세권의 범위를 변경하는 것은 동일성이 인정되지 아니하므로 전세권변경등기에 의할 것이 아니고 별개의 전세권설정등기신청으로 해야 한다.

<u>전세권변경등기</u>는 권리의 변경등기로서 전세권자와 전세권설정자의 공동신청에 의한다. 전세권변경등기는 등기상 <u>이해관계 있는 제3자의 승낙</u>이 있으면 **부기등기**에 의하나, 등기상 이해관계 있는 제3자의 승낙을 증명하는 정보 또는 이에 대항 할 수 있는 재판의 등본을 첨부하지 못한 때에는 <u>주등기</u>의 방법에 의한다(법 제52조, 규칙 제112조 제1항).

3. 전세권말소등기

전세권은 목적 부동산의 소멸, 존속기간의 만료, 혼동(민법 제191조), 소멸시효(민법 제162조 제2항), 전세권에 우선하는 저당권의 실행에 의한 경매, 수용, 전세권의 포기, 당사자 간의 약정소멸사유 등으로 소멸한다. 다만 전세권의 목적인 부동산을 전전세하거나 임대한 경우 또는 전세권을 담보로 제공한 경우에는 그 권리(전전세권, 임차권, 담보권)가 존속하는 동안에는 권리자(이해관계인)의 동의 없이 전세권을 소멸시키는 행위를 하지 못한다.

민법은 전세권자가 전세권설정계약 또는 그 목적물의 성질에 의하여 정하여진 용법으로 이를 사용·수익하지 아니한 경우에는 전세권설정자는 전세권의 소멸을 청구할 수 있다(민법 제311조 제1항). 전세권의 존속기간을 약정하지 아니한 때에는 각 당사자는 언제든지 상대방에 대하여 전세권의 소멸 통고를 인정하고 있다(민법 제313조).

전세권말소등기는 전세권자(전세권이전등기에서는 현재의 등기명의인)가 등기의무자, 부동산소유권자가 등기권리자가 되어 <u>공동신청</u>하는 것이 원칙이다. 등기권리자가 등기의무자의 소재불명으로 인하여 공동으로 등기의 말소를 신청할 수 없을 때에는 「민사소송법」에 따라 공시최고(公示催告)를 신청할 수 있고, 이 경우에 제권판결(除權判決)이 있으면 등기권리자가 그 사실을 증명하여 <u>단독으로 등기의</u>

말소를 신청할 수 있다(법 제56조).

말소등기는 일반원칙에 따라 <u>주등기의 형식으로 말소등기</u>를 한 후 <u>전세권등기를 말소하는 표시</u>를 한다(규칙 제116조 제1항). 이 경우에 말소할 권리를 목적으로 하는 제3자의 권리에 관한 등기가 있을 때에는 등기기록 중 해당 구에 그 제3자의 권리의 표시를 하고 어느 권리의 등기를 말소함으로 인하여 말소한다는 뜻을 기록하여야 한다(규칙 제116조 제2항).

Ⅳ. 전전세등기

<u>전전세(轉傳貰)</u>란 전세권자의 전세권은 그대로 존속·유지하면서 그 전세권자가 전세 목적물에 대하여 전세권을 다시 설정하는 것을 말한다. <u>전세권자는 설정행위에서 전전세가 금지되어 있지 않는 한, 전세권설정자의 동의 없이 전세권의 존속기간 내에서 전세권 목적물의 전부 또는 일부를 전전세할 수 있다</u>(민법 제306조). 따라서 원전세권의 존속기간이 만료된 전세권에 대해서는 전전세등기를 할 수 없다. 또한 전세금의 지급은 전세권의 요소이므로 전전세에 있어서도 반드시 전세금의 지급을 필요로 한다. 전전세권은 원전세권을 기초로 하므로 목적물의 범위, 존속기간, 전세금 등 원전세권의 조건을 초과할 수 없다는 것이 통설이다.

원전세권자 즉, 전전세설정자가 등기의무자, 전전세권자가 등기권리자로서 공동신청하여야 한다. 전전세권의 등기사항도 전세권과 대부분 동일하다(법 제72조). 즉, 전전세권등기신청서의 기재사항(신청정보)과 첨부정보는 전세권설정 등기신청 시와 대부분 동일하다. 전전세권등기는 전세권설정등기의 경우와 등기의 실행이 동일하나, 원전세권등기의 부기등기로 한다(기록례 제158항).

전전세권의 말소등기는 전전세권자가 등기의무자, 원전세권자가 등기권리자로서 공동신청해야 한다. 그러나 전전세권이 존속하는 동안 전세권자는 전전세권의 기초가 되는 원전세권을 소멸시키지 못하고 원전세권이 소멸하면 전전세권도 소멸한다.

제5절 **임차권에 관한 등기**

Ⅰ. 의의

임대차는 당사자 일방이 상대방에게 임차목적물을 <u>사용·수익</u>하게 할 것을 약정하고, 상대방은 이에 대하여 <u>차임을 지급할 것을 약정</u>함으로써 효력이 발생하는 <u>채권계약</u>이다(민법 제618조). 임대차계약에 의하여 임차인이 임차목적물을 사용·수익할 수 있는 권리를 <u>임차권</u>이라 하며, 목적물이 부동산인 경우 <u>임차권등기</u>를 할 수 있다. 현행법상 임차권등기는 ① 「<u>민법</u>」 제621조에 의한 임차권설정등기, ② <u>주택</u>

(상가건물)임차인이 신청한 임차권등기명령에 의한 임차권등기, ③「주택임대차보호법」제3조의4 제2항(상가건물임대차보호법 제7조 제2항)에 의한 임차권설정등기 3가지가 있다.

Ⅱ. 「민법」제621조에 의한 임차권설정등기

1. 의의

부동산임차인은 당사자 간에 반대약정이 없으면 임대인에 대하여 그 임대차등기절차에 협력할 것을 청구할 수 있고, 부동산임대차를 등기한 때에는 임차인은 그때부터 제삼자에게 대항할 수 있도록 규정하고 있다(민법 제621조).

2. 신청인

임차권설정자가 등기의무자, 임차권자가 등기권리자로서 공동신청해야 한다. 임차권설정자는 일반적으로 부동산의 소유자이지만, 지상권자, 전세권자도 그 권리의 범위와 존속기간 내에서 임차권을 설정할 수 있다(민법 제282조, 제306조, 제645조).

3. 신청정보

임차권설정 또는 임차물 전대의 등기를 신청하는 경우에는 법 제74조 제1호부터 제6호까지의 등기사항을 신청정보의 내용으로 등기소에 제공하여야 한다(규칙 제130조 제1항).

가. 임차권 등의 등기사항

(1) **등기관**이 임차권 설정 또는 임차물 전대(轉貸)의 등기를 할 때에는 법 제48조에서 규정한 사항(1. 순위번호, 2. 등기목적, 3. 접수연월일 및 접수번호, 4. 등기원인 및 그 연월일, 5. 권리자) 외에, 다음 각 호 1. **차임**(借賃), 2. **범위**, 3. 차임지급시기, 4. 존속기간. 다만, 처분능력 또는 처분권한 없는 임대인에 의한「민법」제619조의 단기임대차인 경우에는 그 뜻도 기록한다. 5. 임차보증금, 6. 임차권의 양도 또는 임차물의 전대에 대한 임대인의 동의, 7. 임차권설정 또는 임차물전대의 범위가 부동산의 일부인 때에는 그 부분을 표시한 도면의 번호를 기록하여야 한다(법 제74조 본문).

(2) 여기서 법 제48조에서 규정한 사항과 법 제74조 제1호, 제2호는 **필수적으로 기록(필수적 기재사항)**하여야 한다. **(가) 차임:** 임차인이 임대인에게 지급하는 차임은 임차물에 대한 사용·수익의 대가로서 임대차의 요소를 이루므로 임차권설정등기 신청서에 기재하여야 한다. 그러나 차임을 정하지 아니하고 보증금의 지급만을 내용으로 하는 임대차 즉, "채권적 전세"의 경우에는 차임 대신 임차보증금을

기재하여야 한다. 임대차계약의 내용은 사적자치 원칙에 의해 당사자들이 자유롭게 정할 수 있으므로 차임에 대해서도 임차인의 연매출의 일정비율로 정하는 계약도 가능하며, 등기부상 차임에 대한 기재를 가변적인 비율(가령, 연 매출이 400억 미만일 경우: 차임 없음, 연매출이 400억 이상 500억 미만일 경우: 연매출의 2.0%, 연매출이 500억 이상 600억 미만일 경우: 연매출의 2.5%, 연매출이 600억 이상 700억 미만일 경우: 연매출의 3.0%, … 연매출이 1,000억원 이상일 경우: 연매출의 4.2%)로 하더라도 차임등기의 제도적 취지에 반하지 않으므로 이러한 임차권설정등기를 신청할 수 있다(등기선례 제201008-4호). **(나) 임차권의 범위:** 임차권의 목적이 토지 또는 건물의 일부인 때에는 임차권의 범위를 특정하여 기재하여야 한다.

나. 임의적 기재사항

다만, 법 제74조 제3호부터 제6호까지는 등기원인에 그 사항이 있는 경우에만 기록한다(법 제74조). 임차권 설정등기신청 시 등기원인에 3. 차임지급시기, 4. 존속기간. 다만, 처분능력 또는 처분권한 없는 임대인에 의한 「민법」 제619조의 단기임대차인 경우에는 그 뜻도 기록한다. 5. 임차보증금, 6 임차권의 양도 또는 임차물의 전대에 대한 임대인의 동의의[946] 사항이 있는 경우에만 기록한다(법 제74조 단서).

4. 첨부정보

등기원인을 증명하는 서면 등 규칙 제46조 제1항에서 정한 일반적인 첨부정보 외에 임차권의 범위가 부동산의 일부인 때에는 그 부분을 표시한 도면을 첨부하여야 한다.

Ⅲ. 임차권등기명령에 의한 임차권등기

임대차가 끝난 후 보증금이 반환되지 아니한 경우, 임차인은 임차주택 또는 임차건물의 소재지를 관할하는 지방법원·지방법원지원 또는 시·군 법원에 임차권등기명령을 신청할 수 있다(주택임대차보호법 제3조의3 제1항, 상가건물임대차보호법 제6조 제1항).[947]

---

946) 임차인은 임대인의 동의가 있으면 그 권리를 양도하거나 임차물을 전대할 수 있다(민법 제629조 제1항의 반대해석). 양도 또는 전대에 관한 임대인의 동의가 있는 경우에는 신청서에 기재하여야 하고(규칙 제130조 제1항, 법 제74조 제5호), 이는 특약사항으로 등기하게 된다. 이러한 취지의 등기가 있는 경우에는 추후 임차권이전등기나 임차물전대의 등기신청을 할 때 임대인의 동의서를 첨부할 필요가 없다(규칙 제130조 제3항 참조).

947) 「주택임대차보호법」 제3조(대항력 등) ① 임대차는 그 등기(登記)가 없는 경우에도 임차인(賃借人)이 주택의 인도(引渡)와 주민등록을 마친 때에는 그 다음 날부터 제삼자에 대하여 효력이 생긴다. 이 경우 전입신고를 한 때에 주민등록이 된 것으로 본다.
　② 주택도시기금을 재원으로 하여 저소득층 무주택자에게 주거생활 안정을 목적으로 전세임대주택을 지원하는 법인이 주택을 임차한 후 지방자치단체의 장 또는 그 법인이 선정한 입주자가 그 주택을 인도받고 주민등록을 마쳤을 때에는

임차권등기명령에 따른 등기는 임대차 종료 후 보증금을 반환받지 못한 임차인의 단독신청에 따라 법원의 촉탁에 의해서만 가능하다.

임차권등기가 되면 임차인의 대항력 및 우선변제권을 취득하고(주택임대차보호법 제3조의3 제5항, 상가건물임대차보호법 제6조 제5항), 임차권 등기 이전에 이미 대항력 또는 우선변제권을 취득한 경우에는 그 대항력 또는 우선변제권은 그대로 유지되며, 임차권등기를 마친 이후에는 대항요건을 상실하더라도 이미 취득한 대항력 및 우선변제권은 상실하지 않는다(주택임대차보호법 제3조의3 제5항 단서, 「상가건물임대차보호법」 제6조 제5항 단서).[948]

임차권등기명령은 판결에 의한 때에는 선고를 한 때에, 결정에 의한 때에는 상당한 방법으로 임대인에게 고지를 한 때에 그 효력이 발생하며(임차권등기명령 절차에 관한 규칙 제4조), 법원사무관등은 임차권등기명령의 효력이 발생하면 지체 없이 촉탁서에 재판서등본을 첨부하여 **등기관**에게 임차권등기의 기입을 촉탁하여야 한다(같은 규칙 제5조).

IV. 「주택임대차보호법」 제3조의4 제2항에 의한 임차권설정등기

1. 의의

임대인의 협력 없이 임차인이 단독으로 신청한 임차권등기명령에 의한 임차권등기는 전술한 바와 같이 대항력 및 우선변제권이 인정된다. 그러나 「민법」 제621조에 의한 임차권설정등기의 경우에는 대항력만 인정하고 우선변제권이 인정되지 않으므로 우선변제권을 갖춘 임차인이라도 우선변제권을 공시하기 위해서는 임차권등기명령신청을 다시 하여야 하는 불합리한 결과가 발생한다.

이에 「주택임대차보호법」과 「상가건물임대차보호법」은 관련 규정을 두어 주택 또는 건물의 임차인이 임대인의 협력을 얻어 민법 제621조의 규정에 의한 임차권등기를 한 경우에는 대항력과 우선변제권이 없는 임차인은 그 등기가 이루어진 날에 대항력과 우선변제권을 취득하고(전술한 대법원 2004. 10. 28 선고 2003다62255, 2003다62262 판결), 이미 취득한 경우에는 그대로 유지되도록 하여 임차권등기명령신청을 한 임차인과 동일한 수준의 보호를 하고 있다(주택임대차보호법 제3조의4 제2항).

제1항을 준용한다. 이 경우 대항력이 인정되는 법인은 대통령령으로 정한다.

③ 「중소기업기본법」 제2조에 따른 중소기업에 해당하는 법인이 소속 직원의 주거용으로 주택을 임차한 후 그 법인이 선정한 직원이 해당 주택을 인도받고 주민등록을 마쳤을 때에는 제1항을 준용한다. 임대차가 끝나기 전에 그 직원이 변경된 경우에는 그 법인이 선정한 새로운 직원이 주택을 인도받고 주민등록을 마친 다음 날부터 제삼자에 대하여 효력이 생긴다.

948) 주택임대차보호법 제3조의3 제1항은 임대차가 종료된 후 보증금을 반환받지 못한 임차인은 임차권등기명령을 신청할 수 있다고 규정하고 있는바, 같은 조 및 같은 조 제2항 제3호, 제5항의 각 규정 취지에 비추어 보면, 임차인이 임대차 종료 후 임차주택에 대한 점유를 상실하였더라도 보증금을 반환받지 못한 이상 임차권등기명령을 신청할 수 있다고 보아야 할 것이다(대법원 2004. 10. 28 선고 2003다62255, 2003다62262 판결). 따라서 대항력과 우선변제권이 없는 임차인이라도 임차권등기명령에 의한 임차권등기가 경료되면 그 대항력과 우선변제권을 취득한다고 볼 수 있다.

2. 요건

주택의 경우에는 개정 「주택임대차보호법」이 시행된 1999. 3. 1. 이후에 상가의 경우에는 「상가건물임대차보호법」이 시행된 2002. 11. 1. 이후에 「민법」 제621조에 따라 주택임차권설정등기 또는 상가건물임차권설정등기가 경료되어야 한다(주택임대차보호법 제3조의4 제1항, 상가건물임대차보호법 제7조 제1항).

3. 신청절차

가. 신청인도 「민법」 제621조에 따른 임차권설정등기의 경우와 같다.

나. 신청정보의 기재사항은 「민법」 제621조에 따른 임차권설정등기의 경우와 같다. 그러나 대항력과 우선변제권의 취득시기를 분명하게 하기 위하여 신청서에 ① 주택임차권설정등기의 경우 주민등록을 마친 날, 임차주택을 점유(占有)한 날, 임대차계약증서상의 확정일자를 받은 날을 등기기록에 기록하고, 등기의 목적을 "주택임차권"이라고 하여야 한다. ② 사업자등록을 신청한 날, 임차건물을 점유한 날, 임대차계약서상의 확정일자를 받은 날을 등기기록에 기록하고, 등기의 목적을 "상가건물임차권"이라고 하여야 한다(주택임대차보호법 제3조의4 제2항, 상가건물임대차보호법 제7조 제2항, 등기예규 제1382호).

4. 첨부정보(등기예규 제1382호)

가. 신청서에 등기의무자의 인감증명·등기필정보와 임대차계약서(임차인이 주택임대차보호법 제3조의2 제2항이나 상가건물임대차보호법 제7조 제2항에서 정한 요건을 갖춘 때에는 공정증서로 작성되거나 확정일자를 받은 임대차계약서)를 첨부하여야 하고, 임대차의 목적이 토지 또는 건물의 일부분인 때에는 지적도 또는 건물의 도면을 첨부하여야 한다.

나. 주택임차권설정등기를 신청할 때에는 위 (1)에서 정한 서면 외에 임차주택을 점유하기 시작한 날을 증명하는 서면(예: 임대인이 작성한 점유사실확인서)과 주민등록을 마친 날을 증명하는 서면으로 임차인(주택임대차보호법 제3조 제2항의 경우에는 지방자치단체장 또는 해당 법인이 선정한 입주자를 말한다)의 주민등록등(초)본을 첨부하여야 한다.

다. 상가건물임차권설정등기를 신청할 때에는 위 (1)에서 정한 서면 외에 임차상가건물을 점유하기 시작한 날을 증명하는 서면(예: 임대인이 작성한 점유사실확인서)과 사업자등록을 신청한 날을 증명하는 서면을 첨부하여야 한다.

V. 임차권의 이전 또는 임차물전대의 등기

1. 의의

임차권의 이전이란 임차권 그 자체를 양도하는 것으로 임차권의 이전이 있으면 임차인은 그 임차인으로서의 지위를 벗어나고 양수인이 임차인의 지위를 승계하여 임차인으로서의 권리·의무를 취득하게 된다.

임차물의 전대란 임대차기간 내에 자신이 임대인이 되어서 임차물을 다시 제3자로 하여금 사용·수익하게 하는 계약으로 임차인은 종전의 계약상의 지위인 임차인으로서의 지위를 지속하면서 동시에 제3자와의 사이에 새로운 임대차관계가 성립한다. 이때 임차인은 전대인이라 하고 제3자를 전차인이라 한다.

2. 임차권의 이전 또는 임차물전대등기를 할 수 없는 경우

임대차의 존속기간이 만료하거나 임차권등기명령에 의한 주택임차권 및 상가건물임차권 등기가 경료된 경우에는 그 등기에 기초한 임차권이전등기나 임차물전대등기를 할 수 없다(등기예규 제1382호). 이 점은 전세권(민법 제303조 제1항)의 경우 존속기간이 만료되고 전세금 반환시기가 지났더라도 설정행위로 금지하지 않는 한 그 이전등기가 가능한 것과 다르므로 주의하여야 한다(등기선례 제5-415호).

3. 신청절차

등기의 신청은 공동신청을 하여야 한다.

등기원인을 증명하는 서면 등 규칙 제46조 제1항에서 정한 일반적인 첨부정보를 제공하여야 한다. 임차권의 양도 또는 임차물의 전대에 대한 임대인의 동의가 있다는 뜻의 등기가 없는 경우에 임차권의 이전 또는 임차물의 전대의 등기를 신청할 때에는 임대인의 동의가 있음을 증명하는 정보를 첨부정보로서 등기소에 제공하여야 한다(규칙 제130조 제3항). 이는 민법상 임차권은 전세권과는 달리 임대인의 동의 없이는 그 권리를 양도하거나 임차물을 전대하지 못하며, 이에 위반한 때에는 임대인은 그 계약을 해지할 수 있기 때문이다(민법 제629조).

4. 등기의 실행

임차권의 이전 및 임차물의 전대의 등기는 임차권등기에 부기등기의 형식으로 한다(법 제52조 제2호 및 제3호).

Ⅵ. 임차권의 변경·말소등기

임차권의 내용에 변경이 생긴 때에는 전세권 등의 변경등기의 경우와 마찬가지로 그 변경등기를 하여야 제3자에게 대항할 수 있다.

당사자 간의 합의해제 등의 사유가 발생한 때에는 임차권등기의 말소를 공동으로 신청할 수 있다.

임차권 등기의 변경·말소등기의 절차 또는 실행은 전세권 등의 변경·말소등기의 경우와 동일하다.

제5장 담보권에 관한 등기

Ⅰ. 저당권 일반이론

1. 저당권

가. 의의: 저당권은 채무자 또는 제3자(물상보증인)가 채무의 담보를 제공한 부동산 그 밖의 목적물을 채권자가 담보제공자로부터 인도받지 아니하고 그 사용·수익에 맡겨 두면서, 채무가 변제되지 아니할 경우에 그 목적물의 환가대금으로부터 우선변제를 받을 수 있는 담보물권이다(민법 제356조). 저당권은 담보물권의 특성인 부종성, 수반성, 불가분성, 물상대위성을 갖는다.

나. 저당권의 성립: 저당권은 약정담보물권으로서 당사자 사이의 저당권설정에 관한 물권적 합의와 등기에 의하여 성립하는 것이 보통이다. 저당권설정계약의 당사자는 저당권자와 저당권설정자이다. 저당권의 부종성 때문에 저당권자는 피담보채권의 채권자에 한한다. 저당권설정자는 저당권의 목적인 부동산의 소유자, 지상권자 또는 전세권자이다(민법 제356조, 제371조). 저당권설정자는 피담보채권의 채무자인 것이 보통이지만 채무자 외의 제3자가 될 수도 있는데 이를 "물상보증인"이라고 한다.

다. 저당권의 객체: 저당권은 등기·등록 등의 공시방법이 마련되어 있는 것에 관하여 설정할 수 있는바, 「민법」상 저당권설정등기의 목적이 될 수 있는 것은 부동산과 부동산 물권 중에서 지상권 및 전세권이다(민법 제356조, 제371조). 저당권은 권리의 일부에 관하여도 설정할 수 있으므로 1필의 토지 또는 1동의 건물의 공유지분에 대하여 공유자는 다른 공유자의 동의 없이 자기 지분에 대한 저당권을 설정할 수 있다. 그러나 부동산의 특정 일부(물리적 일부분)에 대해서는 저당권을 설정하지 못한다.[949]

즉 1필의 토지 또는 1동의 건물 중 특정 일부(예: 76.91㎡ 중 동쪽 42.931㎡)에 대하여는 이를 분할 또는 구분하기 전에는 저당권을 설정할 수 없다. 다만, 그 부동산의 지분(예 76.91분의 42.931지분)에 대하여는 저당권을 설정할 수 있다(등기선례 제1-429호). 농지는 전세권의 목적으로 할 수 없으나 저

---

[949] 담보물권은 부동산 권리의 일부에 해당하는 지분에 대하여 설정할 수 있으나, 부동산의 물리적 일부에 대해서는 설정할 수 없다.

당권은 설정할 수 있고, 신탁목적에 반하지 않는 한 수탁 부동산도 저당권을 설정할 수 있다. 지상권과 전세권도 저당권의 목적이 될 수 있다. 전세권을 목적으로 하는 저당권의 채권액 또는 근저당권의 채권최고액이 전세금 범위 내이어야 하는 것은 아니며, 동일한 전세권을 목적으로 하는 수 개의 근저당권설정등기의 채권최고액을 합한 금액이 대상 전세권의 전세금을 초과하는 등기도 가능하다 할 것이므로, 전세금이 5,000만원인 전세권을 목적으로 한 채권최고액이 3,500만원인 선순위 근저당권설정등기가 경료되어 있는 경우에 다시 위 전세권을 목적으로 한 채권최고액이 2,000만원인 후순위 근저당권설정등기를 할 수 있다(등기선례 제5-435호).

존속기간이 만료된 지상권이나 전세권은 전세권설정등기의 말소등기 없이도 당연히 소멸하므로, 그 전세권을 목적으로 하는 근저당권은 설정할 수 없지만, 건물전세권의 경우 법정갱신제도가 있으므로 저당권설정등기신청을 하기 위하여는 우선 존속기간에 대한 변경등기를 경료하여야 한다(등기선례 제6-322호, 제200111-4호). 지상권 또는 전세권을 목적으로 저당권을 설정한 자는 저당권자의 동의 없이 지상권 또는 전세권을 소멸하게 하는 행위를 하지 못한다(민법 제371조 제2항).

라. 저당권의 효력이 미치는 범위: 저당권의 효력은 설정행위에서 다른 약정을 하지 아니하는 한 저당부동산에 부합된 물건과 종물에 미친다(민법 제358조). 설정행위에서 다른 약정을 한 경우에는(민법 제358조 단서) 그 약정을 등기하여야 제3자에게 대항할 수 있다(법 제75조 제1항 제7호).

위와 같은 약정이 없는 경우 증축한 건물이나 부속건물을 별개 독립한 건물로 보존등기를 하지 않고, 건물의 구조나 이용상 기존 건물과 일체성이 인정되어 기존건물에 건물표시변경등기 형식으로 증축등기나 부속건물등기를 하였다면 그 부분은 기존건물에 부합되는 것으로 보아야 하는 한편 근저당권의 효력은 다른 특별한 규정이나 약정이 없는 한 근저당부동산에 부합된 부분과 종물에도 미치는 것이므로 이 경우 증축된 건물에 근저당권의 효력을 미치게 하는 변경등기는 할 필요가 없을 뿐만 아니라 할 수도 없을 것이다(등기선례 제4-460호).

2. 근저당권

가. 의의

(1) 근저당권은 계속적인 거래관계로부터 발생하는 다수의 불특정 채권을 장래의 결산기에 이르러 일정한 한도(채권최고액)까지 담보하는 특수한 저당권이다. 즉, 저당권은 그 담보할 채무의 최고액만을 정하고 채무의 확정을 장래에 보류하여 이를 설정할 수 있다. 이 경우에는 그 확정될 때까지의 채무의 소멸 또는 이전은 저당권에 영향을 미치지 아니한다(법 제357조). 그러므로 근저당권의 성립, 객체, 효력이 미치는 범위 등은 보통 저당권의 경우와 같다. 근저당권은 당좌대월계약, 계속적 어음할인(대부)계약, 상인 간의 계속적 물품공급계약 등 계속적인 거래관계(통상 "기본계약")가 있는 당사자 사이에 그 거래에서 채권이 발생할 때마다 새로운 저당권을 설정하지 않고 다수의 채권을 일정한 시기에 이르기까지 일정한 금액의 범위 내에서 담보하기 위해 고안된 것으로, 채권최고액과 기본계약을 그

본질적 요소로 하고 있다.

(2) 근저당권이 보통 저당권과 다른 점은, (가) 보통 저당권이 채권자와 채무자 사이의 특정채권을 담보하기 위한 것임에 반하여, 근저당권은 계속적인 거래관계에서 발생하는 다수의 "불특정채권"을 담보하며, (나) 보통 저당권은 특정한 채권을 담보하는 것이므로 피담보채권이 소멸하면 저당권도 당연히 소멸하게 되나, 근저당권은 채권이 증감·변동하다가 개별 채무가 일시적으로 전부 소멸되는 경우에도 그로 인하여 소멸하지 않고 근저당권이 확정될 때까지 채권이 다시 발생하면 근저당권은 동일성을 유지한 채 그 채권을 담보한다. 즉 보통 저당권은 부종성(민법 제369조)이 엄격하게 적용되는 반면, 근저당권은 저당권 소멸과 관련하여 피담보채권에 대한 부종성이 없다는 점에서 보통 저당권과 다르다.

(3) 본래 근저당권은 장래의 증감·변동하는 불특정채권의 담보를 위한 제도이지만, 현재의 거래관행은 금융기관의 대출이나 개인 간의 자금거래를 가리지 않고 특정한 금전채권을 담보하기 위한 경우에도 거의 전부 보통의 저당권을 설정하지 않고 근저당권을 설정하고 있는 실정이다. 이는 보통 저당권은 피담보채권의 범위가 원본·이자·위약금·경매실행비용 및 1년 이내의 지연배상금에 그치지만, 근저당권은 채권최고액의 범위 내에서 지연배상금의 제한이 없고 채무가 일시적으로 소멸한 경우에도 근저당권은 소멸하지 않는 편리함이 있기 때문이다. 이와 같은 특정 금전채권을 담보하기 위한 근저당권등기도 채권최고액이라는 한도로 충분하게 공시의 기능을 하고 있으므로 유효하다고 본다.

(4) 거래계에서는 채권최고액의 한도 내에서 피담보채권의 증감변동에 관계없이 채권원본과 이자 및 지연손해금 등을 담보할 수 있고 부종성이 완화되는 특성 때문에 근저당권이 압도적으로 많이 활용되고 있다. 그러나 현행 「민법」과 「부동산등기법」은 부동산 담보물권의 기본적인 형태를 저당권으로 보고 그에 관하여는 자세히 규정한 반면, 근저당권에 관하여는 단 1개의 조문을 두고 있으므로 저당권을 중심으로 서술하고 근저당권이 보통 저당권과 다른 점을 언급하기로 한다.

II. 저당권설정등기

저당권은 설정계약과 그에 따른 등기를 함으로써 성립한다. 저당권설정계약의 당사자는 저당권자와 저당권설정자이다. 저당권설정등기는 저당권자가 등기권리자가 되고 소유자·지상권자·전세권자 등 저당권설정자가 등기의무자가 되어 공동으로 신청한다.

1. 신청정보

가. 저당권의 등기사항

(1) **등기관**이 저당권설정의 등기를 할 때에는 법 제48조에서 규정한 사항(1. 순위번호, 2. 등기목적, 3. 접수연월일 및 접수번호, 4. 등기원인 및 그 연월일, 5. 권리자) 외에 다음 각 호 **1. 채권액, 2. 채무**

자의 성명 또는 명칭과 주소 또는 사무소 소재지, 3. 변제기, 4. 이자 및 그 발생기·지급시기, 5. 원본 (元本) 또는 이자의 지급장소, 6. 채무불이행으로 인한 손해배상에 관한 약정, 7. 「민법」 제358조 단서 의 약정, 8. 채권의 조건을 기록하여야 한다(법 제75조 제1항 본문).

(2) 여기서 법 제48조에서 규정한 사항과 법 제75조 제1항 제1호, 제2호는 **필수적으로 기록(필수적 기재사항)**하여야 한다.

(가) 채권액: 저당권의 피담보채권은 특정채권이어야 하나 반드시 금전채권에 한하지 아니하고, 특정 물이나 종류물의 일정량 급부를 목적으로 하는 채권이라도 좋다. 다만 담보권 실행 시에는 금전채권으 로 될 수 있어야 한다.

등기관이 일정한 금액을 목적으로 하지 아니하는 채권을 담보하기 위한 저당권설정의 등기를 할 때 에는 그 채권의 평가액을 기록하여야 한다(법 제77조). 이는 목적부동산에 관하여 이해관계를 가지게 되는 자(예: 후순위 저당권자, 부동산의 양수인)를 보호하기 위한 것이다.[950] 일정한 금액을 목적으로 하지 않는 채권을 담보하기 위한 저당권설정등기를 신청하는 경우에는 그 채권의 평가액을 신청정보의 내용으로 등기소에 제공하여야 한다(규칙 제131조 제3항).

(나) 채무자 표시: 저당권설정등기를 신청하는 경우 채무자의 성명 또는 명칭과 주소 또는 사무소 소재지를 기재하여야 한다(법 제75조 제1항 제2호, 규칙 제131조 제1항). 채무자는 등기당사자가 아니 므로 주민등록번호(또는 부동산등기용등록번호)를 기재할 필요는 없다. 법인 아닌 사단 또는 재단도 자기 명의의 부동산에 관하여 저당권을 설정하든 타인이 물상보증인으로서 저당권을 설정하든지 묻지 않고 채무자가 될 수 있다. 다만 「민법」상 조합은 등기능력이 없는 것이므로 이러한 조합 자체를 채무 자로 표시하여 근저당권설정등기를 할 수는 없다(등기선례 제1-59호).

채무자가 수인인 경우 그 수인의 채무자가 연대채무자라 하더라도 등기기록에는 단순히 "채무자"로 기록한다(등기예규 제1656호).

나. 임의적 기재사항

다만, 제3호부터 제8호까지는 등기원인에 그 약정이 있는 경우에만 기록한다(법 제75조 제1항 단서).

(1) 등기원인에 3. **변제기**, 4. **이자 및 그 발생기·지급시기**, 5. **원본 또는 이자의 지급장소**, 6. **채무 불이행으로 인한 손해배상에 관한 약정**, 7. 「**민법」 제358조 단서의 약정**,[951] 8. **채권의 조건**의 약정이 있는 경우에만 기록하여야 하므로(법 제75조 제1항 단서), 등기사항을 신청정보의 내용으로 등기소에 제공하여야 한다(규칙 제131조 제1항). 원인서면에 위와 같은 약정이 있음에도 불구하고 신청서에 이 를 기재하지 아니하면 이는 신청서가 방식에 적합하지 아니한 것에 해당되어 각하사유가 된다(법 제29 조 제5호).

---

950) 송덕수, 민법강의(제12판), 622면.
951) 민법 제358조(저당권의 효력의 범위) 저당권의 효력은 **저당부동산에 부합된 물건과 종물**에 미친다. 그러나 법률에 특 별한 규정 또는 설정행위에 다른 약정이 있으면 그러하지 아니하다.

(2) 저당부동산에 부합된 물건과 종물의 저당권에 미치는 효력 범위: 여기서 저당권의 효력은 설정계약에서 다른 약정을 하지 아니하는 한 저당부동산에 부합된 물건과 종물에 저당권의 효력이 미치는 것이 원칙이다(민법 제358조). 그러나 법률에 특별한 규정이 있거나 당사자 사이에 저당부동산에 부합된 물건과 종물에 저당권의 효력이 미치지 아니한다는 약정을 하고 이를 설정계약서에 명시하였다면 신청서에도 이를 기재하고 그 등기도 하여야 한다.

(3) 채권의 조건: 채권의 조건이라 함은 저당권이 담보하는 채권이 조건부라는 의미이고 저당권 자체가 조건부라는 의미가 아니다. 장래 발생할 채권에 대한 저당권은 바로 설정등기를 할 수 있지만 장래 발생할 저당권은 가등기의 대상이 될 뿐이다. 등기의 원인에 이러한 약정이 있음에도 신청정보로 하지 않았을 때에는 법 제29조 제8호(신청정보와 등기원인을 증명하는 정보가 일치하지 아니한 경우)를 적용하여 각하한다.

(4) 법인의 취급지점의 표시: 법인이 저당권자 또는 근저당권자인 경우, ① 등기신청서에 취급지점 등의 표시가 있는 때에는 등기부에 그 취급지점 등(예: ○○지점, △△출장소, ××간이예금취급소 등)을 기재한다. ② 취급지점 등의 표시는 법인의 표시 다음에 줄을 바꾸어 괄호 안에 기재하고 취급지점 등의 소재지는 표시하지 아니한다. ③ 취급지점 등의 명칭은 그 명칭이 등기된 것일 때에는 이에 의하고, 그 명칭이 등기되지 아니한 것일 때에는 당해 법인에서 호칭하는 통상명칭에 의하여 표시한다. ④ 저당권 또는 근저당권 설정계약서 등 원인증서의 기재에 의하여 등기신청서에 기재된 취급지점 등의 거래에 관한 것임이 표현되어 있어야 한다. ⑤ 지점의 폐합, 신설 등에 따른 관할 변경으로 인하여 취급지점 등의 명칭에 변경이 있는 때의 등기부상의 표시변경절차와 등록세 등은 등기명의인 표시변경 등기의 예에 준하여 처리한다(등기예규 제1188호).

다. 저당권의 목적이 소유권 외의 권리인 때에는 그 권리의 표시

저당권설정의 등기를 신청하는 경우에 그 권리의 목적이 소유권 외의 권리일 때에는 그 권리의 표시에 관한 사항을 신청정보의 내용으로 등기소에 제공하여야 한다(규칙 제131조 제2항). 이때에는 저당권의 목적인 권리에 대한 부기등기의 방법으로 등기한다. 채무자와 저당권설정자가 동일인인 저당권설정등기에 있어서도 신청서와 등기부에 채무자를 표시하여야 한다(등기예규 제264호).

2. 근저당권설정등기

가. 근저당권의 등기사항

(1) 근저당권(根抵當權)도 설정계약과 그에 따른 등기를 함으로써 성립한다. 근저당권설정계약의 당사자는 근저당권자와 근저당권설정자이다. 근저당권설정계약에 따라, **등기관**은 저당권의 내용이 근저당권인 경우에는 법 제48조에서 규정한 사항[1. 순위번호, 2. 등기목적(**근저당인 뜻**),952) 3. 접수연월

일 및 접수번호, 4. 등기원인 및 그 연월일, 5. 권리자)] 외에 다음 각 호 **1. 채권의 최고액, 2. 채무자의 성명 또는 명칭과 주소 또는 사무소 소재지**, 3. 「민법」 제358조 단서의 약정, 4. 존속기간을 기록하여야 한다(법 제75조 제2항 본문).

(2) 여기서 법 제48조에서 규정한 사항과 **법 제75조 제2항 제1호, 제2호는 필수적으로 기록(필수적 기재사항)**하여야 한다.

(가) 채권최고액: 근저당권설정등기에는 채권최고액을 기재하여야 하는데, 근저당권자는 채권최고액의 범위 내에서 <u>원본, 이자</u>,[953] <u>위약금, 지연손해금</u>에 관하여 우선변제권을 갖는다.

근저당설정등기를 함에 있어 그 근저당권의 채권자 또는 채무자가 수인일지라도 단일한 채권최고액만을 기록하여야 하고, 각 채권자 또는 채무자별로 채권최고액을 구분하여(예, '채권최고액 채무자 甲에 대하여 1억원, 채무자 乙에 대하여 2억원', 또는 '채권최고액 3억원 최고액의 내역 채무자 甲에 대하여 1억원, 채무자 을에 대하여 2억원' 등) 기록할 수 없다(등기예규 제1656호). 1개의 근저당권에 관하여 수인의 채권자 또는 채무자별로 채권최고액을 정하는 것은 실질적으로 수개의 근저당권을 설정하는 것과 마찬가지인데, 이러한 등기를 허용하는 법적 근거가 없으므로 그러한 등기를 할 수 없다고 본다.

또한 1개의 설정계약을 분할하여 여러 개의 근저당권을 설정할 수 없다. 가령 채권최고액을 105,000,000원으로 약정한 1개의 근저당권설정계약을 체결한 후 이를 원인서면으로 첨부하여 채권최고액을 9,900,000원으로 하는 10개의 근저당권설정등기와 채권최고액을 6,000,000원으로 하는 1개의 근저당권설정등기로 분리하여 등기신청을 할 수는 없다(등기선례 제5-436호).

채권최고액을 외국통화로 표시하여 신청정보로 제공한 경우에는 외화표시금액을 채권최고액으로 기록한다(예, "미화 금 ○○달러")(등기예규 제1656호).

보통 저당권의 경우에는 채권최고액이 아니라 채권액을 기재한다(법 제75조 제1항 제1호, 규칙 제131조 제1항). 피담보채권이 금전채권이 아닌 경우에는 신청서에 그 채권의 평가액을 기재하여야 한다(규칙 제131조 제3항). 가령 "채권액 백미 100가마(가마당 80킬로그램) 채권액 금 25,000,000원"이라 표시한다.

한편 보통의 저당권은 확정된 채권액이 필수적 등기사항인 반면, 근저당권은 채권최고액을 등기하여야 한다. 근저당권은 설정계약에서 정하여지고 등기된 최고액을 한도로 결산기에 실제로 존재하는 채권액을 피담보채권으로 한다. 따라서 확정된 피담보채권액이 최고액을 넘는 경우에는 최고액까지만 우선변제를 받을 수 있다. 그러나 이것이 근저당권자와 채무자 겸 근저당권설정자 사이에서도 최고액의 범위 내의 채권에 한해서만 변제를 받을 수 있다는 뜻은 아니며, 초과부분은 무담보채권이 될 뿐이다.

저당권의 피담보채권은 특정채권이지만 근저당권의 피담보채권은 기본계약이 존속하는 동안에는 특정되지 않고 증감·변동하다가 일정한 사유가 있으면 구체적으로 확정된다. 현행 「민법」은 근저당권의 확정사유에 관하여 아무런 규정을 두고 있지 않지만 이론상 ① 근저당권의 존속기간의 도래 또는 설정

---

952) 근저당권등기에서는 그것이 근저당권이라는 것을 반드시 등기하여야 한다. 그 기재가 없으면 보통의 저당권이 된다.
953) 이 최고액에는 이자도 포함되므로(민법 제357조 제2항), 이자의 등기는 따로 할 수 없다.

계약에서 정한 확정시기(결산기)의 도래, ② 존속기간이 정하여지지 않은 경우에는 기본계약의 종료(기본계약의 해제·해지 등), ③ 채무자 또는 물상보증인에 대한 파산선고 등을 근저당권의 확정사유로 볼 수 있다.

근저당권이 확정되면 그 때를 기준으로 피담보채권이 특정되어 그 이후에 발생하는 채권은 근저당권에 의하여 담보되지 않는다.

(나) **채무자**: 채무자 표시는 보통 저당권설정등기와 같다. 보통 저당권설정등기에서처럼 채무자가 수인인 경우 그 수인의 채무자가 연대채무자라 하더라도 등기기록에는 단순히 "채무자"로 기록한다(등기예규 제1656호). 수인의 채무자들 사이에서 발생한 채무가 연대채무인지 여부는 단순히 그 피담보채권의 내용에 불과하여 공시할 실익이 없기 때문이다. 피담보채무의 연대보증인은 해당 근저당권설정등기의 채무자가 아니므로 신청서에 기재할 수 없다. 전술한 바와 같이, 채무자가 2인 이상이고 채권이 각각 다르다 하더라도 채무자별로 채권최고액을 분리하여 등기할 수 없고, 반대로 채권자가 수인인 경우에도 그 지분을 표시할 수 없다. 근저당권의 피담보채권은 특정되어 있지 않으므로 그 채권의 확정 전에는 채권액이나 지분을 알 수 없기 때문이다.

어음할인, 대부, 보증 기타의 원인에 의하여 부담되는 일체의 채무를 피담보채무로 하는 내용의 근저당권설정계약을 원인으로 한 근저당권설정등기도 신청할 수 있다(등기예규 제1656호).

(2) 임의적 기재사항

다만, 등기원인에 저당부동산에 부합된 물건과 종물에 대하여 근저당권의 효력이 미치지 아니한다는 3. 「민법」 제358조 단서의 약정, 4. 존속기간의 약정은 등기원인에 그 약정이 있는 경우에만 기록한다(법 제75조 제2항 단서).

(가) **보통 저당권과 비교**: 보통 저당권설정등기를 신청하는 경우 등기원인에 <u>3. 변제기, 4. 이자 및 그 발생기·지급시기, 5. 원본(元本) 또는 이자의 지급장소, 6. 채무불이행으로 인한 손해배상에 관한 약정, 7. 「민법」 제358조 단서의 약정, 8. 채권의 조건의 약정</u>이 있는 경우에만 기록하여야 하므로(법 제75조 제1항 단서), 원인서면에 위와 같은 약정이 있음에도 불구하고 신청서에 이를 기재하지 아니하면 이는 신청서가 방식에 적합하지 아니한 것에 해당되어 각하사유가 된다(법 제29조 제5호).

반면에 근저당권은 채권의 **원본**뿐만 아니라 <u>**이자**</u> 또는 **위약금**이나 **지연배상 등**을 모두 **채권최고액**의 범위 내에서 담보하므로 <u>채권최고액에 포함되는 이자 또는 위약금이나 지연배상액 등은 등기할 사항이 아니다. 또 피담보채권이 확정되어야 변제기가 도래되므로 **변제기**에 관한 사항도 등기할 사항이 아니다.</u>

(나) **근저당권의 존속기간, 소멸약정**: 설정계약에서 근저당권의 <u>존속기간</u>을 정한 경우 그 존속기간은 피담보채권의 확정기 또는 기본계약에 따른 거래의 결산기의 의미를 갖는다. 근저당권은 <u>존속기간이나 소멸약정</u>은 등기할 수 있다(법 제75조 제2항 제4호, 규칙 제131조 제1항). 존속기간이 등기된 때에는 그 시기 이후에 생긴 채권은 피담보채권으로 될 수 없다.

다. 등기의 실행방법

소유권을 목적으로 하는 근저당권설정등기는 <u>주등기</u>의 방법에 의하고, <u>지상권이나 전세권을 목적으로 하는 근저당권설정등기</u>(소유권 외의 권리를 목적으로 하는 권리에 관한 등기)는 그 지상권이나 전세권에 **부기등기**(법 제52조 제3호)의 방법으로 한다.

III. 저당권이전·변경등기

1. 저당권이전등기

가. 등기의 신청

저당권도 물권이므로 저당권자는 자유로이 양도 그 밖의 처분을 할 수 있다. 그러나 「민법」 제361조는 저당권은 피담보채권과 분리하여 타인에게 양도하거나 다른 채권의 담보로 하지 못하도록 제한하고 있다. 그러므로 피담보채권과 분리한 저당권을 양도할 수 없고 저당권의 순위양도에 관한 규정이 없으므로 순위양도의 등기도 할 수 없다(등기예규 제223조). <u>저당권이전등기를 신청하는 경우 신청서에는 "저당권이 채권과 같이 이전한다"는 뜻을 신청정보의 내용으로 등기소에 제공하여야 한다</u>(규칙 제137조 제1항). 다만 등기기록에는 이를 기록하지 않는다. 또 이전대상인 저당권의 접수연월일, 접수번호 및 순위번호를 기재한다.

등기의 목적은 저당권이 <u>전부 이전</u>되는 때에는 "<u>저당권 이전</u>"으로 기재하고 <u>계약의 일부양도 또는 계약가입을 원인으로 하는 경우</u>에는 "<u>저당권 일부이전</u>"이라 기재한다. **등기관**이 채권의 일부에 대한 <u>양도 또는 대위변제</u>(代位辨濟)로 인한 저당권 일부이전등기를 할 때에는 법 제48조에서 규정한 사항 (1. 순위번호, 2. 등기목적, 3. 접수연월일 및 접수번호, 4. 등기원인 및 그 연월일, 5. 권리자) 외에 **양도액** 또는 **변제액**을 기록하여야 하므로(법 제79조), <u>신청정보의 내용으로 등기소에 제공하여야 한다</u>(규칙 제137조 제2항).

저당권이전등기는 양도인과 양수인이 <u>공동으로 신청</u>한다(등기예규 제616호). 지명채권의 양도는 양도인이 채무자에게 통지하거나 채무자가 승낙하지 아니하면 채무자 기타 제3자에게 대항하지 못하는 것이나, 근저당권이전등기를 신청함에 있어 피담보채권 양도의 통지서나 승낙서를 신청서에 첨부할 필요는 없다(등기선례 제5-104호).

근저당권의 피담보채권의 일부에 대하여 甲, 乙 2인이 각 별도로 일정금액씩을 일부 대위변제하였다면, 위 甲, 乙은 당사자가 다르므로 대위변제일자 및 변제금액과 관계없이 근저당권일부이전등기는 별개의 신청서로 작성하여야 한다(등기선례 제5-439호).

나. 보통 저당권의 이전원인

보통 저당권의 이전원인은 근저당권의 확정 후의 이전원인과 대체로 같다. 다만 등기원인은 "확정채권의 양도(대위변제)"가 아니라 "채권양도(대위변제)"라고 기록한다. 보통 저당권의 피담보채권은 처음부터 확정채권이기 때문이다. 또한 보통 저당권을 수인이 준공유하는 경우에는 저당권자별로 지분이 기록되므로 공유저당권의 지분이전등기도 가능하며, 상속의 경우에도 상속인에 대하여 지분을 기록한다. 이 점이 근저당권이전등기와 다르다.

다. 등기의 실행방법

저당권이전등기(소유권 외의 권리의 이전등기)는 언제나 부기등기로 한다(법 제52조 제2호). 소유권이전등기와 달리 종전 저당권자의 표시에 관한 사항을 말소하는 표시를 한다. 다만, 이전되는 지분이 일부일 때에는 말소하는 표시를 하지 않는다(규칙 제112조 제3항).

라. 근저당권이전등기(등기예규 제1656호)

(1) 근저당권의 피담보채권이 확정되기 전의 근저당권 이전등기의 신청은 다음 각 호와 같이 한다.

 1. 근저당권의 피담보권이 확정되기 전에 근저당권의 기초가 되는 기본계약상의 채권자 지위가 제3자에게 전부 또는 일부 양도된 경우, 그 양도인 및 양수인은 "계약 양도"(채권자의 지위가 전부 제3자에게 양도된 경우), "계약의 일부 양도"(채권자의 지위가 일부 제3자에게 양도된 경우) 또는 "계약가입"(양수인이 기본계약에 가입하여 추가로 채권자가 된 경우)을 등기원인으로 하여 근저당권이전등기를 신청할 수 있다

 2. 위 1.호의 등기를 신청하는 경우 근저당권설정자가 물상보증인이거나 소유자가 제3취득자인 경우에도 그의 승낙을 증명하는 정보를 등기소에 제공할 필요가 없다.

 3. 근저당권의 피담보채권이 확정되기 전에 그 피담보채권이 양도 또는 대위변제된 경우에는 이를 원인으로 하여 근저당권이전등기를 신청할 수는 없다.

(2) 근저당권의 피담보채권이 확정된 후의 근저당권이전등기의 신청은 다음 각 호와 같이 한다.

 1. 근저당권의 피담보채권이 확정된 후에 그 피담보채권이 양도 또는 대위변제된 경우에는 근저당권자 및 그 채권양수인 또는 대위변제자는 채권양도에 의한 저당권이전등기에 준하여 근저당권이전등기를 신청할 수 있다. 이 경우 등기원인은 "확정채권 양도" 또는 "확정채권 대위변제" 등으로 기록한다.

 2. 위 1.호의 등기를 신청하는 경우 근저당권설정자가 물상보증인이거나 소유자가 제3취득자인 경우에도 그의 승낙을 증명하는 정보를 등기소에 제공할 필요가 없다.

2. 저당권변경등기

가. 등기의 신청

저당권설정등기 후 그 등기사항에 변경이 생긴 경우 당사자는 그에 따른 변경등기를 신청할 수 있으며, 변경등기를 마쳐야만 제3자에게 그 내용으로 대항할 수 있다.

채무자변경으로 인한 저당권변경등기신청은 저당권자가 등기권리자, 저당권설정자가 등기의무자로서 공동신청하여야 하고, 이 경우 등기의무자의 권리에 관한 등기필증으로는 등기의무자가 소유권취득 당시 등기소로부터 교부받은 등기필증을 첨부하면 족하다(등기선례 제2-61호).

저당권변경등기도 권리변경등기의 하나이므로 원칙적으로 부기등기로 한다(법 제52조 제5호). 다만 등기는 등기상 이해관계 있는 제3자의 승낙이 없는 경우에는 주등기로 한다. 공유자의 지분을 목적으로 하는 저당권설정등기를 한 후 공유물분할에 따라 저당권설정자의 단독소유로 된 부동산 전부에 관하여 그 저당권의 효력을 미치게 하기 위하여 「부동산등기법」 제63조의 규정에 의한 저당권의 변경등기를 하는 경우에는 저당권의 효력이 미치는 목적물의 범위가 확장되므로 저당권설정등기 후에 경료된 가압류 또는 압류 등기권자는 그 저당권의 변경등기에 관하여 이해관계 있는 제3자에 해당한다. 따라서 그 저당권변경등기신청서에 가압류 또는 압류등기권자의 승낙서 또는 이에 대항할 수 있는 재판의 등본을 첨부한 때에는 부기등기의 방법으로, 위 서면을 첨부하지 아니한 때에는 독립등기 방법으로 그 저당권변경등기를 하게 된다(등기선례 제4-454호).

증축한 건물이나 부속건물을 별개 독립한 건물로 보존등기를 하지 않고, 건물의 구조나 이용상 기존 건물과 일체성이 인정되어 기존건물에 건물표시변경등기 형식으로 증축등기나 부속건물등기를 하였다면 그 부분은 기존건물에 부합되는 것으로 보아야 하는 한편 근저당권의 효력은 다른 특별한 규정이나 약정이 없는 한 근저당부동산에 부합된 부분과 종물에도 미치는 것이므로 이 경우 증축된 건물에 근저당권의 효력을 미치게 하는 변경등기는 할 필요가 없을 뿐만 아니라 할 수도 없을 것이다(등기선례 제4-460호).

"甲"과 "乙"이 공유하는 부동산에 저당권을 설정한 경우 또는 "甲"이 단독으로 소유하는 부동산에 저당권을 설정한 후 "乙"에게 일부 지분을 이전한 경우에 "乙" 지분에 관하여 저당권 포기를 원인으로 저당권이 "乙" 지분에 대하여는 소멸하고 "甲" 지분에 대하여는 존속하게 되는 때에는 등기원인을 지분포기, 저당권의 목적을 "甲"과 "乙" 지분에서 "甲" 지분으로 변경하는 방법에 의하여 부기등기로 기록하여야 한다. 이 경우의 기록례는 별지 기록례와 같다(등기예규 제1580호).[954]

---

954) **[별지 기록례] 일부 지분에 대하여 저당권이 소멸하는 경우**

【 을 구 】	(소유권 이외의 권리에 관한 사항)			
순위번호	등기목적	접 수	등기원인	권리자 및 기타사항
1-1	1번 근저당권변경	2014년7월3일 제1801호	2014년7월2일 지분포기	목적 갑구1번김갑남지분전부근저당권설정 포기한지분 갑구2번박을남지분2분의1

주: 이 기록례는 공유 부동산 전부 또는 2인 이상의 지분에 대하여 근저당권설정등기가 된 후 일부 지분에 대하여 저당권을 포기하는 경우이다(이 기록례에 의하여 부동산등기기록례집의 제219항 기록례는 변경됨).

나. 근저당권변경등기

근저당권설정등기 후 그 등기사항에 변경이 생긴 경우 당사자는 그에 따른 변경등기를 신청할 수 있으며, 변경등기를 마쳐야만 제3자에게 그 내용으로 대항할 수 있다. 근저당권변경등기를 할 수 있는 경우는 채권최고액의 변경, 채무자의 변경,[955] 근저당권자의 표시변경 그리고 근저당권의 목적이 변경된 경우이다.

IV. 저당권말소등기

1. 등기의 신청

저당권은 설정계약의 해제·취소, 저당권의 포기, 피담보채권의 소멸, 혼동 등의 사유로 소멸하며, 이때 저당권말소등기를 한다.

저당권말소등기신청의 등기권리자는 소유명의인(소유권 외의 권리를 목적으로 하는 저당권에 있어서는 그 권리의 등기명의인)이고 등기의무자는 저당권자이다. 저당권설정등기 이후에 소유권이 제3자에게 이전된 경우 등기권리자는 소유명의인인 제3취득자 또는 저당권설정자이다.

이전등기가 된 저당권의 피담보채권 소멸 등으로 인한 말소신청의 등기의무자는 저당권의 현재 명의인인 저당권 양수인이다. 이 경우 말소할 저당권으로는 주등기(제○번 저당권등기)를 표시하면 되고 이전의 부기등기는 표시할 필요가 없다.

2. 저당권자 표시의 변경 또는 경정등기의 생략(저당권말소의 경우)

저당권(근저당권) 등 소유권 이외의 권리에 관한 등기의 말소를 신청하는 경우에 있어서는 등기의무자인 저당권자의 표시에 변경 또는 경정 사유가 있는 때라도 등기의무자 표시가 등기기록과 부합하지 않는 경우에도 그 사유를 증명하는 정보를 제공하고 변경 또는 경정 등기를 생략할 수 있다(등기예규 제451호). 가령, 근저당권설정등기 후 저당목적 부동산의 매수인이 근저당채무를 인수하여 면책적채무

---

955) **등기예규 제1656호** 제4조(채무자변경으로 인한 근저당권변경등기) ① 근저당권의 피담보채권이 확정되기 전에 근저당권의 기초가 되는 기본계약상의 채무자 지위의 전부 또는 일부를 제3자가 계약에 의하여 인수한 경우, 근저당권설정자(소유자) 및 근저당권자는 "계약인수"(제3자가 기본계약을 전부 인수하는 경우), "계약의 일부 인수"(제3자가 수개의 기본계약 중 그 일부를 인수하는 경우), "중첩적 계약인수"(제3자가 기본계약상의 채무자 지위를 중첩적으로 인수하는 경우)를 등기원인으로 하여 채무자변경을 내용으로 하는 근저당권변경등기를 신청할 수 있다.
② 근저당권의 피담보채권이 확정된 후에 제3자가 그 피담보채무를 면책적 또는 중첩적으로 인수한 경우에는 채무인수로 인한 저당권변경등기에 준하여 채무자 변경의 근저당권변경등기를 신청할 수 있다. 이 경우 등기원인은 "확정채무의 면책적 인수" 또는 "확정채무의 중첩적 인수" 등으로 기록한다.
제5조(채무자의 사망으로 인한 근저당권변경등기) 근저당권의 채무자가 사망하고 그 공동상속인 중 1인만이 채무자가 되려는 경우에 근저당권자와 근저당권설정자 또는 소유자(담보목적물의 상속인, 제3취득자 등)는 근저당권변경계약정보를 첨부정보로서 제공하여 "계약인수" 또는 "확정채무의 면책적 인수"를 등기원인으로 하는 채무자 변경의 근저당권변경등기를 공동으로 신청할 수 있다.

인수로 인한 근저당권변경등기를 신청함에 있어 근저당권자인 법인의 본점이 이전된 경우 또는 취급지점이 변경된 때에는 등기명의인표시변경등기(근저당권자의 주소변경 또는 취급지점변경)를 한 후에 근저당권변경등기를 하여야 하지만(등기선례 제4-458호), 근저당권말소등기에 있어서는 예컨대 지점에서 근저당권설정등기를 하였으나 본점 관리부로 소관업무가 이관된 경우, 이를 증명하는 서면을 첨부하여 취급지점의 변경등기 없이 근저당권말소등기를 신청할 수 있다(등기선례 제4-488호).

3. 등기의 실행

저당권의 말소등기는 <u>주등기</u>로 한다. 이전의 <u>부기등기가 된 저당권의 말소등기의 경우에도 부기등기의 말소등기를 하는 것이 아니라, 주등기인 저당권설정등기의 말소등기를 하고 주등기와 함께 부기등기를 말소하는 표시</u>를 한다.

4. 근저당권말소등기

근저당권은 설정계약의 해제·취소, 근저당권의 포기, 혼동 등의 사유로 소멸하며, 이때 근저당권말소등기를 한다. 근저당권은 보통 저당권과는 달리 피담보채권의 소멸만으로는 소멸하지 않고 근저당권설정의 기초가 되는 기본계약이 해지 등의 사유로 종료되어야만 이를 원인으로 말소등기를 신청할 수 있다(등기선례 제6-231호).956)

V. 공동저당의 등기

1. 의의

공동저당이란 **동일한 채권**을 담보하기 위하여 **수개의 부동산** 위에 저당권을 설정하는 것을 말한다(민법 제368조). 가령 A가 B에 대하여 가지고 있는 3억원의 채권을 담보하기 위하여 B의 X토지(시가 4억원)와 그 위의 Y건물(시가 2억원) 위에 저당권을 취득한 경우이다. 공동저당권은 채무자의 입장에서는 여러 개의 부동산을 묶어서 담보에 제공함으로써 보다 많은 자금을 융통할 수 있고, 채권자의

---

956) 등기예규 제1656호 제6조 (근저당권말소등기) ① 근저당권설정등기의 말소등기를 함에 있어 근저당권 설정 후 소유권이 제3자에게 이전된 경우에는 근저당권설정자 또는 제3취득자가 근저당권자와 공동으로 그 말소등기를 신청할 수 있다.
② 근저당권이 이전된 후 근저당권설정등기의 말소등기를 신청하는 경우에는 근저당권의 양수인이 근저당권설정자(소유권이 제3자에게 이전된 경우에는 제3취득자)와 공동으로 그 말소등기를 신청할 수 있다.
③ 동일 부동산에 대한 소유권이전청구권 보전의 가등기상의 권리자와 근저당권자가 동일인이었다가 그 가등기에 기한 소유권이전의 본등기가 경료됨으로써 소유권과 근저당권이 동일인에게 귀속된 경우와 같이 혼동으로 근저당권이 소멸(그 근저당권이 제3자의 권리의 목적이 된 경우 제외)하는 경우에는 등기명의인이 근저당권말소등기를 단독으로 신청한다. 다만, 그 근저당권설정등기가 말소되지 아니한 채 제3자 앞으로 다시 소유권이전등기가 경료된 경우에는 현 소유자와 근저당권자가 공동으로 말소등기를 신청하여야 한다.

입장에서는 담보물의 멸실 그 밖의 담보가치의 하락으로 인한 위험을 분산시킬 수 있는 장점이 있으므로 많이 이용되고 있다. 공동저당은 수개의 부동산뿐만 아니라 공유물에 대한 각 공유자의 공유 지분, 1필의 토지에 수개의 지상권 또는 구분지상권이 설정되어 있거나 1개의 건물에 여러 개의 전세권이 존재하는 경우에 <u>1개의 부동산 위에도 공동저당이 성립될 수 있다.</u>

토지와 공장건물의 소유자는 상이하고 공장건물의 소유자와 공장에 속하는 기계기구의 소유자가 동일할 경우에는 공장건물만을 「공장저당법」 제6조에 의한 근저당으로 하고 토지에 대하여는 보통근저당으로 하여 공동담보로 근저당설정등기를 신청할 수 있다(등기선례 제200602-2호). 현행법상 「민법」 제368조가 적용되는 공동저당의 등기는 동일 채권을 담보하기 위한 수개의 동종 목적물에 대해서만 가능하다. 공동저당의 등기는 동일채권을 담보하기 위한 수개의 동종 목적물에 대해서만 가능하므로 부동산과 등기된 선박은 공동으로 근저당권을 설정할 수 없다(등기선례 제4-962호). 즉 공동저당의 목적(객체)이 되는 것은 원칙적으로 부동산이나, 그 외에 1개의 부동산으로 다루어지는 공장재단·광업재단도 가능하고, 선박 등은 저당권의 객체가 되기는 하여도 공동저당의 객체가 될 수는 없다. 왜냐하면 부동산과 선박 등의 동산은 경매절차가 서로 달라서 경매대가가 동시에 배당될 수 없을 뿐만 아니라 후자에 대하여는 공동저당임을 공시할 수 없기 때문이다.[957]

2. 등기절차의 특칙

공동저당은 <u>처음부터 동일 채권을 담보하기 위하여 수개의 부동산을 일괄하여 동시에 저당권의 목적으로 하여 설정되는</u> **창설적 공동저당**과 <u>1개 또는 수개의 부동산에 관하여 먼저 저당권을 설정한 후 그 동일 채권을 담보하기 위하여 다른 부동산에 추가로 저당권을 설정하는</u> **추가적 공동저당**으로 구분된다.

가. 창설적 공동저당

(1) 신청절차에 관한 특칙

<u>여러 개의 부동산에 관한 권리를 목적으로 하는 저당권설정의 등기를 신청하는 경우에는 각 부동산에 관한 권리의 표시를 신청정보의 내용으로 등기소에 제공하여야 한다</u>(규칙 제133조 제1항).

(2) 등기의 실행에 관한 특칙

등기관이 <u>동일한 채권에 관하여 여러 개의 부동산에 관한 권리를 목적으로 하는 저당권설정의 등기를 할 때에는 각 부동산의 등기기록에 그 부동산에 관한 권리가 다른 부동산에 관한 권리와 함께 저당권의 목적으로 제공된 뜻을 기록하여야 한다</u>(법 제78조 제1항).

---

957) 송덕수, 민법강의(제12판), 653면.

공동저당에 관하여 특별한 공시방법이 정하여져 있지는 않으며, 각각의 부동산에 관하여 저당권의 등기를 하면 된다.958) 다만, 공동담보라는 뜻의 기록은 각 부동산의 등기기록 중 해당 등기의 끝부분에 하여야 한다(규칙 제135조 제1항). **등기관**은 부동산이 5개 이상일 때에는 공동담보목록을 작성하여야 한다(법 제78조 제2항). 이의 공동담보목록은 전자적으로 작성하여야 하며, 1년마다 그 번호를 새로 부여하여야 한다(규칙 제133조 제2항). 공동담보목록에는 신청정보의 접수연월일과 접수번호를 기록하여야 한다(규칙 제133조 제3항). 공동담보목록은 등기기록의 일부로 의제된다(법 제78조 제3항).

나. 추가적 공동저당

(1) 신청절차에 관한 특칙

1개 또는 여러 개의 부동산에 관한 권리를 목적으로 하는 저당권설정의 등기를 한 후 같은 채권에 대하여 다른 1개 또는 여러 개의 부동산에 관한 권리를 목적으로 하는 저당권설정의 등기를 신청하는 경우에는, 종전의 등기를 표시하는 사항으로서 공동담보목록의 번호 또는 부동산의 소재지번(건물에 번호가 있는 경우에는 그 번호도 포함한다)을 신청정보의 내용으로 등기소에 제공하여야 한다(규칙 제134조). 추가저당권설정등기 신청 시 제공하여야 하는 등기필정보는 추가되는 부동산의 소유권에 관한 것이다. 전에 등기한 저당권의 등기필정보를 제공할 필요는 없다(등기선례 제3-585호).

(2) 등기의 실행에 관한 특칙

등기관이 1개 또는 여러 개의 부동산에 관한 권리를 목적으로 하는 저당권설정의 등기를 한 후 동일한 채권에 대하여 다른 1개 또는 여러 개의 부동산에 관한 권리를 목적으로 하는 저당권설정의 등기를 할 때에는, 그 등기와 종전의 등기에 각 부동산에 관한 권리가 함께 저당권의 목적으로 제공된 뜻을 기록하여야 한다. 이 경우 법 제78조 제2항 및 제3항을 준용한다(법 제78조 제4항). 또 공동담보 목적으로 **새로** 추가되는 부동산의 등기기록에는 그 등기의 끝부분에 공동담보라는 뜻을 기록하고 **종전**에 등기한 부동산의 등기기록에는 해당 등기에 **부기등기**로 그 뜻을 기록하여야 한다(규칙 제135조 제3항).

추가 설정하는 부동산과 전에 등기한 부동산이 합하여 5개 이상일 때에는 창설적 공동저당과 마찬가지로 **등기관**은 공동담보목록을 작성하여야 한다.

(3) 구분건물의 추가적 공동저당

대지에 관하여 이미 저당권이 설정되어 있는 상태에서 대지권의 등기를 하고, 그와 아울러 또는 그 후에 구분건물에 관하여 동일채권의 담보를 위한 저당권을 추가설정하려는 경우에는, 구분건물과 대지권을 일체로 하여 그에 관한 추가저당권설정등기의 신청을 할 수 있다(등기예규 제1470호).

---

958) 송덕수, 민법강의(제12판), 653면.

대지에 대하여 이미 근저당권이 설정되어 있는 상태에서 대지권의 등기를 한 후 동일채권의 담보를 위하여 구분건물과 그 대지권을 일체로 추가근저당권설정등기를 경료하고 종전의 근저당권을 포기하여 말소등기가 경료된 경우라도, 추가근저당권설정등기의 효력은 구분건물 뿐만 아니라 그 대지권에 대하여도 여전히 유지된다(등기선례 제7-271호).

(4) 추가설정의 통지

추가 설정의 경우(법 제78조 제4항) 종전에 등기한 부동산이 다른 등기소의 관할에 속할 때에는 그 등기소에 추가설정의 등기를 한 뜻을 통지하고 통지를 받은 등기소는 통지사항을 등기(법 제71조 제2항 및 제3항을 준용)한다(법 제78조 제5항).

3. 공동담보의 일부 소멸 또는 변경

여러 개의 부동산에 관한 권리가 저당권의 목적인 경우에 그 중 일부의 부동산에 관한 권리를 목적으로 한 저당권의 등기를 말소할 때에는 다른 부동산에 관한 권리에 대하여 법 제78조 제1항 및 제4항에 따라 한 등기에 그 뜻을 기록하고 소멸된 사항을 말소하는 표시를 하여야 한다. 일부의 부동산에 관한 권리의 표시에 대하여 변경의 등기를 한 경우에도 또한 같다(규칙 제136조 제1항). 제1항에 따라 등기를 할 때 공동담보목록이 있으면 그 목록에 하여야 한다(규칙 제136조 제3항). 공동담보인 다른 부동산의 전부 또는 일부가 다른 등기소 관할일 때에는 그 등기소에 그 뜻을 통지하고 통지를 받은 등기소는 위와 동일한 절차를 이행한다(규칙 제136조 제2항).

4. 공동저당의 대위등기

가. 의의

채권자가 저당부동산 중 일부의 경매 대가를 먼저 배당하는 경우에는 그 대가에서 그 채권전부의 변제를 받을 수 있다. 이 경우에 그 경매한 부동산의 차순위(후순위)저당권자는 선순위저당권자가 부동산별 책임분담액을 넘어서 일부 부동산의 경매 대가를 차지함으로 말미암아 불이익하게 된 차순위저당권자는 공동부동산 전부가 경매되어 동시에 배당되었더라면 선순위저당권자가 다른 부동산의 경매 대가로부터 변제받을 수 있는 책임분담액의 한도에서 선순위저당권자를 대위하여 공동저당부동산 중 경매되지 아니한 다른 부동산에 대한 저당권을 행사할 수 있다. 위와 같은 차순위저당권자의 대위는 선순위공동저당권자의 미실행 저당권이 법률상 당연히 차순위저당권자에게 일정 한도에서 이전하는 것이다. 이러한 법정대위는 법률의 규정에 의한 물권변동이기 때문에 등기가 없어도 그 효력이 생긴다(민법 제187조). 여기서 선순위공동저당권에 대하여「민법」제368조 제1항 및 제2항에 의한 후순위저당권자의 대위의 부기등기를 할 수 있는지가 문제되었는데, 구법 시행 당시에는「민법」이나「부동산등기법」에 근거 규정이 없었기 때문에 이러한 등기는 할 수 없었다. 그러나 <u>신법은 이러한 공동저당의 대위등기에 관한 근거규정을 두었고</u>(법 제80조), 이에 따라 <u>신규칙도 그 등기신청의 신청정보와 첨부 정보에 관하여 규정하고 있다</u>(규칙 제138조). 이하「공동저당 대위등기에 관한 업무처리지침」(등기예규 제1407호)을 중심으로 설명한다.[959]

가령 A가 B에게 3억원의 채권이 있는데 그 채권을 담보하기 위해 B소유의 X토지(시가 4억원)와 Y토지(시가 2억원)에 공동저당을 각각 1번으로 설정하였고, C가 B에게 2억원의 채권을 가지고 있어 X토지에 2번의 저당권을 설정하였다고 하자. X·Y토지에 대하여 동시에 경매가 실행되면 A는 X토지로부터 2억원, Y토지로부터 1억원을 배당받고 C는 X토지로부터 2억원을 배당받을 수 있다. 그런데 X부동산에 관해서만 먼저 경매가 실행되었다고 하자. A는 X토지로부터 3억원을 배당받고 C는 1억원을 배당받으며 A와 C의 저당권은 모두 말소된다. 후순위 저당권자인 C는 동시에 경매가 실행되었을 때 배당받았을 금액의 한도(1억원)에서 <u>Y토지의 A의 저당권을 대위행사할 수 있다</u>. 위와 같이「민법」제368조 제2항의 저당권 대위가 발생한 경우「부동산등기법」제80조에 따라 이를 등기할 수 있다.

나. 신청인

공동저당 대위등기는 <u>선순위저당권자가 등기의무자로 되고 대위자(차순위저당권자)가 등기권리자로</u> 되어 <u>공동으로 신청</u>하여야 한다.

다. 신청정보

등기관이「민법」제368조 제2항 후단의 대위등기를 할 때에는 법 제48조에서 규정한 사항 외에 다음 각 호 1. 매각 부동산(소유권 외의 권리가 저당권의 목적일 때에는 그 권리를 말한다), 2. 매각대금,

---

959) **별지: 공동저당의 대위등기에 따른 등기기록례**

【 을　구 】			(소유권 이외의 권리에 관한 사항)		
순위번호	등기목적	접수	등기원인	권리자 및 기타사항
1	근저당권설정	2009년 10월 12일 제13578호	2009년 10월 11일 설정계약	채권최고액　금 300,000,000원 채무자　장동군 　서울특별시 송파구 방이동 45 근저당권자　이병한 700407-1234567 　서울특별시 종로구 혜화동 45 공동담보 토지 서울특별시 서초구 서초동 12
1-1	1번 근저당권 대위	2011년 11월 7일 제13673호	2011년 11월 4일 민법 제368조제2항에 의한 대위	매각부동산 토지 서울특별시 서초구 서초동 12 매각대금　금700,000,000원 변 제 액　금250,000,000원 채권최고액　금 200,000,000원 채무자　장동군 　서울특별시 송파구 올림픽대로 45(방이동) 대위자　김희선 740104-2012345 　서울특별시 송파구 송파대로 345(송파동)

3. 선순위 저당권자가 변제받은 금액을 기록하여야 한다(법 제80조 제1항). 등기목적은 "○번 저당권 대위"로, 등기원인은 "「민법」 제368조 제2항에 의한 대위"로, 그 연월일은 "선순위저당권자에 대한 경매대가의 배당기일"로 표시한다.

공동저당 대위등기에는 법 제75조(저당권의 등기사항)를 준용한다(법 제80조 제1항).

라. 첨부정보

공동저당의 대위등기를 신청하는 경우에는 법 제80조의 등기사항을 신청정보의 내용으로 등기소에 제공하고, 배당표 정보를 첨부정보로서 등기소에 제공하여야 한다(규칙 제138조).

마. 등기실행절차

공동저당 대위등기는 대위등기의 목적이 된 저당권등기에 부기등기로 한다.

제2절   권리질권 및 채권담보권에 관한 등기

Ⅰ. 의의

질권은 채권자가 채권의 담보로서 채무자 또는 제3자(물상보증인)가 제공한 동산 또는 재산권을 유치하고, 채무의 변제가 없는 때에는 그 목적물로부터 우선변제를 받는 물권인데(민법 제329, 345조), 질권은 그것이 성립하는 목적물(객체)에 따라 동산질권·부동산질권·권리질권으로 나눌 수 있다. 그런데 「민법」은 이들 중 부동산의 사용·수익을 목적으로 하는 권리 즉, 부동산질권을 인정하지 않고(제345조 단서), 동산질권(제329조 이하)과 권리질권(제345조 이하)만을 인정한다. 권리질권은 재산권을 목적으로 하는 질권이다(제345조 본문).960) 권리질권의 설정은 법률에 다른 규정이 없으면 그 권리의 양도에 관한 방법에 의하여야 하므로(민법 제346조), 채권에 대하여 질권을 설정하기 위해서는 질권설정의 합의와 채권양도의 절차를 밟으면 된다.

그런데 질권의 목적이 되는 채권이 저당권에 의하여 담보되는 것(저당권부채권)인 때에는 저당권은 채권과 분리하여 양도 또는 담보로 제공될 수 없으므로(민법 제361조), 그 저당권등기에 질권의 부기등기를 하여야 질권의 효력이 저당권에 미친다(민법 제348조). 저당권의 목적이 된 채권에 대하여 질

---

960) 권리질권의 목적으로 되는 것은 양도성이 있는 재산권이다. 이를 나누어 설명하면 ① 먼저 재산권이어야 하므로 인격권·친족권 등은 권리질권의 목적이 될 수 없다. ② 양도할 수 있어야 하므로, 양도할 수 없는 것은 환가하여 그것으로부터 우선변제를 받을 수 없기 때문이다. ③ 부동산의 사용·수익을 목적으로 하는 권리가 아니어야 하므로 즉, 지상권·전세권·부동산임차권은 권리질권의 목적이 될 수 없다. ④ 그 밖에 지역권·광업권·어업권은 질권의 목적이 되지 못한다. ⑤ 따라서 권리질권의 목적이 되는 것은 **채권·주식·지식재산권**임을 알 수 있다.

권을 설정하면 저당권의 부종성에 의하여 저당권도 당연히 권리질권의 목적이 되지만, 만약 이를 공시하지 않으면 거래안전에 위협이 될 수 있기 때문에 「민법」 제348조의 특칙을 두고 있다. 이는 저당권부채권을 이전하는 경우에도 마찬가지이다. 이 밖에도 저당권을 담보한 채권을 채권담보권의 목적으로 한 때에는 저당권등기에 채권담보권의 부기등기를 하여야 채권담보권의 효력이 저당권에도 미친다(동산채권담보법 제37조).

명문의 규정은 없으나 저당권부채권뿐만 아니라 근저당권부채권도 질권의 목적으로 할 수 있다(등기선례 제7-278호). 이때 근저당권의 확정 여부는 묻지 않는다. 한편 개정법에서는 저당권부채권에 대한 질권의 등기사항으로서 채권최고액을 규정함으로써 저당권부채권에 대한 근질권도 등기할 수 있음을 분명히 하였다(법 제76조 제1항 제1호). 따라서 근저당권에 의하여 담보되는 채권을 질권 등의 목적으로 하는 경우에도 근저당권부질권 또는 근저당권부채권담보권의 부기등기를 신청할 수 있다.

Ⅱ. 신청인

질권자 또는 채권담보권자(이하 '질권자 등'이라 한다)가 등기권리자, 저당권자가 등기의무자로서 공동으로 신청한다.

Ⅲ. 신청정보의 내용

1. 저당권부채권에 대한 질권등기

등기관이 「민법」 제348조에 따라 저당권부채권(抵當權附債權, 저당권으로 담보된 채권)에[961] 대한 질권의 등기를 할 때에는 법 제48조에서 규정한 사항(1. 순위번호, 2. 등기목적, 3. 접수연월일 및 접수번호, 4. 등기원인 및 그 연월일, 5. 권리자) 외에 다음 각 호 1. **채권액 또는 채권최고액**, 2. **채무자**의 성명 또는 명칭과 주소 또는 사무소 소재지, 3. **변제기와 이자의 약정**이 있는 경우에는 그 내용을 기록하여야 한다(법 제76조 제1항).

---

961) 저당권을 설정할 수 있는 채권(피담보채권): 저당권에 의하여 담보할 수 있는 채권(피담보채권)은 소비대차에 기한 금전채권이 보통일 것이나, 그 밖의 채권이라도 무방하다. 「민법」은 장래의 불특정한 채권을 담보하는 저당권인 근저당에 관하여는 명문의 규정을 두고 있으나(제357조), 장래의 특정한 채권(조건부 채권·기한부 채권 등)을 담보하는 저당권에 관하여는 명문의 규정을 두고 있지 않다. 그렇지만 이를 인정하는 데 다툼이 없으며, 판례도 같다(대법원 1993. 5. 25. 선고 93다6362 판결).

2. 채권담보권의 등기

등기관이 「동산채권담보법」 제37조에서 준용하는 「민법」 제348조에 따른 <u>채권담보권의 등기</u>를 할 때에는 법 제48조에서 정한 사항 외에 다음 각 호 1. <u>채권액 또는 채권최고액</u>, 2. <u>채무자</u>의 성명 또는 명칭과 주소 또는 사무소 소재지, 3. <u>변제기와 이자의 약정이 있는 경우에는 그 내용</u>을 기록하여야 한다(법 제76조 제2항).

Ⅳ. 질권 등의 이전등기 등

질권자 등이 피담보채권을 제3자에게 양도한 경우에는 <u>질권 등의 이전등기</u>를 신청할 수 있다. 근저당부채권에 대하여 질권 등이 설정된 경우에 근저당권을 변경하는 등기를 함에 있어 질권자 등은 등기상 이해관계 있는 제3자가 된다. 그러므로 질권자 등의 승낙 없이 근저당권의 채권최고액을 감액하는 변경등기를 할 수 없다.

제6장 신탁에 관한 등기

I. 신탁의 의의

「신탁법」상 신탁이란 신탁을 설정하는 자(이하 "위탁자"라 한다)와 신탁을 인수하는 자(이하 "수탁자"라 한다) 간의 신임관계에 기하여 위탁자가 수탁자에게 특정의 재산(영업이나 저작재산권의 일부를 포함한다)을 이전하거나 담보권의 설정 또는 그 밖의 처분을 하고 수탁자로 하여금 일정한 자(이하 "수익자"라 한다)의 이익 또는 특정의 목적을 위하여 그 재산의 관리, 처분, 운용, 개발, 그 밖에 신탁 목적의 달성을 위하여 필요한 행위를 하게 하는 법률관계를 말한다.

「신탁법」은 50년 동안 개정 없이 시행되었다가 2011년에 전면적으로 개정되어 2012년 7월 26일부터 시행되고 있다. 개정「신탁법」은 신탁재산의 범위를 확대하여 적극재산, 소극재산 뿐만 아니라, 영업신탁과 저작재산권의 일부신탁(분리신탁)을 명시하고 있다. 그리고 담보신탁 외에 담보권신탁을 인정하고 있으며, 수탁자의 재산관리 방법도 확대하여 신탁재산의 관리와 처분 외에도, 신탁재산의 운용, 개발, 담보권의 설정, 그 밖의 목적을 위해서도 설정할 수 있도록 하였다(신탁법 제2조).

신탁설정은 신탁계약과 신탁유언 외에도 신탁선언(자기신탁)을 통해 가능하도록 하고 있다(신탁법 제3조 제1항). 신탁선언이 인정됨으로써 특수목적회사를 설립하거나 채권자를 변경할 필요가 없이 기업이 스스로 수탁자가 되어 보유 중인 채권 등의 자산을 신탁재산으로 삼아 이를 유동화하여 자금을 조달할 수 있게 되었다. 이에 따라 기업의 부담이 경감되고, 수탁자에게 지급해야 하는 수수료 등 비용을 절감할 수 있으므로 자산유동화가 용이하게 되었다.[962]

---

962) 김동근, "신탁재산의 증권화에 관한 연구: 담보신탁과 담보권신탁을 중심으로", 원광법학 제30권 제1호, 2014, 37~38면.

Ⅱ. 신탁의 종류

1. 임의신탁과 법정신탁: 신탁의 성립원인에 따라 당사자의 법률행위에 의하여 성립되는 임의(설정)신탁과 법률에 의한 추정 또는 강제로 성립되는 법정신탁으로 분류할 수 있다. 임의신탁은 다시 신탁행위의 형식에 따라 당사자의 법률행위인 계약에 의하여 성립되는 계약신탁(생전신탁)과 위탁자의 단독행위인 유언으로 설정하는 유언신탁(사후신탁), 위탁자의 선언에 의한 신탁으로 나눌 수 있다(신탁법 제3조 제1항).

2. 관리신탁과 처분신탁: 신탁은 신탁재산의 관리만을 목적으로 하는 관리신탁과 신탁재산의 처분만을 목적으로 하는 처분신탁으로 나눌 수 있다. 물론 신탁재산의 관리와 처분을 동시에 의무로 하는 신탁도 가능하다.

신탁재산의 "관리"란 신탁의 목적인 물건 또는 권리의 보존, 이용 또는 개량행위를 말하고, 토지·건물의 임대·수리 등이 이에 속한다. 신탁재산의 "처분"이란 물건 또는 권리의 소멸이나 변경을 가져오게 하는 행위를 말하고, 토지·건물의 매각, 토지에 대한 지상권설정, 저당권설정 등이 이에 속한다. 「신탁법」 제2조는 "관리, 처분"외에 별도로 "운용, 개발, 그 밖에 신탁 목적의 달성을 위하여 필요한 행위"를 명시하고 있다. "운용행위"란 수탁자가 금전 등 신탁재산을 대여하거나, 신탁재산을 이용하여 부동산, 유가증권 그 밖의 유동성 자산을 매입·투자하는 등의 방법으로 신탁재산을 증가시키는 일련의 행위로서, 주로 금전신탁, 담보신탁 등에서 이용된다. "개발행위"는 수탁자(신탁회사)가 위탁자로부터 토지의 소유권이나 그 밖의 부동산에 대한 권리를 이전받아 건물을 신축한 후 분양, 임대 등을 하여 수익자에게 그 사업수익을 교부하는 일련의 행위로서, 주로 토지신탁(특히 개발신탁)에서 이용된다.

신탁등기가 경료된 부동산에 대하여 수탁자를 등기의무자로 하는 등기의 신청이 있을 경우에는 **등기관**은 그 등기신청이 신탁목적에 반하지 아니하는가를 심사하여 신탁목적에 반하는 등기신청은 이를 수리하여서는 아니 된다(등기예규 제1673호).

3. 영업신탁과 비영업신탁: 신탁은 신탁의 인수를 영업으로 하는지 여부에 따라 영업신탁과 비영업신탁으로 분류할 수 있다.

4. 사익신탁과 공익신탁: 신탁은 신탁을 설정할 때 위탁자가 의도하는 신탁의 목적이 공익이냐 사익이냐에 따라 공익신탁과 사익신탁으로 분류할 수 있다. 공익신탁은 「공익신탁법」 제2조 제1호 각 목의 사업을 목적으로 하는 「신탁법」에 따른 신탁을 말한다. 공익신탁은 2016. 3. 18.까지는 「신탁법」에 의하였으나, 2016. 3. 19.부터는 「공익신탁법」에 의해 규율하고 있다.

Ⅲ. 신탁의 효력

부동산의 신탁에 있어서 위탁자는 신탁에 의하여 수탁자 앞으로 그 소유권이전등기가 마쳐지게 되면 대내외적으로 소유권이 수탁자에게 완전히 이전되고, 위탁자와의 내부관계에 있어서 소유권이 위탁자에게 유보되어 있는 것도 아니며, 다만 수탁자는 신탁의 목적 범위 내에서 신탁계약에 정하여진 바에 따라 신탁재산을 관리하여야 하는 제한을 부담함에 불과하다(대법원 2003. 8. 19. 선고 2001다47467 판결). 따라서 신탁등기가 마쳐진 부동산의 경우, 위탁자는 현재 유효한 등기명의인이 아니므로 원칙적으로 신탁등기가 말소되고 위탁자에게 소유권이전등기가 마쳐지기 전에는 위탁자를 등기의무자로 하는 등기신청은 수리할 수 없다. 즉, **등기관**은 수탁자를 등기의무자로 하는 처분제한의 등기, 강제경매등기, 임의경매등기 등의 촉탁이 있는 경우에는 이를 수리하고, 위탁자를 등기의무자로 하는 위 등기의 촉탁이 있는 경우에는 이를 수리하여서는 아니 된다. 다만 신탁 전에 설정된 담보물권에 기한 임의경매등기 또는 신탁 전의 가압류등기에 기한 강제경매등기의 촉탁이 있는 경우에는 위탁자를 등기의무자로 한 경우에도 이를 수리하여야 한다(등기예규 제1673호).

한편, 신탁의 해지 등 신탁종료의 사유가 발생하더라도 수탁자가 신탁재산의 귀속권리자인 수익자나 위탁자 등에게 새로이 목적부동산의 소유권 등 신탁재산을 이전할 의무를 부담하게 될 뿐, 신탁의 해지 등 신탁종료사유의 발생으로 신탁재산이 수익자나 위탁자 등에게 당연히 복귀되거나 승계된다고 할 수 없다(대법원 1994. 10. 14. 선고 93다62119 판결).

Ⅳ. 신탁의 법률관계

1. 신탁관계인

신탁과 직접적인 이해관계 또는 권리의무관계가 있는 자를 총칭하여 신탁관계인이라 한다. 신탁관계인에는 신탁당사자인 위탁자 및 수탁자 외에도 수익자, 신탁재산의 관리인, 신탁관리인이 있다.

위탁자란 수탁자로 하여금 신탁재산의 관리 또는 처분 등을 하도록 하기 위하여 수탁자에게 재산의 이전, 담보권의 설정 또는 그 밖의 처분을 하는 자를 말한다. 위탁자의 능력에 대하여는 「신탁법」에 특별한 규정이 없으므로 「민법」의 일반규정에 따라 행위능력을 필요로 한다.

수탁자란 위탁자로부터 재산의 이전, 담보권의 설정 또는 그 밖의 처분을 받아 특정한 신탁목적에 따라 신탁재산의 관리·처분 등을 하는 자를 말한다. 수탁자는 행위능력이 있어야 한다. 미성년자, 금치산자, 한정치산자 및 파산선고를 받은 자는 수탁자가 될 수 없다(신탁법 제11조). 수탁자와 위탁자는 성질상 동일인이 겸할 수 없다. 따라서 공동위탁자 중 1인을 수탁자로 하는 신탁등기는 허용되지 않는다(등기선례 제7-403호). 위탁자의 선언에 의한 신탁(신탁법 제3조 제1항 제3호)은 그에 대한 예외라 할 수 있다. 수탁자의 임무는 신탁의 목적을 달성하여 종료되는 경우(절대적 종료)와 수탁자의 사망파산 등 「신탁법」 제12조부터 제14조까지와 제16조에서 정한 사유로 종료되는 경우(상대적 종료)가 있다. 수탁자는 반드시 1인으로 한정되지 않고 여럿이 될 수 있다. 수탁자가 여럿인 경우 신탁재산은 수탁자들의 합유(合有)로 한다(신탁법 제50조 제1항).

수익자란 위탁자가 신탁의 이익을 주려고 의도하는 자 또는 그러한 권리를 승계한 자를 말한다. 수익자는 신탁행위의 당사자는 아니나, 신탁행위는 수익자를 위하여 설정되는 것이므로 수익자의 지위는 신탁관계에 있어서 중요하다. 이러한 수익자의 자격에는 「신탁법」상 제한이 없으므로 「민법」상 권리능력이 있는 자는 행위능력을 묻지 않고 모두 수익자가 될 수 있다. 위탁자는 수탁자를 겸할 수는 없지만 수익자의 지위를 겸할 수 있다. 따라서 위탁자가 신탁행위에서 수익자를 지정하지 아니한 경우에는 위탁자가 수익자를 겸하게 된다. 반면에 수탁자는 수익자가 될 수 없다. 다만 수탁자가 공동수익자 중 1인인 경우에는 예외이다(신탁법 제36조).

「신탁법」 제17조 제1항 또는 제18조 제1항에 따라 신탁재산관리인이 선임된 신탁의 경우 제23조 제7항·제8항, 제81조, 제82조, 제82조의2, 제84조 제1항, 제84조의2, 제85조 제1항·제2항, 제85조의2 제3호, 제86조, 제87조 및 제87조의2를 적용할 때에는 "수탁자"는 "신탁재산관리인"으로 본다(법 제87조의3).

2. 신탁재산

신탁재산이라 함은 위탁자가 수탁자에게 신탁의 목적으로 이전하거나 처분한 재산 및 그 재산의 관리, 처분, 운용, 개발, 멸실, 훼손, 그 밖의 사유로 수탁자가 얻은 재산은 신탁재산에 속한다(신탁법 제27조).

3. 신탁의 목적과 제한

신탁의 목적이란 위탁자 입장에서 보면 신탁행위에 의하여 달성하고자 하는 기본 목적을 의미하고, 수탁자 입장에서는 신탁재산에 관한 관리·처분·운용·개발 등의 권한을 행사하여야 할 범위를 명확히 정하는 것이 된다. 신탁의 목적은 신탁관계의 성립·존속·종료와 관련되는 기본적인 요소이므로 명확하고 또한 일정하여야 한다. 신탁의 목적은 불법 또는 불능이 아닌 이상 어떤 것이라도 정할 수 있으나, 신탁행위도 일종의 법률행위이므로 강행법규와 선량한 풍속이나 그 밖의 사회질서에 위반하는 사항을 목적으로 하는 신탁은 무효로 한다(신탁법 제5조).

「신탁법」에서 정하고 있는 신탁의 제한 사유는 다음과 같다. 법령에 따라 일정한 재산권을 향유할 수 없는 자는 수익자로서 그 권리를 가지는 것과 동일한 이익을 누릴 수 없다(신탁법 제7조). 채무자가 채권자를 해함을 알면서 신탁을 설정한 경우 채권자는 수탁자가 선의일지라도 수탁자나 수익자에게 「민법」 제406조(채권자취소권) 제1항의 취소 및 원상회복을 청구할 수 있다. 다만, 수익자가 수익권을 취득할 당시 채권자를 해함을 알지 못한 경우에는 그러하지 아니하다(신탁법 제8조 제1항).

4. 신탁의 종료

가. 신탁의 종료사유

(1) 일반적 종료사유

신탁은 다음 각 호 1. 신탁의 목적을 달성하였거나 달성할 수 없게 된 경우, 2. 신탁이 합병된 경우, 3. 「신탁법」 제138조에 따라 유한책임신탁에서 신탁재산에 대한 파산선고가 있은 경우, 4. 수탁자의 임무가 종료된 후 신수탁자가 취임하지 아니한 상태가 1년간 계속된 경우, 5. 목적신탁에서 신탁관리 인이 취임하지 아니한 상태가 1년간 계속된 경우, 6. 신탁행위로 정한 종료사유가 발생한 경우의 어느 하나에 해당하는 경우 종료한다(신탁법 제98조).

(2) 합의에 의한 신탁의 종료

위탁자와 수익자는 합의하여 언제든지 신탁을 종료할 수 있다. 다만, 위탁자가 존재하지 아니하는 경우에는 그러하지 아니하다(신탁법 제99조 제1항).

위탁자가 신탁이익의 전부를 누리는 신탁은 위탁자나 그 상속인이 언제든지 종료할 수 있다(신탁법 제99조 제2항).

위탁자, 수익자 또는 위탁자의 상속인이 정당한 이유 없이 수탁자에게 불리한 시기에 신탁을 종료한 경우 위탁자, 수익자 또는 위탁자의 상속인은 그 손해를 배상하여야 한다(신탁법 제99조 제3항).

신탁행위로 달리 정한 경우에는 그에 따른다(신탁법 제99조 제4항).

(3) 법원의 명령에 의한 신탁의 종료

신탁행위 당시에 예측하지 못한 특별한 사정으로 신탁을 종료하는 것이 수익자의 이익에 적합함이 명백한 경우에는 위탁자, 수탁자 또는 수익자는 법원에 신탁의 종료를 청구할 수 있다(신탁법 제100조).

나. 신탁종료 후의 신탁재산의 귀속

법 제98조 제1호, 제4호부터 제6호까지, 제99조 또는 제100조에 따라 신탁이 종료된 경우 신탁재산 은 수익자(잔여재산수익자를 정한 경우에는 그 잔여재산수익자를 말한다)에게 귀속한다. 다만, 신탁행 위로 신탁재산의 잔여재산이 귀속될 자(이하 "귀속권리자"라 한다)를 정한 경우에는 그 귀속권리자에 게 귀속한다(신탁법 제101조 제1항).

수익자와 귀속권리자로 지정된 자가 신탁의 잔여재산에 대한 권리를 포기한 경우 잔여재산은 위탁 자와 그 상속인에게 귀속한다(신탁법 제101조 제2항).

「신탁법」 제3조 제3항에 따라 신탁이 종료된 경우 신탁재산은 위탁자에게 귀속한다(신탁법 제101조

제3항).

신탁이 종료된 경우 신탁재산이 제1항부터 제3항까지의 규정에 따라 귀속될 자에게 이전될 때까지 그 신탁은 존속하는 것으로 본다. 이 경우 신탁재산이 귀속될 자를 수익자로 본다(신탁법 제101조 제4항).

「신탁법」 제101조 제1항 및 제2항에 따라 잔여재산의 귀속이 정하여지지 아니하는 경우 잔여재산은 국가에 귀속된다(신탁법 제101조 제5항). 수익자는 신탁행위로 특별히 정한 경우를 제외하고, 신탁행위로 정한 바에 따라 수익자로 지정된 자는 당연히 수익권을 취득한다(신탁법 제56조 제1항). 수익자를 A에서 B로 변경하거나 새로운 수익자 C를 추가하는 수익자의 변경은, 신탁계약의 내용에서 수익자를 지정하거나 변경할 수 있는 권한을 위탁자나 수탁자 또는 제3자에게 부여하지 않는 한, 이해관계인 전원의 합의가 있어야 한다. 일반적인 신탁관계에서 이해관계인으로는 위탁자·수탁자·수익자가 될 것이다.

제2절 신탁등기

Ⅰ. 개설

1. 신탁등기의 의의

신탁으로 재산의 이전, 담보권의 설정 또는 그 밖의 처분이 있는 경우에 수탁자는 신탁재산을 자기의 고유재산과는 구별하여 관리하여야 하므로(신탁재산의 독립성), 그 재산이 신탁재산인지 여부를 제3자가 확실히 알 수 있도록 대외적으로 공시할 필요성이 있다. 이와 같이 <u>어떠한 부동산이 신탁의 목적물인지 여부를 대외적으로 공시하기 위한 것이 신탁등기이다. 신탁등기라 함은 신탁행위를 원인으로 하여 소유권이전등기 등이 이루어지는 것을 전제로 하여 단지 수탁자 명의의 소유권 등이 신탁목적의 제한을 받는다는 것을 공시하는 등기를 말한다. 따라서 신탁을 원인으로 한 소유권이전등기 등과는 구별되는 개념이다.</u> 「신탁법」 제4조 제1항에 따르면 "등기 또는 등록할 수 있는 재산권에 관하여는 신탁의 등기 또는 등록을 함으로써 그 재산이 신탁재산에 속한 것임을 제3자에게 대항할 수 있다."고 하여 <u>신탁의 등기를 제3자에 대한 대항요건</u>으로 규정하고 있다. 신탁등기는 신탁관계의 성립요건은 아니기 때문에 신탁관계를 설정한 경우에 신탁등기를 할 것인지 여부는 당사자의 의사에 달렸다. 그러나 <u>일단 신탁등기를 한 경우에는 다른 임의적 기록사항에 관한 등기의 경우와 마찬가지로 등기와 실체관계를 부합시키기 위한 신탁에 관한 변경등기에 대하여는 당사자에게 그 변경등기의 의무를 부과하고 있다</u>(법 제86조).

2. 신탁등기의 종류

신탁등기에는 해당 부동산에 관한 권리가 신탁의 목적임을 공시하는 신탁설정의 등기와 신탁 종료에 따른 신탁말소의 등기가 있고, 그 밖에 수탁자변경의 등기, 신탁원부기록의 변경등기, 신탁의 합병·분할 등에 따른 신탁등기 등이 있다.

신탁계약		신탁등기
신탁계약의 성립		신탁설정의 등기
신탁계약의 변경	수탁자 변경	수탁자변경의 등기
	수탁자 변경을 제외한 나머지 사항의 변경	신탁원부기록의 변경등기
신탁의 종료		신탁등기의 말소등기
신탁의 합병·분할·분할합병		신탁등기의 말소등기 및 새로운 신탁등기

Ⅱ. 신탁설정의 등기

1. 의의

신탁의 목적이 된 부동산에 관한 권리를 대외적으로 공시하기 위한 등기가 신탁설정의 등기이다. 일반적으로 신탁등기라 함은 신탁설정의 등기를 말한다. 신탁설정의 방법으로는 ① 위탁자와 수탁자 간의 계약, ② 위탁자의 유언, ③ 신탁의 목적, 신탁재산, 수익자(공익신탁법에 따른 공익신탁의 경우에는 제67조 제1항의 신탁관리인을 말한다) 등을 특정하고 자신을 수탁자로 정한 위탁자의 선언이 있다.

2. 신청인

신탁재산에 속하는 부동산의 신탁등기는 **수탁자가 단독**으로 신청한다(법 제23조 제7항).

수탁자가 「신탁법」 제3조 제5항에 따라 타인에게 신탁재산에 대하여 신탁을 **설정**하는 경우 해당 신탁재산에 속하는 부동산에 관한 권리이전등기에 대하여는 **새로운 신탁의 수탁자를 등기권리자**로 하고 **원래 신탁의 수탁자를 등기의무자**로 한다. 이 경우 해당 신탁재산에 속하는 부동산의 신탁등기는 새로운 신탁의 수탁자가 단독으로 신청한다(법 제23조 제8항).

수익자나 위탁자는 **수탁자를 대위**하여 신탁등기를 **단독**으로 신청할 수 있다(법 제82조 제2항).

2013. 5. 28. 개정되기 전에는 공동신청주의가 원칙이었으나, 신탁등기는 권리에 관한 등기이기는 하지만 직접 권리를 이전·설정하는 등의 효력이 있는 것은 아니고, 단지 어떠한 부동산이 신탁재산에 속한다는 사실을 공시하여 대항력을 발생하게 하는 등기에 불과하므로(신탁법 제4조 제1항), 수탁자의 단독신청에 의하더라도 등기신청의 진정성이 충분히 담보될 수 있다. 2013. 5. 28. 개정법에서는 공동신청주의를 삭제하고 제23조 제7항을 신설하여 신탁등기는 수탁자가 단독으로 신청하도록 하였다.

3. 신탁등기의 신청방법

가. 일괄신청의 원칙

신탁등기의 신청은 해당 부동산에 관한 권리의 설정등기, 보존등기, 이전등기 또는 변경등기의 신청과 동시에 하여야 한다(법 제82조 제1항). 즉 1건의 신청정보로 일괄하여 하여야 한다. 다만 수익자나 위탁자가 수탁자를 대위하여 신탁등기를 신청하는 경우에는 그러하지 아니하다(법 제82조 제2항, 등기예규 제1673호). 법 제82조 제2항에 따른 대위등기의 신청에 관하여는 법 제28조 제2항(채권자대위권에 의한 등기신청)을 준용한다(법 제82조 제3항).

나. 신탁행위에 의한 신탁등기

신탁행위에 의하여 소유권을 이전하는 경우에는 신탁등기의 신청은 신탁을 원인으로 하는 소유권이전등기의 신청과 함께 1건의 신청정보로 일괄하여야 한다. 등기원인이 신탁임에도 신탁등기만을 신청하거나 소유권이전등기만을 신청하는 경우에는 「부동산등기법」 제29조 제5호(신청정보의 제공이 대법원규칙으로 정한 방식에 맞지 아니한 경우)에 의하여 신청을 각하하여야 한다. 등기의 목적은 "소유권이전 및 신탁", 등기원인과 그 연월일은 "○년 ○월 ○일 신탁"으로 하여 신청정보의 내용으로 제공한다(등기예규 제1673호).

다. 「신탁법」 제3조 제1항 제3호의 위탁자의 선언에 의한 신탁등기

위탁자의 선언에 의한 신탁이란 「신탁법」 제3조 제1항 제3호에 따라 신탁의 목적, 신탁재산, 수익자 등을 특정하고 자신을 수탁자로 정하는 신탁을 말한다. 이러한 신탁은 「공익신탁법」에 따른 공익신탁인 경우를 제외하고는 공정증서(公正證書)를 작성하는 방법으로 하여야 한다. 이 경우에는 신탁등기와 신탁재산으로 된 뜻의 권리변경등기를 1건의 신청정보로 일괄하여 수탁자가 단독으로 신청한다. 등기의 목적은 "신탁재산으로 된 뜻의 등기 및 신탁", 등기원인과 그 연월일은 "○년 ○월 ○일 신탁"으로 하여 신청정보의 내용으로 제공한다(등기예규 제1673호).

라. 「신탁법」 제3조 제5항의 재신탁등기

(1) 재신탁이란 수탁자가 인수한 신탁재산을 스스로 위탁자가 되어 다른 수탁자에게 신탁함으로써 새로운 신탁을 설정하는 것을 의미한다. 수탁자는 신탁행위로 달리 정한 바가 없으면 신탁목적의 달성을 위하여 필요한 경우, 수익자의 동의를 받아 신탁재산을 재신탁할 수 있다.[963]

---

[963] 종래의 등기실무는 「신탁법」 및 「부동산등기법」에 신탁된 부동산을 재신탁할 수 있다는 규정은 없으므로 주택조합원과 조합 간의 신탁계약에서 주택조합이 신탁받은 부동산을 부동산신탁회사에 재신탁할 수 있다고 규정하였다 하더라도 그에 따른 재신탁등기는 할 수 없다고 하여 재신탁을 인정하지 않았다. 그러나 수탁자가 신탁재산에 관한 전문가에게

(2) 「신탁법」 제3조 제5항에 따라 타인에게 신탁재산에 대하여 설정하는 신탁(이하 '재신탁'이라 한다)에 의한 신탁등기는 재신탁을 원인으로 하는 소유권이전등기와 함께 1건의 신청정보로 일괄하여 신청하여야 한다. 등기의 목적은 "소유권이전 및 신탁", 등기원인과 그 연월일은 "ㅇ년 ㅇ월 ㅇ일 재신탁"으로 하여 신청정보의 내용으로 제공한다(등기예규 제1673호).

마. 「신탁법」 제27조에 따라 신탁재산에 속하게 되는 경우

(1) 신탁재산의 관리, 처분, 운용, 개발, 멸실, 훼손, 그 밖의 사유로 수탁자가 얻은 재산은 신탁재산에 속한다는 「신탁법」 제27조에 따라 신탁재산에 속하게 되는 경우, 예컨대 위탁자가 수탁자에게 일정 금원을 신탁하면서 그 금원으로 부동산을 매수하도록 하고 수탁자가 신탁계약에 따라 특정 부동산을 매수한 경우에 그 부동산은 신탁재산에 속한다. 그러므로 해당 부동산에 관하여 매매를 원인으로 수탁자 명의로 소유권이전등기를 할 경우 신탁등기를 할 필요가 있게 된다. 이것이 「신탁법」 제27조에 따른 신탁등기이다. 이에 따른 신탁등기의 신청은 해당 부동산에 관한 소유권이전등기의 신청과 함께 1건의 신청정보로 일괄하여 하여야 한다. 등기의 목적은 "소유권이전 및 신탁재산처분에 의한 신탁"으로, 등기권리자란은 "등기권리자 및 수탁자"로 표시하여 신청정보의 내용으로 제공한다(등기예규 제1673호).

(2) 다만 위 제3자와 공동으로 소유권이전등기만을 먼저 신청하여 수탁자 앞으로 소유권이전등기가 이미 마쳐진 경우에는 수탁자는 그 후 단독으로 신탁등기만을 신청할 수 있고, 수익자나 위탁자도 수탁자를 대위하여 단독으로 신탁등기만을 신청할 수 있다. 이 경우 등기의 목적은 "신탁재산처분에 의한 신탁"으로 하여 신청정보의 내용으로 제공한다(등기예규 제1673호).

바. 「신탁법」 제43조에 따라 신탁재산으로 회복 또는 반환되는 경우

수탁자가 그 의무를 위반하여 신탁재산에 손해가 생긴 경우 위탁자, 수익자 또는 수탁자가 여럿인 경우의 다른 수탁자는 그 수탁자에게 신탁재산의 원상회복을 청구할 수 있고(신탁법 제43조 제1항), 수탁자가 일정한 의무를 위반한 경우에는 신탁재산에 손해가 생기지 아니하였더라도 수탁자는 그로 인하여 수탁자나 제3자가 얻은 이득 전부를 신탁재산에 반환하여야 한다(신탁법 제43조 제3항). 이러한 경우 수탁자 명의로 회복·반환된 부동산에 대하여도 신탁재산임을 공시할 필요성이 있으며 이때 하는 등기를 신탁재산의 회복·반환에 의한 신탁등기라 한다.

위 "마"항에 준하여 신청하되, 소유권이전등기와 함께 1건의 신청정보로 일괄하여 신청하는 경우에는 등기의 목적을 "소유권이전 및 신탁재산회복(반환)으로 인한 신탁"으로 하고, 소유권이전등기가 이

신탁재산의 운용을 맡기는 것이 신탁의 목적 달성에 더 유리할 수 있고, 수탁자가 신탁재산인 금전을 운용하는 방법 중의 하나로 투자신탁의 수익권을 매입한다거나 재개발사업 시행을 위하여 조합원들로부터 부동산을 인수한 재개발조합이 그 재개발사업의 안정적인 진행을 보장하기 위하여 신탁부동산을 다시 신탁회사에 신탁하는 것이 허용될 필요가 있어 전면개정된 「신탁법」은 재신탁을 명문으로 인정하였다.

미 마쳐진 후 신탁등기만을 신청하는 경우에는 등기의 목적을 "신탁재산회복(반환)으로 인한 신탁"으로 하여 신청정보의 내용으로 제공한다(등기예규 제1673호).

사. 담보권신탁등기

(1) 의의

담보권신탁은 채무자가 수탁자에게 자기 소유 재산에 대한 담보권을 신탁재산으로 하여 신탁을 설정하고 채권자를 수익자로 지정하면 수탁자가 채권자에게 수익권증서를 발행해 주는 형태의 신탁을 말한다. 부동산등기와 관련해서는 위탁자가 자기 또는 제3자 소유의 부동산에 채권자가 아닌 **수탁자를 저당권자로 하여 설정한 저당권을 신탁재산**으로 하고 **채권자를 수익자로 지정**하는 신탁이라고 할 수 있다(법 제87조의2 제1항). 따라서 수탁자는 위탁자가 자기 또는 제3자 소유의 부동산에 채권자가 아닌 수탁자를 (근)저당권자로 하여 설정한 (근)저당권을 신탁재산으로 하고 채권자를 수익자로 지정한 담보권신탁등기를 신청할 수 있다(등기예규 제1673호). 담보권신탁을 인정할 경우, 채권자는 담보권의 효력을 유지한 채 별도의 이전등기 없이도 수익권을 양도하는 방법으로 사실상 담보권을 양도할 수 있어서 법률관계가 간단해지고 자산유동화의 수단으로서 활용이 용이해지기 때문에 전면개정 「신탁법」에서 도입되었다.

이러한 담보권신탁은 담보신탁과 구별된다. 담보신탁에는 다음과 같은 유형들이 있다. 첫 번째로는, 채무자(위탁자 겸 수익자)가 수탁자에게 자기 소유의 부동산 등을 신탁재산으로 하여 자익신탁(自益信託)을 설정한 후 수탁자(신탁회사)가 발급한 수익권을 표창하고 있는 수익권증서를 채권자에게 양도하고, 수탁자는 신탁재산을 담보력이 유지되도록 관리하다가 채무이행 시에는 신탁재산을 채무자에게 돌려주며, 채무불이행시에는 신탁재산을 처분하여 채권자에게 변제하여 주는 유형이다. 두 번째로는, 채무자(위탁자)가 수탁자에게 부동산의 소유권을 이전하면서 채권자를 수익자로 정하는 타익신탁(他益信託)을 설정하고 수탁자는 채무자의 채무불이행 시에 부동산을 처분하여 채무를 변제하는 유형이다.

(2) 신청방법

(가) 담보권신탁등기는 신탁을 원인으로 하는 근저당권설정등기와 함께 1건의 신청정보로 일괄하여 신청한다. 등기의 목적은 "(근)저당권설정 및 신탁", 등기원인과 그 연월일은 "○년 ○월 ○일 신탁"으로 하여 신청정보의 내용으로 제공한다(등기예규 제1673호).

(나) **등기관**은 저당권에 의하여 담보되는 피담보채권이 여럿이고 각 피담보채권별로 법 제75조에 따른 등기사항이 다를 때에는 법 제75조에 따른 등기사항을 각 채권별로 구분하여 기록하여야 하므로(법 제87조의2 제1항), 이에 따른 등기사항을 각 채권별로 구분하여 신청정보의 내용으로 제공하여야 한다(등기예규 제1673호).

(다) 신탁재산에 속하는 (근)저당권에 의하여 담보되는 피담보채권이 이전되는 경우에는 수탁자는

신탁원부 기록의 변경등기를 신청하여야 하고(법 제87조의2 제2항), 이 경우「부동산등기법」제79조 (채권일부의 양도 또는 대위변제로 인한 저당권 일부이전등기의 등기사항)는 적용하지 아니한다(법 제 87조의2 제3항).

4. 신탁등기의 등기사항(신탁원부 작성을 위한 정보)

(1) **등기관**이 신탁등기를 할 때에는 다음 각 호의 사항을 기록한 신탁원부(信託原簿)를 작성하고, 등기기록에는 제48조에서 규정한 사항 외에 그 신탁원부의 번호를 기록하여야 한다(법 제81조 제1항).

1. 위탁자, 수탁자 및 수익자의 성명 및 주소(법인인 경우에는 그 명칭 및 사무소 소재지를 말한다)
2. 수익자를 지정하거나 변경할 수 있는 권한을 갖는 자를 정한 경우에는 그 자의 성명 및 주소(법 인인 경우에는 그 명칭 및 사무소 소재지를 말한다)
3. 수익자를 지정하거나 변경할 방법을 정한 경우에는 그 방법
4. 수익권의 발생 또는 소멸에 관한 조건이 있는 경우에는 그 조건
5. 신탁관리인이 선임된 경우에는 신탁관리인의 성명 및 주소(법인인 경우에는 그 명칭 및 사무소 소재지를 말한다)
6. 수익자가 없는 특정의 목적을 위한 신탁인 경우에는 그 뜻
7. 「신탁법」제3조 제5항에 따라 수탁자가 타인에게 신탁을 설정하는 경우에는 그 뜻
8. 「신탁법」제59조 제1항에 따른 유언대용신탁인 경우에는 그 뜻
9. 「신탁법」제60조에 따른 수익자연속신탁인 경우에는 그 뜻
10. 「신탁법」제78조에 따른 수익증권발행신탁인 경우에는 그 뜻
11. 「공익신탁법」에 따른 공익신탁인 경우에는 그 뜻
12. 「신탁법」제114조 제1항에 따른 유한책임신탁인 경우에는 그 뜻
13. 신탁의 목적
14. 신탁재산의 관리, 처분, 운용, 개발, 그 밖에 신탁 목적의 달성을 위하여 필요한 방법
15. 신탁종료의 사유
16. 그 밖의 신탁 조항

(2) 법 제81조 제1항 제5호, 제6호, 제10호 및 제11호의 사항에 관하여 등기를 할 때에는 수익자의 성명 및 주소를 기재하지 아니할 수 있다(법 제81조 제2항). 법 제81조 제1항의 신탁원부는 등기기록 의 일부로 본다(법 제81조 제3항).

Ⅲ. 신탁의 합병·분할·분할합병에 따른 신탁등기

1. 의의

신탁의 합병·분할·분할합병이 있는 경우 이루어지는 신탁의 합병·분할로 인한 권리변경등기, 기존 신탁등기의 말소등기 및 새로운 신탁등기를 말한다.

신탁의 합병은 수탁자가 자신이 관리하는 복수의 신탁을 하나의 신탁으로 만드는 것을 의미하고, 신탁의 분할은 합병과 반대로 하나의 신탁을 2개 이상으로 나누어 새로운 신탁을 설정하거나 기존의 다른 신탁과 합병(분할합병)하여 별도의 신탁으로 운영하는 것을 의미한다.

신탁의 합병은 신탁사무 처리의 편의성, 신탁재산의 관리와 운영에 있어서 규모의 경제 실현, 수탁자의 보수와 세금의 절감 등을 위해 필요하고, 신탁의 분할은 수익자간에 신탁에 관한 의견이 충돌하는 경우나 수익자의 수익권에 대한 수요모델이 달라지는 경우 등에 있어 각 수익자의 수요를 최대한 충족시키기 위해 필요하다.

2. 신탁의 합병·분할 등에 따른 신탁등기의 신청

신탁의 합병 또는 분할로 인하여 하나의 신탁재산에 속하는 부동산에 관한 권리가 다른 신탁의 신탁재산에 귀속되는 경우 **신탁등기의 말소등기** 및 **새로운 신탁등기의 신청**은 **신탁의 합병 또는 분할로** 인한 **권리변경등기의 신청**과 **동시**에 하여야 한다(법 제82조의2 제1항).

「신탁법」 제34조 제1항 제3호 및 같은 조 제2항에 따라 여러 개의 신탁을 인수한 수탁자가 하나의 신탁재산에 속하는 부동산에 관한 권리를 다른 신탁의 신탁재산에 귀속시키는 경우 신탁등기의 신청방법에 관하여는 제1항을 준용한다(법 제82조의2 제2항).

Ⅳ. 수탁자변경의 등기

1. 의의

신탁관계에 있어서 수탁자의 사망 등 수탁자의 변경이 있는 경우에 이를 공시하기 위한 등기를 말한다.

2. 수탁자의 임무 종료에 의한 등기

다음 각 호 1. 「신탁법」 제12조 제1항 각 호의 어느 하나에 해당하여 수탁자의 임무가 종료된 경우, 2. 「신탁법」 제16조 제1항에 따라 수탁자를 해임한 경우, 3. 「신탁법」 제16조 제3항에 따라 법원이 수탁자를 해임한 경우, 4. 「공익신탁법」 제27조에 따라 법무부장관이 직권으로 공익신탁의 수탁자를 해임한 경우의 어느 하나에 해당하여 수탁자의 임무가 종료된 경우 신수탁자는 **단독**으로 신탁재산에 속하는 부동산에 관한 권리이전등기를 신청할 수 있다(법 제83조).

3. 수탁자가 여러 명인 경우

수탁자가 여러 명인 경우 **등기관**은 신탁재산이 합유인 뜻을 기록하여야 한다(법 제84조 제1항). 여러 명의 수탁자 중 1인이 법 제83조 각 호의 어느 하나의 사유로 그 임무가 종료된 경우 다른 수탁자는 단독으로 권리변경등기를 신청할 수 있다. 이 경우 다른 수탁자가 여러 명일 때에는 그 전원이 공동으로 신청하여야 한다(법 제84조 제2항).

V. 신탁원부 기록의 변경등기

1. 의의

신탁등기를 신청하는 경우 위탁자·수탁자·수익자·신탁관리인·신탁목적 등을 기재한 신탁원부를 제출하여야 하는 바, 이러한 신탁원부에 변동이 생긴 경우, 이를 변경하는 등기를 말한다.

2. 수탁자에 의한 신탁재산에 관한 단독등기신청의 특례

다음 각 호 1. 「신탁법」 제3조 제1항 제3호에 따라 신탁을 설정하는 경우, 2. 「신탁법」 제34조 제2항 각 호의 어느 하나에 해당하여 다음 각 목 가. 수탁자가 신탁재산에 속하는 부동산에 관한 권리를 고유재산에 귀속시키는 행위, 나. 수탁자가 고유재산에 속하는 부동산에 관한 권리를 신탁재산에 귀속시키는 행위, 다. 여러 개의 신탁을 인수한 수탁자가 하나의 신탁재산에 속하는 부동산에 관한 권리를 다른 신탁의 신탁재산에 귀속시키는 행위의 어느 하나의 행위를 하는 것이 허용된 경우. 3. 「신탁법」 제90조 또는 제94조에 따라 수탁자가 신탁을 합병, 분할 또는 분할합병하는 경우의 어느 하나에 해당하는 경우 수탁자는 **단독**으로 해당 신탁재산에 속하는 부동산에 관한 권리변경등기를 신청할 수 있다(법 제84조의2).

3. 촉탁에 의한 신탁변경등기

법원은 다음 각 호 1. 수탁자 해임의 재판, 2. 신탁관리인의 선임 또는 해임의 재판, 3. 신탁 변경의 재판의 어느 하나에 해당하는 재판을 한 경우 지체 없이 신탁원부 기록의 변경등기를 등기소에 **촉탁**하여야 한다(법 제85조 제1항).

법무부장관은 다음 각 호 1. 수탁자를 직권으로 해임한 경우, 2. 신탁관리인을 직권으로 선임하거나 해임한 경우, 3. 신탁내용의 변경을 명한 경우의 어느 하나에 해당하는 경우 지체 없이 신탁원부 기록의 변경등기를 등기소에 **촉탁**하여야 한다(법 제85조 제2항).

등기관이 법 제85조 제1항 제1호 및 법 제85조 제2항 제1호에 따라 법원 또는 주무관청의 촉탁에 의하여 수탁자 해임에 관한 신탁원부 기록의 변경등기를 하였을 때에는 <u>직권으로 등기기록에 수탁자</u> **해임의 뜻을 부기**하여야 한다(법 제85조 제3항).

4. 직권에 의한 신탁변경등기

등기관이 <u>신탁재산에 속하는 부동산에 관한 권리</u>에 대하여 다음 각 호 1. 수탁자의 변경으로 인한 <u>이전등기</u>, 2. 여러 명의 수탁자 중 1인의 임무 종료로 인한 <u>변경등기</u>, 3. 수탁자인 등기명의인의 성명 및 주소(법인인 경우에는 그 명칭 및 사무소 소재지를 말한다)에 관한 <u>변경등기 또는 경정등기</u>의 어느 하나에 해당하는 등기를 할 경우 <u>직권으로 그 부동산에 관한 신탁원부 기록의 변경등기를 하여야</u> 한다 (법 제85조의2).

5. 수탁자에 의한 신탁변경등기의 신청

<u>수탁자</u>는 제85조 및 제85조의2에 해당하는 경우를 제외하고 제81조 제1항 각 호의 사항이 변경되었 을 때에는 <u>지체 없이 신탁원부 기록의 변경등기를 신청</u>하여야 한다(법 제86조).

VI. 신탁등기의 말소등기

1. 의의

신탁의 목적물인 부동산이 신탁재산이 아닌 것으로 되는 때에 이를 말소하여 신탁의 목적에 의한 구속 상태가 해소된 것을 공시하기 위한 등기이다.

2. 신탁등기의 말소

<u>신탁재산에 속한 권리가 이전, 변경 또는 소멸됨에 따라 신탁재산에 속하지 아니하게 된 경우 신탁 등기의 말소신청</u>은 신탁된 권리의 이전등기, 변경등기 또는 말소등기의 신청과 **동시**에 하여야 한다(법 제87조 제1항).

<u>신탁종료로 인하여 신탁재산에 속한 권리가 이전 또는 소멸된 경우</u>에는 제1항을 <u>준용</u>한다(법 제87 조 제2항). 신탁등기의 말소등기는 **수탁자가 단독**으로 신청할 수 있다(법 제87조 제3항). 신탁등기의 말소등기의 신청에 관하여는 제82조 제2항 및 제3항을 준용한다(법 제87조 제4항).

제7장 가등기

Ⅰ. 의의 및 가등기의 대상

1. 의의

가등기는 부동산 물권변동을 목적으로 하는 청구권을 보전하기 위하여 인정되는 등기이다. 우리 「민법」처럼 채권행위만으로 물권변동이 일어나지 않는 법제 하에서는 청구권의 발생과 물권변동 사이에 시간적인 간격이 있게 된다. 여기서 그러한 청구권을 지키게 할 필요가 있게 되는데, 그러한 목적의 제도가 가등기이다. 이는 부동산 물권변동을 목적으로 하는 청구권이 이미 존재하고 있음을 등기부에 미리 기재하여 그 후에 물권을 취득하려는 자에게 알려서 계산에 넣도록 하는 것이다. 가등기는 본래 청구권을 보전하기 위하여 행하여지나, 변칙적으로 채권담보의 목적으로 행하여지기도 하는데 후자의 가등기를 담보가등기라고 하며964) 그에 대하여는 「가등기담보법」이 규율하고 있다.965)

가등기는 ① 부동산소유권이나 그 밖에 법 제3조에 규정된 권리의 설정·이전·변경 또는 소멸의 청구권을 보전하려는 경우(가령 부동산매매의 경우의 매수인의 소유권이전청구권), ② 그 청구권이 시기부(始期附) 또는 정지조건부(停止條件附)일 경우(가령 채무불이행이 생기면 토지의 소유권을 이전하기로 한 경우), ③ 그 밖에 장래에 확정될 것인 경우(가령 매매예약·대물변제예약에 기한 예약완결권을 행사할 수 있는 경우)에 하는 등기로서(법 제88조), 학문상 종국등기에 대비되는 예비등기의 일종이다.

한편, 가등기는 본등기의 순위보전을 목적으로 하는 법 제88조에 따른 통상의 가등기는 본등기를 전제로 하는 예비등기이므로 본등기를 할 수 있는 권리에 대해서만 가등기가 허용된다. 본등기를 할 수 있는 권리는 법 제3조에 규정되어 있는 부동산에 관한 소유권·지상권·지역권·전세권·저당권·권리질권·채권담보권·임차권을 들 수 있다. 즉, 가등기에 의하여 공시되는 권리는 본등기를 할 위 각 권리 자체가 아니라, 그 설정·이전·변경 또는 소멸의 청구권이다.

2. 가등기의 대상

「부동산등기법」 제3조에서 규정하고 있는 물권 또는 부동산임차권의 변동을 목적으로 하는 청구권

---

964) 등기부에는 담보가등기라고 기록하고(예컨대 소유권이전 담보가등기), 그 원인은 대물반환예약이라고 기재한다.
965) 송덕수, 민법강의(제12판), 373면.

에 관해서만 가등기를 할 수 있다. 그런데 여기서의 청구권은 아직 물권 등의 변동이 일어나기 전에 그 변동을 가져오기 위한 청구권 즉, 채권적 청구권을 의미한다. 따라서 이미 물권변동이 있은 다음 그 물권에 기한 청구권, 즉 물권적 청구권을 보전하기 위한 가등기는 할 수 없고, 또 소유권보존의 가등기를 인정하기 위해서는 법령의 근거가 있어야 하는데, 법 제88조에 따르면 권리의 설정·이전·변경 또는 소멸의 청구권을 보전하기 위한 가등기만을 인정하고 있을 뿐이므로 소유권보존의 가등기는 할 수 없다(등기예규 제1408호).

가. 이미 발생한 권리의 설정·이전·변경 또는 소멸의 청구권

(1) 권리의 **설정·이전**의 청구권이라 함은 ① 지상권이나 저당권 등의 제한물권의 **설정**계약, ② 매매나 증여계약 등 권리**이전**에 관한 계약 등으로 장래의 권리변동을 일어나게 할 수 있는 청구권을 말한다.

(2) 권리**변경**의 청구권이란 ① 근저당권의 채권최고액의 **변경**등기청구권이나, ② 전세권의 존속기간의 **변경**등기청구권 등을 말하는데, 이를 보전하기 위하여 가등기를 할 수 있다. 그러나 부동산표시 또는 등기명의인표시의 변경등기 등은 권리의 변경을 가져오는 것이 아니고 등기명의인의 단독신청으로 행해지는 것으로서 청구권의 개념이 있을 수 없으므로 가등기를 할 수 없다.

(3) 권리의 말소등기청구권도 가등기의 대상이다.

나. 시기부 또는 정지조건부의 청구권

시기부 또는 정지조건부의 청구권이란 권리의 설정·이전·변경 또는 소멸의 청구권 발생이 시기부 또는 정지조건부인 것을 말한다. 즉, 법률행위의 효력이 **장래의 일정 시점**이나 조건의 성취 여부에 따라 발생되는 청구권을 말한다.

다. 그 밖에 장래에 확정될 청구권

법 제3조에서 규정한 권리의 변동을 목적으로 하는 소유권이전청구권 등이 장래에 확정될 것인 경우에도 이를 보전하기 위하여 가등기를 할 수 있다. 청구권이 장래에 확정될 것인 경우라 함은 막연히 장래 청구권이 발생할 가능성이 있는 모든 경우를 의미하는 것이 아니고, 장래 청구권을 발생케 할 기본적인 법률관계는 이미 성립되어 있는 경우를 말한다. 가령 매매계약이 체결되어 장차 예약완결권의 행사에 의해 소유권이전등기청구권이 발생될 경우와 같이 특정 부동산에 관하여 청구권을 발생케 할 기본적인 법률관계는 이미 성립되어 있어야 하는 것이다.

Ⅱ. 가등기의 신청

1. 공동신청

가등기의 신청은 등기의 일반원칙에 따라 <u>가등기권리자와 가등기의무자의 공동신청</u>에 의하여야 하나 (법 제23조 제1항), 법은 가등기가 예비등기라는 성격을 고려하여 다음과 같은 예외를 인정하고 있다.

2. 공동신청의 예외

가. 가등기의무자의 승낙 또는 가등기가처분명령

가등기권리자는 법 제23조 제1항에도 불구하고, <u>가등기의무자의 **승낙**</u>이 있거나 <u>가등기를 명하는 법</u> <u>원의 **가처분명령**이 있을 때에는 단독으로 가등기를 신청할 수 있다</u>(법 제89조). 가등기를 신청하는 경우에는 그 가등기로 보전하려고 하는 권리를 **신청정보**의 내용으로 등기소에 제공하여야 한다(규칙 제145조 제1항). 법 제89조에 따라 가등기권리자가 단독으로 가등기를 신청하는 경우에는 가등기의무 자의 승낙이나 가처분명령이 있음을 증명하는 정보를 **첨부정보**로서 등기소에 제공하여야 한다(규칙 제145조 제2항).

나. 법원의 명령에 의한 가등기

이 밖에도 **등기관**의 결정 또는 처분에 이의가 있는 때에 <u>관할 지방법원은 이의신청에 대하여 결정하</u> <u>기 전에 **등기관**에게 가등기를 명령할 수 있다</u>(법 제106조). **등기관**이 <u>관할 지방법원의 명령에 따라 등</u> 기를 할 때에는 명령을 한 지방법원, 명령의 연월일 및 명령에 따라 등기를 한다는 뜻을 기록하여야 한다(법 제107조).

Ⅲ. 가등기의 실행과 말소

가등기를 한 후 본등기의 신청이 있을 때에는 <u>가등기의 순위번호를 사용하여 본등기</u>를 하여야 한다 (규칙 제146조).

1. 가등기의 실행

가등기도 일반적인 등기와 같이 ① <u>소유권이전청구권가등기는 등기기록 **갑구**에</u> ② <u>소유권 외의 권</u> <u>리에 관한 청구권가등기는 등기기록 **을구**에</u> 기록한다. 가등기의 형식은 가등기에 의하여 실행되는 본 등기의 형식에 의하여 결정되는 바, <u>본등기가 독립등기의 방식으로 하여야 할 경우에는 가등기도 독립</u>

등기로 하나 본등기를 부기등기로 하는 경우에는 그 가등기도 부기등기의 방식으로 하여야 한다.

2. 가등기의 말소

가. 의의

가등기는 당사자 간의 약정이나 법정해제 등의 말소사유가 발생한 때에는 그 말소등기를 신청할 수 있다. 그러나 가등기에 의한 본등기가 이루어진 후에는 가등기와 본등기를 함께 말소하거나 본등기만을 말소할 수는 있으나, 가등기만을 말소할 수는 없다.

나. 공동신청 원칙, 단독신청의 특칙

이러한 가등기말소등기는 당사자 간의 공동신청에 의하는 것이 원칙이다. 등기의무자는 가등기명의인이 되나 가등기된 권리가 제3자에게 이전된 경우에는 양수인, 즉 현재의 가등기명의인이 등기의무자가 된다.

예외적으로 가등기명의인은 법 제23조 제1항에도 불구하고 단독으로 가등기의 말소를 신청할 수 있다(법 제93조 제1항). 또한 가등기의무자 또는 가등기에 관하여 등기상 이해관계 있는 자는 법 제23조 제1항에도 불구하고 **가등기명의인의 승낙**을 받아 단독으로 가등기의 말소를 신청할 수 있다(법 제93조 제2항).

나. 가등기에 의하여 보전되는 권리를 침해하는 가등기 이후 등기의 직권말소

가등기에 의한 본등기를 하면 등기의 순위는 가등기의 순위에 따르기 때문에(법 제91조), 가등기 후에 된 등기는 본등기보다 후순위가 된다. 이 경우 후순위 등기의 말소절차에 관하여 2011년 개정법이 다음과 같은 명문의 규정을 두었다. **등기관**이 가등기에 의한 본등기를 하면 대법원규칙으로 정하는 바에 따라 가등기상 권리를 침해하는 등기를 지체 없이 **직권으로 말소**하는 것으로 규정하였다(법 제92조 제1항). 다만, **등기관**은 가등기 이후의 등기를 말소하였을 때에는 지체 없이 그 사실을 말소된 권리의 등기명의인에게 **통지**하여야 한다(법 제92조 제2항).[966)]

---

966) 가령 A의 부동산에 관하여 B 앞으로 소유권이전청구권 또는 저당권설정청구권 보전의 가등기가 있은 후에 C 명의의 소유권이전의 본등기 또는 저당권설정의 본등기가 행하여진 경우에, **B가 가등기에 기하여 소유권이전의 본등기 또는 저당권설정의 본등기**를 하면, B의 소유권이전등기 또는 저당권설정등기의 순위는 가등기의 순위에 따르게 되고, C의 소유권이전등기는 말소되어 B만이 소유자로 되고, 또 B의 저당권은 C의 저당권에 우선하게 된다. 가등기에는 본등기의 순위보전의 효력이 있으나 물권변동의 시기가 가등기시에 소급하는 것은 아니다. 가등기에는 물권변동의 효력이 없고, 성립요건주의의 원칙상 본등기가 있어야만 물권변동이 일어나기 때문이다. 따라서 가등기에 기한 본등기가 있기까지는 본등기를 한 제3자의 소유권은 유효한 것으로 인정된다. 그 결과 그는 임대하여 차임을 받을 수도 있다(송덕수, 민법강의(제12판), 390~391면).

(1) 소유권이전등기청구권보전 가등기에 기한 소유권이전의 본등기를 한 경우

등기관이 소유권이전등기청구권보전 가등기에 의하여 소유권이전의 본등기를 한 경우에는 법 제92조 제1항에 따라 **가등기 후 본등기 전에 마쳐진 등기** 중 다음 각 호 1. 해당 가등기상 권리를 목적으로 하는 가압류등기나 가처분등기, 2. 가등기 전에 마쳐진 가압류에 의한 강제경매개시결정등기, 3. 가등기 전에 마쳐진 담보가등기, 전세권 및 저당권에 의한 임의경매개시결정등기, 4. 가등기권자에게 대항할 수 있는 주택임차권등기, 주택임차권설정등기, 상가건물임차권등기, 상가건물임차권설정등기(이하 "주택임차권등기등"이라 한다)의 등기를 **제외**하고는 **모두 직권으로 말소**한다(규칙 제147조 제1항).

(2) 용익권설정등기청구권보전 가등기에 기한 용익권 설정의 본등기를 한 경우

(가) 직권말소의 대상이 되는 등기

등기관이 지상권, 전세권 또는 임차권의 설정등기청구권보전 가등기에 의하여 지상권, 전세권 또는 임차권의 설정의 본등기를 한 경우 가등기 후 본등기 전에 마쳐진 다음 각 호 1. 지상권설정등기, 2. 지역권설정등기, 3. 전세권설정등기, 4. 임차권설정등기, 5. 주택임차권등기등(다만, 가등기권자에게 대항할 수 있는 임차인 명의의 등기는 그러하지 아니하다. 이 경우 가등기에 의한 본등기의 신청을 하려면 먼저 대항력 있는 주택임차권등기 등을 말소하여야 한다)의 등기(동일한 부분에 마쳐진 등기로 한정한다)는 법 제92조(가등기에 의하여 보전되는 권리를 침해하는 가등기 이후 등기의 직권말소) 제1항에 따라 **직권으로 말소**한다(규칙 제148조 제1항).

(나) 직권말소의 대상이 되지 않는 등기

지상권, 전세권 또는 임차권의 설정등기청구권보전 가등기에 의하여 지상권, 전세권 또는 임차권의 설정의 본등기를 한 경우 가등기 후 본등기 전에 마쳐진 다음 각 호 1. 소유권이전등기 및 소유권이전등기청구권보전 가등기, 2. 가압류 및 가처분 등 처분제한의 등기, 3. 체납처분으로 인한 압류등기, 4. 저당권설정등기, 5. **가등기가 되어 있지 않은 부분**에 대한 지상권, 지역권, 전세권 또는 임차권의 설정등기와 주택임차권등기 등의 등기는 직권말소의 대상이 되지 아니한다(규칙 제148조 제2항).

(3) 저당권설정등기청구권보전 가등기에 의하여 저당권설정의 본등기를 한 경우

가등기 후 본등기 전에 마쳐진 등기는 직권말소의 대상이 되지 아니한다(규칙 제148조 제3항).

IV. 가등기를 명하는 가처분명령

법 제89조의 가등기를 명하는 가처분명령은 부동산의 소재지를 관할하는 지방법원이 가등기권리자의 신청으로 가등기 원인사실의 소명이 있는 경우에 할 수 있다(법 제90조 제1항). 가등기를 명하는 가처분명령의 신청을 각하한 결정에 대하여는 즉시항고(卽時抗告)를 할 수 있다(법 제90조 제2항). 즉시항고에 관하여는 「비송사건절차법」을 준용한다(법 제90조 제3항).

V. 가등기의 본등기 순위보전적 효력

전술하였다.[967]

---

967) 제1장 총설/V. 등기의 효력/2. 가등기의 본등기 순위보전적 효력 참고.

제8장 가처분에 관한 등기

I. 개설

「민사집행법」상 강제집행은 판결 등으로 확정된 청구권의 종국적 만족을 위한 집행임에 대하여, 가압류·가처분 집행은 장래에 판결에서 이기면 행할 강제집행에 대비한 현상보전의 처분 또는 판결에 앞서 행하는 잠정조치이다(민사집행법 제276조 이하). 따라서 강제집행이 권리의 실현절차라면, 가압류·가처분은 권리의 보전절차이다. 가압류·가처분의 집행은 가압류신청이나 가처분신청을 할 때 그 당부를 심사하여 그 명령을 발하는 절차인 가압류소송·가처분소송 등 보존소송과 그 뒤에 발하여진 가압류명령·가처분명령의 집행절차인 보전집행으로 나누어 볼 수 있지만 이를 일괄하여 집행보전절차라고도 한다. 두 가지를 일괄 신청하여 단기간에 끝내기 때문에 두 가지 절차가 섞여 있음을 쉽게 인식하기 어려울 수 있다.

가압류(민사집행법 제276조 이하)는 금전채권에 대하여 장래에 있어서 집행보전을 하기 위한 것임에 대하여,[968] 가처분(민사집행법 제300조 이하)은 다툼의 대상(계쟁물)에 관한 가처분과 임시의 지위를 정하기 위한 가처분으로 나뉘는데, 부동산등기와 관련하여서 문제되는 것은 가압류 중 계쟁물에 관한 가처분이다.

계쟁물에 관한 가처분은 매수물인도청구권·소유물반환청구권·임대물인도청구권 등의 특정물에 관한 급부청구권을 가지는 채권자가 장래의 집행보전을 위하여 위 특정물에 관한 현상을 고정·유지할 것을 목적으로 채무자의 처분을 금하고 그 보관에 필요한 조치를 취하는 보전처분이다. 다툼의 대상(계쟁물)의 현상변경을 금지하는 방법은 다양하므로 가처분의 형식도 일정하지 않다. 일반적으로 처분금지가처분, 점유이전금지가처분 등 부작위명령의 형식으로 발하여진다. 그러나 부동산등기와 관련하여 문제되는 것은 처분금지가처분과 관련된 등기이다.

부동산에 대한 처분금지가처분의 피보전권리로는 금전채권은 될 수 없고, 대부분은 특정 부동산에 대한 이전등기청구권 또는 말소등기청구권과 같은 이행청구권을 보전하기 위하여 그 부동산에 대한

---

968) 가압류는 매매대금·대여금 등의 금전채권이나 금전으로 환산할 수 있는 채권에 관하여 장래에 실시할 강제집행을 보전하기 위하여 채무자의 재산을 잠정적으로 압류함으로써 그 처분권을 제한하는 보전처분이다. 가압류는 금전채권의 보전수단이라는 점에서 다툼의 대상(계쟁물) 자체에 대한 청구권보전을 위한 가처분과 구별된다. 가압류는 집행의 대상이 되는 재산의 종류에 따라 실무상 ① 부동산 가압류, ② 자동차 등 등기등록의 대상이 되는 동산 가압류, ③ 유체물 동산 가압류, ④ 금전채권 가압류, ⑤ 유체물 인도청구권 등 가압류, ⑥ 그 밖의 재산에 대한 가압류로 구분된다.

채무자의 소유권이전, 저당권·전세권·임차권의 설정 그 밖의 일체의 처분행위를 금지하는 것이다.

가처분으로서 목적물의 처분을 금지하여 두면 그 이후 채무자로부터 목적물을 양수한 자는 가처분채권자에게 대항할 수 없게 되어 무효가 된다.

가처분등기란 이와 같이 부동산에 대한 가처분의 집행으로서 등기기록에 가처분재판에 관한 사항을 등기하는 것을 말하고(민사집행법 제305조 제3항),969) 가처분등기가 이루어짐으로써 가처분 집행의 효력이 발생한다. 한편 2011. 4. 12. 전면개정으로, 가처분채권자가 그 가처분채권에 따른 등기를 할 경우 해당 가처분등기는 **등기관**이 직권으로 말소하고, 가처분에 저촉되는 등기는 가처분채권자의 신청에 의하여 말소할 수 있도록 하였다(법 제94조 및 제95조).

Ⅱ. 등기절차

가처분으로 부동산의 양도나 저당을 금지한 때에는 법원은 부동산가압류집행에 관한 「민사집행법」 제293조의 규정을 준용하여 등기부에 그 금지한 사실을 기입하게 하여야 한다(민사집행법 제305조 제3항). 가처분등기는 집행법원의 법원사무관 등이 촉탁하고, 촉탁서의 기재사항과 첨부정보 등 그 절차는 가압류등기와 대체로 같다. 소유권에 관한 가처분은 주등기로, 소유권 외의 권리 및 가등기에 대한 가처분은 부기등기로 한다.

Ⅲ. 가처분등기의 효력

가처분등기가 마쳐지면 채무자 및 제3자에 대하여 구속력을 갖게 된다. 이는 그 등기 후에 채무자가 가처분의 내용에 위배하여 제3자에게 목적 부동산에 관하여 양도, 담보권설정 등의 처분행위를 한 경우에 채권자가 그 처분행위의 효력을 부정할 수 있는 것, 즉, 무효로 할 수 있다는 것을 의미한다. 다만 위 가처분에 위반한 처분행위는 가압류등기의 효력과 같이 가처분채무자와 그 상대방 및 제3자 사이에서는 완전히 유효하고 단지 가처분채무자에게만 대항할 수 없음에 그친다(상대적 효력).970)

Ⅳ. 가처분등기의 말소

가처분등기는 가압류등기와 같이 법원의 촉탁에 따라 말소하는 것이 원칙이고, 당사자가 직접 가처

---

969) 「민사집행법」 제305조(가처분의 방법) ③ 가처분으로 부동산의 양도나 저당을 금지한 때에는 법원은 제293조의 규정을 준용하여 등기부에 그 금지한 사실을 기입하게 하여야 한다.

970) 대법원 1968. 9. 30. 선고 68다1117 판결.

분등기의 말소를 신청할 수는 없다. 따라서 채무자가 가처분취소결정 또는 '피고가 원고를 상대로 한 가처분집행은 해제키로 한다.'는 내용의 조정이 성립되었으나 가처분채권자인 피고가 가처분집행을 해제하지 않는 경우에, 가처분채무자인 원고가 그 조정조서에 의하여 가처분등기 말소신청을 할 수는 없고, 집행법원에 가처분집행의 취소를 구하는 신청을 하여 집행법원의 촉탁에 의하여 가처분등기를 말소할 수 있을 것이다(등기선례 제6-491호).

V. 가처분채권자의 본안승소와 가처분에 의하여 실효되는 등기의 처리절차

1. 개설

가처분채권자가 본안소송에서 승소확정판결(청구의 인낙이나 조정, 화해 등 포함)을 받아 소유권이전(말소)등기 등을 신청하는 경우, 그 승소판결에 의한 등기는 통상의 판결에 의한 등기절차와 동일하다. 다만 위 승소판결이 확정되면 가처분에 저촉되는 제3자 명의의 등기를 어떻게 처리하여야 하는지가 문제된다.

이에 관하여 법 제94조는 「민사집행법」제305조 제3항에 따라 권리의 이전, 말소 또는 설정등기청구권을 보전하기 위한 처분금지가처분등기가 된 후 가처분채권자가 가처분채무자를 등기의무자로 하여 권리의 이전, 말소 또는 설정의 등기를 신청하는 경우에는, 대법원규칙으로 정하는 바에 따라 그 가처분등기 이후에 된 등기로서 가처분채권자의 권리를 침해하는 등기의 말소를 단독으로 신청할 수 있고(법 제94조 제1항), **등기관**이 이러한 신청에 따라 가처분등기 이후의 등기를 말소할 때에는 직권으로 그 가처분등기도 말소하여야 한다. 가처분등기 이후의 등기가 없는 경우로서 가처분채무자를 등기의무자로 하는 권리의 이전, 말소 또는 설정의 등기만을 할 때에도 또한 같다(법 제94조 제2항).

등기관이 가처분등기 이후의 등기를 말소하였을 때에는 지체 없이 그 사실을 말소된 권리의 등기명의인에게 통지하여야 한다(법 제94조 제3항).

2. 피보전권리가 소유권이전등기청구권·소유권이전(보존)등기말소등기청구권인 경우

소유권이전등기청구권 또는 소유권이전등기말소등기(소유권보존등기말소등기를 포함)청구권을 보전하기 위한 가처분등기가 마쳐진 후 그 가처분채권자가 가처분채무자를 등기의무자로 하여 소유권이전등기 또는 소유권말소등기를 신청하는 경우에는, 법 제94조 제1항에 따라 **가처분등기 이후에 마쳐진 제3자 명의의 등기의 말소를 단독으로 신청할 수 있다**. 다만, 다음 각 호 1. 가처분등기 전에 마쳐진 가압류에 의한 강제경매개시결정등기, 2. 가처분등기 전에 마쳐진 담보가등기, 전세권 및 저당권에 의한 임의경매개시결정등기, 3. 가처분채권자에게 대항할 수 있는 주택임차권등기등은 **단독으로 신청할 수 없다**(규칙 제152조 제1항).

가처분채권자가 제1항에 따른 소유권이전등기말소등기를 신청하기 위하여는 제1항 단서 각 호의 권리자의 승낙이나 이에 대항할 수 있는 재판이 있음을 증명하는 정보를 <u>첨부정보</u>로서 등기소에 제공하여야 한다(규칙 제152조 제2항).

3. 피보전권리가 소유권 외의 권리에 대한 설정등기청구권인 경우

<u>지상권, 전세권 또는 임차권의 설정등기청구권을 보전하기 위한</u> <u>가처분등기가 마처진 후</u> 그 가처분채권자가 <u>가처분채무자를 등기의무자로 하여 지상권, 전세권 또는 임차권의 설정등기를 신청하는 경우</u>에는, 그 <u>가처분등기 이후에 마처진 제3자 명의의 지상권, 지역권, 전세권 또는 임차권의 설정등기(동일한 부분에 마처진 등기로 한정한다)의 말소를 단독으로 신청할 수 있다(규칙 제153조 제1항).</u>

<u>저당권설정등기청구권을 보전하기 위한</u> <u>가처분등기가 마처진 후</u> 그 가처분채권자가 <u>가처분채무자를 등기의무자로 하여 저당권설정등기를 신청하는 경우</u>에는 그 <u>가처분등기 이후에 마처진 제3자 명의의 등기라 하더라도 그 말소를 신청할 수 없다(규칙 제153조 제2항).</u>

등기관이 법 제94조 제1항에 따라 가처분채권자 명의의 소유권 외의 권리 설정등기를 할 때에는 그 등기가 가처분에 기초한 것이라는 뜻을 기록하여야 한다(법 제95조).

제9장 관공서가 촉탁하는 등기

Ⅰ. 개설

등기는 <u>당사자의 신청</u>에 따라 이루어지는 것이 원칙이지만 <u>관공서의 촉탁</u>에 따라서도 이루어진다(법 제22조 제1항). <u>촉탁에 따른 등기절차</u>는 법률에 다른 규정이 없는 경우에는 <u>신청에 따른 등기에 관한 규정을 준용</u>한다(법 제22조 제2항).

「부동산등기법」 제97조 및 제98조의 규정에 의하여 <u>등기촉탁을 할 수 있는 관공서는 원칙적으로 국가 및 지방자치단체</u>를 말한다(법 제98조). 국가 또는 지방자치단체가 아닌 <u>공사 등은 등기촉탁에 관한 특별규정이 있는 경우에 한하여 등기촉탁을 할 수 있다.</u>[971]

(1) 등기촉탁을 할 수 있는 경우의 예시(등기예규 제1625호)

(가) 한국토지주택공사는 「한국토지주택공사법」 제19조 제1항 각 호의 어느 하나에 해당하는 사업을 행하는 경우에 그에 따른 부동산등기는 이를 촉탁할 수 있다.

(나) 한국자산관리공사는 「국세징수법」 제79조의 규정에 의하여 세무서장을 대행한 경우에는 등기를 촉탁할 수 있다.

(다) 한국농어촌공사는 「한국농어촌공사 및 농지관리기금법」 제10조 제1항 제13호에 의하여 국가 또는 지방자치단체로부터 위탁받은 사업과 관련하여 국가 또는 지방자치단체가 취득한 부동산에 관한 권리의 등기를 대위하여 촉탁할 수 있다.

(라) 한국도로공사는 고속국도의 신설·개축 및 수선에 관한 공사와 그 유지에 관하여는 고속국도의 관리청인 국토해양부장관을 대행할 수 있고, 그 업무대행의 범위 내에서는 당해 고속국도의 관리청으로 보게 되므로(「고속국도법」 제5조, 제6조, 같은 법 시행령 제2조 제1항, 「도로법」 제23조, 「한국도로공사법」 제13조 참조), 한국도로공사가 그 대행업무의 일환으로 고속국도의 건설에 필요한 부지를 「토지보상법」이 정한 절차에 따라 국(관리청: 국토해양부)명의로 취득하는 경우 한국도로공사는 그 부동산의 취득에 따른 소유권이전등기를 직접 등기소에 촉탁할 수 있다.

(마) 한국수자원공사는 「한국수자원공사법」 제9조의 사업과 관련하여 국가 또는 지방자치단체가 취

---

971) 관공서의 촉탁등기에 관한 예규[개정 2017. 7. 7. 등기예규 제1625호, 시행 2017. 7. 18.] 1항 참조.

득한 부동산에 관한 권리의 등기를 대위하여 촉탁할 수 있다. (같은 법 제24조의2 참조)

(2) 등기촉탁을 할 수 없는 경우의 예시(등기예규 제1625호)

(가) 한국농어촌공사는, 위 (1) 의 (다) 의 경우를 제외하고는 사업시행에 따른 등기를 촉탁할 수 없다(같은 법 제41조 참조).

(나) 「지방공기업법」 제49조의 규정에 따른 지방자치단체의 조례에 의해 설립된 지방공사는 지방자치단체와는 별개의 법인이므로, 지방공사는 그 사업과 관련된 등기를 촉탁할 수 없다.

II. 촉탁의 방법

촉탁은 서면촉탁과 전자촉탁의[972] 방법으로 한다. 관공서가 촉탁정보 및 첨부정보를 적은 서면을 제출하는 방법으로 등기촉탁을 하는 경우에는 우편으로 그 촉탁서를 제출할 수 있고(규칙 제155조 제1항)고, 관공서가 등기촉탁을 하는 경우로서 소속 공무원이 직접 등기소에 출석하여 촉탁서를 제출할 때에는 그 소속 공무원임을 확인할 수 있는 신분증명서를 제시하여야 한다(규칙 제155조 제2항).

III. 관공서가 권리관계의 당사자로서 하는 촉탁하는 등기

1. 의의

관공서가 일반재산을 매각하거나 매매에 의하여 부동산을 취득하는 경우와 같이 사법상의 계약에 의하여 부동산에 관한 권리관계의 주체가 되는 경우가 있다. 이와 같은 경우 관공서는 사인과 같은 지위에 있을 뿐이므로 「부동산등기법」의 일반원칙에 따라 해당 등기를 상대방과 함께 공동으로 신청하여야 할 것이다.

그러나 관공서가 권리관계의 당사자인 경우에는 ① 등기신청의 첨부정보가 적법한 권한 있는 자에 의하여 진정하게 작성되었음이 담보되고, ② 등기원인이 되는 사실이 진실하다는 개연성이 현저하게 높으며, ③ 행정의 편의와 신속을 도모하여야 할 필요성이 있다. 이러한 사정을 고려하여 법은 신청에 의할 때보다 간이하게 등기를 할 수 있도록 하기 위하여 관공서의 촉탁에 관한 특칙(법 제98조)을 마련하였다.

---

972) 관공서의 촉탁등기에 관한 예규 2-1항 참조.

2. 촉탁등기의 특칙

가. 공통사항

관공서는 등기권리자 또는 등기의무자로서 단독으로 등기를 촉탁할 수 있다(법 제98조). 관공서가 부동산에 관한 거래의 주체로서 등기를 촉탁할 수 있는 경우라 하더라도 촉탁은 신청과 실질적으로 아무런 차이가 없으므로, 촉탁에 의하지 아니하고 등기권리자와 등기의무자의 공동으로 등기를 신청할 수도 있다. 관공서가 등기권리자를 위하여 등기의무자로서 촉탁정보 및 첨부정보를 적은 서면을 제출하는 방법으로 등기촉탁을 하는 경우에는 우편으로 그 촉탁서를 제출하여야 하며, **등기관**은 촉탁에 의한 등기를 완료한 때에는 위 제출된 우편봉투에 의하여 등기필정보통지서를 촉탁관서에 우송하여야 한다.

한편, 「부동산등기법」 제29조 제11호(신청정보 또는 등기기록의 부동산의 표시가 토지대장·임야대장 또는 건축물대장과 일치하지 아니한 경우)는 그 등기명의인이 등기신청을 하는 경우에 적용되는 규정이므로, 관공서가 등기촉탁을 하는 경우에는 등기기록과 대장상의 부동산의 표시가 부합하지 아니하더라도 그 등기촉탁을 수리하여야 한다.

나. 등기권리자로서 촉탁하는 경우

국가 또는 지방자치단체가 등기권리자인 경우에는 국가 또는 지방자치단체는 등기의무자의 승낙을 받아 해당 등기를 지체 없이 등기소에 촉탁하여야 한다(법 제98조 제1항). 이 경우 승낙 받았음을 증명하는 정보가 서면(등기촉탁승낙서)인 경우에는 신고된 인감을 날인하고 그 인감증명서를 첨부하여야 한다(법 제22조 제2항, 규칙 제60조 제1항 제1호).

관공서가 등기의무자로서 등기권리자의 청구에 의하여 등기를 촉탁하거나 부동산에 관한 권리를 취득하여 등기권리자로서 그 등기를 촉탁하는 경우에는 등기의무자의 권리에 관한 등기필정보를 제공할 필요가 없다.

이 경우 관공서가 촉탁에 의하지 아니하고 법무사 또는 변호사에게 위임하여 등기를 신청하는 경우에도 같다.

다. 등기의무자로 촉탁하는 경우

국가 또는 지방자치단체가 등기의무자인 경우(그 소유의 일반재산을 매각한 경우 등) 국가 또는 지방자치단체는 등기권리자의 청구에 따라 지체 없이 해당 등기를 등기소에 촉탁하여야 한다(법 제98조 제2항).

IV. 관공서가 공권력 행사의 주체로서 촉탁하는 등기

1. 체납처분으로 인한 압류등기

관공서가 체납처분(滯納處分)으로 인한 압류등기(押留登記)를 촉탁하는 경우에는 등기명의인 또는 상속인, 그 밖의 포괄승계인을 갈음하여 부동산의 표시, 등기명의인의 표시의 변경, 경정 또는 상속, 그 밖의 포괄승계로 인한 권리이전의 등기를 함께 촉탁할 수 있다(법 제96조).

2. 공매와 관련한 등기

가. 공매공고등기

세무서장은「국세징수법」제67조에 따라 공매공고를 한 압류재산이 등기 또는 등록을 필요로 하는 경우에는 공매공고를 한 즉시 그 사실을 등기부 또는 등록부에 기입하도록 관계 관서에 촉탁하여야 한다(국세징수법 제67조의2).

즉, 공매공고 등기 또는 공매공고 등기의 말소등기는 세무서장이 촉탁한다. 다만, 한국자산관리공사는「국세징수법」제61조의 규정에 의하여 세무서장을 대행한 경우에 등기를 촉탁할 수 있다. 공매공고 등기를 촉탁하는 때에는 공매를 집행하는 압류등기 또는 납세담보제공계약을 원인으로 한 저당권등기의 접수일자 및 접수번호와 공매공고일을 촉탁정보의 내용으로 등기소에 제공하여야 하며, 등기원인은 압류부동산인 경우에는 "공매공고"로, 납세담보로 제공된 부동산인 경우에는 "납세담보물의 공매공고"로 그 연월일은 "공매공고일"로 표시한다(등기예규 제1500호).

나. 공매처분에 관한 등기

관공서가 공매처분(公賣處分)을 한 경우에 등기권리자의 청구를 받으면 지체 없이 다음 각 호 1. 공매처분으로 인한 권리이전의 등기, 2. 공매처분으로 인하여 소멸한 권리등기(權利登記)의 말소, 3. 체납처분에 관한 압류등기 및 공매공고등기의 말소의 등기를 등기소에 촉탁하여야 한다(법 제97조). 매각재산에 대하여 체납자가 권리이전의 절차를 밟지 아니할 때에는 대통령령으로 정하는 바에 따라 세무서장이 대신하여 그 절차를 밟는다(국세징수법 제79조).

공매처분으로 인하여 소멸한 권리 등기의 말소등기는 공매처분을 한 관공서의 촉탁이 있어야만 할 수 있는바, 근저당권설정등기, 지상권설정등기, 가압류등기, 체납처분에 의한 압류등기가 순차 경료된 토지에 대한 공매절차에서 매각결정이 되고, 이어 공매처분으로 인한 소유권이전등기 시 근저당권설정 등기와 압류등기는 말소등기가 경료되었으나 지상권설정등기와 가압류등기가 말소되지 않고 현존해 있다면, 매수인은 해당세무서장에게 추가로 위 등기의 말소등기촉탁신청을 할 수 있을 것이며, 그에 따른 세무서장의 말소촉탁에 의하여 **등기관**이 위 등기를 말소할 수 있을 것이다(등기선례 제7-442호).

제10장 구분건물에 관한 등기

Ⅰ. 구분건물에 관한 기본개념

1. 개설(민법, 집합건물법, 부동산등기법의 관계)

「민법」에서는 수인이 한 채의 건물을 구분하여 각각 그 일부분을 소유한 때에는 건물과 그 부속물 중 공용하는 부분은 그의 공유로 추정하고(민법 제215조 제1항), 이 공유부분에 대하여는 분할을 청구할 수 없다(민법 제268조 제3항)는 취지의 간단한 규정을 하고 있다. 그러다가 1984년 「집합건물법」이 제정되어 집합건물에 대한 종합적인 규율이 이루어지고, 이와 함께 「부동산등기법」도 개정되어 집합건물에 관한 등기절차를 자세히 규정함으로써 현재와 같은 등기절차의 틀이 마련되었다.

「집합건물법」에서는 **전유부분** 및 **대지사용권**에 관하여 **처분의 일체성**을 규정하여 분리처분을 금지하며(같은 법 제20조 내지 제22조), 「부동산등기법」은 처분의 일체성을 등기절차상 구현하는 제도로서 대지권등기 절차를 두고 있다. 즉, 구분건물의 등기기록에 **대지권의 등기**를, 토지 등기기록에 **대지권이라는 뜻의 등기**를 한 후에는 구분건물 및 대지에 대하여 일체성이 인정되는 물권변동은 구분건물 등기기록에만 등기하도록 함으로써 구분건물과 그 대지의 권리관계를 일원적으로 공시하고 있다.

부연하면 「부동산등기법」에서는 구분건물에 관한 등기에 관한 사항을 별도의 장을 만들어 규정하고 있지 않고, **제2관 건물의 표시에 관한 등기**에서 **1동 건물의 등기기록의 표제부**에 **대지권의 목적인 토지의 표시에 관한 사항**을 기록하고 **전유부분의 등기기록의 표제부**에는 **대지권의 표시에 관한 사항**을 기록하도록 하며(법 제40조 제3항), 구분건물의 표시에 관한 등기(법 제46조)에 관해서 규정하고 있다.

그리고 **제3절 권리에 관한 등기**에서 대지사용권의 취득(법 제60조)과 구분건물의 등기기록에 대지권 등기가 되어 있는 경우(법 제61조)에 관해서 규정하고 있다.

2. 구분건물의 개념

구분건물은 1물1권주의의 예외로서 1동의 건물의 일부에 대하여 독립된 소유권의 객체로 하여야 할 사회·경제적 필요가 인정되고, 그 권리관계를 적절하게 공시(등기)할 수 있는 경우에 입법정책적으로 인정되는 개념이다(민법 제215조, 집합건물법 제1조). 이 경우 1동의 건물 중 독립된 구분소유권의 대상이 되는 것을 **구분건물**이라 하고, 그와 같은 1동의 건물 전체를 **집합건물**이라고 한다. 집합건물이란

1동의 건물이 집합되어 있다는 의미가 아니라, <u>1동의 건물에 독립한 건물로 사용되는 구분소유부분이 여러 개가 있다는 의미이다</u>. 또 구분건물은 구분소유권의 객체가 되며, 구분건물의 소유자를 구분소유자라고 한다. 이 밖에도 건물의 구분소유권이 성립하기 위하여는 객관적 요건으로서 건물부분이 <u>구조상 및 이용상의 독립성</u>을 갖춘 것만으로는 부족하고,973) 이를 <u>구분소유권의 객체로 하고자 하는 소유자의 의사</u>가 있어야 한다.974)

3. 전유부분과 공용부분

가. 전유부분: <u>전유부분이란 1동의 건물 중 다른 부분으로부터 독립하여 구분소유권의 목적이 되고 구분소유자의 배타적 사용·수익·처분의 권능이 미치는 건물부분을 말한다</u>(집합건물법 제2조 제3호). 즉, 구분소유권은 전유부분을 객체로 하는 소유권이고 구분소유자는 전유부분의 소유자이다.975)

나. 공용부분: (1) 공용부분이란 **전유부분 외의 건물부분, 전유부분에 속하지 아니하는 건물의 부속물, 전유부분과 부속건물 중 규약으로 공용부분으로 정한 것**을 말한다(집합건물법 제2조 제4호). 공용부분은 구분소유자의 전원 또는 그 일부의 공용에 제공되는 건물부분으로서 <u>구분소유권의 목적이 될</u>

---

973) 1동의 집합건물을 2개 이상의 구분건물로 구분하는 방법으로는 통상 여러 개의 계단실이 있는 지하 1층 지상 2층의 근린생활시설 1동에 대하여 집합건물대장상 층별로는 구분하지 않고 각 계단실을 따라 3개 층(지하 1층, 지상 2층)씩 종(縱)으로만 구분한 경우에, 구분건물은 1동의 구분건물 중 구조상 독립되어 이를 따로 공시할 수 있고 이용상 독립된 건물로서 사용될 수 있는 건물부분이어야 하므로, 위 대장상 구분된 건물부분이 위와 같은 <u>구조상 독립성과 이용상 독립성이 갖추어져 있다면</u>, 층별 구분 없이 <u>1열의 건물부분으로 구분하였다</u> 하더라도 그 집합건물대장에 따른 구분건물의 소유권보존등기는 가능할 것이다(등기선례 제5-800호).

974) 대법원 2013. 1. 17. 선고 2010다71578 전원합의체 판결
  【판시사항】
  [1] 구분소유의 성립을 인정하기 위하여 반드시 집합건축물대장의 등록이나 구분건물의 표시에 관한 등기가 필요한지 여부(소극)
  [2] 집합건물 전유부분과 대지사용권의 일체성에 반하는 대지 처분행위의 효력(무효)
  【판결요지】
  [1] [다수의견] 1동의 건물에 대하여 구분소유가 성립하기 위해서는 객관적·물리적인 측면에서 1동의 건물이 존재하고, 구분된 건물부분이 구조상·이용상 독립성을 갖추어야 할 뿐 아니라, 1동의 건물 중 물리적으로 구획된 건물부분을 각각 구분소유권의 객체로 하려는 구분행위가 있어야 한다. 여기서 구분행위는 건물의 물리적 형질에 변경을 가함이 없이 법률관념상 건물의 특정 부분을 구분하여 별개의 소유권의 객체로 하려는 일종의 법률행위로서, 그 시기나 방식에 특별한 제한이 있는 것은 아니고 처분권자의 구분의사가 객관적으로 외부에 표시되면 인정된다. 따라서 구분건물이 물리적으로 완성되기 전에도 건축허가신청이나 분양계약 등을 통하여 장래 신축되는 건물을 <u>구분건물로 하겠다는 **구분의사가 객관적으로 표시**되면 구분행위의 존재를 인정할 수 있고</u>, 이후 1동의 건물 및 그 구분행위에 상응하는 <u>구분건물이 객관적·물리적으로 완성되면 아직 그 건물이 집합건축물대장에 등록되거나 구분건물로서 등기부에 등기되지 않았더라도 그 시점에서 구분소유가 성립한다.</u>
  [2] 집합건물의 소유 및 관리에 관한 법률은 제20조에서 구분소유자의 대지사용권은 그가 가지는 전유부분의 처분에 따르고, 구분소유자는 규약으로써 달리 정하지 않는 한 그가 가지는 전유부분과 분리하여 대지사용권을 처분할 수 없으며, 분리처분금지는 그 취지를 등기하지 아니하면 선의로 물권을 취득한 제3자에게 대항하지 못한다고 규정하고 있는데, 위 규정의 취지는 집합건물의 전유부분과 대지사용권이 분리되는 것을 최대한 억제하여 대지사용권이 없는 구분소유권의 발생을 방지함으로써 집합건물에 관한 법률관계의 안정과 합리적 규율을 도모하려는 데 있으므로, 전유부분과 대지사용권의 일체성에 반하는 대지의 처분행위는 효력이 없다.

975) 구분건물의 전유부분과 공용부분은 1동의 건물을 어떻게 구분하느냐에 따라 그 내용과 범위를 달리할 수 있는 것이므로, 1동의 건물을 구분함에 있어 수개의 층을 독립된 하나의 구분건물로 한 경우 그 층에 속하는 복도, 계단실 등은 그 구분건물의 전유부분에 포함될 수 있다(등기선례 제2-655호).

수 없다. 각 공유자는 공용부분을 그 용도에 따라 사용하며, 그가 가지는 전유부분의 지분 비율에 따라 공용부분을 공유한다. 공용부분은 1동 건물의 **구분소유자 전원의 공용부분인 경우**와 1동의 건물 중 **일부 구분소유자의 공용부분인 경우**로 나눌 수 있으며, 공용부분(구조상 및 규약상 공용부분)은 수개의 전유부분에 대하여 종물로서의 성질을 가지므로 그 구분소유자 전원의 공유에 속하며, 그 공동소유의 형태는 **공유**이다(집합건물법 제10조 제1항 본문). 다만, 일부의 구분소유자만이 공용하도록 제공되는 것임이 명백한 공용부분(이하 "일부공용부분"이라 한다)은 그들 구분소유자의 공유에 속한다(집합건물법 제10조 제1항 단서). 그 공용부분에 대하여 다른 등기기록에 등기된 건물의 구분소유자 전부 또는 일부가 공용하는 경우도 있다(규칙 제104조 제2항).

(2) 공용부분은 그 성질에 따라 구조상 공용부분과 규약상 공용부분으로 나눌 수 있다.

(가) **구조상 공용부분**은 <u>전유부분 외의 건물부분</u>(복도, 계단, 엘리베이터 등), 전유부분에 속하지 아니하는 <u>건물의 부속물</u>(전기·가스·수도의 주된 배관, 소방·냉난방 설비 등)을 말한다. 따라서 건물 전체의 면적 중 각 전유부분의 총면적을 제외한 나머지 면적이 공용부분이 된다. <u>구조상 공용부분은 등기능력이 없으므로</u> 비록 건축물대장에 등재되어 있다 하더라도 이 부분을 <u>독립하여 등기할 수 없음이 원칙</u>이다.

다만, <u>예외적으로 전유부분에 속하는 것으로 등기할 수 있는 경우가 있다</u>. 가령 공동주택의 지하주차장은 통상 구조상 공용부분이라 할 것이어서 이를 구분소유권의 목적인 전유부분으로 등기할 수는 없을 것이나, <u>지하주차장이 전유부분에 포함되는 부속건물로 볼 수 있는지 여부</u>는 자동차의 사용대수, 전유부분 내지 구분소유자의 수 및 그 비율, 규모나 면적 등 구조상·이용상의 독립성을 종합적으로 검토하여 구분건물에 관한 등기신청을 받은 <u>등기공무원이 조사·판단하는 것</u>이므로 그 조사결과 지하주차장이 구분소유권의 목적인 전유부분의 부속건물로 함이 상당하다고 판단될 경우에는 전유부분으로 등기할 수 있을 것이다(등기선례 제4-836호).

(나) 1동의 건물 중 원래 구분소유권의 목적이 될 수 있는 전유부분과 독립된 소유권의 목적이 될 수 있는 부속건물의 규약(전유부분 전부 또는 부속건물을 소유하는 자가 1인인 경우는 공정증서)에 의하여 공용부분으로 정한 것을 **규약상 공용부분**이라고 한다. 전유부분을 규약상 공용부분으로 삼는 예로는 대단지 아파트 등에서 일부 전유부분을 입주자 공동공간(동호인실, 게스트룸 등)으로 제공하는 경우가 있고, 부속건물을 공용부분으로 하는 경우는 관리사무실이나 경로당 건물을 들 수 있다. 이 경우 <u>규약상 공용부분에는 공용부분이라는 취지를 등기하여야 한다</u>(집합건물법 제3조 제4항). 거래의 안전을 위하여 공용부분임을 객관적으로 공시할 필요가 있기 때문이다.

다. 전유부분과 공용부분에 대한 지분의 일체성: 구분건물의 <u>공용부분은 구분소유자 전부 또는 일부의 공유에 속하고</u>, <u>공용부분에 대한 공유지분은 전유부분의 처분에 따르며 전유부분과 분리하여 처분할 수 없다</u>(집합건물법 제13조 제1항 및 제2항).

4. 구분건물의 대지·대지사용권

가. 구분건물의 대지

구분건물의 대지란 전유부분이 속하는 1동의 건물(집합건물)이 있는 토지 및 규약으로써 그 토지와 일체로 관리 또는 사용할 것으로 정한 토지를 말한다(집합건물법 제2조 제5호).[976] 건물의 대지는 법정대지와 규약상 대지, 간주규약상 대지로 나누어진다.

(1) 전유부분이 속하는 1동의 건물이 있는 토지는 법률상 당연히 건물의 대지라는 의미에서 이를 **법정대지**라고 한다. 법정대지는 건물 등기기록상의 건물의 소재지번과 일치한다. 토지는 1필의 단위로 파악하고 있으므로 건물이 1필의 토지의 일부 위에 서 있는 경우에는 그 1필의 토지 전부가 법정대지가 되며, 건물이 수필의 토지 위에 걸쳐 서 있는 경우에는 그 수필의 토지 전부가 법정대지로 된다.

〈표 34〉 법정대지

위 〈표 34〉과 같이 A, B, C 3필지 위에 아파트 가동과 나동이 건립되어 있는 경우 가동은 A, B 필지 양 지상에, 나동은 B, C 필지 양 지상에 각각 서 있으므로, 가동의 법정대지는 A, B 토지이고 나동의 법정대지는 B, C 토지가 된다. 따라서 가동의 소재지번은 A, B 토지를 표시하고 나동의 소재지번은 B, C 토지를 표시한다.

(2) **규약상 대지**는 건물이 소재한 토지(법정대지) 외의 토지로서 전유부분이 속하는 1동의 건물 및 그 건물이 있는 토지와 일체로 관리 또는 사용하기 위하여 구분소유자들이 규약으로써 건물의 대지로 삼은 토지를 말한다(같은 법 제4조 제1항). 보통 아파트 단지 내에 있는 테니스장, 광장, 어린이 놀이터, 관리사무소와 같은 부속건물의 대지 등이 이에 해당한다. 구분건물부분의 전부 또는 부속건물을 소유하는 자는 공정증서(公正證書)로써 제2항의 규약에 상응하는 것을 정할 수 있다(같은 법 제4조 제2항, 제3조 제3항).

(3) **간주규약상 대지**는 건물이 있는 토지(법정대지)가 건물의 일부 멸실 또는 그 일부에 대한 분할로 인하여 건물이 있는 토지가 아닌 토지로 된 때에는 이를 규약상 대지로 본다(같은 법 제4조 제3항). 이를 법에 의하여 규약상 대지로 간주된다고 하여 간주규약상 대지라고 한다.[977]

---

976) 법률에서 구분건물의 대지에 대한 정의규정을 둔 이유는 첫 번째 구분건물이 존재하는 토지의 범위를 명확히 함으로써 그 권리관계를 둘러싸고 벌어지는 법적 분쟁을 예방하고, 두 번째 후술하는 바와 같이 전유부분과 대지사용권과의 일체성의 원칙을 적용하려면 어느 범위에 걸친 토지의 사용권이 건물과 일체화 되는 가를 확정해 둘 필요가 있기 때문이다.

977) 간주규약상 대지를 인정하는 이유는 수필의 토지상에 존재하는 1동 건물의 일부가 멸실하여 법정대지 중 일부가 건물이 있는 토지가 아닌 것으로 되었다 하더라도 구분소유자는 그 토지를 여전히 전유부분과 일체적으로 관리 또는 사용하는 경우가 많을 것이고, 만약 그 토지가 건물의 일부 멸실과 동시에 당연히 건물의 대지에서 제외된다고 보아 구분소유자는 새로이 규약을 정하여 그 토지를 규약상 대지로 하여야 한다면 등기절차상 번거롭기 때문이다. 이러한 점은

나. 대지사용권

(1) 의의: 대지사용권이란 어떤 토지 위에 건물을 소유하기 위하여는 그 토지에 대하여 사용권원이 있어야 하는데, 이는 구분건물을 소유하는 경우에도 마찬가지이다. 이와 같이, 구분소유자가 전유부분을 소유하기 위하여 건물의 대지에 대하여 가지는 권리를 대지사용권이라고 한다(집합건물법 제2조 제6호). 대지사용권의 대상인 토지는 법정대지뿐만 아니라 규약상 대지도 포함한다. 대지사용권은 전유부분을 소유하기 위한 권리이므로 전유부분에 대하여 종된 권리로서의 성질을 갖는다. 따라서 대지사용권의 분리처분이 가능하도록 규약으로 정하였다는 등의 특별한 사정이 없는 한, 전유부분에 대한 처분이나 압류 등의 효력은 종물 내지 종된 권리인 그 대지권에까지 미친다.[978]

대지사용권(집합건물법 제2조 제6호)은 후술하는 대지권과 구별하는 점에서, **대지사용권**이 구분건물을 소유하기 위하여 대지를 사용할 수 있는 **실체법상 권리(본권)**인 반면, **대지권**(부동산등기법 제40조 제3항)은 대지사용권이 전유부분과 분리처분 될 수 없음을 등기기록상 공시하기 위하여 고안된 **절차법(부동산등기법)상 개념**으로, 「집합건물법」에는 대지권이라는 규정이 없다. 그러나 실질적으로는 「부동산등기법」상 대지권은 「집합건물법」상 대지사용권과 같은 것이라 할 수 있고, 다른 표현에 불과하다 할 것이다.

(2) 대지사용권의 내용 및 형태: 대지사용권은 **소유권**인 것이 보통이다. 다수의 구분소유자가 각각 전유부분을 소유하게 되므로 그 구분소유자 전원이 공동으로 건물의 대지에 관하여 소유권을 갖는 것이다. 드물지만, 구분소유자가 건물의 대지를 분필하여 단독소유권을 가지고 있는 이른바 분유(分有) 형태의 대지사용권도 있을 수 있다. 한편 소유권 외에 건물의 소유를 목적으로 하는 **지상권, 전세권** 또는 **임차권 등**도 대지사용권이 될 수 있다. 대지사용권은 유효한 권리이어야 하므로 존속기간이 만료된 임차권이나 지상권은 대지사용권이 될 수 없다.

대지사용권은 반드시 등기된 권리이어야 할 필요는 없다. 소유권(미등기토지의 경우)이나 임차권, 법정지상권은 등기 없이도 대지사용권이 될 수 있다.[979]

(3) 대지사용권과 전유부분의 처분의 일체성: 현행법상 건물과 대지는 별개의 부동산으로서 원칙적으로 분리처분이 가능하지만, 예외적으로 구분건물의 경우에는 특칙이 있다. 즉「집합건물법」은 구분소유자의 대지사용권은 그가 가지는 전유부분의 처분에 따른다(같은 법 제20조 제1항). 구분소유자

건물이 있는 토지 즉, 법정대지의 일부가 분할에 의하여 법정대지가 아닌 토지로 된 때에도 마찬가지이다.

978) 대법원 2006. 10. 26. 선고 2006다29020 판결.

979) 판례도 "아파트와 같은 대규모 집합건물의 경우, 대지의 분·합필 및 환지절차의 지연, 각 세대 당 지분비율 결정의 지연 등으로 인하여 전유부분에 대한 소유권이전등기만 수분양자를 거쳐 양수인 앞으로 경료되고, 대지지분에 대한 소유권이전등기는 상당기간 지체되는 경우가 종종 생기고 있는데, 이러한 경우 집합건물의 건축자로부터 전유부분과 대지지분을 함께 분양의 형식으로 매수하여 그 대금을 모두 지급함으로써 **소유권 취득의 실질적 요건은 갖추었지만 전유부분에 대한 소유권이전등기만 경료받고 대지지분에 대하여는 위와 같은 사정으로 아직 소유권이전등기를 경료받지 못한 자**는 매매계약의 효력으로써 전유부분의 소유를 위하여 건물의 대지를 점유·사용할 권리가 있는 바, 매수인의 지위에서 가지는 이러한 점유·사용은 단순한 점유권과는 차원을 달리하는 본권으로서 「집합건물법」 제2조 제6호 소정의 구분소유자가 전유부분을 소유하기 위하여 건물의 대지에 대하여 가지는 권리인 **대지사용권**에 해당한다."고 판시하였다(대법원 2000. 11. 16. 선고 98다45652,45669 전원합의체 판결).

는 그가 가지는 전유부분과 분리하여 대지사용권을 처분할 수 없다(같은 법 제20조 제2항 본문)고 하여 <u>전유부분과 대지사용권의 일체성을 명시하고 있다.</u>980)

5. 관리단·규약 및 공정증서

가. 건물에 대하여 구분소유관계가 성립되면 구분소유자 전원을 구성원으로 하여 건물과 그 대지 및 부속시설의 관리에 관한 사업의 시행을 목적으로 하는 <u>관리단이 설립된다</u>(집합건물법 제23조 제1항). 즉, 「집합건물법」은 집합건물의 공동관리를 구분소유자 전원으로 구성된 관리단에 맡김으로써 집합건물의 관리에 단체법적 사고를 도입하였다고 할 수 있다. 관리단에는 사단법인의 정관에 준하는 기본규칙의 설정이 필요한데 이러한 것을 <u>규약</u>이라고 한다. 다만 사단법인의 정관은 필수적이지만 관리단의 규약은 임의적이다. <u>규약으로 정할 사항</u>은 관리단의 조직·운영에 관한 사항, 건물과 대지 또는 부속시설의 관리·사용에 관한 사항, <u>구분소유권 및 대지사용권의 권리</u> 내용에 관한 것이다.

나. 1동의 건물의 전부 또는 부속건물을 소유하는 자는 <u>공정증서</u>(公正證書)로써 규약에 상응하는 것을 정할 수 있다(집합건물법 제4조 제2항, 제3조 제3항).

Ⅱ. 대지권에 관한 등기

1. 대지권 및 대지권등기의 의의

전술한 바와 같이 구분건물의 소유자는 전유부분을 소유하기 위하여 건물의 대지에 관하여 가지는 권리를 <u>대지사용권</u>이라 하고, 구분건물에 대지사용권으로서 건물과 분리하여 처분할 수 없는 것을 <u>대지권</u>이라고 한다(법 제40조 제3항). 대지권이 있어도 이를 등기하지 않을 경우에는 구분건물과 대지권이 분리 처분될 가능성이 존재하므로 법은 <u>대지권등기</u>제도를 두고 있다. 대지권등기제도는 <u>전유부분과 일체로서 처분되는 토지의 권리관계를 토지 등기기록에 등기하지 아니하고 건물 등기기록에 기록하여 그 등기의 효력을 토지에도 미치도록 하는 것으로, 구분건물에만 인정되는 독특한 등기제도이다.</u> 법은 대지권이 발생하는 경우에는 구분건물의 소유명의인에게 그 등기를 신청하도록 의무를 지움으로써 대지권이 공시되도록 하고 있다(법 제41조 제1항).

<u>대지권등기</u>는 그 자체가 물권변동을 공시하는 <u>권리등기가 아니고</u> 구분건물과 일체화된 대지사용권이 있음을 건물 등기기록의 표제부에 공시하는 것에 불과하므로 구분건물의 <u>표시에 관한 등기</u>로서의 성질을 갖는다.

---

980) 구분건물의 <u>대지사용권은 전유부분 및 공용부분과 분리처분이 가능한 규약이나 공정증서가 없는 때에는 전유부분과 종속적 일체불가분성이 인정되어 전유부분에 대한 경매개시결정과 압류의 효력이 당연히 종물 내지 종된 권리인 대지사용권에도 미치며, 그와 같은 내용의 규약이나 공정증서가 있는 때에는 종속적 일체불가분성이 배제되어 전유부분에 대한 경매개시결정과 압류의 효력이 대지사용권에는 미치지 아니한다</u>(대법원 1997. 6. 10. 자 97마814 결정).

그래서 대지권등기가 경료된 집합건물의 구분소유자들이 대지권의 일부를 다른 구분소유자들에게 양도하여 대지권의 비율을 변경하기 위해서는 대지권등기를 말소하지 않고 곧바로 대지권의 비율을 변경하는 대지권변경등기를 할 수는 없다. 왜냐하면, 대지권등기는 전유부분의 소유자가 이미 취득한 대지사용권에 대하여 전유부분과의 처분의 일체성을 명시하는 구분건물의 표시에 관한 등기에 불과한 것이고, 대지사용권을 법률행위에 의하여 취득하기 위해서는 권리취득의 등기를 하여야 하기 때문이다. 그러므로 우선 구분소유자들이 대지사용권을 전유부분과 분리하여 처분할 수 있다는 규약을 첨부하여 대지권등기를 말소하고, 대지사용권의 일부지분을 특정한 양수인에게 이전하는 등기를 경료한 후, 대지권등기를 새로이 신청하여야 한다(등기선례 제8-319호).

2. 대지권의 변경등기

가. 의의

대지권이 없는 건물에 대지권이 생긴 경우(규칙 제88조), 대지권이 대지권이 아닌 것으로 되거나 대지권 표시에 변경이 있는 경우에 하는 등기를 말한다(규칙 제90조 제1항). 넓은 의미의 대지권 변경등기에는 대지권 경정등기도 포함된다.

대지권 변경등기는 건물표시등기에 속하므로 표제부에 그 원인을 기록한다. 이미 등록되어 있는 대지권에 대하여 변경등기를 할 때에는 종전의 대지권 표시와 그 번호를 말소하는 표시를 한다.

대지권 변경등기는 구분건물의 소유명의인이 신청한다(법 제41조 제1항). 구분건물로서 표시등기만 있고 보존등기가 되어 있지 않은 건물에 관해서는 보존등기를 신청할 수 있는 자가 신청한다(법 제41조 제2항). 구분건물로서 그 대지권의 변경이나 소멸이 있는 경우에는 구분건물의 소유권의 등기명의인은 1동의 건물에 속하는 다른 구분건물의 소유권의 등기명의인을 대위하여 그 등기를 신청할 수 있다(법 제41조 제3항).

나. 대지사용권의 사후취득에 따른 대지권변경등기

2006. 6. 1. 개정 「부동산등기법」 시행(법률 제7764호, 2005. 12. 29. 일부개정) 전에 사후대지권등기를 하는 방법에는 두 가지가 있었다.[981]

---

981) 두 가지 방법 즉, ① 구분건물의 현 소유자가 분양자로부터 대지사용권(토지의 공유지분)을 이전받은 후 단독으로 대지권등기를 신청하는 것인데, 만일 구분소유권이 전전양도되었다면 최종 소유자는 중간 등기명의인을 대위하여 분양자로부터 모든 중간자를 거쳐 자기에게 순차로 지분이전등기를 하여야 하고, 중간 생략등기는 허용되지 않았다. ② 분양자가 대지에 대한 지적정리의 완료 또는 대지사용권을 취득한 후에 단독으로 각 구분건물에 대하여 대지권표시등기를 신청하는 것이었다. 구 「부동산등기법시행규칙」 제60조의2(2006. 5. 30. 개정으로 삭제됨)는 분양자가 그 대지사용권등기의 등기와 함께 대지권표시등기를 단독으로 신청할 수 있으며, 이 경우 **등기관**은 그 1동의 건물에 대한 소유권보존등기신청 시에 분양자에게 대지사용권이 있었던 것으로 보고 대지권표시변경등기를 하여야 한다고 규정하였다.
그러나 사후대지권등기에 관한 종전 등기절차는 다음과 같은 문제가 있었다. 전술한 ① 방법은 대규모 아파트 단지가 분양된 경우 통상 구분건물의 소유권보존 및 이전등기 후 몇 년이 지나서야 대지에 대한 지적정리 등이 완결되어 대지권등기를 할 수 있게 되는데, 그 동안 구분건물의 소유자가 여러 번 바뀐 경우 최종 소유명의인이 중간자 명의의 등기

2006. 6. 1. 개정으로 **구분건물을 신축한 자**가 「집합건물법」 제2조 제6호의 대지사용권을 가지고 있는 경우에 대지권에 관한 등기를 하지 아니하고 구분건물에 관하여만 소유권이전등기를 마쳤을 때에는, **현재의 구분건물의 소유명의인과 분양자(구분건물을 신축한 자)는 공동**으로 **대지사용권에 관한 이전등기**를 신청할 수 있다(법 제60조 제1항).

즉 2006. 6. 1. 이후에는 구분건물을 신축하여 분양한 자가 대지사용권을 갖고 있지만 지적정리 미완결 등의 사유로 대지권등기를 하지 못한 채 구분건물에 대하여만 소유권보존등기를 한 후 수분양자에게 이전등기를 한 후 그 구분건물이 전전 양도된 경우에는 최후의 구분건물의 현 소유자가 분양자와 공동으로 **대지사용권(토지 지분)에 관한 이전등기**신청을 할 수 있으며, 위 신청과 동시에 현 소유자가 단독으로 **대지권표시등기**를 신청할 수 있다. 그러나 분양자의 단독신청에 의한 대지권표시등기는 현행법상 할 수 없다. 대지권표시등기를 하기 위해서는 지분이전등기를 동시에 신청하여야 하는데, 다른 구분소유자의 지분이전등기를 대위로 신청할 수 없으므로 대지권등기 역시 1동 건물 전체에 대하여 할 필요 없이 각 전유부분별로 신청할 수 있다. 구분건물이 전전양도 된 경우라도 분양자로부터 바로 자신에게 단독으로 신청할 수 있다(중간생략등기의 허용). 주택건설 사업주체가 파산 등의 사유로 분양계약을 제대로 이행할 수 없게 되어도 대한주택보증주식회사가 분양자로서의 지위를 승계한다.

마찬가지로 구분건물을 신축하여 양도한 자가 그 건물의 **대지사용권**을 나중에 취득하여 이전하기로 약정하고 우선 전유부분에 대해서만 수분양자 앞으로 이전등기를 한 후 그 구분건물이 전전 양도된 경우에도 최후의 구분건물 소유명의인은 분양자와 공동으로 대지사용권에 관한 이전등기를 신청할 수 있다(법 제60조 제2항).

구분건물 소유명의인이 법 제60조 제1항 및 제2항에 따른 **대지사용권**에 관한 이전등기를 신청할 때에는 **대지권**에 관한 등기와 동시에 신청하여야 한다(법 제60조 제3항).

다. 등기절차

(1) 대지권 없는 건물에 대지권이 생긴 경우

(가) 건물 등기기록

1동 건물의 등기기록의 표제부에 **대지권의 목적인 토지의 표시에 관한 사항**을 기록하고 전유부분의 등기기록의 표제부에는 대지권의 표시에 관한 사항을 기록하여야 한다(법 제40조 제3항).

건물의 등기기록에 대지권의 등기를 할 때에는 1동의 건물의 표제부 중 대지권의 목적인 토지의 표시란에 표시번호, 대지권의 목적인 토지의 일련번호·소재지번·지목·면적과 등기연월일을, 전유부분의 표제부 중 대지권의 표시란에 표시번호, 대지권의 목적인 토지의 일련번호, 대지권의 종류, 대지권

를 모두 마치는 것은 매우 힘든 일이었다. ② 방법은 분양자가 단독으로 신청하는 대지권등기는 비록 표시변경등기의 형식으로 행하여지지만 그 실질은 공유지분 이전등기와 대지권표시등기를 합한 것에 해당하는데, 이는 건물의 표시변경등기에 불과한 대지권등기신청에 물권변동의 효력을 인정하는 것이어서 적절치 않다는 비판을 면하기 어려웠다.

의 비율, 등기원인 및 그 연월일과 등기연월일을 각각 기록하여야 한다. 다만, 부속건물만이 구분건물인 경우에는 그 부속건물에 대한 대지권의 표시는 표제부 중 건물내역란에 부속건물의 표시에 이어서 하여야 한다(규칙 제88조 제1항).

부속건물에 대한 대지권의 표시를 할 때에는 대지권의 표시의 끝부분에 그 대지권이 부속건물에 대한 대지권이라는 뜻을 기록하여야 한다(규칙 제88조 제2항).

(나) 토지 등기기록

등기관이 건물 등기기록에 대지권등기를 하였을 때에는 직권으로 대지권의 목적인 토지의 등기기록에 소유권, 지상권, 전세권 또는 임차권이 대지권이라는 뜻을 기록하여야 한다(법 제40조 제4항).

대지권의 목적인 토지의 등기기록에 법 제40조 제4항의 대지권이라는 뜻의 등기를 할 때에는 해당 구에 어느 권리가 대지권이라는 뜻과 그 대지권을 등기한 1동의 건물을 표시할 수 있는 사항 및 그 등기연월일을 기록하여야 한다(규칙 제89조 제1항).

대지권의 목적인 토지가 다른 등기소의 관할에 속하는 경우에는 그 등기소에 지체 없이 제1항에 따라 등기할 사항을 통지하여야 한다(규칙 제89조 제2항).

제2항의 통지를 받은 등기소의 **등기관**은 대지권의 목적인 토지의 등기기록 중 해당 구에 통지받은 사항을 기록하여야 한다(규칙 제89조 제3항).

(다) 별도등기가 있다는 뜻의 등기

규칙 제89조에 따라 대지권의 목적인 토지의 등기기록에 대지권이라는 뜻의 등기를 한 경우로서 그 토지 등기기록에 소유권보존등기나 소유권이전등기 외의 소유권에 관한 등기 또는 소유권 외의 권리에 관한 등기가 있을 때에는 **등기관**은 그 건물의 등기기록 중 전유부분 표제부에 토지 등기기록에 별도의 등기가 있다는 뜻을 기록하여야 한다. 다만, 그 등기가 소유권 이외의 대지권의 등기인 경우 또는 규칙 제92조 제2항에 따라 말소하여야 하는 저당권의 등기인 경우에는 그러하지 아니하다(규칙 제90조 제1항).

(라) 건물만의 관한 것이라는 뜻의 부기등기

규칙 제91조 제2항의 등기를 하는 경우에 건물에 관하여 소유권보존등기와 소유권이전등기 외의 소유권에 관한 등기 또는 소유권 외의 권리에 관한 등기가 있을 때에는 그 등기에 건물만에 관한 것이라는 뜻을 기록하여야 한다. 다만, 그 등기가 저당권에 관한 등기로서 대지권에 대한 등기와 등기원인, 그 연월일과 접수번호가 같은 것일 때에는 그러하지 아니하다(규칙 제92조 제1항).

제1항 단서의 경우에는 대지권에 대한 저당권의 등기를 말소하여야 한다(규칙 제92조 제2항).

제2항에 따라 말소등기를 할 때에는 같은 항에 따라 말소한다는 뜻과 그 등기연월일을 기록하여야 한다(규칙 제92조 제3항).

(2) 대지권이 대지권이 아닌 것으로 되거나 대지권 자체가 소멸한 경우

규칙 제91조 제1항의 등기 중 대지권인 권리가 대지권이 아닌 것으로 변경되거나 대지권인 권리 자체가 소멸하여 대지권 소멸의 등기를 한 경우에는 대지권의 목적인 토지의 등기기록 중 해당 구에 그 뜻을 기록하고 대지권이라는 뜻의 등기를 말소하여야 한다(규칙 제91조 제3항).

대지권인 권리가 대지권이 아닌 것으로 변경되어 제91조 제3항의 등기를 한 경우에는 그 토지의 등기기록 중 해당 구에 대지권인 권리와 그 권리자를 표시하고, 같은 항의 등기를 함에 따라 등기하였 다는 뜻과 그 연월일을 기록하여야 한다(규칙 제93조 제1항).

제1항의 등기를 하는 경우에 대지권을 등기한 건물 등기기록에 법 제61조제1항에 따라 대지권에 대한 등기로서의 효력이 있는 등기 중 대지권의 이전등기 외의 등기가 있을 때에는 그 건물의 등기기 록으로부터 제1항의 토지 등기기록 중 해당 구에 이를 전사하여야 한다(규칙 제93조 제2항).

제1항의 토지 등기기록 중 해당 구에 제2항에 따라 전사하여야 할 등기보다 나중에 된 등기가 있을 때에는 제2항에 따라 전사할 등기를 전사한 후 그 전사한 등기와 나중에 된 등기에 대하여 권리의 순 서에 따라 순위번호를 경정하여야 한다(규칙 제93조 제3항).

등기관이 제1항의 등기를 한 경우에 대지권의 목적인 토지가 다른 등기소 관할일 때에는 지체 없이 그 등기소에 그 등기를 하였다는 사실과 제1항이나 제2항에 따라 기록하거나 전사할 사항을 통지하여 야 한다(규칙 제93조 제5항).

제5항의 통지를 받은 등기소의 **등기관**은 제1항부터 제4항까지의 절차를 취하여야 한다(규칙 제93조 제6항).

3. 대지권등기의 효과

가. 대지권등기와 분리처분의 금지

구분건물 등기기록에 대지권의 표시등기와 대지권의 목적인 **토지의 등기기록**에 대지권이라는 뜻의 등기를 하게 되면, 그 후에 전유부분과 대지사용권에 대하여 일체적으로 생기는 물권변동은 구분건물 등기기록에 의하여 공시되고 구분건물의 전유부분과 대지사용권의 분리처분 금지에 위반한 등기를 신 청은 허용되지 않는다. 만약 이러한 신청이 있으면 **등기관**은 법 제29조 제2호에 의하여 각하하여야 한다(규칙 제52조 제3호).

대지권이 등기된 구분건물의 등기기록에는 **건물만에 관한 소유권이전등기 또는 저당권설정등기, 그 밖에 이와 관련이 있는 등기를 할 수 없다**(법 제61조 제3항).

토지의 소유권이 대지권인 경우에 대지권이라는 뜻의 등기가 되어 있는 **토지의 등기기록**에는 소유권 이전등기, 저당권설정등기, 그 밖에 이와 관련이 있는 등기를 할 수 없다(법 제61조 제4항).

지상권, 전세권 또는 임차권이 대지권이고 토지 등기기록에 그러한 뜻의 등기를 한 때에는 그 **토지 의 등기기록**에는 지상권 또는 임차권의 이전등기를 할 수 없다(법 제61조 제5항). 지상권 또는 임차권이 대지사용권으로서 전유부분과 분리하여 처분될 수 없기 때문이다.

나. 등기의 일체적 효력

(1) 대지권등기 후에 마쳐진 등기의 효력: 대지권을 등기한 후에 한 건물의 권리에 관한 등기는 대지권에 대하여 동일한 등기로서 효력이 있다. 다만, 그 등기에 건물만에 관한 것이라는 뜻의 부기가 되어 있을 때에는 그러하지 아니하다(법 제61조 제1항).

(2) 등기의 우열: 법 제61조 제1항에 따라 대지권에 대한 등기로서의 효력이 있는 등기와 대지권의 목적인 토지의 등기기록 중 해당 구에 한 등기의 순서는 접수번호에 따른다(법 제61조 제2항).

다. 대지권등기 전에 마쳐진 등기의 효력

대지권 발생 전에 토지와 건물 어느 일방에 마쳐진 등기는 그 후 **대지권등기**를 하더라도 그 효력이 다른 일방에 미치지 않는다. 가령, 나대지인 상태에서 근저당권설정등기를 하고 **구분건물** 신축을 한 후 소유권보존등기를 하면서 대지권등기를 한 경우 근저당권의 효력은 **구분건물**에는 미치지 않는다. 이 경우 **구분건물**에 대하여 추가설정을 하여야 한다. 그러나 대지권이 발생하였지만 **대지권등기**를 하지 않은 상태에서 **구분건물**에 대하여 저당권을 설정하거나 가처분등기를 한 때에는 그 등기의 효력은 **대지사용권**에까지 미친다고 보아야 한다. **대지사용권**은 전유부분에 대하여 종된 권리이기 때문이다(민법 제358조).[982]

라. 분리처분금지의 배제

(1) 구분소유자가 규약으로 전유부분과 대지사용권을 분리하여 처분할 수 있음을 정한 때에는 처분의 일체성이 배제된다(집합건물법 제20조 제2항 단서). 따라서 이 경우에는 전유부분 또는 대지사용권의 어느 일방만을 처분할 수 있다. 다만 그 처분에 따른 등기에 앞서 대지권등기를 말소하는 대지권변경등기를 먼저 신청하여야 한다. 甲 전유부분의 소유자가 그의 전유부분에 따른 대지권의 일부를 乙 전유부분의 소유자에게 양도하기 위하여는, 규약을 설정하여 그 일부를 대지권이 아닌 권리로 하고 이 규약을 첨부하여 대지권변경 등기신청을 한 후 대지권에서 제외된 권리를 乙 전유부분의 소유자에게 이전하기 위한 등기신청을 할 수 있을 것이다(등기선례 제2-648호).

(2) 수용이나 판결에 의한 소유권이전등기 신청의 경우 등에도 구분건물과 그 대지사용권의 처분의 일체성이 적용되지 아니하므로 규약을 첨부하지 않고도 대지권변경등기의 신청을 대위할 수 있다.

---

982) 법원행정처, 부동산등기실무(III), 2015. 182면.

Ⅲ. 구분건물의 표시에 관한 등기

1동의 건물에 속하는 구분건물 중 일부만에 관하여 소유권보존등기를 신청하는 경우에는 나머지 구분건물의 표시에 관한 등기를 동시에 신청하여야 한다(대위등기신청, 법 제46조 제1항). 구분건물의 소유자는 1동에 속하는 다른 구분건물의 소유자를 대위하여 그 건물의 표시에 관한 등기를 신청할 수 있다(법 제46조 제2항). 구분건물이 아닌 건물로 등기된 건물에 접속하여 구분건물을 신축한 경우에 그 신축건물의 소유권보존등기를 신청할 때에는 구분건물이 아닌 건물을 구분건물로 변경하는 건물의 표시변경등기를 동시에 신청하여야 한다. 이 경우 제2항을 준용한다(법 제46조 제3항).

Ⅳ. 규약상 공용부분의 등기와 규약폐지에 따른 등기

1. 의의

구분건물의 공용부분은 구분소유자 전부 또는 일부의 공유에 속하고, 공용부분에 대한 공유지분은 전유부분의 처분에 따르며 전유부분과 분리하여 처분할 수 없다. 그러므로 공용부분에 관한 물권의 득실변경(得失變更)은 등기가 필요하지 않다(집합건물법 제13조). 구조상 공용부분(복도, 계단, 기계실 등)은 독립하여 등기능력이 없으므로 문제가 없으나, 규약상 공용부분은 구분소유권의 목적이 될 수 있는 전유부분과 부속건물을 규약에 의하여 공용부분으로 정한 것이므로 구조상으로만 보아서는 공용부분인지 여부가 명백하지 않기 때문에 객관적으로 공시할 필요가 있다. 이에 따라 「집합건물법」은 "공용부분이라는 취지"를 등기하도록 하고(같은 법 제3조 제4항), 「부동산등기법」에 그 등기절차를 규정하고 있다.

2. 공용부분이라는 뜻의 등기절차

「집합건물법」제3조 제4항에 따른 공용부분(共用部分)이라는 뜻의 등기는 <u>소유권의 등기명의인이 신청</u>하여야 한다. 이 경우 공용부분인 건물에 소유권 외의 권리에 관한 등기가 있을 때에는 그 권리의 등기명의인의 승낙이 있어야 한다(법 제47조 제1항). 법 제47조 제1항에 따라 소유권의 등기명의인이 공용부분이라는 뜻의 등기를 신청하는 경우에는 그 뜻을 정한 규약이나 공정증서를 <u>첨부정보</u>로서 등기소에 제공하여야 한다. 이 경우 그 건물에 소유권의 등기 외의 권리에 관한 등기가 있을 때에는 그 등기명의인의 승낙이 있음을 증명하는 정보 또는 이에 대항할 수 있는 재판이 있음을 증명하는 정보를 <u>첨부정보</u>로서 등기소에 제공하여야 한다(규칙 제104조 제1항).

3. 공용부분이라는 뜻의 등기의 말소

규약상 공용부분은 구조상 공용부분과는 달리 구분건물 또는 일반건물로서의 실체를 갖추고 있으므로 필요한 경우에는 언제든지 공용부분으로 정한 규약을 폐지하여 독자적인 등기능력을 가지는 건물로 되돌릴 수 있다. 따라서 이러한 규약을 폐지하는 경우에는 소유권보존등기를 하면서 공용부분이라는 뜻의 등기를 말소하여야 한다.

공용부분이라는 뜻을 정한 규약을 폐지한 경우에 공용부분의 취득자는 지체 없이 <u>소유권보존등기를 신청</u>하여야 한다(법 제47조 제2항). 공용부분이라는 뜻을 정한 규약을 폐지함에 따라 공용부분의 취득자가 법 제47조 제2항에 따라 소유권보존등기를 신청하는 경우에는 규약의 폐지를 증명하는 정보를 <u>첨부정보</u>로서 등기소에 제공하여야 한다(규칙 제104조 제4항). **등기관**이 규칙 제104조 제4항에 따라 소유권보존등기를 하였을 때에는 <u>공용부분이라는 뜻의 등기를 말소</u>하는 표시를 하여야 한다(규칙 제104조 제5항).

제11장 보칙

Ⅰ. 등기사무의 처리에 필요한 전산정보자료의 제공 요청 및 등기정보자료의 제공

법원행정처장은 「전자정부법」 제2조제2호에 따른 행정기관 및 같은 조 제3호에 따른 공공기관(이하 "행정기관등"이라 한다)의 장에게 등기사무의 처리에 필요한 전산정보자료의 제공을 요청할 수 있다(법 제109조).

행정기관등의 장은 소관 업무의 처리를 위하여 필요한 경우에 관계 중앙행정기관의 장의 심사를 거치고 법원행정처장의 승인을 받아 등기정보자료의 제공을 요청할 수 있다. 다만, 중앙행정기관의 장은 법원행정처장과 협의를 하여 협의가 성립되는 때에 등기정보자료의 제공을 요청할 수 있다(법 제109조의2 제1항).

행정기관등의 장이 아닌 자는 수수료를 내고 대법원규칙으로 정하는 바에 따라 등기정보자료를 제공받을 수 있다. 다만, 등기명의인별로 작성되어 있거나 그 밖에 등기명의인을 알아볼 수 있는 사항을 담고 있는 등기정보자료는 다른 법률에 특별한 규정이 있는 경우를 제외하고는 해당 등기명의인이나 그 포괄승계인만이 제공받을 수 있다(법 제109조의2 제2항).

법 제109조의2 제1항 및 제2항에 따른 등기정보자료의 제공 절차, 제2항에 따른 수수료의 금액 및 그 면제 범위는 대법원규칙으로 정한다(법 제109조의2 제3항).

Ⅱ. 등기필정보의 안전확보

등기관은 취급하는 등기필정보의 누설·멸실 또는 훼손의 방지와 그 밖에 등기필정보의 안전관리를 위하여 필요하고도 적절한 조치를 마련하여야 한다(법 제110조 제1항).

등기관과 그 밖에 등기소에서 부동산등기사무에 종사하는 사람이나 그 직에 있었던 사람은 그 직무로 인하여 알게 된 등기필정보의 작성이나 관리에 관한 비밀을 누설하여서는 아니 된다(법 제110조 제2항).

누구든지 부실등기를 하도록 등기의 신청이나 촉탁에 제공할 목적으로 등기필정보를 취득하거나 그 사정을 알면서 등기필정보를 제공하여서는 아니 된다(법 제110조 제3항).

Ⅲ. 대법원규칙에의 위임

이 법 시행에 필요한 사항은 대법원규칙으로 정한다(법 제113조).

제 **9** 편

동산·채권 등의
담보에 관한 법률

제1장 총설

Ⅰ. 「동산채권담보법」의 의의[983]

「동산·채권 등의 담보에 관한 법률」(이하 '동산채권담보법'이라 한다)은 2010. 6. 10. 법률 제10366호로 공포되고 2012. 6. 11.부터 시행된 이래 7년이 지났지만 실제 금융시장에서 동산과 채권이 담보로 활용되는 비중은 아직 많지 않다.[984]

현행법상 동산과 채권의 경우 공시방법이 불완전하고(민법 제188조 및 제347조), 지식재산권의 경우 「민법」상 질권의 방법으로만 담보로 제공할 수 있어, 이들을 담보로 이용하는 데 한계가 있다. 부동산담보가 부족한 중소기업의 실물재산담보를 위한 것으로 기계기구 등 유형자산, 재고자산, 농수축산물, 매출채권 나아가 지식재산권을 담보로 제공하고 금융기관에서 대출을 목적으로 하는 담보제도를 창설하고 그 등기 또는 등록으로 공시할 수 있도록 함으로써, 거래의 안전을 도모하면서도 자산유동화의 활성화를 통하여 중소기업과 자영업자의 자금조달에 편의를 제공하고 국민경제의 발전을 위한 것이다(법 제1조). 즉, 담보약정에 따라 동산·채권·지식재산권을 담보권의 객체로 등기한 경우에서의 담보권이다.

---

983) 2016. 2. 3. 타법의 개정으로 2016. 8. 4.부터 시행되는 법률 제13953호를 기준으로 하였다.

984) 2019. 7. 17.자 금융위원회 보도자료에 따르면 2019년 기준으로 지식재산권(IP: Intellectual Property) 담보대출(잔액 4,044억원)까지 포함한 전체 동산담보대출 잔액은 1조원을 돌파(2019.6월, 1.07조원)하였다고 한다. ※ 전체 동산담보 10,657억원 = 동산·채권 등 담보 6,613억원 + IP담보 4,044억원.

제10조(동산담보권효력의 범위) 제11조(과실에 대한 효력) 제12조(피담보채권의 범위) 제13조(동산담보권의 양도) 제14조(물상대위) 제15조(담보목적물이 아닌 재산으로 부터의 변제) 제16조(물상보증인의 구상권) 제17조(담보목적물에 대한 현황조사 및 담보목적물의 보충) 제18조(제3취득자의 비용상환청구권) 제19조(담보목적물반환청구권) 제20조(담보목적물의 방해제거청구 권 및 방해예방청구권) 제21조(동산담보권의실행방법) 제22조(담보권 실행을 위한 경매절차)	**제3장 채권담보권** 제34조(채권담보권의 목적) 제35조(담보등기의 효력) 제36조(채권담보권의 실행) 제37조(준용규정) **제4장 담보등기** 제38조(등기할 수 있는 권리) 제39조(관할 등기소) 제40조(등기사무의 처리) 제41조(등기신청인) 제42조(등기신청의 방법) 제43조(등기신청에 필요한 서면 또는 전자문서 및 신청서의 기재사항 및 방식)	제56조(이의에 대한 결정과 항고) 제57조(준용규정) **제5장 지식재산권의 담보에 관한 특 례** 제58조(지식재산권담보권등록) 제59조(등록의 효력) 제60조(지식재산권담보권자의 권리 행사) 제61조(준용규정) **제6장 보칙** 제62조(등기필정보의 안전 확보) 제63조(대법원규칙) **제7장 벌칙** 제64조(벌칙) **부칙**

II. 「동산채권담보법」의 입법 배경

국제적 금융거래가 활발해 지고 다양한 형태의 금융거래가 발달하면서 '국제적인 동산·채권 등에 대한 담보 제도' 마련에 관심이 높아져 왔으며, 2008년에 개최된 유엔총회에서 회원국들이 담보법제를 제·개정할 때 국제연합 국제무역법위원회(UNCITRAL: United Nations Commission on International Trade Law, 1996년 유엔총회에서 설립. 이하 "UNCITRAL"이라 한다)가 마련한 입법지침을 호의적으로 고려할 것을 권고하는 취지의 결의를 채택하였다.

우리나라에서는 1997년 금융위기 이후 금융회사들이 자산의 건전성과 신용위험을 크게 의식하고 채권 회수가 확실한 담보대출의 비중을 높여 왔으며, 이에 따라 경제계와 학계를 중심으로 동산과 채권을 활용하여 자금을 조달하는 방법에 대한 관심이 증대되었다.

그러나 현행 「민법」에서, 동산을 활용하여 자금을 조달하는 방법인 **'질권설정'**은 **담보권자에게 담보목적물의 점유를 이전**해야 하기 때문에 그 설정자는 질물의 점유를 하지 못하여 많은 불편을 겪는다. 그리하여 기업이 자금조달의 방법으로 이용하는 데 한계가 있다. 또 실무에서 관행상 이루어져 온 **'양도담보'**는 점유개정(동산을 **담보권설정자**가 점유)의 방법으로 공시함으로써 그 공시방법이 불명확하고 불완전하여 이중양도담보에 따른 분쟁발생 가능성 등의 문제가 있었다. 또한 채권을 활용하여 자금을 조달하는 방법도, 「민법」에서 채무자에 대한 '확정일자 있는 문서에 의한 통지' 또는 '채무자의 승낙'을 대항요건으로 함에 따라 채권담보권을 효율적으로 공시하는 데 한계가 있고, 장래의 다수 채권을 일괄하여 담보로 제공하여 자금을 조달하는 데 애로가 있었다.985)

---

985) 「동산채권담보법」은 동산담보권·지명금전채권담보권·지식재산권담보권을 규정한다. 그런데 이 담보권들(A)이 인정된다고 하여, 동산질권·권리질권·동산이나 권리를 객체로 하는 양도담보권이 부인되지는 않는다. 즉, 이 담보권들은 앞

위와 같은 국제적 금융거래 증가, UN의 담보법제 통일 노력 등 대외적 요인과 국내 담보제도를 개선해 원자재·재고자산 등의 동산이나 매출채권 등을 담보로 자금을 조달할 수 있도록 하여 달라는 경제계·학계의 요구 등 대내적인 요인이 축적되면서, 법무부는 동산·채권 담보제도를 개선하기 위한 법률 제정을 추진하기 시작하였다.

이에 따라 아래에서 살펴보는 바와 같이 새로운 유형의 담보제도 창설을 위한 「동산채권담보법」이 2010. 5. 19. 제18대 국회 제290회 임시회에서 통과되었고, 같은 해 6. 10. 공포되었다. 동 제정안은 2009. 11. 제18대 국회 제284회 정기회에 제출되어 2010. 2. 제287회 임시회 때 법제사법위원회에 상정되었고, 2010. 4. 제289회 임시회까지 법사위 소위에서의 심도 있는 논의를 거쳐 2010. 4. 29. 법제사법위원회 의결이 이루어졌으나, 국회 본회의가 열리지 아니하여 2010. 5. 19. 제290회 임시회에 이르러서야 국회 본회의를 통과하게 되었다. 법무부가 '담보제도 개선 방안'을 마련한지 약 2년 반만의 일로서, 같은 해 6. 10. 공포된 법안은 동산·채권 담보등기 시스템이 구축되는 2012. 6. 11.부터 시행되었다.986)

의 담보권들(A)과 병존한다. 그러므로 당사자들은 어느 담보권이든지 설정할 수 있다.
986) 법무부, 동산·채권 등의 담보에 관한 법률, 2010. 12. 3~5면.

제2장 동산담보권

동산담보 방법 개관

새로운 담보제도가 도입됨에 따라, 동산담보 방법으로는 「민법」상의 점유질권설정계약, 특별법상의 저당권, 「동산채권담보법」에 따른 동산담보권, 관행상 이루어지는 양도담보설정계약이 있게 되었다.

1. 「민법」상 점유질권설정계약

양도할 수 있는 동산을 목적으로 하는 것으로, 공시를 위하여 질권자가 담보 목적물을 인도받아 점유하고 있어야 하고 점유개정의 방식은 허용되지 않는다(민법 제331조, 제332조). 따라서 점유질 원칙을 취하는 동산질권설정자는 영업활동을 할 수단을 잃게 되고, 동산질권자는 담보물의 보관·유지에 비용이 드는 문제점 때문에 동산질권은 실제 금융거래에서 거의 이용되지 않는다.[987] 동산질권자는 채권을 변제받을 때까지 담보목적물을 유치할 수 있고, 경매 또는 간이변제충당의 절차를 통하여 우선변제를 받을 수 있다(민법 제338조). 여러 개의 채권을 담보하기 위하여 동일한 동산에 여러 개의 질권을 설정한 때에 그 순위는 설정의 선후에 의한다(민법 제333조).

2. 특별법상 저당권

자동차, 건설기계, 항공기, 선박은 「자동차 등 특정동산 저당법」 또는 「선박등기법」에 따라 해당 동산에 설정된 저당권을 등록관청에 등록하거나 법원이 관장하는 등기부에 등기할 수 있다.[988] 또한 공장재단이나 광업재단에 속한 기계, 기구 등은 「공장 및 광업재단 저당법」에 따라 저당권의 담보목적물에 포함될 수 있다.

---

987) 김현진, 동산·채권담보권 연구, 경인문화사, 2013, 8면.
988) 건설기계, 20톤 미만의 어선, 범선, 어선 등의 소형선박이나 「수상레저안전법」에 따라 등록된 모터보트, 자동차, 항공기 및 경량항공기는 각 등록관청에 저당권 설정·변경·이전 및 말소등록을 할 수 있다(「자동차 등 특정동산 저당법」제3조). 그리고 총톤수 20톤 이상의 기선, 범선과 100톤 이상의 부선은 관할 등기소에 저당권설정·이전·변경·말소의 등기를 할 수 있다(「선박등기법」제2조).

특별법상 저당권은 「민법」상 질권과 달리 등록 또는 등기로 공시가 되기 때문에 저당권자가 담보목적물을 점유하고 있을 것을 요건으로 하지 않으며, 「민법」상 저당권과 동일한 효력이 인정된다. 이러한 것들은 동산임에도 불구하고 정책적으로 권리자가 스스로 사용·수익하게 하기 위하여 질권설정을 금지하는 것으로 저당권의 객체가 된다.

3. 「동산채권담보법」상 동산담보권

법인 또는 상호등기를 한 사람만 **담보권설정자**가 될 수 있으며, 집합물 또는 장래에 취득할 동산도 담보목적물로 할 수 있다.

자동차, 건설기계, 항공기, 선박 등 등록 또는 등기된 동산은 「동산채권담보법」상 담보목적물이 될 수 없으나, 해당 동산이 아직 등록·등기되지 않은 경우 또는 그 등록·등기가 말소된 경우 법에 따른 동산담보권의 담보목적물이 될 수 있다.

담보등기부에 등기를 함으로써 동산담보권이 성립하며, 경매 외에 취득정산(귀속청산)이나 처분정산의 방법으로 우선변제를 받을 수 있다.

4. 양도담보설정계약

동산양도담보란 채권자가 금전채권의 담보로 채무자로부터 동산의 소유권을 **점유개정**의 방식으로 인도받아 소유권을 취득하고, 채무자의 변제가 없으면 그 소유권이 종국적으로 채권자에게 귀속되는 형태로 담보권을 사적 실행하기로 하는 당사자 간의 약정이다.[989] 채무자가 담보목적물을 사용·수익할 필요가 있을 때 '채권의 담보'라는 경제적 목적달성을 위하여 '동산소유권의 이전'이라는 법적 형식을 취하는 비전형담보물권으로, 집합물 또는 장래에 취득할 동산도 담보의 목적물로 할 수 있다. 공시방법이 불명확하여 이중양도담보에 따른 분쟁발생 가능성 등의 문제가 있다.

양도**담보권자**는 **담보권설정자**의 채무불이행 시 양도담보권을 실행하여 담보목적물인 동산을 환가함에 있어서 양도담보의 약정 내용에 따라 이를 사적으로 타인에 처분하거나 스스로 취득한 후 정산하는 방법으로 환가할 수 있고, 강제집행을 수락하는 공정증서를 작성한 경우에는 그에 기하여 담보목적물을 압류하고 강제경매를 실시하는 방법으로 환가할 수도 있다.[990]

---

989) 김현진, 동산·채권담보권 연구, 187면.
990) 대법원 1999. 9. 7. 선고 98다47283 판결 등.

제2절 동산담보권의 성립

Ⅰ. 동산담보권의 의의

'동산담보권'이란 담보약정에 따라 동산(여러 개의 동산 또는 장래에 취득할 동산을 포함한다)을 목적으로 등기한 담보권을 말하고(법 제2조 제2호), 담보등기에 의해 공시되는 동산약정담보물권이다. 즉, 동산담보권이 성립하려면 당사자 간에 **담보권설정자**가 소유하는 동산을 담보로 제공하기로 약정하고 이 법에 따라 등기하여야 한다. 담보약정의 내용은 채무자의 채무불이행 시 **담보권자**가 담보목적물로 제공된 동산에 대하여 **다른 채권자**보다 자기 채권의 우선변제를 받는 것이다(법 제8조).

동산담보권은 '동산'을 담보목적으로 등기한 담보권으로, 이 때 담보권의 목적이 되는 동산이 집합동산이거나 장래에 취득할 동산이라도 동산담보권을 설정할 수 있다. 기업의 원재료, 재고품 등 집합동산을 담보목적으로 하는 것이 일반적이겠으나, 설비투자자금의 조달을 위하여 고액의 기계설비 등의 개별동산을 담보목적으로 하는 경우에도 동산담보권 설정이 가능하다.

Ⅱ. 담보약정과 담보등기

담보약정은 양도담보계약이나 질권설정계약이라는 명칭을 사용했더라도, 이 법에 따라 동산·채권·지식재산권을 담보로 제공하기로 하는 약정을 말한다(법 제2조 제1호). 하지만 법률제정으로 실무에서 관행상 이루어져 온 양도담보 등의 비전형담보의 이용이 금지되는 것은 아니기 때문에, 채무자(**담보권설정자**)와 채권자(**담보권자**)는 법에 따른 동산·채권 담보제도를 이용할 것인지 아니면 양도담보 등의 비전형담보의 방법을 이용할 것인지 선택할 수 있다.[991]

담보약정은 법 시행 이후에 체결된 경우에만 적용되며, 법률 시행 이전에 이루어진 양도담보계약 등으로는 담보등기를 할 수 없다(부칙 제2조). 이는 판례상 이중으로 양도담보계약이 체결된 경우 뒤에 체결된 양도담보계약은 무효가 되는데, 이 법 시행 이전에 체결된 양도담보계약까지 법의 적용대상에 포함시키게 되면 위와 같이 무효인 양도담보계약이 법에 따라 유효하게 되는 부당한 결과가 발생될 수 있기 때문에 이를 방지하기 위한 것이다.

한편, 이 법 시행 이후에 채무자와 **담보권자**(채권자) 사이에 관행상 이루어져 왔던 양도담보계약에 따라 공정증서까지 작성한 후 다시 이 법에 따른 담보약정을 하여 담보등기를 한 경우에, 판례처럼

---

991) 법률에서 양도담보 등을 금지하지 않더라도, 관행상 이루어지는 양도담보 제도는 공시기능 미비로 이중양도담보 등에 따른 분쟁발생 가능성이 상존하지만, 법에 따른 동산·채권 담보제도는 **담보권자**에게 그와 같은 위험이 발생될 가능성이 없고, 권리의 존재가 '등기'로 쉽게 입증되어 이해관계인과의 분쟁이 발생될 가능성도 낮아 금융회사 등의 채권자가 동산·채권 담보제도 이용을 더 선호할 것이다. 또한 법에서 양도담보 등을 금지하는 경우에는 법의 동산·채권 담보제도를 이용할 수 없는 서민들의 자금조달을 어렵게 하는 결과를 초래할 수 있는 점 등도 고려하였다.

양도담보의 법적 성질을 신탁적 양도로 파악한다면 우리나라 「민법」은 소유권자가 자기 소유의 물건에 대한 담보권취득을 허용하고 있지 않고 있는 점(민법 제191조) 등을 고려할 때, 당사자 사이에 법에 따른 담보권의 성립만 인정되어야 할 것이다. 이 경우 **담보권자가 담보권을 취득한 시기**는 양도담보계약에 따라 담보권을 취득한 때가 아니라 법에 따라 담보등기를 한 때가 될 것이다.

따라서 동산담보권이 성립하려면 **담보권설정자**와 **담보권자** 사이에 담보권을 설정한다는 물권적 합의와 이 담보권을 등기하기로 한다는 합의, 즉, 담보약정이 있고, 「동산채권담보법」에 따른 등기, 즉, 담보등기(법 제2조 제7호)를 하여야 한다. 그리고 담보목적물의 점유가 **담보권자**에게 이전하는지 여부에 대해서는 이 법이 아무 말도 하지 아니하므로 동산점유는 그 요건이 아니다. 따라서 점유동산담보권과 비점유동산담보권이 모두 가능하다. 다만 「동산채권담보법」의 제정취지 중 하나가 **담보권설정자**의 담보목적물을 사용한 영업을 보장하는 것이라는 점을 고려할 때 일반적으로 비점유담보권이 행해질 것이다.[992]

담보약정은 그 명칭을 묻지 않기 때문에 기존의 동산담보설정계약인 질권설정계약, 양도담보설정계약은 물론 사실상 담보기능을 하는 소유권유보부 매매계약이나[993] 금융리스계약[994]조차도 담보제공의 의사를 추단할 수 있으므로 담보약정에 포섭시킬 수 있고, 「동산채권담보법」에 따라 담보등기를 할 수 있다. 그리고 그와 같이 담보등기를 하는 경우에 이 법의 적용을 받게 된다.

Ⅲ. 동산담보권의 목적물(객체)

여러 개의 동산 또는 장래에 취득할 동산을 담보목적으로 하는 동산담보권이 설정되는 경우 담보목적물의 특정방법과, 동산담보권의 담보목적에서 제외되는 동산을 명확히 하고 있다.

---

992) 김현진, 동산·채권담보권 연구, 182면.

993) 소유권유보부매매란, 매도인이 소유권을 매도인에게 유보시킨 채, 매매목적물인 동산을 매수인인 채무자에게 인도하여 사용·수익을 허용하면서, 매매대금 완납 시 소유권이 매수인에게 이전한다는 특약의 매매계약이다. 물품을 공급하려는 자가 충분한 담보를 제공할 수 없는 매수인을 상대로 생각할 수 있는 가장 의미 있는 담보방식은 자신이 제공한 바로 그 물품에 대하여 담보권을 취득하면서 매매대금이 완납될 때까지 물품의 소유권을 이전하지 않는 것이다. 한편, 매수인 입장에서는 그 물품의 사용·수익을 위한 취득이므로 매수인이 채무를 불이행하지 않는 한 그 물품의 사용·수익에 아무런 장애가 없어야 하고, 매수인이 그 물품의 판매를 위해 취득한 것이라면 매수인이 채무를 불이행하지 않는 한 그 물품을 다시 판매하는데 아무런 장애가 없어야 한다. 담보 목적의 소유권 유보는 이러한 양 당사자의 이해에 부합하고 실질적으로 잔금채권의 확보를 위한 담보적 성격을 가진다. 이러한 효력은 채권계약이므로 제3자에 대한 공시도 필요하지 않다. 하지만 소유권유보부매매계약도 담보적 기능에 착안한다면 담보약정이므로 당사자들은 담보등기를 할 수 있고, 매매목적물에 대한 동산담보권이 성립할 수 있다(김현진, 동산·채권담보권 연구, 192~193면).

994) 금융리스계약이란, 리스업자가 리스이용자가 선정한 기계·설비 등과 같은 리스물건을 공급자로부터 직접 매수하여 이를 리스이용자에게 이용하게 하고 리스이용자로부터 리스료를 지급받는 계약이다. 금융리스계약도 동산을 담보로 제공하기로 하는 담보약정이므로, 당사자들이 「동산채권담보법」에 따른 등기를 한다면 동산담보권이 성립한다(김현진, 동산·채권담보권 연구, 195면).

1. 법인 또는 상호등기한 사람만 담보설정 가능

동산담보권의 목적물(객체)은 "법인 또는 「상업등기법」에 따라 상호등기를 한 사람"이 **담보권설정자**가 되어 담보약정에 따라 동산을 담보로 제공하는 경우에만 담보등기를 할 수 있다(법 제3조 제1항). 후술하는 동산담보권설정의 한쪽 당사자인 **담보권설정자**와 같다.

2. 장래에 취득할 동산을 포함한 집합동산과 이의 특정

장래에 취득할 동산을 포함하는 여러 개의 동산(집합동산)이더라도 목적물의 **종류, 보관장소, 수량**을 정하거나 그 밖에 이와 유사한 방법으로 특정할 수 있는 경우에는 이를 목적으로 담보등기를 할 수 있다(법 제3조 제2항).[995]

한편, "장래에 취득할 동산"도 담보목적으로 제공될 수 있으므로, 기업이 보유한 원재료를 이용하여 생산한 제품 등에 대하여 제품생산 전에 담보로 제공하고 자금을 조달하는 경우에도 법에 따라 담보등기를 할 수 있다. 판례도 "유동집합물"에 대한 양도담보에 대하여, "담보목적물의 증감에 대하여 그때마다 별도의 양도담보권설정계약을 맺거나 점유개정의 표시를 하지 아니하였더라도 하나의 집합물로서 동일성을 잃지 아니한 채 양도담보권의 효력은 항상 현재의 집합물 위에 미친다."고 판시하여,[996] "장래에 취득할 동산"에 대하여도 양도담보의 효력을 인정하여 왔다.

담보목적물(장래에 취득할 동산을 포함한 집합동산)의 **특정**은 우선변제권이 미치는 범위를 확정하기 위한 것으로 담보약정으로 기재되어야 하고 또한 담보등기 시 등기부에도 기재되어 **제3자**가 이를 알 수 있어야 한다.[997]

담보목적물을 특정하는 기준으로 위 조항에 제시된 "목적물의 종류, 보관장소, 수량"의 세 요소는 집합물양도담보의 특정 기준으로 대법원이 일찍부터 판시한 것을 수용한 것으로 보인다. 여기서 **종류**란 당해 동산의 성질, 형태 등 공통점을 가지는 것에 대한 분류로 가령 '노트북, 귀금속 제품, 돼지, 뱀장어 등'이다. **보관장소**는 '우편번호, 지번 등이 포함된 정확한 주소, 사무소나 창고의 명칭, 도면이나 지도에 의한 표시 등'에 의해 행해질 수 있다. **수량**의 경우 '일체의 것'이라고 표시하는 경우도 많다.

대법원 판례에서 집합물양도담보의 목적물이 특정되었다고 본 사례로, ① 돈사에서 대량으로 사육하면서 번식, 사망, 판매 구입 등에 의하여 증감 변동이 예상되는 돼지,[998] ② 제강회사가 제품생산에 필요하여 반입하는 열연코일 등 원자재를 담보목적물로 삼으면서 후에 새로 반입되어 기존의 반입 자재와 환치되는 원자재도 담보목적으로 하기로 특약한 경우의 원자재,[999] ③ 일정한 양만장(養鰻場) 내

---

995) 장래에 취득할 동산을 포함하는 여러 개의 동산을 일단의 증감변동하는 동산 내지는 유동집합물이라고 한다(대법원 2003. 3. 14 선고 2002다72385 판결).
996) 대법원 2004. 11. 12. 선고 2004다22858 판결 등.
997) 김현진, 동산·채권담보권 연구, 202면.
998) 대법원 2003. 3. 14 선고 2002다72385 판결.
999) 대법원 1988. 10. 25 선고 85누941 판결; 대법원 1988. 12. 27 선고 87누1043 판결.

의 뱀장어 약 백만 마리라고 기재되어 있는 경우 어류 전부,[1000] ④ 창고에 보관되어 반입, 반출되는 의류상품을 담보의 목적물로 삼은 경우의 재고상품[1001] 등이 있다.[1002]

판례에 따르면, 일단의 증감 변동하는 동산을 하나의 물건으로 보아 이를 채권담보의 목적으로 삼는 이른바 유동집합물에 대한 양도담보설정계약의 경우에, 양도담보의 효력이 미치는 범위를 명시하여 **제3자**에게 불측의 손해를 입지 않도록 하고 권리관계를 미리 명확히 하여 집행절차가 부당히 지연되지 않도록 하기 위하여 그 목적물을 특정할 필요가 있으므로, 담보목적물은 담보설정자의 다른 물건과 구별될 수 있도록 그 종류, 소재하는 장소 또는 수량의 지정 등의 방법에 의하여 외부적·객관적으로 특정되어 있어야 하고, 목적물의 특정 여부 및 목적물의 범위는 목적물의 종류, 장소, 수량 등에 관한 계약의 전체적 내용, 계약 당사자의 의사, 목적물 자체가 가지는 유기적 결합의 정도, 목적물의 성질, 담보물 관리와 이용방법 등 여러 가지 사정을 종합하여 구체적으로 판단하여야 할 것이다.[1003]

따라서 동산담보의 목적으로 할 수 있으려면 목적물의 **종류, 보관장소, 수량**을 정하거나 그 밖에 이와 유사한 방법으로 특정할 수 있어야 한다. 기업이 원재료·재고품 등 집합동산을 담보목적으로 제공하는 경우나, 상호등기를 한 축산업자가 축사에서 기르는 가축들을 담보목적으로 제공하는 경우 법에 따라 담보등기를 할 수 있다. 그리고 하나의 채권을 담보하기 위하여 한 곳에 있는 동산을 집합동산 담보의 형식으로 담보로 제공할 수도 있고, 또 여러 곳에 있는 복수의 집합동산들을 담보로 제공할 수도 있다.[1004]

3. 동산담보권의 목적물에서 제외되는 동산

동산이라 하더라도, 다음 각 호 1. 「선박등기법」에 따라 등기된 <u>선박</u>, 「자동차 등 특정동산 저당법」에 따라 등록된 <u>건설기계·자동차·항공기·소형선박</u>, 「공장 및 광업재단 저당법」에 따라 등기된 <u>기업재산</u>, 그 밖에 **다른 법률에 따라 등기되거나 등록된 동산**, 2. **화물상환증·선하증권·창고증권이 작성된 동산**, 3. **무기명채권증서 등 대통령령으로 정하는 증권**[1. <u>무기명채권증서</u>, 2. 「자산유동화에 관한 법률」제2조 제4호에 따른 <u>유동화증권</u>, 3. 「자본시장과 금융투자업에 관한 법률」제4조에 따른 <u>증권</u>(영 제2조)]의 어느 하나에 해당하는 경우에는 이를 목적으로 하여 <u>담보등기를 할 수 없다</u>(법 제3조 제3항).

가. 다른 법률에 따라 등기·등록의 대상이 되는 동산

(1) 이 조항에서는 「선박저당법」, 「선박등기법」, 「자동차 등 특정동산 저당법」, 「건설기계관리법」, 「어선법」, 「수상레저안전법」, 「자동차관리법」, 「항공안전법」에 따른 등기나 등록의 법적 규율에 대하

1000) 대법원 1990. 12. 26 선고 88다카20224 판결.
1001) 대법원 1999. 9. 7 선고 98다47283 판결.
1002) 김현진, 동산·채권담보권 연구, 202면.
1003) 대법원 2003. 3. 14 선고 2002다72385 판결; 대법원 1990. 12. 26. 선고 88다카20224 판결 등.
1004) 송덕수, 민법강의(제12판), 박영사, 2019, 672면.

여 알아야 한다.

(2) 「선박등기법」에 따라 등기된 선박은 이를 목적으로 하여 담보등기를 할 수 없다. 여기서 선박등기는 총톤수 20톤 이상의 기선(機船)과 범선(帆船) 및 총톤수 100톤 이상의 부선(艀船)을 대상으로 하며(같은 법 제2조), 소유권·저당권·임차권 설정·보존·이전·변경·처분의 제한 또는 소멸에 대하여 등기사항으로 하며(같은 법 제3조), 관할 등기소는 등기할 선박의 선적항을 관할하는 지방법원, 그 지원(支院) 또는 등기소로 한다(같은 법 제4조).

한국선박의 소유자는 선적항을 관할하는 지방해양수산청장에게 해양수산부령으로 정하는 바에 따라 선박을 취득한 날부터 60일 이내에 그 선박의 등록을 신청하여야 한다. 물론 「선박등기법」 제2조에 해당하는 선박도 선박등기를 한 후에 선박등록을 신청하여야 한다(선박법 제8조 제1항). 선박의 소유권자가 「선박법」에 따라 등록을 신청하는 것은 선박등록원부에 이를 기재하고 지방해양수산청장으로부터 선박국적증서를 발급받기 위함이다.[1005] 등기 및 등록할 수 있는 선박의 경우 그 소유권의 이전은 당사자 사이의 합의만으로 그 효력이 생긴다. 다만, 이를 등기하고 선박국적증서에 기재하지 아니하면 **제3자**에게 대항하지 못한다(상법 제743조).

(3) 「자동차 등 특정동산 저당법」(이하 '특정동산저당법'이라 한다)에 따라[1006] 등록된 건설기계·소형선박·자동차·항공기·경량항공기(이하 '특정동산'이라 한다)도 이를 목적으로 하여 담보등기를 할 수 없다.

이러한 저당권의 목적물은 1. 「건설기계관리법」 제3조에 따라 등록된 건설기계, 2. 「선박등기법」이 적용되지 아니하는 다음 각 목 가. 「선박법」 제1조의2 제2항의 소형선박 중 같은 법 제26조 각 호의 선박을 제외한 선박, 나. 「어선법」 제2조 제1호 각 목의 어선 중 총톤수 20톤 미만의 어선, 다. 「수상레저안전법」 제30조에 따라 등록된 동력수상레저기구의 선박(이하 '소형선박'이라 한다), 3. 「자동차관리법」 제5조에 따라 등록된 자동차, 4. 「항공안전법」 제7조에 따라 등록된 항공기 및 경량항공기를 말한다. 「특정동산저당법」에서는 건설기계, 「선박등기법」이 적용되지 아니하는 선박, 자동차, 항공기 등 등록의 대상이 되는 동산의 저당권에 관한 사항을 정하는 것을 목적으로 하고(같은 법 제1조), 이에 따라 1. 「건설기계관리법」에 따른 건설기계등록원부, 2. 「선박법」에 따른 선박원부, 3. 「어선법」에 따른 어선원부, 4. 「수상레저안전법」에 따른 수상레저기구 등록원부, 5. 「자동차관리법」에 따른 자동차 등록원부, 6. 「항공안전법」 제11조 제1항(같은 법 제121조 제1항에서 준용하는 경우를 포함한다)에 따른 항공기 등록원부에 이미 저당권이 등록된 특정동산은 동산담보권의 대상이 될 수 없다. 그리고 법 제3조 제3항 제1호에 따른 그 밖에 다른 법률에 따라 등기되거나 등록된 동산도 담보등기를 할 수 없다고 열거하고 있는데, 다른 법률은 아직 없는 것으로 보인다.

1005) 김현진, 동산·채권담보권 연구, 205면.

1006) 2009. 3. 25. 「건설기계저당법」, 「소형선박저당법」, 「자동차저당법」, 「항공기저당법」 등 4개 법률을 통합하여 「자동차 등 특정동산 저당법」(시행 2009. 9. 26. 법률 제9525호)이 제정되었다. 이는 4개 법률이 저당 목적물만 다를 뿐 등록할 수 있는 동산의 저당이라는 같은 내용을 규정하고 있고, 규정체계와 내용도 매우 유사하며, 소관 부처가 동일한 점을 고려하여 1개 법률로 통합하였다. 동법 부칙 제2조에 따라 위 4개 법률은 폐지되었다.

(4) 「공장 및 광업재단 저당법」에 따라 등기된 기업재산에 포함된 동산을 동산담보의 대상에서 제외한 이유도 위와 같다. 여기서 '공장재단'이란 공장에 속하는 일정한 기업용 재산으로 구성되는 일단(一團)의 기업재산으로서 이 법에 따라 소유권과 저당권의 목적이 되는 것을 말한다(같은 법 제2조 제2호). '광업재단'이란 광업권과 광업권에 기하여 광물을 채굴·취득하기 위한 각종 설비 및 이에 부속하는 사업의 설비로 구성되는 일단의 기업재산으로서 이 법에 따라 소유권과 저당권의 목적이 되는 것을 말한다(같은 법 제2조 제3호).

(5) 해당 동산을 담보로 하는 저당권을 「선박저당법」이나 「특정동산저당법」에서 등기 또는 등록할 수 있도록 하고 있고, 또 「공장 및 광업재단 저당법」에서 일단의 기업재산으로 소유권과 저당권의 목적이 될 수 있는 이러한 동산에 대하여 「동산채권담보법」에 따른 동산담보권의 목적으로 할 수 있도록 하면 오히려 공시의 이원화로 인해 거래의 안전을 저해할 수 있는 점을 고려하여 동산담보의 대상에서 제외하고 있다. 그러나 다른 법률에 따라 "등기 또는 등록" 된 동산만 그 대상에서 제외되는 것이므로 이를 반대해석하면, 특정동산이 아직 등록관청에 등기 또는 등록되지 않았거나 등기 또는 등록이 말소된 경우에는 동산담보권의 목적으로 할 수 있다.

나. 화물상환증 등 유가증권

화물상환증은 육상물건운송계약에 의하여, 선하증권은 해상물건운송계약에 의한 운송물의 인도청구권을 표창하고, 창고증권은 창고업자에 대한 임치물 반환청구권을 표창하는 유가증권이다. 화물상환증이나 선하증권, 창고증권은 '증권의 인도'가 해당 동산을 인도한 것과 같은 물권적 효력이 있기 때문에(상법 제133조),[1007] 이러한 증권이 작성된 경우 그 증권의 배서교부를 통하여 간단하게 동산을 입질할 수 있어 굳이 담보등기 대상으로 할 필요가 크지 않다.[1008] 그럼에도 이러한 증권이 작성된 동산에 대하여 담보등기를 허용하게 되면 화물상환증 등의 인도와 담보등기가 경합할 때 권리의 우선관계를 둘러싸고 혼란이 발생할 수 있는 점, 해당 증권을 이용한 금융이 가능하여 담보등기의 대상으로 하여야 할 필요성이 높지 않은 점 등을 고려하여 동산담보의 대상에서 제외하고 있다.

다. 무기명채권 등 대통령령으로 정하는 증권

무기명채권은 증권에 특정한 채권자의 이름을 기재하지 않고 그 증권의 정당한 소지인에게 변제하여야 하는 증권적 채권이다. 즉, 채권이 증권에 화체되어 있어서 채권의 성립·존속·행사·양도에 증권을 필요로 한다.

현행 「민법」에 따르면 무기명채권증서에 대한 질권 설정은 반드시 증서를 교부함으로써 그 효력이

1007) 「상법」 제133조(화물상환증교부의 물권적 효력)는 "화물상환증에 의하여 운송물을 받을 수 있는 자에게 화물상환증을 교부한 때에는 운송물 위에 행사하는 권리의 취득에 관하여 운송물을 인도한 것과 동일한 효력이 있다."고 하고, 창고증권은 「상법」 제157조에서, 선하증권은 「상법」 제861조에서 이를 준용한다.
1008) 김현진, 동산·채권담보권 연구, 204면.

있다(민법 제523조, 제346조). 따라서 무기명채권증권을 동산담보의 대상이 되는 동산으로 포함시키는 경우에는 현행 「민법」체계와의 충돌로 거래계의 혼란을 초래할 수 있기 때문에 법에서는 <u>무기명채권증권을 동산담보의 대상에서 제외</u>하고 있다. 따라서 <u>무기명채권증서 외에 대통령령으로 정하는 증권을 동산담보의 대상에서 제외</u>하도록 한 것도 개별 증권의 특성 등을 고려하여 「민법」이나 다른 특별법과의 충돌이 발생되지 않도록 하기 위함이다. 동법 시행령에 따라 「자산유동화에 관한 법률」 제2조 제4호에 따른 <u>유동화증권</u>, 「자본시장과 금융투자업에 관한 법률」 제4조에 따른 <u>증권</u>도 대상에서 제외된다.

Ⅳ. 동산담보권설정의 당사자

1. 담보권설정자

가. 의의

<u>법인 등이 담보약정에 따라 동산을 담보로 제공하는 경우에는 담보등기를 할 수 있다</u>(법 제3조 제1항). **담보권설정자**는 동산·채권·지식재산권에 담보권을 설정한 자를 말하는데, 다만, 동산·채권을 담보로 제공하는 경우에는 법인[1009] 또는 「상업등기법」에 따라 **상호등기**를 한 사람으로 한정한다(법 제2조 제5호).[1010] 여기서 법인은 상사법인, 민법법인, 특별법에 따른 법인, 외국법인을 말한다. 회사 등 영리법인에 한하지 않으며 학교나 종교법인 등 비영리법인은 물론, 지방자치단체나 공공기관과 같은 공법인도 포함된다. 또한 외국에 본점을 둔 외국법인도 국내 영업소 또는 사무소 유무와 상관없이 포함된다. 다만, 법인이 아닌 단체, 즉 비법인사단이나 조합은 담보등기를 할 수 없다.[1011] **담보권설정자**의 인적범위를 제한한 이유는, 앞에서 언급한 바와 같이 대부업자 등이 대출을 하면서 개인의 생활필수품 등 일체의 동산에 대해 담보제공을 요구하는 등의 방법으로 제도를 악용할 가능성을 차단하기 위한 것이다.

입안과정에서 인적범위를 제한하는 방법으로 '사업자등록을 한 사람'으로 한정하는 방안과 '상호등기를 한 사람'으로 한정하는 방안이 심도 있게 논의되었으며, 담보등기부의 검색·열람이 가능하려면 해

1009) 일본에서는 동산·채권의 양도등기를 이용할 수 있는 인적범위를 법인으로 한정하고 있으며, 2007년 12월 대법원 특수등기연구반에서 마련한 "동산·채권양도등기 특례법안"에서도 인적범위를 법인으로 한정하고 있었다. 그러나 법의 기본 목적은 동산·채권 등을 이용하여 자금조달을 원활하게 하기 위한 것이고, 부동산 자산이 부족한 개인사업자가 법인보다 더 자금조달의 어려움을 겪고 있다고 할 것이므로, 이용대상을 법인으로 한정하는 것은 입법목적에 부합되지 않는다. 그렇다고 누구나 법에 따른 동산·채권 담보제도를 이용할 수 있도록 하게 되면, 대부업자 등이 서민들에게 돈을 빌려주면서 채무자의 생활용품 등에 대한 동산담보를 요구함으로써 사실상 「민사집행법」 제195조에 따른 압류제한을 무력화시키는 등 제도악용에 의한 폐해가 발생할 우려가 있다. 따라서 사업자금 조달에 애로를 겪는 개인사업자까지만 동산·채권 담보제도를 이용할 수 있도록 합리적인 방법으로 인적범위를 한정할 필요가 있다.
1010) 「상업등기법」 제30조(등기사항)에 따라 상호의 등기를 할 때에는 다음 각 호 1. 상호, 2. 영업소의 소재지, 3. 영업의 종류, 4. 상호사용자의 성명·주민등록번호 및 주소의 사항을 등기하여야 한다. 반면에 등기할 수 없는 상호로는, 동일한 특별시·광역시·특별자치시·시(행정시를 포함한다) 또는 군(광역시의 군은 제외한다)에서는 동종의 영업을 위하여 다른 상인이 등기한 상호(商號)와 동일한 상호를 등기할 수 없다(동법 제29조).
1011) 김현진, 동산·채권담보권 연구, 212면.

당 개인사업자가 운영하는 상호의 변경 등을 담보등기부에 반영시킬 수 있어야 하는데, 상호등기가 되어 있어야 등기관이 개인사업자의 상호 변경을 파악하고 이를 담보등기부에 반영시킬 수 있기 때문이다.[1012] 다음에서 보는 바와 같이 '인적편성주의'를 택하는 동산·채권 담보등기시스템의 특성 등을 고려하여 '상호등기를 한 사람'까지 법에 따른 동산·채권 담보제도를 이용할 수 있도록 하고 있다.[1013]

나. 동산담보권을 설정하려는 자의 명시의무

동산에 대한 소유관계 확인이 용이하지 않은 점 등을 고려하여 담보권을 취득하려는 자를 보호하기 위해 **담보권설정자**의 명시의무에 대하여 규정하고 있다. 즉, 동산담보권을 설정하려는 자는 담보약정을 할 때 담보목적물의 소유 여부와 담보목적물에 관한 다른 권리의 존재 유무의 사항을 상대방에게 명시하여야 한다(법 제6조).

동산담보권의 설정은 처분행위이므로, **담보권설정자**는 담보목적물을 처분할 수 있는 권리 또는 권능을 갖고 있어야 한다. 그러나 등기에 의하여 소유권 등이 공시되는 부동산과 달리 동산은 소유관계 등을 파악하기가 쉽지 않다. 이에 따라 법은 동산담보권을 설정하려는 자가 담보약정을 할 때 담보목적물의 소유 여부 및 담보목적물에 관한 다른 권리의 존재 여부에 대하여 명시하도록 하고 있다.

해당 규정은 채권담보권, 지식재산권담보권에도 준용되므로, 예컨대 매출채권을 목적으로 하는 채권담보권을 설정하는 경우에 **담보권설정자**는 그와 관련된 '동산담보권'의 존재 여부에 대하여도 명시하여야 할 것이다. 입안 및 국회 법안심사 과정에서 **담보권설정자**의 명시의무 이행의 성실성을 담보하기 위하여 이를 위반한 경우 형사처벌 규정을 신설하여야 한다는 의견도 있었으나, **담보권설정자**가 허위로 명시하는 등 명시의무를 위반한 경우에는 형법상 '사기' 등이 성립될 수 있는 점 등을 고려하여 이에 대한 별도의 형벌규정은 마련하지 아니하였다.

담보권설정자가 명시의무를 이행하고 담보등기가 이루어졌다고 하더라도, 담보등기가 **담보권설정자**의 담보목적물에 대한 **소유권을 공시**하여 주는 것이 **아니라는 것**을 주의하여야 한다.[1014] 선의취득이 인정되는 질권과 달리, 동산담보권은 선의취득에 대한 규정을 두고 있지 않고 있다.[1015] 따라서 처

[1012] 담보등기부는 **담보권설정자**의 성명 또는 상호로 검색·열람이 가능한데, 성명은 동명이인이 있을 수 있기 때문에 상호까지 확인되어야 열람하고자 하는 담보등기부를 찾을 수 있을 것이다. 그런데 **담보권설정자**의 상호가 변경된 후 변경된 상호가 담보등기부에 반영되지 않는다면 제3자가 **담보권설정자**의 성명과 상호(변경된 상호)를 알더라도 담보등기부의 검색·열람이 불가능하게 되는 실무상의 문제를 해결하기 위하여 '상호등기를 한 사람'으로 그 범위를 제한한 것이다.

[1013] 법인이나 상호등기를 한 사람은 그 명칭, 소재지가 변경되더라도 등기관이 그 변경사항을 직권으로 담보등기부에 반영할 수 있고, 일반인들이 전산화된 법인등기부나 상호등기부의 열람을 통하여 변경 후의 내용을 쉽게 파악할 수 있어 공시의 효율을 높일 수 있다. 그러나 인적범위를 '사업자등록을 한 사람'으로 하는 경우에는, 사업자등록 사항은 '과세정보'에 해당되기 때문에 법원이 국세청으로부터 **담보권설정자**의 사업자등록사항 변경에 대한 정보를 제공받는 것이 사실상 곤란하고, 그로 인하여 **담보권설정자**가 적극적으로 변경등기를 하여 사업자등록 사항의 변경을 담보등기부에 반영하지 않으면 담보등기부의 열람 및 공시 기능이 상실될 가능성이 있다.

[1014] 담보등기 이후에 담보목적물에 대한 제3자의 선의취득이 가능하고, **담보권설정자**가 '장래에 취득할 동산'에 대하여도 담보등기가 가능하다.

[1015] 전술한 바와 같이, 이 법은 동산담보권에서 담보목적물의 점유가 **담보권자**에게 이전하는지에 대하여 명시적인 규정이

분권 내지 처분권능이 없는 자가 동산담보권을 설정한 경우에는, **담보권자**가 선의·무과실이라 하더라도 등기에 공신력이 없기 때문에 동산담보권을 취득하지 못한다. 이 경우 **담보권자**가 **담보권설정자**에게 명시의무 위반에 대하여 사후구제방법으로 손해배상청구 등을 하더라도 **담보권설정자**의 무자력 등으로 충분한 구제를 받지 못하는 상황도 있을 수 있기 때문에, **담보권자**는 **담보권설정자**의 명시의무 이행 여부와 관계없이 그 진실성에 대하여 충분한 조사를 하여야 한다. 1016)

한편, 담보등기 이후에도 담보목적물에 대한 선의취득이 가능하고, 담보등기가 **담보권설정자**의 담보목적물에 대한 소유권을 공시하는 것이 아니므로, **담보권자**는 담보목적물에 대한 정기적 점검 등을 통하여 담보목적물의 가치가 유지되고 있는지 확인할 필요가 있다. 1017)

다. 담보권설정자의 상호등기 말소와 동산담보권의 효력

담보권설정자의 상호등기가 말소된 경우에도 이미 설정된 동산담보권의 효력에는 영향을 미치지 아니한다(법 제4조). 이는 채권담보에도 준용된다.

동산**담보권설정자**의 자격이 제한됨에 따라, 담보등기 후 **담보권설정자**의 자격이 상실된 경우 등기의 효력에 대하여 규정하고 있다. **담보권설정자** 중 '상호등기를 한 사람'이 담보등기 이후 그 자격을 상실한 경우에 대하여만 규정하고 있는데, 법인의 경우에는 청산절차를 거쳐 법인격이 소멸되지 않는 이상 그 자격이 상실되는 경우가 없기 때문이다.

상호등기가 말소되기 전에 이루어진 담보등기의 효력만 유효하게 인정되는 것이고, 담보등기부가 마련되어 있더라도 상호등기가 말소된 이후에는 담보권설정을 할 수 있는 자격이 없기 때문에 새로운 담보권을 설정할 수는 없다.

담보등기 이후 상호등기가 말소된 경우에는 **제3자**가 **담보권설정자**의 종전상호를 알지 못한다면 **담보권설정자**의 담보등기부를 검색하거나 열람하는 것이 쉽지는 않을 것이다. 하지만 **제3자**가 **담보권설정자**와 거래를 할 때 간단한 조사만으로 담보등기부 유무를 쉽게 확인할 수 있고, 1018) 이미 **담보권자**에게 담보권이 발생되어 있기 때문에 그 이후에 거래관계를 맺는 **제3자**의 권리가 침해되는 것으로 볼 수 없는 점 등을 고려하여, 상호등기가 말소되더라도 이미 설정된 동산담보권의 효력에는 영향이 없도록 하고 있다.

없으므로, 해석상 점유동산담보권과 비점유동산담보권이 모두 가능하다. 그렇다면 적어도 점유동산담보권의 경우 질권과 달리 취급할 합리적인 이유가 없으므로, 질권의 선의취득이 인정되는 이상, 점유동산담보권의 선의취득이 인정될 여지가 있다는 주장이 있다(김현진, 동산·채권담보권 연구, 292면).

1016) 법 제17조 제1항에서 **담보권자**에게 "**담보권설정자**에 대한 현황조사 요구권"을 인정하고 있으며, **담보권자**는 담보목적물에 대하여 정기적으로 현황조사를 하여야 한다.

1017) 저당권 등 기존의 담보제도는 채권자가 채무자나 담보물을 제대로 감시·관리하지 않음으로써 채무자에 대한 신용평가 기회 등을 상실시키고, 그로 인하여 성장가능성이 있는 중소기업을 대출시장에서 구축(驅逐)시키는 역효과가 있었다. 동산·채권 담보제도가 도입됨으로써 채권자가 채무자의 신용위험과 담보물을 효율적으로 감시·관리할 수 있는 환경이 조성되는 한편, 담보대출 영역이 확대되고 담보물의 활용도가 제고될 수 있을 것이다.

1018) **담보권설정자**에게 '등기사항 증명서' 등의 제시를 요구하여 담보등기 유무 확인이 가능할 것이다.

2. 담보권자

담보권자는 이 법에 따라 동산·채권·지식재산권을 목적으로 하는 <u>담보권을 취득한 자</u>, 즉 채권자를 말한다(법 제2조 제6호).

3. 제3취득자의 비용상환청구권

<u>**담보권설정자**</u>로부터 담보목적물에 대한 소유권, 질권 등을 취득한 **제3자**가 담보목적물의 보존·개량을 위하여 지출한 필요비 및 유익비를 우선상환 받을 수 있도록 규정하고 있다. 즉, <u>담보목적물의 제3취득자가 그 담보목적물의 보존·개량을 위하여 필요비 또는 유익비를 지출한 경우에는「민법」제</u> 203조 제1항 또는 제2항(점유자의 상환청구권)에 따라 **담보권자**가 담보목적물을 실행하고 취득한 대가에서 **우선 상환**받을 수 있다(법 제18조).

동산담보권은 담보목적물의 교환가치를 지배하는 물권이므로, 통상적으로 동산담보권설정 후 <u>**담보권설정자**</u>가 담보목적물의 사용·수익권과 처분권을 가질 것이다. 따라서 동산담보권이 설정된 담보목적물에 **제3자**를 위한 질권이 설정될 수 있고 **제3자**에게 양도될 수도 있다. '담보목적물의 제3취득자'란 이와 같이 <u>동산담보권이 설정된 담보목적물에 질권이나 소유권 등을 취득한 자를</u> 의미한다. [1019]

제3취득자는 동산담보권이 실행되기 전에는 소유권, 질권 등을 취득하거나 담보목적물을 사용·수익하는데 아무런 제한이 없고, 채무자가 변제기에 채무를 변제하면 제3취득자의 지위는 그대로 유지되나, 채무자가 변제하지 않는 경우에는 동산담보권이 실행되어 제3취득자가 취득했던 소유권 등을 상실하게 된다.

이와 같이 제3취득자의 지위는 자신의 의사와 무관하게 담보권 실행 유무에 따라 영향을 받는 불안정한 상태에 있기 때문에, 이러한 제3취득자의 불안한 지위를 보호하기 위하여 담보목적물의 보존·개량을 위하여 지출한 필요비 및 유익비를 우선 상환 받을 수 있도록 한 것이다.

V. 동산담보등기의 효력

1. 권리변동의 효력

<u>약정에 따른 동산담보권의 득실변경(得失變更)은 담보등기부에 등기를 하여야 그 효력이 발생하고</u> (법 제7조 제1항), <u>담보등기는 현행「민법」상 동산의 인도에 갈음하는 효력을 갖는다.</u> 현행「민법」체계와의 충돌 등을 방지하기 위하여, '담보등기'를 동산담보의 성립요건으로 규정하고 있다. 민법에 따르면 동산에 관한 물권의 양도는 그 동산을 인도하여야 효력이 생긴다고 하여 인도를 성립요건으로

1019) 동산질권자는 본래 질물의 사용권이 인정되지 않으나 목적물의 보존에 필요한 한도에서 질물을 사용할 수 있으므로, 이를 위하여 필요비나 유익비를 지출하는 경우도 있을 것이다.

하고(제188조 제1항), 동산의 인도를 질권의 효력발생요건으로 하지만 <u>등기함으로써 동산담보권이나 채권담보권의 설정, 이전, 변경, 말소 또는 연장이라는 권리변동의 효력</u>이 있다(법 제38조).

2. 순위확정의 효력(다른 담보권자에 대한 지위)

동일한 동산에 설정된 동산담보권의 순위는 등기의 순서에 따른다(법 제7조 제2항). 동산담보권도 물권이므로 시간적으로 먼저 성립한 물권이 나중에 성립한 물권에 우선한다. 동산담보권의 득실변경은 등기를 한 때 성립하므로, 예컨대 채권자가 담보목적물에 대한 점유를 먼저 취득한 후 담보등기를 하였다 하더라도 채권자·채무자 사이에 질권설정계약이 아닌 담보약정을 한 것이므로 동산담보권이 점유를 취득한 때로 소급하는 것은 아니다.[1020]

동일한 동산에 관하여 담보등기부의 등기와 인도(「민법」에 규정된 간이인도, 점유개정, 목적물반환청구권의 양도를 포함한다)가 행하여진 경우에 그에 따른 권리 사이의 순위는 법률에 다른 규정이 없으면 그 선후에 따른다(법 제7조 제3항). 따라서 동일한 동산에 대해 설정된 질권과 동산담보권의 우선순위는 그 성립 순위, 즉 위 <u>동산의 인도일자</u>와 <u>동산담보권의 등기일자</u> 중 먼저 이루어진 것이 우선한다. 또한 동일한 동산에 대한 동산담보권과 <u>양도담보</u>가 설정된 경우 동산담보권의 등기일자와 양도담보의 성립일자의 선후에 의한다. 이러한 의미에서 <u>담보등기는 순위확정의 효력</u>이 있다.[1021][1022]

한편, 법률 입안과정에서 '등기우선의 원칙'이 채택되어야 한다는 의견도 있었다. 그러나 등기우선의 원칙을 채택할 경우에 「민법」에서 점유를 공시수단으로 하고 있는 것과 맞지 아니하고 오히려 거래의 혼란만 초래할 수 있기 때문에 이를 채택하지 아니하고 있다.[1023] **담보권설정자**에게 명시의무가 부과되고, **담보권자**는 현황조사 등 **담보권설정자**에 대한 신용조사를 통하여 선순위의 권리 존재 여부를 사전에 조사·확인할 수 있을 것이므로 '등기우선의 원칙'을 채택하지 않더라도 **담보권자**의 이익이 침해될 가능성은 크지 않을 것이다. 등기우선의 원칙을 택하지 않았지만, 관행상 이루어지는 양도담보와 달리 동산담보권은 그 권리의 존재를 '등기'를 통해 외부에 명확하게 공시할 수 있어 **제3자**와의 분쟁을 예방할 수 있고, 또 분쟁이 발생하더라도 권리의 존재 및 성립 시기를 쉽게 입증할 수 있는 장점이 있다고 할 것이다.

1020) 질권 또는 양도담보권을 취득한 자가 이 법에 따른 담보등기를 하기 전에 제3의 이해관계인(후순위 **담보권자** 등)이 있는 경우에는 **담보권설정자**와 이 법에 따른 담보약정을 하지 않을 것이다. 또한 질권자가 담보약정에 따라 담보등기를 한 후 질물을 **담보권설정자**에게 반환한 경우에는 질권이 더 이상 인정되지 않기 때문에 질권취득 시점까지 동산담보권의 효력을 소급시켜야 할 필요가 없다 할 것이다. 한편 질권자가 **담보권설정자**에게 추가로 대출을 하면서 담보로 제공받은 동산의 목록을 작성할 때 착오로 이미 담보로 제공받은 질물까지 포함시킨 경우에는 법률행위의 일반이론에 의하여 해결이 가능할 것이다.

1021) 김현진, 동산·채권담보권 연구, 228~229면.

1022) 나아가 동일한 동산에 대해 동산담보권과 양도담보가 순차적으로 설정되는 것은 가능한데, 이 경우 양도담보의 성립일자와 동산담보권의 등기일자의 선후에 따른다. 다만 양도담보가 먼저 설정되었다면 대외적 소유권자인 양도**담보권자**가 물상보증인으로서 동의하여야 후순위의 동산담보권 설정이 가능하다(김현진, 동산·채권담보권 연구, 249면).

1023) 등기우선의 원칙을 채택하는 경우에는, 예컨대 양도담보 또는 질권설정이 이루어진 동산에 대하여 채무자가 제3자와 담보약정을 체결하고 담보등기를 한 경우 동산담보권이 선순위의 양도담보권이나 질권보다 우선하게 되어 선순위자의 권리를 부당하게 침해하는 결과를 초래할 수 있다.

3. 등기의 추정력 및 공신력 인정 여부

담보등기가 있으면 그에 대응하는 실체적 권리관계가 존재하는 것으로 추정되는 것을 **등기의 추정력**이라고 한다. 부동산등기에 있어서 명문의 규정이 없으나 학설과 판례는[1024] 모두 이를 인정하고 있다. 담보등기의 공신력은 인정되지 않는다. 공신력이 인정되려면 명문의 규정이 있어야 하는데 동법에는 그런 규정이 없다는 것이다.[1025] 따라서 등기에 의하여 공시된 내용을 신뢰하여 거래한 자에 대하여 그가 신뢰한 대로의 효력을 발생시키는 힘인 공신력은 없다고 해석한다. 즉 이는 등기기록을 믿고 거래하였더라도 상대방이 진정한 권리자가 아닌 경우에는 물권을 취득하지 못한다.

제3절 동산담보권의 효력

I. 의의

담보권자는 담보목적물에 대하여 다른 채권자보다 우선변제를 받을 권리를 가지고, 피담보채권 전부를 변제받을 때까지 담보목적물 전부에 대하여 권리를 행사할 수 있으며, 담보목적물에 부합된 물건과 종물(從物) 및 **담보권자**가 담보목적물에 대한 압류 또는 인도 청구 후 수취하거나 수취할 수 있는 담보목적물의 과실(果實)에 대하여 권리를 행사할 수 있고, 담보권을 피담보채권과 함께 양도할 수 있도록 하고 있다.

담보권자는 담보목적물의 멸실·훼손·공용징수뿐만 아니라 매각·임대의 경우에도 물상대위권을 행사할 수 있고, **담보권설정자**의 책임 있는 사유로 인하여 담보목적물의 가액이 현저히 감소된 때에는 **담보권설정자**에게 그 원상회복 또는 적당한 담보의 제공을 청구할 수 있으며, **제3자**의 담보목적물 점유침탈 등에 대하여 담보목적물의 반환청구권, 방해제거청구권 및 방해예방청구권을 행사할 수 있도록 하고 있다.

II. 성질

담보권의 본질적 효력인 우선변제권과 담보권의 공통된 특성인 불가분성에 대하여 규정하고 있으며, 「민법」상 질권과 달리 유치적 효력은 없다.

1024) 대법원 2000. 3. 10. 선고 99다65462 판결.
1025) 김현진, 동산·채권담보권 연구, 230면.

1. 우선변제적 효력(동산담보권의 내용)

담보권자는 채무자 또는 **제3자**가 제공한 담보목적물에 대하여 다른 채권자보다 자기채권을 우선변제 받을 권리가 있다(법 제8조). 동산담보권도 저당권, 질권처럼 담보물권으로서 본체적 효력인 우선변제적 효력이 인정된다. 따라서 **담보권자**(채권자)는 채무자로부터 피담보채권의 변제를 받지 못한 때에 담보목적물을 환가해서 다른 채무자보다도 먼저 변제를 받게 된다.

다만, 동산담보권을 실행할 당시에 현존하는 담보목적물에 한하여 우선변제적 효력이 인정될 뿐이며, 동산담보권 실행 이후에 **담보권자**가 피담보채권 중 변제받지 못한 부분이 있고 채무자(**담보권설정자**)가 담보등기된 내용과 동일한 동산을 취득하였다 하더라도 그에 대하여는 우선변제권이 인정되지 않는다.

2. 동산담보권의 불가분성

담보권자는 채권 전부를 변제받을 때까지 담보목적물 전부에 대하여 그 권리를 행사할 수 있다(법 제9조). 동산담보권의 불가분성에 의하여 피담보채권의 일부가 변제 기타의 사유로 인하여 소멸하더라도 동산담보권은 담보목적물 전부 위에 존재하고, 담보목적물의 일부가 불가항력 기타의 사유로 인하여 소멸되더라도 동산담보권은 잔존하는 담보목적물로써 피담보채권의 전부를 담보한다.

Ⅲ. 우선변제가 되어야 할 피담보채권의 범위

1. 법 제12조 본문

동산담보권의 실행에 의하여 우선변제를 받을 수 있는 피담보채권의 범위, 즉 동산담보권에 의하여 담보되는 채권은 원본(原本), 이자, 위약금, 동산담보권실행의 비용, 담보목적물의 보존비용, 채무불이행 또는 담보목적물의 흠으로 인한 손해배상의 채권을 담보한다(법 제12조 본문). 질권에 의하여 담보되는 채권의 범위와 동일하다(민법 제334조).

그러나 저당권의 피담보채권의 범위(민법 제360조 전단)와 비교할 때 다음과 같은 차이가 있다. 현행 「민법」상 저당권에 의하여 담보되는 채권 중 손해배상채권은 원본의 이행기를 경과한 1년분에 한정하고 있고(민법 제360조 후단), 「특정동산저당법」은 「민법」 중 저당권에 관한 규정을 준용토록 하고 있다(같은 법 제12조). 「민법」상 저당권에 의하여 담보되는 손해배상청구권을 원본의 이행기일을 경과한 1년분으로 제한한 이유는, 저당권자의 태만으로 시일이 경과하여 저당권을 실행할 수 있음에도 불구하고 이를 하지 않아 지연이자가 늘어가는 경우에 이를 무제한으로 인정하게 되면 후순위저당권자 또는 일반채권자의 이익을 해하기 되기 때문이다.

반면, 질권에 있어서는 질물이 질권자에게 인도될 뿐만 아니라 같은 목적물 위에 질권이 경합하는 경우가 비교적 적기 때문에 다른 채권자를 해할 염려가 적어, 지연이자를 1년으로 제한할 필요가 없다고 하고 있다.[1026] 또한 동산담보권의 경우도 원칙적으로 담보권의 존속기간이 5년으로 제한되기 때문에 지연이자 증가로 후순위권리자 등의 이익을 해할 가능성이 높지 않은 점 등을 고려하여 위와 같은 제한을 두지 않고, 「민법」상 질권처럼 피담보채권의 범위를 폭넓게 인정하고 있다.

2. 법 제12조 단서

다만, 이러한 피담보채권의 범위는 설정행위에 다른 약정이 있는 경우에는 그 약정에 따르도록(법 제12조 단서) 하여 이는 질권에 관한 「민법」 제334조와 같은 취지로서 임의규정이다. 따라서 법 제12조 본문에서 정하는 범위 이상으로 우선변제권이 있는 피담보채권의 범위를 증가시키는 것도 가능하겠다. 다만 우선변제권이 있는 피담보채권의 범위는 후순위**담보권자**나 이해관계 있는 **제3자**의 이익에 직접 영향을 주는 것이므로 이 경우 약정의 내용은 담보등기부에 기재하여야 하는 등기사항이다(법 제47조 제2항 제8호).

IV. 동산담보권 효력의 범위

1. 담보목적물의 범위

동산담보권의 효력이 미치는 담보목적물의 범위는 담보목적물에 **부합된 물건과 종물**에 미친다. 다만, 법률에 다른 규정이 있거나 설정행위에 다른 약정이 있으면 그에 따른다(법 제10조).

동산담보권은 궁극적으로 담보목적물의 교환가치로부터 우선변제를 받는 것을 목적으로 하기 때문에, 동산담보권의 효력이 미치는 목적물의 범위는 담보목적물에 대한 소유권이 미치는 범위와 원칙적으로 동일하며 따라서 부합물이나 종물에도 담보권의 효력이 인정된다.

그러나 법률에 특별한 규정이 있거나 설정행위에서 다른 약정을 한 때에는 동산담보권의 효력이 미치지 않는다.[1027] 예컨대 원자재를 담보목적물로 하는 경우 원자재를 이용하여 만든 완성품에 대하여는 동산담보권의 효력이 미치지 않도록 할 수도 있을 것이다. 설정행위에서 다른 약정을 한 경우 이를 담보등기부에 기재하여야 한다(법 제47조 제2항 제8호).

2. 과실에 대한 효력

담보목적물의 과실에 대하여는 동산담보권의 실행이 착수되어 담보목적물에 대한 압류 또는 인도

[1026] 곽윤직·김재형, 물권법, 박영사, 2015, 406면.
[1027] 「민법」 제257조 단서에서 '부합한 동산의 주종을 구별할 수 없는 때에는 동산의 소유자는 부합당시의 가액의 비율로 합성물을 공유한다'라고 규정하고 있는데, 이에 따라 동산담보권의 효력이 미치는 범위가 제한될 것이다.

청구가 있은 후에 그 담보목적물로부터 수취한 과실 또는 수취할 수 있는 과실에 동산담보권의 효력이 미치도록 규정하고 있다. 즉 동산담보권의 효력은 담보목적물에 대한 압류 또는 법 제25조 제2항의 인도 청구가 있은 후에 **담보권설정자**가 그 담보목적물로부터 수취한 과실 또는 수취할 수 있는 과실에 미친다(법 제11조).

동산담보권은 담보목적물의 이용을 **담보권설정자**에게 맡겨 두고 담보목적물의 교환가치만을 지배하기 위한 것이 주된 목적이므로, 동산담보권의 효력은 원칙적으로 담보목적물의 과실에는 미치지 않는다.[1028] 그러나 담보목적물의 소유자가 고의로 담보권실행절차를 지연시켜 과실을 취득하는 폐해를 방지하기 위하여, 동산담보권의 실행이 착수되어 담보목적물에 대한 압류가 있거나 **담보권자**의 사적 실행(취득정산 또는 처분정산)을 위한 인도 청구가 있은 후에는 **담보권설정자**가 그 담보목적물로부터 수취한 과실 또는 수취할 수 있는 과실에 동산담보권의 효력이 미치는 것으로 규정하고 있다.

3. 물상대위

동산담보권은 담보목적물의 **매각·임대**·멸실·훼손 또는 공용징수 등으로 인하여 **담보권설정자**가 받을 금전이나 그 밖의 물건에 대하여도 행사할 수 있다. 이 경우 그 지급 또는 인도 전에 **압류**하여야 한다(법 제14조). 물상대위의 인정 범위를, 현행 「민법」상 질권이나 저당권과 달리, 담보목적물의 **매각·임대** 등으로 인하여 **담보권설정자**가 받을 금전이나 그 밖의 물건에 대하여 행사할 수 있도록 규정하고 있다.[1029]

가령 **매각**은 돼지 축산업자 甲이 乙은행으로부터 10억원을 빌리면서 자신의 돈사에 있는 돼지 일체에 대하여 동산담보권을 설정하여 주고 담보등기를 하였다. 甲은 돼지를 점유관리하면서 사육하기로 하였는데, 축산업자 甲은 영업특성상 모돈(母豚)으로부터 자돈(仔豚)을 출산하여 자돈이나 육성돈을 출하하는 등 거래가 빈번하고 계속적으로 이루어진다. 이러한 동산담보목적물이 유동집합물이라면 입고와 출고가 반복되고 이러한 유동집합동산을 담보로 제공받은 **담보권자** 입장에서는 그 매매대금채권이나 차임채권에 동산담보권의 효력이 미쳐야 동산**담보권자**가 보호받게 된다.[1030]

멸실·훼손은 물리적 멸실·훼손에 한하지 않으며 법률적인 의미에서 멸실·훼손도 포함된다. 가령 위의 甲양돈장 돼지들이 구제역 파동으로 인해 양돈장의 돼지 전체가 매몰되어 정부로부터 이에 대한 보상금을 받을 수 있다고 한다면, 동산**담보권자** 乙은행은 보상금청구권을 압류함으로써 물상대위를 통해 자신의 담보권을 실행할 수 있을 것이다. 훼손의 경우 이로 인해 담보물의 침해가 인정된다면 담보물권자는 물상대위의 행사 외에 담보물보충청구권(법 제17조 제2항)을 행사할 수도 있다. 토지와는

[1028] 동산담보권은 '담보등기'에 의하여 성립하고 담보목적물을 누가 점유하는가는 고려하지 않기 때문에, 동산**담보권자**가 질권처럼 담보목적물을 점유·사용하는 경우를 배제하는 것은 아니다. 그러나 이러한 경우에는 당사자들 사이에 동산담보권이 담보목적물의 과실에 대하여 효력을 미치도록 담보약정을 할 것이므로, 법은 동산담보권이 일반적으로 사용될 유형인 '담보목적물을 **담보권설정자**가 점유·사용하는 경우'를 기준으로 규정을 한 것이다.

[1029] 물상대위를 어느 범위까지 인정할 것인가는 입법정책의 문제라 할 것이다.

[1030] 김현진, 동산·채권담보권 연구, 262면.

달리 동산에서 공용징수는 동산담보권의 물상대위가 인정되는 경우를 상정하기 어렵다(토지보상법 제3조).[1031]

따라서 물상대위란 담보목적물의 멸실·훼손 등으로 그 목적물에 갈음하는 금전 기타의 물건이나 권리가 담보목적물소유자에게 귀속하게 되는 경우에 **담보권자**가 그 물건이나 권리에 대하여 우선변제를 받을 수 있는 권리이다. 담보물권은 목적물의 실체를 목적으로 하는 권리가 아니라, 주로 그의 교환가치를 취득하는 것을 목적으로 함으로 비록 담보목적물이 멸실·훼손되더라도 그 교환가치를 대표하는 것이 그대로 존재하는 경우에는 담보물권은 다시 이 가치의 대표물에 존속한다고 보는 것이 담보물권의 본질에 적합할 것이다. 물상대위성은 같은 담보물권이라도 유치권에서는 원칙적으로 인정되지 않고, 우선변제적 효력이 있는 질권·저당권에만 인정된다.[1032]

현행 「민법」은 물상대위에 대하여 동산질권(민법 제342조)에서[1033] 규정하고 이를 권리질권(민법 제355조)과 저당권(민법 제370조)에서 준용하면서, 담보목적물의 멸실·훼손 또는 공용징수로 인한 경우에만 물상대위를 허용하고 있다(민법 제342조, 제370조). 멸실·훼손·공용징수에 한하고, 목적물의 매각·임대된 경우 매각대금이나 차임 등은 대위의 목적물이 되지 않는다. 그 이유는 질권자는 추급력(추급권)에[1034] 기하여 질물에 추급하여 질권을 행사할 수 있기 때문이다.[1035] 저당권의 경우 담보목적물이 매각되면 소유권의 변동이 부동산등기부에 기재되고, 부동산은 물리적으로 제자리에 있어 저당권자는 쉽게 양도된 담보목적물에 대한 추급권을 행사하여 담보권을 실행할 수 있다. 그러나 반면에 동산담보권의 경우 담보목적물이 매각되어 버리면 새로운 소유권자가 담보등기부에 공시되는 것도 아니고 담보목적물의 소재도 쉽게 파악하기 어렵다. 따라서 **담보권자**가 매각된 동산의 양수인과 동산의 소재를 파악하여 담보목적물에 추급하여 담보권을 실행하는 것은 현실적으로 어렵다. 그리고 **담보권자**에게 추급효를 인정하는 것과 별도로 매각·임대 등으로 인한 경우에도 물상대위를 인정함으로써 선택권을 행사할 수 있는 기회를 주는 것이다.[1036][1037]

1031) 김현진, 동산·채권담보권 연구, 265면.

1032) 곽윤직·김재형, 물권법, 372면.

1033) 「민법」 제342조(물상대위) 질권은 질물의 멸실, 훼손 또는 공용징수로 인하여 질권설정자가 받을 금전 기타 물건에 대하여도 이를 행사할 수 있다. 이 경우에는 그 지급 또는 인도전에 압류하여야 한다.

1034) **담보권자**는 담보목적물이 설정자 이외의 자의 지배에 들어가더라도 그 목적물을 쫓아 이를 압류하고 환가할 수 있는 권리, 즉 추급권(追及權)을 갖는다. 추급권은 **담보권자**에게 주어진 담보목적물에 대한 직접적이고 즉각적인 권리로, 담보권의 본질적 효력이다. 저당권의 추급권은 「민법」상 이를 인정하는 명문의 규정은 없지만 추급권이 인정됨을 전제로 제3취득자의 변제권(민법 제364조)과 제3취득자의 비용상환청구권(민법 제367조)을 규정하고 있다고 해석하고 있다. 그렇다면 이 법의 제3취득자의 비용상환청구권(법 제18조)과 제3취득자의 변제권(법 제28조)을 규정함을 볼 때, 동산담보권도 추급권이 인정되는 것으로 해석하고 있다. 이외에도 「공장 및 광업재단 저당법」 제7조는 저당권의 추급력을, 「상법」 제785조는 선박채권자의 우선특권의 추급권을 인정한다(김현진, 동산·채권담보권 연구, 279~280면).

1035) 곽윤직·김재형, 물권법, 404면.

1036) 김현진, 동산·채권담보권 연구, 261~262면.

1037) 「저작권법」 제47조에서 "저작재산권을 목적으로 하는 질권은 그 저작재산권의 양도 또는 그 저작물의 이용에 따라 저작재산권자가 받을 금전 그 밖의 물건에 대하여도 행사할 수 있다. 다만, 이들의 지급 또는 인도 전에 이를 받을 권리를 압류하여야 한다"고 규정하는 등(「특허법」 제123조, 「디자인보호법」 제109조, 「상표법」 제105조, 「반도체집적회로의 배치설계에 관한 법률」 제16조 등도 이와 유사하다), 지식재산권에 대하여는 양도 등의 경우에도 물상대위

채무자의 파산이 임박하여 채무자나 그 종업원이 담보목적물을 임의로 처분한 경우 등에 있어 동산 **담보권자**가 매매대금 등에 대한 물상대위를 행사하여 우선권을 보장받을 수 있도록 하기 위한 것이다. 물상대위의 목적은 **담보권설정자**가 '**받은**' 금전 기타 물건이 아니라, 앞으로 '**받을**' 금전 기타 물건이다. 즉 현실의 금전 기타의 물건이 물상대위의 목적이 아니라, **담보권설정자**가 제3채무자에 대하여 가지는 '금전 기타 물건에 대한 청구권'이 그 목적이다.

따라서 물상대위가 성립하기 위해서는 금전 기타 물건을 지급 또는 인도받기 전에 이를 **압류**하여야 한다. 그러나 반드시 동산**담보권자**가 압류해야 하는 것은 아니고, 제3채권자가 이미 압류한 경우에도 물상대위가 인정된다.[1038]

4. 동산담보권의 양도

동산담보권은 피담보채권과 분리하여 타인에게 양도하지 못하도록 규정하고 있다(법 제13조). 동산담보권의 양도는 언제나 피담보채권의 양도와 결합되어 이루어져야 한다. 따라서 동산담보권에 대한 이전등기와 별도로, 「민법」상 채권양도의 대항요건을 갖추어야 한다.[1039] 따라서 동산담보권에 대한 이전등기가 이루어졌다 하더라도, 피담보채권의 양수인이 피담보채권의 채무자에 대한 대항력을 취득하지 못하였다면, 피담보채권의 채무자는 동산담보권의 양도인에게 채무변제를 하고 담보등기의 말소를 청구할 수 있다.

동산담보권의 양도에 있어 물상보증인의 동의는 필요하지 않다. 물상보증인은 피담보채권의 범위 안에서 담보를 제공하는 것이고 채권자가 누구인가에 따라 책임의 범위가 달라지는 것이 아니기 때문에, 물상보증인의 동의 없이 담보권을 양도할 수 있도록 하고 있다.

한편, 동산담보권은 「민법」상 저당권과 달리 재담보에 대한 규정을 두지 않았다. 저당권은 담보목적물이 특정되어 있기 때문에 저당권의 일부를 재담보로 제공하더라도 담보목적물의 가액비율에 따라 **담보권자**나 재**담보권자** 등의 권리행사가 가능하지만, 동산담보권은 다수의 동산에 대하여 1개의 담보권이 설정될 수 있는데 동산담보권의 일부를 재담보로 제공하는 것이 허용되면 담보목적물의 어느 범위까지 재담보에 제공되는 것인지 명확하지 아니한 점 등을 고려한 것이다.

를 허용하고 있다.

[1038] 판례도 "「민법」 제370조에 의하여 저당권에 준용되는 제342조 후문이 '저당권자가 물상대위권을 행사하기 위하여서는 저당권설정자가 지급받을 금전 기타 물건의 지급 또는 인도전에 압류하여야 한다'라고 규정한 취지는, 물상대위의 목적이 되는 금전 기타 물건의 특정성을 유지하여 제3자에게 불측의 손해를 입히지 아니하려는 데 있는 것이므로, 저당 목적물의 변형물인 금전 기타 물건에 대하여 이미 제3자가 압류하여 그 금전 또는 물건이 특정된 이상 저당권자는 스스로 이를 압류하지 않고서도 물상대위권을 행사할 수 있다."고 판시하고 있다(대법원 1996. 7. 12. 선고 96다 21058 판결 등).

[1039] 채권양도인과 양수인 사이에서는 채권양도의 의사표시만으로 양도의 효력이 생기지만, 채무자에게 대항하기 위해서는 양도인이 채무자에게 통지하거나 채무자가 승낙하여야 하며(민법 제450조 제1항), 채무자 이외의 제3자에게 대항하기 위해서는 확정일자 있는 증서로 채무자에게 통지하거나 채무자가 승낙하여야 한다(민법 제450조 제2항).

5. 동산담보권자의 권리·의무(담보목적물의 점유)

동산**담보권자**가 담보권에 기하여 담보목적물을 점유하는 경우 법률관계에 대한 규정을 마련하고 있다. 동산담보권은 본질적으로 담보목적물이 갖는 교환가치만을 지배하는 물권이다. 그렇다고 **담보권자**가 담보목적물을 점유·사용하는 것으로 담보약정 하는 것을 금지하는 것이 아니기 때문에 **담보권자**가 담보목적물을 점유·사용하는 경우도 있을 수 있다.

담보권자가 약정에 따라 담보목적물을 점유한 경우에는 피담보채권의 전부를 변제받을 때까지 담보목적물을 유치할 수 있다(법 제25조 제1항). 이 경우에는 질권자가 질물을 유치할 권리를 갖는 것과 같다. 따라서 **담보권자**가 담보목적물을 유치할 수 있는 권리는 담보목적물의 양수인, 일반채권자 또는 후순위**담보권자**에 대해서만 주장할 수 있는 것이고, 선순위권리자에 대하여는 대항할 수 없다(법 제25조 제1항 단서). 즉, 선순위권리자가 경매 등의 방법으로 그 권리를 실행할 때 배당에 참가하여 변제를 받을 수 있을 뿐이다.

동산담보권 설정계약에서 **담보권설정자**가 담보목적물을 점유·사용하는 것으로 약정한 경우에도, 채무자의 채무불이행으로 담보권을 실행하기 위하여 필요한 경우에는 **담보권자**가 담보목적물의 인도를 청구할 수 있다(법 제25조 제2항).

인도청구권의 구체적 의미는 다음과 같다. 첫 번째, **담보권자**의 인도청구권은 **담보권자**가 물권인 동산담보권의 효력에 기해 갖는 **물권적청구권**이다. 두 번째, 인도청구권의 행사는 채무불이행이 발생한 후 담보권의 적극적 실행을 위한 전제수단으로 그 **시기와 목적이 제한**된다. 세 번째, 인도청구의 상대방은 청구 당시 담보목적물을 소유하고 있는 자인 **채무자, 물상보증인** 또는 **담보목적물의 제3취득자**로서 담보목적물에 담보권이 추급할 수 있는 경우에 한한다. 따라서 **담보권자**는 담보목적물의 소유권을 선의취득한 자나 통상의 영업과정에 따른 매수인에게는 인도를 청구할 수 없다.[1040]

위와 같이 **담보권자**가 담보목적물을 점유하게 된 경우에는, 질권과 공통의 성질을 갖게 되기 때문에 선량한 관리자의 주의로 담보목적물을 관리하여야 한다(법 제25조 제3항). 따라서 **담보권자**의 담보목적물 사용·대여 등이 설정계약에서 약정한 범위를 넘는 경우에는 **담보권설정자**가 동산담보권의 소멸을 청구할 수 있을 것이다.

담보권자가 담보목적물을 **점유**하는 경우에는 그 과실을 수취하여 다른 채권자보다 먼저 자신의 채권 **변제에 충당**할 수 있다(법 제25조 제4항 본문). 담보권설정계약을 체결할 때 과실수취에 대한 약정까지 할 것으로 예상되나, 법은 이를 명문으로 허용하고 있다. **담보권자**가 수취한 과실을 채권의 변제에 충당하여도 채무자의 이익을 해하지 않고, 또한 그로 인하여 **담보권자**의 피담보채권이 변제되는 것이 후순위권리자 등 이해관계인에게도 도움이 되기 때문이다.

수취한 과실로 변제에 충당할 때 과실이 금전이 아닌 경우에는, 담보권의 실행과 동일하게 경매절차를 거칠 수도 있으나 취득정산(귀속청산) 등 사적 실행의 방법으로도 충당할 수 있도록 하고 있다(법

1040) 김현진, 동산·채권담보권 연구, 326면.

제25조 제4항 단서).

6. 물상보증인의 구상권

동산담보권의 물상보증인도 질권이나 저당권의 물상보증인처럼 「민법」의 보증채무에 관한 규정에 따라 채무자에게 구상권을 행사할 수 있도록 규정하고 있다.

동산담보권설정계약의 당사자는 **담보권자**와 담보권설정이다. **담보권설정자**는 채무자가 일반적이나 **채무자**에 한하지 않으며 **제3자(물상보증인)**라도 무방하며, 타인의 채무를 위하여 자기의 재산(동산) 위에 물적 담보를 설정하는 **제3자**를 물상보증인이라고 한다. 물상보증인은 채권자에 대하여 채무를 부담하고 있지 않다. 그러나 채무의 변제가 없으면 담보권의 실행에 의하여 소유권 등의 권리를 상실하게 된다. 물상보증인이 그의 권리를 잃지 않기 위하여 채무를 변제하거나 동산담보의 실행으로 인하여 동산의 소유권을 잃을 때에는, 「민법」의 보증채무에 관한 규정에 의하여 채무자에 대하여 구상권이 있다(법 제16조).

이때 구상의 범위는 물상보증인이 채무자의 부탁을 받았는가의 여부에 따라 달라져야 하기 때문에 「민법」의 보증채무에 관한 규정(「민법」 제441조 내지 제447조 및 제481조 내지 제485조)을 준용하고 있다. 물상보증인의 구상채권의 소멸시효에 관하여는 「민법」상 일반채권에 관한 소멸시효규정이 적용되므로, 그 소멸시효기간은 10년이다.[1041]

V. 동산담보권의 침해에 대한 구제

동산담보권이 물권으로서 대세적 효력을 가질 수 있도록, **담보권자**가 담보를 위태롭게 하는 담보권의 침해에 대한 배제를 청구할 수 있도록 규정하고 있다.

1. 담보목적물에 대한 현황조사 및 담보목적물의 보충

가. 취지

담보목적물의 유동적 특성을 고려하여 **담보권자**가 담보목적물의 현황에 대한 조사를 **담보권설정자**에게 요구할 수 있고, **담보권설정자**의 책임 있는 사유로 담보목적물의 가액이 감소된 경우에는 그

[1041] 판례는 "물상보증은 채무자 아닌 사람이 채무자를 위하여 담보물권을 설정하는 행위이고 채무자를 대신해서 채무를 이행하는 사무의 처리를 위탁받는 것이 아니므로, 물상보증인이 변제 등에 의하여 채무자를 면책시키는 것은 위임사무의 처리가 아니고 법적 의미에서는 의무 없이 채무자를 위하여 사무를 관리한 것에 유사하다. 따라서 물상보증인의 채무자에 대한 구상권은 그들 사이의 물상보증위탁계약의 법적 성질과 관계없이 「민법」에 의하여 인정된 별개의 독립한 권리이고, 그 소멸시효에 있어서는 「민법」상 일반채권에 관한 규정이 적용된다."고 판시하였다(대법원 2001. 4. 24. 선고 2001다6237 판결).

원상회복 등을 청구할 수 있도록 규정하고 있다.

나. 담보권자의 현황조사 요구

담보권설정자는 정당한 사유 없이 **담보권자**의 담보목적물에 대한 현황조사 요구를 거부할 수 없다. 이 경우 담보목적물의 현황을 조사하기 위하여 약정에 따라 전자적으로 식별할 수 있는 표지를 부착하는 등 필요한 조치를 할 수 있다(법 제17조 제1항).

동산담보등기는 담보권 설정의 유무에 대하여만 증명할 뿐, 등기의 내용과 같은 담보목적물이 현존하는지 여부나 **담보권설정자**에게 담보목적물에 대한 소유권이 있음을 공시하는 것은 아니다. 또한 담보등기 이후에도 담보목적물에 대한 **제3자**의 선의취득이 가능하다.

따라서 **담보권자**는 담보권 존속기간 동안에 담보목적물의 현황을 관리·감독할 수 있어야 한다. 이를 위해 **담보권자**의 현황조사 요구에 대하여 **담보권설정자**가 정당한 사유 없이 거부하지 못하도록 한 것이다.[1042]

다. 담보물보충청구권

담보권설정자에게 책임이 있는 사유로 담보목적물의 가액(價額)이 현저히 감소된 경우에는 **담보권자**는 **담보권설정자**에게 그 원상회복 또는 적당한 담보의 제공을 청구할 수 있다(법 제17조 제2항). 즉, **담보권설정자**에게 책임이 있는 사유로 담보목적물의 가액이 현저히 감소된 경우에, **담보권자**는 설정자에 대하여 불법행위를 이유로 손해배상을 청구하거나 기한의 이익의 상실을 이유로 저당권을 실행할 수 있다.

그러나 기한 전에 담보권을 실행한다는 것은, 자본을 투하하여 이윤을 취하려는 **담보권자**의 입장에서 본다면 최상의 방법이라고 할 수 없다. 오히려 감소된 담보력을 회복시켜 채권을 그대로 유지함으로써 투하자본의 이윤을 예정대로 회수하는 것이 더욱 유리할 수 있다. 이러한 점을 고려하여 **담보권자**가 금융수단의 본래의 목적을 달성할 수 있도록, **담보권설정자**의 책임 있는 사유로 담보목적물의 가액이 현저히 감소된 경우 그 원상회복 또는 적당한 담보의 제공을 청구하여 담보력을 회복할 수 있도록 한 것으로, 「민법」상 저당권자에게 담보목적물보충청구권이 인정되는 것과 그 취지가 동일하다(민법 제362조).

따라서 여기서 현저한 감소란 담보목적물의 교환가치 훼손으로 피담보채권을 완제하지 못할 염려가 있는 상태를 의미하며, **담보권자**가 이 청구권을 행사하는 경우에는 손해배상청구권이나 기한의 이익의

[1042] 관행상 이루어지는 양도담보의 경우에도, 설정계약에 양도**담보권자**가 **담보권설정자**에게 담보목적물의 현황에 대하여 조사하거나 그 현황보고를 요구할 수 있도록 하는 조항을 두는 것이 일반적이며, 이를 법률에 명문화한 것이다. 현황조사의 방법에 대하여는 아무런 제한이 없으므로, **담보권자**가 직접 현황조사를 하거나 관리를 전문업체에 위탁할 수 있으며, **담보권설정자**에게 정기적으로 현황에 대한 보고를 요구할 수 있을 것이다. 다만, 현황조사로 **담보권설정자**에게 막대한 비용부담을 초래하는 경우나, **담보권설정자**의 영업에 과도한 지장을 초래하는 등 정당한 사유가 있는 경우에 **담보권설정자**는 이를 거부할 수 있다.

상실로 인한 즉시변제청구권을 행사하지 못한다.

2. 담보목적물 반환청구권

동산담보권도 물권이므로, 그 내용의 실현이 방해당하고 있을 때에는 물권적 청구권을 행사하여 물권내용을 실현할 수 있어야 한다. 그러나 동산담보권은 **담보권설정자**가 담보목적물에 대한 사용·수익권과 처분권을 갖는 것이 일반적일 것이므로, **담보권자**가 직접 자신에게 담보목적물을 반환할 것을 청구할 수 있도록 하면 **담보권설정자**의 권리를 침해할 수 있다. 따라서 **담보권자**는 담보목적물을 점유한 자에 대하여 **담보권설정자**에게 반환할 것을 청구할 수 있다(법 제19조 제1항).

하지만 **담보권자**가 동산담보권의 실행을 위하여 **담보권설정자**에게 담보목적물에 대한 인도를 청구한 이후 또는 설정계약에서 담보목적물의 사용·수익권을 **담보권자**가 갖기로 약정한 경우 등에 있어서는, **담보권자**에게 담보목적물 반환청구권이 인정될 필요가 있다. 따라서 **담보권자**가 담보목적물을 점유할 권원(權原)이 있거나 **담보권설정자**가 담보목적물을 반환받을 수 없는 사정이 있는 경우에 **담보권자**는 담보목적물을 점유한 자에 대하여 자신에게 담보목적물을 반환할 것을 청구할 수 있다(법 제19조 제2항). 이러한 점을 고려하여, 원칙적으로 **담보권자**는 담보목적물을 점유하는 **제3자**에 대하여 이를 **담보권설정자**에게 반환하라는 청구를 할 수 있도록 규정하고, 다만 **담보권자**가 담보목적물을 점유할 권원이 있거나 **담보권설정자**가 담보목적물을 반환받을 수 없는 사정이 있는 경우에만 **담보권자** 자신에게 담보목적물을 반환할 것을 청구할 수 있도록 규정한 것이다.

그러나 법 제19조 제1항 및 제2항에도 불구하고 점유자가 그 물건을 점유할 권리가 있는 경우에는 반환을 거부할 수 있다(법 제19조 제3항).

3. 담보목적물의 방해제거청구권 및 방해예방청구권

동산**담보권자**는 담보권에 기하여 침해의 제거 또는 예방을 청구할 수 있다. 예컨대 채무자의 피용자가 담보목적물의 일부를 무단으로 반출하는 경우 **담보권자**는 그 반출의 금지를 청구할 수 있다.

담보권의 불가분성에 의하여 **담보권자**는 피담보채권의 전부를 변제받을 때까지 담보목적물 전부에 관하여 그 권리를 행사할 수 있으므로, 동산담보권에 대한 침해가 있는 이상 담보목적물의 교환가치가 피담보채권을 만족시킬 수 있다하더라도 **담보권자**는 방해제거 또는 방해예방의 청구권을 행사할 수 있다. 즉, **담보권자**는 동산담보권을 방해하는 자에게 방해의 제거를 청구할 수 있고, 동산담보권을 방해할 우려가 있는 행위를 하는 자에게 방해의 예방이나 손해배상의 담보를 청구할 수 있다(법 제20조).

Ⅰ. 의의

담보권의 실행이란 **담보권자**가 담보목적물을 환가하고 그 대가로부터 피담보채권의 변제를 받는 과정이다. 동산담보권의 실행방법으로 「민사집행법」의 담보권 실행 등을 위한 **경매절차**에 의한 방법을 **원칙**으로 하되(법 제21조 제1항), 정당한 이유가 있는 경우에는, **담보권자**가 담보목적물로써 **직접 변제에 충당**하거나(**취득정산**), **담보목적물을 매각**하여 그 대금을 변제에 충당하는(**처분정산**) 실행방법을 인정하되(법 제21조 제2항), **취득정산** 및 **처분정산**의 경우에는 채무자 등 이해관계인의 보호를 위하여 피담보채권의 변제기 도래 후 담보권실행의 방법을 채무자 등 이해관계인에게 통지하고 1개월이 경과하여야만 실행할 수 있도록 하고, **담보권자**에게 채무자 등에 대한 청산금지급의무를 부여하며(법 제21조, 제23조), 다만 담보목적물의 매각대금 등이 압류 또는 가압류되거나 그에 관하여 권리를 주장하는 자가 있는 경우 담보목적물의 매각대금 등을 공탁하여 그 의무를 면할 수 있도록 하고 있다(법 제27조).

공동담보의 매각대금을 **동시에 배당**하는 경우에는 각 담보목적물의 매각대금에 비례하여 그 채권의 분담을 정하도록 하고, 공동담보 중 일부의 매각대금을 **먼저 배당**하는 경우에는 후순위**담보권자**가 선순위**담보권자**의 다른 담보목적물에 대한 권리를 대위하도록 하여 각 담보목적물의 후순위**담보권자**를 보호하고 있다(법 제27조).

Ⅱ. 경매에 의한 동산담보권 실행

1. 의의

담보권자는 자기의 채권을 변제받기 위하여 담보목적물의 경매를 청구할 수 있다(법 제21조 제1항). 동산담보권 실행을 위한 경매는 「민사집행법」에 따른 담보권 실행을 위한 경매를 의미한다. 저당권의 실행절차와는 달리 동산담보권의 실행은 집행법원이 아닌 집행관의 주도로 담보목적물을 매각하여 그 매각대금으로 동산**담보권자**에게 배당함으로써 피담보채무를 변제한다. 그러나 매각대금으로 배당에 참가한 모든 채권자를 만족하게 할 수 없고 매각허가 된 날부터 2주 이내에 채권자 사이에 배당협의가 이루어지지 아니한 때에는 매각대금을 공탁하고, 집행관은 집행절차에 관한 서류를 붙여 그 사유를 법원에 신고하면 예외적으로 집행법원이 배당을 한다(민사집행법 제272조, 제222조).

2. 담보권 실행을 위한 경매절차

경매절차는「민사집행법」제264조(부동산에 대한 경매신청), 제271조(유체동산에 대한 경매) 및 제272조(준용규정)를 준용한다(법 제22조 제1항). 유체동산의 담보권실행을 위한 경매절차는「민사집행법」상 '유체동산에 대한 강제집행'(민사집행법 제2편 제4절 제2관 제189조에서 제222조까지) 절차를 준용하도록 규정하고 있다(민사집행법 제272조).

유체동산을 목적으로 하는 담보권 실행을 위한 경매는 채권자가 그 목적물을 제출하거나, 그 목적물의 점유자가 압류를 승낙한 때에 개시한다(민사집행법 제271조). 따라서 이 법에서도 채권자인 **담보권자**가 동산담보권을 점유하지 않고, **담보권설정자가 담보목적물을 점유**하는 경우에 경매절차는 압류에 의하여 개시한다(법 제22조 제2항). 집행관이 목적물에 대한 점유를 확보하지 아니한 상태에서 경매절차가 실시되면 절차가 불안정해질 수 있어 절차의 안정을 목적으로 이와 같이 규정하고 있다.[1043]

유체동산을 목적으로 하는 담보권 실행을 위한 경매는 담보권의 존재를 증명하는 서류를 제출함으로써 개시된다(민사집행법 제264조). 경매로 동산담보권을 실행하기 위해서는 유효한 채권과 동산담보권이 존재하고, 또한 채권의 이행기가 도래하고 있어야 한다. 담보권실행을 위한 경매개시결정이 이루어졌더라도 채권이나 동산담보권이 없다는 것 또는 소멸 등의 실체법상의 하자가 있는 경우에는 이의신청을 할 수 있다(민사집행법 제265조, 제272조).[1044]

3. 매수인 및 선순위담보권자의 지위

「민사집행법」도 부동산경매에 있어서 매각부동산 위의 모든 저당권은 매각으로 소멸한다고 하여 **소제주의(消除主義)**를 취함을 명시하고 있다(같은 법 제268조, 제91조 제2항). 이러한 원칙은 동산의 경매에도 적용된다고 하겠다.

담보목적물에 관하여 **선순위담보권자**가 있을 경우 선순위**담보권자**의 권리는 소멸하되 선순위**담보권자**는 그 매각대금으로부터 자신의 피담보채권액을 우선변제 받는다.[1045]

1043) 이시윤, 신민사집행법, 박영사, 2014, 517면.

1044) 판례는 "부동산의 임의경매에 있어서는 강제경매의 경우와는 달리, 경매의 기본이 되는 저당권의 존재여부는 경매개시결정에 대한 이의사유가 됨은 물론 경락허가결정에 대한 항고사유도 될 수 있는 것이므로, 그 부동산의 소유자가 경락허가 결정에 대하여 저당권의 부존재를 주장하여 즉시항고를 한 경우에는 항고법원은 그 권리의 부존재 여부를 심리하여 항고이유의 유무를 판단하여야 한다."고 판시하고 있다(대법원1991. 1. 21. 자 90마946 결정 등). 이는 동산담보권 실행을 위한 경매에서도 마찬가지이다.

1045) 김현진, 동산·채권담보권 연구, 318면.

Ⅲ. 예외적 사적 실행(취득정산·처분정산)

1. 의의

동산**담보권자**가 우선변제를 받는 원칙적인 방법인 경매는 절차가 복잡하고 비용이 많이 든다. 따라서 그 방법만을 사용하도록 하는 것은 부적절하다. 그리하여 법은 일정한 경우에는 쉬운 환가방법을 인정하고 있다.

여기서 동산담보권의 사적 실행이란, 경매절차에 의하지 아니하고 **담보권자**가 담보목적물을 평가하여 그 평가액에서 피담보채권액을 뺀 금액(이하 '청산금'이라 한다)을 채무자에게 반환하고 담보목적물의 소유권을 취득함으로써 채권의 만족을 얻거나(**취득정산 또는 귀속청산**), 이를 **제3자에게 처분**하여 그 대금으로부터 우선변제를 받는 방법(**처분정산**)으로 담보권을 실행하는 것을 의미한다.[1046]

즉 정당한 이유가 있는 경우 **담보권자**는 담보목적물로써 **직접 변제에 충당**하거나 담보목적물을 **매각**하여 그 대금을 변제에 충당할 수 있다(법 제21조 제2항 본문). **담보권자**의 사적 실행을 허용하는 **'정당한 이유'의 유무**는 **담보권자**가 사적 실행을 통지하는 단계에서 구체적인 내용이 이해관계인에게 통지되므로 이에 이의가 있는 자는 법원에 가처분신청을 하여 법원의 판단에 따라 사적 실행 절차를 중지시킬 수 있다. **'정당한 이유'**는 다음과 같다. 목적물의 가치가 적어 많은 비용을 들여 경매를 하는 것이 불합리한 경우, 경매에 의할 경우 정당한 가격으로 경락되기 어려운 사정이 있는 경우, 공정시세가 있어 경매에 의하지 않더라도 공정한 가격을 산출할 수 있는 경우 등에 **담보권자**는 경매절차에 의하지 아니하고 취득정산 또는 처분정산의 방법으로 동산담보권을 실행할 수 있다.

한편, 동산담보권의 사적 실행이 이루어지더라도, **담보권자**보다 **선순위권리자**는 그 담보목적물을 취득한 자(**취득정산의 경우에는 담보권자**, 처분정산의 경우에는 매수인)에게 자신의 권리를 주장할 수 있다. 그런데 동산의 유동성, 가치변동 가능성 등에 비추어 볼 때, 누가 담보목적물의 소유권을 취득하고 이를 점유·사용하는가는 **선순위권리자**의 권리행사에 큰 영향을 미칠 수 있다. 따라서 **선순위권리자**의 보호를 위하여, 단서조항으로 **선순위권리자**가 있는 경우에는 그의 동의가 있어야 **담보권자**가 동산담보권의 사적 실행을 할 수 있도록 하고 있다(제21조 제2항 단서). 이 규정은 **선순위권리자**의 이익을 보호하기 위한 것으로 기본적으로 **선순위권리자**의 의사에 반하여 **후순위권리자**는 사적 실행을 할 수 없다고 해석하고 있다.[1047] 이때 **선순위권리자**는 담보등기부에 등기되어 있거나 선순위질권자 등 **담보권자**가 알고 있는 경우에 한정된다.[1048]

1046) 한국자산관리공사(KAMCO)의 onbid 공매에 부칠 가능성이 있다. http://www.onbid.co.kr/
1047) 김현진, 동산·채권담보권 연구, 335면.
1048) 동산은 공시방법이 불명확하여 **담보권자**가 그 권리관계를 정확하게 파악하기 곤란한 경우가 많다. 따라서 **담보권자**가 모든 **선순위권리자**의 동의를 받도록 하는 경우에는 사실상 동산담보권의 사적 실행을 불가능하게 하는 결과가 된다. 이를 고려하여 **담보권자**가 알고 있는 **선순위권리자**의 동의만 받으면 동산담보권의 사적 실행을 할 수 있도록 하였다.

2. 사적 실행 절차

가. 요건 및 절차

채무자가 채무를 불이행하였고 **담보권자**가 **선순위권리자**의 동의를 받았다고 하여 곧바로 동산담보권의 사적 실행을 할 수 있는 것은 아니며, **담보권자**가 사적 실행의 방법을 악용하여 담보목적물의 가치를 부당히 저렴하게 평가하는 것을 방지하기 위해 일정한 절차를 거치도록 하고 있다.

담보권자가 담보목적물로써 직접 변제에 충당하거나 담보목적물을 매각하기 위해서는, 그 채권의 변제기 후에 동산담보권 실행의 방법을 채무자 등과[1049] **담보권자**가 알고 있는 이해관계인에게 통지하고,[1050] 그 통지가 채무자 등과 **담보권자**가 알고 있는 이해관계인에게 도달한 날부터 1개월이 지나야 한다(법 제23조 제1항 본문). 구체적으로 동산담보권의 사적 실행은 ① 변제기가 도래하고, ② 담보권의 실행의사를 채무자나 **담보권자**가 알고 있는 이해관계인에게 통지한 후, ③ 1개월 이상의 기간이 경과하여야 할 수 있다.[1051]

그러나 예외적으로 담보목적물이 멸실 또는 훼손할 염려가 있거나 가치가 급속하게 감소될 우려가 있는 경우에는, **담보권자**가 통지를 하지 않거나 1개월의 청산기간이 경과하지 않더라도 사적 실행을 할 수 있다(법 제23조 제1항 단서). 가령 담보목적물이 생선, 청과류 등인 경우에는 채무자 등에 대한 통지절차를 밟는 도중이라도 가치가 급속하게 감소될 수 있고, 가치 훼손 전에 적정한 매각대금을 확보하는 것이 **담보권자**는 물론 채무자 등에게도 유리할 수 있기 때문에 이를 허용하고 있다.

한편, **담보권자**는 담보목적물의 평가액 또는 매각대금(이하 '매각대금 등'이라 한다)에서 피담보채권을 뺀 청산금을 채무자 등에게 지급하여야 한다(법 제23조 제3항 제1문). 그러나 경매와 달리 동산담보권의 사적 실행이 이루어졌다 하더라도 선순위권리자의 권리는 소멸하는 것이 아니므로, 이때 **선순위담보권자**의 채권액도 공제하는 채권액에 포함된다(법 제23조 제3항 제2문). 이는 선순위**담보권자**가 존재하고 있다면 선순위담보권의 부담이 있는 소유권을 취득한다.

그리고 채무자에게 청산금을 지급하여야 **담보권자**(취득정산)나 매수인(처분정산)이 소유권을 취득하므로(법 제23조 제4항), **담보권설정자**가 담보목적물을 점유하고 있다면 **담보권설정자**는 소유권자로서 청산금을 지급받을 때까지 인도를 거절할 수 있으므로 청산금지급의무와 목적물인도의무는 동시이행의 관계에 있다.

또한, **담보권자**가 사적 실행의 절차를 개시하였더라도, 취득정산(귀속정산)의 경우에는 채무자 등에게 청산금을 지급하기 전(청산금이 없는 경우에는 1개월의 청산기간이 경과하기 전), 처분정산의 경우에는 **담보권자**가 **제3자**와 매매계약을 체결하기 전에, 경매가 개시되면 **사적 실행의 절차를 중지**하여

1049) 여기서 '채무자 등'은 채무자, 담보목적물의 물상보증인, 담보목적물의 제3취득자를 말한다(법 제2조 제9호).

1050) 그리고 '이해관계인'은 채무자 등과 담보목적물에 대한 권리자로서 담보등기부에 기록되어 있거나 그 권리를 증명한 자, 압류 및 가압류 채권자, 집행력 있는 정본에 의하여 배당을 요구한 채권자를 말한다(법 제2조 제10호).

1051) 동산담보권의 사적 실행 절차는 「가등기담보법」에 따른 처분정산 절차와 유사하나 통지 후 청산기간이 1개월인 점에 차이가 있다. 이는 가등기담보권의 목적물인 부동산과 달리 동산담보권의 목적물인 동산은 변질되거나 가치가 훼손되기 쉬운 특성이 있음을 고려한 것이다.

야 한다(법 제23조 제5항).

나. 담보목적물의 직접 변제충당 등의 통지

담보권자가 채무자 등과 **담보권자**가 알고 있는 이해관계인에게 통지하여야 할 사항은 <u>피담보채권의 금액</u>, 담보목적물의 평가액 또는 예상매각대금, 담보목적물로써 직접 변제에 충당하거나 담보목적물을 매각하려는 이유를 명시하여야 한다(법 제23조 제2항).

여기서 피담보채권의 금액은 **후순위담보권자**가 사적 실행을 하는 경우 실행되는 **후순위동산담보권의 피담보채권액**뿐만 아니라 <u>선순위담보권의 피담보채권액</u>을 <u>합한 액수</u>가 통지하여야 하는 피담보채권액이 된다(법 제23조 제3항 제2문). 담보목적물의 평가액에 대해 특별한 제한이 없으므로 <u>감정인의 감정</u>을 거치든지 **담보권자**가 적당한 방법으로 평가하면 족하다. 그러나 동산담보권의 담보목적물의 재고나 설비 등의 유통시장이 활성화되어 있지 않아 가격의 공정성에 대한 논란의 여지가 있을 수 있다. 따라서 담보목적물의 객관적인 가치를 평가할 수 있는 평가기관의 존재가 전제되어야 함을 지적하고 있다.[1052]

담보권의 실행으로 <u>청산금이 없다</u>고 인정되는 때에는 <u>그 뜻을 통지</u>하여야 한다. 또한 <u>담보목적물이 여러 개인 경우</u>에는 각 담보목적물의 평가액 또는 예상매각대금에 <u>비례</u>하여 소멸시키려는 채권과 그 비용을 밝혀야 한다. 이 경우 반드시 각 담보목적물의 가액 비율에 따라 채권액을 할당하여 명시할 필요는 없고, **담보권자**의 재량으로 적절히 할당하여 명시하면 족할 것이다.

법 제23조 제1항 및 제2항에 따른 <u>통지의 내용과 방식</u>에 관하여는 대통령령으로 정한다(법 제23조 제6항). 이하 시행령에 위임된 사항은 다음과 같다.

담보권자는 법 제23조 제1항 및 제2항에 따른 통지를 할 때 담보목적물의 평가액 또는 예상매각대금에서 그 채권액을 뺀 금액이 없다고 인정되는 경우에는 그 뜻을 밝혀야 한다(영 제3조 제1항). **담보권자**는 통지를 할 때 담보목적물이 여러 개인 경우에는 각 담보목적물의 평가액 또는 예상매각대금에 비례하여 소멸시키려는 채권과 그 비용을 밝혀야 한다(영 제3조 제2항). 통지는 우편이나 그 밖의 적당한 방식으로 할 수 있다(영 제3조 제3항). 담보목적물에 대한 권리자로서 담보등기부에 기록되어 있는 이해관계인에 대한 통지는 받을 자의 등기부상의 주소로 할 수 있다(영 제3조 제4항). **담보권자**가 과실 없이 채무자 등과 **담보권자**가 알고 있는 이해관계인의 소재를 알지 못하여 제3항에 따른 방식으로 통지할 수 없는 경우에는 「민사소송법」의 공시송달에 관한 규정에 따라 통지할 수 있다(영 제3조 제5항).

3. 담보목적물 취득자 등의 지위

동산담보권의 사적 실행으로 **담보권자**의 권리와 그에 대항할 수 없는 권리는 소멸되도록 규정하고

1052) 김현진, 동산·채권담보권 연구, 324~325면; 사견으로는 객관적인 가치의 평가기관으로 「감정평가법」에 따른 감정평가업자에 의하면 될 것이다.

있다. 즉, 법 제21조 제2항에 따른 동산담보권의 실행으로 **담보권자(취득청산 또는 귀속청산)**나 **매수인(처분청산)**이 담보목적물의 소유권을 취득하면 그 **담보권자**의 권리와 그에 대항할 수 없는 권리는 소멸한다(법 제24조).

그렇지만 동산담보권의 사적 실행으로 **담보권자**보다 후순위의 권리는 소멸하지만, 사적 실행으로 **담보권자**의 권리와 그에 대항할 수 없는 권리는 소멸한다는(법 제24조) 규정의 반대해석에 따라 **선순위의 권리**는 소멸하지 않고 **선순위담보권**의 부담이 있는 소유권을 취득한다. 이는 **후순위담보권자**가 경매로 담보권을 실행하는 경우 **선순위담보권자**의 담보권이 소멸하여 매수인이 완전한 소유권을 취득하는 것과 대비된다. 사적 실행은 매매와 같다는 점에서 담보목적물의 양도가 있어도 **선순위담보권자**의 권리는 담보목적물에 존속하는 것이다. 이와 같이 **선순위담보권**이 존속하는 경우 매수인은 **선순위담보권**의 피담보채무액 만큼 공제된 매각대금만을 지급하거나, 만일 담보권의 부담이 있는 채 담보목적물을 매수하려는 자가 없게 된다면 담보권을 실행하려는 **후순위담보권자**는 **선순위담보권자**의 채권을 상환한 다음 담보권을 실행하면 될 것이다.[1053]

그리고 동산담보권의 사적 실행에 대한 **선순위권리자**의 동의를 그 실행방법에 한정되도록 하여, **선순위권리자**가 투자자로서의 지위를 유지할 수 있도록 하고 있다. **선순위권리자**의 입장에서는 누가 담보목적물의 소유권을 취득하는가와 무관하게 그 교환가치가 유지될 수 있다면, 채권을 그대로 유지함으로써 투하자본의 이윤을 예정대로 회수하는 것이 더욱 유리할 수 있는 점을 고려한 것이다.

한편, 법 제24조는 동산담보권의 사적 실행으로 그 담보목적물의 소유권을 취득한 경우에 적용되는 규정이므로, 집합동산을 담보목적으로 하는 동산담보권의 설정계약에서 **담보권설정자**가 처분하는 경우에는 적용되지 않는다. 따라서 **담보권설정자**가 설정계약에 따라 **담보권자**의 승낙을 받고 담보목적물인 집합동산을 구성하는 개개의 물건을 처분하는 경우에는 동산을 취득한 사람은 담보권의 부담이 없는 소유권을 취득한다.

IV. 담보목적물이 아닌 다른 재산으로부터의 변제

동산담보권자가 담보목적물 이외의 채무자의 일반재산에 대해서 「민사집행법」의 규정에 따라 집행권원을 얻어 강제집행을 할 수 있도록 규정하고 있다. **담보권자**는 담보목적물로부터 변제를 받지 못한 채권이 있는 경우에만 **채무자**의 **다른 재산**으로부터 변제를 받을 수 있다(법 제15조 제1항). 여기서 **동산담보권자**가 동산담보권을 실행하지 않고 처음부터 채무자의 일반재산에 대하여 집행할 수 있는가에 대하여 논란이 있을 수 있으나, 동산담보목적물보다 먼저 **채무자**의 **다른 재산**에 관하여 **배당을 실시하는 경우**에는 법 제15조 제1항은 적용하지 아니한다. 다만, **다른 채권자**는 **담보권자**에게 그 배당금액의 공탁을 청구할 수 있다(법 제15조 제2항).

1053) 김현진, 동산·채권담보권 연구, 323면.

동산담보권자는 원칙적으로 담보목적물의 경매 등을 통한 매각대금으로부터 우선변제를 받지만, 그렇다고 **채무자**의 **일반재산**으로부터 변제받을 권리를 잃는 것은 아니다. 즉, 담보목적물을 환가한 결과 담보목적물로부터 피담보채권을 완전히 변제받지 못한 경우에는, 그 잔액채권의 변제를 받기 위하여 단순한 **일반채권자로서** **채무자**의 **일반재산**에 대하여 <u>강제집행</u>을 하거나 또는 타인이 집행하는 경우에 그 <u>배당에 참가</u>할 수 있다.

동 규정은 **담보권자**가 동산담보권의 존재에도 불구하고, **채무자**의 **일반재산**에 대해 먼저 집행을 함으로써 <u>일반채권자</u>를 해하는 결과가 발생하지 않도록 하기 위한 규정이다.[1054] 그렇다면 **동산담보권자**가 담보목적물에 대하여 그의 담보권을 실행하지 않고 먼저 **채무자**의 **일반재산**에 대하여 **일반채권자로서** 집행권원을 얻어 집행할 수 있는가라는 의문에 대해서 결론은, 현행 「민법」상 저당권의 경우처럼 이를 긍정하여야 할 것이다.[1055] 담보목적물보다 먼저 **다른 재산**의 대가로부터 배당받는 경우에 **동산담보권자**는 그의 채권 전액을 가지고 배당에 참가할 수 있다. 그러나 <u>일반채권자</u>의 보호를 위하여 <u>다른 채권자</u>가 **동산담보권자**에게 그 배당금액의 공탁을 청구할 수 있도록 하고 있다. 이 경우 동산담보권의 담보목적물보다 먼저 **채무자**의 **다른 재산**에 관한 배당을 실시하여 **동산담보권자**가 피담보채권 전액을 가지고 그 배당에 참가하였을 때 <u>다른 채권자</u>가 그 배당금액의 공탁을 청구하면, **동산담보권자**는 담보목적물에 대한 매각대금 등으로 변제받지 못한 부분에 대해서만 해당 공탁금에서 받을 수 있고, 공탁금 중 잔여가 있게 되면 그것은 <u>일반채권자</u>에게 추가로 배당하게 된다.

V. 담보권 실행 관련 기타 문제

1. 후순위권리자의 권리행사와 경매청구

후순위권리자는 채무자 등에게 청산금이 지급될 때까지 그 **권리를 행사**할 수 있고, **담보권자**의 사적 실행에 반대하는 경우 **경매를 청구**할 수 있도록 규정하고 있다.

가. 후순위권리자의 권리행사

여기서 **후순위권리자**란 동일한 담보목적물에 대하여 담보등기 된 후에 <u>담보등기를 한</u> **담보권자**로서, 담보등기 후에 성립한 질권자 내지 양도**담보권자**는 이에 해당하지 않는다. 그리고 권리행사의 방법은

[1054] 김현진, 동산·채권담보권 연구, 343면.

[1055] 「민법」제340조에서 질물 이외의 재산으로부터의 변제에 대하여 이 법과 동일한 규정을 두고, 이를 저당권 규정(민법 제370조)에서 준용하고 있다. 해당 규정의 해석과 관련하여, 질권에 있어서는 질권자가 질물에 대한 질권실행 전에 채무자의 일반재산에 대하여 집행할 수 있는가에 대하여 학설의 대립이 있으나, 저당권에 있어서는 저당권자의 지위 확보가 중요하다는 이유로 이를 긍정하고 있다. 동산담보권도 저당권처럼 일반적으로 **담보권설정자**가 담보목적물을 점유·사용할 것이므로 동산**담보권자**의 지위확보를 위하여 저당권과 마찬가지로 그 담보권의 실행에 앞서 동산**담보권 자**가 채무자의 일반재산에 대하여 일반채권자로서 집행권원을 얻어 집행하는 것이 허용되어야 할 것이다.

피담보채권의 범위에서 자기채권의 명세와 증서를 건네주는 것으로 한다. 후순위권리자가 권리를 행사하는 것에 대해서는 「가등기담보법」에서의 후순위권리자가 권리를 행사하는 것과 동일하다. 즉, 후순위권리자는 청산기간이 경과한 후 청산금이 채무자 등에게 지급되기 전에, **담보권자**가 통지한 청산액의 범위 안에서, 우선순위에 따라 **자기채권의 명세와 증서를 제시**하여 **담보권자**에게 변제청구를 할 수 있다(법 제26조 제1항, 제3항). **담보권자**는 **후순위권리자**로부터 위와 같은 변제청구가 있는 때에는 이를 지급하여야 하며(법 제26조 제1항), **담보권자**가 위 채권의 명세와 증서를 받고 **후순위권리자**에게 청산금을 지급한 때에는 그 범위에서 채무자 등에 대한 청산금채무가 소멸한다(법 제26조 제4항).

후순위권리자가 청산금으로부터 자기 채권의 우선변제를 받는 것을 저지하려는 자(그 권리행사를 막으려는 자)는, 미리 청산금을 압류 또는 가압류하여야 한다(법 제26조 제5항).

나. 후순위권리자의 경매청구권

후순위권리자가 동산담보권의 사적 실행에 있어 그 평가액에 불만을 가질 수 있고, 이 경우 동산담보권의 사적 실행을 저지할 수 있어야 한다. 이를 위하여 **후순위권리자**의 경매청구권을 인정하여 동산**담보권자**의 사적 실행을 저지할 수 있도록 하고 있다.

즉, **후순위권리자**의 피담보채권 변제기가 도래하기 전이라도 사적 실행의 청산기간(통지한 날로부터 1개월) 내에 한하여, 담보목적물의 경매를 청구할 수 있도록 하고 있다(법 제26조 제2항). **후순위권리자**의 경매청구가 있으면 ~~선순위권리자인~~ **담보권자**는 사적 실행을 중지하여야 하며(법 제23조 제5항), 경매절차에서 우선변제를 받을 수 있을 뿐이다. 따라서 이 경우에는 **후순위권리자**의 신청에 의하여 개시된 경매절차가 그 이전에 착수된 동산**담보권자**의 사적 실행보다 우선하게 된다.

2. 담보권자의 매각대금 등의 공탁

동산**담보권자**가 사적 실행을 한 후 매각대금을 공탁함으로써 청산금 지급의무를 벗어날 수 있도록 규정하고 있다.

담보권자가 사적 실행을 하는 경우에는 청산금을 지급하여야, **담보권자**(취득정산의 경우) 또는 매수인(처분정산의 경우)이 담보목적물에 대한 소유권을 취득할 수 있다. 그런데 채무자의 일반채권자가 채무자의 청산금청구권을 압류 또는 가압류하게 되면, **담보권자**가 청산금을 채무자에게 지급하는 것이 금지되고 그로 인하여 **담보권자**나 매수인은 담보목적물에 대한 소유권을 취득할 수 없게 된다. 따라서 이와 같은 경우 **담보권자**가 이를 공탁하여 청산금 지급의무를 벗어날 수 있도록 한 것이다. 즉, **담보권자**는 담보목적물의 매각대금 등이 압류되거나 가압류된 경우 또는 담보목적물의 매각대금 등에 관하여 권리를 주장하는 자가 있는 경우에 **그 전부 또는 일부**를 법원에 공탁하여 청산금 지급의무를 면할 수 있다. 이때 공탁은 **담보권설정자**의 법인등기 또는 상호등기를 관할하는 법원에 한다(법 제27조 제1항 전문).

기본적인 취지는「가등기담보법」제8조의 청산금 공탁과 같지만, 매각대금 등의 전부를 공탁할 수 있도록 한 것에 차이가 있다.

동산담보권은 개개의 동산을 담보로 제공받는 경우도 있지만, 집합동산을 담보로 제공받는 경우가 더 빈번할 것이다. 또한 부동산과 달리 동산은 단기간에 형상의 변질이나 가치가 하락할 수 있고,[1056) 그 객관적 가치를 평가할 수 있는 시장이 제대로 형성되어 있지 않다. 만약 **담보권자**로 하여금「가등기담보법」제8조처럼 청산금만 공탁할 수 있도록 하는 경우에는,[1057) 압류권자 등 이해관계인과 청산금 산정의 적정성 등에 대한 분쟁이 발생할 가능성이 높다. 따라서 **담보권자**가 청산금 지급의무 이행과 관련된 분쟁을 피할 수 있도록 매각대금 전부를 공탁할 수 있도록 한 것이다.

담보권자가 매각대금 등을 공탁한 경우, **담보권자**는 공탁사실을 즉시 **담보권자**가 알고 있는 **이해관계인**과 담보목적물의 매각대금 등을 **압류 또는 가압류**하거나 그에 관하여 권리를 **주장하는 자**에게 **통지**하여야 한다(법 제27조 제1항 후문).

담보목적물의 매각대금 등에 대한 압류 또는 가압류가 있은 후에 **담보권자**가 매각대금 등을 공탁한 때에는, **채무자 등**의 공탁금출급청구권이 압류되거나 가압류된 것으로 봄으로써(법 제27조 제2항), 압류채권자 등의 이익도 보호될 수 있도록 하고 있다. 매각대금 등을 공탁한 경우에는, **담보권자**는 이에 대한 회수를 청구할 수 없다(법 제27조 제3항).

3. 채무자 등의 변제와 담보권자의 담보권실행의 중단

동산담보권의 실행의 경우에 **채무자 등**은 일정 기간(법 제23조 제5항 각 호의 구분에 따라 정한 기간까지) 안에 피담보채무액을 지급하고 담보등기의 말소를 청구할 수 있도록 규정하고 있다(법 제28조 제1항 전단). 여기서 채무자 등이란 채무자, 담보목적물의 물상보증인(物上保證人), 담보목적물의 제3취득자를 말한다. 이 경우 **담보권자**는 동산담보권의 실행을 즉시 중지하여야 한다(법 제28조 제1항 후단).

담보권자가 사적 실행의 방법으로 담보목적물을 처분하는 것보다는, **담보권설정자**가 담보목적물을 이용하여 영리활동을 지속할 수 있는 것이 더 경제적이다. 따라서 **담보권자**가 사적 실행을 개시한 경우에도 채무자 등이 피담보채무액을 지급하고 담보목적물을 회수할 수 있도록 할 필요가 있다(채무자 등의 환수권). 다만 **채무자 등**이 언제든지 피담보채무액을 변제하고 담보목적물을 회수할 수 있도록 하면 **담보권자**의 사적 실행이 불가능하게 되므로 일정한 제한이 불가피하다. 따라서 법에서는 채무자 등이 법 제23조 제5항 각 호에서 정한 기간 안에 피담보채무액을 변제하면 담보목적물을 회수할 수 있도록 하고 있다. 이때 피담보채무액에는 변제 시까지의 이자와 지연배상금이 포함된다 할 것이다.

1056) 예컨대 **담보권설정자**가 수산물유통업자이고 담보목적물이 냉동창고에 보관 중이 생선 등인 경우 단기간에 담보목적물의 부패 등으로 형상이 변질되거나 가치가 급락할 수 있다.

1057)「가등기담보법」제8조 (청산금의 공탁) ① 청산금채권이 압류되거나 가압류된 경우에 채권자는 청산기간이 지난 후 이에 해당하는 청산금을 채무이행지(債務履行地)를 관할하는 지방법원이나 지원(支院)에 공탁(供託)하여 그 범위에서 채무를 면(免)할 수 있다.

즉 **취득정산**의 경우 채무자 등이 담보목적물을 회수하기 위하여는, **담보권자**로부터 청산금을 지급받기 전 또는 청산금이 없는 경우에는 청산기간이 경과하기 전까지 피담보채무액을 변제하여야 한다. 그리고 **처분정산**의 경우에는 **담보권자가 제3자**와 담보목적물에 대한 매매계약을 체결하기 전에 피담보채무액을 변제하여야 한다. 거래의 안전 등을 고려하여 취득정산과 처분정산의 경우를 달리 규정한 것이다. 채무자의 변제를 원인으로 동산담보권의 실행을 중지함으로써 **담보권자**에게 손해가 발생하는 경우에 채무자 등은 그 손해를 배상하여야 한다(법 제28조 제2항).

4. 공동담보와 배당, 후순위담보권자의 대위

공동담보의 경우 각 **담보권설정자**와 각 담보목적물의 **후순위담보권자**의 권리보호를 위하여, 동시배당을 할 때의 비례원칙과 이시배당 할 때의 **후순위담보권자의** 대위에 대하여 규정하고 있다.

공동담보란 동일한 채권의 담보로서 여러 개의 담보목적물에 설정된 담보권을 **담보권자**의미한다. 공동담보에 있어 **담보권자**는 임의로 어떤 목적물로부터 피담보채권의 전부나 일부의 우선변제를 받을 수 있다. 그러나 이 원칙을 그대로 관철한다면, 담보목적물 중 일부에 **후순위담보권자**가 있는 경우에는 **담보권자**의 선택에 따라 **후순위담보권자**가 자신의 담보권을 상실하게 되는 등 불공평한 결과가 생길 수 있다.[1058]

따라서 공동**담보권자**의 자유선택을 원칙적으로 존중하면서 각 담보목적물에 대한 합리적인 부담을 할당하여 담보목적물의 소유자, **후순위담보권자**를 보호할 수 있도록, 공동저당에 관하여 규정하고 있는 「민법」 제368조와 같은 취지의 규정을 마련한 것이다.

이와 관련하여, 동산담보의 목적으로 제공된 집합동산이 경제적으로 단일한 목적에 이바지하고 있는 경우에도 일률적으로 공동담보의 규정이 적용되어야 하는지 문제가 될 수 있다. 그러나 집합물이라 하더라도 예외적으로 단일한 경제적 목적에 이바지하면서 동시에 그 집합물을 하나로 공시할 수 있는 방법이 마련될 수 있을 때에는 그 집합물도 하나의 물건으로 다루어질 수 있다. 입목, 재단 등은 다수의 동종 또는 이종의 물건으로 구성된 집합물이지만 등기, 명인방법 등의 공시방법을 갖추게 되면 마치 하나의 독립된 물건으로 다루어진다.[1059] 그러므로 집합물이 하나의 독립된 물건으로 다루어질 수 있는 경우에는 공동담보 규정의 적용이 제한될 것이다.

1058) 예컨대, 각 1억원의 재산적 가치가 있는 A, B 담보목적물에 1순위 **담보권자**인 甲이 피담보채권 1억원의 공동담보권을 취득하였고 그 후 A 담보목적물에 2순위 **담보권자**인 乙이 피담보채권 5천만원의 담보권을 취득하였는데, 甲이 A 담보목적물만 담보권을 실행하여 피담보채권 전부를 변제받는 경우, 乙은 담보권을 상실하게 되는 결과가 된다.

1059) 판례도 "재고상품, 제품, 원자재 등과 같은 집합물을 하나의 물건으로 보아 이를 일정기간 계속하여 채권담보의 목적으로 삼으려는 이른바 집합물에 대한 양도담보권설정계약에 있어서는 그 목적동산을 종류, 장소 또는 수량지정 등의 방법에 의하여 특정할 수만 있다면 그 집합물 전체를 하나의 재산권으로 하는 담보권의 설정이 가능하다."라고 판시(대법원 1988.12.27. 선고 87누1043 판결 등)하여 집합물을 하나의 독립된 물건으로 인정하고 있다.

가. 동시배당(同時配當)에 있어 부담의 안분

공동담보의 목적물을 전부 경매하여 그 경매 대가를 동시에 배당하는 경우(동시배당), 각 담보목적 물의 매각대금에 비례하여 피담보채권의 분담을 정한다(법 제29조 제1항). 예컨대, **담보권설정자**가 서울에 있는 창고에서 보관하는 물건 일체와 인천에 있는 창고에서 보관하는 물건 일체를 공동담보로 제공한 경우, 서울에 있는 물건 일체와 인천에 있는 물건 일체의 각 경매대가로부터 각 분담액을 공제 하고 남는 잔액으로 **후순위담보권자**와 일반채권자에게 변제하게 된다.

이와 같이 동시배당에 있어서는 공동**담보권자**의 자유선택권을 제한하여 **후순위담보권자**의 이익을 조화시키고, 후순위**담보권자** 상호간의 공평을 유지하도록 하였다.

나. 이시배당(異時配當)에 있어 부담의 안분

공동담보의 목적물 중에서 어느 담보목적물만 경매되어 그 대가를 먼저 배당하는 경우(이시배당), 공동**담보권자**는 그 대가로부터 채권 전액의 변제를 받을 수 있다. 그러나 이 경우에 경매된 담보목적물 의 후순위담보권자는, 만일 동시에 배당을 하였더라면 다른 담보목적물의 경매대가에서 부담하였을 공 동담보채권의 금액 한도에서 공동**담보권자**를 대위하여 그 담보권을 실행할 수 있다(법 제29조 제2항). 여기서 **대위**란 공동**담보권자**가 갖고 있던 담보권이 후순위**담보권자**에게 이전하는 것을 말한다. 이와 같이 이시배당의 경우에 후순위**담보권자**의 대위를 인정하는 것은, 공동**담보권자**가 담보권을 어떻게 행 사하는가의 우연한 사정으로 후순위**담보권자**의 지위가 부당하게 불리하게 되지 않도록 하기 위한 조치 이다.

따라서 여기서 **후순위담보권자**란 공동**담보권자** 직후의 **담보권자**뿐만 아니라 그 이하의 **담보권자** 모 두를 포함하는 것으로 해석하여야 할 것이다. 예컨대 앞의 사례에서, 서울의 창고에서 보관하는 물건 들만 경매된 경우 공동**담보권자**는 그 대가로부터 채권 전액의 변제를 받을 수 있고, 해당 창고에 있는 물건들에 대하여 후순위담보권을 취득한 자는 인천의 창고에 보관하는 물건들의 공동담보권 실행으로 변제받을 수 있는 금액의 한도에서 선순위**담보권자**를 대위하여 담보권을 행사할 수 있는 것이다.

다. 동산담보권의 사적 실행 절차에 준용

공동**담보권자**가 사적 실행의 방법으로 담보목적물을 처분하는 경우에도 동시배당 또는 이시배당의 규정이 동일하게 적용된다. 다만, 사적 실행의 특성을 고려하여 각 담보목적물의 매각대금을 정할 수 없는 경우에는 각 담보목적물의평가액 또는 예상매각대금에 비례하여 그 채권의 분담을 정하도록 하고 있다(법 제29조 제3항).

5. 이해관계인의 가처분신청

동산담보권의 사적 실행이 위법한 경우에 이해관계인이 가처분신청을 하여 이를 저지할 수 있도록 규정하고 있다. 동산은 그 형상의 변질이나 가치의 하락 등의 위험이 부동산보다 높다. 따라서 **담보권자**가 담보목적물로부터 피담보채권의 회수를 용이하게 할 수 있도록 사적 실행을 폭넓게 허용하고 있다. 이와 관련하여 **동산담보권자**가 담보목적물을 부당하게 염가로 처분하려는 경우 **후순위담보권자**는 경매의 청구를 하여 이를 저지할 수 있으나, **담보권설정자**의 압류채권자 등은 경매청구권이 인정되지 않는다. 따라서 **담보권설정자**의 압류채권자 등을 보호할 수 있는 절차가 마련될 필요가 있다.

이를 위하여 법은 **담보권자**가 위법하게 동산담보권을 실행하는 경우, 이해관계인이 **담보권설정자**의 법인등기 또는 상호등기를 관할하는 법원에 동산담보권 실행의 중지 등 필요한 조치를 명하는 가처분을 신청할 수 있도록 하고 있다(법 제30조 제1항). 하지만 이해관계인의 가처분신청이 있다고 하여 **담보권자**의 사적 실행이 무조건 중지된다면, 담보권 실행의 지연으로 인하여 담보목적물의 가치 훼손 등 회복할 수 없는 손해가 발생할 우려가 있으므로 법원의 중지결정이 있을 때까지는 담보권의 실행이 가능하다. 다만, 담보목적물의 특성 등을 고려하여, 법원이 가처분결정을 하기 전에 이해관계인에게 담보를 제공하게 하거나 제공하지 아니하고 집행을 일시 정지하도록 명하거나 **담보권자**에게 담보를 제공하고 그 집행을 계속하도록 명하는 등 잠정처분을 할 수 있도록 하고 있다(법 제30조 제2항).

담보권 실행을 위한 경매에 대하여 이해관계인은 「민사집행법」에 따라 이의신청을 할 수 있다(법 제30조 제3항).

6. 유담보약정에 의한 담보권의 실행

담보권자와 **담보권설정자**의 동산담보권 실행에 관한 약정에 대하여 원칙적으로 이를 허용하되, 청산절차를 거치지 않거나 이해관계인의 권리를 침해하는 경우는 효력이 없도록 규정하고 있다.

법에서는 원칙적으로, "**담보권자**와 **담보권설정자**가 법률에서 정하는 담보권실행방법 이외의 방법으로도 담보권을 실행하는 것을 약정할 수 있도록" 하여 **유담보약정을 허용**한 것이다(법 제31조 제1항 본문). 다만, 후순위**담보권자** 등을 보호하기 위하여 사적 실행에 관한 통지가 없거나 통지 후 1개월이 지나지 아니한 경우에도 통지 없이 **담보권자**가 담보목적물을 처분하거나 직접 변제에 충당하기로 하는 약정은 효력이 없도록 하고 있으며(법 제31조 제1항 단서), 유담보약정을 실행할 수 있다고 하더라도 그 실행에 대해 이해관계가 있는 자들의 권리를 침해하지 못하도록 하고 있다(법 제31조 제2항). 가령 법 제28조 제1항에 따른 채무자 등의 환수권을 말한다.

반면 현행 「민법」상 질권은 설정행위나 채무변제기 전의 계약으로 질권자에게 변제에 갈음하여 질물의 소유권을 취득하게 하거나 법률에서 정한 방법에 의하지 아니하고 질물을 처분할 것을 약정하지 못하도록 하는, 유질계약(流質契約)의 금지는 질권자의 폭리행위에 의하여 채무자가 희생당하는 것을 방지하기 위한 것이다(민법 제339조). 그러나 유질계약 금지가 항상 채무자에게 도움이 된다고 볼 수 없다. 현실적으로 궁박한 채무자는 유질계약의 금지를 위반하면서까지 융자를 받고자 하는 경우가 있는데 이를 하지 못하도록 하면 융자의 길이 막혀 채무자가 더 곤궁한 상태에 빠지게 될 수도 있기 때문이다.

따라서 <u>유담보계약을 원칙적으로 허용하되, 절차적인 규정을 두는 것이 바람직하다</u>. 그래서 이 법은 <u>유담보약정을 허용하되, 채무자 등을 보호하기 위하여 실행방법의 통지와 1개월의 유예기간은 준수할 것을 요구하고 있다</u>(법 제31조 제1항 단서).[1060]

7. 근담보·전담보권

현대의 채권채무관계는 계속적 거래가 예상되는 경우가 많이 있기 때문에, 증감 변동하는 불특정 다수의 채권을 위하여 동산담보권을 설정할 수 있도록 근담보권에 대하여 규정하고 있다.

<u>근담보권은 그 담보할 채무의 최고액만을 정하고 채무의 확정을 장래에 보류하여 설정할 수 있는 동산담보권이다</u>. 이 경우 그 채무가 확정될 때까지 채무의 소멸 또는 이전은 이미 설정된 동산담보권에 영향을 미치지 아니한다(법 제5조 제1항). 이때 채무의 이자는 최고액 중에 포함된 것으로 본다(법 제5조 제2항). <u>동산근담보권 조항은 채권담보에도 준용</u>된다. 이는 당사자 사이의 계속적인 거래관계로부터 발생하는 불특정채권을 어느 시기에 계산하여 잔존하는 채무를 일정한 한도액 범위 내에서 담보하는 것으로, 보통의 동산담보권과 달리 발생 및 소멸에서 피담보채무에 대한 부종성을 요구하지 않고 실행에 관한 부종성만을 요구하는 것이라고 할 수 있다.

<u>근담보권이 성립하려면, 일반적으로는 설정계약에서 근담보권에 의하여 담보될 채권을 발생하게 하는 계속적 계약관계를 먼저 결정하여야 할 것이고, 이를 토대로 근담보권의 피담보채무를 확정하는 데 필요한 요소(채권최고액과 계속적 계약의 결산기)를 약정하여야 할 것이다. 따라서 근담보권의 등기를 신청할 때처럼 등기신청서에 등기원인이 근담보권설정계약이라는 뜻과 채권의 최고액 등을 기재하여야 한다</u>.[1061] 동산담보에서의 근담보권은 부동산담보에서 근저당권에 대응하는 것이므로, 피담보채무의 확정, 근담보권의 처분 등은 근저당권에서의 피담보채무 확정이나 근저당권의 처분에 관한 학설 및 판례의 이론이 그대로 적용되어야 할 것이다.[1062]

[1060] 그런데 법 제31조 제1항 단서에서 통지와 청산기간을 규정한 법 제23조 제1항을 언급하면서 **담보권자**의 청산금지급의무를 정한 법 제23조 제3항에 대해서는 침묵하고 있다. 그러므로 원칙적으로 당사자들은 **담보권자**의 청산금지급의무를 면제하는 유담보약정도 할 수 있다는 것이고, 동산담보권의 사적 실행과 관련하여 사적 자치를 넓히고자 한 법률의 취지로 보인다(김현진, 동산·채권담보권 연구, 341면).

[1061] 법 제57조에서 법에 특별한 규정이 있는 경우를 제외하고 그 성질에 반하지 아니하는 범위에서 「부동산등기법」을 준용하도록 하고 있다.

[1062] 현행 「민법」에서는 '근질권'에 대하여 규정을 두고 있지 않지만, 학설 및 판례는 근질권을 인정한다. 근질권에 있어 피담보채무의 확정시기에 관하여 판례는 "근질권자가 제3자의 압류 사실을 알고서도 채무자와 거래를 계속하여 추가로 발생시킨 채권까지 근질권의 피담보채권에 포함시킨다고 하면 그로 인하여 근질권자가 얻을 수 있는 실익은 별다른 것이 없는 반면 제3자가 입게 되는 손해는 위 추가된 채권액만큼 확대되고 이는 사실상 채무자의 이익으로 귀속될 개연성이 높아 부당할 뿐만 아니라, 경우에 따라서는 근질권자와 채무자가 그러한 점을 남용하여 제3자 등 다른 채권자의 채권 회수를 의도적으로 침해할 수 있는 여지도 제공하게 된다. 따라서 이러한 여러 사정을 적정·공평이란 관점에 비추어 보면, 근질권이 설정된 금전채권에 대하여 제3자의 압류로 강제집행절차가 개시된 경우 근질권의 피담보채권

한편, 동산담보권의 경우 **담보권자**가 권리의 범위 내에서 자기 책임으로 담보목적물을 전담보(轉擔保)할 수 있다는 규정이 없으므로 전질(轉質)과는 달리 전담보권은 인정되지 않는 것으로 보아야 한다.[1063]

8. 선의취득

거래안전을 위하여 동산담보권이 설정되어 등기된 담보목적물에 대하여 「민법」상 선의취득 규정에 따라 소유권·질권을 취득할 수 있도록 규정하고 있다. 즉 이 법에 따라 동산담보권이 설정된 담보목적물의 소유권·질권을 취득하는 경우에는 「민법」제249조부터 제251조까지의 규정을 준용한다(법 제32조).

현행 「민법」은 동산 유통을 확보하기 위하여, 어떤 동산을 점유하는 자를 권리자로 믿고 평온·공연·선의·무과실로 취득한 경우에는 비록 양도인이 정당한 권리자가 아닌 경우에도 양수인에게 동산에 관한 권리의 취득을 인정하고 있다. 이 규정에서 동산담보권이 설정된 담보목적물에 대하여도 동일한 법리가 적용되도록 하였다. 동산에 관한 소유권, 질권에 대한 선의취득만 인정되고, 동산담보권에 대한 선의취득은 인정되지 않는다. 선의취득은 동산의 점유에 공신력을 인정하는 것인데, 동산담보권의 취득·이전 등은 동산의 점유를 요건으로 하지 않기 때문이다.

집합동산을 담보목적물로 제공하는 경우 **담보권설정자**가 담보목적물을 점유·사용하기로 약정하는 것이 일반적이다. 가령 양돈장의 돼지처럼, 동산담보권이 설정된 동산과 같은 종류·형태의 동산은 무수히 많이 있고, 그러한 동산에 대한 거래가 빈번하고 계속적으로 이루어진다. 그런데 동산을 거래할 때마다 양수인으로 하여금 양도인의 담보등기부를 열람하여 동산담보등기가 설정된 사실이 있는지 여부를 확인하도록 한다면, 시간과 비용의 낭비는 물론이고 거래의 안전과 신속을 저해하게 된다. 이에 따라 동산담보권이 설정된 담보목적물도 선의취득을 할 수 있도록 한 것이다.[1064] 이와 같이 매수인이 선의취득을 하는 경우 동산담보권은 소멸하게 되므로 **물상대위의 범위를 매각대금에까지 확대**하게 되었다.[1065]

동산담보로 제공된 담보목적물에 대하여 선의취득이 인정됨에 따라 동산담보권의 효력이 그만큼 약화될 수 있다. 따라서 **담보권자**가 담보목적물에 대한 정기적인 현황조사 등을 통하여 담보가치의 훼손 여부를 점검하고, 담보목적물의 처분 등으로 그 가액이 현저히 감소된 경우에는 **담보권설정자**에게 그

은 근질권자가 위와 같은 강제집행이 개시된 사실을 알게 된 때에 확정된다고 봄이 타당하다."고 판시하고 있다(대법원 2009. 10. 15. 선고 2009다43621 판결). 그러나 근담보권의 경우에는 등기에 의하여 채권최고액이 공시되므로 위 판례가 적용될 수 없을 것이며, 근저당권의 피담보채무 확정과 동일하게 이론구성이 되어야 할 것이다.

1063) 김현진, 동산·채권담보권 연구, 185면.
1064) 국회 법안심사를 할 때, 은행연합회 등에서 담보등기의 실효성 확보를 위하여 현행 「민법」과 달리 담보로 제공된 동산에 대하여는 선의취득을 배제하여야 한다는 의견을 제시하였으나, 거래안전 등을 위하여 반영되지 않았다. 현행 「공장 및 광업재단 저당법」에 따라 공장저당권의 효력이 미치는 "공장의 토지 또는 건물에 부착된 동산"이 토지 등으로부터 분리된 경우에는 선의취득의 대상이 되는 것과 같은 이유이다.
1065) 김현진, 동산·채권담보권 연구, 263면.

원상회복 또는 적당한 담보의 제공을 청구할 수 있도록 하고 있다(법 제17조). **담보권자**는 담보목적물의 반입·반출 등 그 현황을 확인하기 위하여, 담보약정에 따라 각 담보목적물에 전자식별표를 부착하게 하거나, 관리인을 선임하는 방법 그 밖에 집합동산을 보관하는 창고 앞에 푯말을 세우는 등의 명인방법을 구비하는 방법 등의 조치를 취할 수 있다.

한편, **제3자**가 **담보권설정자**로부터 담보목적물로 제공된 원자재, 재고상품 등의 <u>집합동산 전부를 양수</u>하는 경우, 그와 같은 거래를 하는 **제3자**는 대부분 금융회사나 **담보권설정자**의 거래업체 등이 될 것이다. 그리고 그러한 경우에는 거래상대방이 양수하려는 목적물의 권리관계 등을 확인하는 것이 통례일 것이다. 따라서 개개의 동산을 거래하는 경우와 달리, <u>집합동산 전부를 거래하는 경우</u>에 있어서는 그 **취득자**가 동산담보권의 존재 여부를 확인하지 않는 경우에는 <u>선의·무과실이 인정되기 어려울 것</u>이다.

9. 준용규정

<u>동산담보권은 양도할 수 없는 물건을 목적으로 하지 못한다</u>(민법 제331조).[1066] 동산담보권에는 우선변제권이 있는데, 양도할 수 없는 물건을 담보목적물로 하는 경우 그 목적물의 대가로부터 우선변제권을 확보할 수 없기 때문이다.

<u>동산담보권의 피담보채권에 대한 부종성에 관하여 「민법」 제369조를[1067] 준용하도록 규정하고 있는데(법 제33조)</u>, 동산담보권도 다른 담보물권과 마찬가지로 부종성이 인정된다. 따라서 <u>피담보채권이 발생하지 않으면 동산담보권도 발생할 수 없으며, 피담보채권이 소멸하면 동산담보권도 소멸한다.</u>

1066) 「민법」 제331조 (질물의 목적) 질권은 양도할 수 없는 물건을 그 목적으로 하지 못한다.
1067) 「민법」 제369조 (부종성) 저당권으로 담보한 채권이 시효의 완성, 기타 사유로 인하여 소멸한 때에는 저당권도 소멸된다.

제3장 채권담보권

Ⅰ. 개설

1. 채권질권이나 채권양도담보와 관계

「민법」상 채권을 담보수단으로 하는 방법은 권리질권과 담보목적의 채권양도가 있다. 그런데 「민법」상 권리질권의 설정은 권리의 양도에 관한 방법에 의하고(민법 제346조), 「민법」은 지명채권의 양도에 관하여 대항요건주의를 취하고 있어(민법 제450조), 채권질권이나 채권양도담보 모두 그 설정에 있어서 채권양도의 대항요건(민법 제349조, 제450조)이 요구된다. 즉 「민법」은 확정일자 있는 증서에 의한 **제3채무자**에 대한 통지 또는 **제3채무자**의 승낙을 통하여 **제3채무자**에 대한 대항력을 부여하는 채권양도의 법리를 활용하여 채권질권이 담보물권으로서 대세적 효력을 갖기 위한 공시의 요구를 해결하고 있다. 그러나 이러한 채권질권이나 채권양도담보의 공시방법은 **제3채무자**의 인식이라는 주관적 기준에 의존하는 점에서 공시기능이 불완전할 뿐만 아니라 장래채권이나 집합채권의 경우 대항요건의 구비가 어렵다는 문제가 있었다. 이 법은 약정에 따른 채권담보권의 득실변경은 담보등기부에 등기한 때에 **제3자**에게 대항할 수 있다(법 제37조 제1항). 이러한 담보등기제도의 도입으로 통지와 승낙은 **제3채무자**에 대한 대항요건으로 그 기능이 축소·제한되었다.

2. 채권담보권의 의의 및 성립

법인 등(법인 또는 「상업등기법」에 따라 상호등기를 한 사람)이 담보약정에 따라 금전의 지급을 목적으로 하는 지명채권을 담보로 제공한 경우에는 담보등기를 할 수 있는데(법 제34조 제1항), 그렇게 등기한 담보권을 채권담보권이라 하고, 이 때 담보권의 목적이 되는 채권은 집합채권이거나 장래에 발생할 채권이라도 채권담보권을 설정할 수 있다(법 제2조 제3호). 채권담보권의 정의 규정은 담보등기가 물권변동의 성립요건인 동산담보권의 정의 규정(법 제2조 제2호)과 동일한 표현으로 되어 있다. 이에 따르면 **담보약정에 따른 금전채권을 목적으로 등기한 담보권이 채권담보권**이다. 따라서 채권담보등기부에 등기하기 전의 담보약정만 있는 단계에서는 당사자 사이에 그 담보약정의 명목인 담보목적의 채권양도계약 내지 채권질권설정계약이 성립하지만, 당사자의 공동신청에 의해 담보등기가 되어야 비로소 채권담보권이 성립한다. 1068)

Ⅱ. 채권담보권의 목적물

금전의 지급을 목적으로 하는 <u>지명채권</u>만 담보목적물이 될 수 있도록 하되, 그 채권이 <u>장래에 발생할 채권</u>인 경우에도 담보목적물로 제공될 수 있도록 하고 있다.

1. 금전지급 목적의 지명채권으로 한정

채권담보권의 담보목적물의 대상을 <u>금전의 지급을 목적으로 하는 지명채권</u>, 즉 <u>금전채권</u>으로 한정하고 있다(법 제34조 제1항). 지명채권은 <u>채권자가 특정되어 있는 채권</u>이며, 보통 채권이라고 하면 <u>지명채권</u>을 가리킨다. 이는 금전채권의 내용이 비개성적이고, 기업 등이 채권담보로 자금조달을 도모하는 경우에는 <u>신용카드대금 채권, 소액의 물품채권, 리스료 채권 등</u> 금전채권이 대부분일 것이기 때문이다.[1069] 따라서 <u>금전의 지급을 목적으로 하면 충분하므로, 외국의 금전 내지 통화의 급부를 목적으로 하는 채권도 담보목적물이 될 수 있다.</u> 또한 담보목적물로 제공되는 채권의 채무자가 **담보권자**인 경우에도 채권담보권을 설정할 수 있다. 즉 담보채권자 자신의 채권도 채권담보의 대상이 될 수 있다. 가령 은행 또는 보험회사는 고객의 정기예금채권 또는 보험금청구권 위에 채권담보권을 취득하고 금전을 대여해 줄 수 있으나 실무에서는 담보등기까지 이르지는 않고 질권을 취득할 것이다. 채권이 양도성을 가지는 이상 그 채권은 하나의 재산적 가치가 있는 독립한 존재가 되므로 채무자라 할지라도 그 위에 채권담보권을 취득할 수 있다는 것은 불합리하지 않기 때문이다.

2. 장래에 발생할 채권을 포함하여 여러 개의 채권(집합채권)도 담보제공 허용

집합동산이 동산담보권의 담보목적물로 제공될 수 있는 것과 마찬가지로, <u>장래에 발생할 채권을 포함하여 다수의 채권(집합채권)도</u> 채권담보권의 담보목적물이 될 수 있다. 현존하는 채권뿐만 아니라 장래에 발생할 채권도 담보목적물이 될 수 있으며, 이 경우 채권의 <u>채무자가 특정되지 않아도 무방하므로 '채무자 불특정의 장래채권'도 채권담보권의 대상</u>이 된다(법 제34조 제2항). 가령 유선방송이나 통신망서비스 등의 사업을 하는 회사가 <u>장래의 고객 또는 회원에 대해서 장래 가지게 되는 채권이나,</u> 리스업자 또는 신용카드회사가 장래의 고객에 대해 가지는 <u>리스료나 신용카드대금채권</u>, 부동산임대업

1068) 부연하면, 법이 <u>담보약정의 정의</u>를 "양도담보 등 명목을 묻지 아니하고 이 법에 따라 동산·채권·지식재산권을 담보로 제공하기로 하는 약정"이라고 하고(법 제2조 제1호) 있으므로, 담보등기를 하기 위한 담보약정은 실제거래에서 당사자 간에 사용한 계약의 명칭이나 형식에 관계없이 실질에 기초하여 당사자 간에 채권을 담보로 제공하기로 하는 의사의 합치만 있으면 충분하다. 따라서 <u>채권질권설정계약</u>, 채권양도담보계약을 하면서 <u>담보등기</u>를 한다면 등기한 때에 채권담보권으로서 <u>대항력을 취득</u>한다(김현진, 동산·채권담보권 연구, 359~361면).

1069) 또한 채권담보권의 목적으로 <u>물건의 인도청구권이나 채무자의 행위를 청구하는 청구권 등 비금전채권도 포함시켜야 한다는 의견도 있었으나</u>, 물건의 인도청구권이나 채무자의 행위를 청구하는 청구권 등의 비금전채권은 그 내용이 개성적이어서 가치를 환산하기 곤란하고, 다수의 채권을 담보로 제공하기에 적합하지 아니한 점, 실제로 기업 등이 사업자금을 조달하기 위하여 담보로 제공하는 채권은 신용카드대금 채권, 물품채권 등 금전채권에 한정될 가능성이 높은 점 등을 고려하여 법에서는 '금전의 지급을 목적으로 하는 지명채권'만 채권담보권의 목적이 될 수 있도록 하였다.

을 하는 회사가 소유하는 부동산을 장래에 임대하고 임차인에 대하여 가지는 <u>임대료 채권</u>, 재고상품을 장래에 매각하여 가지는 <u>외상매출채권</u> 등을 생각할 수 있다.[1070]

한편, 장래채권의 발생가능성까지 필요한 것은 아니고, 특정할 수 있으면 충분하므로, 장래의 다수의 불특정채권에 대해서는 채무자의 특정 여부를 불문하지만 <u>채권의 종류·발생원인·발생연월일을 정하거나 그 밖에 이와 유사한 방법으로 채권을 특정할 수 있는 경우에만 채권담보권의 목적물로 담보등기가 가능</u>하다(법 제34조 제2항).[1071] 채권의 특정은 채권에 대한 담보권 설정이 처분행위라는 점에서 요구되므로, 법률관계의 명확화를 위하여 담보로 제공되는 채권은 양도대상이 되지 아니하는 채권과 구별할 수 있을 정도로 특정되어야 하고, 특정되지 아니할 경우 그 담보약정은 효력이 없다.[1072]

후술할 것이지만 채권담보등기의 대상이 되는 채권을 특정하기 위한 등기사항은 가. 대법원예규로 정하는 채권의 종류, 나. 채권의 발생원인 및 발생연월일 또는 그 시기와 종기, 다. 담보목적물인 채권의 채권자 성명 및 주소(법인의 경우에는 상호 또는 명칭과 본점 또는 주된 사무소를 말한다), 라. 담보목적물인 채권의 채무자가 설정당시 특정되어 있다면 그 채무자의 성명 및 주소(법인의 경우에는 상호 또는 명칭과 본점 또는 주된 사무소를 말한다). 다만, 장래에 발생할 채권으로서 채무자가 담보권설정 당시 특정되어 있지 않거나, 나목에 의하여 특정할 수 있는 다수의 채권에 대하여 동시에 담보등기를 신청하는 경우에는 대법원예규에 따라 채무자의 성명이나 주소를 기록하지 않을 수 있다(법 제47조 제2항 제6호, 동산·채권의 담보등기 등에 관한 규칙 제35조 제1항 제2호).[1073]

담보목적물인 장래채권의 채무자(<u>제3채무자</u>)가 특정되지 않은 상태에서 담보등기가 이루어진 경우에는, 그 담보목적물인 채권이 발생하여 <u>제3채무자</u>가 특정된 이후에 **담보권자** 또는 **담보권설정자**가 <u>제3채무자</u>에게 담보등기 사실을 통지하여 <u>제3채무자</u>에게 대항할 수 있다.

3. 양도금지특약이 있는 채권

<u>채권담보권은 피담보채권의 채무자가 채무를 불이행하는 경우에 담보목적물로부터 우선변제를 받는 것을 목적으로 하므로, 동산담보권과 마찬가지로 양도할 수 없는 채권은 담보목적물이 될 수 없다</u>(법 제37조, 제33조, 민법 제331조).[1074] 따라서 부양청구권(민법 제979조), 연금청구권(공무원연금법 제32조), 재해보상청구권(산업재해보상보험법 제88조 제2항) 등 법률상 양도가 금지되는 채권은 채권담

1070) 김현진, 동산·채권담보권 연구, 368면.

1071) 판례는 장래의 채권양도가 유효하기 위하여 "특정가능성"과 "발생가능성"을 요구하고 있으나(대법원 1991. 6. 25. 선고 88다카6358 등), 이 법에 따른 채권담보권의 목적이 되는 장래의 채권은 특정가능성만 있으면 충분하고 발생가능성을 요구하지 않는다(김재형, "「동산채권담보법」 제정안의 구성과 내용", 법조 제638호(2009. 11), 40면). "채권의 발생가능성"을 요구하는 경우 채권담보권을 설정할 수 있는 범위가 지나치게 제한될 우려가 있고, 장래채권을 활용한 자금조달에 대한 거래계의 수요를 충족시키기 어려운 점 등을 고려한 것이다.

1072) 김현진, 동산·채권담보권 연구, 366면.

1073) 상세한 내용은 제4장 담보등기/제2절 담보등기의 절차 및 실행/Ⅲ. 등기신청인/8. 등기부의 작성 및 기록사항에서 설명한다.

1074) 「민법」 제331조(질권의 목적물) 질권은 양도할 수 없는 물건을 목적으로 하지 못한다.

보권의 목적이 될 수 없다.

채권은 **원칙적**으로 **양도**할 수 있으나, **예외적**으로 채권의 성질, 당사자의 의사표시, 법률의 규정에 의하여 **양도가 제한**된다(민법 제449조).[1075] 그런데 금전채권의 경우 그 성질상 양도가 제한되는 경우를 생각하기 어려우므로, 금전채권의 양도가 제한되는 경우는 법률의 규정이 양도를 제한하는 경우를 제외하고는 당사자의 반대의 의사표시, 즉 채권양도금지특약이 있는 경우에 한정된다. 「민법」 제449조 제2항에 따르면 "채권은 당사자가 반대의 의사를 표시한 경우에는 양도하지 못한다. 그러나 그 의사표시로써 선의의 제삼자에게 대항하지 못한다."고 규정하고 있으므로 채권양도금지의 특약이 있는 채권을 담보로 제공한 경우 채권담보권의 설정에도 적용된다.[1076]

제3채무자가 특정되지 않은 상태에서 장래의 채권에 대하여 담보등기를 하였는데, 담보목적물인 채권의 발생원인인 계약으로 양도금지특약이 이루어진 경우에 **담보권자**가 **제3채무자**에게 채권담보권을 주장할 수 있는가 문제된다. 이는 양도금지특약의 성립시기에 따라 그 효력이 달라진다.

즉 담보목적물로 된 채권의 발생원인인 계약에서 양도금지특약을 한 경우에는, 담보목적물로 된 채권이 발생 전의 단계에서부터 양도성이 없는 것으로 되었기 때문에 **담보권자**는 담보등기를 이유로 **제3채무자**에게 대항할 수 없다. 「민법」 제449조 제2항 단서에서 양도금지특약으로 '선의의 **제3자**'에 대하여 대항할 수 없도록 규정하고 있으나, 이때의 '선의'는 양도금지특약의 존재를 몰랐던 경우를 의미하는 것이기 때문에, 담보목적물인 채권의 발생 전에 담보약정이 이루어진 경우까지 그 개념을 확장할 수는 없다. 따라서 이 경우에 **담보권자**는 **담보권설정자**에게 담보목적물의 보충청구 등의 방법으로 권리행사를 하여야 한다.

그러나 담보목적물인 채권이 성립한 이후(채권담보권 성립 이후)에는, **담보권자**가 일반 채권에 대한 담보권을 취득한 것과 동일한 효력이 있기 때문에, 양도금지특약으로 **담보권자**에게 대항할 수 없다. 이를 허용하게 되면 **담보권자**가 유효하게 담보목적물에 대한 우선변제권을 취득한 이후에 **담보권설정자**나 **제3채무자**의 의사표시로 **담보권자**의 권리를 박탈할 수 있게 되어 부당하기 때문이다.[1077] 따라서 담보목적물인 채권이 성립한 후 **담보권자**가 **제3채무자**에게 담보권설정의 사실을 통지하기 전에 양도금지특약이 이루어졌다 하더라도, **제3채무자**는 선의의 **담보권자**에 대하여 대항할 수 없다.

1075) 「민법」 제449조 (채권의 양도성) ① 채권은 양도할 수 있다. 그러나 채권의 성질이 양도를 허용하지 아니하는 때에는 그러하지 아니하다. ② 채권은 당사자가 반대의 의사를 표시한 경우에는 양도하지 못한다. 그러나 그 의사표시로써 선의의 제3자에게 대항하지 못한다.

1076) 김현진, 동산·채권담보 연구, 368~369면.

1077) 채권담보권에 대하여는 「민법」 제352조(질권설정자의 권리처분제한) 규정이 준용된다. 따라서 **담보권설정자**는 채권 **담보권자**의 동의 없이 질권의 목적이 된 권리를 소멸하게 하거나 채권**담보권자**의 이익을 해하는 변경을 할 수 없다.

Ⅲ. 채권담보의 효력

1. 의의(법 제35조)

담보권자와 담보권설정자 간의 약정에 따른 채권담보권의 득실변경은 담보등기부에 등기한 때에 지명채권의 채무자(이하 '**제3채무자**'라 한다) 외의 **제3자**에게 대항할 수 있다(법 제35조 제1항).

담보권자 또는 담보권설정자(채권담보권 양도의 경우에는 그 양도인 또는 양수인을 말한다)는 **제3채무자**에게 등기사항증명서를 건네주는 방법으로 그 사실을 통지하거나 **제3채무자**가 이를 승낙하지 아니하면 **제3채무자**에게 대항하지 못한다(법 제35조 제2항).

동일한 채권에 관하여 담보등기부의 등기와 「민법」 제349조(지명채권에 대한 질권의 대항요건) 또는 제450조(지명채권양도의 대항요건) 제2항에 따른 통지 또는 승낙이 있는 경우에 **담보권자** 또는 담보의 목적인 채권의 양수인은 법률에 다른 규정이 없으면 **제3채무자** 외의 **제3자**에게 등기와 그 통지의 도달 또는 승낙의 선후에 따라 그 권리를 주장할 수 있다(법 제35조 제3항).

통지, 승낙에 관하여는 「민법」 제451조(승낙, 통지의 효과)[1078] 및 제452조(양도통지와 금반언)를[1079] 준용한다(법 제35조 제4항).

2. 대항요건주의

가. 대항요건주의 채택

우리 「민법」은 물권변동에 있어서 형식주의 내지 성립요건주의를 취하고 있으면서, 준물권행위인 채권양도에 있어서는 대항요건주의를 취하고 있다. 즉 동산의 물권변동에 있어서는 성립요건주의를 취하여 동산질권설정이나 동산양도담보에서 점유의 이전을 요구함에 반하여, 채권질권설정에서는 이러한 성립요건주의를 취하지 않고 있다. 그 대신 채권질권설정방식은 채권의 양도방법에 의하므로 채권질권설정과 채권양도 공히 채권양도의 법리에 따라 대항요건주의를 취한다.[1080]

그래서 이 법에 따른 동산담보권도 담보등기에 등기함으로써 성립하는 것과 달리, 채권담보권은 당사자의 약정에 따라 성립하되 **담보등기에 등기**함으로써 지명채권의 채무자(**제3채무자**)를 제외한 나머지 **제3자**에게 대항할 수 있도록 하고 있다(법 제35조 제1항).

담보목적물로 제공된 채권에 채권증서가 있는 경우에 채권증서의 교부 여부는 채권담보권의 효력에 아무런 영향을 미치지 않는다. 채권증서는 단순히 채권의 증거방법에 불과하고, 채권의 실체를 좌우하

1078) 「민법」 제451조(승낙, 통지의 효과) ① 채무자가 이의를 보류하지 아니하고 전조의 승낙을 한 때에는 양도인에게 대항할 수 있는 사유로써 양수인에게 대항하지 못한다. 그러나 채무자가 채무를 소멸하게 하기 위하여 양도인에게 급여한 것이 있으면 이를 회수할 수 있고 양도인에 대하여 부담한 채무가 있으면 그 성립되지 아니함을 주장할 수 있다. ② 양도인이 양도통지만을 한 때에는 채무자는 그 통지를 받은 때까지 양도인에 대하여 생긴 사유로써 양수인에게 대항할 수 있다.

1079) 후술한다.

1080) 김현진, 동산·채권담보권 연구, 360면.

는 것이 아니기 때문이다.[1081]

나. 대항요건의 구분

(1) 제3채무자에 대한 대항요건

제3채무자에 대한 대항요건의 취지는 **제3채무자**에게 변제를 하여야 할 상대방을 확실하게 알려주어 이중변제의 위험을 방지하기 위한 것으로, 채권담보권의 설정은 **담보권자**와 **담보권설정자**(담보목적채권의 채권자) 사이의 합의에 의하여 이루어지며, **제3채무자(담보목적채권의 채무자)**는 당사자가 아니지만 이러한 채권담보권의 설정으로 **제3채무자**의 지위가 불리하게 되어서도 아니 된다. 그러한 의미에서 채권담보권 실행 시 **담보권자**가 채권을 추심할 것이라는 점을 채권담보권 설정 후 **제3채무자**에게 알려주는 기능을 하는 것이 **제3채무자**에 대한 대항요건이다.

그리고 **제3자**에 대한 대항요건은 상호 양립할 수 없는 법적 지위를 갖는 자에 대한 상호우열을 결정하는 것으로서, 양자의 기능이 다르기 때문에 대항요건을 달리 정하고 있다.

채권담보권의 득실변경을 등기하면 **제3채무자**를 제외한 **제3자**에게 대항할 수 있도록 하여 **제3자**에 대한 대항요건은 채권담보등기만으로 족하나(법 제35조 제1항), **제3채무자**에게는 등기사항증명서를 건네주는 방법으로 그 사실을 통지하거나 **제3채무자**가 승낙을 하여야 대항할 수 있도록 하여(법 제35조 제2항), 「민법」과 마찬가지로 **제3채무자**에 대한 대항요건과 **제3자**에 대한 대항요건을 달리 하고 있다(민법 제450조). 여기서 등기사항증명서란 담보등기가 등기부에 기재되어 있음을 증명할 목적으로 발급하는 처분문서이다. 등기사항증명서의 종류는 동산담보등기 및 채권담보등기별로 등기사항전부증명서, 등기사항일부증명서, 등기기록미개설증명서가 있고,[1082] 누구든지 수수료를 내고 등기사항을 열람하거나 그 전부 또는 일부를 증명하는 서면의 발급을 청구할 수 있다(법 제52조 제1항).

등기사항증명서의 교부에 의한 통지는 시간적으로 **제3자**에 대한 대항요건인 **담보등기**보다 후에 이루어진다. 따라서 담보등기를 마치지 아니한 채 담보등기증명서의 교부 없이 담보권설정사실을 통지하는 것은 **제3채무자**에 대한 대항요건으로서 효력이 없다.[1083] 통지의 법률적 성질이 '관념의 통지'로

1081) 현행 「민법」 제347조에 따르면 "채권을 질권의 목적으로 하는 경우에 채권증서가 있는 때에는 질권의 설정은 그 증서를 질권자에게 교부함으로써 그 효력이 생긴다."고 규정하고 있다. 그러나 채권증서의 인도만으로 설정자로부터 채권의 이용, 즉 처분을 박탈하는 것이 되지 않기 때문에, 지명채권의 입질에 있어서 그 증서의 교부는 점유개정에 의하여도 가능하고 또한 증서를 반환하더라도 질권의 소멸을 초래하지 않는다. 따라서 채권담보권의 성립에 있어 「민법」 제347조를 준용할 실익이 없다 할 것이다.

1082) 동산·채권의 담보등기 등에 관한 규칙 제23조(등기사항증명서의 종류 등) ① 등기사항증명서의 종류는 동산담보등기 및 채권담보등기별로 다음 각 호로 한다. 다만, 폐쇄한 등기기록에 대하여는 제1호로 한정한다.
1. 하나의 담보약정에 따른 등기사항 전부를 기재한 "등기사항전부증명서(말소사항 포함)"
2. 제1호의 사항 중 현재 유효한 사항만을 기재한 "등기사항전부증명서(현재 유효사항)". 다만, 해당 담보약정에 따른 등기사항 전부가 말소된 경우에는 그러하지 아니하다.
3. 제1호의 사항 중 담보목적물에 관하여는 특정한 담보목적물에 대한 사항만을 기재한 "등기사항일부증명서"
4. 법인·상호등기를 한 사람에 대하여 아무런 등기기록이 개설되어 있지 않다는 내용을 기재한 "등기기록미개설증명서"

1083) 김현진, 동산·채권담보권 연구, 384면.

의사표시가 아니지만, 도달에 의하여 효력이 생기는 점 등에 대한 규정은 준용되어야 할 것이며, 따라서 「민법」 제113조에 의하여 **담보권자**나 **담보권설정자**가 과실 없이 **제3채무자**의 주소를 알지 못하는 경우에는 「민사소송법」상 공시송달의 규정에 의하여 통지를 할 수 있기 때문에 별도의 통지방법 간소화 규정을 마련하지 않은 것이다.[1084]

한편, 승낙의 경우 법문언상 등기사항증명서의 교부까지는 요구하지 않는다. 따라서 담보등기가 되어 있지 아니하더라도 **제3채무자**가 승낙할 수 있다. 그 승낙은 **담보권설정자**에 대해서도 할 수 있고 **담보권자**에 대해서도 할 수 있다. 여기서 승낙은 채권담보권 설정 사실에 대한 인식 내지 양해를 표시하여 밝히는 채무자의 행위로서 그 법률적 성질은 관념의 통지이다.[1085]

채권담보권에 대한 담보등기가 이루어졌으나, **제3채무자**에 대한 통지를 하지 않아 대항력을 갖추지 못한 상태에서, **제3자**가 담보목적물인 채권을 압류하고 **제3채무자**에게 그 지급을 청구한 경우에는, **담보권자**의 **제3채무자**에 대한 통지나 승낙이 없으면 **제3채무자**에게 대항할 수 없기 때문에, **제3채무자**가 채권을 압류한 **제3자**에 대한 지급으로 면책을 주장할 수 있다. 그러한 경우에는 **담보권자**는 담보등기로써 **제3자**에게 우선변제권을 주장할 수 있기 때문에, 채권을 압류한 **제3자**에 대하여 부당이득반환청구를 해야 할 것이다.

한편 **제3채무자**가 채권을 압류한 **제3자**에게 지급하지 않고 **담보권자**에게 지급하는 경우에는 "승낙을 한 때"에 해당한다.

(2) 제3자에 대한 대항요건

채권담보등기는 채권담보권의 **제3자**에 대한 대항요건이다. 그런데 여기서 "담보등기부에 등기한 때에 **제3자**에게 대항할 수 있다."고 하고 있다. 여기서 '등기한 때'라는 의미는 법 제45조 제2항에 의하면 "등기관이 등기를 마친 경우 그 등기는 접수한 때"로 이해할 수 있다.

그리고 '**제3자**'는 「민법」 제450조에 따른 지명채권양도의 대항요건에서 말하는 **제3자**와 의미가 다르다. 즉, 지명채권에 관하여 양수인의 지위와 양립할 수 없는 법률상의 지위를 취득한 자를 말하는 것이 아니고, 담보권의 목적인 채권에 대해 **담보권자**와 서로 양립할 수 있는 이해관계를 취득한 사람을 말한다. 가령 설정자로부터 동일한 채권을 양수한 자, 설정자로부터 동일한 채권에 대해 담보권이나 질권을 설정 받은 자, 동일한 채권을 압류하여 전부(轉付) 받은 설정자의 채권자, **담보권설정자**가 파산한 경우 파산관재인 등이다. '대항한다'는 것은 이들에 대해 담보권을 주장하여 경합하는 채권자들 사이에서 우선적 지위를 가진다는 의미이다.[1086]

1084) 「자산유동화에 관한 법률」 제7조에서는 채권양도의 대항요건에 관한 특례를 두어, 양도인 또는 양수인이 채무자의 주소로 2회 이상 내용증명우편으로 채권양도의 통지를 발송하였으나 소재불명 등으로 반송된 경우에 채무자의 주소지를 주된 보급지역으로 하는 2개 이상의 일간신문에 채권양도사실을 공고함으로써 그 공고일에 채무자에 대한 채권양도의 통지를 한 것으로 간주하고 있으나, 채권담보권에 대하여는 이와 같은 특례를 마련하지 아니하였다.

1085) 김현진, 동산·채권담보권 연구, 384면.

1086) 김현진, 동산·채권담보권 연구, 381면.

3. 제3채무자에 대한 통지 및 제3채무자의 승낙

가. 담보권자의 제3채무자에 대한 통지 허용

권리질권의 경우 질권자가 제3채무자에 대한 대항력을 취득하려면 질권설정자가 제3채무자에게 통지하거나 제3채무자가 승낙을 하여야 한다(민법 제349조). 하지만 채권담보권은 담보권설정자(채권담보권 양도의 경우에는 그 양도인 또는 양수인을 말한다)는 물론 담보권자도 담보권 설정 사실을 제3채무자에 대하여 통지를 함으로써 대항력을 취득할 수 있다(법 제35조 제2항). 이는「민법」제349조의 경우에 비하여 통지권자의 범위를 확대한 것이다.

통지권자를 담보권자에까지 확대한 이유는 담보등기는 담보권설정자와 담보권자의 공동신청으로 이루어지고, 담보등기부의 존재는 제3채무자가 채권담보등기의 내용을 쉽게 확인할 수 있어 허위 내용을 통지할 가능성이 낮기 때문이다. 또한 담보권설정자는 담보권설정 사실을 통지할 적극적인 동기나 이해관계를 갖기 어려운 반면, 담보권설정자가 통지를 게을리 하는 경우 담보권자의 지위가 불안해져 통지의 이익은 담보권설정자보다는 담보권자에게 있기 때문이다. 그리하여 담보권자나 그 양수인도 이를 통지할 수 있도록 규정한 것이다.[1087]

담보권자가 독자적으로 통지할 수 있는 권한은 담보권설정자가 협력하지 않는 경우 또는 담보권설정자가 파산한 경우 중요한 의미를 갖는다.[1088]

나. 담보권자 또는 담보권설정자의 제3채무자에 대한 통지의 효력

제3채무자는 통지가 있기 전에는 담보권자의 변제청구를 거절하고 설정자에게만 변제할 수 있는 반면, 일단 통지가 있은 후부터는 담보권자에게만 유효한 변제를 할 수 있다고 보아야[1089] 할 것이다. 따라서 제3채무자는 담보권자 또는 담보권설정자로부터 그 통지를 받을 때까지 담보권설정자에 대하여 생긴 사유로써 담보권자에게 대항할 수 있다(법 제35조 제4항, 민법 제451조 제2항). 가령, 제3채무자는 담보권설정자에 대한 변제 기타의 사유로 채권의 전부 또는 일부가 소멸하였다는 항변, 동시이행의 항변 또는 채무불성립·무효·취소의 항변 모두를 담보권자에 대하여 주장할 수 있다.[1090]

1087) 제3채무자가 특정되지 않은 장래의 채권에 대하여 담보등기를 한 경우에 제3채무자에 대한 대항요건을 어떻게 구비할 것인지 문제된다. 채권에 대한 담보등기 후 담보목적물인 채권이 발생하여 제3채무자가 특정된 이후에 제3채무자에게 담보권자 또는 담보권설정자가 담보등기 사실을 통지함으로써 대항력을 취득할 수 있다(곽윤직·김재형, 물권법, 532면).

1088) 김현진, 동산·채권담보권 연구, 383면.

1089) 김현진, 동산·채권담보권 연구, 385면.

1090) 그리고 상계의 항변에 대해서는, 통지 당시에 제3채무재가 담보권설정자에 대하여 상계적상(相計適狀)에 있는 반대채권을 가지고 있었던 때에는 제3채무자는 담보권자에 대하여서도 그 채권으로써 상계할 수 있으나, 통지가 있은 후에 양도인에 대하여 반대채권을 취득한 때에는 상계할 수 없음이 분명하다(대법원 1984. 9. 11. 선고 83다카2288 판결). 그러나 제3채무자는 담보권설정의 통지가 있을 당시에 담보권설정자에 대한 반대채권을 가지고 있었으나 아직 변제기가 도래하지 않아 상계적상에 있지 않은 경우에는 학설이 나뉜다. 다수설은 통지가 있을 당시에 이미 상계를 할 수 있는 원인이 있는 경우에는 그 후에 상계적상이 생기면 담보권자에게 상계로 대항할 수 있다고 한다. 판례도 같다(대법원 1999. 8. 20. 선고 99다18039 판결). 이와 관련하여, 제3채무자가 특정되지 않은 장래채권에 대한 담보등기가 이루어진 경우 제3채무자가 담보등기 이후에 발생한 담보권설정자에 대한 채권으로 상계할 수 있는지가 문제될 수

그러나 반대해석상 **제3채무자**는 담보권 설정 통지를 받은 이후에는 **담보권설정자**에 대하여 생긴 사유로써 **담보권자**에게 대항할 수 없으므로, 결국 **제3채무자**는 특별한 사정이 없는 한 위 통지를 받은 이후에는 **담보권설정자**에게 변제를 하더라도 **담보권자**에게 대항할 수 없다.[1091]

다. 담보등기와 「민법」상 '통지 또는 승낙'의 우열

동일한 채권에 관하여 담보등기부의 등기와 「민법」 제349조(지명채권에 대한 질권의 대항요건) 또는 제450조(지명채권양도의 대항요건) 제2항에 따른 통지 또는 승낙이 있는 경우에 **담보권자** 또는 담보의 목적인 <u>채권의 양수인</u>은 법률에 다른 규정이 없으면 **제3채무자** 외의 **제3자**에게 등기와 그 통지의 도달 또는 승낙의 선후에 따라 그 권리를 주장할 수 있다(법 제35조 제3항).

채권이 이중으로 담보로 제공되어 이중의 담보등기를 한 경우에는 등기의 순서에 따라 우열관계가 결정된다. 즉 동일한 채권에 대하여 등기된 **담보권자**들 사이에서는 등기일자의 선후에 따른다.

그리고 채권담보등기와 「민법」 제349조 또는 제450조 제2항에 따른 확정일자 있는 증서에 의한 통지 또는 승낙이 경합하는 경우에도 등기와 통지의 도달 또는 승낙의 시간적 순서에 따라 우열이 결정된다. 즉 동일한 채권에 관하여 담보등기부의 등기와 채권질권 내지 채권양도담보의 통지나 승낙이 있는 경우에는 **담보권자** 또는 <u>양수인</u>은 **제3채무자** 외에 **제3자**에 대하여 등기일자와 확정일자 있는 통지의 도달일자나 승낙일자의 선후에 따라 자신의 권리를 주장할 수 있다고 규정하고 있다.

그러나 채권담보등기와 확정일자 있는 채권양도통지의 도달이 동시에 이루어졌다면, **담보권자**와 <u>양수인</u>의 순위는 동등하게 되고, 이러한 경우에는 원칙적으로 안분비례로 배당하여야 할 것이다.[1092]

4. 담보권설정의 통지와 금반언 규정의 준용

「민법」 제452조(양도통지와 금반언) 제1항에 따르면, "양도인(**담보권설정자**)이 채무자(**제3채무자**)에게 채권양도(채권담보권설정)를 통지한 때에는 아직 양도(설정)하지 아니하였거나 그 양도가 무효인 경우에도 선의인 채무자(**제3채무자**)는 양수인(**담보권자**)에게 대항할 수 있는 사유로 양도인(**담보권설정자**)에게 대항할 수 있다."는 규정이 준용되므로(법 제35조 제4항), 담보권설정의 통지가 있는 때에는 아직 담보권이 설정되지 아니하였거나 그것이 무효인 경우에도 선의의 **제3채무자**는 **담보권자**에게 대항할 수 있는 사유로 **담보권설정자**에게 대항할 수 있다. 이는 "자신의 선행행위와 모순되는 후행행위는 허용되지 않는다."는 금반언의 원칙에 따라, 담보권설정 통지를 한 이상 선의의 **제3채무자**는 설정자에 대하여 자기가 표현(表現)**담보권자**에게 한 변제 등 면책행위를 유효한 것으로 주장할 수 있다. 그 이유는 허위표시, 즉 가장(假裝)담보권 설정에 의해 등기되었을 가능성이 존재하므로 선의의 **제3채**

있다. **담보권자**는 제3채무자에게 담보등기 사실에 대한 통지를 한 이후에만 대항할 수 있으므로, 제3채무자는 담보등기 사실에 대한 통지 전까지 취득한 채권을 자동채권으로 하여 상계할 수 있다.

1091) 김현진, 동산·채권담보권 연구, 386면.
1092) 곽윤직·김재형, 물권법, 533면.

무자, 보호의 필요성이 존재한다는 것이다.

다음으로 같은 조 제2항의 "전항의 통지는 양수인(**담보권자**)의 동의가 없으면 철회하지 못한다."는 조항도 준용되므로(법 제35조 제4항), 만약 설정자가 통지하였다면 **담보권자**의 동의가 없으면 이를 철회하지 못한다고 해석하여야 할 것이다. 그러나 **담보권자**가 통지를 하였다면, 그가 설정자의 동의 없이 이를 철회하더라도 설정자에게 불이익하지 아니하므로, **담보권자**는 설정자의 동의 없이도 철회할 수 있을 것이다.[1093]

IV. 채권담보권의 실행

채권담보권은 **제3채무자**에 대한 직접청구와 「민사집행법」에서 정한 집행방법으로 채권담보권을 실행할 수 있도록 하고 있다.

1. 담보권자의 제3채무자에 대한 채권의 직접청구 허용

담보권자는 피담보채권과 담보목적채권의 변제기가 모두 도래하였다면 채권담보권의 목적이 된 채권을 피담보채권의 한도에서 직접 청구할 수 있다(법 제36조 제1항). 「민법」상 권리질권 중에서 제대로 활용되고 있는 금전채권에 대한 질권인 채권질에 있어서도 집행기관의 도움 없이 직접청구라는 실현방법을 규정하고 있다(제353조 제1항 및 제2항).[1094] 즉 **담보권설정자**의 위임을 요하지 않고, 또한 재판상 행사하여야 하는 것도 아니며, **담보권자**가 자기의 이름으로 담보목적물을 **담보권자** 자신에게 지급하라고 청구하는 것이다.[1095] 담보목적물은 금전채권에 한정되므로, **담보권자**는 자기의 채권액에 해당하는 부분에 한하여 직접 청구함으로써 곧바로 피담보채권의 변제에 충당할 수 있다.

그리고 담보목적물인 채권의 변제기가 피담보채권의 변제기보다 먼저 도래한 경우에는 **담보권자**는 **제3채무자**로 하여금 그 변제금액을 공탁시킬 수 있고, 이러한 경우에는 담보권이 그 공탁금 위에 존속하게 된다(법 제36조 제2항).

1093) 김현진, 동산·채권담보권 연구, 389면.
1094) 이시윤, 신민사집행법, 520면.
1095) 임금채권은 「근로기준법」에 의하여 사용자가 근로자에게 직접 그 전액을 지급하여야 한다(근로기준법 제43조 제1항). **담보권설정자**는 법인이나 상호등기를 한 사람만 될 수 있기 때문에 임금채권이 담보목적물로 제공될 가능성은 거의 없으나, 예컨대 상호등기를 한 사람이 자기의 사업체를 운영하면서 동시에 다른 회사에 근로자로 취업하여 그 임금채권을 담보목적물로 제공하는 경우도 배제할 수 없다. 이 경우 「동산채권담보법」에 따른 **담보권자**의 직접청구 규정과 「근로기준법」에 따른 임금 직접지급의 원칙 규정의 관계가 문제될 수 있다. 이와 관련하여 판례는 "근로자가 그 임금채권을 양도한 경우라 할지라도 그 임금의 지급에 관하여는 「근로기준법」에 정한 임금 직접지급의 원칙이 적용되어 사용자는 직접 근로자에게 임금을 지급하지 아니하면 안되고, 그 결과 비록 적법 유효한 양수인이라도 스스로 사용자에 대하여 임금의 지급을 청구할 수 없으며, 그러한 법리는 근로자로부터 임금채권을 양도받았거나 그의 추심을 위임받은 자가 사용자의 집행재산에 대하여 배당을 요구하는 경우에도 그대로 적용된다."(대법원 1996. 3. 22. 선고 95다2630 판결)고 판단하였다. 채권담보권의 경우에도 동일한 법리가 적용되어야 한다. 따라서 이 법에도 불구하고, 담보목적물이 임금채권인 경우에는 **담보권자**가 그 사용자에게 직접청구를 할 수 없다.

2. 민사집행법에 의하는 집행방법

채권담보권자는 제3채무자에 대한 직접 청구 외에, 「민사집행법」이 정하는 집행방법에 의하여 채권담보권을 실행할 수 있다(법 제36조 제3항).

「민사집행법」에 의한 집행방법으로 채권실행절차를 개시하여 채권담보의 목적인 채권을 압류하고, 채권의 추심명령(推尋命令),[1096] 전부명령(轉付命令)의[1097] 현금화 방법이 있으며, 그 어느 방법에 의하더라도 담보권의 실행으로 하는 집행이기 때문에 일반채권자와 달리 판결 기타의 집행권원을 필요로 하지 않고, 담보권의 존재를 증명하는 서류의 제출로 충분하다(민사집행법 제273조).

3. 유담보약정의 허용

동산담보권에 관하여 "담보권자와 담보권설정자는 이 법에서 정한 실행절차와 다른 내용의 약정을 할 수 있다."고 하여 유담보약정을 허용한다(법 제31조). 그런데 채권담보권은 그 채권액의 한도에서 직접청구권을 갖고 있으므로 그 채권액의 한도에서 금전채권을 변제에 갈음하여 담보권자에게 귀속시키는 것을 미리 약정하는 것은 허용된다 할 것이다. 따라서 채권담보권의 성질에 반하지 아니하는 범위이므로 법 제37조에 따라 제31조가 준용된다.[1098]

V. 준용규정

채권담보권에 관하여는 동산담보권에 관한 여러 규정을 준용하되, 채권담보권에 특유한 규정을 두었다. 즉, 채권담보권에 관하여는 그 성질에 반하지 아니하는 범위에서 동산담보권에 관한 제2장과 「민법」 제348조(저당채권에 대한 질권과 부기등기) 및 제352조(질권설정자의 권리처분제한)를 준용하도록 하고 있다(법 제37조).

즉, 근담보권(법 제5조), 동산을 목적으로 하는 담보권을 설정하려는 자의 명시의무(법 제6조), 동산담보권의 우선변제권(제8조), 동산담보권의 불가분성(제9조), 담보권이 효력을 미치는 목적물의 범위(제10조), 과실에 대한 효력(제11조), 피담보채권의 범위(제12조), 담보권의 양도(제13조), 물상대위(제

1096) 추심명령(推尋命令)이란 압류채권자에게 피압류채권의 추심권을 수여하는 집행법원의 이부명령(移付命令, 압류에 의하여 국가가 걷어 들인 압류금전채권의 처분권을 압류채권자에게 부여하는 집행법원의 처분)이다. 즉 압류채권자가 피압류채권을 찾게끔 하는 명령이다. 피압류채권의 추심권을 국가가 행사하지 않고 압류채권자에게 수권하여 그로 하여금 현금화하게 하는 것이다. 원래 채권자는 채무자의 제3채무자에 대한 권리를 채권자대위권(민법 제404조)에 의하여 행사할 수 있지만 추심명령을 받으면 대위절차를 밟지 않고(채무자의 무자력을 불문) 채권자가 바로 피압류채권의 지급을 받을 수 있게 된다(민사집행법 제229조 제2항, 이시윤, 신민사집행법, 428면).

1097) 전부명령(轉付命令)이란 압류된 금전채권을 집행채권의 지급에 갈음하여 압류채권자에게 이전시키는 집행법원의 명령이다(민사집행법 제229조 제3항). 피압류채권으로 집행채권을 대물변제를 받게 하되 피압류채권의 권면액만큼 집행채권이 변제된 것으로 하는 제도이다(이시윤, 신민사집행법, 437~438면).

1098) 김현진, 동산·채권담보권 연구, 404면.

14조), 담보목적물 이외의 재산으로부터의 변제(제15조), 물상보증인의 구상권(제16조), 담보목적물의 보충(제17조) 등의 규정이 채권담보권에도 적용된다.

그러나 채권의 성질상 준용되지 않는 규정들이 있다. 가령 점유를 전제로 하는 담보목적물 반환청구권(법 제19조), 담보목적물의 점유(법 제25조) 등에 관한 규정과 점유를 전제로 하는 선의취득을 인정할 수 없으므로 담보목적물의 선의취득(법 제32조)에 관한 규정이 이에 해당한다.

한편, 저당권으로 담보한 채권(저당권부채권)을 채권담보권의 목적으로 한 때에는 그 저당권등기에 채권담보권의 부기등기를 하여야 그 효력이 저당권에 미치며(민법 제348조), **담보권설정자**는 채권**담보권자**의 동의 없이 담보권의 목적이 된 권리를 소멸하게 하거나 **담보권자**의 이익을 해하는 변경을 할 수 없다(민법 제352조).

제4장 담보등기

I. 담보등기부의 의의

담보등기는 이 법에 따라 동산·채권을 담보로 제공하기 위하여 이루어진 등기를 말한다(법 제2조 제7호).

담보등기부는 법원이 관장하는 동산·채권의 담보권을 등기하기 위한 전산정보처리조직에 의하여 입력·처리된 등기사항에 관한 전산정보자료를 **담보권설정자**별로 등기사항을 저장한 보조기억장치(자기디스크, 자기테이프, 그 밖에 이와 유사한 방법으로 일정한 등기사항을 기록·보존할 수 있는 전자적 정보저장매체를 포함한다)를 말하고, 동산담보등기부와 채권담보등기부로 구분한다(법 제2조 제8호).

등기부의 구성은 물적편성주의에 따라 1필의 토지 또는 1동의 건물에 대하여 등기부가 마련되는 부동산등기부와 달리, 동산·채권 담보등기부는 '**담보권설정자**'를 기준으로 작성되는 '인적편성주의'를 택하고 있다.

부동산과 달리, 동산은 동일한 물건이 많고 그 형태·품질·가격 등이 각양각색이며, 채권도 그 발생원인이나 변제기 등이 천차만별이기 때문에, 담보목적물(동산 또는 채권)을 기준으로 하는 '물적편성주의'를 택하는 경우에는 막대한 수의 등기가 필요하게 되어 등기업무가 복잡하게 될 뿐만 아니라, 담보목적물을 객관적·구체적으로 특정하여야 하는데 그 특정이 쉽지 아니하여 오히려 등기제도 이용을 기피하는 결과를 초래할 수 있는 점을 고려하였다.

담보권설정자를 기준으로 담보등기부를 작성하는 경우 동산·채권의 권리변동 관계를 물적편성주의만큼 명확하게 파악할 수는 없지만 **담보권설정자**의 성명과 상호를 이용하여 검색·열람이 가능하다. **제3자**는 등기열람을 통하여 **담보권설정자**의 동산이나 채권에 대해 담보권이 설정되어 있다는 점을 알 수 있고, 이를 토대로 **담보권설정자**와 **담보권자**를 상대로 추가적인 확인을 통해 담보권의 내용을 구체적으로 파악할 수 있다.

Ⅱ. 등기할 수 있는 권리

담보등기는 동산담보권이나 채권담보권의 득실변경을 등기할 사항으로 규정하고 있다. 즉, 담보권의 **설정·이전·변경·말소 또는 연장**이 등기할 권리변동 사항이다(법 제38조). 그리고 <u>동산소유권의 변동은 담보등기부의 등기사항이 아니다</u>. 따라서 담보목적물에 관한 소유권의 변동은 담보등기부에 기재되지 아니하므로 검색 시 담보목적물의 소유권자가 누구인지는 담보등기부의 검색만으로 확인할 수 없다. 다만, **담보권설정자** 및 **담보권자**의 이름과 주소를 알 수 있으므로 이들에게 확인함으로써 담보권의 내용을 구체적으로 파악할 기회를 갖게 된다. 그리하여 <u>담보등기제도의 공시효과를 보강하고 담보등기를 신뢰한 **담보권자**를 보호하기 위하여 **담보권설정자**에게 담보목적물에 대한 명시의무를 부과하고 있다(법 제6조).[1099]

여기서 '**설정**'이란 동산담보권을 창설하거나, 채권담보권의 취득을 **제3채무자**를 제외한 **제3자**에 대하여 대항할 수 있도록 하는 것이고, '**이전**'이란 어떤 사람에게 귀속되어 있던 동산담보권 또는 채권담보권이 다른 사람에게 옮겨가는 것을 의미한다. '**변경**'이란 협의의 변경등기와 경정등기를 포함하는 개념이다. 협의의 변경등기란 등기 후에 기존의 등기된 사항의 일부가 후발적으로 변경된 경우 이를 실체관계에 부합되게 하는 등기이고, 경정등기는 등기신청인의 신청착오 또는 등기관의 착오 등으로 인하여 등기사항의 일부가 등기 당시부터 실체관계에 부합하지 않는 경우에 이를 바로 잡는 등기를 의미한다. 변경(경정)의 대상에는 권리의 내용(채권최고액 등)뿐만 아니라 등기명의인의 표시변경(성명, 주소 등), 담보목적물의 표시변경(담보목적물에 대한 보관 장소 등)도 포함한다. '**소멸**'이란 동산담보권 또는 채권담보권이 등기원인의 무효·취소·해제, 권리의 포기, 변제, 혼동, 목적물의 멸실과 같은 사유로 인하여 없어지는 것을 의미하며, '**연장**'이란 담보권의 존속기간을 연장하기 위하여 그 존속기간 만료 전에 하는 등기를 의미한다.

제2절 **담보등기의 절차 및 실행**

Ⅰ. 관할 등기소

동산담보등기, 채권담보등기는 대법원장이 지정·고시하는 지방법원, 그 지원 또는 등기소에서 취급하도록 규정하고 있다(법 제39조 제1항).

[1099] 김현진, 동산·채권담보권 연구, 221면.

가. 법원에서 등기업무 관장

등기는 권리관계의 현황, 즉 물권변동을 법정절차에 따라 공적 장부에 기재하여 공시하는 것으로, 우리나라는 부동산에 대한 등기사무를 사법부에서 관장하고 있으나, 자동차·항공기 등의 특정동산, 지식재산권 등에 대하여는 해당업무를 소관하는 각 행정관청에서 관장하도록 하고 있다.

따라서 동산담보등기나 채권담보등기의 등기사무를 논리 필연적으로 법원이 관장하여야 하는 것은 아니며, 미국이나 일본 등에서는 행정부에서 등기사무를 관장하고 있다. 그럼에도 동산담보권, 채권담보권의 담보등기에 관한 사무를 법원으로 하여금 관장하도록 한 것은, 등기시스템의 운영방식이 부동산등기와 유사하기 때문에 업무담당자의 업무숙달 및 공시업무의 신뢰성 확보가 용이하여 새로운 공시제도의 조기정착에 유리한 점을 고려한 것이다.

또한 **담보권설정자**의 자격 범위를 합리적으로 한정하면서도 누구나 쉽게 해당 자격을 구비할 수 있도록 하기 위하여 '상호등기를 한 사람'까지 **담보권설정자**가 될 수 있도록 하였는데, 법원으로 하여금 등기사무를 관장하도록 하면 상호등기의 변경사항이 곧바로 동산·채권 담보등기부에 반영될 수 있는 점도 고려하였다.

나. 등기소의 관할

등기사무는 **담보권설정자**가 법인인 경우에는 그 본점 또는 주된 사무소 소재지, **담보권설정자**가 「상업등기법」 제30조에 따라 상호등기를 한 사람인 경우에는 그 영업소 소재지를 각 관할하는 지방법원, 그 지원 또는 등기소에서 관할한다(법 제39조 제2항). 다만, 등기사무 처리의 편의 등을 고려하여 대법원장은 어느 등기소의 관할에 속하는 사무를 다른 등기소에 위임할 수 있도록 하고 있다(법 제39조 제3항). 관할의 위임이 있게 되면 등기사무는 위임받은 등기소만이 관할권을 갖게 된다.

Ⅱ. 등기사무의 처리

등기사무는 등기관이 접수번호의 순서에 따라 전산정보처리조직에 의하여 담보등기부에 등기사항을 기록하는 방식으로 처리하도록 하고 있다.

가. 등기관이 등기사무 처리

등기관은 지방법원장(등기소의 사무를 지원장이 관장하는 경우에는 지원장)의 지정을 받아 지방법원, 그 지원과 등기소에서 등기사무를 처리하는 자를 말한다(법 제40조 제1항). 따라서 등기소에 근무하는 법원직원이라 하더라도 등기관으로 지정되지 않으면 등기사무를 처리할 수 없다.

나. 전산등기부에 등기사항 기록

전산등기부란 등기사항이 기록된 보조기억장치(자기디스크, 자기테이프, 그 밖에 이와 유사한 방법으로 일정한 등기사항을 기록·보존할 수 있는 전자적정보저장매체 포함)를 말한다. 집합동산 등의 담보목적물 기록 및 보관의 편의, 등기부의 멸실 위험 방지 등을 위하여 담보등기부를 전산등기부로 마련하도록 하고 있다.

다. 등기의 순서

등기관은 접수번호의 순서에 따라 전산정보처리조직에 의하여 담보등기부에 등기사항을 기록하는 방식으로 등기사무를 처리한다. 즉, 동일한 담보목적물에 대하여 동시에 수 개의 등기신청이 있거나 동일한 **담보권설정자**에 대한 별개의 담보목적물에 대하여 수 개의 등기신청이 있는 경우 접수번호의 순서에 따라 등기사무를 처리하여야 한다(법 제40조 제2항). 접수번호는 등기전산시스템에 의하여 자동으로 부여된다.

라. 등기관을 확인할 수 있는 조치 마련

현행 「부동산등기법」은 등기사건의 처리과정의 공정성과 등기의 진정성을 보장하기 위하여 일정한 경우에는 당연히 그 등기사건에서 배제되는 등기관의 제척제도를 두고 있으며, 해당 규정은 동산·채권 담보등기에도 그대로 준용된다.

또한 등기관의 위법한 처분에 대하여 국가가 배상책임을 지게 되는 경우, 등기관에게 고의·중과실이 있으면 국가가 그 공무원에 대하여 구상할 수 있다. 따라서 등기사무를 처리한 등기관을 확인할 수 있어야 한다. 이에 따라 등기관의 식별부호를 기록하는 등 등기사무를 처리한 등기관을 확인할 수 있는 조치를 마련하도록 한 것이다(법 제40조 제3항).

Ⅲ. 등기신청인

1. 의의

원칙적으로 등기신청은 등기권리자와 등기의무자가 <u>공동으로 신청</u>하여야 한다. 다만, 등기명의인의 표시변경 등 예외적인 경우에는 단독신청이 가능하며, 등기신청은 방문신청 외에 전자신청도 가능하도록 규정하고 있다.

2. 공동신청주의 채택

담보등기는 등기권리자와 등기의무자 또는 그 대리인이 공동으로 신청하여야 한다(법 제41조 제1항). 등기의무자의 불측의 손해를 방지하고 등기의 진정성을 보장하기 위하여 공동신청주의를 채택한 것이다.

등기권리자란 담보등기가 경료됨으로써 등기부상 권리를 얻는 새로운 등기명의인 또는 등기부의 기재형식상 유리한 위치에 있게 되는 기존의 등기명의인을 의미하고, 등기의무자란 등기가 행해짐으로써 등기부상 권리를 잃거나 등기부의 기재형식상 불리한 위치에 서게 되는 기존의 등기명의인이나 그 포괄승계인을 의미한다.

3. 예외적 단독신청 허용

공동신청에 의하지 않더라도 등기의 진정성을 보장할 수 있는 특별한 사정이 있는 경우 또는 등기의 성질상 공동신청이 불가능한 경우에는 단독신청이 허용되어야 할 것이다.

등기명의인의 표시의 변경 또는 경정의 등기는 그 성질상 등기의무자가 존재하지 아니한다 할 것이고(법 제41조 제2항), 상속을 등기원인으로 하는 권리이전의 등기는 상속등기를 신청하는 시점에 등기의무자인 피상속인이 이미 사망하여 공동신청이 불가능하다 할 것이다. 또한 판결에 의한 등기는 판결절차에서 등기청구권의 존재 여부가 확정되므로 등기의 진정성이 보장되었다 할 것이다(법 제41조 제3항). 따라서 위와 같은 경우에는 공동신청의 예외를 인정하여 단독으로 신청할 수 있도록 하고 있다.

4. 등기신청의 방법

등기신청 방법으로 방문신청 외에 전자신청을 허용하고 있다. 방문신청의 경우에는 신청인 또는 그 대리인이 등기소에 출석하여 신청정보 및 첨부정보를 적은 서면을 제출하여야 한다. 다만, 대리인이 변호사나 법무사인 경우에는 대법원규칙으로 정하는 사무원을 등기소에 출석하게 하여 그 서면을 제출하게 할 수 있다(법 제42조 제1호).

전자신청은 전산정보처리조직을 이용하여 신청정보 및 첨부정보를 보내는 방법으로 신청하는 것으로, 그 등기신청정보가 전산등기부에 저장된 때 접수된 것으로 간주된다. 법원에서 등기사무를 관장하기 때문에 전자신청의 구체적인 방법에 대하여는 대법원규칙으로 정하도록 하고 있다(법 제42조 제2호).

5. 등기신청에 필요한 서면 또는 전자문서와 신청서의 기재사항 및 방식

등기신청를 신청할 때 등기원인을 증명하는 서면 또는 전자문서 등을 제출 또는 송신하도록 하는 등 등기신청에 필요한 서면 등과 신청서의 기재사항 및 그 방식에 대하여 규정하고 있고, 등기신청수수료는 대법원규칙에서 정하도록 하고 있다.

가. 등기신청서 제출

등기신청서는 동산·채권담보권의 설정, 변경, 소멸에 관한 등기의 기초자료가 되는 중요한 자료이므로, 형식적 심사권밖에 없는 등기관으로 하여금 엄격한 방식을 갖춘 신청서를 기준으로 심사하게 함으로써 등기사건을 신속하게 처리할 수 있도록 해야 할 필요가 있다. 따라서 구술에 의한 등기신청을 허용하지 않고, 반드시 등기신청서 또는 등기신청의 전자문서를 제출하도록 하고 있다(법 제43조 제1항).

나. 등기원인을 증명하는 서면 등

담보등기를 신청할 때에는 다음 각 호 1. 대법원규칙으로 정하는 방식에 따른 신청서, 2. 등기원인을 증명하는 서면 등, 3. 등기원인에 대하여 제3자의 허가, 동의 또는 승낙이 필요할 때에는 이를 증명하는 서면 등, 4. 대리인이 등기를 신청할 때에는 그 권한을 증명하는 서면 등, 5. 그 밖에 당사자의 특정 등을 위하여 대법원규칙으로 정하는 서면 등의 서면 또는 전자문서(이하 "서면 등"이라 한다)를 제출 또는 송신하여야 한다(법 제43조 제1항).

여기서 등기원인을 증명하는 서면 등이란 등기할 권리변동의 원인인 법률행위 또는 법률사실의 성립을 증명하는 서면 등을 의미하는 것으로, 담보권설정계약서 등이 이에 해당한다. 등기원인서면 등을 제출하게 하는 취지는 등기관으로 하여금 등기 심사단계에서는 등기원인서면 등을 통해서 신청인적격 또는 등기신청당사자적격을 심사하여 수리 여부를 결정하게 하고, 신청서와 등기원인서면 등의 부합 여부를 심사하여 이에 부합하지 아니한 때에는 등기신청을 각하할 수 있게 함으로써 등기의 진정을 간접적으로 담보할 수 있게 하기 위함이다.

다. 신청서 기재사항

등기신청서(법 제43조 제1항 제1호)에는 다음 각 호 1. 법 제47조 제2항 제1호부터 제9호까지의 규정에서 정한 사항(**담보권설정자**, 채무자, **담보권자**에 대한 사항과 담보등기의 등기원인, 담보목적물의 특정에 필요한 사항, 피담보채권액 또는 그 최고액, 담보권의 존속기간 등), 2. 대리인이 등기를 신청할 경우 대리인의 성명[대리인이 법무법인, 법무법인(유한), 법무조합, 법무사법인 또는 법무사법인(유한)인 경우에는 그 명칭을 말한다], 주소(법인이나 조합인 경우는 본점 또는 주된 사무소를 말한다), 3. 등기권리자와 등기의무자가 공동으로 신청하는 경우 및 승소한 등기의무자가 단독으로 등기를 신청하는 경우에 등기의무자의 등기필정보. 다만, 최초 담보권설정등기의 경우에는 기록하지 아니한다. 4. 등기소의 표시, 5. 연월일의 사항을 기록하고 신청인이 기명날인하거나 서명 또는 「전자서명법」 제2조 제2호에 따른 전자서명을 하여야 한다(법 제43조 제2항).

라. 등기신청 수수료 부과

담보등기부에 등기를 하려는 자는 대법원규칙으로 정하는 수수료를 내야 한다(법 제44조).

6. 등기신청의 접수

등기신청은 등기신청정보가 전산정보처리조직에 전자적으로 기록된 때 접수된 것으로 간주하고, 그 등기가 완료된 때에는 접수한 때부터 효력을 갖도록 하고 있다. 즉 등기신청은 등기의 목적, 신청인의 성명 또는 명칭, 그 밖에 대법원규칙으로 정하는 등기신청정보가 전산정보처리조직에 전자적으로 기록된 때에 접수된 것으로 본다(법 제45조 제1항). 등기신청의 접수는 당사자가 제출한 신청서 등 각종의 서면 등을 등기관이 현실적으로 받는 것을 의미한다. 등기신청이 있으면 접수담당 공무원이 등기의 목적, 신청인의 성명 또는 명칭, 접수의 연월일, 접수번호 등 등기신청정보를 전산등기부에 입력하는 등의 절차를 마친 후 담당 등기관에게 인계할 것이므로, 그와 같은 절차가 완료된 때에 접수된 것으로 한다.

등기관이 등기를 마친 경우 그 등기는 접수한 때부터 효력을 발생한다(법 제45조 제2항). 그리고 등기의 효력은 접수의 절차가 완료된 때부터 발생한다. 따라서 등기가 이루어지면 동산담보권은 접수한 때부터 성립하고, 채권담보권은 접수한 때부터 ~~제3채무자~~를 제외한 **제3자**에 대하여 대항할 수 있게 된다.

7. 신청의 각하

가. 형식적 심사주의

형식적 심사주의는 심사대상의 면에서는 등기신청에 대한 절차법상 요건의 적법여부만 심사하게 하고 실체법상의 권리관계나 유효요건에 대하여 심사권한을 부여하지 않으며, 심사방법의 면에서는 등기소에 현출된 자료만을 가지고 소극적으로 심사하는 입법주의를 의미한다.

법은 현행 「부동산등기법」과 마찬가지로, 등기관의 심사권한의 범위에 관한 일반적인 규정을 두지 않고 각하 사유에 대하여만 규정하여, 등기관이 오직 신청서류 등을 토대로 등기요건에 합당한지 여부를 심사하도록 함으로써 형식적 심사주의를 채택하고 있다. 따라서 등기관은 등기신청을 할 때 제출된 서류 등과 이와 관련된 기존 등기부만을 자료로 하여 심사하고, 제출을 필요로 하는 서면 등이 외형상 제출되었는지 여부 및 제출된 서면의 형식적 진정만을 심사하며, 신청서를 접수하여 담보등기 등재를 결정할 때까지 심사하여 판단하면 된다.

나. 심사 후 등기관의 조치

등기관은 다음 각 호 1. 사건이 그 등기소의 관할이 아닌 경우, 2. 사건이 등기할 것이 아닌 경우,

3. 권한이 없는 자가 신청한 경우, 4. 방문신청의 경우 당사자나 그 대리인이 출석하지 아니한 경우, 5. 신청서가 대법원규칙으로 정하는 방식에 맞지 아니한 경우, 6. 신청서에 기록된 사항이 첨부서면과 들어맞지 아니한 경우, 7. 신청서에 필요한 서면 등을 첨부하지 아니한 경우, 8. 신청의 내용이 이미 담보등기부에 기록되어 있던 사항과 일치하지 아니한 경우, 9. 법 제44조에 따른 신청수수료를 내지 아니하거나 등기신청과 관련하여 다른 법률에 따라 부과된 의무를 이행하지 아니한 경우의 어느 하나에 해당하는 경우에만 이유를 적은 결정으로써 <u>신청을 각하하여야 한다</u>(법 제46조 본문).

<u>심사 결과</u> 신청된 등기를 하여야 할 것으로 판단한 때에는 <u>그에 따른 등기</u>를 하여야 하고, 등기신청이 법 제46조 각 호의 어느 하나에 해당될 때에는 이유를 적은 결정으로 <u>등기신청을 각하하여야</u> 한다. 신청에 따른 등기를 할 것인지, 신청을 각하할 것인지의 결정은 신청 전부를 불가분의 일체로 보아서 결정하여야 한다.

다. 등기관의 각하 처분 제한

다만, 신청의 잘못된 부분이 <u>보정(補正)될 수 있는 경우에 신청인이 당일 이를 보정하였을 때에는 그러하지 아니하다</u>(법 제46조 단서). 등기신청에 각하 사유가 있다고 하더라도, 그 흠결이 당일에 보정(補正)될 수 있다면 접수번호에 따라 등기의 순위가 결정되기 때문에 등기신청의 흠결을 정정·보충시키는 것이 등기신청인에게 유리하다.

따라서 신청의 잘못된 부분이 보정될 수 있는 경우에 신청인이 당일 이를 보정하였을 때에는 등기관이 각하 처분을 하지 못하도록 제한하고 있다. 등기관이 신청사항을 심사하여 등기의 요건을 갖추지 못한 경우에 이를 각하할 수 있도록 하되, 신청인이 신청 당일에 흠결된 사항에 대한 보정을 할 수 있는 경우에는 각하 처분을 하지 못하도록 하고 있다.

8. 등기부의 작성 및 기록사항

담보등기부에 관하여 인적편성주의를 채택하여, **담보권설정자**별로 구분하여 작성하도록 하였고, **담보권설정자**, 채무자, **담보권자**에 관한 사항 및 피담보채권액, 담보목적물의 특정에 필요한 사항 등을 담보등기부에 기록하도록 하고 있다.

가. 인적편성주의 채택

<u>담보등기부는 담보목적물인 동산 또는 채권의 등기사항에 관한 전산정보자료를 전산정보처리조직에 의하여 **담보권설정자**별로 구분하여 작성한다</u>(법 제47조 제1항). 즉, 담보등기부에 대하여는 인적편성주의에 따라 **담보권설정자**별로 작성하도록 하고 있다. 부동산등기부처럼 물적편성주의를 따르기 위하여는 담보목적물을 객관적·구체적으로 특정할 수 있어야 하는데, 동산은 동일한 물건이 여러 개 존재

하고 그 형태나 품질 등이 다양할 뿐만 아니라 목적물 자체가 증감변동하는 경우가 있다. 채권 역시 동일한 내용의 채권이 다수 존재할 뿐만 아니라 발생 원인이나 변제기 등이 상이하다.[1100] 이와 같이 동산이나 채권은 그 유형이 천차만별이기 때문에 그 특정이 쉽지 아니한 점을 고려한 것이다.

인적편성주의를 채택함에 따라, 부동산등기부가 해당 부동산 소재지 지번 등을 통하여 검색하는 것과 달리 **담보권설정자**의 성명과 상호 등을 이용하여 검색할 수 있고, 담보목적물로는 담보등기부 검색 및 열람을 할 수 없다. 최초로 등기기록을 개설할 때에는 **담보권설정자**마다 등기고유번호를 부여하고, 담보권설정등기를 할 때에는 담보약정마다 등기일련번호를 부여하여 이를 등기기록에 기록하여야 한다(동산·채권의 담보등기 등에 관한 규칙 제10조).

나. 담보등기부에 기록할 사항

담보등기부에 기록할 사항은 다음 각 호 1. **담보권설정자**의 상호 또는 명칭 및 다음 각 목 가. **담보권설정자**가 법인인 경우: 본점 또는 주된 사무소 및 법인 등록번호, 나. **담보권설정자**가 「상업등기법」 제30조에 따라 상호를 등기한 사람인 경우: 성명, 주소, 주민등록번호 및 영업소의 구분에 따른 사항, 2. 채무자의 성명과 주소(법인인 경우에는 상호 또는 명칭 및 본점 또는 주된 사무소를 말한다), 3. **담보권자**의 성명, 주소 및 주민등록번호(법인인 경우에는 상호 또는 명칭, 본점 또는 주된 사무소 및 법인등록번호를 말한다), 4. **담보권설정자**나 채무자 또는 **담보권자**가 외국법인인 경우 국내의 영업소 또는 사무소. 다만, 국내에 영업소 또는 사무소가 없는 경우에는 대법원규칙으로 정하는 사항, 5. 담보등기의 등기원인 및 그 연월일,[1101] 6. 담보등기의 목적물인 동산, 채권을 특정하는 데 필요한 사항으로서 대법원규칙으로 정한 사항, 7. 피담보채권액 또는 그 최고액,[1102] 8. 법 제10조(동산담보권 효력의 범위) 단서 또는 제12조(피담보채권의 범위) 단서의 약정이 있는 경우 그 약정, 9. 담보권의 존속기간, 10. 접수번호, 11. 접수연월일이다(법 제47조 제2항). 즉, **담보권설정자**, 채무자, **담보권자**를 특정할 수 있는 사항과 등기원인 및 그 연월일, 담보목적물인 동산 또는 채권을 특정하는 데 필요한 사항, 피담보채권액 또는 그 최고액, 담보권의 존속기간 등이다.

다. 동산 및 채권의 특정을 위한 등기사항

법 제47조 제2항에 따라 담보등기의 목적물인 동산, 채권을 특정하는 데 필요한 사항으로서 대법원 규칙으로 정한 다음 사항을 기록하여야 한다(동산·채권의 담보등기 등에 관한 규칙 제35조 제1항). 아래 규칙 제35조 제1항 각 호 이외에도 해당 동산의 명칭이나 채권의 변제기, 채권액의 하한 그 밖에 해당 동산 또는 채권을 특정하는 데 유익한 사항을 기록할 수 있다(같은 규칙 같은 조 제2항).

1100) 김현진, 동산·채권담보권 연구, 220면.
1101) **담보권자**와 **담보권설정자**의 다른 채권자 사이의 법률관계에 담보물권의 우선순위를 정하는 기준으로 작용한다.
1102) 법 제5조에 따른 장래의 불특정채권을 담보하기 위한 동산담보권인 근담보권을 허용함에 기한 조항이다.

(1) 담보목적물이 동산인 경우(제1호)

(가) 동산의 특성에 따라 특정하는 경우에는 대법원예규에서 정하는 동산의 종류 및 동산의 제조번호 또는 제품번호 등 다른 동산과 구별할 수 있는 정보가 등기사항이 될 것이다. 예컨대, 노트북, 전기설비기구, 의료품 등의 유형과 제품번호 등의 기재가 필요하며, 개별 동산별로 나누어 특정되어야 할 것이다. 동산의 특성에 따라 특정하는 경우에는 개별 동산별로 나누어 특정하여야 하고 그 수량은 동산의 특정에 필요한 사항에 해당되지 않을 것이다.

(나) 동산의 보관장소에 따라 특정하는 경우에는 대법원예규로 정하는 동산의 종류 및 동산의 보관장소의 소재지. 다만, 같은 보관장소에 있는 같은 종류의 동산 전체를 담보목적물로 하는 경우에 한정한다. 한 번의 등기로 **담보권설정자**의 현재 및 장래에 취득할 수 개의 동산에 대하여 포괄적으로 동산담보권을 설정할 수 있도록 한다. 즉 유동하는 집합동산에 있어 **담보권설정자**가 등기신청서에 그 범위를 특정하여 기재한 담보목적물에 대하여는 동산을 새로 취득할 때마다 등기를 새롭게 할 필요가 없다. 동산을 특정하는데 필요한 사항은 담보등기부에 기재하는데, 같은 보관 장소에 같은 종류의 동산 전체를 담보목적물로 하는 집합동산담보권의 경우 동산의 보관 장소에 따라 특정하는 경우이므로 대법원예규로 정한 동산의 종류 및 동산의 보관 장소의 구체적인 소재지(토지의 경우에는 지번, 건물의 경우 동·호수가 있는 경우에는 이를 포함한다)를[1103] 적으면 특정된다.

(2) 담보목적물이 채권인 경우(제2호)

채권을 특정하는데 필요한 사항으로, 가. 대법원예규로 정하는 채권의 종류,[1104] 나. 채권의 발생원인 및 발생연월일 또는 그 시기와 종기, 다. 담보목적물인 채권의 채권자의 성명 및 주소(법인의 경우에는 상호 또는 명칭과 본점 또는 주된 사무소를 말한다), 다만, 담보목적물인 채권의 채권자가 2인 이상인 경우에는 **담보권설정자**인 채권자의 성명 및 주소와 나머지 인원수를 적어야 한다.[1105] 라. 담보목적물인 채권의 채무자의 성명 및 주소(법인의 경우에는 상호 또는 명칭과 본점 또는 주된 사무소를 말한다). 다만, 담보목적물인 채권의 채무자가 2인 이상인 경우에는 채무자 중 1인의 성명 및 주소와 나머지 인원수를 적어야 한다.[1106] 다만, 장래에 발생할 채권으로서 채무자가 담보권설정 당시 특정되어 있지 않거나, 담보권설정 당시 이미 발생한 채권과 채무자가 특정되어 있지 않은 장래에 발생할 채권을 함께 담보로 제공하는 경우로서 채권의 발생원인 및 발생연월일 또는 그 시기와 종기로 특정할

1103) 「동산·채권의 담보등기 신청에 관한 업무처리지침」(이하 '등기예규'라 한다. 개정 2018. 4. 20. 등기예규 제1644호, 시행 2018. 8. 1.) 제6조 제1항 제1호 나목.
1104) 등기예규 별표 제1호에 따른 채권의 종류는 다음과 같다. 1.부동산매매대금채권, 2. 동산매매대금채권, 3. 기타 매매대금채권, 4. 부동산담보대출채권, 5. 금융기관대출채권, 6, 신용카드대금채권, 7. 기타 대여금채권, 8. 임대차보증금반환채권, 9. 차임채권, 10. 공사대금채권, 11. 기타 수급인의 보수채권, 12. 수임료채권, 13. 보관료채권, 14. 지료채권, 15. 전세금반환채권, 16. 보험금채권, 17. 보험료채권, 18. 중개료채권, 19. 운송료(운임)채권, 20. 리스료채권, 21. 지식재산권이용료채권, 22. 진료비채권, 23. 서비스이용료채권, 24. 기타 채권.
1105) 등기예규 제6조 제1항 제2호 다목.
1106) 등기예규 제6조 제1항 제2호 라목.

수 있는 다수의 채권에 대하여 동시에 담보등기를 신청하는 경우에는[1107] 담보목적물인 채권의 채무자의 성명이나 주소를 기록하지 않을 수 있다.

9. 등기필정보의 통지

등기필정보는 담보등기부에 새로운 권리자가 기록되는 경우 그 권리자를 확인하기 위하여 지방법원, 그 지원 또는 등기소에 근무하는 법원서기관, 등기사무관, 등기주사 또는 등기주사보 중에서 지방법원장(등기소의 사무를 지원장이 관장하는 경우에는 지원장을 말한다)이 지정하는 사람(이하 "등기관"이라 한다)이 작성한 정보를 말한다(법 제2조 제11호). 또한, 등기의무자인 현재의 등기명의인이 자기가 등기권리자로서 권리의 취득등기를 받을 때에 등기관으로부터 통지받은 등기완료증명정보를 의미한다. 등기필정보는 등기신청을 할 등기관에게 제공하여야 한다(법 제43조 제2항 제3호).[1108]

등기필정보를 제공하도록 하는 이유는, 등기필정보는 특별한 사유가 없는 한 등기의무자가 보관하고 등기필정보의 보관자는 권리자로 사실상 추정되기 때문에, 등기필정보가 등기신청을 할 때 제공되어 있으면 그 등기신청이 등기의무자의 진의에 의한 것임을 간접적으로 추단할 수 있기 때문이다. 그러나, 판결에 의한 등기 등은 등기의 진정성이 보장되기 때문에 등기필정보를 제공하지 않아도 등기신청이 가능하다. 따라서, 등기원인을 증명하는 서면이 집행력 있는 판결인 경우에는 판결자체에 의해서 당사자의 등기신청 의사가 의제되기 때문에 등기의무자의 권리에 관한 등기필정보 제출을 요하지 않는다 할 것이다. 전산등기부의 특성을 고려하여, 등기관이 담보등기를 마쳤을 때 등기필정보를 등기권리자에게 통지하도록 규정하고 있다.

등기관이 담보권의 설정 또는 이전등기를 마쳤을 때에는 등기필정보를 등기권리자에게 통지하여야 한다. 다만, 최초 담보권설정등기의 경우에는 **담보권설정자**에게도 등기필정보를 통지하여야 한다(법 제48조).

10. 담보권의 존속기간의 제한과 연장등기

동산담보권·채권담보권의 존속기간을 5년으로 제한하되, 이의 갱신의 횟수에 대하여는 아무런 제한을 두지 아니하였다. 또한 존속기간 갱신을 위한 연장등기는 등기상 이해관계인의 승낙 등이 없어도 가능하도록 하고 있다.

피담보채권의 대부분이 상사채권이고 피담보채권이 소멸되면 담보권도 소멸되는 점 등을 고려하여 이 법에 따른 담보등기의 존속기간은 상사채권의 소멸시효인 5년을 초과할 수 없도록 하되, 담보등기

1107) 등기예규 제6조 제2항 제2호.
1108) 부동산등기를 종이등기부에서 전산등기부로 전환함에 따라 그에 맞게 「부동산등기법」이 개정되었다. 현행 「부동산등기법」 제51조에 따르면, 등기필정보가 없는 경우에는 등기의무자 또는 그 법정대리인(이하 "등기의무자등"이라 한다)이 등기소에 출석하여 등기관으로부터 등기의무자등임을 확인받도록 하고 있다. 법도 「부동산등기법」을 준용하고 있으므로, 등기필정보가 없는 경우에는 이에 의하여 등기신청을 하여야 한다.

에 관하여 연장등기할 수 있도록 한 것이다.

가. 담보권의 존속기간을 5년으로 제한

이 법에 따른 담보권의 존속기간은 5년을 초과할 수 없다. 다만, 5년을 초과하지 않는 기간으로 이를 갱신할 수 있다. 다만, 동산담보권·채권담보권의 존속기간은 5년으로 제한된다(법 제49조 제1항). 담보목적물의 유동성 등을 고려할 때 담보권의 존속기간이 장기화되면 거래의 안전을 저해할 수 있고, 담보권의 부종성으로 피담보채권이 소멸되면 담보권도 소멸되는데 피담보채권의 대부분이 상사채권일 것이며 그 소멸시효가 5년인 점 등을 고려한 것이다.

나. 담보권의 존속기간 연장 허용

동산담보권·채권담보권의 피담보채권의 소멸시효가 5년보다 장기인 경우 등에 있어서는 그 담보권의 존속기간을 연장할 수 있도록 해 주어야 할 필요가 있다. 특히 근담보권처럼 계속적 거래관계에서 발생하는 채권을 담보하기 위한 경우 등에 있어 그 존속기간을 5년으로 하고 연장을 제한하면 채무자가 5년마다 피담보채무를 상환하여야 하기 때문에 오히려 자금융통을 저해할 수도 있다. 이에 따라 동산담보권·채권담보권의 존속기간을 5년이 초과되지 않는 기간으로 갱신할 수 있도록 하고(법 제49조 제1항 단서), 그 갱신의 횟수에 대하여도 아무런 제한을 하지 않았다.

담보권설정자와 **담보권자**는 존속기간을 갱신하려면 그 만료 전에 연장등기를 신청하여야 한다(법 제49조 제2항). 이는 후순위권리자 등 이해관계인의 보호를 위하여 담보권 존속기간의 만료전에 그 기간의 갱신과 연장등기가 이루어져야 유효하다.

담보권의 존속기간이 갱신되고 연장등기까지 이루어지면, **담보권자**는 원래의 우선순위를 그대로 유지하게 된다. 후순위권리자 등 이해관계인도 담보권의 갱신을 예측할 수 있기 때문에 **담보권자**의 우선순위가 유지되더라도 불이익을 받는 것으로 볼 수 없다.

다. 연장등기에 등기상 이해관계인의 승낙서 등 불요

연장등기를 위하여 담보등기부에 다음 사항 1. 존속기간을 연장하는 취지, 2. 연장 후의 존속기간, 3. 접수번호, 4. 접수연월일을 기록하여야 한다(법 제49조 제3항).

동산담보권·채권담보권의 연장등기는 그 권리내용의 일부가 후발적으로 실체관계에 불일치하는 경우에 동일성의 범위 내에서 그 불일치를 시정하는 권리변경등기에 해당한다. 그러나 피담보채권의 변제기한과 무관하게 담보권의 존속기간을 제한하고, 그 연장을 통하여 우선순위를 유지할 수 있도록 하고 있는 점에서 통상의 권리변경등기와 차이가 있다.

따라서 현행 「부동산등기법」에서 권리변경등기의 신청에 있어 등기상 이해관계 있는 **제3자**가 있는 경우에는 **제3자**의 승낙서 또는 이에 대항할 수 있는 재판의 등본을 첨부하였을 때에만 부기에 의하여 그 등기를 할 수 있도록 하는 규정은, 연장등기에 적용되지 않는다.

동산담보권·채권담보권의 연장등기에 있어서도 이해관계 있는 **제3자**의 승낙서 등을 요구하는 경우에는, 사실상 채무자로 하여금 담보권을 취득하려는 자로부터 5년 이내의 단기자금만 차입할 수 있도록 하고, 담보권의 존속기한 내에 이를 변제하지 못하면 원자재 등의 담보목적물에 대한 담보권의 실행으로 사업을 지속하지 못하게 하는 부당한 결과를 초래할 수 있기 때문이다.

후순위권리자의 입장에서도 **담보권자**의 연장등기를 통하여 채무자가 사업을 지속할 수 있도록 하는 것이 더 유리할 것이며, 선순위담보권의 존속기간이 연장되지 않아 자신의 순위가 상승할 수도 있다는 후순위권리자의 기대를 법률로 보호할 필요가 없다 할 것이다. 이를 명확히 하기 위하여 법에서는 담보권의 변경등기와 연장등기를 구분하고(법 제38조), 연장등기에 있어 이해관계 있는 **제3자**의 승낙서 등을 요구하지 않고 있다.

그렇다면 존속기간의 갱신을 후순위권리자들도 예상할 수 있고 연장등기의 횟수도 제한이 없다면, 담보권의 존속기간을 둔 취지가 무엇인가라는 의문이 제기된다. 굳이 당사자들로 하여금 피담보채권의 변제기외에 별도로 담보권의 존속기간을 정하여 등기하게 하고 갱신을 원할 경우 **담보권설정자**의 협력을 얻어 연장등기를 하게 함은 **담보권자** 입장에서 불편할 뿐만 아니라, 연장등기를 해태할 경우 담보권이 소멸할 위험을 부담한다는 면에서 불리해 보이기 때문이다. 그런데 동산담보권의 존속기간을 제한하는 이유에 대해 입법자는 담보목적물의 유동성 등이라고만 하고 있을 뿐이라서 그 취지를 파악하기 어렵다. 우리 「민법」과 「부동산등기법」은 저당권이나 가등기담보권과 같은 담보물권의 존속기간을 제한하거나 이를 등기사항으로 하지 않음을 고려한다면 동산담보권의 특성, 즉 동산담보등기부가 인적편성주의를 취하고 있고 동산의 수가 많다는 점에 기인한 것으로 보인다.[1109]

11. 말소등기

말소등기의 사유 및 등기사항에 대하여 규정하고 있다. 말소등기란 기존등기의 담보목적물에 대한 전부 또는 일부가 원시적 또는 후발적인 사유로 인하여 실체관계와 부합하지 않게 된 경우에 기존등기 전부 또는 일부를 소멸시킬 목적으로 하는 등기를 말한다.

따라서 **담보권설정자**와 **담보권자**는 다음 각 호 1. 담보약정의 취소, 해제 또는 그 밖의 원인으로 효력이 발생하지 아니하거나 효력을 상실한 경우, 2. 담보목적물인 동산이 멸실되거나 채권이 소멸한 경우, 3. 그 밖에 담보권이 소멸한 경우의 어느 하나에 해당하는 경우에 말소등기를 신청할 수 있다(법 제50조 제1항).

물적편성주의를 취하는 부동산등기와 달리, 담보등기부는 인적편성주의를 취하고 있기 때문에 담보목적물인 동산이나 채권 중 일부가 멸실되거나 소멸된 경우에 담보등기의 일부에 대한 말소등기를 할

1109) 김현진, 동산·채권담보권 연구, 238면.

수 있도록 하고 있다.

말소등기를 하기 위하여 담보등기부에 다음 각 호 1. 담보등기를 말소하는 취지. 다만, 담보등기의 일부를 말소하는 경우에는 그 취지와 말소등기의 대상, 2. 말소등기의 등기원인 및 그 연월일, 3. 접수번호, 4. 접수연월일의 사항을 기록하여야 한다(법 제50조 제2항).

12. 등기의 경정 등

경정등기 및 당사자표시변경 등에 있어서의 변경등기 절차에 대하여 규정하고 있다. 경정등기란 이미 경료된 등기에 대하여 등기의 실행 당시부터 착오 또는 유루가 있어 그 등기의 일부가 실체관계와 불일치하는 경우에 등기와 실체관계를 일치시키기 위한 등기를 의미한다. 착오 또는 유루의 원인은 당초의 등기절차에서 생긴 원시적인 것이어야 한다. 신청착오인 경우에는 **담보권설정자** 또는 **담보권자**의 신청이 있어야 하나, 등기관의 과오로 인한 경우에는 등기관이 직권으로 경정등기를 할 수 있다 (법 제51조 제1항).

물적편성주의를 취하는 부동산등기와 달리, 경정등기의 경우에는 그 대상에 등기상 이해관계 있는 **제3자**가 존재하는지 파악하기가 곤란하다. 이에 따라 등기관의 과오로 인한 경우에 있어, 등기상 이해관계 있는 **제3자**가 존재하는지 여부에 상관없이 등기관이 직권으로 경정등기를 할 수 있게 하고 있다.[1110] 즉, 경정의 방식으로 별개의 등기를 하도록 하고, 후순위자와의 우열은 소송 등을 통하여 해결하도록 한 것이다.[1111]

한편, 담보등기부에 기록된 **담보권설정자**의 법인등기부나 상호등기부상 상호, 명칭, 본점 또는 주된 사무소나 영업소(이하 "상호 등"이라 한다)가 변경된 경우 담보등기를 담당하는 등기관은 담보등기부의 해당 사항을 직권으로 변경할 수 있도록 하고 있고(법 제51조 제2항), 직권변경을 위하여 **담보권설정자**의 법인등기나 상호등기를 담당하는 등기관은 **담보권설정자**의 상호 등에 대한 변경등기를 마친 후 지체 없이 담보등기를 담당하는 등기관에게 이를 통지하여야 한다(법 제51조 제3항).

부동산등기에 있어 부동산의 표시가 실체관계와 일치되어야 해당 부동산등기부에 대한 검색 및 열람이 가능한 것처럼, 동산담보등기부 또는 채권담보등기부에 있어서는 **담보권설정자**에 대한 명의가 실체관계와 일치되어야 담보등기부의 검색 및 열람이 가능하게 되기 때문에, **담보권설정자**의 상호 등에 대한 변경이 있으면 등기관이 등기명의인 표시변경의 등기를 직권으로 할 수 있도록 한 것이다.

13. 담보등기부의 열람 및 증명서의 발급

누구든지 등기사항의 열람을 할 수 있으나, 개인정보보호 등을 위하여 열람의 범위, 방식 등에 대하

1110) 현행 「부동산등기법」은 등기상 이해관계 있는 제3자가 있는 경우에는 직권에 의한 등기의 경정을 허용하지 않고 있다 (부동산등기법 제72조 제1항).

1111) 이 경우 경정대상이 되는 등기는 그대로 존치하고 새로운 경정등기가 이루어지게 된다. 이에 따라 **담보권자**는 등기상 이해관계 있는 제3자에 대하여는 경정등기 전의 등기에 따라 담보권의 효력을 주장할 수 있게 될 뿐이다.

여는 대법원규칙으로 정하도록 하고 있다.

동산·채권담보제도의 주된 기능은 담보목적물의 물리적 현황 및 그에 설정된 담보권의 득실변경을 등기부에 기록하여 공시하는 것이므로, 법령의 규정에 의하여 허용되는 자는 누구나 담보등기부를 이용할 수 있게 하여야 한다(법 제52조 제1항). 다만, 동산담보등기에서 **담보권설정자**가 어떠한 동산을 소유하고 있는지 등에 대한 정보는 **담보권설정자**의 영업비밀 또는 사업전략과 관련될 수 있고, 채권담보등기에 있어서도 **담보권설정자**의 신용상태 및 금융 관련 거래처 등에 대한 정보도 영업비밀 등과 관련될 수 있으므로, 이해관계 없는 사업 경쟁상대자가 아무런 제한 없이 모든 등기사항을 열람할 수 있도록 하는 것은 타당하다고 보기 어렵다.

이에 따라 **담보권설정자**의 영업비밀, 사업전략 등과 관련된 등기사항에 대하여는 **담보권설정자**와 **담보권자** 등 제한된 범위의 사람에게만 제공될 수 있도록, 등기부의 열람 또는 증명서 발급의 범위 및 방식 등에 대하여는 대법원규칙으로 정하도록 하고 있다(법 제52조 제1항). 등기부의 열람 또는 발급의 범위 및 방식, 수수료에 관하여는 대법원규칙으로 정한다(법 제52조 제2항).

제3절　이의신청

등기관의 부당한 처분이나 결정에 대하여 이의신청을 통하여 구제를 받을 수 있도록 규정하고 있다.

Ⅰ. 이의신청의 취지

등기관은 등기사무를 처리하는 국가기관으로서 등기신청을 수리하거나 등기를 실행하거나 등기신청을 각하하는 등 여러 가지 결정과 처분을 하게 된다.

그런데 이러한 등기관의 처분 또는 결정이 부당한 경우 국가배상법에 의한 손해배상청구 등으로 당사자의 권리를 구제할 수도 있지만, 그 부당한 결정이나 처분의 효과를 제거하여 당사자가 원했던 대로 등기 또는 처분을 하는 것이 보다 직접적이고 실효적인 경우도 있다. 이를 위하여 일반적인 구제절차가 아닌 이의신청 제도를 규정한 것이다.

Ⅱ. 이의신청의 대상

이의신청의 대상은 등기관의 결정 또는 처분이다. 등기관의 결정이란 법 제46조에 따른 등기신청을 각하하는 결정과 같은 것을 의미하고, 처분이란 그 밖에 등기신청의 접수, 등기의 실행 및 직권말소 등 등기관이 하여야 하는 것으로 정하고 있는 모든 처분을 의미한다(법 제53조 제1항).

이의란 등기관의 결정 또는 처분의 부당성을 다투는 것이다. 예컨대 등기관이 등기신청에 대하여 이를 접수하여 등기를 실행하여야 함에도 등기의 실행을 해태한 경우 등이 이에 해당한다. 이의신청의 사유는 당해 결정 또는 처분을 한 시점의 사유를 기초로 하여야 한다. 따라서 새로운 사실이나 새로운 증거방법을 근거로 이의신청을 할 수 없다(법 제54조).

Ⅲ. 이의신청을 할 수 있는 자

이의신청권자에 대하여 등기관의 결정 또는 처분에 이의가 있는 자(법 제53조 제1항)로 규정하고 있으나, 등기관의 결정 또는 처분에 대하여 아무런 이해관계가 없는 자는 이의신청의 이익이 없으므로 이의신청을 할 수 없다. 「부동산등기법」에 따른 이의신청 제도와 관련하여 판례는 등기관의 처분이 부당하다고 하여 이의신청을 할 수 있는 자는 등기상 직접적인 이해관계를 가진 자에 한한다고 판시하고 있다.[1112] 이는 담보등기에 관한 이의신청의 경우에도 마찬가지일 것이다.

등기상 직접적인 이해관계가 있는 자란 등기관의 당해 처분에 의하여 불이익을 받은 자로서 이의가 인정되면 직접 이익을 받게 될 자를 말한다. 따라서 등기신청에 대한 각하결정에 대하여는 등기신청인 만이 이의신청을 할 수 있고 **제3자**는 이의신청을 할 수 없다.

Ⅳ. 이의신청의 절차 및 효력

이의신청은 관할지방법원에 하여야 한다(법 제53조 제1항). 이의신청서는 관할지방법원이 아닌 당해 등기소에 제출하여야 한다(법 제53조 제2항). 이는 이의신청의 대상이 된 처분에 관하여 등기관에게 시정할 기회를 주기 위한 것이다.

이의신청 기간에 대한 제한이 없으므로 그 이익이 있는 한 언제라도 할 수 있다. 등기관의 결정 또는 처분에 대한 이의는 집행정지의 효력이 없다(법 제53조 제3항). 등기사무는 그 성질상 신속을 요하기 때문에 이의신청이 있다고 하여 결정 또는 처분의 집행을 정지하는 것이 타당하지 않기 때문이다. 따라서 등기관의 결정 또는 처분에 대하여 이의신청이 있더라도, 해당 **담보권설정자**에 대한 다른 담보등기신청이 있다면 이를 수리하여야 한다.

1112) 대법원 1987. 3. 18. 자 87마206 결정.

V. 이의신청에 대한 등기관의 조치

등기관은 이의가 이유 있다고 인정한 때에는 그에 해당하는 처분, 즉 부당한 처분을 시정하여 정당한 처분을 하여야 한다(법 제55조 제1항). 예컨대 등기신청을 각하한 것이 부당하다고 인정되면 그 신청에 의한 등기를 실행하여야 한다. 이 경우 그 접수일자 및 접수번호는 종전 신청의 것에 의한다.

등기관이 그 결정 또는 처분에 대하여 이의가 이유 없다고 인정한 때에는 3일 이내에 의견서를 붙여 사건을 관할하는 지방법원에 송부하여야 한다. 한편, 등기를 완료한 후 이의신청이 있는 경우에는 그 사실을 등기상 이해관계인에게 통지하고 이의신청서가 접수된 날로부터 3일 이내에 의견서를 첨부하여 사건을 관할지방법원에 송부하여야 한다(법 제55조 제2항, 제3항).

VI. 이의신청에 대한 관할법원의 재판

등기관으로부터 이의신청서를 송부받은 관할지방법원은 「비송사건절차법」에 따라 심리를 하고 이유를 붙인 결정으로 재판을 한다. 법원의 결정에 불복이 있는 경우에는 이의신청인만이 「비송사건절차법」에 따라 항고를 할 수 있다(법 제56조 제2항).

관할지방법원은 이의가 이유 있다고 인정한 때에는 등기관에게 그에 해당하는 처분을 명하여야 한다. 이는 법원이 등기관의 처분을 취소하거나 등기신청의 수리를 명하는 것이 아니라, 등기관에게 직접 신청한 등기의 실행을 명하고, 이미 실행된 등기에 대하여는 그 등기의 말소를 명하는 것을 의미한다. 이의신청을 인용한 경우에는 관할지방법원이 그 뜻을 이의신청인 및 등기상 이해관계인에게 통지하여야 한다(법 제56조 제1항).

제4절 준용규정

법원이 담보등기 업무를 관장하고, 담보등기의 절차 등이 부동산등기 절차와 유사한 점 등을 고려하여, 법에서 규정이 없는 사항에 대하여는 그 성질에 반하지 아니하는 범위에서 「부동산등기법」을 준용하도록 하고 있다(법 제57조).

등기관의 제척, 등기관의 책임 및 재정보증, 등기부의 손상과 복구, 채권자대위권에 의한 등기신청, 등록번호의 부여절차 등의 규정이 이에 해당될 것이다.

제5장 지식재산권의 담보에 관한 특례

Ⅰ. 지식재산권담보권의 등록

지식재산권담보권은 담보약정에 따라 특허권, 실용신안권, 디자인권, 상표권, 저작권, 반도체집적회로의 배치설계권 등 지식재산권[법률에 따라 '질권(質權)'을 설정할 수 있는 경우로 한정한다]을 목적으로 그 지식재산권을 규율하는 개별 법률에 따라 등록한 담보권을 말한다(법 제2조 제4호).

지식재산권에 대하여는 각 개별 법률에서 공시제도가 마련되어 있기 때문에 만약 별도의 공시제도를 마련해 공시기관을 이원화하면 오히려 거래계의 혼란을 초래할 수 있는 점 등을 고려하여, 동산·채권 담보권과 달리 각 지식재산권을 등록하는 공적장부(이하 "등록부"라 한다)에 등록을 하도록 하고 있다.[1113]

지식재산권자가 약정에 따라 동일한 채권을 담보하기 위하여 2개 이상의 지식재산권을 담보로 제공하는 경우에는 특허원부, 저작권등록부 등 그 지식재산권을 등록하는 공적(公的) 장부(이하 "등록부"라 한다)에 이 법에 따른 담보권을 등록할 수 있다(법 제58조 제1항).

담보의 목적이 되는 지식재산권은 그 등록부를 관장하는 기관이 동일하여야 하고, 지식재산권의 종류와 대상을 정하거나 그 밖에 이와 유사한 방법으로 특정할 수 있어야 한다(법 제58조 제2항).

지식재산권에 대한 객관적 가치를 평가할 수 있는 시장이 형성되지 않은 상태에서, 여러 개의 지식재산권을 함께 묶어 담보로 제공할 수 있으면 이를 담보로 자금을 조달하는 것이 보다 용이해 질 것이다. 그러나 지식재산권을 목적으로 하는 담보제도인 민법상 질권은 공동담보에 대한 규정을 두고 있지 아니하여, **담보권자**가 임의로 어떤 목적물로부터 피담보채권의 전부나 일부의 우선변제를 받을 수 있게 되고, 그로 인하여 담보목적물 중 일부에 후순위**담보권자**가 있는 경우에는 **담보권자**의 선택에 따라 후순위**담보권자**가 자신의 담보권을 상실하게 되는 등 불공평한 결과가 생길 수 있다.

따라서 지식재산권을 공동담보로 제공하는 경우에는 법에 따른 공동담보 규정이 적용될 수 있도록 특례규정을 마련한 것이다. 즉 지식재산권자가 약정에 따라 동일한 채권을 담보하기 위하여 2개 이상의 지식재산권을 담보로 제공하는 경우에는 그 지식재산권의 등록원부에 법에 따른 담보등록을 할 수

[1113] 이 법에서 지식재산권담보권에 대하여 규정을 둔 것은, 「민법」상 질권은 '공동담보'나 '근담보'에 대한 규정이 없어 해석상 논란이 있는 점을 고려한 것이다. 따라서 법에 따른 지식재산권담보권은 '공동담보', '근담보'로 설정될 수 있는 점 외에는 각 개별 법률에서 정한 '질권'과 효력에 있어 아무런 차이가 없다.

있다. 공시제도가 이원화되지 않도록 하기 위하여 법원이 관장하는 담보등기부가 아닌 그 지식재산권의 해당 등록원부에 하도록 한 것이다.

한편, 지식재산권을 등록하는 공적장부를 관장하는 기관이 분산되어 있는 점을 고려하여, 그 등록부를 관장하는 기관이 동일한 지식재산권을 공동담보로 제공하는 경우에만 법에 따른 담보등록이 가능하도록 하고 있다.

2개 이상의 지식재산권을 담보로 제공하는 경우에는 지식재산권의 종류와 대상을 정하거나 그 밖에 이와 유사한 방법으로 특정할 수 있어야 한다.

지식재산권담보에 대하여는 **담보권설정자**에 대한 제한을 두지 않았다. 지식재산권의 경우에는 그 권리자만이 담보권을 설정할 수 있고, **담보권설정자**의 자격에 대한 제한이 없더라도 담보로 제공할 수 있는 대상이 한정되어 대부업자 등의 제도악용 가능성이 희박하기 때문이다.

II. 등록의 효력

지식재산권담보권 등록을 한 때에는 그 지식재산권에 대한 질권을 등록한 것과 동일한 효력을 부여하고 있다. 약정에 따른 지식재산권담보권의 득실변경은 그 등록을 한 때에 그 지식재산권에 대한 질권의 득실변경을 등록한 것과 동일한 효력이 생긴다(법 제59조 제1항). 지식재산권은 개별 법률에서 등록의 효력을 달리 정하고 있다. 그리하여 개별 법률과의 충돌을 최소화하기 위하여, 지식재산권담보 등록의 효력을 질권등록의 효력과 동일하게 규정하고 있다.

동일한 지식재산권에 관하여 이 법에 따른 담보권 등록과 그 지식재산권을 규율하는 개별 법률에 따른 질권 등록이 이루어진 경우에 그 순위는 법률에 다른 규정이 없으면 그 선후에 따른다(법 제59조 제2항). 동일한 지식재산권에 관하여 이 법에 따른 담보권 등록과 질권 등록이 이루어진 경우에 그 순위는 법률에 다른 규정이 없는 한 그 선후에 따르도록 하고 있다.

III. 지식재산권담보권자의 권리행사

담보권자는 지식재산권을 규율하는 개별 법률에 따라 담보권을 행사할 수 있다(법 제60조).

IV. 준용규정

지식재산권담보권에 관하여는 그 성질에 반하지 아니하는 범위에서 동산담보권에 관한 제2장과 「민법」제352조를 준용한다. 다만, 법 제21조 제2항과 지식재산권에 관하여 규율하는 개별 법률에서 다르게 정한 경우에는 그러하지 아니하다(법 제61조). 지식재산권담보권의 내용에 대하여는 동산담보권의 규정을 준용하도록 하여 근담보 규정 등이 준용될 수 있도록 하고 있다.

제6장 보칙 및 벌칙

Ⅰ. 등기필정보의 안전 확보

등기관은 취급하는 등기필정보의 누설, 멸실 또는 훼손의 방지와 그 밖에 등기필정보의 안전관리에 필요한 적절한 조치를 마련하여야 한다(법 제62조 제1항). 등기필정보의 안전을 확보하기 위하여, 등기관에게 등기필정보의 안전관리에 필요한 조치를 마련하도록 하고 있다.

등기관과 그 밖에 등기소에서 등기사무에 종사하는 사람이나 그 직(職)에 있었던 사람은 그 직무로 인하여 알게 된 등기필정보의 작성이나 관리에 관한 비밀을 누설하여서는 아니 된다(법 제62조 제1항). 등기관과 그 밖에 등기소에서 등기사무에 종사하는 사람이나 그 직에 있었던 사람에게 등기필정보의 작성이나 관리에 관한 비밀을 유지할 의무를 부과하고 이를 위반한 경우 형사처벌하도록 하고 있다.

누구든지 등기를 신청하거나 촉탁하여 담보등기부에 불실등기(不實登記)를 하도록 할 목적으로 등기필정보를 취득하거나 그 사정을 알면서 등기필정보를 제공하여서는 아니 된다(법 제62조 제3항).

Ⅱ. 대법원규칙

이 법에서 규정한 사항 외에 이 법의 시행에 필요한 사항은 대법원규칙으로 정한다(법 제63조).

Ⅲ. 벌칙

다음 각 호 1. 법 제62조 제2항을 위반하여 등기필정보의 작성이나 관리에 관한 비밀을 누설한 사람, 2. 법 제62조 제3항을 위반하여 담보등기부에 불실등기를 하도록 할 목적으로 등기필정보를 취득한 사람 또는 그 사정을 알면서 등기필정보를 제공한 사람, 3. 부정하게 취득한 등기필정보를 제2호의 목적으로 보관한 사람의 어느 하나에 해당하는 사람은 2년 이하의 징역 또는 1천만원 이하의 벌금에 처한다(법 제64조).

[색인]

[참고 문헌]

강태성, 물권법(제8판), 대명출판사, 2018.

곽윤직·김재형, 물권법, 박영사, 2015.

김남진·김연태, 행정법Ⅰ, 법문사, 2017.

＿＿＿＿＿＿＿＿, 행정법Ⅱ, 법문사, 2017.

김남철, 행정법강론, 박영사, 2016.

김동근·정동근, 건축법 이론 및 실무, 진원사, 2016.

김동희, 행정법Ⅰ, 박영사, 2015.

＿＿＿＿, 행정법Ⅱ, 박영사, 2015.

김백진, 국유재산법, 한국학술정보, 2013.

김성수, 일반행정법, 홍문사, 2014.

김용담, 주석민법 제4판, 한국사법행정학회, 2016.

김조영, 재건축재개발 등 정비사업 법령해설집, 도서출판 국토, 2019.

김종보, 건설법의 이해 제6판, 피데스, 2018.

＿＿＿＿, 법학자의 눈으로 본 도시와 건축, 피데스, 2010.

김철용, 행정법 제6판, 고시계사, 2017.

＿＿＿＿, 행정법 제8판, 고시계사, 2019.

＿＿＿＿, 행정법입문, 고시계사, 2010.

김현진, 동산·채권담보권 연구, 경인문화사, 2013.

김향기, 행정법개론, 탑북스, 2016.

길준규, 행정법총론, 법영사, 2015.

＿＿＿＿, 행정법각론, 법영사, 2015.

류지태·박종수, 행정법신론, 박영사, 2011.

류해웅, 부동산공법론, 탑북스, 2011.

맹신균, 도시 및 주거환경정비법 해설[개개발·재건축](상), 법률&출판, 2016.

＿＿＿＿, 도시 및 주거환경정비법 해설, 법률&출판, 2018.

박균성, 행정법론(상), 박영사, 2017.

＿＿＿＿, 행정법론(하), 박영사, 2017.

박균성, 행정법입문, 박영사, 2017.

박균성, 행정법입문, 박영사, 2017.

박상기외 12인, 법학개론, 박영사, 2018.

박윤흔·정형근, 최신행정법강의(상), 박영사, 2009.

_____, 최신행정법강의(하), 박영사, 2009.

박홍일, 부동산공시법, 서울디지털대학교, 2017.

신봉기, 행정법개론, 삼영사, 2016.

석종현, 신토지공법론, 경진사, 1991.

_____, 신토지공법론(제11판), 삼영사, 2016.

_____·송동수, 일반행정법(상), 삼영사, 2015.

성낙인, 헌법학, 법문사, 2014.

성중탁, 도시정비사업의 법적 쟁점과 해설, 집문당, 2016.

송덕수, 민법강의(제12판), 박영사, 2019.

송덕수, 신민법입문, 박영사, 2016.

송옥렬, 상법강의 제9판, 홍문사, 2019.

이시윤, 신민사집행법, 박영사, 2014.

이상천, 일조권, 동아대학교 출판부, 2007.

이상훈·석호영, 부동산공법론, 박영사, 2018.

_____, 부동산공시법, 부연사, 2017.

이재상, 형법총론, 박영사, 2003.

이재상·장영민·강동범, 형법총론, 박영사, 2018.

_____, 형법각론, 박영사, 2018.

임승순, 조세법, 박영사, 2013.

임종훈, 한국입법과정론, 박영사, 2012.

오영근, 형법입문, 박영사, 2012.

유석주, 부동산등기법(제9개정판), 삼조사, 2019.

윤재윤, 건설분쟁관계법, 박영사, 2018.

윤혁경, 건축법·조례 해설, 기문당, 2018.

지원림, 민법강의, 홍문당, 2011.

정남철, 행정구제의 기본원리, 법문사, 2015. 건축신고와 인인보호

정태용, 국토계획법, 법령정보관리원, 2013.

_____, 건축법해설, 한국법제연구원, 2006.

정하중, 행정법개론, 법문사, 2018.

정형근, 행정법, 피엔씨미디어, 2016.

홍준형, 행정법, 법문사, 2017.

홍정선, 기본행정법, 박영사, 2013.

_____, 신지방자치법, 박영사, 2015.

_____, 행정법원론(상), 박영사, 2015.

_____, 행정법원론(하), 박영사, 2015.

_____, 행정법입문, 박영사, 2012.

국회예산정책처, 국가재정법 이해와 실제, 2014. 5.

기획재정부, 2010 국유재산업무편람.

국토교통부, 2016 국토의 계획 및 이용에 관한 연차보고서.

국토교통부, 2018년도 부동산 가격공시에 관한 연차보고서.

국토교통부, 국토의 계획 및 이용에 관한 법률 해설집, 2018.

국토교통부, 국토의 계획 및 이용에 관한 법률 해설집, 2015. 1.

국토교통부, 건축행정 길라잡이, 2013. 12.

국토교통부·한국감정원, 2019년 공동주택가격 조사·산정 업무요령.

국토교통부·한국감정원, 2018년 표준지공시지가 조사·평가 업무요령.

국토교통부·한국감정원, 2019년 감정평가정보체계 업무요령.

국토교통부·한국감정원, 감정평가 타당성조사 5개년 사례집.

국토교통부·한국감정원, 2019 부동산 가격공시업무 관련 판례 및 질의회신.

법무부, 동산·채권 등의 담보에 관한 법률, 2010. 12.

법제처, 2018 자치법규 입안 길라잡이.

법원공무원교육원, 2017 부동산등기실무.

법원행정처, 부동산등기실무(Ⅰ), 2015.

법원행정처, 부동산등기실무(Ⅱ), 2015.

법원행정처, 부동산등기실무(Ⅲ), 2015.